# 학문과 교육

서울대학교 교육학총서 2
학문과 교육【중 III】

초판 1쇄 발행 2009년 12월 30일
초판 3쇄 발행 2023년 2월 28일

지은이 장상호

펴낸곳 서울대학교출판문화원
주소 08826 서울 관악구 관악로 1
도서주문 02-889-4424, 02-880-7995
홈페이지 www.snupress.com
페이스북 @snupress1947
인스타그램 @snupress
이메일 snubook@snu.ac.kr
출판등록 제15-3호

ISBN 978-89-521-3223-9 94370
978-89-521-0671-1 (세트)

서울대학교 교육학총서 2

# 학문과 교육【중 III】

## 교육연구의 새 지평

장 상 호

서울대학교출판문화원

# Academic Discipline and Education:

## New Horizons of Educational Research

Sang-Ho Chang

Seoul National University Press

# 간행사

대학에서 한 학문분야를 가르치고 연구할 수 있는 학과와 연구소를 설치한다는 것은 학문이 독립적으로 발전할 수 있는 기반을 마련하는 데 필수적인 요건이다. 서울대학교의 교육학과는 1946년 10월 서울대학교의 창립과 함께 사범대학의 한 학과로 설치되었으며, 교육연구소는 1963년 10월 교육이론 및 교육실제의 문제를 전문적으로 연구하여 우리나라 교육의 발전에 기여함을 목적으로 설립되었다. 서울대학교 교육연구소의 교육학 전문서 편찬사업의 일환으로 발간되는 "서울대학교 교육학총서"는 우리나라 교육학을 세계적인 수준으로 끌어올림과 동시에 교육학 분야의 지적 자산을 축적하기 위한 것이다. 이 총서는 단지 서양의 교육이론을 소개하는 책이 아니라 저자 자신의 연구·분석과 이론체계를 반영한 것으로서 우리나라 교육학의 발전과정을 여실히 보여줄 것이다. 따라서 이 총서는 교재용 개론서가 아니라 이론적인 포괄성을 지닌 연구서적인 것이다. 서울대학교 교육학총서가 우리나라 교육학 발전의 견인차 역할을 담당하고, 교육학에 관심 있는 사람들에게 필독서가 될 수 있기를 기대한다.

2000. 5.

서울대학교 교육연구소 교육학총서 기획위원

# 머리말

이 저서는 필자가 근 15년에 걸쳐 ≪학문과 교육≫이라는 주제로 추진해 온 일련의 연구프로젝트에 대한 보고서의 일부이다. 그중에서 세 권(I, II, III)으로 구성된 ≪중권≫이 추궁했던 문제는 "교육이란 무엇인가?"이다. 이 질문은 평소에 그에 대한 해답을 이미 알고 있다고 자부해 온 학도들에게 던져진 것이다. 이 질문이 요구하는 작업이 얼마나 근원적인 것인가를 보이기 위해 사전에 필자는 ≪상권≫에서 "학문이란 무엇인가?"라는 질문에 대한 해답을 궁구한 바 있다. 그로부터 얻어낸 새로운 교육관은 다시 ≪하권≫의 질문, 즉 "교육적 인식론이란 무엇인가?"라는 질문에 대한 해답을 얻는 토대가 되었다. 이로써 이 상·중·하의 시리즈는 학문, 교육, 그리고 그들 사이의 관계라는 항목들을 모두 포괄한 셈이다. 이런 전반의 구도에서 ≪상권≫과 ≪하권≫을 매개하는 ≪중권≫이 차지하는 비중은 매우 크다고 해야 할 것이다.

교육의 실제가 그 어느 때보다 위기로 느껴지는 오늘날 이처럼 이론적인 문제에 매달리는 것이 일반 사람들에게는 일견 한가하게 보일 수도 있다. 그러나 그 한가해 보이는 작업이야말로 학자에게 주어진 가장 절실한 실제의 문제이며, 그 문제가 해소되어야 비로소 교육의 실제를 향도하는 교육학자로서의 임무를 수행할 고유한 자격을 갖출 수 있게 된다. 일반 사람도 어떻든 그들 나름의 교육에 대한 개념을 갖게 마련이고,

그들의 그릇되거나 혼돈된 개념에서부터 실제의 문제가 비롯될 수도 있다. 눈코 뜰 겨를도 없는 상황이 전개될수록 교육학자들은 교육의 실제와 일정한 거리를 유지하면서, 그 안에 작용하는 온갖 통속적인 인식과 관념의 허점을 대체할 보다 심층적인 이론을 구축해 나가는 과제를 수행해야 할 것이다.

교육은 이제까지 상당부분 그것을 제대로 감식할 수 없는 사람들에게 맡겨지고 희롱을 당해 왔다. 자신이 쓰고 있는 개념에 대한 깊은 반성 없이 무턱대고 교육이 잘못되고 있다고 말하는 사람들이 많다. 주로 학교라는 제도에 의해 좌우되는 그들의 관심은 일류학교를 거쳐 출세의 길을 보장받는 것에 초점이 맞추어져 있다. 자신이나 자녀들에게 더 많은 진학의 기회가 주어지기를 바라고, 기왕이면 그 학교가 일류학교이기를 원한다. 이 이외에도 각계각층이 학교에 주문하는 항목들은 다양하다. 그들에게 있어 그 잡다한 기대에 부응하면 '잘하는 교육'이고, 기대에 호응하지 못하면 '잘못된 교육'이 된다. 교육은 이와 같은 방식으로 세속의 온갖 기대를 충족시키는 것, 혹은 그 기대를 좌절시키는 온갖 나쁜 것의 대명사로 취급된다. 잘못된 개념에서 비롯된 불만은 문제를 더욱 가중시키며, 이에 따라 더 많은 불만이 표출된다.

개념적 성찰을 거치지 않은 불만은 소모적이다. 단편적이거나 분명하지 않은 맥락 속에서 그 말을 흩뿌리고 있는 상황에서는 어떤 결실도 기대하기 어렵다. 문제의 근원이 이처럼 개념적 성찰의 결여에 있다면, 그 일차적인 해법을 건실한 학문적인 탐구에서 찾는 것이 올바른 순서이다. 지도를 작성하는 것과 영토를 소유하는 것이 구분되듯이 교육학을 잘 하는 것과 교육을 잘 하는 것은 전혀 다른 목표이다. 교육학자가 교육이라는 사실을 만들지는 않는다. 그러나 그 사실을 사실로서 드러내는 작업은 그것을 어떤 시각으로 보아야 하느냐 하는 문제에서 심각한 선택을 요구한다. 이 점에서 교육적 사실은 우리의 논의와 인식과정에서 이론적으로 결정된다고 할 수 있다. 교육에 대해 논의할 때 혹은 우리의 삶에서 교육을 실현하려고 할 때, 먼저 교육 자체의 내재성에 대한 올바른 인식이 전제된다는 것은 말할 필요도 없다.

불행히도, 현존하는 교육학은 그 기대에 전혀 부응하지 못하고 있다. 교육학자들의 현실참여가 이제까지 부진했다고는 볼 수 없다. 사실을 말하면, 지금 진행되고 있는 학교교육의 상당한 부분은 교육학자들이 음으로나 양으로 관여해 온 소산이다. 그럼에도 불구하고 아직도 사태가 개선되지 않고 있는 이유 중의 하나는 전문가로서 그 처방에 참여하는 교육학자들 스스로가 개념상의 치명적인 범주착오에 빠져 있기 때문이다. 그들은 일반 사람들이 교육의 실제적인 문제로 규정한 것을 의심의 여지없이 그대로 받아들이고, 그것을 기존하는 대학의 제반 분과학문, 즉 철학, 심리학, 사회학, 행정학, 공학 등의 개념을 빌려 해결하는 방법을 모색하여 왔던 것이다. 무수한 외래 학문의 개념들을 무차별하게 적용함으로써 막상 우리의 삶에 잠재된 교육현상은 단지 착각된 허구로 존재해 왔을 뿐, 그 실체 그대로 나타나거나 인정받지 못하고 외래적 사실로 왜곡되거나 억압되는 처지에 놓이게 된 것이다.

교육학도들이 잘못된 개념들을 가지고 현실의 변혁에 참여함으로써 오히려 개념적 오류를 더 가중시키고 있다는 충격적인 자각은 필자의 학문생활에서 참으로 뒤늦게 찾아왔다. 그 이전의 필자는 학적 인맥이나 배경에 있어 남부러울 것이 없는 '교육심리학도'였다. 이 분야에서 높은 지식을 갖추는 것과 교육에 대해 이해하는 것 사이에는 아무런 상관이 없다는 것을 뼈저리게 깨달은 것은 불과 20~25년 전이다. 필자는 심리학자는 될 수 있을지언정 결코 교육학자가 아니었다. 교육이 무엇인지에 대한 어떤 체계적인 생각조차 갖추지 못한 필자가 교육학자라고 자처할 수 있는가? 필자는 단지 교육학과에 소속해 있다는 것만으로 교육학자로서의 정당성을 인정받고 있었던 것이다. 그 관습의 껍질 안에서 안주할 수는 없는 노릇이다.

심리학적 개념으로 교육현상을 이해할 수 없다는 것은 너무도 명백하다. 그것은 오류이며, 그 점이 진리를 탐구하는 학자의 길을 택한 필자에게 견딜 수 없는 양심의 가책을 안겨주었다. 그 고통을 피하는 가장 쉬운 길은 교육학과를 떠나 심리학과로 자리를 옮기는 것이다. 그러나 그 선택은 마치 자신을 낳아준 부모나 고향을 떠나는 것 같은 배신처럼 느껴졌다. 자신이 소속해 왔던 분과학문에 문제가 있다면, 그것을 회피하기보다는 적극적으로 개선하려고 하는 것이 옳다. 교육학자로서 잘못된 길을 걸어왔다는 사실 자체를 깨달은 것만으로도 너무도 중요한 발견이 아닌가! 그렇다면 이제부터 옳은 길을 개척하는 데 앞장서 보자. 이것이 필자가 학문생활의 후반부에서 가질 수 있었던 오직 하나의 희망이며, 해결해야만 하는 힘겨운 과제였다.

오늘날 각종의 세계는 학문적 개념의 빛에 의해 점차 고유한 특성을 드러내고 있다. 학문이 탐구하는 사실들은 보통 사람들이 육안으로 볼 수 있는 것이 아니라는 점은 널리 알려진 사실이다. 학문의 역사는, 일상적 삶을 영위하는 사람들의 시각에 의해 형상화될 수 있다는 생각이 끝났을 때, 비로소 진정한 의미의 세계의 본질이 드러날 수 있다는 사실을 예증하였다. 마찬가지로 교육도 추리의 대상이며, 이는 교육학도들의 끊임없는 반성적 사고를 통해서 그 존재성이 밝혀질 수 있을 것이다. "교육이란 무엇인가?"라는 무지의 자각을 출발점으로 시작된 그 작업은 필자가 그동안 길들여져 왔던 교육학적 전통과 역사를 해체하고, 그 위에 새로운 이론을 구축하는 이중의 부담을 안겨주었다.

교육은 하나의 고유한 현상이다. 이것저것 교육에 대한 단편적인 생각을 한 바구니에 집어넣는다고 해서 교육학의 지식이 되는 것은 아니다. 마치 복잡한 퍼즐을 맞추는 경우처럼 생각의 단편들이 하나의 체제 속에 연대성과 통일성으로 흡수될 수 있을 때 비로소 하나의 현상으로 드러날 수 있다. 캄캄한 어둠 속에서 많은 선별과 시행착오가 불가피하였다. 통일된 개념체제 안에 자리잡을 수 없을 때, 아무리 분명하고 그럴듯한 생각일지라도 미련 없이 삭제되었다. 의외로 처음에는 좀 이상하다 싶던 생각이 빈 공간을 채우거나 여타의 개념과 연결되어 갔다. 그 과정에서 교육이라는 세계가 진정으로 존재한다는 가정이 어렴풋이나마 점차 확인되기에 이르렀다.

교육은 이제까지 그 어떤 분과학문도 개념화하지 못한 고유한 인식대상이었다. 그 대상은 그 자체를 진지하게 이해하려는 학자의 출현을 기다리고 있었다. 교육은 그 넓이와 깊이를 헤아리기 어려운 거대한 산이었다. 그동안 미개척지로서 은폐되거나 소외되었던 교육이 우리에게 하고 싶은 말이 너무도 많은 듯했다. 느긋하게 교육이 하는 말에 경청하면서 그것에 논리를 부여하는 작업이 한동안 진행되었다. "새 술은 새 부대로!"라는 말대로, 교육에 대한 이전의 용어로는 새로운 생각을 표현할 수 없었기 때문에, 새로운 용어의 도입이 불가피하였다. 작업의 성과는 꾸준하게 쌓여갔다. 그 내용은 물리적으로 한 권의 책으로 담아내기 어려울 정도로 불어났기 때문에, 마지막 단계에서 ≪중권 I≫, ≪중권 II≫, ≪중권 III≫으로 나누어 출간하기로 결정하였다. 독자의 선택을 돕기 위해서 그 각각의 취지와 내용을 다음에 간략하게 소개하겠다.

≪중권 I≫은 교육이라는 고유한 고장이 지도상의 어디에 위치하고 있는지를 밝히려고 하였다. 마치 서로 다른 고장이 그러하듯이 고유한 현상은 그 고유의 맥락을 갖는다. 교육은 교육 아닌 것과 차별화되는 맥락을 가질 것이다. 그런데 지금의 교육학은 그 맥락의 규정에 실패하였다. ≪중권 I≫은 지금의 교육학의 위상이 틀린 것임을 지적하고, 새로운 교육관을 정립해 나갈 수 있는 정착지를 지목한다. 전자는 기존의 것을 기점으로 삼을 수 있지만, 후자는 아직 알려지지 않은 곳의 맥락을 규정하는 일이기 때문에 모든 것이 새롭다. 새로운 맥락을 지시하는 데 이미 알려진 외부의 개념을 사용하면 그 외부세계에로 환원될 위험이 따르며, 그렇다고 해서 전혀 알려지지 않은 개념을 사용하면, 그것을 처음으로 접하는 사람들에게 당혹함과 난해함을 준다. ≪중권 I≫은 불가피 그 중간의 길을 걸으면서 교육의 양상이 자리한 고장을 안내하였다.

≪중권 II≫는 교육이라는 고장 안에 들어설 수 있는 도시의 규모를 대략이나마 짐작할 수 있게 하려는 데 역점을 두었다. 미개척지를 한꺼번에 조망할 방도는 지금으로서 불가능하지만 그 안에 아담한 도시를 세울 수 있다는 믿음을 주는 최소한의 청사진은 제시될 수 있어야 한다. 이런 취

지에서 ≪중권 II≫는 하나의 자율적인 분과학문으로서 교육학이 갖추어야 할 최소한의 내용을 제시하려고 노력하였다. 먼저 교육을 구성하고 있는 요소와 외부와의 경계를 구획할 수 있어야 한다. 그 교육의 세계는 어떻든 여타의 세계와 이웃하면서 유지되고 발전할 수 있을 것이다. 이에 대한 모종이 추정도 포함되어야 한다. 그 세계가 발전하는 데에는 평가가 제대로 이루어질 수 있어야 할 것이다. 그 모든 부분을 대충이나마 예정해 보려는 시도가 ≪중권 II≫를 통해서 이루어졌다.

≪중권 I≫과 ≪중권 II≫의 논의는 이전의 교육학이 도외시하거나 충분히 감식하지 못한 교육의 윤곽을 파악하고 있을 뿐, 아직도 전인미답의 미개발지역으로서의 불분명한 점을 포함하고 있다. 그에 대한 임시방편의 추정을 확신으로 받아들이는 일은 매우 위험하다. 학문의 참된 면모는 끊임없는 탐구이다. 어떤 결론보다는 탐구할 가치가 있는 미지의 질문의 확보가 더 소중하다. 그 점에서 ≪중권 III≫은 앞으로 교육연구가 밝혀 나가야 할 새로운 지평의 영역을 열 가지로 나누어 제시하였다. 그 각각에서 실제로 이루어질 수 있는 구체적인 문제들이 무엇인지를 밝힘으로써, 연구문제가 없어서 연구를 못한다는 불평을 적어도 불식시키려고 노력했다. 서로 연관된 이들의 빈 공간을 채우는 데에 앞으로 수십 년이 필요할 것이다.

교육학을 자율화하는 과제는 멀고 험할 것이다. 그 과정에서 본서의 시도나 작업적 성과가 하나의 교두보가 될 수 있기를 희망한다. 탈고하고 있는 지금의 소감은 한마디로 그동안 뱃속에 가득 채워졌던 어설픈 생각을 어느 정도 배설해 낸 기분이다. 교육학자로서 늘 느껴 왔던 채무를 다소나마 경감시킨 느낌도 든다. 여기에 제시된 것이 최종의 것이 될 수 없다는 것은 말할 필요조차 없다. 다만 앞에서 간략히 소개한 ≪중권≫의 내용은 교육학의 자율화가 실제로 가능한 일인가, 그리고 그 과제를 수행하기 위해 어떤 험난한 산을 넘어야 하는가 하는 문제와 관련하여, 이제까지 교육학의 역사에서 찾아보기 어려운 예외적인 범례가 될 수 있으리라는 확신은 가지고 있다. 적어도 이전과는 다른 방향의 진로선택이 가능하다는 것이 부분적으로나마 입증된 셈이다.

여기서 제시된 필자의 개념이나 입장이 필자의 것인 한에 있어서, 그리고 이 논의가 필자 자신의 마음을 명료하게 만드는 것인 만큼, 하나의 분명한 증거로서의 가치를 갖고 있지만 지금의 단계에서는 어디까지나 개인적인 견해에 속한다고 보아야 할 것이다. 이런 주관의 한계를 극복할 수 있는 유일한 길은 논의를 통해 독자를 포함하는 다른 사람들과 더불어 공감적 현실을 만들어내는 것이다. 이런 필자의 시도가 얼마나 성공할지는 모르지만, 이 글을 통해 필자의 체험적 근거가 독자에게도 재생될 수 있다면 교육에 대한 필자의 새로운 논의는 단지 개인적인 것 이상의 것이 될 것이다. 이 점에서 필자의 제안은 독자의 엄중하고 세심한 검증을 기다리고 있다.

학문생활에서 적당한 타협이란 있을 수 없다. 그런 것을 생각했더라면 이 작업은 처음부터 시작되지도 않았을 것이다. 필자는 교육학의 미래에 참여하는 느낌으로 이 저서를 집필하였다. 이 말은 당장 현 단계에서 이 저서에 대한 관심이나 호평을 기대하지 않는다는 말이다. 교육학에 대한 남다른 애정을 가지고 이 작업을 했으나, 모든 교육학자들에게 당장 그 진의가 전달되기는 어려울 것으로 본다. 교육학 자체의 지식을 만드는 것에 주관적인 것 혹은 위험스러운 것이라는 딱지를 붙여 경계하거나 교육의 모든 것이 이미 자명한 사실로 밝혀진 것처럼 느끼는 독자는 무슨 엉뚱한 이야기인가 하는 의구심을 가질 수 있다. 더구나 우리나라의 경우에는 선진국의 학자들이 만들어 놓은 지식을 그대로 수입하면 된다는 또 하나의 종속이 작용하고 있다. 그들에게는 본서의 논의가 전혀 믿음의 근거가 되기 어려울 것이다.

새로운 대안이 나오기 전에는 자신이 늘 가졌던 생각이 기득권을 행사하기 마련이다. 진정한 창조력을 가진 학자가 경원받는 분위기도 있는 것이 사실이다. 필자의 작업은 지금의 교육학을 믿고 있고, 그것을 기반으로 활동하고 있는 대부분의 교육학도들에게 받아들이기 어려운 고통을 줄 수도 있다. 개중에는 교육학에 대한 필자의 비평이 자신이 거주하고 있는 동네에 대한 모독이라고 생각하거나 혹은 이 내용의 어떤 부분에 대해 적대감을 갖거나 혐오스러운 태도를 취하는 교육학자도 있을 것이다. 이는 이 작업을 수행하기 이전에 필자가 취했던 태도를 회고하는 것만으로도 충분히 이해할 수 있는 부분이다. 그러나 기존의 교육학이 안고 있는 개념상의 오류는 교육의 위기와 더불어 점점 더 심각한 문제로 등장할 것으로 예상되기 때문에 그런 저항에는 한계가 있을 것으로 믿는다. 이 믿음 역시 필자가 어쩔 수 없이 받아들여야만 했던 다른 하나의 중요한 경험에 근거하고 있다.

이 저서에 대한 정당한 평가는 기존의 교육학을 떠나는 어느 정도의 비약이 있어야만 가능하다. 평소 교육에 관해서 뭔가 명백하게 보이던 것에 대해 깊은 회의를 갖고, 자신의 지식이 갖고 있는 한계를 절박하게 느끼고 있는 교육학자들에게 이 저서는 다소의 호감과 공감을 얻어낼 수 있을 것으로 본다. 외래학문의 개념으로 결코 교육을 해명할 수 없다는 자각에 이른 교육학자, 선진 외국에 나가 재충전하려는 시도에서 신통한 해답을 얻지 못한 학자, 그리고 교육학개론의 강의에 대해 부담을 느끼고 그것을 기피해 왔던 교육학자에게 이 저서가 하나의 대안으로서의 가치를 어느 정도 인정받을 수도 있지 않을까 하는 낙관적인 기대도 해본다.

본서에서 차츰 밝혀지겠지만, 교육적인 삶은 그 내재율에 따를 용의가 있는 사람들의 것이다. 올바른 교육관이 올바른 교육의 충분조건은 아니다. 후자는 전자보다 더 많은 조건을 만족시켜야 한다. 그러나 그릇된 교육관을 갖고 있는 사람에게 올바른 교육을 기대하기는 어렵다. 교육에 대한 기존의 관점에 의문을 제기하고, 그것에 수반하는 오류나 편견을 교정하고, 더 나은 심층의 이해에 도달하는 것은 일반 사람들에게도 매우 중요한 과제이다. 그렇다면, 이 저서의 독자는 교육학도들이나 학교교사들과 같은 특수한 집단에 국한될 수는 없다. 이런 관점에서 필자는 오래전부터 교육에 대한 이해는 모든 사람들에게 필수교양이라는 입장을 견지해 왔다. 본서가 그런 취지에 동조하는 사람들의 것이 되었으면 하는 소망을 가져 본다.

그런 징후가 이미 ≪상권≫을 읽은 독자들로부터 나오고 있다는 것은 고무적이다. 이들 가운데에는 교육학이라는 전공영역과는 직접 관련짓기 어려운 다양한 분야의 사람들이 포함된다. 어떤 연유로 본 시리즈 작업에 주목하였는지 모르지만, 후속 작업에서 무언가 색다른 호기심과 기대를 갖게 한다는 반응이 많았다. 이것은 교육학이 단지 교직과목에 그치지 않고 모든 사람들의 교양과목이 될 수 있어야 한다는 앞선 소신과 일치한다. 그들이 필자를 후원하는 방식은 매우 특이했는데, 그것은 후속 작품이 언제 출간되어 나오느냐 하는 독촉이었다. 그것은 마냥 더뎌지려는 이 작업을 추진해 나가는 데 있어 활력소의 역할을 했다.

새로운 길을 개척하는 데에는 항상 모호함과 싸워야 하는 고달픔이 따르기 마련이다. 기존의 학문공동체에서 당연하게 받아들이고 있는 교육관에 도전하고, 남겨진 의문의 공백을 나름의 생각으로 짜서 채워 넣는 일을 감당하는 동안 '한국교육원리연구회'의 회원들과 한때 필자의 지도를 받았던 서울대학교 교육학과의 제자들이 마음의 후원자가 되어 주었다. 그들은 이 작업이 필자의 것만이 아니라 우리의 것이 될 수 있고, 또한 되어야만 한다는 신뢰와 공감의 안온한 공간을 마련해 주었다. 일부는 좀 극단이라는 생각도 하고 있는 듯하고, 받아들일 독자를 고려하여 좀 더 완곡한 표현을 권장하기도 하였다. 이런 주위의 반응에도 불구하고 본서의 내용에 대한 최종적인 결정은 언제나 필자의 것이었으며, 따라서 그 책임은 전적으로 본인에게 있다.

본서가 세상에 나오기까지 음으로 양으로 공헌한 사람들이 많지만, 특히 실명을 밝히고 싶은 두 사람이 있다. ≪중권 II≫와 ≪중권 III≫의 집필은 서울대학교를 퇴임한 후에 관악산의 전경이 한눈에 바라보이는 '삶과교육연구소'에서 이루어졌다. 그동안 필자의 논지에 공감하는 동지들의 모임이 여기에서 주기적으로 이루어져 왔다. 그 최적의 연구공간을 마련해 준 대원강업주식회사 허승호 대표이사님의 각별한 배려에 늘 감사한다. 이번 연구와 집필은 또 한 명의 동행자와 함께 생활하면서 이루어졌다. 한국교원대학교의 최성욱 교수가 불편하고 번거로운 일을 자상하게 처리해 주었으며, 마지막 단계에서 초고를 교정하고 다듬는 일까지 기꺼이 감당하였다. 그의 변함없는 온정 역시 감사한다.

2009년 12월<br>관악산 기슭의 연구소에서<br>장상호

# 차례

## 일러두기

1. 본 저서에서 번역된 외국의 자료들을 인용할 때에는 원래의 출판 연도를 먼저 표기하거나 생략하고, 그 뒤에 그것이 다른 나라의 말로 번역되어 출판된 연도를 병기하였다. 그리고 각 출판 연도 사이에는 빗금을 두어 구분하였다.
   예를 들어 헤겔 《정신현상학》의 경우 (1808/1988)이나 (/1988)로 표기되며, 1808은 정신현상학이 독일어로 출판된 연도를, 1988은 그것이 외국어로(이 경우에는 우리말로) 번역되어 출판된 연도를 나타낸다.
2. 본 저서의 각 장에서 외국학자들의 이름이 처음 인용될 때에는 우리말로 발음되는 대로 표기하고, 그 뒤에 원래의 이름을 괄호 안에 묶어 제시하였다. 단, 외국학자들의 이름이 많이 거론되는 경우에는 번거로움을 피하기 위하여 원래의 이름을 그대로 제시하였다.

서 장

# 거듭나는 교육학

## 0.1 분과학문의 조건

≪학문과 교육≫이라는 시리즈 가운데 본 저서에 붙여진 부제는 ≪교육연구의 새 지평≫이다. 무엇이 새롭다는 것인가? 그것은 총체적인 혁명을 의미한다. 단순히 기존의 연구에 새로운 것을 추가하는 것이 아니다. 이전의 것과는 전혀 다른 길을 지향한다. 그런 거듭남을 선택한 취지는 처음부터 학문 밖의 관심에서 시작했던 교육학의 전통을 이제 학문 안으로 끌어들여 제 자리를 찾도록 하는 데 있다. 그 작업의 출발은 학문의 안과 밖, 그리고 학문의 안쪽을 차지하는 제반 분과학문이 갖추어야 할 기본적인 조건을 점검하는 데서부터 이루어질 필요가 있다. 이는 현존하는 교육학의 기초를 뒤틀리게 하는 여러 상황을 분석하는 최소한의 준거가 될 것이다.

학문은 우리의 삶 안에 존재하는 무수한 종류의 세계 가운데 하나이다. 그 안에 종사한다는 것은 바로 그 세계가 지향하는 특별한 가치와 삶의 양상에 적응하는 것을 의미한다. 학자와 그렇지 않은 사람의 구분은 바로 그 안쪽의 삶에 얼마나 충실하게 사느냐 하는 것을 기준으로 이루어진다.

이렇게 말할 때 우리가 보통 접하는 실제의 대학사회나 그 구성원인 대학교수를 연상하는 것으로서는 부족하다. 특정한 대학 혹은 대학교수 가운데에도 바로 이 부분에서 큰 하자가 있을 수 있기 때문이다. 여기서 말하고자 하는 것은 그보다 더 원론적이다.

학문의 세계를 특징짓는 데 먼저 지적되어야 할 것은 그 인식대상인 세계와의 차별화이다. 자연은 인간이 지상에 출현하기 훨씬 이전부터 존재했다. 자연과학자는 그 자연에 대한 특정한 인식을 하기 시작했으며, 그 결과 지식을 생산할 수 있게 되었다. 그 지식은 자연과는 달리 언제나 얼마만큼의 오류를 포함하며, 그 정도는 진리라는 학문 고유의 가치기준에 의해서 평가된다. 사회는 가치를 지향한다는 점에서 자연과는 다르지만, 사회적 가치는 학문이 추구하는 진리가치와 동일하지 않다. 사회의 구성원이 되는 것만으로 사회과학자의 자격을 가질 수 있는 것은 아니다. 이처럼 학문과 그 인식대상 사이에 분명한 경계선이 존재한다.

일반사람들은 대개 세상에 대해서 어지간히 알고 있는 것으로 생각하면서 일상의 삶을 영위한다. 자신들이 알고 있는 것을 기정사실로 여기고, 그 사실에 맞춰 사는 방식을 취하기도 한다. 그러나 학문적인 탐구는 항상 세계에 관해 자신이 상상했던 것보다 훨씬 덜 혹은 잘못 알고 있다는 사실을 깨닫는 데서부터 시작한다. 학문의 구성원, 즉 학자들은 세상에 알려진 것과는 다른 숨겨진 실재를 가정하며, 그것에 대한 새로운 통찰에 이르려는 호기심을 키우며, 그 호기심을 따라 끊임없이 좀 더 나은 앎을 찾아 끝없이 여행한다. 학문의 아버지로 널리 알려진 소크라테스가 '무지의 자각'을 강조했던 것은 결코 우연이 아니다.

학문의 선단에는 항상 의문부호가 놓여 있다. 그 의문의 화살은 세상사람들이 흔히 살아가기에 편한 정도로 구성한 신화, 제도, 상식, 종교적 신조, 각종 정치적인 이데올로기에게도 어김없이 던져진다. 삶의 곳곳에 자리 잡은 그 인식체제들은 그것에 의문을 품고 해체하려는 학문적 시도에 얼마만큼 저항하기 마련이다. 이에 따른 충돌로 인해서 경우에 따라 다수의 학자들은 두려움, 고독, 핍박, 손해, 희생, 그리고 심지어 죽음까지를 감내하여야만 하였다. 이는 학문의 자율을 보장하는 학문공동체라는 특수한 사회적 결속을 탄생시키는 계기가 되었으며, 학자들은 그 구성원으로서 공동의 목표, 방법적인 기준, 혹은 행동의 규범을 따르기에 이르렀다.

이런 독특한 집념과 열정의 배경에는 진리탐구라는 내재적 가치가 버티고 있다. 지식은 기본적으로 완결될 수 없는 것으로서 끊임없이 전진해가는 탐구의 결과이다. 알면 알수록 그것이 접하는 무지와의 경계는 오히려 확장된다. 우리는 그 깊이를 헤아리기 어려운 지적인 탐색을 거듭하고 있다. 그 탐구 자체에 가치가 있기 때문에 그것을 체득하고 소중히 여기는 사람은 그것을 버리라는 주위 상황의 유혹에 쉽게 동요되거나 굴복하지 않는다. 그 점에서 절대적 신념을 믿는 사람들이 학문의 세계에 진입한다면 잘못된 길을 택한 것이며, 그들의 적응은 결코 그 신념만큼 보장된 것이 못된다.

탐구 자체도 탐구의 대상이 된다. 무엇이 지식이며, 그것은 어떻게 선별할 수 있는가 하는 인식론적인 문제는 상존한다. 그 부분은 제 10장에서 다룰 주제이지만, '분과학문의 조건'이라는 본 절의 논의를 전개해 나감에 있어서 최소한 청산해야만 하는 그릇된 관점을 여기에서 지적해 둘 필요가 있어 보인다. 그것은 지식을 인식대상에 대한 그림으로 보고, 그들 사이의 대응의 정도를 따져서 그 옳고 그름을 판가름할 수 있다고 생각하는 것이다. 이런 관점은 '진짜'와 '가짜'를 구분한다는 일상어와 상통하기 때문에 넓은 호소력을 가지고 있지만, 그것을 판가름하는 관찰의 중립성을 유지할 수 있는 주체의 존재가 사실상 부재하다는 사실이 판명되면서 그 인식론적 근거가 상실된 지 오래다.

모든 학문적 대상은 오감에 호소해서 직접 감지할 수 있는 것이 아니라, 수년 간의 수련과 복잡한 사유과정을 거쳐야만 이해될 수 있다. 그 사유의 산물인 지식을 굳이 비유로 이해하고자 한다면 그림보다는 그물이 더 적절할지 모르겠다. 물고기와 그것을 포착하고자 하는 그물은 그 모양이 전혀 다르다. 뿐만 아니라 그물의 한 부분을 이루는 그물코의 의미는 물고기와의 대응관계에서 나오는 것이 아니라 그물 전체 혹은 다른 그물코와의 관계에 의해서 성립한다. 이런 비유는 우리가 지식이라고 할 때 갖추어야 할 최소한의 요건, 즉 지식은 그 구성요소와 그들 사이의 관계에 의해서 그 의미가 구성된다는 특징을 어느 정도 이해하는 데 도움을 준다.

우리의 삶은 날로 다원화되어 가고 있다. 학문은 일정한 존재영역에 대한 인식을 목표로 하는 지적인 행위이라고 할 수 있다. 이 때문에 철학에서 출발한 학문은 매우 빠른 속도로 포괄적인 융합상태에서 벗어나 실질적인 분화의 과정을 밟아 왔다. 금방 눈에 보이지는 않지만 서로 혼동되어서는 안 될 무수한 이질적인 세계들이 우리의 삶속에서 교차하며 공존하고 있다는 사실이 점차 밝혀지고 있다. 이전에는 동일한 것으로 보았던 것이 서로 차이가 있는 것으로 드러나기도 한다. 자연처럼 오랜 역사를 가진 세계도 있지만 이전에는 전혀 다루거나 존재하는 것으로 알려지지 않은 새롭고 이질적인 다양한 세계가 서로 다른 지식의 그물망에 포착되고 있다.

자율적인 분과학문(an autonomous discipline)은 이 세상의 존재영역 가운데 특정한 하위세계를 인식대상으로 선택하고, 그 포괄적인 범위 안의 독특한 요인과 그것들을 서로 연관시켜 설명하는 일단의 지식을 구성하고 정립하는 과제를 수행해 왔다. 여타의 것과 경계를 분명하게 획정하고 그 내부의 자율성을 인정받을 수 있는 요건들은 무엇인가? 이에 대한 해답으로서 흔히 ① 독특한 인식대상을 포착하는 개념체제, ② 그것을 탐구하고 검증하는 방법론, 그리고 ③ 그 개념체제와 방법을 공유하는 일단의 학문공동체를 드는 경우가 많다(장상호, 1997a). 오늘날 널리 인정받고 있는 자율적인 분과학문은 각각 그 조건을 갖추기 위해 분투한 역사를 자랑한다. 그 모든 요건의 구체적인 내용은 부단한 수정, 확장, 개편의 과정을 밟아 줄기차게 발전한다는 것은 말할 필요조차 없다.

서로 구별될 수 있고, 또한 구분되어야만 하는 사실 혹은 현상을 밝히는 과제는 서로 유사한 것을 찾는 것보다 훨씬 어렵고 힘든 일이다. 기존의 분과학문은 흔히 세계의 모두를 자체의 지식을 통해서 설명할 수 있는 것으로 주장한다. 유사성이 강조되는 부분이다. 그러나 그들로 포착할 수 없는 새로운 현상을 발견한 학자들은, 기존의 분과학문을 쉽게 끌어들이는 안이한 태도를 가지고는 그 새로운 것이 제 모습으로 포착될 수 없음을 깨닫고, 그 차이를 드러낼 수 있는 새로운 개념체제를 창도하는 어려운 과제를 수행해야만 하였다. 철학에서 심리학이 분리해 나올 때, 그리고 사회학이 심리학에서 독립할 때에, 서로가 그 차이를 강조한 것은 주지의 사실이다.[1)]

개별적인 현상은 그것에 합당한 개념뿐만 아니라 합당한 탐구방법을 통해서 제 모습을 드러낸다. 오늘날 자연현상과 인문현상이 다르다는 것이 분명하게 드러나고 있는데, 이런 차이로 인해서 자연과학과 인문과학은 서로 다른 방법을 모색하여야만 하였다. 자연과학은 자연 안에는 온갖 원인과 결과의 관계가 있을 것을 가정하고 그것을 검증하는 제반 방식을 택했다. 그런 방식만으로 밝힐 수 없는 인간의 독특한 측면을 다루어야만 하는 인문과학은 우리의 체험을 담은 수많은 문화적 흔적이나 문헌에서 그 의미를 끌어내는 고유한 방법을 발전시켰다. 분과학문의 발전은 이처럼 탐구하는 대상과 방법 사이의 관계를 모색하면서 진행되어 왔다.

학문공동체가 여타의 사회공동체와 구분하려고 했듯이, 분과학문의 공동체는 여타의 분과학문과 구분되는 방식으로 그 특징을 드러낼 수 있을 때, 자신들의 활동과 연구에 대해서 좀 더 큰 만족과 확신을 가질 수 있다. 분과학문의 공동체는 대상에 대한 개념과 그 탐구방법을 서로 공유하는 집단이다. 하나의 물줄기가 여러 물줄기를 만나 조그만 못을 이루고 거기서 큰 강물로 흘러 바다에 닿는다. 이와 마찬가지로 그 창조자를 중심으로 하나의 특수한 집단이 형성되기 마련이다. 기존 학문의 위치는 이렇고,

---

1) 예컨대, 사회학에서의 뒤르켐(E. Durkheim: 1858-1917), 언어학에서의 소쉬르(F. de Saussure: 1857-1913), 그리고 철학에서의 후설(E. Husserl: 1859-1938)은 서로 그 대상영역은 다르지만 하나의 분과학문의 탐구영역을 확보하기 위해 필생의 노력을 경주했다(장상호, 1997a). 그들은 초기의 주창자에게 요구되는 뛰어난 창의력, 투쟁성, 그리고 이론적인 융통성이 희귀한 결합을 갖추고 있다.

새롭게 출범할 학문의 위치는 저렇다는 맥락이 그 창도자에 의해서 어렴풋이나마 구분되고, 그 새로운 대상과 방법에 대해서 관심과 열의를 함께 나누는 사람들이 서로 결속하여 자기의 생각을 발전시켜 나간다. 그렇게 발전된 형태가 원칙상 각종 학회에 해당한다.

그 자율적인 분과학문들이 진열된 백화점이 오늘날의 대학이라고 할 수 있다. 서로 중복된 물건이 섞여 있거나 혹은 있어야 할 물건의 종류가 빠질수록 그것은 좋은 백화점이라고 할 수 없다. 마찬가지로 각 분과학문은 다른 것과 겹치지 않으면서도 꼭 있어야 할 이유를 가지고 있을 때 대학에서 제 지위를 차지할 수 있는 정당성을 확보하게 된다. 그러나 대학의 간판을 내세운 모든 기관이 이렇게 순수한 학문공동체인 것만은 아니다. 오늘날의 대학은 현실적으로 학문 이외의 기능을 요구받고 있으며, 그것을 수용하는 정도에 있어서 대학마다 다소의 차이가 있다. 학문적인 대학과 비학문적인 대학이라는 구분이 있는 것도 사실이다.

교사양성이라는 기능을 수행하는 일종의 직업학교로 출범한 교육학은 그 가운데 비학문적 대학에 소속하며, 따라서 학문적인 대학의 변방에 자리 잡고 있다. 이런 상황에서 교육학과는 직업학교에서 비롯하는 그 학문적 지위를 정당화하는 별도의 구실을 내세워야만 하였다. 교육학자들 스스로가 순수학문의 결과를 교육에 응용한다거나, 혹은 교육학은 하나의 분과학문에 속하는 것이 아니라 그 모든 것을 넓게 포용한다는 식의 태도를 취하는 것이 그것이다. 이는 올바른 이해에 근거한 것인가? 아니면, 제멋대로의 임기응변인가? 그 내막은 다음 절에서 자세하게 살피겠지만, 불행히도 그 실상은 후자에 가깝다(장상호, 1997a, 2005a). 그 사실을 해명하는 데에는 적어도 두 가지 주제에 대한 초보적인 이해가 선행되어야 한다. 그 하나는 '순수학문(pure sciences)'과 '응용학문(applied sciences)'의 구분에 관한 것이고, 다른 하나는 대학의 제반 분과학문이 서로 연대하는 이른바 '학제연구(interdisciplinary research)'에 관한 것이다.

순수학문과 응용학문의 차이는 주로 학문의 목적과 관련되어 있다. 순수학문은 진리탐구라고 하는 학문의 고유한 내재적 가치(intrinsic value)에 충실하게 임하는 학문을 지칭한다. 이 점을 강조할 때 순수학문은 무용하고 응용학문은 유용하다는 식의 생각을 가지고 있는 사람들이 더러 있다. 그것은 큰 오해이다. 사실상 순수학문의 외재적 가치(extrinsic value)는 거의 무한정하다고 말할 수 있다. 다만 그 응용의 범위가 어떤 특정한 분야로 확정되지 않았을 뿐이다. 이에 비해서 응용학문은 어떤 한정된 분야의 가치실현을 위한 수단을 자처한다는 점에서 순수학문과 구분된다. 여기에는 어떤 순수학문을 어떤 대상에게 어떤 목적으로 활용하고자 하는지에 대한 범위의 규정이 응당 부대된다. 그 순수학문들은 무엇인가? 그것들이 적용될 대상은 무엇인가? 지식은 선용되거나 악용될 양면성을 갖기 때문에, 그중 선용을 보장하는 조건이 충족되어야 한다. 그 기준은 응용학문이 소기의 목적을 달성했는지를 평가하는 엄격한 준거로서 작용하며, 만약 그 소기의 성과를 얻지 못하는 경우, 응용학문의 명분은 소멸된다.

어떤 것을 탐구한다고 할 때, 우리는 구체적인 현실의 무한대한 내용 가운데 어떤 선택된 부분에만 관심을 집중한다. 그래서 학문의 분화는 우리의 복합적인 삶이 가진 상호관련성을 절단하고 각각 자기의 대상현상만을 고립된 것으로 취급하는 경향을 보여 왔다. 한 분과학문에서 유관한 것이 다른 분과학문에서 거의 무관한 것으로 무시될 수밖에 없는 것이다. 그런 맹점을 보완하는 방안의 하나가 이른바 학제연구다. 이는 일상적인 사태를 여러 학문의 관점과 시각을 동원하여 조명함으로써 그 사태의 복합성에서 놓치거나 간과하기 쉬운 부분들을 골고루 주목하고 고려한다는 의미가 있다. 그런데 그 점을 두고, 흔히 그 학제연구에 참여하는 분과학문들 사이의 경계가 없어지는 것으로 생각하는 사람들이 더러 있는 듯하다. 그것은 큰 오해이다. 앞에서 살폈듯이 분과학문의 지식은 그 경계를 분명하게 구획하는 방식으로 발전하였다. 그들은 생활사태의 관점에서 볼 때 부분적인 것일지 모르나 그 자체로서는 총체적이기 때문에 그 각각의 것이 하나의 학문체제로 통합될 가능성은 없다. 만약 그것이 가능하다면 그것을 굳이 학제연구로 부를 이유조차 없을 것이다.

## 0.2 교육학의 범주착오

교육학은 교육의 세계가 갖는 내재성을 밝히는 고유한 개념체제를 창안하는 몫을 수행할 것으로 기대되는 학문이다. 그럼에도 불구하고 현존하는 교육학은 태생적으로 그 기대에 부응하려는 것과는 전혀 다른 역사적 계기에서 출범하였다. 서양의 역사에서 18, 19세기는 근대국가가 탄생하는 시기이며, 이에 부수하여 이른바 '공립학교(public schools)'라는 새로운 제도가 출현하였다(이돈희, 1998). 그에 따라 엄청난 수의 교사가 필요하였으며, 그 급증된 수요를 일시에 충족시킬 방도를 찾아야만 하였다. 이런 급박한 상황에서 교사양성소나 교사양성을 담당한 교사들은 모종의 교과목을 택해야만 하였다. 교육학은 그런 임시변통의 역사적 변고에 대응하는 방식으로 규정되었으며, 그 전통은 지금까지도 지속되고 있다(장상호, 1986, 2005a; Schneider, 1989).

그런 규정의 이면에는 '학교가 바로 교육하는 곳'이라고 규정한 제도나 그 제도에 호응하는 상식이 작용했다. 사회적 제도의 강력한 자력 아래 학교 안에서 전개되는 온갖 생활방식이나 사태가 교육이라는 명분으로 정당화되었다. 교육학자들은 그에 따른 통상적인 개념과 용어를 당연한 것으로 수락하고 고착시켰다. 이는 사회적 고정관념에 의문을 제기하면서 발전해 온 학문의 전통과 정반대의 경로이다. 학문에서는 아무 것도 모른다는 것이 문제가 아니라 많은 경우 우리가 이미 확실한 것으로 항상 익숙해 있는 대상들이 문제라는 점이 앞 절에서 논의되었다. 세상 사람들이 당연시하는 교육관을 해체할 임무를 수행하여야 할 교육학이 소임을 저버리고 오히려 그 익숙한 것을 전제로 택한 것이다.

이로써 교육학은 이미 자명한 것으로 밝혀진 것을 탐구하는 미묘한 역설 안에 감금되었다. 먼저 그 점은 바로 자신들이 수행해야 할 인식활동의 근거를 부인하고 있다는 점에서 아이러니컬하다. 교육이라는 것이 자명하게 된 마당에 그것을 학문적으로 더 탐구할 필요가 있을까? 그럼에도 불구하고 지금까지 교육학이 학문의 지위를 향유하고 있다. 그 곡절은 무엇인가? 여기에는 그 상식에 학문적 지식을 추가하는 또 다른 경로가 첨가되었기 때문이다. 당시 교사양성을 담당한 교사들은 대학을 구성하고 있는 일반적인 학자들에 비해서 학문적인 역량이 부족했고, 단지 가르치는 실무능력을 다소 강조하는 정도의 배경을 가지고 있었다. 지적 공백에 가까운 상태에 놓인 이런 예비교사들에게 이미 대학에서 기성학문으로 자리 잡고 있는 제반 분과학문이 '교육의 기초(foundations of education)'라는 장식적 호칭으로 환영을 받았다(Borman, 1990; Hirst, 1983; Ornstein, 1977).

학교는 교육하는 곳이다. 교사는 교육을 수행하는 전문가다. 따라서 그들을 훈련시키는 데 적용되는 학문은 바로 교육학이 될 것이다. 그런 단순한 논리로부터 교육의 기초과목이라는 명분으로 유입된 제반 '모학문들(mother disciplines)' 앞에 '교육'이라는 수식적 명칭이 덧씌워진다(Morrish, 1977; Tibble, 1966, 1971). 오늘날의 교육철학, 교육심리학, 교육사회학, 교육문화인류학은 그런 임의적인 규정의 산물이다. 그런 경로는 분과학문들이 그들의 자율성을 얻어내기 위해서 기존의 분과학문에로의 환원을 몹시 경계했던 경로와 정확히 정반대이다. 교육학과에 진입한 철학, 심리학, 사회학, 인류학의 경우만 하더라도 각각 서로의 자율성을 주장하면서 형성하고 발전된 역사를 가지고 있다. 그럼에도 불구하고, 교육학은 그 자율성을 포기하고, 애초부터 스스로 외래학문으로의 환원을 자초한 셈이다.

이들에게 적용될 수 있는 가장 적절한 명칭은 아마도 '용병학문'일 것이다. 그런 용병학문을 하는 사람들이 점차 대학의 교육학과나 교육학회를 장악하게 되고, 교육학 혹은 교육연구는 그런 단체에 소속한 사람이 하는 연구라는 식으로 제멋대로 규정되기에 이르렀다(장상호, 1986, 1990). 기성의 학문들을 빌려오기만 하면 교육학이 되는 풍토 속에서 교육을 포착하는 개념을 창출하는 고민이 있을 수 없다. 그런데 앞의 경위로 형성된 용병학문들이 교육학과 안에 서로 칸막이를 하고 하위전공영역으로 인정받고 자리 잡고 있다. 마치 백화점 안의 잡화상과 같은 이 기이한 상황은 특정한 사실을 발견하는 개념과 방법론이 앞서 규정되고 그 후에 그런 관례에 동조하는 일단의 학문공동체가 생겨나는 경로와 정확히 반대방향이다. 모학문이 다른 용병학문들 사이에 서로를 개념적으로 배척하는 전통은 상존하며, 좁은 공간 안에서 서로를 견제하고, 그 이해관계에 따라 사분오열한다. 그런 상황이 교육학을 정립하는 데 주는 타격은 참으로 심각하다. 그중 두 가지만 짚고 넘어가자.

그 결정적인 부작용의 하나는 학문이 추구해야 이념에 역행하는 길을 걷고 있다는 점이다. 진리탐구란 A가 A이며, B가 B임을 밝히려고 하는 작업이다. 만약 A를 B라고 하거나 혹은 B를 A라고 주장하는 사람이 있다면, 그 깊은 곡절을 따질 필요도 없이 그는 '오류'를 범하거나 혹은 '허위'의 편에 있다는 판단을 쉽게 내릴 수 있다. 옳은 지식의 조건이 무엇이냐? 어려운 이야기이다. 그 숱한 논의를 짧은 지면에서 끌어내어 다룰 수 없음은 말할 필요조차 없다. 지식이 갖추어야 할 최소한의 조건은 정합성(整合性; cohesiveness)이다. 한 분야의 연구라면 서로의 의미가 모아지고 확장될 수 있어야 한다. 그런데 용병학문의 분류를 따르는 전공영역마다 그 이론적 맥락이 전혀 다르기 때문에 더러는 A이며, 더러는 B이며, 더러는 C라는 식으로 하나의 의미체제로 종합될 수 없다. 이처럼 외래적 개념과 사실들을 아무런 제약도 없이 끌어들이는 현존하는 교육학은 적어도 교육의 편에서 볼 때 허위의 편에 서 있다.

현존하는 교육학이 학문의 이름으로 대중의 교육관을 체계적으로 강화하거나 오도하는 엄청난 잘못을 저지르고 있다. 학문이 지향하는 진리탐구는 상식적 인식을 벗어나는 것이라는 점을 누차 지적했다. 그런데 용병학문은 학교에서 일어나는 사태와 교육을 동일시하는 대중적 상식을 그대로 받아들였다. 그리고 다른 한편으로 모학문 앞에 '교육'이라는 명칭을 부여하였다. 그 각각의 모학문의 개념과 이론은 그들이 대상으로 삼는 사실을 포착하도록 고안되었으며, 따라서 서로의 진지한 소통, 논의, 혹은 토론을 기대할 수 없다. 더욱 심각한 것은 제반 이질적인 사실들을 한 군데 모아서 '교육'이라고 지칭함으로써 교육의 의미가 그 외래적 사실로 왜곡되는 현실이다. 용병학문의 종류가 많을수록 그 왜곡조차 사방팔방으로 흩어진다. 교육학과가 담당한 교사양성의 교직과정을 통해서 그 왜곡이 고착되며, 그렇게 성립된 교사의 교육관은 그들의 학생들에게 재생된다. 이는 '그릇된 교육관'이 학문의 권위를 빌려 엄청난 규모로 확장하는 것을 의미한다.

요컨대, 현존하는 교육학은 교육현상을 이론적으로 구명한다는 취지의 학문적 과제와는 무관하다. 그런데 그것이 존재함으로써 발생하는 부작용은 단지 그 부분에 국한되지 않는다. 용병학문의 진입에 따른 다른 하나의 심각한 부작용은 그런 전통의 지배를 받는 교육학과가 아직 제대로 출범조차 하지 않은 교육에 대한 연구를 지연시키고 억압하는 세력으로 작용하고 있다는 점이다. 용병학문은 대학의 교육학과나 교육학회에 소속한 사람이 연구하는 것이 교육연구라는 멋대로의 규정을 따른다. 그런 통치가 정착된 영토에서 고유한 의미의 교육현상이 진정 무엇이냐 하는 근원적인 문제는 지금까지 제대로 조명을 받지 못한 채 방치되어 왔다. 뿐만 아니라 그 상황을 문제시하면서 이제부터라도 교육이라는 현상을 밝히는 자율적인 개념체제와 방법을 찾아 나갈 것을 주장하는 취지나 시도는 그 자체가 모반의 의미를 지닌다. 그로 인해서 역사를 제자리로 돌려놓을 만한 내부의 힘이 성숙할 기회가 억제되어 왔다.

앞에서 지적한 교육학 내부의 깊고 세부적인 사정을 잘 모르는 대학사회는 막연히 교육학이 '정체불명의 이류잡학'이라는 점에 특별히 주목한다. 그 점만으로도 교육학의 위기는 이미 오래전부터 진행되고 있다고 볼 수 있다. 백화점의 경우처럼 대학은 여러 학과가 서로 다른 현상을 조명하는 시각을 확보하는 자리이다. 그런데 하나의 학과가 그 모든 시각을 다시 포용하겠다면, 그것은 백화점 안의 잡화상처럼 중복이다. 교육학과에서 발표하는 지식의 깊이와 수준에서도 학문적 열세를 면하기 어렵다. 교육학과의 용병학문은 모학문에서 파견했다기보다는 교사양성기관에 자리 잡은 토착학자들의 일방적인 흠모의 산물이다. 그들이 대를 이어가며

생산해 내는 수많은 학위논문이 모학문의 기준을 만족시키기 어렵기 때문에 학구적인 대학에서 교육학과가 더 이상 적응해서 존속하기 어렵다는 평가가 자체 안에서조차 이루어지고 있다(Clifford & Guthrie, 1988; Lagemann, 2000). 실제로 교육학은 미국의 학구적인 대학에서 점차 퇴출되어 가고 있다는 우울한 보고도 접하고 있다.

현존하는 교육학과가 종합대학에서 생존하는 곡절은 교사양성이라는 현실적인 요구가 아직도 상존한다는 데 있다. 앞에서 살폈듯이 그 요구에 응하는 교육학과 혹은 더 넓게는 사범대학이라는 기관이 공유하는 그들만의 신화를 만들었다. 교육을 전문적으로 수행하는 기관이 학교이다. 그 전문가가 바로 교사이다. 그 교사에게 가르치는 교과목은 무조건 교육학이다. 교육학자는 그런 일련의 책임의 위계에서 높은 위치를 차지하고 있다. 따라서 교육학자들의 높은 신분은 미래에도 확고하게 보존될 것이다. 대충 이런 안이한 논법이 아직까지도 대부분의 교육학자들이 사실상 교육현상의 연구와는 무관하다는 의혹을 받으면서도 그 사태를 아직도 느긋하게 받아들이는 이유가 될 것이다. 문제는 그 신화의 근거는 너무도 취약하다는 점이다. 자기들만이 향유하고 의지했던 신화가 어느 날 갑자기 무너질 시점에 이르렀을 때, 아마도 그들은 때늦은 후회를 하게 될 것이다.

사범대학이나 교육학과가 대학에서 경원과 멸시의 대상이라는 사실은 근래의 일이 아니다. 지금의 교육학은 학문의 내규로서는 도저히 이해하기 어려운 괴물 형태를 취하고 있다. 학문의 내규를 애초부터 벗어났다고 표현하는 것이 더 적절할 것이다. 그 원인이 그들이 출범할 당시의 방향착오에 있기 때문에 지금처럼 더 열심히 연구하면 문제가 해결될 것이라는 기대조차 할 수 없다. 이처럼 학문적 위상을 의심받고 있는 사태에서 몇 가지 구차한 합리화가 첨가된다. 첫째는 순수학문을 포기하고 응용학문을 표방하는 것이며, 둘째는 교육학도 나름대로 그 고유의 이론이 있다는 증거를 제시하는 것이며, 셋째는 현존하는 교육학 안에 비단 용병학문만이 존재하는 것은 아니라는 점을 부각시키는 것이다. 그러나 불행히도 이런 몇 가지 항변의 근거들 역시 대학에서 하나의 독립된 분과학문으로서의 교육학과의 존속을 보장할 수 있을 만큼의 설득력이 있는 것도 아니다. 그 각각의 주장과 문제점이 무엇인지를 간단히 살펴보자.

흔히 교육학자들은 자신들이 하고 있는 학문을 '응용학문'의 범주에 넣는다. 이런 선택은 한편으로 이론적 안목의 빈궁이라는 내부문제를 정당화하고, 다른 한편으로 자신들이 수행해야 할 이론적 작업을 기피하는 양면의 구실을 한다는 장점이 있다. 그런데 이런 편법도 무엇을 어디에 적용하느냐 하는 문제를 따지고 들면, 그 근거가 없다. "교육학을 교육의 문제를 해결하는 데 활용한다"는 것과 "제반 분과학문들의 지식을 학교의 문제를 해결하는 데 활용한다"는 것은 전혀 다른 경로이다. 현존하는 교육학과에서 실제로 진행되는 실상은 후자이며, 이처럼 교육학이 비정상인 마당에 교육학도들이 교육의 정상화에 관심의 우선권을 부여하는 것은 어떻게 보아도 앞뒤의 순서가 뒤바뀐 경우라고 해야 할 것이다. 그런 상황에서 문제가 문제를 가중시키는 악순환만 일어날 것이고, 사실상 교육의 정상화를 기대하는 일반인들에게도 교육학은 이미 불만의 대상이 되어 왔다. 시간이 흐를수록 교육학의 존립근거는 이전보다 더욱 심각한 도전을 맞이할 것이다.

대학의 교육학과에서도 '교육사상'이나 '교육이론'이라는 강좌가 제공되기도 한다. 그 분야가 제대로 된 경우라면, 그들의 이론을 빌어 그들이 규정하는 교육현상을 개선한다는 취지를 얼마만큼 살려낼 수 있을 것이다. 이 경우라면 응용학문의 취지가 이론적으로 성립하기 때문이다. 그러나 그 내막을 살펴보면, 그들은 교육 자체가 무엇인가 하는 부분을 밝히기보다는 주로 교육이 달성할 결과가 무엇이냐 하는 점에 치중한다. 논자는 그 중요한 특징을 살려 '기능주의적 교육관'[2]이라는 용어를 자주 쓴다. 이들은 제

2) 그와 관련된 문제가 본서의 곳곳에서 특정한 주제와 관련하여 지적될 것이다. 그런데 먼저 지적되어야 할 것은 이 용어에서 '기능주의'는 철학이나 사회학에서 일컫는 것과 직접적인 관련이 없다는 점이다. 단지 교육을 규정함에 있어서 그 내용이 무엇인지를 밝히지 않은 채 오로지 그 기능만을 주장하고 내세우는 경우를 약칭하기 위해 '기능주의적'이라는 수식어를 사용한 것이다. 혼동을 피하기 위해서 '결과론적'이라거나 혹은 '도구주의적'이라는 용어를 사용하는 것이 어떤가 하는 점도 고려되었지만 마땅하지 않

각기 그 결과를 달리 주문하기 때문에 그 종류도 다양하다. 이제 그 결과를 가져오는 교육의 정체가 무엇이냐 하는 결정적인 부분을 해명해야 할 과제가 남는데, 대부분 그 결과를 가져오게 하는 것이 교육이라는 논리적 순환에 의존한다. 만약 소기의 결과를 얻지 못한다면, 그 상황은 당연히 그 교육관이 그릇된 경우로 보아야 옳다. 그러나 교육학도들은 그 상황을 교육이 잘못된 것으로 엉뚱하게 전가하면서, 그것을 개선하는 데 자신들의 전문적인 봉사나 서비스가 필요하다는 식의 논리를 편다. 교육학에 내재한 온갖 비리를 자신들의 일자리를 얻는 방편으로 삼는 이런 논법은, 시정의 기준으로 '염치없는 기만'에 해당한다고 해도 할 말이 없을 것이다.

교육학과에도 외래학문의 명칭이 붙지 않은 전공영역이 더러 있다. '교육과정(curriculum)'과 '교육평가(educational evaluation)'가 그 경우에 속한다고 볼 수 있다. 그 점을 내세워, 이 분야의 학자들은 현재의 교육학 체제 안에서 교육학의 고유성을 대표할 수 있는 주자라는 자부심도 가지고 있는 듯하다. 그렇다면, 그들은 교육의 정체를 제대로 이해하고 있으며, 그 본질의 구현에 충실한 봉사를 하고 있는가? 그 내막을 보면, 이 영역들 역시 앞에서 지적한 두 가지 결정적인 결함에서 한 치도 벗어나지 않는다. 우선 '교육과정'은 어떤 외재하는 가치를 기준으로 교육의 목표로 선정하고, 그것을 학교에서 달성하는 절차를 하나의 과제로 설정하는 도식을 그대로 따른다. 그 과정을 학문적으로 밝히려는 일부의 노력도 근래에 엿보이지만, 그때 동원되는 개념은 역시 철학, 심리학, 사회학 등 용병학문의 성격을 벗어나지 못한다. 다른 한편, '교육평가'는 기본적으로 교육과정에서 설정된 목표 혹은 더러는 그 과정 자체를 평가하는 과제를 수행하는 분야로 알려지고 있다. 주로 심리학의 측정운동과 학교의 사회적 선발이 서로 결합함으로써 등장한 이 분야는 오늘날 말썽과 지탄의 대상인 '입시 위주의 교육'의 맥락 안에 자리 잡고 있다.

---

았다. '결과론적'은 이미 일어난 결과를 두고 하는 말에 해당하며, '도구주의적'은 실용주의노선의 또 다른 교육관을 연상시키기 때문이다.

## 0.3 교육학의 자율화

교육학은 우리의 삶 안에 존재하는 참된 교육현상을 학구적으로 탐구한다는 기본 취지와 전혀 다른 엉뚱한 길을 걸어왔다. 이제까지 그 학문의 초보적인 요건조차 고려할 겨를이 없이, 단지 국가적인 제도로서의 학교현상을 타학문의 개념을 빌어 이론적으로 설명하거나, 그 실제를 개선하는 데 참여하는 일을 담당해 왔다. 그런 역사는 교육에 대한 학문적인 이해뿐만 아니라 교육의 발전에도 큰 장애가 되고 있다. 제도나 상식이 규정한 사실들을 당연시한다면, 그것을 따로 학문적으로 탐구할 필요가 없다. 다른 분과학문에 의해서 이미 탐구되고 있는 대상을 교육학자들이 반복해서 탐구할 필요도 없다. 그런 '비정상적인 교육학'이 '교육의 정상화'를 부르짖는 데 앞장서고 있다. 현실은 그런 아이러니를 결코 용납하지 않을 것이다.

가장 우려할 사태는 이런 이유로 인해서 교육에 대한 본격적인 연구를 시작도 해 보기 전에 교육학이 대학이나 학문공동체로부터 퇴출당하는 것이다. 그런 불행한 사태를 어떻게 미연에 방지할 것인가? 그것은 그 출발점에서 잘못 택했던 진로를 바로잡는 것이다. 애초의 잘못을 무마한 채 그 오류의 연장선상에서 개선을 꾀할 수는 없다는 뜻으로 '잘못 끼워진 단추'라는 표현을 쓴다. 첫 단추가 잘못 끼워지면 아무리 노력을 해도, 아니 노력하면 할수록 그 원래의 목적지로부터 멀어지고 만다. 그 상황에 대처하는 가장 현명한 방법은 잘못 끼워진 단추를 풀어서 다시 끼우는 것이다. 이런 해결방식은 어떻게 보면 이제까지의 노력을 부정하고 문제를 원점으로 환원시켜 놓는 아쉬움이 있지만, 거기에 미련을 두면 더욱 어려운 문제가 누적된다는 점에서 최선의 선택이 될 것이다.

진실이 은폐될 수 있는 기간은 한정되어 있다. 시간은 점차 당연시해 오던 것에 의문을 제기하고 은폐된 것을 점차 노출시킬 것이다. 교육학은 출범당시 가정했던 순박한 전제들을 전면적으로 포기하고 그동안 사실상 방기해 온 본래의 물음을 제기하면서 파고 들어가는 작업을 수행해야 한다. 교육은 인류의 역사가 시작된 이래 어김없이 우리의 가까운 삶에 늘 존재하여 왔을 것으로 가정된다. 그것이 바로 교육학을 성립시키는 기본 전제이다. 어떻게 그 교육현상이 이론적인 탐구의 대상이 될 수 있는가? 교육학자들은 앞으로 교육의 세계에 형태를 주고, 채색을 하고, 분류하고, 그곳을 올바르게 주목하도록 자기 나름의 이론들을 구성하는 노력을 통해 자체의 위상을 점검하고 정립해 나가야 할 것이다. 그런 혁명적인 전환을 감행하지 않는다면, 교육학은 학문공동체에 적응하기 어려울 뿐만 아니라 교육에게도 유해한 세력으로 작용할 것이다.

이제까지 얼마나 지적인 성취를 가져왔느냐 하는 결과만을 토대로 분과학문을 평가하는 것은 매우 중요한 점을 놓친다. 학문은 문제가 전혀 없는 상태에서는 정체하고 문제가 있는 곳에서 오히려 번창한다. 오류가 드러나는 사태는 그곳에 몸담고 있는 학자에게 기피할 것이 못된다. 연구의 생명은 끊임없는 탐색에 있다. 학문의 매력은 어떤 중요한 탐구의 문제를 가지고 있고 그에 대한 해답을 추궁하는 데 있다. 자기 나름의 고유한 지적 성취와 공헌을 꿈꾸는 진정한 탐구자는 지적으로 채워진 곳보다는 그 공백, 그리고 기지의 해답보다는 그럴듯한 질문을 원한다. 이것은 마치 사냥꾼이 많은 짐승이 있는 곳을 선호하는 것과 마찬가지의 이치에서이다. 이런 관점에서 보면 이미 많은 부분에서 탐색이 끝난 기존의 학문보다는 신생학문에 더 큰 매력이 있을 수 있다.

한 분야의 연구가 남긴 업적과 자랑은 그것이 남긴 해답보다는 그 해답을 선도하는 질문의 수준을 쇄신하고 개선하는 데 있다. 이제까지 교육학은 교육 자체의 정체를 밝히는 연구를 전혀 진척시키지 않았다고 해도 과언이 아니다. 이 점에서 이전의 교육학은 역설적으로 그 작업에 참여할 모험적인 교육학자들에게 엄청난 잠재적 유산을 남긴 셈이다. 자율적인 교육학이 자리할 곳은 마치 개간해야 할 황무지와 같다. 아직 그 외곽 안의 정체가 무엇인지는 분명하지 않다. 교육학은 정체불명이라는 비난을 벗어나기 위해서 그 정체성이 무엇인지를 밝혀 나가야 한다. 교육이 자리한 곳의 경계가 어떤 것인지에 대한 의문을 던지고 그것에 답을 하면서 차츰 규정해 나가야 할 것이다.

그 작업의 중요한 원칙은 포섭보다는 배타, 그리고 유사성보다는 차이에 주목하는 것이다. 인식은 선택적인 것이다. 무엇 하나를 선택하고 규정하는 일은 언제나 다른 무엇을 배제하는 것이다. 지금의 교육학의 상황에 비추어 그 배타와 차이의 원칙이 적용되어야 할 사항은 학교와 교육 사이의 범주적인 구분이다. 교육학의 온갖 부조리는 바로 '교육에 대한 연구'를 '학교에 대한 연구'로 대체하려고 했던 데서 비롯하였다. 후자는 이제까지 교육학이 들어선 잘못된 길이고, 전자는 교육학이 이제부터 탐구해 나아가야 할 길인 셈이다. 이제 그들을 엄격하게 구분하고 교육학의 진로를 후자에서 전자로 돌리자는 것이 본 절의 주제가 갖는 기본적인 취지이다. 이런 분별이 이전에 이루어진 '학교에 대한 연구'를 그 본래의 것으로 되돌리는 간편한 해법이기도 하다.

개념적으로 학교와 교육은 전혀 다른 범주에 속한다(장상호, 1990, 1994b, 2005a). 학교는 가정, 직장, 학원, 각종 회관, 가상공간 등과 더불어 우리가 일상적인 삶을 공간적으로 구분하는 개념범주에 속한다. 이에 비해서, 교육은 정치, 경제, 사회, 문화, 종교 등과 같이 특정한 삶의 양상과 관련하여 그 동질성을 확인해 나아갈 범주에 드는 세계의 하나이다. <그

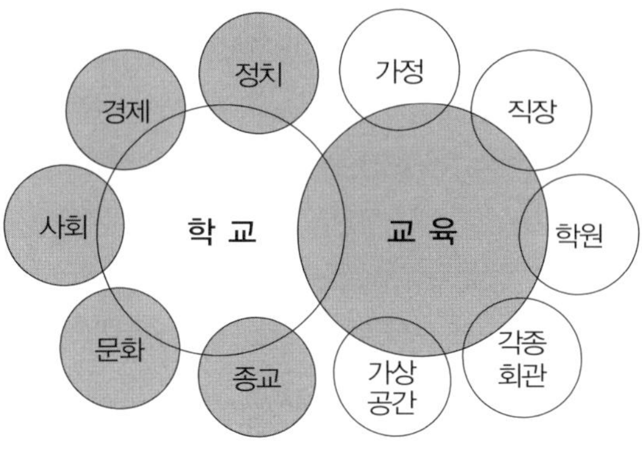


〈그림 0.1〉 학교와 교육의 범주구분

림 0.1>은 이처럼 서로 다른 두 가지 범주로 세계의 분류방식을 나누고 그로부터 학교와 교육이 어떤 관계를 가질 수 있는지를 보여준다. <그림 0.1>에서 생활공간의 범주는 흰 색 바탕으로 표시되어 있고, 삶의 양상의 범주는 어둡게 표시되어 있다. 학교와 교육은 서로 교차하는 영역이 있을 수 있으나, 결코 동일시해서는 안 될 영역으로 드러나 있다. 그들 각각에 대한 연구, 즉 '학교에 관한 연구'와 '교육에 관한 연구' 역시 전혀 다른 종류의 것이다.

현상학을 창도한 철학자 후설(Husserl, /1970)의 말을 빌리면, 학교는 정확히 '생활세계(Lebenswelt)'에 해당한다. 여기에는 각종의 고유명사적인 사건들과 사물, 그리고 평상적인 생활에서 문제시되는 모든 것들을 포함하는 잡박한 과정이 진행되고 있다는 점에서 '학교태(schooling)'라는 용어로 총칭될 수 있을 것이다. 오늘날 젊은이들의 삶의 공간으로서 학교태는 <그림 0.1>에서 예시하듯이 정치, 경제, 사회, 문화, 종교, 교육이라는 온갖 측면들을 포함한다. 서로 혼동되어서는 안 될 고유한 사실들의 복합적인 특징을 종합적으로 이해하는 데에 그것들을 균형 있게 밝혀내는 연구가 필요하다는 것은 말할 필요도 없다. 그런 요구에 부합하려는 것이 바로 '학제연구'이다.

현존하는 교육학 가운데 '용병학문들의 연구'는, 정확하게 말하면, '학교태에 대한 학제연구'라고 할 수 있을 것이다. 문제의 발단은 그 학제연구를 교육을 연구하는 것으로 혼동하는 데 있다. 제반 모학문의 개념을 빌어 밝혀진 모든 것을 교육이라는 말로 지칭하는 것은 교육을 그 외래적 사실들로 왜곡시킨다는 점을 앞 절에서 문제시하였다. 이 말을 뒤집으면, 또 다른 심각한 사실이 부각된다. 그것은 철학, 심리학, 사회학, 행정학, 문화인류학 등의 모학문들이 그들 나름으로 서로 구분하려는 이질적인 제반 사실을 통째로 교육으로 왜곡시키고 있는 것이다. 이 점은 학교태의 복합성을 드러내려는 학제연구의 의도와도 정면으로 배치된다.

그 문제를 일거에 해결하는 방법은 '용병학문들의 연구'에서 '교육'이라는 용어를 걷어내는 것이다. 그 각각의 것에서 밝혀진 사실들은 결국 그 각각의 모학문의 것이다. 그 원래의 소속된 곳으로 그 결과를 되돌림으로써 학교태의 다양한 양상들이 서로 구분되는 방식으로 좀 더 선명하게 드러날 수 있을 것이다. 그렇게 함으로써 우선 교육철학, 교육심리학, 교육사회학, 교육행정학, 교육문화인류학이라는 명칭 대신에 학교를 대상으로 하는 철학, 심리학, 사회학, 행정학, 문화인류학 등의 학제연구라는 명칭이 되살아날 것이다. 서로 다른 것을 조명하는 연구들 간에는 서로 상충할 이유가 없으며, 그만큼 그들 사이에 존재하는 근원적인 소통의 문제도 자연스럽게 해결될 수 있다.

학교에서 우리가 접하는 고유명사적인 특수한 사건과 사물, 그리고 대개 평상적인 생활에서 문제시되는 구체적인 생활범주들은 항상 이론적으로 분석하기 이전의 다면성과 총체성을 가지고 있다. 그 안에서 복합적으로 작용하는 다종의 세계들은 서로 다른 기능을 하고 있기 때문에 그 나름의 존재의 이유가 있으며, 따라서 그것 중 어떤 것을 다른 것으로 환원시키려고 해서도 안 된다는 것이 앞에서 논의한 학제연구의 전제이며 취지이다. 그런데 그 모든 것을 우리는 교육이라는 관례적인 용어로 대치하고 있기 때문에, 앞의 학제연구의 대상이 학교가 아니라 교육인 것 같은 또 다른 왜곡이 일어나는 것이다.

그 전형적인 하나의 예가 '교육과정(curriculum)'이다. 학교를 운영하는 중요한 부분을 차지하는 이 사태는 오직 교육현상만을 내포한 것이 아니다. 이 영역에서 '교육'의 문제를 다룬다고 하지만, 용병학자들이 실제로 관심을 두고 있는 문제나 사실은 교육의 것들과는 전혀 다른 범주의 것들이다. 그 내막을 살피면, 그들은 철학, 심리학, 사회학 등의 모학문들을 끌어들여 그들을 외래적인 것으로 환원시킬 뿐, 사실상 교육 자체는 거의 도외시하거나 은폐시키고 있는 것이 금방 드러난다.[3] 이들 연구에 대한 정확한 명칭은 '커리큘럼에 대한 학제연구'임에도 불구하고, 우리나라에

---

3) 여기에 교육학의 관점을 추가한다면 바로 그것이 비로소 커리큘럼의 교육적인 측면이 될 수 있을 것이다. 그런 커리큘럼의 연구는 제 4장에서 다루어진다.

서 사용하는 '교육과정'이라는 번역어는 그들이 마치 '교육현상에 대한 학제연구'[4]인 것으로 오도하는 데 일익을 담당한다. 여기에서 '교육'이라는 관례적 용어를 걷어낸다면, 그에 따른 모든 혼동이나 실상이 더욱 선명하게 드러날 것이다.

학교에서 진행되고 있는 다른 하나의 전형적인 사태는 '교육평가(educational evaluation)'이다. 이는 학교의 과학적 운영이라는 취지로 도입된 것으로서 커리큘럼 혹은 그것이 가져오는 학업성과가 어떤 것인지를 주로 평가하는 것으로 되어 있다. 후자는 더 나아가 학교가 지니고 있는 사회적 선발의 기능과도 긴밀한 관계를 가지고 있다. 이들은 교육에 대한 평가로 보기 어렵다. 그 학교의 평가 안에 교육의 측면을 추가할 수도 있을 것이다. 만약 그렇게 하려고 한다면, 교육이 무엇이며, 거기에 부여할 가치가 무엇인가 하는 점에서 더 이론적인 고민을 할 필요가 있다.[5] 그런데 그 어떤 납득할 만한 이론적인 근거도 없이 그런 평가가 단지 학교 안에서 이루어지고 있다는 사실 때문에 그것을 '교육평가'라고 지칭하고 있다. 따라서 항간에는 사회적 선발과 교육평가가 마치 동일한 과제처럼 혼동되고 있다. 만약 이 용어에 부대된 '교육'이라는 수식어를 걷어낸다면, 그 실상이나 그에 따른 문제의 해법이 더욱 명백해질 것이다.

이제까지 우리는 학교 안에서 이루어지는 사태가 바로 교육이라고 생각하는 통념이 사실상 무근한 것임을 살폈다. 이 점을 인정한다면, 그에 따라 성립한 교육학도 무근거하다는 결론이 가능하다. 학교는 생활공간으로서 그 나름의 특성을 지니고 있으며, 이에 대한 학제연구는 그 다양한 면모를 밝히는 데 공헌할 것이다. 교육학과에 침투한 용병학문은 그 부분에서 그 가치를 인정받을 만하다. 반면에, 그 논의로부터 얻을 수 있는 심각한 역설은 학교에 대한 학제연구에서 유독 교육 고유의 측면만 철저하게 배제되어 왔다는 사실이다. <그림 0.1>에서 볼 수 있듯이, 교육이 일

---

4) 흔히 쓰이는 이 용어는 '물리현상에 대한 학제연구'처럼 논리적으로 성립할 수 없다.
5) 이 문제와 해법은 제 9장에서 구체적으로 다루어진다.

어날 수 있는 생활공간은 비단 학교에 그치는 것이 아니라 가정, 직장, 학원, 각종 회관, 가상공간 등에까지 확장된다. 그 안에서 진행되는 교육적인 측면을 해명하는 것이 교육학이 수행해야 할 본연의 역할이다.

이 문제를 다룸에 있어서도 배타와 차이의 원칙이 적용된다. 이미 여타의 분과학문들에 의해서 탐구되고 있는 대상을 교육학자들이 반복해서 탐구할 필요는 없을 것이다. 이 분야의 탐구는 여타의 학문이 탐구한 것을 제외하고 오직 교육에 대한 탐구만으로 이루어져야 한다. 그 작업을 제대로 수행하기 위해서는 지금의 '교육'에 대한 제반 용어를 해체해야만 한다(장상호, 2005b, 2007). 교직의 훈련에 부응하는 대학의 학과가 '교육학과', 그곳에 소속한 학자가 '교육학자', 그 교육학자가 수행하는 연구가 '교육학연구', 그 연구결과로 얻은 해답이 '교육학적 지식'이라는 명칭은 명실상부하지 못한 제멋대로의 규정이다. 앞에서 지적했듯이 이들에게는 더 적합한 명칭이 따로 있다.

교육은 학교태와 구분되는 범주에 속한다. 교육은 <그림 0.1>에서 볼 수 있듯이 학교뿐만 아니라 앞에서 지적한 다양한 생활세계 속에서 찾아볼 수 있는 현상이다. 교육의 동질성은 정치, 경제, 사회, 문화, 종교와 같은 여타의 삶의 양상을 배제함으로써만 파악될 수 있다. 하나의 동질적이고 독자적인 세계는 쉽게 눈에 보이지 않는 실재이기 때문에, 다시 후설(Husserl, /1970)의 말을 빌리면, 오직 현상학적인 환원과 이론적 태도를 갖춤으로써 이해할 수 있다. 그 요소와 총체적인 특징을 연구하는 대학의 학과가 교육학과, 교육을 연구하는 학자가 교육학자, 교육을 밝히는 것이 교육학연구, 그 연구결과로 얻은 해답을 교육학적 지식으로 올바르게 규정하는 관점의 전환이 이루어져야 한다.

현 단계에서 교육학자에게 가장 필요한 것은 소크라테스의 언명처럼 교육에 대한 왕성한 의문이다. 왜냐하면 이제까지 이전의 교육학이 가진 치명적인 문제가 교육을 이미 알려진 사실로 받아들인 데서 비롯하였기 때문이다. 이때 알려졌다고 하는 것은 세상 사람들, 제도, 일상어, 혹은 학교에서 규정한 것을 의미하였다. 사실이 아니라 알려짐의 내용이 언제나 문제가 된다. 이미 알려진 내용을 당연한 것으로 받아들인다면, 교육을 학문적으로 따로 연구할 필요가 어디에 있겠는가? 우리는 앞에서 그 교육관은 교육은 물론 세상을 이해하는 데 혼란을 줄 뿐이기 때문에 그것을 닦아내고 버려야 한다는 결론에 도달했다. 그 후에 남는 것은 무지의 공백지대이다. 우리는 아직도 그 교육의 정체가 어떤 것인지를 정확히 알지 못한다.

일상의 사람들에게는 몰라도 적어도 교육학자의 입장에서 보면, 교육이란 영원한 물음표의 대상이어야 하며, 그 물음을 해소하는 것이 교육학의 항구적인 과제이다. 교육은 다른 영역과는 독립된 지적 수수께끼를 자족적으로 담지하고 있는 세계이다. 교육은 신비와 경이의 근원이며, 그것이 바로 교육학의 존재가치를 고양한다. 탐구의 대상은 오로지 겸허하고 열린 마음을 가진 탐구자에게만 포착될 수 있다. 진정한 의미의 교육학자는 "교육이란 무엇인가?"라는 물음을 마치 불치의 질병처럼 몸에 지니고 다니면서 항상 그 해답을 얻기 위해서 몽상하는 사람이라고 할 수 있다. 만약 교육이라는 실재의 의미가 이미 주어졌다고 생각하거나, 거기에 어떤 완벽하고 영구적인 불변의 관점이 있다고 생각하는 사람이 있다면, 그는 교육학자가 아님이 분명하다.

교육은 그 내적 정합성에 의해서 규정되는 독자적인 세계라고 할 수 있다. 그 교육을 체험하거나 인식한다는 말은 그것의 의미를 하나의 전체적인 통일체로 완성한다는 것을 의미한다. 교육이라는 개념에 대한 한마디 정의(definition)가 아니라 그 내부의 총체를 드러내는 개념체제(conceptual system)를 갖추어야만 한다.[6] 교육이라는 형태를 찾는 조각 맞추기 퍼즐을 연상해 보자. 이를 맞추고 이해하기 위해서는 그 형태의 바깥과 안쪽의 경계가 어떤 것인지를 알아야 한다. 밖의 것은 기존의 다른 분과학문에

---

6) 개념은 지식을 구성하는 하나의 요소에 불과하다. 교육학적 지식은 개념의 수준을 벗어날 수 있을 때 비로소 성립할 수 있다. 이런 초보적인 사실을 여기서 지적하는 것은 교육현상을 단순히 하나의 개념으로 정의될 수 있는 대상으로 생각하는 사람들이 의외로 많기 때문이다. 놀라운 것은 교육학도들조차 대부분 그 예외가 아니라는 사실이다.

의해서 이미 해명된 것들로서 안쪽의 조각을 맞추는 데 부적절하다. 이제 그 남겨진 안쪽의 지적 공백을 오직 교육의 내재적 속성(intrinsic traits) 혹은 내재적 변인(endogenous variables)으로 채워야 한다. 교육의 세계에 관한 단편적인 아이디어, 자료, 혹은 정보를 빠짐없이 수집하는 것으로 불충분하다. 교육이라는 형태는 그것들이 어떤 방식으로 전체 속에서 통합될 수 있을 때에 비로소 드러날 수 있게 된다.

우리는 교육학과나 교육학회에 소속한 사람이 수행하는 연구를 무조건 교육연구로 규정하는 이제까지의 관행이 크게 잘못된 것임을 살펴왔다. 그렇다면, 교육연구를 판가름할 수 있는 새로운 기준은 무엇인가? 그 원칙은 참으로 간결하다. 교육에 대한 모든 언급, 혹은 모든 연구는 교육의 전체이거나 혹은 그 한 부분임에 관한 것임을 분명하게 입증할 수 있어야 한다. 다음의 질문들이 그것을 판별하는 구체적인 척도가 될 수 있을 것이다. 이 연구는 교육의 어떤 부분에 관한 것인가? 그것은 왜 부분이 되는가? 그것은 교육이라는 현상을 드러내는 데 얼마나 공조하는가? 이에 대한 해답을 충족시킬 수 없는 연구는 교육에 관한 연구로서의 자격을 갖추었다고 보기 어렵다.

연구는 영어로 '다시 봄(re-search)'을 의미한다. 연구는 현재의 지식이 갖고 있는 결함과 모순을 발견하고 보다 더 나은 지식을 발견하고자 하는 것이다. 교육이라는 대상은 항상 현존하는 인식수준을 언제나 배신할 만큼 복잡한 대상이다. 다양한 이론적 제안이 이루어지면서 서로가 경합하는 것은 바람직하다. 추구하는 학자의 수준에 따라 교육은 다양한 양태로 나타날 것이다. 어떤 개념체제도 언제나 어림값에 불과하다. 참된 교육학자는 그 어림값을 마지막의 것으로 결론짓기보다는 "교육이란 무엇인가?" 하는 화두 자체에 매력을 느끼면서 꾸준하게 탐구를 계속할 것이다. 그런 과정을 예상하지 않는 교육학자는 학문의 발전 자체를 부정하는 셈이다.

## 0.4 교육본위론의 예시

우리의 삶은 다양한 이질적인 사실들로 구성되어 있다. 사실들은 개념과 독립하여 존재한다. 그러나 세상의 모든 사태와 사실은 우리의 인식의 망을 거쳐서 비로소 우리에게 알려진다. 그 점에서 사실과 인식은 불가분의 관계를 갖는다. 긴 세월에 걸쳐서 사실 자체는 크게 변하지 않더라도 그들에 대한 우리의 인식내용은 급격하게 확장되고 발전하고 있다. 이제까지 그토록 많이 발견된 '새로운 사실들'은 엄격한 의미에서 새로운 것이 아니고, 그에 해당하는 개념의 발전과 직접적으로 관련되어 있다. 그 사실의 종류가 얼마나 많은가 하는 질문에 대한 해답은 그것을 해석할 수 있는 얼마나 많은 개념범주를 우리가 갖추고 있느냐에 달려 있다.

삶의 총체를 이해한다는 것은 불가능하다. 그 가운데 일부의 사실을 선택적으로 인식할 수 있을 뿐이며, 그 선택에 따라 삶의 양상이 전혀 다르게 나타난다. 이 부분에서 가장 큰 공헌을 한 것이 바로 분과학문들이다. 각 분과학문은 선택된 고유한 대상의 사실이 드러나는 방식의 개념범주를 창안하는 경연에 참여해 왔다. 그런 고유한 개념범주의 놀라운 점은 우리가 그러한 해석을 일단 받아들이게 되면, 이 해석에서 제외되는 부분들은 비본질적인 것으로 치부된다는 점이다. 그처럼 대상전체를 파악하는 독자적인 인식체제를 발전시키는 데 성공한 분과학문을 우리는 자율적인 분과학문으로 인정한다.

교육학은 무엇보다도 교육이라는 고유한 사실의 선택이라는 문제를 해결할 것으로 기대된다. 그러나 앞에서 살폈듯이 지금의 교육학은 학교에 대한 학제연구일지는 몰라도 고유한 의미의 교육을 연구하는 학문은 아니다. 이는 이미 서로 상이한 사실을 분리해 낸 역사를 가진 외래학문의 개념을 멋대로 차용하여 학교현상 가운데 유독 비교육적 사실에만 주목함으로써 교육적 사실을 밝혀야 하는 본래의 기대에 역행하여 왔다고 감히 말할 수 있다. 한마디로 대상세계에 대한 진리를 탐구한다는 학문의 기본적인 이념을 배반하고 있는 것이다.

이는 결코 용납하기 어려운 전통이다. 이를 과감하게 혁파하고 쇄신하는 하나의 분기점을 분명하게 구획하기 위해서 논자(장상호, 1986, 1990, 2005a)는 '제 1기 교육학'과 '제 2기 교육학'이라는 용어를 쓸 것을 제안하였다. 제 1기 교육학이란 지금처럼 각종의 이질적인 분과학문의 개념들을 동원해서 학교사태를 연구하고 그것에 처방을 내리는 일을 주무로 삼는 연구가 포함된다. 단지 교육의 기능을 내세울 뿐 그 내용을 밝히지 않은 여타의 '교육이론'도 여기에 포함된다. 이에 비해서 제 2기 교육학은 이들의 실상을 드러내서 해체하고, 그 공터 위에 새롭게 자율적인 교육학을 재건하려는 야심찬 계획을 실현해 나가고자 하는 것이다.

삶의 다양한 사태에 존재하는 교육현상을 포착하는 본연의 과업을 수행함에 있어서 우리가 본받아야 할 것은 학문공동체 안에서 다른 분과학문들이 이미 만들어 놓은 개념이 아니라 그들이 치열하게 고유한 개념체제를 만들고 각각 지금의 지위를 확보할 수 있었던 과정이다. 그 분과학문의 사실들이 지금은 마치 이미 주어진 것처럼 이야기되고 있지만, 사실 그것이 발견되고 창안된 초기의 단계에서 수많은 시련을 요구했다. 긴 전통을 가진 기존의 분과학문은 어느 경우나 얼마만큼 일반인들의 인식적 호기심을 만족시킬 만한 독점적인 신념체계를 구축하고 있다. 그런 지적 독점이 통하는 상황에서 아직 다루지 않은 새로운 탐구영역이 있다는 것을 주장하면서 동등한 분과학문적인 지위를 확보하려는 도전은 마치 중량급 권투선수와 아마추어 청소년 간의 한판결투와 같은 것이었다.

학문공동체 안에서 교육현상은 미지의 처녀지로 남겨 있다. 교육학이 제자리를 찾으려면 누군가가 그 처녀지에 대한 지적인 탐험을 당장 시작해야만 한다. 제 2기 교육학이 여타의 분과학문과 독립하여 교육학의 자율적인 왕국을 선언하려면, 교육에 대한 하나의 의미체제를 구성할 수 있도록 교육학자들이 서로 연대해야만 한다. 제 2기 교육학은 교육이 동서고금을 통해서 그 고유한 양상 그대로 존속하여 왔고, 지금도 존속하고 있을 것으로 가정한다. 교육은 가정, 학교, 직장, 학원, 각종 회관, 가상공간 등 우리의 삶이 전개되는 다양한 생활공간 속에 포함되어 있을 것이다.

수많은 이질적인 사실들 가운데 교육이라는 고유한 사실을 포착하는 일은 새로운 도전이다. 마치 숨은 그림을 찾는 것처럼 교육의 양상을 교란하는 이질적인 맥락을 떠나서 그 나름의 맥락을 찾는 어려움을 거쳐야만 한다.

삶의 공간은 교육뿐만이 아니라 여타의 모든 세계들이 교차하는 영역이다. 우리의 삶을 분류하는 가장 보편적인 방식은 정치, 경제, 사회, 문화, 종교, 교육이다. 그 각각의 삶의 영역은 그 자체로서 고유한 총체성을 지닐 것으로 가정된다. 그 다양한 세계들 가운데 어느 하나에 주목하는 것 자체가 이미 특정한 가치의 선택에 해당한다. 가치는 다양한 세계들이 서로 교차하는 우리의 삶의 어느 곳에서나 은밀하게 작용한다. 우리는 삶을 통하여 여러 세계들에 참여하게 되는데 그 가운데 어느 하나의 세계에 종사하게 될 때, 그 본위의 선택이 중요하다. 삶에서 본위와 관련하여 하나의 특수한 세계를 택한다는 것은 가치의 우선순위를 선택하는 문제이며, 그 결정에 따라 어떤 대상에 대한 본질과 비본질, 유관과 무관, 전경과 배경, 중심과 주변, 실재와 비실재에 대한 범주규정이 달라진다.

교육현상을 추적함에 있어서 지켜야 할 오직 하나의 비결은 그것이 세계의 중심이 되도록 그 나름의 범주, 질서, 맥락을 마련해 주는 데 있다. 이를 위해서는 교육이 본질, 유관, 전경, 중심, 실재가 되며, 여타의 것은 비본질, 무관, 배경, 주변, 비실재가 되는 방식으로 우리의 삶을 이론적으로 재구성하는 데 성공해야만 한다. 그런 탐험의 시도로서 장상호(1991a, 1994c, 1996)는 오래전부터 이른바 '교육본위론'을 제안하여 왔다. '교육본위론'에서 '본위'는 바로 그런 관점과 가치의 선택이 이루어졌음을 의미한다. 이런 접근이 특별한 것은 종전의 교육이론이 교육을 단지 외재적 기능으로 환원시켰던 전통을 뒤집는 혁명적 시도의 하나라는 점이다. 교육이 수행할 수 있는 외재적 기능은 차츰 검증해 나가야 할 앞으로의 연구과제로 남겨 두었다.

교육의 내재적 속성 자체가 무엇인지를 규명할 수 있는 자율적인 개념체제를 구축함에 있어서 새로운 개념의 창조와 그것을 나타내는 새로운 용어의 도입이 불가피하였다. 교육을 말하기 위해서 이런 비교육의 세계와의 대비가 필요하다. 그 모든 대비를 옳게 하기 위해서는 교육 자체에 대한 총체성을 미리 알아야 하는데, 이미 교육의 총체성을 알고 있다면, 그것을 탐구할 이유가 따로 있을 수 없다는 딜레마에 봉착한다. 그를 해결하는 수단의 하나는 이전에 알려진 분류 가운데 교육과 특별하게 관련된 특정한 세계를 선택하고, 그것을 거점으로 교육의 전체적인 윤곽을 드러내는 것이다. 그 편법의 하나로 선택된 것이 이른바 '수도계'이다. 교육은 그 세계와의 공생관계에 있는 독자적인 세계로 파악하였다. 그리고 앞의 분류에서 정치, 경제, 사회라는 나머지 세계들은 '세속계'로 총칭하여 필요에 따라 교육의 특징을 드러내는 대비의 방편으로 활용했다.

수도계는 인간이 가진 가능성 가운데 특별히 그 자체를 지니는 것만으로 가치를 인정받을 수 있는 것을 끊임없이 실현시켜 나가는 가운데 출현하였다. 진리(眞理)를 추구하는 학문, 선(善)을 추구하는 도덕, 그리고 미(美)를 추구하는 예술은 그들 가운데 가장 전형적인 것들이라고 할 수 있을 것이다. 이 각각의 수도계에서 이전의 것을 지양하고 더 높은 수준의 것을 끊임없이 실현시켜나가는 가운데 그 인간성의 위계가 나타난다. 이를 편의상 '품위(transtalent)'라는 개념으로 규정하였다. 그 전모가 구체적으로 어떤 것인지를 알 수 있는 사람은 아무도 없다. 유한자로서 각 개인은 다만 그중 어느 수준에서 수도계를 체험하고 규정하고 있을 뿐이다.

교육본위론은 교육을 그 수도계와 긴밀한 관계를 가지고 진행되는 또 하나의 자율적인 세계로 상정되었다. 이 두 가지 자율적인 세계를 본위로 규정한다면, 서로가 수단과 목적이라는 관계가 성립한다. 수도계의 입장에서는 교육이 수단이 되며, 교육의 입장에서는 수도계가 수단이 되는 것이다. 후자의 점에서 수도계는 교육의 소재라는 개념으로 지칭되었다. 수도계의 입장에서 방법에 해당한 부분이 교육의 내용이 되고, 수도계는 교육적 체험을 극대화하기 위한 수단으로 전환된다. 교육은 각 개인이 가진 품위의 위계를 이루는 각 단계에 존재하는 것으로 가정되었다. 이런 가정에 따르면, 어떤 종류의 품위에 위치하고 있는 사람이라 할지라도 그 현재의 품위를 소재로 하여 교육에 참여할 수 있다.

이제 나머지 해결해야 할 부분은 그 교육의 안쪽과 바깥의 경계가 임의적인 것이 아니라는 점을 밝히는 것이다. 사실의 면에서나 가치의 면에서 그 기능을 떠나 교육의 독자적인 실재의 동일성을 보장할 수 있는 것은 그 구조이다. 구조의 형태란 그것을 구성하는 요소들과 그들 서로의 관련 속에서 그 의미를 확보하고 설명할 수 있는 것을 말한다. 이는 현상학적 방법, 해석학적 방법, 혹은 구조주의적 방법의 기본적인 전제이다. 진정 교육의 요소라는 것이 존재하는가? 그 요소들이 소속한 전체는 어떤 것인가? 그 요소들이 서로 관계를 맺고 있는 양상은 무엇인가? 이에 대한 해답을 얻을 수 있다면, 그 구조 밖의 것은 바로 교육으로부터의 이탈을 의미한다.

자율적인 세계의 특징을 가장 쉽게 이해하는 방식은 그 내재율에 주목하는 것이다. 경제가 시장의 논리에 의해서 자체적으로 움직일 수 있듯이, 교육은 그 주체들이 그 내재율에 충실하게 복종함으로써 유지될 것이다. 교육은 그 내재율의 요소와 조합방식의 그물망을 벗어나지 않는 방식으로 진행되어야 한다. 그 교육의 내재율들은 무엇인가? 그 내재율은 서로 연대성을 가지고 그 의미를 확보할 수 있어야 한다. 그 구조는 무엇인가? 그런 탐색이 아직 생소하다는 점을 고려한다면 그 구조가 가급적 간결할수록 설득력을 가질 것이다. 이를 위해서 수없는 자료의 수집과 사고의 실험을 거쳐 얻은 예비적 구조의 하나가 <그림 0.2>와 같은 협동교육(educooperation)의 수레바퀴모형이다.

협동교육은 크게 상구교육(ascending education)[7]과 하화교육(descending education)으로 구성되며, 그 요소와 그 관계는 행위의 동기, 변형의 방향, 품차의 양해, 단계의 배열, 협동활동의 형식, 품차의 입증이라는 여섯 가지 차원에 의해서 설명될 수 있다. 상의관계(相依關係)는 상구교육 혹은 하화

---

7) 이때 상구교육은 '매개상구교육'이라는 보다 특수한 말로 지칭하는 것이 옳다. 이와 대비되는 '독행상구교육'에 관한 것은 후속연구의 과제로 남겨 놓고 있다.

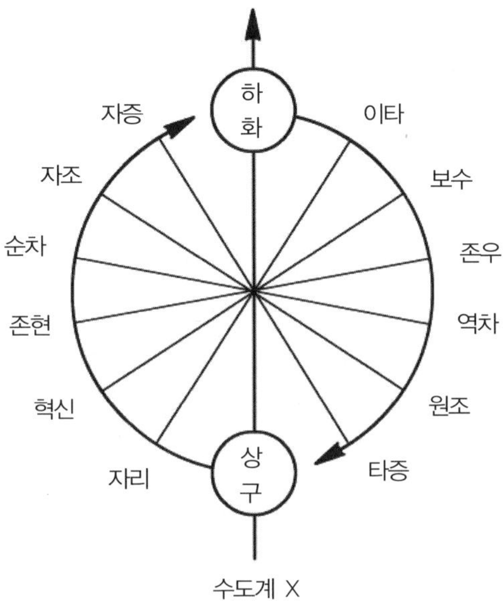


〈그림 0.2〉 협동교육의 수레바퀴

교육의 한 하위영역 안에서 서로의 의미규정에 공조하는 관계로서 <그림 0.2>에서 좌측과 우측으로 각각 나누어서 화살표 방향으로 구분되었다. 다른 한편, 대위관계(對位關係)는 그 각각의 요소에서 상구교육과 하화교육이 서로 상반된 요소를 가지고 결합되는 관계로서 <그림 0.2>에서 대각선으로 연결되었다. 결합된 요소들은 마치 음과 양의 관계처럼 그 이질성으로 인해서 상호호응하면서 하나의 견고한 공조체계를 구성한다. 그 각각의 요소들은 그 강조하는 측면이 다를 뿐, 똑같이 교육이라는 사실 혹은 현상 전체의 의미구성에 참여한다.

교육의 내재율은 우리의 삶에 편재한 제반 활동, 인간, 가치, 공간 등을 교육의 측면에서 여과시키는 특수한 장치이기도 하다. 인간의 활동 가운데, 상구교육의 내재율을 따르면 상구활동이 되며, 하화교육의 내재율을 따르면 하화활동이 된다. 인간관계 가운데, 상구의 내재율을 따르면 상구자가 되며, 하화의 내재율을 따르면 하화자가 된다. 상구교육과 하화교육은 마치 등산과 하산의 경우처럼 그 나름의 독특한 체험을 동반하기 때문에 그 내재적 가치(intrinsic value)와 외재적 가치(extrinsic value)가 별개의 것으로 상정된다. 그런 특별한 경험을 가능하게 하는 곳이 바로 교육의 공간이다.

교육의 경계 안에 넣을 수 있는 이런 내부적 특성, 혹은 내재적 변인들의 세부적인 내용은 앞으로 계속 연구되어야 할 과제이다. 앞에서 제시된 협동교육의 세부사항들은 차후의 연구를 위한 최소한의 교두보를 마련하려는 데 그 뜻이 있다. 여기에 장차 더 많은 요소와 관계가 추가될 수 있으며, 그만큼 교육의 내용도 더욱 복잡하고 풍부한 모습으로 드러날 것이다. 이는 적당히 마음에 맞는 세부항목을 산술적으로 추가하는 방식으로 이루어질 수 없다. 이미 여러 군데에서 지적했듯이, 세부사항은 교육현상이라는 하나의 전체적인 틀 안에서 구성되어야 한다는 조건을 충족시킬 수 있어야 한다.

구체적인 삶 속에서 진행되는 교육의 세계는 여타의 세계와 독립해서 존재할 수 없기 때문에, 그 여타의 세계의 부재를 전제하는 교육은 다분히 가공적인 것에 그친다. 삶에서 교육은 그것만을 보장하는 그런 진공상태에 존재할 수 없다. 삶 속에는 교육뿐만이 아니라 여타의 허다한 세계들이 함께 병존한다. 이 사실은 적어도 교육을 실천하는 주체에게 그 후자의 것들을 배제할 것이 아니라 그것들이 교육에 어떤 연관성을 가지고 있는지를 고려할 것을 요구한다. 우리가 앞의 조건을 만족시키면서 교육의 내용을 규정하는 데 일단 성공할 수 있게 되면, 그것이 여타의 세계와 어떤 관련을 가지고 있는지에 대한 것도 고려되어야 할 사항이다.

교육은 그 자체로서 내적으로 동질적인 것이지만, 그것을 둘러싼 환경은 다양하다(장상호, 1997b, 2003). 교육의 환경은 그것을 제외한 여타의 세계들이다. <그림 0.3>은 독특한 의미의 교육을 삶의 중앙에 놓고 그 환경의 다양성을 편의상 물리적, 생태적, 심리적, 정치적, 경제적, 사회적, 문화적, 종교적 복합체로 나타내고 있다. 교육에 종사할 때 우리는 그 환경조건을 어떻게 조성하느냐 혹은 그것에 어떻게 적응하느냐 하는 문제

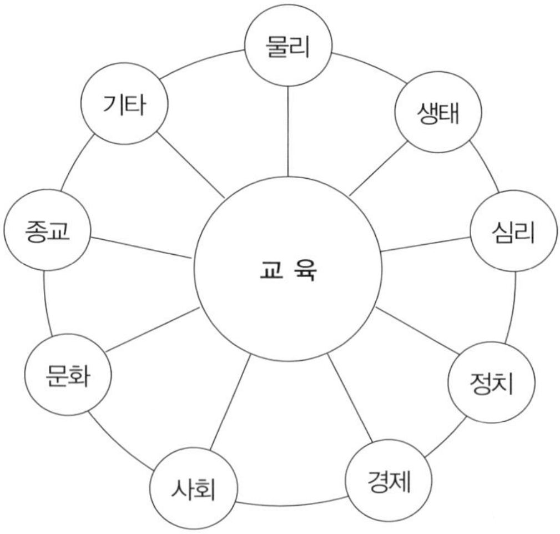


〈그림 0.3〉 교육의 환경

를 생각해야 하고, 교육이 여타의 세계를 위해 공헌한다고 할 때에도 후자의 환경으로서 교육의 조건을 어떻게 조성하느냐 하는 문제를 생각해야 한다.

여기서 교육이 그 자체의 속성을 잃지 않고 그 여타의 삶과 어떻게 관계를 맺느냐 하는 문제가 발생한다. 교육의 외적 조건은 그 내부구조와는 달리 안정성 있게, 그리고 항구적으로 규정할 수 있는 것이 아니다. 교육은 그 다양한 환경과의 상호작용을 통해서 독특한 양태로 드러날 것이다. 교육이 어떤 양태로 진행되는지는 역사적 조건에 따라 다르며, 그만큼 교육과 여타의 세계 간에는 우연성이 개재한다고 보아야 한다. 교육양태의 역사적 가변성은 교육의 본질에 해당하지 않고 다만 그 환경의 특수성과 상관을 맺으며 결정된다. 그 관계가 어떤 것인지를 밝히는 것도 흥미 있는 연구과제이다.

이런 문제는 단지 사실의 측면뿐만 아니라 가치의 측면에서도 더 세련된 안목을 요구한다. 우리는 “잘 산다” 혹은 “못 산다”는 표현을 자주 한다. 이는 어느 면에서 참으로 모호한 말이다. 점차 생활이 복잡해짐에 따라 삶의 다차원적인 양상을 인정하지 않을 수 없게 되었다. 삶의 이면에는 정치, 경제, 사회, 문화, 종교, 교육 등 다양한 종류의 세계들이 병존하고 있고, 이들은 그들 나름의 독자성을 가지며 상이한 가치와 목적을 추구한다. 현대생활에서는 무엇을 본위로 하느냐에 따라 가치의 면에서 상이한 평가가 나올 수 있기 때문에 이에 대한 해답을 얻음에 있어서 좀 더 세분된 범주의 구분이 불가피하다. 분야 사이에는 협력뿐만 아니라 긴장과 갈등도 일어날 수 있다. 우리는 한 분야에서 주된 관심이 되고 높게 평가받을 수 있는 것이 다른 분야에서는 무시되거나 낮은 평가를 받는 것을 자주 본다.

그 때문에 어느 실천영역이든 고유한 목표를 세우고, 그것에 일관되게 자체의 실천을 반성하면서 자율적인 발전을 꾀하고자 한다. 그렇다면 우리의 삶에서 교육이 지니는 가치는 무엇인가? 그것을 어떻게 정당화할 수 있는가? 교육은 삶의 현장에서 온갖 가치와 결부될 수 있기 때문에 이에 대한 여러 가지 해답이 가능할 것이다. 더 세부적으로, 이런 이론적인 문제들이 제기된다. 우리의 삶에서 교육은 그 자체의 고유한 목적을 가진 것인가, 아니면 단지 수단에 불과한 것인가? 고유한 가치가 있다면, 교육은 여타의 세계들의 가치와 어떻게 공립하고 상충하고 갈등하는가? 그 해결방법은 무엇인가? 이에 대한 해답은 교육적인 삶이 추구하는 목표를 설정하고, 그 실천을 평가함에 있어서 불가결한 항목이다. 그런데 이 문제에 대한 해법이 아직도 제자리를 잡지 못하고 혼란스럽다.

그 주범은 앞 절(0.2)에서 지적한 기능주의적 교육관이다. 이는 무턱대고 교육의 목적을 여타의 다양한 삶을 향상시킨다는 식의 취지로 규정한다. 언뜻 호소력이 있어 보이는 이런 목적은 허황될 뿐만 아니라 그 평가 역시 막연하다. 여타의 세계는 다양하고 광범하다. 그 모든 것이 교육의 목표가 된다면, 교육의 목표란 없다는 결론이 가능하다. 그 가운데 X보다는 Y의 목표를 선호하여야 한다는 식의 논쟁이 '교육이론'이라는 이름으로 진행되기도 한다. 그러나 이는 교육 자체의 목표라기보다는 이질적인 분야가 교육이라는 이름으로 헤게모니를 겨루는 상황과 다르지 않다. 더육 한심스러운 것은 그 이질적인 분야의 목표를 실현하는 수단으로서 교육의 정체가 무엇이냐 하는 추궁에서 어떤 이론적인 해답도 제시하지 않는다는 점이다. 이 때문에 교육목표 설정과 그 평가에 있어서 온갖 가치혼란과 가치도착이 일어나고 있다.

이와는 대조적으로, 교육본위론은 그 병폐를 치유할 수 있는 최소한의 조건을 갖추고 있다. 그 조건과 비결은 기능주의적 교육관이 도외시하거나 회피해 온 교육의 고유한 정체를 밝히려 한다는 점에 있다. 그 구조 안의 것이 교육의 내재이며, 그 밖의 것이 교육의 외재이다. 그 경계가 분명한 것만큼 그에 따르는 가치도 뚜렷하게 나누어 논의할 수 있는 여건이 마련되어 있다. 한마디로 교육의 가치는 크게 그 내재적 가치와 외재적 가치로 나누어 생각해 볼 수 있다. 이 중 전자는 오직 교육에 의해서 실현될 수 있는 가치라는 점에서 고유하다. 이에 비해서 후자는 다양하며, 이질적이다. '교육본위'라는 개념은 모든 상황에서 교육을 세계의 중심에 위치시킨다는 취지가 담겨 있다.

교육의 자율성이란 우리의 삶에서 바로 그 내재성이 외부의 관여나 간섭 혹은 침해가 없이 유지될 수 있는 상태로 해석될 수 있다. 이를 위해서는 그 내재적 가치가 교육의 목표와 평가를 결정하는 데 있어서 중심부를 차지할 수 있어야 한다. 교육의 내재적 가치란 교육이라는 놀이 안에서 자체에 몰입하고 보람을 느끼는 것을 말한다. 우리는 누구나 상구하고 하화하고자 하는 교육적 욕구를 지니고 있으며, 그것의 실현만으로도 우리는 생활에서 응분의 보람을 느낄 수 있다. 진정 교육 자체를 사랑하면서 교육을 본위로 삶을 영위하는 사람은 자신의 교육 활동이, 어떠한 외부적인 보상이 주어지기 이전에도, 이미 그 자체로서 충분한 보상에 해당한다고 생각한다.

다른 한편으로, 교육의 외재적 가치는 교육의 효용성에 관계되는 것으로서 그것은 거의 무한대로 열려 있다. <그림 0.3>의 예를 들면, 교육의 환경으로서 정치, 경제, 사회, 문화, 종교가 포함되어 있으며, 그 각각은 그들 나름의 서로 다른 가치기준을 적용하여 교육의 효용성을 논의할 수 있을 것이다. 그러나 교육적 활동 자체의 합리성을 그 활동 밖에서 찾는 것은 교육의 진정한 가치를 평가하는 방식이 아니다. 교육이 아무리 다른 것들과 관련되는 측면이 있고, 또 그 관련된 것들에 의해서 가치를 규정받을 수 있다고 하더라도, 그것들은 교육의 고유한 입장에 비추어 보면 부차적인 것이다. 왜냐하면, 교육의 외재적 가치는 교육의 자율성과 그 내재적 가치의 실현을 전제하기 때문이다.

흔히 '교육의 자율화', '교육의 정상화', 혹은 '교육의 발전'이라는 과제가 초미의 관심사가 된다. 모종의 가치기준을 함축한 이 과제는 매우 다양한 의미로 해석된다. 기능주의적 교육관에 따르는 사람마다 그 기능에 대한 규정이 다르기 때문이다. 이에 비해서, 교육본위의 입장에서 받아들이는 의미는 명백하다. 특이한 삶의 양상으로서 교육의 고유한 목표는 그 내재된 속성에 충실한 부분을 확장시키는 것이다. 모든 사람들이 그런 교육적인 삶을 자신의 것으로 사랑하고, 다양한 삶의 공간, 즉 가정·학교·학원·직장·각종회관·가상공간 등 곳곳에서 그 삶을 실현할 수 있을 때, 진정 교육발전이 이루어졌다고 말할 수 있다. 그리고 그런 교육은 바로 그 자체의 속성에 의해서 여타의 삶에 고유한 의미의 다양한 기능을 할 수 있게 된다.

그렇다면, 교육의 발전은 어떻게 이루어질 수 있는가? 그 수단은 크게 내부적인 요인과 외부적인 요인으로 나누어 생각해 볼 수 있다. 자체의 유지방식이 없이 여타의 보호나 지원에 의해서만 유지될 수 있는 세계는 그 자율성을 유지하기 어렵다. 그 발전의 힘이 그 내부에서 나올 수 있게 하는 메커니즘의 하나가 바로 교육의 교육, 즉 메타교육이다. 다른 방법은 교육을 둘러싼 외부의 환경의 지원을 받는 것이다. 그러나 그 환경에서도 대가를 요구하며, 그 요구에 응하는 가운데 교육이 그들의 세계의 일부로 편입되거나 환원될 위험이 있다. 이 때문에 그 환경에 의존하는 교육은 자체의 자율성을 교란하거나 훼손하지 못하도록 하는 별도의 노력을 경주해야 할 것이다.

교육현상에 대한 인식은 항상 미진한 상태에 있다고 보아야 한다. 이제까지 교육학을 크게 제 1기와 제 2기의 것으로 구획하고, 후자의 것으로서 교육본위론을 예시하였다. 이 제안이 결코 완성단계에 있는 것은 아니다. 그 점에서 우리는 현 단계에서 어떤 완결된 해답을 기대해서는 안 된다. 이런 겸허한 입장은 교육본위론의 골격을 제시한 <교육학 탐구영역의 재개념화(장상호, 1991a)>라는 논문의 마지막 구절에 잘 반영되어 있다.

> '교육이란 무엇이냐' 하는 존재론적 질문은 교육학도들의 앞에 던져진 항구적인 과제로서 그에 대한 해답은 늘 잠정적인 것에 머문다. 이 때문에 이에 대한 해명은 최종적, 포괄적, 결정적인 것으로 보기보다는 교육의 어떤 특색을 어떤 방법으로 접근해 보고 이에 대하여 신중하게 내릴 수 있는 중간보고의 정도로 여기는 것이 진실에 가깝다. 이 영역에서 최종적인 지식이 존재할 수 없고 논자들의 탐구수준이 그때그때 반영되는 것에 불과하다(p. 65).

교육본위론은 교육학의 자율화를 향한 멀고먼 길의 초입에 있다. 새로운 전통을 세워나가는 초창기에 겪어야 하는 힘든 관문을 이제 겨우 통과했다는 느낌이다. 본 절은 개략적으로 교육본위론이 제 1기 교육학의 문제점을 해결하는 대안으로서의 가능성을 지니고 있음을 부각시키는 데에 치중하였다. 인식의 면에서 아직 개발되지 않은 처녀지로 남아 있는 교육현상을 공략할 수 있는 마스터플랜을 세워놓고, 이 영역이 얼마나 풍요로운 탐구가 이루어질 수 있는 현장인지를 알리고자 했다. 아직도 수많은 어림짐작, 불완전한 관찰, 성급한 일반화, 의혹, 질문, 무지를 내포하고 있기 때문에 장차 수많은 연구가 뒤따를 것으로 기대된다.

## 0.5 새로운 연구영역

학문의 목적은 우리의 인식의 범위를 넓히고 심화시키려는 데 있다. 그 전단에는 항상 광대하고 신비로운 불확실이라는 엄청난 세계가 어둠속에 숨겨 있다는 점이 학문의 세계를 탐험하는 학자가 지녀야 할 기본적인 가정이다. 학문의 주된 임무는 그 불확실한 부분이 기지의 것이 되도록 인식의 그물망을 끊임없이 구성하는 것이다. 대상세계에 대한 의문이 정지된 학문은 이미 죽은 학문이며, 현재 가지고 있는 지식에 만족하거나 주어진 생각을 진리로 믿는 사람은 그 분야의 학자로 보기 어렵다.

인식대상에 대한 자신의 견해에 의문의 여지가 없다면 탐구는 아직 시작도 되지 않은 상태에 놓여 있는 것이다. 이런 점에서 제대로 된 질문은 그 해답보다 더 소중하다. 어떤 것에 대해서 '모르는 것을 모르는 사람'과 '모르는 것을 아는 사람'은 무지상태에 있다는 점에서 같다고 할지 모르나, 그 차이는 너무도 크다. 무지상태에 있다는 자각은 올바른 질문과 연결될 것이며, 질문자는 그 공백을 매우는 답을 발견하기 위해서 탐구활동을 시작할 것이다. 그런 자각이 없는 경우는 탐구할 동기조차 기대하기 어렵다.

무식한 만큼 질문이 많으리라는 생각을 하기 쉽다. 그러나 그 앎의 경계가 넓어짐에 따라 그것과 접촉한 무지의 영역도 상대적으로 증가하기 때문에 아는 것이 많을수록 모르는 것이 더 늘어난다. 질문은 결코 무지상태에서 나오지 않는다. 질문에서 질문이 생길 수는 없다. 무엇인가에 대해서 의미 있는 질문을 하기 위해서는 일일이 확인할 필요가 없는 어떤 부분들을 당연한 것으로 받아들여야 한다. 우리는 인식의 공백을 만들 수는 없다. 계단을 오를 때, 하나의 디딤돌이 다른 디딤돌의 앞선 단계로 필요하듯이, 중요한 질문에는 그 이전의 이해가 전제된다.

잘 선택한 의문은 언젠가 풀리기 마련이다. 그런 질문을 찾는 것은 흔해빠진 답을 찾는 것보다 훨씬 어려운 일이다. 이때 문제의 해결이란 이전에 불명했던 것들이 선명하게 밝혀지는 것을 의미한다. 이것은 세상 자체의 변화가 아니라 우리들 자신의 변화에 의해서 가능해진 것이다. 말하자면, 문제는 바로 우리 자신으로부터 비롯하였고 우리 자신의 성장으로 그 사태가 문제로서의 기능을 잃게 된 것이다. 한 개인에게 제기된 질문이 이미 이전의 연구에서 해명된 것이라면 그것을 공부해서 이해하면 되고, 만약 그것이 그 어느 누구에게도 밝혀진 것이 아니라면 학문공동체의 발전에 공헌할 수 있는 최초의 연구로 발전할 토대를 제공한다.

심각한 의문은 이전에 당연하게 받아들였던 지식이 통째로 무너질 때 일어난다. 서로 연결되어 있던 기존의 생각에 모순이 일어나고 그 전체 생각 자체가 부적합하다는 자각이 일어나면서 마음의 일부에 채워야 할 공백이 생긴다. 문제와 무지의 영역을 줄이는 것을 목표로 지식을 추구하는 일반사람의 경우 이는 절망적인 상황으로 받아들일지 모른다. 그러나 무지에서 앎으로 진전하는 갱신을 추구하는 학자의 경우는 그 상황을 오히려 삶의 중요한 원천으로 받아들인다. 모든 분야에서의 의미 있는 큰 발견의 이전에는 많은 경우 그때까지의 이론으로서는 설명할 수 없는 현상의 발견이 있고, 그들 현상에 대한 질문이 이론 그 자체의 변혁을 촉진하였다.

역사적으로 학문에서 성취한 혁명적 발전은 문제에 대한 해답의 발전이 아니라, 문제 자체가 달라지는 방식으로 진행되었다(Bachelard, 1949; Kuhn, 1970). 광속도 일정의 관측사실에 대한 질문으로부터 상대성이론이 탄생한 것은 그 좋은 예일 것이다. 아인슈타인은 10대 소년시절에 "내가 광선을 타고 가면 세상은 어떻게 보일까?" 하는 의문을 가질 수 있었다. 그의 탐구활동을 주도한 이 질문에 대한 해답이 상대성이론이다. 그 후부터 물리학자들이 빛의 절대속도에 대해서 가졌던 이전의 궁금증은 빛의 상대성에 의해서 무의미하게 되었다. 대신 그들에게는 빛의 상대속도가 의미 있는 것으로 등장하였다. 이처럼 분명히 과학은 자신에 선행하고 있으며 자신에 장애가 되고 있는 끈질긴 오류의 조직과 단절함으로써만 확립된다. 수학 역시 예외는 아니다. 예를 들자면, "평행이 아닌 두 직선은 한 점에서 교차한다"는 자명한 원리에 대한 의문이 없었더라면 비유크리드 기하학은 탄생되지 않았을 것이다.

어떤 학문이나 그 중심문제는 선험적으로 단번에 규정될 수 있는 것이 아니라 그 발전단계에 따라 변화하고 재정립된다. 이에 비추어 교육현상은 교육학자에게 앞으로 수십 년 혹은 수백 년에 걸쳐서 그들 나름의 학문적 체계를 구성해 나가야 하는 고유한 과제를 부여할 만한 얼마만큼의 미궁의 여지를 가지고 있다고 보아야 한다. 지금의 교육학이 당면한 가장 큰 위기는 그런 미궁의 여지에 대한 생경함을 오래전부터 상실하거나 망각해버린 데 있다. 교육학자들의 대부분은 교육이 무엇인가 하는 의문이 이미 상식에 의해서 해소된 것으로 본다. 만약 더 추궁해야 할 학문적인 문제가 있을 경우 그 해결을 외래학문이 제공할 것으로 믿는다.

고유하게 수행해야 할 의문과 과제가 분명하지 않은 상황에서 교육학자들은 귀중한 시간을 주의산만, 방황, 혹은 외도로 낭비한 면이 없지 않다. 이론적 문제가 이미 해결되었다고 생각하는 교육학도들은 학교라는 국가적 제도의 현상유지에 매달린다. 혹은 일반적인 상식으로 규정되는 교육의 운영과 현실의 변혁이라는 실무적인 작업에 매달린다. 여기에서 교육학의 악순환이 일어난다. 자신들이 당연히 감당해야 할 학구적 활동을 소홀히 한다. 이 때문에 실무적인 성과도 기대하기 어렵다. 학교에서 교육이 일어난다는 상식과 제도가 일으킨 문제를 그것을 전제한 교육학도들의 개입이 해결하는 데에는 한계가 있다. 뿐만 아니라, 이들이 학교나 제도 밖의 교육을 주목하고 개선하는 과제를 수행하는 데에 무력함을 보이는 것은 말할 필요조차 없다.

이제까지의 전통적인 편견으로부터 자유롭게 될 때, 풀리지 않는 흥미로운 문제와 거대한 무지의 영역이 열린다. 교육학자들은 하루빨리 그들이 교육에 대해서 지니고 있는 인식의 오류를 자각해야 한다. 상식적 인식과 학문적 지식은 공존할 수 없다. 또한 교육은 외래의 학문을 통해서 이해될 세계가 아니다. 이것은 비단 자존심의 문제만이 아니다. 교육을 외래적 사실로 왜곡시키고 은폐시킨다. 우리는 앞 절에서 그 점을 문제시했다. 그 모든 것을 걷어내고 보면, 우리가 사실상 교육에 대해서 깊이 있게 아는 것이 별로 없다. 이런 심각한 문제의식을 갖는 것 자체가 중대한 발견이고, 교육학의 진전이다.

교육본위론은 전통적인 교육학과는 판이한 문제의식에서 출발하였다. 제 1기 교육학이 주로 교육을 문제시했음에 비해서, 교육본위론은 그것을 탐구하는 교육학 자체의 문제가 더욱 심각한 것으로 규정한다. 앞 절에서 지적했듯이 교육은 이제부터 탐구되어야 할 미지의 영토이다. 질문은 그 이전에 모종의 해답을 전제한다는 말을 우리는 되새겼다. 그런 취지에서 ≪학문과 교육≫의 시리즈 가운데 ≪중권 I(장상호, 2005a)≫과 ≪중권 II (장상호, 2009)≫에서 주로 교육의 전모를 파악하는 해답을 모색하였다. 이런 이전의 논의는 어디까지나 더 정련시킬 개념적 기초와 마스터플랜을 제시하기 위해 마련한 것으로 보아야 할 것이다. 이제부터 이를 토대로 연구영역을 세분하고 심화시키는 진전을 꾀할 단계가 되었다. 그 영역은 대략 다음과 같이 열 가지로 세분될 수 있다(장상호, 1997b; 노희관·이용남 편, 2000; 이용남 편, 2002).

1. **교육의 구조**
2. **교육과 가치**
3. **교육과 인간**
4. **교육의 소재**
5. **교육의 활동**
6. **메타교육**
7. **교육의 환경**
8. **교육의 공간**
9. **교육과 평가**
10. **교육적 인식론**

위에 열거된 열 가지 주제들은 문제들의 집합체로서 일종의 체계성이 그 안에 내재된 적극적인 개념으로서 이른바 문제틀(problematics)이라고 불러도 될 것이다. 마치 퍼즐풀이처럼 그 과제의 측면이 다를 뿐 개념을 공유하기 때문에 그 주제를 탐구하는 데 응집력을 갖는다. 한 분야의 연구결과가 다른 분야의 연구를 촉발하며 보완한다. 더 나아가, 그 결과 역시 종합과 보완이라는 과정을 거쳐서 하나의 통일된 지식의 형태로 수렴될 수 있다. 예를 들어보자. <교육의 구조>에 관한 연구는 여타의 교육학적인 문제영역을 다른 학문분야의 연구로부터 구분시켜 주는 최소한의 경계를 마련해 준다. 그 경계를 기준으로 교육과 교육환경이 구분된다. 그 울타리는 확정된 것이 아니라 항상 잠정적인 것에 불과하기 때문에 그것에 부수하는 연구영역들인 <교육과 인간>과 <교육의 활동>의 연구결과는 <교육의 구조>에 관한 애초의 규정을 수정, 보완, 혹은 확장하도록 도울 것이다. 이로써 교육의 내재적 변인들이 더욱 다양하고 풍부하게 확장될 것이다. <교육의 가치>를 연구하는 분야는 하나의 자율체계로서의 교육의 구조 안에서 발생하는 내재적 가치와 그 밖에서 규정하는 가치가 외재적 가치를 대비한다. <교육과 평가>의 영역에서 적용되는 가치는 <교육의 가치>에 관한 연구에 의존한다. 그중 내재적 평가는 <메타교육>과 관련되어 있으며, 외재적 평가는 <교육환경론>과 관련되어 있다. 이처럼 어떤 영역에서의 문제에 대한 해답이 다른 영역을 문제를 유발시킨다면, 이전의 질문은 그 생산성을 충분히 증명했다고 보아야 할 것이다.

위의 영역구분은 어디까지나 연구의 분업적 효율을 기하기 위한 방편에 불과하며, 따라서 필요에 따라 이들을 통합함으로써 또 다른 주제를 연구하는 데 분업적 효율을 얻을 수도 있다. 예컨대, <교육의 소재>에 관한 연구는 교육을 위한 하나의 처방에 불과하다. <교육적 인식론>과 <메타교육>은 각각 학문을 소재로 하는 교육과 교육을 소재로 하는 교육으로서 <교육의 소재>의 틀 안에 넣을 수 있다. <교육적 인식론>은 수도계의 품위에 대한 평가를 학문적 지식에 적용한 특수한 경우로서 <교육의 평가>와 통합될 수 있다. <교육발전론>이라는 새로운 주제를 다룰 수도 있다. 그것에 의미를 부여하는 것은 <교육의 가치>이며, <교육의 공간>은 그것을 실현시키는 특수한 생활공간이다. 여기서 <교육의 공간>을 교육 발전의 논의에 포함할 수 있을 것이다. <메타교육>과 <교육의 환경>은 교육발전의 방법이라는 범주로 포섭될 수도 있다. 이 모든 것들을 시간의 경과와 결부하여 서로 통합시킬 수 있다면, 그것은 바로 <교육의 역사>에 관한 연구가 된다.

이런 점은 개념적으로 상응할 길이 없는 다양한 모학문에 뿌리를 둔 하위 전공집단이 사실상 다른 사실들을 연구하고 서로 다른 방언을 씀으로써 내부의 혼란과 분열을 일으키고 있는 현재의 교육학의 상황과 현저하게 대조된다. 교육본위론이 허용하는 하위 연구영역 사이의 연대성을 특별히 강조하는 것은 전통적인 교육학이 범해 왔던 오류와 낭비를 의식해서이다. 교육학적 지식이라면, 원칙상 그 나름의 내적 정합성을 가져야 함을 강조하였다. 뿐만 아니라, 그 연대성의 원칙은 양측 사이의 패러다임을 전환하는 데 후자에게 매우 유리한 전략이다. 젓가락 하나하나는 부러뜨릴 수 있지만 그것이 묶인 다발은 용이하지 않듯이 그 연구들을 한군데 모아놓으면 특별한 힘을 발휘할 수 있다. 앞에서 제안한 연구영역들이 추구하는 문제와 해답은 서로 분리되지 않는 하나의 개념적 맥락에서 연유하기 때문에 하나의 탑을 효과적으로 쌓아갈 수 있다는 장점을 갖는다. 그런 잇점을 살려서 교육본위론을 중심으로 뭉쳐지는 소수의 연구들이 이제까지 단편적으로 진행되어 왔던 다수의 제 1기 교육학의 연구들을 제압하는 대결을 기대해 본다.

그 대결의 승리는 주어지는 것이 아니라 쟁취될 성질의 것이다. 각 영역의 연구가 시간을 다투어 활발하게 진행되어야 한다. 단지 연구물이 많다는 것이 자랑이 될 수 없다. 하나의 연구는 어느 맥락에서 해석하느냐에 따라 그 의미가 달라진다. 또한 한 분야의 연구는 서로 연대할 때 그 힘을 발휘한다. 앞에서 지적했듯이, 그런 융합의 효과를 극대화시키는 방향으로 그 연구가 체계적으로 이루어질 수 있어야 한다. 연구물 자체가 융합하는 것은 아니다. 분석과 종합이라는 과정을 거쳐야 융합이 이루어질 수 있다. 따라서 그 각각의 연구들을 그런 방식으로 주기적으로 점검하여 교육의 전체적인 윤곽이 점차 드러나게 하는 작업이 따라야 한다. 본서는 바로 그런 필요성에 부응하기 위해서 시도되었으며, 따라서 이제부터 앞에서 소개된 각각의 연구영역들을 서로 장(章)을 달리하면서 차례대로 점검할 것이다. 그 작업을 수행함에 있어서 대체적으로 다음의 세 가지 점을 유의했다.

첫째, 그 각각의 연구주제가 이전의 제 1기 교육학의 연구주제와 어떻게 다른 것인지를 명백하게 구분하려고 노력했다. 앞서 살폈듯이 교육과 관련하여 올바른 질문과 옳지 않은 질문이 있을 수 있다. 제 1기 교육학의 물음과 교육본위론의 물음은 이 점에서 크게 대조된다. 전자는 대체로 학교를 전제로 하는 질문이며, 그 해답을 외래학문에 의존하여 구하는 방식을 취했다. 교육에 대한 질문 자체와 방법이 잘못된 것이다. 이로써 이제까지 밝혀진 것은 정확히 학교 안의 비교육적 사실이었다. 교육본위론은 이제까지 교육학자들이 방기해 온 교육 자체에 대한 의문을 탐구하려고 한다. 이제부터 하나의 분과학문으로서 교육학이 마땅히 탐구해야 할 올바른 방향을 잡은 셈이다. 그 해답은 아직 미흡하지만, 그 방향의 제시만으로도 교육학의 발전에 어느 정도 보탬이 될 것으로 믿는다.

둘째, 각 영역에서 이루어진 유관한 연구사례를 정리하고자 했다. 비록 그 기간은 짧지만 교육본위론의 문제를 해결하려고 했던 연구들이 더러 진행되었다. 그 사례는 아직 많지 않다. 그 부분을 보충하기 위해서 그 이전의 연구라고 하더라고 교육본위론의 맥락으로 편입시킬 만한 연구들도 포함시켰다. 연구의 사례들을 선택함에 있어서 특별히 유의한 기준은 내실보다는 그 주제의 유사성이다. 그 가운데 연구의 질이라는 면에서 다소의 하자가 있는 것도 많다.[8] 교육본위론에 근거하고 있다고 주장하면서도 아직도 제 1기교육학의 개념에서 근본적으로 벗어나지 못한 연구도 있다. 교육본위론의 생소함을 모면하기 위해서 제 1기 교육학 용어와 병행하거나 혹은 그 용어로 환치시키는 사례도 흔하다.[9] 엄격하게 따지면, 이들을 교육본위론의 연구로 편입시키기 어렵다. 그럼에도 불구하고, 아직 이 분야의 본격적인 연구가 별로 이루어지지 않은 현 상황에서 당분간 그런 유

8) 본서에서는 그 부분까지 문제시할 여유가 없기 때문에 후속연구의 과제로 남긴다.

9) 예컨대, '상구교육'을 '학습'이나 '배움'이라는 말로 대치한다거나 혹은 하화교육을 '교수'나 '가르침'이라는 용어로 대치하는 경우가 이에 속한다. 이 경우는 교육본위론을 그것이 그토록 빠져나오고자 했던 이전의 수렁으로 다시 빠뜨리고 있는 셈이다. 그런 분별없고 얄궂은 사태를 경계해야 한다. 기본적으로, 제 1기 교육학의 개념과 교육본위론의 개념 사이의 소통은 불가능하며, 후자는 새롭게 이해되어야 한다. 그 곡절과 난제를 결코 간과하거나 도외시해서는 안 될 것이다.

사한 연구들을 그 사례로 포함시키는 것이 불가피하였다.

셋째, 각 연구영역에서 장차 수행되어야 하고, 또한 수행될 수 있는 연구들을 미리 예견하였다. 우리는 교육 자체의 정체를 밝히는 연구가 부재했다는 점을 살폈다. 그만큼 교육학자들이 탐구해야 할 대상의 영역은 광활하다고 말할 수 있다. 그 미지의 영역을 어떻게 연구주제로 구체화하고 발전시키느냐 하는 것은 또 다른 문제이다. 제대로 된 문제를 발견하는 것은 흔해빠진 해답을 찾는 것보다 훨씬 어려운 일이며, 본서가 그 작업의 상당한 부분을 대행하였다. 독자의 입장에서 다행한 것은 학문공동체가 문제에 대한 해답은 개인적인 소유로 인정할 것을 요구하지만, 연구문제에 대한 특허권은 아직 인정하지 않고 있다는 점이다. 학문공동체의 다른 구성원들이 수행하지 않은 새로운 연구문제를 찾지 못해서 학위논문을 진전시키지 못하고 있는 경우가 많다. 본장에서 예시하는 문제는 그야말로 확실한 해답을 갖지 못한 것이라는 점에서 그 확실성이 보장되어 있다. 이에 대한 해답은 오로지 그 연구자 개인의 업적으로 인정될 것이며, 더 나아가 교육학의 고유한 지적 자산으로 등재될 수 있을 것이다.

## 0.6 낙관적인 전망

시간의 진행에는 수많은 우연성이 개재하기 때문에 다가오는 미래를 예측하기는 어렵다. 그래도 역사적으로 드러난 한 가지 분명한 사실은 어떤 분야는 발전하고, 다른 분야는 정체하고, 또 다른 분야는 소멸한다는 점이다. 학문의 세계에서 그 차이를 가져오는 원인은 무엇일까? 그것은 그 분야가 당면한 도전과 그 구성원들이 위기에 얼마나 적절하게 대응하느냐 하는 것과 관련되어 있다. 문제를 내포하지 않은 학문은 존재할 수 없으며, 학문의 발전은 그것을 정면에서 받아들이고 해결하는 과정에서 이루어진다.

어떤 연구영역에서나 최소한의 공통된 개념체계를 토대로 서로 문제영역을 분할하고 그 각각에서 상호보완적인 연구를 체계적으로 진행해 나가는 것이 매우 중요하다. 그런데 지금 교육연구는 꼭 그 반대쪽으로 역행하고 있다. 여러 학문의 개념을 무분별하게 도입하는 용병학문의 형태는 그 자체로서 엄청난 낭비이다. 그것에 기반을 두는 연구의 양이 아무리 증가한다고 하더라도 그 지식들은 모학문의 것으로 귀속되어 사방팔방으로 흩어진다. 남의 학문을 추종하면서 그 학문이나 학자보다 우위라는 주장을 한다는 것은 가능하지 않다. 그 질에 있어서 이류학문에 드는 것은 필연이다. 뿐만 아니라, 그런 관행은 교육의 입장에서 논점이탈이다.

그런 근원적인 문제에 대한 대응의 여부가 교육학의 미래를 결정할 것이다. 비관과 낙관이 동시에 가능하다. 비관은 지금의 상태에 안주하는 것이다. 안주하는 것이 가능하다면 그것은 어느 면에서 비관은 아닌 셈이다. 그런 안주조차 가능할까? 이 질문은 교육학을 대하는 학문공동체와 일반 사람들의 무지를 전제로 성립한다. 그런데 그들이 지금의 교육학자들의 행태를 더 이상 관용하지 않을 시점이 오리라는 것이 논자의 전망이다. 진리를 등진 학문이 존속하기는 어렵다. 일반 사람들은 막연하나마 교육학자가 교육을 망치고 있다는 의혹을 제기하고 있다. 그런 위기를 자각하고 예견한 새로운 교육학자들이 출현하여 결국 지금의 잘못된 길에서 빠져나오리라는 기대가 본 절의 주제다. 그것이 어떻게 가능하며, 그때 어떤 좋은 일이 생길까?

교육학의 당면한 과제는 하나의 구심점을 향해서 주어진 역량을 최대한까지 응집시키는 것이다. "교육이 무엇인가?" 하는 질문이 교육학자들에게 그 생경함 자체로서 되살아나야 한다. 이 의문이 세분화되고, 그것을 연구하는 제반해답이 전체 구조 속에서 해석할 수 있을 때 비로소 고유한 의미의 교육학의 지식이 성립된다. 교육학자는 언제나 교육현상에 대한 남다른 심층적인 이해라는 그 특권적 지위를 향유할 수 있다. 그 학문적 작업은 언제나 창의적인 것으로 인정받을 수 있다. 수행된 연구의 결과는 오직 교육학에 귀속할 수 있는 지식들로서 독자적인 영토에서 점차 쌓여지고 수정될 수 있다.

분과학문들이 각기 삶의 다양한 양상들을 드러내는 만큼 우리의 삶에 대한 이해의 폭은 증대된다. 기존의 학문에서 체계적으로 다루지 못한 현상을 드러내는 작업은 대학이라는 학문공동체의 입장에서 볼 때 학문의 다원화에 공헌하는 것이다. 자율을 지향하는 교육학이 향유할 수 있는 특혜의 하나는 앞서 시작한 사람이나 학문이 없기 때문에 그 주제에 있어서 타학문과 경쟁할 이유가 없다는 점이다. 이 노선에 따라 낮은 수준의 질문에서 높은 수준의 질문으로 향하는 탐구를 계속해 나간다면, 교육학은 '정체불명의 이류잡학'의 불명예로부터 해방될 수 있을 것이다. 그렇게 된다면, 대학공동체에서 이제까지 불신과 의혹의 대상으로서 거의 존폐의 위기에 처했던 교육학과의 위상도 반전될 것이다.

역사적으로 그 좋은 모범적인 사례의 하나가 자율적인 언어학의 출현이다(장상호, 1997a; Saussure, /1990). 언어학은 지금의 교육학의 경우처럼 처음에는 외래학문의 개념에 의존하였다. 언어철학, 언어사, 언어심리학, 언어사회학, 언어문화인류학이 존재했었다. 그러나 언어현상이 그 자체로서 드러날 수 있어야 한다는 기치를 내세운 구조주의 언어학의 출현과 더불어 그 상황이 역전되기에 이르렀다. 이제는 그런 언어학의 성과가 철학, 심리학, 사회학, 혹은 문화인류학에게까지 적용되는 단계에 이르렀다. 교육이라는 현상은 인간의 삶에서 너무도 고유하고 중요한 위치를 차지하고 있기 때문에 그것을 온전히 이론적으로 밝혀낼 수 있다면 오늘날 언어학의 경우처럼 침체된 인문사회과학 분야에 새로운 활기를 불러일으킬 수도 있을 것이다.

순수학문이 응용될 범위는 사실상 무한대하다. 새로 정립된 자율적인 교육학이 어디에 어떻게 쓰일 수 있을 것인지는 계속 입증되어 나아가야 할 과제이다. 그중의 하나는 특정한 주제에 대한 학제연구에 참여하는 것이다. 그 예의 하나가 바로 인식에 관한 것이다. 이는 철학, 심리학, 사회학, 문화인류학 등의 다양한 조명을 받아 왔다. 거기에 교육학의 조명이 추가될 수 있다. 그것이 바로 앞 절에서 연구의 한 영역으로 소개한 교육적 인식론이다. 이는 교육의 분야에서 인식의 문제와 관련하여 주로 철학의 인식론에 의존해 왔던 과거와는 전혀 다른 상황인 것이다. 이 이외에도 교육학의 이론적 체제를 여타의 학문으로 역수출할 수 있는 시기가 분명히 도래할 것이다.

제 2기 교육학이 응용의 대상으로 삼을 수 있는 가장 직접적인 분야는 무엇보다도 그 인식대상인 교육일 것이다. 엄밀하게 말하면, 교육학의 발전과 교육의 발전은 서로 다른 과제에 속한다. 그 목표의 면에서 전자는 앞서 지적했듯이 진리의 가치를 실현하며, 후자는 교육의 가치를 실현해야 한다. 그 목표를 실현하는 수단 역시 서로 다르다. 가령, 학문의 방법이 바로 교육의 방법은 될 수 없다. 그러나 무엇이 정상적인 교육인지에 대한 관점의 정상화가 없이는 교육의 정상화를 기할 수 없다는 점에서 후자의 과제는 전자를 전제한다. 이 점에서 이들 사이에는 불가분의 관련이 있다.

이 문제를 두고 이제까지 제 1기 교육학자들은 두 가지 모호한 태도를 보여 왔다. 그 하나는 교육학 자체를 교육의 개선을 위한 학문이라는 식으로 그 본질 규정을 기능으로 환원시키는 방법이다. 이때 그 결과를 가져오게 하는 교육학 자체의 정체는 모호한 채 남겨 있다. 다른 하나는 이론과 그 응용이라는 양면을 오가는 행태를 보이는 야누스적 적응이다(장상호, 2005a). 대학 안에서 학구적인 탐구의 면에서 이류잡학의 후진성을 문제시할 때, 교육학자들은 대학의 제반 학문을 교육의 개선을 개선에 활용하는 역할을 한다는 식으로 변명을 하여 왔다. 다른 한편으로, 교육을 개선하려는 실무자가 그들의 처방이 실제와 부합하지 못하다는 문제를 제기하면, 그들은 주로 이론적인 문제를 다룬다는 식으로 실제와 거리를 두려고 하였던 것이다.

이런 주장은 그 어느 경우든 교육학자들이 주어진 과제수행을 회피하는 수단에 불과하다. 사실은 교육학을 교육의 개선에 응용한다는 말은 공수표에 불과했다. 응용을 말할 때 그 응용되는 학문은 외래학문이었으며, 응용될 대상은 학교태나 혹은 그 외래학문에 의해서 밝혀지는 사태였던 것이다. 아직도 이런 아이러니와 모순을 제대로 자각하지 못하고 있는 교육학자들은 일반 사람들이나 정책결정자들의 교육에 대한 몰이해를 문제시하면서 그들을 교도하려는 소명감에 차 있다. 그럼에도 불구하고 그들이 택한 잘못된 진로가 그 소명감과는 역행하는 결과를 가져온다. 교육의 문제가 발생할 때 사람들은 교육학이 교육을 이론적으로 연구하는 분야로 생각하고, 교육학자들로부터 개념적인 지원을 받을 것으로 기대한다. 그 양자 사이의 교섭은 언제나 교육의 왜곡과 은폐의 형식으로 헛돈다.

풍요로운 삶이란 각 분야가 골고루 제 몫을 하는 것을 의미한다. 발전이 잘 이루어지는 분야도 있고, 더러는 그렇지 못한 분야도 있다. 불행히도 교육의 경우는 후자에 속한다고 봐야 할 것이다. 교육이 삶을 고양시키기보다는 황폐화시키고 있다는 한숨소리가 들린다. '교육의 정상화'라는 구호가 끊임없이 나오고 있는 것은 바로 그것을 반증한다. 정체불명의 이류잡학으로 남아 있는 비정상적인 교육학이 교육의 정상화에 공헌할 수 없음은 말할 필요도 없다. 이와 관련하여 제 1기 교육학자들이 내세울 가장 유망한 해답은 아마도 '교육자치'라는 개념이 아닐까 한다. 교육자치는 교육청과 일반 행정부서를 분리시켜 전자가 학교를 자치적으로 운영한다는 뜻으로 흔히 논의되고 있다. 그러나 우리의 관점에서 볼 때, 학교를 자치적으로 운영한다는 것과 교육의 자율성을 살린다는 것은 전혀 별개의 사안이다. 전자의 경우 학교는 그야말로 주민들의 통제 하에 있는 것이고, 또 주민이 규정하는 학교의 기능에 대한 관념과 의도가 어떤 것이냐에 따라 교육의 자율성을 유지할 수도 혹은 역행할 수도 있는 것이다.

이런 상황에서 자율적인 교육학은 '교육의 정상화'가 어떤 것인지를 올바르게 향도할 수 있을 것이다. 교육본위론에 따르면, 교육은 누구나 향유할 수 있는 삶의 특정한 양상이다. 우리 각자는 교육을 통해서 자신에게 혹은 타인에게 바람직한 것이 무엇인지를 시험하고 실현해 나간다. 짧은 일생동안 우리는 심오하고 고상한 것만큼 고귀한 존재로 살 수 있으며, 평범한 것만큼 비천한 존재로 살게 된다. 그러나 그것은 결코 숙명이 아니다. 교육은 아직 결정되거나 해명되지 않은 인간상을 실현하고 확인해 나간다. 인간은 가능한 한 그 자체로서 가치 있는 존재로 살아가기를 기원한다. 이 순간에도 나에게 혹은 너에게 실현되지 않은 품위들이 교육을 통해서 부단히 모색되고 있고 우리 자신에 의해서 선택되고 있다. 더러는 그런 교육적인 삶을 향유하고 있음에도 불구하고, 그 삶에 교육적인 의미를 부여하는 데 실패하고, 더러는 그 교육적인 삶과 거리가 먼 것에 지나치게 교육적인 의미를 부여하는 경우가 많다. 그 관점을 쇄신하고 바로잡아 주는 것만으로도 교육은 제 궤도로 진입할 것이다.

교육의 공간으로서 학교는 이제까지 지나치게 과장된 의미를 부여해 왔다. 그 안에서 일어나는 모든 것이 곧바로 교육이라는 전통적인 관점에서 우리는 벗어나야 한다. 교육본위론은 교육을 학교라는 공간의 울타리를 벗어나 모든 삶의 공간에서 잠재되어 있는 것으로 개념화하였다. 그 관점에 의하면 학교는 교육이 가능한 곳이며, 교육은 그것의 고유한 내재율에 따름으로써 실현되는 것이다. 그 관점에 의해서 학교가 그 명분으로 내세우는 것과 생활공간의 하나로서 그 안에서 진행되고 있는 교육의 실상은 명백하게 구분할 필요가 있다. 그 안에서 정치적 권력관계, 경제적 이해관계, 사회적 지위를 위한 투쟁이 동시에 일어나고 있다. 그런 환경 안에서 그들과 대조되는 교육이 어떻게 존속할 수 있는지의 방안이 논의될 수도 있을 것이다.

이런 방식을 두고, 혹자는 교육학의 응용영역을 협소화시키는 것이 아니냐 하는 생각을 할 수도 있다. 그러나 그 판단은 큰 오산이다. 학교가 중요한 교육의 공간이기는 하지만, 결코 유일한 공간은 아니다. 우리의 삶은 여러 가지 공간의 구획을 갖는다. 여기에는 다양한 삶의 양상이 진행되고 있다. 그 삶의 공간 안에서 여타의 과정과 더불어 교육이 차지할 수 있는 여지는 언제나 있다. 학교 이외에도 가정, 학원, 각종의 산업체, 가상공간, 지역사회 등 모든 삶의 공간 안에 교육의 가능성이 잠재되어 있으며, 자율적인 교육학의 새로운 안목은 교육의 입장에서 그 각각의 공간이 지니고 있는 문제에 있어서도 새롭고 건설적인 해결의 빛을 던질 수도 있을 것이다. 그만큼 교육학의 응용영역은 이전의 학교중심의 응용영역보다 훨씬 광범하다. 이제부터 우리는 교육을 모든 사람들이 어느 곳에서나 향유할 수 있는 세계로 확장할 필요가 있다. 바로 그 지평의 확장을 새로운 교육학자들이 선도할 수 있게 될 것이다.

여기까지가 우리가 새롭게 출범하는 자율적인 교육학을 두고 생각해 볼 수 있는 낙관적인 전망이다. 응분의 조건을 갖추지 못한다면, 그 낙관은 공염불에 그칠 것이다. 그 조건들은 무엇일까? 그 가운데 논자는 두 가지만을 마지막으로 지적하고자 한다. 그 하나는 명실상부한 제도로서 교육학과의 위치를 재정비한다는 조건이다. 이제까지 안방을 차지하고 있는 용병학문이라는 손님이 고향으로 되돌아가고, 그 자리에 거듭난 자율학문이 정식으로 들어서는 교체가 이루어져야 한다. 후자의 몸통이 커지는 것만큼 그 세부의 전공영역이 새롭게 생겨나고, 각각에서 해당된 논문과 학위가 인정받게 될 것이다. 앞서 보았듯이, 이들 간에는 서로 공유된 개념의 기반이 있기 때문에 서로가 서로를 자극하고 확장하는 공생관계가 이루어질 수 있다. 이런 진전은 서로의 지식이 교류가 불가능할 만큼 다른 뿌리에 근거하고 있으면서도 마치 한 나무인 것처럼 좁은 공간에 자리 잡고 있는 지금의 영세한 교육학과는 전혀 다른 면모이다.

다른 하나의 조건은 교육학과가 지향해야 할 목표와 분위기의 쇄신이다. 이제까지 교육학과를 지배하고 있는 것은 주로 교육이라는 실제의 개선이라는 목표이다. 그러나 교육의 실제가 있듯이 교육학의 실제가 따로 있으며, 교육학자가 진정 수행해야 할 고유한 역할은 이 가운데 후자를 개선하는 것이다. 논자는 교육의 문제보다는 교육학의 문제가 더 심각하다는 생각을 가지고 있다. 교육학의 내재적 목표는 교육 자체의 이론적 해명에 있다. 진리탐구라고 하는 고유한 가치의 실현이 얼마나 여타의 세계의 도구로서 활용가치가 있느냐 하는 것은 후차의 문제이다. 지적 탐구의 열광이 없이 단지 그 지식이 주는 효용성이나 응용력 때문에 교육을 연구한다면, 그 진리가치는 수많은 여타의 제반 가치와의 경쟁에서 스스로 패배하는 길을 걷게 될 것이다.

제 1 장

# 교육의 구조

## 1.1 현상계의 정체

일상에서 접하는 세계는 살아가는 데 필요한 실용적인 범주로 나누어진다. 깊이 생각하기 이전에 그에 대한 적응이 우선한다. 이런 논리가 지배하는 세계를 후설(Husserl, /1970)은 '직접 경험하는 세계', '이미 거기에 있는 세계', '미리 주어진 세계', '자연적·원초적 태도에 의해서 체험되는 세계'라고 기술했다. 이처럼 구체적이고, 일원적인 세계를 우리는 삶에서 가장 실제적인 것으로 경험한다. 그 경험은 나름의 긴 역사를 공유하고 있기 때문에 흔히 아무 탈도 없는 것으로 인식된다.

그러나 인식론적으로 볼 때, 생활세계의 사건과 사물은 낮은 수준의 인식대상이다. 우리 자신 혹은 자신이 포함된 세계에 대한 좀 더 높은 수준의 이해는 이런 일상의 세계 혹은 일상의 인식에 의문을 품은 사람들에 의해서 진행되었다. <교육의 구조>라는 본장의 주제를 다루는 연구도 그런 습관적이고 기계적인 인식들을 유보시키거나 중단시켜야만 가능하다. 그 가운데에는 우선 인식 자체의 본질에 대한 인식의 전환이 필요하다. 우선 그중 두 가지만을 지적하기로 한다.

첫째, 일상적 인식은 눈에 비치는 구체적인 사건, 사물, 활동, 혹은 인간

등을 그 대상으로 삼는다. 그 구체성은 모든 것이 복합된 결과물이다. 깊이 따지고 들면, 이런 측면이 있다면, 저런 측면도 있을 수 있다. 그럼에도 불구하고 우리가 생활할 때 이들은 언제나 동시에 복합적으로 작용하는 것으로 보이기 때문에 따로 분리시켜 고려하지 않을 뿐만 아니라 그럴 필요조차 느끼지 않는다. 오히려 우리는 그 보이는 모든 것을 동시에 고려함으로써 일상적 삶을 더 원만하게 영위할 수 있는 것이다.

그러나 그 사태의 이면에는 어떤 단일한 논리로 환원시킬 수 없는 다양한 현상계들이 복합적으로 작용하고 있다. 현상계는 우리의 반성적 사유의 과정을 거쳐서 포착될 수 있는 심층의 대상이다. 눈에 보이는 구체적인 대상은 그 다양한 심층의 세계의 교차영역에 있으며, 그중 어느 현상계를 본위로 하느냐에 따라 전혀 다른 양태로 보인다는 점을 입증해 왔다. 슈츠(Schutz, 1973)의 말을 빌리면, 우리가 하나의 현상계에서 다른 현상계에로 진입할 때 '충격(a shock)'까지 경험한다고 한다.

둘째, 일상적 인식은 대부분 인식과 인식대상 사이의 일대 일의 대응관계를 가정한다. 대상은 우리의 경험과는 독립하여 이미 거기에 있고, 우리의 인식은 마치 그림의 경우처럼 그것을 있는 그대로 표상하는 것이다. 표상이 잘 된 것은 옳은 인식이며, 그렇지 못한 것은 옳지 않은 인식이 되는 것이다. 인식의 문제를 학문적으로 해명하는 분야에서도 더러는 그런 가정을 하여 왔다. 플라톤 이후 데카르트의 합리주의, 영국의 경험주의, 논리 실증주의 등에 이르는 종전의 객관주의 관점도 여기에 속한다.

그러나 그런 인식론적 관점은 이제 천진난만하리만큼 단순한 것으로 판명되고 있다. 세계가 그것에 대한 인식체계가 생겨나기 이전에 그 대상으로서 먼저 존재한다는 사실은 부인하기 어렵지만, 누구도 그 인식의 한계를 넘어서 존재하는 세계 자체에 직접 다가가는 일은 불가능하다. 우리가 세계를 보는 것은 눈을 통해서이며, 그 해석은 우리 자신의 생각을 통해서 이루어진다. 따라서 어떤 대상에 대한 우리의 생각이 옳고 그름을 판정함에 있어서 그와 대응관계를 따져서 우리의 인식을 검증하기 어렵다는 사실이 인정되고 있다.

이 두 가지 사실은 지식에 대한 규정과 그 입증에 대한 새로운 이론을 요구한다. 그 대안적 설명의 유망한 후보의 하나로 등장한 것이 인지적 구성주의이다(Glasersfeld, 1995; Maturana & Varela, 1987). 이에 따르면, 인식의 거점은 우리 밖이 아니라 그 대상에 통일성을 부여하는 우리 내부의 사고체제의 정합성에 있다. 대상세계와 그에 대한 인식은 불가분의 관계를 갖는다. 양자의 긴밀한 교섭을 통해서 인식대상을 조직하는 고유한 모종의 범주와 맥락을 형성하고, 그것들의 여과를 거쳐서 대상을 인식한다. 현상계란 바로 그와 같은 과정을 거쳐서 창출된 독특한 의미의 세계인 것이다.

이 세상의 모든 것을 한꺼번에 규정하는 포괄적인 인식의 존재를 상상하기 어렵다. 인식의 속성상 어떤 것을 선택하고 다른 것을 배제하는 것은 불가피하다. X가 선택되었다면 Y는 배제된다. 세계의 종류에 따라 본질의 규정이 달라진다. X에서 본질적인 것이 여타의 현상, 이를테면 Y의 입장에서는 비본질적인 것이 되는 것이다. 한 현상계에서는 중요하고 가치 있는 것들이 다른 곳에서는 하찮고 무가치한 것으로 간주된다. 한 곳에서 보충되는 것이 다른 곳에서는 제거된다. 한 곳에서 피상적인 것이 다른 곳에서는 실재적인 것으로 보인다.

일상적인 세계는 이런 서로 다른 현상계가 교차하는 영역에 위치하고 있다. 그렇다면 그 일상적 세계와 현상계 사이의 매우 중요한 관계가 예상된다. 전자에서 후자로 전환되는 경우 현상계의 본위의 선택에 따라 일상의 구체적인 대상이 서로 다른 방식으로 해석되는 것이다. 그 가운데 아직 인식의 조명을 받을 수 없는 현상계는 그 본위의 경합에 참여할 수 없다. 이 말은 그만큼 우리의 인식에서 그 대상의 한정과 선택이 중요한 것임을 시사한다. 각각의 현상계는 그에 합당한 인식체제를 갖춤으로써 그 선택의 한 후보로 등재되기를 기다린다.

일상적 대상과는 달리 현상계는 반성적 사유의 결과이다. X와 Y라는 현상계의 존재는 그 각각에 대한 독립된 인식의 여과를 통해서 비로소 드러날 수 있다. 그 고유한 특징을 분명하게 드러내는 데에는 하나의 세계 창조와 같은 탁월한 상상력과 통찰력을 요구한다. 현상학(Husserl, /1970)

에서의 '현상학적 구성', 구조주의(김형효, 1989; Piaget, 1968)의 '구조의 발견', 구성주의(Glasersfeld, 1995; Maturana & Varela, 1987)에서의 '지식의 구성', 해석학(Palmer, 1969)의 '해석학적 순환' 등은 이러한 방법론적인 특징을 공유한다.

서로 다른 현상 혹은 사실의 골격을 구분하는 것은 그 구조이다. X의 구조란 그것을 구성하는 요소들의 내적 관계로 이루어지는 전체로서, 그것 밖의 어떤 것에도 의존하지 않으며, 자체의 자율적인 속성에 의해 스스로를 변형시키고 유지하는 것으로 파악된다. 구조는 그것을 구성하는 요소들이 하나의 통일된 전체로 한꺼번에 융합될 때 드러난다. 그런 통일성이 밝혀지기 이전에는 우리는 아직 특정한 현상을 충분히 '이해(comprehension)'했다고 볼 수 없다. 그에 대한 탐구자는 그런 눈에 보이지 않는 울타리를 개념으로 구분해 내고, 그 울타리 안에 어떤 고유한 사실의 질서가 자리 잡고 있는지를 통찰할 수 있어야 한다.

특정한 현상 X의 본질적 내용은 그 요소와 그들 사이의 관계에 의해서 결정된다. X가 밝혀진다는 것은 그 내부의 구조가 밝혀지는 것을 의미한다. 현상을 개념적으로 구성한다고 할 때에도 이처럼 구조의 규칙을 따르게 된다. X의 구조를 파악하는 작업은 그 자체로서 하나의 막연하게 포착된 전체로 시작하여 그 부분들을 찾고, 그것들이 하나의 전체를 다시 정의하고, 그 전체 속에서 다시 그 부분들이 추가되거나 수정되거나 명료화되는 복잡한 과정을 포함한다. 그 통일성을 기준으로 어떤 현상의 본질이 결정된다.

이제까지 우리는 특정한 현상이나 사실에 대한 이론적 탐구는 적어도 그것이 다른 것들과 범주상의 경계를 이룬다는 조건, 즉 내적으로 정합성을 지닌 하나의 통일된 전체를 구성한다는 조건을 충족시킬 수 있을 때 비로소 의미를 가질 수 있다는 점을 간단히 개괄하였다. 우리의 삶이 단일한 세계가 아니라 서로 다른 여러 종류의 세계로 구성되어 있다는 것은 사실상 이처럼 그들을 포착하는 개념체제를 구성함으로써 비로소 밝혀질 수 있었다(Goodman, 1978; Oakeshott, 1933; Schutz, 1973). 여기서 특별히 개념체제라는 말을 쓰는 것은 지식의 핵심은 사실적 정보의 옳고 그름이 아니라 그것을 담고 있는 지적 체제의 정합성에 있음을 강조하기 위함이다.

긴 역사를 거치면서 학문은 그 포괄적인 융합상태에서 벗어나 점차 분화하여 왔다(장상호, 1997a). 분과학문은 그들 나름의 고유한 '현상' 혹은 '사실'을 확보하고 있다. 같은 '자연현상'에 속하지만, '물리현상'과 '생물현상'은 다른 것으로 판명되어 왔다. 같은 사회현상이지만, '정치현상'과 '경제현상'은 서로 다른 세계에 속한다는 점이 밝혀졌다. 이들은 일반인들이 상식적으로 알고 있는 것과는 다른 것이다. 현상은 일상적 인식보다 근본적이며, 심층적이며, 본질적인 인식대상이며, 그것이 포착되는 것은 개념체제의 확보와 불가분의 관계를 갖는다. 그렇게 주장할 수 있었던 것은 그 현상을 설명하는 독립된 개념체제 혹은 이론의 창출과 관련되어 있다.

자연과학의 경우를 들어보자. 흔히 자연현상은 우리 밖에 존재하고 있고, 자연과학은 그 각각의 것을 이해하고 검증하는 것으로 알고 있다. 그러나 그것은 사실과 다르다. 자연과학자는 그것들을 설명하는 보다 근원적 현상의 하나로서 자연과학적 현상에 관심을 갖는다. 그 현상을 설명함에 있어서 일단의 개념체제가 동원된다. 따라서 개개의 가설이 고립적으로 검증될 수 없다(Duhem, 1954; Quine, 1961). 그 가설이 포함된 이론 전체가 연관되며, 이론에 따라 그 관찰내용이 달라지기 때문이 이론의 검증은 관찰만으로 이루어지는 것이 아니다(Hanson, 1961). 다시 말하면, 하나의 현상을 설명함에 있어서 개념, 가설, 이론이 연대적인 책임을 지며, 자연과학적 지식의 검증은 그 연대성의 존재여부와 결부된 복잡한 과정을 거쳐야 한다.

이런 특징을 잘 반영하기 위해서 각 분과학문은 그 내재적 변인(endogenous variables)과 그 외재적 변인(exogenous variables)을 엄격하게 구분한다. 내재적 변인은 그 탐구대상의 본질적 특성을 대표하는 변인으로서 서로의 의미규정에 참여하기 때문에 그 대상세계의 가족에 해당한다고 볼 수 있다. 외재적 변인은 그 탐구대상과는 다른 대상의 본질적 특성을 드러내는 변인들로서 그 분과학문의 체제로부터 배제된다. 물리현상을 결정하는 내재적 변인은 생물현상의 외재적 변인에 해당하며, 반대로 생물현상의 내재적 변인은 물리현상의 외재적 변인에 해당한다. 이들을 각기 탐구하는 물리학과 생물학 가운데 어느 것이라도 외부의 이론이나 상대의 이론체제에 의존한다면, 하나의 현상을 그 내부의 인식체제 안에서 규정한다는 내규에 어긋나는 것으로 간주되는 것이다.

이처럼 한 현상의 내재적 변인들을 서로 배타적으로 규정하는 것이 다른 현상의 내재적 변인과 가질 수 있는 경험적 관련까지를 부인하는 것은 아니다. 우리의 삶에서 X의 내재적 변인과 Y의 내재적 변인은 그 사이에 여러 가지 우연적 관련을 가지고 있을 수 있다. 앞에서 그 한 현상을 설명하는 내재변인은 가족구성원이라는 말을 했다. X 혹은 Y의 내재적 변인은 그 각각의 현상을 설명하는 한 요인이 되기 때문에 그들 사이의 관계 역시 해당하는 현상 사이의 관계로 인정받을 수 있다. 또한 우리는 그 사실관계에 적절한 가치기준을 적용하여 상호간의 도구적 기능과 그 외재적 가치를 따질 수도 있다. X가 Y에게 주는 영향이 Y의 가치에 비추어 긍정적인 판단을 내릴 수 있는 것이라면, X는 Y에 대해서 그만큼 도구적 가치를 갖는다고 말할 수 있다. X의 이런 기능을 주장할 때 만족시켜야 할 하나의 원칙은 그 X의 정체를 밝히는 이론적 해명이 선행되어야 한다는 것이다. 그렇지 못할 때, 그 주장은 공허한 것일 뿐만 아니라, 그것을 믿는 사람을 기만하는 셈이다.

## 1.2 정체불명의 교육

인간의 삶은 다원적이다. 그 중심이 하나가 아니라 여럿이다. 흔히 지칭하는 정치, 경제, 사회, 문화, 종교, 교육 등의 하위의 세계들이 각각 서로 다른 현상계를 이루는 것이다. 삶의 전체에 비추어 본다면, 이들은 그 일부라고 규정할 수도 있겠지만, 그 각각은 또한 그 나름의 고유한 전체를 구성한다. 정치가 경제를 좌우해서는 안 되고, 경제가 정치를 좌우해서도 안 된다는 말은 꽤 오래전부터 인정되어 왔다. 그만큼 우리의 삶에서 그 차이와 자율성을 인정해야 한다는 주장이 설득력을 갖는다. 그렇다면, 전체의 삶 가운데 하나인 교육현상은 무엇이며, 그것은 여타의 현상계와 어떻게 다른 것인지에 대한 해명이 궁금해진다.

교육현상의 정체를 밝힌다는 것은 그 여타의 현상과 차이가 있는 그 자체의 내용을 밝히는 작업이라고 할 수 있다. 그 직접적인 책임소재는 교육현상을 연구하는 학문, 즉 교육학에 있다. 그러나 앞의 <서장>에서 살핀 바와 같이, 지금의 교육학은 처음부터 학문의 세계와 거리가 있는 실제적인 요구에 부응하기 위해서 출범했으며, 그로 말미암아 하나의 현상으로서 교육에 대한 진지한 학구적인 질문이나 해답을 구하려는 노력을 하지 않았다. 불행히도 그런 상황은 지금까지도 타개되지 못한 상태에 있다(윤병희, 1998; 이용남, 2004; 장상호, 1986, 1990, 2005a; 최성욱, 1988; Lagemann, 2000).

교육의 전문가로 자처하고 있는 교육학자들은 아직까지도 교묘한 방식으로 교육현상 자체에 대한 설명을 사실상 회피하거나 유보하여 왔다. 그 부분을 지적 공백으로 남겨둘 수 없기 때문에 그때그때 임시방편이 대신하였다. 그 임시방편조차도 서로 일관성 있게 다루어지는 것이 아니라 편의에 따라 아무렇게나 혼용하고 있는 실정이다. 그로 인해서 교육은 정체불명의 것이 되고 말았다. 그 상태가 오래 유지되어서도 안 되고, 더 나아가 더 이상 유지되기도 어려울 것이다. 이 단계에서 사태를 치유하는 최선의 방법은 당장은 고통스러울지 모르나 그런 사실을 백일하에 밝히는 것이다. 이하에서 그것을 세 가지로 나누어 간략하게 살펴보기로 한다.

책임회피와 임시방편의 첫 번째는 일상적 혹은 제도적 개념을 그대로 받아들이는 것이다. 앞 절의 서두에서 지적했듯이 일상적인 삶은 아주 흔하게 감각기관의 인식능력과 사회적 관습의 지배를 받는 상식을 의심하지 않는 경향에 의존한다. 사람들은 '교육'이라는 말을 사용하며, 그것을 이미 주어진 것으로 생각한다. 교육학자들은 그처럼 일상적인 사람들이 규정하는 '교육'에 주로 관심을 보여 왔다. 우리의 일상적 삶은 제도의 규제를 받는다. 그 제도 가운데 오늘날 교육과 관련하여 가장 강력한 위치를 차지하는 것이 바로 '학교'이다.

학교라는 제도가 규정하는 교육의 경계는 비교적 명백하다. 그 제도를 무의식적으로 받아들이도록 사회화된 사람들은 흔히 학교의 울타리 안에서 일어나는 것은 모두 '교육'이고, 학교 밖에서 일어나는 것은 '교육'이 아닌 것으로 규정한다. "학교에서 공부하고, 집에서 논다"는 통속적인 말은 여기에서 유래한 것이다. 학교 안의 온갖 현상이 '교육'이라는 용어로 지칭되며, 대부분의 '교육학연구'들은 명시적으로든 혹은 암묵적으로든 간에 그렇게 사람들이 일반적으로 지칭하는 것들을 연구한다(장상호, 1986, 1990).

교육학자들이 공공연하게 받아들이고 있는 그런 관례적인 규정의 문제점은 금방 드러난다. 교육현상이 무엇인지를 밝혀 나가야 할 학문이 교육을 이미 밝혀진 사실로 보는 데 일차적인 문제가 있다. 학자가 대항해서 투쟁해야 할 것은 바로 일상과 습관이 냉혹하게 끌어당기는 힘이다. 이런 투쟁의 산물인 학문적 사고의 족적은 일상적 사고과정과는 전혀 다른 거대한 계열을 이룬다. 양자를 동일시한다면, 이미 그것은 학문으로서의 자격을 갖춘 것으로 볼 수 없다.

학교에서 일어나는 사태를 '교육'으로 규정하는 데 따르는 문제는 삶의 공간과 삶의 양상 사이를 혼동한다는 점이다. 교육을 위시하여 정치, 경제, 사회, 문화, 종교라는 각종 세계들을 분류하는 범주와 학교를 비롯하여 가정, 직장, 도서관, 청소년회관 그리고 전쟁터 등의 생활공간을 분류하는 범주는 일치하지 않는다(장상호, 1990, 2005a). 그런 구분을 망각한 임시방편적인 교육의 규정과 그런 규정에 기초하는 연구는, 결과적으로, 교육을 학교 내의 이질적인 현상으로 왜곡하고, 학교 밖에서 전개되는 교육을 제대로 배려하지 못하는 병폐를 초래했다.

그런 임시방편의 규정을 해체하는 작업은 학교 안에 잠재된 교육 이외의 현상들을 배제하는 작업에서 시작되어야 한다. 학교 안에 교육적인 것과 비교육적인 것이 공존한다. 학교는 하나의 목적과 기능만을 지닌 일원적 통합체가 아니라 다양한 목적과 기능을 동시에 지향하는 다원적이고 복합적인 실체임이 점차로 밝혀지고 있다(김재웅, 2001; 장상호, 1990, 1991a; Reimer, 1971; Richmond, 1975). 그 여타의 것을 제외한 것으로서 교육현상은 무엇인가? 또한 학교 밖에서 진행되는 교육현상은 무엇인가? 그 모든 것을 포괄하는 보편적인 삶의 양상이 바로 교육현상인 것이다.

그런 새로운 의미의 교육 자체의 경계가 진정 무엇인지에 대한 본격적인 연구는 아직도 제 궤도에 진입하지 못하고 있다. 이런 실정과 관련하여 우리는 두 번째의 임시방편과 책임회피를 지적할 수 있다. 그것은 교육을 각종 외래학문의 개념에 의존해서 파악하려는 양태를 보인다(장상호, 1990, 2005a). 앞 장에서 살폈듯이, 현존하는 '교육학'은 분과학문으로서 그 학문적 정체성이 해명되지 않은 상황에서 교사양성의 책임을 부여받았다. 그 목적을 달성하기 위해서 예컨대, 철학, 심리학, 사회학, 문화인류학 등 온갖 학문들이 교육학과에 용이하게 침투해 들어왔으며, 차츰 그들의 헤게모니를 확장해 나온 것이다. 이런 경향은 첫째 부류의 임시방편과 불가분의 관계를 갖는다. 이들은 세상 사람들이 학교를 중심으로 지칭하는 '교육'을 이런 제반 모학문의 개념들을 동원해서 연구하는 전통을 구축해 왔다.

이런 두 번째 임시방편의 통로는 일단 교육학이 단지 상식에 의존한다는 맹점을 벗어나는 하나의 출구일 수 있다. 그러나 이는 분과학문의 초보적인 조건을 무시한다는 점에서 상식보다는 더 체계적인 오류를 범한다는 비난을 면하기 어렵다. 교육학에 침투한 외래학문들은 각각 서로 다른 현상을 밝히는 방식으로 발전해 왔으며, 따라서 그런 이질적인 현상을 탐구한 개념들을 끌어들여 아무리 쌓아놓는다고 하더라도 그것이 교육현상을 드러낼 수 없음은 말할 필요조차 없다. 오히려 교육현상을 각종 외래의 사실로 환원시키고 왜곡시키는 것이 고작이다. 혹은 뒤집어서 외래의 사실을 교육으로 왜곡시키고 있다고 말할 수 있다. 그 결과는 걷잡을 수 없는 맥락의 혼동이다(Walton, 1974).

여타의 학문들이 아무런 제약도 없이 차지하고 있는 지금의 '교육학'은 기실 교육현상에 대한 탐구가 아니라 '학교에 대한 학제연구'로 보아야 한다. '교육'이라는 명칭을 '학교'라는 말로 대치한다면, 그에 대한 철학적 탐구, 심리학적 탐구, 사회학적 탐구, 행정학적 탐구, 인류학적 탐구라는 말이 너무도 자연스럽다. 그리고 그 각각은 학교 안에 공존하는 서로 다른 현상을 밝히는 것으로 해석되어야 할 것이다. 그 편이 그 모든 것을 '교육에 대한 연구'로 간주하는 것보다 사태를 더욱 선명하게 드러내 준다. 다른 하나의 분명한 사실은 학제연구에서 교육현상이 전적으로 배제되고 있다는 점이다. 교육현상을 제외하고 있는 연구들이 바로 '교육연구'로 인정되는 역설이 지금까지도 통용되고 있는 것이다.

이런 역설을 다소나마 만회하기 위해서 교육학자들이 취하는 마지막의 임시방편이 있다. 그것은 바로 '기능주의적 교육관'으로서, 이는 온갖 외부의 가치를 기준으로 '교육받은 사람'을 미리 정의해 놓고, 교육은 그 가치를 실현하는 도구나 기능으로 규정하는 방식을 택한다(장상호, 1990). 이제까지 '교육'이라는 용어 앞에 '정치', '평화', '보건', '교통', '환경', '입시위주' 등 온갖 영역을 첨가시켜 전자가 후자의 문제를 해결해 줄 것으로 주장해 온 모든 사례들은 바로 이 범주의 임시방편에 속한다. 이 부류에 드는 연구들은 그 만병통치의 비결이 그때그때 자신들이 취한 교육관을 정당화시켜주는 것으로 치부한다.

지금까지 '교육학'분야에서 이른바 '교육이론'으로 대접받고 있는 주장들이 모두 이런 특징을 공유한다. 가령 이홍우(1991)가 가장 지배적이고 대표적인 교육이론가들로 소개한 학자들, 즉 정범모(1968), 피터즈(Peters, 1966), 뒤르켐(Durkheim, 1925) 등도 이 범주에 든다. 정범모는 '바람직한 인간', 피터즈는 '교육받은 인간'의 특징을 드러냄으로써 교육을 정의하려고 하였다. 여기에서 교육 받은 사람은 '지적인 학문의 세계'에 입문된 사람을 가리킨다. 뒤르켐의 경우는 사회구성원들이 공통의 언어, 가치관, 문화 등을 습득함으로써 사회의 일원이 되는 것이다. 이홍우는 그 모든 이론들이 교육이라는 현상의 어떤 측면들을 대변하는 것으로 해석한다.

그러나 교육에 대한 이 마지막 세 번째 규정 역시 교육현상을 밝히는 작업을 교묘하게 회피한다는 비난을 면하기 어렵다. '교육받은 사람'이 어떤 인간상이냐 하는 문제도 문제려니와 또한 그런 인간상을 형성시키는데 공헌하는 요인은 거의 무한대에 가깝다고 보아야 한다. 그 과제를 수행하는 것으로서 '교육'이 무엇인지에 대한 해명은 제멋대로 개방되어 있다. 서로 다른 '교육이론들'은 제각기 교육이 가져올 결과에서 차이를 보일 뿐 각각 그 교육 자체가 무엇인지를 밝히는 과제를 단지 우연적 사실에 맡긴다. 그 모두의 우연적 사태를 교육이라고 본다면 사실상 교육은 인간사의 모든 것이라고 보아야 하며, 따라서 교육이라고 보아야 할 특성은 없다고 볼 수밖에 없다.

이홍우는 앞서의 세 가지 '교육이론들'이 교육의 특정한 측면을 강조하고 있는 것으로 보았다. 그러나 그 언급은 자체의 모순을 포함한다. 교육이론이란 교육에 대한 이론의 약칭이다. 교육에 대한 이론이라면, 그것은 당연히 교육 전체에 대한 해명이 이루어져야 할 것으로 기대된다. 만약 그것이 교육의 특정한 측면에 대한 해명이라면, 그것이 어떻게 교육의 일부가 되는지에 대한 추가적인 해명이 요구된다. 그러나 그 솔직한 해명은 아마도 그들이 각각 심리학, 철학, 사회학에 근거한 데서 찾아야 할 것이다(최성욱, 1994, 2005). 따라서 그들은 사실상 서로 다른 현상을 지칭하고 있으며, 그것들이 하나의 이론으로 통합될 가능성은 거의 없다고 보아야 할 것이다.

그럼에도 불구하고, 기능주의적 교육관은 교육의 중요성을 대외적으로 표방하는 전가의 보도처럼 사용되어 왔다. 한수연(2006a)은 예술교육을 논의하면서 이 분야에 이런 기능주의적 교육관이 팽배해 있음을 지적한 바 있다. 예를 들면, '문화 경쟁력 제고를 위한' 예술교육, '감성과 지성의 조화를 위한' 예술교육, '창의적 사고와 문제 해결력을 키우기 위한' 예술교육, '삶의 질을 개선하기 위한' 예술교육 등의 모토는 결국 '무엇 무엇을 위한' 예술교육이라는 식으로 끝을 맺고 있을 뿐, 그것이 어떤 과정에 의해서 가능하게 되는 것인지의 언급이 없으며, 교육은 그 '무엇'과의 관련 하에서만 가치가 있는 것으로 간주되고 있다는 것이다. 속된 말로 표현하면, 이 부류의 학자들은 약의 성분이 무엇인지는 밝히지 않은 채, 그 효과만을 강조하는 '거리의 엉터리 약장사'와 크게 다르지 않다.

만약 기능주의적 교육론자들이 내세운 구체적인 결과가 나오지 않는 경우, 그 사태를 어떻게 해석해야 하는가? 곰곰이 더 생각해 보면, 이 사태는 그 결과를 두고 교육으로 규정한 관점 자체가 잘못된 것임을 드러낸 것이다(장상호, 2005a). 그럼에도 불구하고, 흔히 기능주의적 교육논자들은 그 사태를 '교육이 잘못된 것'으로 규정한다. 자신들의 개념 자체가 잘못되었다는 점을 자각하고 그 관점 자체에 포함된 오류를 교정하지 않으면서, 오히려 그 잘못을 교육에 전가하는 것이다. 더욱 가증스러운 부분은 그 잘못된 교육을 바로잡는 것이 바로 교육학자들이라는 입장을 택하는 것이다. 한마디로, 엉터리 약장사로서 무근거, 무책임, 염치없는 아전인수라는 비난을 면하기 어렵다.

이런 사태의 교정은 바로 그 논리의 순서를 올바로 세우는 데서 찾아져야 한다. "X가 Y와 관련이 있다"는 주장 혹은 "X가 Y의 결과를 가져 온다"는 주장은 X와 Y가 서로 다른 것임을 전제할 때 성립할 수 있다. 마찬가지로, 교육학자가 교육과 여타의 세계와의 관련을 주장하거나 혹은 교육의 기능을 주장하고자 할 때, 교육의 정체가 어떤 것인지에 대한 해답이 선행되어야 한다(장상호, 1997b, 2001; 최성욱, 2005). 교육이 이처럼 그 자체로서 밝혀질 수 있게 되면, 그것이 관련하고 있는 것 혹은 그것이 결과하는 것은 무한정하게 확대될 것이다. 그 부분은 개념에 의해서 규정되는 것이 아니라 차후에 경험적으로 입증되어야만 할 사항이다.

앞에서 교육학이 그 출범 당시부터 가지고 있었던 세 가지 임시방편적 교육관을 살폈다. 교육학은 학교와 교육을 혼동하였다. 이로써 일반인과 교육학자들의 차이가 부인된 셈이다. 그 점을 만회하기 위해서 학교를 연구하는 데 온갖 외래학문을 무분별하게 수용하였다. 그들이 밝힌 온갖 이질적인 현상을 '교육'이라는 용어로 지칭하였다. 이로써 교육현상은 각종 외래적 현상으로 왜곡되기에 이르렀다. 기능주의적 교육관에 의거하여 교육 자체의 정체를 밝히지 않고, 교육이 여타의 세계를 위한 수단이라는 점만을 부각시켰다. 이로써 교육은 내실이 없는 단순한 선전문구의 희롱물이 된 것이다.

이런 임시방편은 아무런 학문적인 노력도 하지 않고 교육학이라는 학문이라는 위치를 보장해주기 때문에, 그 전통에 대한 도전은 얼마만큼의 저항을 초래할 것이라는 점은 쉽게 예견할 수 있는 일이다. 앞선 비판과 반성을 두고, 혹자는 '공연한 내분'이라거나 혹은 '위험한 반역'이라는 누명을 씌울지 모른다. 그것이 누명인 것은 학문의 발전은 바로 그런 반역의 역사였다는 사실에 의해서 명백해진다. 혹자는 그 반역의 필요성을 인정하면서도, 그에 대한 대안이 무엇이냐 하고 추궁할지도 모른다. 이는 비판을 무마하기 위해서 별개의 사안에 대한 부담을 첨부한 것에 불과하다. 어떤 대안이 있어야만 비판할 수 있는 것은 아니다. 어딘가 잘못된 길을 가고 있다는 점을 지적하는 것만으로 학문적인 공적을 충분히 인정받을 수 있다. 그만큼 앞으로 그에 대한 비판적 해체는 한 동안 더 줄기차게 진행될 필요가 있다.

임시방편은 말 그대로 임시적인 것에 그쳐야 할 것이다. 본장의 주제인 <교육의 구조>, 즉 그 안과 밖을 구분하는 연구는 앞서의 '교육학연구'의 타성과 관습을 벗어나서 교육학 본래의 이념과 역할에 충실하게 임하는 구심체의 위치에 있다. 해체는 재건을 전제한다. 이 분야의 연구는 자율적인 교육학을 건립하는 최소한의 골격을 마련할 뿐만 아니라, 그로부터 비롯하는 온갖 연구를 하나로 수렴할 수 있는 총체적인 저장고의 역할을 할 것으로 기대된다. 이에 대한 출발이 늦었기 때문에 아직까지 눈에 띄는 연구의 결과는 없다. 이 분야의 연구가 활성화되기 위해서는 먼저 그 연구가 어떤 종류의 것이며, 어떻게 추진될 수 있는지에 대한 철저한 이해와 검토가 요망된다.

## 1.3 교육의 경계획정

지금의 교육학을 성공적으로 해체했을 때, 남는 것은 지적 공터이다. 교육에 대해서 그토록 많은 것을 알고 있다고 자처했던 과거사가 수포임을 깨닫는 뼈아픈 순간이다. 그 뒤의 반응은 대체로 두 갈래로 갈라질 것으로 예상된다. 학문이 쌓아 온 결과를 중시하는 사람은 이를 허망한 일로 받아들이면서 빈 껍질의 교육학과와는 거리를 두려고 할 것이다. 다른 한편으로 학문의 결과보다는 과정을 중시하는 사람은 그 비어 있는 공터에 새로운 교육학을 건립할 수 있는 더 없이 좋은 계기로 받아들일 것이다. 본 절은 후자의 길을 택한 사람이 수행해야 할 가장 기초적인 작업이 무엇인지를 살피게 될 것이다.

교육현상은 육안으로 보이는 실재가 결코 아니다. 그 초보적인 사실을 굳이 여기서 새삼스럽게 지적하는 것은 그동안 교육학도들이 흔히 교육에 대해서 취해 온 인식론적 태도를 문제시하기 위함이다. 모든 현상이 그러하듯이, 교육 역시 고유한 개념체제의 여과에 의해서만 포착될 수 있는 현상이다. 그런 개념의 확보가 이루어지지 않은 상태에서 교육현상이 드러날 리가 없다. 마치 임자가 없는 황무지로 보일지도 모른다. 교육현상 자체가 황무지가 아니라 그에 대한 인식 자체가 황무지라는 뜻이다.

교육학을 타학문으로부터 자율화시킨다는 것은 그 인식의 황무지를 개간하는 작업에 해당한다. 교육의 영토는 비교육과 경계를 이루고 있는 독자적인 영역인 것으로 가정된다. 그 경계구분은 단지 임의적인 것이 아닐 것이다. 교육의 영토 안의 것이 그 안쪽을 점유하고 있는 근거는 어디에 있는가? 그 해답은 그 총체성과 내부에 있는 구성요소와 그들 사이의 관계에서 찾아져야 한다. 인식의 자율이라는 말은 그 자율적인 체계를 이루는 내적인 필연성을 이론적으로 찾을 수 있을 때 성립한다.

교육학이 그 과제의 수행을 간과했던 지난날의 내력을 앞 절(1.2)에서 임시방편이라는 이름으로 지적한 바 있다. 그런 해석은 일면 좋은 뜻이 포함되어 있다. 왜냐하면 그것이 진정 임시방편의 것이었다면, 그후 본격적인 작업이 당연히 후속되었을 것이기 때문이다. 그럼에도 불구하고 아직까지도 그런 내부의 움직임은 보이지 않는다. 이 단계에서 교육현상이 교육학으로부터 외면 받은 황무지로 남게 된 보다 근본원인을 더 추궁할 여지가 있다. 다음에 우리는 그 원인을 교육학을 하나의 분과학문으로 정립하려는 의지와 태도의 결여, 그리고 무엇보다도 교육학자들이 택한 부적합한 인식론에서 찾아보고자 한다.

교육현상의 이해는 고도의 이론적 상상의 과정을 거쳐야 가능하다. 교육현상을 밝히는 일의 최소한의 조건은 그 구조가 어떤 것인지를 아는 것이다. 구조는 그 안과 밖을 구분하는 중요한 경계를 갖기 마련이다. 그런데 앞 절에서 살폈듯이, 교육학 분야에서 교육인 것과 교육 아닌 것들 사이의 경계가 잘못되었거나 혹은 그 경계의 존재를 거의 무시하였다. 학교의 울타리는 생활공간의 경계이며, 결코 삶의 양상으로서 교육의 경계가 될 수 없다. 각종 기능주의적 교육관은 교육을 그 기능이 주어지는 세계로 열어 놓았다. 그 열린 문을 통해 온갖 외래학문의 대상이 교육학 내부에 침투할 수 있었다.

이런 인식에 따라 외래의 학문적 개념들을 거의 무차별하게 교육학의 영역에 끌어들일 수 있었던 저변에는 아직도 실증주의적 인식론이 굳게 자리하고 있는 것이다. 그 실증주의의 사고방식은 크게 두 가지 특징을 갖는다(Ayer, 1936, 1959). 그 하나는 인식대상과 인식의 분리이다. 이에 따라, 교육은 이미 주어진 것으로서 외부에 존재하며, 그것을 연구하는 교육학적 지식은 교육과의 대응관계를 따져서 검증할 수 있다는 간단한 도식이 지배적이었다. 실증주의적 사고의 다른 특징은 원자주의이다. 이에 따르면, 우리는 지식을 벽돌을 쌓아가는 방식으로 축적해 나간다. 그에 따라 교육학의 지식도 그런 단편적인 연구의 결과로 간주되었다.

그런데 한 가지 이해하기 곤란한 점이 있다. 그것은 지식이 그런 실증주의적 방식으로 규정되는 것이 부적절하다는 사실이 교육학 내부에서도 일부 인정되고 있다는 사실이다. 이런 점은 다음의 흥미 있는 사실에서 잘 입증된다. 한때 교육학에서도 학교에서 학생들에게 무엇을 가르쳐야 하느냐 하는 문제와 관련하여 지식의 구조라는 문제가 논의의 초점이 된 바도 있다(Ford & Pugno, 1964; Schwab, 1963, 1964). 학교에서 학생들에게 교과목, 즉 분과학문의 지식을 배우고 가르칠 때, 교과의 그 전체적인 의미의 체계, 즉 그 분과학문의 구조를 학교에서 가르치고 배워야 한다는 것이었다.

이런 관점은 이미 우리가 앞절(1.1)에서 살핀 구조의 특징과 일치한다. 이질적인 세계들은 서로 다른 구조를 가지고 대조된다. 적어도 하나의 분과학문의 대상이라고 할 때, 그 대상이 갖추어야 할 하나의 조건은 그 구조적 성질이다. 구조주의는 구조가 우리가 관찰할 수 있는 현상 이면에 존재하며, 그 현상이 구조를 갖는다는 것은 하나의 전체와 그것을 구성하는 요소가 있고, 그들 사이의 긴밀한 관계가 그 자율성을 성립시킨다는 것을 의미한다. 말하자면, 하나의 세계는 서로 독립된 단편들의 모임으로는 성립할 수 없고, 하나의 총체 안에 포함된 요소들과 그들 사이의 관계로서 성립함을 전제하는 것이다. 이런 주장은 지식이 그것을 구성하는 사실이나 정보, 또는 개념의 누적적인 합이라는 종전의 실증주의의 관점을 극복하려는 중요한 계기가 되었다. 사범대학의 '교과교육론자'들은 교육학자들이 주장하는 이런 '구조주의운동'에 동조하고자 부심했다.

그런 운동이 실제로 얼마나 성공했느냐 하는 점은 별도의 논의가 필요하다. 그 원인은 아마도 하나만이 아닐 것이다. 다만, 우리가 본 절의 주제와 관련하여 주목할 점은 그 운동을 선도했던 교육학자들이 자신의 학문에 대해서 취했던 이중적인 태도이다. 그들은 각종 분과학문들은 그 자율적인 체제를 구조의 개념으로 확립하고자 했다는 것을 사범대학의 다른 교과전문가에게 강조했던 것이다. 만약 그 점이 인정된다면, 교육학적 지식도 구조의 성격을 띠어야 할 것이다. 교육학자들도 사범대학에서 교육학을 교직과목으로 가르친다. 그렇다면, 그들은 학생들에게 그 교육학의 구조를 가르쳤어야 한다. 그런데 교육학자들은 그런 원칙을 그들 자신에게 적용하지 않고 다만 외래학문의 결실만을 응용하려는 무력한 방관자의 길을 걸어온 것이다.

교육학자들은 분과학문들의 현상이 구조적 관점에 의해서 파악되어야 한다는 원칙에서 마치 자신들은 예외인 것처럼 처신해 왔다. 그 점은 교육학 관계 서적에서 손쉽게 발견된다. 그 안에서 교육현상을 파악하려는 노력은 전혀 찾아볼 수 없다. 다만, "교육이란 … 이다" 하는 식의 한 문장 남짓한 '정의(definition)'나 몇 마디 말로 설명을 마친 것으로 하고 넘어가는 경우가 대부분이다. 이는 지식의 구조를 강조한 교육학자들의 주장과 역행한다. 사범대학의 어떤 교과영역에서도 그처럼 정의로 그 영역을 규정하는 데 그치는 경우는 찾아보기 어렵다.

그 주된 이유는 지적인 나태와 의존심에서 찾을 수 있다. 정확하게 말하면, 교육학자들은 외래학문들이 이미 만들어 놓은 지식의 결과에는 관심이 있을 뿐, 그 지식이 어떻게 형성되었는지에 대해서는 전혀 관심을 보이지 않는다. 분과학문의 대상은 그 세계 내에 있는 것들이 하나의 조직화된 전체 혹은 체계로 이해될 수 있는 성질의 것이다. 교육학에 침투해 온 제반 모학문의 역사를 되돌아보면, 그런 지식을 구성하려고 분투한 흔적을 쉽게 찾을 수 있다. 교육학자가 그들로부터 얻을 수 있는 것은 바로 분투 과정 자체였어야만 하였다. 그런데 교육학자들은 그런 복잡하고 어려운 과정을 거쳐야 한다는 점을 아직까지도 자각하지 못하고 있는 것이다.

이런 단계에서 학문적 방법에 대한 철두철미한 재인식이 필요하다. 앞절(1.1)에서 지적했듯이, 현상은 우리의 주관적 구성의 소산이라는 정신을 잘 반영하고 있는 방법론이 현상학, 해석학, 그리고 구조주의이다. 우리 인식의 여과가 없는 진정한 실재를 전제하는 객관주의는 비현실적이다. 인류역사가 시작된 어느 시점에서부터 교육현상은 지금까지 진행되고 있다. 그 교육현상은 교육학과 별개의 것으로 존재한다고 말할 수 있지만, 그것은 인식자의 입장과 분리되어 이해될 수 없다. 그 현상을 구조적으로 파악하려는 노력이 수반되어야만 하는 것이다.

오늘날 교육학의 문헌을 보면 가끔 현상학, 해석학, 구조주의, 혹은 구성주의 등의 이름으로 불리는 '교육이론들'이 소개되기도 한다(Kneller,

1984). 그런데 흥미로운 사실은 교육학자들은 이런 방법론의 측면에서도 고질적인 이중의 태도를 가지고 있다는 점이다. 그런 방법이 곧바로 마치 교육현상이 되는 것처럼 인식하고 있을 뿐, 그 방법을 교육현상을 탐구하는 데 적용해야 한다는 의식은 전혀 찾아 볼 수 없다. 예를 들면, 교육에서 '구성주의 학습(조부경 외 편역, 2001)'이 매우 중요하다는 것을 역설하면서도, 그 교육을 이해함에 있어서도 역시 그 구성주의적 접근이 필요하다는 사실을 전적으로 외면한다.

이제부터 교육학자들은 그런 지적인 나태, 무력, 무능의 늪에서 빠져나와야 한다. 교육학적 지식은 구조적으로 타학문의 지식과 달라야 한다. 그 지식은 올바른 방법론의 선택을 통해서만 구성될 수 있을 것이다. 자율적인 교육학을 정립하는 데 있어서 이른바 '구조언어학(Saussure, /1990)'이 출현한 배경이 타산지석이 될 것이다. 소쉬르 이전의 언어학은 지금의 교육학의 경우처럼 맥락이 다른 기존의 잡다한 분과학문의 개념들을 동원하고 있었기 때문에 언어 자체의 특성을 드러낼 수 없었다. 이 문제를 해결하기 위해서 구조언어학은 언어를 구조로 파악하는 방법을 사용하였다. 그런 방법론은 언어학뿐만 아니라 여타의 분과학문을 자율적으로 확립하려는 데 성공적으로 적용된 사례가 있다.

구조주의의 관점에서 보면, "교육이 무엇이냐?" 하는 질문은 "교육의 구조가 무엇이냐?" 하는 질문과 거의 동일하다고 볼 수 있다. 그럼에도 불구하고, 전자의 질문보다는 후자의 질문이 더 적절해 보인다. 왜냐하면, 그 질문에 대한 해답을 얻는 데 실증주의적 방식을 택해 왔던 교육학자들이 그동안 소홀히 했던 부분을 더욱 각성하게 하는 효과를 얻을 수 있기 때문이다. 교육현상은 결코 단순히 정의될 성질의 것이 아니다. 또한 각종 외래학문의 지식을 집적하는 것으로 교육학적 지식이 확보될 수 없다. 이제부터 교육의 구조 혹은 교육학적 지식은 구조주의의 원리에 따라서 밝혀질 수 있어야 한다.

교육학자들이 아직 익숙하지 못한 그 방법의 핵심을 이해하기 위해서 다음에 소쉬르의 말을 직접 인용해 본다.

> 언어는 자기 고유의 질서만을 아는 하나의 체계이다. 체스 놀이와 비교해 보면 이와 같은 사실을 더 잘 감지할 수 있다. 이 경우 외적인 것과 내적인 것을 구분하기가 비교적 쉽다. 체스 놀이가 페르시아에서 유럽으로 왔다는 사실은 외적이다. 반대로 체계와 규칙에 관계되는 모든 것은 내적이다. 만약 내가 나무토막 대신 상아로 만든 말(馬)을 사용하는 경우 이 변화는 체계와 아무 관계가 없다. 그러나 내가 말의 수를 줄이거나 늘인다면, 이러한 변화는 놀이 <문법>에 막대한 영향을 미치게 된다. 이러한 구별을 하기 위해서는 어느 정도 주의가 필요하다는 것 또한 사실이다. 따라서 각 경우에 우리는 현상의 성격 문제를 제기해야 할 것이며, 이 문제를 풀기 위해 다음과 같은 규칙을 따라야 할 것이다. 그 정도가 어떠하든 체계를 변화시키는 것은 모두 내적이다(Saussure, /1990, p. 34).

소쉬르가 말하는 언어현상과 우리가 관심을 가져야 할 교육현상은 동일한 것이 아니다. 그러나 전자를 파악하는 방법을 동원해서 후자를 이해하는 것은 얼마든지 가능하다. 그렇다면, 그 유비를 따라가 보자. 우선 그 방법의 두드러진 특징의 하나는 탐구대상의 내재적인 것과 외재적인 것을 엄격하게 구분한다는 점이다. 이 원칙에 따라 교육의 밖과 안이 엄격히 구분될 필요가 있다. 이 목적을 달성하는 데 필요한 원칙이 배제와 포함이다. 교육 밖의 것을 배제하고, 교육 안의 것을 포함시키는 일을 수행해야 하는 것이다.

이 가운데 배제의 원칙은 교육 밖의 불필요한 정보를 걸러내는 데 유용하다. 교육을 인식하는 구성의 작업에서 어떤 것들을 배제할 것인가 하는 해답은 앞 소절(1.2)에서 이미 거론된 바 있다. 그것은 교육의 정체를 혼란시킨 것들로서, 그 첫 번째 주범은 일상적인 상식이 될 것이다. 일상적 세계와 학문의 세계, 혹은, 인식론적으로 말한다면, 상식과 학문적인 지식 사이에는 서로 화해할 수 없는 간격이 있다. 이 부분은 특히 현상학적 방법에서 강조되어 온 부분이다(장상호, 1997a). 현상계의 본질은 우리가 일상생활에서 사물을 지각할 때 아무런 비판이나 반성의 과정을 거치지 않고 부지불식간에 자명한 것으로 받아들이는 아주 소박하고 상식적인 태도로써 드러날 수 없다. 일반 사람들이 아주 흔하게 감각기관의 인식능력과 사회적 관습의 지배를 받는 상식들은 생활하기에 편리한 인식체계이지만 결코 사물의 본질을 드러내는 것은 아니다. 우리는 이와 관련하여 '교육=학교태'라는 관점을 지목하였다. 그런 제도적 관점을 그대로 믿으면서 교육의 정체를 파악하는 일은 불가능하다. 그에 실패한 생각의 단편들은 교육 외재적인 것으로 괄호 속에 보류해 넣거나 배제되어야 한다.

교육을 이론적으로 구성함에 있어서 배제되어야 할 두 번째 항목은 외래학문의 개념이다. 개개의 분과학문이 맡아야 할 역할은 대상의 고유성을 드러내는 것이다. 그런 역할을 수행하는 제반 외래학문을 그 설명체제 안에 포함시킬 이유가 없다. 이 때문에 아무리 다른 분과학문에서 중요한 것으로 취급되는 것이라고 할지라도 그들을 자신의 세계 안에 포함시키려고 하는 충동에서 벗어나야 한다. 체스놀이의 말이 상아로 만들어졌다고 하더라도 그것은 체스놀이와 관계되는 외재적인 것에 불과하다는 앞선 언급이 여기에 도움이 될 것이다. 다른 분과학문들이 밝힌 외재적인 사실들은 그런 방식으로 각각 교육과 모종의 관련을 가질 수는 있다. 교육과 관련되어 있는 사건을 교육인 것으로 지칭한다면 그 관련이라는 용어가 불필요하게 된다.

그러나 이상에서 살핀 배제의 원리는 단지 소극적인 결과를 가져올 뿐이다. 교육의 구조를 학문적으로 구성하는 보다 적극적인 태도는 포함의 원리를 따르는 것이다. 상식과 외래학문의 개념이 배제되었을 때, 그 공백에 어떤 것을 교육으로 포함시킬 것이냐 하는 문제가 남는다. 그 해답의 원칙은 비교적 단순명쾌하다. 그것은 오직 교육이라는 대상에 내재하는 고유한 특성들이 될 것이다. 현상학적 개념을 쓴다면, 그 부분이 교육의 본질에 해당한다. 이는 단지 마음에 드는 생각들을 단편적으로 생각하여 산술적으로 합하는 실증주의적 방식과는 대조되는 매우 복잡한 과정을 거쳐서 이루어져야 한다.

그 과정이 얼마나 직관적이며, 시행착오적인 것인가는 위의 인용문에서 '체계와 규칙에 관계되는 모든 것은 내적이다'라는 짧은 말에 압축되어 있다. 교육은 결국 전체로서 하나라고 할 수 있다. 그것이 바로 체제와 규칙이라는 개념이다. 그 체제는 여러 측면들을 가지고 있을 것이다. 평소에 맘에 들었던 것들을 교육의 바구니 안에 담아 넣어 볼 수 있다. 그 여러 단편들을 포함시키는 데 있어서 처음부터 옳은 답이 보이는 것이 아니다. 그렇게 생각된 것들이 교육 안쪽의 것으로 편입되려면 그것이 전체와 어떤 관련을 가지고 있는지를 점검하는 엄격한 검열과정을 통과할 수 있어야 한다. 그 가능성을 시험하는 작업은 하나의 막연하게 포착된 전체로 시작하여 그 부분들을 찾고, 그것들이 하나의 전체를 구성하고, 그 전체 속에서 그 부분들을 재차 추가하거나 수정하거나 명료화하는 복잡한 과정을 포함한다.

그런 과정은 그림의 조각을 맞추는 작업에 비유될 수 있다. 그림을 완성하기 위해서는 한 조각이라도 빠져서는 안 된다. 위의 인용문에서 '그 정도가 어떠하든 체계를 변화시키는 것은 모두 내적이다'라는 규칙이 이 까다로운 조건을 명시하고 있다. 교육의 구조는 그 맞춤이 어느 정도 완성되기 이전에는 도저히 알 도리가 없다. 교육 안의 것은 그들 안에 있는 요소와 그들의 관계에 따라서 하나의 균질성과 동일성을 유지하면서 여타의 것들을 동화시킨다. 그 작업이 단번에 이루어질 수 없는 것임은 말할 필요도 없다. 연구 중에 예상하지 않았던 요소들, 그들 사이에 존재하는 특이한 방식의 배치와 결합방식들이 드러날 것이며, 이런 상이한 결합방식이 교육의 구조에 역동성을 부여함과 동시에 서로간의 예측을 가능하게 할 것이다. 이처럼 부분적인 것들 사이를 끊임없이 순환하는 과정을 통해서, 마침내 교육이 하나의 구조의 형태로 드러나게 될 것이다.

앞에서 교육의 안과 밖을 구분하는 방식으로 특별히 구조주의를 논의했지만, 그 방법의 세칙을 너무 경직하게 받아들일 필요는 없다. 그 핵심은 교육을 이해하는 것은 낱낱의 사태를 나열하는 것이 아니라 그 사태를 교육현상으로 규정하는 이론적 틀을 만들어 나가는 과제를 수행함으로써만 가능하다는 점이다. 진리에 대한 이론들 가운데 정합설이 이 부분의 타당성을 검증하는 중요한 준거가 될 수 있다. 물론 정합성만으로 교육학의 이론이 되는 것은 아니지만, 그것은 교육학적 지식이 갖추어야 할 최소한의 조건이다. 교육현상을 설명하는 데 동원된 개념들은 한 울타리 안에서 서로 연대적 책임을 져야 한다. 그것이 결국 교육학적 지식이 여타의 지식과 구분되는 명료성을 보장하는 조건이다.

교육의 구조에 대한 탐구는 교육현상의 내용을 채워 나가는 하나의 얼개이다. 그 얼개의 연대성이 보장된 고유한 변이(variations)를 이루는 요인들을 교육의 고유한 내재적 변인으로 지칭할 수 있다. 그 내재적 변인이 구체적으로 어떤 것인가? 이는 이제부터 탐구되어야 할 내용으로서 이미 예정되어 있는 것이 아니다. 점차 교육이라는 현상의 퍼즐 맞추기가 이루어지는 과정에서 그 알맞은 범위나 내용이 드러날 것이다. 지금의 단계에서 교육은 하나의 개념이 아니라 이론으로만이 포착될 성질의 것이라는 점을 명백하게 이해하는 것만으로도 그 진전이 될 것이다.

그동안 '교육이론'으로 칭하는 온갖 주장이 있었지만, 교육현상 자체를 이해하려는 노력은 거의 부재하다고 볼 수 있다. 그 작업은 이제부터 진전되어야 한다. 처음부터 정교로운 이론을 기대할 수는 없다. 각각 고유의 맥락을 구성하는 데 공헌할 수 있는 개념들을 합성하는 일은 탐색과 시행착오가 불가피하다. 이론이라는 것에 너무 큰 부담을 느낀다면, 그것을 대신하는 것으로서, '교육에 대한 그럴듯한 이야기'라고 하면 어떨까 한다. 교육에 대한 대충의 이야기에서부터 시작해서 좀 더 체계적인 이론으로 발전할 수 있다. 그런 가벼운 마음으로 앞으로 교육의 요소와 그 요소들 사이의 관계에 대한 탐색이 부단하게 진행될 수 있기를 기대한다.

교육현상의 이론적 구성에 따른 가장 초보적인 제약의 하나는 그 안에 포함된 내용의 앞뒤가 맞아야 한다는 것이다. 이야기가 그런 조건을 갖추고 있다. 교육현상에 대한 이야기는 아직 교육학도들에게 낯설다. 이 때문에 설사 그런 이야기가 있다고 하더라도 독자가 그것을 바로 교육에 대한 이야기로 수긍하기 어렵다. 이런 경우 비통상적인 것을 통상적인 것으로 이해함에 있어서 흔히 '비유(metaphor)'라는 방편을 사용한다. 문학작품은 그 주제를 특정한 맥락에 따라 총체적이고 구체적으로 다룬다는 특징을 갖는다. 그 점에서 그 요소와 그 연관관계를 추출하는 데 유리하다. 그런 점에 착안하여, 엄태동(1990)은 일반대중들에게 교양소설로 널리 알려진 리차드 바크(Richard Bach)의 문학작품인 <갈매기의 꿈(1970)> 안에 가르침과 배움, 그리고 이들 사이의 관계양상이 내포되어 있다고 보고 그것을 추출하려는 시도를 하였다.

최성욱(1994)은 설화에 주목하였다. 설화는 인간이 생활세계에서 공동체적인 삶을 영위하는 가운데 만들어지는 산물이므로, 거기에는 그것을 창출한 집단의 생활양식이 총체적으로 반영된다. 그것은 가장 원초적인 우리의 의식구조이며, 우리의 생활에서 배제할 수 없는 영향을 주고 있는 것이다. 설화로 표현되는 언어는 또한 개념적으로 분화된 이론적 용어가 아니라 맥락이 혼재된 일상적 언어이기 때문에, 그 의미가 다의적이다. 연구자는, 이 점을 전제하면서, 주로 변신(變身)이야기를 담은 설화 안에 포함된 교육의 구조를 분리해서 분석하는 작업을 수행한 바 있다. 그 작업에서 연구자는 이야기의 등장인물들이 상하의 우열이 있는 대립을 각자의 변신에 창조적으로 활용하는 부분을 발견하고, 이를 교육적 관계라는 측면에서 해석한 바 있다. 이러한 해석은 그 대립을 단순히 등장인물 간의 갈등에서 비롯된 세력다툼이나 충돌로 간주하였던 것과는 다른 측면을 조명한 것으로 평가될 수 있다.

다른 한편으로, 교육학의 근원적인 문제점을 깨달은 장상호(1991a, 1994, 2001)는 그 나름의 교육에 대한 사고실험을 진행하였다. 교육학이 스스로 자율적인 것으로 되기 위해서는 그것의 연구 영역이 정의되고, 그것 자체에만 적용될 수 있는 고유한 개념이 형성되어야 한다. 이를 위해서 논자가 한 가지 고집스럽게 택한 방식은 교육을 개념으로 정의하는 것을 피하고, 여러 가지 개념에 의해서 그 전체의 현상이 그대로 드러나게 하는 것이었다. 그 과제는 대체로[1] 앞에서 살핀 구조주의적 방법을 의식하면서 추진되었다.

---

1) 여기에서 '대체로'라는 표현을 쓴 것은 그 의미를 너무 경직하게 해석하는 것을 피하기 위한 것이다. 연구방법이란 연구의 목적을 달성하는 수단에 불과하다. 세상 사람들이 널리 회자하는 '구조주의'의 자질구질한 방법의 세칙에 너무 집착할 경우, 그 목적과 수단의 관계가 전도될 우려가 많다. 교육학에서의 그런 실상은 본문에서 이미 지적한 바 있다. 본 절의 주제인 '교육의 경계획정'을 위해서 구조주의적 방법뿐만 아니

논자의 머릿속에서 교육은 여기저기 산견되어 있을 뿐 어떤 체제를 갖추지 못했다. 좀 더 많은 관찰, 독서, 반성을 통해서 교육에 대한 생각의 단편들을 수집하고, 그것들이 어떤 방식으로 교육에 관한 이해의 한 요소를 차지할 수 있는가를 점차 검토해갔다. 아무리 그럴듯해 보이는 것이라고 하더라도 그것을 아우르는 전체체제에 조화롭게 안착할 수 없는 것은 교육에 대한 이해에 도움이 될 수 없는 것으로 보고 과감하게 배제하였다. 그 결과로 바로 다음 절에서 소개할 '교육의 수레바퀴모형'이 탄생했다.

## 1.4 수레바퀴모형

학문의 발전 가운데 한 가지 두드러진 측면은 그 범위가 횡적으로 꾸준하게 세분·확장되어 온 사실이다. 만약 서로 판별되어야 할 대상들이 있고 그 각각에 대해서 자율적인 이해를 요구하는 세계가 있다면, 그것을 서로 혼동되지 않게 분할해내는 것이 분과학문의 역할이고 기능이다. 흔히 인간의 다양한 삶의 양상을 정치, 경제, 사회, 문화, 종교, 교육의 항목으로 분류한다. 스스로 교육학자로 자처할 수 있으려면 누구에게나 제 수준에서 상상력을 발휘하여 이 가운데 그 마지막 항목인 교육의 정체가 구체적으로 무엇인지에 대한 해답을 서로 제안하고 다시 수정하고 발전시켜 나가야 할 것이다.

≪교육학 탐구영역의 재개념화(장상호, 1991a)≫는 이런 학자적 고뇌와 양심의 부름에 호응한 논자의 시도다. 그 핵심은 교육이 여타의 세계와 어떤 차이가 있으며, 교육 내재적인 특성은 어떤 것인가를 짐작할 수 있는 전반적인 구획과 맥락을 찾는 데 있었다. 이 작업은 이런 질문을 따라 진행되었다. 교육적인 삶이 즐거운 놀이의 성격을 띨 수는 없는가? 놀이

---

라 현상학적 방법과 해석학적 방법이 서로 병용되는 것이 옳다. 논자(장상호, 2001)도 그런 절충의 묘를 취했다.

에 대응할 만한 교육의 구조와 내재율은 무엇일까? 이에 대한 해답은 그동안 교육학에 침투해 온 '행동(behavior)'의 개념을 대체하는 '품위(transtalent)'2)라는 새로운 개념을 도입하고, 그것의 위와 아래를 연결하는 교육의 구조가 어떤 것인지를 추정하는 방식으로 얻어졌다. 정확하게 말하면, 그 품위를 중심으로 일어날 수 있는 상황적 조건(체험적 시간과 공간의 회귀성, 동체이품의 상황, 이체이품의 상황)을 상정하고, 그 안에서 반복되는 고유한 의미의 교육현상이 무엇일지를 탐색한 것이다.

인류의 역사에는 인간이 그들 마음의 나침반이 지향하는 방향으로 잠재된 가능성을 다양하게 실현시켜 온 '제반 수도계(transcendental realms)'들이 있다. 그 각각이 추구하는 인간상은 고정되어 있지 않고 계속 생성되고 입증되어 가고 있다. 우리 각자는 제한된 범위의 종류와 수준만큼의 수도계를 체험한다. 그 체험내용에 해당하는 것이 바로 품위로서, 누구도 이것의 전반적인 종류와 최종적인 수준이 무엇일지는 지금으로서 모른다. 역사적으로 유한한 인간은 다만 서로가 서로에게 포개지는 수많은 매듭을 만들고, 그것을 상하로 오르내리는 운동을 하면서 각 단계의 품위의 내용을 다소간 입증해 왔다고 볼 수 있다. 교육현상은 바로 그 자율적인 운동으로 포착되었다.

교육현상은 수준이 다른 각 품위 사이에 모종의 자율적인 구조의 형태로 존재하는 것으로 가정된다. 구조의 결정적인 특징은 어떤 전체가 있고 그것을 구성하는 요소의 의미가 서로간의 관계에 의해서 규정된다는 데 있다. 더욱 중요한 점은 그들의 의미가 그 구조 밖의 어떤 외재하는 사실에 의존하지 않는다는 점이다. 이 말은 품위차이를 매개하는 어떤 것도 교육이라는 식의 논리와는 엄격하게 구분되어야 한다. 그런 포괄적이고 의존적인 방식으로 규정되어서는 안 된다는 점을 각별하게 유의하면서, 교육은 크게 '상구교육(ascending education)'과 '하화교육(descending education)'의 양

2) 이는 일상적 용어로 말한다면 대략 '경지(境地)'에 해당하는 것으로서 영문자 표기로는 'talent'에 접두어 'trans'를 덧붙였다. 전자는 인간의 다양한 능력을 대표할 수 있는 용어이며, 후자는 거기에 변전하고 초월적이며 전이가능하다는 의미를 추가하고 있다.

쪽 국면을 가지고 있는 것으로 파악되었다.[3] 이 두 국면은 각각 우리 각자가 수도계에서 차지하는 현재의 품위를 중심으로 한층 더 높은 품위를 계발하는 국면과 그것의 바람직성을 타인에게 전파하는 국면에 대응하는 것으로서, 이들은 상호 보완적인 양상을 띠면서 개별적인 것으로 환원시킬 수 없는 전체적인 특성을 갖는다.

그 관점의 골격을 총체적으로 예시한 것이 수레바퀴모형이다(송기주, 2002; 장상호, 1994c, 2005a, 2009). 수레바퀴모형의 수레는 상징적인 의미를 지닌다. 수레는 단순히 기능으로 환원되지 않는다. 짐을 싣고 나르는 도구라면 수레 이외에도 다른 도구가 허다하다. 다른 도구와의 차이는 그것을 이루는 각 부품들, 부품과 부품 간의 상호연관관계, 그리고 그러한 각 부분들의 결합으로 이루어진 전체 구조이다. 마찬가지로, 교육은 품위를 형성하거나 전달하는 수단이라는 것과는 별개로 구성되어야 한다.[4] 그렇다면, 이제 그 구성요소의 초점을 어디에 둘 것인가 하는 문제가 남는다. 이때 소쉬르가 구조의 성질을 논의할 때 비유로서 사용한 '놀이의 규칙'이라는 착안을 살렸다. 다만 그것의 경계를 강조하는 의미에서 '규칙'이라는 말 대신 '내재율'이라는 말이 사용되었다.

그 기본적인 기획과 원칙에 따라 협동교육(educooperation)[5]의 내재율들과 그 상호연관성이 구성되었다. <서장>의 <그림 0.2>에서 제시한 바대로, 그들은 각각 행위의 동기(자리-이타), 변형의 방향(혁신-보수), 품차의 수용(존현-존우), 단계의 배열(순차-역차), 협동활동의 형식(자조-원조), 품위가치의 증명(자증-타증)이라는 여섯 가지 하위요소를 가지고 결합되는 일종의 상의관계(相依關係)와 각각 대비되는 요소 간의 짝으로 연결된

---

3) 교육이 그 통속적인 의미로서가 아니라 하나의 이론적인 맥락 속에서 이해될 필요가 있기 때문에 일부러 불가(佛家)의 '상구보리 하화중생(上求菩提 下化衆生)'이라는 생소한 용어를 차용한 것이다.

4) 여기서 품위를 형성하는 것이 교육이라는 간편한 기능주의적 사고를 경계하고 배제하였다.

5) '상구교육'과 '하화교육'이 상호작용하는 국면을 영어로 나타내기 위해서 'education'의 중간에 'ooper'라는 다섯 문자를 추가시킨 것이다.

일종의 대위관계(對位關係)를 갖는다. 이 중 대위관계는 마치 남극과 북극의 자장처럼 그 대립적 성질에 의해서 서로를 강화하고 응집하는 힘을 갖는다.[6] 이처럼 교육 안의 부분들은 전체로부터, 전체는 그것의 부분들과의 내적인 조화로부터 발견된다.

이런 협동교육의 모형은 단지 상구교육과 하화교육이 서로 협동하는 양상에 주목한 것이며, 그 이외의 다양한 양상이 어떤 것일지는 앞으로 더욱 탐색되어야 할 것이다. 예컨대, 하화교육이 병행하지 않는 상구교육이 있을 수 있겠다. 이 독행상구는 교육적 반전을 설명하는 중요한 부분이 될 수 있을 것이다. 그렇다면, 독행상구교육의 구조는 협동교육에서의 매개상구교육과 어떻게 다른가? 상구교육이 병행하지 않는 하화교육의 존재도 가능할 것이다. 실제로 진행되는 상구교육이 아닌 가상의 대상을 상정하고 그것에 대응하여 하화교육을 하는 일종의 가상하화교육이 있을 수 있다. 이 개념은 성인들이 가상의 상구자로서 어린이에게 하화교육의 기회를 제공하는 교육놀이, 혹은 상대가 불분명한 인터넷 상황에서 이루어지는 하화교육을 포괄할 수 있을 것이다.

이제까지 협동교육을 소개하거나 논할 때, 논자는 주로 그 상구와 하화의 교육 주체가 서로 동일한 소재를 택하는 경우만을 상정하였다. 그런 상정은 사태를 간결하게 설명하기 위한 이론적 방편에 불과하며, 사태는 그보다는 훨씬 복잡하게 진행될 수도 있다. 실제로 우리의 삶에서 자연인들 사이에 이루어지는 교육은 서로 다른 소재를 가지고 상구교육과 하화교육을 교차하는 경우가 많다(장상호, 1991a, 1996, 2002). 편의상 '직류교육'과 '교류교육'이라는 개념으로 구분한다면, 후자는 전자의 한 변이형태로 간주할 수 있는가? 혹은 그들은 전혀 다른 구조적인 설명을 요구하는가? 새로운 요소의 추가가 불가피한가? 그렇다면 그런 추가는 구조의 전체에 어떤 영향을 줄 것인가? 이런 질문들이 교육본위론에서 이제까지 충

---

6) 이 부분은 제 2장의 주제인 교육의 가치와 관련된 것으로서 상구교육과 하화교육은 각각 그 자체의 고유한 내재적 가치를 가질 뿐만 아니라 서로가 상대를 실현시키는 외재적 가치로 작용한다.

분히 다루어지지 못한 미궁의 연구주제이다.

교육의 구조가 획정하면, 그 안의 맥락을 활용하여 이제까지 보편적인 현상으로 외면하였거나 혹은 단지 외부의 현상으로 보아 왔던 것을 교육의 내부현상으로 끌어들일 수 있다. 이는 이전의 교육학의 관행에 비추어 획기적인 전환이라고 할 수 있다. 이전에는 교육학 밖에서 형성된 제반개념들을 무조건 교육학 내부의 것으로 끌어들이려 했음에 비해서, 이제는 그들을 교육학 안에서 재검토할 수 있게 된다. 우리의 삶에서 언제나 가까이서 작용하는 시간은 그중의 한 예이다. 그 시간은 관점에 따라 물리학의 대상도 될 수 있고, 생물학의 대상도 될 수 있으며, 철학, 종교학, 심리학 등 그 자체로서 특정한 분과학문의 연구 대상이라고 할 수는 없다. 어떻게 규정하든 간에 교육은 시간의 추이에 따른 인간성의 변화와 밀접한 관련을 갖는다. 이에 따라 교육과 시간의 관계도 여타의 분과학문이 규명할 수 없는 모종의 측면을 갖는 것으로 해명될 여지가 남는다.

이와 관련하여 장상호(1991a, 2005a)는 교육적 체험의 시간이 물리적인 시간처럼 일정하거나 직선적인 것이 아니고 주기적인 시간대를 갖는다는 점에 주목하였다. 같은 공간에 처한 선진과 후진 사이에는 품위 면에서 시간상의 간격이 있다. 교육의 두 가지 과정 가운데 시간의 면에서 상구는 전진적임에 비해서 하화는 퇴행적이다. 하화의 경우에는 현재에 의한 과거의 규정이 있고, 상구의 경우에는 현재에 의한 미래의 규정이 불가피해진다. 양미경(1999, 2008a)은 시간이 지닌 교육적 의미와 시간의 체험방식과 관련하여 교육적 기다림, 인간의 변화가능성, 인간의 유한성의 문제를 다루었다. 최성욱(2006)은 교육적 시간의 기본전제, 교육적 시간의 회귀성, 시차(時差)로서의 품차, 교육적 시숙의 내재율, 교육적 시간의 평가, 경륜의 교육적 해석, 품위의 교육적 재활용이라는 주제를 논의하였다. 이는 제 3장에서 다룰 <교육과 인간>이라는 연구에 활용될 뿐만 아니라 시간의 다양성에 대한 이해의 폭을 확장시키는 데 공헌할 수 있다.

우리의 삶에서 시간 못지않게 중요한 차원이 공간이다. 공간 역시 물리적 공간, 수학적 공간, 심리적 공간, 사회적 공간, 문화공간이라는 용어가 지칭하는 것처럼 다양한 관점에서 포착할 수 있는 다원적인 실체이다. 그 중 어느 것을 아무런 반성도 없이 교육을 이해하려는 수단으로 차용하는 것은 외재적인 특성을 내재적인 특성인 것으로 혼동하게 하는 결과를 가져올 위험이 있다. 그렇다면, 하나의 자율적인 세계로서 교육현상을 포착함에 있어서 그 공간 자체도 새롭게 규정되어야 하는 것은 아닌가? 몇 편의 연구(장상호, 1997b; 최성욱, 2006b)가 그 부분의 탐색을 시도한 바 있다. 교육의 구조의 관점에서 규정된 이 특별한 공간은 제 8장의 <교육의 공간>을 논의하는 기본 전제로서 작용한다. 이 부분의 연구가 밝힌 공간은 이미 밝혀진 여타의 공간들의 의미를 더욱 보충하고 확장할 것으로 기대된다.

이처럼 기존의 분과학문들이 다루었던 현상을 자율적인 삶의 하나인 교육의 고유한 맥락에서 한 차례 더 검토함으로써 일거양득의 효과를 얻을 수 있다. 그 하나는 외부로부터 규정된 것을 무분별하게 따름으로써 비롯한 교육에 대한 각종 왜곡을 바로잡는다는 소극적인 효과이고, 다른 하나는 그 기존의 관점을 확장할 수 있다는 적극적인 효과이다. 이런 노력이 바로 이제까지 교육학을 '학제연구'로 규정했던 오류를 바로잡는 계기로 작용할 것이다. 다시 강조하지만, 교육학은 '학제연구'가 아니라 그 '학제연구'에 참여하는 중요한 분과학문이 될 수 있어야 한다. 앞에서 시간과 공간에 대한 관점의 확장이라는 예를 들었지만, 이외에도 우리 삶의 영역이 갖는 교육적인 측면을 보충할 수 있는 여지는 너무도 많다.

본 절에서 논의된 수레바퀴모형은, 예컨대, 가치, 인간, 활동, 인간관계, 환경 등을 교육의 관점에서 재규정하는 최소한의 거점으로 사용된다. 그것이 바로 본 저서의 나머지 주제, 즉 제 2장의 <교육과 가치>, 제 3장의 <교육과 인간>, 그리고 제 7장의 <교육의 환경>이라는 논의를 가능하게 한다. 이처럼 그 거점을 토대로 여타의 연구영역이 확장됨에 따라 그 최초의 조건과는 다른 측면들과 고려사항들이 추가될 것이며, 그만큼 교육의 내재적 변인은 눈덩이처럼 불어날 것으로 기대된다. 이는 그만큼 고유한 의미의 교육의 영토가 풍부하게 확장된다는 것으로 해석될 수 있다.

구조에 대한 탐구는 폐쇄성과 개방성의 양면을 띠어야 한다. 그 차이를 분명하게 인식하는 것이 이 분야의 연구를 추진하는 데 매우 중요하다. 폐쇄성은 하나의 구조를 구성할 때의 경우이고, 개방성은 그것이 완전하지 못한 시도라는 점에서 그러하다. 교육의 경계를 가르는 안쪽의 구조는 그 자체로서는 패쇄적인 특성을 지닌 것이지만, 그 안에 어떤 것이 채워질 수 있을지에 관해서는 우리에게 한없이 개방적인 사고를 요한다. 완료성과 불완전성이라는 다른 용어가 이런 양면을 구분해 줄 수 있을지 모르겠다. 교육의 구조에 대한 완전한 해답은 기대하기 어렵다. 그 점에서 사고의 측면에서 규정되는 교육의 구조는 언제나 열려 있다. 교육의 울타리 안에 어떤 건물들과 도시가 들어설지는 언제나 예측하기 어렵고 우리의 무한한 상상력을 필요로 한다. 그 경계 안에 무엇이 채워지든 간에 그것들은 교육계의 가족구성원으로 편입된다.

자연인이 하루 동안에 참여하고 관여하는 세계의 종류는 참으로 다양하다. 고유한 개념의 부재는 교육의 경계를 모호하게 만들고, 무엇이든 교육으로 부를 수 있는 허장성세를 허용하였다. 그 분야의 연구가 진행됨에 따라, 그 허울 좋은 시절도 과거의 것으로 사라질 것이다. 교육의 분명한 경계는 그 진입과 이탈을 명백하게 규제할 것이고, 이에 따라 각종 의사교육(擬似敎育)이 엄격한 심사를 받게 될 것이다. 가령, 학교에서 성공적인 적응을 하는 데에는 교육보다 훨씬 쉽고 효과적인 삶의 방법들, 예컨대, 조건화, 훈련, 선전, 세뇌, 조작, 신비화, 교조화, 사회화, 문화화, 약물투여 등등의 방법들이 있다. 이들 가운데 어떤 것은 그 마력적인 효과 때문에, 또는 그러한 방법을 개발해 낸 분과학문들의 이론적 후광을 받아 교육과 동일시되어 왔다. 이제 그 잡다한 모든 것들과 교육을 구분하는 일이 한층 용이하게 될 것이다.

## 1.5 교육의 양태와 발전

이제까지 교육의 구조에 관한 연구를 촉구하면서 충분히 논의되지 못한 부분이 있다. 그것은 구조는 우리가 실제로 접하는 사태에서 그 순수한 형태로 드러나지는 않는다는 점이다. 그런 현실적인 제한은 소쉬르가 언어현상을 연구함에 있어서도 봉착했던 난점이기도 하다. 순수한 의미의 언어는 이론적 구도 안에 포착될 뿐이며, 일상생활에서 실현된 언어는 여타의 환경과 혼합된 형태이다. 이 점을 보다 명백하게 하기 위한 개념적 장치로서 소쉬르는 그의 <일반언어학 강의(1916)>에서 '랑그(langue)'와 '빠롤(parole)'을 구분하였다. 쉽게 말하면, 이 구분은 우리가 영어에서 '언어(language)'라고 부르는 추상적인 체제와 그 언어의 화자가 여러 가지 상황에 처해서 행하는 '언사(speech)'에 대충 상응한다.

교육의 경우에도 이런 개념구분이 필요하다. 우리가 앞에서 교육의 구조에 대한 검토를 해 왔지만, 그 순수한 형태는 실제로 접하기 어렵다. 왜냐하면 우리의 삶은 복합적인 것이며, 교육은 그런 삶의 현장에서 실현되기 때문이다. 교육은 그것을 포섭하는 더 큰 체계 속의 한 요소로 볼 수 있다. 그 큰 체제 안에는 교육뿐만 아니라 정치, 경제, 사회, 문화, 종교 등 다양한 요소가 포함되어 있을 것이다. 그 전체 체제 안에서 교육을 중앙에 놓고 볼 때, 교육에 의해서 비롯되는 어떤 것들이 있는가 하면, 다른 한편으로 그 큰 체계에서 교육을 결정하는 여타의 것들이 있을 것이다. 우리가 실제의 생활에서 접하는 교육의 실제는 부분적으로는 그런 환경적 상황과의 교섭의 산물이며 반영들이다.

교육의 환경은 어떤 방식으로든 간에 교육을 규정짓고 있다고 보아야 할 것이다. 이 주제는 제 7장에서 <교육의 환경>이라는 연구주제를 다룰 때 더 자세하게 논의될 예정이지만, 여기서는 이해의 편의상 사회적 측면의 예를 간단히 들어보기로 하자. 교육은 일대일의 개인 간에 이루어질 수 있거나 혹은 집단 안에서나 혹은 집단 사이에 이루어질 수 있다. 후자의 경우, 집단의 크기, 품위의 서열화, 난이도의 차별화, 구성원 간의 역할

분배, 인력의 배정, 좌석배치, 평가의 방식 등의 복잡한 요인이 동시에 작용할 것이다. 그런 사회적 측면 이외에 소재의 종류, 공간의 특성, 특정한 시대, 특정한 사회계층, 그 이외의 허다한 교육 외적 조건이 가미된다.

여기에서 '삶의 양상'으로서의 교육의 양상과 그것이 실제로 여타의 삶의 양상과 더불어 실제로 구현되는 '교육의 양태'를 구분할 필요가 있다. 여기에서 중요한 것은 교육과 그 환경이 교차하는 지점에 놓인 교육의 양태를 어느 쪽에서 대하느냐 하는 문제로 귀결된다. 이 문제를 분명하게 하기 위해서 장상호(2009)는 그 본위의 선택에 따라 교육의 양태를 '외도교육', '공덕교육', '내재교육'으로 분류한 바 있다. 외도교육은 세속계를 본위로 하는 교육이며, 공덕교육은 수도계를 본위로 하는 교육이며, 내재교육은 교육을 본위로 하는 교육을 지칭한다. 이런 분류는 흔히 교육의 '정상'과 '비정상'을 따지는 편리한 개념적 도구가 될 수 있을 것이다. 교육은 교육을 본위로 진행되는 것이 정상이다. 만약 그것이 세속이나 여타의 세계를 본위로 진행된다면, 그것 자체가 교육이 아닌 것은 아니지만, '비정상적인 교육'이라는 비판을 면하기 어려울 것이다.

신기현(2006)은 '외도교육', '공덕교육', '내재교육' 각각에 해당하는 교육의 개념을 측정할 수 있는 전반적인 평가의 범주와 지표를 개발한 바 있다. 이런 연구는 결국 무엇을 교육이라고 규정하느냐 하는 것과 관련되어 있기 때문에 앞에서 말한 '정상적인 교육'과 '비정상적인 교육'의 경우와는 다르다. 교육의 양태는 교육의 양상을 둘러싼 외적 조건에 따라 서로 다르게 나타난다. 그런데 그 혼란스럽고 복합적인 교육의 양태를 곧바로 교육의 양상인 것으로 개념상 규정하는 것은 옳지 않다. 따라서 이 경우는 '올바른 교육관'과 '그릇된 교육관'의 문제로 진전된다. 교육의 양상을 연구하는 학자는 그중 올바른 교육관을 토대로, 교육의 양태 안에 포함된 교육 내재적인 변인과 교육 외재적인 변인을 이론적으로 구분하고, 그 다양한 양태를 그 상호작용의 산물로 설명할 수 있는 분별적 혜안을 갖추어야 한다.

우리는 어느 경우나 교육의 양태를 기점으로 교육의 양상을 연구하게 된다. 이에 따라 교육의 연구자를 일반론자(generalist)와 특수전문연구자

(specialist)의 두 가지 부류로 대별할 수 있을 것이다. 일반론자는 그 다양성 가운데 숨겨진 교육의 양상이 무엇인지를 찾으려고 할 것이고, 특수전문연구자는 보이는 그 양태의 특수성을 드러내려고 할 것이다. 그러나 교육의 양태에 대한 연구도 교육의 양상에 대한 개념이 없이는 성립되기 어렵다는 점을 여기에서 강조하지 않을 수 없다. 전문연구자는 일반론을 전제하기 때문에 특정한 일반론자의 관점을 받아들이거나 혹은 그 전제에 대한 스스로의 관점을 정립해야 한다. 그 교육의 일반에 관한 것은 이미 앞에서 이미 충분히 검토된 바 있기 때문에, 이제부터 특수전문연구의 영역과 주제가 어떤 것일까 하는 문제를 살펴보기로 하자.

특수전문분야의 유망한 연구영역으로 우리는 '교과교육학'을 생각해 볼 수 있을 것이다. 최성욱(1996)은 이제까지 이 분야에서 이루어진 연구들이 택하고 있는 기본가정, 즉 교과는 교과교육의 내용이며, 교육은 교과교육의 방법이라는 일방적인 도식을 비판하면서, 그 교과와 교육이 서로 각각의 고유성을 인정하는 방식으로 재정립될 필요성을 지적했다. '교과'와 '교육'은 서로 다른 독자적인 영역이며, '교과교육'은 그 중첩영역을 지칭한다. 그렇다면, 후자는 전자로 환원될 수 없는 보다 특수한 사실과 가치의 문제를 포함할 것이다. 가령 가치의 면에서 이 양자는 서로 상충할 수 있다. 이때 그 어느 것이 다른 것을 압도한다면, 그 사태는 정상적인 것이 아니다. 그것을 절충할 수 있는 묘안을 찾는 것이 이 분야의 특수전문가들이 해결해야 할 중요한 과제가 될 수 있다.

'교육양태의 위계'도 특수교육론에서 다루어질 수 있는 주제의 하나이다. 엄태동(2003a, 2004a, 2004b)은 흔히 말하는 '초등교육'이 특정한 교과의 기초적인 지식을 다루는 교육이라거나 다음 단계의 교육을 받을 수 있도록 하는 준비교육으로 이해되고 있음에 반발하면서, 대신 교육에 입문한 초등학생이 평생에 걸쳐 학습을 주체적으로 수행할 수 있는 능력을 갖추도록 하는 교육으로 초등교육의 개념이 재정립되어야 함을 주장했다. 이런 주장이 가능하려면, '초등'과 '중등'을 구분하는 차원과 '교육'의 차원이 개념적으로 확연하게 구분될 수 있어야 한다. 그러나 이 연구에서 그 점이 아직 불충분하다. '초등'과 '중등'을 가르는 기준이 아직도 주로 학교 체제의 관점에서 벗어나지 못하고 있다는 것, 그리고 '배움' 혹은 '학습' 등의 관례적 개념이 정제되지 않은 상태에서 '교육'을 대표하는 용어로 사용되고 있다는 것 등이 아쉬움으로 남는다.

'교육의 역사'도 특수교육학의 범주에서 다룰 수 있는 중요한 연구주제이다. 우리의 역사에 포함된 교육의 양태는 참으로 다양하다. 유사 이래로 교육적 체험이 표출된 수많은 사건, 기록, 흔적이 있으며 이들은 공시적으로 혹은 통시적으로 해석될 필요가 있다. 이런 경우, 특히 문제가 되는 것은, 우리 자신의 전이해에 대한 반성적 검토와 부단한 수정이다. 교육의 역사를 일반 역사로부터 분리시킨다는 것은 과학의 역사를 일반역사로부터 분리시키는 것과 같은 방식으로 진행되어야 한다. 이것은 또한 역사의 비교육적 측면을 제외하는 것을 의미한다. 이런 관점이 누적된 후에 역사에서 교육과 교육 아닌 것들 사이에 어떤 상호관계를 가지고 전개되었는지가 더욱 선명하게 밝혀질 수 있을 것이다. 이때 그 시대적 맥락을 도외시하고 지나치게 현재적 관점에 따라 과거를 해석하는 함정을 어떻게 극복할 것인가 하는 과제가 남는다.

교육학 안에 지금까지 '교육사'라는 연구영역이 부재했던 것은 아니다. 그러나 그들은 대부분이 학교의 역사를 다루어 왔다. 학교는 하나의 사회적인 제도로서, 그 기원은 19세기 서양의 근대적인 민족국가의 출현과 더불어 등장하게 된 공립학교까지 소급된다(Reimer, 1971/1981). 제도는 여타의 외부적 힘과 끊임없이 상호작용하는 가운데 유지, 쇠퇴, 변화, 그리고 발전을 한다. 따라서 당시의 사회적인 여건이나 요구 등이 어떤 것이냐에 따라 서로 다른 제도가 채택되며, 또한 그 제도는 그에 맞춰 그것이 갖는 기능들을 다양한 차원에서 강조하게 된다. 사회 제도 가운데 하나인 학교도 이와 같은 점에서 예외일 수 없다. 그 부분에서 '학교의 역사'는 그 나름의 의미가 없는 것은 아니지만, 그 자체를 두고 '교육의 역사'라고 말하는 것은 잘못이다.

지금까지 진행된 '교육사 분야'의 가장 큰 맹점은 교육의 양상과 양태를 구분할 수 있는 개념 자체가 없다는 점이다. 이 때문에 지금의 '교육사 연구'는 해석의 체계가 없는 '구체적인 자료의 산만한 집적'이라는 비판을 면하기 어려운 실정이다. 그 대안을 모색하는 노력이 전혀 없는 것은 아니지만, 교육 그 자체가 무엇인지에 대한 관점의 부재는 여전하다(김재웅, 2008). 교육의 양상과 교육의 양태를 혼동하는 극단의 사례가 학교제도와 교육을 동일시하는 것이다. 우리가 흔히 쓰는 '학교교육'이라는 용어는 개념적으로 학교라는 제도와 교육은 구분되어야 할 범주라는 점을 함축한다. 그 교차점에 있는 교육의 양태가 역사적으로 어떻게 다른 것인지를 구명하는 것이 교육의 역사를 연구하는 분야가 해결해야 할 과제인데, 이제까지 이에 대한 교육본위의 해석은 부재하며, 제도본위의 해석이 그것을 압도한다.

자율적인 교육학의 출현은 제도 속에 매몰된 교육적 에피소드를 밝히는 과제를 수행할 수 있는 토대가 될 것이다. 적어도 현존하는 학교체제가 도입되기 이전의 옛 문헌 혹은 자료에는 제도에 구속되지 않은 교육의 양태가 담겨 있다. 그 점에 착안하여, 교육본위론의 관점에서 B.C. 5세기로부터 1세기에 이어지는 시기에 인류의 스승으로 불리는 석가, 공자, 소크라테스, 예수의 삶을 재해석한 연구들이 있다(김남희, 2000; 김휘준, 1998; 신기현, 1996; 엄태동, 1990; 장상호, 1999, 2000b, 2009; 정연희, 2000). 이들이 향유했던 교육적 삶은 제도에 의해서가 아니라 교육의 내재율에 충실함으로써만 유지될 수 있었음이 밝혀졌다. 이 연구들은 단지 오래되었다는 이유에서, 혹은 부적절한 안목 때문에 그 교육적인 삶을 제대로 밝히지 못했던 역사적 인물들을 재조명하는 사례가 된다.

우리의 역사 안에 있는 교육양태를 이처럼 조명해 나감에 있어서 적어도 세 가지 점을 유의할 필요가 있어 보인다. 첫째, 특정한 역사적인 인물이 그 시대를 대표하는 것은 아니라는 점이다. 교육의 역사는 이처럼 명망 있는 사람들뿐만 아니라 일반서민들이 삶도 포함해야 할 것이다. 교육이 특정한 부류의 사람들의 독점물이 아니라 보편적 삶의 한 양상이라는 점을 부각시킬 수 있는 연구들이 더 많이 나와야 한다. 둘째, 역사적 전개

과정과 교육의 발전은 별개의 것이라는 점을 유의할 필요가 있다. 전자는 모든 삶의 우연성이 복합된 것이기 때문에 후자에 비추어서 후퇴하는 양태로 전개될 수도 있다. 한때 교육이 왕성했다가 다른 때에 쇠퇴했다는 식의 논의도 얼마든지 가능하다. 셋째, 교육과 교육학의 역사를 우리 자신의 현재의 수준으로 환원시켜서는 안 된다는 것이다. 특히 학교라는 제도에 고착되어 있는 현존의 교육학자들의 교육관을 경계하여야 한다.

교육의 역사라는 시간적 차원과 더불어 교육의 지역적 특수성도 교육양태의 연구에서 마찬가지의 비중에서 균형 있게 다루어져야 할 것이다. 이렇게 보면, 특수교육학의 하나로 '비교교육학'이 차지해야 할 새로운 면모가 드러난다. 교육은 특정한 지역에서 여타의 조건들과의 타협에 의해서 드러나고 있는 것이며, 그만큼 그 양태는 다양할 것이다. 서양에서 이루어진 교육과 더불어 동양의 교육에도 균형 있는 관심을 가져야 할 것이다. 그 각각에 서로 대비된 교육의 양태가 전개될 수 있을 것이다. 이처럼 지구상의 다양한 지역에서 이루어지고 있는 다른 면모의 교육양태를 서로 비교함으로써 그 특수성은 물론 그것들을 관통하는 교육의 양상도 아울러 드러날 수 있을 것이다. 지역 단위의 구분도 중요하지만, 가정, 학교, 학원, 직장, 가상공간 등 다양한 생활공간 안에서 이루어지는 교육의 양태를 비교해 보는 것도 좋을 것이다.

교과의 특성, 그 위계, 시대, 공간에 따라 교육양태의 변이가 있을 것이다. 그 특수성을 드러내는 것은 그 자체로서 매우 흥미 있는 주제이지만, 때로는 복잡하고 때로는 혼란스럽게 보일 수도 있다. 연구가 거기에 그치는 것은 진정한 의미의 지식의 자격을 갖추었다고 보기 어렵다. 더욱 의미 있고 심층적인 연구는 그 변이의 원인을 추적하여 설명하는 것이다. 그 원인은 크게 내재적인 부분과 외재적인 부분으로 나눌 수 있을 것이다. 말 그대로, 전자는 교육 자체에서 비롯한 것이며, 후자는 교육 밖의 환경에서 비롯한 것이다. 그에 대한 가설과 검증의 절차에 대한 구체적인 논의는 제 7장에서 자세하게 이루어질 것이다.

마지막으로, 본 절의 주제 가운데 다루어야 할 매우 어렵고 까다로운 문제가 아직 남아 있다. 변하지 않는 것은 이 세상에 존재하지 않는다. 연구할 현상도 변하고, 그것을 파악하는 관점도 변한다. 인류역사에서 "자연이란 무엇인가?"라는 질문에 대한 대답은 서양과 동양, 그리고 시대에 따라 달라졌다. "교육이란 무엇이냐?" 하는 질문에 대한 대답은 이보다 더 복잡해진다. 왜냐하면, 교육의 경우는 자연과는 달리 그 자체가 진보할 수 있기 때문이다. 교육은 역사적으로 주어졌을 뿐만 아니라 앞으로 우리가 주체적인 실천을 통해서 그것을 부단히 창출해야 할 세계이다. 그것을 역사적으로 혹은 수동적으로만 이해하는 것은 그 실천적인 국면을 놓친다.

한 시점에서 교육 자체의 정체성을 파악하는 연구가 시간의 흐름과 더불어 그것이 생성, 변화, 운동의 과정을 부정하는 것은 아니다. 한 시점에서 교육의 양상은 동일하지만, 그 구조가 반드시 공시적인 것만은 아니다. 구조 자체가 변하는 통시적인 관점에서 본다면, 교육은 고정된 구조를 가졌다기보다는 그 자체로서 구조를 변형시키면서 발전하는지도 모른다. 교육 내적으로 볼 때, 교육의 진화는 그 소인의 추가, 재조정, 재규합, 재조직과 관련되어 있으며, 그중 주도적인 소인의 등장으로 갑자기 그 전체적인 형태가 변모할 수도 있을 것이다.

교육이 그 속성에 더욱 충실한 방향으로 그 내적 논리가 변형해 나가는 것을 우리는 '교육양상의 진화'라는 말로 지칭할 수 있을 것이다. 이때 문제가 되는 것은 그 탐구자가 가진 교육관이 어떤 것이냐 하는 부분이다. 탐구자는 자신의 관점에 의해서 교육현상을 규정하며, 따라서 교육양상의 진화를 그 관점에 구속시킬 위험이 상존한다. 교육본위론 역시 그 예외가 될 수 없다. 이 때문에 교육양상의 발전에 상응하는 교육관의 진화도 동시에 이루어질 수 있어야 한다. 그 진화의 수준을 변별할 만큼의 좀 더 세련된 교육학 체제의 등장이 이런 문제를 해결하는 데 동원되어야 할 것이다.

교육양상의 진화를 포착할 수 있는 개념적 문제가 해결된 단계에서 다음의 질문에 대한 해답을 구할 수 있을 것이다. 진화의 단계에 부합하는 교육의 구조는 무엇인가? 이전 구조의 어떤 기제가 이후의 구조를 발생시키는 토대가 되는가? 시대의 진전과 더불어 교육이 진화했다고 할 수 있는가? 시간의 진전은 그 안에 수많은 우연성이 개입한다. 그렇다면 시대에 따라 교육은 진보하거나 퇴보했다는 언명도 가능하다. 과거의 것이 지금의 것보다 더 진화된 형태일 수 있다. 이를 예증하는 사례는 무엇인가? 이는 끊임없이 밝혀 나가야 할 교육학의 과제이다.

다음의 과제는 특정한 시점과 공간에서 실현된 '교육의 발전'에 대한 조사와 설명이다. 교육발전은 우리가 얼마나 교육의 양상을 삶의 일부로 향유하고 있느냐를 지표로 삼는다. 그 설명은 크게 교육 내재적인 과정과 교육 외재적인 과정을 따로 구분하여 이루어질 수 있을 것이다(장상호, 2003, 2009). 전자로서 제 6장의 주제인 <메타교육>을, 그리고 후자로서 제 7장의 주제인 <교육의 여건>을 지목할 수 있다. 이 가운데 전자는 후자의 전제조건이라는 것도 염두에 둘 사항이다. 왜냐하면, 교육 자체가 자력으로 그 정체성을 확립하는 것을 생략한다면, 아무리 좋은 여건이라도 그 실효를 발휘하기 어렵다고 믿어지기 때문이다. 그러나 이런 일반적인 추정은 구체적으로 검증해 나가야 할 일반적인 가설에 불과하다.

## 1.6 용어의 해체와 재건

우리는 인식내용을 기호나 상징과 같은 인위적인 표현매체를 통해서 표현하고 소통한다. 이때 흔히 우리는 언어가 관념이나 감정의 표현을 위한, 혹은 외부 세계의 표현을 위한 하나의 투명한 매개자라고 생각하는 경향이 있다. 이에 따르면, 언어는 어떤 형식으로든 외부적인 '실재' 혹은 '사실'과 대응한다. 혹은 그것이 가능할 때, 언어의 진실성을 따질 수 있다. 그런 투명하고 진실한 언어를 통해서 실재에 대한 정확한 의사소통이 가능하며, 그 의사소통은 그 실재 혹은 사실에 대한 우리의 직접적인 체험을 대신할 수도 있다. 그러나 그런 가정은 이제 더 이상 통용되기 어렵게 되었다.

언어가 객관적인 자연이나 실재를 있는 그대로 비춰준다는 이른바 표상이론(representation theory)은 근래에 부정되고 있다. 앞 절(1.1)에서 인식의 경우 우리가 세계 그 자체와 직접적으로 접촉할 방도는 없다는 점을 지적하였다. 언어도 마찬가지로 실재를 그대로 반영하는 거울이 될 수 없다. 그에 대한 대안은 급진적이다. 언어의 의미는 언어와 대상 사이의 일대일의 대응이 아니라 언어를 구성하는 요소들 사이의 관계를 통해서 의미를 갖게 된다는 것이 이제 정설처럼 받아들여지고 있다(Derrida, 1967; Rorty, 1979; Saussure, /1959; Wittgenstein, 1953). 이런 관점의 전환으로 말미암아 언어를 통하여 우리가 실체를 보는 것이 아니라, 언어가 바로 우리가 보는 실체라는 관점이 설득력을 얻고 있다.

세계가 언어적으로 구성되고, 우리의 인식활동 자체가 언어라는 매개를 통해서 형성되는 것이다. 그 작업은 언제나 불안정하다. 언어는 어떤 절대적인 의미의 거점을 가지고 있지 못한 상태에서 단지 그 구성요소들과의 관계를 통하여 임의적이며 잠정적인 의미를 확보하고 있다. 하나의 단어 혹은 문장은 흔히 생각해 왔듯이 세계와 관련을 맺고 있는 것이 아니라 다른 단어 혹은 문장들과 관련을 맺고 있다. 이 때문에 동일한 용어도 그 맥락에 따라 다른 의미를 갖는다. 더구나 그 의미는 항상 과거와 현재와 미래라는 시간의 축으로 개방되어 있다. 이런 언어의 본질적인 모호성을 극복하는 방법은 그것이 위치한 맥락을 찾는 것이다.

언어는 담론의 매체이다. 인식의 향상은 바로 담론의 혁명적 전환을 통해서 가능해진다고 말해도 과언이 아니다. 이와 관련하여 로티(Rorty, 1989)는 '통상적 담론(normal discourse)'과 '비통상적 담론(abnormal discourse)'을 구분한 바 있다. 전자는 통상적인 관행의 범위 안에서 이루어지며, 따라서 그로부터 인식의 혁명적 전환을 기대하기 어렵다. 이에 비해서 후자는 언어의 실험적 창조를 허용하는 담론이며, 그 통로를 거쳐서 우리는 더 나은 인식을 꾀할 수 있게 된다. 이와 같이 낡은 언어를 새로운 언어로 교체하려는 노력이 제대로 이루어지지 않는다면, 모처럼 얻어진 새로운 인식조차 이전의 인식으로 되돌아갈 위기에 처한다.

이런 곡절을 '교육'이라는 용어와 그에 따른 소통에 그대로 적용해 보기로 하자. 교육은 개념의 여과를 거쳐서 인식된다. 그 인식에 대한 언어 역시 그렇게 성립된 세계에 대한 서술의 의미를 지닐 뿐이다. 우리는 언어를 통해서 교육의 실체를 보는 것이 아니라 언어가 우리가 보는 교육의 실체이다. 교육에 대한 우리의 인식과 담론의 수준은 그에 관한 언어의 선택과 불가분의 관계가 있다. 그런데 이 중대한 부분에 대한 세심한 검토가 아직 이루어지지 않고 방치되어 있다(장상호, 2005b3, 2007). 누구나 교육에 관한 견해나 언급을 한 마디씩은 하지만, 그 맥락이나 깊이를 따지지 않고 하기 때문에 담론의 향상은 고사하고 개념상의 모호함, 모순, 혹은 혼란을 가중시키는 경우가 대부분이다. 이런 상황은 마치 구약성서에 나오는 바벨탑의 신화를 연상하게 한다.

너무 흔하게 쓰이고 있는 '교육'이라는 용어는 이론적 성찰을 거치지 않고 단편적으로 쓰이기 때문에 맥락에 따라 그 의미가 전혀 달라진다. 그 용어의 의미는 많은 경우 학교에서 일어나고 있는 일상적인 활동으로 해석된다. 그 활동이 광범하고 잡박한 것이기 때문에 그 의미의 범위가 한정되어 있지 않다. 다른 한편으로, '교육'이라는 용어는 그런 일상적 맥락과는 다른 학문적 맥락에서 사용되는 경우도 많다. 그 학문적 맥락은 교육학과의 하위 전공영역인 교육철학, 교육심리학, 교육사회학, 교육행정학, 교육인류학 등 서로 다른 모학문에 속하기 때문에 설사 동일한 용어를 사용하지만 그 뜻은 전혀 다르다. 이 용병학자들은 제각기 끊임없는 논점상위의 상황에 빠진다. 이들 사이에 분별 있는 논의가 제대로 이루어지기를 기대할 수 없다.

여러 학자들 사이는 물론이고 심지어 한 학자의 논문에서도 서로 상응할 수 없는 용어를 하나의 논의 안에서 무차별하게 사용하는 경우를 흔하게 접한다. 가령, 학습에 대한 연구가 실증주의적으로 진행되고 있는 상황을 비난하면서 그 학습의 용어를 빌어서 자신의 주장을 내세우려고 한다. 자율학습이 자율적이지 못하다고 불평한다. 입시위주의 교육이 비교육적이라고 비난한다. 그 주장 자체가 논리적인 모순을 범하는 논문에서 어떤 생산적인 결론이 나올 리가 없다.

여기서 우리는 편의상 '교육학적 지식의 저장고'[7]를 상정하자. 그 지식의 저장고에 들어가는 내용의 조건은 그 지식의 종류에 있지 않다. 이른바 '교육학자'로 자임하는 사람들이 언급하거나 연구한 온갖 내용들이면 모두 그 저장고 안에 들어갈 수 있는 것이다. 그 지식은 언어로 포장된다. 그 핵심에 '교육학자'라는 용어가 있다. 그것은 '교육학회'나 대학의 '교육학과'에 속한 사람들을 총칭한다. 그런데 그들 사이에 어떤 개념적 합의가 있는 것이 아니다. 왜냐하면, '교육학의 공동체'는 어떤 고유한 개념의 합의에 의해서 결성된 것이 아니라 다만 '교사양성'이라는 실제적 목적을 달성하기 위해서 동원된 특수한 집단으로부터 유래했기 때문이다. 그런 '교육학자'가 제시하는 연구물이나 주장들이 저장고 안에 무질서하게 쌓이고 쌓인다.

낡은 언어와 혁신적인 언어를 구별하지 않고, 그 맥락조차 따지지 않는 그런 무질서한 상황에서 교육에 대한 인식의 전환이나 담론의 향상이란 거의 기대하기 어렵다. 만약 우리가 진정 교육에 관한 정상적인 소통, 대화, 논의, 혹은 더 나아가 고담준론(高談峻論)을 기대한다면, 이제부터라도 남다른 관심을 가지고 서둘러서 그런 저장고의 지식을 체계적으로 말끔하게 정리하는 작업을 시작해야 한다. 이 작업은 이미 문제의 주범으로 지목되는 학자들의 달변으로 엮어지는 토론이나 TV의 한 바탕 토크쇼로 해결될 문제가 결코 아니다. 그 정리의 작업은 적어도 두 가지 이유에서 구어가 아닌 논문의 엄격한 형식을 요구한다. 그 이유의 하나는 세밀한 부분에 이르기까지 정교한 논의를 요구하기 때문이다. 다른 하나는 그 세밀한 분석을 기록으로 남겨 많은 사람들의 비판의 대상이 되도록 허용하기 위해서다.

먼저 그 무차별한 언어사용의 상황 자체에 대해 직시하거나 적나라하

---

7) 이는 교육학자로 자칭하는 특정한 사람 혹은 더 구체적으로 교육에 대한 담론에 참여하는 독자의 두뇌상태라고 해도 무방하다.

게 폭로하는 연구가 선행되어야 한다. '교육'이라는 용어를 써서 표현해 왔던 이제까지의 온갖 언변이나 글들이 진정으로 지칭하는 것이 무엇인가? 그들 사이에 용어상의 모순은 없는가? 그런 것이 있다면, 그 양태는 어떠한가? 논자들 사이에 구심력 있는 소통이나 합의가 가능한가? 불가능하다면, 그 원인의 근원은 어디에 있는가? 이런 문제는 가능한 한 구체적인 사례를 들어서 반론을 허용하지 않는 방식으로 치밀하게 이루어져야 할 것이다. 그 사례에서 예외인 경우는 거의 없을 것이다. 물론, 그 가운데 교육학 내부의 실세를 대표하는 가장 전형적인 사례를 선택하는 것이 연구의 가장 효과적인 요체와 요령이 될 것이다.

저장고정리의 보다 적극적인 작업은 무분별하게 사용되고 있는 용어들의 의미를 그들이 원래 위치할 고유한 맥락으로 되돌려 주는 것이다. 용어는 모종의 개념에 대해서 임의적으로 붙인 명칭에 불과하다. 동일한 개념에 서로 다른 용어가 쓰일 수 있거나 혹은 서로 다른 개념에 동일한 용어가 쓰일 수도 있다. 이때 개념이 동일하다거나 다르다는 것을 결정하는 것은, 누차 지적했듯이, 그 개념이 포함되는 맥락이다. 이제부터 연구주제들의 유형을 몇 가지로 나누어 차례로 제시해 보겠다. 그 맥락은 다양하겠지만, 지금의 교육학 상황을 감안한다면 대체적으로 학교제도와 상식, 용병학문의 지식, 그리고 기능주의적 교육관 정도가 될 것이다(장상호, 2007). 앞 절(1.2)에서 지적했듯이, 이들은 모두 '교육'이라는 용어를 쓰고 있지만, 그 의미는 서로 다를 뿐만 아니라, 교육현상의 의미를 서로 다른 맥락으로 왜곡시키는 역기능을 하여 왔다.

첫째로, 상식이나 제도적 용어가 통용되는 경우를 논의해 보기로 하자. 이제까지 '교육'이라는 말로 지칭되는 용어는 대부분 상식이나 학교라는 생활공간 안에서 통용되어 온 제도화된 기호코드들이다(장상호, 1986; 최성욱, 2007). 제도는 일상세계가 습관적으로 유형화된 것으로서 일상의 언어에 의해서 의미가 고착되는 경향이 있다. 그 전형적인 사례의 하나가 '배움'과 '가르침'이라는 용어이다(이응백, 2000). 우리의 사회에서 "교육은 배움과 가르침이다"라고 말해서 이의를 제기할 사람은 거의 없을 것이다.

그런 일상어의 문제점은 너무도 당연하여 그 이상의 탐구의 여지를 남기지 않는다는 특징을 갖는다.

교육학자는 이런 용어로 지칭하는 것들이 인식론적 혹은 이론적 근거를 지니고 있는지를 따지고 경계의 대상으로 삼았어야 했다. 그런데 교육학자가 바로 이런 점을 문제시하기보다는 그 관례적인 용어들을 자신의 이론적 근거로 삼는 경우가 많다. "교육은 가르침과 배움을 통한 변증법적인 인간형성의 과정이다(조용환, 1997, p. 34)"는 정의는 그중의 하나다. 우리는 교육현상이 정의되어야 할 대상이 아니라 이론적으로 설명되어야 할 대상이라는 점을 강조했다. 그 작업은 오랜 탐구를 요한다. 그런데 이런 언명은 '배움과 가르침'이라는 일반인들의 관념을 그대로 수긍하면서 교육을 하나의 문장 안에서 정의하는 방식을 취하고 있다. 후속하는 말, 즉 '변증법적인 인간형성의 과정'이라는 것이 무엇인지가 궁금한데, 이는 이미 상식적으로 규정된 '교육'에 사족을 붙인 느낌이다.

학교제도의 안쪽에서 쓰이는 대부분의 용어들이 사실상 이 범주에 속한다(장상호, 2005a). 학교에서 이루어지는 사태를 '교육현장'이라는 말로 지칭한다. 그곳에서 일어나는 제반문제가 곧바로 '교육의 문제'로 치부된다. 학교가 지향하는 목표가 '교육목표', 교사는 '교육자'이고 학생은 '피교육자', 학교 안의 온갖 프로그램과 일정은 '교육과정', 교과목은 '교육내용', 교실은 '교육장소', 교사가 교과서의 내용을 판서하고 그것을 학생이 노트에 필기하는 것은 '교육활동', 학교 안에서 이루어지는 평가는 '교육평가', 그리고 학교 안의 물리적 혹은 문화적 자료는 '교육시설' 혹은 '교육자료' 내지 '교육과정 지침서', 이를 위해서 쓰이는 모든 경비는 '교육비'라는 식이다.

'교육학적 지식의 저장고'의 대부분은 그런 부류의 용어들로 가득 채워 있다. '교육학자들'은 오히려 상식과 제도에 기초를 둔 학교의 통상적 언어의 강력함에 압도되어 더 깊이 이론적으로 반성해야 할 문제를 당연한 것으로 치부해버린다. 그리고 그들은 이처럼 상식이나 제도에 의해서 이미 널리 알려진 '교육'을 연구한다는 명분에 의존한다. 그러나 이 명분은 사실상 성립할 수 없는 역설이다. 왜냐하면 그런 기존의 인식들을 별로 의문의 여지가 없이 당연한 것으로 받아들이거나 혹은 그 평균적인 인식에 우리가 머물러 있어도 된다면, 더 이상 그것에 대해서 학문적으로 탐구할 여지가 없기 때문이다.

상식과 제도는 일상적 삶의 구속을 받지만, 학문은 현상의 이해라는 수단을 통해서 그 구속을 벗어난다. 학문이란 지적인 평화를 교란시키는 작업이며, 당연히 일반의 상식과 동행할 수 없다(장상호, 1997a, 2005a). 학문의 역사는 생활세계에 토대를 둔 상식과 통속적인 지혜라는 속박에서 벗어나려는 동기에 의해서 출발했다. 수 세기의 발전을 거치는 동안 최근의 첨단적인 지식은 점차 일상적인 사고와 유리되고 있다. 오늘날의 첨단지식은 상식뿐만 아니라 이전에 배웠던 지식을 부정하고 새로운 안목을 갖추어야만 비로소 이해할 수 있을 만큼 심원하다. 교육학도 바로 상식과 거리를 유지하면서 끊임없는 부정과 자기교정을 거쳐 학문으로서 자기정체성을 확립해 나가야 한다.

교육에 대한 상식이 문제가 된다면, 그것에 따른 일상어 역시 문제가 될 것이다. 무분별한 용어가 교육현상을 곡해하고, 대중은 그 곡해로부터 고통을 받는다. 오늘날 우리 사회에서 그와 관련하여 가장 먼저 꼽을 수 있는 용어의 하나가 아마도 '교육비'일 것이다. 진정 그 용어로 지칭하는 것이 '교육에 쓰이는 경비'일까? 이런 문제가 제기될 때, 그에 대한 올바른 관점을 제시하는 것이 교육학자가 맡아야 할 고유한 임무이다. 이를 확인하기 위해서 교육학자들의 담론에서 사용된 '교육비'라는 용어를 분석해 본 연구가 있다(김신애, 2005; 최성욱, 2003). 그 결과, 놀랍게도 그 비용이 사용되어야 할 교육에 대한 이론적 논의와 검토가 거의 빠져 있음을 발견하였다. 그 경계가 불투명한 영역에 무턱대고 쓰이는 경비항목의 전형적인 사례다. 그만큼 교육학자들은 상식의 오류 속에 스스로 빠져 그들이 마땅히 수행해야 할 소임을 방기하고 있는 것이다.

비록 소수이기는 하지만, 이처럼 이제까지 당연하게 쓰여 왔던 상식적 용어에 의문부호를 부여하는 연구의 사례도 있다. 교육의 고유한 원리와 형식을 해명할 책임을 가진 교육학자가 '무형식 교육(informal education)'이라는 용어를 쓰는 역설(김지현, 2003), 교육에 대한 열정과 무관한 것을 '교육열'로 지칭하는 세론(강창동, 2000; 김소희, 2004; 박남기, 2000; 오욱환, 2000; 이종각·김기수, 2003; 최성욱, 2003), 교사와 학생의 관계를 교육적 관계와 동일시함으로써 오히려 후자가 제도에 의해서 억압받는 학교현장(이우진, 1993; 최성욱, 2004), 기존의 교육학 이론에서 흔하게 나타나는 '교육받은 사람'이라는 개념의 비주체성(곽현승, 2005), 학생들이 교사나 실험안내서를 무작정 따라하는 '과학실험'을 교육활동으로 규정하는 안이한 태도(한수연, 2004a), '입시위주의 교육'을 비방하는 교육학자들이 스스로 교사의 임용방식에서 그것을 방조하고 있는 실태(남승완, 2005) 등을 분석한 연구들이 이 부류에 속한다.

이제부터라도 이처럼 상식과 제도에서 유래한 용어들의 사회적 맥락, 이데올로기, 조잡, 모순, 혼란, 허위, 고착, 남용이 무엇인지에 대한 체계적인 검토가 필요하다. 사회적으로 통용되고 있지만 이론적으로 검열되어야 할 교육의 용어들은 그 이외에도 무수하다. 이들 제반 개념과 용어가 지칭하는 것이 진정 교육현상이라고 할 수 있는가? 그 인식상의 한계와 오류는 무엇인가? 그중 특별히 문제가 있는 것으로 드러난 용어들은 적어도 교육 본연의 것을 탐구하는 논의에서는 보류되거나 폐기되어야 할 것이다. 폐기처분하는 과정에서 그 상식적 용어의 사용이 불가피할 경우가 있을 것이다. 이 경우 좀 불편하겠지만 교육학 연구에서는 별도의 따옴표를 써서 상식이나 제도의 것으로 되돌려 줌으로써 담론의 혼란을 피할 수 있을 것이다.[8)]

'교육학적 지식의 저장고'에서 정리되어야 할 두 번째 용어들은 바로 이제까지 교육학의 본령을 점유하고 있는 수많은 용병학문들과 관련되어 있다. 장상호(1986, 1990, 2005a)는 오래전부터 현존하는 교육학은 근본적

---

8) 말로 표현하는 경우 따옴표 대신에 양팔을 약간 들고 두 손가락을 한두 차례 가볍게 흔드는 몸동작을 사용하면 된다.

으로 교육현상을 밝히려고 하기보다는 기존의 선발학문들에 의해 창안된 개념들을 무비판적으로 수용하는 방식으로 전개되어 왔음을 지적해 왔다. 도서관이나 서점에서 이른바 '교육학 관련서적'으로 진열된 수많은 저서나 논문의 대부분은 세상 사람들이 앞에서 제도적으로 혹은 상식적으로 교육이라고 규정한 사태를 기존하는 다양한 분과학문의 개념과 용어를 써서 설명하거나 처방한 것이 대부분이다. 그것들을 교육에 대한 설명이나 처방이라고 할 수 있는가? 이 질문에 대한 해답이 부정적인 것은 너무도 분명하다.

이른바 '모학문'이 다른 철학, 심리학, 사회학, 행정학, 인류학 등의 상이한 관점에서 연구하거나 논의한 내용들은 서로 환원이 불가능한 사실들을 마치 서로 동일한 것처럼 하나의 논의 안에 포함시켜 혼동시킨다. 그 각각의 모학문의 개념을 사용하여 제반 학교사태의 문제를 밝힌다면 그들에 대해서 교육이라는 용어를 적용하는 것은 부적절하다. 그 논의들은 서로 다른 학문체제와 논의양식을 따르기 때문에 서로 종합될 가능성이 없다. 더 나아가, 그런 관행은 오히려 교육에 대한 이해를 왜곡시키는 부작용만 가져온다. 그렇다면, 그 혼란과 왜곡을 해결하는 방법은 무엇인가? 그 해결은 의외로 간명하다. 교육이라는 용어를 그 원래의 분과학문이 해명하는 현상을 지칭하는 것으로 되돌려 주는 것이다.

교육학자들이 '교육의 문제'를 거론할 때, 그 안에 내포된 개념상의 모호함, 오류 혹은 혼란이 그 문제를 더욱 가중시키는 경우가 대부분이다. 그 예를 들어보자. 앞에서 지적한 '교육비'와 관련하여 '공교육'이냐 혹은 '사교육'이냐 하는 문제가 갑론을박의 주제가 되고 있다(한국교육개발원, 2004). '사교육비 과다지출'이 '공교육의 정상화'에 장애를 초래한다는 식의 논의는 교육이 마치 경제생활을 위협하는 것으로 매도한다. 이 문제는 그 논의의 배경과 관심의 성격을 고려할 때, 교육적인 차원의 문제라기보다는 경제적 차원의 문제로 보는 것이 타당해 보인다. 그 문제의 해법 역시 경제의 논리에 따라야 할 것이다. 일부의 교육학자들이 끊임없이 제기하는 '교육의 불평등'에 대한 문제 역시 마찬가지다. 사실을 직시한다면,

이는 학교와 그것을 둘러싼 사회의 불평등구조와 직접적인 연관이 되어 있다. 그런데 그들은 그 점을 마치 계층적 차별을 일으키는 것이 교육이라는 식의 여론으로 오도하고 있다. 그 해법이 이른바 세인의 관심인 '교육평준화정책'인 셈인데, 그 정책으로 교육의 문제가 해결되었는가? 그렇지 못하다. 왜냐하면 마땅히 사회적 구조와 연관하여 해결되어야 할 문제를 엉뚱하게도 교육이라는 용어로 미봉하고 있기 때문이다. 이 문제의 정상적인 해결을 위해서는 문제의 규정 자체부터 원래의 것으로 되돌려 놓아야 한다.

한때, '교육의 발전'이라는 용어가 유행어처럼 사용된 적도 있다(정범모, 1972; 차경수, 1976, 1986; 한국교육개발원 편, 1979). 최성욱(1997a)은 그 분야의 제반 문헌을 분석하면서 이 주제가 교육과 아무런 관련이 없다는 흥미 있는 사실을 밝혔다. 이들은 모두 교육의 역할과 기능을 국가발전 혹은 국가발전에 두고 있다. 그런데 그것을 논의하는 내용은 서로 달랐다. 그를 논의하는 교육학자들이 어느 모학문에 속하느냐 혹은 유파에 속하느냐에 따라 서로 다른 사실에 주목하며, 그것을 평가하는 방식에서도 서로 다른 가치기준을 적용하였다. 더러는 국가가 정치적으로 좀 더 안정된 민주사회를 이루어야 한다고 주장하고, 더러는 경제적으로 살기 좋은 부강한 국가로 발돋움하여야 한다고 주장하며, 더러는 사회적으로 신분과 계층의 차별이 철폐된 개방된 사회로 나아갈 것을 주장하였다. 그런데 막상 그것을 달성하는 수단으로서 교육이 무엇이며, 그 교육을 발전시키는 방법은 무엇이냐 하는 부분에 대한 설명은 거의 찾아보기 어려웠다. 그렇다면, 그 각각의 논의를 정치발전, 경제발전, 사회발전을 지칭하는 것으로 되돌리는 것이 옳다. 사실 그 각각의 발전은 서로 다른 가치를 지향하며, 따라서 그 문제는 그 해당 분야의 전문가들이 해결할 개별적인 문제인 것이다.

'교육학적 지식의 저장고'에서 정리되어야 할 세 번째 주제는 앞선 두 번째 영역과 긴밀한 관련을 가지고 있다. 그것은 각종 기능주의적 교육론자들이 구사하는 용어들이다. 교육이 어떤 기능을 한다는 주장과 그 기능을 하는 것이 교육이라는 주장은 엄연하게 구분되어야 할 성질의 것이다. 전자는 교육에 대한 실체 규명이 전제되어 있는 반면에, 후자는 그것을 회피하고 있다. 후자의 범주에 드는 것으로서 우리는 '교육받은 사람', '교육내용', '교육', '교육학', '교육학자', '교육이론', '교육목표', '교육적 자료', '교육프로그램', '교육적 효과', '교육평가' 등을 들 수 있다. 이 용어의 의미는 기능의 연쇄를 따라 끝없이 유보된다. 교육학은 교육을 개선하는 학문, 교육학자는 그런 작업을 하는 학자, 그 작업의 결과가 교육이론 등등. 그렇다면 그 논의의 마지막 거점인 '교육이론'은 교육현상을 규명하는가? 기능주의적 교육론의 대부분은 이와 같이 모종의 결과를 함축하고 있고, 그 결과는 거의 합의된 것이 아니다. 그만큼 사용된 용어들의 의미는 애매하고 모호하다고 말할 수 있다.

기능주의적 교육관의 담론은 겉으로 보기에 매우 복잡한 듯 보이지만, 실상 그 복잡한 상황을 만드는 것은 바로 무절제하게 남용되는 '교육'이라는 용어이다. 이는 너무 만연된 심각한 문제이고, 해법 역시 비교적 간단함에도 불구하고 아직까지 그에 관한 연구는 실로 빈약한 실정이다. 교육이 가져오는 결과는 원칙상 우연적인 것으로서 무한대에 가깝다. 그만큼 기능주의적 교육관이 지칭하는 용어의 의미는 사방팔방으로 산포한다. 이들은 사실상 교육의 실체가 무엇인지를 밝히지 않고 그것을 기능으로 환원시켜버리기 때문에 거기에서 교육이라는 용어를 아예 빼버려도 아무런 지장이 없다. 오히려 그 편이 더욱 정확한 소통을 보장한다.

앞에서 지적한 '교육의 발전'의 경우가 바로 그 좋은 예이다. 그 논의에서 우리에게 확실한 용어는 그 기능에 관한 것이며, 따라서 '교육'이라는 말은 사태를 혼동시키는 잉여적인 용어에 불과하다. 그 용어를 생략함으로써 오히려 그 논점의 의미가 더욱 분명하게 살아날 수 있는 것이다. 예술교육과 관련하여 이 현상이 두드러진 상황을 문제시한 한수연(2006a)의 결론도 마찬가지다. 이 분야에서는 '문화 경쟁력 제고를 위한' 예술교육, '감성과 지성의 조화를 위한' 예술교육, '창의적 사고와 문제 해결력을 키우기 위한' 예술교육, '삶의 질을 개선하기 위한' 예술교육 등 결국 '무엇 무엇을 위한' 예술교육이라는 식의 목표를 내세운다. 그런데 막상 그것을 달성하는 '교육'의 내용과 과정이 무엇인지에 대한 언급은 거의 생략되어 있다. 그렇다면, 굳이 '교육'이라는 용어를 쓸 필요가 없이 그 다양한 의미의 목표를 서로 구분하여 나열하여 사용하는 것이 서로 혼동하지 않은 방식으로 과제의 진상을 이해하는 데에 도움이 될 것이다.

위에서 살핀 바와 같이, '교육학적 지식의 저장고'는 학문적 지식으로 간주될 수 없는 온갖 상식적인 용어, 교육학적 지식으로 간주될 수 없는 온갖 외래학문의 용어, 그리고 오히려 '교육'이라는 잉여적인 용어를 첨가함으로써 우리의 보다 정확한 소통을 오도하는 문헌들로 가득 차 있다. 그럼에도 불구하고, 교육학자들은 '교육'이라는 용어에 합의된 의미가 있는 것처럼 생각하고 있다. 마치 도서관의 모든 서가목록 위에 '교육'이라는 표찰을 덧붙인 형국이다. 만약 우리가 그런 문헌들을 각각의 맥락에서 추적하고, 그 원래의 맥락으로 정리하고 분류하여 되돌려 준다면, 지금의 교육학 담론의 분량은 최소한 반 이상으로 줄어들 것이고, 더 나아가 그 담론의 의미 역시 마치 구름을 걷어낸 하늘처럼 청명해질 것이다.

다음에 하나의 학문으로서 교육학이 제 궤도를 진입하는 데 필수적으로 동반하는 보다 본격적인 작업이 남아 있다. 그 작업은 특정한 분야의 인식의 발전에 따른 용어의 취사선택과 관련되어 있다. 이론에도 수준이 있다. 그것을 소개하거나 전달하는 담론에도 수준이 있다. 한 단계 위의 이론이나 담론이 그 이하의 것을 제압할 수 있을 때, 학문의 체통이 바로 설 수 있다. 어떤 특정한 현상에 대한 불가공약적인 다양한 담론들이 병존한다고 할 때, 그것이 지적인 무정부 상태를 낳는 무질서한 상대주의에 빠지지 않으면서도 그 현상에 대한 좀 더 나은 인식을 위해서 어떻게 활용될 수 있는가 하는 문제를 좀 더 체계적으로 다룰 필요가 있다. 그 인식론적 타당성을 따져서 일단 우열의 선별이 연구자에 의해서 이루어지면, 그에 대한 반론이 제기되지 않는 한 당연히 그 선별을 따라가야 할 것이다. 이런 분석을 통해서 자연스럽게 그 배제와 선택이 뒤따를 수 있게 되는 것이다. 그것이 바로 오류의 반복에 따르는 비경제적 낭비를 줄이는 최선의 방법이다.

이 대목에서 학문의 발전은 지식의 단순한 누적의 과정이 아니라 질적으로 전혀 다른 사유체제의 교체로 진행된다는 점을 특별히 주목할 필요가 있다. 양과 질은 전혀 다른 차원의 것이다. 양의 축적이 반드시 질의 개선을 보장하지는 않는다. 학문은 혁명적 과정을 거쳐 발전한다. 그 역사에는 당대의 지식에 대한 의심·불만·불신·비판을 최대한 허용하고, 그것을 혁신·수정·폐기·대체하고자 하는 부정과 초월의 과정이 점철되어 있다(Bachlard, 1934, 1949; Foucault, 1966, 1969; Kuhn, 1972). 만약 그것들을 한 평면에 놓고 논의가 전개되면 마치 수직의 층계를 수평면에서 이해하려고 하는 것만큼 진상을 파악하는 것과 멀어진다. 이를 모면하기 위해서는 당대의 통상적 지식체제의 언어에 사로잡히지 않고 다양한 용어들과 친숙해지면서 그들을 비교하면서 장단점을 파악하고, 그중 개선된 언어를 선택하는 까다로운 감식안과 검열이 필요한 것이다.

그런데 교육학 분야에서는 그런 청산작업이 제대로 이루어진 경우가 드물다. '교육학적 지식의 저장고' 안에는 그 옳고 그름이 판별되지 않은 무수한 논란들이 평면적으로 방치되어 있다. 새로운 연구가 이루어지고, 그 위에 다시 새로운 연구가 추가된다. 이처럼 단지 학위취득, 연구비 확보, 교수실적을 위한 동일한 주제의 연구가 반복된다. 그런가 하면, 반대로 선진국에서 각광을 받는다는 이유로 생소한 이론을 따르는 경향도 있다. 하나의 인식체제가 더 익숙하다거나 혹은 새롭다는 이유가 그 진리성을 대변해 줄 수는 없다. 근거 없이 무조건 따름에 의한 유행사조의 범람으로 수많은 이론들이 명멸하지만, 교육학 자체의 개선은 찾아보기 힘들다.

국내에 널리 퍼졌던 외국의 '교육학자들'[9]의 이론이 산발적으로 우리나라에서 검토된 사례는 있다. 브루너(J. S. Bruner)와 피아제(J. Piaget)의 이론을 대비한 것은 그중의 하나이다(손민호, 1995; 장상호, 1987; 최성욱,

---

9) 따옴표가 붙은 것은 이들이 진정 교육현상을 연구했는지가 아직 불분명하기 때문이다. 더 정밀한 검토와 논의를 필요로 하는 부분이다.

1995a). 브르너는 자신의 주장이 피아제의 이론에 기초한 것이라고 밝히고 있으나, 피아제는 오히려 브르너가 자신을 곡해하였다고 지적한 사실이 분석되었다. 김지현(1998)은 구성주의적 인식론으로 소개된 피아제와 비고츠키(L. S. Vygotsky)의 이론적 쟁점을 평형화와 내면화, 학습과 발달의 개념과 관계, 상호작용의 대상과 과정, 언어와 사고, 자기중심적 언어라는 측면에서 대비하고 그 문제점을 제기한 바 있다. 다른 한편으로 피터즈(R. S. Peters)와 듀이(J. Dewey)의 이론이 비교되기도 하였다(김규욱, 2001; 엄태동, 2001b). 전자는 후자의 선진적 통찰과 새로운 이해를 충분히 주목하지 못하고, 오히려 자신의 낮은 관점에 의해서 후자를 비판한다는 결론을 얻었다. 곽진숙(2000)은 타일러(R. W. Tyler)와 아이스너(E. W. Eisner)의 '교육평가이론'을, 그것이 전제하는 교육관과 평가의 구성요소에 비추어 검토한 뒤, 후자의 것이 진일보한 것임을 주장했다. 그런데 아직까지도 이런 선별과 감식이 보편적으로 받아들여지고 있는 것으로 보이지 않는다. 그 이유는 그 이론의 우열에 대한 검증이 불충분하였거나 혹은 그 검증 자체를 무시하는 두 가지 경우 중의 하나가 될 것이다. 그러나 좀 더 엄격하게 말하면, 위에서 예로 든 사례들이 과연 교육학적 지식의 범주에 드는 것인지부터가 의문이다.

비웠으면 채우는 것이 순서이다. 이제 논의의 주제를 교육학적 용어를 재건하는 문제로 바꾸어보자. '교육학적 지식의 저장고' 안을 진정 교육현상을 설명하는 개념과 용어로 채우는 본격적인 작업에도 문제가 없는 것은 아니다. 용어들 간에는 발생적 계열이 있으며, 후행하는 용어는 선행하는 용어의 한계와 결함을 해소할 수 있도록 새로운 문제와 개념의 틀을 마련함으로써 등장한다. 근래에 데리다(Derrida, 1973)가 만들어낸 개념인 이른바 '차연(differance)'은 모든 언어의 의미는 시간상으로 부단히 동요하는 무한한 과정을 내포하고 있음을 밝히고 있다. 시차를 두고 발전된 그 양쪽의 언술내용들은 그것들이 서로 떨어져 있을 때는 피상적으로 같아 보이지만, 그 달라진 이론체계 내에서의 그들의 의미는 실제로 같지 않다. 따라서 학문적 발전에서 그 부분에 대한 이런 혼란을 피하는 방법은 논의되고 있는 용어가 어느 때 누구에 의해서 어떤 맥락으로 사용되었는지를 따지는 것이다. 그러나 그런 엄밀한 정위치를 따지는 것이 번잡하기 때문에 대개는 그것을 무시하는 경우가 많다.

그 부분을 더욱 확실하게 피하는 방법은 기존의 용어에 약간의 변용을 하여 그 앞과 뒤의 것을 분명하게 획정하는 것이다. 가장 간편한 것으로서 이전의 용어사용에 모종의 다른 기호를 첨가하여 그 새로움을 인정하는 절차를 들 수 있다. 가령, 홀트(Holt, 1976)가 학교에서 일어나는 사태와 그가 진정으로 교육으로 생각하는 사태를 구분하는 데 이 방법을 사용하였다. 그는 학교현상을 의미할 때는 'T-eaching', 'T-eacher', 'S-chool' 등 대문자로 표기하고, 그가 의미하는 교육현상은 't-eaching', 't-eacher', 's-chool' 등 소문자로 표기하였다. 전통적 사고와 자신의 사고를 변별하는 데 있어서 어느 정도 외견상의 차별화를 꾀하는 데 성공한 셈이다. 물론 이 해결방법은 구어가 아닌 문자어에 국한된다.

이와 다른 또 하나의 방법은 기존의 용어에 서로 차별을 줄 수 있는 모종의 형용사를 첨가하는 것이다. 듀이가 새로운 교육을 구상하고 그것과 기존 교육의 차별화를 위하여 '진보적 교육(progressive education)' 혹은 '새 교육'(new education)이라는 용어를 사용한 것이 그 좋은 예다. 이런 해결의 문제점은 그것과 대조되는 '전통적 교육(traditional education)'도 '교육'의 일종으로 인정한다는 데 있다. 듀이의 진심은 그것이 아니었다. 그는 '새 교육'만을 교육현상으로 보고 싶었다. 그 점은 자신이 쓴 '새 교육'이라는 용어에서 '새롭다'는 수식사를 떼어낼 수 있기를 희망한다는 그의 발언에서 분명하게 드러난다. 그의 저서 <경험과 교육(Dewey, 1963)>의 마지막 문단을 인용해 본다.

> 나는 논의가 진행되는 가운데 '진보적 교육'과 '새 교육'이라는 용어를 자주 사용하였다. 그러나 이 논의를 종결시킴에 있어서 한 가지 나의 확고한 신념을 기록으로 남겨야겠다. 논의의 핵심은 그것이 오래된 것과 새로운 교육의 대립, 혹은 전통적인 교육에 대한 진보적 교육에 있는 것이 아니고 그 무엇이 되던 간에

'*교육*[10]이라는 용어를 붙일 만한 가치가 있느냐 하는 것이다. 내가 어떤 목적이나 어떤 방법을 선호하는 것은 단지 그들에게 적용될 수 있는 진보적이라는 명칭 때문인 것으로 보지 않으며, 그렇게 소망하지도 않는다. 우리가 관심을 가져야 할 핵심적인 문제는 그 자격을 따짐에 있어서 그 앞에 형용사를 붙이지 않은 교육의 참된 본질이다. 우리가 진정 원하고 필요로 하는 것은 단순하고 순수하다. 우리가 장차 분명하고 빠른 진전을 이루기 위해서는 무엇이 교육이며, 교육이 단지 명칭이나 슬로건이 아닌 하나의 실재가 될 수 있으려면 어떤 조건이 만족되어야 하는지를 찾는 일에 우리 스스로 헌신해야 한다는 것이다. 이것이 내가 건전한 경험의 철학이 필요하다고 강조하는 오직 하나의 이유이다(pp. 90-91).

듀이가 교육을 새롭게 규정하고자 했던 의도는 비단 학교의 현실적인 문제만을 해결하려는 데 있지 않았다. 그는 보다 원대한 이론적이고 학문적인 야심을 가졌다. 그것은 당시까지 유행했던 관념적인 철학을 그가 생각하는 새로운 '교육관'으로 교정하려는 것이었다. 위 인용문의 마지막에 나오는 '건전한 경험의 철학'이 바로 그것이다. 그런 야심은 근래에 로티(Rorty, 1979, 1982)에 의해서 계승되고 있다. 로티는 기존의 철학이 근본적으로 잘못된 전제에서 출발했음을 지적하면서, 그 대안으로 '교화(edification)'라는 용어를 도입하였다. 그런데 우리의 논의에서 특별히 의미가 있는 것은 그것이 영어의 'education'을 대체한 것임을 밝힌 점이다. 그의 말을 인용해 본다.

'Education'이라는 용어는 약간 평면적인 것으로 들리고, 'Bildung'이라는 용어는 너무 생소하게 보인다. 이 때문에 나는 더욱 새롭고, 더욱 훌륭하고, 더욱 흥미롭고, 더욱 알찬 발화의 방식을 발견하는 프로젝트를 나타내기 위하여 'edification'이라는 용어를 사용하겠다(Rorty, 1979, p. 360).

담론의 매체가 언어이고, 그 혁명적 전환을 통해서 인식의 발전이 가능해진다고 보았던 로티의 입장에서 'education'이라는 통상적인 용어를 비통

---

10) 여기서 이탤릭체는 본문의 것을 그대로 따온 것이다.

상적인 'edification'으로 교체한 것은 당연한 조처로 보인다. 전자가 거의 무의미할 정도로 멋대로 쓰이고 있는 지금의 상황을 고려한다면 그것을 통해서 인식의 발전이 꾀할 수 없을 것이다. 그러나 그 해결방법이 능사일 수는 없다. 기존의 용어가 마땅하지 않다고 해서 혁신이론이 등장할 때마다 마냥 새로운 용어를 만들어 사용할 수는 없는 노릇이다. 이런 딜레마는 본서의 내용과 직접적으로 관련되어 있기 때문에 더 긴 해명을 필요로 한다.

논자(장상호, 1986, 1990, 2005a)는 이전의 교육학과 새로운 교육학의 구분을 분명하게 하기 위해서 이른바 '제 1기 교육학'과 '제 2기 교육학'이라는 용어를 사용해 왔다. 이는 듀이의 '새 교육'의 경우처럼 별반 만족스러운 해결이 못된다. 이들 사이에는 사실상 어떤 개념적인 연관도 없다. 이미 살폈듯이 '제 1기 교육학'은 상식 혹은 학교에서 규정한 제도적 측면을 기존의 제반 분과학문을 빌어 탐구하거나 처방하는 것이며, 따라서 이들이 쓴 '교육'이라는 용어는 원래대로 되돌려 주는 것이 마땅하다. 이에 비해서, '제 2기 교육학'은 그 문제점을 극복하기 위해서 교육 자체를 이해할 수 있는 자율적인 개념을 창안해 나가고자 하는 것이다. 우리는 새롭게 창안해 낸 낯선 개념으로 우리 자신의 낯익은 삶을 재해석함으로써 우리 자신의 낡은 교육학적 지위를 격상시킬 수 있기를 기대한다.

제 1기 교육학의 용어는 교육현상을 지칭하는 것과는 거의 무관하다는 논증이 그동안 꾸준하게 이루어졌다. 논자(장상호, 1986, 1990)는 지금의 '교육학'이 사실상 교육현상을 연구하는 학문이 아님을 입증하고자 했다. 그 실상에 부합한 명칭은 '학교에 관한 학제연구'라고 해야 마땅하다. '교육학자'라는 명칭도 마찬가지다. 논자(장상호, 2005b)는 그들을 대략 '교육속론자', '외출지망자', '용병학자', '기능론자'의 네 가지로 대별하고 그 각각이 교육현상을 연구하는 것과는 다른 일에 종사하고 있음을 밝힌 바 있다. 흔히 쓰는 '교육평가'라는 용어도 해체의 대상이 되었다(장상호, 2004, 2009). 그런 용어로 지칭으로 관행에 가장 잘 부합한 용어는 '학교의 평가' 정도가 될 것이다. 제 2기 교육학의 한 예시로서 제안된 '교육본위론(장상호, 1991a, 1994c, 1997b, 2005a, 2009)'은 이전까지의 교육에 대한 관념이 거의 실체성이 없음을 지적하고 그 내용을 새롭게 재건하는 방식을 취하고 있다.

본 저서의 열 가지 탐구영역의 주된 숙제가 바로 이전에 쓰인 '교육'이라는 용어의 의미를 한편에서 해체하고, 다른 편에서 재건하는 작업이라고 해도 과언이 아니다. 혹자는 이렇게 반문할지 모른다. 교육본위론의 경우 '교육'이라는 용어 대신 다른 용어를 쓰면 되는 것이 아닌가? 그 선택은 부당하다. '교육'이 실체성이 없는 용어가 된 것은 교육 자체라기보다는 그것에 대한 탐구의 오류에서 나온 것이기 때문이다. 학문적으로 한 번도 제대로 탐구된 바 없는 현상이 다른 이름으로 지칭된다는 것은 부당하다. 기존의 '교육학자'가 쓰는 '교육'이라는 용어는 더 합당한 말로 대치할 수 있다. 이름이 잘못 지칭된 것이라면 그 의미를 바로 잡는 것이 옳다. 적어도 교육이라는 용어만큼은 지금의 '교육학'의 오명에서 벗어날 수 있도록 도와야 한다. 그 점을 고려해서 우리의 논의에서는 듀이와 로티의 해결방식을 절충하는 원칙이 취해졌다. 그것은 '교육'이라는 용어 자체는 그대로 살려두되, 그 실질적인 내용을 기술함에 있어서 이전과는 다른 이론적 용어를 도입하는 것이다.

교육본위론에서 살려 둔 용어는 '교육'에 부수하는 것들, 예컨대, 교육학, 교육학자, 교육자, 교육학과, 교육현장, 교육목적, 교육내용, 교육적 관계, 교육활동, 교육발전, 교육환경, 교육비, 교육평가 등이 포함된다. 교육현상을 드러냄에 있어서 불가피한 이 제반 용어의 고유한 의미는 이론적 논의를 거쳐서 새롭게 재건된다. 앞에서 지적했듯이 본서에서 소개할 제반 연구영역들도 그런 재건작업의 일환이다. 우선 각 장을 거치는 동안 우리는 그 용어들이 이전의 교육학담론에서 어떻게 그릇되게 쓰였는지를 밝히고, 앞으로 그것이 어떤 방식으로 새로운 의미로 쓰여야 할 것인지를 논구할 것이다. 이처럼 올바른 개념정립과 용어의 사용에 있어서 큰 변혁이 동반하지 않는다면, 교육본위론은 독자에게 충분히 수용되었다고 볼 수 없다.

혁신적인 학문의 초기에는 어쩔 수 없이 개념과 용어의 탐색이 불가피하다. 명료한 기본개념과 날카로운 정의란 한 분야의 사실들이 모두 밝혀진 다음에만 가능하다. 개념을 탐색해 나가는 과정에서는 그와 같은 명료한 일반개념이 사실상 불가능할 뿐만 아니라 새로운 현상을 포착하는 데 오히려 장애가 된다. 새로운 현상을 담을 개념은 초기에는 언제나 애매한 채로 두면서 그 효능을 시험해야 한다. 그리고 계속적인 시험을 거침에 따라 점차 그들은 분명하고 일관성 있는 의미를 찾게 된다. 또한 "새 술은 새 부대에!"라는 말대로 새로운 착상은 그것을 담을 새로운 용어를 필요로 한다.

그런 이유 때문에 교육본위론은 새로운 개념과 용어를 도입하는 데 주저하지 않았다. 그 새로움은 기존의 교육학을 두고 한 말이다. 그 맥락상 비교적 교육의 관점을 잘 대표하고 있는 기존의 용어를 활용하는 경우도 많다. 불가의 용어인 '상구(上求)'와 '하화(下化)'는 그중의 대표적인 것이다. 그것은 불가에서는 매우 오랜 전통을 가진 용어인 것이다. 그렇다면, 이는 혹시 '불교교육학'으로 보아야 하지 않는가 하는 의구심을 가질 독자가 있을지 모른다. 천만의 말씀이다. 그렇게 차용된 용어의 고유한 의미는 교육본위론의 이론적 맥락 안에서 재탄생된다.

이렇게 용어들의 의미를 해체하고 되살리는 과정에는 미묘한 딜레마가 따른다. 그것은 교육본위론을 어떻게 생소하지 않은 방식으로 전달하느냐 하는 것이었다. 이런 문제를 해결하기 위해서 장상호(2005a)는 기존의 것 가운데 비교적 유사한 맥락을 가진 이야기나 이론들, 예컨대, 플라톤의 ≪국가론≫에 나오는 동굴의 신화, 니체의 ≪짜라투스트라는 이렇게 말했다≫, 그리고 교육적 시숙이라는 새로운 개념을 이해시키기 위해서 루소, 몬테소리, 듀이, 피아제, 비고츠키 등을 비유로 활용하기도 하였다. 윤병희(1995)가 칙젠미할리(Csikszentmihalyi, 1990)의 몰류(flow)의 개념과 호이징거(Huizinga, 1955)의 놀이의 개념을 비유로 사용한 것도 마찬가지 이유에서이다.

이런 경로는 문학작품이나 신화를 통해서 교육의 구조를 파악하려고 했던 초기의 연구들(엄태동, 1990; 최성욱, 1994)과 반대의 경우이다. 비유적 설명의 수단으로 사용된 개념들은 새로운 것인 만큼 앞의 사례에서처럼 이미 오래전에 형성된 기존의 학문을 은유의 수단으로 차용할 수 있다. 그러나 그런 은유는 은유 자체에서 그치지 않고 다시 그 새로운 개념을 그것이 소속한 학문의 맥락으로 환원시키는 강력한 힘을 가지고 있기 때문에 그 사용은 엄격하게 새로운 개념의 이해라는 수단적 목적에서 벗어나지 않도록 제약할 필요가 있다. 이런 조건은 자율적인 교육학을 정립하고자 하는 학자의 입장에서 연구의 각 단계에서 그들이 수행하고 있는 것들에 대해서 높은 수준의 자의식을 유지해야 할 것을 요청한다.

근래에 일반 사람들에게 교육본위론을 가급적 쉽게 소개하려는 개론서들이 출판되고 있다(노희관·이용남 편, 2000; 이용남, 1997; 이용남 편, 2002; 엄태동, 2006). 새로운 이론이 일반인들은 물론 기존의 교육학자들에게조차 생소하다는 것은 말할 필요가 없다. 그 생소함을 극복하기 위해서 독자들에게 익숙한 통상적인 용어를 사용하는 경우가 많다. 이를테면 상구교육을 설명함에 있어서 일반인들이 쓰는 '배움', 혹은 지금의 교육학의 용어인 '학습(learning)'으로, 그리고 하화교육을 설명함에 있어서 '가르침'이나 '교수(teaching)'라는 용어에 상응하는 것으로 소개하는 것이다. 저자들의 의도에는 아마 통상적인 용어가 교육본위론의 이해를 촉진하는 하나의 통로가 될 수 있을 것이라는 기대가 있을 것이다.

그러나 그런 방편이 소기의 효과를 발휘할 수 있는지는 지극히 의문스럽다. 가장 우려할 만한 부정적 효과는 생소한 개념에 대해서 적응하려고 노력하기보다는 이전의 선입견을 강화하는 것이다. 이렇게 되면, 그 새로운 용어들은 일반 독자에게 마치 불필요한 개념들을 번쇄하게 추가시키는 것으로 받아들여질 것이다. 또한, 그 새로운 개념을 진지하게 받아들이려는 독자들은 심각한 개념의 혼동을 느낄 우려가 많다. 이처럼 그 통속적 의미의 모호함을 극복하기 위해서 어렵게 도입한 용어를 그 이전의 상태로 되돌려 놓는다면, 그동안의 이론적 노력이 수포로 돌아갈 것이다. 불행히도 그런 징후는 현실로 드러나고 있다. 기존의 교육학자들은 교육본위론을 기존의 교육학을 대체하려는 주장으로 받아들이기보다는 후자에 전자를 포섭하는 방식으로 대한다. 심지어 교육본위론의 동조자로 자처한 학도들조차도 그 태도를 버리지 못하고 있는 듯하다.

다시 강조하지만, 용병학문의 성격을 지닌 제 1기 교육학과 자율적 학문을 지향하는 교육본위론 사이에 서로 소통할 수 있는 교육에 관한 개념은 존재하지 않는다. 제 1기 교육학의 용어와 제 2기 교육학의 용어를 분리하지 않고서는 자율적 삶의 한 양상으로서 교육에 관한 의미 있는 논의가 불가능하다. 그 문제를 해결하는 비책이 따로 있는 것은 아니다. 새로운 용어를 새로운 것으로 소개하고 습득하는 것이다. 새로운 이론을 이해하는 데에는 당연히 개념의 혼란과 진통이 수반한다.[11] 그것을 감내할 용의를 가진 사람만이 제 2기 교육학의 관문을 통과할 수 있다. 처음에는 어려움이 있을지 모르나 쓰다보면 사람들은 그 용어에 익숙하게 될 것이다.

새롭게 도입한 용어 자체의 사용에 혼선이 야기되는 경우도 있어 보인다. 그 우려는 근래에 엄태동(2003a)이 교육본위론에 근거해서 '초등교육'을 재정립하려는 시도에서 발견된다. 그는 학교의 위계와 교육의 위계 사이의 독립성을 주장한다. 그렇다면 초등학교에서 높은 교육이 이루어지고 대학에서 낮은 교육이 이루어질 가능성이 있으며, 그 경우 초등학교는 고등교육이고, 대학은 초등교육에 해당한다. 그런데 엄태동은 그 개념적 독립성을 주장하면서도 초등교육의 개념을 대학에까지 확장하여 논의하고 있지 않다. 또

---

11) 이와 관련하여 극복되어야 할 두 가지 통념이 있다. 그 하나는 교육학은 누구나 쉽게 이해할 수 있다거나 혹은 쉽게 이해될 수 있어야 한다는 생각이다. 그 근거가 분명하지 않다. 아마도 사범대학의 교직과목이 갖는 역사적 배경이 여기에 작용하고 있는지도 모른다. 교직과목을 가르치고 배울 때에 교육은 이미 기지의 것으로 치부하고, 주로 용병학문의 이론을 이해하는 데 치중한다. 후자를 이해하는 데 따르는 어려움은 감내하면서도 전자를 이해하는 데에는 어려움이 있을 수 없다는 태도다. 그러나 만약 제대로 된 교육학의 내용이라면 적어도 모학문의 개념을 이해하는 공력을 들여야만 이해할 수 있을 것이다. 다른 하나의 생각은 국문으로 된 책은 외국 서적보다 쉽게 이해될 수 있을 것으로 보는 것이다. 이것도 큰 착각이다. 학문의 언어는 어느 경우나 일상의 언어를 넘어선다. 외국서적이든 국내서적이든 그 점은 마찬가지다. 영어를 쓰는 미국인이라면 누구나 영어로 된 학술서적을 쉽게 이해할 수 있는 것은 아니다. 어려운 내용을 어렵게 대우해야만 비로소 올바른 이해에 도달할 수 있다.

한, 그 논의과정에서 초등교육을 초급교육(elementary education)과 동일하게 보는 관점을 '역차적 교육(逆次的 敎育)'이라는 용어로 지칭하면서 비판한다. 그런데 '역차'라는 말은 수레바퀴모형의 맥락에서는 교육의 내재적 속성을 지칭하는 용어로 이미 사용되어 왔다. 그런 맥락상의 차이를 놓치는 독자는 이로부터 불필요한 혼란을 경험할 수도 있을 것이다.

교육본위론에서 사용하고 있는 용어들이 모두 마땅한 것은 아니다. 예컨대, '수도계'는 그중의 하나이다. 이것이 하나의 이론적 개념을 대표하고 있음에도 불구하고, 그 용어를 접한 독자는 특정한 종교를 연상하거나, 혹은 일상의 공간을 떠난 깊은 산중에서 일어나는 사태를 연상할 수 있다. 혹자는 '수도계'의 '수(修)'에 의미를 두어 그것이 '교육계'와 중첩되는 것이 아니냐 하는 이의를 제기할 수도 있을 것이다. 이 점을 의식해서 양미경(2008b)은 학문과 예술 등을 '내재계'라는 용어로 대체하여 지칭하기도 하였다. 그러나 그 용어가 적합한 것인지는 의문이다. 왜냐하면, 어떤 세계든지 그것은 그 세계의 입장에서 '내재'이며, 그 세계 밖의 입장에서는 '외재'이기 때문이다. 가령, 학문은 예술의 입장에서 보면, '외재계'에 해당한다. 이런 적합과 부적합의 문제를 떠나서 용어의 대체에는 소통의 혼동이 따른다. 이는 '양말자'라는 이름을 가진 사람을 '양미경'으로 개명할 때의 사태를 상상하면 쉽게 이해할 수 있을 것이다. 최초의 제안보다 더 멋있고 적절한 용어가 있음에도 불구하고, 학계에서 그 제안자가 사용한 이론적 용어를 그대로 사용하는 관례를 따르고 있는 것은 이런 혼동을 피하기 위함이다.[12] 만약 의도적인 뜻이 있는 것이 아니라면, 하나의 이론체제 안에서 쓰이는 용어는 가급적 일관성을 유지하도록 사용되어야 할 것이다.

이제까지 우리는 '교육'이라는 용어의 해체와 재건의 문제를 살폈다. 교육연구는 일상의 사람들이 '교육'으로 부르는 사태를 연구하는 것이 결코

---

12) 그 최초의 제안자인 논자더러 '수도계'보다 더 적절한 용어를 사용하는 것을 허락한다면, 아마도 '도계(道界)' 혹은 'X계'라는 용어를 쓸 것이다. 그러나 바로 이런 이유에서 그 용어의 대체를 삼가고 있다.

아니다. 그런 일상의 관념을 지양하여 교육 그 자체가 무엇인지를 규명하는 것이 교육학이 앞으로 지향해 나가야 할 방향이다. 우리는 교육에 대한 원형적인 밑그림 위에 새로운 용어를 덧칠하면서 교육의 이론적인 맥락을 구축하는 방식을 택하기로 한다. 이때 새로운 교육학적 착상은 국어사전의 용어를 부여하기에는 너무도 참신하며, 타학문의 용어를 원용하기에는 너무도 큰 환원의 위험을 가지고 있다. 그 사실들은 이미 외래학문에 의해서 오염되고 혼동된 용어보다는 새로운 용어의 그릇으로 담아내야 한다. 현 시점에서 과감하게 새로운 개념과 용어를 도입하고 실험할 필요가 있다.

용어의 취사선택과 관련하여 빠뜨릴 수 없는 중요하고 심각한 주제가 아직 남아 있다. 그것은 번역에 관한 것이다. 세계에 존재하는 다양한 언어는 그 나름의 역사적 전통을 가지고 있다. 그럼에도 불구하고, 편의상 이제까지 외래의 선진사상을 도입함에 있어서 번역이라는 방편을 취해 왔다. 이에 따르는 문제가 심각하다. 그 가장 역설적인 예를 우리는 영어의 'ambiguity'와 'vagueness'를 우리나라의 말로 번역한 경우를 들 수 있을 것이다. 교육학 계열에서는 'ambiguity'를 '애매성', 그리고 'vagueness'를 '모호성'으로 번역하지만, 철학이나 언어학 계열에서는 'ambiguity'를 '중의성', 그리고 'vagueness'를 '애매성'으로 번역하고 있다. 이로써 우리나라의 번역이 영어의 'ambiguity'가 지칭하려는 문제의 본보기가 되고 있다.

'교육학적 지식의 저장고' 안에 있는 용어는 언어권마다 다르다. 예컨대, 우리나라에서 영어의 'education'을 '교육'으로 번역하였다. 그 어원에서부터 큰 차이가 있는 이 용어들을 어떻게 동일한 의미로 받아들일 수 있는가? 그 기점은 어디에 있는가? 우리나라 말을 영어로 번역한 것인가, 아니면 영어를 우리나라 말로 표현한 것인가? 학자가 쓰는 용어는 일상적 의미가 아니라 이론적인 의미를 지니고 있다. 교육학자들이 이 일상의 용어를 이론으로 발전시킨 새로운 의미체제는 무엇인가? 우리나라의 경우, 대부분 서양의 학자들이 주장하는 이론을 추종해 온 편이다. 서양의 교육학적 지식을 우리나라의 말로 번역할 수 있는가? 반대로 우리나라의 학자가 주장하는 이론을 서양의 말로 번역할 수 있는가? 이런 번역의 실상과 과제가 심각한 검토를 요한다.

먼저, 우리나라의 교육학자들이 서양의 용어를 번역한 경우를 보자. 그 중 하나는 키에르케고올(Kierkegaard)이 쓴 'edification'의 번역과 관련된 것이다(엄태동, 1998c). 일부에서는 이를 '건덕(建德)'으로 번역하는가 하면 다른 일부에서는 '교화(教化)'로 번역한다. 그런데 다른 교육학자는 그 '교화'를 영어의 'indoctrination'을 번역하는 용어로 사용한다. 이러한 이유로 교육학 내에서도 'indoctrination'을 교화가 아니라, '위교(僞教)'라는 조어로 번역하자는 제안도 있다. 이처럼 영어의 한 용어의 번역을 두고 일대혼란이 일어나고 있는 것이다. 여기에, 앞서 로티가 교육의 통속어가 갖는 평면성을 극복하기 위해서 도입한 'edification'은 어떻게 번역해야 하는가? 합당한 해결이 필요한 부분이다.

김지현(2002)은 비고츠키(Vygotsky)의 이론에서 등장하는 러시아어의 'obuchenie'에 주목한 바 있다. 이는 영어권에 소개될 때, 때로는 'learning'으로 쓰이면서 우리나라에서는 '학습'으로 번역되었고, 때로는 'instruction'로 사용됨으로써 우리나라에는 '교수'로 번역되었다는 것이다. 그러나 김지현은 비고츠키의 'obuchenie'는 가르치는 사람이나 배우는 사람의 일방적이고 주도적인 활동이 아닌 두 주체 모두의 적극적인 참여를 의미하는 활동으로서, 그 원래의 의미를 살리려면 'teacher-student, instructional and learning interaction'이 가장 적절한 번역이라고 보면서 그의 논문에서 '교수학습 상호작용' 혹은 '비고츠키의 교육'으로 사용한다. 그런데 우리는 앞에서 그 번역어인 'learning'과 '학습' 혹은 'teaching'과 '교수'라는 용어가 제 1기 교육학의 용어로서 교육현상을 드러내는 데 모호함이 많은 것으로 지적한 바 있다.

'교육'하면 자동적으로 부수하는 관례적인 용어들이 있다. 우리나라 말의 '배움'과 '가르침'이 이에 해당한다. 영어에 'learning'과 'teaching'이 이에 대응하는 것으로 생각하는 경향도 있다. 어원적으로 이들은 같은 맥락을 갖는 것인가? 그에 대한 확실한 해답이 아직 없다. 더욱 궁금한 것은 이

용어들이 어떻게 교육의 의미를 갖느냐 하는 것이다. 가령, 영어의 'learning'과 'teaching'에 관한 연구가 교육현상을 해명해 주는 것이 아닌가 하는 생각을 하는 사람들이 많다. 그러나 이 개념들은 다분히 기능주의적 교육관의 범주를 벗어나지 않는다. 말하자면, 편의에 따라 논자가 생각하는 어떤 특수한 결과를 가져오게 하는 온갖 우연적 사실을 지칭하는 것이기 때문에, 그 의미의 한계나 합의를 찾아보기 어렵다. 같은 용어를 쓰지만, 이들은 서로 다른 사실들을 지칭한다. 그만큼 제멋대로의 해석을 허용하는 것이다.

교육에 관한 서구의 용어를 우리나라 말로 번역하는 과정에서 상업선전이나 광고와 같은 과장이 개입되는 경우도 있어 보인다. 미국의 블룸(Bloom, 1968)이 제안한 'learning for mastery'를 소개하는 과정에서 김호권(1976)이 '완전학습'이라는 용어를 쓴 것이 그 좋은 예이다. 앞에서 지적했듯이 'learning'을 교육현상으로 볼 수 있느냐 하는 문제가 있지만, 설사 그런 경우라고 하더라도 그 원래의 취지를 따지자면, 과제의 성취에 실패하는 학교상황을 개선하는 아이디어를 담기 위해 그런 용어를 선택했으리라고 추측된다. 그런데 '완전학습'이라는 번역어는 학술용어로서는 지나친 감이 없지 않다. 사실 영어의 'mastery'의 뜻은 정해진 과제를 반복해서 공들여 완성시킨다는 데 있다. 최성욱(2006a)은 그런 의미를 강조하는 데에는 '완수학습'이나 '완료학습'이라는 번역이 그 이론적 의도에 더욱 충실했을 것으로 본다.

중립적으로 해석될 수 있는 학교의 특정한 사태를 오직 '교육'과 관련된 경우인 것처럼 번역되는 경우도 있다. 그 전형적인 것은 영어의 'curriculum'을 '교육과정(敎育課程)'으로 번역한 경우이다. 여기서 문제가 되는 것은 '교육'이라는 번역이다. 그 용어가 첨가될 이론적 근거는 전혀 없어 보인다. 실제로 이것을 연구하는 데 있어서 철학, 심리학, 사회학 등의 제반 학제적 관점이 도입되고 있는 것으로 보아, 이는 학교생활의 잡다한 측면을 내포한 어떤 학교사태를 지칭하고 있는 것이 분명하다. 그렇다면, 'curriculum'을 우리나라의 영어식 발음 그대로 '커리큘럼'으로 부르는 것이 혼란을 줄이는 하나의 방법이 될 수도 있을 것이다. 최성욱(2004b)은 그것을 '학교생활계획' 혹은 '학교 프로그램'으로 번역하는 것이 더 적절하다고 제안한다.

교육학이론이 늘 서양의 학자들에 의해서 구성되어야 한다는 근거도 없다. 이 말은 서양의 교육학과 동양의 교육학을 분리시키자는 의미가 아니다. 우리나라 혹은 동양의 언어체제를 따르는 교육이론이 나올 수 있다(최성욱, 1998, 1999). 본서의 주제인 교육본위론도 그중의 하나로 볼 수 있다. 이를 어떻게 서양의 용어로 번역할 것인가 하는 것은 중요한 과제의 하나이다. 그것은 앞으로 연구를 해 나가야 하겠지만, 우선 분명한 원칙은 교육본위론이 이미 교육현상을 지칭하는 데 이론적으로 부적절한 것으로 비판한 용어는 회피되어야 한다는 점이다. 더러는 상구교육과 하화교육을 영어권에서 흔히 쓰는 'learning'이나 'teaching'과 대응한 것으로 보는 경향도 있어 보인다. 이를 미연에 방지하기 위해서 논자(장상호, 2005a)는 그 각각에 가장 접근한 용어로 'ascending education'과 'descending education'이라는 용어를 쓴 바 있다. 그 번역은 만족스러운 것인가? 나머지 교육본위론의 용어들은 어떻게 영어로 번역할 것인가? 번역이 불가능하다면, 우리나라의 용어 그대로 쓰도록 할 것인가? 이런 의문은 우리의 인식활동 자체가 언어라는 매개를 통해서 형성된다는 본 절의 논지에 비추어 결코 하찮은 것이 아니다.

제 2 장

# 교육과 가치

## 2.1 가치이론의 정립

인간은 가치를 추구하는 존재다. 사람들은 더 나은 삶을 선택한다. 더 나은 삶이란 단일한 기준이 아니다. 우리의 삶을 어떤 단일목표에 귀착시키는 것은 상상하기 어렵고 또 바람직하지도 않다. 우리의 생활세계는 정치, 경제, 사회, 문화, 종교, 교육 등 서로 다른 목적과 기능을 가진 여러 종류의 세계로 구성되어 있다. 우리가 잘 산다는 것은 그 총체성을 지칭한다. 만약 어떤 활동이 여러 가지 목표를 동시에 성취시킨다면 그것은 더욱 바람직한 것이다. 그러나 실제는 그렇게 이루어진다고 하더라도 그 이전에 인간의 삶에서 서로 성질이 다른 목표가 어떤 것이며, 이런 여러 목표들 사이의 선택과 갈등의 상호조정이 어떻게 이루어지는지에 대한 관점의 정립이 요망된다.

흔히 가치가 철학의 주제라고 생각하는 경향이 있다. 사실상 학문의 역사에 비추어 볼 때, 이제까지 그 주제가 주로 철학의 영역에서 다루어진 것은 사실이다(이대희 편, 2001; Hessen, 1959). 그러나 가치의 문제가 반드시 특정한 분과학문의 소관사항은 아니다. 가치연구는 가치기준, 판단행위, 가치기준의 형성 등에 관련된 모든 연구를 총칭한다. 이러한 문제들은 철학뿐만 아니라 역사학, 심리학, 사회학, 경제학, 문화인류학 등 다양한 분과학문적인 조명을 요구한다. 후에 따로 논급할 기회가 있겠지만 여기에 물론 하나의 분과학문으로서 교육학의 특수한 조명 역시 필요할 것이다. 이런 다양한 시각의 가치에 대한 탐구는 우리들의 삶의 의미에 대한 다양성에 공헌할 것이다.

어느 분야건 그 분야의 바람직한 발전은 해당 분야의 주도적인 가치기준을 세련된 안목으로 식별해 내고 그 기준의 적용을 받는 문제의 발견과 해결에 노력을 경주함으로써 가능하다. 특정한 사태와 사건은 제반 가치와 그 기준이 동시에 적용되고 실현되는 장면으로 해석될 수 있다. 그것을 이론적으로 선별하는 작업이 가능하다. 교육학자가 그 일반적 논의에 참여할 필요는 없을 것이다. 그럼에도 불구하고, 그는 교육이 어떤 가치를 추구해야 하며, 여타의 세계와 어떻게 상충하며 긴장관계를 유지할 것인가 하는 문제에 관심을 가져야 한다. 여타의 분야에서 이루어진 가치이론에 대한 검토는 필요하다. 수많은 가치이론이 있는데 그중 우리가 참고할 만한 일반적 내용이 무엇인가? 다른 한편으로, 그 일반론에서 배제된 교육의 측면을 보완하는 작업도 매우 중요하다. 그 가치이론에 교육학이 공헌할 여지는 없는가?

교육의 가장 큰 과제는 가치선택, 목표의 설정, 실천의 평가이다. 교육이 추구하는 목표는 특수하게 한정되어 있을 것이다. 이 문제는 결국 우리가 교육을 하는 이유와 그것에 대한 정당화를 요구한다. 교육학자가 맡아서 제기해야 할 다음의 질문이 있다. 교육의 가치가 정당하게 반영되었는가? 혹은 부당하게 배제되지는 않았는가? 교육적인 사태의 평가, 선택, 결정에 개입하는 온갖 가치기준과 판단은 적절한 것인가? 이런 질문에 대한 해답에는 아직도 불확실한 점이 많다. 그 부분에 대한 해답은 물론 교육의 특수성에 비추어 고유한 방식으로 모색되어야 할 성질의 것이지만, 여타의 분야에서 그와 관련하여 어떤 진전이 이루어지고 있는지를 검토하는 것도 필요할 것이다. 그 이유는 교육학 분야에서 실제 문제에만 관심을 가지고 너무 예외적인 관례만을 추종해 왔기 때문이다.

다양한 분야가 가치를 추구한다고 할 때, 그 가치라는 말에 보편성이 있는가 하는 문제를 제기할 수 있다. 이는 가치의 본질이 무엇인가 하는 문제와 관련되어 있다. 가치가 특정한 사물, 활동, 인물, 혹은 제반 사실과 현상의 목표를 정하는 데 개입한다는 사실에 동의할 수 있을지 모른다. 그러나 거기에는 욕구나 동기가 포함될 수 있다. 그렇다면, 가치와 동기는 어떻게 다른가? 단지 어떤 것을 '좋아한다', '원한다', '즐긴다'는 것과 어떤 것을 '가치롭게 여긴다'의 차이는 무엇인가? 우리의 가치감각이나 판단기준은 타고나는 것인가 혹은 개발되는 것인가? 우리의 삶에는 고통에서 점차 행복으로 이어지는 계열과 쾌락에서 점차 불행으로 이어지는 계열이 있다. 학문, 예술, 도덕은 전자에 해당하는 경우이다. 그렇다면 그 감식력은 생리적인 것과는 다른 모종의 연마에 의존한다는 가설이 성립한다. 그것은 무엇인가?

가치가 객관적인 것이냐 혹은 주관적인 것이냐 하는 문제도 아직 충분히 해명된 주제가 아니다. 가치가 객관적이라는 말은 그것이 마치 사물처럼 주체의 밖에 객체로서 존재한다는 뜻을 담고 있다. 이 주장에 따르면, 가치는 주체의 작용과는 무관한 것으로서 주체가 그것에 대하여 가지고 있는 생각과 태도, 혹은 정서와 무관하게 그 자체로서 성립한다. 반면에 가치가 주관적이라는 말은 그것이 주체의 내면상태로 형성되어 감식의 대상이 된다는 의미를 담고 있다. 지식이 주체의 밖에 존재하는 어떤 것이라 하더라도 그것이 의미를 지니려면, 주체에게 내면화되어 주체와 혼연일체가 되어야 한다는 것이다. 어느 입장이 옳은 것인가?

이 문제에 대한 진정한 해답은 객관과 주관의 한 쪽보다는 그 상호작용에서 찾아야 할지 모른다. 가령 진·선·미의 가치가 내적인 것에서 유래하는가, 외적인 것에서 유래하는가 하는 질문은 부적절하다. 왜냐하면, 그들은 객관과 주관 사이의 교섭에서 출현한 실체로 보이기 때문이다. 아름다움의 경우를 들어보자. 물리적 현상으로서의 음과 심미적 현상으로서의 음악은 전혀 다르다. 청각 기능이 정상적이라고 해서 모두가 음악을 듣는

귀를 가지고 있다고는 볼 수 없다. 심미현상은 체험의 근거를 마련하는 마음이 형성되지 않고는 접촉할 수 없다. 아름다운 음악을 알기 위하여 감상자는 그 자신의 경험을 창조해야 한다. 해명되어야 할 나머지 문제는 그 과정이다.

다음은 가치의 종류에 대한 점검이다. 우리의 생활세계는 거의 헤아릴 수 없을 만큼 다양한 하위세계로 구성되어 있다. 우리의 생활은 서로 환원되어서는 안 될 다양한 종류의 세계가 교차하는 영역에 위치하고 있다고 말할 수 있다. 그들은 눈에 직접 보이지는 않지만 서로 다른 목표, 구조, 인간적인 적응과 종사의 방식을 지니고 있다. 이에 따라 역사적으로 점차 가치가 다원화되어 왔다. 예컨대, 정치, 경제, 사회, 문화, 종교, 교육은 각각 전혀 다른 세계에 속하기 때문에 서로 환원될 수 없다. 아울러 이들은 각각 그 고유의 가치를 추구하며, 따라서 그 탁월성을 평가함에 있어서 그중 하나의 것을 다른 것에 적용하는 것은 불가능하지는 않지만, 범주착오이다.

다양하고 이질적인 삶의 목표들은 그 자체가 인간이 추구하는 가치의 다원성이라는 관점에서 얼마든지 바람직한 것으로 용인될 수 있다. 더 추궁되어야 할 것은 그 다원성을 어떤 기준으로 어떻게 구분할 수 있느냐 하는 것이다. 앞에서 우리는 가치의 객관성과 주관성의 주제를 언급했지만 그 문제는 가치의 종류와 불가분의 관계를 가질 수 있다. 가령 정치적, 경제적, 사회적 가치의 경우 객관의 요소가 많은 반면, 문화적, 종교적, 교육적 가치의 경우는 주관의 요소가 더 많을 수도 있는 것이다. 그들이 우리들의 삶에서 자체의 독자성을 인정받으면서 어떻게 서로 조화를 유지할 수 있느냐 하는 것이 중요하다. 더욱 심각한 것은, 그들 사이의 갈등가능성이다.

가치의 종류와 관련하여 '내재적 가치'와 '외재적 가치'라는 구분이 있다(Lemos, 1994; Lewis, 1946; MacIntyre, 1981). 앞 장에서도 이미 그 구분을 활용한 바 있다. 그 이유의 하나는 그 분류가 가치혼란 혹은 가치전도의 상황이 전개되는 현금의 교육의 특수한 상황을 타개하는 데 필요한 개념적 방편이 될 수 있다고 판단되었기 때문이다. 내재적으로 가치를 부여하는 것은 어떤 것을 그 자체로서, 그 자체의 용어를 써서, 그리고 여타의 것과 갖거나 가질 수 있는 관계를 떠나서 가치 있는 것으로 규정하는 것이다. 그런 가치부여의 대상을 우리는 내재적 가치를 갖는 것으로 칭한다. 이에 비해서, 외재적으로 가치를 부여하는 것은 그것이 어떤 다른 것과 가진 실제적이거나 가능한 관계를 고려하는 것이다. 그런 대상은 외재적 가치를 갖는다고 말할 수 있다. 그 구분은 각각의 가치를 정당화시키는 방법에 있어서 뚜렷한 차이를 보인다.

가치란 그 자체로서 바람직한 것이다. 여러 종류의 가치가 병립할수록 우리의 삶은 그만큼 풍요로운 것이라고 말할 수 있다. 그러나 각 분야가 추구하는 가치는 항상 병립하는 것이 아니라 많은 경우에 그 우선순위를 놓고 충돌하거나 갈등한다. 이는 한 사태를 놓고 적용되는 가치가 서로 양립하기 어려울 때, 그중 어느 것을 적용하느냐 하는 문제에서 일어난다. 특정한 사태나 사건은 그것을 평가하는 기준의 선택에 따라 가치가 있거나 무가치할 수 있다. 이처럼 가치의 실현이라고 해도 우리가 처한 세계와 입장에 따라 그 의미는 달라지기 때문에 가치변별이 중요한 과제로 등장한다. 이 점은 본위의 선택과 밀접하게 관련되어 있다(이영길, 2002; 장상호, 1991a, 1994c, 1997b, 2005a). 각 세계는 그 자체를 본위로 하는 관점과 가치를 부여한다. 그 선택에 따라 내계와 외계, 전경과 배경, 내재성과 외재성, 일차적인 것과 부차적인 것, 목적과 수단, 본질과 비본질, 기능과 비기능의 급격한 형태변화가 일어난다.

서로 다른 세계는 그 분야에 맞는 기준이 적용될 때, 올바르게 평가될 수 있다. 정치계는 정치적 가치에 의해서 평가하고, 경제계는 경제적 가치에 의해서 평가하는 것이 원칙이다. 서로 다른 기준을 가진 정치계와 경제계를 한쪽의 기준으로 평가하는 것은 세계의 특수성을 무시하는 처사로 인정되고 있다. 마찬가지로, 정치나 경제라는 세속계적인 기능에 비추어 수도계를 평가하는 것도 수도계의 자율성을 해치는 결과를 가져온다. 오늘날 이른바 '황금만능사회'를 문제시하는 것은 모든 것을 오로지 경제적 가치에 비추어 평가하기 때문일 것이다. 그런데 범주적으로 독립된 가치를 가질 것으로 기대되는 교육은 온갖 외재적 가치로 오염되어 있으며, 그러한 혼란을 바로잡는 데 기여해야 할 교육학은 그것이 주로 의존하고 있는 기능주의적 교육관의 태생적 한계에 갇혀 그 역할을 제대로 하지 않고 있을 뿐만 아니라 그 혼란을 가중시켜 왔다.

외재적인 가치들을 전면에 내세우고 교육을 그 수하에 배치하는 식의 전도된 가치서열화를 교육학자들이 선도하는 아이러니가 연출된다. '교육목표 설정'과 '교육평가'가 거의 예외 없이 그런 그릇된 도식에서 진행된다. 교육본위론은 이런 위급한 상황에 대한 문제의식에서 출발했다. 심히 우려하는 것은 단지 교육의 이론과 실천에서 외재적 가치만을 일방적으로 강조한 나머지 정작 그 외재성의 발생적 토대에 해당하는 내재적 가치의 측면을 거의 도외시하는 현실이다. 교육본위론은 그 우려를 불식시키기 위해서 교육의 목표와 평가의 부분에서 이전의 교육론과 전혀 다른 관점을 택하고 있다. 전자는 후자에서 찾아볼 수 없는 교육의 구조에 대한 개념을 포함한다. 구조는 교육의 안과 밖의 경계를 분명히 하고 있으며, 이와 관련하여 내재적 가치와 외재적 가치의 분류가 가능해진다. 교육의 총체적인 가치 혹은 목표는 내재적 가치와 외재적 가치의 총화이다. 그리고 교육에서 이 두 가지 가치는 반드시 양자택일의 문제는 아니다.

교육현장에서 적어도 두 가지 가치가 작용한다. 교육 자체의 내재적 가치와 그 교육이 가져올 가져오는 결과에 해당하는 외재적 가치이다. 그런데 이제까지 우리는 후자의 비중을 강조했을 뿐 전자를 경시하는 경향이 있었다. 예컨대, 스승과 제자가 서로 만족하는 경우는 그들이 종사하는 각각의 하화교육과 상구교육이 첫째, 그 각각의 내재적 가치의 실현, 둘째, 서로가 다른 것의 내재성을 증진시키는 수단이 되는 것, 그리고 셋째, 그들이 소재로 삼는 세계의 의미를 서로 공유하는 것, 이 모두를 포함한다. 그런데 우리는 가끔 첫째와 둘째를 간과하고 오직 세 번째의 것에만 그 의미를 부여하는 경향이 있다. 이제까지 거의 불모지로 남아 있는 이에 관한 본격적인 연구가 시급하다.

그러나 그 작업을 수행하기 이전에 거쳐야 할 연구과제가 있다. 그것은 그동안 교육과 관련하여 이루어진 가치논의에 대한 청산이다. 교육에 관한 문헌들의 대부분을 차지하는 것이 바로 가치판단에 관한 것이다. 교육목적에 대한 수많은 주장들, 정권이 바뀔 때마다 주기적으로 표방하는 '교육개혁', '교육의 발전론', 그 잘잘못을 따지는 것으로 되어 있는 온갖 논의들이 끊임없이 일어나고 있다. 교육이 그런대로 잘 되고 있다는 평가보다는 그것이 제대로 되고 있지 못하다는 비분강개가 대세이다. "교육이 잘못되고 있다"는 말에서 그 잘못을 규정하는 기준은 무엇인가? 거기에는 분명 본 절의 주제인 가치문제가 개재되어 있다. 이들이 진정 교육의 고유한 가치를 대변하고 있는가? 그렇지 못하다면, 그 이유는 무엇인가? 어떻게 그 상황을 타개할 것인가?

## 2.2 기존 논의의 검토

교육에 관한 가치논의는 거의 뒤죽박죽이다. 만병통치적인 과장, 가치혼란, 가치전도가 거의 다반사로 일어나고 있다. 경우에 따라, 어떤 것을 한편으로 비난하면서도, 다른 한편으로 추종하는 경향도 보인다. 세속적인 출세를 위한 교육을 개탄하면서도 실제로는 그 현실을 교육의 한 부류로 수락한다. 교육자치를 표방하는 담론의 저변에는 교육의 논리보다는 정치와 행정의 논리가 우선한다. 교육은 산업의 수단이 될 수 없다는 식으로 '학원교육'을 비난하면서도, 막상 정부수준에서 이루어지는 '교육계획'은 출자한 것에 비해서 얼마나 인력이 생산되었느냐 하는 공식을 적용한다. 사회적 선발의 목적을 좇는 '입시위주교육'을 비난하면서도 교육이 사회적인 재생산이라는 주장을 편다. 실상은 같은 편에 서 있는 것이다. 이런 걷잡을 수 없는 대혼란을 두고 어떤 사람은 '철학의 빈곤'이라고 개탄한다.

그러나 그 주된 이유를 따지고 들면, 이는 교육학 내부의 문제가 관련되어 있음을 쉽게 발견할 수 있다. 현존하는 교육학 혹은 교육학자들의 논의는 아직 교육의 안과 밖의 경계를 획정하지 않은 상태이기 때문에 교육의 내재적 가치와 외재적 가치의 구분이 개념적으로 이루어질 수 없다. 앞 장에서 살폈듯이 학교 안과 밖의 경계가 교육의 경계가 될 수 없다. 현존하는 교육학을 지배하는 기능주의적 교육관은 처음부터 외재하는 세계의 가치를 실현하는 것이 곧 교육이라는 논법으로 교육을 규정해 버린다. 그 범주착오와 무지의 현장에서 서로 경쟁하고 경합하는 분야 간의 가치갈등이나 긴장이 예리하게 드러날 여지가 없다. 교육의 목표나 평가는 그 자체의 특징을 무시하고 오로지 그 정체를 알 수 없는 허다한 외재적 가치들과 관련하여 설정되고 실시되고 있다. 이처럼 무조건 '좋은 것이 좋은 것'이라는 포괄주의를 추구함으로써 막상 교육은 그 고유성을 잃고 모든 것을 그 외부의 것에 맡기는 결과를 가져왔다.

이런 상황에서 필요한 일차적인 작업은 교육의 이름으로 교육의 가치를 왜곡시켜 온 사태의 적나라한 폭로다. 스스로 자초한 결과의 냉철한 자기성찰과 반성이라고 해도 좋을 것이다. 교육에 침범해 온 무수한 이질적인 가치들의 정체는 무엇인가? 이들은 어디에 뿌리를 두고 있는가? 그것을 정당화하는 논거는 어디에 있는가? 그 기준 사이 갈등의 요소는 없는가? 그들이 어떤 것을 대표하며, 어떤 통로로 교육과 관련되는가? 이에 대한 정리된 관점의 정립은 비록 교육의 가치에 관한 본격적인 연구라고는 할 수 없다고 하더라도 그 부재에서 비롯하는 오늘날의 혼란스러운 교육의 현실을 정도에 오르게 하는 지침의 역할을 할 수 있을 것이다.

일견 사태가 복잡해 보이지만, 그 논의를 해체시키는 방식은 비교적 간단하다. 이는 그만큼 이 분야의 연구가 별다른 노력이 없이 큰 성과를 얻을 수 있다는 이야기가 된다. 그 혼란의 한 주범은 '교육=학교태'라는 상식과 제도적 개념이다. 이 도식에 따르면, 교육의 목표와 학교의 목표는 동일하다. 다른 하나의 통로는 기본적으로 그 도식을 따르면서 교육을 기능으로 환원시키는 교육학자들의 개념적 오류이다. 이들은 서로 관련되어 있으면서도 다른 경로이기 때문에 서로 분리시켜 검토하는 과정이 필요하다.

저마다 자신의 기대와 관련된 학교의 기능을 '교육목표'라고 주장하기 때문에, 장님 코끼리 만지기 식의 논란이 그칠 새가 없다. 학교의 목표와 교육의 목표는 동일한 것인가? 이것을 검토하려면 그것이 전제하는 개념적 도식에 대한 분석이 필요하다. 우리는 이와 관련하여 삶의 공간과 삶의 양상 사이의 범주의 차이를 지적하였다. 학교는 이론적인 개념이 아니며, 그 생생한 삶의 현장은 교육 기능뿐만 아니라, 정치 · 경제 · 사회 · 문화 기능 등을 동시에 수행하고 있다는 점이 지적되었다(장상호, 1990; Archer, 1984; Klibard, 1987; Reimer, 1971). 따라서 학교 안에 진행되고 있는 실제 자체와 기능을 하나의 단일한 것으로 규정하는 것이 무리라는 것이 분명해진다.

우리의 개념구분에 따르면, 학교에서는 온갖 인간의 잡사가 일어나고 있으며, 기능면에서 보더라도 그것의 외연을 확정지을 수 없다. 학교, 그 가운데서도 공립학교가 모든 사회계층의 교육적 필요를 충족시키기 위해서 설립되었다는 명분은 사실과 다름이 판명되고 있다(Cremin, 1961; Katz, 1968). 학교 내부의 계획이나 실행은 교육 외적인 세력과 이해관계 및 압력에 의해서 결정되며(Bourdieu & Passeron, 1977), 이른바 '숨겨진 커리큘럼(hidden curriculum)'에 의해서 형성되는 학생들의 행동특성은 반드시 교육적으로 바람직한 것은 아니다(Jackson, 1968; Overly, 1970). 사실상, 학교의 기능은 다양하고, 시대와 장소에 따라, 그리고 그것을 장악하고 있는 세력의 판도에 따라 다르게 규정되고 있다.

학교는 국가적 목적달성의 수단이었으며, '교육' 또한 항상 수단이라는 범주에서 추진되었다. 우리나라의 경우도 예외가 아니다. 한국의 교육체제는 그 설립의 목적에 있어서 역사상 항상 국가적인 수준에서 다분히 교육 외재적인 성격을 띠어 왔다(오천석, 1964). 신교육체제가 도입된 초기인 구한말에는 쇄국정책을 쓰다가 갑오경장과 더불어 서양의 문화를 받아들이게 되었다. 그 통로이자 수단의 하나로 서양식 학교를 받아들이려는 태세를 갖추려고 하였다. 이후 국력의 열세에 빠져 일본의 세력권 안에 점차 들어가 한일합방을 거치는 동안 그런 조악한 형식의 근대화를 위한 신교육체제는 일본식 학교체제로 대체되었고, 일제 36년간의 학교체제는 상당 부분 일본이 한국인을 일본에 종속하는 국민으로 변화시키는 강력한 수단으로 활용되었다. 학교를 통해서 한국인은 일본어를 국어과목으로 배웠으며, 일본인의 주도하에 그들의 손과 발의 역할을 할 '황국신민(皇國臣民)'을 양성한다는 도식 속에서 '교육을 받았다'.

오늘날의 학교는 사회 각계각층의 이해관계의 중심에 자리하고 있으며, 그들의 다양한 요구를 반영하기에 분주하다. 학교에 대한 기대는 다양하다. 거기에는 교육에 관한 것과 그렇지 않은 것이 혼재한다. 오늘날 다양한 형태의 학교가 있다. 학교의 유지 자체가 목표는 될 수 없고 그 기능이 문제가 된다. 학교는 모든 가치의 갈등과 절충이 이루어지는 곳이다. 그 목표는 특정한 시대와 장소에서 학교를 장악하고 있는 집단에 의해서 결정되는 것이다. 학부모가 학교에 자녀를 보내는 이유는 무엇인가? 학생들의 목적은 무엇인가? 국가에서 학교에 기대하는 것은 무엇인가? 학교 안에서 작용하고 있는 가치의 종류는 무엇이며, 그들 사이의 헤게모니가 어떻게 작용하여 어떻게 반영되는가?

이 문제는 끊임없는 사실의 확인이 필요하다. 이와 관련하여 실제로 학교에 대한 그들의 기대는 각양각색이자 상호 갈등한다는 사실을 밝힌 연구사례가 있다. 채선희(2001)는 학교와 관련된 집단인 교사, 학생, 학부모, 교육학자, 교육행정가를 대상으로 교육목표의 중요성에 대한 우선순위를 조사한 결과, 서로 다른 집단 사이에 다양하고 갈등적이며 양립 불가능한 기능들을 동시에 요구하고 있다는 점을 발견하였다. 양미경(2004) 역시 학교에 대한 기능과 관련하여 갈등이 생기는 원인이 학교의 기능에 대한 사회 구성원의 요구 자체에 있다고 보고, 학부모를 상대로 그 상황을 조사한 결과, 집단 간에 많은 관점의 차이가 있음을 확인하였다.

이로부터 분명해지는 몇 가지 결론이 있다. 첫째, 학교의 목표는 그것이 위치한 시대와 장소, 그리고 여타의 특수성에 의해서 결정되며, 일률적으로 규정될 성질의 것이 아니다. 둘째, 학교의 가치를 교육적인 측면에서만 보는 것은 잘못이다. 따라서 그 제반 가치를 교육의 것으로 한데 묶어서 논의하는 것은 사태의 해결에 도움이 되지 않는다. 셋째, 학교는 교육 이외의 중요한 기능을 수행하고 있기 때문에 학교가 교육의 기능을 제대로 수행하지 않는다는 이유를 들어 학교를 비난하거나 폐지하라고 주장하는 것은 잘못이다. 학교에서 입시를 위한 시험과정을 중시한다고 해서 그것을 무조건 비난할 일만은 아니다. 학교의 기능을 사회적 지위의 획득에 둔다면, 그것은 자연스럽고 합리적인 현상이다. 다만 분명한 것은 학교의 기능에 대한 이와 같은 논의에 고유한 의미의 교육적 가치가 반영되어 있지 않다는 사실이다.

이런 상황에서 교육적 가치와 교육목표는 누가 어떤 방식으로 규정하며, 정당화하느냐 하는 문제가 제기되기도 한다. 우리가 기대하는 학교의 중요한 목표는 고유한 의미의 교육이다. 진정 그 과제가 순조롭게 진행되어 왔는가? 불행히도 그렇지 못하다. 그 큰 장애는 바로 기능주의적 교육관이다. 이는 앞서 누차 지적했듯이, 교육의 실체를 밝히지 않고 단지 그것이 실현할 어떤 외재적 기능으로 교육 자체를 환원시켜 규정해 버리는 안이한 도피처로 끝없이 퇴행한다. 그 외재적 기능에 대한 주장이 각각 다르기 때문에 그런 부류의 담론에서 어떤 합의점을 도출하기 어렵다.

이와 관련하여, 최성욱(2005)은 온갖 과제 중심의 교육관이 지닌 문제를 지적한 바 있다. 교육의 과제가 교육의 본질을 규정하기 이전에 주어진다. 지식교육, 기술교육, 정서교육, 인성교육, 인간교육, 전인교육, 도덕교육, 경제교육, 반공교육, 통일교육, 환경교육, 생태교육, 정보화교육 등등으로 표방되는 상황이 이에 해당한다. 이들은 막상 교육의 내재적 가치는 외면하고 교육을 항상 타 분야를 위한 수단으로 정당화시키려는 경향을 보인다는 점에서 한결 같다. 이런 상황에서 그들의 교육에 대한 전도된 가치의식을 바로잡을 수 있는 전문가집단을 기대하는 것은 자연스럽다.

그렇다면, 자칭 교육을 탐구한다는 교육학자들은 그 문제를 해결하는데 얼마나 공헌할 수 있었는가? 이들 역시 교육의 가치를 결과에 둠으로써 동일한 오류를 범하여 왔다(이용남·최현, 2000; 장상호, 1997b). 가령,

철학적인 사유를 교육에 적용한다는 취지의 '교육철학'은 교육이 실현시켜야 할 가치를 이른바 '교육받은 사람'이라는 개념으로 받아들이는 경향이 있다. 그 용어가 못마땅한 점은 첫째, 그 표현에 있어서의 피동형이다. 인간정신의 지각적 혹은 인식적 기능은 어느 경우나 수동적이기보다는 능동적이다. 교육 역시 외부적 자극에 대한 수동적인 접수 같은 피동적 활동은 허용하지 않는다. 둘째, '교육받은 사람'이라는 용어에는 더 이상 진행될 수 없는 교육의 끝이 있다는 것을 전제한다. 말하자면, 교육의 목표를 교육이 종결된 것으로 삼는 발상 자체가 참으로 아이러니하다. 셋째, 그 인간상에 대한 견해 역시 일치될 수 없다고 보아야 한다. 그 모두를 교육의 목표로 삼는다면, 사실상 그것은 인간사의 모든 가치라고 해도 과언이 아닐 것이다.

이른바 '교육이론'으로 인정받고 있는 것들이 표방하는 가치는 무엇인가? 놀랍게도, 대부분의 교육학 이론은 그 '교육받은 사람'에게 적용되어야 할 외래적인 가치의 차이와 이견을 반영하는 것에 불과하다. 예컨대, 교육이론을 교육목표와 관련하여 합리적 인간을 기를 것을 주장하는 항존주의(perenialism), 유능하고 유용한 인간을 내세우는 본질주의(essentialism), 개인의 흥미와 필요를 존중할 것을 주장하는 진보주의(progressivism), 사회를 개선하고자 하는 재건주의(reconstructionism)를 분류하기도 한다(Ornstein & Levine, 1981, pp. 194-222). 그들의 논의에서 그 결과를 가져올 과정으로서 교육 자체에 대한 논의와 그 가치에 대한 것은 거의 찾아보기 어렵다. 이것은 청산해야 할 지난날의 교육학적 유산 가운데 하나이다. 이 부분에서 앞으로 통렬한 자기반성과 정화를 촉발하는 논의를 전개할 필요가 있다. 이처럼 스스로 기능주의적 교육관을 택하면서 교육의 내재적 가치를 주장하는 자가당착을 범하는 경우는 없는가?

교육학이 용병학문의 범주로 전공영역들을 세분화하는 과정을 거치면서 교육이론 역시 그들이 모학문으로 삼는 것을 교육목표에 반영하는 양태를 보이기도 한다. 더욱 정확하게 말한다면, 그 모학문이 대상으로 삼는 세계의 가치나 이데올로기를 반영하는 것이 특징이다. 이를 태면, 교육철학에서는 철학에서의 온갖 가치이론이 도입되고, 교육심리학에서는 정신건강, 행동주의, 인지심리학, 제 3의 심리학에서 가정하는 가치관을 따르고, 교육사회학에서는 사회의 유지나 재생산에 비중을 두는가 하면, 그 재건과 개혁이라는 유파가 대립을 한다. 이홍우(1991)가 소개한 교육학의 대표적인 이론인 피터즈, 정범모, 뒤르켐의 이론도 이런 범주에서 벗어나지 않는다.

기존의 교육학자 가운데에 더러는 스스로 교육목표의 이론가로 자처하는 사람도 있다. 영국의 교육철학자인 화이트(White, 1987, 1990)의 경우가 그렇다. 최근에 그는 교육의 목표는 모든 학생들이 잘 살 수 있도록 도와주는 일이라는 주장을 하는데, 그 논법은 유치할 정도로 단순하고 천진스럽다. 학생은 학교에서 잘 살 수 있도록 보장해야 한다. 자유주의국가에서 잘 산다는 것은 개인의 자율성을 포함한다. 이런 단순한 논법을 내세우면서 화이트는 자율적 인간을 교육목적으로 내세우는 것이 정당하다고 주장하고, 이에 따라 자신이 속한 나라인 영국 국가의 교육과정이 이런 것이 아니라 저런 것이야 한다는 처방까지 내린다. 오늘날 학교의 목표설정을 두고 벌이는 치열한 갈등의 현장과 얼마나 동떨어진 안이한 사변인가! 이런 종류의 주장이 국내에서도 널리 인용되기도 한다.

교육과 관련하여 교육학도들이 내세우는 가치가 얼마나 방만하고 무분별한 것이냐 하는 점은 큰 규모의 정책연구에서도 그대로 드러난다. 그 전형적인 사례의 하나로서, 국내에서 문교부[1)]의 요청으로 1978년부터 1979년에 걸쳐 이루어진 ≪교육발전의 전망과 과제(한국교육개발원 편, 1979)≫라는 프로젝트가 있다. 이런 종류의 정책목표를 설정하는 것이 진정 교육을 위한 것이라고 할 것인가? 여기서 말하는 교육발전이라는 것은 무엇을 의미하는가? 이런 질문을 던져놓고 이 정책보고서의 내용을 분석해 보면 그 내용이 참으로 엉뚱한 방향으로 전개되어 가는 것을 금방 발견할 수 있다. 한마디로, 교육 고유의 현상과 가치는 철두철미하게 배제되

---

1) 지금의 교육부.

고 대신 정치·경제·사회·문화·군사 등과 같은 교육 이외의 분야가 지향하는 목표를 실현하는 외재적 수단으로서 교육이 규정되어 있다. 이것은 이제까지 교육학도들이 끔찍이 교육을 위한다고 내세우는 명분과는 정반대이다.

그런 취지의 정책건의는 그 이후에도 반복되었다. 1983년부터 시작하여 약 2년간에 걸쳐서 ≪2000년을 향한 국가장기발전구상(한국교육개발원 편, 1986)≫이라는 프로젝트가 이루어졌었다. 그 규모의 면에서 이전의 것을 능가하는 이 프로젝트에는 논자 자신도 관여했다. 그 관여의 유일한 이유는 나 나름으로 당시에 깨달을 수 있었던 그 오류의 반복을 저지하고 교정하려는 데 있었다. 그 프로젝트가 진행되는 시작 단계에서부터 논자는 이전의 '정치·경제·사회·문화발전을 위한 교육'이라는 전도된 목표를 바로 세우기 위해서 '교육발전을 촉진시키는 정치·경제·사회·문화'라는 정반대의 목표를 세울 것을 주장하였다. 그러나 그런 목표설정은 우선 그 프로젝트의 참여자들에게 쉽게 납득되지 않았으며, 따라서 논자의 주장은 그 마지막 단계에서 단지 그럴듯한 '철학적 입장'[2)]으로 받아들여졌을 뿐이다.

그렇다면, 그 수단이 되는 교육이란 무엇을 의미하는가 하는 질문을 제기할 수 있을 것이다. 그 부분에서 정책연구자들에게 별도의 이론적 입장이 있는 것은 아니었다. 지금 와서 부끄러운 점은, 그런 새로운 정책목표를 주장하는 논자 자신조차 당시에 '교육발전'이라는 말을 썼지만, 그때까지 그 '교육'이 무엇이며, 그 발전은 무엇을 의미하는지에 대한 반성이나 이론적 고민을 하지 못했다는 점이다. 통상의 교육학도들과 다른 점이 없이 단지 그렇게 되어야 한다는 막연한 자각만 앞서 있었던 셈이다. 당시로서는 어떻든 정책연구자에게 있어서 교육은 제도로서 일반인들이 인식하고 있는 '학교'의 범주를 벗어나지 않거나 혹은 그런 여러 분야의 발전

2) 교육학도들은 가치문제와 같은 좀 복잡한 주제를 '철학'이 다루어야 할 것으로 보는 습관을 가지고 있다.

을 가져오게 하는 모든 수단이라는 막연한 수준에서 파악되었고, 또한 그런 쉬운 방법으로 교육의 실재를 구명하는 과제를 회피하는 데에 머물렀다. 단지 모호한 허상을 토대로 한 몰지각한 과장만이 난무했던 것이다.

이렇듯 교육에 관한 처방이 다양하고 이질적인 것만큼 그 논의 역시 도저히 합의점에 도달하기 어려운 실정이다. 겉으로는 화려해 보이지만, 그 하나의 목표라도 제대로 달성되지 않았을 때 교육이 그 책임을 뒤집어써야 한다. 더구나 이들이 관심을 가지고 있는 세계들은 사실상 비교육에 해당하기 때문에 교육에 대한 전도된 가치의식을 끊임없이 산출하고 있다. 이처럼 교육에 침범해 온 무수한 이질적인 가치들이 무엇이며, 어디에 뿌리를 두고 있는지를 밝힘으로써 그 정리된 결과에 따라 원래의 것으로 되돌리는 연구가 절실히 요망된다. 앞의 정책연구에 참여하면서 학문적 무지와 무력을 체험한 이후 근 20년이 넘게 그 해답을 얻는 데 매달림으로써 논자는 비로소 무책임하고 무분별한 교육만능주의의 함정에서 겨우 벗어날 수 있게 되었다. 그 청산된 공백지에 정식으로 재건할 가치연구는 아직 시작점에 있다. 이제부터 그것들이 무엇인지를 살펴보기로 하자.

## 2.3 교육의 내재적 가치

앞의 논의에서 교육의 가치 혹은 목표가 어떤 개인 혹은 집단에 의해서 그때그때 결정할 사항으로 전제되어 있는 것을 발견한다. 그런 논리는 다분히 그 실체의 구명을 유보하고 이루어지는 기능주의적 교육관의 맥락에서 도출된 것이다. 교육은 어떤 외재적 가치를 증가시키는 도구적이고 가공적인 과정으로만 인식되어 왔다. 그 외재적 가치가 다양한 만큼 특정한 개인 혹은 집단의 목소리가 교육의 목표를 결정하는 데 중요한 요인으로 작용한다. 최성욱·신기현(1999)은 이처럼 그릇된 개념규정의 방식에 의해서 교육이 여타의 삶의 그늘에 가려 설 자리를 잃고 지금처럼 짜증스럽고 부담스럽고 혐오스러운 대상으로 소외된 사태를 '실락원(失樂園)'에 비유한다.

가끔 교육의 목표를 누가 어떻게 설정할 것인가 하는 문제가 초미의 관심사인 것처럼 제기되기도 한다. 그 저변에는 교육을 자의적인 활동으로 보는 그릇된 관점이 도사리고 있다. 따지고 보면, 그런 문제제기 자체가 애초부터 그릇된 것이다. 교육은 그 자체의 정체성을 가진 세계이며, 교육의 목표는 개인과 집단을 떠나서 교육 자체의 규정과 그 내재적 속성에 근거하여 이미 주어져 있다는 점을 분명하게 알아야 한다. 이미 지적했듯이 교육의 내재적 가치란 교육의 안과 밖의 구분을 통해서 그 안에서만 실현될 수 있는 고유한 가치를 말한다. 이는 교육적 주체에게 그 결과가 가져다주는 어떤 이해관계나 보상과 무관한 교육활동 자체의 내적 보람과 순수한 열정인 것이다. 이 기준에 따르면, 교육의 세계 안에서 우리 각자가 보낸 하루는 교육적 가치의 측면에서 그만큼 풍족한 삶이며, 그런 사람이 모인 사회는 그 만큼 교육적으로 바람직한 사회라고 할 수 있다.

교육이 그 본래의 가치와 매력을 회복하고 그 정당한 지위를 되찾을 수 있는 관건은 그것을 기능으로 환원시키지 않는 방식으로 그 안과 밖을 구획한 구조해명의 작업적 성과에 달려 있다. 이제부터 필요한 것은 교육의 안과 밖을 구별하는 경계를 더욱 분명히 함과 동시에 그 안쪽의 구체적인 내용을 더욱 풍부하게 채우는 방향으로 연구가 진행되는 것이다. 우리가 교육에 참여하는 이유는 교육의 세계 안에서만 충족시킬 수 있는 순수한 감정과 가치감정 때문이다. 교육 안에서만 성립하고 교육을 통해서만 실현될 수 있는 이 고유한 가치를 여타의 것으로 환원하거나 혹은 비교하는 일은 부질없다. 왜냐하면, 그 각각은 그 나름의 고유한 평가기준을 가지고 있기 때문이다. 우리가 교육을 삶의 중심에 놓고 판단할 때, 여타의 세계는 교육을 성립시키기 위한 하나의 보조적인 것으로 후퇴한다.

교육의 내용은 세분될 수 있다. 이때 그 내재성의 단위도 분리된다. 교육본위론의 경우, 예컨대, 상구교육과 하화교육은 서로 각각 다른 요소를 가진 하위체제이다. 그렇다면 이들을 막연하게 하나로 취급하기보다는 그 각각의 내재적 가치를 인정하는 것이 옳다.[3] 그럼으로써 이들이 서로가 상대에게 수단의 역할을 한다는 또 다른 사실에 주목할 수 있게 되는 것이다. 상구와 하화는 서로가 대조되는 특성으로 인해서 서로에게 이끌린다. 제자는 스승을 상대로 자신의 상구의 가능성을 실현시키고, 반대로 스승은 제자를 상대로 자신의 하화의 가능성을 실현시킬 수 있게 된다. 이런 세분된 관점은 ≪예기(禮記)≫의 <학기편(學記篇)>에 나오는 '교학상장(敎學相長)'이라는 동양의 오래된 전통 안에서 쉽게 찾아볼 수 있다. 더 구체적으로, 이를테면 상구활동의 하나인 '청교' 혹은 그에 대응하는 하화활동의 하나인 '청학'의 경우처럼 그 적용되는 가치의 단위를 세분하여 교육의 내재적 가치를 논의할 수도 있다.

내재적 가치는 흔히 '이해관계를 떠난 관심(disinterested interest)' 혹은 '이해관계를 떠난 만족(disinterested satisfaction)'이라는 말로도 표현된다. 실제의 연구에서는 그 단서를 어떻게 더 세분하여 포착할 것이냐 하는 문제가 따를 수 있다. 이와 관련하여 앞으로 많은 연구가 필요하겠지만 여러 가지 징후들을 당분간 생각해 볼 수 있을 것이다. 예컨대, 교육의 과정에 기울이는 실천에서 비롯되는 주관적 흥취와 보람을 물을 수 있다. 선택상황을 제시할 수도 있다. 교육의 내재가치를 추구하는 사람에게 세속적 추구는 대단히 비싼 대가로 비쳐진다. 그 이외에도 교육은 그 구성원에게 무조건적인 헌신과 열정, 극도의 시련, 희생에 대한 각오 등을 시험한다.

바람직한 것은 선험적으로 규정되거나 규정된 것이 결코 아니다. 경험의 맥락과 관계없이 일반적으로 적용될 수 있는 초경험적이고 항구적인 가치가 존재할 수 없다. 우리는 현 단계에서 교육의 내재가치를 단지 개념의 수준에서 가정하고 있다. 그렇다면, 그 가치는 어떻게 입증될 수 있

3) 기능주의적 교육관에서는 그 결과에 비중을 두기 때문에 사실상 교육본위론에서 상정하는 상구와 하화의 내재적 가치는 별개로 구분될 수 없다. 그 모두가 그 외재적 세계의 수단에 불과한 것이다. 그 가운데 어느 것이 더 중요한 것이냐를 두고 서로 갈등할 수 있는 것으로 비추이기도 한다. 예컨대, 기존의 교육학 안에서 '교수'보다는 '학습'을 강조하는 주장(김신일·박부권, 2005)이 있는데, 그것은 일종의 기능주의적 교육관의 잔재로 볼 수 있을 것이다.

는가? 그 해법은 결국 각자의 탐구에 의해서 확인해 나가야 한다는 것이다. 우리는 교육적인 삶을 영위하면서 그 개념이 가정하고 있는 바와 같이 그것이 진정 그 자체로서 가치를 인정할 만한 것이 있는가를 확인하는 것이 중요하다. 우리의 삶에서 사실상 많은 사람들이 교육의 내재적 가치를 체험하고 있음에도 불구하고 그 고유성을 인정할 만한 개념체제가 부재하기 때문에 불행히도 그 체험 자체가 제대로 드러나지 못하고 있는 경우도 많을 것이다.

설사 어떤 이유에서든 그런 개인적인 경험이 부재한 경우라도, 교육의 내재적 가치의 존재를 방증하는 역사적 사례나 문헌을 참고할 수 있을 것이다. 이와 관련하여 그것을 실현시킨 역사적 인물들의 사례를 소개한 문헌연구들이 있다(신기현, 1996; 엄태동, 2006, pp. 160-163; 장상호, 1997b, 2000b; 최성욱, 1995b). 예컨대, 공자가 제자에게 자신에 대한 이야기를 하면서 자신이 "성인(聖人)과 인인(仁人)이야 어찌 감히 되겠느냐?" 하는 의문과 더불어 한 말, 즉 "다만 그 분들을 배우는 데 싫증을 내지 않고, 남을 가르치는 데 지치지 않은 사람(學而不厭, 誨人不倦)"이라고 한 대목이 있다. ≪맹자≫의 <진심편(盡心篇)>에서 맹자는 가르치는 것을 "세 가지 기쁨(三樂)"[4] 중의 하나에 포함시킨다. 소크라테스와 예수는 교육을 위해 심지어 죽음을 택했다(장상호, 2009). 최성욱·신기현(1999)은 선종의 전통을 이은 혜가가 달마에게 가르침을 구할 때 어깨를 잘라 바친 사례[5]를 든다. 비단 성인의 경우뿐만 아니라 우리 생활의 곳곳을 살펴보면, 아직 밝혀지지 않은 교육에 대한 이런 헌신의 사례가 허다할 것이다. 그들이 모두 연구의 대상이 될 수 있을 것이다.

다른 한편, 기존의 교육의 내재가치에 대한 논의 가운데에는 그 입장의 차이를 분별하고 그 가운데 어떤 것이 그 개념의 취지에 합당한 것인가를

4) 나머지 두 가지 기쁨은 "부모가 건강하게 살아계시고 형제 간에 탈 없이 지내는 것이고, 하늘을 우러러도 부끄럼을 느끼지 않고 자신을 굽어보아도 양심의 가책을 받지 않는 것"이다.

5) 이는 오늘날 '설중단비(雪中斷臂)의 고사(故事)'로 알려지고 있다.

평가하는 작업도 필요하다. 국내에서 이와 관련하여 주로 주목을 받은 것이 듀이(Dewey)와 피터즈(R. S. Peters)의 주장이다. 이들은 교육을 수단시하는 관점에 반발했다는 점에서 공통성을 지닌다. 그러나 그들이 주장하는 내용은 크게 다르다. 듀이(Dewey, 1916)는 교육을 경험의 재구성을 통한 성장으로 파악하고, 성장하는 것 그 자체가 목적이라고 주장했다. 다른 한편, 피터즈(Peters, 1966)는 학교에서 가르치는 교과의 대부분은 인류가 오랜 시간에 걸쳐 만들어 낸 위대한 지식들로 채워져 있으며, 이 때문에 교과를 가르치는 일은 지식의 가치를 전달한다는 점에서 그 자체가 내재적인 가치를 지닌 활동이 된다고 역설한다.

이제 남은 문제는 그중 어느 것이 진정 교육의 안쪽에서만 실현될 수 있는 고유한 가치를 대변한 것인가를 선별하는 것이다. 이 두 가지 이론의 대비에서 듀이의 입장이 한동안 반대진영으로부터 비판을 받았다(이홍우, 1991, pp. 144-155; Adler, 1977; Hutchins, 1953; Maritain, 1943; Peters, 1977). 그 주된 이유는 듀이의 프래그머티즘이 지식의 내재적 가치를 천박한 실리추구의 도구로 전락시켜 외면하였다는 것이다. 그러나 이후에 그 비판적 입장이 오히려 부당하다는 주장이 대두되었다(김규욱, 1996, 2001; 엄태동, 2001a; 최성욱·신기현, 1999; 홍원표, 1998). 이들에 따르면, 학문의 가치가 내재적이지만 그것은 어디까지나 학문을 본위로 할 때의 경우이며, 그 이외의 세계로 그 본위를 바꾸면 외재적인 것이 된다. 적어도 듀이는 학문과는 별개로 교육의 세계를 규정하려고 했고, 후자의 입장에서 전자를 도구라는 관점으로 파악하고 있다. 따라서 교육의 내재성을 선택하는 방식에 있어서 듀이가 피터즈보다 적절한 입장을 취한 것으로 평가된다.

듀이(1916)는 특유의 경험이론을 근간으로 교육론을 전개하면서 바람직한 목적을 미리 규정해 놓고 어린 아동들을 이에 일치시키려는 전통적인 교육의 목적의식에 심각한 의문을 제기하고, 통렬한 비판을 가한다. 이는 한마디로 아동들의 현존하는 상황을 무시하는 처사로서, 일시에 그 목적을 달성하려고 하는 것은 그들을 그 목표로부터 소외시키는 결과를 가져 온다. 이를 시정하기 위해서는 아동이 지금으로서 그 해결이 초미의 관심사로 등장하고 있는 좀 더 현실적인 문제에서부터 교육이 시작되어야 한다는 처방을 주문하였다. 이것이 바로 그가 말하는 '움직이는 목표'와 '경험의 계속성'이라는 원리이다. 아동이 처한 현재 수준에서부터 시작하여 점차 그 다층의 가시목표를 순차적으로 해결해 나가면서 경험이 부단히 상승해 나가는 과정이 듀이가 말하는 성장이며, 그 성장을 촉진하는 것이 교육인 것이다.

경험이 성장을 계속하면서 시작과 끝, 수단과 목표가 연쇄적으로 반복된다. 우리는 가시적 목표를 설정해 놓고 그것을 달성한다. 그 후에 다시 그것을 수단으로 다음의 목표를 설정한다. 이렇게 보면, 교육에서 어떤 것이 오로지 목적이고 어떤 것은 오로지 수단이라는 이분법적인 도식이 불필요하다. 한때 혹은 한 맥락에서 목적이었던 것이 다른 때 다른 맥락에서는 수단이 될 수도 있다. 성장한다는 것은 이처럼 바람직한 것을 예기하면서 확인해 나가는 것이고, 그 과정 자체가 목적과 하나로 통합된다. 그러니까 교육의 목적은 한 번 더 교육을 하기 위한 것이다. "교육의 과정은 그 자체 이외의 다른 목적을 갖지 않는다(1916, p. 59)"는 듀이의 주장은 바로 이런 맥락에서 나온 것이다. 그러나 듀이가 밝힌 교육의 내재적 가치에 대한 규정은 아직도 미흡하다. 듀이는 '경험의 성장'에 주목함으로써 교육에 대한 이해의 새로운 지평을 열어주었지만, 교육을 성장이라는 다른 개념으로 환원시키는 정도에 그치고 있다.

앞의 경우처럼 기존의 가치논의를 재해석해서 그 옳고 그름을 판별하는 것 못지않게 중요한 연구과제가 있다. 그것은 혼돈되기 쉬운 가치개념을 서로 분리시키는 작업이다. 예컨대, 우리는 흔히 무심코 '그릇된 교육'이란 말을 한다. 그러나 앞 소절에서 살폈듯이, 이 말은 알고 보면 기능주의적 교육관이 택한 범주착오의 산물로서 교정을 요하는 상황이다. 교육의 내재적 가치라는 관점에서 보면 '그릇된 교육'이 성립할 수 없다. 문제가 되는 상황이 있다면, 그것은 교육이 잘 안 되고 있다거나 덜 되고 있다는 데 있다고 말해야 옳다. 가령, 교육의 내재가치를 실현시킨 정도를 반영하는 말로써 '더 나은 교육' 혹은 '덜 된 교육'이라는 말을 쓸 수 있을지 모르겠다. 이 점에서 이전의 용어들을 해체하고 그 의미를 새롭게 재건하는 연구도 병행되어야 할 것이다.

내재적 가치에 비추어 기존에 사용해 왔던 용어에 새로운 의미를 부여하여 사용할 가능성도 타진해 나가야 한다. 가령, 이제까지 교육학자들은 '교육발전'을 교육이 얼마나 여타의 사회적 과정이 요구하는 인력을 양성하느냐 하는 점에 초점을 두어 논의하였다(한국교육개발원, 1979). 이에 비해서, 교육본위론은 그 용어를 ① 내재성, ② 만연성, ③ 심도성 등 우리가 얼마나 교육적인 삶을 향유하고 있는가 하는 정도로 규정한다(장상호, 1991a, 1999, 2003; 2005a, 2009; 최성욱, 1997a). 교육발전의 소극적인 측면은 사람들의 교육적인 삶을 고의적으로 억제하거나 억압하는 세력의 작용으로부터 교육을 해방시키는 것이다. 교육본위론은 또한 여타의 세계 혹은 외재적 변인들이 교육에 어떤 영향을 주느냐에 따라 그 가치를 평가하는 통로로 '교육여건'이라는 개념을 쓴다. 이는 여타의 세계가 교육의 발전에 공헌하는 정도를 따지는 것으로서, 이전의 '교육발전'의 개념을 역전시킨 것이다. 또한, 뒤에 더 설명하겠지만, 가정, 학교, 직장, 가상공간에서 이루어지는 각종의 교육을 그 내재적 가치의 실현에 초점을 두고 평가할 수 있는 개념적 토대가 구축되었다. 필요한 것은 그 개념에 상응하는 구체적인 증거의 제시이다.

교육의 내재적 가치가 다원적인 가치체제 안에서 어떤 위치를 차지할 것인가 하는 것을 밝히는 것도 교육의 가치와 관련하여 빼놓을 수 없는 중요한 연구주제이다. 실제로 교육은 여타의 다른 세계와 더불어 진행된다. 세속을 떠난 삶이란 존재할 수 없다. 더러는 교육계가 대중의 지지를 받기 위해서 세속적인 요구나 가치와 타협하는 경우가 있을 수 있다. 그 사실 하나만으로 그 교육은 잘못된 것이라고 할 수 있는가? 잘못되었다는 판단의 근거는 무엇인가? 부귀영화를 추구하는 방식으로 교육은 추구될 수 없는가? 출세를 위한 교육은 비난받아야 하는가? 교육의 내재가치와 세속의 가치가 서로 공립할 수 있는 가능성은 없는가? 만약 그들 간에 긴장과 갈등이 일어날 때, 그 해결방법은 무엇인가? 아직 이 문제를 다룬 연구의 결과가 없다.

교육의 내재적 가치는 교육이 소재로 삼는 수도계의 품위와는 독립적으로 규정된다. 품위는 두 가지 가치론적 측면을 갖는다(장상호, 2004). 소재에 비추어 낮은 품위에서 높은 수준의 교육이 일어나고, 높은 품위에서 보잘 것 없는 교육이 일어날 수 있다. 이는 수도계와 교육계 사이에 가치 갈등이 일어날 수 있는 소지가 있음을 말해준다. 가령, '과학교육'의 경우에 '교육을 위한 과학'과 '과학을 위한 교육'이라는 양쪽의 입장이 성립한다. 전자에서는 과학이 교육에 대해 수단적 가치를 가지며, 후자에서는 교육이 과학에 대해 수단적 가치를 갖는다. 이른바 '청출어람'은 선진의 입장에서는 패배이지만 하화자의 입장에서 승리로 평가될 수 있다. 이처럼 양쪽 가치의 갈등가능성과 그 선택에 대한 구체적인 증거와 사례를 제시하는 연구가 필요하다.

역사적으로 애초에는 도구적인 의도에서 시작한 활동이 차츰 그 내재적인 가치의 인식으로 연결된 경우가 많다. 예를 들면, 16세기 유럽의 예술은 오로지 후원자에 의존했기 때문에 그들의 비위에 맞춰 그림을 그리거나 음악을 연주하였다. 예술 자체의 순수성에 대한 추구는 그보다는 훨씬 이후에 일어난 일이다. 이런 현상은 동기의 이론과 관련하여 일찍이 올포트(Allport, 1961)가 설명한 이른바 '기능적 자율화(functional autonomy)'의 기제와 비슷하다. 교육의 내재적 가치도 기능적 자율화의 메커니즘으로 설명될 수는 없는가? 장기적인 변이의 관점에서 볼 때, 교육의 양태에 있어서도 이를테면 '외도교육', '공덕교육', '내재교육'의 순서로 진전할 수 있는 것은 아닌가? 이런 가능성은 정치, 경제, 학문, 예술 등 여타의 세계가 기능적으로 자율화된 역사적 경위를 참조하면서 타진될 수 있을 것이다.

## 2.4 교육의 외재적 가치

교육의 내재적 가치는 가치의 측면에서 교육 자체의 고유성을 지키는 최후의 보루이다. 그러나 그것이 교육이 실현할 수 있는 가치의 총량이 아니라는 사실을 인식하는 것 역시 매우 중요하다. 교육의 가치에는 외재적 가치가 추가된다. 이제까지 내재적 가치를 주장하는 예외적인 이론이나 연구들은 대개 이런 외재적인 가치를 간과하거나 배제하는 경우가 많다. 이 또한 균형 잡힌 담론이라고 하기 어렵다. 왜냐하면 내재적 가치와 외재적 가치는 서로 병립할 수 있기 때문이다. 문제는 후자를 전자의 희생 위에 성립시키려는 데 있을 뿐, 전자의 전제 위에 성립하는 후자는 오히려 환영해야 마땅하다. 교육의 외재적 가치는 교육이 그 내재가치를 제외하고도 여타의 세계에 공헌할 수 있는 일종의 부가가치라고 할 수 있다. 그 양으로 치면 외재적 가치가 내재적 가치를 훨씬 능가한다. 이처럼 교육과 그 여타의 세계가 서로 수단과 목표의 관계를 갖는다면 우리의 전체적 삶의 가치들이 증대된다고 말할 수 있다.

먼저 지적되어야 할 것은, 이런 측면에 대한 논의는 앞에서 문제시한 기능주의적 교육관과는 전혀 다른 지평에서 검토되어야 한다는 점이다. 이제까지 교육학의 문헌에서 교육의 기능을 말할 때, 그 대부분의 논의가 기능주의적 교육관의 맥락에서 이루어져 왔다. 그 관점에서 교육의 목표가 설정되고 그 목표에 비추어 교육에 대한 평가가 이루어졌다. 기능주의적 교육관이 그토록 자주 교육의 외재적 가치를 주장한 것처럼 보이지만, 사실상 그 내용은 우리가 여기에서 밝히려는 외재적 가치와는 전혀 다른 차원의 것이다. 누차 강조해 왔지만, 그들은 단지 외재적 가치만을 내세웠을 뿐, 그 가치를 실현시킬 교육의 정체성이 무엇인지를 밝힌 바 없다. 말하자면, 특정한 기능을 논리적으로 교육의 정의에 포함시킨 편법을 적용한 것이다. 이런 방식의 무책임한 허풍이나 일종의 기만은 교육에게 그 역량 밖의 것에 대하여 무한의 책임을 지운다. 뿐만 아니라, 만약 소기의 결과가 나오지 않았을 때, 그 애초에 주장했던 교육에 대한 정의 자체를 부인해야만 하는 이론적 책임도 동반한다.

원칙적으로 말한다면, 교육의 외재적 가치는 규정되는 것이 아니라 입증되어야 할 성질의 것이다. 따라서 그것은 논증이 아니라 경험적 증명의 과정을 요구한다. 거기에는 적어도 첫째 교육 자체에 대한 규정, 둘째 그것이 공헌하는 여타의 세계가 어떤 것인지에 대한 지정, 셋째 이 양자의 경험적 관계에 대한 증명, 그리고 넷째 그 증명된 사실에 부과해야 할 특정한 외재적 가치기준의 선택 등의 조건이 부대되어야 한다(장상호, 2004). 이런 증명의 과정이 첨가되지 않는 한, 교육의 외재적 가치에 대한 언급은 그 모호성을 결코 벗어날 수 없다. 예컨대, 논자는 ≪증권 II(장상호, 2009)≫에서 교육과 그 환경의 문제를 다루면서 정치, 경제, 사회, 문화, 수도계로 나누어 교육의 외재적 가치에 대한 이론적인 추론을 한 바 있다. 그것 역시 단지 억측에 그치지 않으려면 그에 대한 증거제시가 필요하다. 이 문제는 다시 본서의 제 7장 <교육의 환경>, 그리고 제 9장 <교육과 평가>에서 별도로 다루어지겠지만, 여기서는 그에 앞서 그 대체적인 과제만을 간략하게 지적하겠다.

교육본위론은 교육 자체가 무엇인지를 밝히려는 시도이기는 하지만, 그 내재적 변인에 대한 충분한 해명이 이루어지지 않았다는 점에서 아직도 위에서 제시한 첫 번째 조건을 만족시키는 데에는 미진하다. 그럼에도 불구하고, 가령, 상구교육과 하화교육을 분리시킨 것은 그 결과를 별개의 것으로 검토할 수 있는 가능성을 연 셈이다. 그렇게 구분함으로써 상구교육과 하화교육이 여타의 세계에 주는 영향도 별개의 것으로 취급할 수 있게 된다. 더 나아가, 상구교육과 하화교육 사이의 영향에 관한 질문도 할 수 있게 된다. 가령 그들이 서로가 다른 것의 수단과 목표가 되는 호혜적 관계를 가질 수 있는 조건은 무엇인가? 상구의 내재적 가치를 무시한 하화, 혹은 하화의 내재적 가치를 무시한 상구는 없는가? 그런 상황은 어떻게 극복될 수 있는가?

그런 원칙은 교육이 영향을 주는 대상 혹은 세계의 규정에도 그대로 적용되어야 한다. 예컨대, 정치, 경제, 사회, 문화, 종교의 세계가 교육의 환경으로 규정되었지만, 사실상 그런 접근 역시 모호함을 벗어나기 어렵다. 그 각각의 세계를 구성하는 개별적인 요소들이 다양하며, 따라서 교육이 그 각각의 것에 영향을 주는 방식 역시 그만큼 상이할 것이다. 따라서 교육의 외재적 가치의 증명에 필요한 두 번째 조건 역시 그 외재적 변인에 대한 세분된 구분을 요구한다. 그렇게 함으로써 가령, 교육이 정치의 어떤 측면에는 공헌하지만, 다른 측면에는 오히려 부정적인 영향을 준다는 식의 세부적인 평가가 가능하게 된다.

다양한 교육의 내재적 변인들과 역시 그만큼 다양한 교육의 외재적 변인 사이에 어떤 경험적 관계가 있는가 하는 세 번째 조건의 문제는 교육의 환경과 관련된 연구와 결부시켜 앞으로 제 7장에서 더 논의될 것이다. 다만 여기에서 강조하려는 것은 외재적 가치의 검증에는 사실에 대한 객관적 자료와 증거가 전제된다는 점이다. 특히, 교육의 효과를 주장하려면 단지 그 대상이 되는 변인과의 상관관계에 대한 증거로서는 불충분하다. 엄격하게 말하면, 교육이 그 외부의 세계에 독립변인으로서 어떻게 작용하는가 하는 질문에 대한 해답을 얻을 수 있어야 한다. 이런 인과관계에 대한 가정은 조사연구를 벗어나 실험이라는 매우 까다로운 조건을 요구할 것이다.

교육의 외재적 가치를 증명하는 마지막 조건은 앞서 살핀 모종의 사실에 대해서 적용할 수 있는 평가기준의 선택과 관련되어 있다. 유용성의 기준은 이미 알려져 있는 영역 내의 합목적성에 관계되는 것으로서 그 척도를 교육 밖의 세계에 대한 수단으로 규정해야 한다. 각 세계들마다 교육을 자신들의 가치를 실현시키는 도구로 삼을 것이다. 그 의미는 참으로 분야마다 다르기 때문에 그 다른 가치판단을 가진 사람들은 저마다의 의미로 자신에게 유리하게 그 판단의 기준을 염두에 둘지 모른다. 이때 그 외재적 가치들은 많은 경우 모순과 갈등을 포함한다. 그 외적 세계의 선택에 따라서 교육은 서로 다른 평가를 받을 수 있다. 가령, 경제적으로 긍정적이고 만족스러운 성과를 가져오는 것이 문화적으로 치명적으로 나쁜 성과로 평가될 수 있다. 따라서 흔히 '효과적인 교육'이라고 말할 때 그 효과를 평가하는 외부 세계의 내재적 기준이 어떤 것인지를 분명히 규정하지 않으면 그 의미가 명백하고 충분하게 전달된 것이 아니다.

교육의 외재적 가치의 입증과 관련하여 마지막으로 생각해 볼 수 있는 사항은 적용되어야 할 판단기준의 변화이다. 어떤 분야의 가치가 영원히 존속하는 것은 아니다. 교육과 관련된 특정 결과에 대해 사회의 가치가 변함에 따라 과거에 비판받던 교육이 이제는 좋은 것으로 되거나, 반대의 경우가 발생하기 때문에 외재적 가치기준의 합의를 기대하기는 어려울 것이다. 그럼에도 불구하고, 적어도 논자들의 머릿속에는 자신이 적용하고 있는 가치기준이 어떤 것인지에 대한 선별이 필요하다. '교육의 효과'라고 하더라도 거기에 단기와 장기 혹은 미시와 거시의 차이가 있을 수 있을 것이다.

어떤 것의 용도를 미리 제한하는 것은 옳지 않다. 모르긴 해도 쓰일 만큼 쓰일 것이다. 교육의 경우도 마찬가지다. 교육이 어떤 외재적 가치를 가질지는 제멋대로 규정할 문제가 아니라 발견되고 입증되어야 할 성질의 것이다. 그것은 교육이 관계하는 여타의 세계만큼 무궁무진하다고 말할 수 있으며, 따라서 그것들을 망라하는 가치의 총량이 얼마냐 하는 질문을 타당하지 않다. 다만 앞에서 지적했듯이, 그 여타의 세계 가운데 어떤 것, 혹은 그 세계 가운데에서도 어떤 측면들이 영향을 받는지 부분적으로 밝혀질 수 있을 뿐이다. 그 영향들은 물론 비단 긍정적인 것뿐만 아니라 부정적인 것도 포함할 것이다. 그 모든 것을 드러내는 연구는 언제나 충분하다고 하지 못할 정도로 열려 있다.

그렇다면, 지금까지 교육의 외재적 가치를 입증하는 연구는 얼마나 수행되었는가? 이 질문에 대한 대답은 현재로서 너무도 실망스럽다. 전무하다고 해도 과언이 아니다. 다만 형식상 앞의 갖추고 있는 것 같지만 사실은 반성의 여지가 있는 연구의 사례가 있다. 그것은 김성준(2006)이 소개한 쉴러(J. C. F. Shiller)의 교육론이다. 연구자는 프랑스 혁명기라는 격동기에도 순수와 참여의 어느 극단으로 가는 것을 경계하고, 미적 교육론을 통해 교육과 사회의 새로운 관계 설정을 모색했던 쉴러의 입장을 부각시킨다. 그러나 그의 주장이 교육의 외재적 가치를 입증한 것으로 보기는 어렵다. 우선 아름다움의 자율성과 교육의 자율성은 동일한 것이 아니다. 연구자도 이 점을 인정하고 있다. 둘째, 그 교육이 사회의 개선에 공헌할 수 있는 부분은 단순히 주장이 아니라 입증되어야 할 사실이라는 점까지 논의가 진전되어야 할 것이다. 이런 것들이 교육의 외재적 가치에 관한 기존의 관점을 해석함에 있어서 연구자가 부담해야 할 부분이다.

이런 상황에서 교육본위론은 크게 두 가지 점을 유의한다. 그 하나는 새로운 학문으로서 교육학의 체계는 기존의 학문으로 환원될 수 없는 것이어야 한다는 것이고, 다른 하나는 그것이 인간성의 공학적 조작과는 다른 측면을 부각시켜야 한다는 것이다. 전자의 선택에 따른 이유는 이미 충분히 지적되었다고 본다. 그러나 후자의 문제는 학문의 응용에 따른 불확실성을 극복하는 방향으로 교육학을 구성한다는 다른 취지가 담겨 있다. 기능에 비중이 주어지는 시대에 사는 현대인은 그 어느 때보다 기술공학적 통제와 조작의 거미줄에 엉켜있다. 위협, 강요, 위세조작, 교조화, 조건화, 선전 등 비교적 그 의도가 분명한 것에서 부터 우리 자신이 조작되고 있다는 사실조차 알지 못하는 교묘한 과정에 이르기까지 다양한 영향을 우리는 받고 있다. 교육은 이렇게 위협받고 있는 인간성을 본래의 면목으로 되돌리거나 혹은 대중이 적어도 다른 출구를 찾게 하는 청량제의 역할을 할 수 있을 것으로 기대된다. 장상호(2003, 2009)는 그런 관점에서 교육과 그 환경이라는 주제를 다루면서 교육이 정치, 경제, 사회, 문화, 종교 등에 줄 수 있는 긍정적인 영향을 가설의 수준에서 광범위하게 추정한 바 있다. 그러나 이는 그야말로 설명을 위한 잠정적 길잡이와 방편일 뿐이며, 아직까지 그것을 입증하는 사실적 증거를 갖추지 못하고 있다.

교육본위론은 그 개념화 단계에서부터 교육과 수도계와의 관계를 밀접하게 다루었다. 앞 장에서 우리는 교육을 수도계의 품위 사이에 존재하는 자율적인 과정으로 규정하고, 그 구조가 무엇인지를 밝히는 과제를 제시하였다. 이때 그 품위는 교육의 소재라는 관점에서 취급되었다. 그러나 이는 어디까지나 교육을 본위로 하는 관점이며, 그 관점은 뒤집어질 수도 있다. 가령, 이제 우리가 수도계를 본위로 한다면, 교육은 품위를 향상시키는 수단이라는 위치로 바뀔 수 있다. 교육을 통해서 품위가 형성되며, 그로 인해서 그 실재의 파악이나 가치의 검증이 가능해질 수 있는 것이다. 이런 방식의 시도는 품위의 실재를 밝히는 것이 결국 교육이라는 식의 기능주의적 교육관과는 근본적인 차이가 있다. 고유한 교육의 내재율을 따라 품위가 형성되고, 그로 인해서 그 실재의 검증이 가능하게 되는 것이다. 다음 절(2.5)에서 다루어질 주제도 그중의 하나에 속한다. 그런 특이한 기능의 측면은 제 10장의 교육적 인식론과도 연결된다.

그러나 이런 주장이 마치 교육이 만병통치의 비결을 가진 것처럼 비치는 것은 옳지 않다. 앞에서 교육본위론과 관련하여 교육이 여타의 세계에 줄 수 있는 긍정적인 영향을 주장했지만, 그 영향은 어디까지나 상대적일 수밖에 없다. 어떤 기능을 하지만, 다른 기능은 못할 것이다. 또한 기능을 하는 경우라고 하더라도, 그 기능이 여타의 수단에 비추어 별로 우위에 있다고 볼 수 없는 경우도 있을 것이다. 특정한 결과를 놓고 본다면, 모르기는 해도, 교육보다도 더욱 선호할 만한 매력적인 수단은 한두 가지가 아닐 것이다. 예컨대, 암기, 주입, 훈련, 조건화, 교조화, 사회화, 선전, 설득, 세뇌, 고문, 상담, 심리치료, 약물투여, 뇌엽절개 등등이 특정한 행동을 변형시키는 데 더 효과적인 경우가 많을 것이다. 교육의 외재적 가치의 입증은 이처럼 다른 수단과의 경쟁에서 더욱 뚜렷해진다.

교육의 외재적 가치는 결국 교육의 기능에 해당하는 부분이다. 어떤 것의 기능은 다른 것에 의해서 대체가능하다. 그렇다면, 교육을 그보다 더 효과적인 수단으로 대체하여도 되는가? 참으로 위험한 발상이다. 그 기능에 대한 평가는 오로지 어떤 특정한 결과와의 관계에 국한시켜야 한다. 그 특정한 결과를 두고 교육이 가지고 있는 가치의 전체로 일반화시키는 것은 교육을 크게 왜곡시키는 결과를 가져온다. 예컨대, 입학시험의 결과가 교육의 과정에 우선할 때, 오늘날 세인들이 지탄의 대상으로 삼는 '입시위주교육'이 되고 만다. 경제의 가치가 교육의 가치보다 앞서는 경우는 교육은 산업의 수단으로 왜곡되고, 우리는 그 상황을 오늘날 '학원교육'에서 실감하고 있다. 우리가 '교육의 문제'와 관련하여 경험하고 있는 병폐는 거의 이런 것들이 복합된 양태인 것이다. 기능주의적 교육관으로의 퇴행에서 비롯하는 그런 혼란상이 무엇인지를 우리는 앞 절(2.2)에서 이미 검토한 바 있다.

앞에서 살폈듯이 교육의 외재적 가치는 교육이 여타의 세계에 주는 영향과 그 영향에 부여할 수 있는 가치의 다양성만큼 확장된다. 따라서 이 분야의 연구가 수행할 수 있는 범위는 거의 무한대로 확장될 수 있으며, 이 점에서 교육본위론이 가정하는 교육의 외재적 가치는 끊임없이 발견하고 탐색할 과제로 남는다. 그 연구가 밝히는 부분만큼 그 외재적 가치에 대한 항목의 범위나 인식도 바뀔 것이다. 그러나 그 가치평가를 마냥 긍정적인 것으로 볼 수는 없을 것이다. 만약 부정적인 평가가 나온다면, 그것은 교육 자체의 내재적 가치의 실현과 그 가치가 실현됨으로써 여타의 가치가 어떻게 증진될 수 있는가 하는 총체적인 평가와 균형 있는 저울질이 필요할 것이다.

## 2.5 가치의 정당화와 교육

가치의 검증이나 정당화는 단순히 언어적 분석, 사실에 대한 증거, 합리성, 혹은 그것에 대한 학문적 이해에 호소해서 이루어질 수 없다. 그렇다고 해서 지배계급이나 혹은 다수라는 사회적 특성에 의해서 강요되거나 온갖 외재적 보상이나 벌에 의해서 회유되거나 혹은 인간 이외의 절대적인 신이나 자연의 위협적인 힘에 의존하려는 무의식적 심리로 받아들이는 가치관도 문제이다. 자신의 자율적인 판단이 결여된 사람은 가치검증의 책임을 질 수 없다. 이런 측면은 철학, 심리학, 사회학, 문화인류학 등이 놓치고 있는 부분이다. 어떤 한 분과학문에서 가치에 관한 논의를 독점할 수는 없다. 그 부분을 교육학이 보충할 가능성은 없는가?

세상에는 여러 종류의 가치가 있다. 그중에서 수도계적인 가치의 핵심은 자발적인 헌신과 굴복에 있다. 그 가치는 선험적 혹은 절대적 명령으로 부과되는 것이 아니라 우리 자신의 탐구와 경험을 통해서 검증되어야 한다. 그 가치를 좇는 수도계의 특수한 체험 속에 뛰어 들어감으로써 점차 그 본질을 발견하고 터득하게 된다. 처음에는 별 것이 아닌 것으로 판단되던 것이 더 가치 있는 것으로 식별될 수 있거나 그 반대의 경우도 많다. 인간의 보편적인 가치검증은 여러 사람의 검증을 필요로 한다. 단지 여기에 하나의 조건이 있다. 그것은 그 여러 사람이 제각기 자신의 체험을 바탕으로 독자적인 판단을 할 수 있어야 한다는 것이다.

이처럼 가치의 존재는 그것에 대한 우리의 경험과 관련되어 있으며, 따라서 내재적 가치를 정당화하는 조건도 우리 자신의 체험과 불가분의 관계를 가진다. 루이스(Lewis, 1946, pp. 371-388)는 어떤 절대적이고 초경험적인 가치의 존재를 부인하며, 이른바 실천적 정당화(practical justification)라는 과정이 필요함을 주장했다. 먼저 주체가 할 수 있는 것은 이러 저러한 경로를 따라 해당된 활동을 해 보면서 그 활동의 내재적 가치를 식별할 수 있으리라는 예상을 하고, 그 예상의 진위를 직접 체험해 봄으로써 그것을 확인하는 것이다. 그 검증의 창구가 오로지 하나로 국한되는 것은 위험하다. 이 때문에 로저스(Rogers, 1961)는 그 가치의 공감을 포함하는 '상호주관적 검증(intersubjective verification)' 혹은 '합의에 의한 정당화(consensual verification)'를 요구하였다.

그러나 그 해답은 어떻게 그 공감적 합의를 얻어낼 수 있느냐 하는 부분에 대한 해명이 부족하다는 점에서 아직 부분적이다. 그중 해결되어야 할 난제는 품위 수준의 조정이다. '상아탑' 혹은 '고급예술'의 품위는 언제나 대중의 것과 거리가 있기 마련이다. 새로운 이론의 탄생이나 장르의 출현은 기존의 학문이나 예술 체계에 익숙한 사람들에게 처음에는 모두 부담으로 작용한다. 천동설에 익숙했던 사람들에게 지동설은 그들의 직관과 맞지 않기 때문에 오해의 대상일 수밖에 없었으며, 그 진가가 제대로 평가되는 데에는 상당한 시간이 걸렸다. 마찬가지로, 미술계에서 인상파와 입체파의 출현은 그 이전의 유파들에 머물러 있던 사람들의 미적 직관과의 충돌을 피할 수는 없었다. 이로써 위대한 인물과 작품들이 정당하게 인정받지 못하고 외면당하는 경우가 많다.

그렇다면, 고급품위와 대중의 간극을 줄이는 특정한 과정이 개재할 필요가 있다. 아무리 고귀한 품위도 그것을 받아들일 만한 체험의 성장이 없는 대중에게는 무의미하다. 선진의 기준을 후진에게 직접 적용해서는 안 된다. 문제는 그 수준의 조정이다. 일찍이 듀이(Dewey, 1938, 1939)는 그 해답을 교육에서 찾을 수 있다는 주장을 편 바 있다. 교육본위론은 구체적으로 교육 안에 그 수준에 맞는 소재를 제공함으로써 각 단계의 체험이 자연스럽게 진행되도록 하는 조건이 내재되어 있다. 따라서 선진과 후진의 간극의 문제를 극복하면서 수도계적인 가치를 보다 효과적으로 보편화하는 가장 유효한 방안이 될 수 있다(장상호, 1997b, 2000; 최성욱·신기현, 1998). 이 부분에서 교육학은 독자적인 가치이론을 정립하고 여타의 이론들과 서로 보완적으로 공헌할 가능성을 지닌다.

이제까지 수도계적 가치논의에서 '진'과 '위', '선'과 '악', '미'와 '추'와 같은 이항대립주의가 지배적이었으며, 그런 도식 하에 진, 선, 미라는 가치의 보편성만을 강조해 왔다. 그러나 수도계의 목표는 한 순간에 고정되어 있지 않고 계속 앞서 진행되어 가기 때문에 절대적으로 규정할 수 없다. 여기서 '가치판단기준'과 '가치지향'의 구분이 필요하다. 가치기준은 우리 자신의 꾸준한 수련을 거쳐서 점차 덜 나은 것을 부정하고 더 나은 것을 선택하는 과정을 따라 그 지향하는 방향이 결정된다. 흔히 우리가 드는 진, 선, 미라는 가치는 오랜 역사적 실천과 극복의 연속선상에서 지금도 규정되어가고 있다. 따라서 가치는 악에서 선으로, 허위에서 진리로, 그리고 추에서 미로 모순의 사슬을 끊고 나아가는 활동에 의해서 깨닫게 된다. 그 방향을 따라가는 과정을 체험하기 이전에는 그 깊이가 얕고 불확실하다.

수도계적 가치는 욕구의 경우처럼 주어진 것이 아니라 체험을 거쳐서 획득된 것이다. 그 과정에서 각 품위는 그들 나름의 인간의 바람직성에 대한 기준으로서 작용한다. 각각의 품위가 그것을 지닌 주체에게 있어서 최선의 기준이 되는 것은 불가피하다. 그렇다면, 개개인의 것을 동등하게 취급해야 하는가, 아니면 차별적으로 대하여야 하는가? 그 근거는 어디에 있는가? 오늘날은 권위적인 하나의 판단에 대항하여 여러 가지 판단이 드러나고 있으며, 이는 한편 당연한 추세이면서도 위험한 상황이다. 여기에 항상 문제로 등장하는 것이 이른바 "무엇이든 옳다"는 식의 상대주의나 회의주의이다. 그것을 미연에 방지하는 것은 대중보다는 더 권위 있는 가치판단이 존재한다는 사실을 입증하는 것이다.

교육에 대한 배려는 그런 피상적인 상대주의에 대하여 보다 분별 있는 논의를 가능하게 할 것이다. 교육은 처음부터 선진과 후진의 판단의 차이와 그 갈등가능성을 전제한다. 수도계의 가치추구에 있어서 언제나 선진과 후진의 차이는 있기 마련이다. 선진은 후진의 품위를 이미 극복하고 그보다 몇 단계 앞서 있다. 후진의 품위는 선진에게 이제 오류인 것으로 판명되었고 그 근거를 상실한 것이기 때문에, 선진은 후진의 품위가 갖는 근거지움을 부인한다. 뿐만 아니라, 그들은 가치기준의 세련성에 있어서 차이가 있기 때문에, '참되다' 또는 '허위이다'는 판단 이외에 '흥미롭다' 또는 '진부하다', '바람직하다' 또는 '바람직하지 않다', '쉽다' 또는 '어렵다', '길다' 또는 '짧다'는 평가에서 차이가 있다. 이 때문에 지식내용의 보편성에 진리의 기준을 둘 때 선진과 후진이 서로 그 기준을 두고 갈등할 수 있다.

선진과 후진이 각각 자신의 품위가 옳은 것임을 주장한다면 무정부적 상대주의에 빠진다. 이를 피하기 위해서는 그중 어느 편이 다른 품위에 비해서 더 상위나 혹은 하위임을 가정하고, 그 가정에 따라 교육적 교섭을 진행하면 된다. 제자는 상구교육을 통해서 스승의 품위를 증득하고 그것이 상위의 것이라는 판단에 이르고, 스승은 하화교육을 통해서 제자의 품위가 하위품위였음을 증명한다. 이로써 전자가 후자의 품위에 마음으로부터 우러나와서 자발적으로 승복할 수 있는 절차를 내재율로 확보하고 있다. 이처럼 가치체험의 형성과정을 통해 평가기준의 향상을 수반하는 가치의 정당화 방식이 바로 상구에 의한 자증과 하화에 의한 타증에 해당한다.

교육에 의한 이런 가치의 정당화는 이미 역사적으로 진행된 사실로 보인다. 다만 그것을 교육의 한 현상으로 편입시키는 이론이 결여되어 있었던 것이다. 이제 후자의 문제가 어느 정도 해결된 이상 전자의 사실도 점차 밝혀질 토대가 이루어진 셈이다. 교육본위의 삶에 대한 논의(장상호, 2009)에서는 4대 스승의 사례를 들어서 그 역사적 사실의 일단을 증명하고자 하였다. 그들은 거의 예외 없이 이전에 없었던 수도계적인 품위를 상구교육을 통해서 스스로 깨닫고, 그 품위를 하화교육을 통해서 모든 사람들에게 깨닫게 하는 과정을 거쳤다. 그러나 그 부분에서 오직 성공만 있었던 것은 아니다. 교육의 내재율을 따를 수 없었던 상황으로 인한 실패의 사례도 있었다. 이제 여타의 사례에 대한 밝힘뿐만 아니라, 오늘날의 각 분야에서도 실천에 의한 증명을 요구한다.

이런 교육학의 고유한 검증논리는 교육의 내재적 가치의 입증에도 동일하게 적용되어야 함은 말할 필요조차 없다. 교육을 본위로 하는 가치교육은 수도계의 어느 수준이건 교육의 소재로서 동등한 가치를 갖는 것으로 간주된다. 각 단계의 교육적 활동을 의미 있게 만드는 품위, 그리고 흐름의 체험을 보장하는 품위는 그 수준이 어떤 것이건 수없이 반복할 만한 그 나름대로의 교육적 가치를 지닌다고 보아야 한다. 교육의 내재적 가치는 강요가 아니라 고유한 교육적 체험으로부터 나온, 그것 앞에 머리 숙임으로부터 오는 순종과 섬김인 것이다. 한 개인에게 그것은 어떻게 체득되며, 체득될 수 있는가? 어떻게 교육이 주는 바를 교육 안에서 얻을 수 있는가? 그리고 어떻게 다른 사람도 자기가 교육에서 얻은 만큼의 공감을 얻을 수 있도록 도울 수 있는가? 이 부분에서 충분한 해명과 증명이 이루어지지 않는 한, 앞에서 제안한 고유한 의미의 교육학적 공헌에 대한 주장은 설득력을 갖기 어려울 것이다. 그것을 가능하게 하는 교육적 가치를 입증하는 문제는 후에 논할 메타교육의 연구과제(8.6)와도 직결되어 있다.

## 2.6 가치교육의 과제

오늘날 우리 사회는 가치부재, 방향감각의 상실, 아노미 혹은 가치혼란의 위기에 직면하고 있다. 물질적인 생활조건은 예전보다 상당히 풍부해졌음에도 불구하고, 어떤 이유에서인지 사람들의 마음속에 불만과 공허감이 가득하다. 무엇이 가치 있는 삶인지가 애매하고 혼란스럽다. 동물적인 것을 비난하면서도 그런 방식의 생활이 팽배해 있다. 물질만능을 개탄하면서 자신은 물신주의에 빠져 있다. 이것 자체가 정신적 빈곤의 지표이다. 그런 세태와 불행한 사실이 드러날 때마다 지나간 시대의 온갖 덕목이 강조되고, 그에 상응하는 '가치교육'의 조처가 강구되었다.

앞에서 지적했듯이, 가치교육이 가치를 정당화시키는 중요한 방법이 될 수 있다. 여기에서 말하는 가치란 학문, 예술, 도덕 등 수도계의 가치를 의미한다. 이들 각종 수도계적인 가치를 그 내재성으로 체험하게 하는 것은 정상적인 교육의 과정이다. 진, 선, 미가 인간에게 가장 소중한 가치들임은 틀림없다고 하더라도, 그 결과만을 강조하면 인간은 기계적인 로봇이 되어 활력을 잃는다. 후진에게는 고단하고 어려운 일이 선진에게는 즐겁고 보람 있는 일이 될 수 있다. 이 경우 선진은 후진에게 그 일이 즐겁고 보람 있다는 것을 강조하는 것만으로 부족하다. 선진은 후진으로 하여금 그것이 실제로 즐겁고 보람 있는 것으로 판명될 수 있도록 그들의 변화를 돕는 일이 중요하다. 그런 교육이 제대로 이루어졌다면, 이미 사태가 많은 개선을 이루었을 것이다.

그러나 아직까지 사태는 개선의 기미를 보이지 않는다. 오히려 학교에서 이루어지고 있는 '가치교육'이 사태를 더 악화시키고 있는지 의심할 정도이다. 그 이유는 무엇인가? 교육의 부족인가? 혹은 교육의 문제가 아니라 그동안 교육관에 더 큰 문제가 있는 것은 아닌가? 사실상 가치교육이라고 할 수 없는 측면을 그렇게 형식상 지칭하는 것은 아닌가? 이와 관련하여 이제까지 '가치교육'의 이름으로 진행된 실상을 재검토할 필요가 있다. 만약 그 부분에서 자체의 잘못이 발견된다면 어떻게 사태를 개선할 것인가? 이런 문제를 추궁하는 연구가 절실히 요망된다. 앞으로 그런 연구의 결과가 사실을 증명할 수 있겠지만, 현재로서 이 가설을 가능하게 하는 여러 가지 단서를 찾기는 어렵지 않다. 그 근본원인은 지금의 '가치교육'이 근거하고 있는 학문적 배경과 학교의 상황과 관련되어 있어 보인다. 앞으로 이 방향의 반성과 연구를 촉구하는 의미에서 그에 대한 시사를 하는 것으로서 본 절의 논의를 맺고자 한다.

대중이 철학자들에게 가진 헛된 기대가 있다. 그것은 그들이 진, 선, 미의 내용을 규정해 주리라는 기대이다. 그런 비결이 철학자들에게 있지 않다. 흔히 학교에서 철학자들의 발언이 중요한 것으로 인식되어 왔으며, 가치교육 역시 철학의 틀 안에서 규정하려는 경향이 있었다. 철학에서 가치론은 주로 가치가 무엇인지를 밝히는 작업을 수행한다. 또한 철학 자체의 속성상 철학자는 대부분 합리성을 강조한다. 합리성은 전통의 억압으로부터 우리를 자유롭게 하는 하나의 수단으로 논의되는 것도 사실이다. 이에 따라 흔히 학교에서 가치교육이라고 하면, 가치가 무엇인지를 인식하는 것으로 생각하는 경향이 있다. 윤리의 문제를 윤리학의 과목으로 환원시키는 경우는 그 좋은 예이다.

그 가치를 정당화함에 있어서 '왜?'라는 질문에 대한 논리적 근거가 꼭 필요한 것은 아니다. 가치판단을 하는 것은 사유의 문제가 아니라 체험의 문제이다. 이것은 반드시 의식되거나 언어화할 수 있는 것은 아니다. 인간의 경험은 항상 무한히 복잡하고 유동적인 주관적인 느낌이 따르지만, 언어가 감정의 본질을 이해하는 데 아무 도움도 줄 수 없다. 가치를 판별하는 것도 중요한 일이지만, 그것에 준하여 생활하는 것은 더욱 중요하다. 그에 따른 흥분, 즐거움, 존경, 열광 등은 원래 말로는 표현되기 어렵다. 가치교육이란 후자의 문제에 더욱 밀착된 과제이다. 그런데 그 가치감식에 필요한 능력 자체를 형성시켜야 할 것을 단순히 합리성이나 말로 대신한다면 그 '가치교육'은 기회주의적인 표방에 그칠 위험성을 갖는다.

가치체험이 동반되지 않은 가치언어는 생명 없는 문구에 지나지 않는다. 가치의 판단은 그 판단을 할 만한 체험과 자격이 전제된다. 이런 전제가 충족되지 않는다면, 그야말로 공리공론에 빠질 것이다. 그런 철학의 공리공론으로부터 탈출하려고 출범한 학문이 바로 심리학이다. 따라서 철학 대신 심리학이 '가치교육'의 이론적 배경이 되기도 한다. 이 경우, 그 '가치교육'은 조건화(conditioning)라고 하는 심리학적 법칙의 시험대가 된다. 수도계의 품위는 객관적 검증이 가능한 '바람직한 행동'으로 세분되어 규정되고, 그 행동을 조형시키는 상벌체제를 갖춘 '교육프로그램'이 만들어진다. 이제 피교육자들은 구체적 행동의 항목으로 세분된 온갖 '덕목'에 대한 보상을 받기 위해서 혹은 이제 벌을 피하기 위해서 수행하는 체제 안에 갇힌다.

기본적으로 기능주의적 교육관에 근거한 이런 실천은 누차 강조했던 교육의 내재성과 정면으로 배치된다. 사실상 우리가 말하는 품위는 객관적인 행동으로 규정되기 어려운 인간의 특성이며, 더 나아가 그 기능성이나 도구성과는 무관하게 그 가치를 인정받을 수 있다. 외재적인 보상이 없이도 스스로 그 가치에 헌신하고 열광하게 하는 것이 가치교육의 진면모이다. 이에 비해, 강제와 보상이 따르는 '가치교육'은 사이비 교육이다. 외재적 벌이나 보상은 불가피하게 그것을 행사하는 주체가 가정하는 외재적 가치 쪽으로 학생들을 오도한다. 이는 그 가치의 정당성이 자발적인 승인에 의해서 이루어져야 한다는 원칙에 역행한다.

현존하는 교육학의 체제 안에서 철학과 심리학의 적용이 부적절하다면, 그 공백을 매울 수 있는 분과학문의 후보는 사회학이 될 것이다. 그런데 그 안에서 구하는 해답 역시 교육과는 먼 거리에 있다. 사회학자들은 기본적으로 사회의 체제 혹은 타인의 인정과 불인정에 따라 움직이는 허수아비들을 상정한다. 그들은 그런 인간이 바람직하다고 판단해서라기보다는 그런 인간이 사회적 과정에서 바람직하게 규정되는 대상세계의 특성에 관심을 갖는다. 사회적 과정에는 기존의 사회 혹은 문화내용에 적응하도록 너무 빨리 일정수준을 강요하고 그 이상의 진전을 방해하는 사회화나 문화화도 포함된다. 사회학자들은 대중에게 혹은 타인에게 무조건 정당한 것으로 뒤집어씌우는 온갖 조작, 선전, 입법적 혹은 행정적 강제가 새로운 사회의 구성원들에게 기성세대의 사회질서, 규범, 가치관, 관습, 기술 등을 전수시키는 데 필요함을 인식한다.

주어진 사회의 규칙과 틀에 잘 적응하는 것은 그 사회를 유지하는 데 불가피하다. 그러나 그런 방식으로 '가치교육'을 규정한다거나 혹은 가치교육을 대신하려고 하는 것은 문제가 있다. 주체로 하여금 가치에 대한 무조건적인 동조나 굴복이 아닌, 내부로부터 진정한 찬의가 우러나오는 심열성복의 방식으로 체험적인 근거를 형성시키는 일이 긴요하다. 교육에 있어서 가치입증은 이처럼 주체적이고 생산적인 방식으로 이루어져야 한다. 만약 남의 눈치나 인정 혹은 강요에 의해서 진·선·미와 같은 수도계적인 가치를 추구한다면, 그것은 이미 그 본질을 상실한다. 그 허수아비들은 아무리 숫자가 많다고 하더라도 가치공증에 참여할 자격이 없다. 다수의 의견이 옳은 것의 최종적인 근거가 될 수 없다. 중간 정도의 품위를 중심으로 하는 합의과정은 아방가르드적 진보를 가로막는다.

요컨대, 자율적인 교육학 혹은 교육의 내재율에 근거하지 않은 '교육'은 불가피하게 가치교육의 취지에 위배된다. 이는 철학, 심리학, 사회학 등 여타의 학문이 잘못된 것이라는 주장이 아니다. 그들은 각각 그들 나름으로 가치에 관한 인식의 체제를 갖추고 있지만, 그것을 근거로 곧바로 가치교육을 규정하는 것은 위험하다는 것이다. 족보가 서로 다른 제반 이질적인 외래학문들이 기능주의적 교육관의 논리에 따라 그 수단으로서의 효과를 놓고 경합을 벌인다. 더러는 어떤 특정한 결과에 일치시킨다는 측면에 주목할 때 이들이 교육보다 더 효과적인 경우가 있을 수 있다. 그러나 이는 가치선택에서 다른 객체가 규정하는 것을 무조건 받아들이는 결과를 가져오고 있다.

이런 경로에 의해서 '가치교육'은 사람들을 수동적인 위치로 전락시키면서 오히려 가치 있는 삶으로부터 소외시키는 기능의 대명사가 되고 있다. 이에 더하여, 현존하는 학교의 상황이 더욱 그런 경향을 부채질한다. 세상 사람들에게 '교육'을 대표하는 기관으로 알려진 학교는 사실상 사회적 선발의 기능을 주로 수행하고 있다. 학교의 경우, 교과는 학문을 대표한다. 그런데 실상은 그것을 통해서 학생들이 진리체험을 하는지 의문이다. 예술의 가치를 실현한다는 취지의 '예술교육'도 거의 실종된 상태다. 예술대학에 입학하기 위해 예술전공 지망자들이 입시위주의 기계적이고 획일적인 예술기능교육에 매달리고 있는 현상이 이를 잘 보여준다(한수연, 2006a). 논자는 대학에서 국민윤리시험의 감독을 하면서 학생들이 부정행위를 하는 것을 목격하고 충격을 받은 경험이 있다. 이와 같은 방식으로, 오늘날 학교에서는 학문, 예술, 도덕이 지닌 내재적 가치가 세속적 가치의 그늘에 가려져 평가의 대상에서조차 배제되고 만다.

현재 우리가 경험하는 가치혼란, 방향상실, 기준부재의 상태는 수도계적인 가치의 강요와 관련되어 있다. 더욱 안타까운 현실은 그 사태를 교정할 책임을 부여받고 있는 교육이 그 고유한 기능을 제대로 하고 있지 못할 뿐만 아니라, 그런 가치혼란을 부채질하는 실천들의 대명사가 되고 있다는 점이다. 젊은이들은 교육 자체보다는 오직 성적과 같은 외재적 목표에 매달려서 학교에 다니는 것이다. 오늘날 '대학입시'와 관련된 치열한 경쟁에 시달리는 학교는 교육의 이름으로 특정한 수도계의 품위를 단지 언어로 모방하거나 결과상으로 강요하는 경우가 많다. 그런 상황에서 교육의 내재적 가치가 교육에 의해서 정당화될 가능성을 논하는 것은 실로 연목구어(緣木求魚)가 될 것이다.

아무리 바람직한 것이라고 할지라도, 그것이 강요되는 한, 아직 바람직한 것으로 입증된 것이 아니다. 학생이 학교의 실천과정에서 특정한 교과를 싫어하게 되었다면, 그것은 교과의 가치를 증명한 것이 아니다. 단지 예술적인 기교만 학교에서 길들여지고 있다. 그런 상황에서 결국 학문이나 예술에 대한 열정, 흥미, 기쁨, 만족을 잃어버리는 것은 당연하다. 이는 반대로 학교 안에서 학생들이 학문의 가치나 심미적 즐거움에 굶주려 있다는 것을 의미한다. 그런 와중에 여타의 기대가 좌절된 대중들은 교육에 환멸을 느끼게 되고, 대중의 비난을 받은 교사와 학교행정가들은 자조와 허탈감에 빠지기도 한다.

이런 역설적이고 불행한 상황을 타개하기 위해서는 우선 그 사태 자체의 냉정한 진단과 그에 따른 올바른 방향의 실천에 대한 처방이 모색되어야 할 것은 말할 필요도 없다. 원래 가치교육은 그 소재가 학문, 예술, 도덕, 교육 등 실로 광활한 범위에 걸쳐 있다. 그 각각이 우리의 삶에서 제대로 이루어지고 있는가? 그것이 제대로 되지 못하는 현실의 손익은 무엇인가? 과정보다는 그 결과에 치중하는 학교체제가 가져오는 폐해는 무엇인가? 그 문제를 어떻게 극복할 수 있는가? 누차 강조해 왔듯이, 교육의 공간은 학교에 국한되지 않는다. 그렇다면 학교 이외의 공간에서 이루어지는 가치교육의 현실은 어떤가? 거기에서도 실상이 은폐되거나 혹은 과장되는 경우는 없는가? 이런 제반 문제들이 알차고 체계적인 연구를 기다리고 있다.

제 3 장

# 교육과 인간

## 3.1 인간의 다양성

유사 이래 "인간이란 무엇인가?"라는 질문은 끝없이 제기되지만 아직도 우리는 이에 대한 충분하고도 확실한 해답을 가지고 있지 않다. 인간이 가진 모든 속성을 한꺼번에 드러내는 인식은 불가능하다. 그 이유는 인간이 가진 무한한 가능성과 그것을 이해하는 인식상의 한계 때문이다. 인간성을 선천적으로, 고정적으로, 혹은 평면적으로 규정하는 것은 우리가 흔히 범하는 잘못이다. 인간은 나면서 처음부터 주어진 본질을 가지고 있다기보다는 단지 환경과의 상호작용과 자신의 실천적 노력에 의해서 실현될 수 있는 엄청난 가능성을 소유하고 있는 존재이다. 인간이라는 공통성 이전에 우리 개인은 누구에게도 환원될 수 없는 개성을 지닌다. 개성이 보편성의 근거가 될 수는 있지만, 역으로 그 보편성이 결코 개성의 근거가 될 수는 없다. 이 점을 고려한다면, 처음부터 인간성의 보편성을 가정할 것이 아니라 개성을 통해서 그 보편성에 도달할 수 있는 길을 모색하는 것이 옳은 순서이다.

하나의 유적 존재로서 인간의 보편성에 대한 탐구에서 분야마다 어떤 특정부분을 선택하고 그 이외의 것을 배제하는 인식상의 취사선택이 불가피하다(Frankl, 1969; Markley & Harman, 1982). 어떤 시각을 선택하느냐에 따라 그 양상이 전혀 달라진다. 이 때문에 분과학문마다 특수한 인식 대상이 되는 세계에 상응하는 인간성의 측면을 부각시켜 왔다(장회익 외, 1991). 자연과학은 인간을 자연현상으로 규정한다. 물리학자의 눈으로 볼 때, 인간은 낙하법칙의 측면에서 물체와 다를 바 없다. 생물학은 물리학적 개념으로 포착하기 어려운 측면을 조명한다. 생물학적으로 보면 인간은 소나무, 쥐, 돼지와 공통성을 갖는다. 그런 공통성을 밝히는 것을 거부할 필요는 없다. 그러나 인간에게는 여타의 차원에서도 이해되어야 할 무한한 가능성의 폭을 지니고 있기 때문에, 인간사의 모든 분야에서 인간을 자연현상의 일부로만 인식한다거나 취급한다면 심각한 문제가 생긴다.

인간은 자연현상으로 환원시킬 수 없는 다양한 측면을 갖는다. 이성적 인간(Homo sapiens), 경제적 인간(Homo economicus), 정치적 인간(Homo politicus), 사회적 인간(Homo socialogicus), 혹은 종교적 인간(Homo religiosus) 등의 분류는 그 좋은 예가 될 것이다. 이렇게 인간을 바라보는 상이한 시각은 인간의 다양한 측면의 이해를 가능하게 할 뿐만 아니라, 우리가 서로 다른 세계에 종사할 때, 인간과 관련하여 주목하고 주목하지 말아야 할 것, 무용하고 유용한 것들을 변별하는 데 매우 중요한 역할을 한다.

그 개개의 특징을 인식의 차원에서 드러내는 일이 해당의 사실을 탐구하는 분과학문의 몫이라고 한다면, 여타의 것과 구분되는 교육적 인간(Homo educandum)에 대한 해명이 교육학의 중요한 과제로 등장한다. 그러나 이에 관한 본격적 연구는 아직 매우 불만스러운 상태로 남아 있다. 이제까지 교육학의 연구는 그 고유한 측면에 대한 탐구를 젖혀 놓고 철학, 심리학, 사회학 등의 여타의 관점을 분별없이 도입하였다. 그로 인해서 교육의 장면에서 존중되어야 할 범주나 시각이 은폐되고, 그 여타의 범주가 그것을 대체하는 범주착오를 감수해야만 하였다. 따라서 이제부터 그 여타의 범주가 인간을 이해하는 방식에서 어떤 한계를 가지고 있는지를 반성하고, 진정 교육의 세계와 유관한 범주의 인간이 무엇이며, 더 나아가 그것이 인간성의 폭을 확대하는 데 어떤 도움이 될 수 있는지를 밝히는 작업에 착수해야 한다.

교육에서 얻고자 하는 인간성은 무엇인가? 그에 대한 해답이 철학 안에 있으리라는 생각을 하는 사람이 많을 것이다. 그러나 어떤 완결된 인간의 본질규정을 겨냥하는 철학에서의 형이상학적 태도로써 그 해답을 구하는 것은 위험하다. 발달 혹은 발전의 단계를 떠나서 인간을 궁극적으로, 절대적으로, 그리고 영원한 것으로 묘사하는 일은 불가능하다. 인간성은 그때그때 이미 주어진 것을 넘어서 그 이상의 것으로 나아간다는 사실이 밝혀지고 있다. 인간성의 이런 개방성과 변증성은 인간의 잠재된 가능성과 그것의 고착화에 현혹되지 않고, 그 가능성을 끊임없이 실현시킨 선각자들의 수련에 의해서만 감지되고 체험되어 왔다.

심리학은 지난 백 년간 철학적 원천으로부터 독립하여 경험과학의 독립된 분과로서 그 위치를 확립해 왔다. 자연과학은 장점과 특징을 가진 학문의 하나이고, 이제까지 독특한 형태의 지식을 산출해 왔다. 기본적으로 그런 자연과학의 도식 속에서 심리학은 철학에서 규정하는 인간에 관한 논의가 경험으로 검증된 것이 아니라는 점을 문제시하면서, 한편으로 더러는 상식이나 철학 등에서 사변적으로 주장만 했던 것들의 진위를 밝히고, 다른 한편으로 철학이 간과한 인간에 관한 여러 가지 흥미롭고 새로운 사실들을 밝혀 왔다. 그 취지 자체는 나무랄 일이 아니다. 다만, 여기서 경계해야 할 점은 그 취지와 동떨어진 교육적인 삶의 영역에까지 무턱대고 그 영향력을 확장시키려는 과학주의다.

과학적 입증이 가능한 인간의 측면들은 극히 제한되어 있다. 심리학은 인간이 가진 총체적인 특성 가운데 비교적 피상적이고 왜소한 인간만을 다루어 왔다고 하는 지적이 있다. 객관주의와 과학주의의 노선을 따르는 심리학은 과학의 경계를 벗어나는 부분을 애매모호하다고 치부하고, 그 연구영역에서 제외하기를 서슴지 않는다(Koch, 1974; Shotter, 1975). 이로 인하여 인간을 자연적 사실로 파악하는 방식을 취하면서 주로 관찰가능하고 수량화될 수 있는 피상적 행동에 주목하면서, 그 행동이 외부의 환경에 의해서 어떻게 결정되는가를 과학적으로 해명하는 작업을 수행했다. 그러나 교육조차도 그와 같은 방식에 따라 밝혀진 사실에만 근거해야 한다는 논리는 일단 받아들이기 어렵다.

이렇게 말할 때, 다시 철학의 사변으로 되돌아가자는 것이 아니다. 문제가 되는 것은 심리학이 택한 자연과학적 방법의 선택이 그 범위를 넘어서는 교육의 측면을 전적으로 간과한다는 데 있다. 모든 인간은 초월적인 성향을 갖는다. 교육에서는 자연적인 것으로 제약된 인간성에 종속되지 않고 그 이상의 것을 자신의 실천에 의해서 실현시켜 나간다. 인간은 하나의 가능성이고, 교육을 통해서 스스로의 본질을 끊임없이 다시 추구하고 개선해 왔다. 인간이 주체와 객체의 상관관계에서 주체적으로 자신의 잠재된 인간성을 실현해 나가는 이런 특별한 부분에 관한 지식을 심리학의 지식에서 얻고자 하는 것은 참으로 잘못된 기대이다. 수련을 쌓은 사람들은 관례적인 외적 자극과 반응의 패턴을 보이지 않고 예측불가능하다. 심리학이 그 한계를 시인하지 않을 때, 과학이 금기시했던 신앙의 세계로 빠진다. 공자를 심리학적으로 연구한다면 어떤 일이 벌어질까?

인간은 자신의 필요와 관심에 따라 세계를 변화시킬 수 있는 능동적인 존재이다. 우리들의 제도, 풍속, 문화적 사실, 혹은 역사적 사실 등은 그런 인간특성의 산물이다(Berger & Luckmann, 1967). 이 부면에서 사회학이나 문화인류학이 또한 인간에 관한 또 다른 면모를 밝혀주고 있는 것은 사실이다. 그러나 그들의 주된 관심은 그 창조적인 과정보다는 결과로서 사회나 문화에 있다. 이 경우, 사회나 문화는 다시 마치 자연환경과 같이 주어진 사실로 받아들여진다. 그 사실들에 적응하는 인간의 양상은 어느 누구라도 어느 누구를 대치해 버릴 수 있는 평균적, 익명적, 비자립적, 의존적, 비본래적 인간의 측면들이다. 그 일상적 삶을 초월해서 자신의 바람직성을 본래적인 속성에 비추어 탐색하고자 하는 교육적인 인간상은 오히려 그 반대편에 있다.

인간에게는 주어진 사회적 혹은 문화적 조건과 한계 때문에 그 실현이 좌절되어 버릴 수 있는 인간성의 측면이 있다. 인간성은 본래부터 주어지거나 완료된 것이 아니다. 인간은 스스로 자신의 본질을 규정하면서 성장하려는 동기와 그것을 공유하려는 동기를 가지고 있다. 주어진 인간성보다는 그 가능성의 탐색에 관심을 갖는 교육은 그 가능성 가운데 사회나 문화에서 규정하는 바람직한 것을 뛰어넘어 그 자체로서 바람직할 수 있는 것을 대담하게 실험한다. 그런 자기초월을 통한 자유의 측면이 바로 사회화나 문화화와 구별해서 교육이 존재해야 하는 이유이다. 인간의 이해와 관련하여 그런 인간의 면모를 부각시키는 것이 교육학이 담당해야 할 고유한 연구과제이다.

철학, 심리학, 사회학 등이 부각시키는 천차만별의 다양한 인간의 존재양상이 교육에서 모두 본질적인 것은 아니다. 인간은 교육하는 존재라는 사실에 대한 새로운 조명이 여기에 추가되어야 한다. 이와 관련하여 하나의 진전으로 언급할 수 있는 것은 독일에서 하나의 학풍을 이루고 있는 '교육적 인간학(Padagogische Anthropologie)'이다(진교훈, 1982; Bollnow, 1971). 이 학풍은 자연계 안에서 인간의 특수한 위치를 규명하는 하나의 필요조건으로서 교육을 강조한다. 그러나 아쉬운 것은 이들의 논점이 다분히 철학의 한 관심을 반영하고 있을 뿐, 구체적으로 교육 자체가 무엇이며, 인간의 어떤 측면이 그와 관련하여 해명되어야 하는지에 대한 부분까지 더 나아가지 못하고 있다는 점이다.

우리의 역사와 일상의 생활세계에 잠복되어 있으나, 아직까지 적절한 개념의 부재로 인식상의 주목을 받지 못하고 있는 인간상이 허다할 것이다. 교육적 인간상은 분명 그 대열에 낀다. 다른 분야에서 중요시하는 차원이 교육에서는 거의 무관할 수도 있고, 또 다른 분야에서 무관한 것으로 간주했던 측면이 교육에서는 유관한 것일 수도 있다. 이 때문에 교육과 관련하여 전면에 드러낼 인간상과 후퇴시킬 인간상의 구분이 있어야 한다. 교육은 타세계로 환원될 수 없는 자율적인 세계로서 인간을 바라보는 특이한 시각과 인식의 태도를 요구한다. 이제까지 부재한 그 관점을 발굴해서 인간 안에 숨겨져 있는 새로운 인간상을 부각시키기 위해서는 새로운 개념이 필요하다.

교육본위론의 시각은 그중의 하나다. 우리는 흔히 완벽하게 유능한 존재가 되어야 한다는 생각에 집착하며, 그에 대한 좌절은 가끔 허무주의의 근거가 되어 왔다. 다른 한편, 우리에게는 그 높은 목표로 향하는 노력을 할 수 있고 얼마만큼의 진전을 이룰 수 있다. 만약 우리가 삶의 의미를 후자의 사실에 둔다면, 불완전성·과실·과오는 거부되어야 할 어떤 것이 아니라 그 과정 자체의 성실성을 경험하는 수단으로 이용될 소지를 발견한다. 교육본위론은 기본적으로 이전의 다른 학문들이 간과했던 이런 인간적인 측면을 새롭게 이해할 수 있는 개념적 초석을 쌓아 왔다(장상호, 1997b; 정창윤, 2000, 2002, 2003). 품위, 교육의 동기, 교육적 관계, 교육적 이해, 교육적 생애, 교육적 진화 등 다음에 더 자세하게 소개될 인간의 제반 측면이 여기에 해당한다. 그 주제는 이하에서 차츰 논의되겠지만, 사전에 지적해야 할 몇 가지 사항들이 있다.

첫째, 교육의 주체를 어떻게 규정하느냐 하는 것이다. 이에 대한 가장 직접적이고 원론적인 답은 물론 '교육'이다. 그렇게 말할 때 다시 누가 그것을 운영하느냐 하는 문제가 제기된다. 이 문제는 교육뿐만 아니라 여타의 정치·경제·사회·문화·종교 등의 경우에도 마찬가지다. 그 다양한 삶의 양상이 존재하지만 그것들의 속성은 그것에 종사하는 모종의 구체적인 주체에 의해서 실현된다. 그 세계에 종사하는 사람이 바로 세계 자체는 아니다. 후자는 전자의 매개를 통해서 실현된다. 마찬가지로 사람이 교육을 만드는 것이 아니다. 사실은 사람이 그 교육의 내재율에 맞추어 나가야 한다. 이때 그에 응하는 주체를 '교육적 주체(educational subject)' 혹은 약칭하여 '교육 주체'라는 말로 지칭한다.

그 주체의 단위는 눈으로 감지할 수 없는 유전자에서부터 시작하여 개인과 집단으로 나누어 볼 수 있을 것이다. 교육본위론은 그 가운데 가장 확실하고 적당한 단위로서 개인을 선택했다(장상호, 2005a). 이는 여타의 가능성을 배제하는 것은 결코 아니다. 우리의 상식은 집단 간의 교육을 상정한다. 예컨대, 한때 중국이 한국을 가르치고, 한국이 일본을 가르쳤다는 식의 말이 통용된다. 진정 집단과 집단 간의 교육적인 작용이 있다고 할 수 있는가? 그것은 전체 교육을 규정함에 있어서 어떤 개념화를 요구하는가? 집단적 주체는 어떻게 규정되며, 어떤 특성에 의해서 성립하는가? 문화전파의 경우, 그것을 교육적인 것으로 해석할 가능성이 있는가? 그것을 개인적인 주체로 환원시켜 설명할 수 있는가? 이 부분은 앞으로 더 탐구해야 할 과제이다.

둘째, 교육적 주체는 특정한 자연인 갑 혹은 을과 어떤 관계를 가지고 있느냐 하는 것이다. 여기에는 결코 혼동되어서는 안 될 분명한 구분이 있다. 교육적 주체는 한 자연인 가운데 교육이 본위가 되는 측면에 해당한다. 그것을 더 명확하게 이해하려면, 그 지칭하는 용어를 명사가 아니라 형용사라고 취급하면 된다. 교육주체는 자연인 가운데 '교육적인' 측면이고, 상구자(ascender)는 그 가운데 '상구적인' 측면, 그리고 하화자(descender)는 '하화적인' 측면을 말한다. 이렇게 볼 때, 자연인을 중심으로 상구자와 하화자를 구분하는 것은 잘못이라는 것이 분명해진다. 이들은 한 자연인 안에 공존하면서 그 사이에 본위에 따른 갈등이 일어날 수도 있다.

셋째, 흔히 탐구의 단위를 개인과 집단으로 나누고, 전자는 심리학의 대상, 그리고 후자를 사회학적 대상으로 규정하는 사람들이 있다. 이런 기준에 따라 교육적 주체를 곧바로 심리학적인 주체라고 보는 것은 잘못이다. 한 자연인 안에는 비단 심리적인 것뿐만 아니라 물리, 생리, 정치, 경제, 사회, 문화, 종교, 교육 등 온갖 측면들이 동시에 잠재되어 있다. 그 가운데 적용하는 개념에 따라 혹은 그 개인이 종사하는 세계에 따라 어떤 측면이 전경으로 나타나고 다른 측면은 배경으로 후퇴한다. 이 때문에 다음과 같은 질문이 가능하다. 개인의 삶에서 교육 내적인 측면과 교육 외적인 측면이 어떻게 관계를 맺고 상호작용하는가? 그들 상호 간에 본위에 따른 갈등의 문제가 어떤 경우에 어떤 방식으로 일어나는가? 그런 제반특성들이 고유한 방식으로 복합된 한 자연인의 교육적인 삶은 전혀 다른 양태를 보일 수 있다.

마지막으로 지적할 것은 교육적 주체는 기존의 교육학의 문헌에서 써온 학교 내의 '교사'와 '학생'라는 개념과는 별개라는 점이다. 흔히 학교 안에서 생활하는 집단의 특성을 조사하고 그 연구에서 교육적인 인간상이 드러날 것으로 생각하는 경향이 있다. 교육하는 사람들의 심리적인 특성을 조사한다는 취지에서 교사들을 상대로 각종 성격검사를 실시하는 경우가 그 좋은 예이다(Wittrock, 1986). 그렇다면 그 연구결과는 그 원래의 취지대로 해석될 수 있는가? 사실은 그렇지 못하다. 교사와 학생은 학교체제 안에서 특정한 지위를 점유한 자연인의 행동에 대한 규정과 기대를 지칭하는 것으로서 이들은 사회적 사실에 해당한다. 그 사회적 사실이 반드시 교육이라는 세계와 연관된 인간의 측면에 대응하는 것은 아니다. 이를 보다 정확히 묘사한다면, 이렇게 얻은 자료는 교사라는 사회적 사실과 성격이라는 심리적 사실 사이의 관계를 교사라는 직분을 가진 자연인들을 상대로 구명한 것에 불과하다. 이처럼 사실상 교육과 관련된 인간을 연구하는 것과는 전혀 별개의 것이 마치 그런 탐구영역으로 오인되는 실정은 교육적 인간상이 이제까지 얼마나 제도적인 개념에 얽매어 왔는지를 보여주는 좋은 증거가 된다.

## 3.2 소재로서의 품위

교육을 통해서 실현하려는 바람직한 인간상은 여타의 인간상을 바라보는 것과는 전혀 다른 시각을 요구한다. 교육은 어떤 하나의 종착점을 추구하거나 소망하는 것이 아니다. 우리의 신념을 최종적으로 확정짓는 토대를 찾는 것도 아니다. 교육은 또한 어떤 완벽한 지식의 체계를 미리 예정하고 사람들을 그것에 부합시키는 과정도 아니다. 교육의 주된 관심은 그것들을 찾아가는 과정적 절차나 방법에 있다. 인간성은 일시에 파악할 수 없고 단지 인간의 실존가능성을 드러내 주는 풍성한 역사에서만 해명될 수 있다. 그 가운데 분명한 것이 있다면, 그때마다 오르는 계단의 형태가 우리 앞에 당면의 과제로 등장하고 있고, 그것을 해결하는 방법에서 모종의 규칙적인 활동이 작용하고 있다는 사실이다. 그 과정이 바로 교육이다.

바람직한 인간성의 최종적인 형태를 소유하는 데 있지 않고 그것을 향해서 가는 자아를 발견하는 것이 중요하다는 점을 드러내기 위한 방편의 하나로서 교육본위론은 '품위'라는 개념을 도입하였다. 이는 심리학이나 사회학 등의 제반 학문들이 간과한 인간의 측면으로, 우리의 인간성 가운데 그 기능성을 떠나 자체의 내재적 가치를 인정할 수 있는 부분을 대표한다. 이는 역사적으로 서양의 희랍시대에는 'arete', 그 시기의 동양에서는 '덕(德)'이라는 개념으로 지칭하여 추구의 대상으로 삼았었다. 교육본위론은 그 개념들을 더욱 인식론적으로 발전시키고, 그것을 교육의 선행조건이자 후행조건으로 상정하였다(장상호, 1991a, 1994c, 2005a, 2009).

품위는 한마디로 수도계가 발전하면서 남긴 체험수준의 질적 분화라고 할 수 있다. 수도계는 인류의 위대함을 탐색하는 가운데 형성된 역사적인 창작물이다. 인간의 보편성의 성취라는 가정에 토대를 두고 있는 품위를 시험하는 주체는 개개인이다. 그 시험이 특정한 개인에게 전유되는 것은 아니다. 그 특권은 그것을 행사하는 노력을 요구한다는 점에서 그럴 가능성은 우리 모두에게 있다. 인간의 수도계적인 보편성은 태어날 때부터 주어진 것이 아니라 수련을 통한 실현에 의해서만 감별할 수 있다. 각 개인은 모두가 수도계의 어떤 중간적인 단계에 있는 존재로서, 자신의 제한된 역량의 범위 내에서 품위의 일부를 체험하고 있다.

이처럼 품위는 각자의 한계 속에서 규정된다는 점에서 그에 대한 철학적 접근에는 문제가 있다. 서양에서 'arete', 동양에서 '덕'이라는 개념을 철학자들이 사용한 것은 사실이지만, 그들은 그 내용을 자신의 제한된 경험을 벗어나 일반적으로 규정하려는 태도를 보여 왔다. 말하자면, 그들은 품위가 주체와 무관한 일반적인 세계규정이 아니라 누구의 것이냐 하는 소유격의 문제가 있다는 점을 간과한 것이다. 뿐만 아니라 그 결과에 비중을 두었을 뿐, 그 실재를 입증함에 있어서 불가결한 그 형성과정에 대한 조건을 논외로 취급하였다. 이 때문에 무수한 철학자의 말들은 무성하지만 그 실재의 입증은 늘 뒤로 미루어져 왔다.

심리학은 경험적 입증의 부재를 문제시하여 품위를 그 탐구영역에서 제외하는 방향을 택했다. 심리학에서 규정하는 행동과 교육본위론에서 도입한 품위는 전혀 다른 범주이다(장상호, 1994c, 2004, 2005a). 경험주의적 방법을 통하여 측정이 가능한 대상으로서 행동을 과학적으로 탐구한다는 심리학의 취지가 틀린 것은 아니다. 그러나 심리학자 스스로 인정할 수 있듯이, 측정하고 양화할 수 없는 것은 이제 무의미한 것이거나, 더 극단적으로, 존재하지 않는 것은 아니다. 교육의 세계가 다루고자 하는 품위는 경험적 개념으로 남김없이 포착될 수 있는 그런 협소한 인간성이 아니다. 품위의 인식론적 측면들은 경험주의 이외에 개념분석, 현상학, 해석학, 구조주의, 변증법 등을 포함한다.

품위는 도야의 산물이다. 선천적 혹은 자연적 함수에 해당하는 측면은 자연과학의 인과관계에 따른 탐구가 중요한 정보를 제공할 수 있으나, 도야의 함수인 인간의 측면은 인과관계의 영역을 벗어난다. 품위는 초자연적이고 비예측적이며 환경의 지배를 초월한다. 똑같은 자극에 대해서도 도야의 수준에 따라 그 반응이 전혀 달라진다. 이를 거꾸로 말하면 개인은 동일한 대상의 다른 세계를 접한다고 할 수 있다. 그 종류와 수준의 차이가 있는 품위는 개인과 환경을 별개의 것으로 가정하고 그들 사이의 인과관계만을 가정한 통속적인 심리학이나 행동과학의 연구영역을 벗어난다. 교육을 통해서만 이에 대한 확실한 입증이 가능한 이런 인간적인 측면들이 이제까지 과학적 방법이라는 미명 하에 타성적으로 은폐되고 왜곡되어 왔다.

학자의 안목, 시인의 마음, 화가의 손끝, 감식가의 혀, 춤꾼의 몸놀림 등은 오랜 수련과 연마의 과정을 거쳐 빚어진 까닭에 객관적인 관찰이나 측정의 기법이 미치지 못한다. 이 점에서 심리학자들도 예외가 아니다. 심리학자는 다양한 종류의 수도계의 측면에서 높은 품위를 지니고 있다고 볼 수는 없다. 심리학자들 역시 수도계적인 인간을 이해하기 위해서는 그것을 소재로 하는 교육의 관문을 통과해야만 한다. 만약 심리학자들에게 부여할 수 있는 품위의 전문성이 있다면 겨우 심리학적 지식이나 능력일 것이다. 그러나 심리학 자체에 국한되는 그 지식에 있어서도 아직 그 발전 도상에 있기 때문에 그 진로를 지금의 심리학적 방법과 지식을 가지고 미리 예측할 수 있는 방도는 없다.

대체로 중생을 대상으로 삼은 심리학은 깨달은 사람의 수준을 이해할 수 없다. 중생에게 끊임없는 번뇌를 일으킬 문제가 깨달은 사람에게는 더 이상 번뇌의 대상이 되지 못한다. 심리학은 수련과 교육에 따른 그런 동기 자체의 변화를 다루지 못하고 그 중생의 동기만을 다룬다. 이와 함께 어떤 조건이 자극에 대한 반응을 증가시키는가 하는 문제에 대해 그들이 내린 잠정적 결론은 반응에 대한 외적 보상이 어떤 형태로 주어지는가에 달려 있다는 것이었다. 심리학자들은 이런 식의 조건화된 행동변화를 '학습(learning)'이라고 정의하고, 그 학습의 기제는 내적인 동기 못지않게 외적인 동기, 즉 보상에 대한 반응의 기능에 의해 설명될 수 있는 것으로 보았다. 이런 심리학적 접근은 깨달음을 추구하는 과정과는 원천적으로 별개의 것이다.

중생을 본위로 하는 인간이해의 방식은 사회학의 경우에도 마찬가지다. 사회적 체제, 기대 혹은 상황에 따른 다른 반응의 규정이 시나리오로 제시되고, 그에 대한 일치를 바람직한 인간상으로 규정한다. 그 일치 역시 과정보다는 결과에 의해서 정당화된다. 이에 비해 수도계에서는 그런 상황적 제약을 벗어나 주관적 풍요성을 지향한다. 그런 추구의 과정은 사회화의 경우와는 다른 교육의 내재율 안에서 이루어지며, 그 결과로서 품위는 사회적 상황변화에 의해서 예측하기 어려운 비관례적 반응이나 표현의 형태로 나타난다. 사회적 적응과 교육 사이의 충돌이 예상되는 경우, 사회학자들은 전자의 측면에 더 큰 비중을 둔다. 이로 인해서 교육이라는 자율적인 과정을 통해서 우리가 도달할 수 있는 인간의 초월적인 측면에 관한 부분에서 탐구의 제한을 받는다.

이 점에서 교육본위론이 상정하는 품위는 기존의 제반 학문의 개념이 미치지 못한 부분이다. 교육본위론은 그 품위의 달성을 목적으로 삼는 것이 아니라 그것을 교육을 가능하게 하는 하나의 소재로 보고, 그 종류와 수준에 관계없이 존재할 수 있는 고유한 의미의 교육이 무엇인지를 유추하는 방식을 택하였다. 인간이 궁극적으로 도달해야 할 품위가 미리 확고하게 설정될 수 있고, 또 당위적으로 마땅히 그렇게 설정되어야만 할 것이라는 것이라는 전제는, 불가능할 뿐만 아니라, 상당히 위험한 발상이다. 앞서 살폈듯이, 품위의 총체는 지금으로서 알 수 없고, 다만 우리 각자는 누구나 그것을 지향하는 도중에 있을 뿐이다.

품위의 계열은 논리적 계열이 아니라 발생적 계열이다. 우리가 상정하는 품위의 단계 간에는 형식논리가 적용될 수 없으며, 굳이 논리를 말한다면, 헤겔(Hegel, 1808)의 변증법이 더 적절하게 적용될 수 있을 것이다. 그 계열을 미리 예측할 수 있는 어떤 논리적 형식이나 공식을 가지고 있지 않다는 점을 두고, 흔히 '불가공약성'이라거나 혹은 '혁명'이라는 거창한 말로 단계 간에 서로 상응할 수 없는 불연속성이 있는 것으로 부각시키는 경향이 있다. 그러나 그것은 어디까지나 그 주장자가 논리성이라는 범주에서 그것을 바라보고 있기 때문이다. 대신 만약 우리가 그 결과상의 형태를 떠나 그 진화와 형성과정에 주목한다면, 이 난점이 용이하게 해소될 수 있다.

알이 번데기로 변하고 번데기가 나비로 변하는 계열이 있듯이, 품위의 각 단계는 그 사실의 측면에서 볼 때는 당연한 연속성을 갖는다. 그 과정에 개재하는 교육은 서로 다른 수준의 품위 사이를 매개하는 과정으로서 그 출발점과 종착점에 해당하는 각 단계의 품위를 해체하고 재형성하는 동일한 구조로 진행되는 것으로 가정한다(장상호, 1991a, 1994c). 누구나 각 단계에서 자신의 품위에 모자란 점이 있으면 상구하고, 자신이 알고 있는 품위가 있으면 하화하는 것, 그것이 바로 보편적 삶의 한 가지 양상으로서 교육이다. 이를 드러내는 데에 필요한 개념으로서 동체이품(同體異品)의 상황과 이체이품(異體異品)의 상황을 상정하였다(장상호, 2005a; 최성욱, 2006a).

동체이품의 상황은 품위가 내면의 변용을 통해 형성되고 재형성되는 시간적인 추이로 파악될 수 있으며, 그것은 주체의 개입에 의해 과거, 현재, 미래로 구분된다는 점과 관련된다. 주체가 품위의 실현에 개입하는 시간은 단순히 과거의 연장으로서의 현재, 현재의 연장으로서의 미래라는 물리적인 도식을 넘어선다. 품위와 관련된 시간은 서로 연속적이지만, 질적으로 구분된 체험내용을 매개한다는 점에서 불연속적이다. 동체이품 상황에서 품차는 한 개인 내에서 과품과 현품, 현품과 미품의 대비라는 시차로 나타난다. 그들의 일반적 속성과 그들이 교육적인 경험 속에서 어떻게 서로 대면하면서 통합체를 이룰 수 있는가에 대한 것은 아직도 가정 이상의 검증을 요구한다.

상구교육은 개인 내에서 후진적인 품위가 선진적 품위로 대체되도록 하는 실천과정이다. 상구교육이 이루어지는 시간은 현재를 과거의 것에 비추어 검토하고, 더 나은 미래를 예견하며 탈출하는 활동과 함께 발원한다. 오류는 교육의 전제이며, 필요조건이다. 각자의 현품은 그가 경험한 바로서는 최고의 것이다. 그런 상황에서 그 오류는 어떻게 발견되며, 규정되는가? 이때 상구의 주체는 어떻게 미품을 예견하고 그것을 실현시키는가? 구조로서의 품위의 변화는 그 총체성이 문제가 된다. 과품은 진정으로 사라진 것이 아니라, 계속 존재하면서 자신이 비이성적이라고 생각하는 방식으로 끊임없이 작용할 지도 모른다. 그렇다면, 그것은 상구교육의 다른 하나의 과제로 남는다. 이런 제반 질문에서 상구교육의 내재율이 더욱 확장될 가능성이 많다.

이체이품의 상황은 서로 품위의 차이를 보이는 두 자연인이 대면하는 상황으로서 동체이품의 경우보다 더욱 복잡하다. 개별적인 인간들 간의 품위차이는 불가피하다. '다르다'는 것은 풍요를 의미하고 상호간의 교류의 필요성을 요구한다. 이들 간에는 이론상 서로 교육적인 관계를 맺을 수 있는 가능성이 있다. 교육 주체는 그 품위의 차이를 절대시하지 않고 교육의 놀이와 교섭이 가능한 공간으로 활용할 수 있어야 한다. 특정한 수도계의 선진과 후진인 자연인 갑과 을 사이에 교육적 관계를 맺고 서로 교섭할 수 있기까지에는 여러 단계의 관문을 통과해야 한다. 그 모든 관문에 대한 더욱 세부적인 연구가 그만큼 더 필요하다.

먼저, 선진과 후진을 식별해야 하는 관문이 있다. 품위는 보편적으로 그 독자적인 성질을 가지고 있는 것이지만, 그것은 개인 안에서 하나의 유기적인 통일체의 일부로 기능한다. 따라서 현실적으로 우리가 대하는 품위는 그 모든 것들이 상호작용하는 부분까지를 포함하고 있다. 품위는 그것을 지닌 개인의 다른 특성의 존재와 결여에 따라, 혹은 그 조합에 따라 서로 다른 양태로 드러날 수 있다. 예컨대, 품위는 단순히 특정한 개인의 심리적인 상태가 아니라 특정한 수도계와 연관된 보편성을 갖는다. 품위가 한 개인의 전체적인 심리상태와 결합하여 어떤 다른 속성을 갖게 되는지는 개별적인 연구를 요한다. 여기에 사회적 요인이 첨가될 수 있다. 사람들은 언제나 자신의 품위에 묶여 있다. 자신의 품위에 반하는 것에 대해서 대개 불신, 증오, 배척, 분노의 반응을 보인다. 어떤 품위는 사회적 불인정 때문에 가식, 위선, 과장, 은폐의 상태에 놓일 수 있다. 그렇게 되면, 그 여타의 요인들을 제외한 것으로서 특정한 품위를 식별해 내기는 더욱 어려워질 것이다.

그 모든 점을 일단 무시하고 단지 수도계의 경우에 국한시킨다고 하더라도, 자연인은 다양한 수도계에 관여하고 있고, 그만큼 다양한 품위를 가지고 있다고 볼 수 있다. 이 경우, 그들 간의 조합은 단순히 산술적인 합 이상의 유기성을 가지고 있을 것이다. 경우에 따라 갑과 을에게 있어서 특정한 수도계에서 같은 품위가 맥락상 다른 양태로 드러날 것이다. 그러나 이제 갑과 을이라는 자연인이 특정한 수도계의 품위에 대한 관심을 가지고 그 선진과 후진의 문제를 따질 수 있는 상황에 처하게 되었다고 보자. 그 이후에도 그들이 교육적 관계에 진입하는 데 어떤 문제들을 해결해야 하는지에 대한 숙고가 따라야 한다. 협동교육의 내재율은 이런 제반 의문에 대한 모종의 추정을 전제로 구해진 것이다. 그러나 그 추정이 모두 검증된 사실에 토대를 둔 것은 아니다.

다음의 질문에 대한 좀 더 확실한 해답이 아직도 필요하다. 선진과 후진은 각각 상대를 어떻게 대면하는가? 그들이 대면하는 것은 실상과 일치하는가? 품차는 선진의 현품이 후진의 미품이고, 후진의 현품이 선진의 과품이라는 엇갈린 시차로 나타난다. 과품, 현품, 미품이라는 품위의 차이는 바로 그 품위를 구성하는 요소들의 집합만이 아니라 그 조합방식의 차이를 포함한다. 바둑의 품위를 예로 들어보자. 이 분야에서 수많은 정석과 행마법이 언어의 형식으로 제시되어 왔지만, 그것의 이해가 어려운 것은 전판의 형태에 따라 그 말의 의미가 달라진다는 점이다. 그때그때 쌍방이 응대하는 가운데 선진과 후진의 품위가 드러난다. 이때 선진이 보는 좋은 말이 후진에게는 활용의 가치가 없다. 그 부분에서 주위의 훈수도 한계가 있다.

우리 각자는 여전히 자신이 가진 현재의 품위를 근거로 수도계에 참여하기 때문에 수도계에 대한 규정과 판단에 있어서 서로 충돌한다. 후진에게 바람직하고 정당한 품위가 선진에 의해서 부정된다. 선진에게 있어서 익숙한 것이 후진에게는 낯설다. 혹은 후진은 그에게 익숙한 선입견으로써 선진을 오해할 수 있다. 거기에는 어떤 오식이 있을 수 있는가? 그 오식에는 일반적인 유형이 있는가? 교육적 관계를 맺기 이전에 선진의 식별내용과 후진의 식별내용은 어떻게 다르며, 그것은 실재의 것과 어떻게 다른가? 선진이 후진을 바라보는 것과 그 반대의 것 간의 차이는 무엇인가? 선진이 이 점에서 후진보다 더 유리하다는 증거가 있는가? 교육에 의해서 그 선·후진성을 확인하는 방법은 있는가? 선진과 후진이 수도계 내에서 서로의 공감대에 도달하는 방법은 무엇인가? 이와 같이 인간의 다양성에 대한 고유한 인식을 추가하는 연구들이 공헌할 수 있는 실천적인 시사는 일일이 열거할 수 없을 만큼 많을 것이다.

그 가운데 앞에서 제시한 마지막 질문, 즉 공감대의 형성에 관한 것으로서 장상호(1997b, 2000a, 2002)는 교육의 내재율을 토대로 이미 인간에 대한 '교육적 이해'라는 특별한 방법의 가능성에 주목하였다. 수도계의 품위를 이해함은 물론, 교육의 품위도 그런 방식에 의해서 발견하고 증명할 수 있는 그와 같은 방식은, 지금까지 심리학에서 강조해 왔던 인간의 실증주의적 이해 혹은 사회학적 인간의 이해와 대비하여, 참으로 우리의 삶에서 중요한 부분을 차지하고 있을 것으로 예상한다.

선진과 후진의 품차영역은 적어도 그들의 상호주관성이 불가능한 영역이다. 따라서 상호주관성이 전제되는 상호작용에는 항상 갈등과 몰이해가 작용할 것이다. 선진을 후진의 눈으로 이해하는 것은 오류이다. 보다 일반적으로 말한다면, 자신에게 있지 않은 '위대함'을 고찰할 때 자기의 수준을 그대로 적용하는 것은 옳지 않다. 선진을 제대로 이해하려고 한다면, 상구적인 태도를 갖추어야 한다. 즉, 후진은 자신이 실현하지 못한 미품을 미지항으로 놓고, 그것을 소재로 상구교육을 함으로써 그 미지항의 실재를 확인해 나가야 한다. 이것이 바로 상구적 이해이다. 다른 한편, 후진에 대한 선진의 이해에도 한계가 있다. 선진의 입장에서 후진을 이해하는 것은 옳지 않다. 선진의 후진에 대한 올바른 이해는 그들 간의 품차를 무효화하거나 괄호 속에 넣고, 선진이 자신을 후진의 품위로 전위시키는 방식으로 이루어져야 한다. 바로 그런 이해를 토대로 점차 선진인 자신의 현품을 후진이 점차 실현시키도록 조력하는 방식을 하화적 이해로 규정하였다.

이처럼 교육은 품위를 포함하는 제반 도야적 산물에 대한 새로운 접근과 이해의 방법을 함축하고 있다. 위에서 지적했듯이, 그것을 극복하고 서로 간에 공감대를 형성하게 하는 것은 바로 교육이라는 매개과정이다. 아직도 그 과정에 포함될 더 세부적인 절차에 대한 검토와 확충이 요망된다. 이와 관련하여 장상호(2000a, 2002, 2009)는 '1차적 가정에 의한 2차적 확인'이라는 간단한 도식을 제시하였다. 1차적 가정의 시행착오를 줄이는 방법은 무엇인가? 교육하기 전에 선진과 후진을 미리 예단하는 방법은 무엇인가? 선진적 이질성과 후진적 이질성이란 무엇인가? 보다 특수하게, 상구적 이해의 절차적 내재율은 무엇인가? 보다 특수하게, 하화적 이해의 절차적 내재율은 무엇인가?

이 질문에 호응하는 개념의 장치는 다시 그에 호응하는 사실을 밝히는데 유용하게 쓰일 수 있을 것이다. 역사상 각종의 수도계에서 선진과 후진이라는 품위의 위계가 교육적 관계라는 여과과정을 거쳐서 정리되고 확인되는 경우가 많았을 것이다. 논자(장상호, 2000a)는 객관적 방법을 강조해 왔던 과학의 영역에서조차 그 과정에서 상당 부분 교육적 이해가 선행되었을 것으로 가정한다. 이를 입증하는 자료를 제시하는 연구들이 필요하다. 혹은, 학문공동체에서 만약 교육적 공조가 이루어졌다면 쉽게 해소될 문제가, 그것을 시도조차 하지 않음으로써 어떤 개인의 업적이 제대로 인정받지 못했거나 부당하게 평가되거나, 혹은 그로 인해서 그 발전이 불필요하게 지체된 경우도 있을 것이다. 이에 대한 자료도 교육적 이해를 증진시켜야 하는 오늘날의 삶의 상황을 반성하는 데 중요한 근거가 될 것이다.

한 시대의 정신적 수준은 통일될 수 없다. 개인들은 일생 사이에 있는 삶의 질과 경력의 면에서 큰 차이가 있다. 그 사이에는 인간성의 면에서 존귀와 빈천이 있다. 역사에서 혹은 일상생활 속에서 가끔 불가해하고 부조리하게 보이는 인물들은 많은 경우 우리의 교육적 이해를 요구하고 있다. 흔히 그들을 단지 괴짜로 치부하는 몰교육적 이해가 있다. 스스로 판단할 높은 품위를 갖추지 못하고 있으면서도, 그로 인해서 자존심이 상하는 것을 거부하는 무수한 사람들을 계산에 산입한다면, 몰이해의 사례는 우리들의 삶에서 너무도 흔하다. 이들이 서로 불필요한 갈등을 지양하고 서로 협동하는 방법은 그들 간에 교육적 이해를 통한 건설적인 관계를 맺을 것이다. 그럼에도 불구하고, 우리는 아직 이런 통로를 통한 이해의 방법에 익숙하지 않기 때문에 그 아름다운 이해와 화해의 길에 진입하지 못하고 있다.

역사의 각 시대마다 '세대차'가 갈등의 문제로 등장하였다. 여기에는 사회의 급속한 변화와 권위의 역류현상과 같은 사회학적 설명이 있을 수 있다. 그러나 이는 그들 간의 원만한 교육적 이해와 유대의 결여에서 비롯되는 것은 아닌가? 정신적인 것은 신체적인 것은 비례해서 노쇠하지는 않는다. 나이와 더불어 쌓아갈 지혜의 단계가 있는가? 젊은이들이 따라올 수 있는 지혜를 가지고 사표가 되는 아름다운 늙음이 있는 반면, 그렇지 못한 누추한 늙음도 있다. 세대에서 세대로의 원만한 교육적 교류가 가능한 사회는 상구하고자 하는 젊은이, 그리고 무엇인가 하화할 수 있는 늙은이가 있는 곳이다. 그런데 각 세대가 서로에게서 소외되는 이유는 무엇인가? 그들을 교육적 이해의 통로로 교도할 통로는 무엇인가?

## 3.3 교육의 동기

우리가 살아감에 있어서 목표를 설정하고, 그 지향하는 바에 열중하고, 그것의 달성에 만족하는 이면에는 흔히 동기가 작용하는 것으로 가정된다. 동기에 대한 정의, 측정방법, 종류, 유발하는 선행조건, 그것이 결과하는 후행조건 등과 관련해서 상당한 정도의 연구가 심리학 분야에서 이루어지고 있는 것도 사실이다. 그러나 동기에 관한 논의에서 주제가 어느 특정분과학문의 독점영역은 될 수 없다. 이제까지 동기에 관한 논의에서 교육을 추진하는 동기가 무엇인지를 검토한 경우는 거의 없다. 그에 대한 연구가 부진하다면, 교육의 핵심에 해당하는 것을 간과하는 셈이다. 따라서 본 절은 기존의 다른 분야에서 이루어진 유관한 이론, 주장, 증거를 살피면서 교육학자들이 별도로 해명해 나가야 할 연구과제와 기본방향을 암시하고자 한다.

가치의 경우와 마찬가지로 동기도 내재와 외재의 구분이 있다. 하나의 과제가 그 자체를 위해서 수행될 때, 내재적으로 동기화된 것으로 본다. 다른 한편, 그 과제 자체를 넘어서서 그것이 어떤 외부의 보상에 의해서 수행될 때, 그것은 외재적으로 동기화된 것이다. 주류심리학에 대항하여 이른바 '제 3의 심리학'이라는 학파를 선도한 매슬로우(Maslow, 1968, 1970)의 동기이론이 이와 관련하여 눈여겨 볼 만하다. 그에 따르면, 인간에게는 기본적으로 생리적, 정서적으로 부족한 것을 채우고자 하는 이른바 '결핍동기(deficiency needs)'와 그와 대조적인 '성장동기(growth needs)'가 있다. 성장은 그 자체로서 보상을 주는 내재성을 가지고 있으며, 따라서 결핍동기와는 달리 만족되면 될수록 더 그 자체를 강화하고 다시 추구한다는 점이 지적되었다.

이런 관점은 인간의 행동을 외부의 보상이라는 측면에서 설명하는 주류심리학의 차원을 한 단계 진전시킨 것이라고 볼 수 있지만, 그의 연구가 곧바로 교육의 동기를 밝힌 것으로 볼 수는 없다. 자아실현의 욕구가 우리의 개념에서 상구의 동기와 결부시킬 수 있을지 모르나, 그것은 단지 하나의 참조사항일 뿐, 상구의 동기를 설명하는 데에는 더 특수한 해명과 설명이 요구된다. 예컨대, 상위품위의 형성과 동시에 상구의 욕망은 충족되는 것이 아니라 재발된다. 말하자면, 상구의 욕구는 일종의 순환적 성격을 띤다고 할 수 있다. 이 말은 그 순환의 페이스가 서로 다른 개인에게 그 욕구를 불러일으키는 시점이 다를 수 있음을 시사한다. 뿐만 아니라, 그의 이론에서 하화의 욕구에 대한 시사는 전혀 찾아볼 수 없다.

동기가 어떤 방식으로든 교육활동을 교도하고 유지하고 그것의 유의미성을 확인하는 기능을 할 것은 분명하다. 인간은 왜 교육하려고 하는가? 더 구체적으로, 왜 상구하려고 하는가? 왜 하화하려고 하는가? 그 동기를 식별하는 방법은 무엇인가? 교육의 내재적 동기는 보편적인 것인가? 얼마만큼 후천적으로 획득되는가? 그 개인별 혹은 집단별 강도의 차이가 있다면, 그 결정요인들은 무엇인가? 소재의 수준에 따라 교육의 열정에 큰 차이가 있는가? 그것이 두드러지게 드러나는 조건들은 무엇인가? 그것들이 형성되고 지속되고 발전되는 조건은 무엇인가? 협동교육에서 상구의 동기와 하화의 동기는 서로가 상승적으로 작용하는가? 어떤 경우에 이들은 억제되는가? 내재적 동기를 가졌을 때와 외재적 동기를 가졌을 때 교육활동과 그 결과에 어떤 차이가 있는가? 교육의 외재적 동기가 내재화되는 경로는 무엇인가? 이런 것들이 당장이라도 제기될 수 있는 궁금한 질문이다. 그러나 이에 대한 본격적인 연구는 아직까지 거의 이루어지지 않았다. 그 근본이유의 하나는 바로 교육에 대한 고유한 개념의 부재와 관련되어 있다. 교육의 동기와 관련하여 충족시켜야 할 조건은 바로 그 내재적 실재성이다. 이것을 중심으로 비로소 그 내재적 동기와 외재적 동기를 말할 수 있기 때문이다.

교육활동은 물질적 수혜라든가 권력과 명예 등의 보상을 제외하고도 그 자체의 고유한 보상을 포함하고 있다는 것이 그에 대한 내재적 동기의 가정이다. 그 내재적 동기가 강한 사람은 외부의 보상이나 위협에 동요하지 않고 교육적 삶 자체에 자발적으로 참여할 것이다. 사실상, 우리의 삶에서 교육의 내재적 동기의 존재를 긍정할 만한 단서를 찾기는 어렵지 않다. 자신과의 싸움에서 안정에 대한 욕구의 포기, 더 나은 것을 향하는 열정, 그 과정에서 불가피한 무질서, 혼돈, 당황, 방향상실, 갈등의 체험, 선택을 요구하는 상황에서의 용기와 결단, 더 나은 상태에의 진입에 따른 흥분과 도취에 빠지는 경우가 흔하다. 이들은 상구의 내재적 동기를 암시하는 단서로 해석되기에 충분하다. 다른 한편, 물질적, 사회적 보상이나 여타의 이해관계를 떠나 후진을 양성하는 일에 몰두하는 사람도 많다. 이는 하화의 내재적 동기를 암시한다.

교육의 내재적 동기로 해석될 만한 간접적 단서들은 기존의 문헌에서 찾아볼 수 있다. 이는 통상 인간이 자신의 인간성을 실험하고, 그 바람직성을 타인들과 함께 확인하는 공동의 작업을 통하여 '보편성'을 확보하고자 하는 열망을 가진다는 맥락에서 발견된다. 그 대표적인 것은 아마도 '풍요'와 '결핍'의 속성을 동시에 지니고 있는 소크라테스의 에로스 개념일 것이다(Platon, /1987). 그것은 무지한 사람 혹은 지혜가 있는 사람에게 있는 것이 아니라 그 중간쯤에 있는 사람에게 있다. 이런 관점은 다시 키에르케고올(Kierkegaard, /1941)이 실존의 개념을 구체화하는 발판이 되었다. 그에게 있어서 실존이란 에로스와 마찬가지의 속성을 지니고 있다. 그것은 무한한 것과 유한한 것, 영원한 것과 시간적인 것 사이에서 태어난 자식으로서 '부단한 추구'를 특징으로 한다. 이는 품위의 차이에는 모종의 교육의 열망이 내재되어 있음을 강력하게 암시한다.

종전의 철학자들이 주목하지 못하였던 인식의 실천성을 밝히고자 했던 폴라니가 그의 저서 ≪인격적 지식(Polanyi, 1958)≫에서 가장 두드러지게 부각시킨 '발견'과 '설득'의 활동도 같은 방식으로 해석될 수 있을 것이다. 한 개인의 '새로운 발견'은 바로 '한 단계 높은 실재에 대한 이해'를 의미한다. 설득이란 그 발견을 경험하지 못한 사람들의 사고체계를 전향시키려는 활동을 말한다. 폴라니는 그 양쪽 방향의 활동 안에 '발견적 열정'과 '설득적 열정'이라는 순수하고 강력한 에너지가 작용함을 강조하였다. 여기서 '열정'이라는 말을 그가 사용한 것은 외부의 경멸과 무시를 넘어서서 작용하는 힘을 말하며, 그 각각이 결코 강요나 억압에 의하여 이루어질 수는 없다는 점도 지적되었다. 이런 부분은 교육본위론의 맥락에 비추어 교육의 내재적 동기와 거의 일치한다(신소림, 1992; 장상호, 1994a).

상구의 내재적 동기와 그 유발조건을 간접적으로 암시하는 연구도 쉽게 찾아 볼 수 있다. 예컨대, 화이트헤드(Whitehead, 1929)는 학습자의 최선을 상회하는 지식은 학습을 유발하는 힘을 지니지 못하는 '무기력한 관념'(inert ideas)에 그칠 뿐이며, 학습자의 최선보다 밑도는 지식 역시 학습을 유발하지 못하는 '장난 같은 소일거리'(entertaining ideas)에 그친다는 점을 지적하고, 그 중간 정도의 수준이 가장 유익한 것임을 지적했다. 듀이(Dewey, 1916, 1938)는 당시의 많은 오해에도 불구하고, 외부에서 주어지는 일률적인 목표보다는 아동의 흥미를 존중할 것을 강조했다. 그가 말하는 흥미는 한 주체에게 추구의 대상이 될 수 있는 경험이나 지식의 범위, 혹은 그 경계 등을 지칭하는 것이다. 심리학에서 이루어진 실증연구도 이를 지지한다(Deci & Ryan, 1985). 이들은 유기체가 자신에게 알맞은 적당한 수준의 지적인 복잡성을 선호한다는 보편적 사실을 밝혔다. 이와 관련하여 최근에 칙젠미할리(Csikszentmihalyi, 1988, 1990)는 이른바 '몰류의 경험(flow experience)'에 주목한 바 있다. 그는 일상적인 삶에서 체험이 중시되는 여러 영역들을 살펴본 결과, 개인이 현재의 수준에서 다음 수준으로 자연스럽게 상승하는 경험은 그 자체로서 개인에게 희열을 줄 뿐만 아니라, 개인으로 하여금 그 일에 전적으로 '몰입'하게 만든다는 점을 지적한다. 이런 발견들은 상구교육의 순차의 내재율에 호응한다(윤병희, 1995).

다른 한편으로 하화의 동기는 어떤가? 이에 관한 것은 그렇게 밝혀진 사실이 현재로서 별로 많지 않지만, 어떻게 보면 상구동기의 한 가지 변형이라고 할 수 있다. 한마디로 동체이품의 상황에서 이체이품의 상황으로 전이된 국면이다. 따라서 스승이 제자를 향해서 가진 하화열정은 그의 품위와 제자의 품위를 동체이품으로 전환할 수 있는 특수한 조건에서 발생할 가능성이 많다. 공자의 수인이교(隨人異敎), 석가의 대기설법(對機說法)은 이에 상응하는 동기의 측면이 있음을 강력하게 시사한다. 제자가 자신의 결함을 자신의 상구교육의 결함으로 해석하는 태도만큼 스승이 제자의 결함을 자신의 하화교육의 결함으로 해석하는 태도가 존재할 수 있다. 그런데 이런 가설들을 포함하는 하화동기를 정식으로 다룬 실증연구는 아직 거의 없는 편이다.

김지현(2005)은 그 단초가 될 만한 매우 의미 있는 연구를 수행한 바 있다. 그는 하화가 주로 성인들이나 하는 것이라는 일반적 통념과 그 원인을 분석하고, 그것을 역전시킬 수 있는 사실에 주목했다. 그에 대한 자료는 서울대학의 핵심교양강좌의 하나인 <삶과 교육>을 이수한 학생들의 자기반성과 회고, 그리고 그들이 제시한 관찰사례를 통해서 수집되었다. 이 강좌의 수강생을 택한 이유는 하화라는 개념 자체의 이해가 그 반성에 선행되어야 하기 때문이다. 수집된 자료는 하화의 열정이 누구에게나 아주 어릴 적부터 발견할 수 있다는 사실을 입증했다. 이에 따라 그 자발성, 보편성, 발현의 양상과 발현의 억압, 발달과정 등의 차원이 세부적으로 검토되었다. 이런 결과나 논의는 이 분야의 더욱 많은 연구를 요청한다.

장상호(2005a)는 교육의 내재적 동기가 어린 나이에서도 발견될 수 있다는 사실을 강조하기 위해 4~5세 정도의 두 어린이, 교돌이와 학순이 사이에 일어날 수 있는 교육놀이를 가정한 바 있다. 이런 가상실험은 검증의 대상이다. 실제적인 실험상황을 구성하여 교육의 내재적 동기의 존재 여부를 확인할 뿐만 아니라, 그 원인, 과정, 결과에 대한 자료를 수집할 수 있을 것이다. 이런 부류의 실험연구에서 더 추궁할 수 있는 가설은 교육적 교섭에서 상구동기와 하화동기가 작용하는 상승효과이다. 논자는 상구의 열정과 하화의 열정을 마치 발정기의 수컷과 암컷이 종족의 유지를 위해서 새끼를 얻으려는 욕망에도 비유했다. 고전에서 말하는 '교학상장

(教學相長)'은 그 욕망이 서로 상승작용을 할 수도 있다는 가설의 근거가 된다. 진정 이 두 가지 동기는 서로가 상대를 수단으로 유혹하면서 공존하는가? 한편에서 상구의 동기가 있으나, 다른 편에서 하화의 동기가 결여되었을 때, 어떻게 되는가? 서로 갈등하는 경우는 없는가? 있다면, 어떤 이유에서, 혹은 어느 상황에서 그런가?

동기에도 개인차가 있다. 교육의 동기도 그런 사실을 인정하고 그에 관한 설명이 필요하다. 어떤 사람은 상당한 무리를 무릅쓰고 교육기회를 찾는 사람이 있는가 하면, 반대로 어떤 사람은 교육의 길을 가로막는 아무런 장애가 없는 경우에도 이를 기피하려고 한다. 어떤 사람은 주로 상구성향을 가지고 있음에 비해서, 다른 사람은 하화성향을 보인다. 이처럼 사람들이 개인에 따라 교육의 기회에 대응하는 방식에 있어서 현격한 차이를 보이는 원인은 한두 가지가 아닐 것이다. 그 내적 조건과 외적 조건의 구분이 가능하다면, 그들은 각각 무엇인가?

이미 내재적 동기에 의해서 진행되고 있는 어떤 활동에 외부적인 보수가 도입되면 그 동기가 배가될 것인가? 이에 관해서 매우 흥미 있는 연구결과가 나오고 있다(Deci & Ryan, 1985). 놀랍게도, 얻어진 자료는 이 경우 그것 자체로부터 얻는 만족감도 그만큼 줄어든다는 사실을 입증하였다. 더 나아가, 많은 경우 외재적 보상은 내재적 동기를 왜곡시키거나 저해하는 것을 발견할 수 있었다. 상식을 벗어나는 이런 사실의 발견은 교육의 동기와 관련하여 우리가 흔히 범하고 있는 오류에 대해 중요한 시사를 제공한다. 우리의 삶에서 많은 사람이 교육 자체의 수행에 만족하면서 생활하고 있음에도 그것을 무시하거나, 혹은 거기에 외재적 동기를 추가시켜 오히려 그 내재적 동기를 부식시키는 어리석은 사례는 없는가?

이에 관한 좋은 사례연구가 있다. 학교에서 '공부하기 싫어하는 학생'으로 널리 낙인을 받은 학생들이 많다. 그들의 성적이 낮은 것은 바로 그 개인적인 속성에서 비롯한다는 식의 귀인(歸因)이 지배적이다. 그러나 이수연(1998)은 한 학생의 생활사례를 추적해 본 결과 그 귀인은 잘못된 선입견인 것으로 결론지었다. 그 학생이 학교의 교과목의 공부를 싫어하는 것은 사실이지만, 그 이유가 그 학생의 진도에 전혀 부합하지 못한 교과목을 강요하는 학교의 상황에 있다는 것이 판명되었다. 이는 선택된 학생이 학교 밖에서 상구의 내재율에 일치하는 음악공부(전자기타)에서 남다른 열정을 갖고 생활하는 증거에 의해서 재차 확인되었다. 귀인상의 이런 오판은, 연구자가 학교의 교과목을 교육의 내재율에 맞게 가르칠 때, 그 학생이 새로운 흥미를 가지고 열심히 공부에 임했다는 사실에 의해서 재차 확증되었다. 학교는 자체가 교육의 내재율을 어기고, 그 결과를 학생들의 잘못된 속성의 탓으로 돌리고 있는 것이다.

지금까지 심리학에서 이루어진 학습에 대한 연구가 주로 외재적 동기의 측면에만 치우쳤음을 비판하고, 어떤 외적인 성취와는 무관하게 정신적인 성장 그 자체만으로 만족과 보람을 주는 '내재적 학습(intrinsic learning)'에 주목해야 한다는 주장이 설득력을 얻고 있다(Maslow, 1970; Glasersfeld, 1995). 행동주의자들은 관찰될 수 있는 것만을 '과학적인' 사실로 생각하기 때문에, 그들의 학습이론에서 내재적 보강을 배제했다. 그러나 외재적 강화는 학습의 문제를 눈에 보이는 외현적 행동으로 고착시킨다. 외재적인 동기유발자는 학습자에게 그 대상 자체를 이해하려는 노력을 동기화시키기보다는 단지 그 외재적 동기를 달성시키기 위한 수단으로만 생각하는 등 여러 가지 치명적인 결함을 지니고 있다. 이 때문에 그 동기가 만족되거나 약속된 유인가의 제공이 중단되면 학습은 더 이상 진행되지 않는다.

이에 비해, 주어진 과제 그 자체에 매력을 느끼게 하는 내재적 강화는 그 근원에서부터 다를 뿐만 아니라, 그 성과 역시 외재적인 것과는 비교할 수 없을 정도로 많다. 다음의 인용문이 이를 대변한다.

> 새로운 문제들을 숙달하려는 동기화는 대부분 과거에 문제들에 대한 해답을 발견하는 데 따르는 즐거움으로부터 유래하는 경향이 있다. 그것은 하나의 가능성을 넌지시 알아차리고, 그것을 실현하려고 노력하고, 그것을 자신에게 적용할 수 있는 어떤 시험에도 통과하는 결과에 도달하는 흥분상태이다. 이것은 그 결과

> 가 다른 사람에 의해서 옳다고 생각되었기 때문에 칭찬 받는 것과는 전적으로 다르다. 하나의 결과가 옳다는 통찰, 그것이 만들어졌던 방식 안에 있는 논리를 이해하는 것은 어떤 외재적 강화보다도 더 가치 있는 것이다. 이런 자기-유발적 특성은 거의 분명하게 더 확장하려는 소망, 그것을 새로운 맥락에서 경험하고자 하는 소망, 그리고 자신이 만족스럽게 다룰 수 있는 경험의 범위를 확장하려는 소망을 탄생시킨다. 만약 학생들이 문제에 봉착하여 그들 자신의 방식을 생각해 내고 그들이 그 문제들을 결국 해결할 수 있다는 자신감을 얻어낼 수 없다면, 그들은 더 많은 것에 도전하려고 동기화되기를 거의 기대할 수 없을 것이다 (Glasersfeld, 1995, p. 181).

심리학에서 말하는 '내재적 학습'이 곧바로 교육현상을 지칭하는 것은 아니다. 그럼에도 불구하고, 앞서의 사실은 각 실천 장면에서 교육의 이름으로 진행되는 각종의 보상의 종류와 체계, 유인가, 벌, 칭찬 등의 실태를 반성하는 연구를 요구한다. 예컨대, 학교는 그 목표설정, 교과의 진행, 그리고 평가의 측면에서 거의 외재적이다. 사회에 팽배한 '교육열'의 초점은 사회적 선발이라는 외재적 기능에 맞추어 있고, 학생의 개별적인 수준, 흥미, 자발성을 무시하고 미리 배당된 교과목의 일정에 의해서 일방적으로 주입하는 방식으로 다루고 있다. 학생들은 이에 대해서 수동적으로 그 내용을 쑤셔 넣듯이 흡수하고 재생하는 것이다. 그로 인해서 어떤 결과가 오는가? 앞에서 예견했듯이 독창성은 점점 파괴되고, 자신의 지적인 작용에 대한 신뢰가 무너지고, 교사의 의견에 고분고분 복종하는 태도가 길러지는 것은 아닌가?

한 개인의 구체적인 삶은 총체적이다. 살아있다고 하는 것은 교육의 세계와 함께 여타의 세계, 예컨대, 세속의 일에도 관여할 것을 요구한다. 수도계가 고결하기 때문에 더 이상의 세속적 삶이 필요 없을 것으로 생각하면 큰 착오이다. 한 개인의 다양한 속성, 특히 세속계적 속성과 수도계적인 속성, 그리고 교육계적 속성 간에는 가끔 갈등이 있을 수도 있다. 이 때문에 학교에서 학생들은 자신들의 품위의 향상 자체에 관심을 가지고 있는 것이 아니라, 학교에서 주어지는 시험과 점수, 진급과 낙제, 상과 벌에 특별한 관심을 가지고 있을 수 있다. 학교가 처한 특별한 조건과 이에 따른 세속계적인 목표와 결부하여 설명될 수 있는 이 사실은 반드시 학생들이 수도계나 교육계 자체의 내재적 동기가 없다는 것을 함축하지 않는다. 그렇다면, 이처럼 내재적 동기를 토대로 교육을 할 기회를 박탈하는 학교의 조건이나 그에 따른 좌절은 어떤 양태로 나타나는가? 그 결과는 어떤 것인가? 그것들이 치유될 수 있는 조건이나 방책은 무엇인가?

이런 제반 질문은 학교에서 생활하는 교사에게도 그대로 적용될 수 있다. 교육을 기능으로 규정하는 풍조는 이른바 '가르침'을 '배움'의 수단으로 규정한다. 그리고 교사를 그 '가르침'의 전문가로 취급한다. 그처럼 교육을 단지 수단의 하나로 간주하는 상황에서 교사는 더 많은 보수를 요구하며, 더 이상 그들의 봉사를 할 수 없다는 식의 파업을 선언하기도 한다. 그러나 우리는 이 점도 아울러 생각해야 한다. 우리 사회 안에는 하화를 삶의 방식으로 생각하면서 생애를 보낸 많은 교사들이 있다는 점이다. 그들에게 있어서 교원노조의 파업은 낮은 금전적 보상보다 더 고통스러울 수 있다. 더구나 우리의 역사에는 교사라는 전문적 지위도 없이 한 인간으로서 금전적 희생뿐만 아니라 사회적 박해를 감내하면서도 하화교육에 헌신한 사람이 무수하고, 지금도 대다수의 사람들이 매일같이 그런 삶을 향유하고 있다. 이들의 교육적인 삶의 양태를 밝히는 수많은 연구도 역시 필요하다.

마지막으로, 동기에 관한 심리학의 주장 가운데 주목할 만한 것은 일찍이 올포트(Allport, 1961)가 인간의 성장을 연구하는 과정에서 만든 이른바 '기능적 자율화(functional autonomy)'라는 개념이다. 이는 어떤 활동이 처음에는 생존과 적응이라는 기능의 측면에서 도입되었으나, 차츰 그 자체의 속성에 특징을 갖게 되면서, 그 속성 자체를 추구하는 양상으로 변화되는 과정에 주목한 것이다. 이런 사실은 역사적으로 여러 분야에서 입증되어 왔다. 예컨대, 예술분야에서 그 사례를 찾아보자. 음악은 예배, 의식, 춤, 시 등을 위한 부수적인 기능으로부터 음악 자체를 위한 활동으로 독립하였다. 조각의 경우도 장식품에서 독립된 예술적 작업의 장르로 발전되었다. 거기에는 어떤 조건과 계기가 작용하는가? 음악의 경우 악기의 발달, 대위법의 등장, 음악언어의 발달 등과 같은 내부적인 요인과 사회경제적 변화와 같은 외부적 변화가 있었다. 조각의 경우 로댕의 역할이 컸다. 미케란젤로의 시대만 하더라도 인체의 모방에 그쳤지만, 로뎅은 그 생명성의 의미를 조형적인 아름다운 언어로 표현하려고 하였다.

이런 기능적 자율화의 개념을 교육에 적용할 가능성은 없는가? 가령, 교육의 내재적 가치에 관심을 가지지 못한 사람은 교육을 함에 있어서 처음에는 교육과는 다른 목표나 보상을 내세울 것이다. 그런 동기가 바로 교육의 외재적 동기이다. 교육을 기능으로 환원시키면, 교육은 그 원래의 양상을 유지하기 어렵다. 다른 한편, 내재적 동기의 발생은 교육 자체의 내재적 체험에서 나온다. 그것은 그 내재율에 따른 자연스러운 결과이다. 이제 그들은 내재교육에 주목하게 되고, 그로부터 상구와 하화의 체험을 할 수 있을 때, 교육이 일면 고통스러우면서도 일면 보람찬 것임을 발견할 수 있을 것이다. 이 경우, 교육에 대한 어떤 외재적 보상도 불필요하다. 여건만 허락한다면 그들은 시간이나 노력에서 비싼 대가를 치르고서라도 기꺼이 교육을 선택할 지도 모른다. 이처럼 한 개인의 삶의 어느 단계에서 교육이 기능적으로 자율화될 가능성은 없는가? 그 구체적 사례는 무엇인가? 그 사례에서, 어떤 계기가 작용했는가? 그 사례를 발견하기 어렵다면, 그 자율화를 유도하는 실천방안은 무엇인가?

## 3.4 교육적 관계

우리들의 삶은 다양한 종류의 인간관계의 망으로 구성되어 있다. 자연인 갑과 을 사이의 관계는 부모와 자녀, 통치자와 피통치자, 상인과 구매자, 상관과 부하, 예술창작자와 감상자, 목회자와 신자, 스승과 제자 등 다양하다. 이처럼 그들이 서로 관여하는 세계의 종류에 따라 각각 혈연적 관계, 정치적 관계, 사회적 관계, 경제적 관계, 문화적 관계, 종교적 관계,

교육적 관계 등의 관계양상을 보인다. 이때 중요한 것은 그때그때의 적절한 본위의 전환이다. 그중 어느 하나의 관계를 선택했을 때 여타의 관계는 그 내재적 조건이 되지 못하며, 다만 그 환경으로 작용할 뿐이다. 따라서 후자가 전자의 성격을 규정하는 오류를 범하는 것을 경계해야 한다.

교육적 관계는 정치, 경제, 사회, 문화, 종교 등 여타의 삶의 양상으로는 파악되거나 설명되지 않는 교육의 고유한 특질, 즉 교육을 구성하는 요소들의 관계망에 의해 성립하는 자기충족적인 체제의 일부로서 설명되어야 한다. 이 요구조건에 부응하기 위해서 장상호(1996, 2002)는 소재의 영역에서 선진임과 동시에 하화자인 스승과 소재영역에서 후진임과 동시에 상구자인 제자의 일반적 관계를 도식화한 바 있다. 교육적 관계가 여타의 인간관계와 어떤 차이가 있는가 하는 것은 더 세부적인 탐구가 요망된다는 것은 말할 필요조차 없다.

이런 잠정적인 개념체제에 따라 기존 문헌의 범위 안에서 교육적 관계에 해당할 만한 비유를 탐색하였다. 예컨대, 이우진(1993)은 니체가 자신의 현존극복을 위한 치열한 생애체험을 했을 뿐만 아니라 그 체험 가운데 교육본위론적 관점에서 포착할 만한 교육적 인간의 측면이 작품 속에 내포되었으리라는 가정을 하고, 그것을 각각 배우는 인간, 가르치는 인간, 교육적 인간관계로 나누어 밝혔다. 다른 한편, 최성욱(1994)은 여러 각도에서 그 성격이 규정될 수 있는 '변신이야기'의 문헌들을 교육적 관계의 측면에서 파악하고자 하였다. 그 결과, 변신이야기에서는 두 가지 성장양식을 추구하는 인간형이 있음을 발견할 수 있었다. 그 하나는 이제 미지의 세계를 탐험하는 자이고, 다른 하나는 한 차례 자아의 성장을 이룬 연후에 타아의 성장을 촉구하기 위해 회귀하는 자로서, 이들은 서로 다른 동기와 태도, 그리고 활동양식을 보이면서 긴밀히 결합하는 양상을 보여준다는 점을 발견할 수 있었다. 이로써 종전의 변신이야기를 교육의 각도에서 새롭게 바라볼 수 있는 지평이 확보된 셈이다.

매우 특이한 매듭이자 인연이라고 볼 수 있는 스승과 제자라는 교육적 관계에서 우리가 주목해야 할 특징은 그것이 형식상 수도계의 수직적인 서열과 교육계의 수평적 관계가 복합되어 있다는 사실이다. 수도계적 측면에서는 품위의 불평등에서 오는 선진과 후진이라는 신분상의 차이가 있다. 이 관계는 엄격하게 보면 서로 타협할 수 없는 경쟁적 관계이다. 왜냐하면 항상 선진의 것이 후진의 것을 일방적으로 압도하는 방식으로 신분의 구별이 이루어지기 때문이다. 그러나 교육계에서의 상구와 하화는 서로 경합할 수 없는 상보적인 활동이다. 상구의 내재적 동기와 하화의 내재적 동기가 여기서는 더 비중이 커진다. 즉 교육적 관계는 수도계적 관계를 교육 내재성에 종속시킴으로써 전자의 일방적이고 경쟁적인 관계를 극복하고 쌍방적이고 공조적인 관계를 지속할 수 있다. 그리하여 수도계적인 선·후관계가 협응관계로 전환되고, 이로써 선·후진 간의 평등한 게임이 진행될 수 있는 것이다.

교육적 관계가 인류의 긴 역사를 통해서 면면히 오늘날까지 이어오는 보편적인 현상임을 밝히는 연구가 차츰 진행되었다. 교육본위의 개념체제는 인류의 사대스승으로 알려진 석가, 공자, 소크라테스, 예수의 삶에 반영된 교육적 관계에 대한 새로운 검토로 이어졌다(김휘준, 1998; 엄태동, 1990; 장상호, 1999. 2000b, 2005a, 2009; 정연희, 2000). 그들과 제자의 관계는 그들이 인류의 스승으로 지칭되어야 할 가장 원형적인 양상을 보여주고 있음을 밝혀냈다. 이런 방식으로 개념의 부재 탓에 흔히 역사의 뒤안길로 감추어진 교육적 관계의 무수한 역사적 사례가 재조명을 요청하고 있다. 최성욱·신기현(2000)은 우리나라 판소리의 전승사에서 신분상승이나 부와 같은 세속적 차원을 초월하는 교육적 관계가 어떻게 전개되었는가를 명창 임방울과 성창순의 관계에서 예증하였다.

이런 부류의 연구가 가진 문제의 하나는 교육적 관계를 너무 예외적인 인물들에 국한되는 듯한 인상을 준다는 점이다. 그러나 교육적 관계는 일상의 삶에서 성인과 아동뿐만 아니라 유아나 아동들 사이의 또래 사이에 빈번하게 일어나고 있다는 시사는 많다(Piaget, 1965; Rogoff, 1990; Vygotsky, 1978). 김지현(1997, 2001)은 부모와 자녀 사이의 교육적 관계에 주목했다. 또한 유아끼리의 상호작용 안에 교육적 관계로 해석될 부분을 지적하여 그들이 흔히 단순히 가르침을 받는 수동적인 존재로 보는 일반적 선입견을 불식하고자 했다. 문무경(2002)은 어린이와 청소년들 사이에 협동학습(cooperative learning), 또래협력(peer collaboration), 또래교수(peer tutoring) 등이 이루어질 수 있음을 밝힌 바 있다. 이 연구들은 교육적 관계가 삶의 어느 공간에서나 연령을 초월해서 존재한다는 사실을 증명한다.

흔히 학교에서 교사는 가르치고 학생은 배운다는 고정관념이 있다. 그 고정관념에 따라 학생은 오로지 제자라는 말이 성립할 수 있을까? 강만철(2007)은 학생들 상호간의 교육적 관계를 탐색함으로써 이 질문을 불식시키고자 하였다. 그는 고등학교 1학년 학생들을 상대로 면접으로 조사한 결과, 대다수의 학생이 학교의 교과내용이나 여타의 주제를 중심으로 빈번하게 교육적 교섭을 하는 사실을 발견하였다. 응답자의 약 75%가 스승과 제자의 입장을 동시에 경험하였다는 점에서 서로의 교류교육이 빈번하게 일어났으며, 친구로부터 배울 때 교사로부터 배울 때보다 더 쉽고, 흥미롭고, 계속 물을 수 있는 장점이 있음도 확인되었다. 이런 연구는 고정관념에 의해서 가려진 교육적 현상의 밝힘이라는 중요한 의미를 지닌다.

교육의 내재적 가치를 인정한다면, 그 한 요소인 교육적 관계 역시 단지 수단의 차원을 넘어서서 이해되어야 마땅하다. 개인은 그 관계 속에서 가장 인간다운 보람을 느낄 수 있다. 교육적 관계는 강제로 이루어지는 것이 아니라 자발적인 선택과 협약에 의해서 결정된다. 이러한 교육적 관계는 크게 관계의 형성, 유지, 종결이라는 단계가 있을 것이며, 각 단계는 교육의 내재율에서 비롯하는 일련의 조건들을 만족시킴으로써 순차적으로 전개된다(장상호, 1991a, 1996; 정연희, 2000). 그렇다면, 그 각각을 결정하는 조건이나 요인이 무엇인가? 거기에는 분명 수많은 원인과 이유가 있을 것이다. 이에 대해서 현재로서 우리는 단순한 추정 이외에 별로 아는 바가 없다. 이에 대한 체계적인 연구가 후속되어야 할 것이다.

실제로 교육적 관계가 그 이론적 양상 그대로 순수하게 드러나는 경우는 없다. 상황에 따라 그 양태는 다양할 것이다. 이들에 대한 연구에서 각별히 유의할 것은 바로 변인의 선별이다. 교육 내재적 변인으로 받아들일 수 있는 측면, 즉 교육의 특정한 속성의 일부로 편입시킬 수 있는 교육학적 측면과, 이미 다른 분과학문에서 규명된 것을 포함하여 여타의 우연적 측면을 따로 구분할 필요가 있다. 전자는 외재하는 다른 것들과의 관계가 아니라 교육의 내재율에 의해서 성립되고 유지되고 파기되는 부분에 해당한다. 그러나 자율적인 삶의 한 분야로서 교육은 여타 환경의 영향에서 완전히 자유로울 수 없다. 이 부분이 후자에 속한다. 이 구분을 제대로 하지 못하면, 교육학 연구의 기본취지에서 벗어나 백과사전적인 지식으로 변한다.

교육적 관계맺음에 대해서 우리가 가질 수 있는 궁금증은 참으로 많다. 물질적인 것을 남에게 줄 때는 그만큼의 손실이 나에게 있다. 그러나 품위와 같은 정신적인 보물은 나누어준다고 해서 내 편의 손실이 있는 것은 아니다. 그것은 나누어줄수록 더 불어난다. 우리 각자는 어떤 수도계의 영역이든 간에 그 품계의 중간 위치에 있으며, 따라서 반쯤 후진이고 또한 반쯤 선진인 셈이다. 그런 품위상의 빈・천과 부・귀의 상대적인 차이는 교육에 의해서 서로 공유될 수 있음에도 불구하고, 우리는 그런 품위의 공유에 소홀하거나 인색한 경우가 많다. 우리는 다음의 한스 뎅커의 하소연에서 우리 자신의 일상적 어리석음을 확인할 수 있다.

> 오 주여, 이 늙고 가련한 세상에 어떻게 이런 일이 일어나는 것입니까? 당신은 너무나도 위대한데, 아무도 당신을 보지 못합니다. 당신은 그렇게도 큰 소리로 부르시는데, 아무도 당신의 음성을 듣지 못합니다. 당신은 스스로를 모두에게 주는데, 아무도 당신의 이름을 알지 못합니다. 사람들은 당신에게서 도망쳐 나와서 당신을 찾지 못한다고 말합니다. 사람들은 등을 돌리고서 당신을 보지 못한다고 말합니다. 사람들은 귀를 닫고서 당신의 음성을 듣지 못한다고 말합니다(White, /1991, p. 68에서 재인용).

일상생활 속에서 교육적 관계의 맺음이 이토록 어려운 이유는 무엇인가? 그것은 교육적 자각의 결여인가, 혹은 그 역량의 결여인가? 이는 교육의 내재적 변인을 추궁하는 질문이다. 예컨대, 선진과 후진의 수도계적 관계가 지닌 경쟁적 요소를 완화시켜 조화로운 협동관계로 이끄는 것이 교육적 관계가 지닌 묘책이다(장상호, 1996, 2002, 2003; 정연희, 2000). 그 방법은 무엇인가? 스승과 제자의 선택은 신중함을 요한다. 사이비 스승과 진짜 스승을 구별하는 방법은? 제자를 구하고 선택하는 방법은? 사람들은 누구나 자신의 품위에 갇혀 있다. 그 품위에 어긋나는 상황에 대한 반응 가운데는 불신, 증오, 배척, 분노도 포함된다. 이런 배타적 감정을 극복하고 서로 교육적인 협력으로 만날 수 있는 조건은 무엇인가? 스승과 제자의 관계형성에서 전제한 선진과 후진의 우열관계는 확정된 것이 아니라 잠정적인 가정에 불과하다(장상호, 1991a, 1996, 2000a). 그들은 이제 그 사실을 확인하기 위한 동반여행을 시작한 데 지나지 않는다. 그들의 짐작은 맞을 수도 있고 틀릴 수도 있다. 제자의 상구능력과 스승의 하화역량에 대한 상호간의 신뢰는 어떻게 구축되는가? 그 신뢰성을 보장하는 방법은 무엇인가? 청교와 청학의 방법은 무엇인가? 어떻게 선진이 후진의 상구동기를 자극하고 활성화시킬 수 있는가? 혹은 어떻게 후진이 선진의 하화동기를 자극하고 활성화시킬 수 있는가?

스승과 제자는 수도계에서 선진과 후진이라는 관계를 전제한다. 이 차원은 그 속성상 서로 경합하는 관계이다. 교육적 관계는 그런 경합하는 수도계적 관계를 화해시키고 그들 간의 연속성을 보장하는 견고한 고리의 역할을 할 수 있어야 한다. 그러나 여기에는 선진이 하화하려는 동기를 가지고 있고 후진이 상구하려는 동기를 가지고 있으며, 그 상이한 목표를 추구하는 쌍방의 태도의 전환과 협약이 필요하다. 그것을 보장하는 방법은 무엇인가? 선진과 후진이라는 판단은 어디에 근거하고 있는가? 선진 쪽의 청학과 후진 쪽의 청교는 어떻게 이루어질 수 있는가? 그것을 수락하는 조건은 무엇인가? 그 조건을 위약했을 때, 어떤 사후조처가 필요하며 가능한가?

이 이외에도 수많은 교육 외재적 변인들이 교육적 관계의 형성에 중요한 요인으로 작용할 수도 있다. 제자 되기를 청원한다고 모두 받아들일 수는 없다. 또한 스승 되기를 청원한다고 모두 받아들일 수도 없다. 그렇다면, 그 선택에서 고려해야 할 사항들은 어떤 것인가? 예컨대, 많은 가능한 사람들 가운데 개인에 따라 유독 스승으로 모시거나 제자로 삼고 싶은 사람이 따로 있는 경우가 많다. 이런 현상의 이면에는 상대의 상구와 하화능력 이외에 상호 매력적인 모종의 기질, 스타일, 성격적 특징과 조합이 작용하는 것은 아닌가? 만약 기질과 대인 관계와 자연적인 성품이 완전히 대조되는 사람을 스승과 제자로 삼는다면, 그렇지 않은 경우보다는 더 많은 어려움이 있을 것이다. 제자와 스승의 선택에서 교육 외적 조건은 어느 정도로 고려해야 하는가? 그 조건들은 어떤 것인가?

'유교무류(有敎無類)'라는 말이 잘 대변하고 있듯이, 교육에는 지위나 환경의 구별이 있을 수 없다. 그러나 교육적 관계는 그것을 둘러싼 주변 요인들에 일정 부분 의존하며, 따라서 그들로부터 영향을 받을 수밖에 없다. 그것은 인간관계의 하나인 이상 혈통, 출신지역, 성별, 연령, 인종, 계층 등의 요인들과 결코 무관할 수 없다. 그들이 교육적 관계의 형성에 어떤 영향을 주고 있으며, 그것들을 어떻게 통제할 수 있는가? 가령, 한 자연인이 부모와 자녀와의 관계와 스승과 제자와의 관계를 유지할 때, 어떤 문제가 생기는가? 직장에서 상관과 부하가 스승과 제자의 관계를 맺을 때와 그 반대로 제자와 스승의 관계를 맺을 때, 어떤 문제가 생기는가? 그 이유는 무엇인가? 어떤 해결방법이 있는가?

이상의 문제에 대한 해결을 기초로, 자연인 갑과 을 사이에 교육적 관계가 성립되었다고 하더라도 그 관계가 그대로 지속된다는 보장은 없다. 그렇다면, 그것을 결정하는 요인들은 무엇인가? 이 질문에 대한 해답 역시 교육의 내재적 변인과 외재적 변인을 구분하여 탐구되어야 할 것이다. 스승과 제자가 각각 하화교육의 내재율과 상구교육의 내재율에 따르는 조건이 내재변인에 해당한다. 세상의 온갖 잡사를 외면하면서 전념하기란 그렇게 쉬운 일이 아니지만, 적어도 그런 배타적인 의도를 확립하지 않고서는 교육적 관계를 유지할 수 없다. 특히 그 소재의 선택과 관련하여 '창조적 불협화'의 원리, 즉 스승과 제자 사이에 소재의 품위 면에서 너무 멀거나 너무 가깝지 않게 어중간한 거리에서 반신반의, 알쏭달쏭함, 아이러니, 패러독스, 갈등을 지속할 필요성이 강조되었다(장상호, 1991a, 2000a, pp. 516-517; 정연희, 2000, pp. 81-90).

교육적 관계가 지속되는 데 고려되어야 할 내재적 변인은 이 이외에도 얼마든지 확장될 수 있을 것이다. 예컨대, 김지현(2003)은 교육적 교섭을 하는 가운데 주로 소재가 되는 수도계의 품위에만 주목했음을 지적하고, 거기에 또 다른 품위, 즉 교육의 품위가 함께 고려되어야 함을 시사한다. 연구자는 스승과 제자 사이에 존재할 수 있는 다양한 양상의 품위수준의 조합을 상정한다. 그 수준의 차이가 없을 경우 별도의 수준상의 변화에 대한 노력이 없이 이루어지는 교육이 자연스럽게 이루어질 수 있지만, 그 수준의 차이가 있을 경우, 서로 갈등할 수 있는 가능성을 예상한다. 그 문제를 해소하지 못하면 교육적 관계는 순탄하게 진행될 수 없다고 보고, 연구자는 그 해결방법으로 높은 쪽이 낮은 쪽의 수준으로 일방적으로 맞추어 주는 순응이 이루어지거나, 혹은 점진적으로 그 수준을 높은 쪽으로 향상시키는 메타교육적 조절이 필요하다는 점을 지적한다. 이런 현상은 오직 교육적 상황에서만 특별히 문제가 된다는 점에서 교육적 관계에 영향을 주는 내재적 변인으로 포함시킬 수 있다.

교육적 관계의 유지에는 앞서 예시한 내재적 변인뿐만 아니라 수많은 외재적 변인들이 작용할 것이다. 그 가운데에는 가령 물리적 거리가 포함될 수 있지만, 이 요인은 오늘날 다양한 기계공학적 매체가 발달함에 따라 지리적 공간의 제약은 그렇게 문제가 되지 않을 추세이다. 이보다 특수한 요인으로 연령에 따라 상대를 인지하는 능력의 제한 같은 것을 고려해 볼 수 있다. 가령, 문무경(2002)은 영아나 어린 아동의 경우 또래와의 상호작용에서 상대의 관점의 차이를 조망하고 그 입장을 공감하는 데 상당한 어려움이 있을 것을 지적하였다. 강만철(2007)은 그의 연구에서 서로 떠들어서는 안 된다는 '야간자율학습'의 조건, 자신감의 부족, 상대의 태도, 표현능력의 부족, 자존심의 손상, 열등감 등을 교육적 관계를 저해하는 변인들로 예거했다. 이들은 특수한 사정들의 예시일 뿐, 그 이외에도 탐구되어야 할 외재적 변인들은 거의 무한대로 확장된다.

교육적 관계는 시작이 있듯이 어느 시점에서 끝난다. 다시 강조하지만, 교육적 관계는 선택적인 것이다. 관계가 중단되거나 종결될 때, 그 선택을 결정하는 조건이나 변인들은 무엇인가? 그 내재적 변인은 물론 스승과 제자가 더 이상 교육적 요구에 부응하지 못하는 경우일 것이다. 거기에는 스승과 제자 사이에 지켜져야 할 교육의 내재율에서의 이탈을 들 수 있을 것이다. 이보다 더욱 정상적인 경로에는 교육적 반전이 추가될 수 있다. 이미 스승과 제자의 품위가 역전된 상황에서 그 교육적 관계를 유지하는 것은 불가능하다. 그 해결방법은 다음 단계의 스승을 추천하거나 혹은 교육적 관계를 재조정하는 것이다. 그 이외에도 앞으로 더 많은 내재적 변인들이 우리의 탐구를 기다리고 있다. 교육적 관계의 종료는 비단 그 내재적 변인에 의한 것만은 아닐 것이다. 그 이외의 허다한 외재적 변인들이 작용할 것이다. 이는 이후에서 교육의 부정적인 환경과 관련하여 해명되어야 할 연구과제이다.

앞에서 자연인 갑과 을의 개별적인 교육적 관계만을 주로 논의했지만 거기에 더하여 그 교육적 교섭을 극대화시키는 교육공동체를 상정할 수 있다(장상호, 2002, 2009). 그 안에는 복수의 교육적 관계와 그에 따른 '큰스승'과 '근스승', '근제자'와 '작은 제자', '겹제자', '또래'라는 관계 등 더욱 복잡한 요인들의 작용이 고려되어야 한다. 여기에 더하여, 김지현(2004)은 이른바 '하화공동체'라는 특이한 집단을 상정한다. 그것은 대학 안에서 특정한 강좌를 담당한 교수와 이른바 '근스승'으로 구성된 집단으로, 이 중 후자는 교수와 학생들의 직접적인 접촉을 완충하고 매개하는 중간수준의 스승집단으로서 활동하는 것이다. 이 집단의 또 다른 특징은 구성원들 사이에 하화교육을 소재로 교육적 교섭을 한다는 점이다. 이처럼 교육적 관계에 대한 연구의 영역은 얼마든지 확장될 수 있다.

이렇게 밝혀진 연구결과는 학교와 같은 특정한 생활공간에서 이루어지는 교육적 관계를 검토하고 장려하는 데 응용될 수 있을 것이다. 그것은 흔히 학교 안에서 규정되는 학생과 교사라는 제도적 범주를 벗어난다. 후자는 엄밀하게 말하면 학교라는 사회적 제도에 의해서 규정되는 역할개념이고, 전자는 교육이라는 삶의 특수성에서 비롯하는 보편적인 현상이다. 최성욱(2004a)은 예컨대, 학교체제의 경직된 제도가 교육의 내재율에 역행하는 상황을 분석하면서 그 제도적 여건에 종속되지 않는 자율적인 방식의 교육적 관계의 복권을 주장한 바 있다. 그 주장은 사실에 부합하는가? 그렇다면, 교사와 학생이 진정한 의미의 교육적 관계를 이룰 수 있으려면 제도적 여건이 교육적 관계의 조건에 부합하도록 어떻게 재조정될 수 있는가? 이런 문제는 학교 이외에 가정, 직장, 혹은 가상공간에도 그대로 적용될 수 있을 것이다.

## 3.5 교육적 생애

우리의 논의는 이제까지 교육의 주체를 개인으로 삼아 진행해 왔다. 개인은 출생에서 사망에 이르는 한정된 일생을 보낸다. 그 사이에 유아기, 아동기, 청소년기, 성년기, 중년기, 노년기가 나누어지기도 한다. 그것들은 삶 전체의 커다란 운동의 굴곡에 해당하며, 그 밑에는 보다 작은 수없는 시작과 끝이 있다. 이런 구분은 단지 생물적인 변화 이상의 다양한 측면들을 내포한다. 그 가운데 자연인의 일생의 삶을 교육적 관점에서 재구성한다면 어떻게 될까? 교육적으로 가치 있는 생애란 어떻게 평가할 수 있을까? 이것이 바로 본 절의 주제인 교육적 생애에 관한 연구들이 밝혀야 할 기본적인 과제이다.

생애에 대한 우열의 차이는 불가피하다. 잘 살고 지낸 사람과 그렇지 못한 사람이 있는 것이다. 그런데 그 우열에 대한 평가는 우리가 속한 세계에 따라 달라질 수 있다. 세속계에서는 권력, 재력, 명망과 같은 세속계적인 지위와 관련하여 일생을 평가한다. 수도계는 세속계적인 지위와는 별개의 서열을 부여하는 평가가 이루어진다. 사회적으로 낮은 계급의 출신이 수도계의 높은 품위를 차지할 수 있으며, 인간의 가치를 그 품위수준의 차이에 의해서 구별하고 그에 합당한 대우의 비중을 배분한다. 교육적인 삶에 대한 평가는 그 품위의 수준과 무관하다. 낮은 품위에서 높은 수준의 교육적인 삶이 가능하다. 따라서 그런 고유한 삶의 질은 수도계의 수준과는 별개로 평가되어야 할 대상이다.

요즘 평생교육이라는 말이 유행한다. 일생 속에는 교육이라는 독특한 과업이 있다는 말이 되겠다. 평생교육의 실제적인 시작은 유아기이며, 그 끝은 늙어서 죽을 때이다. 개인은 나이를 떠나서 누구나 자신의 교육적인 역량을 최대한으로 실현시키고자 하는 열망을 가지고 있다. 어렸을 때 상구하는 것은 좋으나, 성인이 되어서도 상구하는 것은 문제가 있다고 보는 생각은 옳지 않다. 또한 나이가 많을 때 상구보다는 하화가 더 비중이 크지만, 젊음이 하화의 결격사항은 아니다. 이들을 연구함에 있어서 먼저 해결되어야 할 과제는 그 상구와 하화라는 세계가 우리에게 주는 고유한 의미의 체험에 대한 규정이다. 그것을 떠난 삶이란 교육적 삶이라고 하기 어렵기 때문이다.

삶에는 다양한 종류의 체험이 있다. 어떤 것에 대한 경험은 그 전체적인 양상에 의해서 다른 것에 대한 경험과 구분된다. 악보를 시간계열에 따라 연주하면 하나의 멜로디로 들리며, 악보들의 계열로 들리지 않는다. 이처럼 체험은 '원형 그대로' 우리에게 오지 않고 조직된 형태로 나타난다. 한 가지 체험은 다른 체험을 대신하지 못한다. 그런 체험의 한 가지로서 교육적 체험이 포함된다. 이렇게 말하는 체험은 흔히 어떤 예정되거나 바람직한 결과를 가져오게 하는 것으로서 지칭되는 '교육적 경험'과 다르다. 전자가 이전 품위의 구속에서 해방되는 체험이라면, 후자는 그 해방을 가능하게 하는 체험이다. 이 점에서 교육적 체험은 수도계의 체험보다 좀 근원적인 체험인 것이다.

교육적 체험은 결과를 떠난 과정의 체험이다. 일부 연구자들(김한미·윤병희, 2006; 윤병희; 1996)은 해석적 체험과 교육적 체험을 비교하거나 혹은 그 구체적인 내용으로 적극적인 의사소통, 부정성, 시차를 둔 합의, 활동의 즉흥성을 지적한다. 교육본위론에 따르면, 교육은 자기 자신을 총체적으로 변형하는 상구의 과정과 그것을 타인에게 재생하는 하화의 과정이 구분되며, 그들은 서로 다른 내재율을 따른다. 이는 교육적 체험도 그 내부에 서로 그 종류가 다른 체험을 포함하고 있음을 시사한다. 그렇다면, 이들을 어떻게 서로 다른 교육적 체험으로 의미구성을 할 것인가? 그들 사이의 이질성을 드러내기 위해서 장상호(2005a)는 대충 몇 가지 기본적인 세부항목들을 예시한 바 있다. 그러나 이는 차후의 연구를 위한 단초에 불과하다.

어떤 것에 대한 체험의 전제는 바로 그 내재성이다. 이런 의미의 '내재적 체험'이 되기 위해서는 무엇이 되어야 한다는 관심사에서 벗어나 체험 자체로서 즐길 수 있어야 한다. 교육적인 욕구나 가치는 오직 교육에 의해서 충족될 수 있다. 그것을 다른 수단에 의해서 충족시킨다면, 그것은 근본적으로는 교육적 체험이라고 할 수 없다. 교육은 얼마나 높은 품위로 올라가느냐보다 하나의 품위가 다른 품위로 이행하는 과정을 얼마나 착실하게 체험하느냐에 목표를 둔다. 교육적 체험은 여타의 체험을 위한 수단이 아니며, 또한 실용적 목적을 위해 있는 것도 아니다. 그 체험의 빈도나 농도가 바로 교육적으로 잘 사는 생애를 평가하는 가장 고유한 기준이다.

하나의 세계에 대한 고유한 체험은 전인격적이기 때문에 그것을 지력, 감정, 신체라는 식으로 구분하기는 사실상 불가능하다. 교육의 과정에는 지적인 활동뿐만 아니라 희망, 실망, 고뇌, 흥분, 좌절, 공포, 용기, 기쁨, 에너지 등과 같은 강열한 정의적인 경험이 포함된다. 그 모든 것들이 어떤 방식으로 겹쳐지거나 되돌아오면서 우리 존재의 심연에 접근한다. 모든 여타의 체험처럼, 교육적 체험 역시 언술에 의해서 모두 기술하거나 전달하기 어렵다. 교육적 체험이 여타의 다양한 종류의 체험 가운데 하나를 구성한다고 할 때, 우선 그 체험에 대한 규명이 있어야 하고, 그 가운데 교육내재적인 체험의 특수성을 밝힐 수 있어야 한다. 그것들은 교육의 맥락과 어떻게 관련되어 있는가?

교육적 체험에 즉응하는 기존의 논의나 이론을 찾기는 어렵지만, 그 단편으로 추측할 만한 언급이 없지 않다. 김소희(2001)는 한 예술가의 생애를 중심으로 열정체험이 어떤 것인지를 밝히고, 그것을 교육의 성공과 결부시켰다. 최명선(2004)은 등반의 과정이 스스로의 자기를 극복하고 내면의 자신을 추구해 나가는 치열한 삶의 여정이라는 점을 주목하고, 이에 교육적 체험의 의미를 부여하고자 하였다. 이 부분은 상구의 체험에 해당할지 모른다. 다른 한편, 하화의 체험은 일리치(Illich, 1973)가 말하는 '공환(conviviality)'의 개념과 결부시킬 수도 있을 것이다. 일리치는 공환적 순간을 "개개인을 위해 인식의 모든 순간을 학습하고, 지식·기술· 경험 등을 서로 나누어 가지고 서로 도와주는 순간"으로 규정한다. 교육적 관계의 지속은 바로 이런 순간의 연속이라고 볼 수 있다.

교육적 체험은 키에르케고올의 예수에 대한 해설에서도 단편적으로 나타난다(Kierkegaard, /1967). 예수는 신인 동시에 인간이라는 패러독스를 함축하는 존재로서 신적인 측면과 인간적인 측면을 모두 자신의 진정한 모습으로 지니고 있다. 이러한 양자택일의 상황은 개인의 내면에 의지적인 결단과 선택지를 추구하려는 열정을 불러일으키게 된다. 키에르케고올은 모순이 차가운 이성을 통하여 새로운 종합으로 향하게 하며, 패러독스는 뜨거운 감성과 열정을 통하여 실존적 선택으로 나아가게 하는 것으로 기술하였다.

교육적인 체험 안에는 특이한 시간체험도 포함된다. 양미경(1999)은 보르노(Bollnow)가 '희망을 지닌 인내(patience with hope)'와 '기대를 지닌 인내(patience with expectation)'의 차이를 구분하는 부분에 주목하였다. 양자는 모두 미래에 초점을 둔다는 점에서는 동일하지만, 기대를 한다는 것은 예기되는 사건이 다분히 즉각적이고 분명하게 상상이 되는 것이고 강력한 내적 적극성을 상정하는 개념이지만, 희망을 건다는 것은 그 결과가 분명하게 예측되거나 그 시점이 명확하게 규정되지 않는 것으로서 교육 고유의 특수한 체험으로 포함시킬 가능성도 보인다.

교육을 어떻게 규정하든 간에 그 안에 시간의 추이에 따른 인간성의 변화라는 사실을 외면하기 어려울 것이다. 이때 교육에서 규정하는 고유한 의미의 시간에 대한 개념도 참조되어야 할 것이다. 장상호(1991a)는 교육을 재개념화함에 있어서 시간의 개념이 여타의 것과 다르게 규정될 수 있고 규정되어야 함을 다음과 같이 시사했다.

> 체험의 시간은 체험이 변화할 때 흐른다. 다시 말하면 체험의 시간은 물리적인 시간처럼 일정하거나 직선적인 것이 아니고 체험의 농도에 따라 주기적인 시간대를 갖는다. 체험의 나선형적인 추진 작용이 빠르면, 그만큼 시시각각으로 짧은 부활이 반복되면서, 일생의 길이는 확장된다. 같은 연령이라고 하더라도 갑과 을이 세계를 체험하는 폭과 높이에는 큰 차이가 있으며, 그들은 그만큼 다른 인생의 기간을 향유하고 있는 것이다(p. 16).

시간적 추이는 교육의 기본적인 요소다(장상호, 2005a). 교육은 인간성의 진보에 대한 확신을 전제한다. 그 전제를 충족시키는 것으로서 우리는 수도계를 들었다. 그 안에서 우리 자신의 품위는 심화, 확장, 발전을 위해서 끝없는 내면의 혁명을 거치는 것이다. 그 점에서 모든 품위는 시간적이며, 그 의미는 시간적으로 결정된다고 말할 수 있다. 이때 물론 그 시간은 앞에서 지적한 바와 같이, 주체가 개입되는 시간, 즉 현재, 과거, 미래로 규정된다. 그 시간은 단순히 과거의 연장으로서의 현재, 그리고 현재의 연장으로서의 미래라는 도식을 넘어선다.

교육의 두 가지 과정 가운데 시간의 면에서 상구는 전진적임에 비해서 하화는 퇴행적이다. 하화의 경우에는 현재에 의한 과거의 규정이 있고, 상구의 경우에는 현재에 의한 미래의 규정이 불가피해진다. 같은 공간에 처한 선진과 후진 사이에는 품위 면에서 시간상의 간격이 있다. 선진과 후진은 서로 다른 시간을 대표하면서 같은 공간 안에 생활하고 있는 셈이다. 그런 특수성이 아직까지 심각하게 고려되지 않았다고 할 수 있다. 다만 몇 편의 연구가 그 부분의 탐색을 시도한 바 있다. 양미경(1999, 2008a)은 시간이 지닌 교육적 의미와 시간의 체험 방식과 관련하여 교육적 기다림, 인간의 변화가능성, 인간의 유한성의 문제를 다루었다. 최성욱(2006a)은 교육적 시간의 기본전제, 교육적 시간의 회귀성, 시차(時差)로서의 품차, 교육적 시숙의 내재율, 교육적 시간의 평가, 경륜의 교육적 해석, 품위의 교육적 재활용이라는 주제를 논의하였다.

교육적 체험에 대한 본격적인 연구는 이제 겨우 시작에 불과하지만, 만약 교육의 고유한 체험에 대한 이론적 규명이 이루어질 수 있다면, 그 다음에는 인생의 각 단계에서 그 고유한 의미의 교육적 체험에 어떻게 참여하는가 하는 문제가 자연스럽게 제기될 수 있다. 아동, 청년, 중년, 노년기에 가능하고 필요한 교육은 무엇인가? 또한 그 한계는 또 무엇인가? 그 특징에 따른 보편적인 교육의 소재가 있는가? 어떤 것이 그들의 관심을 끄는 교육의 소재인가? 각각의 단계에서 교육의 열정은 어떻게 달라지는가? 상구열정은? 하화열정은? 연령에 따른 교육적 관계의 제약이나 특징은 없는가? 어린이들이 성인에 비해서 정상적인 교육적 관계를 맺을 수 없는 요인은 무엇인가? 혹은 그 반대로, 성인이 어린이에 비해서 교육적 관계를 맺음에 방해를 받는 부분은 없는가? 이런 차이는 각 단계가 처한 교육 외재적 여건과 어떤 관련을 갖는가?

교육의 생애는 개인에게 고유한 것이거나 혹은 누구에게나 보편적인 것이 포함될 수 있다. 그 어떤 것이든 결국 그 자료는 개개인에 근거하고 있다는 점에서 근래에 신기현(1999)이 교육분야에서의 전기적 방법의 가능성을 제시한 것은 큰 의미가 있다. 전기적 방법은 한 개인을 이해하기 위해서는 어느 한 시점에 고정되지 않고, 그의 과거, 현재, 미래를 통합하는 방식으로 바라보아야 한다. 이때, 그 개인을 어떤 측면에서 보느냐 하는 문제가 남는데, 교육적 전기라면 바로 교육의 측면을 부각시킬 수 있어야 할 것이다. 이때 앞에서 지적한 것처럼, 다른 여타의 것과 구분되는 교육의 고유한 맥락 혹은 교육적 체험이 그 중요한 내용을 차지할 것이다.

이와 관련하여 흔히 '교육적인 인물'이 먼저 우리의 주목의 대상이 될 수 있다. 이른바 '인류의 4대 스승'으로 칭송받는 사람들의 경우가 이에 해당한다(김남희, 2000; 김희준, 1998; 신기현, 1996; 엄태동, 1990; 장상호, 1999, 2000b, 2009; 정연희, 2000). 이들을 통해서 우리는 자신의 품위를 높이고, 그것을 동료인간에게 전파한 삶이 어떤 것인지에 대한 이해에 쉽게 도달할 수 있게 된다. 인간에게 필연적으로 봉착하는 죽음에 대한 불안은 하화라는 타자를 위한 선행으로 연결된다. 이들은 자신이 일생을 통해서 획득한 품위의 보존이 제자를 통해서 가능하다는 것을 지금까지 입증하고 있다. 이로써 그들은 일생보다 더 긴 세월에 지금까지도 참여하는 것이다. 이는 이제까지 고유한 개념체제의 부재 때문에 충분히 감식되지 못한 부분이기도 하다.

남승택(2001)은 교육에 대한 자율적인 개념이 없었던 관계로 예수에 대한 교육적 측면이 소홀히 다루어지거나 무시된 점을 지적하고, 교육본위론의 관점에서 그의 삶을 재조명하려는 시도를 한 바 있다. 그는 예수에 대한 다양한 이해방식, 즉 스콜라 신학의 접근, 역사주의적 해석, 신화론적 해석, 유다이즘에서의 해석, 정신분석학적 해석, 사회주의적 해석, 해방신학적 해석, 그 다양한 해석들에 대한 교회의 입장을 정리하고, 거기에 교육학적 해석이 추가될 수 있음을 지적한다. 그와 아울러 교사로서의 예수와 예수의 삶(예수의 탄생, 지상생활, 죽음과 부활)에서 드러나는 교육적 과정을 밝혔다.

그러나 성인들에 대한 모든 자료가 곧바로 교육적 생애에 대한 해답을 제공하는 것은 아니다. 예컨대, 흔하게 인용되는 것은 공자가 스스로 자신의 인생의 발전을 지학(志學), 이립(而立), 불혹(不惑), 천명(天命), 이순(耳順), 종심(從心)으로 보았던 경우이다. 그러나 엄밀하게 말하면, 이 자료는 교육적 체험이라기보다는 교육의 소재에 해당하는 부분이다. 교육적 생애와 관련하여 우리가 가져야 할 관심은 앞에서 공자의 생애에서 널리 알려진 것처럼 그 소재의 특수성에 있지 않다. 그리고 이 소재에 해당하는 부분일지라도 연구자의 교육적 이해(장상호, 1997b)라는 과제를 가지고 있다. 공자가 스스로 술회한 단계는 교육을 통해서 얻은 높은 수준의 체험을 담고 있기 때문에, 그가 지칭하는 품위에 대한 정당한 이해를 위해서는 연구자 스스로 그 단계를 해석할 수 있는 자질을 향상시키는 해석학적 문제를 해결할 수 있어야 한다.

4대 스승과 그 제자들은 세속적인 삶과 세속에 물들지 않은 삶의 두 갈래를 놓고, 어느 쪽이 사람다운 삶인지를 평생동안 확인하고자 노력했다. 그러나 소재와 관련하여 4대 스승 각자는 서로 다른 종류의 수도계를 추구하였다. 그 점에서 이들은 서로 판이한 삶을 영위했다고 볼 수 있다. 그만큼 그 삶에서 구현된 교육의 양태가 전적으로 동일한 것이라고 하기는 어렵다. 그럼에도 불구하고, 그들이 실천하였던 교육의 밑바탕에 흐르는 근본원리는 놀라우리만치 많은 부분에서 서로 일치하는 것을 발견하게 된다(장상호, 2009). 우리가 주목해야 할 부분은 바로 그 점에서의 공통점과 특수성이다. 그러나 그 부분에서도 얼마나 연구자 스스로가 그들의 교육의 품위에 대응하는 자질을 갖췄느냐 하는 문제가 아직 해결되어야만 한다.

역사를 통해서 끊임없이 거명되어 왔던 인물들의 위대함은 그들이 자신의 해당영역에서 최종적인 품위를 생산한 공로에서가 아니라 그들이 그것을 얻어가는 디딤돌이 될 수 있었기 때문이다. 품위의 최종점에 일시에 도달한다는 것은 씨앗에서 일시에 열매를 맺기를 기대하는 것처럼 어리석은 것이다. 어떤 형태의 품위도 선대가 씨앗을 뿌리고 후대가 기르고 다음에 열매를 맺는 발생적 과정을 거쳐서 형성되었으며, 거기에 참여하는 학자들은 그 단계를 초월할 수 없다. 따라서 그 과정에서 한 단계를 차지하는 품위는 언제나 교육에 있어서 배제할 수 없는 확고한 위치와 가치를 점유하고 있는 것이다. 오늘날 철학에서 그 타당성이 의심스러운 예전의 학자들의 이론이 지금도 가장 인기 있는 것으로 보존되고 있는 이유는 그들이 일반 초보적인 입문자들이 통과할 수 있는 관문으로서 제 역할을 하고 있기 때문이다. 학문은 기존의 관념을 거부하고 발전시키고 공유하려는 뜨거운 열정에 토대를 두고 발전한다. 소크라테스는 아테네 사람들의 무지를 각성시키려고 노력했고 청년을 부패시킨다는 죄목으로 사약을 먹고 사라졌다. 그런 소크라테스의 삶이 학문을 싹트게 하는 더 없이 귀중한 씨앗이 되었고, 이 때문에 우리는 아직도 그 초석의 가치를 인정하고 보존하고 있는 것이다.

그러나 그런 예외적인 인물들의 교육적인 삶이 얼마나 일반인들에게 일반화될 수 있느냐 하는 것은 검토의 대상이다. 그런 자료의 근본적인 한계를 극복하기 위해서는 그 보통사람들의 교육적 생애에도 주목할 필요가 있다. 교육적 삶이란 유별난 것이 아니다. 우리 주변에는 세상 사람들이 말하는 '교육열'과는 무관하게 진정으로 교육적인 삶에 보람을 느끼고 사는 사람들이 허다하다. 그들의 교육적인 삶을 조명하는 데 필요한 것은 특정한 영역의 수도계에서 얼마나 높은 품위를 향유하고 있느냐 하는 것과는 구분되는 교육 고유의 삶의 기준이다. 끼니를 잇지 못하는 역경 속에서 오직 배우고 싶다는 마음으로 먼 길을 마다않고 학교에 다녔다는 어떤 농부의 이야기며, 물질적 보상과는 무관하게 후진양성에 일평생 진력했다는 어떤 도예가의 이야기 같은 경우는 주변에서 흔히 들을 수 있는 교육적 일화들이다.

과정적 체험을 중시하는 교육의 입장에서는 소재가 되는 품위에서 매우 낮은 수준에 있으면서도 교육의 면에서 높은 수준의 삶을 영위할 수 있다. 예컨대, 불행하게 신체장애를 입은 사람이 자신의 한계를 상구의 소재로 삼아 활기찬 삶을 사는 경우가 있다. 그들은 정상인이었을 때 자연스럽게 해결했던 일상의 활동, 예컨대, 식사하기·의복입기·걷기의 간단한 활동에서부터 스스로 운전하기에 이르기까지를 하나의 도전으로 삼는 것이다. 그들이 주체로서 체험한 교육적 시간이 정상인들의 그것보다 더 절실하고 더 길다고 볼 수 있다. 이런 사례에서 그 장애인들은 교육의 거인으로 평가할 수도 있다. 누구에게 상구하고 누구에게 하화하였으며, 그들의 삶의 양태는 어떠했는가?

성공적인 상구교육과 성공적인 하화교육은 다르다. 그렇다면, 상구교육에는 성공했으나 하화교육에 실패한 사람은 없는가? 그 반대의 경우는? 교육적으로 성공한 일생은 어떤 것인가? 우선 일생동안 스승과 제자로 삼아 교육적인 관계를 맺는 빈도에서 개인적인 차이가 있을 것이다. 인생의 초기에서부터 노년에 이르기까지, 그가 처한 위치에서 얼마나 교육적인 생활 속에서 보람을 느끼고 인생을 의미 있게 지냈느냐를 중심으로 교육적인 생애의 성공을 평가하는 기준이 있을 것이다. 이 분야의 연구는 이런 새로운 평가가 가능한 개념범주와 안목을 마련해 줄 것이다.

개인의 교육적 삶에는 언제나 그 고유성한 양태가 있다. 그 이유는 교육적 체험 자체의 다양성보다는 그것을 가능하게 하거나 혹은 방해하는 특수한 환경에서 비롯할 수 있다. 개인이 각각 처한 여타의 조건, 예컨대, 물리적, 생물적, 심리적, 정치적, 사회적, 문화적, 종교적 상황이나 환경이 다른 만큼 그들의 교육적인 삶의 양태도 각양각색일 것이다. 그 각각의 것을 구분하면서 한 개인의 교육적인 삶을 하나의 보편적인 현상의 일부로 추적하여 포함시키는 작업은 연구자에게 바로 삶 자체의 복합성을 이론적으로 구분하면서 변별할 수 있는 특별한 자질을 요구한다.

## 3.6 교육적 진화

한 개인의 일생이 있는가 하면, 인류 전체의 역사도 있다. 후자를 교육의 관점에서 바라보고 평가하면 어떨까? 이 질문은 진즉부터 교육사의 연구에서 다루었어야 했다. 여기에서 얻은 결과는 아마도 정치사, 경제사, 사회사, 문화사, 종교사 등의 경우처럼 우리의 삶에 진행되고 있는 제반 시간적 추이에 대한 매우 흥미 있는 사실을 드러낼 것이며, 인류역사의 통사에 그만큼 다양성을 부여할 수 있을 것이다. 그러나 아직까지 그런 거시적 규모의 연구는 교육학의 연구에서 찾아볼 수 없다. 이는 이제까지 지적해 왔듯이, 자율적인 학문체제의 부재와 관련되어 있으며, 그만큼 귀중한 역사적 사실을 은폐하는 요인으로 작용하고 있는 것이다.

교육적 진화는 그 은폐된 역사의 일부만이라도 밝힐 수 있는 중요한 주제이다. 생물학적으로 인간은 결핍동물이다. 우선 태어날 때 자족할 수 있는 제반 능력이 없다. 인간은 외형적으로 외부와 내부의 온도를 차단하는 피부의 털이 부족하다. 말처럼 빨리 달리거나 사자처럼 날카로운 발톱을 가진 것도 아니다. 이런 신체적인 한계에도 불구하고, 인간은 다른 생물체와는 달리 그 자체의 속성을 끊임없이 확장하고 변화시켜 왔다. 그 방법은 단지 종의 유전인자를 바꾸기보다는 자신들이 자신의 속성을 규정하고 실현시키는 일에 개입하는 방식으로 이루어지고 있는 것이다. 그 가능성의 가장 뚜렷한 증거는 인류의 시작과 현대의 삶의 차이이다. 장상호(1991a)는 일찍부터 그 변화의 한 요인으로 다음과 같이 교육적 진화에 주목한 바 있다.

> 인간성은 가능성이다. 인간의 본질이 무엇인지는 확정지을 수 없다. 진화론자는 원초적 생명체로부터 인류의 발생까지 수십 만년에 걸친 변형을 기술한다. 계통발생적으로 인간은 동굴에서 기어 나와 우주여행을 할 수 있었다. 개체발생적으로 인간은 100년 이내의 일생 동안 원시인으로 태어나 고도의 문명인으로 사멸한다. 변화는 시간을 필요로 하지만 그것이 충분조건이 되지 않는다. 하등생물들은 그들의 종(種)을 변화시키는 방법으로서만 자체를 변화시키지만, 고등동물로서의 인간은 생물적 한계를 넘어 역사를 창조하고 그 창조된 세계에 적응한다. 인간은 역사를 가지고 있지만 예정된 목표는 없다. 시간의 자궁 속에 숨겨진 '궁극적 인간'은 없다. 인간은 자체의 성질을 주체적으로 규정하고 실현시킬 수 있는 별도의 기제를 내장하고 있으며 그것이 인간성의 위대한 진화를 이해하는 하나의 통로를 마련해 준다(p. 4).

인간에게는 선대가 이룩한 업적을 보존하면서 그 토대 위에 발전을 모색하는 과정이 있다. 인간은 단지 있는 환경에 반응하는 것이 아니라, 그의 내면적 수준에서 환경을 만들어 내고 거기에 일련의 적응적 반응을 보인다. 이로써 사회 혹은 문화라는 확장된 세계가 자연계와는 별도로 출현한다. 이런 사실에 대한 설명은 이제까지 주로 '사회화'나 '문화화'라는 주제로 설명되어 왔다. 사회와 문화를 만들고, 그 토대 위에서 후대가 선대의 것을 향유하는 것이다. 이를 두고 "거인의 어깨 위에 선다"는 표현이 가능할지 모른다. 이들이 주로 강조하는 것은 기존의 것을 보존하는 과정이다. 이 때문에 그 결과로써 그 과정을 정당화하는 방식을 취한다.

그러나 인간이 이제까지 이룩해 온 놀라운 역사적 변화를 그 개념만으로 설명하는 데에는 부족하다. 보존과 발전은 별개의 과정이다. 인간의 역사는 창조의 역사다(Boorstin, 1983; Bronowski, 1973). 창조는 파괴의 또 다른 얼굴이다. 새 것의 출현은 옛 것에 대한 도전과 부정의 단계를 거쳐서 이룩된다. 기존의 것에 안주하거나 만족하지 않고 새로운 가능성을 엿보는 가운데 창조적 변형과 재구성의 길이 열린다. 이 부분에 초점을 두고 탐구되어야 할 것이 바로 교육적 진화이다. 교육은 단지 선대의 어깨 위에 서는 것이 아니라 그 성장과정을 반복한다는 점에서 그보다 더 근원적이다. 여기에는 항상 모방보다는 창조의 과정이 동반한다. 일견 창조가 모방에 비해서 그 속도가 느릴 수 있다. 그러나 창조의 과정은 선대의 어깨 높이에 자신의 신장을 더 한 것에 고착되는 것이 아니라, 그 이상의 높이로 진행하는 능력까지 가미한다는 점에서 큰 차이를 보인다.

우리의 삶에서 생물적 적응, 세속적 적응, 문화적 적응이 적용될 영역과 그렇지 못한 영역의 구분이 필요할지도 모른다(장상호, 2005a). 가령, 세속계적인 인간은 통일과 일치에 비중을 두는 사회화의 과정을 통해서, 그리고 수도계적인 인간은 점차 한 단계씩의 발전을 도모하는 교육을 통해서 육성될 수 있다는 전략적 가정이 성립할 수 있다. 과거에는 인간에게 불가능했던 것이 갑자기 가능하게 된 역사를 가지고 있다. 이들을 어떻게 설명할 수 있는가? 인류의 위대한 선구자들의 이론이나 작품은 당시의 사람들에 의해서 무시당함으로써 그 발견의 성공이 지체되다가 뒤늦게 그 진가를 인정받는 경우가 많다. 그 경우, 그 과정에 사회화나 문화화가 큰 도움이 되지 못했다는 증거가 된다.

수도계는 그 자체로 인간적 가치로서 증명되어야 할 성질의 것이기 때문에, 이를테면, 종교적인 교조화나 개종, 사회화나 충성심에 의한 호소, 세뇌와 선전, 미신, 조건화 등과 같은 강제적이고 억압적인 수단으로 형성할 수 없다. 그 방향을 향도하는 절대적 권위를 가진 사람이 있을 수 없고, 다만 마치 날아가는 기러기의 대오에서 볼 수 있듯이, 중앙의 통제가 없는 공통의 분산체계에 의해서 질서가 잡힌다. 수도계는 원칙상 이처럼 정신의 자유를 추구한다. 품위와 관련하여 진행되는 교육은 그 자유의 원칙에 위배되어서는 안 된다. 아마도 학문이나 예술을 위시한 각종 수도계의 눈부신 진보가 모두 그런 방식에 의해 진행되었을 것이다.

이론과 사실은 서로 보완하는 관계에 있다. 포착된 사실이 더 확장된 개념을 요구하고, 그 개념이 놓친 사실에 대한 더 세밀한 발견과 설명을 해줄 수 있다. 앞서의 가정은 어디까지나 우리의 교육본위론을 토대로 나올 수 있는 논리적 추론에 불과하다. 그것을 확증하려면, 그 관점에 의해서 새로운 사실이 우리에게 드러날 수 있어야 한다. 진화의 과정에는 인류 가운데 예외적인 인물의 출현이 큰 요인으로 작용했지만, 그것만으로 충분한 것이 결코 아니다. 그의 부단한 상구의 과정과 그를 추종한 후진들과의 교육적 관계를 생략한다면, 그 설명은 절반에 불과한 것이 될 것이다. 이 미답(未踏)된 부분이 역사 안에서 특정한 수도계의 발전, 퇴보, 혹은 소멸한 사례를 설명할 수 있을 것이다.

인간성의 부단한 발전의 이면에는 제자가 스승의 품위를 추월하는 청출어람(靑出於藍)의 사례들이 있다. 이를 장상호(1996, 2002)는 교육적 반전의 개념으로 발전시킨 바 있다. 이 사태는 수도계적으로 보면, 품위의 경쟁에서 스승이 제자에게 패배한 경우에 해당한다. 그러나 그 사태에 대한 교육계적인 평가는 다르다. 제자의 품위가 스승의 것을 추월한 경우로서, 교육적으로 최고의 경사로 평가된다. 최근에 목도할 수 있는 수도계의 급속한 발전은 이런 메커니즘과 가치판단에 의존하였다. 시대마다 언제나 당대의 사람에게는 이해될 수 없는 선각자들이 있었다. 그들은 자신의 시대와 싸워 가는 고독한 반시대적 투쟁가였다. 그들은 스승이 없는 상구자라고 할 수 있다. 그 교육적 반전은 어떻게 가능하며, 이에 따라 그들의 관계는 어떻게 재조정되는가? 그들이 봉착하는 문제는 무엇이며, 어떤 과정을 통해서 역사적으로 인정받게 되었는가?

학문계는 역사상 가장 눈부신 발전을 이룩하고 있는 분야의 하나다. 그 발원지는 고대 그리스로 알려지고 있다. 그렇다면 왜 학문은 다른 곳이 아닌 그곳에서 발원하였고, 어떤 경로로 발전되고 전파될 수 있었을까? 여기에 여러 가지 역사적 설명이 있지만, 장상호(1999, 2000b)는 그것에 교육적 진화가 포함되어 있음을 입증하여 추가하고자 하였다. 누구나 시인하고 있듯이, 학문이 초기에 발전하는 데 특별히 공헌한 소수의 개인으로서 소크라테스, 플라톤, 아리스토텔레스를 든다. 이들은 놀랍게도, 서로 스승과 제자라는 교육적 관계를 가지고 있었다. 그들은 교육의 내재율을 따랐으며, 그 안에는 교육적 반전이 포함되어 있었던 것이다.

학문 중에서도 가장 괄목할 만한 진전이 이루어진 분야가 바로 자연과학이다. 그렇다면, 그 역사 안에 또한 교육적 과정이 포함되어 있을 것이라는 추정이 가능하다. 장상호(1996, 2000a)와 한수연(2004)은 기존의 문헌(Polanyi, 1964; Toulmin, 1961, 1970, 1972) 안에서 그런 추정이 가능한 자료를 얻고, 그 안에 놓친 교육적 반전의 양상을 단편적으로 드러내고자 하였다. 성공의 이면에는 실패도 있기 마련이다. 그 역사적 사례도 흥미롭다. 예컨대, 원자물리학 분야에서 이론적으로 서로 첨예한 대립을 한 아인슈타인과 하이젠베르크 사이에 만약 교육적 과정이 개재되었더라면, 서로 상대의 이론에 대한 교육적 이해를 거쳐서 그들의 논쟁이 더욱 쉽게 해소될 수 있었을 가능성을 지적하기도 하였다.

교육적 진화의 논리는 학문뿐만 아니라, 기술 혹은 예술분야의 발생·계승·발전의 긴 여정에 잠재되어 있을 것이다. 이것은 대개 앞선 수준의 장인 혹은 전문가와 그 수하에 들어간 도제 혹은 초보자 사이의 각별한 교육적 관계를 단위로 전개되는 역사를 포함한다. 그런 관점에서 최성욱·신기현(2000)은 우리나라의 판소리의 역사를 살핀 바 있다. 그 결과, 거기에는 어떤 모양으로든 그것을 가치 있는 일로 삼고 추구하는 인간들의 교육적 열정과 교육적 교섭의 긴 대열이 함께 하고 있음을 확인할 수 있었다. 각종 수도계에서 일어난 수많은 교육적 진화가 이와 같은 방식의 탐구를 기다리고 있다.

역사적 사실은 언제나 현재에 얼마만큼의 교훈을 주기 마련이다. 분명한 사실은, 후대는 선대의 미결사항이 이미 기결로 된 시대에 살고 있다는 것이다. 이 때문에 역사적인 탐구는 후대에게만 가능한 소재에 관한 많은 통찰과 원리를 발견할 수 있게 한다. 현대인은 몇 십 년 전만 하더라도 소수의 사람들만 알고 있던 품위를 그 소재로 확보하고 있다. 각각의 시대는 당시를 기준으로 현재를 규정하였고, 지금 우리가 살고 있는 시대에 비추어 과거 속에 속하고 있다. 우리가 살고 있는 지금-여기도 잠시 후에는 다시 과거의 사실이 될 것이다. 이런 사실은 비단 선대와 후대 간의 역사적 계열에서 뿐만 아니라, 한 개인의 일생에도 적용될 수 있다.

교육적 진화가 문화적 진화와 구별되는 요체는 선진과 후진, 혹은 상위품위와 하위품위 간에 있을 수 있는 갈등을 어떻게 교육적 협력을 통해서 후자가 전자에 수렴되는 방식으로 해소할 수 있느냐의 여부에 있다. 각 시대에서 신생아와 부모 사이의 품위수준의 차이는 원시와 현대만큼 크다. 그 차이를 일시에 좁히거나 일치시키려는 온갖 과정은 지나친 기대로 끝나거나, 혹은 품위의 고착이나 보수에 그칠 공산이 많다. 더욱 중요한 것은, 그 역사적 발전의 단계를 교육적으로 환생시키는 것이다. 여기에는 점진의 내재율이 작용한다. 오늘날에 그런 과정이 계속 유지될 수 있도록 그 관계를 재조정한다면, 인간의 교육적 진화가 가속될 것이다. 그런 실천을 생활 속에 정착시키고, 그로부터 얻어낸 결과를 사회화나 문화화와 같은 여타의 과정으로부터 얻어낸 결과와 비교하는 연구들이 앞으로 요청된다.

## 3.7 유관한 인간의 세분화

한 자연인이 가진 수많은 측면 가운데 어떤 것을 택하느냐에 따라 그 양태가 전혀 다르게 나타난다. 그 개념과 용어가 지칭하는 범주로 자연인에 대한 우리의 사고를 제한하는 것이다. 물리, 심리, 정치, 경제, 사회, 문화, 종교의 세계에서는 그들 나름으로 그 세계와 유관한 차원의 인간적 측면을 판별하는 범주를 만들어 왔다. 신장이라고 하면 물리적인 측면, 지능이라고 하면 심리적인 측면, 생산자와 소비자라고 하면 경제적인 측면으로 우리의 시선이 국한된다. 그렇다면, 교육에서는 어떤 범주를 이용해서 자연인을 그 세계의 일부로 포섭할 것인가?

그동안 상식의 수준이든 혹은 학문의 수준이든 교육과 유관한 범주로 쓰이는 개념이나 용어가 참으로 많다. 이에 대한 반성에서부터 본 절에서 의도하는 분야의 연구가 시작되어야 한다. 그런 분류가 진정 교육 내재적 차원인가? 내재적인 것과 외재적인 것을 구별하는 기준은 그 범주가 교육의 현상을 설명하는 이론과 연관을 갖고 있느냐에 의해서 결정된다. 그들이 진정 이론적 배경을 가진 분류인가? 그렇지 못하다면, 어떻게 그런 분류가 통용되기에 이르렀는가? 어떻게 같은 개념을 고유한 의미의 의미체제로 전환시킬 수 있는가? 만약 그들이 외재적 범주라면, 그 범주가 교육과 어떤 우연적 관계를 갖는가?

이와 관련하여 우선 검토될 대상은 '교육학자'라는 명칭을 가진 사람들이다. 정식으로 말하면, 이들은 교육현상을 연구하는 학자여야 한다. 본인들은 물론 주위 사람들도 누구나 그들이 교육과 분명한 관련을 가지고 있다고 믿는다. 그러나 장상호(2005b)는 그 이론적 근거를 따지면서 이에 대한 부정적인 해답을 얻는다. 그는 '교육속론자', '외출지망자', '용병학자', '기능론자'의 네 가지로 분류하고, 그들이 모두 고유한 의미의 교육현상에 대한 이해와는 아무런 관련이 없다는 주장을 편다. 이 주장이 맞는 것이라면, 그들은 가짜 교육학자들이라는 충격적인 결론에 도달하는 것이다. 이에 대한 반론이 없다면, 그 주장은 당분간 옳다는 입증방식이 있다. 이에 대한 반론은 아직 제기된 바 없다.

교육과 관련된 인간의 측면은 통상 학교와 관련하여 규정되며, '교사'와 '학생'은 그 가운데 가장 현저한 분류에 속한다. 전자는 가르치고, 후자는 배운다는 것이 제도로 고착된 사고방식이다. 그 규정이나 가정은 옳은 것인가? 이른바 '은행저축식 교육'을 비판한 프레이리(Freire, 1972)는 이 분류가 부적절한 것임을 지적한다. 실제로 교사도 배울 수 있으며, 학생도 가르칠 수 있다는 것이다. 따라서 그 대안으로 '교사-학생들(teacher-students)'과 '학생-교사들(student-teachers)'이라는 특이한 개념의 필요성을 지적한다. 여기에는 서로 구분되는 범주가 내포되어 있는 것이다. 정확히 말하면, 처음의 수식사에 해당하는 교사 혹은 학생은 가르치고 배우는 인간의 측면을 드러내고, 그것이 수식하는 복수형의 학생들과 교사들은 사회적으로 규정하는 역할의 측면을 드러낸다.

이것을 올바른 해결이라고 할 수 있는가? 개념의 요건에 비추어 보면,

프레이리의 제안은 참으로 어색하기 짝이 없다. 이는 제도에 의해서 규정되는 인간의 분류와 가르침과 배움이라는 본래의 활동을 동일한 용어로 나타내기 때문에 그 자체가 또 하나의 문제를 잉태한다. '배우는 교사'와 '가르치는 학생'이라는 말이 성립하려면, 배움과 가르침이라는 개념이 교사와 학생이라는 제도의 개념과 분리되어 이론적으로 설명될 수 있어야 한다. 그러나 이런 부가적인 노력을 프레이리의 논의에서 전혀 찾아볼 수 없다. 이 때문에 안타깝게도, 그의 주장은 제도적 분류가 단지 실천상의 모순을 포함하고 있다는 것을 환기시키는 데 그친다.

최성욱(2004a)은 교사와 학생 관계의 제반 양태는 학교의 제도적 맥락으로부터 파생한 외재적 범주임을 입증하고자 했다. 그에 따르면, 교사와 학생은 그들이 속한 학교체제에서 특정한 역할을 담당하는 자연인의 한 가지 기능적 측면에 해당한다. 시대와 장소에 따라 그들에게 기대되는 역할은 달랐다. 연구자는 교육적 관계는 그 제도적 측면에 구속되지 않은 이론적 토대 위에 규정할 필요가 있음을 지적하고, 적어도 보편성, 배타성, 기능주의적 교육관의 극복, 내재적 응집성, 교육의 내재율 준수의 다섯 가지를 그 이론적 조건으로 제시한다. 그 작업 결과, 훌륭한 교사와 훌륭한 스승, 훌륭한 학생과 훌륭한 제자가 서로 다른 개념적 범주로 구분될 수 있었다. 이런 이론적 구분은 흔히 "교사는 많으나 스승은 드물고, 학생은 많으나 제자는 찾아보기 어렵다"는 세간의 불만을 수용할 수 있게 한다는 점에서 진일보한 것으로 보인다.

같은 방식으로, 김재웅(2000)은 통상 '교육행정가'로 지칭되는 지위의 규정에 문제가 있음을 검토한다. 교육행정은 원칙적으로 교육적 가치의 극대화를 목표로 이루어지는 활동이다. 그렇다면, 교육행정가는 행정에 관한 일반적인 지식이나 기술은 물론이고, 교육적 가치에 대한 이해와 체험에 있어서 전문적인 수준을 갖추고 있어야 할 것으로 기대된다. 그러나 그 개념범주가 쓰이는 실제의 사태는 학교의 행정과 관련되어 있다. 이들은 학교를 둘러싸고 있는 다양한 세력들이 학교에 대하여 요구하는 정치적, 경제적, 사회적 가치 등 다양한 가치들 사이에 조화를 이루도록 애써야 할 역할이며, 이는 많은 부분에서 교육적 가치와 상충할 수도 있다. 따라서 연구자는 학교, 교육, 행정이라는 범주를 분리시키고, 그 안에서 교육행정가는 교육과 행정이 겹치는 영역의 문제를 다루는 전문가로 규정되어야 할 필요성을 역설한다.

앞서의 연구는 학교를 위주로 널리 사용되는 인간의 분류가 다분히 교육 외재적인 것임을 지적한 좋은 사례이다. 교육의 관점에서 이보다 더 심각한 문제를 제기할 수 있는 인간의 분류가 있다. 그것은 현존하는 교육학이 가진 용병학문적 성격과 직접적으로 관련되어 있다. 이 때문에 대학에 존재하는 온갖 종류의 분과학문의 범주로 규정된 인간상들이 무조건 교육의 범주로 받아들이는 왜곡이 일어난다. 심리학적 범주는 그중의 하나이다. 심리학은 인간에 관한 과학적 연구를 표방하고 있으며, 따라서 지능, 적성, 성격 등 다양한 개인차에 대한 분류가 나온다. 그런데 그 심리학을 모학문으로 하는 지금의 '교육심리학'은 그 모든 것들이 마치 교육과 관련된 범주처럼 다룬다. 진정 그들이 교육내재적인 인간의 분류라고 할 수 있는가? 아직까지 그에 대한 어떤 합당한 이론적 해명을 발견하기 어렵다. 단지 그것을 정당화하는 근거는 심리학 앞에 '교육'이라는 말을 첨부했다는 것뿐이다.

이처럼 아무런 이론적 근거가 없이 사용되는 용어는 그 이외에도 너무도 많다. 요즘 유행하는 '소비자로서의 학생'이라는 개념은 그 전형적인 것이다. 학교의 범주와 용병학문의 범주가 뒤섞인 이 개념이 전달하고자 하는 의도는, 교사는 국가에서 검인정한 교과서에 등재된 지식의 공급자이고, 학생은 수신체제의 한 끝에 비대칭적으로 연결되어 있는 수동적인 소비자라는 점이다. 그 주장의 이면에는, 지식은 상품이며, 교사와 학생은 그런 거래를 하는 경제적 관계를 갖는다는 전제가 포함되어 있다. 그런 가운데 학교 안의 교사와 학생은 은연중에 경제현상의 한복판을 차지하게 된다. 일반사람들은 교육의 속성과 아무런 연관이 없는 이런 범주를 단지 '교육학자들'이 그것을 사용하고 있다는 점 때문에 교육 내재적인 속성인 양 받아들이고 있는 것이다.

검토를 거쳐서 방출되어야 할 기존 교육학의 개념들의 대부분은 교육이 끝난 지점에서 발견될 수 있는 인간에 관한 분류이다. 이른바 '교육받은 사람(educated person)'이라는 개념(Peters, 1966; White, 1987)은 그중 전형적인 사례이다. 이 개념을 이용하여, 교육학자들은 바람직한 인간에 대한 자신들의 온갖 견해들을 멋대로 피력한다. 여기서 우리는 많은 의문을 제기할 수 있다. 여기에는 교육을 주는 주체와 받는 주체의 구분을 가정하는데, 그때 교육은 어떤 것을 지칭하는가? 이런 사람들이 다른 것이 아닌 교육의 결과라고 주장할 입증된 증거가 확보되어 있는가? 아니면, 단지 모종의 결과를 예상하고 그 과제를 수행하는 것이 교육이라고 주장하는 것은 아닌가? 그 개별적인 주장들 사이에 합의가 가능한가? 이런 의문의 일단을 추궁한 몇 편의 연구가 있다(곽현승, 2005; 이우진, 1993). 그 결론이 어떻든 간에 그런 의문을 다루었다는 것 자체가 이제까지의 교육학의 전통에 비추어 예외적인 연구로 평가될 만하다.

깊이 따지면, '교육받은 사람'이라는 개념은 다분히 외재적 결과만을 중시하는 기능주의적 교육관 혹은 학교에서 일어나는 것을 교육으로 규정하는 관점을 반영하는 것으로서 사실상 교육 자체의 고유성을 반영한다고 볼 수는 없다. 이 개념은 다분히 교육을 더 이상 지속할 필요가 없는 인간을 가정한다는 점에서 교육의 입장에서 역설적이다. 이는 그 당사자를 단순히 피동적인 존재로 보고 있다. 교육을 일종의 물건으로 보고 있는 것도 문제이다. 교육은 하는 것이며, 받는 것이 아니다. 어떤 것의 결과를 단일한 것으로 규정하려는 것도 무리이다. 만약 교육이라는 것이 있다면, 그것이 가져올 수 있는 결과는 거의 무한하다고 보아야 할 것이다. 그것을 모두 규정한다는 것은 사실상 불가능하다. 또한, 그 결과는 다른 수단에 의해서도 가져올 수 있다. 그 다른 것들과 구별될 수 있는 교육은 무엇을 의미하는가? 이 부분은 이제부터 독자적인 관점에서 새롭게 탐구되어야 할 영역이다. 더 탐구되거나 증명되어야 할 영역을 마치 탐구가 끝난 것처럼 사용하는 것은 잘못이다. 사태가 그러할진대, 그 용어의 사용은 중단하는 것이 좋을 것이다.

인간에게 부적절한 개념이나 용어를 적용함으로써 비롯하는 피해는 참으로 심각하다. 더 깊이 생각해야 할 문제를 속단하게 하고, 사고를 교란하고, 논의를 무의미하게 한다. 이런 이유에서 이제까지 교육과 유관한 것으로 분류된 인간의 차원이 교육 외재적이며, 다분히 부적절하다는 사실을 증명하는 연구는 계속되어야 한다. 그러나 그런 소극적인 연구에 그칠 수는 없다. 잘못이 청산되면, 그 공백에 새로운 인간상을 적극적으로 보충해야 할 과제가 남는다. 그 대안은 무엇이며, 어떻게 탐구될 것인가? 그 내재적인 인간상은 어떤 것인가? 이 문제를 해결하는 첫 번째 관문은 교육 자체의 현상에 대한 이론이다. 교육 내재적 인간상은 그 이론의 한 부분을 구성한다는 조건에서 성립한다. 그것이 가능하다고 할 때 그 의미의 맥락에 구체성을 가지게 되며, 이론의 입장에서 볼 때 하나의 용어가 이론 전체를 대변할 수 있다. 그러나 이와 같은 조건을 갖춘 새로운 인간의 차원에 대한 개념화 작업은 이제 출발점에 있을 뿐이다.

교육본위론은 특정한 자연인이 그 범주에 의해서 자연스럽게 교육의 맥락에 들어올 수 있는 특정한 범주를 구상하는 작업의 출발점을 '교육하는 사람'에서 찾았다. 앞 절(3.4)에서 다룬 스승과 제자라는 개념과 용어는 그 좋은 예이다. 그 개념 안에는 그 소재의 차원에서 선진과 후진, 그리고 교육의 차원에서 '하화자'와 '상구자'가 포함되어 있다. 이들은 각각 그 이론적 맥락이 부대되기 때문에 그 의미가 더욱 구체화된다. 스승과 제자라는 개념은 최소한의 분류이고, 거기에도 굳이 분류한다면 다양한 종류가 있을 것이다. 가령, 교육공동체 문제를 다루면서 근선진과 원선진이 구분되고, 그에 따라 큰 스승과 작은 스승, 큰제자와 작은 제자, 겹제자 등의 개념이 더 추가되었다(장상호, 2002, 2009). 그런 분류는 그 각각이 교육공동체에서 맡은 보다 특수한 역할에 주목하게 한다는 이점을 갖는다.

교육본위론에서 지칭하는 스승과 제자는 통속적인 의미의 스승과 제자와 의미상 충돌할 수 있다. 흔히 스승과 제자라고 하면 아는 사람과 모르는 사람 혹은 품위의 차이가 큰 사람들끼리의 관계를 연상한다. 그러나 교육본위론에서 강조하는 것은 그 명칭이 아니라 그 이론적 맥락에 있다는 점을 특별히 유의할 필요가 있다. 스승과 제자의 자격을 규정하는 핵심적인 부분은 그런 품위의 차이에도 불구하고 그것을 교육을 위해서 소재로 활용할 수 있는 역량에 있다. 따라서 모든 학문의 경우에서 그러하듯이, 그 이론적 의미가 점차 통속의 의미를 대치할 수 있는 날이 올 것으로 기대한다. 설령, 통속적인 의미의 '스승'과 '제자'라는 용어는 쓰지 않았다고 하더라도, 그런 이론적 맥락에 부합하는 개념이 있다면 그것을 교육학의 개념으로 편입시키는 작업도 필요하다. 그 좋은 예의 하나로 김지현(1998)은 피아제와 비고츠키의 이론에서 공히 강조되는 '또래'라는 개념에 주목한다. 이 양쪽 이론에서 또래라는 개념은, 그 품위의 차이와는 상관없이 서로의 사고를 강요하는 관계가 아니라 그 품위가 서로 비슷한 사람들이 인지적 갈등상황에서 상구자나 하화자로서 교육적 기능을 할 수 있는 존재들로, 그들의 이론에서 매우 중요한 위치를 차지한다.

앞으로 연구가 진전됨에 따라 더 세분된 인간의 범주와 유형변인들이 드러날 것이다. 일단 도입된 인간의 유형에 대한 의미는 심화의 과정을 거쳐서 확대될 수도 있다. 가령, 장상호(2005a)는 그가 도입한 상구자와 하화자라는 개념의 속성에 시간의 차원을 첨가시킨 바 있다. 상구자는 현재에서 미래로 나아가지만, 하화자는 현재에서 과거로 회귀해야 한다. 따라서 상구자는 역사적으로는 과거의 인물에 해당하는 선진을 자신의 미래적 존재로 수용하고 그 미래를 실현하고자 노력해야 한다. 하화교육의 시간은 현재를 잠시 유보하고 과거를 회상하는 동시에, 후진이 그 과거의 상태에서 자신의 현재에 이르도록 이끌어 올리는 활동에 의해 흘러간다. 이것은 선진의 과거와 현재 속에서 후진의 미래에 참여하는 특이한 공간이기도 하다. 이와 관련하여 우리 각자는 설사 사멸한 후에라도 후대에게 상구할 만한 소재를 남김으로써 후대의 현재와 미래에 참여할 수 있는 가능성을 갖게 된다.

이에 더하여, 최성욱(2006a)은 흔히 우리가 일상에서 쓰는 '경륜'이라는 용어를 교육적으로 재해석한 바 있다. 시간적인 차원에서 교육의 소재는 주기적으로 바꾸어지며, 그 회품의 차수(次數)가 더해질수록 경륜은 깊어지거나 높아지게 된다. 그러므로 임의의 수도계에서 한 사람이 쌓은 경륜은 정확히 말하면 회품의 횟수에 비례하는 것으로 설명할 수 있다. 통상적인 의미의 경륜은, 이처럼 교육의 관점에서 품위가 지속적으로 재구성되는 과정과 관련지어 설명할 때, 그 시간적 추이에 따른 변용의 총체적 궤적을 나타내는 것으로 파악할 수 있다. 이런 의미에서 연구자는 그것을 '회륜(回綸)'이라는 말로 개념화한다. 회륜의 의미가 이처럼 각 단계에서 일어나는 총체적 변환에 의해 과거와 현재가 교차하는 회품의 시간적 계열과 차수에 의해서 파악될 수 있다는 것이다. 이런 통시적이고 입체적인 시각은 교육의 맥락에서 접근할 수 있는 인물사적(人物史的) 연구방법의 한 가지 가능성을 열어준다.

앞서 우리는 '교육받은 인간'을 결과로 규정하는 것이 외재적이라는 것을 강조했지만, 그때 문제가 되는 것은 그 결과로써 규정되는 교육이 순환성을 가지고 있다는 점이었다. 만약 교육현상이 독자적으로 밝혀질 수 있다면, 그 결과에 따른 인간의 구분도 가능할 것이다. 가령 교육본위론의 관점에서 품위의 형성은 그 내부의 체험을 구축하는 것이며, 이를 위해서 교육활동이 필요하다. 이처럼 형성된 품위는 그 자체로서 즐길 만한 자족성을 갖는다. 그런데 우리는 품위를 단지 언어적 차원의 것으로 환원하고, 상대의 언어를 단지 모방하는 것을 품위의 형성으로 착각하는 경우가 많다. 이 두 가지는 겉으로는 서로 같은 결과인 것 같지만, 그 내용은 천양지차가 있다. 그럼에도 불구하고 일시적이며, 피상적인 관계에서는 그 효과의 면에서 양자의 구분이 어렵기 때문에 후자만을 위한 얄팍한 수단이 교육과 혼동되는 경우가 많다. 이런 차이를 드러내는 하나의 개념적 방편으로 장상호(1997a, 2000a)는 증득과 지득을 구분한다. 그 관점을 자연인에게 적용한다면, 아마 증득자와 지득자의 구분도 가능할 것이다.

비단 교육학적 문헌으로 알려진 것이 아니라고 하더라도 여타의 기존 문헌에서 교육과 관련하여 검토가 필요한 인간의 범주가 너무도 많다. 그것들을 지칭하는 용어는 다를망정, 교육의 입장에서 매우 중요한 측면들을 공통으로 드러내려는 것들에 주목하고, 그것에 확실한 이론적 용어와 맥락을 부여하는 작업도 필요하다. 가령, 공자는 세속적으로 사는 삶과 인(仁)을 구현하는 삶의 차이를 구분하고, 소인(小人)과 군자(君子)라는 서로 다른 인간상을 대비시켰다. 그 인간상은 교육과 어떤 관계를 갖는가? 개념적인 것인가 혹은 우연적인 것인가? 내재적인가 혹은 외재적인가? 그 이유는 무엇인가?

4대 스승들의 문헌에서 공통적으로 나타나는 인간상이 있는데, 그것은 그들이 일반대중들을 교화시킴에 있어서 어떻게 자신이 가진 품위와 대중이 가진 품위의 차이를 극복하느냐 하는 부분과 관련되어 있다. 불교에서는 부처가 법신, 보신, 응신이라는 세 가지 양상, 또는 존재로 출현한다(김동화, 1984, pp. 84-89). 이는 기독교에서 말하는 삼위일체의 개념과 일맥상통하는 개념이다. 교화의 필요성에 의해서 상대의 수준에 하강하는 이런 현상에 주목해서 키에르케고올은 아이러니나 유머 같은 인커그니토를 구현한다고 주장한 바 있다(엄태동, 1998a). 이들을 통칭해서 교육 내재적인 인간상으로 설명할 수 있는 개념과 용어는 무엇인가?

최근에 철학의 해체를 주장하는 로티는 절대적인 진리를 추구하는 철학자 대신에 아이러니스트(ironist)라는 새로운 인간상을 제시한다(Rorty, 1989). 아이러니스트는 정교한 논증을 통해서가 아니라, 다양한 비유를 통한 설득에 의해서 다른 사람들이 미처 파악하지 못하고 있는 그들의 문제점과 한계를 드러내는 인물이다. 그는 자신의 인식을 절대적인 것으로 생각하지 않고, 개방적인 태도로 자신의 낡은 인식과 새로운 인식이 경합하도록 유도하여 좀 더 개선된 것을 찾는 교화의 활동을 실행한다. 이렇게 볼 때, 아이러니스트는 교화의 철학자라는 용어를 대체한 개념으로 이해할 수 있다. 그 부분에서 우리 교육학이 수용할 수 있는 부분은 어떤 것인가?

교육학 문헌 안에서도 인간주의나 구성주의를 표방하는 문헌 안에는 외부에서 지식을 넣어주는 교수자라는 개념 대신 '촉진자(facilitator)', '협력자(collaborator)', '안내자(guider)' 등의 개념이 강조된다. 인간은 외부의 것을 단지 수동적으로 수용하는 존재가 아니라 자신이 가지고 있는 것을 토대로 적극적으로 지식과 의미를 구성해 나가는 능동적인 주체라는 점이 전제된 새로운 개념이다. 그런가 하면, 기존에 서양에서 스승과 유사한 개념으로 쓰여 온 튜터(tutor), 멘터(mentor), 코치(coach), 훈련자(trainer), 상담자(counselor), 응원자(enabler)라는 개념도 있다. 이들은 서로 다른 것을 지칭하는 것인가? 이들은 인간의 어떤 이론적 측면인가? 아니면, 단지 사회적 역할의 분류로 보아야 하는가? 이들은 교육본위론에서 규정하는 스승의 개념과 어떤 차이가 있는가? 1차 소재의 선진이 아니면서 하화의 과정에 어떤 방식으로 참여할 수 있는 측면은 없는가? 그것이 가능하다면, 그들을 굳이 스승으로 지칭할 필요가 없게 된다. 그렇다면, 그들을 어떻게 스승과 구별하여 지칭할 것인가?

교육본위론은 교육이 보편적 삶의 한 양상이라는 관점을 택했다. 그러나 현대사회의 모든 분야가 그러하듯이 교육의 어떤 측면은 단지 아마추어리즘으로는 다룰 수 없는 전문성(professionalism)을 요구할 수도 있다. 전문가는 상황의 요구에 따라 만들어지는 것이 자연스럽다. 혹은 그런 부류의 전문성을 수행하는 사람들이 이미 있음에도 불구하고, 마땅한 개념과 용어가 없기 때문에, 그들의 독특한 교육봉사를 외면하고 있는지도 모른다. 교육본위론의 관점을 택하더라도 예컨대, 사람들이 일정기간의 교육코스를 받을 수 있는 프로그램을 계획하고, 개발하고, 검증하고, 평가하는 과제를 수행하는 교육공간설계사(designer of educational space), 교육적 만남을 주선하는 데 전문적인 능력을 갖춘 교육조정자(educational coordinator), 교육의 과정에서 당면하는 문제들에 대한 상담과 그 해결에 대한 시사 등을 해 주는 교육상담자(educational consultant), 혹은 삶의 각 공간에서 이루어지는 사태 혹은 인물들을 교육의 관점과 가치에 의해서 감식하고 평가하는 교육평론가(educational critic) 등을 필요로 한다. 그들을 어떻게 양성하고, 충원할 것인가? 개인 전문가와 전문가 집단에게는 폭넓은 자율성이 보장되어야 한다. 그렇다면, 그 전문적 자율성을 보장하는 기구의 형태는 무엇인가? 교육의 필요성에서 나온 모종의 전문가의 개념이 이처럼 큰 규모의 것으로 점차 확대되어 현대사회에서 제몫을 차지할 수도 있을 것이다.

## 제 4 장

# 교육의 소재

## 4.1 품위의 종류와 수준

인간의 가능성은 언제나 개방되어 있다. 우리의 삶은 끊임없이 변화과정을 거치며, 따라서 미래지향이다. 인간을 특징짓는 것 중에 가장 두드러진 것의 하나가 자기초월이다. 우리는 누구나 자신의 내부에 잠재된 재능이나 재질을 발견하고 개발함으로써 좀 더 나은 세계의 실재와 접촉하려는 동기와 능력을 지니고 있다. 인간성이 우리들 자신에 의해서 끊임없이 실험과 선택의 과정을 거치고 있는 것이다. 그 가운데 생존 혹은 실제적인 유용성을 떠나 그 자체로서 바람직한 인간성을 탐색하는 세계가 있다. 그것이 바로 수도계이다. 진입하면 할수록 더욱 어려운 지경에 이르는 그 세계 안에서 우리는 그것 자체의 매력에 흠뻑 빠진다.

역사란 인간의 자기발현이며, 역사가 오래 지속될수록 인간은 더욱 더 자기본질을 다면적으로 확장해 나간다. 지금까지 발견된 것과 앞으로 발견될 것까지를 생각하면 그 범위는 거의 무진장하다고 할 수 있다. 역사의 어느 시점에서나 어떤 것이 수월성이며, 그것은 왜 개발되어야 하느냐 하는 식의 논의가 늘 있어 왔다. 그 논의에는 수월성은 제한되어 있다는 것, 그것은 언어로 기술할 수 있다는 것, 그리고 그 정당성의 기준에 모종의 합의가 있을 수 있다는 것 등의 가정들이 포함되어 있다. 그런데 수도계는 이 모든 가정들을 초월한다.

아직도 변화와 발전을 거듭하면서 기하급수적으로 팽창하고 있는 수도계의 범위와 깊이를 한정시키려는 것은 어느 경우나 그것을 시도하는 사람의 좁은 경험범위를 벗어날 수 없다. 그런 한계에도 불구하고, 적어도 그 수도계의 종류와 그들의 발전수준이 얼마나 광대한 것인지를 인정한다는 의미에서나마, 우리의 역사와 생활 속에 무질서하게 흩뿌려져 있는 수도계의 목록을 그때그때 정리하는 작업은 필요하다. 이제까지 세월의 풍파를 이겨온 수도계는 어떤 것이며, 교육과 관련하여 이들을 어떻게 분류할 것인가? 식물의 분류학에서처럼 강(綱), 목(目), 속(屬), 종(種)으로 분류할 수 있는가? 그런 단순한 분류를 거부한다면, 그 대안은 무엇인가?

전체가 아닌 부분적인 분류의 예를 드는 것은 그렇게 어렵지 않을 것이다. 서양에서는 진리를 추구하는 학문과 아름다움을 추구하는 예술을 서로 다른 수도계의 영역으로 구분하여 왔다. 그 각각의 영역은 날로 세분화의 경로를 밟아 오고 있다. 학문의 경우 분과학문과 전공영역의 수는 기하급수적으로 증가한다. 예술의 경우도 문학(시, 소설, 극), 회화, 조각, 음악, 드라마, 오페라, 무용, 영화, 건축 등 수많은 장르의 구분이 이루어지고 있다. 장르 사이의 종합의 문제가 대두되기도 한다. 가령 가무극은 춤과 음악과 연기의 요소를 갖는다. 이런 조합까지를 고려한다면, 실로 그 장르의 종류를 헤아리기 어렵다.

체육활동은 오랫동안 외재적인 목적, 즉 건강, 군사, 방위, 사회적 인정, 영예, 시민양성, 집단결합, 직업, 노동생산성 등과 결부시켜 해석하려는 경향이 있었지만, 오늘날에는 삶을 만끽하고 존재 내면의 좀 더 위대한 수준에 진입하는 그 내재적 목적이 더욱 부각되고 있는 추세다. 이 분야에도 신체활동의 특수성에 따라 그 다양성이 인정되고 있다. 예를 들면, 체조, 수영, 축구, 궁도, 볼링, 배드민턴, 검도, 유도, 역도, 권투, 골프, 하키, 테니스, 포크댄스, 펜싱, 농구, 배구, 탁구, 럭비, 야구, 스쿠버다이빙, 레슬링, 리듬운동, 핸드볼, 사격, 권투, 보트경기, 행글라이딩, 스케이트,

스키, 카누, 요트, 암벽등반, 경마, 하이킹 등이 서로 다른 체육의 영역으로 세분되고 있다.

동양에서는 이른바 각종 '도(道)의 세계'가 주목을 받아 왔다. 예컨대, 사리사욕을 극복하고 천리에 따를 것을 강조한 유가(儒家)의 극기복례(克己復禮), 유(有)의 세계에 대한 집착에서 공(空)의 세계에로의 해탈을 강조한 불가(佛家), 세속의 때묻은 몸과 마음을 청정무구한 몸과 마음으로 바꾸는 도가(道家)의 환골탈태의 노력 등이 그런 것들이다. 그 이외에도, 동양의 무수한 선인들은 자신들의 인간성을 추구하고 고양하는 과정에서 다도(茶道), 태권도(跆拳道), 검도(劍道), 궁도(弓道), 유도(柔道), 가도(歌道), 서도(書道), 기도(碁道), 화도(花道), 심지어 식도(食道) 등에 이르기까지 '도(道)'로 불리는 다양한 수도계를 발굴하여 왔다. 오늘날 이들은 동양이라는 지역적 한계를 뛰어넘어 서양인들에게까지 그 보편성을 인정받을 수 있는 단계에 접어들었다. 이제 발원지가 동양이냐 혹은 서양이냐 하는 것은 중요하지 않게 되었다.

수도계와 세속계의 구분은 이론적인 것이기 때문에 외양으로 식별하기 어렵다. 겉으로 보기에는 수도계 같지만 내용은 세속계적인 경우가 있고, 반대로 겉으로는 세속계 같지만 그 내용은 수도계인 경우가 있다. 사실 우리의 일상적 삶에는 다소나마 수도계의 요소가 잠재되어 있다고 보아야 한다. 얼른 보기에 비속하고 천박해 보이는 직업과 일의 세계 속에서도 그 내용을 잘 살펴서 그 궁극적인 본질을 따져보면 수도계의 항목으로 들어갈 만한 요소가 많다. "옥만을 갈고 닦는 것이 아니라 내 마음을 갈고 닦는 것이 아닌가 하는 생각이 듭니다."라는 어느 옥공예인의 말이 이를 잘 증언한다. 이처럼 우리의 삶에서 흔히 각종의 직업영역으로 분류되는 것들 즉, 철학, 문학, 물리학, 연극, 사진, 발레, 골프, 축구, 수영, 피아노, 농업, 상업, 공예, 원예, 편물, 요리, 타이프, 속기, 안마, 간호 등에서도 수도계의 요소를 포함하고 있을 수 있다. 핵심은 그런 직업들의 명칭보다는 그 담당자가 자신의 일을 받아들이는 방식에 있다.

역사의 진행과정에서 모든 수도계가 발전만을 해 온 것은 아니다. 역사는 그 밖의 우연적인 요소와 더불어 진행되며, 이 때문에 퇴보하거나 심지어 침체, 퇴화, 인멸된 경우도 많았을 것이다. 수도계 외재적인 이유에서 생긴 이런 사태를 역사의 시간을 거슬러서 재배열하는 것도 의미 있는 일이 될 것이다. 근래에 최무자(1988)가 서양의 문물에 밀려 제자리를 찾지 못하고 점차 쇠락과 소멸의 위기를 겪는 우리나라 고유의 수도계를 목록으로 정리한 것은 그 좋은 예이다. 우리의 주목을 끌게 한 것 중 일부만 들더라도 탈, 목공, 석공, 매듭, 옥공예, 고(鼓), 필(筆), 단청(丹青), 제와(製瓦), 주종(鑄鐘), 입사(入絲), 궁시(弓矢), 선자(扇子), 토우(土偶) 등 오늘날 우리 주변에서 거의 자취를 찾아보기 어려운 것들이 상당수에 달한다. 수도계의 모든 경우가 그러하듯이, 그에 대한 기록이나 전승할 용의가 있는 사람들이 없다면 이들은 역사의 뒤안길로 사라질 것이다.

수도계는 객관과 주관의 양면을 갖는다. 과거의 수도계는 각종 유물이나 기록으로 남아 있다. 현존하는 수도계도 다양한 표현양태로 존재한다. 그러나 그 객관적인 사실이나 양태로부터 특정 수도계의 기원, 발전과정, 그리고 거기에 개입된 교육을 전체적으로 유추해 낸다는 것은 참으로 어려운 작업이다. 왜냐하면 그 존재성이나 의의는 그것을 적극적으로 동화하고 재창조하는 개인이 있음으로써만 입증될 수 있기 때문이다. 객관적으로 존재하는 것은 다양하며, 그것 역시 언제나 주관의 해석을 기다린다. 그 해석은 그것을 체험하고 규정하는 사람에 따라 다를 수 있기 때문에, 그것을 경험하는 주체와 별개로 보편적인 것으로 규정하는 것은 불가능하며, 따라서 그런 것이 가능한 것으로 속단하는 객관주의[1] 역시 참으로 위험한 주관주의의 한 양태로 보아야 할 것이다.

수도계의 주관의 측면을 드러내는 개념으로 도입한 것이 앞 장(3.2)에서 살핀 '품위'이다. 남의 것을 자기의 공유물로 생각하는 사람이 있다면 그것은 수도계를 대하는 방식이 아니다. 아마도 이 세상에는 다른 사람이

---

1) 객관주의는 세계가 우리의 인식과는 별개로 존재한다고 가정하는 특별한 학설이다. 여기서 우리가 주목해야 할 점은 그 학설 자체가 하나의 주관이라는 점이다. 어떤 사람이 "이것이 바로 객관적 사실이다"라고 주장할 때, 그 주장 역시 주관을 내포하고 있다.

아닌 한 개인만이 취할 수 있는 수도계도 얼마든지 존재할 것이다. 개인적인 것이든 혹은 보편적인 것이든 발견되는 것만큼 등재하는 것은 가능하다. 그러나 개별적인 것보다는 좀 더 보편적인 것으로 증명된 것의 목록이 우선되어야 할 것이다. 그 가운데 동일한 체험구조의 위계가 발견됨으로써 그것은 보편화와 객관성을 확보한다. 추구했던 사람들의 고유명사가 제거될 수 있는 것만큼 그것은 보편성을 갖는 것으로 볼 수 있다.

품위는 눈에 보이지 않는 정신적 보물이며, 나누면 나눌수록 더 불어난다. 그것은 사사로운 보물에 그쳐서는 안 되며, 만인에게 그리고 세대를 거치면서 공유되어야 한다. 그러나 과거를 그대로 재생시키는 방법은 없다. 그것은 오직 현재로서 재창조 혹은 재구성될 수 있을 뿐이다. 만약 재창조에 실패한다면, 우리들의 세대는 '풍요 속의 빈곤'이라는 아이러니를 체험할 뿐만 아니라, 그 역사적 유물들의 정신을 사멸시키는 대죄를 범하는 셈이다. 이제까지 우리는 교육을 그런 손실을 예방하는 과정의 하나로 부각시켜 왔다.

이를 위해서 품위 자체의 분류와 재고조사에 대한 더 깊은 연구가 필요하다. 이와 관련하여 장상호(1991a, 1997a, 2005a, 2009)는 횡적 상대성과 종적 상대성이라는 구분을 사용하였다. 횡적 상대성이란 수도계의 종류에 대응하며, 종적 상대성이란 그 각각의 수도계의 발전에 대응한다. 우리는 품위가 체험구조의 형태로 존재한다고 가정하였다. 그렇다면 횡적 상대성과 관련하여 그 구조의 범위가 문제가 된다. 그 품소는 무엇이며, 어떤 관계를 갖는가? 품위가 발전한다면 실제로 주어진 품위를 중심으로 그 위계를 정치시키는 것이 불가결한 과제로 등장한다. 품위의 변화나 발전은 그 구조의 총체적인 변화를 말한다. 그렇다면, 그 변화의 양상은 무엇인가? 변화 자체만으로 발전이라고 할 수는 없다. 그 발전의 조건은 무엇인가?

품위의 발전단계란 그 구조는 변하지만 그들 간에 발생적 연속성을 갖는다는 조건에서 성립한다. 이제까지 우리의 논의에서 품위의 발전이 일직선으로 이루어진다는 식의 가정을 택해 왔지만, 이것은 설명을 간결하게 하기 위한 하나의 방편에 불과하다. 수도계의 진전에는 하나에서 다른 여러 가지로 분화하는 경로가 있는가 하면, 반대로 분화되었던 것이 재통합되는 경우도 얼마든지 있을 것이다. 그렇다면, 그것에 대응하는 품위 역시 더욱 복잡하게 가지치기를 할 수 있고, 또 어느 단계에서 그것이 불필요해서 통합될 수도 있다. 이처럼 품소의 추가, 분화, 통합, 수정, 불균형, 재배치 혹은 전환의 문제가 앞으로 더 많은 해명을 기다리고 있다.

수도계의 역사적 과정과 한 개인의 발전과정은 어떤 관계를 갖는가 하는 것도 아직 충분히 해명된 주제가 아니다. 거기에 서로 다른 가정들이 있다. 이를테면, 발달심리학자 가운데 피아제(Piaget, /1971a)나 콜버그(Kohlberg, 1969) 등은 개체발생은 계통발생을 반복한다는 가정을 받아들이고 있는가 하면, 반드시 그렇지는 않다는 사실을 지적하는 입장도 있다. 사실 이는 이처럼 일반화를 하기에는 너무도 큰 주제이기 때문에 분야를 나누어 세부적으로 검증해야 할 사안으로 다루는 것이 더 타당해 보인다. 그런 세부적인 연구결과가 어떻게 나오느냐 하는 것은 다음 절(4.3)에 논의할 교육의 소재선택의 문제와 관련하여 매우 중요한 의미를 지닌다. 수도계는 계통발생의 전통을 뛰어넘는 세대에 의해서만 발전이 이루어진다. 가능하다면, 수도계의 역사를 각각의 개체가 반드시, 그리고 똑같이 반복하여 거칠 필요는 없을 것이다. 물리적인 시간과 체험된 시간의 농도는 다르다. 그렇다면, 전자를 후자의 것에 부합하도록 압축하는 방안은 무엇인가?

마지막으로, 앞선 제반 모든 문제를 학문적으로 탐구하는 연구자에게 얼마만큼의 한계가 있다는 점을 첨가해야겠다. 엄밀하게 말하면, 품위의 내용에 관한 의문을 풀 주체는 각 수도계의 종사자들이다. 그 수많은 종사자들은 어쩔 수 없이 수도계를 자신들이 위치한 현재의 품위에 맞게 재구성한다. 그들을 탐구하는 연구자의 경우도 마찬가지다. 그 역시 시대적 맥락을 도외시하고 지나치게 현재적 관점에 따라 과거를 해석할 함정이 있다. 연구대상이 되는 그 역사적인 품위가 연구자의 품위를 넘어선다면, 그에 대한 정당한 평가가 불가능하다. 그것을 어떻게 극복할 것인가? 이와 관련하여 우리는 앞 장(3.2)에서 '교육적 이해'의 방법이 필요함을 지적했지만, 이 방법 역시 아직까지 충분한 해명에 도달한 주제가 아니다.

## 4.2 소재의 특성과 활용

거의 무한대로 확장되고 있는 품위의 종류와 수준에 관한 탐구는 교육학의 범위를 훨씬 벗어난다. 그것이 무엇이냐 하는 문제를 두고 그 세계에 종사하는 사람들, 그리고 그것을 대상으로 삼은 제반 학문들이 늘 고심하고 있을 것이다. 하나의 학문으로 교육학의 과제가 할 수 있는 것은 그 일부를 어떻게 교육을 위해서 사용할 수 있는지를 타진하는 정도일 것이다. 이렇게 그 연구의 한계를 지적하는 것은, 이제까지 교육학도들 가운데에는 수도계의 내용과 교육의 내용을 혼돈할 뿐만 아니라, 자신들의 한계를 망각하고 후자보다는 전자에 어설프게 더욱 집착하면서 그 본연의 과제를 방기하는 사례가 많기 때문이다.

수도계의 품위를 발견하는 것과 그것을 소재로 한 교육을 발견하는 것 가운데 어느 것에 더 큰 비중을 두느냐 하는 것은 '본위'의 선택과 관련되어 있다. 가령, '학문교육', '예술교육', '도덕교육'은 수도계와 교육계의 교차지점을 지칭하는 말이다. '학문', '예술', '도덕'의 내용이 서로 다른 만큼, 이들 사이에는 서로 중첩되는 영역이 없다. '교육'은 그것들을 수단으로 진행되는 독특한 과정으로서, 그들과는 또 다른 고유한 내용을 가지고 있다. 추구하는 가치의 측면에서도 큰 차이가 있다. 수도계의 입장에서 교육은 그 수단의 가치를 가지며, 반대로 교육의 입장에서는 수도계가 수단의 가치를 갖는다. 후자의 경우 어떤 종류 혹은 어떤 수준의 품위든 동일한 교육적 가치를 가지며, 그중 어떤 것도 교육을 위한 무수한 선택지의 하나가 되는 것이다.

교육소재의 연구는 이처럼 교육을 본위로 수도계를 해석하고 판단하는 교육학 전공영역에 해당한다(이현욱, 2002a, 2002b; 장상호, 1991a). 수도계의 발전과정에는 항상 교육이 어느 정도 개재하기 마련이며, 이 분야연구자들은 그 교육적인 측면을 재조명하고자 한다. 그 독특한 측면을 어떻게 규정하고 발전시켜 나갈 것인가? 소재의 특수성에 따라 교육의 양태가 서로 다를 수 있다. 그렇다면, 그 편차는 어떤가? 구체적으로 학문을 소재로 하는 교육과 예술을 소재로 하는 교육의 양태는 어떻게 다른가? 같은 종류의 소재라고 하더라도 품위의 수준에 따른 교육의 편차가 있을 수 있다. 가령, 비교적 높은 학문적 지식을 소재로 하는 교육과 낮은 수준의 지식을 소재로 하는 교육의 양태는 어떻게 다른가? 이런 제반 사항들이 탐구의 중심 주제가 될 수 있을 것이다.

아직 출범단계에 있는 이 분야와 관계되는 기존의 교육학 전공을 든다면, 그것은 아마도 '교과교육'이 될지 모르겠다. 이 분야의 문제는 무엇인가에 대한 좀 더 엄격한 검토가 이루어져야 한다. 교과와 교육이 중첩되는 이 영역은 그동안 그 어느 쪽에 학문적 정체성을 두느냐 하는 점에서 아직까지도 고민이 많은 분야이다. 교육학 쪽에서 더러는 그 전공영역이 교과의 가치를 중심으로 편향되었다고 비난한다. 그렇다면, 교육학은 이 문제를 교육의 관점에서 다룰 준비가 되어 있는가? 실상은 그렇지 못하다. 실제로 교육학은 기껏 철학, 심리학, 사회학 등 외래학문들의 도움을 받아 그 문제를 취급하고 있다. 따라서 지금의 교과교육의 분야는 사실상 교육과는 전혀 무관한 방식으로 존재한다.

최성욱(1996)은 이런 실태에 주목하고 '교과교육학'을 교육본위론의 관점에서 새롭게 정립할 수 있는 방도를 타진하였다. 먼저 현행 교과교육학의 구조는 교과커리큘럼의 형식체계가 그대로 전이된 형태를 지니고 있다는 점에서 두드러진 특징을 보여주고 있다는 점을 반성하고, 교과와 교육 중 어느 한 쪽의 가치만을 일방적으로 내세우기보다는 양자가 서로의 발전에 호혜적으로 기여할 수 있는 관계임을 인식하는 것이 이 분야를 새롭게 정립하는 중요한 출발점이 될 수 있다고 본다. 그 공립과 호혜의 원칙을 살리자면, 종전과 같이 교육을 단지 교과를 전달하기 위한 방법이라고 보는 일방적인 관점에 변화가 요망된다고 주장한다. 서로 다른 자율적인 영역으로서 교과와 교육은 그 구성방식, 전개 논리, 평가의 준거에 있어서 동등한 발언을 하면서 참여해야 한다는 것이다.

교과와 교육 사이에는 호혜뿐만 아니라 갈등 가능성도 있다. 가령, '과학+교육'이라는 복합적인 사태에서 그중 어느 것에 방점이 놓이느냐에 따라 그 영역의 의미는 전혀 다른 맥락을 구성한다. 본위의 면에서 과학을 택하면 교육은 비본질적인 것이 되며, 반대로 교육을 택하면 과학이 비본질적인 것이 된다. 이 때문에 그중 한편의 입장만 내세우면, 목표의 설정과 그에 따른 평가의 상황에서 교육 혹은 과학의 가치가 무시되거나 도외시될 가능성이 있다. 그런 갈등의 소지를 어떻게 조정하고 해결할 것인가? 이를 위해서 양편에게 요구되는 태도의 변화는 무엇인가?

한수연(2004)은 '과학교육'이 이제까지 주로 과학을 본위로 이루어져 왔음을 문제시한다. 당대의 최고의 지식을 교과의 내용으로 택하며, 교육의 결과를 평가함에 있어서도 그 최고 혹은 최신의 지식이 기준이 된다. 그렇게 되면, 과학을 소재로 하는 교육은 사실상 무시되기 마련이다. 그렇다면, 교육을 정상화하는 방법은 없는가? 그 해법은 최신의 지식 대신에 교육 주체가 처한 품위를 참고로 '소재'를 선택하는 것이다. 교육본위 과학교육에서 '소재'의 가치는 그것이 위치하는 과학계에서의 위계와 상관없이 '같다'고 할 수 있다. 얼마나 높은 지식을 얻어내느냐 혹은 높은 지식에 일치하느냐가 중요한 것이 아니라, 얼마나 과학의 지식을 교육의 내재율에 맞게 활용하느냐가 중요한 평가의 지표가 되어야 하는 것이다. 이런 입장을 택하면, 일견 과학의 후퇴처럼 보이지만, 종국적으로 과학의 가치도 아울러 실현할 수 있다는 것이 연구자가 제시하는 타협책이다.

이런 교육소재의 수준조절의 원리를 한수연(2008)은 최근에 '영재교육'의 문제를 해결하는 하나의 해법으로 제시하고 있다. 영재를 상대로 하는 교육과 일반 학생을 상대로 하는 교육을 구분하는 커리큘럼의 개발에서, 이제까지 주로 '심화(enrichment)'와 '속진(acceleration)'이라는 두 가지 방법을 주축으로 삼아 왔다. 심화는 보통의 학생보다 그 내용의 깊이를 더 고려한다는 것이고, 속진은 커리큘럼의 진행을 일반학생보다 빠르게 한다는 것이다. 그러나 연구자는 그 해법들이 교육에 대한 이론의 빈궁함에서 비롯한 것으로서 단지 학교체제라는 특수한 조건에 부응하기 위한 구차한 궁여지책에 불과함을 지적한다. 이론적으로, 교육에서 영재와 일반이라는 능력의 범주가 중요한 것이 아니며, 따라서 소재를 선택하는 교육의 내재율은 상구자의 현존하는 품위에 맞는 교육의 내재율을 이들에게 공통으로 적용하는 것이다.

품위 사이의 차이를 매개하고 해소하는 과정에 의해서 수도계의 이해가 가능하게 된다. 거기에 교육이 개재했을 것이다. 인간은 오래전부터 무한히 많은 종류와 수준의 교육 소재를 활용하면서 교육을 향유해 왔다. 교육학은 그 가운데 지난 역사를 검토하면서, 수도계의 각각의 종류와 수준에서 이루어진 그런 교육의 실상과 흔적을 보존하고 재생시킬 수 있게 하는 역할을 수행해야 할 것이다. 불행히도 현대에 출생하는 어린 세대들은 문화화에 의한 고압제를 받고 있다. 그런 연구들은 수도계를 확장하고 계승해 나감에 있어서 그런 해독을 제거하고, 교육적 시숙의 개념을 살릴 수 있는 중요한 증거를 제시할 것이다. 그 탐색은 이제 겨우 시작이라고 볼 수 있다.

교육의 소재가 될 수도계의 내용은 오늘날 너무도 많다. 그 무차별한 범람은 '풍요 속의 빈궁'이라는 기현상을 일으킬 소지가 있다. 가끔은 그것들이 정돈되지 않은 상태에 놓여 있어 오히려 혼란과 무질서의 원인이 되기도 한다. 이들을 그 종류와 발생의 순서로 정리하여 교육의 소재로서 체계화하고 예비하는 것이 중요하다. 이 과제와 관련하여 우리는 많은 질문을 던질 수 있다. 교육의 소재를 분류하는 체제와 방법은 없는가? 품위의 횡적 혹은 종적 특이성이 교육의 특이성을 요구하지는 않았는가? 소재에 따라 교육에서 고려해야 할 더 특수한 문제가 있는가? 그들 사이의 공통된 점은 무엇인가? 이런 질문에 대한 해답은 현대라고 하는 특수한 상황에서 그 전통의 계승이 우려되고 있는 각종 수도계에 대한 관심을 고취할 뿐만 아니라 시대적 추세와 더불어 그 소재로서의 생명과 활기를 되찾을 소지가 많다. 이는 교육 주체에게 선택의 여지를 확장시켜 줄 것이다.

이런 과제에 부응하려는 몇 편의 연구가 있다. 윤여각(2003)은 문화와 예술을 교육의 소재로 삼을 때, 어떤 조건이 충족되어야 할지를 검토한다. 문화는 인간이 자신을 둘러싸고 있는 세계를 경험하면서 이를 조직하기 위해 형성해 온 인식의 틀을 말하는 것으로서, 반드시 그 인식의 수준이 발전한다고 할 수는 없다. 그렇지만, 그 문화를 대상으로 삼는 학문의 경우는 일종의 수도계로서 교육소재가 될 수 있다는 점을 피력하면서, 거기에 문화이해, 문화비판, 문화창조라는 하위영역을 포함시킨다. 다른 한편으로, 예술은 이런 학문적 특성과는 다른 종류의 소재의 특성을 갖고 있다고 주장하면서, 예술기초교육과 예술창작교육이 여기에 포함된다고 본다. 마지막으로, 연구자는 현재 커리큘럼의 틀에 구속되어 있는 학교에서 문화교육과 예술교육이 교육의 내재율에 따르지 않고 진행되는 실태를 문제로 삼고, 이 문제의 해결을 위해 좀 더 심각한 교과교육학적 논의가 필요함을 지적한다.

한수연(2006a)은 학문과 예술을 소재로 하는 교육의 차이에 관심을 보였다. 각각이 만들어 내는 결과로 볼 때, 학문의 경우 추상적인 이론임에 비해서, 예술은 구체적인 사물의 형태이다. 학문이 추상적인 형식을 통해서 대상세계의 보편적인 질서를 인식하는 활동이라면, 예술은 학문에 의해서 간과되는 구체적인 세계를 '행위'와 '제작' 과정을 통하여 회복하는 활동이다. 연구자는 그 발전의 역사도 서로 다른 양상을 보인다는 사실에 주목한다. 이후의 것이 이전의 것을 포괄하며 대체하는 '종적 상대성'을 지니는 학문의 발전과는 달리, 예술에서 새로운 장르의 탄생은 이전의 것을 포괄하며 대체하는 것이 아니라 서로 공존하면서 그 세계의 다양함을 넓혀나가는 '횡적 속성'을 함께 지닌다는 것이다. 이런 논의의 전개를 근거로 예술과 예술학을 소재로 하는 교육의 차이를 암시한다. 예술을 중심으로 이들 간에는 매우 밀접한 연관이 있어 보이지만, 실상 예술과 예술학은 서로 다른 범주의 활동으로서 양자를 서로 환원시켜서도 안 되며, 그들 간에 우위를 논하는 것은 무의미하다는 것이다. 마지막으로, 지금의 예술전문교육이 교육의 내재율을 무시하고 그 '결과'에 치중함으로써 예술을 싫어하는 학생들을 배출하는 안타까운 현실을 고발한다.

예술이라는 세계 안에는 무수한 장르의 구분이 있다. 예술은 시, 회화, 조각, 건축, 음악 등으로 대표되는 특수영역으로 분화되었다. 김한미(2006)는 예술분야의 하나인 성악의 교육소재적 특징을 두 자연인이 받고 있는 레슨을 사례로 묘사한 바 있다. 또한 레슨과정에서 드러나는 세속계, 수도계, 교육계 사이의 갈등양태와 교육계의 내재율이 드러나는 양태를 따로 제시하고 있다. 이런 연구는 더 세분된 소재의 영역에 접근한다는 점에서 큰 진전이지만, 그 분류 자체가 유동적이라는 것은 말할 필요도 없다. 그 장르 역시 고정된 것이 아니다. 극단의 경우, 음악, 문학, 미술 등에 속하는 분야별 활동들이 다음 세기에도 같은 범주에 속하게 될지, 혹은 그들이 '예술'이라는 개념으로 같이 묶여 있을지는 예견할 수 없는 일이다.

서양의 음악과 동양의 음악이 다르다는 점도 고려의 대상이 될 수 있다. 전통국악은 최근에 우리 것의 소중함에 대한 인식과 참여가 되살아나면서 다소 활기를 띠고 있기는 하지만 서양의 음악에 점차 밀려나 여전히 불안한 상태에 놓여 있는 것이 사실이다. 이런 어려운 시점에서 최근에 이루어진 일련의 판소리 영역을 소재로 하는 교육에 대한 탐구(이용남, 2001; 최성욱·신기현, 2000)는 특별한 의미가 있다. 이들은 판소리가 발전하면서 분화되어 온 유파를 정리하고, 그 각각에 숨겨져 있었던 교육적 상호교섭의 사례와 그것에 작용했던 정치, 경제, 사회적 영향을 분석하고 정리하였다. 아울러 그 도제적 관계에 비추어 지금의 학교교육이 갖는 문제와 과제를 제시하였다.

우리는 '종교교육'이라는 용어에 익숙해 있다. 그렇다면, 종교가 교육의 소재가 될 수 있는가? 이와 관련하여 김재웅(2006)은 '종교본위의 종교교육'과 '교육본위의 종교교육'을 개념적으로 분리시키고, 후자의 경우에 소재로서 종교의 수도계적인 측면에 주목할 것을 역설한다. 이런 관점은 기독교냐 혹은 불교냐 하는 특정한 종교들 사이에 그 본위의 문제를 두고 일어날 수 있는 심각한 갈등의 소지를 해소시키는 장점을 갖는다. 더 나아가, 그 각각의 종교생활 자체의 발전에도 교육이 기여할 여지를 보여준다. 이런 교육본위론의 관점에서 최영신(1999)이 원불교 수행과정을 분석한 사례, 그리고 정창윤(2003)이 선종의 발전을 다룬 사례 등은 잘못하면 사라질 지도 모르는 전통을 되찾는 길을 모색한다는 맥락에서 매우 소중한 연구들이다.

앞에서 소개한 몇 편의 연구들은 교육소재의 종류를 분류하고 검토한다는 점에서 매우 중요한 출발이 되지만, 아직도 미진하다. 교육소재의 영역을 더욱 확장시킬 필요가 있다. 예컨대, 직업은 교육의 소재가 될 수 없는가? 직업의 어떤 측면이 교육의 소재로서의 성질을 띠는가? 흔히 우리가 각종 기술이라고 하는 것들, 예컨대, 정원 가꾸기, 옷감 짜기, 목재 구성, 금속 다루기, 요리 등의 활동을 연명을 위한 수단으로 보는 경향이 있는데, 그런 관점은 옳은 것인가? 요즘 가정주부를 상대로 문화센터의 교양과목으로 지상에서 선전하는 교양, 문학, 철학, 꽃꽂이, 원예, 카메라, 탈춤, 건강, 요리, 단소, 가야금, 유화, 수채화, 서예, 레크리에이션 등은 그대로 우리가 말하는 수도계로서의 교육의 소재에 부합하는가? 그들 각각이 지닌 소재로서의 이질성으로 인해 교육의 양태가 어떻게 달라지는지에 대한 보다 특화된 설명도 필요하다.

소재의 종류 못지않게 중요한 부분은 그 수준이다. 앞에서 각각의 수도계에 구체적으로 어떤 수준의 소재가 있으며, 그로 인해서 어떤 교육적 고려가 추가될 수 있는지에 대한 논의가 아쉽다. 역사나 우리들의 삶에서 평면적으로 모순된 것처럼 보이는 품위와 그 단서들을 그 발전의 깊이를 추구하는 발생적 과정을 고려하여 여러 단계의 교육의 소재로 정돈할 필요가 있다. 앞에서 예거한 연구들은 모두 교육적 시숙을 일반적으로 강조했지만, 특정한 수도계와 관련하여 교육을 통해서 거쳐 가야 할 구체적인 단계가 어떤 것인지는 아직 밝히지 않았다.

현실적으로 인간성의 완성이란 생각할 수 없다. 교육활동을 통해서 누구나 도달해야 할 최종의 도달점이 미리 예정될 수 있다는 생각은 자신의 무지와 오만에서 비롯된 것이다. 수도계에서 우리는 언제나 그 중도의 어느 위치에 놓여 있다. 이런 언급의 취지는 그 중도의 무의미함을 지적하려는 데 있지 않고, 오히려 그 반대의 의미를 살리려는 데 있다. 각 품위는 그것이 아무리 불만스러운 수준이라고 하더라도, 다음 단계에 진입하는 데 거쳐야 하는 중요한 이정표이다. 따라서 수도계에서 이미 무효화된 품위가 교육에서는 중요한 소재가 될 수 있다. 그럼에도 불구하고, 단지 최고·최신의 품위만을 중요시하고, 그 기준에 비추어 여타의 품위를 오류로 치부한다거나, 그 이하의 것은 사상시켜 버린다면, 결국 초보자들이 소재로 삼을 수 있는 선택의 범위를 극도로 제한하거나 차단해 버리는 것과 같다.

그런 사례는 학문공동체에서 흔하게 찾아볼 수 있다. 학자들은 최근의 지식에 최고의 가치를 부여하면서 이전의 것을 폐기시키려고 한다. 그러나 그런 관점은 교육의 입장에서 매우 위험할 뿐만 아니라 후자가 가진 엄청난 가치조차 폐기시키는 어리석음을 범한다. 과학이 발전하는 과정에서 이미 오류로 판명난 이전의 지식을 버린다면, 학문의 역사는 교육의 입장에서 채광이 끝난 광맥처럼 그 값이 떨어진다. 이런 불행한 실상은 과학의 역사를 밝히는 데 남다른 관점을 제시한 바 있는 쿤(Kuhn, 1977)에 의해서도 이미 문제시된 바 있다.

> 과학과 예술만큼 분명하게 대조되는 분야도 드물다. 과학 교과서에는 간혹 이전 시대의 영웅들(위대한 과학자들)의 초상화와 함께 과학자들의 이름이 여기저기에 나열되어 있다. 그러나 단지 과학사가들만이 이전 시대 영웅들의 과학적 저작을 읽을 뿐이다. 과학 분야에서 새로운 발견(들)이 이루어지면, 이전까지 활발히 읽혀지던 책과 저널들이 갑자기 시대에 뒤떨어진 것으로 변모되고, 더 이상 쓸모없는 재고품으로 창고에 보내지게 된다. 과학박물관의 기능은 대중들에게 장인정신을 함양시켜 주거나 그들의 과학적인 취향을 계발시키는 것이 아니라, 이미 폐기된 지식을 단지 기념하기 위하여 사람들을 끌어 모으는 것이 되었다. 예술분야와는 달리 과학은 자신의 과거를 파괴하고 있다(p. 345).

위의 인용문의 마지막 부분에서 "과학은 자신의 과거를 파괴하고 있다"는 표현은 과학계에 만연한 '최고', '최신'에 대한 집착을 매우 신랄하면서도 적확하게 꼬집고 있다. 과학의 발전사에 기록된 인식의 불연속성을 누구보다도 뚜렷하게 파악하고 있었던 쿤에게 있어서, 후대의 과학자 혹은 대중들이 그러한 인식의 논리적인 간극을 건너 과학을 이해하는 데 필요한 징검다리들을 오류나 쓸모없는 것으로 간주함으로써 제거해 버리는 과학계의 관행을 질타한 것이다. 이는 자신의 역사를 파괴하는 것이며, 궁극적으로는 앞으로의 발전까지도 차단할 수 있는 위험한 행위로 보이는 것은 지극히 당연하다. 물론 쿤은 그 사태를 직접 교육과 연관시키지는 않았지만, 이런 관점은 오늘날 과학교육자들이 놓치고 있는 놀라운 통찰이 아닐 수 없다.

역사의 어느 시점에서 이루어진 교육이든 간에 그 소재는 절대적인 의미의 진리기준에 부합한 것은 아니었다. 오늘날 아리스토텔레스의 물리학은 틀린 것이라고 말할 수 있다. 그러나 그의 체계가 교육적으로 전혀 쓸모가 없는 것이라고는 말할 수 없다. 신화의 세계 속에 살던 당시의 사람들에게 있어서 그것은 교육의 훌륭한 소재였다. 당대에 아리스토텔레스가 그의 학원에서 가르쳤던 자연학은 진리를 탐구하는 상구자의 위치에 따라 흥미를 끄는 도전이 될 수 있었다. 그때의 상구교육이 반드시 지금보다 저급이라는 말을 할 수는 없다. 교육을 위한 소재의 가치는 수도공동체에서 최고의 품위에 정당성을 부여하여 평가하는 가치기준과는 다른 차원의 것이다. 그 당시의 수준에 머물고 있는 수많은 현대인에게도 그런 소재가치를 충분히 재생할 수 있을 것이다.

우리의 삶에는 늘 경험의 계열이 있다. 이에 대한 설명방식이 분야마다 다르다. 예컨대, 철학에서는 논리성을 강조하고, 심리학에서는 발달계열과 인과성을 강조한다. 모학문의 체제를 따르는 지금의 교육학은 그 원리를 그대로 추종하였다. 그러나 이들은 바로 이제까지 발전을 하고 있는 수도계의 역사적 계열을 설명하기에는 역부족이다. 이제 제 2기 교육학자들은 그 나름의 교육적 계열을 주장할 때가 되었다. 우리의 개념에 따르면, 선행하는 품위를 토대로 차후의 경험을 재구성하는 발생적 원리 속에는 교육이 개재한다. 이는 교육적 체험의 시간을 최대로 농축시키는 계열로서 아직 교육학에서 구체적으로 밝혀지지 않은 연구주제이다.

사회화나 문화화에 대비되는 교육적 시숙은 품위의 종적 상대성을 전제한다. 그와 관련하여 장상호(2005a)는 기존의 이론 가운데 가령, 루소, 몬테소리, 듀이, 피아제, 비고츠키 등을 인용한 바 있다. 그런 인용만으로 문제가 해결되는 것은 아니다. 품위의 발달단계를 촉진하는 것이 가능한가? 혹은 특정 단계를 건너뛸 수는 없는가? 이런 질문은 그 단계를 소재로 진행되는 교육의 입장에서 의미 있는 질문이 되지 못한다. 이미 강조했듯이, 각각의 품위수준은 완성을 향한 도상에서 그 나름의 동등한 교육적 가치를 포함하고 있다는 것이 교육본위론의 전제이다. 교육이 거치는 고유한 의미의 품위의 계열은 이론상 교육적 체험의 시간을 최대로 농축시키는 계열이 되어야 할 것이며, 그 원리가 무엇인가 하는 점은 더 구체적으로 해명되어야 할 주제이다.

기존의 문헌 안에서 단계별 교육소재를 어렴풋이나마 추측해 보는 연구의 사례가 있다. 예컨대, 엄태동(1996, 1998c)는 키에르케고올이 상정한 실존의 세 단계를 교육의 계열과 유관한 것으로 소개한 바 있다. 더 나아가 교육의 계열에 대한 단서를 불교의 방편에서 찾아보기도 하였다. 불교의 근본적인 깨달음에 해당하는 사성제(四聖諦)를 직접 가르치지 않고, 먼저 삼론(三論)[2]을 정하여 가르친다든지, 부처가 깨우친 내용을 그대로 적어 놓은 경전인 돈교(頓敎)와 구분되는 것으로 중생의 근기에 따라 다양한 방편을 활용하여 부처의 깨달음을 단계적으로 설하는 경전인 점교(漸敎)를 따로 마련한 것 등에서 계열화 원리를 읽을 수 있다는 것이다. 그 계열이 유독 교육적 계열이라는 주장을 성립하기에는 더 많은 추가적인 증거가 필요하다.

역사적 사례는 언제나 복합적인 양태를 반영하는 것이기 때문에 그로부터 곧바로 교육의 순수한 계열에 대한 해답을 얻으려고 하는 것은 무리

---

2) 삼론은 남에게 베풂을 통하여 공덕을 쌓으라는 시론(施論), 이러이러한 행위를 하지 말라는 계론(戒論), 좋은 업을 쌓으라는 생천론(生天論) 등 불교의 가르침을 받아들일 수 있는 기본적인 바탕을 제공하는 초보적인 가르침의 내용이다.

이다. 순수한 계열은 이론적인 관점의 여과를 거쳐야만 한다. 이 분야가 교육에 공헌할 수 있으려면, 수도계의 품위의 차이를 교육의 과정으로 환치시킬 수 있는 모종의 일반적인 원리와 절차가 해명되어야 한다. 이런 연구를 진행시킴에 있어서 불가결한 것은 특정한 소재를 선택하고 그것을 토대로 자료를 개발하여 검증하고 예시하는 것이다. 그 원리에 따라 현재의 품위에서 최선의 교육을 진행시키고, 그 다음에 나타나는 품위가 무엇인지를 살피는 통제된 실험의 형태를 따르는 자료가, 단순히 역사적 자료를 인용한다거나 혹은 이미 진행된 사태를 교육의 관점에서 사후에 해설하는 방식보다는 더욱 증거로서의 설득력을 가질 것이다.

우리 주변에는 사물, 유물, 흔적, 문화유산들이 즐비하다. 그들을 교육의 목적에 맞게 활용할 수 있는 방도를 찾는 것도 매우 중요한 과제다. 도서관에 줄줄이 꽂혀 있는 각종 서적과 논문, 지도책, 백과사전, 전기, 그리고 미술관에 진열되어 있는 온갖 그림과 조각, 그리고 박물관에서 발견할 수 있는 온갖 기념물과 역사적 흔적 등은 품위의 단서는 될 수 있을망정 품위 자체는 아니다. 품위는 상징(symbol), 기호(sign), 지표(index), 표현(expression), 혹은 표지(representation)의 형태로 표현될 수 있지만, 그것들을 모방한다고 해서 품위 자체를 체득했다고는 볼 수 없다. 그 참다운 생명력을 갖게 하는 과정은 단순한 소통의 이론으로 설명되지 않는다. 우리의 문화유산에 질서를 부여하려면, 그것의 발전과정에 포함된 각 단계간의 연관관계로서 모순의 발생적 연속성이 밝혀져야 하고, 그 사이마다 어떤 교육의 양태가 작용했는지에 대한 탐구가 수반되어야 한다.

수준이 다른 지식과 정보의 집적과 그들 사이의 여과 없는 만남은 혼란스럽다. 다분히 상업주의적인 통제가 가미된 단편적인 정보가 요즘 종류와 수준의 구분이 없이 무차별하게 범람하고 있다. '네 마음대로 소화하라'는 원칙이 적용된다. 더러는 남의 작품에서 그것을 창작한 사람의 감흥이 없이 기능적인 면만을 모방한다. 다른 한편으로는, 노력함이 없이 자신의 취향에 맞는 것만을 추구하는 이른바 '인포테인먼트(infortainment)'의 현상이 나타난다(최성욱, 2004b). 우리 주변의 평범한 사물 혹은 소박한

스토리라도 그것을 구체적인 상황에서 어떻게 활용하도록 기획하고 구성했느냐에 따라 화려한 이미지나 활동 자료보다 더 흥미 있고 풍부한 경험을 자극할 수 있다. 그런 것들을 활용하여 교육적 경험을 극대화시키는 환경을 조성할 수는 없는가? 더욱 세부적으로 상구자료와 하화자료를 제작할 수 있는 원리는 무엇인가? 그 묘법은 무엇인가? 거기에는 그것에 대한 직접적인 소통 이상의 교육적 상호교섭을 증진시키는 과정과 절차가 포함되어 있을 것이다. 만약 그런 것들이 발견된다면, '교육적인 자료'의 범위는 더욱 확장되고 세분된다. 그들은 어떻게 분류될 수 있는가?

시(詩) 뒤에는 시인의 혼이 있고, 캔버스 뒤에는 화가의 맥박이 뛰고 있다. 품위에 해당하는 것은 전자가 아니라 바로 그 후자에 속한다. 우리 주변에는 또한 과학자, 예술가, 각 분야에서의 장인 등 각종 인간문화재가 있다. 인간문화재로서의 현존하는 사람은 발전하는 수도계의 미래를 결정해 나간다. 이들은 스스로 품위를 점유하고 있을 뿐만 아니라 그것을 지금까지 자신 혹은 타인에게 창조해 왔던 과정 자체에 대한 경험을 가지고 있다. 그들을 교육의 소재로 활용할 수 있는 방법은 없는가? 최성욱(2006a)은 이미 사멸한 선인들의 '교육적 환생(還生)'의 가능성조차 시사한다. 이 질문에 대한 해답은 단순히 그들이 곧바로 유능한 하화자의 역할을 기대하는 것 이상의 절차와 노력을 동반하면서 얻어질 수 있는 성질의 것이다. 가령, 그들의 선진적 품위를 계열화하고 후진을 그 계열에 맞게 배열하거나 배치하는 방도가 그런 것이다.

## 4.3 소재선택의 조건

우리는 앞 절에서 소재의 제한이 아니라 무한한 개방의 원칙을 지적했다. 짧은 일생에 모든 수도계를 섭렵한다는 것은 불가능하다. 개인의 생애에서 교육은 어느 경우나 그중 어느 것을 선택함으로써 이루어진다. 원칙상 교육소재는 독점하거나 강요될 성질의 것이 아니다. 그것을 선택하고 결정할 주체는 각 개인이다. 교육을 본위로 할 때 수도계는 교육의 내재적 가치를 실현하는 수단에 불과하다. 교육학자의 몫은 특정한 시대와 공간의 제한에서 오는 편견이 극복될 수 있도록 교육 주체에게 그 선택의 폭을 넓히는 풍부한 정보를 제공하는 것과 아울러 그 소재선택의 이유나 조건을 밝히는 것이다. 특정한 시대와 장소에서 개인 혹은 집단이 특수한 수도계를 교육의 소재로 삼는 이유는 무엇인가? 그 이유 가운데 그 선택할 세계의 범위를 미리 충분히 고려할 수 없었던 것은 아닌가? 그 절차는 어떤 것이었는가? 거기에 적용될 어떤 원칙은 없는가?

교육의 소재를 선택하는 데 작용하는 변인들을 무수하게 열거할 수 있겠지만, 이론상 그들은 내재적인 것과 외재적인 것으로 대별될 수 있을 것이다. 내재적 변인이란 교육현상을 구성하는 요인을 지칭하며, 따라서 교육을 성립시키는 데 충족시켜야 할 최소한의 필요조건이다. 이에 비해서 외재적 변인은 교육 이외의 여타 조건에 해당한다. 그 결정방식은 우연적인 것이며, 그 외부효과는 선택자의 의도와 반드시 일치한다고는 볼 수 없다. 그 의도와 사실 사이의 차이에 관한 부분은 연구에 의해서 해명될 과제에 해당하며, 교육학자들의 전문적인 역할이 기대된다.

소재의 선택에 작용하는 내재적 변인은 교육의 요소를 구성하는 모든 것이라고 할 수 있다. 그 많은 것들 가운데 우리의 논의에서 특별히 강조해 왔던 부분은 순차와 역차의 내재율이었다. 교육에서 사용되는 품계는 주어지는 것이 아니라 교육이 진행되는 방향으로 정렬되어 있다. 상구교육은 상구주체가 위치한 품위의 수준을 고려하여 진행되어야 한다. 그 내재율을 이탈할 때, 상구는 외재화될 위험에 처한다. 다른 한편, 하화교육은 제자의 상구교육을 지원하는 과정이기 때문에 외부에서 이미 정한 품위에 당장 일치시키려고 하면 그 자체의 고유성을 잃게 된다. 이와 같은 교육의 내재적 조건은 교육이 누구에게나 동일한 내용이나 목표, 절차에 의해 행해진다는 통념의 부적절함을 지적하는 수많은 이론가들의 주장과 연구에 의해서 이미 널리 밝혀진 부분이다. 이와 관련하여 이제까지 루소(Rousseau, 1762), 몬테소리(Montessori, 1912), 듀이(Dewey, 1916), 화이트헤드(Whitehead, 1929), 피아제(Piaget, /1972), 비고츠키(Vygotsky, /1978) 등이 주로 인용되어 왔다.

그런데 칙젠미할리(Csikszentmihalyi(1988, 1990)가 일련의 연구를 통해서 구명하고 있는 이른바 몰류경험(flow experience)에 관한 연구가 근래에 크게 주목을 받고 있다. 몰류경험이란 어떤 활동에 푹 빠져 있는 의식의 상태, 즉 깊이 몰두하여 자신의 행동을 미처 의식하지 못할 정도의 몰입의 경험을 지칭한다. 이 연구는 화가나 조각가들이 명예나 금전적 보상 같은 외재적 보상을 전혀 염두에 두지 않은 채 그들의 그림 그리기나 조각을 세상에서 가장 중요한 일로 생각하면서, 자기 자신조차 잊은 채 많은 시간을 즐겁게 투입하는 현상에 주목하면서 구상한 개념이다. 그 조건을 탐구하는 과정에서 칙젠미할리는 인간이 자기의 현재의 수준을 기점으로 한 단계씩 더 도전적인 과제를 수행함으로써 생활 속에서 최적의 생동감을 유지할 수 있다는 사실을 발견하였다.

윤병희(1997)는 교육소재가 갖추어야 할 몇 가지 조건을 제시하는 가운데 이 몰류체험을 포함시켰다. 그것은 첫째, 그 세계를 체험하는 사람들 사이의 수준 차이를 식별해 줄 수 있는 감식 장치를 내장하고 있을 것, 둘째, 나름대로의 생성・발전・진화의 경로를 식별해 주는 분야의 정체성과 품위 위계설정의 역사성을 확보하고 있을 것, 셋째, 주체의 망각과 상실을 초래한 채 거기에 몰두할 수 있는 몰류체험을 제공할 수 있을 것 등이며, 아울러 교육 소재의 외연은 무한히 확장될 수 있다는 점과 사회화 등을 위한 활동은 교육 소재의 특성과 거리가 있다는 점 등이 지적되었다. 교육 소재가 갖추어야 할 이런 특징이나 조건의 제시는 향후 다양한 교육의 소재를 개발하고 해석하는 데 있어 유용한 시사다.

교육의 소재는 교육 주체가 가진 현품과 관련하여 규정하고 선택해야만 하는 과제이다. 흔히 더 높은 품위의 획득에 관심을 갖고 속진이나 단계의 생략이라는 것을 논의하는 것은 교육의 입장에서 큰 관심사가 될 수 없다. 천천히 음미할 수 있는 교육활동을 굳이 서두를 이유가 없으며, 더구나 단계를 생략하는 것은 교육의 소재를 제거하는 것이기 때문이다. 작은 몸에는 작은 옷이 알맞고, 큰 몸에는 큰 옷이 알맞다. 이해되지 않은 답은 소화되지 않은 음식처럼 체하기 쉽고, 또 그만큼 해가 될 뿐이다.

특정한 품위가 교육의 소재가 될 수 있느냐 하는 문제는 그것을 사용할 교육 주체와 무관하게 규정될 수 없다. 이런 개별성은 까다로운 조건임에 틀림없다. 한 개인에게 혹은 한 집단에게 교육의 소재가 되는 것이 그대로 다른 개인 혹은 집단에게 같은 기능을 하지는 못한다. 유아교육에서 이른바 '근접발달영역(zone of proximal development)'을 존중하거나 '비계놓기(scaffolding)'를 요구하는 것은 이 취지를 잘 반영한다(Berk & Winsler, 1995; Rogoff, 1984). 그 소재선택의 원리를 우리는 다각도의 질문을 통해서 확인할 수 있을 것이다. 가령, '갑'이 '을'의 품위를 '병'에게 하화할 수 있는가? 여기에는 어떤 문제들이 있는가? '을'이 '갑'보다 선진이라면? '병'에게 하화할 수 있는 것은 어차피 '병'의 차상품이 아닌가? 그렇다면, 어떻게 알맞은 짝을 지워주어야 하는가? 이런 질문들의 특징은 어떤 일치된 결과와 관련하여 그 기능만을 강조하는 각종의 활동, 이를테면, 조건화, 사회화, 문화화의 현상을 밝히는 연구와는 구분된다.

교육소재의 개별적인 선택에는 경험의 연속성이라는 조건이 따른다. 교육은 각 단계에서 진행되며, 그것이 완료되면 다시 다음 단계로 진입한다. 이 때문에 한 개인에게 있어서 교육의 소재는 항구적이고 고정불변한 것으로 규정될 성질의 것이 아니다. 한 개인에 있어서 차상품은 관심과 흥미의 대상이 될 수는 있지만 즉각적인 즐거움을 주지 않는다. 흥미는 상구활동의 출발에서 나타나며, 즐거움은 그 종반부에서 나타난다. 그리고 그 즐거움은 새로운 경험과 더불어 어느 틈에 슬그머니 소멸된다. 이처럼 흥미의 대상이 하나의 방향을 향해서 역동적으로 움직이고 발전한다. 그 조건을 만족시키는 소재선택의 일반적인 원리에 대한 해답은 아직도 수많은 연구를 요구한다.

교육소재 선택과 관련하여 다음에 수행될 수 있는 연구는 그것을 결정하는 외재적 변인이다. 그 외재적 변인이란 교육을 제외한 모든 조건들로서 여기에는 물리적인 것, 심리적인 것, 사회적인 것, 문화적인 것, 종교적인 것 등이 포함될 것이다. 한 개인의 입장에서 볼 때, 이 모든 조건들이 소재의 선택에 복합적으로 반영될 수도 있을 것이다. 그 외재적 조건은 너무도 많기 때문에 여기서 일일이 지적하는 것 자체가 무리이다. 다만 그 반대의 경우, 즉 교육의 소재가 오로지 교육의 내재적 조건이라는 관점에 의해서만 선택되는 것은 아니라는 것을 지적하는 것으로서 충분할지 모른다. 그 좋은 예가 사회적 조건이다. 세계사는 소수 특권계급의 역사라는 말도 있다. 이 때문에 피지배집단이 지배계급의 이해관계에 봉사할 수 있는 소재를 강요받는 경우도 예상할 수 있다. 이 분야의 연구는 이들이 쓴 이런 공식적인 교육소재뿐만 아니라 일반서민들이 쓴 비공식적이고 대중적인 소재에도 응분의 관심을 환기시킬 수 있어야 한다. 토착적인 것과 외래적인 것, 민중적인 것과 귀족적인 것, 혹은 전통적인 것과 새로운 것들끼리의 갈등의 문제도 이와 관련하여 연구되어야 할 주제이다.

교육소재의 선택을 이처럼 내재적 변인과 외재적 변인으로 나누어 고려할 때, 흔히 간과하는 사실은 후자가 전자의 것을 충족시킨다는 것을 전제한다는 점이다. 예컨대, 듀이(Dewey, 1963)는 "교육적인 것은, 혹은 성장에 도움이 된다는 것은, 교재 그 자체가 아니다. 학습자가 이루는 성장단계를 고려하지 않고 그 자체로 혹은 그 내부에 본질적인 교육적 가치를 가지고 있는 그러한 교과는 없다(p. 60)"고 주장하면서, 교육의 본질적인 가치를 성립시키는 조건의 하나로 '가시목표(end-in-view)'라는 개념을 도입하였다. 만약 이런 교육 내재적 조건이 충족된다면, 그 다음에 검증할 것은 그 외재적 조건이다. 그런 선택에 다른 여타의 외재적 선택의 기준이 첨가될 수 있으며, 이는 별도의 검증을 필요로 한다. 따라서 특정 소재의 교육적 가치를 세속계적이거나 수도계적인 잣대로 섣불리 판단해서는 안 될 것이다.

그런데 흔히 사태는 외재적 조건에 의한 선택을 검증하는 이전의 단계에서부터 난관에 처하는 경우가 많다. 예컨대, 어떤 특정한 내용이 지니는 소재가치가 교육 주체와 당사자와 관련시켜서 가능하다는 듀이의 이런 주장은 학문 혹은 교과의 내재적 가치를 중시하는 학자들로부터 가끔 교육을 학습자의 현재의 관심과 욕구의 수준으로 전락시킨다는 혹독한 비판을 받았다. 이 사례를 특별하게 지적하는 것은 이런 비판이 이 분야의 연구에서 지켜져야 할 두 가지 조건을 무시하고 있기 때문이다. 그 하나는 다양한 가치들 사이의 병립과 갈등의 문제이다. 우리는 교육적 가치와 수도계의 가치가 서로 다른 종류의 것임을 지적해 왔다. 그런데, 앞의 비판은 수도계의 입장에서 교육의 가치를 판단하는 범주착오를 범하고 있다. 둘째로 고려해야 할 점은 교육의 내재적 조건과 가치가 충족될 때에 한해서 그런 교육이 어떤 특정한 외재적 방법에 비해서 얼마나 더 효과가 있느냐 하는 질문이 성립할 수 있게 된다는 사실이다.

이론적으로 말한다면, 소재의 선택은 그것의 내재적 그리고 외재적 가치의 총화와 비례한다. 이런 소재의 총체적 가치는 검증과정을 거쳐야 한다. 우리는 교육의 내재적 소재선택이 교육 이외의 세계에 줄 수 있는 영향을 실증할 수 있을 것이다. 하나의 연구의 사태를 가상해 보자. 가령, 속진이나 단계를 생략하는 온갖 수단이 있을 수 있으며, 그 결과의 내용에 있어서도 큰 차이가 날 수도 있다. 하나의 가설은 품위의 증득보다는 지득에 그칠 공산이 많다. 그러나 이는 주장이 아니라 증거에 의해서 입증되어야 할 부분이다. 이를 입증하기 위해서 교육과 여타의 조건이 실험사태로 구성될 수 있으며, 이 경우 교육적 조건은 그 내재율에 합당해야 함을 요구한다. 만약 그 결과가 예측대로 나왔다면, 그것을 다양한 가치와 결부하여 평가할 수 있을 것이다. 가령, 수도계의 입장에서 그 가치의 실현을 위해서 교육의 가치를 존중해야 한다는 주장을 할 수 있을지 모른다. 이런 입장은 앞의 경우처럼 그 검증이 있기도 전에 듀이를 비판하는 오류와는 다른 경로이다.

가장 합리적인 소재의 선택은 교육의 내재적 가치와 외재적 가치를 극대화시키는 것이다. 그런 원칙에 부합한 어떤 소재가 탈락될 위험에 직면해 있다는 주장을 하는 사람이 있다면, 그에게는 그 가치를 재인식시키는 교육이 이루어지도록 노력하는 책무가 주어져야 할 것이다. 이와 같은 문제는 앞에서 이미 교육의 가치와 관련하여 논의된 부분이며, 다시 이후에 별도로 다룰 <교육의 환경>을 연구하는 주제와도 관련된다. 그런 연구의 결과는 교육 이외의 여타의 세계가 교육을 그 수단으로 삼을 때 실증적인 자료로 사용될 수 있을 것이다. 가장 불행한 사태는 그런 검증의 근거를 따지지도 않은 채 특정한 시대와 공간의 제한에서 오는 편견에 따라 교육의 소재가 주어지거나 강요되는 경우이다. 그것을 미연에 방지하는 수단은 부단한 연구다. 이로써 증거와 사실에 근거한 외재적 선택이 가능해진다. 이렇게 되면, 무가치한 것은 탈락될 것이고, 가치 있는 것은 존속될 것이다.

여러 가지 연구들을 예견하거나 예시할 수 있다. 검증되어야 할 외재적 변인으로 우리가 검토할 수 있는 것은 아마도 각종 심리적인 조건이 될 것이다. 개인은 품위의 차이뿐만 아니라 소질, 지능, 적성, 성격, 과거의 배경 등의 차이가 있으며, 사상의학(四象醫學)에서 환자의 체질에 따라 처방이 다르듯이 교육 주체가 자신의 현실의 제약 속에서 선택해야 될 교육의 소재는 유동적이고 적응적인 것이다. 그 판단을 하는 데 필요한 자료는 수많은 연구를 요청한다. 소재와 소질 사이에는 어떤 관계가 있는가? 이때 그 소질은 어떻게 식별될 수 있는가?

내재적 조건을 만족시키면서 동시에 외재적 조건을 고려하는 소재선택은 발달단계와 연관하여 이루어질 수도 있다. 생애의 발달단계에 알맞은 소재를 발견하는 것은 중요하다. 아동의 것은 종류나 수준에서 성인의 것과 다를 수 있다. 성인들은 어린이들이 진정 호기심을 가지고 있는 상구의 소재를 알지 못한다. 다만 자녀의 장래성이라는 막연한 생각을 염두에 두고 하화의 교육권을 장악하고 있는 성인들은 그들 나름의 소재를 강요하는 경우가 많다. 그들이 가진 장래성의 선택은 합당한가? 더 나아가, 그 장래성을 성취할 수 있는 방식으로 소재의 선택이 이루어지고 있는가?

가능하다면 특정한 시공간의 소재에 제한 받지 않는 교육을 실현하는 것이 바람직하다. 그러나 우리의 생활은 장소와 시간의 제한과 틀 안에서 이루어진다. 하루의 주기, 학기와 휴일들로 이루어져 있는 계절의 주기, 구별표시가 잘 되어 있는 한 해의 주기로 이루어진다. 시간뿐만 아니라 공간의 제약도 작용한다. 가정, 놀이터, 가상공간, 직장, 학교라는 특수한 공간도 있다. 그들은 각각 서로 다른 역사적 조건 혹은 생태적 조건을 갖추고 있을 것으로 가정된다. 그 조건들은 무엇인가? 그 조건들이 소재선택에 어떤 방식으로 영향을 줄 것이다. 그 양태는 어떤가? 그것은 정당한가? 그 정당성의 근거는 무엇인가?

소재를 불필요할 정도로 제한하는 것도 교육을 위해서 가급적 피해야 할 상황이지만, 그렇다고 소재의 조건을 갖추지 못한 것을 무턱대고 받아들이는 관행은 더 이상 방조될 수 없는 부분이다. 지금까지 소재를 선택하는 외재적 결정이 반드시 실증적인 자료나 사실에 토대를 두고 진행되는 것은 아니다. 오로지 외재적 기준을 토대로 교육의 소재를 선택하는 경우, 사실상 그 효과가 의심스러운 가정에 기초한 경우, 심지어 단지 이전부터 그래 왔다는 전통에만 의존하는 경우가 많다. 이 분야의 연구들은 우리의 생활에서 피해야 할 이런 무모한 판단이나 실천들을 상당 부분 경감시키는 데 공헌할 것이다.

## 4.4 학교커리큘럼의 검토

앞에서 우리는 교육소재의 선택과 관련하여 생활공간의 특수성을 전제했다. 그 생활공간 가운데 교육과 관련하여 가장 중요한 장소가 학교라는 주장에 대해서 이의가 없을 것이다. 현대인은 교육이라는 명분으로 상당한 기간 동안 학교에서 젊은 시절을 보낸다. 그 안에서 실제로 어떤 경험이 이루어지는가? 혹시 부당한 관례나 편견이 교육의 이름으로 정당화되는 것은 아닌가? 만약 그렇다면, 그 사태를 어떻게 교육의 명분에 맞게 재조정할 것인가? 교육의 소재와 관련하여 검토할 사항은 무엇인가?

이 중 마지막 문제와 관련하여 가장 중심적인 위치를 차지하는 것이 이른바 '교육과정(curriculum)'[3]이라고 지칭하는 과정이다. 커리큘럼은 학교중심의 관례적 교육관의 핵심을 차지해 왔다. 커리큘럼이 하나의 체계적 탐구 분야로 정립된 것은 적어도 그 시기상으로 보면, 학교 체제에서 학생들이 공부해 나가야 할 내용 항목들을 결정한다는 실제적 관심이 대두된 것과 일치한다(이홍우, 1998a). 여기에서 이론과 실제에 대한 인식이 문제가 된다. 이들은 어떻게 구분되는가? 이론이 실제에 도움이 된다는 것은 어떤 의미인가? 그 한계는 무엇인가? 이와 관련하여 윤병희(2007)는 이 분야가 아직도 그 인식론적 기본요건을 갖추지 못한 미숙한 상황을 지적한다. 이론적 실천과 생활세계의 실제를 혼동하거나 혹은 전자를 후자와 연계하려는 강박관념을 가지고 있다는 것이다. 그런 사태는 비단 커리큘럼의 분야에만 국한된 것이 아니다.

이 분야에 흔하게 도입된 각종의 이론적 토대의 실상이 무엇이냐 하는 문제도 있다. 이 분야에서 방대한 연구가 이루어져 왔음에도 불구하고, 그들은 대부분 정치적, 경제적, 사회적, 문화적 가치 등을 대표할 뿐 아직도 교육을 대표하고 있지 못하다는 사실이 지적되고 있다(양미경, 1998, 2002a, 2005a, 2008a; 윤병희, 1997, 1999, 2002, 2007; 장상호, 1990; 최성욱, 1996). 그 저변에는 교육학 일반이 범하고 있는 '교육=학교태'라는 범주착오, 교과의 가치와 교육의 가치의 혼동, 그리고 그 독자적인 개념체계와 방법론의 결여 등의 이유가 있다. 이 점은 기존의 용병학문 중심의 교육학이 마치 교육현상을 다루고 있는 것 같은 지위를 향유하고 있는 교육학 전반의 상황과 일치한다.

그 허상의 베일을 벗기는 작업은 간단하다. 학교의 모든 사태가 그러하듯이, 커리큘럼은 어느 특정한 분과학문이 독점할 성질의 것이 아니다. 그것은 여러 학문의 다양한 관점을 허용하는 학제연구의 대상일 수 있다. 사실상 그동안 커리큘럼철학, 커리큘럼심리학, 커리큘럼사회학이라는 하위전공영역이 그런 역할을 해 왔다. 그렇다면, 커리큘럼은 자율적인 교육학의 연구와 무관한 것인가? 원칙으로 말하면, 교육학은 학교에 관한 학

---

3) 뒤(4.5)에 더 자세한 논의를 하겠지만, 이것은 영어의 'curriculum'을 번역한 것으로서 그 번역 자체가 그 실상을 대변하는 데 부적절하다. 그런 이유에서 이하에서는 그것을 단지 한국어발음으로 쓰기로 한다.

제연구에 참여하는 또 하나의 분과학문의 몫을 차지할 수 있다. 그것은 아직 내용을 채워야 할 미래의 탐구영역이지만, 굳이 올바른 명칭을 부여한다면 '커리큘럼교육학'이라고 해도 좋을 것이다. 이 분야는 이제까지 허용했던 외래학문의 관점이 배제한 교육의 내재적인 측면을 조명하고 보완해 주는 방식으로 발전되어야 한다.

만약 커리큘럼이 교육과 관련을 가진 현상으로 그 의미를 가지려면, 최소한 기존의 관점에 본 장의 주제인 교육소재의 특성을 첨가하고 반영할 수 있어야 할 것이다. 이런 과제가 향후 커리큘럼 연구에 주는 함의는 적지 않다. 그 함의를 추궁하는 연구주제의 세부항목이 무엇인지를 살펴보자. 학교라는 생활공동체 안에서 얼마나 교육소재의 개념을 적용할 수 있는가? 이는 학교의 관행에 비추어 어느 부분에 해당하는가? 이른바 '교과목(subject matters)'이 그 해답으로 당장 연상된다. 교육은 교과 혹은 교과서를 가르치고 배우는 것이라는 주장조차도 있다(이홍우, 1977). 그렇다면, 교과에 대한 논의는 교육의 소재 개념에 대한 논의라고 할 수 있는가? 그들 사이에 불일치하는 부분은 무엇인가? 교육의 입장에서 교과의 개념이 가지고 있는 문제는 무엇인가? 교과를 교육의 소재의 원칙에 맞게 개선하는 방도는 무엇인가?

대부분의 국가에서는 국가 혹은 지방 단위의 통일된 커리큘럼을 개발하여 시행하고 있다. 인간이 이룩한 수많은 자산 중에서 극히 일부의 내용만이 학교에서 교과목의 자격을 부여받고 있으며, 그 교과목들 간의 상대적인 중요성에 대한 인식은 나름대로 위계를 이루어 수업 시수의 배당과정에 반영된다. 여기에는 필수교과와 선택교과의 결정도 포함된다. 그 구체적인 내용은 마치 어떤 행사처럼 주기적으로 전면적이거나 혹은 부분적인 개정의 과정을 거친다(양미경, 2007). 이런 과정에서 교과의 결정과 선택에는 수많은 이권이 개입하기 때문에 그 가치를 둘러싼 치열한 논쟁을 비껴갈 수 없다. 이러한 관점들은 어느 하나가 배타적으로 옳다기보다는 상호 보완적이고 종합적인 방식으로 활용될 필요가 있다.

그 첫 출발은 커리큘럼의 운영이 오직 교육의 과제만이 아니라는 점을 시인하는 것이다. 커리큘럼 및 교과의 내용은 정치적, 경제적, 사회적, 문화적 갈등·긴장·타협으로부터 만들어진다. 이 점에서 양미경(2004a)이 문제를 학교의 교육외적 기능들, 즉 정치, 경제, 사회, 문화적 기능과 연관시켜 고려할 것을 촉구한 것은 옳다. 학교의 기능에 대한 사회의 다양한 기대는 어떤 방식으로든 교과목의 선택에도 반영될 것이다. 우선 대학의 각 분과학문들이 자신의 해당 교과목에 강한 애착을 보일 것이다. 교과서 개발 및 심의 과정에서 계층, 성, 직업, 이데올로기, 종교, 인종 등을 달리하는 사회의 여러 집단의 관점이나 의견이 충돌할 수도 있다.

그 포함과 배제를 지배하는 양태는 사실상 정치적인 측면이다(Apple, 1979; Giroux, 1981: Popkewitz, 1987). 그 과정에서 특정한 사회집단이나 계급의 이익에 봉사하는 소재는 마치 필연적이고 자연적인 것처럼 특권을 부여하는 이데올로기가 작용할 수 있다. 가령, 교육의 내재율과는 상관이 없는 임의의 권력과 실정법에 의해서 부과된 관학이나 국정교과서가 이른바 '공교육'의 명분으로 학교체제 안에 온존할 여지가 많다. 이런 경우 교육은 그 어느 단계에서 기존의 정치체제와 공조하기 어려울 것이다. 명분과 실제의 불일치는 그대로 방관할 수 없는 현상이다. 그것을 어떻게 받아들이고 조정하느냐 하는 것은 매우 중요한 문제다.

이런 상황에서 교육학자가 담당해야 할 중요한 과제의 하나는 그 각각의 헤게모니 양태들이 진정 교육의 소재로서 제 몫을 할 수 있는 조건에 부응하는지 혹은 저해하는지를 면밀하게 검토하는 것이다. 교과목의 선택에 교육이 관여할 어떤 필연적인 이유가 없다. 다만 교육에서 그것에 관심을 갖는 것은 그것이 교육의 소재로서의 가치를 가질 수 있다는 점 때문이다. 교육의 입장에서 소재는 다양할수록 바람직하다. 오늘날 학교는 학생들에게 다양한 소재를 제공하는가? 그 실상은 무엇인가? 그것을 결정하는 조건은 무엇인가? 제반 갈등 속에서 어떻게 교육적 관점을 추가하고 반영할 수 있는가? 정치, 경제, 사회, 문화적 가치와 구분되는 고유한 교육가치는 무엇인가? 그 가치를 본위로 할 때, 교과의 선택에 반영해야 할 것들은 무엇인가? 이런 문제들에 대한 해답을 찾는 연구들이 절실하게 요망된다.

먼저 이와 관련하여 이제까지 당연한 것으로 받아들였던 관행에 대해서 근본적인 의문을 제기할 필요가 있다. 그것은 이미 앞의 논의에서 드러났듯이, 제 1기 교육학은 현존의 학교에서 사용하는 '교과목'을 교육의 소재와 동일한 의미를 가지고 있는 것으로 가정한다는 데 있다. 교과목이라면 대부분 물리, 생물, 수학, 지리 등처럼 서양에서 규정하는 학문의 주지적 전통을 지칭한다. 지적 탐구의 영역으로서 교과는 여타의 세계를 자기의 영역으로 환원시키고 지적인 추상화의 피난처에 숨어서 실제적인 문제와의 대결을 회피하려는 유혹에 빠진다. 윤리의 문제를 윤리학의 문제로 환원시키는 것이 그 전형적인 예이다. 그 이외의 분야, 예컨대, 독창, 합창, 사생화, 상상화, 무용, 웅변, 문예, 서예, 아동극, 국악, 주산, 재배, 뜨개질, 피리, 공예, 수예, 신문, 합주, 원예, 육상, 배구, 테니스, 농구, 탁구 등은 '특별활동(extra-curricula activities)'으로 분류된다. 영어의 뜻으로 풀이하면 이들은 정식 커리큘럼에서 이탈한 지엽적인 것이다. 최근에 이루어지고 있는 일련의 커리큘럼개혁을 보면, 그 주류는 여전히 학문을 강화하는 노선을 취하고 있음이 명백하다.

그런 편협한 인식은 심지어 교과목이 교육의 내용이라거나 혹은 그것을 가르치는 것이 교육의 목표라는 식으로까지 확장된다. 우리나라에서 널리 유행한 피터즈(Peters, 1966)와 허스트(Hirst, 1965)의 관점도 이 입장을 취한다. 예컨대, 허스트(Hirst, 1974)는 지식의 형식을 구분하는 방식으로 일단의 개념, 특징적인 논리적 구조, 특징적인 표현, 특징적인 탐구의 방법이라는 기준을 내세워서 수학, 자연과학, 인문과학, 역사, 종교, 문학과 예술, 철학, 도덕적 지식 등을 구분하고 그들을 이른바 '자유교육(Liberal education)'에 포함시킬 것을 제안한다. 국내에서는 이홍우(1998)를 비롯하여 그런 주장에 전적으로 동조하는 학자들도 많다. 그들은 교육의 입장보다는 엉뚱하게도 학문의 입장을 대변하고 있는 것이다.

교육본위론의 입장에서 당장 두 가지 근본적인 문제가 눈에 띈다. 그 하나는 교육의 가치를 교과의 가치와 동일시하고 있는 점이다. 우리는 앞에서 학문의 세계와 교육의 세계가 서로 다르며, 그 추구하는 목적이나 가치도 다른 것임을 밝혀 왔다. 본위의 선택에 따라 그중 어떤 것이 목적이 되고, 다른 것이 그 수단으로 취급된다. 교과의 내재적 가치를 내세우는 학자들은 그 본위를 분명히 학문에 두고 있다. 이와는 대조적으로 우리가 목하 검토하고 있는 교육의 소재란 바로 그 반대의 입장, 즉 학문을 교육의 내재적 가치를 실현하는 하나의 도구로 보고 있다. 후자의 입장에서 보면, 유독 학문의 영역만이 교육의 소재가 되어야 할 하등의 이유도 없다.

학교 안에는 어떤 소재에 대해서 필연적이며 배타적인 방식으로 특권을 부여하고, 다른 것들은 억압하거나 은폐하는 과정이 있다. 오늘날 우리나라에서는 학문적 지식의 범주에 불과한 교과목이 마치 자연처럼 우리가 마음대로 바꿀 수 없고 선택할 수도 없는 교육의 소재가 되어야 할 것처럼 취급되고 있다. 그 이유는 무엇일까? 일찍이 사이드(Said, 1978)가 주창한 '오리엔탈리즘(Orientalism)'이 이에 대한 설명을 대신할 수 있을지 모른다. 그는 지식이 어떻게 권력과 결탁하여 동양에 대한 서양의 편견을 절대적 진리, 보편적 학문, 지배적인 언술행위로 만들었는지 추적하면서 이 개념을 부각시킨 바 있다. 우리나라의 교과목이라는 것도 그런 정치적인 과정의 부산물일 가능성이 많다.

역사적으로 따지고 보면, 교과라는 제도가 정착된 것은 서양의 경우 약 이백 년 전의 일이며, 우리나라의 경우 약 백 년에 이르는 것으로 본다. 그런 배타적 이데올로기의 근원에는 서구문화의 제국주의에의 순종이 도사리고 있다. 이것은 이른바 이전의 동양이나 우리나라의 학교와는 전혀 다른 형태를 띤 서구식 '신학교'의 도입을 통해서 이루어져 왔고, 오늘날의 학교는 그 연장선에서 진행되고 있다(오천석, 1964; 장상호, 1997a). 이로써 우리나라의 구학교체제에서 인정받았던 소재는 거의 서구의 것으로 대치되었다고 해도 과언이 아니다. 이것은 서양의 열강의 지배에 의해 식민지로 전락한 아시아와 아프리카의 여러 나라에서 서양의 문물을 맹목적으로 모방하는 좀 더 큰 경향의 전형적인 사례의 하나로 해석해도 무방할 것이다. 그런 과거의 역사적 우연성에 토대를 둔 선택이 현재와 미래의 시대에도 옳은 것인가를 우리는 반문할 수 있을 것이다.

여기서 강조하고자 하는 요점은 우연과 필연의 구분이다. 학교에서 교육의 소재를 서양의 학문으로 일률적으로 통일시킬 어떤 개념적 필연성도 없다. 생활의 다원화를 위해서 학문 이외의 다양한 수도계를 학교교육의 소재로 병립시키는 것이 가능할 뿐만 아니라, 동시에 바람직한 것이기도 하다. 너무도 늦은 감이 있지만, 지금부터라도 교육의 소재를 좀 더 활달하게 개방하여 우리 문화의 진수가 삶의 풍요로움을 원하는 사람들에게 전파되도록 하는 것이 필요하다. 서양의 가치를 여타의 지역인 한국의 학교에서도 무조건 받아들여야 하는지에 대한 의문을 제기할 수 있다. 교육의 소재를 선택함에 있어서 동양의 것에 대한 무조건적인 지지나 서양에 대한 무조건적인 반발이 가져오는 것은 우리들 자신의 가능성에 대한 불필요한 제약이다. 서양의 학문을 교과에 포함시키는 것에는 문제가 없다고 하더라도, 동양적인 수도계의 내용을 제거하는 데에는 더욱 합당한 해명이 요구된다.

이제 세상은 많이 변하였으며, 유럽보편주의도 검열의 대상이 되어야 한다. 오늘날은 바야흐로 지구촌시대에 접어들고 있으며, 매일의 일상사가 서로의 교류 속에서 이루어지고 있다. 서구적인 것에서 보편성이 있을 수 있다면, 동양적인 것 속에도 보편성이 있을 것이다. 따라서 보편성을 가질 만한 동양적 수도계를 적어도 동양의 학교에서 수용하고, 더 나아가 그것이 서양의 학교교육에서도 받아들일 수 있도록 노력해야 한다. 이 점에서 최성욱(1999)이 전통문화에 입각해서 학교커리큘럼을 재구성할 것을 주장한 것은 큰 의미를 지닌다. 그는 동양 혹은 우리나라의 찬란한 문화유산들, 예컨대, 불가, 유가, 도가, 궁도, 유도, 고전무용, 판소리, 다도, 도예, 서예, 참선, 검도, 그 외 무수한 장인들이 갈고 닦아온 전통예술의 다양한 장르 등이 학교교육에서 철저히 배제되는 상황을 문제시하고, 그들을 학교교육에 다시 복권시키도록 촉구한다.

소재의 임의적인 제약은 우리를 빈궁한 울안에 갇히게 한다. 배타주의의 반대편에 있는 이른바 사대주의라고 하는 것도 그 점에서는 마찬가지다. 이렇게 소재의 다양성을 주장하는 것은 그 모두를 교육의 소재로 삼아야 한다는 주장으로 오해되어서는 안 된다. 교육의 입장에서는 다만 그 선택의 폭을 넓힌다는 데 큰 의미가 있다. 만약 그 선택이라는 조건이 무시된다면, 그 어느 것도 교육소재로서 요건을 벗어나는 것이다. 바로 이 점에서 학교의 현존하는 교과목체제에 또 다른 문제제기를 할 수 있다. 학교는 오늘날 급속하게 팽창하는 지식을 학생들이 모두 습득해야 한다는 강박관점에 사로 잡혀 있다. 학생들은 그것들을 피동적으로 주입받아야 하는 무지하고 열등한 존재로서 그중 어느 것을 선택할 여지가 거의 없다. 그 가운데 가끔은 학교가 사회경제적으로 중산층이나 상위계층의 이데올로기와 문화적 경험을 강요한다는 식의 문제가 제기되기도 하지만, 그것은 선택의 부재에 따른 근본적인 문제의 지엽에 불과하다.

학교의 교과목은 비단 종류나 선택의 문제만 가지고 있는 것이 아니다. 그것이 교육의 소재로서 결정적으로 문제가 되는 점은 그 수준에 따른 선택의 여지가 별로 없다는 사실이다. 우선 교과의 영역을 일률적으로 규정하고 학생들을 그것에 일치시키는 방식으로 커리큘럼이 운영된다. 여기에는 크게 두 가지 특징이 포함되어 있다. 그 하나는 학문 중심의 가치규정이 적용된다. 누구에게나 가치로 인정받을 일단의 지식체계가 있다는 가정이 있으며, 그 가정을 정당화하는 것은 학문공동체에서 인정하는 최신의 지식이다. 다른 하나는 그 일정한 범위의 내용을 학생들이 같은 방식으로 일제히 내면화할 것이라는 가정이다. 이런 학교의 관행은 근본적으로 사회화나 문화화의 모델을 따른 것으로서 교육의 내재율에 크게 위배된다.

이처럼 학교가 어린 학생들에게 높은 수준의 문화내용을 강요하는 데 따르는 부작용은 심각하다. 최근의 지식을 망라하는 교과서의 양은 날로 많아지고, 학생들은 그 결과를 삼키는 가운데 소화불량증에 시달린다. 최근의 지식만이 옳다는 식의 진행이 이루어지기 때문에, 역사적으로 그 높은 지식을 얻는 과정에서 체험으로 작용했던 많은 그릇된 일반화, 무의식적 편견의 작용, 그릇된 관찰들을 다시 체험하고 극복하는 과정이 생략된다. 이런 조건에 학생들이 적응하는 최선의 방법은 이미 주어진 그 결과를 모방하는 것이다. 이는 결국 학생들의 개인차와 변화가능성을 억압하고, 그들의 독창성, 발견, 자유, 열정, 희열을 박탈한다. 개인의 수준과 구조에 맞지 않는 내용은 자기 체력에 맞지 않는 운동처럼 위험과 좌절이 동반되며 교육의 내재성은 소멸된다.

아무리 최고급의 지식이라 하여도, 아무리 최고급의 기법이라 하여도, 학생 개개인이 지닌 현재의 상태로서는 도저히 헤아려 이해하지 못하는 수준의 것일 때는 교육적으로 무의미하다. 그렇다면 어떤 교육적인 대처방안이 있는가? 그 하나는 지식의 수준을 상대화시키는 것이다. 학문적 지식을 포함하는 모든 종류의 소재는 그 수준의 면에서 절대적인 것이 아니라 상대적이다. 현존하는 학문공동체의 지식이 아무리 최고의 것이라고 할지라도 시간이 지나면 불원간에 그 지위를 잃게 될 것이다. 또한 자연인 갑에게 높은 품위가 을에게는 낮은 품위가 될 수 있다. 따라서 그 교육주체를 고려하지 않고 특정한 품위를 높거나 낮은 것으로 판정하는 것은 잘못이다.

이런 점을 최근에 학교를 초등, 중등, 고등으로 구분하는 제도와 관련하여 문제시하는 논의가 있다(엄태동, 2000, 2002, 2003a; 윤여각, 2005b). 이들은 지식의 수준을 그것을 가진 주체와의 관계에서 상대적으로 규정할 것을 요구한다. 그렇게 그 인식주체를 고려하게 되면, 모든 지식은 '초급임과 동시에 중급이며, 또한 고급'이라는 결론이 나온다. 문제는 그 상대적인 규정을 교육에 어떻게 반영하느냐 하는 것이다. 이미 우리가 살핀 바대로 원칙상 상구자로서 학생은 누구나 자기 수준에서 최고·최선의 지식을 겨냥하여 상구하는 것이며, 그러한 상구활동을 충실히 수행하는 한, 그는 고급의 교육활동을 수행하고 있다고 평가할 수 있다. 이 점에서 초등교육은 학문공동체에서 규정하는 교과지식의 수준과는 무관하게 고급의 교육이 될 수 있다는 것이다.

이처럼 교과의 가치와 교육의 가치를 개념적으로 분리시킬 때, 전자를 후자의 관점에서 비판할 수 있는 입지를 확보할 수 있다는 점에서, 이런 논의는 매우 유익하다. 앞 절(4.2)에서 살폈듯이, 교과의 가치에 비추어 낮은 수준, 혹은 학문공동체에서 이미 허위로 판명된 지식이라고 할지라도 어떤 학생에게는 더 나은 발전에 기여하는 징검다리나 방편으로 최적의 소재가치를 지닐 수 있다. 그러한 가치를 좀 더 충실히 구현하면 할수록 그 교육은 좋은 교육이요, 교육의 가치와 목적에 근접하고 있는 양질의 교육이 되는 것이다.

그런 양질의 교육을 학교에서 실현하는 데 넘어야 할 수많은 장애물이 있을 것이다. 그 가운데 우리가 앞에서 검토한 '교과서'가 포함된다. 실제로 학교에서 교육의 이름으로 진행되는 대부분의 활동은 교과서를 근거로 이루어진다. 이는 구체적으로 말하면 학교 안에서 사용되는 공식적인 지위를 부여받은 교재이다. 통상 학교는 국가의 검인정을 받아 제작된 교과서를 기준으로 주별, 혹은 월별 시간을 배정하여 일률적인 '수업'을 진행한다. 그런 방식의 진행을 교육이라고 할 수 있는가? 여러 가지 인쇄물 가운데 교과서가 유별나게 교육의 수단으로 인정되는 근거는 무엇인가? 현재 학교에서 사용하고 있는 교과서는 그 수단의 가치를 반영하고 있는가?

우리는 학교의 관행에 적어도 당장 두 가지 문제점을 제기할 수 있다. 첫째, 교과서는 언어로 표현되어야 한다는 제약이 있다. 이 말은 학자들의 마음 안에 있는 지식은 고려되지 않거나 불가피하게 제외될 수밖에 없다는 뜻이다. 또한 어떤 방식으로든 언어로 표현된 지식이 단지 언어의 수단으로 전달될 수 있다는 가정도 의문스럽다. 둘째, 교과서의 내용은 엄밀하게 말하면 커리큘럼 및 교과서의 개발 및 심의 과정에 참여하는 사람들의 특정한 지식수준을 반영한다. 다만 대부분의 경우 그것이 누구의 수준이라는 것이 감추어져 있을 뿐이다. 그런데 그것은 마치 '정답'을 가진 것 같은 지위를 향유한다. 그 수준조차도 학생들에게 직접 교육적 소재의 기능을 하기에는 너무 높은 수준이다.

그런 교육적인 문제를 안고 있음에도 불구하고, 지금까지 교과서를 중심으로 학교의 활동이 진행되고 있는 이유는 무엇인가? 이 질문은 그 자체로서 흥미 있는 연구주제이다. 여기에는 사회 질서와 문화의 유지, 대외적인 국가 경쟁력의 확보, 구성원 간의 동질성 형성, 통일된 평가 기준으로서의 역할, 직업세계에서의 유용성 확보, 정치적 안정 도모, 학습자의 경험 구조의 쇄신 등 다양한 분야의 관심과 이권이 작용하고 있기 때문에, 그 문제를 다룸에 있어서 단지 교육의 관점만을 적용하는 것은 너무 순진한 접근이 될 것이다. 그 원인을 구명하는 데에는 아마 교육의 내재적인 변인 이외에 예컨대, 정치적, 경제적, 사회적, 문화적 변인들을 고려해야 할 것이다. 사실은 학교의 관행은 그들 사이의 관심과 투쟁 그리고 그 타협의 소산으로 보는 것이 타당하다. 다만 교육학자들에게 부여된 고유한 과제의 하나는 그런 이권과 갈등이 개입된 복합적인 상황에서 기존의 교과서 안에 어떻게 교육의 내재적인 요소를 가미할 수 있느냐 하는 것이다.

학교에서 일률적인 교과서의 내용을 상구하고 하화한다는 것은 성립될 수 없다. 교과서가 교육의 요소가 될 수 없고, 그것은 오직 교육의 내재율을 따르는 범위 내에서만 교육과 관련되는 것이다. 이런 맥락에서 교과서를 교육 소재로서의 가치를 증대시킬 수 있는 방식으로 재구성할 필요성이 제기되고 있다(양미경, 1998, 2003a, 2003b, 2004b, 2005a, 2008a; 윤병희, 2003, 2005). 예컨대, 양미경은 이제까지 이루어진 그 교과서 구성의 방식을 네 가지 방향으로 전환할 것을 제안한다. 그의 표현을 따르면 ① 객관적인 교과서에서 저자의 목소리가 담긴 교과서로, ② 빠뜨림 없는 교과서에서 흐름이 있는 교과서로, ③ 설명형 교과서에서 소재제공형 교과서로, ④ 최신형 교과서에서 거듭나기형 교과서로의 전환이 필요한 것이다. 연구자는 그런 원칙에 따라 실제로 보충교재를 개발하여 시범을 보이기도 하였다.

그러나 교과서와 관련하여 그 어떤 제안이 이루어지든 간에, 그것은 단지 교육적인 자료의 하나로만 인정받을 수 있다. 앞 절(4.2)에서 살폈듯이, 교과서의 교육적 가치는 개별적인 학생들이 가진 현재의 지식수준과 무관하게 규정될 수 없다. 어떤 교과서를 두고 학생들은 그들만의 온갖 질문을 가질 수 있다. 이런 상황에서 진정한 의미의 교육의 소재는 교과서의 내용이 아니라 그것과 관련하여 학생이 제기하는 질문이다. 그 질문과 그에 대응하는 해답은 앞에서 지적한 '일률적인 수업'으로 충족될 수 없다. 그것이 제 5장에서 다루어질 주제로서 결국 교육의 내재율에 부합한 맥락 안에서 조정되어야 한다. 말하자면, 이 문제는 결국 커리큘럼 전체를 운영하는 방식의 전환과 결부하여 해결될 수밖에 없다.

이와 관련하여 최성욱(1995a)은 커리큘럼이 진정 교육의 과정을 대표하는 것이 되기 위해서는 교육의 결과보다는 그 과정에 작용하는 원리에 따라야 할 것을 주장하였다. 그는 기존 관점을 각각 목표중심모형, 내용중심모형으로 명명하고, 그 대안으로 활동중심모형을 제안한다. 이는 교과의 내용을 소재의 내재적 속성에 맞게 배열한다. 그 발전의 계열은 무한하기 때문에 정답이라는 개념이 적용될 수 없다. 그 각각의 단계는 오히려 상구자에게 불확실한 것일수록 혹은 베일에 가려 있는 것일수록 교육의 소재로서 적합하다. 다만 그 수준의 차이에서 오는 궁핍감과 갈등을 의도적으로 유발하는 방식으로 자료를 선택하면서 교육활동을 전개하는 조건을 만족시키는 것을 특징으로 한다.

단지 교과목이나 교과서라는 제한된 영역을 벗어나서 그것보다 더 포괄적인 커리큘럼을 교육적으로 개선하려는 이런 부류의 새로운 모색은 근래에 이른바 '소재형 커리큘럼'을 제안한 양미경(2002a)의 논의에서도 엿볼 수 있다. 그는 교과의 내용들이 그 자체로서 특정한 가치를 갖는 것으로 보는 것은 잘못이며, 오직 교육 주체의 실질적인 상호교섭을 통해서만 그 의미가 발현되게 된다는 기본적인 원칙을 제시하고, 커리큘럼이 학생들의 인지발달의 순서, 질문의 순서 등 경험적인 계열을 기초로 조직, 전개할 것을 제안한다. 소재의 조건은 제시된 소재가 학습자의 지적인 수준과 아주 잘 맞아야 한다. 이는 이론적으로 분석하여 얻을 수 있는 것이라기보다는 실제 교실 안에서 학생과 교사가 임기응변적으로 대응해 나감으로써 발견하고 체험할 수 있는 부분이다. 이런 부류의 실제적인 운영 원리와 방식에 대한 모색은 앞으로도 계속되어야 할 것이다.

# 4.5 학교중심의 용어해체

학문적 논의에서는 정확한 용어의 선택이 매우 중요하다. 우리는 학교 안에서 온갖 교육의 용어가 아무런 이론적 맥락도 없이 사용되어 왔음을 문제시하고, <교육의 구조>라는 연구영역의 하나로서 '용어의 해체와 재건(1.6)'의 주제를 다루었다. 개별적인 용어는 흔히 생각하듯이 사태 자체와의 일대일의 관계를 결코 가지고 있지 않으며, 그 의미는 결국 그 맥락에서 나온다. 그 맥락을 따지지 않고 특정한 용어 자체만을 중요시한다면, 어떤 분별 있는 논의도 불가능하게 된다. 고급스럽게 다루어야 할 이론적 논의가 단지 관행으로 정착된 용어의 맥락에 흡수될 경우, 그 문제제기나 비판이 혼돈에 빠진다.

그런 문제는 특히 교육의 소재 문제를 다룸에 있어서 그 정도가 더욱 심각하다. 학교만이 교육이 진행되는 공간이 아니다. 또한 학교 안에도 교육 이외의 수많은 과정이 진행된다. 학교 안의 교육의 측면을 드러내는 별도의 개념이 필요하며, 학교교육의 문제가 이를 통해서 제대로 부각되고 논의될 수 있다. 교육의 소재라는 주제는 학교의 울타리를 벗어난 보편적 의미로 다루어야 하는 연구영역이다. 그런데 이미 앞 절에서 살폈듯이, 그 소재로 다루어야 할 측면들이 학교의 특정한 관행과 결부된 용어들과 혼동하거나 충돌하여 그 용어의 사용에서부터 논리적인 모순을 야기하는 사태가 빈번하게 일어난다.

학교 안에는 그 의미가 분명하지 못한 것들이 마치 교육현상을 대표하는 것 같은 용어로 지칭되고 있다. 그들은 대부분 사회적 관행과 제도의 지지를 받고 있기 때문에 대중에게 너무도 당연한 지위를 향유한다. 그러나 다른 한편으로, 이들은 아무런 이론적 근거가 없이 혹은 잘못된 판단을 근거로 교육의 소재에 대한 건설적인 논의를 방해하는 방식으로 작용한다. 따라서 다음과 같은 그 용어에 대한 비판적 검토가 선행될 필요가 있다. 그들은 어떤 경위로 출현했는가? 그들이 진정으로 지칭하는 것은 무엇인가? 보다 정확한 의미로 대체할 수 있는 용어는 무엇인가? 이 분야의 본격적인 연구가 아직 진행되고 있지 않기 때문에 그 몇 가지의 사례를 다음에 제시해 보겠다.

교육학 연구나 교육학자들은 그 안에 '교육'이라는 용어가 포함되어 있다는 사실만으로 그것이 교육현상으로 가정해 버리는 경우가 대부분이다. '교육과정(教育課程)'이 그 첫 사례로 꼽을 수 있는 용어이다. 그러나 이제까지 이루어진 그 분야의 어떤 이론을 보든 간에 그 '교육'이 무엇인지에 대한 체계적인 논의를 한 것을 찾아보기 어렵다. 다만 검토되지 않은 그 가정만 남아 있는 셈이며, 그 가정이 그릇된 만큼 그에 관한 무수한 연구물들은 일정 부분 교육을 오도하는 효과를 갖는다. 우선 적어도 학문의 대상과 분과학문의 개념 사이의 상관관계를 알고 있는 사람이라면, 교육과정을 철학, 심리학, 혹은 사회학의 개념으로 포착한다는 논의를 전개하기 어려울 것이다.

사실 '교육과정'이라는 용어는 영어의 'curriculum'의 부적절한 번역에서 유래한 것으로서, 그것이 지칭하는 것은 학교 안에서 이루지는 제반 일정, 활동, 혹은 관례들이다. 학교의 구성원은 이 용어를 사용해서 의사소통을 하고 있으며, 이때 그것이 교육현상이라는 어떤 이론적 근거도 없다. 만약 우리가 이처럼 커리큘럼을 학교의 생활사태의 한 부류로 본다면, 그것은 비단 교육학뿐만 아니라 철학, 심리학, 사회학 등 대학의 제반 분과학문의 연구대상이 될 수 있다는 주장을 무리 없이 성립시킬 수 있다. '커리큘럼의 심리학적 측면'은 성립되지만, '교육과정의 심리학적 측면'은 성립되기 어렵다. 왜냐하면, 개념상 심리적 측면과 교육의 측면은 별개의 것이기 때문이다. 앞 절(4.4)의 논의에서 검토한 제반 연구물들의 논자들이 '교육과정'이라는 말을 써 왔음에도 불구하고, 그것을 본서에서 '커리큘럼'이라는 말로 대치해서 표기한 것은 바로 그런 이유에서이다.

이론적 분석과 충돌할 수밖에 없는 일상적 용의의 다른 사례는 'X를 배우고 가르친다.'는 말이다. '가르치고 배우는 것'이 교육이라는 일상적 용어의 틀에 얽매인 사람들은 그 어법에 충실한 나머지 X가 목적이고, 교육은 그것을 달성하기 위한 수단이라는 생각을 갖기 쉽다. 그러나 우리가 그 근거를 따지고 들면, 그 용어의 사용이 얼마나 터무니없는 것인가를 쉽게 알 수 있다. '가르치고 배우는 것'이 교육이라고 하지만, 그 용어가 주는 이론적 의미는 부재하다. 그저 사람들이 그렇게 통상 그 의미를 교환하고 있을 뿐, 그것이 진정 무엇인지에 대한 추궁을 찾아보기 어렵다. 또한 'X를 배우고 가르친다.'는 어법에서의 목적격과 삶의 한 양상으로서 교육의 목적은 전혀 별개의 차원이다. 우리는 "자장면을 먹는다."는 말을 흔히 쓰지만, 그렇다고 해서 먹는 행위의 목적을 자장면으로 삼지는 않는다.

이렇게 말하면, 어떤 교육학자는 그것은 일상인이 저지르는 오류에 불과하며, 그 오류를 자신들의 것으로 확대하지 말라고 항의할지 모른다. 그러나 사실 많은 부분 그런 오류는 교육학자들, 특히 커리큘럼 분야의 연구자들이 즐겨 사용하는 용어에서 흔하게 찾을 수 있다. 이른바 '교육내용'이라는 용어가 그중의 하나이다. 그것들이 실제로 지칭하는 것은 '교과목' 혹은 '교과'에 해당하는 부분이다. 교과는 다양하며, 그들은 서로 다른 내용을 가지고 서로를 엄격하게 구분한다. 그런 사실 앞에 그들을 통칭하는 것이 '교육내용'이라고 주장한다면, 대학의 모든 학문이 교육의 내용이 되는 셈이다. 그런 억지스럽고 어리석은 만용이 버젓하게 이루어지는 이유는 그 자체로서 탐구되어야 할 흥미 있는 연구주제이다.

그런 오류가 통용되는 계기를 찾아보면, 특정한 어떤 계기로 별 생각 없이 도입한 용어가 지나치게 확장된 경우를 발견할 수 있다. 예컨대, 우리나라에 널리 소개된 타일러(Tyler, 1949)의 커리큘럼 논의 가운데 교육의 목표를 '내용'과 '행동'의 두 가지 차원으로 명시할 수 있다는 부분이 있다. 이때 그 '내용'은 교과를 세분한 것이며, '행동'과 더불어 교육의 결과에 해당한다. 그런데 이런 특수한 의미의 '내용'이 엉뚱하게 '교육의 내용'으로 확장된 것이 아닌가 하는 추측이 가능하다. 말 그대로, 타일러가 말하는 '교과내용'은 교육의 결과일 수는 있다. 논리적으로 말하자면, 교육의 결과와 교육의 내용이 동일할 수 없다. 교육의 내용이 별개로 규정될 수 있을 때에 한해서, 그 결과를 논의할 수 있게 된다. 그럼에도 불구하고, 이런 용어의 의미가 확장된 배경에는 일상인의 머릿속에 있는 상식이나 기능주의적 교육관이 자리하고 있으며, 그 교육관이 교육 자체의 정체성을 규정하는 데 부적절하다는 점을 앞(1.2)에서 이미 다룬 바 있다.

교과의 내용과 교육의 내용을 혼동하는 오류는 교육학자들이 감히 자신의 능력 이상의 영역까지 침해하는 엄청난 만용으로 연결되기도 한다. 이른바 '자유교육(liberal education)'을 논의하면서 허스트(Hirst, 1974)가 그 교과의 영역을 몇 가지로 축소하여 규정한 것은 그 좋은 예이다. 그 안과 밖의 경계를 중심으로 자유교육의 범위를 규정하는 것이 가능한 일인가? 허스트의 주장은 그가 알고 있는 교과의 세계가 얼마나 협소한 것인지를 드러낸 것에 불과한 것으로서, 만약 그 영역이 인간의 자유로운 마음이 지향하는 통로라면 자유교육의 범위는 사실상 무한정하게 확대될 수 있다. 말하자면, 그 축소 자체가 자유의 의미에 합당하지 않다.

이른바 '필수교과'와 '선택교과'의 결정에 교육학자들이 흔히 참여할 때에도 논자의 그런 협소한 견해가 반영되고 있는 것을 본다. 무엇이 그 결정의 기준이 된다는 것인가? 교과와 교육은 서로 별개의 사안이다. 따라서 이 부분에서 교육학자들이 관여하는 것은 범주착오이다. 이미 살폈듯이 교과의 선택에 교육이 관여할 어떤 필연적인 이유도 없다. 오늘날 교과의 내용은 급속하게 확장하고 심화하는 과정에 있으며, 그 부분은 감히 교육학자들의 좁은 안목으로 다룰 성질의 것이 아니다. 교과영역 가운데 어느 것이 중요하고, 덜 중요하다는 판단은 해당교과의 분야 안에서 결정될 수 없는 것으로서 다분히 정치적인 요소가 개입할 수밖에 없다.

이와 같이 혼동하는 용어 사용이 주는 폐해를 벗어나는 방도는 무엇인가? 그 해법은 아주 간단하다. 위의 예에서 각종의 수많은 교과의 내용을 그대로 그 특수한 교과의 내용으로 지칭하면 된다. 국어, 수학, 자연, 미술의 내용이라고 각각 인정하면 된다. 여기에 교육이라는 말이 개입할 아무런 이유도 없다. 그렇다면, 그들과 구분되는 교육의 내용은 무엇인가? 이 질문은 교육학자들이 해명해야 할 항구적인 과제로서 아직까지도 많은 부분 미지의 영역으로 남아 있다. 그런데 그처럼 앞으로 탐구되어야 할 영역을 엉뚱하게 기지의 다른 내용으로 대치하는 처사는 그 각각의 교과의 내용을 애써 탐구하는 그 분야의 사람들을 농락할 뿐만 아니라, 더 나아가 앞으로 정직한 교육학자들이 수행해야 할 연구영역을 고의로 은폐시키는 역작용을 한다.

교육과 관련하여 가장 문제가 되는 또 다른 용어는 '교과서'라는 용어이다. 학교에서는 교과서를 중시하며, 심지어 학교당국, 교사, 학생, 학부모, 그리고 더 나아가 교육학자들에 이르기까지 교육은 '교과서를 가르치는 것'으로 생각하는 경향조차 있다. 그런 맥락에서 대학을 제외한 모든 학교체제가 통일된 교과서에 따라 주별, 혹은 월별 시간을 배정하여 '교육과정'을 운영하며, 그 교과서 내용을 기준으로 모든 '교육평가'가 이루어진다. 학교에 몸담고 있는 사람이라면 이런 말의 용례를 너무도 자연스럽게 받아들일 것이다. 그렇다면, 그 일련의 용어사용은 정당한가? 만약 그렇지 못하다면, 이들은 어떤 방식의 용어로 대체되어야 하는가?

'교과서'라는 명칭이 중요한 것이 아니라 그것이 어떤 과정을 거쳐서 제작되며, 그 내용이 무엇인지가 중요할 것이다. 현재 우리나라의 경우, 국가가 교과서의 저작권을 독점하거나 혹은 교육과학기술부의 검정과정을 거쳐서 민간출판사가 제작한다. 그 안의 내용은 물론 저작당국이나 저작자의 선택과 수준을 반영하는 것이지만, 대개 기존 통치질서의 유지에 필요한 특정한 이데올로기, 신념, 습관, 태도, 가치관이라고 보아야 한다. 그 가운데에는 학문공동체에서 이미 확립된 객관적인 지식을 편집한다는 원칙도 따르고 있다. 그러나 그 실제의 내용은 그 집필자의 주관을 객관이라는 이름으로 치장한 것에 불과하다.

양미경(1998)은 '객관적인' 교과서에 강조를 두는 지금까지의 관행에 문제가 있음을 지적하고, 그에 대한 대안으로서 '저자의 목소리가 담긴' 교과서로의 전환을 제안한다. 그러나 그런 부류의 교과서가 따로 있는 것이 아니라 지금까지 그것이 마치 객관성을 갖는 것으로 위장하여 왔다고 보는 것이 옳을 것이다. 더욱 놀라운 것은 성격상 그 저자의 현품을 반영하는 그 교과서의 내용을 학교 안에서는 '정답'인 양 절대시한다는 점이다. 이로써 교과를 제작하는 데 참여한 특정집단의 이해를 대변하거나 혹은 그 집단이 가진 지식이 교육에서 달성해야 할 최종의 목표이자 기준으로 둔갑한다. 이는 결국 특정한 집단의 주관이 객관의 이름으로 전체 국민에게 헤게모니적 지배를 행사하는 셈이다.

그런 관행적 개념이나 용어가 주는 폐해는 막대하다. 우선 그런 부류의 '정답'이라는 용어는 인식론적으로 진리라는 것과 혼동될 우려가 있다. 지식은 정보와 구분된다. 지식은 체제이며, 그것은 아직도 탐구의 과정에 있기 때문에 항상 얼마만큼의 오류를 전제한다. 그만큼 지식에는 아직도 탐색의 여지가 많다. 학문의 역사에 등재된 지식은 대부분 나중에 허위로 밝혀졌다. 그것은 학문의 본질에 비추어 당연한 것이며, 그것을 밝히는 것이 바로 '진리'라는 가치개념이 주는 강력한 의미이다. 그런데 특정한 시대의 학문공동체, 더구나 그것을 제대로 대표하기에도 부족한 저자의 지식이 진리 가치를 보장받은 것처럼 권위적인 형태로 제시된다면 그 자체가 진리에 역행하는 셈이다.

이런 관행은 자유로운 교육 자체를 저해하고 있다. 우리는 앞에서 본위의 면에서 수도계로서 학문과 교육 사이에 개재할 수 있는 갈등과 긴장을 논의한 바 있다. 학문의 평가기준은 학문공동체가 당대에 인정하는 지식이다. 따라서 이 세계에서는 오직 정상의 수준만이 유효하고, 그것이 그 공동체를 대표하기 때문에 참여자들은 모두 그 공동체에서 전인미답의 최고의 수준에 이르는 것을 목표로 삼는다. 그러나 교육의 경우는 그 최종의 단계에 이르는 각 수준의 지식들에게 동일한 소재가치를 부여한다. 걸음마를 하기도 전에 먼저 뛰기부터 할 수 없듯이, 높은 지식은 낮은 지식이 없이는 존재하거나 도달할 수 없는 것이다. 그 과정을 생략하고 교과서라는 이름으로 무조건 그 최종의 지식만을 강요한다면, 인간이 공유하고 향유해야 할 지식이 학생들에게는 문명의 부담과 압력으로 작용하면서 그들을 문화의 향유자가 아니라 문화의 노예로 만들 우려가 있다.

이처럼 '교과서'로 불리는 용어가 다분히 기만적이거나 오용의 우려가 있다면, 그것을 대체할 보다 적절한 용어는 무엇일까? 그 대안은 그것에 부여된 명분상의 허상을 제거하는 것이다. 이는 물론 앞으로 모색되어야 할 과제이기는 하지만, 가령 그것을 '학교가 독점해서 사용하는 통일된 자료집'이라는 명칭으로 부르면 보다 그 진상에 가까울 것이다. 또한 그 내용을 '정답'으로 보기보다는 '통일된 자료에 일치하는 반응' 정도로 대체할 수 있을 것이다. 그 용어의 명분에 매달려 왔던 독자도 이 새로운 용어들이 사태와 더 잘 부합한다는 것에 이의를 제기할 사람은 없을 것이다. '교과서'나 '정답'이 학문공동체의 지식을 대표한다거나 혹은 교육을 위한 수단의 역할을 한다는 명분론에 대한 분석이나 비판은 이와 같은 용어의 해체와 대체가 이루어진 이후에야 가능한 일이다.

제 5 장

# 교육의 활동

## 5.1 교육활동의 조건

삶의 현장에는 고기잡이, 그림그리기, 사진 찍기, 드라마연기, 춤추기, 테니스하기, 축구하기 등 다양한 종류의 활동들이 전개된다. 이들이 하나의 특수한 활동으로 인정을 받는 것은 바로 그것과 다른 활동 사이의 경계가 뚜렷하게 구분될 수 있기 때문이다. 본장에서 우리가 관심을 가져야 할 교육활동도 이런 일반적 원칙의 범위 안에서 규정될 수 있어야 한다. 그럼에도 불구하고 아직까지 이에 대한 체계적인 연구가 진행되지 못하고 있다. 물론 지금의 단계에서 '교육활동'으로 지칭되는 것들이 허다하다. 문제는 그들의 대부분이 그렇게 지칭되어야 할 요건이나 이론적 근거를 가지고 있느냐 하는 것이다. 이 부분에서도 현존하는 교육학의 고질적인 범주착오가 무비판적으로 통용되고 있는 실정이다. 따라서 기존의 관점을 검토하고, 새로운 관점을 정립해 나가는 하나의 연구영역이 절실하다.

교육활동의 특징은 그와 대비되는 세계 안에서 진행되는 제반 활동, 예컨대, 정치적 활동, 경제적 활동, 사회적 활동, 문화적 활동, 종교적 활동과 구분하는 방식으로 부각되어야 할 성질의 것이다. 교육 안에서 설명이 가능한 내재적 활동은 어떤 것인가? 그 활동의 요소들은 어떤 것인가? 그 것들에게 의미를 주는 하위교육활동 혹은 그 전체적인 구조는 무엇인가? 이에 대한 대답을 하기 위해서 우리는 활동의 분석틀과 구조를 기술하고, 구성하고, 분류하고, 배열하는 작업을 수행해야 할 것이다. 이런 질문에 대한 해답은 역시 교육 전체의 구조와 밀접한 관계가 있을 것이다. 그러나 교육의 구조에 대한 연구가 미비한 저간의 사정 때문에 이에 대한 연구 역시 진전되기 어려웠다.

놀라운 사실은 활동이라는 개념 자체가 일부의 교육학자들에게 교육 외적인 사항으로 도외시되어 왔다는 점이다. 교육학 안에서 교과중심이냐 혹은 활동중심이냐 하는 양자택일적인 논쟁이 일어난 것은 좋은 예이다. 활동이 배제된 교육이 가능하고, 또한 바람직하다는 것이 교과중심주의자의 생각이다. 활동중심주의자들은 그에 대해서 의문을 제기한다. 예컨대, 듀이(Dewey, 1916)는 이전의 언어중심의 교육이 부당함을 지적하고, 그것을 극복하려는 의도에서 '행함에 의한 학습(learning by doing)'이라는 개념을 도입한 바 있다. 더러는 혁명적인 발상인 것으로 인용되고 있는 이 입장은, 알고 보면, 언어중심의 교육에서 부당하게 배제하려고 했던 활동을 교육에 포함시키려고 한 당연한 시도에 불과한 것이다.

삶의 한 양상으로서 교육은 주체의 능동적인 활동을 전제한다. 다만 이에 대한 연구가 수행해야 할 과제는 그 활동의 성격을 여타의 다른 활동과 구분되는 방식으로 개념적으로 분리하는 것이다. 앞에서 듀이의 관점을 사례로 들었지만, 듀이는 활동을 강조했을 뿐 그 하위개념인 교육적 활동이 어떤 것이냐 하는 부분까지 논의를 진전시키지는 못했다. 그것은 소재중심의 활동인가? 교육중심의 활동인가? 혹은 그 어느 범주에도 들지 않는가? 사실은 그가 학습이라는 개념을 행함이라는 수식어를 써서 강조하고자 했지만, 그 학습 자체가 특수한 의미의 행함에 해당한다고 볼 수 있다. 따지고 보면, 이제까지 사용된 학습이라는 개념은 어떤 결과를 가져오게 하는 과정을 지칭하는 것으로서 단순히 그 기능을 강조하여 왔다. 그렇다면, 그 결과와 기능을 떠난 의미의 활동이 무엇이냐 하는 부분에까지 우리의 탐구가 진행되어야 한다.

그 점에서 교육활동은 그 실체가 아직 미분화상태에 있거나 혹은 고유한 활동으로 충분히 그것을 개념화하지 못한 상태이다. 그런 개념적 공백에서 제 1기 교육학은 그동안 대체로 두 가지 방식으로 교육활동을 규정하는 방식을 택해 왔다. 그 하나는 학교의 구성원인 교사와 학생들이 하는 활동으로 규정하는 방식이며, 다른 하나는 특정한 결과를 가져오게 하는 수단이라는 관점에서 규정하는 방식이다. 후자는 주로 기능주의적 교육관에 부수하는 것으로서, 이런 방식은 앞에서 '학습'이라는 개념처럼 그 자체의 본질이 무엇인가 하는 인식론적 문제를 비껴간다. 이하에서 그 각각의 관행에 어떤 문제가 있는지를 검토해 보기로 하자.

'교육=학교태'라는 관점을 택하면, 학교의 울타리 안에서 일어나는 활동이 모두 교육활동이라는 간단한 도식이 성립한다. 사람이 사는 곳으로서 학교 안에는 다양한 명칭의 활동이 전개된다. 강의, 수업, 교습, 설명, 토의, 실습, 읽기, 듣기, 쓰기, 복습과 예습, 과제물요구, 과제물제출, 역할수행, 도상연습, 게임놀이, 시범, 실습, 답사, 소집단활동, 세미나, 개인지도, 실험, 충고, 시청각자료제작, 시험준비, 자율학습, 성적평가 등 그 명칭이 어지러울 정도다. 여기에 다시 수많은 '특별활동'이 첨가된다. 흔히 그 모든 것이 교육활동의 범주에 들어가는 것으로 치부되어 왔다.

이런 관행의 문제는 그 이론적 근거를 추궁할 때 분명해진다. 개념이 갖추어야 할 요건의 하나는 그 보편성이다. 만약 학교 안에서 일어나는 것이 교육활동이라면, 앞에서 예거하지 않은 여타의 학교활동도 교육활동이라는 명칭으로 불릴 수 있도록 허용해야 한다. 가령, 한국에서 공교육(公教育)제도가 성립되면서 일제교수법이 채택되었다. 학생의 개별적인 수준, 흥미, 자발성을 무시하고 미리 배당된 교과목의 일정에 의해서 일방적으로 주입하는 방식으로 수업을 진행한다. 학생들은 이에 대해서 수동적으로 그 내용을 쑤셔 넣듯이 흡수하고 재생하는 것이다. 한 명의 교사가 말하고 수많은 학생은 입을 닫아버리고 듣기만 한다. 교사가 칠판에 판서하면, 학생들은 그것을 필기한다. 이 단조롭고 형식적인 활동을 교육활동에 포함시킬 수 있는가? 흔히 그에 대해서 '잘못된 교육활동'이라는 비판도 가해진다. 그러나 그 비판은 논리적인 모순을 포함한다. 잘못된 것이라면, 그것은 이미 교육활동이 아닌 것이다. 그 비판을 성립시키려면, 교육활동의 외연을 한정짓는 모종의 확실한 개념적 논의가 첨가되어야 한다.

우리가 관례의 굴레를 벗어나 조금이나마 학교 내의 교사나 학생들의 활동을 정직하게 있는 그대로 관찰할 수 있다면, 그들이 하나의 부류로 도저히 묶일 수 없을 만큼 잡박한 것임을 발견할 수 있을 것이다. 예컨대, 아침조회 때마다 교사가 학생을 상대로 하는 출석점검과 복장검열, '쉬는 시간'에 복도에서 이루어지는 소란한 동작, 수업이 끝난 후에 학생들이 매일 하는 교실청소 등이 교육활동에 들어가는가? 그 부분을 교육활동에서 제외하고자 한다면, 그 근거는 무엇인가? 만약 그들이 교육 외적 활동으로 분류되어야 한다면, 학교 안에서 이루어지는 것이 교육활동이라는 근거 이상의 또 다른 기준을 제시할 수 있어야 한다.

학교 안의 활동은 제도의 규제를 받는다. 이는 그 구성원의 역할과 관련되어 있다. 교사와 학생의 활동은 다분히 학교라는 기관이 부여하는 역할과 관련되어 있다. 교사가 하는 모든 활동은 '가르침' 혹은 '교수', 그리고 학생의 모든 활동은 '배움' 혹은 '학습'의 활동으로 해석된다. 그렇다면 교사가 배우고, 학생이 가르치면 잘못인가? 잘못이라면, 그런 활동은 학교에서 비교육적 활동으로 억압해야 하는가? 그 이유는 무엇인가? 교사와 학생의 신분을 갖지 못한 학교 밖의 사람은 교육활동을 할 수 없는 것인가? 아무리 제도와 관례적 사고의 속박에서 벗어날 수 없는 사람이라도 교육은 역사적으로 학교라는 제도가 도입되기 이전에 진행되어 왔으며, 오늘날에도 학교 밖에서 교육활동이 일어나고 있음을 부인하기 어려울 것이다.

어떻든 교육활동을 학교 안과 밖을 구분하는 정도의 기준을 가지고 규정할 수 없다는 것이 분명한 이 단계에서 흔히 적용되는 다른 편법이 있다. 그것은 교육활동을 그것이 최종적으로 산출해야 하는 임의의 결과와 관련하여 규정하는 것이다. 앞에서 우리가 교사와 학생의 역할과 관련하여 편의상 적용한 '배움'과 '가르침'이라는 용어도 바로 그런 편법이 적용된 전형적인 사례이다. 가르침이란 무엇인가? 그것은 배움을 위한 수단이다. 배움은 무엇인가? 그것은 교육목표로 규정된 특수한 결과를 가져오게 하는 것이다. 그 특수한 결과는 무엇인가? 그것은 교육 이외의 세계에서 다양하게 규정해 주는 것이다. 우리는 이런 관점을 기능주의적 교육관으로 이미 앞(1.2)에서 문제시한 바 있다. 이는 우선 어떤 소기의 결과를 가져오게 하는 온갖 여타의 수단과 교육을 구분하지 못한다. 둘째, 그 관점은 교육활동의 내재적 가치를 간과한다. 이제부터 이 문제를 점검해 보기로 하자.

어떤 특정한 결과를 가져오게 하는 활동 모두를 교육활동으로 규정하는 경우, 그 외연은 무의미할 정도로 확장된다. 심리학은 인간의 행동을 설명하는 데 있어서 다원주의를 택하고 있다. 발달, 의사소통, 동화, 모방, 내면화, 적응이라는 활동 등이 음으로 양으로 인간성의 형성에 관여하고 있다는 실증적 증거도 무수하다. 이들을 모두 교육활동의 범주에 넣을 것인가? 현대인은 어떤 인간성이라도 주문만 하면 과학적으로 생산해 낼 수 있다는 전대미문의 시대 속에 살고 있다(장상호, 1980a, 1980b). 어떤 목적을 위해서 인간성을 일정한 테두리 속에 감금시키고 고정시키려는 온갖 방법들, 가령, 약물투여, 고압전기충격, 수면박탈, 조건화, 선전, 선동 등을 써서 우리는 타인으로부터 세뇌를 받거나 혹은 필요에 따라 세뇌를 할 수도 있다. 통제받는 대상이 그 과정 자체를 알아차리지 못하는 경우도 많다. 이들 역시 교육활동으로 포함되는가?

인간성의 형성 혹은 특정한 인간상에 영향을 주는 변인들을 해명하는 연구를 산더미처럼 쌓아둔다고 해서 교육활동에 대한 이해가 증진되는 것은 아니다. 그런 막연함을 모면하는 방도로서 교육활동에 '의도성'이라는 조건을 첨가시키는 경우도 있다. 이렇게 함으로써 교육은 흔히 성장, 발달 등과 구분된다는 식의 해명도 있다. 그러나 그 '의도'라는 것이 무엇을 뜻하는 것인가? 온갖 인간성 조작과 같은 불순한 활동에도 확실한 의도가 포함되어 있다. 좀 더 따지고 들면, 모든 활동은 의도적인 측면과 비의도적인 측면이 포함되어 있다. 피아니스트가 자신의 노트를 의식하면 성공적인 연주를 할 수 없다고 한다. 바둑의 정석은 배운 다음에 그것을 잊어버리라는 말이 있다. 이들 활동은 그 나름의 기본적인 구도 위에 그 내재율을 마스터하고 상황에 맞추어 임기응변적으로 그것을 응용해 나가는 것이다. 마찬가지로, 교육활동도 오로지 의식적인 활동일 수는 없다. 교육활동과 여타의 활동을 구분하는 기준은 그 활동을 의식하느냐의 여부에 있는 것이 아니라, 그 전반적인 맥락이 다른 활동의 맥락과 어떻게 다른 것이냐에 있다.

교육활동을 어떤 최종적인 결과를 얻기 위한 기능적 수단이라는 관점에서 취급하는 또 하나의 문제는 그 활동이 지닌 내재적 가치를 무시한다는 점이다. 제 2장에서 교육과 가치를 논의할 때 교육활동은 그것이 특정한 목표를 가져오는 도구적 가치 이상의 것으로 정당화될 필요가 있음을 지적하였다. 교육활동은 품위의 형성이라는 다른 목적을 위한 수단이 아니라, 그 자체로서 목적이다(장상호, 2005a). 흔히 '방법'이라고 하면 수단이라는 의미가 부대되지만, 그 용어는 어떤 활동의 내재적 속성에 충실하게 임하는 부분도 지칭할 수 있다. 축구방법, 노래하는 방법, 바둑 두는 방법이 있듯이 '교육방법' 혹은 '교육적 방법'이라는 용어를 쓸 수도 있다. 이때 그 방법이 오직 수단의 의미만을 띤다면, 우리가 밝히려는 교육활동의 전모를 드러내는 것이 못된다.

하나의 특징 있는 활동이 내재적 활동으로 구분되는 조건은 그 자체의 구조를 가지고 있어야 한다는 것이다. 각각은 그들 나름의 요소가 있고, 그 요소들은 서로 관련을 가지며 전체적인 의미를 형성할 수 있어야 할 것이다. 또한 그것 내부에는 다른 활동에서 찾아볼 수 없는 모종의 내적 필연성에 따른 규칙이 적용될 수 있어야 한다. 각종 놀이(play)는 바로 그런 특징으로 구분된다(Huizinger, 1955). 놀이가 갖는 중요한 측면은 그 활동의 구조와 규칙이다. 특정한 구조는 특정한 놀이의 울타리를 규정하며, 규칙은 놀이의 참여자가 그 활동의 효과를 극대화시킬 수 있는 올바른 상호주관성을 제시한다. 이 때문에 어린이들조차도 규칙의 이행은 절대적인 것으로 받아들인다. 축구(soccer)는 그 기본조건을 갖추고 있다. 축구를 한다는 것은 그것만의 내재율에 부합한 수많은 하위활동을 한다는 것을 의미한다. 축구는 각각 11명으로 구성된 두 팀이 발 또는 머리로 공을 쳐서 상대 팀 골에 넣는 경기라고 할 수 있다. 이때, 그 경기는 통일된 경기규칙 안에서 진행되며, 그 특징에 의해서 여타의 운동경기, 이를테면 아메리칸 풋볼(American football) 혹은 럭비(rugby)와 구분된다.

이런 범례에 따라, 장상호(2005a)는 교육활동을 놀이에 비유했다. 우선 교육은 놀이의 경우처럼 그 자체가 하나의 자율적인 세계로 인정받을 수 있는 구조적 정합성을 갖춘 것이라는 조건을 만족시킬 수 있어야 한다. 그 내부에서 이루어지는 활동 역시 다른 다양한 활동들처럼 하나의 통합된 구조의 형태로 일상생활에서 드러날 것으로 가정된다. 그렇다면 교육의 요소는 무엇인가? 그들 사이의 상관관계는 어떻게 규정되며, 그것들은 어떻게 전체를 이루는가? 그 전체의 구조 안에서 교육적 주체가 따라야 할 내재율은 무엇인가? 그에 대한 해답의 하나가 바로 제 1장에서 검토한 교육의 수레바퀴모형이다. 놀이로서의 교육은 그 나름의 동일성을 유지하는 이런 조건과 속성에 부합하는 활동을 그 참여자에게 요구할 것이다.

교육활동을 놀이에 비유함으로써 얻어지는 다른 하나의 소득은, 제 2장에서 검토한 바 있듯이, 그 내재적 가치와 외재적 가치를 논의할 수 있게 된다는 점이다. 놀이는 우리 생활에서 누구나 그 규칙을 알고 있는 한, 즐겁게 참여할 수 있는 자발적인 활동이다(Bruner, Jolly & Sylva, 1976). 통상 세상 사람들이 생각하듯이 공을 골 안에 넣는 것이 축구의 목표가 되는 것은 아니다. 축구에서 골을 설정하는 것은 그 여타의 하위활동 그 자체가 가진 내재적 가치를 실현시키는 하나의 유효한 요소에 불과하다. 그 사실은 골을 넣은 더 효과적인 수단들이 얼마든지 있음에도 불구하고 그 모든 것을 축구에 포함시키지 않는 것에서 여실히 증명된다. 골을 넣는 것을 방해하는 것도 축구의 중요한 하위활동이다. 그로 인해서 심장이나 폐의 기능을 향상시키게 되었다거나, 신체의 접촉이나 태클이 허용되므로 용기와 결단력을 갖게 되었다거나, 혹은 팀플레이로 진행되므로 조직력과 단결력을 고양시킬 수 있었다는 등의 축구의 외재적 가치는 그 내재적 가치에 후속한다. 이런 축구의 외재적 기능은 아메리칸 풋볼이나 럭비에 의해서도 수행될 수 있기 때문에 그 점을 들어 축구의 고유한 활동을 규정하는 것은 부적절하다.

일상적으로 일어나는 어떤 활동을 두고 그것이 교육적 활동인지 아닌지를 판정하기는 어렵다. 그것이 교육적 활동의 의미를 가지려면, 그 활동의 고유한 맥락을 따져야 한다. 교육활동은 교육의 경계 안에서 해석될 수 있다. 누차 강조했듯이, 그 안에서 이루어지는 활동은 여타의 놀이처럼 흥겹고 즐거워야 한다. 교육 주체가 그 활동 안에 파묻혀 몰입하면서 고유한 흥취·보람·희열을 느낄 수 없다면, 내재적 가치를 가진 활동으로서 인정받기에는 결격사유가 있다고 보아야 할 것이다. 교육 자체에 몰입하는 이런 활동이 어떤 결과를 가져올 지는 여타의 놀이처럼 예측하기 어렵다. 이는 가설의 검증이 필요한 부분이며, 이로부터 얻어진 기능은 여타의 수단과 비교하여 그 우열을 판가름할 수 있게 된다. 이런 방식의 논리는 교육활동을 단순히 특정한 결과와 결부시켜 규정하는 방식과는 전혀 다른 것임을 여기에서 분명히 인식할 필요가 있다.

## 5.2 교육활동의 세분화

교육활동과 그 이외의 활동을 구분해 주는 것은 그것들이 소속한 세계의 구조와 맥락이다. 모든 활동이 그러하듯이, 교육활동은 이미 주어진 것이 아니라 창출될 수 있는 것이다. 교육활동의 요소는 교육의 구조 안에 있는 여타의 요소와의 관계를 따져서 하나의 통일체로서 그 의미를 확보할 수 있어야 한다. 우리는 앞(1.5)에서 이런 교육의 양상이나 양태는 고정된 것이 아니라 발전하며, 그들은 끊임없는 탐구의 주제라는 점을 살폈다. 그만큼 교육의 활동도 복잡다기할 것이다. 교육본위론은 그것이 구획한 체제 안에서 교육활동이 드러나게 하는 이론적 맥락의 한 사례이다. 아직 그 태동기에 불과한 이 분야의 실정에서, 우리는 당분간 교육본위론을 토대로 교육의 세부적인 하위활동들을 분석하고, 분류하고, 그들이 하나의 유형, 체제, 구조로 연결되어 효과적으로 작용하는 서로 다른 방식들을 연구할 수 있을 것이다.

상구활동은 주체가 자신이 실현한 품위의 가장자리에서 광대하고 신비로운 세계와 접하고 그 차상품을 실현하는 방식으로 구성되어 있다. 이에 속할 제반 활동소는 무엇인가? 우리는 이 질문에 대해서 여러 항목으로 열거할 수 있을 것이다. 예컨대, 우선 상구자가 가진 품위의 한계에서 비롯하는 위기나 문제상황과의 대면이라는 활동소를 포함할 수 있을 것이다. 적정한 수준의 표적 정하기도 필요하다. 품위는 모방하거나 남이 대행해서는 얻을 수 없는 것이기 때문에 차상품의 가능성을 탐색하는 시행착오도 불가결하다. 그 활동소와 어울리는 실습과 연습, 자기성찰, 예견과 예탐, 자증에 의한 차상품의 확증 등도 첨가될 수 있을 것이다. 이들은 어떤 이유에서 전체 상구활동의 요소가 되는가? 이 질문은 상구활동의 전체가 이런 활동소들의 단순한 산술적 합산만으로는 드러나지 않는다는 까다로운 조건을 상기시킨다.

하화활동은 예거한 상구활동을 돕는 일련의 통합적이고 순환적 활동으로서 제자의 상구교육을 대신해 주는 작업과 엄격히 구분된다. 이에 속하는 제반 활동소는 무엇인가? 제자를 구하는 활동은 무엇인가? 하화활동에는 상구자의 수준과 진도의 진단이라는 것이 불가피하다. 제자의 상구과제를 처방해서 제시하거나 그것을 예정하고 예고하는 일도 배제할 수 없는 일이다. 이와 더불어 우리는 상구과제의 난이도를 조정하기, 시범, 암시, 상구적 수행에 대한 비판과 지도적인 시사, 격려, 요점정리, 자립할 수 있도록 돕고 책임을 이관하는 것 등 많은 것들을 하화활동의 목록에 포함시킬 수 있을 것이다. 이들 역시 하나의 구조적 연관을 지을 수 없는 한, 하화활동의 요인으로 보기에는 아직 미흡하다.

≪예기≫에 나오는 '교학상장(教學相長)'이나 ≪잡아함경≫에 나오는

'줄탁동시(啐啄同時)'[1]의 개념에 잘 함축되어 있듯이, 상구활동과 하화활동은 서로 동시에 일어난다. 협동교육에서 교육적 상호교섭은 품계의 흐름을 따라 상구자의 품위를 기준으로 서로 상구교육과 하화교육이 반대 방향에서 일어나야 한다. 그들은 특정한 품계를 중심으로 서로의 반대편에서 이루어지는 상응활동으로서 어떤 것이 더 적극적이고 다른 것이 더 소극적이라고 말할 수 없다. 그 모두가 적극적인 것으로서 그들은 마치 이인삼각(二人三脚)의 상황처럼 한 편이 다른 편의 활동에 제약조건으로 작용한다. 이 경우, 그 시작에서 종료에 이르기까지의 필요한 활동의 레퍼토리는 단지 그 각각의 것으로 환원될 수 없는 추가적인 활동소를 요구할 것이다.

교육활동의 내재성은 그런 경험의 변화에 얼마나 철저하게 임기응변적으로 상응하느냐 하는 것과 직접적으로 관계된다. 상구활동과 하화활동은 서로가 다른 것을 이끌거나 다른 것에 의존하면서 상호작용한다. 한 단계에서 다음 단계에로 진전할 시기에 대한 합의와 필요한 기대와 표적의 재조정이 필요하다. 상구자의 경험의 변화에 따라 그가 접하는 환경에 대한 의미 역시 변한다. 제자의 흥미나 질문은 새로운 생각을 갖게 됨에 따라 달라진다. 이 때문에 하화활동에서 너무 멀리까지 계획을 짜거나 혹은 기존의 계획에 얽매이는 것은 좋지 않다는 결론이 나온다. 항상 어느 정도의 융통성과 자발성에 의존하여 계획이 행위로부터 나오고 행위를 통해서 수정된다.

상구활동과 하화활동은 상대적이다. 상구교육은 하화교육을, 그리고 하화교육은 상구교육을 서로 촉구함으로써 자신의 특성을 최대한 발휘할 수 있다. 상대가 자신의 활동에 협력하도록 유도하고 조율하는 활동은 '촉발하기(initiating)'와 '대응하기(responding)'로 대별할 수 있을 것이다. 질문이 없는 상황에서 일방적인 설명이 이루어진다거나, 이해되지 않은 설명

---

1) 여기서 '줄(啐)'이란 병아리가 껍질 밖으로 나올 때 달걀 속에서 껍질을 쪼는 것을 말하며, '탁(啄)'은 이것을 감지한 어미 닭이 병아리가 밖으로 나오도록 돕기 위하여 밖에서 부리로 달걀껍질을 쪼는 것을 말한다.

에 대해서 질문이 부재할 수 있다. 이것은 서로가 상응하는 활동을 하고 있는 상황이 아니다. 전체적으로 그 각각의 리듬을 보조하고 상대의 활동에 대한 평가와 피드백을 통한 교육의 품위를 조정하는 활동, 활동을 지속하고 중단하는 기간을 조정하는 활동이 제대로 이루어지지 않을 경우, 스승과 제자 사이에 불화가 일어날 위험이 있다. 그 각각이 어떤 활동을 통해서 그 불화를 막고 조화를 유지하며, 불화할 경우는 어떻게 그 조화에 되돌아갈 수 있는가? 파트너의 교육적 요구나 좌절에 대응하는 과정에서 서로 필수적으로 요망되는 활동의 측면은 무엇인가? 그리고 그들 활동이 서로 어긋날 경우, 어떻게 상호간에 활동의 재적응이 이루어지는가?

이를 탐구하는 연구가 감당해야 할 과제는 이런 제반 활동들이 서로 내적 필연성을 가지고 하나의 유형을 이룰 조건을 밝혀내고 정당화하는 것이다. 그 활동의 분류는 반드시 내재율의 분류와 일대일의 대응관계를 가질 필요는 없다. 전자는 후자의 여러 측면들을 동시에 함축하는 방식으로 항목화하거나 세분화될 수 있다. 이것은 마음대로 한다는 것과는 전혀 다른 의미로서, 그럴 수밖에 없는 필연성을 부여하는 어려운 조건을 만족시킬 수 있어야 한다. 다음에, 그중 두 가지 사례를 들어 그런 과제의 제약이 무엇인지에 대한 해답을 대신하고자 한다. 그 하나는 교육적 관계의 형성에 불가피한 '청학'과 '청교'이며, 다른 하나는 문화화나 사회화와 구분되는 교육의 고유한 특성의 하나인 교육적 시숙을 만족시키는 활동이다.

청교와 청학은 오직 교육에서만 발견할 수 있는 고유한 활동이다. 이는 알맞은 교육의 파트너를 선택해서 교육적 관계를 유지해 나가는 첫 단계로서 매우 중요한 위치를 차지한다. 여기에는 선진과 후진을 식별하는 것, 그들을 교육적 반려로 유혹하여 끌어들이고 선진을 스승으로 모시거나 혹은 후진을 제자로 삼는 활동 모두를 총칭하는 활동이다. 많은 경우, 우리는 그 부분에서 활동이 부진하거나 실패하는 경우가 많다.

소재선택은 청학과 청교의 하위활동에 속한다. 우리의 삶에는 무수한 수도계가 존재하며, 그 모두가 교육의 소재가 될 수 있다. 그 소재의 선택에 따라 자연인 가운데 선진과 후진이 구분되며, 이를 통해 그것을 소재로 하는 하화자와 상구자의 일관성 있는 범주와 목표의식을 항상적으로 유지할 수 있게 된다. 그 소재계를 이탈하는 경우에 주의산만이나 시간의 낭비가 초래된다. 그것을 유관사항으로 복귀시킬 수 있는 활동의 항목은 무엇인가?

청학과 청교는 교육소재에 따른 선진과 후진의 식별이 전제된다. 그렇다면 선진적 이질성과 후진적 이질성을 구분하는 방법은 무엇인가? 반드시 그 식별이 사전에 이루어질 경우에만 교육적 관계가 성립되는 것은 물론 아니다. 교육적 관계의 진전여부에 의해서 그 전제의 옳고, 그름이 2차적으로 확인될 수 있다. 그 이전에 1차 가정이 이루어질 수 있어야 하는데, 그것이 쉽지 않다. 우선 첫째, 남을 보듯이 나를 보지 못한다. 둘째, 각자의 현품은 그가 경험한 바로서는 최고의 것이다. 우리 각자에게 자신의 품위가 지닌 부족함이나 결함을 발견하는 것은 결코 쉬운 일이 아니다.[2)] 그렇다면, 선진적 품위를 짐작하는 데 어떤 활동이 필요한가? 후진적 품위를 짐작하는 데 어떤 활동이 필요한가?

그 1차 가정을 성립시키는 활동이 제대로 진행되었다고 하더라도, 그 선진과 후진이 곧바로 교육적 관계로 진전되는 것은 아니다. 수도계의 선진과 후진 사이에는 경쟁과 갈등의 가능성이 포함되어 있다. 그런 애로를 극복하고 교육적인 협력으로 전환시키는 활동은 무엇인가? 어떻게 교육적 파트너의 교육적 동기를 불러일으킬 수 있는가? 자만에 빠져서 하화의 제안을 거부하는 후진을 유인하는 방법은 무엇인가? 경쟁을 의식해서 후진에게 하화를 거절하는 선진의 하화적 열정을 자극하는 방법은 무엇인가? 그 해답은 아마도 이체이품의 상황을 동체이품의 상황으로 전환시키는 방법 혹은 동체이품을 이체이품의 상황으로 전환하는 방법과 상관이 있을지 모른다.

과거의 역사나 현재의 우리 주변에서 그에 부합한 사례와 원칙을 발견

2) "어찌하여 형제의 눈 속에 있는 티는 보고, 네 눈 속에 있는 들보는 깨닫지 못하느냐."(마태복음 7:1-3)

할 수 있을지 모른다. 그 청교와 청학의 사례는 어떤 것인가? 그것들이 반드시 가장 완전한 것이라는 보장은 없다. 이전의 역사에서 교육적 관계맺음이 이루어져 왔지만, 그 관계맺음을 계약의 수준으로까지 보장하는 경우가 드물다. 그렇다면 교육계약 맺기라는 활동이 고안되어 도입될 수는 없는가? 도입한다면, 그 내용에는 어떤 사항들이 포함되어야 하는가? 이는 교육의 내재율의 이행과 어떻게 관련되어 있는가? 가령, 선진이 특별히 후진의 과실을 일단 인정하고 그것의 근원을 자신의 하화활동에서 찾는 활동은 제자가 선진의 청학을 수락하는 중요한 조건이 될 수 있을 것이다. 제자는 이런 계약조건을 수락함에 있어서 스승에게 이에 상응하는 요구조건을 내세울 수도 있을 것이다.

특정한 품위의 수준이 교육의 소재가 될 수 있는 것은 그것을 사용하는 교육 주체와 무관하게 규정될 수 없다. 교육활동에는 단계별로 교육적 시숙을 고려하는 활동이 필요하다. 적당한 수준의 품위를 표적으로 설정하는 것은 상구교육의 기본이다. 이런 상구교육의 내재율에 맞는 하화교육의 내재율은 더욱 엄격하다. 역사적으로 모범적인 스승들의 행적에는 스승이 제자의 수준에 적응하는 것이 공통적으로 드러난다. 석가의 '대기설법(對機說法)', 공자의 '수인이교(隨人異敎)' 혹은 '인재시교(因材施敎)'라는 개념이 그것을 대변한다. 여기에 소크라테스의 모르는 것을 알게 하는 아이러니 혹은 예수의 '성육신(incarnation)'의 사례를 더할 수 있을 것이다. 그 구체적인 하위활동은 무엇인가? 이들은 어떤 점에서 공통적인 속성을 가지고 있는가? 이들에 부합하는 이론적 용어는 무엇으로 통일할 것인가?

김남희(2000)는 불교의 오랜 역사에서 특별히 하화와 관련하여 전승되고 있는 '방편'의 개념을 교육본위론적 관점에서 살핀 바 있다. 방편은 중생을 최고의 깨달음으로 인도하는 중간단계 같은 것을 의미한다. 석가가 도달한 최고의 깨달음은 설사 중생에게 전한다고 해도 그 수준이 너무 높아 제대로 이해할 수 없다. 따라서 석가는 그의 기준으로는 설사 틀린 것이라고 할지라도 중생의 근기에 맞는 적절한 내용과 각종의 비유를 사용하여, 그들의 인식을 단계적으로 해체하면서 중생을 그의 품위에 접근시키는 방법을 사용하였다. 연구자는 이와 관련하여 가장 중요한 경전으로 알려진 ≪법화경≫을 선택해서 그것들이 교육의 내재율에 부합한 것임을 증명하고자 하였다.

엄태동(1998a, 1998c)은 이런 방편의 개념을 키에르케고올이 사용한 인커그니토(incognito)의 개념과 결부시켰다. 이는 '임금이 미천한 백성의 옷으로 갈아입고 자신의 신분을 숨긴 채, 백성들의 삶을 살피러 다니는 것'을 의미하는 미행(微行)이라는 말로 번역할 수 있다. 미행과 유사하게 인커그니토는 하화자가 자신의 정체를 숨기고, 자신의 진정한 면모와는 다른 것을 자신의 내면인 양 내세우는 것이다. 이는 제자의 수준을 파악하여 그에게 알맞은 것을 주체적으로 점유하도록 도우려는 교육적 의도를 담고 있다. 키에르케고올은 그런 원칙을 자신의 익명적 저술에 그대로 반영하려고 노력하였다. 이와 관련하여 우드(Wood, 1980; Wood, Bruner, 1976 & Ross)는 '비계놓기(scaffolding)'라는 개념을 도입하였다. 이는 그 전체맥락에 비추어 교육의 고유활동에 등재시킬 수 있는 개념이다.

그러나 그들이 설정한 이론적 전제와 교육본위론의 전제가 반드시 일치한다고 볼 수 없기 때문에 여기에는 신중한 분별의 태도가 필요하다. 서로 다른 이론체제에서 밝힌 어떤 활동이 어떤 특정한 측면에서 서로 유사성을 갖는다는 것만으로 동일하다고 보는 것은 위험하다. 이 부분을 강조하는 것은, 교육활동을 여타의 활동과 구분하기 위해서는 포함이 아니라 배제의 원칙을 지켜야 하고, 그 포함된 것은 단편적인 것이 아니라 구조적인 측면에 주목해야 한다는 점을 강조하기 위함이다. 교육본위론의 입장에서는 그 나름의 적절한 용어를 부여함으로써 그 위험을 피할 필요가 있다. 우리는 앞서의 활동에 당분간 '하화적 허물쓰기'라는 용어를 부여해 보기로 하자. 이는 관점에 따라 스승이 제자를 상대로 기만이나 거짓을 했다고 말할 수 있다. 자신의 품위를 숨기고 대신 다른 품위를 내세운다는 측면만을 생각하면 허물쓰기와 기만 사이의 구분이 어렵다. 그러나 교육활동의 요소는 교육의 구조 안에 있는 여타의 요소와의 관계에서 하나의 통일체로서의 의미를 확보할 수 있어야 한다는 원칙에 따라, 교육의 내재율을 따르는 특수한 활동항목과 그들 사이의 내적인 연관관계를 고려한다면, 그 구분이 명백해진다. 예컨대, 김남희(2000)는 방편이 교육본위론에서 하화활동의 내재율, 즉 존우, 발생적 계열화, 활동의 처방과 유발, 대비에 의한 자증의 유도, 과정본위 등과 일치한다는 것을 밝힘으로써 그것이 단순히 기만과 구분되는 고유한 활동임을 입증하고자 하였다.

## 5.3 교육활동소의 배열

모든 활동은 시간의 경과 안에서 이루어진다. 여러 활동이 동시에 이루어지는가 하면, 그것들이 또한 시간의 전후라는 계열로 진행된다. 그 활동들의 배열방식이 문제가 된다. 단지 말만 송출하는 라디오방송과 화면을 동반하는 TV 방송은 차이가 크다. '화재가 나고 소방차가 지나감'과 '소방차가 지나가고 화재가 남'의 경우처럼, 활동소는 동일하지만 그 순서를 어떻게 배열하느냐에 따라 그 효과는 전혀 다르다.

앞 절에서 고유한 교육활동으로 지칭할 수 있는 활동소에 대한 논의를 했지만, 그들을 어떻게 시간의 측면에서 조합할 것인가 하는 것은 다른 복잡한 문제를 포함한다. 공시적 혹은 통시적 조합의 가능성에서 온갖 유형변수가 작용할 수 있다. 상구와 하화는 어떻게 공시화하여야 하는가? 상구활동 속에 들어 있는 하화를 동기화하고 촉진하는 요소와 하화활동 속에 들어 있는 상구를 동기화하고 촉진하는 요소는 무엇인가? 서로의 활동에 대한 격려, 시범보이기와 실습하기, 지시하기와 평가하기는 어떤 동시적 혹은 계열적 배열을 요구하는가? 그 대응의 시차성이 있는 경우, 어떤 순서가 옳은가? 질문을 했을 때 응답하지 않거나 질문이 없을 때 응답하는 것은 부자연스럽다. 판소리에서 소리꾼의 흥이 '얼씨구!' 하는 추임새와 더불어 올라가듯이, 상구와 하화는 서로가 수단으로서 교육적 대꾸를 요망할 것이다.

활동에도 가장 적절한 단계의 형식이 있기 마련이다. 한 편의 희곡은 문제의 발단, 진전, 반대세력의 등장, 극적 클라이막스, 하강, 대단원의 종말 등으로 진행된다. 그 사이의 중단은 하나의 사건을 구성할 수 없다. 교육적 상호교섭도 희곡의 경우처럼 시작과 종료가 있는 한시적인 사건이다. 교육활동에도 모종의 단계가 개재할 것이다. 그 단계에 부응하는 일련의 규칙적인 활동소의 포치를 생각해 볼 수는 없는가? 그 단기적인 단계와 장기적인 단계는 무엇인가? 그렇게 설정되는 데에는 어떤 이유가 있는가? 상구와 하화의 순서와 시기를 상호간에 어떻게 조정하는 것이 옳은가?

장상호(2000b, 2002, 2009)는 교육적 관계를 논하면서 그 안에 일정한 단계가 개재할 수 있음을 시사한 바 있다. 연구자는 서로 다른 품위의 선진과 후진이 어떻게 교육적 관계를 맺을 수 있으며, 그 관계가 어떻게 교육의 내재율에 따라 전개되며, 그 관계가 어떻게 종료되는지를 기술하는 방식을 택했다. 그 가운데 가령, 선진과 후진의 위치가 하나의 가정에서 시작하여 교육의 과정에서 그 가정의 타당성이 확인되는 교육 자체의 내재율을 도출하기도 하였다. 그것은 1차적 가정, 청교 혹은 청학, 자조 혹은 원조, 자증과 타증에 의한 2차적 확인이라는 활동의 순서를 전제한다.

교육활동을 시간의 계열에 따라 세부적으로 분류하는 경우도 있다. 예컨대, 오익수(2002)는 교육활동의 과정을 ① 상구와 하화의 여건, ② 입문과 수용, ③ 정진과 독려, ④ 자증과 타증의 네 가지 단계로 나누어 논의한 바 있다. 윤여각(2005b)은 이보다 세분된 교육활동의 목록과 시간배열을 고려하였다. 그는 교수자의 활동과 학습자의 활동으로 나누고, 다시 그 각각을 이전의 준비, 과정, 이후의 조처에 필요한 항목을 더욱 세분하는 방식을 택했다. 이는 일반인들을 위한 교재의 일부로 쓰인 것이기 때문에, 배움과 가르침, 교수자와 학습자라는 통상적인 용어를 사용한다거나 혹은 학교의 상황을 주로 상정하고 있다. 그런 방식의 한계는 앞(1.6)에서 이미 용어의 해체하는 주제로 다룬 바 있다.

시간적 배열에 관한 제안이 이 외에도 얼마든지 가능하지만, 여기에서 유의해야 할 점은 그 시간이 단순히 물리적 시간으로 환산될 성질의 것이 아니라는 데 있다. 일찍이 화이트헤드(Whitehead, 1929)가 제안한 '교육의 리듬'이라는 개념은 이 분야의 연구에 시사하는 바가 크다.

> 삶이란 본질적으로 주기적이다. 우리의 삶은 일과 놀이, 활동과 수면이 교차하는 하루의 주기, 학기와 휴일들로 이루어져 있는 계절의 주기, 구별표시가 잘 되어 있는 한 해의 주기로 이루어진다. 이 점은 누구에게나 뚜렷이 의식된다. 이보다 좀 더 미묘한 것으로서 정신적 성장에도 주기적으로 반복되는 시기들이 있다. 한 시기에서 다음 시기로 이행할 때, 그 성장의 단계는 항상 다르지만, 각 시기마다 그 하위과정은 매번 동일하게 재생된다. 나는 이 점을 가리켜 '리듬'이라는 용어를 썼는데, 그 뜻은 본질적으로 똑같이 반복되는 틀 안에서 매번 차이가 나타난다는 것이다(p. 17).

한 단계의 교육과 다른 단계의 교육 사이에 개재하기 마련인 교육의 리듬을 조절하는 것이 매우 중요한 과제이다. 위의 글은 물리적으로 구분되어 주기적으로 진행되는 시간과 정신적인 성장에서 주기적으로 반복되는 시간을 구분하고, '교육의 리듬'이라는 개념을 후자의 범주에 포함시키는 방식을 택했다. 그런데 화이트헤드의 글에서는 그에 대한 세부적인 논의가 생략되어 있다.

교육본위론은 그런 리듬을 사실상 교육의 내재적 속성의 일부로 포함시킨다. 이미 살폈듯이, 상구교육과 하화교육은 그 나름의 반복되는 주기와 리듬으로 전개되는 활동이다. 교육의 리듬은 주체의 능력, 그 소재, 과제의 특성에 따라 빠르거나 늦을 수 있다. 여기에 아직도 해명되어야 할 연구과제가 산적해 있다. 협동교육에서 상구의 리듬과 하화의 리듬이 어떻게 작용하며, 그 조합에 따라 어떤 양태와 문제가 생기는가? 상구와 하화의 만남에서 적기와 실기는 어떻게 규정되는가? 그들의 리듬은 어떻게 규정되고 조정할 수 있는가? 이들끼리의 리듬이 맞는다는 것은 어떤 경우를 뜻하며, 그것이 부조화할 때 어떤 결과가 오는가? 교육을 상구주체의 리듬에 맞추어 진행하지 않으면, 어떤 부작용이 일어나는가? 그런 리듬의 불일치가 이후 동화의 열매를 축소시킨다거나 혹은 상구의 내재적 가치를 손상시킨다거나 혹은 수동적인 자세를 갖게 한다는 추측은 맞는 것인가?

교육의 중요한 요소는 그 진행속도이다. 모든 인간을 똑같이 취급하는 것은 정당하지 않다. 스승의 난해한 하화교육은 그 의미를 이해할 수 없는 제자에게 긴 시간으로 체험될 것이다. 소질이 없는 소재의 선택도 시간을 체험하는 방식에 차이를 가져올 수 있다. 그 진도가 빠른 상구자와 느린 상구자의 물리적 시간의 간격은 동일하지 않다. 이와 관련하여 장상호(1991a, 2002)는 '교육적 보조맞춤'의 공조원리를 주장하며, 그 중요성을 강조하기 위해서 '세발달리기의 협조', 혹은 '교육의 춤'이라는 비유를 썼다. 상구의 사이클과 하화의 사이클에 차이가 있을 때, 다시 말하여 교육활동의 속도에 차이가 발생할 때, 적시에 그 차이를 조정하지 않으면 자칫 교육의 내재율을 훼손하여 교육적 관계 자체를 와해시키는 원인으로 작용할 수 있다.

교육적 관계가 와해되면, 교육의 시간도 멈춘다. 교육의 시간이 지속적으로 흐르도록 하기 위해서 상구와 하화의 속도를 조정하는 일은 필수적이다. 그 리듬의 진폭이 각각 다르다면, 그것을 교육파트너 간에 조율하는 방법은 무엇인가? 최성욱(2006a)은 이와 관련하여 '교육활동 주기의 조절'과 '교육소재 배열의 조정'이라는 두 가지 측면을 고려한다. 전자는 교육활동을 진행하면서 그 주기의 차이를 조절하는 방법이다. 가령, 하화자가 거북이 상구자를 만나면 하화속도를 감속하고, 후자는 상구자가 거북이 하화자를 만나 상구속도를 감속하는 방식이다. 다른 하나는 교육소재의 측면에서 체험의 시간이 흐르게 하기 위한 소재 배열과 조정의 원리를 찾는 것이다. 이런 해결방법은 교육소재의 연구영역(4.3)과도 밀접한 관계를 갖는다.

## 5.4 교육과 언어활동

언어는 인간이 소유한 가장 특수한 도구로서 우리의 삶에서 매우 중요한 위치를 차지하고 있다. 우리는 관념, 경험, 혹은 통찰을 주로 언어를 통해서 타인에게 전달하는 방식을 취한다. 이런 언어적 소통을 우리는 전통적으로 교육적인 활동과 연관시켜 왔다. 일상생활이나 학교에서 이루어지는 말하고 듣기, 저술과 독서, 설명, 해석, 질의응답, 강의와 토론, 충고, 설득, 대화, 논평 등은 모두 언어를 매개로 하는 활동들로서 흔히 곧바로 교육적인 기능을 할 것으로 생각한다. 이런 식의 관례에 따른다면, 교육은 메시지의 내용, 전달자와 수신자, 그리고 그 전달의 매체라는 몇 가지 요소로 설명이 가능한 단순한 소통의 과정이 될 것이다. 언어적 소통의 관점에서 교육이 할 수 있는 나머지 과제는 어딘가에 있는 메시지의 정보창고에 접속해서, 그것들의 위치를 한 곳에서 다른 곳으로 이송시키는 것일 뿐이다. 그러나 그런 통념은 이론적 논의와 사실에 의한 증거를 필요로 하는 부분이다.

우리는 언어적 소통이 교육활동의 범주에 속할 수 있는지에 대한 새로운 검토가 시급한 시기에 살고 있다. 날로 발전하고 있는 소통의 수단과 더불어, 그 소통의 활동이 어느 시대보다 활발하다. 오늘날 '정보의 바다', '정보의 고속도로' 같은 말이 등장할 정도로 정보의 홍수 속에서 그것을 접할 기회가 엄청나게 확장되었다. 그렇다면, 이 시기를 교육의 황금기로 보아야 하는가? 아직도 교육의 빈곤이라는 과제가 여전한 것으로 보아, 여기에 쉽게 동의할 사람은 많지 않을 것이다. 그렇다면, 언어활동과 교육활동은 어떻게 구분되는 것인가? 전혀 다르다는 말 대신 중첩된다고 볼 가능성은 없는가? 그렇다면, 언어활동에 교육적이라는 수식어를 부여할 수 있는 근거는 어디에 있는가?

그 해답의 단초를 역사의 지평 안에서 찾아보는 것도 하나의 방법이다. 실제 교육의 종사자나 이론가는 오랜동안 언어적 소통의 한계와 맹점을 지적해 왔다(양미경, 1996; 장상호, 1998). 서양의 경우, 페스탈로지(Pestalozzi), 코메니우스(Comenius), 프뢰벨(Fröbel), 몬테소리(Montessori), 듀이(Dewey) 등으로 이어져 내려오면서 언어주의 교육의 폐단을 강하게 비판하였다. 동양에서도 마찬가지이다. 선가(禪家)에서는 체험을 언어화하는 것이 불가능하다는 점을 애초부터 강조하면서, 그 불가능을 가능한 것으로 받아들이는 것을 큰 장애의 하나로 규정한다. ≪도덕경≫은 "말로써 표현할 수 있는 도는 실재하는 도가 아니다(道可道 非常道)"라는 첫 글귀로부터 시작한다. 아이러니컬하게도, 글로써 말의 피상적인 측면을 논파한 것이다. 인류의 성인들이나 스승들은 이런 이유에서 그들의 가르침을 글로 남기지 않았고, 단지 그것을 후대의 사람들이 편찬하여 전하고 있다. 그 경전들이 성인들의 체험을 대행할 수 있을까? 그것이 착각이며, 따라서 그로 인해서 많은 폐단이 따른다는 지적이 그동안 많았다.

이와 관련하여 근래에 폴라니(Polanyi, 1958, 1967)와 오크쇼트(Oakeshott, 1933, 1967)의 이론이 주목을 받아 왔다. 폴라니는 "우리는 우리가 말할 수 있는 것 이상으로 알고 있다"라는 말로 지식의 암묵적 차원(tacit dimension)을 부각시켰다. 단순히 언어적 소통으로 그 세부사항들을 전달할 수 없다. 또한, 오크쇼트는 기술이나 능력에 '정보'가 한 요소로 포함되어 있기는 하지만, 정보만으로는 결코 온전한 기술이나 능력이 될 수 없으며, 여기에는 반드시 '판단'의 병행이 필요하다고 본다. '판단'의 요소는 명제적 지식과 대비되는 개념으로서 사실상 명제로 언어화하기가 원칙상 불가능한 요소이다. 판단은 규칙의 형태로 나타나는 것이 아니며, 따라서 그 내용을 정보로 환원한다든가 또는 정보의 경우와 같이 항목으로 열거하는 일이 불가능하다. 더 이상의 구차한 이론이나 논의를 인용할 필요가 없을 정도로 간명한 결론이다.

스승과 제자 사이에는 폴라니가 말하는 묵지(默知), 혹은 오크쇼트가 말하는 판단의 수준에 상당한 차이가 있을 것이다. 그렇다면 그 차이가 체험으로 보충되지 않는 한, 그들 간에는 올바른 의사소통이 이루어질 수 없다. 말하자면 의사소통은 교육활동에 후속하는 사항이며, 따라서 그 교육활동은 별도의 규정이 필요하다. 무의미한 말의 전달보다는 그 말에 실려야 할 체험을 보강하는 것이 선행되어야 할 요건이다. 체험의 세부사항에 접하고, 그것의 변화를 꾀하려면, 교육 주체는 언어를 뛰어넘는 활동에 의존해야 한다. 폴라니와 오크쇼트 모두 그 해법을 '도제관계(apprenticeship)'라는 실천과 결부시켜 설명하려고 했다. 도제는 언어로써 이해하거나 분석할 수 없는 장인의 처신방식과 지시를 따르는 가운데 지식의 암묵적인 세부사항을 습득하게 된다는 것이다.

근래에, 구성주의 철학과 심리학, 혹은 이른바 '상황적 학습(situated learning)'의 이론 (손민호, 2002; Lave & Wenger, 1991)이 바로 이런 측면을 강조하면서 우리의 주목을 끌고 있다. 그 중핵적인 개념의 하나인 '정당한 주변적 참여(legitimate peripheral participation)'는 초심자가 사회 문화적인 실제 공동체의 주변으로부터 시작하여 그것의 중심부로 이동하면서 점차적으로 보다 적극적인 참여를 하게 되는 과정을 지칭한다. 그 정당성을 학습이라는 주제로 확보하려고 한다는 점도 흥미롭다. 이는 언어를 위주로 하는 교수-학습 방식을 탈피하려는 도제의 개념을 수용할 뿐만 아니라, 이제까지 주로 개인을 중심으로 심리학에서 논의되어 온 학습의 주제를 사회적 상황과 결부시키고 있다는 점에서, 하나의 진전으로 평가받을 만하다.

그러나 이처럼 언어적 소통의 한계를 벗어나는 실천을 제시하는 것만으로 교육활동에 대한 설명이 끝나는 것으로 보기는 어렵다. 우리는 앞(1.2)에서 어떤 결과를 두고 교육을 설명하려는 기능주의적 교육관의 이론적 폐해를 살핀 바 있다. 상황학습이론은 그 점에서 아직 미진한 구석이 너무 많다. 학습이라는 개념이 교육을 대변할 수 있는가 하는 근원적인 문제가 아직 남아 있다. 그 문제가 해결하지 않은 상태에서, 장인과 도제가 전통적으로 해 왔던 모든 활동을 교육활동으로 받아들일 수 있는가? 그 문제를 해결하는 실마리는 결국 교육 자체에 대한 새로운 개념규정에서부터 체계적으로 찾을 수밖에 없다. 여러 이론들이 그 해답을 찾는 데 경합할 수 있을 것이다. 그렇다면, 이와 관련하여 교육본위론이 해결할 수 있는 방법과 과제는 무엇인가?

교육본위론이 교육의 소재로 삼는 품위는 앞에서 체험을 내세워 언어에 의한 전달이 불가능함을 밝힌 맥락과 동일선상에 있다. 교육의 소재인 품위는 물론 그들의 논의에서 지식이라고 지칭하는 것 이상의 보다 포괄적인 개념이다. 그것은 수도계의 종류와 수준의 면에서 서로 다른 체험구조로 되어 있으며, 폴라니(Polanyi, 1958)가 말하는 '인격적 지식(personal knowledge)'은 종류의 면에서 그중 학문적 지식에 해당한다. 그러나 서로 그 수준의 면에서 언어적 소통이 곤란한 것은 단지 학문적 지식에 국한되지 않는다. 거의 모든 종류의 품위에서 그 차이의 내용을 언어적 소통이라는 활동으로 전달할 수 있는 방법은 없다고 볼 수 있다(장상호, 2000a, 2005a). 혹은, 설사 그것이 가능하다고 하더라도, 단지 그 기능적인 측면만을 고려해서 그것이 교육적 활동이라는 범주에 들어갈 수 있는 것도 아니다.

그렇다면, 교육활동의 규정과 관련하여 교육본위론이 취할 수 있는 접근방법은 어떤 것인가? 그 해답은 두 가지로 대별될 수 있다. 그 하나는 이미 앞 절(5.1)에서 살폈듯이 교육활동을 교육의 내재율에 따라 고유하게 규정해 나가는 것이다. 그 부분은 오로지 교육의 맥락에서만 해석이 가능하다는 점에서 '내재적 교육활동'이라는 말로 지칭할 수 있을 것이다. 다른 하나의 방법은 어떤 구체적인 활동 안에 포함된 여러 혼질적인 측면 가운데 교육의 내재율에 부합한 측면이 무엇인지를 검토하는 것이다. 이 부분은 다음 절(5.5)에서 다루어질 것이다. 앞서의 도제적 관계에 관한 주제는 그중 후자의 접근방법을 요구한다. 다시 말하면, 도제관계는 여러 가지 설명을 필요로 하는 구체적인 실제이며, 그 하나로서 교육적인 측면도 검토될 수 있다는 입장이다. 위의 두 가지 접근방법을 입증하는 구체적인 연구의 실적은 아직 충분하게 확보하고 있지 못하다. 다만 여기서는 도제관계와 관련하여 두 번째 접근방법을 택한 연구 두 가지를 예시할 수밖에 없다.

그중의 하나는 쇤(Schön, 1983, 1987)의 실천적 인식론을 조망하고 '교육적 실습(educational practice)'의 조건을 도출하려고 했던 전정호(2000)의 시도이다. 직업교육을 토대로 많은 전문적 충고와 발언을 하고 있는 쇤 역시 앞서 폴라니나 오크쇼트의 경우처럼 지식의 암묵적이고 직관적인 특성을 강조한다. 이는 스승과 도제 사이에 일어나는 모범과 실습을 통해서 전이된다. 그러나 모범과 실습 자체라는 독립적인 활동만으로 교육적 활동의 요건을 만족시킬 수는 없다. 전정호는 이에 교육이 요구하는 내재율에 부응해야 한다는 조건을 추가시켜 추궁하고자 했다. 그 성공여부를 떠나서 그런 시도나 접근방법은 교육활동과 관련하여 교육본위론이 택하고자 하는 기본전략의 하나이다.

다른 하나의 연구는 최성욱·신기현(2000)이 판소리 전승사에 나타난 도제교육의 양상과 원리를 탐구한 것이다. 판소리를 '공부하는 전형적인 방법'은 대개 스승이 한 대목을 불러주면, 제자는 이를 잘 듣고 있다가 그대로 따라하는 것으로 알려져 왔다. 연구자는 이런 판소리의 역사를 살피면서, 그런 도제의 사례들이 교육활동의 일부로 편입될 수 있는 조건을 여섯 가지 원리로 나누어 밝히고자 하였다. 그 여섯 가지 원리는 교육의 본위화, 계약에 의한 대면성, 창조적 불협화, 상보적 공조성, 체험적 실천성, 교육적 검증성을 가리킨다. 이 원리들은 교육의 내재성을 도제관계라는 다소 특수한 상황에 반영한 것으로 보아도 무방할 것이다.

도제교육과 더불어 '언어주의 교육'의 한계를 넘어서는 방법으로 대중의 주목을 받아온 것이 이른바 '체험 학습'이다. 이는 다분히 실물이나 직접경험 등을 중시하는 방식으로 그 초점이 맞춰졌다. 양미경(2001)은 그런 순진한 관점을 문제시하고, 여기에 모종의 이론적 조건이 추가되어야 함을 지적한다. 그는 듀이의 경험 이론과 최근의 상황적 학습 이론 등에서 얻을 수 있는 시사점을 기초로 의도성, 구조성, 맥락성 등의 체험 학습의 조건과 방법적 원리들을 도출하였다. 이 조건에 기초하여 연구자는 모의재판 시나리오의 형식을 활용한 초・중학교 사회과의 체험학습의 자료를 예시한 바 있다. 그러나 이들 이론이 고유한 의미의 교육활동을 규정하는 근거가 될 수 있을지에 대해서는 더 세심한 고려가 필요할 것이다.

교육활동은 언어적 소통을 뛰어넘는다. 이렇게 교육본위론적인 입장을 정리할 때, 언어적 소통을 교육에서 전적으로 배제하자는 취지로 해석하면 큰 오해이다. 장상호(2000a, 2005a)는 다른 한편으로 언어활동을 교육활동 안에 포함시킬 수 있는 가능성을 열어놓고 있다. 그 처방의 하나로서 '언설(言說)'과 '언교(言教)'의 개념적 분리를 제안한다. 언설이란 어떤 품위의 내용을 언어를 통해서 전달하려는 활동이고, 언교란 언어의 힘을 빌려 교육의 놀이를 조율하는 활동이다. 언설이 가져올 결과에 대한 가설은 앞에서 상당 부분 부정적인 것으로 검토되었지만, 그 효과를 전적으로 부인할 증거도 없다. 만약 모종의 조건을 만족시킨다면, 제한된 의미의 효과도 기대할 수 있을 것이다. 다른 한편, 언교는 언어의 화용론적 측면을 고려하는 것이다. 다음에 이 분야가 관심을 가져야 할 그 각각의 측면들을 간략하게 점검해 보기로 하자.

우리의 삶에서 언설은 영적인 유산이 전수되어 내려오는 데 필요한 최상의 중재로 여겨 왔다. 그 상식에는 허점이 많다. 통상적인 언어소통은 그 당사자끼리의 해석체제의 유사성을 전제한다. 그러나 사람들은 대부분 이 전제조건이 충족되지 않은 상태에서 서로 소통을 하기 때문에 그들의 논증은 서로 다른 해석체제와 합리성의 충돌에서 오는 갈등이 증폭될 뿐이다. 앞에서 지적했지만, 동일한 언어가 다양한 수준의 체험을 대표하고 있다. 예컨대, '도', '인', '진리', '해탈' 등의 수도계적인 언어가 있지만, 그들은 해당하는 수도계의 어느 품위를 갖추고 있느냐에 따라 전혀 다른 의미를 갖는다. 아무리 그 수준이 높은 선진의 지식이라도 그보다 수준이 낮은 후진에게는 그 수준만큼의 호소력을 갖는 것이 아니다. 후진에게 진정으로 호소력이 있는 것은 그가 현재의 낮은 수준으로 이해할 수 있는 지식이다. 그렇다고 해서 스승이 그 후진의 낮은 지식에 맞는 언어를 쓴다면, 그것은 기본적으로 인간의 진정한 지적 능력에 대한 호소가 아니라 인간 영혼의 좀 더 낮은 부분에 대한 호소로 된다.

그렇다면, 언설이 다소의 효과를 얻을 수 있는 방법은 무엇인가? 그 하나는 사용하는 언어의 수준에 대한 반성이다. 이 부분을 더 자세하게 다루기 위해서 장상호(2000a, 2005a)는 제 1수준언어, 제 2수준언어, 제 3수준언어를 구분한 바 있다.[3] 제 1수준언어는 후진의 현품에 해당하는 언어의 수준

3) 원래 이 개념을 도입할 때 '제 1언어', '제 2언어', '제 3언어'라는 용어를 사용하였으나, '제 2언어'가 통상 외국어를 지칭하는 것으로 사용된다는 문제가 제기되었다. 따라서 그들 사이의 차이를 더욱 분명하게 하기 위해서 여기서는 '수준'이라는 말을 첨가하였

을, 제 2수준언어는 후진의 현품에 연접하는 차상품을 대표하는 언어의 수준을, 그리고 제 3수준언어는 선진의 현품을 반영하는 언어를 지칭한다. 그 각각 다른 언어수준의 만남과 이동은 그 자체로서 탐구되어야 할 중요한 연구과제이다. 이 부분에서 검증되어야 할 수많은 가설이 성립할 수 있지만, 여기에서는 특별히 두 가지 경우를 예상해 보기로 하자.

우선 서로 큰 품위의 차이가 있는 제 1수준언어와 제 3수준언어가 직접적인 접촉을 하는 경우를 생각해 보자. 이 경우는 이미 앞에서 이미 살폈듯이, 체험의 단절로 인하여 상호주관적인 해석의 영역이 제한되어 있다. 제 3수준의 언어는 후진이 상당한 정도로 상구교육의 여러 단계에 거치고 나서야 비로소 이해할 수 있는 경우이다. 이런 상황에서의 언어교환은 단지 알맹이 없는 씨앗의 흩어짐에 불과하다. 이를 강요하는 경우, 혹은 그에 따른 평가가 중요한 의미를 갖는 경우, 후진은 선진의 말을 단지 맹목적으로 모방하는 적응방식을 취할 것이다. 뜻을 이해하지 않고 언어의 표현만을 말하고 읽는 데 그친다면, 말만 늘고 실행하지 않는 사람이 되기 쉽다. 장상호(2000a, 2005a)는 이 경우 '증득'과 대비하여 '지득'이라는 용어를 쓴다.

그러나 교육의 과정에서 제 1수준언어와 제 3수준언어의 만남이 꼭 회피되어야 할 사건은 아니다. 이들은 품위상의 갈등과 오해를 가져올 것이다. 그러나 교육은 바로 그 사실을 전제로 성립하며, 따라서 제자의 증득과 지득을 구분할 수 있는 스승, 혹은 제자의 오해를 이해할 수 있는 스승에게는 그것이 상호간에 교육적 교섭을 필요로 하는 예비적 단서를 파악하는 방법의 하나로 활용될 수 있을 것이다. 앞의 특별한 전략의 경우를 제외하고, 선진의 어떤 수준의 언어가 제시되더라도 후진이 단순히 그것을 수동적으로 접수하는 경우는 없다. 후진은 그의 품위를 기초로 선진의 언어를 동화하고 해석한다. 그것이 우리가 흔히 말하는 오해의 정체이다.

---

다. 뿐만 아니라 그것을 정의하는 방식에 있어서도 출처(장상호, 2000a, pp. 333-334; 2005a, pp. 414-415)에 따라 서로 일관성이 없었다. 이 부분을 본 논의의 것으로 통일시키기로 한다.

그 오해의 내용은 정확히 후진의 현품을 반영하며, 그것을 이해하는 것은 제자와 스승이 각각 순차와 역차의 내재율을 따라 교육적 교섭을 진행하는 데 중요한 자료를 제공한다.

앞의 경우처럼 두 사람 사이에 서로 직접적인 소통이 불가능한 경우, 체험의 공분모를 찾을 수 있는 방향으로 한 편이 다른 편으로 그 대화의 수준을 조정해 나갈 수 있다. 제 1수준언어와 제 2수준의 언어의 만남은 선진이 다분히 그 하화의 동기를 가지고 구사하는 방편의 의미가 있다. 인류의 스승들이 흔히 직접적인 언어적 전달보다는 운문, 산문, 설화, 비유 등을 동원한 방편적 교화는 이 범주에서 넣을 수 있을 것이다. 선진은 자신의 제 3수준언어를 제 2수준언어로 낮춤으로써 후진의 현품을 교란시키거나 혹은 후진이 현재 가지고 있는 절실한 의문에 대해서 해답을 제공함으로써 그 교육적 기능을 강화할 수도 있을 것이다(장상호, 2005a). 여기에는 일정 부분 그 제 2수준언어가 후진의 상구교육을 활성화시킬 수 있으며, 그 상구교육의 이후에 그 언어를 정상적으로 이해하는 과정을 예상할 수 있다. 김은아(2007)는 그 과정을 상구동기의 촉발, 상구동기의 강화, 불일치의 극복, 품위의 향상이라는 네 단계로 세분화하여 고찰하였다. 그러나 이는 더 많은 경험적 검증을 거쳐야 할 것이다.

이제까지 우리는 언설과 관련하여 교육에서 고려할 수 있는 문제들을 살폈다. 품위는 언어로 표현할 수 없는 부분을 포함하며, 그 품위를 소재로 삼아 교육한다. 언설 자체만으로 선진의 품위가 후진에게 전달된다는 가정은 받아들이기 어렵다. 그 점에서 언설을 교육활동 으로 편입시키기는 어렵다. 그럼에도 불구하고 우리는 품위의 수준을 고려하는 별도의 과정을 추가함으로써 그것이 교육에서 활용될 수 있는 여지가 있다는 추론을 얻었다. 언설에 따른 오해를 단서로 삼아 그 오해를 불식시킬 수 있는 교육적 교섭을 추가할 가능성도 제시하였다. 이 모든 점에 비추어 언설 자체가 갖는 한계와 그것을 교육적으로 활용하는 방법에 대한 연구는 앞으로 계속되어야 할 여지가 많다. 그러나 교육에서 유념해야 할 언어는 단지 그 소재에 국한되는 것은 아니라는 점을 알아야 한다. 언어는 곧바로 교육활동 자체에 해당하는 측면을 내포하고 있다. 이 부분이 우리가 더욱 많은 관심을 가져야 할 주제인 언교의 문제이다.

언어활용론(speech act theory)은 언교에 대한 이론적 거점의 하나다. 전통적으로 논리학과 언어철학에서는 문장, 판단, 명제 및 진술을 올바르게 구별하는 것이 중요한 과제였다. 인식론이나 의미론에서는 명제 또는 진술문의 진과 위(truth and falsehood)의 문제에 주로 관심을 갖는다. 이에 대해서 비트겐슈타인(Wittgenstein, 1953)은 언어의 사용(use)이라는 문제를 추가하였으며, 오스틴(Austin, 1965)은 그 사용이란 말에 대해 비트겐슈타인보다 더 상세한 분석을 하였다. 오스틴은 "어떤 것을 말한다"는 것을 단순히 "어떤 것을 진술한다"는 것으로 가정해 버리는 전통적인 철학적 언어관에 대해 의문을 제기하면서, 말은 무엇을 기술한다기보다는 여타의 기능을 하는 경우가 많다는 사실에 주목한다. 그는 이런 사실을 간과하는 일반적 경향에 대해서 '기술주의적 오류(descriptive fallacy)'라는 명칭을 부여했다.

담화상황에서 우리가 어떤 것을 단순히 기술할 뿐만 아니라, 그것으로 어떤 것을 수행하는 기능도 부여한다는 것은 널리 알려진 사실이다. 예컨대, 지시, 물음, 대답, 권유, 주장, 격려, 비평, 질책, 교정 등은 어떤 것을 설명하는 것이 아니라 어떤 행위를 유도하는 기능을 수행한다. 코를 매혹하는 향기, 그것을 어떻게 말로 옮길 수 있겠는가? 설혹 말을 한다고 하더라도 그것은 상대에게 그렇게 도움이 되지 않을 것이다. 이런 경우에, "그 향기를 맡아보라"는 말이 그 향기를 묘사하는 것보다 더 큰 효과를 발휘할 수 있다. 이 부분에서 우리는 교육학에서 그동안 간과해 온 말의 새로운 기능에 대한 탐구의 가능성을 시사받게 된다. 교육장면에서 상대의 교육적 행위를 유발하는 말이 널리 사용되고 있으며, 그 부분은 단지 품위적인 메시지를 전달하려는 언설과는 전혀 다른 새로운 범주의 탐구를 요구한다.

교육현장에서 교육 자체와 그 활동에 대한 소통이 이루어지고 있으며, 그것을 통해서 서로 활동을 조정하거나 조절한다. 그런 언어활동을 지칭하는 용어로 도입된 것이 '교육어'다(김지현, 2000a, 2000b; 장상호, 1998, 2005a). 교육어는 수준의 차이가 있는 선진과 후진 사이에서 그들의 교육활동을 매개하는 기능을 수행하는 특수한 언어이다. 그 적절성은 교육활동이 이루어지는 맥락에서 그 요소들과 관련하여 해석하면서 서로의 상호주관성을 확인하는 방식으로 보장받는다. 이처럼 교육이라는 활동의 일환으로 전개되는 언어적 소통을 '교육의 언어소통'이라고 부를 수 있을 것이다. 사실상 교육의 언어소통이 일상의 삶에서 중요한 위치를 차지하고 있음에도 불구하고, 이에 대한 연구는 아직 일천하다.

김지현(1998, 2000a, 2002)은 비고츠키(Vygotsky)가 인간의 정신기능의 점유과정을 설명하는 데 언어매개의 기능을 강조했던 점을 교육어의 관점에서 재해석한다. 비고츠키의 용어를 빌린다면, 학습자 발화(learner's utterance)는 혼잣말과 외부의 조력자를 향한 말의 형태로 구성되어 있다. 연구자는 이 가운데 전자는 학습자가 스스로 더 높은 수준의 정신기능을 점유하는 과정에서 그것이 아직 익숙한 수준의 것으로 점유되지 않았을 때 자신의 학습활동을 지시하는 개인정신 내 국면으로 해석될 수 있고, 후자는 조력자로부터 적절한 도움을 요청하는 기능을 수행하는 개인정신 간 국면으로 해석할 수 있음을 시사한다.

교육어와 교육의 언어소통은 교육현장에서 널리 사용되어 왔다. 역사상 이름난 '스승들'에서 그런 의미의 언어를 사용하는 것을 무수히 예증할 수 있다. 플라톤의 ≪대화편≫에 등장하는 소크라테스는 어떤 것을 단정하는 언어를 거의 쓰지 않는다. 소크라테스는 상대와의 관계에서 상호주관적인 비대칭성을 전제하고, 그 형식적 수평을 가정한 자신의 생각에 의심을 갖게 함으로써 이전의 생각을 다시 검토하게 하는 특이한 방식으로 언어를 사용하고 있다. 석가의 일화 역시 교육어의 귀중함을 예증한다. 그들은 경전을 강의하기보다는 그것을 이해하는 방법을 설명하고 수행을 독려하는 말을 주로 했다. 더 나아가, 스승은 해답을 제시하기보다는 그 해답을 얻는 모종의 절차를 요구하거나 지시하거나 격려하는 말을 하는 경우가 많다. 제자 역시 스승으로부터 직접적인 해답을 기대하기보다는 그가 무엇을 해야 하는지에 대한 지도를 요구한다.

오늘날에도 예컨대, 토론, 세미나, 강의, 대화, 논쟁, 혹은 학교의 교실이나 실험실에서 교사와 학생, 학생과 학생 사이에 주고받는 언어들의 상당한 부분은 품위의 내용을 직접 전달하기보다는 그것을 얻는 데 필요한 교육활동을 교도하고 촉구하는 것과 관계되는 것이 많을 것이다. 교사는 어떤 책의 내용을 상세하게 기술하기보다는 "그 책을 읽고 토론해 보세"라는 식으로 그를 학문의 탐구과정에 참여시킬 수 있다. 대개 그런 요구가 직접 그 책의 내용을 소개하는 것보다 교육에서 더 유효하고 실속 있다. 이른바 '교과서'는 '정답'을 직접 진술하기보다는 그 정답에 이르는 처방으로서 더 큰 교육적 가치를 가질 수 있다. 학생은 그에게 가까이 있는 교사에게 "다음에 무엇을 할까요?"라고 무지와 궤변을 벗어나게 해 주는 인식의 도정을 요구하는 말을 할 수도 있다. 이런 방식으로 교사와 학생은 각각 하화와 상구를 개인적인 접촉을 통해서 진행할 수 있을 것이다. 그리고 그 말미에서 스승은 "알고 보니 그게 아니지?"라고 묻고, 제자는 "정말, 알고 보니 그게 아니군요!"라고 대꾸할지도 모른다. 이 순간, 이들은 아리스토텔레스의 형식언어에서 분명히 모순에 속한 말을 뻔뻔스럽고 자연스럽게 자랑처럼 말하고 있는 것이다. 그러나 그 모순은 교육이라는 화해적 매개를 통해서 다소 긴 시간을 두고 그 결손된 틈새를 매울 만한 체험을 구축할 때, 그것이 우리가 발전해 나가는 과정의 어떤 한 단계로서 얼마나 자연스러운 것인가를 알 수 있게 하는 증좌가 된다.

이처럼 우리의 삶에서 교육어의 사용과 교육의 언어소통이 자연스럽게 이루어지고 있음에도 불구하고, 아직까지 그것을 학문적으로 드러내어 밝히는 노력이 부진하다. 그런 특수한 언어를 교육어로 분류할 수 있는 이론적 혹은 상황적 맥락은 무엇인가? 그 분류체제와 수집방법은 어떤 것인가? 또한, 더 개발해야 할 교육어는 무엇인가? 아직까지 그 문제를 해결하는 연구가 전혀 이루어지지 않았다. 이 문제가 해결되면, 그 교육어와 교육의 언어소통효과를 검증하는 연구가 용이하게 후속될 수 있을 것이다. 예컨대, 부윤희(2002)는 아동들의 학교 소집단 활동에서 이질능력집단, 상위동질능력집단, 하위동질능력집단의 세 집단을 구성하고, 아동들이 사용하는 교육어의 양적 및 질적인 차이를 분석하여 의미 있는 결과를 얻었다. 교육어의 사용빈도는 이질능력집단이 동질능력집단보다 더 높게 나타났다. 교육어의 범주에 따라 그 차이도 달랐다. 그 차이의 발견 자체도 중요하지만, 이 연구는 그 이전에 아동들이 교육어를 사용하고 있다는 사실을 발견한 것만으로도 이 분야에서 큰 의미를 부여받을 만하다.

그런 효과에 대한 검증 못지않게 궁금한 부분은 그 교육어를 개인이 어떻게 습득하느냐 하는 것이다. 우리는 앞에서 언어가 체험을 대신할 수 있는 것이 아니라, 오히려 그것을 전제한다는 점을 강조하였다. 언어에 설득력을 주는 것은 체험이다. 체험이 뒷받침되지 않는 언어는 생명력을 가질 수 없다는 점은 주로 언설의 경우와 관련하여 논의되었지만, 이는 언교의 경우에도 그대로 적용될 것이다. 교육에 해당하는 체험의 요건을 미리 갖추지 않는다면, 교육 주체 사이의 교육어에 대한 의미공유가 불가능하다. 그 체험을 보충하여 주는 것이 바로 교육에 대한 반성적 실천이다. 이 주제는 제 6장에서 <메타교육>의 연구와 관련하여 더 자세하게 다루어질 것이다.

## 5.5 제반활동의 교육적 맥락

교육활동이라는 개념은 '교육'과 '활동'의 교집합에 해당한다. 활동이 교육을 규정하는 것이 아니라 교육이 활동을 규정하는 방식을 택하는 것이 옳은 순서이다. 이 원칙에 따라 어떤 활동을 교육활동으로 편입시키고자 할 때 그 주창자의 교육의 관점이 무엇인지에 대한 해명이 선행되어야 한다. 그런 조건을 만족시킬 수 없는 상태에서 특정한 활동을 하는 것이 바로 교육이라고 주창한다면, 교육을 그 활동의 범위로 임의적으로 제약하는 오류를 범할 것이다.

우리는 앞 절(5.2)에서 교육의 세계에서만 통용될 수 있는 고유한 활동에 대한 개념적 탐색이 필요함을 지적했다. 이는 마치 정치활동이나 경제활동처럼 그것이 소속한 맥락 안에서만 해석될 수 있는 것이라는 점에서 교육의 내재적 활동이라는 다소 긴 명칭이 적합할지도 모른다. 그러나 교육활동의 범위는 거기에 국한되지 않는다. 우리의 삶에는 그 해석의 맥락에 따라 전혀 다른 종류의 것으로 분류될 수 있는 복합적인 활동이 많다. 그들을 교육의 고유한 맥락에서 수용하는 것도 교육의 활동범위를 넓히는 또 하나의 방법이다. 다만 이 방법은 그 일반적 활동들과 그것에게 '교육적'이라는 수식을 할 수 있는 조건에 대한 이론적 정당화를 요구한다.

그런 개념적 조건을 따짐으로써 이제까지 우리가 흔히 교육활동인 것으로 생각했던 것이 사실은 그렇지 못한 것으로 판명되거나, 혹은 교육활동으로 생각하지 못했던 활동이 그 범위 안에 포섭되는 결과를 얻을 수 있을 것이다. 그럼에도 불구하고, 이에 대한 본격적인 연구가 이루어질 수 없었던 사정은 교육현상의 범위를 그동안 명확하게 확정하지 못한 교육학 내부의 문제와 긴밀하게 관련되어 있다. 여기에서는 다만 그 시도의 일단을 보여주는 연구의 몇 가지 사례만을 반성적으로 예시하고자 한다.

그 가운데 하나는 질문이다. 질문은 다양한 맥락에서 해석될 수 있는 일반적인 활동의 범주에 든다. 검사가 범죄인을 앞에 놓고 질문하는 것과 스승이 제자에게 하는 질문은 전혀 다른 종류의 것으로 보아 마땅하다. 양미경(1992, 1995)은 이런 맥락의 특수성에 주목하고, 질문을 교육과 연관시킬 수 있는 최초의 시도를 하였다. 그는 '교육적 질문'은, 지극히 진지하고 절실한 상태에서 비롯되고, 일단의 구조 속에서 배태된 것이며, 현 수준의 한계를 극복하려는 내재적 가치를 지닌 것이라고 주장하였다.

지식의 성장은 확실한 지식을 축적하는 것이라는 이제까지의 관점과 차별화된다는 이런 입장을 택하면, 지식의 성장 혹은 획득의 과정은 알지 못한 것을 아는 일회적인 과정의 집적이 아니라, 잠정적 지식 → 무지의 인식 → 질문 → 갱신된 지식 → 무지의 재인식 → 갱신된 질문과 같은 나선형 궤도를 따른다. 이 과정에서 제기된 질문이 '교육적인 것'이라면, 그 '교육'은 무엇인가? 이 부분에서 양미경(1992, 1995)은 교육을 '보다 높은 수준의 질문을 추구해 나가는 과정'이라는 기능주의적 정의에 의존한다. 이런 순환논법이 갖는 문제점을 우리는 누차에 걸쳐 살펴 왔다. 문제 제기에 성공했으나 그 해결이 미진했다.

윤여각(1998a)은 양미경의 교육적 맥락에 대한 앞선 규정이 매우 추상적이라는 점을 들고, 그 맥락을 학교 안에서 교사와 학생이 서로 주고받는 구체적인 질문에서 그 해답을 구하고자 했다. 그러나 그런 비판적 관점이 정당한 것인지는 의문이다. 교사와 학생이 학교에서 하는 활동들은 구체성의 요구조건을 충족시킬 수 있을지는 모르지만, 그들을 교육활동으로 보는 것은 속단이다. 연구자의 입장은 결국 '교육=학교태'라는 개념의 도식 위에 성립하며, 이 도식이 가지고 있는 문제점은 후속하는 논의에서 곧 자세하게 살필 것이다.

질문이라는 일반적 활동에 '교육적'이라는 수식을 붙이고자 할 때, 그 교육의 요건은 어떤 것의 수단이라거나 혹은 학교 안에서 이루어지는 사건이라는 것을 지적하는 것만으로 충족될 수 없다. 그 해법의 열쇠는 결국 교육 혹은 그 내재율에 대한 별도의 규정이다. 교육본위론에 의하면, 교육은 그 자체의 정체성을 가지고 있으며, 상구와 하화라는 하위과정을 갖는다. 동일한 질문과 대답이 상구교육과 하화교육의 맥락에서 각각 전혀 다른 의미를 갖는다. 이처럼 교육의 하위과정의 실체가 밝혀지면, 그 맥락에 따라 '상구적 질문'과 '하화적 질문'의 구분도 가능해진다(장상호, 2009). 기능주의적 정의는 그런 구분을 허용하지 않는다. 이 점을 의식하여 양미경(2003a)도 교육적 질문을 '배움'과 '가르침'으로 구분하여 예시한다.

일반적 활동에 '교육적'이라는 수식어를 부가하는 작업이 갖는 의미를 단지 교육활동의 확장에 둔다면 놓치는 부분이 있다. 또 다른 의미는 그 수식되는 일반적 활동의 의미를 더욱 풍부하게 확장한다는 데서 찾을 수 있을 것이다. 학문의 세계에서 아직 설명하지 않은 부분에 대한 의미의 첨가는 해당하는 분과학문의 입장에서는 고유한 의미의 공헌에 해당한다. 예컨대, 일상생활에 편재하는 '대화'는 언어학, 철학, 심리학, 사회학, 교육학 등 여러 학문의 관심사가 되어 왔다. 여기에 교육학으로서 그 특징을 추가할 수 있는 부분은 무엇인가?

대화와 관련하여 이제까지 밝혀진 다양한 측면 가운데에는 그것이 단순히 일의적으로 규정된 진리 내용에 끼워 맞추기 위한 도구가 아니라, 참여자 상호간에 실질적으로 변화를 기대하는 요소가 포함되어 있다는 점이다. 대화의 목적은 한 편에 대한 다른 편의 승리에 있지 않고 한 편에서 다른 편으로의 개선에 있다는 사실은 널리 인정되고 있는 바이다. 그러나 실상 대화는 언제나 대화에 임하는 사람들의 수준차가 문제가 되며, 바로 그 점 때문에 그것을 통한 의사소통에서 흔하게 장애가 발생한다. 진정한 의미의 의사소통은 체험의 동질성을 확보했을 때에만 가능하다. 그렇지 못할 때, 두 사람 사이의 대화는 쇠귀에 경 읽기(牛耳讀經)가 되기 십상이다. 그런데 사실상 교육은 다소간 서로 품위의 차이가 있는 선진과 후진 사이의 상호작용을 전제한다.

이 부분에서 대화는 모종의 교육학적 설명을 필요로 하는 활동이다. 이 문제에 직면하여, 최성욱(1997b)은 가르침에 관한 성인들의 체험의 흔적을 돌아보고, 그 가운데서 가르침에서 반드시 고려해 보아야 할 점으로 크게 네 가지 원리를 제시하였다. 그것은 존우(尊愚)의 원리, 논박(論駁)의 원리, 역차(逆次)의 원리, 원조(援助)의 원리이다. 이들은 우리가 살핀 교육의 내재율과 상응한다. 양미경(2000, 2003b)은 수준차이의 불가피성과 그 대처 기제, 듣기의 미덕, 실질적인 상호작용의 추구라는 특징을 들어서 대화를 그와 유사개념인 정보교환, 논쟁, 혹은 집단독백과 차별화하려고 하였다. 다른 한편, 장상호(2005a)는 스승이 이처럼 서로의 원만한 교육적 교섭을 위해서 언어의 수준을 조정해야만 하는 조건을 부여한 바 있다. 그 조건을 추가함으로써 후진은 상구에 의해서 선진을 이해할 수 있고, 선진은 하화에 의해서 후진이 자신을 이해할 수 있도록 촉구할 수 있을 것이다.

그런데 앞에서 등장시킨 '이해'라는 개념 역시 '대화'라는 활동 못지않게 철학에서 이론적 설명의 주제가 되어 왔다. 우리의 삶에는 한 편에서 말이나 기호를 써서 어떤 텍스트를 만들어내고, 다른 한편에서 그것을 이해하는 과정이 이루어진다. 이는 특별히 자연과학과 대비되는 인문과학에 해당하며, 이 문제와 관련하여 '해석학'이라는 분야가 출현했다. 이해의 핵심은 체험의 공유에 있다는 데에는 거의 합의를 보면서도 그 체험의 공유라는 문제를 무시하거나, 혹은 그것을 예상하면서도 그 체험의 변화를 직접 교육의 맥락과 결부시키는 경우는 드물다(Heidegger, 1927; Gadamer, 1960; Habermas, 1976). 이 부분에서 '교육학적 해석학'이라는 분야의 출현이 필요한 것은 아닌가?

장상호(2005a)는 교육적 이해라는 새로운 개념으로 이 문제에 접근하고자 했다. 이 세상에는 무수한 텍스트가 있지만, 그 수준은 천차만별이다. 선진의 말이나 텍스트를 후진이 오해하는 것은 불가피하며, 그 결과는 의미의 교란이다. 우리는 그 해법의 하나로 교육을 첨가할 수 있을 것이다. 교육은 선진과 후진 사이의 이해를 가로막고 있는 품위의 차이를 인정하고, 후진의 품위를 선진의 품위에까지 끌어올리는 내재율에 의해서 진행된다. 교육적 이해란 바로 오해와 이해 사이에 교육적 과정을 포함시키는 방식이다. 여기에는 1차적 가정에 의한 2차적 확인이라는 과정이 필요하다. 이런 논리는 기존의 해석학이 당면한 문제에 새로운 활로를 제공할 수도 있을 것이다.

이제까지 우리는 '질문', '대화', 그리고 '이해'라는 일반적인 활동의 부분에서 '교육적'이라는 수식어를 첨가할 수 있는 방식을 다룬 몇 편의 연구를 통해서 살폈다. 이런 일반적 활동에 속할 수 있는 것은 수없이 많을 것이다. 그 만큼 이 분야의 연구가 활성화될 가능성의 폭은 높다. 예컨대, 아직 연구가 되지 않은 한 항목으로 '토론'의 경우를 들 수 있다. 모든 토론을 교육적이라고 할 수는 없다. 가끔 참여자가 자기 의견을 개진하거나, 주위의 청취자에게 강한 인상을 주거나, 혹은 상대를 제압하거나 복종시키기 위해서 토론하는 경우가 많다. 이는 '정치적인 토론'이라고 할 수 있을망정 교육과는 무관하다. 교육적 토론의 목적은 승리에 있지 않고 인간성의 개선에 있다. 이는 논쟁도 아니고 대결도 아니다. 그렇다면, '토론'이라는 개념 앞에 교육적이라는 수식어를 가능하게 하는 조건은 무엇인가?

그런 구분은 삶에서 교육학 혹은 교육의 고유한 공헌으로 치부될 수 있는 또 하나의 특수한 항목이다.

본 절의 연구주제와 관련하여 시급한 또 다른 부류의 연구가 있다. 그것은 학교라는 기관에서 주로 교육활동의 범주로 관례적으로 다루어 온 제반 활동을 앞의 기준에 비추어 엄격하게 재평가하는 작업이다. 학교의 구성원인 교사와 학생은 종일 학교 안에서 다양한 활동을 한다. 이들은 관례적으로 교육과 유관한 명칭으로 분류되며, 대부분 그 명칭으로 인해서 그것이 교육활동인 것으로 치부되어 왔다. 대개 교육활동 자체의 본질이 무엇이며, 또 교육 주체에게 그것은 무엇을 의미하는가 하는 문제는 이차적인 것으로 치부된다. 이런 관행의 문제는 그 명분과 실재의 구분이 되지 않기 때문에 후자에 비추어 전자를 비평하고 개선하는 일이 불가능하다는 데 있다.

교사와 학생의 활동은 다분히 학교라는 기관이 부여하는 역할과 관련된다. 그 역할체제에 따르면, 교사는 가르치고 학생은 배운다는 도식이 성립한다. 이때 그 가르침과 배움이 교육을 의미한다면, 교육활동은 마치 특수한 자격을 가진 사람들의 전유물이라는 인상을 준다. 진정 그러한가? 이들이 학교라는 공간과 그 속에서 생활하는 시간에 보이는 관례적인 활동들의 항목들은 무엇인가? 그것들은 일반적인 여타의 활동과 어떻게 구분되는가? 교사와 학생이 아닌 사람은 교육활동을 하지 않는다고 해야 하는가? 여기에 동의할 수 없다면, 학교 안에서 불가피한 교사와 학생들의 비교육적 활동들은 무엇인가? 교육활동은 이들과 어떻게 조화하며, 갈등하는가?

이런 질문을 추궁하는 연구가 갖는 의의와 심각성을 부각시키기 위해서 오늘날 우리나라의 학교 안에서 진행되고 있는 제반 활동의 실상을 파악할 필요가 있다. 학교 안에서 가장 흔하게 쓰이는 개념은 아마도 '강의'와 '수업'일 것이다. 그것들은 무엇을 지칭하는가? 그들은 이론적 개념인가? 아니면, 학교 안에서 이루어지는 하나의 관행인가? 후자라면 그것이 지칭하는 실제상황이 분석의 대상이 되어야 할 것이다. 이런 분석은 대개 교육학을 전공한 학자보다는 학교의 실정에 시달린 참여자의 고발에서 잘 드러나고 있다. 서울대학 법학과 3학년인 이한은 그의 저서 ≪학교를 넘어서(1998)≫에서 '강의'와 '수업'이라는 말이 합성된 말로 지칭되는 사태를 이렇게 기술한다.

> 강의식 수업이라는 것은 무엇인가? 그것은 학생들이 의자에 가만히 앉아서 모든 신체의 자유를 박탈당한 채 교사가 진행하는 쇼를 보는 것이다. 그 쇼는 교사가 가지고 있는 참고서를 보고 베낀 내용을 참기 힘들만큼 지루하고 느릿느릿한 음성언어로 옮기는 작업, 또는 미리 해답지를 보고 와서 그걸 자기가 푼 척하며 칠판에다가 쭉 한 번 적어 내려가는 것을 말한다. ... 학생들은 아무 생각 없이 칠판에 적힌 문자의 의미 없는 집합을 노트에 그대로 옮겨 적는 작업을 하고 있을 뿐이다(pp. 32-33).

대부분의 수업상황에서 교사는 주도적인 위치를 점하고 학생은 피동적인 위치에 선다. 그 상황은 마치 교사는 연극을 상연하고 학생은 관람하는 것 같은 장면을 연출한다. 이를 증명하는 또 하나의 인용을 해 보자. 다음은 신기현(2003)의 연구에서 나타난 어느 학생의 교육관이다.

> 이를 우리나라의 교육에 비추어 보면 유사한 점이 많다. 좁은 교실에서 한 명의 교사는 이야기하고 60명 가량의 아이들은 조용히 듣는다(아니면 잠을 청한다). 학생들은 수업시간에 질문을 할 기회조차 없을 뿐더러 질문을 하면 이상한 아이 취급을 받는다.

학교의 교실 안에서 보는 이런 전형적인 활동과 그것을 지칭하는 용어는 교사와 학생들의 교육에 관한 관념의 형성과 연결된다. 교사가 일방적으로 말하면서 칠판에 판서하면, 그것은 '강의식 수업을 하는 것'으로 인식되며, 이에 대해서 학생들이 그것을 필기하여 재생하면 '공부하는 것'으로 인식된다. 그런 관행은 제도의 기초가 되며, 더 나아가 그것을 전제로 삼는 제 1기 교육학을 정당화시킨다. 교사와 학생은 다시 그 교육관의 희생물이 되는 일을 반복한다. 이로써 교육이 망실된 제도만이 존속하는 역설이 진행된다.

그런 종류의 활동을 곧바로 교육활동으로 편입시키기는 어렵다. 그렇다면, 그런 사태나 문제를 어떻게 우리는 받아들이고 해결할 것인가? 그 해결의 첫 단계는 제도나 관습에 의존하는 '교육활동'에 대한 개념과 용어를 일단 접어두고, 학생과 교사 혹은 학교의 구성원이 하는 활동 자체를 있는 그대로 파악하는 것이다. 그 다음 단계는 그것들이 주장하는 바처럼 내재적 교육활동으로 지칭될 수 있는지를 검토한다. 만약 그렇지 못하다고 하더라도 일반적인 활동에 '교육적'이라는 수식어를 붙일 수 있는지를 점검하는 앞서의 방식을 따르면 된다.

놀라운 점은 이런 문제를 본격적으로 다루고 있는 연구가 교육학에서 아직까지도 거의 부재하다는 사실이다. '교육=학교태'의 도식에 따라 성립된 제 1기 교육학은 앞서의 제도적 전제를 당연한 것으로 받아들여 온 편이다. 주로 학교 내에서 교사와 학생들이 하는 활동에 관심을 두어 왔으며, 그런 활동이 어떻게 교육활동이 될 수 있는지에 대해 의문을 제기하지 않았다. 단지 그 활동을 그것 자체로서 이해하기보다는 그것 아닌 어떠한 것을 위한 것이라는 도구적 관점에서 취급하였다. 이와 같은 방식으로 그 활동의 교육적 조건의 문제는 지금까지 유예되어 있는 상태이다.

여기서 하나 지적하고 넘어가야 할 것은 이런 상황을 타개할 새로운 연구가 취하여야 할 방법에 관한 것이다. 이 분야의 연구에서는 사회적 사실 혹은 문화적 사실과 교육적 사실을 구분하는 것이 매우 중요하다. 요즘 교육학에서 유행처럼 사용되고 있는 '문화기술적 방법'은 전자에 주목하며, 따라서 후자는 별개의 안목과 방법으로 파악되어야 한다. 그런데 이를 혼동함으로써 그 결과를 제대로 해석하기 어려운 경우가 있다. 예컨대, 윤여각(1997)은 이 방법을 적용하여 특정한 대학에서 교수와 그들의 학생이 독서, 사고, 토론, 글쓰기, 질문, 처신의 다양한 범위에서 교육적 활동을 하는 과정을 미세하게 기술하면서 교육의 본질적인 차원을 드러내려고 하였다. 그러나 문화기술의 방법이란 그 문화구성원의 관점을 당연한 것으로 받아들인다는 자체의 한계를 가지고 있다. 이는 교육의 본질이 먼저 이론적으로 규정되고, 그런 학교 내의 활동을 그 관점에서 평가해야 하는 절차에 역행한다.

이런 맹점을 놓치지 않고 따진 예외적인 연구도 있다. 그중의 하나가 학교 안에서 진행되고 있는 '실험활동'을 교육의 맥락에서 재검토한 연구이다(한수연, 2004). 실험은 과학의 세계에서 구현되고 있는 핵심적이고 독특한 삶의 양상으로서, 서로 환원될 수 없는 다양한 측면들을 갖는다. 최근 과학철학, 과학사회학, 과학사, 그리고 인류학의 관점에서 이루어지고 있는 논의들과 같이, 다양한 분과학문의 관점에서 실험을 조명하는 것은 실험에 대한 이해의 폭을 넓히고 그 가치를 확장시킬 수 있다. 연구자는 이런 다방면의 측면을 고려하면서, 아울러 실험이 교육학의 관점으로 조명할 수 있는 측면을 새롭게 부각시키고자 했다. 이것은 단순히 학교 안에서 진행된다는 근거로 실험을 무조건 교육활동으로 규정하는 방식과는 전혀 다른 접근방법이다.

이 연구에서 연구자는 실험에서 언제나 개입하기 마련인 '발견'과 '증명'의 두 가지 측면을 교육본위론의 관점에서 재해석하고자 했다. 한 개인 과학자에게 있어서 '발견'은 그 결과가 나오기 전까지는 자신에게 새로운 것으로서, 그 과정의 도상에 있는 개인에게는 아직 미궁의 것이다. 이것은 교육본위론의 맥락에서 볼 때, 상구의 표적에 해당하는 성격을 갖는다. 또한 '증명'이라는 것은 자신이 이미 그 내용을 알고 있지만 그것을 아직은 모르고 있는 상대에게 자신과 공감할 수 있도록 설득하는 과정에 해당한다. 따라서 이것은 교육본위론의 맥락에서 하화의 표적에 해당한다. 실제로 과학자들의 실험 안에 늘 개입되어 있는 이런 교육활동의 국면은 개념의 부재로 인해서 그동안 간과되어 왔다고 볼 수 있다. 후속연구에서 한수연(2006b)은 고등학교 생물실험 시간에 교사와 학생 사이에 이루어지는 상호교섭을 관찰하였다. 그 결과, 전통적으로 단지 소란행위로 간주되어 온 부분에서 사실상 의미 있는 교육활동이 이루어지고 있음에도 발견했다. 그만큼 새로운 관점의 적용이 호응을 얻은 셈이다.

앞에서 특별히 강의식 수업과 실험의 예를 들었지만, 학교에서 통상적으로 교육활동의 범주로 인정하고 있는 활동을 나열하면 끝이 없을 것이다. 읽기, 쓰기, 목표의 진술, 강의, 수업, 설명 · 토의 · 문답 · 소집단 활동, 실습, 답사, 교습, 시청각자료제작, 도서관 활동, 논문작성, 집단토론, 세미나, 과제물의 제출, 시험 준비, 암송, 특별활동 등이 이와 같은 방식의 새로운 검열을 필요로 한다. 관습적인 명칭이 아니라 그 내실을 주목해야 한다. 그런 명칭으로 진행되고 있는 활동은 구체적으로 어떤 내용과 절차를 지닌 것인가? 이들을 모두 교육활동의 범주에 넣을 수 있는가? 그렇지 못하다면, 어떤 조건을 붙여 이들을 교육활동으로 편입할 수 있는가?

이런 연구는 학교 안에서 제대로 된 교육활동이 일어나지 않는 이유, 혹은 반대로 그것을 보완할 수 있는 방책과 자연스럽게 결부될 수 있을 것이다. 예를 들면, 양미경(2002b)은 그가 규정한 '교육적 질문'이 우리나라 초 · 중등학교 학생들이 수업 시간에 얼마나 일어나고 있는지를 조사하고, 그 점에서 미흡한 측면의 원인과 상황적인 맥락을 분석하였다. 더 나아가, 교수 방법, 교육 자료 구성 방법, 수업 분위기 등의 제반 부면에서 교육적 질문의 생성을 촉진할 수 있는 대안적인 방향을 탐색하였다. 마찬가지의 방식으로, 우리는 앞에서 검토한 제반 교육적 활동이 각종 생활공간 안에서 활성화될 수 있는 실제적인 방안을 강구할 수 있을 것이다.

제반 활동의 교육적 맥락이라는 연구에 포함시킬 수 있는 주제는 역사적으로 혹은 관례적으로 흔히 교육활동으로 치부되어 온 수많은 활동들이다. 교육적으로 출중한 업적을 남긴 인물들은 그들만의 고유한 방법을 사용했던 것으로 전해진다. 예를 들면, 소크라테스는 산파술(産婆術), 석가는 대기설법(對機說法), 공자는 수인이교(隨人異敎)의 방법을 썼다고 널리 알려져 있는데, 도대체 그 구체적인 내용은 무엇인가? 그것을 교육활동으로 수락할 이론적 근거는 무엇인가? 만약 그들을 일반적인 활동에 포함시킨다면, 어떤 특별한 측면이 '교육적'이라는 수식을 가능하게 하는가? 학교를 제외한 우리의 삶의 현장에서 관례적으로 교육활동의 범주로 취급되는 제반 항목들이 있다. 연수, 연구, 세미나, 캠프, 수련, 강습, 도제, 개인지도 등이 그 좋은 예이다. 그 이면에는 교육에 대한 모종의 관점이 내재되어 있다. 그 관점은 수락할 만한 것인가? 수락할 수 없는 것이라면,

그들을 '교육적' 활동으로 포섭할 수 있는 조건은 무엇인가? 이런 문제들은 우리들의 무의식에 잠재된 사고의 틀을 이론적으로 해체하거나 재검토하는 계기를 마련할 것이다.

그동안 교육학의 문헌에서 가장 자주 대하면서도 아직까지 아무 검토도 거치지 않고 있는 제반 활동과 방법들로서 기능주의적 교육관에 근거한 것들이 너무도 많다. 이들도 검토되어야 할 별도의 항목이다. 기능주의적 교육관의 특징은 특정한 결과를 가져오게 하는 모든 수단을 교육으로 규정하는 방식을 취한다는 데 있다. 우리가 거리낌 없이 쓰고 있는 '학습(learning)'은 기본적으로 그런 인과적 관계에서 성립한다. 그런 범주에서 혹은 더 특별한 이유에서 우리의 주변에는 과학적 증거를 수반하는 온갖 행동통제의 방법들이 있다. 가령, 약물투여, 고압전기충격, 수면박탈 등을 써서 우리는 타인을 세뇌할 수 있다. 상대의 행동을 바꾸어 놓는 활동이 곧바로 교육활동이라고 규정하면, 거기에는 기만, 위협, 유인, 선전, 최면, 교조화 등이 포함될 것이다. 이 이외에도 발달, 조건화, 선전, 동화, 모방, 내면화, 적응 등 이미 교육학 밖에서 설명하는 각종 행동변화의 기제가 막연하게 교육활동으로 혼용되는 경우가 많다. 그 실상을 그대로 관용하기는 어렵다. 그렇다면, 이들은 교육활동과 어떻게 구분될 수 있는가? 어떤 조건이 그들을 교육활동으로 포함시키는 데 고려되어야 하는가? 이런 문제들은 교육학자들이 이제까지 멋대로 향유해 왔던 포괄주의에 대한 심각한 반성을 촉구한다.

제반 활동들은 어떤 일반적인 의미를 지니기보다는 그것이 쓰이는 맥락에 따라 전혀 다른 세계의 활동으로 해석될 수 있다. 우리는 제 1장에서 교육의 안과 밖을 경계를 획정하는 문제를 다룬 바 있다. 교육본위론은 그 경계를 내재율에 비추어 규정하는 방식을 취했다. 이에 따른다면, 본 절의 주제인 '교육적 활동'에 대한 규정도 분명해질 것이다. 그 내재율은 말 그대로 교육의 고유한 내용이며, 따라서 모든 활동을 그 맥락에 비추어 편입시키거나 제외할 수 있는 준거로 활용될 수 있다. 어떤 일반적 활동이 그 내재율의 맥락을 따르는 것만큼 '교육적'이라는 수식을 허용하는 것이다. <그림 5-1>은 그중 '질문(questioning)'이라는 일반적 활동에 그 원칙을 적용한 하나의 사례를 보여준다(장상호, 2009). 만약 '질문'이 자리-혁신-존현-순차-자조-자증의 맥락에서 이루어진다면 상구활동의 범주에 들며, 반약 그것이 이타-보수-존우-역차원조 타증의 맥락에서 이루어진다면 하화활동의 범주에 포함될 수 있다.

위의 '질문'의 경우와 마찬가지 방식으로 앞에서 우리가 아직 그 교육적 의미가 확정되지 않은 것으로 논의한 '대화(dialogue)', '실험(experiment)', '실습(practice)' 등에 이런 간편하고 명백한 원칙을 적용할 수 있을 것이다.

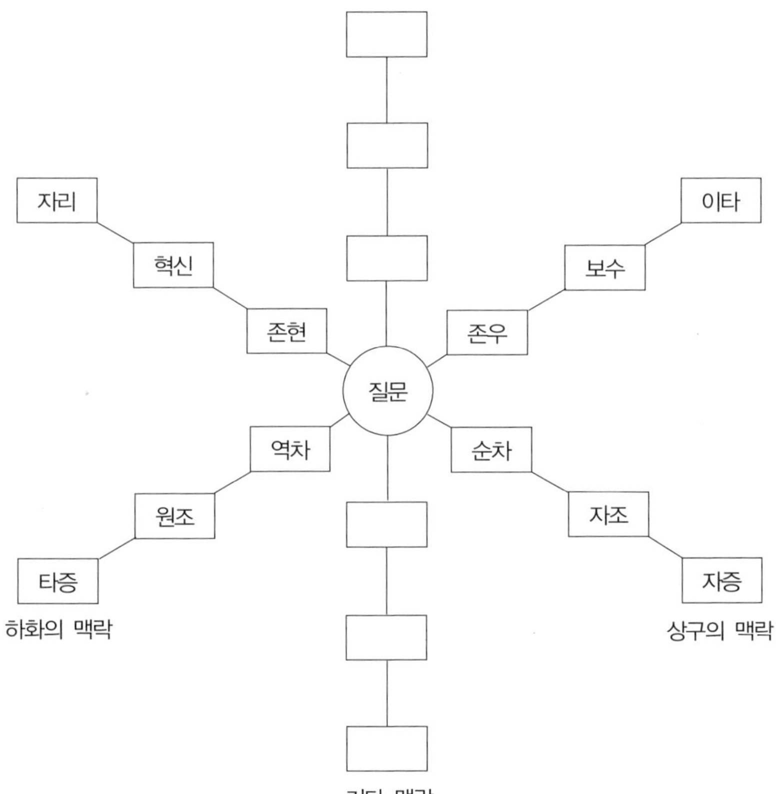


〈그림 5.1〉 질문의 활동이 상구활동과 하화활동으로 구분되는 맥락

아는 것과 모르는 것의 경계에는 언제나 질문이 있다. 누구나 하루 종일 수많은 대화를 나눈다. 과학자들은 연구실에서 각종 실험활동을 한다. 우리들의 삶 자체 실습이다. 그 모든 것들을 '교육활동'으로 규정하기에는 무리가 있다. 이 가운데에 어떤 것은 교육적이며, 다른 것은 그렇지 못할 것이다. 그렇다면 이들을 보다 특수하게 교육활동으로 편입시킬 수 있는 조건이 무엇이냐 하는 문제가 성립한다. 기능주의적 교육관은 이때 그 활동이 가져오는 특정한 결과를 두고 교육적인 것과 아닌 것의 구분을 한다. 그러나 그런 사후적인 규정 역시 모호하기는 마찬가지이다. 이런 이론적이며, 실제적인 문제에 봉착하여, 교육의 내재율이 그 근거로 사용될 수 있는 것이다.

## 5.6 교육에 대한 방어기제

교육활동을 애써 여타의 활동과 구분해 낼 필요성을 강조한 앞서의 논의는 독자에게 자칫 너무 이론적이라거나 혹은 이상적인 것이라는 느낌을 줄 수 있겠다. 그 느낌이 혹시라도 현실과 유리되어 있다는 데 근거하고 있다면 그것을 수긍하기 어렵다. 교육학은 교육이라는 엄연한 실재를 이론적으로 규정하는 작업이며, 그것이 현실을 떠날 때, 그 작업의 의미는 소멸된다. 그렇다면, 그런 오해나 우려의 소지가 생기게 하는 이유는 무엇인가? 그것은 바로 교육학이론은 그 성격상 우리의 복합적인 삶 가운데 오직 교육의 실재만을 부각시키고 나머지의 다양한 변인들을 무시할 수밖에 없기 때문이다.

교육의 정체성을 한정하지 않고 그 결과만을 내세우는 기능주의적 교육관은, 그 다양한 변인들과 교육 내재적 변인을 서로 구별하지 않기 때문에, 그 실제의 다양성을 주로 의식하는 사람들에게는 언뜻 앞서의 논의보다 더욱 현실감이 있는 것처럼 보일 것이다. 대부분의 교육학도들은 여기에 익숙해 있으나, 알고 보면, 그런 인식태도는 모든 것의 공과를 교육에 뒤집어씌운다는 맹점을 피하기 어렵다. 그 실재를 규정하지 않은 상태에서 교육의 공헌을 논의하는 것은 기만이다. 교육의 입장에서 볼 때, 가끔 그 기만의 책임으로 문책 받는 것도 억울하다. 사실은 교육 외적인 영향으로 인해서 교육이 제대로 되지 않는 많은 부분이 기능주의적 교육관의 논리로 인해서 마치 교육의 잘못으로 오인되는 경우가 허다하다.

본 절은 교육에 대한 각종의 방어기제라는 개념을 제안함으로써 그런 모호성, 맹목성, 부당함을 모면하는 방책을 마련하고자 한다. 교육은 좌절과 갈등, 그리고 그 활동에서 벗어나고자 하는 유혹 등 많은 장애가 수반되는 활동이다. 그 장애를 일으키는 원인은 교육의 안과 밖의 모두에서 일어날 수 있다. 여기에서 말하는 방어기제란 교육 외부에 근원을 두면서 교육활동을 억압하거나 제한하는 모종의 특수한 항목을 지칭한다. 교육은 그런 취약한 조건에 항상 노출되어 있으며, 그로 인해서 교육 주체는 교육에서 쉽게 이탈할 수 있다. 교육활동을 기능적으로 규정하면, 이러한 기제의 작용을 간과하게 된다.

우리는 교육활동이 기능을 떠나 그 자체로서 내재적 가치를 지니고 있음을 살폈다. 그럼에도 불구하고, 여타의 우리 자신의 방어기제 때문에 그것이 제대로 실현되지 못하는 경우가 많을 것이다. 그런 사태들을 단지 교육 자체의 문제인 것처럼 질타하는 것은 큰 잘못이다. 따라서 그 방어기제들을 유형화하고 각각에 적절한 용어를 부여하는 작업이 필요하다. 그들이 유발되는 원인이 다른 것만큼 그에 대한 대처방안도 다를 것이다. 그 각각의 방어기제를 조성하거나 그것을 완화시키는 조건은 무엇인가? 이와 관련하여 개인의 경우뿐만 아니라 역사적 사례가 밝혀질 수 있을 것이다. 지금까지 이런 맥락에서 어떤 주장을 하거나 연구를 한 경우는 전무한 실정에서 본 절은 다만 그런 연구를 촉구할 수 있는 유사한 맥락의 주장이나 연구의 몇 가지 사례만을 아래에서 간략하게 예시하는 방식을 취하기로 한다.

교육본위론을 제안하는 초기의 단계에서, 장상호(1991a)는 수도계의 현품이 지닌 특성에 주목한 바 있다. 우리 각자는 객관적인 세계를 직접 체험하는 것이 아니라 마치 피부의 보호막처럼 그 현품의 여과를 거쳐서 체험한다. 현품은 그 소지하고 있는 개인에게 있어서 최선의 구조이다. 그 요소들은 최선의 총체적인 구조를 형성하고 그 내부의 일관성과 안전성을 유지한다. 각자는 그들의 품위에서 진·선·미를 체험하고 주장하며, 그 자존의 극치는 이른바 유사완전성으로 나타난다. 잠시나마 각자는 자신이 완전으로 향하는 영원한 '중간자'에 불과함을 망각하고 그가 생각하는 바가 진리요, 그가 느끼는 바가 아름다움이며, 그가 행하는 바가 선하다고 착각하는 것이다.

이 부분에서 수도계에서 선진과 후진 사이에 상대를 자신의 기준에 맞게 강요하는 기제가 작용할 소지가 생긴다. 선진은 후진에게 그들의 품위에 맞는 사고유형, 행위, 소망, 흥미, 계획, 표준, 이상, 범주, 생활양식을 투사하며 거기에 일치하기를 주장한다. 이것이 소위 '고압제'에 해당한다. 후진에게는 그 선진의 품위가 보이지 않고 들리지 않는다. 선진의 주장은 후진에게 오히려 낯설고 새로운 것으로 그들의 품위에 충격을 주기 때문에 흔히 의심, 증오, 적대 등의 거부반응을 일으킨다. 그들의 눈과 귀에는 오히려 선진이 어리석게 보이며 선진의 품위를 그들의 품위에 일치시키려고 한다. 이것이 '저압제'다.

이런 고압제와 저압제가 동시에 충돌하는 사태는 우리의 삶에서 흔하게 건잡을 수 없는 혼란과 파국으로 연결된다. 교육의 어려움은 서로가 현재의 품위에서 상대를 이해하고 평가하려는 우리 자신의 경향과 밀접한 관계를 지니고 있다. 그 부분은 하화교육의 존우와 상구교육의 존현이라는 내재율과 상치한다. 이는 우리들 사이에 얼마든지 가능한 교육적 관계의 형성을 어렵게 하거나 혹은 그 관계의 유지를 위협하는 주된 요인으로 작용한다. 여기에서 우리가 특별히 주목할 점은 수도계적인 압제와 교육의 내재율 사이의 차이와 근원적인 충돌을 고려하지 않고, 사실상 전자에서 유래한 것을 후자의 문제로 잘못 규정하는 경우이다.

이런 오류는 이른바 '교육기관'임을 자칭하는 학교 안에서 자주 관찰된다. 학교에서 개인차를 고려하지 않고 일률적인 교과서의 내용에 따라 학교활동을 진행시키는 것은 고압제가 작용하는 상황으로 해석될 수 있다. 이에 대해서, 학생들은 상구활동의 중지 혹은 회피라는 방어기제로 대응할 수 있다. 그런데 학교당국은 그 사태의 원인을 해당 학생의 상구하려는 열정이 부족한 것으로 규정하는 경우가 많다. 이를 증명하는 좋은 사례연구(이수연, 1998)가 있다. 연구자는 학교에서 '공부하기 싫어하는 학생'을 선택해서 그 원인을 추적해 본 결과, 그 이유가 그 학생의 진도에 전혀 부합하지 않은 교과목을 강요하는 학교의 고압제적 상황에 처해 있었다는 것을 증명하였다. 연구자가 그 학생에게 존우의 내재율에 맞는 소재를 제공했을 때 그 학생이 남다른 상구의 열정을 보이는 사실이 확인되었다. 학교당국이 통상적으로 범하는 잘못된 귀인의 일단이 명백하게 드러난 셈이다.

누구에게나 상구하려는 열정이 있다는 것은 의심의 여지가 없어 보인다. 문제는 그것과 충돌할 수 있는 여타의 기제가 여기저기에 도사리고 있다는 사실이다. 앞서의 경우와 다른 기제가 여기에 작용하는 것을 주목한 학자로서 매슬로우(A. H. Maslow)가 있다. 그는 이제까지의 심리학이 주로 저급한 동물을 모델로 하거나, 혹은 심리적인 문제를 가지고 있는 건강하지 못한 인간만을 그 대상으로 삼고 있기 때문에, 인간 고유의 심리현상을 간과하고 있다면서, 건강한 인간들은 자신들의 가능성을 실현시키는 기본적인 동기를 가지고 있다고 주장하였다. 그럼에도 불구하고 현실에서 그 자아실현을 만족한 수준에까지 달성한 사람은 드물다. 그렇다면, 그의 이론은 단순히 이상론에 불과한 것인가? 아니다. 매슬로우는 그 실패의 원인을 그 동기 자체의 결여에서 구하기보다는 그것의 실현을 방해하는 우리 내부의 특이한 메커니즘에 주목한다.

매슬로우(Maslow, 1967)는 그가 제창한 '자아실현을 위한 학습'을 '내재적 학습(intrinsic learning)'이라는 용어로 명명하였다. 이는 주로 저차원의 동기에 의존해서 단지 특정한 행동을 유도해 내는 기능성에 토대를 둔 고전적 조건화, 연합주의, 혹은 작동적 조건화와는 달리, 그 학습 자체에 만족이 내포되어 있는 학습을 뜻한다. 그 내재적 학습이 언제나 순조롭게 이루어지는 것은 아니다. 그 장애요인의 하나는 바로 성장의 경향과 그에 따른 다소의 불안상태에서 이전의 상태에서 안전을 구해서 방어하려는 경향 사이의 갈등이다. 매슬로우(Maslow, 1968)에 의하면, 우리의 동기는 기아, 갈증, 성욕, 안전, 소속, 존중과 같이 저차원의 것에서부터 고차원에 이르는 위계가 있으며, 고차원의 동기는 저차원의 동기가 만족되었을 때 유발된다. 그 조건이 충족되지 않으면 자아실현의 동기는 억압된 상태로 남아 있게 된다.

위계의 수준이 다른 제반 동기들 사이의 갈등은 마치 양날을 가진 칼처럼 근원적인 것이기 때문에 그 자체의 존재를 부인해서는 안 된다. 누구에게나 자아실현의 동기가 잠재되어 있지만, 다른 한편으로 그 새로운 경험에 대해 저항하고 과거로 회귀하려는 유혹을 받기 마련이다. 이런 퇴행에 의한 방어현상은 비단 어린아이뿐만 아니라 성인의 경우도 예외가 될 수 없다. 새롭고 경험해 보지 못한 것에 대한 갈망이 아무리 급박할지라도 태아기의 안정과 안락을 유지하려는 강한 욕구가 그 이면에 있기 마련이다. 그렇다면, 그 양자의 존재를 시인하면서 그 갈등을 모면하거나 처리하는 방법은 무엇인가? 매슬로우는 이에 대한 해답으로 그들 사이의 균형을 저울질하는 현실적인 처방을 제시하였다. 그것은 성장의 기쁨과 안전의 위험성이 성장의 불안과 안전의 매력보다 더 크게 하는 조건을 조성하는 것이다. 이런 방식의 논의가 우리에게 특별히 시사하는 바는 자아실현의 동기를 보편적인 것으로 규정하고 그것과 갈등하는 여타의 조건을 제시하고 있다는 점이다.

매슬로우가 주류심리학에 대항하면서 제시한 자아실현, 내재적 동기, 내재적 학습이라는 개념은 많은 점에서 교육본위론의 맥락과 유사하다는 점은 부인하기 어렵다. 그러나 그의 주장이 교육 자체에 액면 그대로 적용된다는 속단은 금물이다. 엄밀하게 따지면, 그가 말하는 '내재적 학습'은 기능주의적 도식에서 벗어나지 못한다. 다른 점은 그 결과에 있어서 이전의 학습과는 것을 주문한다는 것이다. 또한 그가 말하는 '학습'이 교육과 어떤 개념적 관계를 갖느냐 하는 것도 검토의 대상이 될 수 있다. 따라서 그의 이론은 역시 심리학의 영역 안에 있으며, 그것이 교육의 외재적 환경으로서 어떤 역할을 할지는 다시 교육본위론에 의거한 재해석의 과정을 거쳐 재해석될 수 있어야 한다.

품위의 향상을 구조적인 변화의 과정으로 볼 경우, 자신의 기반을 버려야만 비로소 성장이 가능하게 되므로 무척 어려운 일이 아닐 수 없다. 제자의 품위에 균열을 조장하는 작업에 임하는 것이 하화교육의 순서이다. 가령, 제자가 의심할 바 없이 당연한 것으로 전제하는 신념이나 논리적 가정을 들추어 낸 다음, 그것에 충격을 가하고 혼란을 조장해야 한다. 이 단계에서 제자의 저항과 반발을 일으키기 쉽다. 이제까지 멀쩡하던 일상이 하루아침에 잿빛 현실로 화하는 혼동과 불안이 뒤따르기 때문이다. 그런 상태에서 적당한 수준에서 당연한 것을 이상하게, 익숙한 것을 낯설게, 옳은 것을 알쏭달쏭하게, 아름답던 것을 혐오스럽게 바라보는 관점의 전위를 부추긴다면, 그만큼 그 안전의 욕구보다는 상구교육의 매력이 압도할 수도 있을 것이다.

심리적인 메커니즘과는 다른 범주의 것으로서 이제 사회학적인 변인이 작용하는 사례를 추정해 보기로 하자. 우리가 주목할 만한 사회적 방어기제의 하나는 자기은폐 혹은 인상관리이다. 세속적 삶에서 불가피한 것이 자기위장 혹은 자기은폐다. 우리의 삶은 연극적인 요소가 많다. 사회학의 중심개념인 '역할'은 기본적으로 그런 측면에 주목한 것이다. 우리는 사회에서 주어진 역할의 시나리오에 맞춰 생활하며, 그 성공여부가 사회적 적응과 불가분의 관계를 갖는다. 또한 사회는 서로 지켜야 할 규칙, 관습, 규범을 가지고 있으며, 이들은 우리 자신의 진실한 내면과 불일치할 수 있다. 이 경우, 개인은 그 진실한 것을 투명하게 드러내느냐 혹은 연극무대의 경우처럼 사회에서 요구하는 방식으로 인상관리나 표리부동을 취하느냐 하는 선택의 기로에 서게 된다. 전자의 선택에는 사회적 불인정이라는 불리한 결과를 가져올 수도 있기 때문에, 그 자신을 숨기는 적응방식을 취하기도 한다(장상호, 1980b; Berne, 1964; Jourard, 1968).

이런 기제는 사회적 사실의 하나로 인정해야 하며, 이제 핵심은 교육에서 그것을 어떻게 극복하느냐 하는 문제가 있다. 심리학에서는 은폐에 의해서 억압된 부분이 무의식에 저장되며, 그에 따라 자아상실과 정신적 부적응이 일어날 가능성이 있음을 예견한다. 그에 따른 대가는 비단 심리학뿐만 아니라 교육학에서도 한 번 더 주목해야 할 중요한 측면이기도 하다. 교육은 제자가 지닌 품위의 개방이 전제되어 있으며, 그 부분은 바로 자기은폐와 정면으로 충돌한다. 이런 문제점을 교육에서 방지하기 위해서는 자기은폐의 반대편인 자기개방이 인정되는 별도의 사회적 환경을 필요로 할 것이다.

우리는 교육과 사회화와의 차이를 살핀 바 있다. 사회화는 균질화(homogenization)를 전제하는 데 비해서, 교육은 이질화(heterogenization)를 전제한다. 사회화는 사회적 금기에의 일치를 주장하며, 교육은 경우에 따라 그 이탈을 요구한다. 자신의 한계가 드러났을 때에 그것을 숨기는 것이 사회적 적응에 유리하다. 사람들은 사회적 관례나 규범에 일치하지 않는 사람들을 용납하지 않기 때문에 피해자는 차라리 입을 다무는 것이 좋다는 방어기제를 갖는다. 그러나 그 한계를 벗어나려는 교육에서 그 방어의 전략은 자가당착이다. 자신을 투명하게 드러내는 것의 위험성을 감수해야만 스승의 지도를 받을 수 있다. 양자는 어느 한 편이 우위라거나 혹은 다른 것의 존재를 부인하는 방식보다는 그 본위의 전환이 그 해결의 관건이다. 그런데 실제로 그 이질성을 존중하지 않거나 혹은 그중의 하나가 다른 것을 압도하는 상황이 흔하게 일어난다.

사회적 적응이 교육보다 더 앞서는 사태가 교육을 표방하는 학교 안에서 특히 많다는 점이 역설적이다. 양미경(2002b)은 우리나라 초·중등학교 학생들이 수업시간에 제기하는 질문의 내용과 행동의 특성, 그리고 그와 관련된 인지적, 상황적인 맥락을 분석하는 가운데 이를 입증하는 증거를 얻었다. 조사 결과, 학생의 질문 행동에 대한 교사와 학생의 인식은 대체로 우호적이지만, 실제 제기되는 질문의 내용이나 수준, 행동 특성 면에서 볼 때에는 매우 미흡한 수준임을 확인할 수 있었다. 그 원인을 추적하면서 '아는 척하는 무지의 위장'이라는 방어기제가 작용하고 있다는 흥미로운 사실을 발견했다. '모르는 것이 드러나는 것이 싫어서', '잘난 체 하는 것 같아', '학생들이 너무 많아 용기가 나지 않아', '질문을 했다가 창피를 당한 적이 있어서', '선생님이 무섭게 느껴져서'라는 반응이 그 좋은 단서이다. 이는 교육기관으로 자처하는 학교의 수업 분위기가 암암리에 교육보다는 사회적 인정, 과시, 혹은 적응에 더 큰 비중을 두고 진행되고 있음을 간접적으로 반증한다.

어린이들은 모르는 것을 나타내는 것을 부끄러워하지 않으나, 점점 나이가 들어가면서 무지를 감추거나 위장하려고 한다. 이런 불가피한 사회적 적응을 보완할 수 있는 삶의 양상이 바로 교육이다. 교육은 그 나름의 내재율이 존중될 때에 한해서 실현될 수 있다. 부족한 질문이지만, 그의 용기를 칭찬하고 격려한다면, 학생들은 서로서로 기꺼이 그들의 허물을 드러낼 수 있을 것이고, 그러한 관행은 이내 자유롭고 친근하고 허용적인 수업 분위기를 창출해내는 데 큰 역할을 할 수 있을 것이다. 그런데 교사가 학생의 질문을 듣고 그의 부족함과 우둔함을 비난한다면, 학생들은 자신의 질문을 억압할 것이며, 그런 방식은 곧바로 학생들 모두에게 전이되어 부정적인 학생 문화로 형성될 것이다. 그런 분위기의 조성에 실제로 가담하면서, 다른 한편으로 학생들이 질문을 하지 않는다고 지탄하는 학교가 있다면, 학생들은 본위의 선택에서 많은 혼동을 경험할 것이다.

앞에서 든 안전에의 퇴행이라는 심리적 기제, 그리고 자기은폐라는 사회적 방어기제에 추가할 수 있는 또 다른 기제로서 징후의 모방을 들 수 있을 것이다. 이것은 앞에서 지적한 고압제에 대한 최선의 적응양태로서 학교상황에서 흔하게 일어난다. 자기의 수준에 맞지 않는 교과서의 내용을 주입하려고 하거나, 그 기준에 준해서 자신에 대한 평가가 이루어지는 경우, 그것을 단지 그것을 달달 외워서 뱉어내는 적응방식을 취할 수 있다. 장상호(2000a, 2005a)는 이를 정상적인 상구에 의한 증득과 대비하여 지득이라는 말로 구분한 바 있다. 이른바 '객관식 검사'라는 평가방식을 취하는 학교체제에서 지득이 좋은 결과를 보장하는 전략이다. 그러나 여기에서 '좋은 결과'란 바로 세속적 의미에 불과하며, 수도계와 교육계의 입장에서는 일종의 기만에 해당한다.

이제까지 주로 상구교육과 관련된 방어기제만을 예시했는데, 그렇다면 하화교육과 관련된 방어기제는 없는 것인가? 결코 그렇지 않다. 너무도 자주 일어나고 있는 현상임에도 아직 그 실상이 은폐된 상태에서 탐구를 기다리고 있을 뿐이다. 그 사례의 하나로, 교육적 반전에 대한 우려를 들 수 있을 것이다. 우리는 제자가 스승의 품위를 뛰어넘는 청출어람이라는 용어에 익숙해 있으며, 이는 제자의 상구활동과 스승의 하화활동이 성공한 경사로 평가된다. 그러나 그 현상에 대한 세속계나 수도계의 평가는 제자의 성공과 스승의 패배라는 방식으로 달라진다. 만약 전자의 평가보다는 후자의 평가가 더 중시되는 상황이 전개된다면, 이는 자연스럽게 하화교육의 억제로 이어진다. 이런 현상은 학교의 교실 안에서 서로 높은 점수로 경합해야 하는 학생들 사이에 자주 일어날 것으로 예견된다. 후진의 동료에게 하화하고 싶은 욕망은 자칫 그 경쟁에서 자신에게 불리한 결과를 가져 올 수 있기 때문에, 선진의 동료는 그들의 하화활동을 억제해야만 하는 안타까움을 감수해야만 한다. 이런 현상이 하화교육의 활동을 제약하는 하나의 메커니즘으로 인정받을 수 있다면, 그 흔한 사태에 대한 기술이나 설명이 가능할 뿐만 아니라 그에 대한 예방이나 대책도 더욱 쉽게 이루어질 수 있을 것이다.

교육에 대한 각종 방어기제에 관한 본격적인 연구는 아직 시작도 안 된 상태다. 그 연구가 정상적으로 진척된 단계에서 교육에 대한 오해를 바로잡는 계기가 마련될 것으로 예상한다. 이론으로 설명되는 교육현상이 실제에서 그대로 일어나지 않는 것을 두고, 이론은 단지 공론이라고 속단한다. 혹은 교육이 제대로 이루어지지 않은 원인이 교육 외적 조건에 있음에도 불구하고, 무턱대고 그것이 바로 교육의 탓인 것처럼 더러는 지탄한다. 그러나 탓은 교육에 있는 것이 아니라 올바른 설명체제의 부재에 있는 경우가 태반이다. 한때 우리 사회의 주목을 받았던 이른바 '교실붕괴' 혹은 '교육붕괴'라는 현상이 아마도 그중의 하나에 속할지 모른다(한국청소년개발원, 1999). 이는 흔히 우리나라의 학생들이 교실에서 보여주는 무관심, 무감각, 방종, 이탈, 폭력, 비행, 권위에 대한 무조건적인 저항과 도전으로 지탄받는다. 그러나 그 표면적 징후의 내막에는, 어쩌면 학교 상황에서 학생들의 교육에 대한 욕구나 열정이 '교육'이라는 용어를 붙인 관행에 의해서 무시되거나 좌절되고 있는 역설적 상황에 대한 학생들의 항의로 해석될 수 있는 부분이 분명히 포함되어 있을 것이다. 이 가설이 사실로 입증된다면, 사태에 대한 일부의 책임은 다분히 외래학문의 개념을 빌어 지금의 학교체제의 강화에 앞장서고 있는 현존하는 교육학에게도 있을 것이다. 이 분야의 연구는 그에 대한 실제적인 속죄의 의미도 있다.

## 5.7 교육여건의 조성활동

교육의 경계는 한정되어 있다. 그 밖의 모든 것을 우리는 '교육의 환경'이라고 총칭한다. 이에 관해 이루어질 수 있는 연구는 제 8장에서 더 자세하게 논의되겠지만, 여기서 먼저 지적해야 할 것은 실제로 우리에게 실현되는 교육의 양태는 그 환경과 불가분의 관계를 지니고 있다는 사실이다. 관계는 늘 쌍방적이다. 교육이 그 환경에 영향을 주는가 하면, 반대로 교육이 그 환경의 영향을 받는다. 이 중 후자의 측면을 지칭하는 것이 바로 교육여건이라는 개념이며, 본 절은 그 여건의 조성과 관련된 활동을 취급하려고 한다. 그 자체가 교육활동이라고는 할 수 없으나 교육을 실현시키는 데 불가결한 활동이 이에 부수하여 논의되어야 한다.

잘 된 연극은 그 무대장치와 불가분의 관계를 갖는 것과 마찬가지로, 잘 된 교육은 그 여건의 조성이라는 중요한 활동이 전제된다. 교육환경은 삶의 현장에 언제나 작용하고 있으며, 따라서 그것을 교육에 유리하게 조성하거나 선택하는 활동은 교육 주체에게 배제할 수 없는 부분이다. 내재율에 충실한 교육을 할 줄 알고 또한 그럴 의지가 있다고 해서 교육이 자유롭게 실현되는 것은 아니다. 교육은 또한 비교육의 전체맥락과 더불어 진행되어야만 하며, 그 비교육의 영역은 교육활동을 촉진하는 요소와 그 것을 저해하는 요소 모두를 포함하고 있다. 그것을 선별하여 전자의 요소를 극대화하고 후자의 요소를 극소화시키는 활동에 대한 배려가 별도로 필요하다.

일상생활에서 고려할 교육의 여건은 무엇인가? 이에 대한 해답은 오직 경험을 통해서 얻어질 성질의 것이기 때문에, 그 증거가 부족한 상태에서 그 항목을 빠짐없이 열거할 수는 없다. 그러나 그들 가운데 어떤 것을 추정하는 것은 가능하다. 가령, 교육활동은 적어도 살아있는 사람에게만 가능하다는 점을 고려하면, 여기에는 생존 유지에 필요한 환경의 지원이 불가결할 것이다. 불필요한 관심의 배제, 장기간의 시간 소요, 외부의 간섭을 차단하는 것 등의 특수한 물리적, 혹은 심리적 맥락도 필요할 것이다. 그 이외에 교육에 필요한 기술공학적 조건, 심리적 조건, 행정적 규정, 경제적 재정, 사회적 제도 등의 거시적 요인도 배제할 수 없다.

어떤 것이 교육에 유리한 여건이며, 불리한 여건인가? 이에 관한 해답은 교육환경이라는 연구영역 안에서 별도로 밝혀져야 할 것이다. 그 부분에서 일정한 지식을 확보하고 있다고 하더라도, 그 외재적 변인을 교육 주체가 얼마나 통제할 수 있느냐 하는 문제가 따른다. 그 능력에는 교육의 환경의 장단점을 평가할 수 있는 지식이 필수적인 것이지만, 그것만으로 통제할 능력을 갖춘 것이라고 할 수 없다. 그 부분에서, 일반적으로 말해서 교육의 소재, 자료, 매체와 같이 교육 주체가 비교적 쉽게 통제할 수 있는 것과, 교육의 제도나 행정처럼 교육 주체가 쉽게 통제하기 어려운 것이 있을 것이다. 전자의 경우는 교육 주체의 개인적인 지식·능력·스타일·기호가 작용할 것이고, 후자의 경우는 주어진 상황에 대해서 적응하는 양태를 보일 것이다.

그 어느 경우이든 불리한 여건을 피하고, 유리한 여건을 선택하거나 조성하는 활동은 교육의 현실적인 구현에 불가결하다. 이에 관한 연구는 아직 진전되고 있지 않은 형편이지만, 교육 주체는 교육하는 시간과 공간의 구성에 어떤 방식으로든 관여하여야 한다. 생활에는 하루, 한 달, 한 계절,

한 해 등의 주기성이 있으며, 교육은 그 주기성 안에서 진행된다. 교육은 그 주기성과는 다른 특수한 시간적 요소를 갖는다. 그렇다면 생활상의 주기성과 교육이 시작하고 진행되고 종료되는 단계 사이의 조화를 유지하는 활동이 필요할 것이다. 교육은 가정, 학교, 직장, 도서관, 박물관, 가상공간 등 우리들의 다양한 삶의 공간의 특성으로 인해 다양한 양태로 드러날 수 있다. 교육의 공간은 일상의 생활공간보다 더 특수성을 갖는다. 그 각각에서 교육이 일어나고 또 일어나게 하기 위해서는 이미 주어진 생태적 환경과 통제 가능한 여건 등이 고려되어야 할 것이다.

오늘날 발전을 거듭하고 있는 기술공학적 매체는 이전의 공간과 시간의 제약을 받지 않고 자료를 배분하고, 사람들이 서로 교육적인 교섭을 할 수 있는 새로운 가능성을 열어놓고 있다. 각종의 새로운 시청각 전자매체, 예컨대, 오디오, 비디오카세트, TV, 컴퓨터, 플로피 디스켓, CD-ROM 등은 교육의 내재율 자체를 변화시킬 수 있는 가능성은 없지만, 그들이 교육의 내재율에 의해서 활용될 여지는 엄청나다. 문자, 영상, 음성 등 온갖 발전된 멀티미디어와 동영상, 시뮬레이션, 게임, 토론, 자료의 개발과 저장 등 다양한 형태의 기법을 활용하여 누구든지 편한 시간에 서로 교육적인 교류를 할 수 있는 잠재력이 증대되고 있다. 이런 상황의 전개는 그만큼 교육여건의 조성에 따른 활동의 범위가 넓어졌다는 것을 의미한다. 교육 주체가 그 활동의 항목을 갖추었느냐 혹은 그렇지 못했느냐에 따라 실현되는 교육의 범위가 크게 다를 것이다.

우리 주변의 생활 속에서 쉽게 접할 수 있는 물건, 유물, 흔적, 문화유산을 어떻게 교육의 목적에 맞게 활용하느냐 하는 것도 중요하다. 도서관에 줄줄이 꽂혀 있는 서적과 논문, 지도책, 백과사전, 전기, 그리고 미술관에 진열되어 있는 온갖 그림과 조각, 그리고 박물관에서 발견할 수 있는 온갖 기념물과 역사적 흔적 등은 품위의 단서는 될 수 있을망정 품위 자체는 아니다. 이들은 기껏 품위의 상징(symbol), 기호(sign), 지표(index), 표현(expression), 혹은 표지(representation)에 불과한 것으로서 오직 교육의 내재율을 따르는 범위 내에서만 교육적 자료의 구실을 할 수 있다. 상구와 하화는 그 구조가 다른 만큼 그 자료 역시 달라야 할 것이다. 그 각각의 요소와 계열을 존중하여 교육적 자료를 개발하는 활동은 교육여건을 조성함에 있어서 매우 중요한 부분을 차지한다.

우리는 칠판, 분필, 의자, 노트 등 교육을 위한 특별한 도구를 생각하기 쉽다. 그러나 그것보다 더 중요한 것은 일상적으로 대하는 사태를 교육적으로 활용할 수 있는 안목이다. 예컨대, 흔히 가정에서 쓰이는 생활용품도 교육의 목적을 위해서 훌륭하게 이용할 수 있을 것이다. 이를 위해서는 스승과 제자의 교육적 상호교섭을 증진시키는 과정과 절차에 도움이 되는 자료를 예비하는 일도 무시할 수 없다. 가령, 우리가 흔히 '문방구', '실습실', '실험실'에서 발견할 수 있는 것들과 유사한 것들이 오히려 고유한 의미에서 '교육적 자료'라고 할 수 있을 것이다. 그런 자료의 수집과 준비가 바로 교육의 맥락을 구성하는 중요한 활동의 하나가 될 수 있을 것이다.

심리적인 환경은 눈에 보이지 않은 형태로 교육활동을 저해하거나 조장하는 요인으로 작용할 것이다. 예컨대, 우리는 우리의 노력에 대해서 합당한 인정을 받지 못할 경우에 부적합함 혹은 열등의식을 갖는다. 이것은 부정적인 자아개념으로 연결되며, 수동적인 자세를 갖게 하는 원인이 된다. 그러나 다른 한편으로, 교육에서 사회적 인정이나 비판을 전혀 배제할 수는 없다. 가령, 앞 절(5.6)에서 우리는 자아실현과 심리적 안정 추구 사이의 갈등 가능성을 살폈다. 그렇다면 이들을 조화시키는 방안이 강구되어야 한다. 이 가운데 불안을 극복하고 자아실현을 가능하게 하는 심리적인 공간을 조성하는 것은 교육에서 매우 중요한 활동항목이다.

교육은 통상 집단단위로 혹은 집단 내에서 이루어진다. 집단은 그것을 구성하는 개인들의 단순한 산술적 합이 아니다. 이 경우는 우리가 앞서 든 순수한 의미의 교육활동 이외에, 예컨대, 교육소집단의 구성, 복수의 스승과 제자의 구성, 집단화와 개별화의 조화, 교류교육의 증진, 구성원의 교육의 페이스 조절 등 교육활동을 극대화시키기 위한 특수한 활동이 첨가되어야 한다. 교육은 사회적 조화보다는 인간의 완성을 지향한다. 교육을 선택할 때, 앞 절(5.6)에서 살폈듯이 사회적 조화를 위해서 실수 혹은 자신의 노출이라는 위기에 봉착한다. 집단표준으로부터 비롯하는 그런 불안을 극복하고, 자신의 낮은 품위를 두려움 없이 노출할 수 있는 방책의 하나는 허용적 분위기의 조성이다.

지금까지 교육적 여건의 조성이라는 활동에 포함시킬 수 있는 활동들의 몇 가지 항목들을 예시했지만, 그것들은 극히 일부에 해당할 것이다. 교육의 여건조성의 항목에 포함되어야 할 최소한의 활동들은 무엇인가? 그 활동은 어떤 조건에서 유발되는가? 그 활동이 가져오는 결과는 어떤가? 개인차이가 있다면, 그 원인은 무엇인가? 그 활동을 증진하거나 개선하는 방법은 무엇인가? 이에 대한 연구는 앞으로 계속되어야 한다. 이 부분의 연구는 앞에서 지적했듯이 교육환경의 연구와 불가분의 관계를 가지고 있다.

교육여건의 조성이라는 주제와 관련하여 마지막으로 지적할 것은 그 과제가 어느 정도 전문성을 필요로 한다는 점이다. 우리는 교육이 어느 곳 어느 장소에서나 발견될 수 있는 삶의 한 양상이라는 점을 들어 전문적인 활동은 아니라는 점을 강조해 왔지만, 그런 삶을 원활하게 유지하는 데 있어서 일정 부분 전문가의 도움이 필요할 것이다. 이를테면, 양미경(2001)이 '체험학습'[4]의 의미와 조건을 탐색하고, 그 논의에 기초하여 모의재판 시나리오의 형식을 활용한 초·중학교 사회과의 체험학습 예시자료를 개발한 것은 그 전문성의 범위에 들 것이다. 그러나 오직 전문적인 활동에만 의존하는 것은 한계가 있기 때문에 전문가와 교육 주체 사이의 긴밀한 연계와 협조가 이루어질 수 있어야 한다. 교육 주체는 스스로 자료를 전문가적으로 개발할 수 없다고 하더라도 그런 자료를 활용하거나 혹은 그 전문가의 도움을 받을 수 있으며, 그것 자체가 교육여건 조성에 참여하는 중요한 활동에 포함된다.

4) 여기서 '체험학습'이 교육의 범주에 들 수 있느냐 하는 문제는 별도의 검토를 요한다.

# 제 6 장 메타교육

## 6.1 메타교육의 의미와 의의

특정한 분야의 연구에서 감당해야 할 까다로운 조건의 하나는 그 분야에서 주장하는 논리와 원칙을 자체에게도 적용할 수 있어야 한다는 것이다. 가령, 개념의 정의(definition)라는 일반적인 문제를 밝히려는 분야는 그 '정의'의 개념을 정의 자체에게 적용할 수 있어야 한다. 이를 정의의 정의, 혹은 짧게는 메타정의(meta-definition)라고 한다. 마찬가지로, 의미(meaning)에 대한 의미를 따지고, 인식(cognition)에 대한 인식의 문제를 다루고, 비판(critique)에 대한 비판을 하고, 담론(discourse)에 대한 담론을 할 수 있다. 만약 이처럼 어떤 특정한 대상에 적용하였던 논리를 그 자체에게 적용할 수 없는 연구가 있다면, 그만큼 그 고유한 내적 통일성, 일반성, 엄격함을 인정받기 어려울 것이다.

이런 조건은 교육의 경우에서 예외가 될 수 없다. 교육은 대체로 인간의 바람직한 가능성을 실현하는 작용이라고 논의된다. 이런 논리나 원칙은 우리가 교육할 수 있는 가능성을 개발하는 과제를 해결하는 데에도 당연히 적용될 수 있어야 한다. 이로써 교육의 교육, 즉 메타교육과 그에 대한 연구영역이 새롭게 출현할 수 있다(박분희, 2000, 2002; 신기현, 1995,

2002a; 이시영, 2005; 이시영·이용남, 2004; 이영길, 2000; 장상호, 1991a, 1994d, 1997b, 2000b, 2003). 교육이 그 자체의 작용에 의해서 자체에 대한 올바른 체험과 이념을 새롭게 구축하거나 향상시킬 가능성을 무시하거나 회피한다면, 교육이 표방하는 자체의 역량에는 의문의 여지가 있다고 보아야 할 것이다.

메타교육은 교육에 관한 연구에서도 중요한 위치를 차지한다. 이는 제4장의 주제인 <교육소재론>의 특수한 영역으로 편입시킬 수도 있겠지만, 그 소재가 바로 교육이라는 점에서 별도의 연구영역으로 다루어야 충분한 지위를 차지할 수 있다. 교육을 소재로 하는 교육을 제대로 이해하거나 설명할 수 없다면, 그만큼 여타의 수도계를 소재로 하는 교육론도 인정받기 어려울 것이다. 이 때문에 제반 교육학의 연구영역에서 제공할 수 있는 결과들을 메타교육을 설명하는 데 투입하여야 한다. 이런 점을 고려할 때, 교육학의 완성은 메타교육학의 완성과 직결된다고 말해도 과언이 아니다.

메타교육은 이와 같은 이론뿐만 아니라 실천의 면에서 매우 중요한 의미를 갖는다. 이제까지 교육학자들은 자신의 활동을 교육의 개선과 결부시켜 정당화시키는 태도를 견지해 왔다. 그 입장을 입증하려면 메타교육을 신장하고 장려하는 데 있어서도 얼마만큼의 눈에 띠는 실적을 올려놓아야 한다. 교육은 모든 삶의 영역에 침투하여 그 각각의 생태적 환경에서 자생력을 가질 수 있어야 한다. 교육이 발전하는 길은 크게 교육이 그 자체의 고유한 역량에 의해서 자체의 발전기제에 호소하는 것과 교육 이외의 외부적인 지원을 받는 두 가지 경로로 나눌 수 있다(장상호, 2003). 하나의 세계가 그 자율성을 가질 수 있으려면 그 자체의 정체성을 유지할 수 있는 내부의 장치를 지니고 있어야 한다. 메타교육이 바로 이 전자에 해당한다. 말하자면, 그것은 교육의 발전을 그 자체의 자율적 과정에 의해서 재생산해 내는 확실한 자구책인 것이다. 이 부분이 제대로 작동할 수 있을 때 외부의 지원도 그 본질에 부합하게 실효를 거둘 수 있다.

이런 중요한 위치에도 불구하고, 메타교육에 관한 연구는 아직도 몹시 부진하다. 교육학자들은 이제까지 이 부분을 전혀 고려하지 않았을 뿐만 아니라, 결과적으로 그런 과정을 봉쇄하거나 억제하거나 역행시키는 기능을 해 왔다는 통렬한 비판을 모면하기 어렵다. 교육학은 기본적으로 우선 교육이 국가를 주체로 학교에서 이루어진다는 상식과 고정관념에서 출발했다. 학교는 제도적 목적을 달성하기 위해 각종의 관례, 규범, 의식을 제정하고 그것을 준수하도록 요구한다. 그리고 그것에 대한 일치와 순응을 '교육'이라는 이름으로 미화하고 정당화한다. 교육은 국가의 통제 안에 있다는 이런 믿음을 교육학이 끊임없이 재생산함으로 인하여 개인은 자신의 인간성을 형성하는 책임을 자신 이외의 세력에 의존하려는 경향을 보여 왔다.

교육학은 그 나름의 고유한 교육에 대한 고유한 학문적 체제를 갖추지 못한 상태에서 국가체제의 한 축인 교사양성의 책무를 부여받았다(장상호, 2005a). 그 부재한 개념을 기성의 다양한 외래학문의 개념으로 대치하는 편법을 쓴 것이 이른바 '교직과목'이다. 사범대학, 혹은 교육학과의 주도로 진행되고 있는 교사양성기관을 거친 교사들은 그 외래학문이 규정하는 잡다한 학교현상을 마치 교육인 것처럼 혼동하는 과정을 거친다. 철학, 심리학, 사회학, 행정학의 개념은 학교체제의 맨 선단에서 주도적인 역할을 부여받은 교사들에게 그릇된 교육관을 양산하는 원인을 제공하여 왔다. 말하자면, 교육학이 담당한 교사교육의 단계에서부터 교육에 대한 관점의 왜곡과 은폐가 이루어지는 아이러니가 전개되고 있는 실정이다.

교육을 학교의 온갖 잡다한 사실들을 총칭하는 것으로 본다면, 메타교육은 바로 학교의 생활에 순응하는 것을 의미한다. 학교생활의 많은 시간은 의도적으로 고안된 일과로 채워지며, 현대의 젊은이들은 교육이라는 명분하에 하루의 거의 모든 시간을 보내도록 강요받고 있다. 주어진 인간성을 주어진 틀에 맞추는 일종의 공장에 비유될 학교 안에서 학생들은 미리 만들어 놓은 설계에 따라 만들어져야 할 제품들이 되어야 했다. 학교의 커리큘럼은 많은 부분에서 국가에서 규정하는 일률적인 교과목을 일방적으로 주입하는 방식으로 진행되며, 교과목의 내용에 얼마나 학생들의 반응이 일치하느냐의 여부를 기준으로 학생들의 평가가 이루어진다. 그 평가는 사회적 선발과 진출의 중요한 지표가 된다. 이 모든 과정이 교육의 용어로 지칭되는 학교생활을 거친 사람들에게 그런 관례화된 절차에 순응하는 행위를 교육으로 오인하도록 한다.

이렇게 형성된 교육관은 우리가 향유할 수 있는 교육의 잠재적 능력을 은폐하거나 억제하고, 사람들로 하여금 자신을 무력한 '피교육자'의 위치로 무참하게 격하시키게 하는 작용을 한다. 이제까지 학교는 일관해서 이런 피동적 교육관을 재생산하고 있으며, 교육학이 이에 장단을 치며 가세하고 있다. 이러한 관습적인 도식은 주어진 학교생활에 무조건 적응하는 미덕을 만들었고, 그렇게 순치된 대중들은 교육이 잘못될 때 그 책임을 국가나 특정 기관, 혹은 특수 전문가집단의 외부적 통제에 전가시키는 노예적 태도를 보인다. 사람들은 학교에서 겪은 부정적인 경험을 교육과 연관시키고, 그것이 자신의 의도가 미칠 수 없는 영역이라는 무기력과 자포자기에 빠진다.

이런 상황을 두고 국가 수준에서 이 문제를 해결하여야 한다는 주장이 교육계 내부에서 자주 일어나고 있다. 이른바 '공교육강화'의 타령은 그 좋은 예이다. 겉으로 그럴듯한 이런 주장의 이면에는 교육계 내부에 팽배한 속수무책의 무력감과 책임전가의 쉬운 길을 택하려는 도피적인 태도가 작용하고 있다. 이처럼 교육이 국가의 보호와 지지에 주로 의존할 경우, 그 본질을 유지하기는 어렵다. 후에 제 7장에서 교육환경에 관한 연구를 논의할 때 차츰 밝혀질 사항이지만, 정치나 행정과 같은 외부세력의 지원은 언제나 얼마만큼의 대가와 가치절충을 감수하는 경우에만 가능하다. 심한 경우, 교육은 그 여타의 세계를 발전시키는 수단으로 전락할 위험이 있으며, 오늘날 우리가 접하는 실상은 그 잘못된 경로가 어떤 것인지를 뚜렷하게 입증하고 있다.

학교교육의 위기를 극복할 수 있는 각종 새로운 시각과 처방이 무수하게 제안되고 있다. 그 이면에 작용하는 교육관은 진정 타당한 것인가? 제시된 개혁의 처방이 실패하는 이유는 무엇인가? 그 처방 자체의 결함인가,

혹은 그 처방에 대한 이해의 결여인가? 후자의 경우 어떻게 그 문제를 해결할 것인가? 이런 문제들이 사실상 메타교육과 긴밀하게 관련되어 있다. 외부로부터 아무리 많은 지원을 받는다고 하더라도, 교육과 그에 따른 성과는 결국 우리 각자가 교육의 주체로서의 역량을 얼마나 건실하게 갖추고 있느냐의 여부에 의해서 제한받는다. 교육 주체의 역량이 따르지 못하는 경우에, 외부지원은 소기의 효과를 얻기 어려울 뿐만 아니라 그것들이 그릇된 방향으로 사용될 가능성이 높아진다. 낮은 수준의 교육관 혹은 태도는 외부적인 지원의 효과를 오히려 하향화할 것이다.

이런 심각한 사태와 우려를 교육을 통해서 예방하거나 해결하려는 실천이나 연구가 그동안 전혀 없었던 것은 아니다. 예컨대, '학습의 학습(Simpson, 1968; Smith, 1961; Smith, 1990; Wright, 1982)', '학습의 교수(Dow, 1979)', '교수의 학습(Arends, 1994; Paston, 1973; Thompson, 1973)', '교수의 교수(Champagne, 1972; Tickle, 1987; Wragg, 1974)'라는 제명의 저서들이 있다. 교과의 성취도를 높일 수 있는 다양한 학습전략(learning strategy)을 습득하는 활동(Nisbet & Shucksmith, 1986), 또는 교과내용을 그것을 구성하는 중요 개념들을 중심으로 도식화하여 파악하는 능력을 기르는 활동도 거론되고 있다(Novak & Gowin, 1984). 이들은 적어도 교육의 문제가 국가의 힘을 빌어야만 해결되어야 한다는 종전의 고식적 관점을 벗어나고 있다는 점과 교육의 문제를 그 내부의 논리에 의해서 자성적으로 해결하려는 시도라는 점에서 이전의 해법보다 진일보한 것으로 평가할 만하다.

그럼에도 불구하고, 이들을 메타교육의 본령에 넣는 데 주저할 수밖에 없는 이유가 있다. 여기에서 쓰이는 '학습(learning)'과 '교수(teaching)'의 개념은 근본적으로 기능주의적 교육관의 범주를 벗어나지 않는다는 큰 한계를 지닌다. 학습과 교수라는 개념은 결국 고유한 실재를 의미하는 것이 아니라 다분히 그런 결과를 가져오게 하는 것이라는 순환논법에서 맴돈다. 이처럼 항상 교육이 그것 이외의 다른 목적을 위한 수단이라는 관점에 젖어 있는 연구에는 주로 학교상황에 적응하는 방식이나 전략의 차원이 두드러진다. 이런 관점은 결국 학교체제와 학교생활을 하나의 당연한 사실로 받아들이고, 그것에 적응하는 사람을 만든다는 맥락에서 자유롭지 못하다. 이는 교육하는 주체의 역량을 고취한다는 메타교육의 근본취지와는 어긋난다.

사회적 제도에 잘 적응하는 인간과 교육의 세계에 적응하는 인간은 서로 다른 범주다(장상호, 1980ab, 2005a). 인간은 역사상 유래가 없이 서로가 상대를 조작하는 시대에 접어들고 있다. 여기에 행동과학의 정보가 한몫을 하고 있다는 것은 널리 알려진 사실이다. 행동과 그것과의 함수관계에 있는 조건 사이의 법칙이 점차 규명되고, 그 법칙에 따라서 우리들은 행동을 통제하고 통제받는 관계를 갖게 되었다. 이 법칙에 따라, 가령 사회적 이상주의자, 선전과 광고업자, 정치선동가, 매체조작자는 자신의 목적에 부합하게 대중을 조작하는 경연에 가담하고 있다. 이처럼 우리가 인간존재를 성장을 위해 해방되어야 할 인격으로보다는 단지 통제되어야 할 사물로 취급하는 시대에 우리에게 제시되는 도전적 과제의 하나는 우리들의 인간성에 대해서 우리들 자신이 관여하는 측면을 증대시키는 것이다.

메타교육은 종국적으로 우리들의 의미와 무관한 타율적인 세력의 희생물이 되지 않도록 자신의 정체성을 확고히 해야 할 이러한 절박한 시대적 요청에 부응하는 세력의 하나로 부각될 수 있어야 한다. 인간이 단순히 주어진 환경의 희생물이 되기보다는 자신의 운명의 주인공이 되어 스스로 자신의 바람직한 인간성을 개발하는 주체적인 역량이 필요하다. 더 나아가, 우리 각자는 자신이 경험한 인간성을 타인에게 강요하지 않는 방식으로 공유하도록 돕고, 서로의 인간성을 공환할 수 있어야 할 것이다. 이렇게 주장할 때, 그 교육은 그 안과 밖의 경계를 확실하게 구분할 수 있도록 규정되어야 한다. 학습과 교수라는 개념은 그런 정도의 자율성에 미치지 못하며, 그만큼 그 내포와 외연이 모호하다.

사람들이 독자적인 세계로 널리 인정하고 있는 정치, 경제, 사회, 학문, 예술, 기타 기예의 경우에도 처음에는 모종의 수단의 단계를 거치다가 자율화의 계기를 얻을 수 있게 되었다. 이처럼 어떤 외재적인 목적에 의해서 형성된 것이 그 나름의 독자성을 갖게 되는 것을 이른바 '기능적 자율화(functional autonomy)'라고 칭한다. 우리가 교육활동이라고 할 때는 적어도 그런 의미의 자체의 자율성을 확보할 수 있는 것을 의미한다. 교육은 이상적인 상태를 일시에 달성하기보다는 그곳에 점차적으로 접근하는 원리를 따른다. 이상적인 교육을 당장 요구하는 것은 강요이다. 각 단계에서 다음 단계에로의 심열성복적인 동조가 이루어져야 한다는 것이 교육의 중요한 내재율이기도 하다. 이 점에서 '기능적 자율화'라는 개념이 교육계에도 적용될지 모르겠다.

오늘날 '교육의 정상화'가 무엇보다도 시급한 과제로 등장하고 있다. 이 시점에서 우리가 이런 장기적인 변화를 꾀하려고 때, 그 단계를 어떻게 규정할 것인가? 그 문제를 해결하는 단초의 하나로 장상호(2009)가 분류한 '외도교육', '공덕교육', 그리고 '내재교육'의 세 가지 교육의 양태를 생각해 볼 수 있을 것이다. 이 가운데 외도교육의 양태와 공덕교육의 양태는 각각 세속계와 수도계를 본위로 한다는 점에서 '정상적인 교육'으로 인정받기는 어렵다. 우리 사회에 팽배한 '교육열'은 그중 외도교육의 양태로 규정될 성질의 것으로, 아직 교육에 대한 열정으로 순화되기에는 먼 거리에 있다. 이에 비해서, 공덕교육의 양태는 세간적인 것을 방편삼아 출세간적인 수도계를 본위로 한다는 점에서 어느 정도 정상적인 교육에 접근해 있다. 그것을 발판으로 교육 내재적인 단계에 들어갈 수도 있을 것이다. 수도계적인 품위를 추구하기보다는 그것을 소재로 교육 자체의 본질에 몰입하는 본위의 전환이 가능해지는 것이다. 이런 단계를 거쳐서 비정상의 교육이 점차 정상의 궤도에 진입할 가능성은 그 자체로서 흥미 있는 탐구주제이다.

메타교육이 지향하려는 교육의 양태는 최소한 내재교육의 수준이다. 그 단계에 이르러야 비로소 우리는 교육이 정상적으로 본모습을 갖춘 것으로 평가할 수 있다. 이전의 학교중심 혹은 외재적 교육관을 극복하고, 교육의 자율성에 주목하려는 취지를 반영하는 교육본위론은 그 내재교육의 양태를 드러내려는 데 있었다. 적어도 이론적으로 교육적인 삶을 우리의 여타의 정치적, 경제적, 사회적, 문화적, 종교적 삶과 분리된 삶의 영역으로 규정하고자 했다. 이 관점의 한 가지 특징은 교육이 학교와 같은 특정한 공간이나 전문기관에 한정되지 않고, 각자가 스스로 자신의 활동을 통해서 실현할 수 있다는 본래의 의미구조를 마련해 준다는 데서 찾아볼 수 있다.

우리는 평생 동안 다양한 세계에 종사하면서 살아간다. 교육은 삶 전체의 불가결한 요소이다. 평생교육의 실제적인 시작은 유아기이며, 그 끝은 늙어서 죽을 때이다. 교육할 시간과 교육할 장소가 따로 있는 것이 아니다. 우리는 헤아리기 어려운 무진장한 수도계의 바다를 교육이라는 배에 의지하여 탐색하고 발견하고 증명해 나간다. 교육적인 삶은 교육을 관리하고 통제할 수 있는 능력에 의해서 크게 좌우된다는 것은 말할 필요조차 없다. 그 특수한 삶을 향유하는 한 가지 요건은 그것이 요구하는 내재율에 복종하는 것이다. 그 능력과 태도를 갖춘 사람이라면, 어떤 외부의 조정이나 통제에 복종하거나 길들여질 필요가 없이, 언제나 교육의 주체가 되는 것이다. 메타교육은 바로 그런 근원적인 인간적 요구에 부응하는 실천이다. 이에 관한 연구는 개인을 교육적 주체로 복권시키는 중요한 전환기적 안목을 심화하고 확장시켜 나가는 데 선도적 역할을 할 것으로 기대된다.

교육은 누구에게나 개방되어 있지만 그 세계에 진입하는 데는 최소한의 요건을 갖추어야만 한다. 교육의 실현은 그 주체의 역량과 긴밀한 관계를 갖는다. 어떤 사람들은 자신의 약점을 간취하고 그것을 상구와 결부시키고 타인의 약점을 간취하고 하화와 결부시키는 능력이 있는 반면, 다른 사람들은 이 능력을 갖지 못함으로써 교육의 많은 기회를 놓친다. 이처럼 개인은 그의 역량만큼 교육에 참여하고 그 성과에서 개인적인 차이를 보이기 때문에, 교육을 실시하기 전에 교육할 수 있는 능력을 고려하여 최소한의 자질을 갖게 하는 것이 올바른 순서다. 그런 능력을 갖춘 다수의 힘이 뒷받침되어야 교육의 정상화와 보편화가 가능해진다.

교육적인 성향은 저차원의 동물에게서도 발견된다. 동물들은 그를 통해서 비로소 그들의 유전적 가능성을 실현시킨다. 유례없이 긴 기간의 미숙성과 아울러 가능성을 가진 존재로 태어난 인간에게 이런 교육적 가능성이 또한 유전적으로 장치되어 있을 것은 말할 필요가 없다. 그러나 인간의 경우는 여타의 동물과는 구분되는 두 가지 예외적인 측면을 가지고 있다. 그 하나는 인간은 가치추구의 동물이라는 점이다. 이는 교육을 단순히 생존을 위한 기능이라는 측면으로 보아서는 안 될 이유가 된다. 주목할 다른 하나의 특성은 인간의 가능성의 폭은 너무 크기 때문에, 그들에게 본능으로 주어진 교육적인 성향조차도 크게 왜곡될 수 있다는 점이다. 학교의 관행이나 각종 행동통제와 조작에 쉽게 적응하는 취약점은 그 대표적인 사례이다. 따라서 그 주어진 교육적 성향의 수준을 더욱 높일 수 있는 후천적 계기를 필요로 한다. 그 후천적 계기의 하나로 교육을 포함시키는 것이 메타교육의 목적이고 내용이다.

교육적 역량을 가지고 그 고유한 가치에 몰입할 수 있는 교육적 삶을 증대시키는 데에는 그에 대한 가치의 정당화가 전제된다. 교육이 진정 무엇이며, 그것이 삶에서 차지하는 가치가 어떤 것인가를 피부로 느낄 수 있는 사람들이 증대될수록 교육의 자율성을 지키면서 동시에 외부의 환경을 교육에 유리하게 끌어들이고 조정하고 동화할 수 있는 세력이 확보된다고 말할 수 있을 것이다. 우리는 제 2장의 주제인 <교육과 가치>를 검토하는 절(2.5)에서 수도계의 내재적 가치를 체험하는 데 교육이 필요하다는 논지를 견지해 왔다. 마찬가지로 교육의 내재적 가치의 정당화는 교육의 품위를 소재로 하는 교육을 통해서 이루어져야 한다. 이는 메타교육에서 주목해야 할 또 다른 기능이다. 교육은 수도계의 모든 품위에서 동일한 방식으로 일어난다는 점에서 평등한 것이지만, 교육 자체에 국한해서 볼 때 사람들은 실제의 삶에서 다양한 수준의 교육을 체험하고 산다. 모든 것이 그러하듯이, 교육의 세계에 본격적으로 참여하려면 그 특수한 교육의 품위수준을 좀 더 높여 나가는 별도의 실천이 필요하다.

## 6.2 메타교육의 특수성

이 세상에 완전한 것이 존재할 수 없고, 다만 그 완전을 향한 집념과 지향이 있을 뿐이다. 완전한 교육 역시 현실적으로 불가능하다. 처지에 따라 그럭저럭 어느 정도의 성공을 거두고 있을 뿐이다. 창조된 것의 실재는 그 실재에 참여하고 개선하려는 과정을 다시 체험함으로써 확인된다. 수도계는 우리에게 항상 얼마만큼 미궁의 존재이다. 그 내용이 결국 교육의 내용을 통해서 점차 밝혀져 나가고 있으며, 또 앞으로도 확인하고 입증해야 할 사항이다. 그 교육의 내용 역시 부동한 것이 아니다. 교육의 품위도 바로 교육의 과정을 통해서 점차 밝혀질 수 있을 것이다. 그럼에도 불구하고, 언술의 경계를 벗어난 그 곡절을 말로 적당하게 이해하려는 것은 경계해야 할 태도다.

교육의 발전은 아마도 그 요소의 추가, 재조정, 재규합, 재조직의 형태로 진행될 것이다. 교육의 품위란 그것에 대응하는 우리 자신의 내면에 해당한다. 수도계의 품위처럼 교육의 세계에서도 그 나름의 특수한 품위가 발전한다. 말하자면, 교육계 자체가 일종의 수도계의 형태를 띠는 것이다. 교육이라는 실재를 확인하는 하나의 수단으로서 메타교육은 그 결과로서의 교육의 품위와 그것을 형성시키는 과정으로서의 교육을 아울러 포함한다.

이러한 일반적인 개념적 추정이 가능하지만, 메타교육이라는 주제의 총체적인 문제에 대해서 우리가 현재 알고 있는 바는 거의 없다. 그 본격적인 첫걸음조차 디디지 못한 이 영역의 세부내용에 대하여 왈가왈부하는 것은 무모하다. 뒤에 지적하겠지만, 이 분야는 교육학연구를 최종적으로 종합하고 응용하는 성격을 띠고 있다. 아직 연구의 과제로 남아 있는 부분만큼 언제나 그에 대한 결론도 보류될 수밖에 없다. 그렇다고 해서 마냥 그런 연구의 진전을 기다리고 있을 수만은 없기 때문에, 이하에서는 여타의 연구영역의 진전과 더불어 이 분야의 연구가 앞으로 수행되어야 할 과제에 대한 개략적인 윤곽을 제시해 보겠다.

우리는 제 4장의 <교육의 소재>라는 주제를 다루면서 수도계의 종류와 수준은 너무도 심대해서 그 전모를 예측하기가 불가능하다는 점을 살폈다. 흔히 그 부분에서 이른바 '교육목표의 설정'과 관련하여 교육학자들이 관여하는 경우가 있는데, 그것은 자신들의 한계를 깨닫지 못한 무지의 소치이다. 그것을 부분적으로나마 해결하는 과제는 당연히 해당하는 수도계에 종사하는 사람들의 몫이다. 그 부분에까지 교육학자들이 왈가왈부하는 것은 월권이다. 다만 그중 교육의 품위에 해당하는 부분은 교육에 종사하는 사람들이 해결해야 할 과제이다. 메타교육은 그 소재가 바로 교육인 특수한 경우에 해당하며, 이 때문에 그것을 연구하는 교육학자들은 교육의 품위를 이론적으로 해명하는 특별한 과제를 부여받는다.

교육이 자율적인 세계의 하나라면, 그것은 그 나름의 가치를 추구하는 고유한 품계를 가질 것이다. 먼저, 그것은 모든 수도계의 품위가 갖는 일반적인 속성을 가질 것이다. 더 나아가 교육의 품계를 여타의 수도계의 품위와 구분하게 하는 것은 그 내재성을 충실하게 추구하면서 점차 발생적 단계를 따라 형성된 특수성이다. 그것은 아마도 교육에 대한 관점, 교육을 실천하는 양태, 그리고 교육을 평가하는 기준 등의 총체적인 차이를 반영할 것이다. 그것이 진정 무엇일까? 그 특수하고 구체적인 내용에 대한 해답은 아직 탐구되어야 할 과제의 하나로 남겨 있다.

이와 관련하여 유의해야 할 부분은 교육의 품위와 교육에 대한 관점, 즉 교육관 사이에 개재하는 미묘한 관계이다. 교육관이란 개인이 교육에 관해서 가지고 있는 주관적인 의미구성이다. 명시적으로 밝히지는 않더라도 우리 모두는 자기 나름의 교육관을 갖으며, 그것은 유형무형의 방식으로 자신이 참여하는 교육활동에 영향을 미친다. 또한 '교육이 무엇인가'라는 질문에 대한 각 개인의 응답은 매우 다양할 것이며, 그것을 분류하는 기준들 또한 모두 열거할 수 없을 정도로 매우 광범위할 것이다. 엄밀하게 말하면, 이들은 교육학의 품위는 될 수 있을지언정 교육의 품위는 아니다.

그럼에도 불구하고, 교육의 품위를 이해함에 있어서는 교육관의 품위가 불가피하다. 높은 수준의 교육의 품위는 그것을 인식할 수 있을 만큼의 수준 높은 교육관을 요구한다. 교육관에는 교육의 가치, 교육의 이미지, 문제의식, 상황과 실제에 대한 평가의식, 교육적인 문제에 대처하는 전략 등 여러 가지가 포함될 수 있다. 더 나은 교육을 주장하는 것은 일단 교육의 품위에 대한 주장으로 간주해도 될 것이다. 오늘날 우리 사회에 '바람직한 교육', '교육의 혁신', 혹은 '참교육' 등의 구호들이 난무하고 있다. 그 이면에는 특정한 교육관이 작용하고 있고, 그 부분에서 서로 간에 엄청난 수준의 차이가 있다. 그 교육관에는 물론 우리가 이론적으로 상정할 수 있는 교육현상과는 무관한 통념도 포함된다. 이들은 그 각각의 교육관을 토대로 바람직한 교육을 주장한다. 따라서 표방하는 구호보다는 그 이면의 교육관의 수준을 점검하는 것이 선행되어야 한다. 그런 점검에서 '비정상적인 교육관'이 '정상적인 교육'을 처방하는 흥미로운 역설도 발견할 수 있을 것이다.

앞 절에서 우리는 교육의 양태가 본위의 선택에 따라 외도교육, 공덕교육, 내재교육으로 구분될 수 있음을 지적했다. 이들은 각각의 기준으로 '바람직한 교육'을 규정한다. 그러나 이 가운데 외도교육과 공덕교육의 양태는 여타의 세계를 본위로 교육을 운영하는 것이기 때문에 '정상적인 교육'으로 볼 수 없다. 그런 입장을 따른다면, 그들의 삶에서 실제로 진행되고 있는 내재적 교육이 오히려 소외되거나 외면당하게 된다. 교육관의 품위와 교육의 품위 사이에는 균열이 있을 수 있다. 교육을 이론적으로 잘 해명하는 사람이 교육 자체도 잘 수행할 수 있느냐 혹은 반대로 교육을 잘하는 사람이 교육현상을 더 잘 설명할 수 있느냐 하는 문제는 앞으로 검증되어야 할 주제이다. 그들은 분명히 독립된 차원이며, 그들 사이에 어떤 관계가 있을지는 서로 다른 세계들 간의 관계처럼 사실의 여부를 따지는 방식으로 검증되어야 할 것이다.

메타교육의 증거는 과거의 역사와 현재의 생활 속에 엄존한다. 다만 그것을 세상에 드러내는 노력이 따르지 못한 것이 안타까운 현실이다. 문헌

연구가 교육의 품위를 파악하는 데 필요할지 모른다. 인류의 스승으로 추앙받는 사람들의 개인사에는 높은 수준의 교육의 품위에 대한 자료가 포함되어 있다. 그들은 그들의 하화에 상응하고, 그것을 옳게 수용할 수 있는 상구자의 자격을 항상 요구하는 언급을 남기고 있다. 뿐만 아니라, 오늘날의 삶에서 높은 수준의 교육으로 평가되어야 할 사례나 사태가 허다할 것이다. 문제는 그것을 똑바로 이해할 수 있는 이론적 기반이다. 모든 품위가 그러하듯이, 여기에는 그것을 읽고 의미 있게 해석할 수 있는 연구자의 교육관의 한계가 작용할 것이다. 낮은 품위의 교육관을 가진 연구자가 높은 품위의 교육을 읽어낼 수는 없다. 이 점에서 교육의 품위에 대한 이해는 일정 수준의 교육학의 발전을 기다려야 한다.

모든 특수한 종류의 경험이 그러하듯이, 교육은 완성된 경험을 토대로 내면화된다. 교육의 세목들을 초월하여 그것들이 한꺼번에 협동적인 의미로 수렴되는 일이 중요하다. 이 문제에 있어서 제 1장의 <교육의 구조론>에서 지적했듯이, 교육은 단편적인 것들의 산술적인 합이 아니라는 사실을 인식하는 것이 중요하다. 또한 그 구조가 지향하는 것은 가치라는 점에서 제 2장의 <교육가치론>도 중요한 투입요인이 될 것이다. 비교육에서 교육으로 전향하는 과정이 충분히 밝혀진 다음에는 내재적 가치의 수준을 더욱 세분하여 단계화하는 작업이 수행되어야 한다. 수단이라는 관점으로부터 독립한 것이 바로 교육의 품위라고 할 수 있다. 이는 정확히 교육의 내재적 가치에 비추어 본 인간의 수준이라고 할 수 있다. 이 점에서 제 3장의 <교육과 인간>이라는 분야의 연구결과가 도움을 줄 것으로 기대된다.

교육을 시작하고 진행하고 끝내는 과정 전체의 어떤 단계에서 교육의 의미를 체득하게 하는 계기를 마련해 줄 수 있을 것이다. 이처럼 소재로서의 교육의 품위가 밝혀지고 나서 해결해야 할 과정으로서 교육에 관한 것은 별개의 문제를 제기한다. 교육의 품위를 높이는 교육적 상호교섭은 무엇인가? 이 문제와 관련하여 우리가 특별히 참조할 연구영역은 또 따로 있다. 어느 분야에서나 그 분야의 전문성은 본질적인 것에 얼마나 충실히 임하느냐 하는 데서 결정된다. 서툰 활동일수록 불필요한 요소가 많고 필요한 요소가 결여되어 있다. 필요한 교육활동의 요소를 보충하고 불필요한 교육활동의 요소나 활동을 제외하는 방식으로 그 위계의 서열이 매겨질 수도 있을 것이다. 우리는 이와 관련하여 제 5장에서 논의한 <교육활동>에 관한 연구가 한몫을 할 것이다.

목하 우리는 교육의 품위를 일반적인 수준에서 말하고 있지만, 사실은 교육의 품위 안에는 보다 특수한 것들이 포함된다. 교육본위론에 따르면, 교육은 크게 상구교육과 하화교육으로 나누어진다. 그 각각의 내재적 요소와 구조가 다른 것만큼 상구의 품위와 하화의 품위가 서로 대비될 수 있어야 한다. 그렇다면, 그들 각각의 품위의 위계는 어떤 것인가? 이 질문에 대한 해답은 현재로서 아직 해명된 바 없는 형편이지만, 그것은 다양한 방식으로 개념화할 수 있을 것으로 본다. 개념화가 가능하다면 그들 사이의 관계도 구명할 수 있을 것이다. 그 관계는 개인 내와 개인 간으로 나누어 고려되어야 한다. 더욱 문제를 복잡하게 만드는 것은 상구와 하화는 서로 상관관계를 가지고 있기 때문에 상대에 따라 좋음에 대한 규정도 다양해질 수 있다는 점이다.

품위의 위계는 입증되어야 할 대상이다. 그 각각의 품위수준에 따라 상구와 하화의 개념이나 평가기준이 달라진다. 여기에는 변증성이 있으며, 상이한 위계를 차지한 품위 사이에는 모순이 있다. 품위의 일반적인 속성상 그 위계상의 차이에 대한 입증은 합리적인 분석이나 언어로 표현될 수 없는 것이며, 궁극적으로는 체험에 의존해야 할 것이다. 다행히도 그 선진과 후진에 대한 가설의 증명은 그들 사이의 그 품위의 차이를 소재로 하는 교육적 교섭에 의해서 판명될 수 있다. 그렇다면, 그 소재의 수준에 따른 교육의 특수성은 무엇인가? 어떤 점이 특별히 문제가 되는가?

교육을 통해서 교육품위가 향상된다거나 검증된다고 할 때, 우리는 이론상 적어도 서로 혼동되어서는 안 될 상이한 국면을 가정할 수 있다. 교육본위론에서 주장하는 상구교육과 하화교육의 두 가지 구분은 상구의 상구, 상구의 하화, 하화의 상구, 그리고 하화의 하화라는 네 가지 다양한 형태의 조합을 낳는다(장상호, 1997b, 2003, 2009). 이 가운데 그 우선순위를 말할 수 있는가? 여기에 모종의 발생적 계열을 가정할 수는 없는가? 논리적으로 상구에 대한 상구 이후에 상구에 대한 하화가 자연스럽다. 또한, 하화에 대한 상구 이후에 하화에 대한 하화가 오는 경우도 마찬가지다. 그러나 현실은 논리의 형식과는 다를 수 있다. 이에 대한 경험연구가 그 해답의 진위를 밝혀줄 것이다.

상구교육을 소재로 하는 하화는 상구교육을 소재로 하는 상구와 다르다. 그런 상이함은 자연인 사이의 교육적 교섭의 선행조건이다. 상구의 상구와 상구의 하화라는 두 가지는 상구를 소재로 하는 협동교육으로, 하화의 상구와 하화의 하화는 하화를 소재로 하는 협동교육으로 통합될 수 있다. 또한, 맨 첫 항과 맨 후항은 소재와 과정이 동일하다는 특징을 갖는다. 이처럼 그 나름의 독특한 조건을 가진 이들은 각각 메타교육의 다양성을 시사한다. 순서상 상구에 대한 협동교육 이후에 하화에 대한 협동교육을 진행해야 한다는 가설이 가능하다. 그 가설은 실제로 타당한가? 이런 모든 부분에 대한 해명은 장시간의 연구를 필요로 한다.

다행스러운 것은, 교육은 항상 불완전한 것을 전제로 성립한다는 점이다. 교육 안에는 예외 없이 언제나 메타교육의 가능성이 열려 있다. 교육은 각종 수도계를 소재로 진행된다. 아울러 교육은 언제나 그 자체를 소재로 택할 수도 있다. 말하자면, 교육이 진행되고 있는 곳에는 적어도 두 가지 서로 다른 소재가 잠재되어 있다. 이 가운데 어느 것을 각각 전경과 배경으로 놓느냐에 따라 1차적 소재와 2차적 소재의 구분이 가능하다(장상호, 2003). 메타교육은 교육을 소재로 하는 것이지만, 그것을 1차적 소재로 삼느냐 혹은 2차적 소재로 삼느냐에 따라 일반메타교육과 특수메타교육이 구분된다. 일반메타교육은 교육의 품위를 1차적 소재로 삼아 진행되는 데 비해서, 특수메타교육은 그 우선순위가 바꾸어진다. 후자에서는 각종 수도계의 품위가 1차적 소재가 되며, 교육의 품위는 2차적 소재가 된다. 그 선택에 따라 교육적 관계의 설정이나 활동이 서로 달라진다. 이제부터 그 각각의 메타교육이 전개되는 양상들을 서로 항목을 달리하여 살펴보자.

## 6.3 일반메타교육

고기를 잡아주는 것보다 고기를 잡는 방법을 가르치는 것이 더 중요하다는 말이 사람들에게 큰 호소력을 갖는다. 이 말은 일반메타교육의 특성과 의의를 잘 대변한다. 교육은 인류가 가진 특수한 무한정한 수도계의 내용을 일일이 점검하지 않더라도, 그것들을 가장 질서 있고 효과적으로 보존하고 발전시키는 일반적 비법을 간직하고 있다. 이런 엄청난 기능뿐만 아니라 교육은 우리의 삶에서 배제될 수 없는 그 자체의 내재적 가치를 갖는다. 교육의 내재율을 알고 따르는 사람이 되는 편이 많은 것을 아는 사람보다는 더 부유하다고 말할 수 있다. 교육의 세계에 가까이 있는 사람은 언제나 수도계의 탐험이 가능하기 때문이다. 그러나 교육은 누구에게나 평등하게 주어지는 세계가 아니다. 교육은 그 자체의 품계를 지니고 있으며, 교육 주체는 일반메타교육을 통해서 그 위계의 높은 곳에 진입할 수 있다.

이미 앞 절에서 지적했듯이, 이 분야의 연구는 그 종합적인 성격에 비추어 상당히 미래의 과제로 남아 있다. 이제까지 논급한 방식에 따르면, 메타교육은 소재로서의 교육의 측면과 과정으로서의 교육의 측면으로 분리되며, 그 요체는 그 과정이 점차 그 결과를 향상시키는 방향으로 작용하는 것이다. 그것이 어떻게 가능한가 하는 문제는 예컨대, 교육의 소재와 교육의 활동에 대한 연구가 진행되면서 점차 분명하게 드러날 것으로 예상된다. 그 밖에도 교육의 품위, 그것을 중심으로 이루어지는 교육적 관계 등의 과제가 교육과 인간의 분야에서 상당한 정도의 연구가 진전되고 나서야 해결될 수 있을 것이다.

앞에서 언급했듯이 일반메타교육이 특수메타교육과 구분되는 특징의 하나는 그 소재의 선택에 있다. 일반메타교육에서 선택되는 1차적 소재는 교육이며, 여타의 다른 소재는 부차적인 위치로 밀려난다. 다시 말하면, 후자는 전자의 목적에 봉사한다는 기준에 비추어 자유롭게 선택될 수 있다. 예컨대, 진, 선, 미 등과 같은 수도계의 품위는 그 자체로서 매우 중요한 가치이지만, 일반메타교육의 장면에서는 교육의 가치를 극대화시키기 위한 도구에 불과하기 때문에 그 활용가치를 검토 받게 된다. 그렇다면, 그 교육의 품위는 어떤 것일까? 이에 관한 것은 논자에 따라 다를 수 있으며, 아직 탐색의 수준에 있다고 말할 수밖에 없다.

먼저 1차 소재로서의 교육의 품위와 2차 소재로서의 각종 수도계의 품위는 서로 독립되어 있다는 점을 유의할 필요가 있다. 엄태동(2003a)에 의하면, 초등교육, 중등교육, 고등교육의 구분은 교육의 수준에 대한 구분이 아니라 교육에서 다루는 소재를 중심으로 한 구분으로 이해되어야 한다. 초등교육에서 다루는 소재의 수준이 고등교육에서 다루는 소재의 수준보다 낮다고 해서, 초등교육의 수준이 고등교육의 수준보다 낮다고 말할 수는 없다. 교육 주체의 차원에서 보면, 초등교육에 참여하고 있는 학생이 고등교육에 참여하고 있는 학생들보다 상구에 더 열정적일 수 있으며, 더 높은 상구품위를 지니고 있을 수도 있는 것이다. 마찬가지로, 초등교육에 참여하고 있는 교사가 고등교육에 참여하고 있는 교수보다 더 하화에 열정적일 수 있고, 더 높은 하화의 품위수준을 유지하고 있을 수 있다.

이런 사실을 감안하면, 일반메타교육은 모든 학교체제 안에 필요하며, 이 경우 그 선진과 후진의 구분에 대한 고려는 참여자가 위치한 학교의 위계와 독립하여 판단될 항목이다. 급속하게 발전하는 학문의 관점에서 볼 때 학문의 결과보다는 그 결과를 가져오는 과정이 더욱 소중하다는 주장이 최근에 나오고 있으며. 이런 것은 전통적으로 교육학자들 가운데 지식의 결과보다는 그 탐구과정을 강조했던 일련의 주장과 모종의 유사성을 갖는다. 그러나 이 경우 그 과정을 교육이라는 특정한 세계와 결부시키려고 하기보다는 대개 문제해결이라거나 혹은 과학적 방법과 결부시키고자 했다. 그러나 학문적 지식의 수준은 비교적 분명하지만, 그와 독립된 것으로서의 교육의 수준이 무엇인지에 대한 구체적인 논의는 아직 분명하지 않다.

교육의 품위는 사정에 따라 넓거나 좁게 규정될 수 있을 것이다. '교육의 정상화'라는 구호는 교육이 본래의 궤도에 아직도 오르지 못한 상황을 반영한다. 그 부분에서 장상호(2005a, 2009)가 그 본위의 선택과 관련하여 구분한 교육의 양태가 문제를 해결하는 구체적인 제안이 될 수도 있겠다. 설사 교육이라는 현상이 독립적으로 존재한다고 하더라도 그것을 세속계나 수도계의 본위로 취급한다면 그 자체가 왜곡될 수밖에 없다. 이와 관련하여, 넓은 의미로 볼 때, 본위선택의 전환이 일반메타교육이 택할 수 있는 1차 소재가 될 수도 있을 것이다. 처음에는 외도교육의 양태에서 수도본위의 공덕교육의 양태로 전환될 수 있다면, 그것은 결국 내재교육의 양태에 어느 정도 접근한다고 볼 수 있으며, 일반메타교육은 그런 본위의 전환을 전제한다.

그러나 그런 본위의 전환은 그것을 올바로 논의할 수 있는 합당한 개념을 요구한다. 그 각각의 것이 무엇인가 하는 것을 먼저 이해할 수 있어야만 그것에 대한 비판이 가능해지기 때문이다. 교육관과 교육 자체의 관계에 관한 것은 그 자체의 경험적 연구를 필요로 하는 것이지만, 그 이전에 한 가지 분명한 것은 교육을 파악함에 있어서 모종의 교육관이 작용할 수밖에 없다는 점이다. 낮은 수준의 교육관이 적용되면 높은 수준의 교육이 감추어지거나 무시될 것이다. 그 점을 인정한다면, 그 어떤 제안이든 그 이면에 작용하는 교육관에 대한 반성이 수반되어야 한다.

교육에 참여하는 사람은 제각기 무엇이 교육이며, 무엇이 더 좋은 교육이냐 하는 선이해나 태도를 가지고 있을 것이다. 교육에 대한 단편적인 생각이나 모음을 교육관이라고 할 수는 없다. 말하자면 그런 수준은 교육관 이전의 단계라고 할 수 있다. 많은 경우 이 수준의 것에 머무를 수도 있다. 이보다 한 단계 위의 높은 수준은 그 안에 모종의 일관성과 체계성이 있는 경우이다. 흔히 교육학이 교육관을 바로 잡는 기능을 할 것으로 기대한다. 그 기대에 부응하는 '교육학교육'도 상정해 볼 만하다(장상호, 1991b). 이와 관련하여 신기현(2006)은 앞에서 살핀 외도교육, 공덕교육, 내재교육의 제반 양태를 그대로 교육양상인양 규정하는 방식에 주목하였다. 그 각각에 대한 관점을 평가하는 평가범주와 지표를 교육의 가치, 교육의 구조, 교육의 논리의 세 가지로 나누어 밝힌 바 있다. 일반메타교육은 이 가운데 적어도 내재교육에 관한 관점의 정립을 전제한다.

여기서 교육의 양태와 그것을 그대로 교육의 양상으로 규정하는 교육관의 차이를 분명하게 할 필요가 있다. 전자의 경우는 앞에서 지적했듯이 '정상적인 교육'과 '비정상적인 교육'이라는 구분을 가능하게 한다. 이에 비해서, 그 각각의 양태를 교육으로 규정하는 후자의 경우는 '올바른 교육관'과 '그릇된 교육관'이라는 구분이 가능하다. 내재교육의 양태를 교육으로 규정하는 것이 올바른 교육관이며, 여타의 것은 그릇된 교육관에 해당한다. 교육이라고 볼 수 없는 현상을 두고 교육의 품위를 논의할 수는 없다. 일반메타교육은 그 교육관이 무엇인지를 드러내고 반성하는 것에서 출발해야 할 것이다. 외도교육관의 늪에 빠지지는 않았는가? 실제로 자신은 내재교육적인 삶을 영위하고 있음에도 불구하고, 그것에 제대로 의미부여를 하지 못하고 있는 것은 아닌가?

그렇다면, 그 올바른 교육관에 부응하는 교육의 품위가 무엇이냐 하는 문제가 남는다. 이 부분은 좀 더 협소한 의미의 교육의 품위에 대한 논의를 가능하게 한다. 교육은 교육이로되 덜 된 교육과 잘 된 교육의 차이는 무엇인가? 박분희(2002)는 교육본위론에서 제시한 내재율의 각각, 즉 상구교육에서의 자리, 혁신, 존현, 순차, 자조, 자증, 그리고 하화교육에서의 이타, 보수, 존우, 역차, 원조, 타증을 소재로 삼아 상구하고 하화하는 기본적인 도식을 제시한 바 있다. 이 각각의 내재율은 서로 내적인 연관을 가지고 있기 때문에 그 전체맥락 안에서 동시에 획득하도록 하는 배려가 필요할 것이다. 이 모든 부분에서 드러나는 수준의 차이를 고려하면서 교육의 품위를 결정할 수도 있을 것이다. 한 가지 첨부할 수 있는 것은 교육에 대한 인식의 수준은 낮지만 사실상 높은 수준의 교육적인 삶을 향유할 가능성은 배제할 수 없다는 점이다. 그러나 후자에서 문제가 있는 상황을 개선해야 하는 일반메타교육의 경우 전자의 필요조건을 먼저 충족시키는 것이 요망된다.

이제까지 우리는 일반메타교육을 당장 진행하고자 할 때, 그 전제가 되는 교육의 품위를 어떻게 상정할 수 있는가에 대한 다소 궁색한 논의를 하였다. 교육의 품위에 관한 연구는 더욱 진전되어야 할 것이다. 여기서는 그 문제가 일단락되었다고 가정하자. 일반메타교육에 참여할 사람들은 각각 자신의 교육품위를 지니고 있을 것이다. 이제 다음 단계의 과제는 이와 관련하여 선진과 후진을 결정하고, 그들에게 각각 스승과 제자의 지위를 부여하는 것이다. 그 수준의 차이에 관한 것은 반드시 확증을 전제로 하는 것은 아니다. 처음에는 단지 1차적 가정에 토대를 두고 한편이 다른 편의 품위를 파기하거나 수정하거나 확장하는 교육적 교섭을 시도할 수 있을 것이다. 그에 따른 새로운 인식과 감식은 자증과 타증의 요소에 의해서 2차적으로 확인될 수 있을 것이다. 우리는 교육적 관계의 지속여부에 의해서 그 형성에 작용했던 품위의 수준차이가 검증될 수 있는 메커니즘이 교육 안에 장치되어 있음을 앞(3.2)에서 이미 살핀 바 있다.

교육의 공통된 기반은 모든 사람들이 교육에 대한 교육을 실제로 받음으로써 수용하게 된다. 이를 위해서 먼저 고려하여야 할 것은 그 실제를 분별할 수 있는 개념의 습득이다. 메타교육에 참여하는 사람들로 하여금 일반적으로 교육이 진행되고 있는 것으로 알려진 현장을 방문하거나 혹은 전형적인 교육적 인물을 가까이에서 접하도록 하는 경험이 필요하다. 역사적 문헌이나 지금 진행되고 있는 주변의 사태를 관찰하고, 해석하고, 비평하는 방식이 그들의 교육관을 파악하는 데 큰 도움을 줄 수 있다. 관찰은 모종의 개념을 전제한다. 관찰에 작용하는 그 교육의 개념은 무엇인가? 그 사태를 어떻게 교육적으로 해석하는가? 어떤 기준을 가지고 교육적으로 바람직한 사태와 그렇지 못한 사태를 구분하는가? 이런 점에 대한 제반 반응들을 통해 추적하면, 그들이 교육에 대해서 가진 관점과 이해의 범위와 수준을 짐작할 수 있다. 이제 일반메타교육의 참여자는 이런 과정을 거쳐서 얻어낸 높은 수준의 교육관에 상응하는 교육을 실천에 옮겨보는 순서를 밟을 수 있다. 이 부분은 단순히 교육관을 개선하는 것 이상의 좀 더 많은 요소의 첨가를 필요로 할 것이다.

다음에는, 그 교육관에 상응하는 내재율을 체득하거나 그것을 돕는 실습이 후속되어야 한다. 이를 위해서 도입되는 교육은 어떤 형식을 취할 것인가 하는 부분에 대한 연구가 앞으로 다방면에서 진행되어야 하겠지만, 그중 그 첫 단계로서 시뮬레이션(simulation)을 고려해 볼 만하다. 교육의 특징을 두드러지게 드러내면서 여타의 것은 단순화시킨 그 방법은 교육과 비교육의 경계와 그 안에 포함되는 제반 요소를 식별하는 문제 상황을 지닌 가상에서 진행한다. 교육은 즉흥적인 대처가 필요하다. 그 전형적인 모의상황 안에서 주어지는 그때그때의 사태를 해석하고, 거기에서 봉착하는 문제를 해결해야 나가는 실습을 할 수 있을 것이다.

사태를 단지 관망하는 방식보다는 마치 알맞은 놀이의 형식을 찾는 것과 같은 방식으로 실천적 개입과 부단한 실험을 통해서 구조적 정합성과 변환의 규칙을 터득할 수도 있다. 가령, 어린이들을 상대로 교육놀이를 만들고, 그 내재율에 적응하도록 유도하는 프로그램은 여기에 속한다. 어린이들이 즐겨 참여하면서 교육의 내재율에 익숙할 수 있는 각종 장난감과 놀이를 실행할 수도 있다. 교육활동의 역할놀이(role-playing)를 도입할 수도 있다. 남의 잘못은 보기 쉬워도 자기의 잘못을 보기는 어렵다. 그런 우리의 경향은 입장을 바꿔보는 게임이나 가상놀이를 통해서도 자각 혹은 교정이 가능할 것이다. 남들은 나의 잘못을 어떻게 보고 있을까? 그 잘못을 알고 있는 사람에게 어떤 지도를 요청할 것인가? 이를 통해서 메타교육의 참여자는 특정한 자신의 위치를 떠나서 보다 보편적 기준에 동의할 수 있는 기회를 가질 수 있다.

그 다음에는, 그 기준을 일상적 상황에 적용하는 경험이다. 복잡한 상황 안에서 교육의 맥락을 찾고, 그 안에서 최선의 교육적인 놀이를 시도한다. 그 과정에서 그 품위의 차이가 드러날 때, 그것을 다시 계속되는 메타교육의 소재로 삼는다. 이에 따라 교육적 관계, 교육활동, 교육적 교섭이 이루어질 수 있어야 한다. 부단한 시행착오, 시범, 실습이 필요하다. 자신이 현재 가진 교육품위에 만족하는 것은 교육의 정신에 위배된다. 모든 선행하는 교육은 후행하는 교육에 대한 하나의 실습으로 간주될 수 있다. 문제가 무엇일까? 어떻게 개선할 수 있는가? 개선된 것을 어떻게 알 수 있는가? 이런 질문에 대한 연속되는 복안이 없다면, 그 실천은 제대로 이루어지고 있는 것이 아니다. 그 복안은 교육의 실천에 반영되어야 하고, 이것이 특별히 교육의 품위에 해당할 때, 일반메타교육의 영역에 이미 진입하고 있다고 말할 수 있다. 바둑에서 복기가 실력을 향상시키는 중요한 역할을 하듯이, 모든 종류의 교육에서 반성은 매우 중요하다. 이를 위해서 교육의 장면을 비디오로 촬영하여 자기관찰을 하거나 혹은 객관적인 전문가의 관찰, 워크숍, 상담 등의 기회를 가져볼 필요가 있다.

일반메타교육에서 배제될 수 없는 부분이 바로 언어활동이다. 여기에는 제 5장에서 살핀바와 같이 언설과 언교의 구분이 가능하며, 언교와 관련하여 우리는 교육어의 특성을 살핀 바 있다(김지현, 2000a; 장상호, 1998). 교육이 진행되어 가는 맥락 안에서 적절한 교육어를 활용하고 소통하면서 교육적 교섭의 상호주관성의 범위를 넓히는 것이 가능할 것이다. 오해에서 출발하여 이해에 도달하는 것이 교육적 소통의 특징이다. 언교를 실습하고 반성하고 개선해 나가는 것은 교육활동의 특수한 레퍼토리를 넓힌다는 의미 이외에 그 자체가 여타의 교육활동에 도움을 준다. 많은 경우, 구체적인 교육활동이 교육어로 간결하게 대체될 수도 있을 것이다.

교육의 품위는 그 체험구조의 차이가 있을 뿐만 아니라 교육을 평가하는 기준에 있어서도 차이를 보일 것이다. 교육적 교섭을 하는 가운데 스승과 제자는 자신은 물론 상대의 교육활동이 진정 내재적인 것인가를 평가할 수 있다(최성욱·신기현, 1999). 그 평가의 기준은 양자가 가진 교육의 품위를 반영할 것이다. 모든 사람들은 자신이 가진 현존하는 품위를 기준으로 교육의 옳고 그름 혹은 좋은 교육과 그렇지 못한 교육을 판단한다. 그 평가기준의 불협화를 전제하면서, 그것을 향상시키고, 후진이 점차 선진의 판단기준에 동의해 들어가는 것을 확인할 수 있다.

진, 선, 미의 가치가 각각 그 가치를 쫓는 세계 속의 특수한 체험에 뛰어듦으로써 터득되듯이, 교육에 대한 가치감식 역시 교육의 세계 안에서 점차 예리하게 발전되며, 그것과 다른 것과의 엄연한 차이가 점차 감별된다. 교육적 체험이 주는 특이한 만족이나 보람은 매우 커서 그것을 일단 경험한 사람은 교육에 대한 생각이나 느낌에 근본적인 변화가 일어난다. 교육의 내재적 가치는 강요가 아니라 고유한 교육적 체험 앞에 머리 숙임으로부터 오는 순종과 섬김인 것이다. 메타교육의 진전은 우리 자신의 일부인 상구자와 하화자의 교육품위가 향상되고, 그 향상을 마음으로부터 공감적으로 수락함으로써 확인된다.

## 6.4 특수메타교육

일상적 삶에서 이루어지는 교육의 1차적 소재는 대부분 교육이 아닌 여타의 수도계이다. 비록 체계적인 것은 아니라고 할지라도, 이런 교육 속에는 늘 교육 자체를 향상시킬 수 있는 기회가 내재되어 있다. 흔히 '교육실습'이라는 말이 특정한 장소에 국한된 특별한 활동으로 지칭되고 있다. 그러나 그 1차적 소재가 어떤 것이든 간에, 그 과정이 교육인 이상, 그 교육은 좀 더 개선된 교육을 지향하는 연습의 기회와 상황을 제공한다. 우리는 상구의 기회를 이용해서 상구교육에 관해서 교육하고, 하화의 기회를 이용해서 하화를 교육할 수 있는 것이다. 이처럼 매번의 교육에 메타교육을 2차적 소재로 장치시키는 방식을 특수메타교육이라고 한다.

여기에서 '일반'에 대한 대칭어로 사용된 '특수'라는 용어의 뜻은 소재의 특수성을 의미한다. 교육 자체가 여타의 소재와는 특수하다는 의미로 쓰인다면, 그 특수는 메타교육이라는 말과 중복될 것이기 때문이다. 일반메타교육은 교육을 1차적 소재로 삼는 데 비해서, 특수메타교육은 교육을 2차적 소재로 삼는다는 특징을 갖는다. 교육이 2차적 소재로 취급되는 경우, 그 1차적 소재로 이루어지는 교육적 교섭에 여러 가지 별도의 사항들이 고려되어야 한다. 그 특수성을 고려하는 교육은 특정한 소재영역의 품위획득과 더불어 그것을 획득하는 교육을 향상시키는 두 가지 열매를 동시에 거둘 수 있다.

메타교육에서는 그 소재가 두 종류라는 사실 때문에 새로운 문제가 발생하며, 이를 어떤 방식으로든 해결해야만 한다. 교육적 교섭에서 중요한 것은 그 소재의 품위의 차이이다. 그것을 기준으로 선진과 후진이 결정되며, 그에 따라 서로 다른 교육의 내재율이 적용되어야 하는 것이다. 일반메타교육의 경우 그 스승과 제자의 관계는 주로 교육의 품위를 기준으로 이루어졌다. 그 교육의 품위가 2차적 소재로 바뀐 상황에서 어떤 문제가 일어나며, 그 상황을 어떻게 적절하게 활용하느냐 하는 것이 특수메타교육이 고려해야 할 특수한 문제이다.

우리는 교육이 수도계의 모든 품위를 소재로 한다는 점을 강조하면서 그 소재의 가치와 교육의 가치가 서로 독립적인 것임을 지적했다. 수도계의 낮은 품위에서 높은 수준의 교육이 일어나고, 수도계의 높은 수준에서 낮은 수준의 교육이 일어날 수 있다. 수도공동체의 최고의 품위에 정당성을 부여하여 평가하는 가치기준에 비추어 설사 낮은 평가를 받아야 할 소재를 가지고 진행되는 교육이라 할지라도 반드시 교육의 측면에서 저급이라는 말을 할 수는 없다. 그 점이 특별히 문제가 되는 것은 이제까지 교육의 품위가 거의 고려되지 않고 오로지 수도계의 품위만을 기준으로 교육적 교섭이 가정되는 관례나 그 관례에 따라 특수메타교육의 가능성이 전적으로 배제되는 지금의 학교상황과 관련되어 있다.

최성욱·신기현(1998)은 유치원 원생들과 교사가 반드시 유치한 교육을 하는 것은 아니며, 학문의 대가와 그 제자들의 교육이 반드시 높은 수준에서 이루어지는 것은 아니라는 점을 지적하여 교육의 품위와 소재의 품위가 독립된 것임을 주장했다. 앞에서 우리는 일반메타교육을 논하면서 엄태동(2003a)이 학문의 수준을 놓고 초등교육, 중등교육, 고등교육을 구분한 것을 문제시한 점을 인용했다. 초등교육에서 다루는 소재의 수준이 고등교육에서 다루는 소재의 수준보다 낮다고 해서 초등교육의 수준이 고등교육의 수준보다 낮다고 말할 수는 없다는 점을 강조한 것은 일반메타교육의 스승과 제자의 관계가 전통적인 학교체제와는 별개라는 상황을 부각시키기 위함이었다. 뒤(6.5)에 다시 언급되겠지만, 이 부분은 초등교육의 목표가 일반메타교육이어야 한다는 주장의 전제로 사용된다.

위의 학교상황은 교사의 전문성을 어떻게 규정하느냐 하는 문제와도 연계되어 있다. 흔히 교사의 자격을 소재의 품위와 관련하여 규정하는 경향이 있다. 그것이 온당한 처사인가? 이에 대해서 최성욱(1996)은 교사가 교과전문성과 교육전문성이라는 두 가지 다른 영역의 전문성 가운데 어느 한 가지만 가지고는 온전한 자격을 갖추었다고 할 수가 없다고 주장한다. 교과전문성은 있으나 교육전문성이 없는 교사이거나, 교육전문성은 있으나 교과전문성이 없는 교사는 교과교육의 담당자로서는 결격자임을 지적한다. 전자의 경우를 교실의 상황에 적용한다면, 교사가 학생보다 교육의 품위에서 더 우위라는 가정이 반드시 옳다고 볼 수 없다.

그런 사태에서 교육 이외의 소재를 1차적 소재로 삼아 교육이 진행된다면 어떤 문제가 일어날까? 김지현(2003)은 그 상황이 교육적 관계의 유지를 저해하는 요인이 될 수 있음에 주목한다. 협동교육에서는 항상 교육의 품위[1]가 개입하기 마련이다. 1차적 소재의 기준에 따른 스승과 제자는 그들 나름의 품위를 가지고 교육적 교섭을 할 것이다. 스승은 제자의 상구품위에 대한 정형을 기대하거나 가정하며, 제자는 스승의 하화품위에 대한 정형을 기대든지 가정할 것이다. 이때, 그 각각이 가진 하화의 품위와 상구의 품위가 서로 조화하거나 충돌할 수 있다. 그 서로의 가정과 추리가 충돌하는 경우, 그들의 교육적 교섭이 난관에 봉착하여 위태로울 수 있다는 것이다.

그 문제를 해결하기 위해서 낮은 수준의 교육의 품위가 높은 것에 순응하도록 하는 방법을 취할 수 있다. 그러나 그 순응은 단지 낮은 수준의 현상을 고착시키는 것을 벗어나지 못하기 때문에 하나의 방편은 될지 모르나 근본적인 해결이라고 보기는 어렵다. 보다 적극적인 해결은 그 교육의 품위의 차이를 소재로 삼는 교육, 즉 메타교육적 조절이다. 이로써 낮

---

1) 김지현(2003)은 그것을 각각 교수적 지식과 학습적 지식이라는 말로 표현한다. 그 적절성 여부는 여기서 논외로 한다.

은 수준의 교육의 품위가 높은 수준의 교육의 품위로 점차 발전해 나갈 수 있다. 이때, 스승과 제자 사이에 1차적 소재와 2차적 소재의 품위의 서열에서 동일할 경우와 서로 다른 경우의 두 가지가 있을 것으로 예상된다.

1차적 소재와 2차적 소재의 품위의 서열이 일치하는 경우에는 스승과 제자의 위치를 변화시키지 않고라도 메타교육이 자연스럽게 이루어질 수 있다. 한때는 1차적 소재의 교육을 하고, 다른 때는 2차적 소재의 교육을 하면 그만이다. 그렇게 하지 않더라도 사실은 1차적 소재를 중심으로 훌륭한 교육이 이루어진다면, 그것 자체가 바로 특수메타교육의 일환이다. 훌륭한 교육의 창출은 구성원 서로가 다른 사람에게 시범을 하고 훈습을 하는 효과를 가져온다. 훌륭한 하화는 상구자에게 하화에 대한 모범을 보이는 것이고, 반대로 훌륭한 상구는 하화자에게 상구에 대한 모범이 된다. 이런 훌륭한 교육적 교섭에서 공유되는 교육의 보람은 그 자체를 더욱 강화할 것이다.

그런데 만약 스승과 제자 사이에 1차적 소재와 2차적 소재의 품위의 서열이 불일치하는 경우라면, 특수메타교육은 이보다 훨씬 복잡한 과정을 거쳐야 한다. 1차적 소재와 2차적 소재 간에 조합할 선택지와 가능성이 많고, 교육의 품위에서도 상구의 품위, 하화의 품위가 독립적인 것만큼, 그에 따른 선진과 후진의 서열이 다를 것이고, 그때마다 그들 사이에 충돌이 일어날 것이다. 가령, 1차적 소재를 기준으로 하는 제자가 높은 하화의 품위를 지니고 있고, 그 스승이 낮은 상구의 품위를 가졌다면, 그들의 만남은 서로 어떻게 적응하는가? 그들 사이의 조화와 갈등상황은 어떤 것이며, 어떻게 내부적으로 해소될 수 있는가? 그처럼 서로 다른 품위의 차이를 어떻게 잘 판별할 수 있는가? 그처럼 상황을 메타교육의 상황으로 전환할 수 있는 방안은 무엇인가? 이에 관한 것은 이 분야의 연구가 수행해야 할 중요한 주제가 될 수 있다.

그 해법의 하나로 생각할 수 있는 것이 교류교육이다. 교류교육은 다양한 수도계를 고려할 때 그 선진과 후진의 위치가 서로 바뀌는 두 자연인 사이에 일어날 수 있는 교육의 특수한 형태이다. 가령, X와 Y라는 두 수도계에서 그 소재를 어느 것으로 선택하느냐에 따라 선진과 후진이 달라질 것이다. 이 상황에서 X를 소재로 할 때 갑이 을의 스승이 되면서도, Y를 소재로 할 때 그 교육적 관계를 역전시키는 융통성을 발휘하는 것이다. 그 융통성의 원칙을 특수메타교육에 적용하면, 교육 주체가 1차적 소재를 가지고 교육을 하는 동안, 혹은 그것을 끝내고, 다시 2차적 소재를 주제로 그 교육적 관계를 역전시켜 교육할 수 있는 가능성이 열린다. 1차적 소재를 택하는 특수메타교육이 진행되는 원칙은 일반메타교육과 같다.

이런 교류교육은 그 자체가 그 참여자에게 교육의 목표, 소재선택, 인간관계, 활동에서 교육의 내재율에 대한 의식을 고취시킬 수 있다는 장점을 갖는다. 교류교육에서는 임기응변적인 대응과 이후의 교육적 교섭에의 반영이라는 요소가 필수적이다. 소재의 선택에 따라 자연인 갑과 을의 교육적 관계와 활동이 뒤바뀐다. 서로가 자신은 물론 교육의 상대를 평가하는 기준도 달라진다. 1차적 소재의 측면에서 제자가 스승의 하화태도와 활동을, 그리고 스승이 제자의 상구태도와 활동을 각각의 수준에 맞게 재평가할 수 있다. 그것은 통찰, 논평, 회고, 반성적 실천의 형식을 취할 수 있으며, 그 수준을 판별하여 그들 간의 교육적 관계를 재조정하거나 지속할 수 있을 것이다. 이로써 교육의 주체는 교육의 내재적 가치가 지향하는 방향이 그 소재에서 지향하는 방향과 다르다는 것을 체험할 수 있게 될 것이다.

교육은 그 나름의 목적, 체험, 활동, 평가방식을 따른다. 그 공통성에 주목하는 교육이 바로 앞에서 논의한 특수메타교육이다. 여기에서 또한 특수메타교육과 관련하여 그 효과가 그 특정한 1차적 소재의 맥락을 떠나서 다양한 교육의 사태에까지 전이하는가 하는 흥미로운 연구주제가 발생한다. 그 1차적 소재가 X, Y, Z라는 차이가 있더라도 그들을 이용한 메타교육은 공분모를 갖는다. 그들 사이에 모종의 일반적 전이가 이루어질 것인가? 이와 직접적인 관련을 가지고 있는 또 하나의 주제는 제 1장에서 살핀 이른바 '기능적 자율화'라는 경로이다. 특수메타교육이 진행되는 가운데 교육이 그 수단이라는 위치를 벗어나 그 자체로서 가치를 인정받는 경로는 없는가? 이런 연구과제가 긍정적인 결과를 얻게 되면 될수록 특정한 수도계를 소재로 하는 교육에만 국한되지 않는 다양한 메타교육의 가치가 증명될 수 있을 것이다.

교육의 성과는 하나가 아니라 여럿이다. 특수메타교육에서 특별히 유념해야 할 부분이 바로 이 원칙이다. 이제까지 교육평가에서 1차적 소재의 결과만을 중시해 왔다. 그러나 이미 살폈듯이, 교육은 동시에 교육 자체에 대한 교육이라는 과정과 성과를 포함한다는 점에서, 그런 시각은 극히 편파적이고, 근시안적이라는 비판을 모면하기 어렵다. 사실상, 고급의 교육은 그 교육에서 다루는 1차적 소재의 수준에 의하여 저절로 결정되는 것이 아니라, 교육활동 자체의 충실성 여부에 의하여 가려진다고 볼 수 있다. 1차적 소재의 기준으로 보면 보잘 것 없는 성취임에도 불구하고, 이와는 상관없이 교육의 활동을 충실히 전개하고 이로부터 엄청난 보람과 가치를 체험하게 되는 경우가 있다. 최성욱·신기현(1998)은 수도계의 품위향상에는 별 효과가 없었지만 교육의 입장에서 볼 때 대단히 성공적인 교육이 있을 수 있고, 그 반대의 경우도 가능하다는 점을 강조한다. 예컨대, 수영실력은 별로 늘지 않았으나 상구하고 하화하는 교육활동에 큰 재미를 붙이게 되거나, 교육의 과정은 지루하였음에도 불구하고 바둑급수의 현저한 향상을 이룰 수가 있음을 지적한다. 이런 이중의 평가는 한 쪽의 실패를 다른 쪽의 성공으로 보상하는 새로운 경로를 알려준다. 이 가운데 특수메타교육의 평가는 교육 자체의 품위향상에 더 큰 비중을 두어야 할 것이다.

## 6.5 메타교육의 연구사례

메타교육은 삶의 곳곳에서 실제로 진행되고 있다. 그것을 뚜렷한 현상으로 드러나게 할 뿐만 아니라 삶의 한 양상으로 정착시키는 것이 이 분야의 연구자가 수행해야 할 과제이다. 그 과제수행에 있어서 넘어서야 할 특수한 장애가 있어 보인다. 메타교육의 전제조건은 교육에 대한 올바른 인식인데, 아직까지는 그 부분에서 거의 비관적인 실정이다. 일반인은 물론 교육에서 전문성을 강조해 왔던 실천분야나 그것을 학문의 대상으로 삼는 교육학이 올바른 교육관에서 이탈한 상태로 남아 있는 것이다. 이 때문에 메타교육의 현상을 구명하려고 하는 이론적 노력이나 시도가 별로 없는 실정일 뿐만 아니라, 설사 그 은폐된 부분을 밝힌다고 하더라도, 그 가치를 충분히 인정받기가 어렵다. 이런 답답하고 딱한 상황의 인식에서부터 메타교육의 연구에 대한 단초를 찾아야 한다.

18, 19세기 서구에서 출현한 공립학교는 교육에 대한 일반인의 체험과 개념을 송두리째 왜곡시켜 놓았다. 이미 살펴왔듯이, 학교중심의 세력이 '교육=학교태'라는 신화를 양산하는 근거지가 되고 있다. 학교 안에서 일어나는 모든 사태가 교육의 용어를 독점하면서 합리화된다. 학교사태를 주도하거나 영향을 주고 있다고 생각하는 사람들이 '교육정책입안자', '교육학자', '교사', '학부모'들로 지칭된다. 이들의 생각과 입을 거쳐서 끊임없이 '바람직한 교육'이 규정되고, 그 기준에 의해서 '교육'이 평가받는다. 그러나 이들 모두가 저급한 교육관을 재생산해 내는 토대가 될 뿐만 아니라 정상적인 메타교육의 진행을 가로막고 있다.

학교가 교육을 독점할 수 있다는 관점은 국가주의 시대의 산물이다. 교육은 국가의 중요한 사업이라는 특수한 상황인식에서부터 위에서 아래로 정착된 수직의 통제가 정상적인 관례로 정착된다. 이른바 국가에서 관장하는 부서의 지시와 훈령이 학교에 전달되고, 교사와 학생들은 그 지시에 따른다. 교사는 주어진 교과서의 내용에 충실하게 매달리며, 학생은 그 교사의 의견에 고분고분 복종하는 태도가 길러진다. 이런 과정에서 교사와 학생은 스스로 교육적 삶을 주도할 수 있다는 주체라는 위치를 포기하기에 이른다.

공립학교는 의무감을 동반하는 국가적 혹은 사회적 체제의 일부이다. 그 일방적 지시체제의 말단에 위치한 학생들은 학교 안에서 일어나는 제반 사태와 관행에 추종하면서, 학교에서 체험한 것을 곧바로 교육인 것으로 받아들인다. 학교 안에는 과열입시경쟁, 청탁, 촌지, 폭력, 강압, 처벌, 집단따돌림, 교실붕괴 등 온갖 불미한 사건들이 일어나고 있으며, 그 부정적인 학교경험조차도 교육의 문제로 규정된다. 이런 관행의 구도 안에서 학생들은 교육을 제대로 경험해 보기도 전에 교육은 두려움과 혐오의 대상이라는 생각을 무의식적으로 갖게 된다.

이런 학교경험을 거쳐 성인이 된 일반인에게도 그 강력한 잔상은 그대로 작용한다. 그 내용은 무반성적으로 형성된 것이며, 이 때문에 그것은 다시 교육이 국가에서 관할하는 사업이라는 기존체제를 강화하는 강력한 요인이 된다. 교육의 문제가 제기되면, 사람들은 자신이 그것을 해결해야 할 주체의 하나라는 사명을 망각하고 늘 정부가 해결해야 할 과제로 넘긴다. 이와 같은 잘못된 교육관의 악순환은 목하 우리가 논의하고 있는 메타교육의 반대편에 있다. 메타교육은 그 고질화된 관행의 고리를 효과적으로 차단하는 효과적인 수단의 역할을 할 수 있어야 한다.

교육관의 오류를 교정하고 시정할 책임은 교육학자들에게 있을 것으로 기대된다. 사실상 흔히 교육학자들은 일반인들의 '그릇된 교육'을 비판하면서 그 책임을 무척 내세우는 편이다. 그런데 대부분 외래학문에 의존하거나, 혹은 교육을 기능적으로 정의하는 교육학은 오히려 고유한 의미의 교육을 은폐하거나 왜곡하여 왔다(장상호, 1986, 1990, 2005ab). 교육학자들은 크게 교육속론자, 외출지망자, 용병학자, 기능론자의 네 가지 부류로 분류되며, 이들은 교육현상 자체의 구명과는 거리가 멀다. 그 집단 가운데 진짜와 가짜를 구별하는 안목과 감시체제를 갖추는 것이 필요하다. 이른바 주기적으로 등장하는 '교육개혁논자들'의 교육관이 있다(강영혜, 1996). 같은 혐의가 그들에게도 적용된다.

대학의 교육학과에 소속한 교수들은 사범대학의 학생이나 연수과정을 밟는 현직교사나 행정가들에게 교직과목을 가르친다. 그 내용은 앞서 지적했듯이 대학의 다른 분과학문의 것을 차용한 것들이다. 이들은 이미 제 나름의 다른 현실을 포착하기 위해서 성립된 제반학문들의 이론이 마치 '교육적 사실'을 해명해 줄 수 있는 것처럼 소개하고 있기 때문에 수강생들은 걷잡을 수 없는 개념적 혼동에 빠진다. 에간(Egan, 1983)은 이 점을 들어 "다른 현실을 공부하도록 고안된 이론을 빌어 그 현상에 대한 다른 종류의 것에 관해서 말하는 것은 교육자들이 그들의 직책을 효과적으로 수행하는 능력에 파괴적인 영향을 주었다(p. 120)"고 신랄하게 비난한 바 있다. 현존하는 교육학자들은 그 비판에 대해서 아직까지도 침묵하고 있다.

이제까지 우리는 국가를 정점으로 하여 교육에 대한 그릇된 관념이 정착되는 악순환을 가정했다. 행정부서 → 교육학자 → 교사 → 학생 → 학부모 → 일반인에 이르는 그 악순환에 대한 사실규명이 메타교육의 진흥에 불가결한 요소가 될 것이다. 앞에서 살폈듯이, 메타교육은 외도교육관, 공덕교육관, 내재교육관 중에 적어도 내재교육관이 전제가 된다. 신기현(2006)이 제시한 평가범주와 지표를 적용해서 그 각각의 집단에 대한 자료를 얻어 보면 어떤 결과가 나올까? 사태가 앞의 가정과 부합하다면, 악순환의 고리를 어디에서부터 어떻게 차단할 것인가? 그 차단의 방식으로 메타교육이 차지하는 부분은 얼마나 될 수 있는가? 이런 질문들이 아직 해명을 기다리고 있다.

기존의 학교체제나 교육학의 체제와는 분리된 방식의 내재교육관을 모색하는 교육본위론에 따르면, 교육은 가급적 회피해야 할 세계가 아니라 적극적으로 향유해야 할 세계이다. 교육은 주어지는 것이 아니라 쟁취하는 것이다. 내부의 비판을 포함하는 이런 주장이나 관점이 기존의 체제를 고수하는 학교나 교육학자들에게 얼마나 공감을 얻을지는 의문이다. 이런 상황에서 메타교육은 그런 교육의 특징을 인식시킬 수 있는 실천영역이다. 이 분야의 연구가 아직 초보적인 수준에 머물고 있는 실정이지만, 현 단계에서 이미 정착된 체계적인 악순환을 차단할 방도의 하나로서 메타교육의 중요성을 강조하는 주장이 적지 않게 나타나고 있다. 이제부터 그 사례를 검토할 것이다.

지금의 교사교육에 교육본위론이나 메타교육을 첨가시킬 필요가 있다는 주장이 있다(박고훈·박분희, 2002; 박분희, 2000, 2002; 최성욱, 1996). 그들은 모두 교사교육이 통상 교과교육에서 말하는 국어, 수학 등 교과내용의 전문적 습득에 강조점을 두는 관례가 편파적인 것임을 밝히면서, 그러한 내용을 교과로서 다룰 때 어떤 교육적 원리와 활동의 구조를 따라야 할 것인가에 대한 이해 및 실천능력에 있어서도 아울러 전문성을 갖추어야 할 것을 주문한다. 오늘날 사범학교 혹은 사범대학에서 그런 목적으로 제공하는 교직과목은 단지 외래학문에 교육이라는 이름을 붙인 것으로서 교육에 대한 이해의 전문성과 이를 행할 수 있는 실천적 전문성을 함양할 수 있는 내용이 결여되어 있음을 지적하고, 그 지적 공백을 메타교육의 개념으로 채우고 보강해야 한다는 것이다.

교사에게 교과목에 대한 능력과 그것을 소재로 진행되는 교육의 능력을 골고루 갖추게 하자는 제안이나 조처는 너무도 당연해 보인다. 한 가지 더 첨부할 점은 교육을 교육하는 것과 교육학을 교육하는 것의 차이에 대한 인식이다. 교육의 능력은 교육학자의 고유능력은 아니다. 이제까지 우리가 살핀 교육본위에 대한 이론을 교직과목에 첨가하는 것으로서 교사의 교육의 품위가 올라가리라고 생각하는 것은 오산이다. 교육을 개선하는 능력 중 가장 중요한 것은 교육의 실무능력이다. 이것은 교육현장에서의 체험과 반성을 통해서만 습득될 수 있는 것이다. 그런 자구의 노력이 증진되는 것만큼 교직은 자연스럽게 일반사람들로부터 교육자로서의 전문성을 인정받을 수 있을 것이다.

학교에서 교사들이 교육의 중추적인 역할을 맡아야 되고, 그들에게 교육의 품위를 높여주어야 한다는 제안을 받아들인다고 할 때, 당장 직면하는 실제적인 문제는 누가 그 역할을 담당하느냐 하는 것이다. 흔히 배운 바대로 가르친다는 말을 적용한다면, 사범대학 학생들은 장차 사범대학 교수들로부터 배운 바를 그들의 학생을 상대로 반복할 것이다. 그들이 다른 대학의 경우에 비해서 교육의 품위가 특별히 더 높다는 보장이 없다. 이제까지 교육학자들이 교사교육을 담당하여 왔는데, 앞에서 이미 그들에게 큰 문제가 있다는 아이러니를 살폈다. 그렇다면, 메타교육은 교사보다는 교육학자들에게 더욱 시급할지도 모른다. 그러나 교육학의 대가임을 자처하는 사람들이 그 제안을 받아들일까? 그 구체적인 대비와 설계가 요망된다.

그런 방법보다는 기존의 학교체제에 좀 더 교육의 요소를 첨가하는 편이 더 현실적인 것일지도 모른다. 이른바 '임상장학(clinical supervision)'을 메타교육의 관점에서 재분석해 보는 시도(신기현, 1995)가 그중의 하나다. 임상장학은 학교교육의 문제가 그 조직, 설비 등의 외부적 조건보다는 일차적으로 교사의 낮은 교수에서 기인한다고 보고, 장학활동을 통해서 그 수준을 향상시키려는 의도로서 1970년대에 미국에서 주창되었다(Cogan, 1973; Goldhammer, 1969; Smyth, 1986). 그러나 이 분야의 연구자들은 교육과 학교태를 동일시하고, 외래적 개념을 차용함으로써 그 활동의 고유한 교육적 의미를 드러내는 데 일정한 한계가 있다. 그런 점을 고려하여, 연구자는 이를 메타교육의 관점에서 재조명하면서 그 이론 자체의 난점으로 인해 제기되는 문제와 그 문제를 해결할 수 있는 새로운 방향을 모색했다.

메타교육과 관련하여 검토할 만한 다른 측면은 온갖 종류의 '교육혁신운동'이다. 그 제안이 진정 교육혁신을 위한 것으로 받아들일 수 있는가? 그 성과는 어떤 것이었는가? 이런 검토가 제대로 이루어지지 못한 경우가 많았다. 대개의 경우, 수많은 가설과 그것을 지원하는 각종 자료와 통계치가 그것을 입증하는 자료로 제시되기도 하기 때문에 당사자들에게 이런 문제제기가 부당하게 느껴질지도 모른다. 그러나 그 객관적 입증에 문제가 없는 것도 아니다. 그 이면에는 문제의 규정, 자료수집의 방식, 통계치가 나오는 과정, 그리고 무엇보다도 그것들을 평가하는 기준의 불일치가 작용할 수 있다. 수없이 많은 '교육혁신운동'이 유야무야하게 전통적인 것으로 회귀하는 경향은 이런 입증의 맹점과도 관련되어 있을 것이다.

메타교육이 그런 맹점을 시정하는 효과적인 방법이 될 수 있을 것이다. 더 개선된 교육, 혹은 더 바람직한 교육으로 지칭되는 것은 덜 개선된 것과의 대비에 의해서 그 의미를 확보하게 되며, 이렇게 되면 적어도 두 가지 교육의 품위가 가정되는 셈이다. 그것을 소재로 선진과 후진 사이에 교육적 교섭을 하고, 그것이 원만하게 진행된다면 그 주장의 타당이 어느 정도 검증된 것으로 볼 수 있다. 이 방법의 장점은 교육 주체가 서로 대비되는 교육을 직접 체험한 것을 토대로 그 평가가 이루어진다는 점이다. 이런 논리 자체도 <교육과 가치>, <교육과 평가> 혹은 <교육적 인식론>의 연구영역과 긴밀하게 관련되어 있는 것으로서 앞으로 더 발전시켜 나갈 여지가 많다.

그런 복합적인 문제의식에서 신기현(2002a)은 칼 로저스(C. R. Rogers)의 이른바 인간중심교육(person-centered education)의 운동을 검토하였다. 로저스는 일반적으로 내담자중심상담의 창안자로 널리 알려지고 있지만, 사실은 그의 삶에서 메타교육의 측면이 중요한 부분을 차지한다. 로저스는 자신의 지속적인 실험을 통해서 인간중심교육이 관습적인 교육(conventional education)보다는 더욱 발전된 것임을 깨닫게 되었고, 그런 관점을 타인들에게 전파하고 입증하는 데 인간중심교육에 의존하였다. 그 방식을 택함으로써 그의 관점과 실천은 그것을 체험한 사람들로부터 큰 호응을 받았을 뿐만 아니라 이전에 관습교육에 비추어 로저스를 비판하던 사람들조차 그들의 판단이 잘못된 것임을 깨닫게 하였다. 교육본위론의 관점에 의하면, 전자는 교육품위의 자증이고 후자는 교육품위의 타증에 해당한다. 개념체제의 미비로 인해서 그동안 제대로 조명을 받지 못한 부분이 드러날 수 있게 되었다.

이런 방식의 시도는 1980년대 후반부터 교사교육 패러다임으로 나타나기 시작한 구성주의 교사교육을 검토하는 데에 적용되었다(신기현, 2002b, 2003). 구성주의 교사교육이 문제시한 것은 바로 실증주의에 근거한 전통적인 교사교육이다. 구성주의에 초점이 있다면, 그 교육은 교사들이 갖고 있는 교육관이 무엇인지, 그것을 해체하고 재구성하는 교육활동을 전개할 수 있어야 한다. 이런 논법은 기본적으로 메타교육과 같다. 연구자는 스스로 그 원칙을 사범대학의 교직과정에 적용하였다. 구성주의의 이론이 주장하는 교수활동과 학습활동이 진행되었다. 비록 한 학기라는 짧은 시간에 이루어진 프로그램이지만, 연구자는 그 결과 상당수의 학생들이 이전의 교육에 대한 신념을 해체하고 보다 개선된 신념을 재구성할 수 있게 되었음을 발견할 수 있었다.

더러는 현존하는 학교체제 안에 메타교육을 체계적으로 도입해야 할 이유를 주장하거나 실험하는 연구도 있다. 그 하나는 메타교육을 초등학교 수준에서 주된 목표로 삼자는 엄태동(2000, 2002, 2003b, 2004a)의 주장이다. 연구자는 학교체제에서 말하는 초등, 중등, 고등교육의 차원과는 다른 저급, 중급, 고급교육을 가정한다. 이는 곧 실제로 초등교육에서 고급의 교육이 일어날 수 있는 가능성을 함축한다. 어떠한 인간 활동이든지 간에 그 활동의 세계에 누군가가 입문하면, 그 세계가 지니는 가치와 그 세계에 종사하면서 그 가치를 추구하는 방법에 대한 지도가 첫 단계의 과제로 설정되기 마련이다. 이제 교육에 갓 입문한 초등학생이 평생에 걸쳐 학습을 영위하게 된다고 가정할 때, 그러한 학습을 주체적으로 수행할 수 있는 능력을 갖추도록 하는 학습 활동, 논자의 표현을 따르면, '메타학습(metalearning)'이 필요하다는 것이 그의 논지다.

교육의 입문기관이 초등학교라거나 혹은 '메타학습'이라는 개념이 우리가 목하 논의하는 '메타교육'에 상응하는 것인지에 관해서는 다소의 논란이 있을 수 있다. 그렇다고 하더라도, 엄태동의 주장에는 학교체제의 위계와 메타교육을 연관시키는 방식에 있어서 흥미로운 점이 있다. 그는 초등교육의 장면에서 교사가 다양한 교과들을 가르치면서 교과의 특정한 내용 그 자체에 주목하기보다는 학습자들이 그 내용을 겨냥하여 스스로 학습을 수행할 수 있는 능력을 습득하도록 지도해야 한다고 주장한다. 다른 한편, 연구자는 이런 특징을 중등학교의 경우와 대비한다. 중등학교에서는 교과학습이 전경이 되고, 메타학습은 배경이 되어야 할 것으로 본다. 이런 구분은 우리가 앞에서 살핀 일반메타교육과 특수메타교육의 대비와 다소 상응해 보인다는 점에서 흥미롭다.

김지현(2004, 2005)은 대학 안에서 메타교육이 일어날 수 있는 가능성을 타진한 바 있다. 그 역시 교육의 수준은 학제적 개념의 초등, 중등, 고등 교육의 수준과는 별개의 것이라는 엄태동의 입장에 동조하지만, 메타교육이 굳이 초등교육에 국한될 필요가 없다는 논증을 편다. 고등교육의 후속세대가 될 대학생의 교육적 자질을 검토하고 향상시키는 것은 대학교육의 중요한 기능이다. 이 과제를 수행하는 하나의 방편이 서울대학의 핵심교양과정으로 개발된 것으로서 2002년부터 지금까지 운영되고 있는 <삶과 교육>이라는 강좌이다. 그 내용은 현존하는 교육본위론이라는 점에서 사범대학에서 제공하는 교직과목과 판이하다. 그 호응도는 수차례 그 강좌가 우수강의로 선정되어 오고 있다는 점에서 잘 증명된다. 교육학이 교양과목으로서 그만큼 높은 평가와 호응을 받는다는 사실은 그 자체만으로도 경이로운 역사적 사건으로 기록될 만하다.

이 강좌에 대한 수강생들의 소감과 평가는 메타교육에서 얻고자 하는 바를 잘 반영하고 있다. 그중 가장 두드러진 반응은 그들이 주로 학교중심으로 형성된 그들의 교육관을 해체하고 일상생활 속에서 교육의 주체가 될 수 있음을 각성하는 새로운 경험을 하게 되었다는 것이다. 이 교양과정의 운영 안에 메타교육의 요소가 첨가되어 있다. 본 강좌는 그 강좌를 맡은 교수뿐만 아니라 이른바 '근스승'에 의해서 진행된다. 후자는 전자의 지도를 받은 대학원 학생으로서 강좌에서 소집단의 지도에 임하게 된다. 말하자면, 지도교수와 수강생의 중간에서 근스승이 개입하는 것이다. 이런 근스승의 교수활동을 돕기 위해서 사전에 그 근스승들과 교수 사이에 하화교육을 소재로 하는 긴밀한 교육적 교섭이 이루어진다. 이런 일련의 제반 활동은 근스승들에게 그들이 장차 수행할 교수활동의 실습이라는 특별한 의미를 갖는다. 김지현은 이런 체제가 일반적으로 도입된다면 종국적으로 대학교육의 질적인 개선에 크게 도움이 될 것으로 예견한다.

앞서의 연구에서 밝혀졌듯이, 학교체제가 교육기관이라는 명실상부한 면모를 갖추려면, 메타교육의 도입이 시급해 보인다. 이처럼 교사교육이나 학교체제 안에 메타교육을 첨가할 수 있는 가능성을 탐색하거나 그것을 입증하는 방법으로서 메타교육에 관한 연구는 앞으로 계속되어야 한다. 우리의 관심은 이보다 더 확장되어야 한다. 교육은 학교에 국한되는 현상이 아니다. 관점을 확장하면, 메타교육은 이미 우리의 역사에서 진행되어 왔으며, 지금도 학교 밖에서 진행되고 있다는 사실을 쉽게 발견할 수 있을 것이다. 어느 수도계를 보더라도 거기에는 스승의 역할을 해 온 이들이 자기 나름으로 하화교육을 시범하고, 다른 한편으로 제자에게 그의 하화에 대응하는 엄격한 상구의 내재율을 요구하여 왔다. 동양에나 서양에나 교육활동이 가장 왕성한 때를 살펴보면, 반드시 메타교육도 왕성했음을 알 수 있다.

역사적으로 4대 성인들의 메타교육은 그중 가장 원형적인 것이다(김휘준, 1998; 장상호, 2000b, 2009). 석가, 공자, 소크라테스, 예수는 기원전 5세기를 전후하여 교육의 내재율과 역량을 가장 진지하게 실험하고 그 내재적 가치의 실상을 가장 여실하게 체험했던 분들이었다. 그들은 제자들에게 교육의 내재율을 실천하는 모범을 보여주었으며, 그들에 비추어 오늘날도 우리는 교육적 가치체험이 학교체제를 떠나 보편적으로 향유되고 있다는 사실을 알 수 있게 된다. 더 나아가, 그들이 영위하고 향유했던 교육적인 삶과 그에 대한 열정은 현존하는 우리가 삶에서 추구해야 할 교육의 표상이 되고 있다. 만약 그들의 사례가 없었더라면, 이제까지 우리가 검토한 교육본위론의 논증도 상당 부분 그 설득력을 갖기 어려웠을 것이다.

교육이 무엇인지에 대한 우리의 사고와 태도가 흔들릴 때마다, 그리고 삶의 국면에서 여타의 가치들에 의해 그 실상이 위협받거나 억압받을 때마다, 선인의 이런 모범적인 교육적 삶은 하나의 든든한 버팀목이자 교육에 관한 우리의 사고와 실천의 방향을 바로 잡아주는 역할을 하였다. 그런 사례는 우리나라의 역사적 전통에서도 쉽게 찾아볼 수 있다. 김지현(2003)과 조성로(2004)는 율곡 이이가 ≪격몽요결(/1986)≫을 저술한 취지를 메타교육과 연관시킨다. 이율곡은 자신에게 학문을 배우고자 하는 사람들에게 그와 관련된 교육적 관계를 맺기 이전에 '배우는 자세'에 문제가 있음을 문제시하고, 그 별도의 문제를 해결하기 위해서 이 저서를 남겼다는 것이다. 이정연(2004)은 퇴계 이황의 전서(/1985)에 나타난 삶 자체를 메타교육의 관점에서 재조명하였다. 다른 한편, 이시영(2005)은 원불교의 창시자인 소태산의 삶과 그의 교리에 나타난 메타교육적 측면을 상구의 상구활동, 상구의 하화활동, 하화의 상구활동, 하화의 하화활동으로 세분하여 예증한 바 있다.

본 장의 서두(6.1)에서 밝혔듯이, 메타교육은 교육이 자체의 역량을 통해서 발전할 수 있는 매우 중요한 부분을 차지한다. 이에 관한 연구의 분야는 그 어떤 외래학문으로 대체할 수 없는 교육학 고유의 현상을 드러낼 소지를 이미 가지고 있다는 점에서, 교육학자들에게는 자기 영역의 특징을 밝힐 뿐만 아니라, 바로 그런 능력에 의해서 일반에게 도움을 줄 수 있는 엄청난 가능성을 함축한다. 그런 자체의 실천적 의미나 의의에 비추어 지금까지 소개된 메타교육에 관한 단편적인 연구들은 극히 초보적인 단계나 수준에 있다는 것은 말할 필요도 없다. 채워져야 할 연구의 빈 공간이 크고 너무 많기 때문에 현재의 상태보다는 미래에 더 큰 기대를 걸 만하다. 그런 취지에서 다음에 그 향후과제를 몇 가지로 간략하게 제시하고자 한다.

첫째, 메타교육에 관한 관점의 확장이 부단하게 이루어져야 한다. 메타교육은 교육현상을 어떻게 개념적으로 규정하느냐 하는 것과 긴밀한 관련을 갖는다. 적절한 개념이 없으면 과거에 진행되었거나 진행되고 있는 사실조차도 간과하거나 무시하게 된다. 메타교육의 경우도 그럴 위험성이 농후하다. 교육학의 안목이 쇄신되어야 교육의 품위도 드러날 수 없다. 4대 스승들의 메타교육에 대한 검토(장상호, 2000b, 2009)는 교육본위론적 관점이 형성된 이후에 가능했다. 그 교육본위론도 아직 줄거리의 윤곽이 잡혀 있을 뿐 그 구체적인 내용은 아직 미지의 영역으로 남아 있다. 이 점에서 그 분야의 진전과 더불어 더 꾸준한 관점의 혁신과 확장이 이루어져야 한다. 만약 교육본위론을 뛰어넘는 교육학 체제가 구성될 수 있다면, 그에 비춰진 메타교육의 양상도 크게 달라질 것이다.

둘째, 메타교육이 이루어지거나 이루어질 수 있는 구체적 사례를 입증하는 노력이 따라야 한다. 이때 우리는 교육의 품위가 교육학의 품위와 다르다는 점을 상기할 필요가 있다. 앞에서 교사교육에 도입하고자 했던 시도들은 다분히 교과로서의 교육학을 소재로 하는 교육에 국한된 느낌이 있다. 물론 앞선 일반메타교육의 제안에서 그 부분을 하나의 필요조건으로 삼았지만, 교육의 품위향상은 그보다 더 많은 요소를 포함한다. 역사적으로나 현존하는 삶에서 진행되고 있지만 우리가 주목하지 못하는 메타교육의 실상을 밝히는 것이 그 노력의 큰 성과일 수 있다. 아울러, 그 사례를 적극적으로 재현하고 창출하는 방식에 대한 연구도 병행되어야 할 것이다. 단기간에 교육적 내재율을 압축해서 경험할 수 있는 일반메타교육의 프로그램, 모든 교육 속에 메타교육을 장치시키는 특수메타교육의 정형, 아동과 성인 등 특정한 집단이나 혹은 개인에게 개별적으로 메타교육을 권장할 수 있는 방안, 거기에 요구되는 자료, 필름, 레코드, 장비, 시설의 개발 등에 이르기까지 그 구체성을 갖추어야 한다. 그 프로그램은 삶에서 구현되어야 하며, 그 결과는 적절한 방식을 써서 평가되어야 할 것이다.

셋째, 다양한 생활공간을 메타교육의 입장에서 점검하고 그 범위를 확장할 수 있는 가능성을 탐색하는 연구가 요망된다. 앞에서 소개된 연구는 주로 학교 안에서 일어나는 교육에 대한 관점의 악순환을 차단하는 과제에 국한된 느낌이 있다. 한 개인에게 있어서 메타교육은 일생을 통해서 일어난다. 메타교육은 비단 학교뿐만 아니라 가정, 직장, 가상공간 등에서 그 뿌리를 내릴 수 있다. 박분희(2003)가 가정 안에서 교육본위론적 내재율을 소재로 메타교육을 실천할 수 있는 방안을 제시한 것은 그 방향의 좋은 사례라고 할 수 있을 것이다. 각각의 공간 안에서 진행되는 메타교육의 실태는 어떤가? 그것은 어떤 생태적 여건과 관련되어 있는가? 각각의 공간 안에서 메타교육을 조장하거나 혹은 제약하는 국면은 무엇인가? 이처럼 메타교육의 관점에서 생활공간을 분석하고, 검토하고, 평가하고, 그 대책을 강구해 나감으로써 교육이 우리의 삶에서 배제될 수 없는 중요한 과제라는 사실을 모든 사람들이 받아들일 수 있는 바탕을 마련할 수 있을 것이다.

## 6.6 교육상담분야의 장려

제 3장에서 <교육과 인간>이라는 연구주제를 다룰 때 교육계는 경우에 따라 아마추어리즘으로는 다룰 수 없는 전문적인 인력이 요망된다는 점을 지적했다. 교육은 전문적인 활동은 아니며, 더 나아가 교육은 전문가에 의해서 대행할 수 있는 것이 결코 아니다. 교육은 각 개인이 주체적으로 참여하고, 수행하고, 향유할 보편적 삶의 양상이다. 그러나 우여곡절이 많은 일상의 사태에서 그 삶의 양상을 원형 그대로 순수하게 유지하는 것은 결코 용이한 것이 아니다. 깊이 들어갈수록 더 어려운 국면이 전개될 것이고, 그중에는 교육 주체의 능력 밖에 속하는 복잡한 문제가 발생할 수 있다. 그 경우에 그것을 해결하는 데 도움을 줄 수 있는 전문가가 필요할 것이다.

어느 분야이든 필요가 실천을 선도한다. 그 전문영역의 하나로 생각해 볼 수 있는 것이 바로 본 절의 주제인 교육상담이다. 교육상담이라는 활동이 가능한가? 그렇다면, 이것은 여타의 상담, 이를테면 심리문제의 상담이나 치료와 어떻게 다른가? 교육상담은 어떤 경우에 어떤 조건에서 성립되는가? 교육상담에서 다루어질 수 있는 내용은 무엇인가? 어떤 처방들이 적용될 수 있는가? 그 내용과 활동이 전문적인 것이라면, 교육상담자들에게 요구되는 특수한 자질은 무엇인가? 그런 요원이나 전문인을 확보하는 방안은 무엇인가? 이런 제반 문제가 논의되어야 할 것이다.

정상적인 교육은 놀이와 같이 그 자체로서 재미있고 흥미 있는 활동이지만, 그 삶을 일생동안 향유하는 정도에 있어서 큰 개인차이가 있다. 개인에 따라 교육적 삶의 역사와 경력, 문제점, 그리고 해답의 수준이 다를 것이다. 어떤 사람은 상구생활에서 큰 문제나 장애를 경험하는가 하면, 다른 사람은 하화생활에 따른 문제가 심각한 경우도 있을 것이다. 어떤 사람은 중요한 교육적 관계나 사태에 적절히 대응하지 못한 사례도 많을 것이다. 교육상담은 이와 관련하여 내담자가 불만을 가진 장애가 되는 사태의 특수성을 분석하고, 더욱 활기차게 교육적인 삶을 향유할 수 있도록 돕는 전문분야로 정의할 수 있다.

이 분야를 정식으로 출범시킴에 있어서, 많은 의문을 제기하고 해소하는 선행연구가 필요하다는 것은 말할 필요도 없다. 교육할 기회를 박탈하거나 교육에 의해서 좌절을 경험할 때 사람들이 보이는 반응은 무엇인가? 불만스러운 문제나 증세에 있어서 많은 다양성과 차이가 있을 것이다. 그 일반적인 유형은 무엇인가? 제반 문제의 유형과 그들을 진단하는 데 필요한 징후와 방법은 무엇인가? 교육적인 삶이 제대로 이루어지지 않는 데에는 분명한 이유가 있을 것이다. 그 조건에는 교육 안쪽의 사항에 국한되지 않은 사항들까지 포함될 것이다. 그 사태를 개선하거나 치유하는 방법은 무엇인가? 이 질문은 바로 이 분야의 연구가 해결해야 할 중요한 과제이다.

이에 관한 연구가 차츰 진행될 것으로 기대되지만, 우선 지금의 단계에서도 그 문제의 유형, 해결방식, 그리고 그 연관성을 몇 가지로 예측하는 일은 어렵지 않다. 아름다운 산을 앞에 두고 등산을 할 수 없는 사람이나 해수욕장에서 수영을 할 수 없는 사람의 경우처럼 알찬 교육이 가능한 공간에서 교육을 할 수 없는 사람이 너무도 많다. 이들은 그 개인의 교육적 역량과 관련된 문제이다. 다른 한편으로, 교육할 수 있는 능력은 구비하고 있으나 그것을 실행할 수 있는 여건이 문제가 되어 교육적 삶이 억제되거나 제한받을 수 있다. 그 원인과 증상이 다른 이 두 가지 사례는 기본적으로 각각 구분되어 해결되어야 할 문제들이다.

우리 주변에는 '교육'이라는 명분으로 자행되고 있는 학교생활의 부조리와 연관시켜 교육에 대해서 부정적인 태도를 갖고 있는 사람들이 많다. 학생들의 현존하는 신념체계나 가치를 수정하고 발전시킨다는 것보다는 교과서의 내용에 그들의 생각을 어떤 수단을 통해서든 일치시키는 것이 교육이라는 잘못된 생각이 긴 학교생활을 통해서 은연중에 형성된다. 바로 그런 잘못된 인식이나 관점이 교육적 삶을 박탈하거나 혹은 교육적 삶의 정당한 부분을 인정하지 못하게 하는 중요한 원인이 될 수 있다. 이에 대한 적절한 처방은 잘못된 학교경험과 교육에 대한 이해를 분리시키고,

전자에 따른 후자의 오해를 제거하는 것이다.

삶에서 흔하게 접하는 다른 사람과의 마찰 가운데 많은 부분은 선진과 후진의 무매개적인 만남에서 비롯할 수 있다. 다른 한편으로, 그들 사이에는 의식적이든 혹은 무의식적이든 우리 모두에게는 힘닿는 데까지 상구하고 하화하려는 교육의 욕구와 열정이 있다는 것이 우리의 가정이었다. 서로의 품위를 공유하려는 선의와 열정을 가지고 있지만, 교육 자체의 내재적 속성에 대한 몰이해나 기술 부족으로 인해서 그것을 실현시키는 데 실패하는 경우가 너무도 흔하다. 언어화할 수 없는 것까지를 언어로 전달하려고 하고, 질문을 무례한 도전으로 받아들이는 것이 비일비재하다. 교육에서 나중에 해결되어야 할 문제를 먼저 요구하는 오류도 쉽게 발견할 수 있다. 기회의 포착, 자료수집, 진도 조절, 내용의 순서 조절, 교육 보조물 사용, 연습의 양 등과 같은 조건에 관해서 적절한 결정을 내릴 수 있는 지식이 부족할 수 있다. 이런 문제는 기본적으로 메타교육적 처방을 요구한다.

제 5장에서 <교육활동>에 관한 논의를 할 때, 우리는 교육에 대한 다양한 종류의 방어기제가 작용할 가능성에 대해서 살핀 바 있다. 교육에서 일어나는 이런 자연스러운 과정을 심리적인 문제로 규정하고 잘못 처방하는 경우도 있을 것이다. 교육에서 자연스럽게 일어나는 현상을 사회적 부적응으로 잘못 규정하는 때도 비일비재하다. 그들을 서로 변별하고, 그중 교육의 문제를 여타의 상담과 구분하여 처리할 수 있는 부분을 입증하는 것이 교육상담의 과제이다. 그 모든 과정을 진단하는 방안은 무엇인가? 그 원인이 다양한 것만큼 그에 대한 처방 역시 다르게 강구되어야 할 것이다. 제 3장에서 논의된 '교육적 이해'를 교육상담에서 활용할 수 있을 것이다. 혹은 통상적인 심리적 문제가 전통적인 상담방식보다는 교육에 의해서 해결될 가능성도 배제할 수 없다. 그런 사례의 입증이 이루어질 수 있다면, 그 고유영역이 우리의 삶에서 존립하여야 할 정당성은 더욱 확고해질 것이다.

교육의 과정에는 한계와의 봉착, 미래에 대한 기대와 희망, 결단과 선택에 따른 용기와 확신, 이전의 것과 새로운 것의 병행, 파괴와 건설, 부정과 긍정, 좌절, 두려움, 감동, 타인에 대한 질시나 애정, 불신과 신뢰, 독립성과 의존성, 안정과 모험심 등이 작용할 것으로 가정된다. 이런 양극적 감정이 제대로 해소되지 못할 때, 교육에 대한 부적응이 일어날 수 있다. 이런 교육적 체험은 통상 심리학에서 말하는 비정상적인 문제가 아니라는 인식이 중요하다. 교육에 대한 방어기제에는 서로의 노출에 대한 저항과 스스로 경쟁에서 불이익을 감수해야 하는 사회적 이해타산 등이 있다. 노출에 대한 저항은 과오를 인정하는 허용적인 분위기의 조성에서 그 해법을 찾아야 한다. 그 방어기제가 이처럼 특이한 것만큼 그에 대한 처방도 다원화되어야 할 것이다.

곧 이어서 제 7장에서 다룰 주제이지만, 교육적 삶의 장애는 대부분 그 여건이 미비한 데서 찾아질 수 있다. 교육은 여타의 세계와 모종의 인과관계를 가지고 진행되며, 그중에는 교육에 부정적인 조건도 포함된다. 물론 이에 대한 지식은 아직 밝혀져야 할 부분이 많지만, 어느 단계에서든 교육상담에서 다루어야 할 중요한 과제를 차지할 것이다. 개인에 따라 그 여건은 다를 것이고, 그 가운데 어떤 부분이 문제가 되는지에 대한 판단은 전문가의 조언이 필요하다. 설사 그 부분이 밝혀진다고 하더라도, 그 가운데에는 상담에서 해결될 수 있는 부분과 해결될 수 없는 부분이 있을 수 있다. 후자의 경우는 그에 대한 구체적인 정보를 제공하는 것만으로 내담자에게는 큰 도움이 될 수 있을 것이다.

개인의 해결범위를 넘어선 교육의 여건에는 불행히도 학교태가 포함되어 있다. 이미 누차 지적했듯이, 학교는 교과서에 담긴 지식만을 수동적으로 기억하도록 강요하고 교육의 과정을 무시하기 때문에, 학생들이 교육의 주체로서 무능력한 상태에 놓여 있다. 그들에게 있어서, 지식은 스스로 만드는 것이 아니라 위로부터 주어지는 것이다. 젊은이들이 학교 가기를 꺼려하는 것은 첫째, 그곳에서 교육이 제대로 되지 않았다는 것을 의미하고, 둘째 그곳에서 교육의 여건이 불리하다는 것을 의미한다. 높은 수준의 교육관을 지닌 학생이라도 학교를 주도하고 있는 교사, 학교당국, 학부모,

정부부서들이 이해하고 동조하지 않는 한 교육을 실현하기 어려울 것이다. 그 부분은 한 개인으로서 그 해법을 찾기는 어려운 국가정책상의 문제이다. 이런 좌절상태에서 사회적 제도인 학교에 적응하는 인간상과 교육의 세계를 유지하는 인간상은 반드시 일치하지 않는다는 사실에 대한 정보만으로도 학생들에게는 큰 위안이 될 수 있다.

젊은이들뿐만 아니라 성인들의 경우도 불리한 여건의 제약 때문에 삶에서 교육이 억압되거나 어려운 문제에 봉착할 수 있다. 학교에 재학하고 있지 않다는 것을 표면적 이유로 내세울지도 모르지만, 그 설명은 궁색하다. 어느 곳 어느 때나 조건만 갖추면 교육의 세계에 진입할 수 있다. 많은 경우, 성인들은 단지 정보부족 때문에 교육을 실현할 수 있는 수많은 가능성을 포기하거나 놓친다. 교육상담은 그 기회와 가능성에 대한 정보를 제공함으로써 내담자가 교육적인 삶을 확장하도록 도울 수도 있을 것이다. 개인은 하루 중 많은 사람, 사태, 공간의 변화를 겪는다. 그때마다 정확하게 교육과 비교육의 경계가 이루어지는 것은 아니다. 그 공간을 연계하여 그 개인의 교육적인 삶이 구축될 수도 있다. 가령, 최근에 발전하고 있는 가상공간 안에서 교육의 주체로서 활동할 수 있는 여지도 많다. 그 부분에 대한 교육정보체제와 교육상담원의 역할이 기대된다.

교육상담의 초기에는 이렇게 내담자의 문제를 해결하는 데 직접적인 개입의 형식을 띨 수 있다. 그러나 늘 잊지 말아야 할 원칙의 하나는 교육은 타인이 대행할 수 없다는 점이다. 상담을 하는 궁극적인 목적은 더 이상 상담이 불필요하게 하는 데 있다. 상담이 진행됨에 따라 점차 내담자로 하여금 그 자신의 문제를 발견하고, 그 문제를 해결하는 능력을 갖도록 하여 스스로 주어진 여건 속에서 자신의 교육의 경력과 여정을 조정하고 관리해 나갈 수 있도록 유도하는 일이 중요할 것이다. 내담자가 교육의 주체로서 교육문제에 대한 의사결정을 하고, 특별한 교육프로젝트를 만들고, 그 프로젝트를 실현시킬 수 있는 교육공간을 선택하고 선별하여 참여해 나갈 수 있는 단계에서 상담은 종료될 것이다.

이런 식으로 교육상담을 규정할 때, 담당할 전문적인 인력을 어떻게 확보하느냐 하는 문제가 뒤따른다. 전문가는 자신이 수행하는 실천에 대해서 탁월한 능력과 소명감을 갖는 특수한 집단에 속한다. 그들에게 필요한 자질은 무엇인가? 여기서 그 모든 것을 열거할 수는 없지만, 그중 몇 가지를 주문할 수 있는 필수항목이 있다. 우선 새로운 교육학의 각 분야에 대한 종합적인 안목을 갖추어야 한다. 이들은 또한 교육과 교육 이외의 것들에 대한 총체적인 안목을 가지고 교육을 실현시키는 기본기술을 습득해야 할 것이다. 더 나아가, 문제의 인식에서부터 그 해결에 이르는 상담의 일반원리를 이해하고 체득할 필요가 있다. 그 이외에 수많은 요건들이 추가될 수 있다. 이어서 다른 과제가 끊임없이 뒤따른다. 이런 교육상담자를 어떻게 양성할 것인가? 어떻게 전문가로서의 인가와 허가를 해 줄 것인가? 이런 일련의 문제들은 교육상담의 신장과 장려라는 차원에서 점차 해결해 나가야 할 중요한 정책과제의 하나이기도 하다.

# 제 7 장 교육의 환경

## 7.1 기존개념과의 구분

연구영역을 새롭게 규정해 나가는 데 가장 핵심적인 부분이 개념의 전환이다. 제 1장에서 <교육의 구조>라는 연구영역을 규정하면서 지금까지 교육에 대한 개념이나 용어가 아무렇게나 뒤죽박죽으로 규정되어 왔다는 점을 문제시하였다. 그 안타까운 사태를 바로잡는 일은 본 절의 주제인 '교육의 환경'이라는 개념에서도 마찬가지다. 이제까지 이 개념은 여러 가지 주장의 형태로 사용되어 왔으며, 그 논의 자체가 교육의 자율성을 부인하거나 훼손시킨 경우가 적지 않았다. 본 장의 논의는 그에 따른 문제를 제기하고 해소하는 데서부터 출발한다.

우리의 논의에서 먼저 차별화되어야 할 점은 학교와 교육을 혼동하는 데서 비롯한 교육환경의 개념이다. 이에 따르면, 교육환경은 학교울타리의 밖에서 진행되는 모든 것들의 대명사로 된다. 그런 부류의 논의는 어린 학생들이 생활하는 학교의 주변에 성인유락시설이 창궐하는 데 대한 학부모들의 우려로부터 시작해서 교육은 그것을 둘러싼 사회를 재생한다는 식의 다소 유식해 보이는 학자들의 주장에 이르기까지 다양하다. 그 어느 경우든 이들은 '학교의 환경'이라는 용어로 더욱 정확하게 기술될 수 있는 사태를 공연히 교육과 결부시킴으로써 개념적 혼란만을 초래한다.

반복되는 말이지만, 학교와 교육은 별개의 범주이다. 학교 안에는 교육 이외의 모든 잡다한 삶이 혼재되어 있으며, 학교 밖의 각종 생활공간에서도 교육현상이 진행되고 있다. 이어지는 제 8장에서 우리는 학교가 그 제도적 경직성으로 인해 충분히 채워주지 못하는 다양한 종류와 수준의 교육적 욕구를 충족할 수 있는 다양한 공간이 우리 삶에 이미 존재하고 있다는 점에 주목할 것이다. 이제까지 우리가 학교라는 특수한 삶의 공간과 삶의 특수한 양상으로서의 교육을 분리해 내는 작업을 애써 살핀 것은 바로 이 때문이다. 이렇게 수차례에 걸쳐서 강조해 왔지만, 아직도 그 고질적인 범주착오에서 벗어나지 못한 사람은 이하의 새로운 논의의 입구에 조차도 도달하지 못하고 있다. 교육의 환경에 관한 연구는 우선 그런 개념의 장애로부터 벗어날 수 있어야 한다.

이 분야의 연구에서 차별화되어야 할 두 번째 용어는 이른바 '교육적 환경(educational environment)'이다. 널리 쓰이고 있는 이 개념은, 교육에서 생산해야 할 바람직한 인간상을 규정해 놓고, 그것을 형성하는 데 공헌한 모든 요소를 총칭하는 것으로 되어 있다. 그 반대의 경우를 두고 흔히 '비교육적인(un-educational)' 혹은 '반교육적인(a-educational)'이라는 수식사를 써서 구분하기도 하는데 결국 그 맥락은 마찬가지이다. 여기서 말하는 '교육적 환경'이란 정확히 기능주의적 교육관이 지칭하는 '교육'의 다른 명칭에 불과한 것으로서, 그 내포와 외연이 모호하고 애매하다. 교육으로 지칭되는 것이 진정 무엇을 의미하느냐 하는 부분에서 이런 근원적인 문제가 있기 때문에, 말은 많지만 이 용어를 써서 정확한 소통에 성공한 경우는 거의 드물다.

교육에서 도달할 바람직한 인간은 무엇인가? 여기에 천차만별의 이견이 있을 수 있으며, 이 부분에서부터 한 사람이 교육적이라고 말할 때 다른 사람은 비교육적인 것으로 반박할 소지를 남긴다. 더 나아가, 이는 인과관계에 대한 우연적 가정을 포함하고 있기 때문에, 단지 주장하는 것만으로 끝날 수 없다. 우리의 삶에서 실제로 그 개별적인 주문에 호응하는 환경이 어떤 것인지를 사실적 증거를 근거로 입증하여야만 한다. 어떤 연구가 이루어지든 간에 그 환경의 외연은 무의미할 정도로 확장될 것이다. 논의를 혼란스럽게 만드는 개념을 굳이 연구에 포함시키는 것은 역설이다.

연구는 분명한 이론적 토대 위에서 진행되어야 한다. 본 장에서 활용하고자 하는 교육의 환경이라는 개념의 의미는 명확하다. 이는 말 그대로 교육을 중심으로 작용하는 교육 이외의 세계를 총칭하는 개념이다(장상호, 1991a, 2003; 정일선, 2002a). 이런 용어를 쓸 수 있을 때까지에는 관점의 대변혁이 이루어졌다. 특별히 주목할 것은 이는 교육의 정체성과 자율성을 유지하는 조건을 충족시켜야만 그 정확한 의미가 살아날 수 있는 개념이라는 점이다. 우리가 앞에서 교육을 학교에서 일어나는 사태와 구분하는 방식으로, 그리고 그것이 그 자체의 실체를 드러내는 방식으로 규정하려고 했던 것은 이 때문이다. 본 장에서 논의하려는 새로운 연구영역은 그런 개념의 정상화라는 터전 위에 열린다.

이 분야에서 아직 큰 성과나 진전이 있는 것은 아니다. 지금의 단계에서 교육이 진정 무엇이며, 더 나아가 그것을 둘러싼 그 환경이 구체적으로 무엇이며, 양자는 어떤 관계를 가지고 삶에서 전개되는지에 대한 구체적인 사실이나 증거는 대부분 해명되지 않은 미지의 영역으로 남아 있다. 그럼에도 불구하고, 그것을 하나의 연구영역으로서 정립해 나가려는 과제의 설정은 지금까지 교육학도들이 교육에 대해서 가지고 있었던 종전의 개념을 가지고는 도저히 탐색할 수 없다는 점에서 큰 진전을 이룬 것으로 볼 수 있다. 그만큼 유리한 고지를 점유하고 있다는 자부심을 가지고 이제부터라도 이 분야의 연구를 본격적으로 진척시켜야 할 것이다. 이 분야가 이전의 전통에 비추어 생소한 만큼 보다 일반적이고 기초적인 사항들에 대한 검토를 먼저 해 둘 필요가 있어 보인다.

그 하나는 우리가 쓰려고 하는 '환경'이라는 개념은 어떤 것을 본위로 하느냐에 따라 서로 상대적으로 달리 규정된다는 점이다. 우리의 일상적 삶에는 서로 동일시해서는 안 될 다양한 종류의 하위세계가 병존한다. 우리의 삶을 전체로 본다면, 그들은 그것을 구성하는 부분이라는 규정이 맞을 것이다. 그 부분들이 또한 전체를 구성한다. 이들 부분으로서의 전체는 또 다른 부분으로서의 전체와 연관되어 있다. 우리가 흔히 분류하는 정치, 경제, 사회, 문화, 종교, 교육이라는 하위세계들이 그 좋은 예다. 우리는 경제를 정치의 논리로 해결해서는 안 된다거나 혹은 반대로 정치를 경제의 논리로 해결할 수 없다는 말을 흔하게 듣는다. 그것은 우리가 다소간 정치와 경제가 서로 다른 세계임을 이미 알고 있기 때문이다. 이때 그 각각은 다른 것의 중요한 환경이 된다. '경제의 정치적 환경'이라거나 혹은 '정치의 경제적 환경'이라는 고급스러운 담론도 이처럼 서로 다른 생리를 가진 세계를 전제한다.

한걸음 더 나아갈 것은 그 입장의 상대적인 선택이 연구에서 다루어져야 할 변인들의 규정에도 적용된다는 기본적인 사실에 대한 이해이다. 각각의 세계에 대한 이해는 학문적 개념의 여과를 거쳐서 가능하다. 가령, 정치, 경제, 사회, 문화, 종교, 교육은 정치학, 경제학, 사회학, 문화인류학, 종교학, 교육학의 고유한 개념체제를 필요로 한다. 이런 요구조건에 충실히 임한 분과학문의 체제 안에 있는 개념들은 그 각각의 현상을 밝히는 부분을 차지하는 셈이며, 그 때문에 그들은 마치 가족이 그 가정을 대표하듯이 그 각각의 세계를 대변한다. 그 점을 분명하게 대변하는 것이 바로 '내재적 변인(endogenous variables)'과 '외재적 변인(exogenous variables)'의 구분이다. 전자는 각 분과학문에서 자족적으로 서로 연대적인 일관성을 보장하는 것으로 인정받은 변인들을 지칭한다. 이에 비해서 후자는 그 분과학문 밖의 여타의 학문에서 밝혀낸 내재적 변인들을 지칭한다.

이해의 편의를 위해서 우리가 흔히 삶을 이해하는 데 적용하고 있는 익숙한 개념들의 예를 가나다 순서로 들어보겠다. 계급, 고용, 공급, 권력구조, 동기, 사회구조, 사회적 이동, 생산성, 성격, 소비, 시장, 역할, 이데올로기, 인지양식, 자본, 자아개념, 재정, 제도, 조직, 지능, 집단, 투자, 행정 등 … 다소간 분과학문에 대한 초보적인 지식을 가진 독자라면, 이런 나열이 참으로 무차별하다는 인상을 받았을 것이다. 그들이 서로 다른 현상들을 이해하는 변인에 소속하기 때문이다. 사실 이들은 심리학, 정치학,

경제학, 사회학의 세 가지 범주로 묶어야만 의미 있게 설명될 수 있는 변인들이다. 이 분류 가운데 어느 분과학문의 내재적 변인들을 택하면, 여타의 분과학문에 속하는 것은 다양한 종류의 외재적 변인이 된다. 앞의 예에서 권력구조와 투자라는 두 가지 변인만을 선택해서 적용해 보자. 이들은 각각 정치와 경제를 대표하는 내재변인이며, 다른 것을 외재적 변인으로 규정한다. 정치의 권력구조라는 측면에서 볼 때 경제의 투자는 환경에 속하며, 반대로 투자는 권력구조의 환경이 된다.

우리의 삶은 서로 이질적인 것들의 긴밀한 연관 속에서 진행된다. 우리가 일상에서 접하는 것들은 그런 연관된 것들의 특수한 양태다. 학제연구는 그 양태 안에 내재된 각각의 분과학문들의 변인들을 분리해 내고, 그들 사이의 관계를 구명하는 일을 담당한다. 예컨대, 정치나 경제라는 서로 이질적인 세계들이 서로 영향을 주고받는 부분만큼 그 각각의 고유한 의미의 환경에 대한 탐구를 무시할 수는 없다. 그 각각의 세계가 복잡한 체제인 관계로 그 양쪽의 관계를 한꺼번에 해명하기는 어렵다. 가장 현실적인 해결방법은 그 각각의 내재변인들 가운데 어떤 한정된 것을 선택하고, 그들 사이의 관계를 구명하는 것이다. 앞에서 든 권력구조와 투자라는 변인은 그 좋은 예이다. 만약 그들 사이의 어떤 특정한 관계가 구명되었다고 가정하자. 이 경우, 그 특정한 관계는 정치와 경제 사이의 관계라는 일반적 해석을 허용한다. 왜냐하면, 선택된 변인들은 그 해당하는 분과학문의 전체적 체제 안에서 그 내재변인이라는 중요한 연대성을 보장받고 있기 때문이다.

이런 일반적인 이해기반을 가지고, 다시 교육의 환경이라는 용어가 의미하는 바를 더 구체적으로 파악해 보기로 하자. 위의 논리를 따른다면, 기본적으로 교육의 환경이라는 개념은 교육의 자율성을 유지하는 조건에서만 가능하다. 이 조건은 결국 교육학의 자율성과 불가분의 관계를 갖는다. 현재의 상태로서 이 부분에서 많은 미비점이 있다는 것은 더 이상 말할 필요도 없다. 우선 교육의 내재변인에 대한 연구가 아직 미천하다. 교육본위론이 극히 축약된 형태의 내재율을 제시하면서 그 출발을 기약하고 있는 형편이다. 앞의 연구영역 가운데 특히 <교육구조>, <교육과 인간>, <교육활동>에 대한 연구들이 내재변인의 수많은 발견과 연결될 것으로 예상된다.

교육본위론은 크게 상구교육과 하화교육, 그리고 그들 사이의 상호작용에 주목한다. 이 중 상구교육과 하화교육은 그 자체의 내재율을 지니고 있기 때문에, 엄밀하게 말하면 서로가 다른 것의 환경을 구성하고 있다. 상구와 하화는 그 이외에 다양한 세계들과 관련되어 있다. 그 각각의 것에 대응하는 여타의 환경도 다르게 취급되어야 한다. 협동교육은 그들 사이의 상호작용을 할 때를 지칭하는 것으로서 자체의 구조를 형성한다. 이 경우 그 전체양상을 내재변인으로 하여 구성되는 또 다른 환경에 대한 배려가 첨가되어야 한다. 그러나 본장의 주된 목적은 연구의 영역을 새롭게 규정하려는 데에 있기 때문에 이하에서는 편의상 그런 별도의 구분을 무시할 것이다. 관심 있는 독자는 그중 어느 것을 선택적으로 의식하면서 문제의 성격을 규정할 수도 있을 것이다.

교육이 자율적이라는 주장은 나머지 삶과 전혀 관계를 가지지 않고 고립되어 있다는 것을 의미하는 것이 아니다. 교육과 교육 아닌 것 간의 임계(臨界)가 확정되면 그들이 이루는 또 하나의 더 큰 단위로서 전체 삶의 구조가 있을 수 있다. 또한 그 삶의 구조에서 교육을 제외한 여타의 개별적인 세계의 구조가 있을 것이다. 교육의 입장에서는 앞에서 예시한 정치학, 경제학, 사회학에서 규정한 각각의 내재적 변인들이 외재적 변인에 해당한다. 그 모든 것이 교육과 연결되는 문과 열쇠가 있다. 그 외재적 변인들은 단일하고 동질적인 것이 아니기 때문에, 그 복수의 이질성이 무엇인지를 규정하지 않고 그 환경을 말하는 것은 불가능하다.

삶에서 실현되는 교육, 즉 교육의 실제는 사실상 이런 여타의 환경과의 역동적인 관계양태이다. 따라서 이 분야의 연구는 교육학 자체가 확보한 내재변인과 그 여타의 세계의 내재변인, 즉 교육의 입장에서 외재적 변인에 해당하는 것을 서로 분별하고 그들 사이에 존재하는 제반 관계를 추궁해 나가야 할 것이다. 여기에서 다양한 조합이 가능하기 때문에 구명된 교육의 내재변인들이 아직 많지 않다는 것이 이 분야의 연구에 큰 제약을 주지는 않는다. 가령 교육적 관계의 형성을 교육의 내재적 변인으로 선택한다고 가정해 보자. 여기에서 수많은 외재적 변인들과의 관계가 탐구의 대상이 될 수 있을 것이다. 그 외재적 변인을 예컨대, 경제학의 내재변인인 투자로 선택한다면 그 연구는 경제와 교육 사이의 관계를 구명하는 연구의 사례가 될 것이고, 만약 권력구조가 선택된다면 그 연구는 정치와 교육 사이의 관계를 구명하는 연구가 될 것이다.

교육과 환경의 관계는 기능적 교육관의 경우처럼 개념적으로 규정되는 것이 아니라 증거를 토대로 증명되어야 한다. 그 증명되어야 할 연구문제는 너무도 많다. 어떻게 교육환경을 교육과 유관한 차원으로 재분류하고 범주화할 것인가? 가령 속도와 유관한 차원은 색깔이 아니라 무게이다. 그렇다면 속도의 경우 무게라는 변인의 선택이 올바른 것이 될 것이다. 그 관계의 양상은 무엇인가? 여기에는 모종의 구조적 연관이 있을 수 있다. 그 결합방식과 관계구조는 어떤 것인가? 만약 우연적 관계라면 교육의 환경들은 교육의 선행조건이나 후속의 결과로서 혹은 공시적으로 서로 상호작용할 것이다. 교육은 삼라만상에 의해 영향을 받고, 다시 삼라만상에 영향을 준다. 삼라만상과 더불어 교육이 존재하는 이상, 교육과 삼라만상이 서로 영향을 주고받는 인과관계가 성립한다는 사실은 부인할 수도 없고, 부인할 필요도 없다. 가령, 교육이 정치에 영향을 준다는 것은 정치가 교육에 영향을 주는 것을 배제하는 것은 아니다. 이로써 밝혀진 인과관계의 사실에 대해서 적절한 가치판단이 추가된다. 이때 적용해야 할 가치기준은 무엇인가?

이런 문제들과 관련하여 우리가 생각해 볼 수 있는 흥미로운 연구주제가 교육여건과 교육의 기능이다. 교육여건이란 교육 밖에 존재하면서 교육을 결정하는 사실관계를 말한다. 이때 그 사실에 대한 판단기준은 당연히 교육의 내재가치가 될 것이다. 외재적 환경이 내재가치를 증진시키는 방식으로 영향을 준다면 플러스 여건이고 반대로 손상시키거나 위축시키는 방식으로 영향을 준다면 마이너스 여건이라는 판단이 가능해진다. 교육의 기능은 정확히 그 반대의 경로에 해당한다. 이제 교육이 그 여타의 삶의 영역에 주는 영향에 주목해야 하고, 그로부터 발견된 사실에 대한 판단기준은 그 여타의 세계에 고유한 가치기준에 의해서 판단되는 것이다. 이 부분은 이미 제 2장에서 교육의 외재적 가치의 증명과 관련하여 논의된 바 있다.

그 수많은 연구영역이 아직 황무지로 남아 있다. 이 중 어느 것보다도 우선해서 해명해야 할 것은 교육이 그 자율성을 유지하는 방식으로서 환경에 대응할 수 있는 양태이다. 장상호(2003, 2004, 2009)는 그 교두보를 확보한다는 취지에서, 교육환경을 물리·생물·생태·정치·경제·사회·문화·종교 등으로 분류하고, 교육과 그들 사이에 있을 수 있는 인과관계를 예측한 바 있다. 그 예측은 주로 교육과 다른 분야들이 서로의 존립과 발전을 지속해 나갈 수 있도록 상호조화와 공존할 수 있는 측면만을 다루었다. 그것은 통상 사회학자들이 말하는 기능주의와 동조하려는 의도에 나온 것은 아니고, 다만 그 갈등 가능성을 논외의 것으로 생략했을 뿐이다. 그들 사이의 공존, 병립, 긴장, 경쟁, 대립, 모순, 갈등의 측면들이 아울러 추론될 수 있을 것이다. 구체적이고 세부적인 변인들이 선택되어야 하고, 사실에 기반을 둔 증명이 이어져야 한다.

## 7.2 용병학문의 전향

본서는 이제까지 교육학의 본질적 기능이 오직 교육현상을 해명하고 연구하는 것이라는 너무도 당연한 사실을 집요하게 강조해 왔다. <교육의 환경>이라는 주제는 그 주장을 예외적으로 보류하여야 할 연구영역이다. 교육에 대한 기술은 그것이 소속한 더 큰 체계와의 관련을 빼놓고 이루어질 수 없다. 우리의 전체적인 삶의 맥락에서 볼 때, 교육은 그 구성요소의 하나이다. 앞에서 살폈듯이, 교육은 정치·경제·사회·문화·종교 등 각 분야와 어깨를 나란히 하면서 그들과 상호작용하는 가운데 존립하기 때문에 그것을 둘러싼 이런 외부세계와의 관계를 늘 고찰할 필요가 있다. 교육을 외래의 학문의 개념으로 파악하거나 이해할 방도는 없지만, 그 외래학문의 것으로 포착되는 제반 사실들과 교육 사이의 관계는 교육학자와 외래학자가 모두 협력해서 밝혀내야 할 미지의 영역이다.

이렇게 문제를 새롭게 규정할 때, 현존하는 교육학이 지금 당면한 어려운 상황을 역전시켜 그 자체의 고유한 위치를 확보할 수 있는 절묘한 해법의 가능성을 우리는 발견할 수 있다. 그러나 설사 그런 가능성이 아무리 그럴듯한 것이라고 하더라도, 그것을 반기며 실현시키는 데에는 어려움이 많을 것으로 예상된다. 이런 비관은 단지 사태에 대한 정확한 이해와 그것을 타개할 실천의지의 결여와 직접적으로 관련되어 있다. 그렇다면 지금의 교육학이 어떤 불리한 처지에 놓여 있다는 것인가? 그것이 만족스러운 것인가, 혹은 불만스러운 것인가? 불만스러운 것이라면, 어떤 부분에서 그러한가? 그 사태를 역전시킨다는 것은 무엇을 의미하는가? 역전시키면 그 불만은 해소될 수 있는가? 이런 일련의 의문이 <교육의 환경>이라는 주제와 관련하여 새삼스럽게 문제가 된다. 그 이유는 무엇인가? 본서의 흐름을 제대로 따라온 독자라면 그 이유를 벌써 짐작하겠지만, 그 부분은 아무리 반복해도 지나치지 않을 중대한 사안이기 때문에 여기에서 재론하고 넘어가는 것이 좋을 듯하다.

현존하는 교육학의 근본적인 문제는 교육을 그 자체로서 자율적인 세계로 규정하려는 이론적 관심과는 동떨어진 역사적 상황의 산물이라는 점에서 비롯한다. 공립학교의 출현과 더불어 교사양성이 시급했고, 그 교사양성에서 채택한 교직 과목이 지금의 교육학을 규정하는 주된 축이 되었다. 학교문제가 제기될 때마다 교육학자들이 마치 자신들에게 그 해법이 있는 것처럼 개입하려는 것은 바로 그런 우연한 역사적 뿌리의 연장선상에서 쉽게 이해될 수 있다. 그들에게 그럴 만한 자격이 있는가? 그들의 개입이 얼마나 학교문제를 해결하는 데 도움을 주고 있는가? 이런 문제는 그 자체로서 검토되어야 할 부분들이지만, 한 가지 분명한 것은 그 와중에서 교육학자들이 교육을 왜곡시키는 선봉에 섰다는 아이러니컬한 사실이다. 이 문제를 본장의 주제와 관련하여 보다 명확하게 규정한다면, 교육의 내재와 외재가 서로 뒤바뀐 사태라고 볼 수 있을 것이다.

사범대학의 교직과목이 학문의 영역에 속한다는 사실에는 이의를 제기할 여지가 없다. 교직과목이 교사양성기관에 유입된 것은 대학의 제반 학문적 지식을 예비교사들에게 제공한다는 취지가 크게 작용했다. 그런 제반 지식을 이용해서 학교의 문제를 해결하겠다는 취지도 이해가 된다. 어떤 분과학문이 주로 도입되고 활용되는가? 그것은 한마디로 철학, 심리학, 사회학, 행정학, 인류학 등이다. 논자(장상호, 2005a)는 그 점을 상기시키기 위해서 이들을 '용병학문'이라는 용어로 지칭하고 있다. 이런 제반 이질적인 학문들이 교사양성기관에까지 진출한 것은 어쩌면 자연스럽다. 그런데 문제는 그 제반 학문이 어떤 것인지에 대한 의식이 엉뚱하게 변질되었다는 점이다. 오늘날 대학의 교육학과 혹은 교육학회의 헤게모니를 장악하고 있는 '교육철학', '교육심리학', '교육사회학', '교육행정학', '교육인류학' 등의 전공영역들이 그런 허위의 변장을 하고 그 정체를 숨기고 있다. 놀랍게도, 이런 명백하고 심각한 고발에 대한 반론은 아직 없다.

제반 학문들의 앞에 '교육'이라는 명칭을 붙이는 것만으로 교육학으로 인정받을 수 없음은 말할 필요도 없다. 그렇다면, 그들이 교육학 안에서 지금까지 존속하는 이유는 무엇인가? 사실 미묘하고 고급스러운 도피처가 있는데, 그것은 앞에서 지적한 이른바 기능주의적 교육관이다. 이들은 각각 모학문의 이데올로기에 근거한 모종의 외재적 목표를 내세우고, 그 목표를 달성하는 수단이 교육이라는 일종의 논리적 순환론을 내세운다. 이 논리가 포함하는 문제는 앞에서 여러 차례 분석된 바 있다. 이를 목하 우리의 주제인 <교육의 환경>과 결부시켜 해석한다면, 그것은 개념적으로 교육을 그 환경과 혼동하게 만들고, 실천적으로 교육을 교육 이외의 세계로 환원시키는 오류를 심화시킨다. 용병학문의 모학문이 많고 다양한 것만큼 그 오류의 향방조차도 혼란스럽다.

이런 용병학문들이 교육학과에 존속할 때 내세우는 또 하나의 명분은 모학문의 사실이 교육과 긴밀한 관계를 가지고 있다는 점을 내세우는 것이다. 이런 입장은 적어도 교육과 모학문의 사실을 개념적으로 분리시키고 있다는 점에서 앞서의 기능주의적 순환론보다는 논리적으로 보다 진전된 것으로 평가할 수 있다. 그런데 여기에도 아직 문제가 남아 있다. X와 Y가 관련이 있다고 주장할 때에, 그들은 서로 다르다는 것이 논리적으로 전제된다. 그렇다면, 모학문의 제반 사실들과 관련을 맺고 있는 교육은 무엇을 의미하는가 하는 부분이 선결되어야 한다. 그 후에 주장하는 관계가 실제로 진행되는가를 입증할 수 있어야 한다. 그런데 이 부분에서 아직 어떤 진전도 이루어지지 않고 있다. 단지 양자 간에 긴밀한 관계를 가지고 있다는 주장만 성립되고 있으며, 그 주장을 토대로 모학문적 사실이 교육이라고 주장하는 엄청난 비약이 가끔 작용한다. 그 비약을 정상적으로 해결하는 것이 본 절에서 제시하는 연구과제에 해당한다.

이 분야의 연구는 현존하는 교육학자들의 통렬한 자기반성과 개종의 산고가 동반되어야 한다. 그것은 적어도 3단계를 거쳐야 한다. 첫 단계의 전향은 자신들이 수행해 왔던 연구의 대상이 모학문의 사실이라는 것을 인정하는 것이다. 이는 그들이 사실상 교육학자가 아니라는 사실을 수긍하는 것으로서, 그들이 교육과 그 모학문의 사실에 관해서 만들어 놓은 오해를 청산하는 계기를 마련할 것이다. 두 번째 단계의 전향은 용병학자의 입장을 벗어나서 그들이 명실상부하게 교육학의 자율화에 동참하는 것이다. 이미 확보되어 있는 기득권을 포기하고 학문을 새롭게 시작해야 하는 이런 진로의 선택은 본인들에게 큰 모험일 수 있겠다. 세 번째의 전향은 앞의 진로를 조합한 것이다. 교육학의 자율화라는 과제를 수행하면서 얻은 교육의 내재변인들이 이전에 그들에게 친숙했던 모학문의 내재변인과 어떤 관계가 있을까를 추정하고, 그 실증적 증거를 얻는 것이다. 이런 점에서 교육의 환경에 관한 연구는 용병학자가 교육을 왜곡한다는 오명을 벗어나는 마지막의 단계라는 더욱 각별한 의의를 갖는다.

구체적으로 무엇을 어떻게 할 것인가를 좀 더 풀어서 생각해 보자. 먼저 분명하게 해결해야 할 것은 교육과 그 환경이 서로 이질적인 사실 혹은 현상에 속한다는 전제를 충족시키는 것이다. 앞에서 지적했듯이, 교육의 내재변인은 교육학의 자율적 체제 안에서 성립하는 변인이고, 그 외재적 변인은 용병학문의 체제 안에서 성립하는 변인이다. 그 반대도 성립한다. 교육의 내재적 변인이 용병학문의 입장에서는 외재적 변인이 된다. 교육과 환경의 연구가 진행되는 사태 안에는 이 두 부류의 이질적인 변인들이 동시에 작용하고 있을 것으로 가정된다. 교육의 환경 연구에서 수행해야 할 과제는 그들을 개념적으로 분리시키고, 그들 사이에 어떤 관계가 있는지를 밝히는 것이다. 이는 변인의 선택, 가설의 설정, 그리고 그 가설의 타당성을 입증하는 방법의 선택이라는 복잡한 절차를 요구한다.

교육의 내재변인이 무엇이냐 하는 부분은 교육학의 정체성 확립과 긴밀한 관련을 가지고 앞으로 점차 해결되어야 할 과제다. 용병학자들은 모학문적 사실만큼 교육적 사실에 대한 지식을 가지고 있지 않다. 이미 지적했듯이, 그들은 후자를 전자로 환원시키는 타성을 보여 왔다. 이제 그 습속을 버리고 교육은 학교 내외를 통관하는 세계이며, 단지 그 기능으로 환원시킬 수 없는 자체의 고유한 속성을 지니고 있다는 확고한 신념을 가질 필요성이 있다. 그 신념은 여타의 분과학문에서 설명하지 못한 새로운 사실의 발견을 통해서 점차 입증될 것이다. 미구에 자율적인 교육학 이론이 그것을 보충하거나 대체하는 교육의 내재변인을 발견하고 제안할 것이다. 어떤 완전한 목록을 기대할 수는 없다. 어느 단계에서나 이미 진행된 범위 안에서라도 관심 있는 내재변인을 선택하면 될 것이다.

교육과 관련되는 환경은 비교육적인 세계 혹은 영역의 총칭이다. 그것에 해당하는 변인들은 이미 무수한 분과학문에 의해서 잘 구명되어 왔기 때문에, 굳이 이 부분에 대해서 교육학자가 특별하게 고민할 필요는 없다. 용병학자들은 이와 관련하여 그저 그들이 모학문으로 삼는 내재적 변인 가운데 어느 것이라도 그의 환경연구에서 포함시킬 수 있을 것이다. 이때 한 가지 주의할 것은, 모학문에 따라 그 내재적 변인이 다르다는 극히 초보적인 인식이다. 앞에서 예로 들었듯이 심리학, 사회학, 경제학에서 밝혀낸 각각의 내재적 변인은 서로 다른 체제 안에서 그 이론적 의미를 가지며, 그 때문에 서로는 상대에게 외재적 변인에 속한다. 그와 같이 교육의 환경에 속하는 변인들의 다양성을 의식하면서, 그 가운데 교육의 환경으로서 의미 있어 보이는 것을 고를 수 있을 것이다.

이처럼 교육과 교육 아닌 것의 경계를 개념적으로 분명하게 확정하는 내재와 외재의 변인들이 선택되었다면, 나머지 과제는 이 두 항 사이에 어떤 경험적 관계 혹은 구조적 관계를 가지고 있는지를 밝히는 것이다. 여기에서 중요한 것은, 그 관계에 대한 추정이 이론적 토대를 가지고 있어야 한다는 점이다. 이와 관련하여 가설이 있는 연구와 단지 그 사실의 발견에 의미를 두는 연구를 구분하기도 하지만, 사실 자체의 규정에도 모종의 관점이 작용한다는 점에서 이론적 숙고는 불가피하다. 경험적 관계의 경우에는 단지 예측에 관심을 갖느냐 혹은 인과관계를 밝히고자 하느냐 하는 선택이 있을 수 있다. 다음에는, 그것을 입증하는 방법의 선택이 있다. 흔히 방법의 선택이 문제의 선택보다 앞서는 경우가 많은데, 그것은 올바른 순서가 아니다.

문헌의 해석은 그 다양한 연구방법 가운데 하나이다. 우리는 긴 역사를 지니고 있으며, 그것에 접하는 방법은 오직 기록에 의존한다. 기록은 물론 그 기록자의 개념적 여과를 거친 산물이기 때문에 그 개념이 무엇이냐 하는 문제가 남아 있다. 여러 가지 개념이 그 기록에 작용했을 가능성이 많다. 그중에는 교육과 그 환경의 상호작용으로 해석할 수 있는 기록이 포함될 수 있다. 삶 전체와 연관을 맺고 이루어지는 교육의 양태는 다양한 지방적, 개별적, 역사적 특수성을 지닐 수 있다. 그 양태를 올바로 해석함에 있어서 특별히 유의할 것은 '교육'이라는 용어가 아니다. 언어공동체에 따라 용어는 달라지며, 중요한 것은 그 용어가 위치한 개념의 맥락이다. 그것을 올바르게 이해하기 위해서 연구자는 그 기록자의 개념과는 별개로 사전에 교육의 환경에 관한 그 나름의 해석의 틀을 갖출 필요가 있다.

교육의 양태로 해석할 수 있는 하나의 역사적 실례를 들어보자. 일본의 역사에는 한동안 직업 사이의 사회적 이동을 제한한 시점이 있었다. 이 기간 동안 사람들은 하나의 직업을 가지고 생계를 유지하는 한편, 그것을 통해서 자신의 가능성을 실현시키는 자유와 도전의 계기를 찾았다. 그 사태를 기술하는 용어는 교육과 무관해 보일 수 있다. 그러나 교육본위론의 관점을 적용해 볼 때, 이는 직업을 소재로 진행된 상구와 하화의 한 사례로 해석할 여지가 많다. 베버(Weber, 1904)에 의하면, 유럽에 있어서 자본주의의 발달은 오로지 캘빈주의가 주장하는 세속적 금욕으로 말미암은 것이다. 캘빈주의, 보다 넓게는 프로테스탄티즘에서는 자기의 직업을 신의 소명으로 믿고 자기의 직업에 혼신의 힘을 다해서 몰두한다. 그 결과, 이윤도 생기고 자본도 축적되어 오늘날의 자본주의를 발전시키는 계기가 되었다고 하는 것이 베버의 주장이다.

일상에서 우리가 접하는 실제는 교육의 양상이 아니라 양태이다. 다양한 양태의 교육이 마치 교육 자체로 오인되는 경우가 많다. 이 경우 교육의 순수한 형태와 그 환경 사이의 관계를 이론적으로 분리시키고, 그 특수성을 해명하는 데에는 상당한 추론이 요망된다. 어떤 실천을 현실 속에 도입하고, 그 결과에서 원래의 가설을 확인해 나가거나 정당화하는 방식은 자연과학에서의 실험과 동일한 것이 아니다. 자연은 창안될 수 있는 것이 아니라 창안된 것에 대한 확인이다. 그러나 교육은, 모든 인간사가 그러하듯이, 바로 우리가 우리의 의지와 의도에 맞춰서 창조해 나갈 수 있는 세계의 일부이다. 단지 지금 있는 상황뿐만 아니라 "만약 … 한다면"이라는 가설적인 조건을 상상하고 그 결과를 유추해 보는 방법도 쓸 수 있다. 그 유추는 그런 실천을 도입하면서 점차 확정되어 갈 것이다. 모종의 인과관계에 대한 사고실험을 하고 자료를 확증하는 것은 단지 자료가 제시하는 사실뿐만 아니라 그 사실에 대한 사고실험의 타당성을 입증한다는 점에서 그렇지 않은 경우보다 강력한 설명력을 지닌다. 이 때문에 가능하다면 연구가 진행되기 이전에 모종의 가설을 설정하는 것이 좋을 것이다. 하나의 조건은 그것과 병행하는 다른 조건의 존재여부에 따라 그 효과가 전혀 다르게 나타날 수 있다. 서로 다른 비교육적 세계 사이의 상호작용의 맥락은 그 각각이 교육에 주는 영향과는 다른 효과를 가져 올 수도 있을 것이다. 이 경우, 생태적 환경이라는 표현이 적절하다. 그 생태적 환경은 무엇인가? 이런 질문에 대한 엄격한 증거를 확보하는 데 사용할 수 있는 방법이 이른바 실험(experiment)이다. 이는 변인의 조작과 통제, 측정방법, 그리고 그들의 변량을 비교하는 적절한 통계모형의 선택 등 보다 까다로운 조건을 만족시켜야 한다.

한동안 교육학을 지배해 왔던 이런 양적 방법에 대비하여 요즘 질적 방법에 대한 관심이 고조되고 있는 듯하다. 그중의 하나가 문화기술지(ethnography)이다. 문화기술지란 문화가 어떤 특정한 사람들이 세상을 살아감에 있어서 가지고 있는 생각의 틀이라는 것으로 규정하는 인지적 문화인류학의 이론[1]을 받아들이고, 그 정의에 맞게 사실을 밝혀 나가는 특수한 방법이다. 최근에 이를 교육의 연구에 적용하는 사례가 많아지고 있다(조용환, 1999b). 그러나 문화를 연구하는 방법을 교육의 현상을 연구하는 데 사용하는 것은 부적절하다. 말하자면, 이는 연구되는 대상과 선택하는 방법 사이의 불가분한 관계를 간과한 경우가 될 것이다.

경우에 따라 조용환(1999b)은 '문화기술지'라는 말에 대응하는 개념으로 '교육기술지'라는 용어를 사용하는데, 그 취지가 살아나려면 단지 용어의 차이뿐만 아니라 그 방법상의 차이도 밝혀야 할 것이다. 교육학의 과제는 교육에 대한 상식의 허점을 비판하고 그것을 이론의 체제에 의해서 대체해 나가는 것이다. 상식적 관점에 어떤 문제가 있는가? 달리 생각할 수는 없는가? 달리 생각한 것과 상식과의 차이는 무엇이며, 후자가 전자에 비해서 인식의 우위를 점하는 근거는 무엇인가? 어떻게 그 우위를 상식을 따르는 사람들에게 입증할 것인가? 이런 의문을 제기하면서 교육에 대한 개념체제를 다듬어 나감과 동시에, 그 개념체제에 의해서 포착되는 교육이 어떤 환경 안에서 그 특수성을 갖게 되는지를 주목한다면, 이는 교육에 관한 질적 연구의 좋은 사례가 될 수 있을 것이다.

앞에서 거론한 여러 가지 방법이 포괄성을 갖춘 것이라고 볼 수 없다.

---

1) 예컨대, 구디너프(Goodenough, 1981)는 인간이 경험을 조직하는 방식을 '문화'로 규정하고, 그 틀을 이용하여 자신을 둘러싸고 있는 환경에 남긴 흔적을 '문화의 산물'로 규정한다. 그 관점에 의해서 삶의 영역에 따라 정치문화, 경제문화, 예술문화, 교육문화의 부분이 가능해진다(Keesing, 1981).

강조하려는 논점은 방법이 문제에 후속한다는 원칙이다. 방법의 차이를 들어 연구의 영역이나 의의를 부각시키는 것은 마차가 말을 끌게 하는 격이다. 연구의 성격에 따라 방법을 선택하는 것이 옳은 순서이다. 앞에서 살핀 이런 질적 연구와 양적 연구는 배타적인 것이 아니다. 사실인즉, 양적 연구는 양화될 수 있는 질을 탐구하는 방법이며, 질적 방법은 그 방법상의 제한 때문에 배제된 부분에 대한 보강의 의미로 받아들여야 할 것이다. 또한 양적 방법은 과거 혹은 현재 진행되고 있는 사태의 해석에 그치지 않고 임의의 변인을 선택하거나 조작하여 그들 사이의 관계를 양적으로 검증하는 절차를 취한다. 여기에는 흔히 이론적 가설이 포함되기 마련이다. 그 가설을 받아들이는 기준을 대개 확률에 의존하여 사전에 약정하는 것이 보통이다. 이런 검증의 원리는 교육과 환경의 관계를 구명함에 있어서도 유용하게 사용할 수 있을 것이다.

## 7.3 교육과 행정의 관계

우리는 교육의 환경에 관한 연구를 통해서 현존하는 종속적인 제 1기 교육학이 자율적인 제 2기 교육학에 합류할 수 있는 길을 예고하였다. 그러나 이는 하나의 가능성으로 남아 있을 뿐 아직 불모지로 방치되어 있다. 학교체제와 연관된 그 주변의 환경에 대한 연구는 꽤 많게 진척되어 왔지만, 교육과 여타의 삶 사이의 관계를 밝힌 연구결과는 거의 전무한 실정이다. 전자의 연구가 불필요하다거나 잘못된 것이라는 주장을 하려는 것이 아니다. 다만 안타까운 것은, 그것이 결코 후자에 대한 우리의 근원적인 호기심을 만족시킬 수 없음에도 불구하고, 마치 그에 대한 해명이 이루어지고 있는 것 같은 착각을 준다는 사실이다.

이런 착각은 현존하는 교육학 자체의 한계에서 비롯한다. 이 분야의 연구에서 교육의 안과 밖이 구분되어야 하는데, 교육학은 그동안 그 조건을 만족시킬 수 있는 상태에 있지 못했다. 학교와 교육을 동일시한다거나 혹은 교육 밖의 것을 교육 안의 것으로 착각하는 상태에서 애초부터 교육의 환경을 논의할 개념적 기반이 성립될 수 없었다. 자율적인 교육학을 지향해 나가는 현 단계에서 이전의 그릇된 방향을 옳게 잡아가는 것이 무엇보다도 중요하다. 그런 취지에서 본 절은 기존의 것에서 이탈해서 새로운 출구를 찾아야 할 필요성을 느끼게 하는 예외적인 논의와 연구를 초대하고자 한다. 우선 '교육행정학'에서 그 사정이 어떤지를 살펴보고, 그 범례에 따라 다른 용병학문의 과제와 진로를 검토하는 순서를 택하겠다.

교육과 정치 사이의 관계를 말할 때, 가장 시급한 것은 교육을 국가주의라는 근대적 이데올로기의 그물망에서 분리시키는 청산작업이다. 교육과 학교를 동일시하는 범주착오의 배경에는 학교를 설립한 국가가 교육의 주체라는 고질적인 사고방식이 도사리고 있다. 그런 인식이 해체될 때에 비로소 국가가 교육의 주체가 아니라 바로 교육을 둘러싼 하나의 환경이라는 우리의 논의가 순조롭게 진행될 수 있게 되는 것이다. 역사적인 고찰이 이 노선에서 이루어졌다. 김성준(2006b)은 논의를 좀 더 소급하여 플라톤의 ≪국가론(/1997)≫과 동양고전의 하나인 ≪논어(성백효 편역, 1990)≫를 비교분석하면서, 전자는 주로 교육을 정치에 종속시키는 서구의 관점을 반영하고 있음에 비해서, 후자는 정치와 교육의 관계를 서로 상대적으로 대등하게 고려한 점에 주목한다. 최성욱(2007)은 근래의 국가체제의 등장으로부터 출현한 공립학교와 삶의 양상으로서의 교육은 서로 범주상의 차이가 있음을 적시하면서, 이를 동일시하는 관점의 근본적인 전환을 촉구한다.

정치는 사회집단이 권력을 매개로 사회의사를 집약하면서 사회가치를 추구하는 과정으로서 인간사에서 배제할 수 없는 측면이다. 국가 및 정당, 관료체제, 압력집단 등 각종 이익집단은 눈에 보이지 않는 방식으로 그들의 논리에 따라 우리의 삶을 지배하고 있다. 그런 정치적 과정과 교육이 우리의 삶에서 서로 아무런 영향을 주지 않고 독립해서 존재할 수 있다는 생각은 환상이다. 정치적 과정은 교육을 보장하고 진흥하고 촉진할 수도 있지만, 그것을 저지하거나 방해하는 부정적 환경이 될 수 있다. 그 관계를 정확하게 이해하고 조정하는 문제를 우리는 어떻든 해결해야만 한다.

정치적 환경으로서 우선 국가체제, 정치형태, 정부형태 등 거시적인 측면을 고려할 수 있을 것이다. 이념의 면에서 자유민주주의, 사회주의, 공산주의, 보수주의 등의 다양한 정치형태가 있다. 이들은 교육과 어떤 관계를 가지고 있는가? 이런 호기심을 만족시킬 만한 가장 오래된 탐구로서 우리는 듀이의 ≪민주주의와 교육(Dewey, 1916)≫이라는 저서의 내용을 들 수 있지 아닐까 한다. 듀이의 교육론은 기본적으로 민주주의라는 오늘날의 정치체제를 전제하고 있다. 그렇다면 여타의 정치체제와 교육 간의 관계는 어떨까? 그 관계에 대한 경험적 자료는 아직 밝혀진 것이 없다. 오늘날의 기준에 의해서 규정되는 공산주의와 민주주의라는 정치체제가 교육에 주는 영향, 혹은 반대로 교육이 그런 정치체제에 영향을 주는 모종의 쌍방의 측면이 있을 것이고, 그 영향관계는 듀이가 일면적으로 가정하듯이 반드시 긍정적인 것 만은 아닐 것이다.

국가 수준에서 고려될 수 있는 정치적 환경 안에는 법규제정이 포함된다. 이해관계를 조정하는 방법의 하나로서의 법률은 교육을 보장하고 진흥하고 촉진하거나 혹은 반대로 교육을 저지하거나 방해하는 요인이 될 수 있다. 교육을 보호하기 위해서 어떤 법률이 필요한가? 예를 들면, 우리나라의 경우, 헌법 제 29조 1항은 "모든 국민은 능력에 따라 균등하게 교육받을 권리를 갖는다"라고 규정하고 있다. 이 규정의 취지는 물론 교육에 대한 우호적인 환경을 조성하는 데 있지만, 아직 더 따져보아야 할 것들도 많다. 법률조항이 내포하는 '교육'은 과연 무엇을 의미하는가? '능력에 따라 균등하게'라는 자구는 어떻게 해석될 수 있는가? '교육받을 권리'는 '교육하는 권리'와 어떻게 다른가? 그 제정의 취지대로 이 법규는 교육을 진흥하는 데 진정 도움이 되었는가? 이 마지막의 문제는 단지 법규의 해석을 넘어서는 경험적인 연구를 필요로 한다.

이런 세부적이고 전문적인 문제에 대한 해답을 내릴 영역을 지금의 교육학 체제 안에서 찾기는 어렵다. 교육과 정치 혹은 행정의 문제를 다룰 수 있는 전문영역으로서 가장 유력한 자격을 갖춘 것으로 자처하는 '교육행정학' 역시 용병학문의 한계를 한 치도 벗어나지 않는다. 이 학문은 행정에 대한 개념은 비교적 잘 갖추고 있지만, 교육에 대한 개념은 참으로 빈약하기 때문에, 교육을 이미 행정적 체제로 주어진 것으로 규정하고 주로 학교에 대한 행정, 재정, 운영, 조직 등의 '정치학적'인 논의를 하여 왔다. 실제로 단지 행정의 문제만을 다루면서도 그것을 마치 교육에 관한 논의를 하고 있는 것처럼 스스로 착각하거나 그 착각을 대중이 믿도록 오도하고 있는 것이다.

그렇다면, 교육행정학이 명실상부하게 교육의 환경에 대한 연구를 하는 분야로 인정받기 위해서는 어떤 부대조건을 만족시킬 수 있어야 하는가? 첫째, 교육을 학교의 행정적 사실로 환원시키는 지금까지의 관행에서 과감하게 벗어날 수 있어야 한다. 학교에 대한 행정과 교육에 대한 행정은 구분된다. 그것들을 혼동하는 용어의 오용과 혼란이 정리되어야 할 것이다. 둘째 행정적 사실과 구분되는 교육이 무엇인지에 대한 입장의 표명이 요구된다. 이 부분에서 새로운 개념을 만드는 일이 부담스럽다면, 이미 이루어진 업적을 받아들이는 태도라도 보여야 할 것이다. 셋째, 특정한 행정의 내재변인과 특정한 교육의 내재변인 사이의 관계에 관한 가설을 설정하고 그것을 증거에 의해서 입증할 수 있어야 한다.

이런 조건은 단순히 행정이라는 용어에 교육이라는 용어를 덧붙이는 식의 안이한 태도와 극명하게 대조된다. 그 점을 반영하는 논의는 기존의 교육학의 틀을 벗어나 교육의 고유한 현상을 포착해야 한다는 고윈(Gowin, 1981)의 주장에서 발견할 수 있다. 그는 학교태(schooling)와 교육하기(educating)의 차이를 부각시키는 데 고심하면서, 뉴욕대학이 교육기관(educational organization)인지 혹은 사업기관(business organization)인지가 불분명하다는 흥미로운 의문을 제기한다. 어쩌면 뉴욕대학은 그 모두에 해당한다고 보는 것이 옳은 대답일 것이다. 우리의 논의에서 그 가운데 어느 관점을 택하느냐에 따라 그 각각을 지원하는 환경에 대한 규정도 달라진다. 고윈의 글 가운데 특별히 주목할 만한 대목은, 그중 교육기관이라는 선택이 이루어질 경우, 어떤 개념적 작업이 선행되어야 할 것인가를 그가 고민하는 부분이다.

> 우리는 항상 개념들이 지칭하는 풍부한 사태의 규칙성에 대한 세부적인 해명을 논구해야 한다. 만약 그들이 오로지 다른 개념을 지칭하는 것이라면, 우리는 그 근원적 이해에 도달할 단계까지 그 분석을 계속해야 할 것이다. 그 근원에 관한 주장을 꾀하는 이 저서가 택한 가정의 하나는 무엇이 교육적(educational)이며 무엇이 교육적인 것이 아닌지에 대한 해명이 무엇이 행정(administration)이고 아닌지에 대한 주장을 하기 이전에 거쳐야 할 분석이라는 점이다. 이것이 우리가 '교육행정(educational administration)'이라는 말 대신 '교육통치(educational governance)'라는 말을 사용하는 부분적인 이유이다(pp. 164-165).

이제까지 '교육행정'이라는 용어 안에 포함된 '교육'은 단지 명칭에 불과한 것이었다. 그렇다고 해서 교육을 단지 행정적 사실로 환원시킨다면, 교육의 지원체제라는 주장을 성립시킬 수 없다. '교육행정'이라는 용어가 가진 이런 이론적 맹점을 깨달은 고원은 그 나름의 교육관을 피력하고, 그것을 지원하는 행정체제를 종전의 것과 대비하여 '교육통치'라는 새로운 용어를 선택해서 지칭하겠다는 취지를 밝히고 있다. 그릇된 길과 올바른 길의 선택이 단순히 얼마나 빨리 걷느냐의 문제보다 더 근원적인 것이라는 점에서 이런 용어선택은 참으로 의미 있는 출발처럼 보인다. 교육환경을 논의함에서 있어서 일차적으로 요구되는 그런 당연한 차별화가 현존하는 '교육행정학' 분야에서 지금 어느 정도 받아들여지고 있는지 궁금하다.

이 이외에도 교육행정과 관련하여 재검토되어야 할 용어는 허다하다. 본 소절의 논의에서는 그것들이 교육환경이라는 관점의 성립에 장애를 주고 있다는 것을 부각시키려는 목적을 가지고 있기 때문에, 이하에서는 그동안 '교육행정' 혹은 '교육행정학자들'이 교육의 문제를 다룰 때 내세우는 슬로건에 늘 포함시키는 '교육자치'와 '공교육'이라는 두 용어만을 추가적으로 검토해 보기로 하겠다. 일견 이런 슬로건은 교육의 지원체제의 하나로서 정치적 환경을 표방하고 있어 보인다. 진정 그렇다고 볼 수 있는가? 오히려 그런 논의가 교육의 환경이라는 측면을 부각시키는 데 있어서 장애를 주는 것은 아닌가? 만약 후자의 경우라면, 이들은 보다 더 정확한 용어로 대체하거나 혹은 제외되어야 할 것이다.

경제가 정치 논리에 따라 움직이면 경제 발전에 저해가 된다는 말을 흔히 듣는다. 마찬가지로 교육이 정치 논리나 경제 논리에 따라 움직이면 교육 발전에 저해가 된다는 말도 성립한다. 교육은 그 자체의 내재율 혹은 내재변인에 의해서 운용되어야 한다. 이런 기본적인 원칙을 대변하는 용어가 바로 '교육자치'이다. '교육'과 '자치'의 합성어로서 별 거부감 없이 받아들이고 있는 이 용어의 의미는 그 각각을 어떻게 이해하느냐에 따라 다르게 해석될 수 있다. 그 용어를 내세워서 교육행정이 일반행정으로부터 독립해야 한다는 그럴 듯한 주장이 나온다. 그러나 이 용어가 실제로 함축하는 의미를 따지고 들면, 그것은 우리의 삶에서 교육을 자율화시킨다는 취지와는 전혀 별개의 것을 대변하고 있음을 알 수 있다.

근래에 김재웅(1998, 2001)은 이 맹점에 주목한다. 오늘날 책무성, 측정가능성, 그리고 예상되는 행동적 결과의 개념은 '교육자치'라는 논리에 따라 정당화되고 있다. 이는 교육청과 행정부서를 분리시켜 학교를 전자를 주도로 주민들이 자치적으로 운영한다는 뜻으로 논의되고 있다. 이처럼 주민에게 학교문제에 관한 결정권을 주면, 학교교육이 정상화될 수 있을까? 그 근거는 박약하다. 이런 방식의 '교육자치'가 허용된다면 학교는 그야말로 주민들의 통제 하에 있는 것이고, 또 주민이 규정하는 학교의 기능에 대한 관념과 의도가 어떤 것이냐에 따라 그것은 교육의 자율성을 유지할 수도 혹은 역행할 수도 있는 것이다. 교육의 자율성이란 교육 자체의 정체에 관한 올바른 인식에서부터 출발해야 한다. 이 점에서 학교의 자치라는 개념은 그 취지에서 훨씬 벗어나고 있다.

교육이 자율성을 확보할 수 있어야 한다는 것은 당연하다. 그러나 교육의 자율화라는 명분을 교육은 정치와 무관하게 운영될 수 있다는 의미로 내세우는 것 역시 무모하다. 교육과 정치는 우리의 삶에서 불가분의 관계를 가지고 있으며, 교육에 관한 입법, 정책, 계획과 결정, 집행과 지도에는 다분히 정치적인 요소가 개입하게 되어 있다. 그 점을 일단 시인하고, 그 정치적인 요소가 진정 교육에게 유리한 환경으로 작용하느냐 혹은 불리한 환경으로 작용하느냐를 냉정하게 판별하는 것이 현실적인 접근이다. 예컨대, 수많은 '교육정책'이 제시되고 있다. 그것들이 교육에 진정 유리하게 작용하는가? 오히려 그 명분과는 달리, 불리하게 작용하지는 않겠는가? 앞에서 언급한 '교육자치'라는 제도가 학교 안에서 교육의 자율성을 보장하는 환경으로 작용할 수 있는가? 이런 방식의 문제제기는 단지 선언적인 명분만으로 해결될 수 없는 연구과제로 남아 있다.

교육의 자치와 관련하여 우리가 탐구해야 할 주제는 그 논의 안에서 주로 어떤 가치관이 작용하느냐 하는 것이다. 어떤 것이 잘되었다거나 혹은 잘못되었다는 평가에는 모종의 가치기준이 개입한다고 보아야 한다. 우리는 제 2장에서 본위의 선택이라는 문제를 검토한 바 있다. 교육과 정치는 각각의 고유한 평가기준을 가지고 있다. 정치 혹은 행정을 위한 교육과 교육을 위한 행정은 모두 가능하며, 그때마다 그것에 적용될 기준은 달라진다. 이 가운데 어느 것에 일방적으로 치우친다면 그 관계는 한쪽으로 편향되는 것이다. 교육행정학의 분야가 그동안 교육행정을 일반행정과 분리시켜 독자성을 살려야 한다는 주장을 하여 왔는데, 그 주장이 성립하려면 당연히 교육의 고유한 가치가 반영되어야 할 것으로 기대된다.

이와 관련하여 신기현(2007)은 교육학의 한 분과학문을 이루고 있는 '교육행정학'이 사실상 수단과 목적의 측면에서 교육의 가치를 목적으로 삼아 왔는가를 검토한 바 있다. 주로 우리나라의 문헌을 조사한 결과는 그 반대로 나왔다. 겉으로는 교육행정이 교육을 위한 수단의 관점을 택하면서도, 막상 그 교육의 목적이 무엇이냐는 측면에서 뚜렷한 입장을 드러내는 주장은 찾아보기 어려웠다. 여기에는 가치규정보다는 주로 사실에 주목한다는 명분의 실증주의적 사고가 작용한 면도 있지만 반드시 그렇지도 않은 듯하다. 왜냐하면, 그들의 논의에서 행정이 추구하는 가치나 이념에 관한 한 너무도 많고, 다양한 주장과 주문이 이루어지고 있는 점을 발견할 수 있기 때문이다. 그렇다면, 그들의 논의에서 반영된 교육행정은 결국 학교체제의 유지를 위한 행정, 혹은 더 극단적으로 말하면, 행정을 위한 행정이라는 비난을 면하기 어렵다.

이제 이 문제를 어떻게 해결하느냐 하는 과제가 남는다. 그 하나는 학교체제 안에 교육적 가치와 행정의 가치가 어떻게 작용하고 있는지를 면밀하게 살피는 것이다. 후속 연구에서 신기현(2008)이 이 두 가지 가치의 관계를 탐색한 것은 그런 취지에 부합한다. 연구자는 교육의 가치와 행정의 가치가 서로 다른 것임을 명료하게 밝히고, 그 가치들을 중심으로 논리적으로 가능한 가치선택의 문제를 예시하였다. 그 다음에, 우리나라에서 그동안 문제시되어 온 주된 학교정책인 고교평준화정책, 교원평가정책, 지방교육자치정책에서 양족의 가치 사이에 어떤 선택이 이루어지고 있는지를 살폈다. 이런 문헌분석은 이런 정책들이 진정으로 교육을 위한 것인가를 따지는 매우 중요한 출발점이 될 수 있을 것이다.

우리는 목하 교육행정가 혹은 교육행정학자들이 표방해 왔던 슬로건이 교육과 사실상 무관한 경우를 살피고 있다. '교육자치'라는 용어에 이어, 다음에 검토할 것은 흔히 '사교육'과 대비해서 쓰이는 '공교육'이라는 용어다. '사교육'과 '공교육'의 경계는 무엇인가? 놀랍게도, 여기에 납득할 만한 이론적 근거를 찾아보기 어렵다. 단지 분명한 것은 그것이 진행되는 물리적 조건이다. 학교의 울타리 안쪽에서 일어나는 것은 '공교육'이고, 그 밖에서 일어나는 것은 '사교육'이라는 것이다. 이런 분류에서 교육학의 관심이나 논의가 주로 '공교육'에 편중되어 왔다. 그 치명적인 결점은 이미 '교육=학교태'라는 등식의 문제를 제기하면서 충분히 지적되었다. 이런 편중된 관점은 교육의 정치적 환경과 직접적으로 관련되어 있는 만큼 재론의 여지가 있다.

역사적으로 '공교육'은 '의무교육'과 연관되어 있다. 국민이면 누구나 교육을 받아야 한다는 것이다. 이미 살폈듯이 교육은 삶의 한 양상으로서 누구나 필요에 따라 참여하되 결코 강요할 성질의 것은 아니다. 교육을 위해서 학교를 강제로 다녀야 할 어떤 이론적 이유도 없다. 그렇다면, '교육자'와 '피교육자'의 분류는 다분히 교육의 논리보다는 정치의 논리에 부합한 개념이 아닌가? 이것은 혹시 19세기 서구의 국가주의의 유물은 아닌가? 이는 교육에 대한 국가적 억압과 탄압으로 볼 수는 없는가? '교육정책결정자들'도 역시 '공교육'을 특별히 총애하는 편이다. '교육청'에서는 학교 밖의 학원에 관한 업무를 한 부서에서 다루고 있으나, 그것을 교육적인 차원에서 다루기보다는 '학교교육'의 보조 수단으로서 인식하는 행정이 그 주조를 이룬다. 학원 이외에 각종 문화시설, 언론기관, 종교기관, 기업체 등에서도 활발한 교육활동이 전개되고 있으나, 이러한 교육활동을 종합적으로 일관성 있게 지원하거나 기획하는 기능이 현재의 지방교육자치제도 하에서는 매우 취약하다.

거의 당연시된 이런 '교육행정'이 지닌 문제는 무엇인가? 그것은 바로 '교육행정'이 교육이 아니라 학교를 위한 행정에 불과하다는 점이다. '공교육'과 '사교육'의 구분은 주로 거기에 투여하는 경제적인 비용과 관련하여 사용된다. 오늘날 '사교육비'의 규모가 지나치게 비대하다는 점을 들어 '공교육비'의 상대적인 증대를 권장하는 경향이 있다. 이제까지 이 점을 들어서 행정당국은 걸핏하면 '과외수업폐지'라는 명분을 내세워 '사교육'을 억제하거나 불법으로 간주하여 금지하는 정책을 취하기도 한다(김재웅, 1998). 그 부분은 역시 목하 우리가 논의하고 있는 교육의 경제적 환경과 관련되어 있기 때문에 더 심도 있는 논의가 필요하다. 이와 같은 문제의식에서 전제된 '교육'과 '경비'는 무엇을 의미하는가? 그 문제의 해결은 경제를 위한 것인가, 혹은 교육을 위한 것인가? '공교육'이 '사교육'보다 더 교육적이라는 말은 성립될 수 있는가? 교육을 위한 경비는 어떻게 산정될 수 있는가? 이런 문제들이 그 올바른 해명을 기다리고 있다.

김신애(2005)는 교육비용에 관한 논의에서 충족되어야 할 최소한의 이론적 전제사항을 검토한 바 있다. 그 첫째는 교육과 비용의 개념이 각각 분명하고 한정되게 규정될 수 있어야 한다는 것이다. 얼마의 경비가 들어가느냐 이전에 해결되어야 할 것이 무엇을 위해서인가라는 조건이다. 교육에 대한 명백한 규정이 없다면, 그것에 대한 산정 역시 그만큼 부정확할 것이다. 둘째, 교육과 경비 사이의 관계는 증명되어야 할 항목이다. 따라서 연구자 개인의 임의적인 판단이나 막연한 결정론이 아닌 충실한 경험적 사실에 근거해야 한다. 셋째, 그 사이의 경험적 관계가 어떻게 규명되든 간에 그 사실에 적용되는 가치기준의 선택에서 적합성이 보장될 수 있어야 한다. 만약 교육이 목적이고 경비가 수단이라면, 그것에 적용할 가치기준은 경제적 가치보다는 교육의 내재적 가치가 되어야 마땅하다. 이런 세 가지 기준에 비추어 연구자는 그와 관련된 국내학술지의 논문 및 교육연구기관의 보고서를 분석하였는데, 그 전제를 충족시킨 경우는 거의 발견할 수 없었다. 대부분 학교의 생활과 운영에 필요한 경비를 '교육비'로 산정하고, 막연하게 다다익선의 논리를 적용하였다.

단지 연구보고서의 내용뿐만 아니라 실제로 국가가 '교육재정'이라는 명목으로 공공자금을 지급하는 것은 다분히 학교를 위한 경비이다. 그 경비지불의 내용 역시 복합적이다. 최성욱(2003)은 그 경비지급의 내용이 주로 교사급여 등 구성원들의 생계비용(인건비), 학교의 생태적 여건을 구축하고 유지, 개선하는 데 드는 복지비용(보건체육관리비, 재산조성비), 그리고 각급 학교체제를 운영, 관리하기 위해 지급되는 기관운영비(관리운영비, 연구장학비, 입시관리비, 학생지도비) 등이 대부분이다. 이것은 '교육비'라는 것이 명목상으로만 존재할 뿐, 실제로는 학교체제에 직접, 간접적으로 속해 있는 구성원들의 생활비라는 것을 보여준다. 말하자면 '교육비'는 오늘날 그 인구가 전체인구의 약 1/4을 차지하는 이들을 위한 예산에 해당하는 셈이다. 그 재정지원은 국가 전체예산에 비추어 결코 적은 것이 아니다.

그러나 학교 안의 물질적 삶을 유지하고 향상시키는 것이 반드시 교육을 개선하는 것은 아니다. 재정적 지원의 산정이 중요한 것이 아니라 그것이 무엇을 위한 것인가를 다시 고려해야 한다. 여기에는 다시 '교육자치'의 경우에서처럼 대상의 무분별이라는 심각한 과오가 포함되어 있다. 학교생활의 경비와 교육비는 동일한 품목이 아니다. 학교의 유지 혹은 개선을 위해서 지불되는 모든 경비에서 어떻게 보아도 교육과 무관해 보이는 경비가 교육비 항목에 버젓이 자리를 차지하는가 하면, 정작 교육과 관련된 여건을 마련하고 그것을 촉진하는 데 쓰여야 할 경비는 무시되거나 축소되는 경향이 있다. 이 때문에 설사 아무리 천문학적 액수의 경비가 '교육재정'으로 책정되더라도 교육의 질적 개선과 연결된다는 보장이 없다.

이처럼 정책당국이나 교육학자들이 말하는 이른바 '공교육비'는 방만하게 과장되어 있는 한편, '사교육'에 대한 국가지원은 거의 무시할 정도에 그친다. 그 부족분은 거의 학부모의 부담으로 채워지며, 흔히 그것조차 '과다하다'는 평가를 받는다. 실제로 그 '사교육'이라는 것이 진정한 의미의 교육의 개념에 합당한 것이냐 하는 것은 '공교육'이 진정한 의미의 교육에 합당하느냐 하는 질문과 동일한 선상에 있는 것으로서 이론적인 문제를 지니고 있다. 그러나 그런 문제를 일단 접어둔다고 하더라도, 그 경비의 과다함을 따져서 '사교육'을 억제하거나 불법으로 간주하는 것은 본말의 전도에 해당한다. 경제의 논리에 의해서 교육이 좌우되어서는 안 된다는 것이 교육의 자율성을 지키는 기본적인 원칙이다. 교육의 입장에서 단지 수단으로 취급해야 할 지엽적인 사항을 교육 자체의 목적보다 더 앞세운다는 것은 바로 그런 원칙의 이탈이다. 그럼에도 불구하고, 그런 주장이 경제학자가 아닌 '교육학자들'의 입에서 나온다.

우리는 지금까지 '교육자치'와 '공교육'이라는 두 가지 개념의 사례를 들어서 이제까지의 '교육행정'이 교육의 정치적 환경이나 혹은 교육의 경제적 환경이라는 범주와는 전혀 다른 궤도에서 진행되고 있음을 살폈다. 이는 교육학이 용병학문의 특성에서 벗어나지 못한 데서 비롯한 필연적인 결과의 하나이다. '교육행정학'이 개념의 면에서 행정학으로부터 자율화되지 않은 상황에서 일반행정으로부터 독립된 교육의 자율을 논의하는 것 자체가 아이러니이다. 교육의 자율성을 개념적으로 해결하지 않은 사태에서 교육에 대한 더 많은 경제적 지원만을 강조하고 요구하는 것 역시 참으로 어처구니없는 일이다. 그 병폐의 원인이 개념의 오류에 있다면, 그 사태에 대한 일차적인 책임을 지녀야 할 당사자는 '교육행정학자들'이다. 그들의 거꾸로 된 개념체제와 눈을 바로잡는 것은 학자로서의 최소한의 양심에 부응하는 과제가 될 것이다.

그 단초는 김재웅(2001, 2004)이 '교육정치학' 분야의 현황을 검토하고 그 진로를 찾는 논의를 편 데에서 엿보인다. 그는 교육정치학의 탐구대상인 교육과 정치의 관계를, ① 제도로서의 교육과 제도로서의 정치의 관계, ② 이론적 실재로서의 정치와 제도로서의 교육, ③ 이론적 실재로서의 교육과 제도로서의 정치의 관계, ④ 이론적 실재로서의 교육과 이론적 실재로서의 정치의 관계의 네 가지 유형으로 구분한다. 그 관점에서 지금까지 이루어진 '교육정치학'의 대표적인 국내연구들이 위의 탐구영역 가운데 앞의 두 가지에 초점을 맞추어 이루어진 것으로 진단하고 앞으로 결국 정치학이나 교육학 모두 그 각각에 대한 제도중심의 탐구에서 이론중심의 탐구로 전환되어야 할 것을 주장한다. 그가 말하는 제도란 미분화되거나 혼질적인 것을 의미하며, 이론적 실재는 각 분과학문의 관점에서 포착되는 순수한 것을 지칭하는 것으로서, 그의 분류 가운데 네 번째의 것이 교육현상 자체를 중심에 놓고 정치를 그 환경으로 보려는 우리의 논지와 정확하게 일치한다.

이런 반성과 새로운 논지를 근거로 삼아 앞으로 추궁해야 할 문제가 많다. 예컨대, 우리생활 속에는 강제에 의한 것과 선택에 의한 것이 있다. 역사는 그 결집에서 전자에서 후자에로의 진전을 이루어 왔다. 또한 각국은 집회뿐만 아니라 표현 · 언론 · 출판 등에서 시민적 권리를 주장해 왔으나, 국가에 따라 그 자유를 허용하는 정도에 있어서 아직 차이가 있다. 이런 것들은 교육과 어떤 관계를 가지고 있는가? 교육이 그들에 영향을 준다면 그것은 어떤 것이며, 교육이 그로부터 영향을 받는다면 그것은 어떤 것인가? 교육은 특별한 의미의 정치적인 자유를 요구할 수도 있다. 우리는 완전하지 않다는 점에서 모두 장애인이다. 누구나 실수를 하려고 원하지는 않는다. 실수가 불가피할 수밖에 없다면, 누구든 실수를 용인하는 것이 인간적인 처사이다. 그 사태는 오히려 교육의 기회를 요구할 상황이다. 그 실수에 대한 한정된 관용이 필요하다. 그것을 보장하는 정책적 배려는 무엇인가? 이처럼 교육과 정치의 관계는 선험적으로 규정되는 것이 아니라 부단하게 탐색하고 입증해 나가야 할 분야이다.

정치의 한 분야로서 행정 역시 이 점에서는 마찬가지이다. 앞에서 지적했듯이 교육현상이 구체적으로 무엇인지에 대한 이론적 해명이 이루어지고, 그 다음에 그것이 행정적인 과정과 어떤 관계를 갖는지를 밝혀나가야 할 것이다. 그 각각의 내재변인은 물론 교육학과 행정학 안에서 규정된다. 우리는 교육학의 내재변인에 대한 탐구가 이제 시작단계에 불과한 것으로 보았으며, 행정만 하더라도 그 안에는 행정구획, 행정권, 행정기관, 행정작용, 행정조직, 행정주체, 그리고 행정처분 등 다양한 측면들을 포함한다. 후자가 전자에 어떤 영향을 주느냐 하는 것은 실증적 연구를 필요로 한다. 만약 교육을 위한 정치 혹은 행정을 평가하기 위해서는 그 연구에서 밝혀진 사실을 교육의 내재적 가치에 준해서 평가해야 할 것이다. 가령, 이런 기준에 의해서 구체적으로 우리나라의 정부기관인 '교육과학기술부'에서 입안되는 각종 '교육정책'을 평가하면 과연 어떤 결과가 나올까? 만약 그 결과가 교육의 발전과 무관하거나 장애로 작용하는 것으로 밝혀진다면, 그 정책은 교육을 위한 행정이라는 평가를 받기 어려울 것이다. 오늘날 수많은 젊은이들이 그런 정책의 영향을 막중하게 받고 있음에도 불구하고, 이런 검증이 실제로 이루어진 경우는 아직까지 거의 찾아보기 어렵다.

## 7.4 여타 분야와의 관계

연구란 항상 의문을 따라 진행된다는 점을 고려할 때, 일차적으로 제대로 된 문제의식의 확산이 시급하다. 이제까지 '교육행정학'이 교육환경의 연구에 참여할 수 있는 방식을 살폈다. 독자는 해명되어야 할 의문의 방대함과는 대조적으로, 수행된 연구나 혹은 그런 방향의 움직임은 참으로 미미하다는 결론을 내렸을 것이다. 그 주된 이유는 연구되어야 할 주제의 규정에서 잘못된 결론이 이루어졌기 때문이다. 교육현상 자체를 밝히는 것을 유보하면서 교육과 관련된 것이 무엇일지를 해명하는 일이 가능한가? 그런 문제나 과제는 특별히 이 분야에 국한된 것이 결코 아니다. 교육학의 다른 분야, 즉 '교육심리학', '교육사회학', '교육경제학', '교육문화인류학' 등 여타의 응용학문의 경우에도 사정은 마찬가지이다. 본 절은 특정한 주제를 중심으로 그 각각의 분야에서 관점의 전환이 어떻게 이루어져야 할지를 간단하게나마 검토하고자 한다.

교육심리학은 교육학의 내재변인과 심리학의 내재변인 사이의 관계를 구명하는 중요한 관문이 될 수 있다. 이런 과제의 수행은 종전의 교육심리학으로부터의 근본적인 시각의 전환을 전제한다. 이전의 제 1기 교육학의 관점에서는 이들을 교육에서 얻고자 하는 인간의 특성을 심리학적으로 규정하고, 다음에 그것을 결정하는 제반 환경을 탐구하는 방식으로 수행해 왔다. 기능주의적 교육관에 의하면, 그 환경이 바로 포괄적인 의미의 교육에 해당하는 것이다. 심리학에 포함된 제반 변인들 사이의 관계를 교육의 의미로 단순히 해석하는 식의 관례는 교육과 그 환경을 혼동하는 셈이다. 심리학의 '발달(development)' 혹은 '학습(learning)'이라는 개념이 교육의 영역으로 자연스럽게 편입되는 것은 바로 이런 기능주의적 교육관의 연장선상에 있다.

교육의 환경연구에 심리학이 참여하는 방식은 심리학적 변인으로 환원되지 않는 교육의 내재변인이 존재하고 있음을 인정함으로부터 성립한다. 이용남(2005, 2007a)이 교육심리학 분야에서 주로 다루는 주제인 발달, 학습, 인지, 성격, 측정심리 등이 사실상 교육의 범주와는 별개의 것이라는 점을 지적한 것은 이런 관점 전환의 중대한 출발로 보인다. 이때 그들과 차별화하려는 교육의 이론적 근거는 교육본위론이다(노희관·이용남 편, 2000; 이용남 편, 2002). 아직 밝혀진 것은 미진하다고 하더라도, 본서에서 제시한 열 가지 탐구영역의 모든 것들이 이제까지 심리학에서 다루지 않은 교육의 고유한 범주임은 분명하다.

교육본위론의 내재변인들이 심리학적 사실과 모종의 경험적인 관계를 가질 것으로 가정된다. 가령, 심리적인 인간상과 교육적 인간상은 여러 면에서 보완과 상충이 가능하다. 그들은 어떻게 다른가? 심리학에서 밝혀진 다양한 개인차, 이를테면, 지능, 성격, 동기, 인지양식, 자아개념 등이 각종의 교육의 내재변인에 어떤 영향을 줄 것인가? 이와 관련하여 이용남(2007)은 인간의 심리적인 특성을 지적인 특성과 정의적인 특성으로 나누고, 교육과 긴밀한 관계를 갖는 것은 전자보다는 후자일 것이라는 매우 포괄적인 주장을 제시한 바 있다.

그런 주장은 그 범위가 너무 광범하고 막연할 뿐만 아니라 아직 검증되어야 할 가설에 불과하다. 어떤 심리특성이 구체적으로 어떤 교육의 내재변인에 영향을 주며, 그 사실은 어떤 가치기준에 의해서 평가할지에 대한 언급이 필요하다. 예컨대, 지능과 성격은 각각 교육의 소재선택과 교육적 관계에 어떤 영향을 주는가? 심리학에서 밝혀진 각종 동기화, 보상의 종류와 유인가, 벌, 칭찬은 교육활동과도 모종의 관련을 가질 것이다. 심리적인 환경이 어떻게 교육활동의 외재적 변인으로 작용하는가? 그 양태는 상구활동과 하화활동에서 다르게 나타나는가? 이들은 각각 교육활동을 어떤 방식으로 촉진하거나 방해하는가? 교육을 실현시킴에 있어서 그들을 어떻게 통제하고 고려할 것인가? 그 각각에 대한 해답은 물론 증거에 의한 입증의 과정을 거쳐야 비로소 지식으로 받아들여질 수 있다.

교육사회학은 교육현상과 사회적 사실 사이의 관계를 해명하는 역할을 할 수 있다. 이 경우에도 관련되는 두 세계의 이질성을 인정하는 것이 선행되어야 한다. 그중 특히 중요한 부분은 제도로서의 학교와 교육의 개념적 분리이다. 교육을 규제하는 것은 제도가 아니라 그 안에 장치된 내재율이다. 이들을 혼동하는 사고방식으로서는 교육의 환경에 대한 논의가 불가능하다는 것은 말할 필요도 없다. 흔히 교육과 사회화를 동일시하는 것도 여기에 해당한다. 사회가 그 구성원에게 사회적 표준에 일치하도록 하는 과정은 분명히 매우 중요한 사회학적 사실이지만, 그것은 교육과는 구분된다(장상호, 2005a; 조용환, 1997; Nyberg & Egan, 1981). 교육은 인간의 동질화와 수평화를 경계하기 때문에 사회화와 교육은 서로 긴장과 갈등가능성을 지닌다.

교육학의 내재변인과 사회학의 내재변인이 일단 이렇게 구분된다면, 그 사이의 관계에 관한 다양한 문제와 가설을 설정하고 검증할 수 있을 것이다. 누구나 자기의 위치에서 얼마만큼의 교육을 할 수 있다. 특정한 수도계의 현품을 중심으로 위로는 상구계를 추구하고 아래로는 하화계를 추구할 수 있는 공간이 있다. 우리는 그런 교육활동을 가능하게 하는 질서와 그에 따른 사회적 규칙, 그리고 더욱 넓게는 사회의 제도적 장치를 상정해 볼 수 있다. 그것은 선진과 후진이 제약 없이 자유롭게 각각 스승과 제자로서 교육적 관계를 맺도록 돕는 제도적인 장치에서부터 시작해서 그보다 더 큰 교육의 체계와 조직을 포함할 것이다. 그 교육의 제도는 여타의 제도와 어떤 차이가 있는가?

학교는 그 제도의 하나이다. 그 명분상 '교육제도'라고 하지만, 그것은 규정될 성질의 것이 아니라 검증받아야 할 가설이기도 하다. 그 제도로 인해서 우리의 교육적인 삶이 풍요로워졌다는 증거는 무엇인가? 혹시 그 제도로 인해서 교육의 내재성이 손상될 위험은 없는가? 이런 의문과 더불어, 어떻게 그 제도를 보강하고 수정할 것인가? 그에 따르는 저항의 요인은 무엇인가? 학교의 울타리를 벗어나서 각종의 교육공간에서 배출된 국민들에게 요즘 '학점 은행제', '독학사 학위제'라는 방법이 도입되고 있는데, 그것도 이른바 '학력'이라는 개념에서 나온 것이 아닌가? 그런 제도 자체가 진정 필요한 것인가? 상구의 노력이 없이 얻은 실력이라는 것이 있는가? 그렇다면, 실력 그 자체를 인정하는 평가체계가 더욱 중요한 것은 아닌가?

어떤 교육이든지 복잡한 사회적 맥락을 떠나서 존재할 수 없다. ≪논어≫에 '유교무류(有教無類)'라는 말은 교육이 인종, 계급, 나이, 성별의 제약이 없이 누구에게나 실현될 수 있음을 지적한 것이다. 이것은 이론상 맞는 말이다. 그러나 그것은 교육의 세계 자체 내의 시각이고, 실제로 이루어지는 것은 모종의 사회체계라는 실제 속의 교육양태다. 요즘 '교육평준화'라는 정책은 이와 관련된다. 엄밀하게 말하면, 이는 일종의 정부정책으로서 젊은이들을 지역적으로 안배하여 중·고등학교에 배치하는 방식을 의미한다. 그 정책의 명칭에서 암시하는 것처럼 그것이 과연 교육을 평준화하고 있는지는 철저한 사실의 규명을 거쳐 검증되어야 할 과제다. 사회적인 자유와 평등의 개념을 교육에 적용할 수 있는가? 구체적으로 어떤 부분에서 어떤 조건으로 그것이 가능한가? 그 정책은 사실상 교육의 사회적 평등이라는 요구조건을 충족시키고 있는가? 학교 밖의 교육을 증진시키는 제도적 장치로서는 어떤 것이 있으며, 또한 있을 수 있는가? 그것이 만족스럽게 이루어지거나 불만스럽게 남아 있는 이유는 무엇인가?

사회학적 사실의 하나인 집단은 교육과 모종의 관련을 가질 것으로 가정된다. 모든 가치를 집단에 두는 사회, 그리고 그 응결력이나 유대감이 높은 사회의 경우, 개인의 판단은 집단의 것에 종속될 위험성이 많다. 집단을 단위로 한 교육의 주체가 인정될 수 있는가? 교육의 주체를 개인으로 삼는 경우라고 하더라도 교육은 대부분 집단이라고 하는 사회적 상황에서 진행된다. 집단은 그 크기와 구성, 과정, 표준, 역동성, 상호작용의 유형, 역할, 자아의 제시, 상호간의 지각 등의 변인들을 포함한다. 이 점에서 교육공동체와 일반집단 사이에 어떤 차이가 있는가? 교육공동체의 경우, 특별히 배려해야 부분은 무엇인가? 집단 안에서 구성원 전체의 교육활동을 극대화시키는 방안은 무엇인가? 집단교육에서 그 구성원의 교육의 페이스를 어떻게 개별적으로 인정하고 조절할 것인가? 큰 집단은 경우에 따라 더욱 기능적이고 자발적인 소집단으로 분할될 수 있을 것이다. 그 구성원의 수와 그것을 운용하는 원칙은 무엇인가? 소집단 간의 교육이 요구하는 조건은 무엇이며, 그것은 어떤 활동소를 요청하는가? 집단의 동질화와 이질화는 어느 경우에 적합한가? 다수의 제자를 상대하는 하화의 경우, 그들을 어떻게 활용하여 그들 간의 교육을 위한 짝을 지워줄 수 있는가? 그들을 품위에 따라 분류하고 서열을 매겨 그들 간의 교육을 활성화시키는 절차는 없는가?

사회적 조직이나 체계의 중심이 하나인가, 아니면 다원적인 것인가 하는 문제도 교육과 연관될 것이다. 자율적인 집단으로서 교육의 기구, 연맹, 조직, 혹은 연합체라는 것이 다원성을 전제한다면 단일체제라는 것은 많은 경우 조직의 특성을 저해할 가능성이 있다. 그 가능성 역시 검증되어야 할 사항이다. 교육은 이른바 역할을 귀속하는 사회보다는 그것을 선택할 수 있는 능력사회에서 더욱 활발하리라는 가설이 가능하다. 이는 계층 간의 사회적 이동과 계급적 해방, 인구증가, 도시화, 문맹률의 증가라는 사회적 변화와 관계가 있으리라는 가설을 암시한다. 그들과 교육 간에는 어떤 관계가 있는가? 지역사회 및 단체가 사회집단의 교육활동을 통해 직·간접적으로 끼치는 영향을 분석하는 것은 흥미로운 일일 것이다. 그 지역적 수준에서 교육의 욕구가 점증하고 그 요구에 부응하는 기회가 증대될 때 그 지역사회의 여타의 삶에 어떤 일이 벌어지는가?

앞 절에서 '교육행정'의 문제를 다룰 때, 우리는 '교육재정'의 문제가 주로 흔히 학교를 중심으로 이루어졌던 점을 문제시하였다. 그 문제도 전 생활영역에서 진행되고 있는 교육적인 측면에 대한 지원으로 그 인식이 바뀌어야 한다. 최근에 서울대학 법학과 3학년의 신분이었던 이한이 그의 저서 ≪학교를 넘어서(1998)≫에서 다룬 내용은 이런 취지에 부합한다. 교육에 대한 별도의 이론을 가진 것은 아니지만 교육의 자율성을 유지하는 데 있어서 특별한 사회경제적 지원이 있어야 한다는 이한의 현실의식이 이전의 '교육재정'이 가지고 있는 맹점을 초탈하는 탁월한 발상의 전환처럼 보인다. 그는 학교체제가 주로 '사회통제'와 '사회계층화'의 기능에 치중했음을 주목하고, 그와는 다른 사회 전반의 교육제도나 질서를 가정한다. 이는 일종의 학습공동체와 학습협동체라는 이른바 '자율교육시스템'으로서 '교육보험제도'[2]나 '교육화폐제도'[3] 등 그것을 지원하는 전혀 다른 방식의 재정확보의 문제를 다룬다. 그렇게 확보된 재정은 국가적인 교육자원의 확보, 교육공간의 확장, 교육정보와 상담의 제공, 통합적 평생교육체계의 구축 등에 쓰이거나, 예외적으로 교육이 필요한 국민들에게 적정

---

2) 이는 의료보험처럼 서비스를 받을 때 보험가입자가 서비스를 받는 만큼 일부를 부담하고 나머지를 국가가 부담하도록 하는 제도이다.

3) 이는 서로 가르치고 배우는 사람들 사이에서만 주고받는 화폐. 이를테면, 영수가 컴퓨터를 배우는데 철수에게 10만 원에 해당하는 교육화폐를 주고 교습을 받으면, 철수는 검도를 배우면서 영희에게 10만 원을 지불한다.

비율의 교육쿠폰을 제공하고 보조하는 데 쓰일 수 있어야 한다고 그는 주장한다.

정치와 경제는 서로 다른 원리를 따른다. 이는 교육과 경제의 관계에 관한 주제를 다룸에 있어서 '교육행정학'과 '교육경제학'의 분리를 요청한다. 단순히 재정의 문제를 떠나서 좀 더 포괄적인 범위 안에서 교육과 경제라는 두 항목의 관계에 대한 연구가 추진되어야 할지도 모른다. 이 경우에도 그 양쪽의 항목은 서로가 다른 것으로 환원되지 않는 방식으로 규정되어야 한다는 원칙이 적용된다. 가령, 교육은 경제적 발전을 위한 수단이라는 식의 기능주의적 정의를 택하거나, 그렇지는 않더라도, 가령 경제적인 소비와 공급이라는 경제적인 용어를 곧바로 교육을 설명하는 수단으로 사용할 경우, 경제는 교육의 환경으로서가 아니라 곧바로 교육현상을 왜곡시키는 역작용을 가져온다.

교육과 경제 사이의 관계와 관련하여 본격적으로 해명되어야 할 연구주제는 널려 있다. 교육에서 물적, 인적 조건은 다분히 경제적인 지원과 관련되어 결정된다. 교육에 대한 투자는 흔히 인간자원, 생산성, 그리고 시장성이라는 경제 내적 측면에 대한 고려에서 이루어진다. 그러나 그런 직접적인 관계를 떠나서 교육이 그것에 필요한 경제적 지원을 받는 방법은 무엇인가? 한 개인에게 있어서 소득과 교육 사이의 관계가 있다면, 불평등한 소득은 교육기회의 불평등의 원인이 된다. 그것을 해결하는 방안은 무엇인가? 예술의 자율성과 그것에 대한 경제적 지원에 관련된 이전의 역사가 이런 환원의 문제를 이해하는 데 도움이 될지 모른다. 자본주의와 시민사회의 등장과 더불어 이전에는 교회, 귀족, 절대군주와 같은 후견인들의 재정적 지원에 의존했던 학자, 예술가, 작가들이 점차 독립하여 세력을 확대하게 되었다.

질문은 계속된다. 그동안 교육이 경제발전에 공헌한다는 취지의 논의가 많았는데, 그 교육은 무엇을 의미했던가? 경제와 교육의 접점으로서 '산학협동체제' 혹은 '교육산업'을 상정할 때, 그 경제적 시장의 논리와 교육의 내재율 사이의 협력과 갈등의 가능성은 어떤 것인가? 국가에서 추진하는 '인력양성'의 과제에 교육이 공헌할 수 있는 가능성과 한계는 무엇인가? 세분화의 길로 치닫고 있는 산업구조는 오늘날 인력의 세분화를 요구한다. 이런 상황에서 흔히 말하는 적재적소의 원리는 어떻게 적용될 수 있는가? 산업에 필요한 인력은 시장경제의 원리에 따라 수시로 변전한다. 이른바 직장교육은 어떤 형태로 이 사태에 대응하고 적응할 수 있는가? 직업적 능력과 인간된 품성 사이의 관계는 반드시 대립되는 것으로 볼 필요는 없다. 노동으로부터의 인간의 소외는 필연적인 것은 아니다. 산업상의 기술과 자아실현은 서로가 갈등할 수도 있지만 공존할 수도 있다. 그렇다면, 인력양성과 인력교육의 구분이 필요한가? 각각의 경우는 어떻게 규정될 수 있는가?

교육과 문화와의 관계는 '교육문화인류학'의 연구에서 해명될 주제이다. 그러자면 역시 교육과 문화와의 차이가 무엇인지에 대한 이론적 규명이 앞서야 한다. 근래에 인류학의 관점에서 교육을 연구하는 것 못지않게 교육학의 관점에서 문화를 연구하는 것이 필요하다는 주장(윤여각, 1998b, 2001; 조용환, 1995, 1998, 2001)도 나오고 있다. 조용환(2001)은 교육에 대한 세 가지 문화적 담론을 검토하면서, 그 담론에 교육과 문화가 갈등할 수 있는 여지가 있음을 지적하고, 그 갈등을 넘어서서 교육과 문화가 상생할 수 있는 대안을 모색하고 있다. 구체적으로 말하면, 교육에 대한 세 가지 문화적 담론과 이에 기반을 둔 학교교육의 문화적·제도적 조건으로 인해 교육이 변질 혹은 왜곡되고, 이런 상태에서는 교육이 그 문화적·제도적 조건에 대해 종속성을 피할 수 없으므로, 교육과 문화가 서로 교차하면서도 상생할 수 있는 관계를 모색해야만 교육다운 교육이 가능하다는 것이다.

이 주장을 학교교육과 연관시킬 수 있다. 교육다운 교육이 이루어지는 학교가 좋은 학교라면, 그런 학교가 어떤 식으로 운영되어야 하고, 이를 위해 문화적·제도적 조건이 어떻게 조성되어야 하는가가 논의되어야 할 것이다. 그런데 조용환의 논의에서 아쉬운 점은 교육에 대한 관점과 문화에 대한 관점에서 아직도 개념적 불균형이 존재한다는 점이다. 그 때문에 윤여각(1998b, 2001)은 단지 문화와 교육 사이의 상생과 갈등의 도식을 넘어서서 그 본위의 문제를 더 깊게 추궁한다. 양자 가운데 어느 것을 본위화 하는가에 따라 양자의 관련 양태가 달라지는 것이다. 연구자는 문화를 본위로 할 때 교육은 문화의 외적 표현이 되며, 교육을 본위로 하면 문화는 교육의 결과가 된다는 주장을 내세운다.

교육이 문화의 외적 표현이라는 것은 교육에 참여하고 있는 사람들이 공유하고 있는, 또는 공유하게 되는 문화에 따라 교육 활동이 전개된다는 것을 의미한다. 그런데 그 논리 안에도 맹점은 있어 보인다. 윤여각의 주장에는 아직도 문화를 전달하는 것이 교육이라는 기능주의적 관점이 남아 있다. 교육의 본위는 우선 문화와의 관계를 벗어난 그 나름의 내재성에 대한 철저한 이해를 요구한다. 특히 교육은 문화화라는 별개의 문화적 현상과 구분될 수 있어야 한다. 그 문제가 해결되었을 때, 다음 단계의 질문이 가능할 것이다. 문화의 가치가 어떻게 교육에 영향을 주는가? 우리는 점차 문화접촉과 교섭이 중요시되는 시대에 접어들고 있다. 외부적, 외래적 문화요소를 어떻게 다각화하여 흡수하고 동화시키느냐 하는 문제가 중요한 과제로 등장한다. 이와 관련하여 문화상대주의와 보편주의의 논쟁이 일어나고 있다. 그에 대한 교육의 적응태세는 어떤 것인가?

교육과 문화와의 관계를 연구함에 있어서 방법의 선택에도 이전보다 좀 더 신중을 기할 필요가 있어 보인다. 근래에 '교육문화인류학'의 연구에서 문화기술지를 교육의 연구에 적용하는 사례가 많다(조용환, 1999b). 그러나 문화현상을 연구하기 위해서 고안된 방법을 교육을 연구하는 데 사용하면 결국 교육현상을 문화현상으로 환원시키는 결과를 가져온다. 문화기술지의 방법을 써서 특정한 문화의 구성원이 교육에 대해서 가지고 있는 신념에 대한 자료를 얻을 수 있을 것이다. 엄밀하게 따지면 그 자료는 문화적 사실을 반영한 것으로 보아야 한다. 따라서 교육현상은 이런 문화기술지와 독립된 방식으로 탐구되어야 할 것이다. 그렇게 함으로써 적어도 학문으로서의 교육학은 문화구성원의 신념과 상식의 허점을 입증할 정도의 이론적 우위를 점유할 수 있을 것이다.

이처럼 방법적 선별이 제대로 이루어진다고 할 때, 교육의 환경으로서 문화에 대한 매우 흥미로운 연구가 가능하다. 그것은 특정한 문화구성원이 가지고 있는 '교육관'이 그 문화에서의 교육에 어떤 영향을 주느냐 하는 것이다. 흔히 교육학자들 사이에 교육의 잘못을 대중의 '그릇된 교육관'의 탓으로 돌리는 경향이 있었다. 진정 그러한가? 이 문제를 해결하려면 교육학자들의 이론과 문화에서 규정하는 교육관 사이의 차이가 밝혀져야 하며, 전자가 후자에 비해서 인식의 우위를 점하는 근거도 제시되어야 할 것이다. 더 나아가 그 인식의 차이가 실제로 교육에 어떤 영향을 주는지도 실증적 자료를 토대로 밝혀져야 한다. 만약 주장대로 대중의 그릇된 교육관이 부정적 영향을 준다면, 그런 오류를 교육이 피하는 방법에 대한 대책도 강구될 수 있을 것이다.

문화인류학은 다원문화와 단일문화를 구분한다. 이와 관련하여 고려해 볼 만한 교육학적 주제는 다원문화의 하나로서 '교육문화'의 가능성이다. 이는 특정한 문화구성원이 공유하는 교육의 실천에 필요한 가치관, 태도, 적응양식, 전통, 관례 등의 복합적인 실재로서 앞에서 살핀 교육에 대한 신념의 범위를 훨씬 벗어난다. 교육에 유리한 문화와 불리한 문화가 있을 수 있다. 김지현(1997)은 부모와 자녀 사이의 교육이 이루어지는 문화의 다양성에 따른 문제를 제기하는 가운데 이른바 '교육조장적 문화'와 '교육저해적 문화'의 가능성을 예시한 바 있다. 그 구체적인 입증이 이루어져야 할 것이다. 각각의 내용은 어떤 것인가? 그 문화는 특정한 역사적 시점에 혹은 단위사회에서 어떻게 실재하는가? 우리의 삶의 현장은 어떤 상태인가? 만약 문제가 있다면, 어떻게 대처할 것인가? 교육을 조장하는 문화내용을 활성화할 수 있는 방안은 무엇인가?

## 7.5 교육여건의 해명

크게 보면 교육은 삶의 한 구성요소에 불과하다. 교육은 여타의 요소들이 제거된 공백 속에 고립하여 존재할 수 없다. 교육의 여건에 관한 연구는 교육을 어느 위치에 놓느냐 하는 면에서 각별하다. 교육을 삶의 한복판에 세우고 여타의 세계는 교육을 실현시키는 주변의 수단이라는 위치에 놓는다. 여타의 세계들에는 교육적인 삶을 촉진하거나 억제하는 조건들이 있을 것이다. 전자를 극대화시키고 후자를 극소화시키는 방안이 강구되어야 한다. 이 부분은 우리의 삶에서 교육발전을 이룸에 있어서 매우 중요한 부분을 차지한다(장상호, 1997b, 2003). 제 6장에서 살핀 메타교육이 교육발전의 내재적 조건이라면, 본 절에서 살필 교육여건은 외재적 조건에 해당한다.

우리는 교육을 둘러싼 주위의 환경과 여건이 미비하고 열악하다는 불평을 흔하게 듣는다. 그 주창자들이 교육에 대한 우호적 태도를 가지고 있음에 틀림없으나, 그 태도 이전에 냉정하게 따져야 할 점이 있다. 그 '교육'은 무엇을 의미하며, 그것이 열악하다는 것은 구체적으로 어떤 종류의 환경을 의미하는가? 그에 대한 사실적 증거는 확보되었는가? 그 증거에 적용되는 가치기준은 무엇인가? 이런 질문과 관련하여 쉽게 연상되는 것은 학교의 위치와 건축, 그 안의 장비와 자료, 학급의 크기, 좌석의 배치 등 여러 가지 물질적 조건이다. 그런 관점은 우선 교육의 개념에 대한 규정에서 큰 오류가 있으며, 그것을 결정하는 조건에 있어서 너무 가시적인 것에 치우쳐 있다. 이제부터 그 문제를 차근차근하게 검토해 보기로 한다.

'교육여건'에 대한 시시비비나 논평에 쉽게 동조하거나 흔들려서는 안 된다. 실증적 증거의 수집, 그 인과의 규명방식, 가치평가 기준의 선택에서 올바른 절차를 갖추어야 한다. 이 가운데 우선 실증성의 조건에 비교적 부합하는 연구의 사례에서부터 그 문제의 성격을 검토해 보기로 하자. 박민정(1998)은 학교에서 항간에 도입되고 있는 이른바 '열린 교실'에 주목하고, 그 안의 공간적인 구조에 따라 교육활동이 어떻게 달라지는지를 살폈다. 다른 한편으로, 연구자는 교사가 교실을 교육의 공간으로 전환하고 유지하기 위해서 취하는 전략과 학생들이 학습의 자율성을 획득하기 위해서 동원하는 전략이 무엇인지를 구명하고자 하였다. 어느 정도 그 실증적 증거를 갖춘 셈이다. 그러나 아직도 개념의 문제가 철저하게 다루어지지 못했다는 아쉬움이 남는다.

학교의 개선과 교육환경의 개선은 별도의 사안이다. 학교의 기숙사를 운영하여 의식주문제를 해결하고, 실습실과 도서실을 확충하고, 교원의 급여를 향상시키고, 학생들에게 풍부한 삶의 조건을 구비하는 것이 반드시 교육만을 위한 것은 아니다. 박민정의 연구에서 예컨대, '학교', '열린 교실', '교육의 공간', '교육활동', '학습의 자율성'이라는 개념이 쓰이고 있지만, 그들이 진정 무엇을 지칭하고 있는가에서 좀 더 철저한 이론적 변별이 필요해 보인다. 제 5장에서 우리는 '교육활동'이라는 개념이 매우 특수하게 규정될 성질의 것임을 지적했다. 또한 제 8장에서 더 검토할 부분이지만, '교육의 공간'이라는 개념도 역시 까다로운 조건을 만족시킬 수 있어야 한다.

우리는 그 자체로서 가치를 지니는 자율적인 삶의 한 양상으로서 교육을 상정하고 있다. 그 삶을 실현하고 향유하는 것이 바로 고유한 목적이며, 여타의 것은 바로 그것을 실현시키는 수단으로서의 가치를 지닌다고 하는 것이 교육의 여건을 연구하는 기본도식이다. 학교를 통제하는 정부기관, 학부모, 그리고 학교생활을 하는 교사와 학생들이 가진 교육관이 그 취지에 동조하는지도 검토해야 한다. 그들이 만약 특정한 결과를 중시하는 기능주의적 교육관을 가진 경우에 교육의 여건에 대한 논의가 불가능하다. 예컨대, 기능주의적 교육관에 터한 '교육공학'은 기계나 시설이 어떻게 교육을 대신할 수 있을까에 부심하기도 한다. 교육을 대신하는 조건을 교육에 유리한 것으로 규정하는 그런 자가당착은 교육의 환경을 구명하려는 취지와는 처음부터 동떨어져 있다.

자율적인 교육의 폭과 행사는 그것이 처한 복합적인 환경 등과 관련하여 제약받을 수밖에 없다. 박민정의 연구에서 교육의 여건으로 주목한 것은 좌석의 배열이다. 그 이외의 물질적 조건이 교육에 영향을 줄 것은 말할 필요도 없다. 건물, 각종 보급품, 교재와 자료, 장비(TV, 피아노, 전화, 녹화기, 녹음기, 비디오체제, 프로젝터, 실험기기, 현미경, 망원경 등), 시설, 조명, 낮은 소음수준 등에서 시작해서 좀 더 큰 지리적 조건과 같은 전반적인 생태적 조건 등을 물질적 조건에 포함시킬 수 있을 것이다. 또한 역사상 문자의 출현, 인쇄기술의 출현도 교육의 양태에 큰 변화를 주었다. 근래의 우편통신, 전화, 팩스, e-mail 등의 기술공학적 매체는 이전의 공간과 시간의 제약을 받지 않고 사람들이 서로 교육적인 교섭을 할 수 있는 새로운 가능성을 열어놓고 있다. 그들을 교육의 여건으로 활용할 여지는 엄청나다.

앞에서 우리가 교육을 결정하는 여건으로서 주로 물리적인 측면을 든 것은 설명의 방편에 불과하다. 더욱 중요한 교육의 여건은 쉽게 눈으로 식별할 수 없는 것들이다. 앞 절에서 용병학문의 전향과 관련하여 비교적 상론한 제반 심리적 조건, 정치적 조건, 경제적 조건, 사회적 제도와 풍습, 문화적 조건 등은 비가시적인 것이며, 그런 것들이 어떻든 교육에 영향을 줄 것이다. 그 제반 조건들이 각각 나름의 역사적 조건과 특성에 의해서 교육에 직접적으로나 간접적으로 영향을 줄 수 있는 측면들에 대한 연구의 과제에 관한 논의는 이미 이루어졌기 때문에 여기에서 재론할 필요가 없을 것이다.

교육의 여건과 관련하여 먼저 유념할 부분은 우리가 접하는 실제는 교육의 특수한 양태라는 점이다. 여기서 쓴 교육의 양태는 교육의 양상과 구분된다. 양상은 이제까지 그래 왔듯이, 교육의 내재변인에 의해서 여타의 세계와 구분하여 드러나는 특성을 지칭하는 것이고, 양태란 그 교육의 양상이 모든 주변의 환경적 변인들과 상호작용하면서 실제로 실현되고 있는 부분을 지칭한 것이다. 이 양자의 구분에 대한 필요성은 이미 <교육의 구조>의 문제를 다룰 때 다룬 바 있다. 설사 교육의 구조가 동일하다고 하더라도, 그것이 처한 맥락에 따라 그 양태가 다를 수 있는 것이다. 이 점을 다시 강조하는 것은 그 구분이 교육의 여건에 대한 연구와 긴밀하게 관련되어 있기 때문이다.

우리가 일상에서 흔히 접하는 것은 교육의 양상이 아닌 교육의 양태라는 사실은 교육의 여건에 대한 연구의 절차와 방법에 중요한 암시를 준다.

앞에서 지적했듯이, 교육의 양태 안에는 교육 자체와 그 환경의 상호작용을 포함한다. 교육여건에 대한 연구는 그 역방향을 추적한다고 볼 수 있다. 주어진 양태의 어느 부분이 교육의 내재변인에 해당하며, 나머지의 외재적 변인은 무엇인가? 이에 대한 개별적인 해답은 그 양태의 전체 변화 가운데 서로 상호작용하는 부분을 제외한 부분에 해당한다. 이제 그 상호작용하는 부분에 대한 설명을 추가하는 일반적인 이론적 모델과 가설을 설정하고, 그 타당성을 입증하는 실증적 자료를 확보해야 한다.

교육의 환경에 관한 연구는 교육의 내재적 변인과 교육의 외재적 변인 사이의 인과관계를 증명하는 것이다. 그 가운데 교육의 여건에 관한 연구는 그 인과관계의 방향에서 교육의 외재적 변인이 독립변인이 되고, 교육의 내재적 변인이 종속변인이 되는 특수성을 갖는다. 그 연구절차와 진행방식은 대략 다음과 같다. 먼저 변인의 선별에서 특별히 유의할 사항은 하나의 설명체제 안에서의 내재적 변인이 다른 설명체제 안에서는 외재적 변인이 된다는 사실을 감안해야 한다는 점이다. 하나의 내재적 변인은 그 설명체제의 한 구성요인이 되기 때문에 곧바로 그 체제 전체를 대표한다. 교육의 내재적 변인은 자율적인 교육학 체제 안에 포함되는 온갖 변인들을 지칭한다. 이렇게 말하는 것은 외재를 정당화시키는 것이 내재라는 점을 재차 강조하기 위함이다. 우리가 단순히 교육의 외재적 변인이라는 범주를 상정하고 있지만, 거기에도 실로 다양한 종류의 것이 있다. 외재적 변인은 반드시 분과학문의 분류에만 의존할 이유는 없다. 중요한 것은 그것이 교육 이외의 세계 안에서 그 의미를 확보하고 있다는 조건이다.

다음에 이어질 작업은, 바로 앞에서 언급한 교육의 양태에 해당하는 실제의 표집 안에서 그들을 변별해서 조작하거나 측정할 수 있는 방법을 찾는 것이다. 엄밀히 따지면, 교육여건의 구명은 교육의 외재적 변인을 조작하고 그것이 교육의 내재적 변인을 얼마나 결정하는지를 판명할 수 있는 자료를 확보함으로써만 가능하다. 그런 통제의 범위를 벗어나는 제약이 있는 경우에는 불가피하게 그 두 변인이 얼마나 서로 함께 변하는가를 판정하는 지수에 의존할 수밖에 없다. 그 어느 경우든 삶에서 이루어지는 각종의 변인들 사이의 관계는 복합적인 것이기 때문에 확률적인 판단에 그친다. 대개의 경우 통계는 그 복합적인 관계 가운데에서 연구에서 선택한 변인들 사이의 관계가 얼마나 우연적인 것이냐를 따진다. 그 통계의 지수가 단순히 우연으로 보기에는 너무 예외적인 것이라면, 그 선택된 변인들 사이에 우연 이상의 관계가 있다는 판단이 가능하다. 여기에는 자료의 수집, 측정, 그리고 그 판단에 항상 얼마만큼의 오류가 있음을 알아야 할 것이다.

교육의 여건에 대한 연구는 주어진 증거나 사실에 대해서 '좋다'거나 혹은 '나쁘다'는 모종의 가치판단이 추가되어야 한다. 같은 사실을 두고 그 판단의 기준을 어느 것으로 잡느냐에 따라 그 평가가 달라진다. 이 부분에서 이제까지 교육이 온갖 가치혼란과 가치전도의 희생물이 되어 왔다는 점은 이미 제 2장에서 <교육과 가치>라는 연구영역을 다룰 때 언급된 바 있다. 교육여건의 평가는 교육 밖의 제반 조건들을 교육의 고유한 삶을 향유할 수 있게 하는 수단으로 본다는 점에서 그 가치기준은 당연히 교육의 내재적 가치가 되어야 한다. 그렇다고 해서, 다른 기준을 전적으로 배제할 필요는 없다. 다음 절에서 우리가 검토하겠지만, 가령 교육의 기능이라는 관점에서 특정한 외재적 가치를 적용할 수도 있을 것이다. 그러나 그 외재적 가치가 내재적 가치에 우선하면, 가치도착이라는 오류에 빠진다.

교육여건은 원래부터 미리 규정되는 것이 아니라 사실에 비추어 끊임없이 탐색될 성질의 것이다. 그것에 대한 전체적인 해명은 언제나 미지수로 남아 있으며, 이 분야의 연구는 그 가운데 일부의 것을 점차 천착해 나가는 정도로 보아야 할 것이다. 단순히 직관에 의해서 교육의 여건이 좋다거나 나쁘다는 판단을 내려 왔던 이제까지의 관행에서 벗어나, 이처럼 좀 더 진지한 성찰, 변별, 그리고 연구가 차츰 진행됨에 따라, 우리는 그 자체로서 세계에 대한 이해의 폭을 넓힐 뿐만 아니라 교육적인 삶을 구가하는 주체로서 참고할 엄청난 지침을 얻게 될 것이다. 비유가 어색할지 모르겠으나, 이는 마치 전쟁을 수행함에 있어서 필요한 무기체제와 전술에 관한 지식을 얻는 것과 같다.

교육의 여건을 발견하는 것 못지않게 중요한 것이 그것들을 적절하게 분류하고 정리하는 것이다. 이와 관련하여 장상호(1997b)는 교육에 우호적인 환경과 비우호적인 환경을 각각 제 1환경과 제 2환경이라는 용어로 지칭할 것을 제안하였다. 정일선(2002a)은 여기에 다른 하나의 차원 즉 조정할 수 있는 조작적 환경과 그것이 불가능한 적응적 환경의 차원을 추가하였고, 그 네 가지 분류에 따라 그에 상응하는 대응조처를 상정하였다. 이른바 적극적 조작협응, 적극적 적응수용, 소극적 조작대응과 소극적 적응회피로 나누는 이런 분류체계는 물론 단지 이론적 의미를 지닐 뿐이다. 그것을 실제로 사용될 때에는 그 특수성을 고려하여 신중하게 활용되어야 할 것이다.

연구에서는 정확한 의미전달이 이루어질 수 있는 용어의 선택이 좋다. 그런데 제 1환경과 제 2환경은 그 내용의 구체적인 명시가 생략되어 있다는 문제가 있어 보인다. 앞 절(7.1)에서 그 각각을 플러스 환경과 마이너스 환경이라는 명칭으로 대치한 것은 바로 그런 이유에서이다. 이 명칭의 사용에 있어서도 그 대상에 있어서 보다 세분된 조건의 명시가 필요할 것이다. 교육의 다양한 외재변인 가운데 어떤 것에는 플러스가 되지만, 여타의 것에는 마이너스가 되는 환경요인이 있을 수 있다. 더욱 복잡한 관계는 교육의 공간이라는 또 하나의 변인이다. 가령, A라는 외재적 변인이 가정교육에는 플러스가 되지만, 학교교육에는 마이너스가 되는 것으로 판명된다면, 이 용어의 사용에서 역시 교육공간에 대한 특수한 정보가 추가될 필요가 있다.

가급적 플러스 환경을 조장하고 마이너스 환경은 제거하는 것이 실천적 과제가 될 것이다. 이 점에서 정일선(2002a)이 그 대응방식에 있어서 조작적 환경과 적응적 환경이라는 분류를 추가한 것은 일리가 있어 보인다. 가령 역사와 문화, 혹은 지리적 조건이라는 거시적 조건은 통제하거나 조정하기가 거의 어렵다고 보아야 할 것이다. 이에 비해서 정치적, 경제적, 사회적, 문화적 여러 관행은 개입의 정도에서 그 다음이다. 시설, 법,

행정, 심리적 분위기 등은 비교적 통제가 가능한 환경이며, 교육의 소재, 자료, 매체는 한 개인으로서 교육 주체의 통제범위 안에 있다고 할 수도 있을 것이다. 그러나 통제의 능력이나 범위는 그 주체, 시기, 혹은 방법과 별개로 규정될 수 없기 때문에, 그 분류에 있어서도 그 일반성에 있어서 신중을 기할 필요가 있다. 가령 한 개인의 통제범위를 벗어난다면, 국가 수준의 정책건의도 가능할 것이다.

교육여건에 대한 연구와 관련하여 마지막으로 지적할 부분은, 그 분야의 연구가 단지 실제적인 관심의 범위에 갇혀서는 안 된다는 점이다. 이 분야의 연구를 통해서 우리가 종국적으로 얻고자 하는 것은 그 특수한 사례가 아니라 그들을 총괄해서 설명할 수 있는 일반적 이론이다. 실증연구는 목하 우리가 접하는 실제적 교육의 양태가 그 일반적 설명체제 안의 특수한 사례가 된다는 것을 입증하는 것이다. 그런 것은 우리의 삶에서 전개되는 현상에 대한 우리 자신의 호기심을 만족시킬 수 있는 요소를 갖추고 있으며, 이제까지 강조해 온 것이지만, 학문으로서 교육학이 실제에 공헌하는 길은 그 실제에 대한 관심을 벗어남으로써 더욱 확장된다는 점을 여기에서 다시 상기했으면 좋겠다. 이 점을 분명하게 하기 위해서 비교적 추상적이고 거대한 담론과 연결될 수 있는 경우를 생각해 보자.

경제적 결정주의는 역사의 매 단계에서 정치적, 사회적, 문화적 실질은 그 사회의 경제적, 물질적 토대와 직접적인 상관관계가 있다고 주장한다. 이와 관련하여, 예컨대, 칼 마르크스(Marx, /1967)가 생산양식과 생산관계를 기준으로 구분한 원시 공산사회, 고대 노예사회, 중세 봉건사회, 자본주의 사회, 사회주의 사회 등 5단계 발전과 교육은 어떤 관계가 있는가? 오늘날 시장경제와 자본주의는 경쟁의 원칙을 따른다. 그렇다면, 이런 특수한 조건에 있는 교육은 그 체제에 적응한 양태를 보일 것이다. 품위는 자원의 일부로서 환원되어 경쟁의 상대가 될 것이고, 교육의 기회는 금전의 소유와 상관을 맺게 될 것이다. 이는 오늘날의 교육이 경쟁적인 양태를 보이는 원인이 될 수 있을 것이다. 그러나 시장경제와 자본주의의 형태가 아닌 또 다른 사회적 삶의 형태가 가능하며, 그 사회 안에서의 교육의 양태는 전혀 다를 수 있다. 이 부분에서 이론적 상상력이 필요하다.

경제적 결정주의에 기초한 앞서의 가설적 추론은 다른 사례의 실제에도 일반화될 수 있어야 할 것이다. 국가나 집단 간의 경쟁관계는 그들 간의 교육적인 협력을 저해하는 요인이 된다. 그렇다면, 경쟁사회에서 교육적인 협력을 증진시키는 방안은 없는가? 경쟁관계가 아닌 다른 업종끼리의 교류교육은 어떤가? 인력의 교류를 교육과 관련지을 수는 없는가? 이와 같이 인간관계와 분업적 질서의 특성에 따라 기계적 연대에 기초한 사회와 유기적 연대에 기초한 교류교육이 바로 그 업종의 경쟁력을 살리는 방도라면, 그것이 자본주의적 경제와 모순되지는 않을 것이다. 이런 세부적인 부분에 들어가면 자본주의체제에서는 경쟁이 불가피하다거나 혹은 정상적인 교육이 불가능하다는 식의 체념이 성급하다는 결론이 나온다. 말하자면, 그런 결론을 얻는 데에는 우리가 접하는 교육의 양태를 결정하는 제반 변인을 분리시키는 작업이 이루어져야 한다.

경제적 구조가 교육을 결정한다는 관점의 반대도 상정해 볼 수 있다. 베버는 그의 ≪프로테스탄트의 윤리와 자본주의 정신(Weber, 1904)≫에서 유럽에 있어서 자본주의의 발달은 캘빈주의가 주장하는 세속적 금욕으로 말미암은 것으로 설명한다. 보다 넓게는 프로테스탄트에서는 자기의 직업을 신의 소명으로 믿고 자기의 직업에 혼신의 힘을 다해서 몰두한다. 그 결과, 이윤도 생기고 자본도 축적되어 지금의 자본주의를 발전시키는 계기가 되었다는 것이다. 이 사례는 일본의 역사에서 나타났던 흥미 있는 사실과 결부하여 매우 의미 있는 추론을 가능하게 한다. 일본은 한동안 직업 간의 사회적 이동을 제한하였었다. 이 기간 동안 사람들은 하나의 직업을 가지고 그 속에서 생계를 유지하는 한편, 그것을 통해서 그 제한된 범위의 탁월성을 소재로 하는 상구와 하화라는 교육의 세계를 추구할 수 있었다. 이는 노동을 단순히 소외된 양태로 볼 것이 아니라 자아실현의 한 도구로 보는 새로운 인식의 지평을 열어 준다. 그것을 근거로 교육과 경제 사이의 관계에 관한 새로운 가설을 도출하는 것도 경제적 결정주의를 뒤집어 놓는 사유실험이 될 수 있을 것이다.

## 7.6 교육의 기능에 대한 입증

앞에서 교육이 그것을 둘러싼 환경으로부터 영향을 받으며, 따라서 그에 따른 선별적인 지원을 필요로 한다는 점을 논의하였다. 그 지원은 물론 교육 자체의 정체성을 유지한다는 것을 전제한다. 그 교육은 다시 그 자체의 속성에 의해서 여타의 삶에 영향을 줄 것이다. 외부의 지원을 받은 교육은 그만큼의 반대급부를 제공할 수 있을 때 형평에 맞다. 그렇다면, 교육이 여타의 삶에 공헌할 수 있는 부분은 무엇인가? 이 질문에 대한 해답은 언뜻 생각하기에 이미 수많은 교육학자들의 논의에 널리 포함되어 있어 보인다. 마치 교육은 만병통치의 비결을 지니고 있는 마법의 상자로, 그리고 교육학은 그 마법을 실현시키는 또 다른 도구의 하나로 묘사된다.

교육의 기능에 대한 연구는 그런 주장이 진정 타당한 것인가를 밝히는 데서부터 출발해야 한다. 이 부분을 살펴보면, 그 해답이 금방 나온다. 우선 그 논의에 포함된 개념 자체가 그릇된 것이다. 이미 살펴왔듯이, 대부분의 교육학자들은 교육 자체가 무엇인지를 이론적으로 해명하는 과제를 소홀히 해 왔다. 그들은 학교에서 하는 일이 바로 교육이라는 일반인들의 상식이나 혹은 기능주의적 교육관에 의존하여 왔다. 기능주의적 교육관은 교육의 실체를 밝히지 않고 단지 그 기능만을 강조하는 논법을 제멋대로 구사한다. 이 때문에 교육에 대한 기능에 관한 그동안의 수없는 주장들이 단지 잡담과 수다의 형태로 허공에서 맴돈다.

대중은 학교가 제대로의 기능을 하지 못할 때 교육이 잘못된 것으로 비난한다. 교육을 잘하게 하는 기능을 수행하는 것이 교육학이다. 그렇다면 교육학에 문제가 있는 것은 아닌가? 이에 따라 교육학이 교육을 망치고 있다는 비난도 나온다. 그 비난을 잠재우거나 혹은 회피하는 수단으로 동원되고 있는 기능주의적 교육관은 특정한 기능을 하는 것이 교육이라는 식의 논법을 취하기 때문에, 학교에 대한 불만을 아주 쉽게 해소할 수 있을 것 같은 환상을 갖게 한다. 그러나 앞에서 이미 지적했듯이, 조금만 따지고 들면, 그것들이 허풍스러운 말장난에 불과하다는 것이 분명해진다. 이런 말장난을 잠재우는 통렬한 반성이 선행되어야 한다.

논자는 교육과 학교태가 전혀 다른 범주의 것임을 누차 지적해 왔다. 그 점을 받아들인다면, 학교의 목적과 교육의 목적도 다른 범주의 것이 될 것이다. 적어도 그 기능의 면에서 학교와 교육을 구분한 예외적인 반성이 이전에 전혀 없었던 것은 아니다. 이와 관련하여 논자가 가장 즐겨 인용하는 것의 하나가 바로 다음과 같은 라이머(Reimer, 1971)의 글이다.

> 일반적으로 사람들은 학교란 교육하는 곳이라고 생각한다. 그것은 교육이 학교에서 표방하고 있는 이념이고 목적이기 때문이다. 학교에 대하여 오늘날까지 본격적인 비판이 없었던 것은 바로 이 '교육'이라는 용어의 의미가 사람마다 서로 달랐기 때문이다. 물론 학교가 다르면 거기서 하는 일도 다르겠지만, 오늘날의 모든 나라에서 학교들은 그 종류와 수준에 관계없이 다음과 같이 네 가지로 분해할 수 있는 사회적 기능을 결합시켜 나가고 있다. 첫째, 학생을 보호하는 기능(custodial case), 둘째, 사회적 역할의 선별기능(social-role selection), 셋째, 이론이나 원리 혹은 사상을 주입하는 기능(indoctrination), 넷째, 기술과 지식을 개발시킨다고 하는 통상적인 의미의 교육(education)이다(/1981, p. 33).

우리의 생활에서 너무도 당연해 보이는 이런 개념구분이 아직도 교육학 연구에서 제대로 이루어지고 있지 않다. 라이머의 글에서 특별히 흥미를 끄는 점은 교육의 기능을 학교가 수행하는 수많은 기능 가운데 하나에 포함시키고 있다는 것이다. 그러나 그의 주장에도 문제가 없는 것은 아니다. 우선 학교의 기능은 이처럼 간단하게 규정될 성질의 것이 아니다. 학교의 기능에 대한 당위적 결정은 학교의 관련주체가 결정할 문제이다. 그 기능이 진정 달성되고 있는가, 혹은 그 규정된 기능 이외에 어떤 기능이 따로 이루어지고 있느냐 하는 문제는 실증적 증거를 필요로 한다. 다른 하나의 문제는 바로 그 넷째의 기능으로 규정된 '통상적인 의미의 교육'에 관한 것이다. 그 부분에서 교육은 단지 '기술과 지식을 개발시킨다'는 또 다른 기능으로 환원되고 있다.

누차 지적한 것이지만, 기능주의적 교육관의 맹점은 교육의 실체를 규정하지 않고 단지 그것이 온갖 외재적 가치를 실현하는 수단이라는 관점을 택한다는 데 있다. 그 수단도 이른바 '교육이론'에 따라 차이가 있다. 교육이 세속계의 수단이냐 혹은 수도계의 수단이냐를 두고 대립한다. 세속을 위한다는 것 가운데에서도 정치를 위한 것이냐 경제를 위한 것이냐를 두고, 혹은 정치에서도 보수냐 혹은 혁신이냐 하는 이데올로기에 따라 교육의 목표를 다르게 규정한다. 이렇게 교육의 기능은 단지 명분론에 그치기 때문에 그 어떤 것이든 '엉터리 약장사'라는 비난을 피할 수 없다.

무엇이든 그 총체적인 기능은 규정되는 것이 아니라 바로 발견되어야 성질의 것이다. 그 어떤 것의 기능을 말하기 전에 밝혀져야 할 것은 그 기능을 하는 실체의 해명이다. 앞으로 교육학은 자율적인 실체로서 교육의 정체성을 밝혀 나가야 한다. 그것이 무엇으로 밝혀지든 그것은 어떤 방식으로든지 간에 인간생활의 여타의 과정에 영향을 주는 조건으로 작용할 것이다. 우리의 삶에서 대부분 부작용이라는 것이 그러하듯이 어떤 것이든 그 주장과 밝혀진 것 이상의 수많은 기능을 동반한다. 이 때문에 늘 알려진 것 이상의 여분의 기능에 대한 탐색이 필요하다. 그런데 놀랍게도 교육의 기능을 말할 때 이 부분에서 아직까지 거의 밝혀진 부분이 없다.

교육본위론은 다만 그 출범의 단계에서부터 수도계의 품위를 교육의 소재로 상정해 왔다. 이를 뒤집으면, 상구와 하화라는 교육의 과정은 품위를 실현시키는 수단의 하나라는 가정도 성립한다. 이들을 통해서 품위는 위로 확장되고 아래로 확산된다. 더 나아가, 교육은 바로 그 고유한 특성에 의해서 품위의 우열을 판별하는 중요한 수단이 될 미묘한 논리를 함축한다(장상호, 1996, 1999, 2000a). 이런 인식론적인 부분은 제 10장의 <교육적 인식론>이라는 또 하나의 연구영역을 성립시킨다. 그렇다고 해서 교육은 오직 각종 수도계의 발전을 위한 수단이라고만 보는 것은 오류이다. 품위를 결정하는 것은 교육만이 아니며, 또한 교육은 오직 품위에만 영향을 주지도 않기 때문이다.

교육이 수도계의 품위의 향상이라는 기능만을 수행하지 않는다는 점을 보이기 위해서 장상호(2003, 2009)는 교육이라는 삶의 양상이 여타의 삶의 양상에 어떤 영향을 줄 것인지에 대한 여러 가지 가설을 예시한 바 있다. 가령, 정치 분야에서 권력에 대한 교육적 설득방법, 경제 분야에서의 고급인력 양성, 사회적 삶에서 관습의 형식적 틀을 벗어난 인간적 유대감, 문화에서 고급문화와 대중문화의 공존, 종교분야의 종파적 충돌의 화해를 촉진시키는 긍정적인 국면이 있을지 모른다는 점을 타진했다. 혹은 그와는 대비되는 부정적 영향 역시 배제할 수 없다. 만약 이 가설들에 동의할 수 없는 학자들이 있다면, 다른 주장을 내세울 수 있을 것이다. 그 견해의 옳고 그름에 대한 판단은 사실적 증거를 요구한다. 그러나 아직 그 입증은 물론 그 반증조차도 이루어지지 않았다.

교육과 그 제반 환경과의 관계를 일시에 검증한다는 것은 불가능하다. 교육의 외재적 가치의 총체는 지금으로서 미지수이다. 긴 호흡과 장기적인 안목이 필요하다. 교육의 기능과 관련하여 현재로서 분명히 말할 수 있는 것은 그것을 연구하는 방법과 절차이다. 그것은 앞에서 우리가 밝힌 교육여건의 검증과 그 반대의 방향으로 생각하면 이해하기가 쉬울 것이다. 교육의 기능에 관한 연구가 갖추어야 할 최소한의 조건은 교육의 내재적 변인이 독립변인이고, 여타의 외재적 변인이 종속변인인 연구의 가설을 내세우고, 그것을 입증하는 연구의 설계를 따르는 것이다. 그로부터 얻어진 사실에 대해서 적용되어야 할 적절한 가치기준은 교육의 외재적 가치가 되어야 할 것이다. 교육의 외재적 가치는 다양하다. 따라서 그 가운데 어떤 것을 선택하느냐 하는 문제가 따른다. 그에 대한 적절성은 선택된 종속변인이 설명하는 현상이 어떤 것이냐를 따져서 결정되어야 한다.

불행히도 위에서 지적한 기본적인 조건을 제대로 갖춘 연구의 사례는 아직 거의 찾아보기 어렵다. 그럼에도 불구하고, 이 분야의 연구가 그 가능성의 면에서 가장 많은 성과를 기대할 수 있다는 점은 명백해 보인다. 교육의 내재적 변인 하나와 관련시킬 수 있는 외재적 변인은 그야말로 무수하다. 만약 거기에 다른 하나의 내재적 변인이 추가된다면 그만큼 그것의 해명에 필요한 연구의 수는 배가할 것이다. 이렇게 본다면, 불원간에 이 분야의 연구사례가 기하급수적으로 증가할 것으로 예견된다. 그 시점에 이르러서 비로소 교육학자들은 '엉터리 약장사'라는 굴욕적인 신분과 비난에서 해방될 수 있을 것이다. 왜냐하면 확실한 연구결과를 토대로 교육의 기능에 관해서 좀 더 책임 있는 발언을 할 수 있게 되기 때문이다.

제 8 장

# 교육의 공간

## 8.1 삶의 교육본위화

우리가 일상적으로 접하는 공간은 가정, 학교, 학원, 직장, 협회, 문화센터, 박물관, 도서관, 청소년회관, 교도소, 자선기관들, 그리고 각종 동호인 클럽 등과 같이 주로 생활하기에 편리한 방식으로 구획되어 있다. 한 개인의 일과는 그렇게 구획되는 공간의 전환으로 엮어진다. 이들이 단순히 물리적인 차이에 불과한 것이 아니라는 것은 말할 필요도 없다. 그 각각의 공간에는 정치, 경제, 사회, 문화, 종교, 교육 등의 다양한 종류의 삶이 동시에 전개되고 있으며, 그 복합적인 생태적 조건이 바로 그 개별적인 특징을 규정한다.

늘 평화롭고 정태적이며 획일화된 생활공간은 존재하지 않는다. 그 인식의 시각을 어느 것으로 선택하느냐에 따라 공간의 의미와 가치의 위계는 한꺼번에 달라진다. 예컨대, 가정이라는 생활공간을 정치적인 입장에서 본다면 그 위계나 서열을 명령할 수 있는 권력의 자리가 되지만, 경제의 입장에서는 그것이 배면으로 후퇴한다. 이제 의·식·주에 따른 수입과 지출이라는 과제가 전면으로 부각되는 것이다. 이 때문에 생활공간은 이처럼 서로 다른 이질적인 삶의 양상을 대변하는 세계들 간의 갈등과 경쟁과 싸움이 계속되는 끊임없는 전쟁터를 방불하게 한다.

이 점은 결국 우리의 삶을 분류하는 방식의 전환이 얼마나 중요한 것인지를 말해준다. 그것을 잘 드러내는 데에 고유한 생활양상을 탐구하는 분과학문의 역할이 자리하고 있다. 분과학문의 개념체제는 바로 그 생활세계를 그 분과학문의 사실로 환원시킨다. 생활세계를 특정한 분과학문의 단일한 논리에 환원시키거나 혹은 하나의 특정한 삶에 비추어 보는 것이 일견 편협한 것처럼 느낄 수도 있다. 그러나 그것이 단지 편협다고만 볼 수 없다. 왜냐하면, 그렇게 서로 분리된 정치, 경제, 사회, 문화, 종교, 교육 등 그 하나하나의 삶이 그 자체로서 총체성을 지니고 있기 때문이다.

각각의 분과학문이 그 인식의 배타적 선택과 집중에 참여하면서 그 대상세계의 이해와 발전에 공헌한다면, 교육학은 당연히 그 생활세계 안에서 교육을 이론적으로 드러낼 책임을 져야 할 것이다. 생활공간 안에는 응당 교육적인 삶이 포함되어 있을 것이고, 교육은 여타의 삶의 양상과 더불어 공존할 것이다. 그들 사이에는 조화뿐만 아니라 충돌의 소지도 많다. 교육학의 연구는 이처럼 서로 다른 세계들 사이의 갈등과 경쟁이 치열하게 이루어지는 생활공간 안에서 교육이 차지할 몫을 드러내고, 교육이 가미된 최소한의 균형을 쟁취할 수 있어야 한다.

교육학은 그 존재이유로서 유별나게 교육을 위한다는 명분을 내세워 왔다. 그렇다면 그와 관련하여 현존하는 교육학은 그 과제를 제대로 수행해 왔는가? 부끄럽게도 교육학은 이제까지 그 과제를 수행하는 데 적절한 역할을 할 수 없었다. 우리의 논의맥락에서 이 문제에 접근할 수 있는 가장 비근한 개념이 아마도 '교육현장'이 아닐까 한다. 이 용어를 사용하여 가장 널리, 그리고 흔하게 교육의 문제가 제기되고 그 실제적이고 구체적인 해결점을 모색하는 논의가 이루어져 왔다고 볼 수 있을 것이다. 그러나 단지 제도와 관습에 기초한 이 용어는 그 자체로서 이미 개념적인 장애를 지니고 있다.

'교육현장'이라는 용어가 통속적으로 연상시키는 것은 눈으로 볼 수 있는 학교의 울타리 안에서 일어나는 사태, 즉 학교태(schooling)이다. 그러나 우리는 지금까지 학교태가 다양한 삶이 동시에 전개되는 생활공간의 하나이며, 교육은 그 안과 밖에서 진행되는 삶의 양상의 하나임을 지적해 왔다. 따라서 이제까지 교육을 드러내는 것으로 활용되어 온 '교육현장'이라는 용어는, 교육의 입장에서 볼 때, 그것을 학교 안의 여타의 삶과 혼동하게 할 뿐만 아니라 학교 밖의 생활세계에서 이루지고 있는 교육을 간과하게 하는 역작용을 한다.

무심코 사용하는 '교육현장'이라는 용어가 그런 범주착오의 문제점을 지니고 있다면, 그것을 대체하는 새로운 용어를 찾아야 할 것이다. 옳은 의미의 교육의 현장은 학교의 울타리 안쪽처럼 물리적으로 분리시킬 수 있는 것이나 혹은 가시적인 것이 결코 아니다. 학교를 포함하는 제반 생활공간에서 특별히 교육의 지위를 확보하기 위해서는 먼저 교육 자체의 속성을 전면에 부각시킬 수 있어야 한다. 그 조건에 부응하려고 제안된 것이 바로 본 장의 주제인 '교육의 공간'이다. 이 용어는 앞서의 '교육현장'이라는 용어와는 달리, 그 나름의 고유한 이론적 의미를 지닌다.

물리적 공간, 수학적 공간, 심리적 공간, 사회적 공간, 문화적 공간이라는 용어가 지칭하는 것처럼 공간은 다양한 관점을 허용하는 다원적인 개념이다. 이미 밝혀진 공간들과 동열의 것으로 추가될 수 있는 공간이 얼마든지 있을 것이다. 그 주장을 할 수 있는 관건은 바로 관점의 확보이다. 장상호(1991a)는 교육을 하나의 자율적인 세계로서 포착할 수 있는 이론을 제시하였으며, 교육공간은 그 관점에 의해서 새롭게 편입시킨 특별한 공간이다(장상호, 1997b, 2003; 최성욱, 2005, 2006b). 교육의 양쪽 날개인 상구교육과 하화교육이 서로 다른 내재율을 가지고 진행되는 만큼 가령 '상구공간'과 '하화공간'의 구분이 있을 수 있다(최성욱, 2006b). 여기서는 편의상 그 세부적인 구분을 피하고, 교육공간이라는 용어로 일괄하여 논의하고자 한다.

교육공간을 이처럼 굳이 하나의 이론체제 안에 근거지우는 데에는 앞에서 지적했듯이 여타의 공간과 대비되는 그 고유한 특성을 드러내 준다는 것 이상의 이로운 점이 계산되어 있다. 이론적 체제의 특징은 그 연대성이다.

이 용어는 여타의 내재적 개념, 예컨대, 교육의 가치, 교육의 발전, 그 발전의 방안으로서의 메타교육과 교육여건의 조성, 교육의 실천, 그리고 교육평가 등과 긴밀한 연대성을 지니고 있기 때문에 그 의미가 교육 전체로 확장된다. 이는 이미 그 말썽을 일으키고 있는 '교육현장'이라는 용어로는 도저히 기대하거나 미치지 못할 강력한 영향력을 함축하고 있다.

교육은 우리가 생활하는 양상의 하나이기 때문에 통상 말하는 입학, 졸업, 정원이라는 용어가 쓸모없다. 일상의 생활 속에 교육이 있다. 말하자면, 인생 자체가 교육의 장이라고 할 수 있다. 우리는 제 2장에서 교육의 내재적 목표가 무엇이라는 문제를 다룬 바 있다. 그것은 그 나름의 고유한 가치를 지니고 있기 때문에 하나의 과업으로 규정할 수도 있다. 그 경우 '교육의 생활화' 혹은 '생활의 교육화'라는 용어의 사용이 더 적절하다. 살아가면서 모든 사람들이 각각의 수준에서 한편으로 자신의 역량에 맞는 도전을 찾아 상구하고, 다른 한편으로 그것으로부터 얻은 것을 하화하는 보람 있는 삶을 영위하는 것이 바로 교육 자체만의 독특한 목표가 될 수 있는 것이다.

이 점은 곧 새로운 의미의 교육발전의 과제와 직접적으로 결부되어 있다. 종전의 '발전교육론'에서 볼 수 있듯이, 교육발전은 주로 교육이 다른 부문의 발전에 어떻게 기여할 수 있는가 하는 문제와 연계하여 이루어진 논의의 주류를 이루어 왔다(최성욱, 1997a). 이는 교육 자체의 규정을 그 기능으로 환원시킨 기능주의적 교육관의 전형으로서 인식론적 문제를 지니고 있다. 앞(7.5)에서 살폈듯이, 교육이 다른 부문의 발전에 기여하는 경우를 생각해 볼 수 있다. 그러나 그 이전에 교육 자체의 발전이라는 과제가 해결되어야 한다. 그런데 지금까지 이에 대해 체계적으로 논의한 경우는 거의 없었다.

교육본위론이 취한 새로운 관점의 교육발전이란 교육의 열정을 가진 사람이라면 시간과 장소에 구애받음이 없이 누구나 교육에 참여하고 그 내재적 가치를 향유할 수 있는 사태를 지칭한다. 그것을 달성하는 방법 역시 두 가지로 나누어 논의되었다. 그 하나는 메타교육을 통해서 교육을 실현시킬 수 있는 능력을 구비하는 것이고, 다른 하나는 그 능력을 실현할 수 있는 제반 여건을 구비하는 것이다. 우리는 전자를 제 6장에서 <메타교육>, 그리고 후자를 제 7장에서 <교육의 환경>이라는 연구영역으로 이미 따로 살핀 바 있다.

본장에서 논의할 교육공간은 이로부터 나온 제반 해답과 병행되어야 할 탐구의 대상이다(이민영, 2000, 2002; 장상호, 1997b). 생활공간을 전제로 교육공간의 연구가 검토할 부분은 그 구분과 배열하는 방식에서 택할 큰 입장의 차이이다. 즉, 그 생활공간에서 교육의 공간이 본위가 되고 여타의 것은 그 환경으로서 교육을 실현시키는 수단으로 간주하는 방식으로 특별한 의미의 악센트를 가미한 공간이라고 말할 수 있다. 교육공간의 연구는 우리의 주변에서 구획되고 있는 일상적 범주의 제반 생활공간에서 일어나고 있는 교육의 양상, 혹은 그 공간에서 실현시킬 수 있는 교육의 가능성을 모색할 뿐만 아니라 그 한계를 탐구할 수 있게 될 것이다.

교육은 구체적인 삶의 맥락 속에 있다. 이 때문에 이런 질문에 대한 해답은 생활 일반이라는 좀 더 포괄적인 총체와 관련하여 얻어질 때 더욱 구체성을 지닐 수 있다. 교육공간에 관한 연구는 종국적으로 생활공간을 교육을 위주로 설계하고 기획할 수 있는 특별한 공식을 얻을 수도 있을 것이다. 그러나 이 분야의 연구는 그 출발단계에 있다고 말할 수 있다. 우리의 삶의 곳곳에서 진행되어 온 보편적인 공간의 하나가 아직도 제 모습을 드러내지 못한 상태로 남아 있는 것이다. 해명되어야 할 질문들이 너무도 많다. 우리의 삶에서 교육공간을 어떻게 이론적으로 구분해 낼 것인가? 생활공간에서 교육이 어떤 교육의 질서로 제자리를 차지하고 있는가? 교육의 공간구성에서 고려하여야 할 최소한의 요건은 무엇인가? 그 단위를 확정하는 기준이나 절차는 무엇인가? 어떻게 생활공간을 교육의 관점에서 재구성할 것인가?

누차 지적된 것이지만, 우리가 접하는 일상의 삶 속의 교육은 교육의 내재와 외재가 상호작용하면서 결합된 교육의 양태이다. 교육은 늘 교육과 여타의 세계가 공존하는 생활공간 안에서 일어난다. 교육은 가정, 학교, 직장, 도서관, 박물관, 가상공간 등 다양한 삶의 공간에서 그 양태를 발견할 수 있을 것이다. 그 생태적 조건이 다르다면, 각각의 것조차도 더 세분될 수 있다. 예컨대, 학교 안에서도 학급, 운동장, 식당, 강당, 교무실, 상담소 등 여러 가지 하위의 생활공간이 있을 수 있다. 그 목록은 얼마든지 추가될 수 있다. 각각의 생활공간에서 일어나는 다양한 종류의 교육의 변형을 연구하는 것은 이론적으로나 실제적으로 매우 의의 있는 일이 될 것이다.

먼저 관심을 끄는 연구의 주제는 그 각각의 삶의 공간에서 교육이 차지하는 비중이다. 어떤 공간에서는 다른 공간에 비해서 교육의 비중이 높고 자주 일어남에 비해서, 다른 곳에서는 그 비중이나 빈도가 낮을 수 있다. 그 원인은 무엇인가? 교육의 양상은 동일하나, 그 양태는 생활공간마다 다를 수 있다. 그렇다면 그 보편적인 양상은 어떤 것이며, 그것이 어떻게 서로 다른 양태로 드러나고 있는가? 그 차이는 어디에서 연유하는가? 이는 교육의 내재적 변인과 외재적 변인과 그 결합방식에 따를 것이다. 그 특징을 탐구하는 것이 바로 이 분야에서 담당해야 할 일이다.

이와 관련하여 크게 두 가지가 흥밋거리다(장상호, 2009). 그 하나는 그 각각의 생활공간에서 이루어지는 메타교육이다. 메타교육은 교육발전의 내재적 동력이다. 각각의 생활공간 안에서 일어나는 메타교육의 실태와 빈도에는 어떤 차이가 있는가? 다른 하나의 관심대상은 그 교육여건이다. 예컨대, 가정, 학교, 직장, 전자적 가상공간 등은 그 나름의 생태적 조건으로 구획되어 있다. 이 가운데 학교의 생태적 조건은 분명 여타의 것과 다를 것이다. 그 생태적 조건 가운데 교육이 차지하는 부분은 어떤 것인가? 교육환경으로서 교육 이외의 여타의 부분들은 그 교육의 입장에서 각각의 한계와 가능성을 지니고 있다. 그 교육의 환경 가운데 교육에 플러스가 되는 것과 마이너스가 되는 부분은 어떤 것인가? 그 사태는 숙명적인 것인가, 혹은 개선의 여지가 있는 것인가? 그 가운데 개선의 여지가 있는 부분은 다음 주제와 관련되어 있다.

'문화공간'이라는 말이 흔히 쓰인다. 그 공간은 문화를 위주로 기획되고 설계된다. 마찬가지로, 우리의 일상의 삶 가운데서 교육의 필요나 교육의 가능성을 포착하고 그것을 활성화시키는 것은 우리 모두의 과제이다. 일상적 삶의 이면에서 교육을 실현시킬 가능성은 무한하다. 앞에서 지적했듯이 교육의 빈도나 양태는 그 내재적 변인과 외재적 변인에 의해서 결정될 것으로 가정된다. 그 부분이 밝혀질 수 있다면, 교육 주체로서 우리 각자는 자신이 위치한 공간 속에서 교육적인 것을 식별해 내고, 문제시하고, 재정립하는 과제를 지니고 있다. 보다 근원적으로 그런 능력을 갖게 하는 각 생활공간의 사태가 어떤 것인지를 밝히고 강화하는 전략이 필요하다.

## 8.2 제도교육의 문제

사회적 사실의 하나로서 제도는 우리의 삶을 지배하는 강력한 요소이다. 제도는 사회구성원인 대중의 무의식에 깊게 뿌리박고 있기 때문에 마치 자연처럼 우리가 불가피하게 적응해야 하는 강제성으로 작용한다. 교육은 제도가 아니다. 교육을 유지하는 것은 그 내재율이며, 제도는 그것을 지원하거나 방해하는 환경이다. 진정한 의미의 교육제도, 즉 교육의 플러스 환경으로서의 제도란 교육의 내재율을 보장하거나 지원하는 제도를 의미한다. 그런데 그 반대, 즉 특정한 시점에 도입된 제도에 부합하도록 교육을 강요하는 경우에 필연적으로 제도교육의 문제가 발생한다.

일찍이 이런 문제에 주목하기 시작한 일리치(Illich, 1971, 1973, 1981)는 제도를 '조작적 제도(manipulative institution)'와 '공환적 제도(convivial institution)'로 나눈다. 조작적 제도는 학교, 병원의 경우와 같이 강제적이고 구성원들에게 폐해를 주는 형태로 변환되어 버린 제도를 말한다. 이런 현상은 제도 자체의 기능적 자율성에서 비롯한다. 초기에는 어떤 것을 위한 수단으로 도입된 제도가 어느 단계에서 그 도구로서의 기능을 넘어 그 자체의 존속을 유지하는 방식으로 인간과의 관계를 전도시키는 것이다.

이에 비해서, 공환적 제도는 구성원이 되는 것과 제도를 이용하는 방법이 개인의 자율적인 의사결정에 따르며, 다른 사람이 이 제도를 이용할 기회를 똑같이 갖도록 하는 데 필요한 행동만을 제약할 뿐이다. 지역도서관, 전화시스템, 재래시장 등과 같은 것이 이에 속한다.

이 가운데 일리치가 학교를 조작적 제도의 전형적인 사례로 본 것은 본 절의 주제와 관련하여 주목할 만하다. 그 근본이유는 오늘날의 학교[1]가 교육의 제도를 도입한 19세기 서양의 상황과 관련되어 있다. 오늘날의 대중적 학교체제는 국가주의의 등장과 함께 형성된 것으로서 애초부터 교육의 본질적, 내재적 가치에 일차적인 가치를 두기보다는 국가적인 요구와 효율성에 부응하는 체제라는 특성을 지니게 되었다고 볼 수 있다(이돈희, 1998; 최성욱, 2007). 국가의 독점적 상태 속에서 탄생한 그 당시의 교육에 대한 개념, 정치·경제·사회적 배경 등을 검토하는 것은 매우 중요한 연구주제의 하나가 될 수 있을 것이다.

학교가 원래 교육을 위해서 만든 제도라는 점을 강조하는 사람들이 유달리 많다. 그 말이 합당한 것인가를 따지려면 교육의 개념이 선행하고, 그에 따라 학교가 그 개념에 얼마나 부응하는 제도인지를 따져야 한다. 학교라는 제도가 도입될 때, 그리고 그것이 교육제도라고 주장할 때, 그 주장한 사람의 교육관은 어떤 것이었는가? 그것이 표방하는 교육은 한정된 의미를 지니고 있는가? 이제까지 밝혀진 대체적인 사실은 학교체제가 인간을 대량 생산한다는 계몽주의적 시대적 사조와 배경을 가지고 우리의 생활에 도입되었다는 점이다. 관료체제에 근거한 공교육제도는 국가가 추구하는 공통의 이념적 노선과 문화적 중핵을 효율적으로 관리할 수 있는 기반이 되었고, 사회 각 영역에 필요한 노동력을 제공함으로써 체계적인 사회적 충원을 용이하게 하였다.

---

1) 여기에서 말하는 학교란 다소 한정적인 의미를 지니고 있다. 예컨대, 12, 13세기부터 서양에서 형성되어 온 대학은 교육본위론의 관점에서 자생적 상구집단, 자생적 하화집단이 그들의 목적을 달성하기 위한 수단으로 대학이라는 제도를 도입했다고 볼 수 있다. 그러나 우리의 논의는 주로 공립학교에 국한된다.

교육과 그 환경인 제도를 동실시하는 '교육=학교태'라는 무지막지한 등식이 성립할 수 있다. 이미 여러 곳에서 검토한 바와 같이, 이런 가정이 일반대중의 고정관념으로 고착되어 있다. 그보다 더 이론적인 형식을 갖춘 것으로 들 수 있는 것이 고작 기능주의적 교육관이다. 이는 누차 지적했듯이, 교육의 실체에 대한 해명을 회피하고 단지 그 결과만을 내세우는 경우로서 사실상 공허한 교육관에 해당한다. 그 교육관에 문제가 있다면 그것은 점차 개선되는 것이 마땅하며, 그 개선된 교육관에 비추어 학교제도가 바뀌지는 것이 정상적인 순서이다. 그 책임의 일단은 분명 교육학도들에게도 있을 것이다. 그런데 이미 살핀 바와 같이, 교육학 자체가 제도의 관행과 기능주의적 교육관의 함정에 매몰되어 있다. '교육=학교태'라는 대중의 관점을 벗어나지 못하고 있을 뿐만 아니라, 그 사태를 모학문의 사실로 한 단계 더 왜곡시키는 오류를 범하고 있다.

그럼에도 불구하고, 바로 학교가 교육기관이라는 이유와 그것이 교육학의 주된 탐구영역이라는 사실 때문에 오늘날까지 교육과 그에 대한 담론을 학교가 거의 독점하고 있다. 제 7장에서 우리는 '공교육'과 '사교육'의 분류가 사람들의 주된 관심이 되고 있으며, 교육학자들은 그중 '공교육'의 편에 선다는 점을 주목하였다. 그 '공교육'이란 학교의 울타리 안에서 전개되는 것을 지칭한다. 이제 사람들은 학교에 가야만 교육을 받을 수 있다거나 혹은 학교에서만 교육이 일어난다는 통념을 갖게 되었다. 학교에서 생활한 시간에 비례하여 획득하는 이른바 '학력'을 곧 개인의 '교육수준'으로 간주되고 있으며, 젊은이들은 이 때문에 더 높은 학교에로 진입하고자 한다. 더 높은 학교에의 진입이 학교의 목표가 되는 완벽한 자기강화의 체제가 형성된 것이다.

이런 고정관념을 고착시키는 데 일상의 용어가 큰 몫을 차지한다. 학교의 생활 전체가 거의 '교육' 혹은 그것과 연관된 용어로 지칭되고 있다. 교육학의 관제용어가 그것을 더욱 부채질한다(최성욱, 2007). 학교의 목표가 바로 교육의 목표다. 그곳의 구성원이 된 젊은이들은 피교육자가 된다. 교육자는 국가라는 정점에서 출발하여 교사에 이르는 일련의 위계를 이룬다. 교사와 학생이 하는 활동이 바로 교육활동이다. 그 활동을 매개하는 것이 이른바 교과서이다. 교과서의 내용을 일정에 맞추어 주입시키고 주입받는 상황이 가르침과 배움이라는 용어로 지칭된다. 그 용어는 비단 대중뿐만 아니라 그 대중의 그릇된 인식을 바로잡는다는 취지를 내세우는 교육학자들의 뇌리에 깊이 뿌리박고 있다. 이로써 학교라는 제도가 교육을 지배하는 전도가 이루어진다.

국가를 배경으로 삼은 제도와 그것에 근거해서 별다른 고민이 없이 사용하는 일상어에 의존하는 학교는 그 안에서 어떤 일이 일어나든 그 안에서 무엇을 하든 간에 그 자체를 교육의 명분으로 합리화할 수 있다. 그런 학교운영이 점차 더욱 권위주의적인 성격을 띠게 될 것은 당연한 귀결이다. 그중 특히 국가의 통제를 직접 받는 공립학교는 그 제도에 힘입어 더욱 관료화되고, 비인간화되고, 표준화되고, 경직화되어 가기 쉽다.

교사는 가르치고, 학생은 배워야 한다는 임의적인 제도가 학교구성원들의 교육활동을 제약한다(최성욱, 2004a). 학교에서는 학생들의 개인차는 인정되지 않는다. 그들을 단순히 연령 혹은 능력의 동질성에 따라 분류하고, 교사의 일방적인 지시와 일률적인 진도에 따르는 커리큘럼의 진행이 이루어진다. 그런 방식은 교육적이라고 할 수 있는가? 그것을 내놓고 교육적이라고 말하는 주장은 없다. 학교 안에서 그런 만족스럽지 못한 상황이 벌어질 때, 더러는 '그릇된 교육'이라는 지탄도 나온다. 더러는 '학교교육의 정상화'라는 거창한 구호가 나오기도 한다. 개인별 교육적 교섭이 그 대안으로 등장하기도 한다. 예컨대, 교육본위론의 관점에 따르면, 누구나 자기의 위치에서 얼마만큼의 교육을 할 수 있다. 특정한 수도계의 현품을 중심으로 위로는 상구계를 추구하고 아래로는 하화계를 추구할 수 있는 공간이 있다. 그러나 그것들은 대부분 '다인수학급'이라는 상황에 비추어 비현실적인 제안이라는 푸념에 부딪친다. 말하자면, 다인수학급의 문제가 교육의 내재율에 의해서 해결될 수 있는 상황조차도 주어진 사회적 역할로 인해서 억압되는 것이다. 이는 바로 '교육을 위한 제도'보다는 '제도를 위한 교육'의 전도된 상황을 잘 반영하고 있다.

여타의 삶을 위한 수단이 되어야 할 제도가 이처럼 그 수단의 기능이 불필요한 상황에까지 존속하는 힘을 갖는다. 이런 사정이 바로 이반 일리치가 규정한 조작적 제도의 얼굴이다. 이런 이유에서 1970년대 초반에 미국에서 학교교육에 대하여 강도 높은 비판이 제기된 바 있다(Holt, 1972; Reimer, 1971). 일리치(Illich, 1971) 역시 이른바 '탈학교(deschooling)'라는 개념으로 그 한 축에 서서 학교의 해체를 주장한다. 우리나라에서는 이한(1998)이 근래에 그 노선을 상기시킨 바 있다. 이한은 학교체제를 비판하는 가운데 이른바 '교육문제'라는 것이 다만 사회의 모순이 교육을 맡고 있는 학교라는 국가기구 안에서 굴절되어 드러난 모습뿐이라는 진단을 내린다.

누차 지적했지만, 학교는 19세기적인 산물이다. 세상은 급변하고 있음에도 불구하고, 지난 세기의 풍조가 지금까지 젊은이들로 하여금 교육이라는 명분하에 하루의 거의 모든 시간을 대표하는 곳으로 학교 안에서 보내도록 강요하고 있다. 그러나 학교는 이제 관습과 제도적 명분만으로 교육을 인정받기 어려운 상황에 봉착하고 있다. 엄청난 세력을 갖춘 학교는 사람들에게 교육이 아니라 공포의 대상이 되고 있다. 학교생활은 처음에 좋아서 하다가, 다음에 마지못해 하다가, 나중에는 죽지 못해 하는 경향을 보인다. 근래의 '교실붕괴' 혹은 '학교붕괴'라는 유행어가 지칭하듯이, 학생들이 학교체제를 선호하지 않는다(권상연, 2000; 한국청소년개발원, 1999). 그것을 시정할 힘을 갖지 못한 일반 사람들은 이제 학교 밖의 교육기관에서 그 도피처를 찾고 있다(김영화, 2004). 그 원인은 무엇인가? 이것은 '교육의 붕괴'로 해석되어야 하는가? 여기서 검증되어야 할 하나의 흥미 있는 가설은 학교붕괴의 원인 가운데에는 분명 교육의 붕괴가 중요한 원인으로 작용하고 있으리라는 점이다.

학교의 교육적 재적응과 재설계는 이제 시급한 과제의 하나다. 우리나라의 학교와 그 속에서 생활하는 인구는 세계 어느 곳을 능가하는 정도로 많지만, 그곳에서 진정한 의미의 교육이 이루어지고 있는지는 극히 의문스럽다. 그런 상황에 대해서 학생은 어떻게 반응하는가? 거기에는 비교육적 사태에 대한 저항의 요소는 없는가? 이런 저항에 대한 교사들의 대응은 무엇인가? 교사들 스스로의 교육적인 저항은 없는가? 이에 대한 '교육당국'의 대응은 어떤가? 한때 학생들에게 인기 있는 교사를 국가에서 오히려 위험시한 적이 있다. 그 곡절은 어디에 있는가? 이런 질문들이 학교제도와 관련하여 제기될 수 있다.

'공교육의 정상화'라는 구호를 교육학자들이 흔히 내세운다(권대봉, 2003; 김재복, 2006). 이는 다음 절에서 더욱 세부적으로 다루어질 주제이지만, 그 원칙을 말하면, 학교 안의 교육이 무엇인가 하는 질문이 학교교육의 정상화에 선행되어야 한다. 그 다음에 어떻게 학교를 교육의 입장에서 정상화할 것인가 하는 대책이 나와야 한다. 그런데 '공교육의 정상화'라는 구호는 그 근본적인 해결을 미루고 있다. 그 구호는 요란하지만, 소모적인 논의만 되풀이할 뿐 정작 개혁다운 개혁은 찾아보기 어렵다. 이런 상황을 두고 이한(1998)은 우리나라에서 '학교교육 정상화'라는 명분으로 진행되는 시도들이 지금의 학교체제를 단지 유지하려는 안간힘에 불과하다는 진단을 내린다. 이는 교육학을 전공하지 않은 학도만이 얻을 수 있는 놀라운 통찰이다.

교육학이 비정상적인 상태에서 '학교교육의 정상화'에 개입하는 일은 스스로 한계가 있어 보인다. 여러 개혁안들의 내막을 들여다보면, 대부분에서 단지 학교체제를 옹호하는 세력들이 그 반대세력들을 무마하기 위해서 가히 분주하고 집요하게 대응하는 수구적 태도를 보인다. 교육의 내용을 외면한 채 '제도의 개혁'이라는 발상이 앞선다. '학교의 증설', '교권수호', '학생의 본분' 같은 상투적인 구호를 되풀이하면서 기존체제의 문제점들을 은폐한다. 기존의 관례나 체제에 도전하는 의문이나 비판을 '비현실적인 발상', '학교의 근간을 흔드는 위험한 생각' 등등의 야유와 반박으로 봉쇄하려고 한다. 이런 현상은 그 상투적인 구호가 기실 기존의 학교체제를 위한 안간힘이라는 이한의 진단을 크게 벗어나지 않는다.

'교육의 정상화'와 관련하여 주목할 만한 한 가지 흥미로운 사실은 '공교육'의 부진과 비정상의 원인과 책임을 이른바 '사교육'에 전가시킨다는 점이다(강태중, 2008; 이종재, 2004; 한국교육개발원, 2004). 대부분의 사람들은 '공교육'을 회피하고 '사교육'을 택하고자 하지만, '교육개혁론자들'은 그 '사교육'을 억제하기를 원한다. 1980년대 교육개혁의 한 부분으로서 '사교육'에 해당하는 '과외교육'의 금지가 포함되어 있다(김재웅, 1996a). 이런 정책적 구호 밑에는 학교체제를 고착시키려는 의도가 없지 않다. '과외교육'은 교육이 아닌가? 만약 그것이 교육이 아니라면, 그 용어 자체에 논리적인 모순이 생긴다. 그런데 그 운동의 중심에 대부분의 교육학자들이 선봉에 서고 있다는 사실은 참으로 아이러니컬한 일이 아닐 수 없다.

개념상 '공교육'과 '사교육'이 교육의 범위에 포함된다면, 그들 사이에 대립이 성립될 수 없다. 그것들을 특별하게 대비하여 '교육의 혁신'을 논하는 것은 진정한 의미의 교육발전을 위하는 것과 거리가 멀다. '공교육'을 내세우며 '사교육'의 억제를 주장하는 데 앞장서는 것은 바로 생활의 곳곳에서 일어나고 있는 교육을 억제하거나 은폐시키는 역작용을 주도하는 심각한 사태로 해석될 수 있다. 다른 한편, 학교가 교육의 기능을 제대로 수행하지 않는다는 이유를 들어 학교를 폐지하라고 주장하는 것 역시 너무 낭만적이며, 교육을 위해서 위험한 생각이다. 학교는 부분적으로 교육적인 삶이 가능한 생활공간이고, 뿐만 아니라 그것은 교육 이외의 중요한 기능을 수행하고 있기 때문이다.

학교는 단지 그것이 교육적 기능을 하지 않는다는 한 가지 이유로 소멸되지는 않을 것이다. 또 그렇게 주장하는 것도 무리이다. 앞서 지적했듯이 오늘날 학교가 수행하고 있는 기능은 교육만이 아니다. 그런 엄청난 다각적인 이해관계의 복판에서 있는 학교에 대해서 우리가 관심을 가져야 할 부분은 그 기관이 그 존립의 이유로 주로 내세우는 교육이 명실상부하게 이루어지도록 지원하는 것이다. 학교만 있으면 교육은 이루어지는가? 학교에서는 교육만 이루어지는가? 이 질문에 대한 부정적인 해답은 오래전부터 제기되었다(장상호, 1990; Richmond, 1975). 남아 있는 현실적이고 실제적인 문제는 그 학교라는 생활공간 안에 교육적인 요소를 보강할 방안을 찾는 것이다.

사회적 사실로서의 학교제도와 삶의 한 양상으로서의 교육은 엄연히 구분될 성질의 것이다. 제도는 교육의 환경을 이루는 제반 요소들의 일부에 불과하다. 그것이 진정 교육제도로서의 구실을 하려면 우리는 그것이 과연 교육적인 삶을 위한 것인지를 항상 반성해야 한다. 학교 안의 제도가 교육을 규제하는 것이 아니라 반대로 교육이 그 제도를 종속시키는 과제가 남아 있다. 이를 위해서는 교육이 제도에 의해서 강요하거나 시키는 것이라는 생각을 아예 버려야 한다. 교육은 그 주체가 그 내재율에 심열성복할 수 있어야 하며, 그 교육의 내재율에 맞는 제도가 어떤 것일지를 궁리해야 한다. 그런 이론적 작업이 교육 본연의 모습을 되찾아 놓는 충분조건은 못될지언정 필요조건의 하나임은 분명하며, 그 조건을 충족시키는 임무는 교육학자들의 몫이다.

## 8.3 학교교육의 정상화

앞 절에서 우리는 '학교교육의 정상화'가 단지 전통적인 학교체제의 강화라는 시대착오에 빠져 있음을 살폈다. 그 저변에는 개념과 논리의 혼동과 혼란이라는 장애가 있었다. 교육과 사회적 제도를 동일시하는 일반의 통념에 따라 학교는 무엇을 하든 간에 그것을 교육의 이름으로 정당화할 수 있으며, 따라서 교육의 관점에서 학교를 개선한다는 것은 논리적으로 불가능하다. 그렇다면 그런 '비정상적인 정상화'를 바로잡는 방법은 무엇인가? 그 출발은 학교와 교육을 개념적으로 구분하는 데서부터 시작되어야 한다. '교육'이라는 용어와 선입견을 벗어나 진정 학교란 무엇인가 하는 질문에 대한 냉정한 분석과 해답이 필요하다.

우리는 학교가 사람들이 일상적인 삶을 영위하는 여러 생활공간 가운데 하나라는 일반적인 관점을 택했다. 학교에는 특정한 분과학문의 전유물이 되기에는 너무 복합적이고 혼질적인 삶이 진행되고 있기 때문에 그것을 제대로 이해하기 위해서 학제적 관점이 필요하다는 점을 누차 지적하였다. 우선 그 생태적 조건이 구체적이고, 복합적이라는 것은 말할 필요조차 없다. 오늘날 우리나라 전체인구의 1/4에 해당하는 많은 수의 사람들이 학교에서 하루의 1/3 이상을 보낸다. 그중 젊은이들의 일상은 그 울타리 안에 들어서는 데에서 시작해서 벗어나는 데에서 끝난다. 그렇다면 그 안에서 어떤 일이 일어나는가? 이에 대한 해답은 한마디로 규정될 성질의 것은 아니고 '학교'라는 명칭을 붙인 개별적인 장소를 방문하여 얻어져야 할 것이다.

학교는 오로지 교육의 기능뿐만 아니라 정치, 경제, 사회, 문화적인 기능 등 수많은 기능을 수행하고 있다(양미경, 2004a; 장상호, 1997b; Reimer, 1971). 이런 사실에 대한 인식이 학교교육의 정상화와 관련하여 선행되어야 할 요구사항이다. 실제로 학교 안에서는 어떤 일이 벌어지고 있는가? 역사적으로 학교는 그 관심·목표·내용에 있어서 천차만별의 차이가 있기 때문에 그에 관해서 어떤 일반적인 규정을 내리기가 어렵다(오천석, 1964; Boyd, 1964). 기대와 사실은 서로 균열이 일어날 수 있기 때문에 무엇을 세상 사람들이 학교가 수행해야 할 기능으로 보는지에 대한 사실의 확인도 필요하다. 사회 구성원의 요구가 무엇인가? 그것이 너무 모호한 질문이라면, 학부모가 학교에 자녀를 보내는 이유는 무엇인가? 국가에서 학교에 기대하는 것은 무엇인가? 학교에 대한 이런 다양한 기대의 충족을 두고 우리는 '학교의 정상화'라는 말을 쓸 수 있을지 모른다. 그러나 이를 곧바로 교육의 정상화로 보는 것은 큰 착각이다.

학교는 모든 가치의 갈등과 절충이 이루어지는 곳이다. 그 목표는 특정한 시대와 장소에 따라서 학교를 장악하고 있는 집단에 의해서 결정되는 것이다. 그 기대와 요구들은 정당한 것인가? 그들 사이에 갈등하는 측면은 없는가? 여러 집단의 요구 간에 심각한 차이는 없는가? 서로 상충하고 양립하기 어려운 요구들이 있다면 그것을 관리하고 조정하는 세력은 누구인가? 그들의 의도와 목표가 어떻게 정책결정에 반영되는가? 정책의 조율은 어떤 기준에 의해서 우선의 순위를 판정할 것인가? 혹은 그 취사선택의 기준은 무엇인가? 이런 것들이 숨김없이 그 실체를 드러내야 하며, 만약 여기에서 모종의 일치가 이루어질 수 있다면, 그 요구를 만족시키는 일련의 실천적 과업에 착수해야 할 것이다.

본 절의 주제인 학교교육의 정상화는 그런 학교의 정상화라는 일반적 목표의 일환이라는 점을 인식할 필요가 있다. 우선 개념의 측면에서 학교교육은 학교와 교육의 중첩영역을 지칭한다는 사실부터 분명하게 이해할 필요가 있다. 학교교육의 정상화는 학교 안의 그 잡다한 삶 가운데 어떤 이유에서건 교육적인 삶이 정상적으로 이루어지고 있지 않다는 불만을 전제한다. 학교가 교육을 표방하는 한, 그리고 젊은이들이 의무교육의 이름으로 그곳에서 생활하는 한, 그 자체가 본래적인 교육을 하고 있다는 것을 대중에게 계속해서 증명해야 하는 요구를 받을 것이다. 따라서 학교는 그 시대상황의 변화와 교육의 내재율을 조화롭게 고려하지 않는 한, 점차 그 정당성의 토대를 잃고 위기를 맞게 될 것이다.

이처럼 학교의 정상화와 교육의 정상화를 새삼스럽게 개념적으로 구분해서 강조하는 이유는 학교가 수행하는 수많은 기능을 마치 교육에 해당하는 것으로 오도함으로써 결국은 교육의 비중을 오히려 감쇄시키는 결과를 가져오고 있기 때문이다. 예컨대, 흔히 정책당국자, 학부모, 교사와 학생들, 일반인들이 관심을 가지고 있는 대학입시의 문제를 해결하는 것은, 정확하게 말하면 학교의 사회적 선발기능을 정상화시키는 문제에 해당한다. 학교가 항상 교육의 목표를 일차적인 것으로 삼는다는 보장은 없다. 만약 어떤 집단이 학교의 기능을 사회적 지위의 획득에 둔다면, 학교에서 입시를 위한 시험과정을 중시한다고 해서 그것을 무조건 비난할 일만은 아니다. 그런데 심각한 것은 그것을 마치 교육의 문제인 것처럼 취급함으로써 개념의 혼동이 일어날 뿐만 아니라 그 해법 역시 신통하지 못한 형편이다.

학교생활 전체를 교육화하겠다는 주장은 만용이고 무리다. 이 과업에는 다방면의 사회적 주체가 참여해야 할 것은 말할 필요조차 없다. 너무도 당연한 이야기를 여기서 굳이 언급하는 것은 가끔 교육학자들 사이에 마치 교육학이 그 충분조건이 될 수 있을 것 같은 착각에 빠져 있는 경우가 목격되기 때문이다. 그들은 교육을 기능주의적으로 정의해 왔을 뿐만 아니라 자신들이 수행해야 할 교육학을 기능주의적으로 정의해 왔다. 이에 따르면, 교육학은 교육을 발전시키는 학문이다. 그런 규정으로 인해서 외래학문을 그 내부에 초청할 뿐만 아니라 이론과 실천의 구별을 모호하게 흐려 왔다. 그런 식의 교육학은 결국 앞에서 지적한 바대로 학교교육의 정상화에 걸림돌로 작용해 왔다. 말하자면, 현존하는 교육학 안에는 그 걸림돌을 만들어 놓고 그 걸림돌을 제거하겠다는 식의 역설적인 논리가 내장되어 있다. 그 역설의 해법은 엉터리 교육학의 해체와 재건이다.

교육학 자체의 자율성의 문제가 해결되지 않은 상태에서 학교교육의 정상화를 논의한다는 것은 모순이다. 그렇다면 학교중심의 교육관, 즉 '교육=학교태'라는 공식과 그것을 주로 이론으로 합리화하는 근거가 되어 온 기능주의적 교육관의 전환이 긴급하게 요청된다. 이는 또한 이전에 무반성적으로 받아들여 왔던 학교중심의 용어를 청산하는 작업과도 불가분의 관련이 있다. 그들은 대개 학교 안의 특정한 사태이거나 혹은 용병학문의 사실을 대표하는 것들이기 때문에 그 사태 자체 혹은 용병학문의 용어를 사용하면 더욱 정확한 소통이 가능해진다. 그것이 만약 불가능하다거나 혹은 그 용어 자체의 문제를 제기하려면 그 교육의 용어에 따옴표를 붙이면 문제가 해결될 것이다.

학교교육의 정상화라는 과제에서 교육학이 담당할 고유한 기능은 학교와 교육 사이의 범주적 차이를 인정하고 교육이 학교의 전체 삶에 참여할 수 있는 측면에 대한 이론적 토대를 제공하고 지원하는 것이다. 교육에 대한 새로운 이론과 그것을 토대로 하는 용어가 필요하다. 학교가 생활공간의 하나라는 것을 인정한다면 그곳의 정상화는 일반인들의 복합적인 기대와 결부하여 이루어질 성질의 것이며, 그 가운데 학교교육의 정상화는 학교가 수행하는 여타의 비교육적 과정을 배제한 측면을 부각시키고 보완하는 작업으로 한정시켜야 할 것이다. 학교의 교육 외적 기능은 무엇인가? 그들은 학교교육을 어떻게 과장하여 오도하고 있는가? 그런 압력에 초점을 둔 학교의 관행조차도 교육의 범주에 넣을 수 있는가? 그렇다면 진정한 의미의 학교정상화는 무엇을 의미하는가? 그런 반성을 토대로 학교교육의 한정된 목표와 실천의 노력이 이루어져야 한다.

교육본위론은 19세기의 공립학교의 출현과 관련하여 임시처방의 방식으로 형성된 교육학을 해체하고 교육학을 새롭게 정립하는 혁명적 노선을 택하여 왔으며, 따라서 앞에서 새롭게 규정한 학교교육의 정상화에도 일정 부분 공헌할 수 있는 가능성이 입증될 수 있어야 한다(장상호, 2004; 정일선, 2000, 2002b). 교육본위에 비추어 현존하는 학교의 실태는 어떤가? 그 안에서 교육적 삶은 여타의 삶과 어떤 조화와 갈등을 하고 있는가? 교육을 본위로 학교를 재편한다고 할 때, 필요한 것은 무엇인가? 교육본위론의 관점에서 이제까지 연구되거나 논의된 거의 대부분의 논문에는 이런 질문에 대한 언급이 늘 얼마만큼 포함되어 있지만, 그에 관한 세부적이고 본격적인 연구의 실적은 아직도 일천한 편이다.

학교교육의 정상화와 관련하여 먼저 검토되어야 할 것은 교육의 가치가 학교의 목표설정에 얼마나 반영되어 있느냐 부분이다. 그 실태를 나타내는 데에 가장 적절한 표현은 한마디로 '풍요 속의 빈궁'이다. 학교의 목표와 교육의 목표를 동일시하고 있지만, 그것이 막상 교육의 내재적 가치와 외재적 가치를 반영하는 경우는 전무하다. 이른바 기능주의적 교육관이 이제까지 후자를 대변해 온 것이 아닌가 하는 생각을 하는 사람이 있을지 모른다. 그러나 그것은 개념의 부적절함에서 비롯된 헛된 주장으로서 사실과 다르다. 교육의 내재적 가치나 외재적 가치는 모두 교육 자체의 자율성을 전제하는 것으로서, 제 2장에서 <교육과 가치>의 문제를 다루면서 이미 지적했듯이 전자는 교육적 삶 자체의 가치를 인정하는 것이며, 후자는 그런 고유한 삶의 양상이 여타의 삶에 주는 기능을 인정하는 것이다. 이 독특한 가치가 학교의 전체 목표는 아닐지라도 그 일부로나마 명시되는 것이 학교교육의 정상화와 관련하여 불가피하다.

이와 관련된 학교의 체제로서 우리는 우선 대학을 들 수 있을 것이다. 역사적으로 대학은 공립학교가 출현된 배경과 다르다. 하화하고자 하는 집단 혹은 상구하고자 하는 집단이 발전하면서 차츰 학문공동체의 형태를 띤 것이 바로 대학이다. 이 때문에 중등학교에 비해서 지금도 교육본위론을 받아들일 가능성이나 혹은 그것을 적용할 측면이 많다. 김지현(2007)은 그런 유리한 여건을 고려하여 대학의 기초교양교육을 강화할 수 있는 방안을 제시한 바 있다. 연구자는 대학의 교양과정에 관한 한 대학의 사회적 기능과는 별개의 영역으로 명실상부한 교육이 이루어져야 할 것으로 규정하고, 높은 수준의 교육관의 지향, 교육의 내재적 가치의 우선적 실현, 교육적 체험의 증대 등의 특징이 제대로 반영될 수 있어야 함을 주장했다.

주장과 실제에는 간극이 있기 마련이다. 실제의 측면에서, 교육에 대한 빈궁한 개념과 평가방법이 대학교육의 이념에 손상을 주는 실상을 반성하는 연구도 있다. 대학의 건전한 발전을 도모하기 위해서 한국대학교육협의회에서 실시하고 있는 '대학종합평가'는 그 좋은 예이다(최성욱, 2008). 현존하는 대학의 현황을 평가하고, 그 질적 수준을 고양시킨다는 취지를 갖는 사업 자체가 대학 내부의 자발적인 동기보다 대학을 장악하려는 정부 등 외부의 필요에 의거하고 있다. 그중 특히 문제가 되는 부분은 그 평가의 척도와 방법의 빈궁함이다. 제 9장에서 살피겠지만, 현존하는 교육평가는 기본적으로 기능주의적 교육관에 근거하고 있으며, 주로 중등 이하의 학교를 의도에 두고 형성되었다. 그런데 그 평가체제를 대학교육의 평가에 그대로 적용함으로써 대학공동체로부터 관치주의라는 지탄을 받고 있다.

교육의 정상화라는 과제는 특히 초등학교나 중등학교의 경우에 더욱 시급해 보인다. 그 체제 안에 교육 고유의 목표를 첨가함에 있어서 현실적으로 봉착하는 가장 큰 장애는 바로 관련된 모든 이해집단, 즉 교육학자, 정부의 정책당국자, 교사, 학생, 학부모 등이 학교중심의 교육관 혹은 기능주의적 교육관에서 아직도 벗어나지 못하고 있다는 점이다. 교육은 이미 개념상 그들에 의해서 왜곡되거나 소외되어 있다. 그들에게 있어서 '학교교육의 정상화'는 기존의 학교제도와 체제를 옹호하고 강화하는 것이다. '공교육의 강화'라는 표어가 이를 잘 대변한다. 그런 그릇된 개념의 근본적인 변화가 없이는 우리가 목하 논의하는 학교 교육의 정상화는 쇠귀에 경전을 읽는 것이나 다름없을 것이다. 그 관점의 전환이라는 과제를 어떻게 해결할 것인가?

그 문제를 해결하는 처방으로 그동안 제안된 것의 하나가 메타교육이다. 엄태동(2000, 2003a)은 초등교육의 개념정립을 위한 방법적 태도로서 메타교육을 강조하였다. 그는 초등교육에 대한 다양한 생각들과 그것의 난점을 지적하고, 그 본질은 학습의 가치를 알고 이를 추구하면서 스스로 학습할 수 있는 역량을 형성하는 교육, 그리고 그러한 학습의 역량을 다양한 교과, 즉 학습의 소재에 적용하고 시험하면서 자신에게 잠재된 가능성의 방향을 확인하는 교육에 있다는 점을 지적한다. 초등학교의 고유한 목표는 주로 전자에서 찾아야 한다는 것이 연구자의 주장이다. 학교의 목표를 메타교육과 직접적으로 결부시키려는 이런 논점은 비단 초등학교뿐만 아니라 중등학교나 여타의 학교교육에도 성립할 수 있을 것이다(장상호, 2009).

만약 메타교육이 이처럼 학교 안에 정착될 수 있다면, 그것을 통해서 학생들은 교육의 내재적 가치를 터득할 것이고, 그만큼 학교교육의 정상화라는 목표에 한 걸음 더 다가갈 수 있을 것이다. 그러나 여기에 학교체제 안에서 메타교육을 담당할 교사의 확보라는 현실적인 문제에 당장 봉착한다. 제 6장에서 이미 <메타교육>을 논의할 때 살폈듯이 지금의 교사 양성의 내용은 주로 그들이 학교에서 담당한 교과의 내용과 교직과목인데, 그 어느 부분도 메타교육과 관련된 부분은 없다. 따라서 그 교직과목의 하나로서 교육본위론이나 메타교육을 첨가시켜야 한다는 것이 주장이 많다(박고훈·박분희, 2002; 박분희, 2000, 2002; 최성욱, 1996). 뿐만 아니라 이들이 학교현장에서 교사로서 근무할 때 받게 되는 장학지도를 메타교육과 결부시켜야 한다는 견해도 나온다(신기현, 1995; 이영길, 2000).

그러나 그 제안을 실행에 옮김에 있어서 교사양성의 교직과정을 담당할 교육학자와 그 장학을 담당할 행정부서가 그 메타교육을 담당할 자격을 갖추고 있느냐 하는 문제가 있다. 이렇게 문제의 근원을 소급하여 올라가면 앞서의 주장은 비현실적이고 다소 공허해 보인다. 학교의 정책을 결정하는 데 그 윗선의 집단이 변해야만 그들의 지시를 받거나 영향을 받는 말단의 교사나 학생의 교육관 혹은 교육의 품위를 개선하는 학교의 메타교육이 현실적으로 이루어질 수 있다. 장상호(2009)는 그 부분에서 '교육학의 재건'이라는 과제에 기대를 건다. 올바른 교육관의 입증은 관습과 이해관계가 아니라 진리탐구라는 엄정한 내규의 지배를 받는다. 크게는 ≪학문과 교육≫이라는 본 저서의 의도, 그리고 작게는 본 절의 의도도 그 한 부분을 차지한다. 이런 노력이 꾸준하게 지속된다면, 조만간에 현존하는 교육학자들의 변화도 가능할 것으로 낙관한다.

극복해야 할 현실의 난제나 장애는 많지만 메타교육을 통해서 교육에 대한 올바른 이해와 가치관의 정립이 이루어지고, 그 고유한 가치를 학교교육의 목표에 반영하기로 결정하였다고 가정하자. 그렇다면, 그 목표달성을 위한 후속절차에 대한 제반 해법들을 찾아야 할 것이다. 그 고려사항 안에 이를테면, 커리큘럼, 인간관계, 학교활동, 학교의 평가, 그리고 더 나아가 교육의 환경 등이 포함될 수 있을 것이다. 이에 대한 교육본위론적 관점이나 그 해법의 방향은 이미 본 저서의 여러 연구영역을 제시하면서 부분적으로 언급되었거나 앞으로 더 언급될 것이다. 그러나 그 각각이 서로 다른 맥락에서 이루어진 것들이기 때문에 그들 가운데 특별히 학교교육의 정상화라는 본 절의 주제에 부응하는 대표적인 연구들을 한 곳에서 간단히 회고해 보는 것도 의미가 있을 것이다.

그 이전에 현존하는 학교의 실태가 어떤 것인지에 대한 개략적인 언급이 필요해 보인다. 학교에 따라 개별적인 차이가 없는 것은 아니지만, 일반적으로 학교체제가 도입되었을 당시의 시대적 특징을 아직도 그대로 반영하는 목표와 운영방식을 벗어나지 못하고 있다고 해도 과언이 아니다. 앞(8.2)에서 지적했듯이, 학교는 훌륭한 시민의 대량생산체제로서의 기능수행에 주된 관심이 있었으며, 통일된 커리큘럼의 개발과 적용, 교과서 심의제도, 학력 평가 방식, 학교에 대한 각종 공문과 지침의 하달 등 각종 제도와 관행을 통해 기존 통치 질서의 유지에 필요한 특정 이데올로기, 신념, 습관, 가치관 등을 전달하는 통로로 이제까지 이용되어 왔다. 일반인들은 그 체제 자체가 바로 교육이라는 도식과 용어의 함정에서 빠져나오지 못한 상황이다.

모든 것들을 교육으로 정당화시키면서 다수의 학생들과 소수의 교사가 학교 안에서 규칙적인 생활을 한다. 우리나라에서 이른바 '교육내용'은 주로 서양의 학문을 반영한다. '교육과정'은 주로 교과서를 위주로 운영된다. '교과서'의 내용은 국가의 통치이념이나 최첨단의 지식을 반영하는 방식으로 편찬된다. 그 내용을 국가에서 일괄적으로 규정된 시간계획에 따라 연간, 월간 및 주간별로 정한 만큼씩 학생에게 재생하는 것이 이른바 '수업'이다. 수업시간은 공부하는 시간이며, 휴식시간은 노는 시간이다. 일정한 일정을 따라 일사불란하게 진행되는 '교수'와 '학습'은 교사의 적극적인 활동에 대한 학생들의 피동적인 대응이라는 특징을 갖는다. 그 주된 매체는 언어다. 교사는 강의로 교과의 내용을 전달하며, 학생들은 필기로 그것을 수신한다. 학생들이 얼마나 객관적으로 교과서의 내용에 일치하는 반응을 보이느냐에 따라 점수가 매겨진다. 주기적으로 이루어지는 그 부분이 바로 '교육평가'에 해당한다.

따옴표 안에 들어간 교육에 대한 개념과 용어 사용은 이미 살펴왔듯이 엄청난 오류와 혼란을 야기하고 있다. 그 상황의 문제점을 낱낱이 드러내면서, 학교 안의 교육과 교육 아닌 것의 개념적 변별이 확실하게 이루어져야 한다. 그것이 가능하게 되면 학교 안의 구성원인 교사와 학생이 진정 그곳에서 얼마나 특수한 삶의 양상으로서 교육을 향유하느냐 하는 것이 보다 선명해질 것이다. 올바른 의미의 학교교육의 정상화란 이처럼 관행과 제도로 화석화된 학교태의 상황을 교육의 입장에서 어떻게 재정립할 수 있느냐 하는 과제로 볼 수 있을 것이다. 그 점에서 결여된 부분이 있다면, 그 조건을 완화하거나 보충할 수 있는 방안을 제시하는 것이 교육학자가 학교교육의 정상화하는 데 공헌할 수 있는 고유한 몫이다.

양미경(2005b)은 학교체제가 근대성에 기초하여 형성・유지되어 왔다는 점을 주목하고 근래에 각광을 받은 포스트모더니즘의 관점에 입각해서 그 방향 전환의 필요성을 제시한다. 주로 커리큘럼에 대한 시사를 염두에 두어, 열린 체계, '시뮬라크르'의 시대, 거대담론에 대한 불신, 네트워크 중심 사회, 지식의 유용성의 강조 등의 측면을 중심으로 분석하고, 그에 기초하여 '교육과정'의 재구조화의 필요성과 방향을 논의하였다. 이어 교육 소재의 선정, 교육 소재의 조직, 교육방법, 학습평가의 관점 등으로 나누어 학교커리큘럼이 어떤 방향으로 재구조화되어야 하는지에 대한 제안을 내놓는다.

발견이나 탐구를 위한 새로운 커리큘럼은 학생의 지식수준과 상응하는 내용에서 출발하되, 그것과 불일치하는 이질적인 내용들이 반복적으로 상호 갈등하고 충돌하도록 내용을 조직할 필요가 있다. 상구교육은 학생이 자신이 가진 현재의 지식과는 질적으로 다른 지식을 재구성하여 나아가는 경험이 반복됨으로써 가능하다. 학생이 가진 오류는 그 점에서 많은 상구의 소재가치를 지니고 있음에도 불구하고 그 의미가 제대로 해석되거나 주목받지 못했다. 이에 대응하는 하화교육은 학생이 현재 위치한 그 오류의 수준까지 내려와 그것을 한 단계 위의 것으로 끌어 올리는 과제에 해당한다.

학생들의 오류는 교육에서 기피할 대상이 아니라 활용되어야 한다. 이 점에 착안하여 양미경(2003b)은 그 오류를 근거로 하여 현존하는 일률적인 교과서의 맹점을 보완할 수 있는 교재개발에 착안하고 그 원리를 탐색한 바 있다. 구체적으로는 중학교 수학 교과의 한 단원인 일차방정식풀기를 예로 들어, 오류 반응의 수집 및 체계화, 원인의 분석 등의 절차를 거쳐 추후 동일 유형의 오류 발생을 최소화할 수 있는 실질적인 보충과정 교재를 예시적으로 개발하고, 그 방법적 원리를 제안하였다. 그런 시도가 수학 교과뿐만 아니라, 국어, 영어, 과학 등 여러 과목에서도 적용되고 일반의 교과서나 교재 개발 과정에 연계될 수 있다면, 현존하는 학교체제에 교육적인 요소를 첨가하는 데 실질적인 도움이 되리라는 기대도 할 수 있을 것이다.

앞에서 논자는 현존하는 교과서가 학문 분야에서 허위로 판명된 지식들을 배제한다는 점을 지적했다. 그러나 과거의 지식에서 현재의 지식에 이르는 변증법적인 탐구의 여정이 반영되도록 커리큘럼을 조직할 필요가 있다(Kuhn, 1970). 과거의 지식은 학문적 가치는 없을지 모르나, 교육을 위한 최적의 교육소재로서의 가치를 지닐 수 있다. 왜냐하면 지식을 탐구하고 발견하는 일은 하나의 지식체계에서 그것과는 이질적인 새로운 지식체계로의 전환을 체험할 수 있을 때 비로소 가능하기 때문이다. 과거의 낡은 지식이라 하더라도 그것이 학생이 가진 현존 지식에 타격을 가하여 그의 성장을 가져오는 한 상구교육의 가치를 지닌다.

그런 관점에서 엄태동(1998b)은 상구의 과정을 가정하는 커리큘럼은 논리적으로 일관된 최첨단 지식만을 초보적인 데서 고차원의 단계까지 거치며 이루어질 필요가 없다고 주장한다. 예를 들어, 물리학의 지식이 신화 → 점성술 → 천동설 → 지동설 → 상대성 이론 등의 단계를 거쳐 발전해 왔다면, 그 가운데 학생이 어느 발달의 단계에서 있는지를 참고해서 거기서부터 실현 가능한 잠정적인 표적을 설정하여 지식을 습득해 나갈 수 있다. 학생의 개별적인 수준을 고려하여 이루어지는 이런 진행방식은 그들로 하여금 상구의 열정을 가지고 점차 상대성 이론의 이해에 가까이 접근할 수 있게 할 것이다.

과제를 수행함에 있어서 학생들이 처한 지식수준을 고려하는 것 못지않게 중요한 것은 커리큘럼의 시간배정과 그 운용방식이다. 양미경(1999, 2003b)은 지금의 커리큘럼과 시간 운용 방식은 상황과 맥락, 행위 주체자의 수준과 의지, 관심 등을 떠나 획일적이고 규격화되어 있다는 점에 주목한다. 짧은 시간만 투자하면 충분한 분량을 느슨하게 분산시켜 놓음으로 인해 자신의 귀중한 시간을 낭비해야만 하는 학생들이 있는가 하면, 미처 따라가지도 못하는 내용들의 제시에 속수무책 단지 방관해야 하는 고역을 견뎌야 하는 학생들이 있다. 연구자는 이를 방지하기 위해서는 학교를 지배하고 있는 관례적인 시간의 틀을 과감하게 해체시키고 학생 개개인의 교육의 리듬에 맞추어 자신의 시간을 주체적으로 활용할 수 있도록 하는 아이디어를 모색할 것을 요구한다.

학교교육의 정상화는 한 교실 안에 생활하는 교사와 학생의 비율에 대한 여건의 개선을 요구한다. 그 정도의 차이는 있지만, 교실은 한 명의 교사와 여러 명의 학생으로 구성되어 있는 상황에서 교사는 오로지 가르치고 학생은 오로지 배운다는 식의 제도적 규정이 정착되어 왔다. 여기서 매우 소모적인 논쟁이 진행된다. 한 명의 교사가 여러 명의 학생들을 개별적으로 지도하기가 어렵다는 불평이 나온다. 바로 그런 이유에서 질 높은 교육이 이루어질 수 없다는 핑계가 나온다. 그 핑계를 무마하는 수단은 그 개별적인 지도를 가능하게 하는 여건의 개선이다. 그러나 그 제안은 현존하는 학교의 여건에 비추어 비현실적인 것으로 치부된다. 여기서 핑계와 비현실적이라는 반박으로 연결되는 공론의 순환이 완벽하게 이루어진다. 그 핑계는 정당한가? 현존하는 교실상황 안에서 구성원 상호간의 교육적 교섭을 극대화시키는 방법은 진정 없는 것인가?

그 해법의 하나는 개념의 구분이다. 교사와 학생의 관계와 교육적 관계를 구분한 최성욱(2004a)의 연구는 그와 관련하여 많은 시사를 준다. 교육적 관계는 학교의 구성원들이 서로의 필요와 합의에 의해 자유롭게 형성하고 지속할 수 있음은 두말할 나위가 없다. 다만, 여타의 관계와 마찬가지로 교육적 관계로의 진입은 교육의 내재율이 요구하는 특별한 조건들을 충족시킬 경우에 한해서만 가능하다. 그에 비추어 볼 때 교사는 하화자 혹은 스승이라거나, 혹은 학생은 상구자 혹은 제자라는 제도적 규정은 너무 임의적이다. 경우에 따라 교사와 학생의 교육적 관계가 역전될 가능성이 있으며, 또한 학생들 사이에도 스승과 제자 관계가 성립할 수 있는 것이다.

실제로 그것이 가능한 일인가? 이 질문에 대한 해답은 최근에 학교에서 실험하고 있는 '협동학습(cooperative learning)', '또래협력(peer collaboration)', '또래교수(peer tutoring)' 등에서 쉽게 얻어질 수 있다(문무경, 2002). 실제로 학교 안에서 교사와 학생들의 교육적 교섭뿐만 아니라 학생들 상호간의 교육적 교섭이 가능하다는 것이 입증되어 가고 있다. 기본적으로 그들에게 교육의 열정이나 동기가 없는 것은 아니다. 그것을 활성화시킬 수 있는 조건이 불리하게 작용하고 있는 것이다. 학교 안에서 교사와 학생들 상호간의 협동교육 혹은 교류교육을 활성화할 수 있는 방안이 강구되어야 한다. 더 나아가, 학교를 개방하여 교사와 학생뿐만 아니라 모든 사람들이 학교 안에서 스승과 제자의 관계를 맺고 교육적 교섭을 하도록 개선되어야 할 것이다.

문제는 학교가 학생들의 이런 실질적인 교육적 관계를 고려하지 않거나, 혹은 그 관계가 성립되고 있다고 하더라도 그 상황을 시간낭비로 치부하거나 혹은 '과외활동'이라는 말로 지칭한다는 데 있는 것이다. 그 인식의 전환만으로 이처럼 학교교육이 정상화될 수 있다는 사실은 그만큼 그 과업에 교육학도들이 참여할 수 있는 부분이 많다는 것을 의미한다. 이처럼 개념의 전환을 통해서 교육의 여건을 개선하는 일은 적어도 세 가지 점에서 중요한 의의를 갖는다. 첫째, 우리나라에서 항상 변명의 구실이 되고 있는 '교사와 학생의 비율' 혹은 '다인수 학급'의 문제를 해결하는 방안의 하나이기도 하다. 둘째, 이는 학교공동체의 교육적 가능성을 극대화시킨다는 점에서 매우 고무적인 현상이다. 학교구성원 모두에게 상구와 하화의 경험을 골고루 체험하도록 하는 것은 그 효과를 떠나서 바로 교육발전의 중요한 척도가 된다. 셋째, 그런 기회는 학교의 메타교육의 기능을 강화할 수 있다. 교육의 내재적 가치의 체험은 교육을 실행하고 반성하는 데서부터 이루어질 수 있는 것이다.

학교구성원인 교사와 학생이 교육을 수행한다고 할 때, 그것은 도대체 무엇을 뜻하는 것인지를 자성하는 것도 교육의 정상화에서 포함되어야 할 항목이다. 학교교육의 정상화와 관련하여 불식시켜야 할 기본적인 문제는 교육활동을 언어적 소통의 정도로 오해하고 있는 점이다. 최성욱·신기현(2000)은 그런 잘못된 개념으로 인해서 오늘날 상당 부분 손상되고 유실된 것으로 보이는 교육의 원형적 모습을 도제교육에서 되찾을 수 있을 것으로 본다. 그들은 도제교육의 조건으로 ① 교육의 본위화, ② 계약에 의한 대면성, ③ 창조적 불협화, ④ 상보적 공조성, ⑤ 체험적 실천성,

⑥ 교육적 검증성을 들고, 오늘날의 학교가 이런 원리를 수용할 것을 제안하였다. 다른 한편으로 홍정기(2006)는 현행의 학교수업이 주로 객관주의와 기능주의적 교육관에 터한 이른바 '주입식 교육'에 치중하고 있음을 문제시한다. 그 대신에 연구자는 교육소재의 선정과 배열, 상구자의 특성, 교육본위의 교육활동, 교육본위의 교육평가라는 제반측면을 고려하여 초등 수학교육과 체육교육을 정상화할 수 있는 방안을 제시한 바 있다.

교육활동은 흔히 학교 안에서 교사와 학생이 관여하고 있는 활동을 총칭하는 것으로 치부된다. 예컨대, 교사는 강의로 교과의 내용을 전달하며, 학생들은 필기로 그것을 수신한다. 전자를 '교수', 그리고 후자를 '학습'이라고 지칭한다. 그리고 그런 의미의 '교수'와 '학습'을 교육활동인 것으로 간주한다. 그런 언어사용을 무턱대고 허용하면서 교육의 정상화를 꾀하기는 어렵다. 그것들이 어떤 이유에서 교육활동이 될 수 있는지에 대한 검토와 반성이 있어야 한다. 교사와 학생들이 학교에서 하는 활동은 교육적일 수도 있고, 비교육적일 수도 있다. 우리는 제 5장에서 <교육활동>을 논의할 때 선별의 조건이 어떤 것인지를 이미 살핀 바 있다.

교육은 그 여건과 불가분의 관계를 갖는다. 학교 안에는 분명 교육과 비교육의 사태가 공존하며, 후자가 어떻게 전자에 영향을 주는가 하는 부면에 대한 검토가 필요하다. 불리하게 작용하는 것을 제한하고 유리하게 작용하는 것을 장려하고 보완하는 작업이 필요한 것이다. 그런데 '교육=학교태'의 공식 안에는 그런 구분이 없기 때문에 그 환경의 개선에 해당하는 부분을 교육의 개선과 혼동하거나, 혹은 후자를 무시하거나 고려에서 제외하는 문제가 일어났다. 이 때문에 가령, 교장이나 교사가 자신이 생각하는 이상적인 교육을 학교 안에서 실현하고자 해도 그 여건이 조성되지 않으면 그것을 극복하지 못하고 좌절하는 경우가 많았다. 따라서 학교교육의 정상화는 학교 안의 교육이 여타의 세계로부터 어떤 영향을 받고 있는지에 대한 검토를 필요로 한다.

이 문제의 해결을 위해서는 우선 사실상 교육여건에 대한 연구가 불가결하다. 이에 대한 연구가 부진하기 때문에 학교에서의 적용도 그만큼 현재로선 제한되어 있다. 현존하는 교육의 양태를 설명할 수 있는 더욱 다양하고 심각한 변인들이 있을 것이다. 단지 교육의 탓으로만 돌릴 수 없는 그 여건에 대한 유리함과 불리함을 따지고 개선하는 일이 학교교육의 정상화라는 과제의 수행에서 반드시 포함되어야 할 것이다. 그 한 가지 구체적 사례가 박민정(1998)의 '열린 교실'에 대한 연구다. 교실 안에서 한 방향으로 배열된 의자들을 원형으로 재배치하는 것 하나만으로도 교육적 관계가 다양화될 수 있는 것이다. 이는 단순히 물리적인 여건에 해당하는 것이며, 제 7장은 그 이외에 정치, 경제, 사회, 문화 등 다양한 여건들에 대한 연구의 필요성을 다루었다.

학교교육의 정상화는 학교에서 실시하고 있는 각종 평가와 불가분의 관련을 갖는다. 흔히 커리큘럼의 운영에서 학기의 중간이나 끝의 시험기간에 정기적으로 실행하는 '교육평가'가 있다. 학교에서 이루어지고 있는 이런 제반 평가의 모두를 '교육평가'로 지칭할 수 있느냐 하는 부분에서 의문이 제기되어야 할 것이다. 학교의 정상화와 교육의 정상화가 서로 구분되어야 하듯이, 학교의 평가와 교육의 평가 역시 별개의 사안이다. 학교교육의 정상화가 제대로 이루어지려면 그 가운데 후자의 기능이 살아나야 하는데, 사실상 그 부분에서 아직까지 독자적인 평가가 거의 이루어지지 못하고 있다.

이와 관련하여 학교에서 실시하는 지식에 대한 평가가 옳지 않다는 지적도 있다. 최성욱(2009)은 '정답'이라는 것에 집착하는 '교육평가'에 의문을 제기한다. 그동안의 평가에서는 대개 학생들이 얼마나 교과서의 내용과 일치하는 반응을 보이느냐에 치중해 왔다. 그러나 만약 그 교과서의 내용이 학문적 지식을 의미한다면, 그런 평가는 학문의 목적과 어긋난다는 것이 연구자의 주장이다. 모든 지식은 오류가능성이 있으며, 다만 그 상대적 우위를 판별할 수 있을 뿐이다. 그런데 마치 교과서의 지식이 절대적 진리를 대표하는 것처럼 가정하는 평가의 관행은 그런 현실을 오도한다는 것이다. 그 대신 연구자는 교육의 과정을 통해서 지식의 개선을 꾀하고, 그 결과 그 개선된 것을 학생들 스스로가 자각하게 하는 평가가 이루어져야 할 것으로 본다.

한수연(2006c)은 영재교육기관 운영방향을 제언하는 논문에서 결과 중심의 평가를 과정 중심으로 전환할 것을 주장한다. 영재교육의 성공은 목표의 도달보다는 학생 스스로가 자신이 공부하는 태도, 속도, 수준의 향상 등을 감지하며 다음 단계의 질문을 찾고 답을 깨달아 나가는 과정이 중요하기 때문에, 일 년 동안의 모든 교육활동 상황을 기록하거나 참고가 될 만한 중간결과물들을 한 곳에 모아 학생 개인별로 포트폴리오를 만들어서 학생들의 변화 상황을 파악하는 것이 매우 중요하다고 주장한다. 또한 교사가 학생을 평가한다는 통상적인 평가 방식에서 벗어나, 학생이 교사를, 학생들이 서로를 평가하는 등의 다양한 방식이 병행되어야 할 것을 제안한다. 이렇게 상호주관적인 방식으로 영재교육 평가를 하는 전 과정을 통하여 영재 학생과 교사는 그들 간의 교육적 공조 체제를 공고히 다지면서 더 발전된 영재교육의 방향으로 나갈 수 있다는 것이다.

앞의 연구들은 결과보다는 과정, 평가하고 평가받는 주체의 다변화, 객관식 평가방식보다는 주관의 강조 등의 면에서 변화를 요구하는 셈이다. 그런 부분적인 개선만으로 교육의 정상화를 꾀할 수 있느냐 하는 것은 의문도 있다. 엄격하게 말하면, 이는 학교의 평가를 개선하는 정도에 그치며, 교육평가의 개선으로 보기 어렵다. 교육평가는 교육을 대상으로 이루어져야 하며, 거기에 적용되는 가치 역시 엄격한 선별을 필요로 한다. 장상호(2004, 2009)는 그런 점을 고려하면서 ① 교육의 내재적 가치실현에 대한 평가, ② 교육여건의 평가, ③ 교육의 외재적 기능의 평가, ④ 품위의 평가 등 다양한 평가의 범주와 방법을 제시한 바 있다. 이 부분은 제 9장에서 더 자세하게 다루어질 것이다.

학교교육의 정상화는 참으로 긴 논의와 정책적 선택을 요구하는 과업이다. 그동안 이와 관련된 수많은 주장이 제기되고 정부쪽의 노력이 있었지만, 사실상 그 과업의 수행은 아직까지 시작조차 제대로 되지 않았다고 해도 과언이 아니다. 이와 관련하여 앞으로 수많은 연구와 정책의 개발이 후속되어야 할 것이다. 우리는 이 문제와 관련하여 교육본위론의 입장에서 그 문제에 새롭게 접근하는 데 요구되는 개념의 쇄신과 그에 따르는 연구의 사례를 대략 훑어보았을 뿐이다. 아직 학교교육의 정상화를 현 단계에서 지원할 만한 연구나 자료는 극히 미흡하지만, 그것을 추진하는 데 우리가 취해야 할 지침은 비교적 분명해 보인다. 그 실질적인 사항을 세 가지로 나누어 요약하고자 한다.

첫째, 학교교육의 정상화는 학교의 정상화와 결코 동일한 것이 아니다. 후자는 학교의 기능과 관련하여 논의될 성질의 것이며, 전자는 그중 교육과 관련하여 논의할 성질의 것이다. 학교의 기능은 다원적이다. 이들은 서로 갈등할 수도 있다. 그 모든 것을 오직 교육과 결부시키는 것은 학교 안에서 오히려 교육 고유의 기대와 혁신의 노력을 일관성 있게 추진하는 노력을 흐리게 하는 주된 요인이 되고 있다. 이른바 '공교육의 정상화'라는 기치 아래 진행되는 것들이 그 전형적인 사례이다. 이미 살폈듯이 이는 결국 기존체제의 강화에 그친다.

둘째, 학교교육의 정상화는 현존하는 교육학의 전면적인 쇄신을 전제한다. 교육의 정상화를 주장하기에 앞서 교육학의 정상화가 선행되어야 한다. 왜냐하면 후자의 관점으로만 전자가 올바르게 이해되고 논의될 수 있기 때문에 설사 그 충분조건은 되지 않을지언정 하나의 필요조건이 된다. 현재의 상황은 이 부분에서 시작의 단계에 불과하다. 적절한 개념구분, 가치선택, 사실의 해명이 이루어져야만 이 주제가 올곧게 다루어질 수 있게 될 것이다. 이 점에서 적어도 자신의 책임을 추궁하는 교육학자들은 이 주제 앞에서 스스로 제 몫을 하지 못한 점을 탓해야 할 것이다.

셋째, 학교교육의 정상화는 학교에 관련된 제반 이해집단의 합의에 의해서만 그 목표를 달성할 수 있다. 여기에는 비단 기존의 교육학자뿐만 아니라 정책 당국자, 교사, 학생, 학부모, 일반 사회의 구성원 모두가 포함된다. 교육을 본위로 학교를 개편하려고 할 때, 그 정치적·행정적·제도적, 인적 저항도 클 것이다. 기존의 학교체제 안에서 기생하고 온존하고 있는 세력들의 입장에서 자율적인 교육은 학교 안에서 서로 나누어 먹어야 할 파이의 축소 혹은 독점해 온 기득권의 손실을 의미할 것이다. 그들의 복잡한 이해관계를 무시하기보다는 그것들과 타협하고 조율하고 다소의 동조를 얻어내려는 노력이 필요하다.

## 8.4 교육공간의 확장

교육적 삶은 보통 우리가 생각하는 것보다 훨씬 자주 광범위하게 진행되고 있는 실제다. 교육을 제외하고 삶을 말하는 것이 불가능할 정도이다. 한 자연인이 교육적인 삶을 영위하는 것은 호흡처럼 보편적인 현상이다. 상구하고자 하는 것을 마음껏 상구할 수 있고, 하화하고 싶은 것을 자유롭게 하화할 수 있는 공간, 교육 주체의 속도와 스타일과 수준에 맞는 교육이 가능한 공간, 교육을 좋아하는 사람들이 모여 헌신적으로 즐겁게 교육 활동을 향유하는 공간, 이처럼 그 내재적인 가치가 앞서고 이외의 가치가 이에 종속하는 공간들이 의외로 많은 것이다.

문제는 우리의 인식이 그 사실을 제대로 따르지 못하고 있다는 데 있어 보인다. 인식대상은 개념과 긴밀한 상관관계가 있다. 누차 지적해 왔듯이, 이제까지 그런 보편적인 삶의 양상을 제대로 음미할 수 있는 안목이 늘 문제가 되었다. 앞 절에서 살폈듯이, 거의 상식화된 '교육=학교태'라는 공식은 교육이 오로지 국가와 전문가에게만 허용되는 것으로 대중을 길들여 왔으며, 교육을 연구하는 학문으로서의 교육학은 대체로 그 관점을 교정하기보다는 그것을 강화하는 방식의 행태를 보여 왔다. 그런 관점의 왜곡으로 인해서 당연히 인정받아야 할 교육현상이 아직까지도 드러나지 않고 있는 형편이다.

그 은폐의 첫 번째 사례는 과거의 선인들이 향유했던 교육적인 삶이다. 교육적인 삶은 우리의 역사에서 면면히 진행되어 왔다. 교육이 인류의 역사와 더불어 존재했다고 보아야 할 것이다. 그런데 이런 엄연한 사실이 18, 19세기 공립학교의 도입과 더불어 그와 유사한 형태의 것만을 교육으로 생각하는 시대적 한계로 인해서 제대로 주목을 받지 못하게 되었다.

이 실종된 부분을 밝힐 연구영역은 교육사인데, 그 영역에서 이루어지는 실제의 연구는 주로 학교라는 상황을 가정한 제도의 측면에만 주목하고 있다.

오늘날 간과되거나 은폐되고 있는 두 번째 부류의 사례는 지금의 교육학의 원류가 서양에 있다는 사실과 관련되어 있다. 교육은 동양과 서양을 아우르는 보편적인 삶의 양상이다. 그런데 지금의 교육학의 개념과 용어는 주로 서양의 상황을 전제로 형성되었으며, 지금도 우리나라의 교육학 역시 미국이나 구라파의 영향 아래에 있다. 따라서 교육을 밝혀야 할 학문이 지나치게 서양 쪽으로만 경도되어 왔다. 그 개념과 용어가 동양의 언어로 번역되었다고 하더라도 그 관점은 면면히 진행된 동양의 교육을 간과한다.

그 실상이 아직 제대로 인식되지 못하고 있는 세 번째 부류의 사례는 학교 밖에 존재하는 광대한 교육의 공간이다. 학교가 독점하고 있는 제도적 개념과 용어가 그곳에 미치지 못하기 때문에 학교 밖의 삶에서 생생하게 진행되고 있는 교육의 실상이 무시되거나 은폐된다. 귀가 따갑게 듣는 '교육개혁'이라는 구호가 주로 학교사태에만 치중하는 것은 바로 그런 이유에서 비롯한다. 심지어 제도권 밖에서 진행되고 있는 교육은 잘못된 것이라는 인식조차도 있다. '사교육의 철폐'가 마치 교육을 정상화시키는 처방처럼 논의되는 것도 이 맥락에서이다.

본 절의 주제인 교육공간의 확장이라는 논의의 가장 중요한 출발점은 그동안 학교가 독점해 왔던 교육에 대한 개념과 용어의 한계를 과감하게 벗어나는 것이다. 학교의 경우처럼 표방하는 용어가 중요한 것이 아니라 그 용어가 진정 이론적인 맥락과 의미를 지니고 있는가 하는 점이 더욱 심각하고 진지하게 추궁되어야 한다. 그 선결요인의 결여로 인해서 지금까지 은폐되어 왔던 교육의 사례들을 탐색하고 발굴하여 새로운 의미를 부여하는 개념적인 작업만으로도 교육공간의 확장이라는 과제에 크게 공헌할 수 있을 것이다.

학교에서 일어나는 것만이 교육이라는 개념의 한계를 벗어나야 할 현실적인 사례가 점차 드러나고 있다. 그중의 하나가 바로 '원격교육(distance education)'이다. 원격교육은 개념상 공립학교의 울타리 밖에서 이루어지는 교육이다. 그것은 '교육=학교태'라는 종전의 개념으로는 포착할 수 없는 것으로 규정될 수 있어야 한다. 그렇다면 그 교육은 무엇인가? 그 부분에서 모종의 이론적 해결이 이루어질 수 있다면, 적어도 인식의 부재로 인해서 은폐되었던 사실들이 제 모습으로 드러날 수 있게 될 것이다. 그것은 본 절의 주제인 교육공간의 확대라는 취지와 부합한다. 그러나 이 분야에서 논의되고 있는 것은 그 기대와 동떨어져 있다.

정연희(2007)는 원격교육의 논의에서 교육기회의 확장이라는 슬로건으로 '열린(open)'이라는 특정한 용어를 내세우고 있음에 주목하고, 그 용어가 사용되고 있는 실상을 검토한 바 있다. 그 결과 그것이 교육자체의 확대와는 무관한 것임을 발견하였다. 학교의 경우와 마찬가지로 거기에도 서로 다른 외래학문의 개념의 도입에 따른 맥락상의 혼동이 있음을 밝혔다. 그 '열린'이라는 개념을 공학에서는 '접근성의 확대'로, 행정학에서는 '비용효과성의 확대', 그리고 사회학에서는 '학습주도권의 확대'라는 식으로 해석하였다. 그만큼 교육공간의 확대라는 과제는 무엇보다도 먼저 교육을 제대로 바라보는 새로운 관점을 절실하게 요청하고 있다.

학교의 안과 밖이라는 종전의 범주를 뛰어넘고자 했던 교육본위론은 그런 취지에 부응한다. 이에 따르면, 하나의 자율적인 삶의 양상으로서 교육과 구분되어야 할 것은 학교의 울타리가 아니라 바로 정치·경제·사회·문화·종교 등 여타의 삶의 양상이다. 이런 관점 전환은 이제까지 마땅한 개념의 부재로 인해서 간과되거나 매몰되어 왔던 교육의 사례를 새롭게 밝히고 포섭할 수 있는 최소한의 이론적 기반이 될 수 있을 것이다. 그럼에도 불구하고, 그 작업의 성과는 아직 극히 미흡한 수준에 머물고 있다. 다음에, 이제까지 이루어진 진전의 더딘 상황과 함께, 어떤 방향의 연구가 앞으로 가능한지를 간단하게 검토하고 진단하고자 한다.

지나간 과거는 현재를 이해하고 앞으로 닥칠 미래를 조망하는 중요한 준거점이다. 우리의 선조들은 진정 어떻게 교육적인 삶을 영위했을까? 교육본위론의 관점에 따르면, 교육은 수도계를 존속시키고 발전시키는 중요한 매개체이다. 인류의 역사가 시작된 이래, 사람들은 수도계의 통로를 통해서 자신의 잠재성을 실현시켜 왔으며, 그 도상에서 교육이 반드시 개재하였을 것으로 추정된다. 그런 가설의 검증은 기존의 역사적인 문헌을 교육본위론의 관점과 개념에 의해서 재해석하는 작업과 연결되었다.

역사는 언제나 새로운 해석을 기다린다. 대표적인 수도계는 어떤 것인가? 그 발전과정과 연관된 대표적인 역사적 인물은 누구인가? 이런 의문으로부터 가장 먼저 검토의 대상으로 선택된 것이 오늘날까지 인류의 스승으로 추앙받고 있는 석가, 공자, 소크라테스, 예수였다. 이들은 기원전 5세기를 전후하여 우리가 삶에서 우리가 추구해야 할 교육의 표상으로 알려져 있다. 교육본위론이 진정 교육을 온전히 바라볼 수 있는 새로운 개념체제라면, 그들의 삶이 교육의 내재율을 진지하게 실험하고 그 내재적 가치를 실현한 것으로 판명되어야 한다.

엄태동(1990)은 그 관점과 역사적 사실이 상응한다는 단서를 확인할 수 있었다. 그 이후, 이에 관한 더 세부적인 연구가 진행되었다. 신기현(1996)은 유가사상의 최고의 경전인 ≪논어≫를 분석하여 그 안에 공자와 그들의 제자가 교육적인 삶 자체에 가치를 두고 그것을 향유했던 측면을 드러낼 수 있었다. 김휘준(1998)은 마태, 마가, 누가, 요한복음을 교육본위론의 관점에서 재해석함으로써 예수와 그 제자들 사이에 일어난 청교, 청학, 교육적 관계의 형성, 각종 비유를 통한 교육적 상호교섭, 교육적 교섭의 와해와 그 구체적인 사례를 제시하였다. 장상호(1999)는 역사적으로 학문이 발원하는 데 크게 공헌한 희랍의 철학자 소크라테스, 플라톤, 아리스토텔레스가 교육의 내재율에 의존해서 어떻게 학문의 진화를 이루었는지를 밝혔다.

방대한 불경의 문헌은 석가의 교육적인 삶에 관한 여러 편의 연구를 허용하였다. 김남희(2000)는 ≪법화경≫에 나타난 중요한 개념인 '방편'을 교육의 내재율에 입각하여 재해석함으로써 오늘날 학교를 중심으로 진행되는 '직접전달'의 통념과 관행에서 가려져 있는 하화교육의 본래적 면모를 찾을 수 있었다. 다른 한편, 정연희(2000)는 ≪아함경≫ 안에 나타난 교육적 관계의 전개양상을 드러내었다. 정창윤(2003)은 동양의 선가에서 누구나 적극적으로 상구하고 하화하는 교육의 삶을 누렸음을 밝혔다. 그중에서도 달마 → 혜능 → 마조 → 임제의 계보로 이어지는 학승(學僧)과 선사(禪師)의 교육적 관계와 활동을 그들의 교육적 열정, 과정의 체험, 개방적 정신, 모험적 자세와 관련하여 검토되었다.

이제까지 앞에서 살핀 인류의 4대 스승, 즉 석가, 공자, 소크라테스, 예수라는 인물들에 대한 연구가 불가, 유가, 학문, 기독교라는 세계의 이질성을 부각시키는 데 치중하였다. 그러나 교육본위론의 관점은 그들이 교육이라는 독특한 삶의 양상을 따랐다는 점에서 공통된 길을 걸었다는 점을 보여주었다. 바로 그런 삶의 재생을 통해서 그 각각의 이질적인 세계를 후대에 걸쳐서 존속시킬 수 있었던 것이다. 오늘날 학교체제의 과장된 개념과 용어로서는 도저히 그런 역사적 사실이 드러날 수 없다. 새로운 개념의 우월성은 결국 납득할 만한 사례를 통해서 입증될 수 있게 된다. 이런 이유에서 장상호(2000b, 2005a, 2009)는 4대 스승의 경우를 이제까지 교육의 원형적인 사례로 취급하여 왔다.

그렇다면 우리나라의 선조들은 어떠했는가? 최근에 우리 것의 소중함에 대한 인식과 참여가 되살아나면서 다소 활기를 띠고 있는 시점에서 이루어진 일련의 판소리 영역의 대한 탐구는 이 의문을 해소하는 특별한 의미가 있다(이용남, 2001; 최성욱·신기현, 2000). 이 연구들은 조선중기 이후에 전통국악인 판소리의 전승사에서 분화되어 온 유파를 정리하고, 명창들의 일화를 중심으로 선대 소리꾼과 후대 제자들 사이에 전승의 맥으로 이어진 교육적 관계와 상호교섭에 주목하였다. 그 상호교섭은 신분상승이나 부와 같은 세속적 차원을 초월하였으며, 오늘날 학교교육에서 결여된 도제적 양상을 포함하고 있음도 밝혀졌다.

이런 역사적 조명은 적어도 오늘날의 학교체제를 교육의 전형적인 모델로 생각하는 우리의 통념을 역전시킬 수 있다는 점에서 큰 의미를 지닌다. 그 모델은 오히려 과거에서 찾는 것이 옳다는 인식에서 우리나라의 선인들이 보여준 메타교육의 측면이 검토되기도 하였다. 조선시대 대표적인 학자로 우리는 흔히 이율곡과 이퇴계를 든다. 그들은 한국유학의 정립 과정에서 이기설을 두고 어느 편을 내세우느냐 하는 점에서 서로 대립하는 것으로 알려져 왔다. 그러나 그런 해석은 극히 일면적인 것에 불과하다. 4대 스승의 경우가 그러했듯이 그들은 모두 일생동안 교육적인 삶을 우리의 역사 속에서 정착시키려고 노력했다는 점에서 같은 길을 걸었다.

두 편의 문헌연구가 그 점을 입증하였다. 김지현(2003)은 이율곡의 저서인 ≪격몽요결(擊蒙要訣)≫이 제자들의 상구의 자세를 올바르게 바로잡기 위한 길잡이로서 저술된 것임을 밝혔다. 이정연(2004)은 같은 시각에서 이퇴계의 전기에 포함된 시조와 편지, 일기, 제자와의 대화내용을 분석하여 그 안에 포함된 메타교육에 해당하는 부분을 부각시킨 바 있다. 그들은 삶 자체를 상구와 하화의 과정으로 형상화할 뿐만 아니라 스스로 그 원칙에 부응하여 살았다. 현재까지도 유교의 이 거대한 두 학파가 면면히 유지되고 있는 것은 그런 메타교육의 전통이 살아 있는 덕분일 지도 모른다.

우리나라 정신사의 다른 축에는 불교의 전통이 또한 자리하고 있다. 이시영(2005)은 교육본위론의 관점에서 19세기 말엽 우리나라의 혼란했던 시대에 원불교를 창시해서 민중의 갈 길을 바로 잡고자 했던 소태산이 얼마나 교육적인 삶에 충실한 일생을 보냈는지를 조명하였다. 소태산은 문제의 해결을 자기 자신의 상구하는 삶에서 시작하고, 자신의 삶에서 검증된 것을 민중에게 하화하는 데 모범을 보였다. 우리나라의 역사 안에서 교육적 전통을 되찾는 길을 모색하는 이런 연구들은 서구의 특별한 시대에서 유래한 공립학교 중심의 교육학에 의해서 실종되거나 곡해된 교육관을 바로잡는 중요한 거점과 길잡이가 될 수 있을 것으로 본다.

역사적인 연구들의 중요한 의미는 교육을 현재의 것으로만 파악하는 편견을 교정하는 데 크게 기여한다는 점에 있을 것이다. 앞에서 살핀 제한된 몇 편의 논문을 근거로 과거의 교육이 어떻다거나 혹은 동양의 교육이 서양의 것과 다르다는 일반적인 언급을 하기에는 불충분하다는 것은 말할 필요가 없다. 더 많은 연구와 그에 따른 증거가 필요하다. 하나 더 첨부하여 둘 것은, 역사는 명망 있는 사람들의 독점물이 아니라는 점이다. 일반서민들에게도 교육적인 삶으로 음미할 수 있는 부분들이 분명히 있었을 것이고, 그 사실들을 살려내는 작업도 아울러 이루어져야 할 것이다.

과거는 단지 해석의 대상일 뿐이다. 현재는 우리가 다소간 관여하거나 관여해야 할 현실이다. 교육공간의 확장과 관련하여 우리가 검토해야 할 나머지 주제는 오늘날의 상황이다. 우리는 앞 절에서 '학교교육의 정상화'라는 과제를 다루었다. 이제 더 필요한 부분은 학교 밖에서 진행되고 있는 교육에 대한 재조명이다. 일상의 삶이 지니는 교육적 가능성은 무궁무진하다. 그동안 가정, 학교, 학원, 가상공간, 직장 등의 생활공간이 학교 이외에 교육의 공간이 될 수 있을 것으로 지목되었다(이민영, 2000; 장상호, 1997). 그 어떤 분류를 따르든 간에 그 각각의 공간에 대한 가설과 궁금증은 많다. 그곳에서 진행되는 교육의 양태, 교육의 소재, 교육활동, 교육에 포함되는 인간적 범주에서 어떤 특징이 있는가? 삶은 복합적인 것이기 때문에 언제나 절충의 형태로 나타난다. 이 때문에 이 질문은 그 각각의 생활공간이 갖는 교육의 생태적 환경과 결부되어 있을 것이다. 앞의 역사적 연구처럼 이에 관한 연구도 이제 그 시작에 불과하기 때문에 수많은 연구가 후속되어야 할 것이다.

특별한 경우를 제외하고, 가정은 누구나 그 구성원이 되는 가장 원초적인 생활공간이다. 그 두드러진 특징은 우선 어른과 아이라는 세대의 차이, 그리고 친족이라는 혈연적 관계를 들 수 있을 것이다. 자연스러운 삶의 현장에서 가족은 혈연이라는 범주를 토대로 서로 간에 깊은 감정적 유대를 가지고 교육적 교섭을 할 수 있는 가장 적합한 여건을 지니고 있다. 가정은 부부의 결합으로부터 출발한다. 결혼 초에 부부의 서로 다른 생활배경과 전통은 충돌의 원인이 될 수도 있지만, 그것을 교육의 소재로 활용하는 경우도 있을 것이다. 부부는 아직 철들지 않은 자녀를 갖는다. 여기에 부모와 자녀 사이에 교육적 관계를 맺을 수 있는 품위의 차이가 불가피하다. 부모의 지혜로운 처신, 삶의 양태, 그리고 모범은 자녀에게 육신이나 어떤 물질적인 것보다도 귀중한 것을 전수하는 삶의 원천이 될 수 있는 것이다.

가정교육의 사례는 새삼스러운 현상이 아니다. 실제로 인류의 역사를 통해서 가정이 교육을 위한 가장 밀접한 생활공간으로 작용해 왔고, 따라서 가정을 제외하는 교육공간에 대한 논의는 그 반을 잃을 것이다. 사실은 가정에서 지금도 교육이 실제로 진행되고 있음에도 불구하고 마땅한 이론적 개념이 없기 때문에 주목을 받지 못한 측면도 있을 것이다. 만약 가정교육이라는 현상 자체를 그것에 적합한 고유한 개념체제에 비추어 새롭게 조망한다면 그 잃어버린 면모가 되살아날 가능성이 많다. 예컨대, 김지현(1997)은 교육본위론을 기초로 로고프의 ≪사고의 발달과 도제식 상호작용론(Rogoff, 1990)≫에서 다루어진 부모와 자녀의 상호교섭에 관한 연구들을 가정 안에서 일어나는 협동교육의 맥락으로 해석할 수 있는 여지가 많음을 지적한 바 있다.

세대와 품위상의 차이가 가족구성원 간에 많은 갈등을 유발시킬 수도 있지만, 이는 다른 한편으로 교육을 통해서 신성한 통일체로 승화될 가능성도 함축한다. 할아버지와 손자 간의 관계를 단지 혈연적인 것으로만 보아도 되는가? 가훈은 무엇인가? 연초의 덕담은 단지 형식에 불과한 것인가? 젊고 현대적이라는 이유만으로 자신을 우월시하고 이전의 세대를 우습게 보는 경향도 있다. 신세대에게 구세대의 옛 문화를 보존하도록 하는 것은 어렵게 되어 있다. 그래도 되는가? 구세대의 늙는 속도와 신세대들이 성장하는 속도의 차이는 어떤가? 구세대는 신세대의 젊은이들로부터 새롭게 상구할 것은 없는가? 가정에서 흔하게 볼 수 있는 고부간의 갈등은 그들 간의 교육적 관계형성이 좌절된 양태로 볼 수는 없는가? 가정에서 형제들끼리의 품위의 수준은 큰 차이가 없기 때문에 특히 '눈높이 교육'의 시발점이 되거나 혹은 교류교육의 가능성이 많다. 이런 제반 가정교육의 활성화는 학교교육으로 전이될 뿐만 아니라, 더 나아가 나중에 그들의 자녀교육의 예비단계가 될 수도 있었다.

안타까운 것은 시대의 변천과 더불어 가정의 교육적 의미가 점차 퇴조되거나 망실되어 가고 있는 현실이다. 시대의 변천에 따른 가정의 유형이

대가족에서 핵가족으로 변하고 있고, 극단의 경우 가정 자체의 해체를 말하는 사람들도 있다. 여기에 교육은 오로지 학교와 같은 전문기관의 몫이라는 식의 잘못된 통념이 가세한다. 폭력이나 대중문화를 담은 TV 프로그램의 공략을 받아 가족들 간의 교육적 교류가 이루어질 시간이 별로 없다고도 말한다. 이제 젊은 부모들은 교육자로서 자신의 기술과 능력에 대한 자신감을 잃고 그 기능을 학교와 같은 전문기관에 의존하려는 경향이 있다. 오늘날 자녀들의 자기이해, 자기책임, 정신적인 자유보다는 안전과 보호에만 열중하는 부모들이 많아졌다.

이에 대한 반전의 추세도 엿보인다. 최근에는 폭력, 마약, 섹스, 획일적 교육 등 학교교육에 대한 불신이 부각되면서 적령기의 아동을 학교에 보내지 않고 학부모들이 직접 또는 다른 도움을 받아 가정에서 아동을 교육하겠다는 취지를 반영하는 이른바 '홈스쿨링(home schooling)'은 그중의 한 사례이다. 이런 홈스쿨링의 등장은 학교에서 하는 일이 교육이라고 믿어온 관행과 신화를 깨뜨리고 부모가 자기 아이들의 교육에 대한 일차적인 책임과 권리를 주장한다는 점에서 교육공간의 확장이라는 취지와 일면 상통한다고 할 것이다. 김재웅(1999)은 외국에서 비교적 빠른 속도로 증가하고 있는 이 제도의 교육적, 정치적 의미를 검토하였다. 서덕희(2006)는 직접 국내의 사례를 예시하면서 그 교육적 가능성과 한계에 관한 참여관찰을 한 바 있다.

앞선 홈스쿨링에 대한 연구는 교육의 공간을 확장한다는 본 절의 취지와 어긋난 점도 있어 보인다. 먼저 우리가 기존의 학교운영에 불만을 가지고 가정이 그 기능을 대신 수행하는 것이 진정 교육이라고 할 수 있느냐 하는 개념의 문제가 아직도 남아 있다. 학교 안에서 이루어지는 관행적 개념, 즉 교육과정과 교재, 교수-학습 활동, 교사와 학생, 학업성취 등의 개념과 용어를 사용하는 한 홈스쿨링은 학교태의 단순한 확장이라는 스스로의 한계를 벗어날 수 없을 것이다. 다른 하나의 한계는 서덕희의 연구에서 적용된 문화기술의 방법이다. 문화기술의 방법은 교육에 관한 문화현상을 파악하는 데에는 적절할지 모르나 교육에 대한 기술이라는 요구조건을 충족시키기 어렵다. 교육의 문제는 별도의 이론적 개념에 의해서 검토되어야 한다.

부모의 교육적 무능과 학교교육에 대한 불만이 겹쳐 등장한 현상이 이른바 '사교육'의 번창이다. 오늘날 우리나라의 부모들은 학교를 불신한다. 더욱 정확하게 말하면, 그들이 학교에 기대하는 기능에 대해서 불만을 가지고 있다. 그렇다고 해서 홈스쿨링의 경우처럼 그들 스스로 그 불만을 해소할 능력을 갖춘 것도 아니다. 따라서 그들은 학교생활을 마치고 돌아온 자녀들을 입시, 피아노, 미술, 컴퓨터, 서예, 무용, 태권도, 탁구, 웅변 등을 표방하는 각종의 학원에 보낸다. 그런데 그런 행태는 '교육당국'이나 '교육학도들'로부터 '정상적인 교육'을 저해하는 것으로 매도된다는 점이다. 흥미로운 점은 그 근거가 참으로 어설프다는 것이다. 학원에서의 생활은 부모들의 자녀에 대한 야심을 반영한다는 관점에서 흔히 비난받거나 저평가된다. 학교에는 그런 학부모의 야심이 작용하지 않는가? '사교육'을 비난하는 또 다른 이유는 그들이 주로 입시를 위한 준비에 치우치고 있다는 것이다. 그렇다면 '공교육'은 입시와 무관한 교육의 도장이라고 할 수 있는가? 또 다른 이유는 '과다한 경비'와 그에 따른 '사회의 불평등'에 대한 우려이다. 그러나 이는 그 자체로서 문제가 아닌 것은 아니지만, 교육의 본질과는 전혀 무관한 사항이다.

교육의 공간을 확장하기 위해서는 '공'과 '사'라는 구분을 넘어서서 그 명실상부한 교육의 내실에 주목하는 안목의 변화와 확장이 필요하다. 교육의 면에서 학교와 학원은 결코 배타적일 수 없다. 우리에게 필요한 것은 그 명분을 떠난 내실이다. 학원을 학교의 경우와 마찬가지로 오로지 교육과 결부시키는 것은 잘못이다. 그런 관점 자체가 교육을 도외시하는 역설적인 결과를 가져온다. 이제 그 명칭을 벗기고 젊은이들의 중요한 생활공간으로서 그 실상을 있는 그대로 파악하는 시각이 필요하다. 학부모들이 자녀를 학원에 보내는 이유는 진정 무엇인가? 진정 교육을 위한 것인가, 혹은 그것을 빙자한 다른 목적을 위한 것인가? 실제로 그 안에서 어떤 일이 일어나고 있는가? 누가 왜 학원을 운영하는가? 실제로 학원을 어떻게 운영하고 있는가? 그 소기의 목표는 어느 정도 달성하고 있는가? 이와 관련된 이해관계는 어떻게 나타나고 있나?

교육공간의 확장과 관련하여 막상 연구자가 가져야 할 중요한 관심과 흥미는 학원의 생활 가운데 교육이 차지하고 있는 부분이다. 학원은 실지로 어떤 교육의 양태를 보이는가? 그것은 학교교육의 양태와 어떻게 다른가? 교육의 내실이라는 측면에서 어느 편이 더 높은 평가를 받을 수 있는가? 혹시 학원이 학교보다는 교육의 내재율에 더 충실한 것은 아닌가? 만약 그렇다면, 학원교육이 학교교육의 대안이 될 수는 없는가? 방과 후의 시간에 학교의 시설을 이용해서 학원교육을 실시하도록 한다면 어떤가? 이런 질문들에 대한 해법과 국가적 정책이 허심탄회하게 논의될 수 있어야 한다.

이 질문들에 부분적으로 답할 수 있는 흥미로운 연구가 있다. 김영화(2004)는 중·고등학생, 학부모, 학원 강사를 상대로 '사교육'의 질, '사교육'의 효과와 영향, '사교육'의 '교육서비스'에 관한 인식을 조사하였다. 그 결과 대체적으로 그들은 생활지도와 인성지도를 제외하고 교사, 수업, 시설, 교재, 진학지도 제공, 교육정책 변화에 대한 대응, 학교-학부모의 의사소통 등에서 모두 학원이 학교보다 더 우월한 '교육서비스'를 한다는 반응을 받았다. 그런 결과를 가져온 변인으로서 수업준비에 전념할 수 있는 강사의 근무여건, 수준별 반 편성, 학생들에 대한 강사 평가 및 경쟁체제, 학생·학부모의 학원 선택 가능성, 학부모와 학원 사이의 의사소통, 낮은 제도화 수준으로 인한 교육프로그램의 탄력성과 유연성, 교육이 행정에 우선하는 조직과 문화 등을 들었다. 연구자는 이런 사실을 근거로 '공교육'은 '사교육'을 억제함으로써 그 존립기반을 확보하려고 하기보다는 '사교육기관'의 경영마인드를 도입하여 '사교육'과의 경합에서 비교우위를 갖기 위해 노력하여야 한다는 제안을 한다. 이 연구에서 사용하는 교육의 개념이나 용어가 본 절의 논의가 요구하는 기준에 맞지 않는다고 하더라도 이 연구가 얻어낸 결과는 그동안 '공교육'만을 강조한 국가주의적 사고가 갖는 허점을 잘 드러내고 있어 주목할 만하다.

우리나라의 부모들이 자녀들을 학원에 보내는 가장 주된 이유의 하나는 학교의 사회적 선발기능에 대한 불만을 보충하려는 것이다. 그러나 그렇게만 보는 것도 경계해야 할 편견이다. 입시준비의 기능과 무관한 학원도 많다. 검도, 유도, 태권도, 합기도, 다도, 서도 등이 그중에 속한다. 이런 공간 안에서는 학교나 다른 학원보다는 교육의 내재적 속성이 비교적 더 존중될 것이라는 추정이 가능하다. 그런 점을 밝히기 위해서 차성현(2000)은 대한검도회의 공인을 받은 한 검도장에서 대학생, 고시준비생, 직장인, 아동들을 포함하는 구성원들의 삶을 교육의 맥락과 시각에서 분석하였다. 연구자는 스스로 수련의 과정에 참여하면서 교육 자체의 내재율과 결부하여 검도수련의 공간, 흐름, 그 수준의 차이에 따른 사범과 수련생 사이의 교육적 상호교섭의 양태를 관찰하였다. 그 결과, 교육적인 교섭은 사범과 수련생 사이뿐만 아니라 서로 수준이 다른 수련생들 사이에 자발적으로 자연스럽게 이루어진다는 사실을 발견하였다. 특기할 것은 연구자가 그 교육적 관계와 상호교섭을 촉진하거나 방해하는 문화적 요소를 밝히려고 한 점이다.

가정과 학원에 이어서 교육과 관련하여 주목해야 할 공간으로 직장이 있다. 우리가 학교를 졸업하고 대부분 여생을 보내는 직장에서는 주로 생업이 이루어진다. 이런 이유로 직장을 오로지 경제적인 것으로만 보는 경향이 있지만, 이것은 학교를 오로지 교육의 관점에서만 보는 것처럼 상식이 갖는 인식의 허점이다. '사상연마(事上鍊磨)'라는 말이 있듯이, 역사상 많은 입지전적 인물은 자신의 일터에서 자신을 철두철미하게 연마한 경력을 가지고 있다. 이는 직장 내에서 실제로 이루어지고 있는 교육의 내용을 추적해 볼 만한 충분한 단서다. 만약 그 점이 뚜렷하게 밝혀질 수 있게 되면, 한 개인에게 있어서 교육적인 삶의 경력은 학교에서 생활했던 것을 훨씬 뛰어넘는 것으로 인정되어야 할 것이다.

산업체의 목적은 경쟁에서 이기는 것이며, 통상 능력본위로 채용과 진급을 결정하기 때문에 산업체나 그 종사자는 그런 체제 속에서 긴장된 생활을 한다. 우리의 능력은 특정한 시기에 정지되는 것이 아니라 직업과 노동의 요구에 따라 평생 동안 개발된다. 오늘날 대기업의 연구소나 연구개발부의 지식 및 정보 창출 능력은 그 전문성이나 투자 규모 등의 면에서 결코 대학에 뒤떨어지지 않는다. 직업이 세분되고 있으며, 그 세분화된 지식과 기술이 상품화된다. 그것은 시대의 변화에 대한 대응이라는 불가피성과 관련되어 있다. 그 직업의 구조도 예측할 수 없는 방향으로 변하고 있다.

이른바 '현직교육'이 그런 직업적 능률이나 직업의식의 강화라는 맥락에서 실시된다. 그러나 그런 범주에서 실행되는 실천이 곧바로 혹은 오로지 교육의 범주에 들 수 있는지는 의문이다. 직장에서 경제적 가치의 추구와 교육의 목적 간의 개념구분과 맥락의 차이에 대한 연구는 아직도 일천하다. 먼저 직무수행과 자아실현이 서로 어긋나고, 전자에 큰 비중을 두고 점차 인간 본연의 문제가 퇴색되어 가는 현대 산업사회에서의 문제가 검토될 수 있다. 그들 사이에 조화를 유지할 수 있는 방법은 없는가? 품위는 어떤 직업적인 능력과 반드시 배치되는 것은 아니다. 장차 직업은 단지 경제적 수입의 수단으로서만 의미를 가질 수 없는 시대가 올 것이다.

이런 상황의 변화는 직장이 그 구성원에게 다면적인 삶의 요구를 충족하도록 재조정되어야 함을 의미한다. 오늘날의 인사관리는, 첫째 기업의 생산적 목적의 달성, 둘째 조직 내 이해관계의 조정, 셋째 인간적 측면의 충실 등 세 가지를 지주로 하여 이들을 효과적으로 관리하는 기술의 체계라고 할 수 있다. 그 가운데 굳이 교육을 어느 하나에 포함시킨다면, 그것은 아마도 그 셋째 범주에 속할 것이다. 교육은 그 결과와는 별개로 하나의 삶의 양상으로 인정받을 수 있어야 한다. 상구교육으로 자기발전을 꾀하고 그 발전을 하화교육을 통해서 타인들에게 입증하고자 하는 것은 그 결과를 떠나 인간이 가진 기본적인 욕구이다. 이런 교육적 교섭은 극단의 분업에 의해서 야기되는 지루하고 반복적인 삶의 질을 쇄신할 수 있을 것이기 때문에 직업적 실천과 교육을 융통성 있게 연계시킬 수 있는 방안은 매우 중요한 과제로 남아 있다.

성인은 사실상 직업세계 안에서 자신의 능력과 전문성을 고양시키는 자율적인 교육의 주체이며, 이런 부면은 앞서 지적한 '현직교육'이라는 형식적 구호에 앞서 있다. 결과가 아니라 교육이라는 과정 자체가 주목의 대상이 되어야 한다. 기술면에서 앞서 있는 고참이 신입생에게 어떤 과제를 두고 같이 생활하면서 지도하고 또한 풋내기가 그에 호응한다면, 그들은 그 순간 스승과 제자라는 훌륭한 교육적 관계를 맺을 수 있을 것이다. 이와 관련하여 수많은 문제를 제기할 수 있을 것이다. 실무와 교육실습을 어떻게 구분할 것인가? 신기술의 급진적인 개발과 보급에는 단지 경제적인 요인만 작용하는 것은 아니다. 거기에는 얼마만큼의 자발적인 상구와 하화의 과정이 눈에 띄지 않은 모양으로 작용하고 있을 것이다. 직장 안에서 세속적 경쟁체계가 구성원의 교육적 욕구나 상호교섭을 억압하거나 억제시키는 것도 사실이다. 그 문제는 어떻게 해결될 수 있는가? 상관과 부하라는 범주와 품위는 일치하지는 않기 때문에 관계성립의 어려움이 예상된다. 어리석은 상관과 어진 부하가 있을 때, 교육적인 해결의 가능성은 없는가? 개인의 업적과 팀의 활동성과를 동일한 비중으로 평가하는 인사방침과 보상은 어떤가? 실패와 실수를 탓하거나 은폐하기보다는 그것을 극복하는 사례를 더 중시하거나 높이 평가하는 직장의 정책이나 풍토는 어떤가?

이런 새로운 문제의식의 일환으로 이지혜(2000)는 오랜 경력을 가진 여덟 명의 성공한 미용인이 성인 학습자로서 미용 분야에서 성장해 가는 과정을 심층적인 면담을 통해서 분석한 바 있다. 그 결과, 직업세계 안에서 전개되는 자기개발이 삼 단계로 진전된다는 흥미 있는 사실을 발견하였다. 첫 단계는 직업세계의 학습경험을 통해 자신의 삶을 변화시키려는 강한 의지를 가지고 있지만 그것을 지원받을 수 있는 여건이 매우 취약한 입문학습기이다. 두 번째 단계는 안정된 직장에 취업하여 고급기술과 이론적 지식을 얻어나가는 전문성학습기이고, 세 번째 단계는 그들이 습득한 것을 다른 사람에게 전수하려는 공유학습기이다. 그 변화의 단계는 매우 의미 있는 발견이다. 왜냐하면 그 방향이 외부의 환경적 여건의 제약에서 벗어나서 점차 자신이 그 환경을 조율하고 개선해 나가는 쪽으로,

그리고 어떤 외재적 목적에서 교육 자체의 내재적 가치에 충실한 쪽으로 전개되는 것으로 해석될 수 있기 때문이다.

성인이 된 다음에야 강제적인 학교생활에서 맛보지 못했던 참된 교육을 체험하고자 한다는 경향을 짐작하게 하는 흥미로운 연구도 있다. 배수옥(2005)은 중산층 전업주부들이 학습공간으로 참여하는 백화점 문화센터의 강좌 가운데 '중국요리'와 '수채화반'에서 일어나는 교육적인 측면을 참여관찰과 제보자의 심층면담을 통해서 기술한다. 그 강좌에 참여하는 주된 동기는 추후 진로나 취업과 관련된 것이거나 혹은 그런 경제적 제약을 벗어난 여가와 취미 때문이었다. 그 수업의 양태는 학습자의 자율성 존중, 개별적 지도, 질문과 응답으로 특징지을 수 있었다. 이는 학교에서 경험할 수 없었던 교육의 측면을 반영한 것으로 해석될 수 있다. 한 가지 주목할 만한 것은 누구의 강요나 외재적 동기에서 벗어난 비공식적 사교모임으로부터 소속 강좌의 각종 공식적, 비공식적 모임에 이르기까지 회원들 상호간에 광범하게 이루어지고 있는 '학습동아리'이다. 그 자발적이고 자유로운 모임은 문화센터의 정규강좌와는 무관하게 외부의 강좌를 스스로 개설하는 양태로까지 발전하였다.

교육적인 삶의 욕구가 자발적으로 충족되는 분야로서 우리가 주목할 또 다른 분야는 종교이다. 앞에서 불교와 기독교와 관련된 교육의 역사적 사례를 들었지만 그 전통은 오늘날에도 꾸준하게 지속된다. 최영신(1999)의 연구에 의하면, 원불교에 입문한 사람은 교과 공부보다는 '마음공부'에 전념하며, 여러 단계의 수도를 거쳐 성직자의 반열에 오른다. 이런 사례는 종교적인 맥락을 가지고 있지만, 다른 한편으로 우리는 그 사례를 통해서 평생에 걸쳐 이루어지는 상구와 하화의 활동을 파악할 수 있었다. 종교분야의 영적 성장이 오늘날까지도 중단되지 않는 저변에는 교육적 욕구, 난관, 그것을 극복한 뒤의 자기만족이 포함되어 있었다. 종교적 수련 속에 잠재된 이런 측면은 영신수련을 탐구한 한혜정(1993)의 연구에서도 쉽게 엿볼 수 있다.

오늘날 현대인은 삶의 공간과 관련하여 역사상 그 유례를 찾아볼 수 없는 경이로운 사태를 경험하고 있다. 그중의 하나가 전자산업과 통신기술의 급속한 발전과 더불어 등장한 가상공간(cyber space)이다. 우편통신, 전화, 팩스는 물론 인터넷 상의 이 공간은 지리적인 격리를 넘어선 열린 공간이라는 특징을 갖는다. 이곳에서 현대인은 문자, 영상, 음성 등 온갖 발전된 멀티미디어와 동영상, 시뮬레이션, 게임, 토론, 채팅, 자료의 개발과 저장, 정보검색, 파일전송 등 다양한 형태의 기법을 활용하여 누구든지 편한 시간에 서로 개별적인 접촉을 할 수 있게 된 것이다. 기술적으로 컴퓨터 컨퍼런스(computer conference)를 통해 가상세미나, 토론, 의견 교환, 개인지도가 추가될 수 있으며, 그 내용은 그대로 녹음, 저장되어 이후에 재생될 수 있다.

모든 생활사태가 그러하듯이 가상공간에는 온갖 요소, 가치, 의도, 활동이 교차하며, 따라서 이에 관한 논의는 컴퓨터 공학 분야에서는 물론 철학, 심리학, 사회학, 경영학, 커뮤니케이션 등의 분야에서 최근 매우 다양하고 깊이 있게 진행되고 있다. 이제 교육학이 담당해야 할 중요한 과제는 그 매체의 특징과 공간을 어떻게 교육과 연관시키느냐 하는 것이다. 오늘날 통신 분야에서 급속한 발전과 관련한 교육학의 전공영역이라면 '교육공학(educational technology)'과 '원격교육(distance education)'을 들 수 있을 것이다. 그러나 이 분야는 우리가 논의하고 있는 교육공간의 확장이라는 과제와는 너무도 동떨어져 있다. 그 주된 이유는 교육에 대한 관점의 빈궁이다.

불행히도 이들이 전제하는 교육관이 아직도 문제의 학교중심의 테두리와 기능주의적 교육관의 시각에 갇혀 있다. 교육공학은 학교에서 하고 있는 목표설정, 교수설계, 자료개발, 평가라는 관행에 단지 정보통신기술과 공학적인 요소를 첨가하여 더 나은 성과를 얻을 수 있다는 도식을 따른다(김영수·강명희·정재삼, 1997). 그 도식이 만약 성공하게 된다면, 교육적인 삶 자체가 그 매체에 의해서 대체되는 역설에 이를 것이다. 원격교육의 분야는 교육의 본질적인 문제를 회피하고 학교의 관행을 단지 지리적으로 확장하는 데 관심을 보이거나 혹은 원격교육에서 드러날 특징들의 세목들을 학습(learning)이라는 개념을 적용하여 기술하는 정도에 그친다(정인성·나일주, 2004; O. Peters, 1998). 말하자면, 이들의 논의는 삶의 양상으로 교육의 공간을 확장시킨다는 취지를 살리기에는 너무도 시대착오적이다.

전자매체라는 효과적인 교육의 수단의 등장과 더불어 강요가 아닌 선택에 의한 자발적이고 자율적인 교육행위가 가능해질 것으로 보인다. 배수옥(2005)의 연구에서도 예시되었듯이 앞으로 교육의 필요성에 공감한 사람들이 교육주체로서의 잠재력을 행사하고 향유하기 위해서 소규모의 교육동아리(educational circle)를 만들고, 그것을 중심으로 짧은 주기의 교류교육이 보편화될 가능성이 예견된다. 교육동아리에서는 서로가 얼굴을 마주보는 관계가 아니기 때문에 연령, 집단, 계층, 성별, 외모 등 교육 외재적인 요소가 간여될 여지가 없다. 서로 취미나 적성에 맞는 교육소재를 선택해서 교육적 교류를 할 수 있으며, 그 내용은 공동의 데이터베이스로 입력하여 언제나 재활용할 수 있다. 이처럼 자신의 품위를 향상하여 자증하고 선진으로서 자신의 품위를 타증하는 활동은 단순히 연구물을 출판하고 그것에 대한 논의를 하는 것, 혹은 교재를 암기하고 강의를 들으면서 얻게 되는 것 이상의 능동적인 교육적 협력인 것이다.

여기에서 분명하게 지적하고 넘어갈 대목은 물리적인 격리나 그 격리를 완화하는 매체의 발전이 교육의 내재적 변인에 속하지는 않는다는 점이다. 오늘날 사람들에게 사이버 공간을 통해서 모든 종류의 정보에 접근과 개별적인 접촉이 가능하다고 해서 그 자체가 교육적인 공간이라고 말할 수는 없다. 이들은 단지 고려되어야 할 환경적 여건의 변인에 불과하며, 따라서 실제적으로 그에 따른 한계와 특징이 그 교육의 본질에 부수할 뿐이다. 그렇다면, 어느 경우에 그것을 교육의 공간으로 포섭할 수 있는가? 이 해답은 이전의 교육에 대한 관점, 즉 학교와 같은 유사한 제도적 상황이거나 혹은 기능주의적 교육관을 떠날 수 있어야 한다. 교육적인 삶 자체의 모습이 무엇인지를 먼저 이론적으로 규정하고, 그 새로운 관점에 의해서 가상공간 안에서 이루어지는 교육의 양태가 어떤 것인지를 탐색하는 작업이 본격적으로 이루어져야 할 시점이다.

그런 노선의 관심을 반영하는 연구가 전혀 없는 것은 아니다. 예컨대, '교육방송'의 조건을 좀 더 이론적으로 규정하려는 시도는 그중의 하나다(김재웅, 1996b; 홍순정 · 김재웅 · 엄태동, 1997). 오늘날 많은 사람들은 생활의 상당한 부분을 TV를 시청하는 데 소비하고 있으며, 사실상 방송이 가정교육의 저해요인이 된다는 지적도 있다. 그러나 방송은 그 내용과 기능, 그리고 그 운영방식에 따라 그 성격이 달라질 것이다. 그렇다면 흔히 말하는 '교육방송'은 여타의 방송과 다른 특성을 갖고 있는가? 만약 그런 특징이 실제로 없는 경우 어떤 원리가 이론적으로 그 사태에 적용될 수 있는가? 그런 교육방송의 원리가 여타의 전자매체에 어떻게 적용될 수 있는가? 연구자들은 이런 질문에 해답을 얻으려고 했다. 다른 한편, 서덕희(1999)는 매체 기술의 발전으로 인한 환경 변화 속에서 청소년들이 어떤 매체 경험을 하면서 성장하고 있는가를 논의한 바 있다.

교육본위론의 관점에서 인터넷과 가상공간을 재조명하려는 시도도 있다. 박병기(1998)는 이런 인터넷의 삶이 단지 교육의 기능과 기술의 차원을 넘어서서 교육적인 삶 자체와 관련하여 검토되고 탐색되어야 할 것이라는 입장을 택하고, 인터넷교육에 교육본위론의 내재율이 적용될 수 있는 상황을 묘사한다. 양미경(2002c, 2008a)은 매체로서 가상공간의 특성이 교육적인 관계 형성에 주는 가능성과 한계를 지적하였다. 긍정적인 교육의 여건으로 접속과 철회의 자유로움, 유연한 역할 기대, 관례적 신상 정보의 부재로 교육 중심 관계 형성의 용이함, 시공의 한계를 초월한 관계 형성이 지적되는 한편, 그 한계로서는 맥락의 탈각, 디지털화가 불가능한 측면의 소외, 익명성으로 인한 정서적 관여와 책임 미약, 교육적 가치에 대한 깊이 있고 지속적인 헌신을 기대하기 어려운 점 등이 논의되었다.

가상공간을 평생학습과 결부시키려는 논의도 있다. 동호회나 클럽, 카페, 커뮤니티 등으로 불리는 수많은 가상공간의 공동체는 자발적인 학습공동체의 면모를 띠고 있다. 정민승(2000)은 그중에 천리안의 '여성학 동우회'에 주목하고 참여관찰과 면담, 그리고 질문지를 통해서 그 학습자들의 변화과정과 특정한 문제를 둘러싼 집단적 학습의 양태를 드러내고자 했다. 탈퇴가 자유로운 그 구성원들은 공고한 조직력을 가지고 스스로 학습자료를 편성하고 그것을 공유할 뿐만 아니라 서로의 학습을 돕는 일에 적극적인 활동을 보인다는 사실이 입증되었다. 즉, 그들은 학교의 경우처럼 어떤 주어진 역할에 구속되어 있지 않은 상태에서 단지 사태의 요구에 따라 융통성 있게 상구와 하화의 양면에 충실한 삶의 양상을 보였으며, 더욱 중요하게는 그 삶 자체에서 보람을 느낀다는 사실을 발견했다. 이런 연구결과를 토대로 정민승(2002)은 학습공동체의 내재적 특징을 개인과 집단의 공진화, 구성된 실제, 비판적 성찰 등으로 규정하고, 그 특징들은 기능주의적 교육관의 논리에서 벗어나는 대안적 연구의 고리를 제공하는 것으로 자평한다.

위에서 우리는 과거의 역사와 오늘날의 다양한 생활공간을 대상으로 하는 연구의 사례를 들어서 학교 밖에서 다양한 양태의 교육이 진행될 수 있음을 살폈다. 외부적인 강요가 아니라 자발적으로 교육적인 삶이 이루어진다. 굳이 정해진 시간일정과 장소에 매이지도 않는다. 특별히 이런 삶의 전문성을 내세우는 사람도 없다. 교육적인 삶에는 나이나 능력 따위의 기준이 적용되지 않는다. 부족한 부분만큼 자신을 위해 상구하고, 채운 것만큼 남을 위해 하화한다. 그 활동에는 그 나름의 독특한 보람이 있다. 그 활동이 여타의 삶에 어떤 방식으로 영향을 줄 것이고, 그것이 긍정적인 것이라면, 그것은 또 다른 소득이다. 그 소득만으로 그 삶을 정당화하는 이런 교육적인 삶의 양상을 제대로 드러내는 것만으로 교육공간의 확장이라는 과제를 수행할 수 있을 것이다.

사실 교육학이 학문으로서 이 분야의 연구를 통해서 얻고자 하는 고유한 목표는 각각의 삶의 공간을 교육의 사례로 포섭할 수 있는 개념적 체제의 폭과 깊이를 확장하는 데 있다. 아직 만족스러운 연구가 이루어진 것이 아니다. 다만 확실한 것은 앞으로 추가될 사례의 여지가 거의 무한하며, 우리는 그 출발점에 있다는 것이다. 그 양의 측면에서 전체 교육학의 연구에서 차지하는 비중이 너무 미미하다. 개념이 옳지 않다면, 그 사례들의 의미가 살아날 수 없다. 그 연구의 양을 따지기 전에 그것을 포착하는 올바른 개념의 정립과 쇄신이라는 조건을 만족시키는 노력이 선결되어야 할 것이다. 이런 취지에서 논자는 앞으로 이 분야의 연구에서 더욱 유의할 사항들을 세 가지로 요약하여 지적하고 싶다.

첫째, 교육공간의 연구에서 교육과 교육 아닌 것의 경계를 더욱 분명하게 획정할 수 있어야 한다. 앞에서 인용된 연구에서 연구자들은 대체적으로 학교의 사태를 벗어나려는 취지에는 공감하지만, 종전의 개념과 용어를 그대로 사용함으로써 그 개념의 한계와 가능성을 타진하는 데에는 스스로 미흡함을 보인다. 예컨대, '교육공학'이나 '원격교육'은 '공학'과 '원격'에 초점이 있을 뿐 마치 교육은 이미 알려진 현상처럼 간주한다. 구체적인 삶의 장면에서 교육활동이 전개되는 사실을 기술하고 분석하고 이해하기 위해서는 성격상 양적 접근으로는 한계가 있기 때문에 앞에서 인용한 대부분의 연구[2)]가 질적 연구의 하나로 알려진 문화기술지를 사용하였다. 문화현상으로서 '배움'과 '가르침'은 결코 상식의 수준을 벗어나지 않는다. 이런 한계를 벗어나기 위해서 더러는 '학습(learning)'이라는 이론적 개념을 추가하지만, 그 해법 역시 결국 기능주의적 교육관의 한 아류이기 때문에 교육 자체의 내재성을 밝히는 데 미치지 못한다. 그런 개념과 용어를 써서 아무리 많은 연구를 한다고 하더라도 그것이 진정 교육의 사례가 된다는 보장은 없다.

교육현상은 하나의 문장으로 정의할 수 있을 만큼 단순하지 않다. 고유한 의미의 이론이 필요하고, 사용된 개념은 그 맥락 안에서 의미를 확보할 수 있어야 한다. 교육의 사례로 포함시키게 되는 이론적 근거는 무엇인가 하는 문제를 해결하는 과제는 비단 교육의 공간을 확대하는 문제에 국한되는 것은 아니지만 이들 사이에 긴밀한 관계가 성립한다는 사실을 여기서 재차 상기할 필요가 있다. 그 총체적인 사례를 내포할 수 있는 교

---

2) 이 부류의 것으로 배수옥(2005), 서덕희(1999, 2006), 이지혜(2000), 정민승(2000)의 연구가 있다.

육의 고유한 이론은 아직도 모색단계에 있다. 우리의 논의에서 당분간 교육본위론이 그 교두보의 역할을 하고 있지만, 그것 자체도 고정된 것이 아니다. 교육의 사례를 포괄적으로 다루려는 노력을 하는 가운데 그 이론적 한계를 밝힌다거나, 혹은 그것이 간과한 또 다른 내재율과 내재적 관점이 추가될 수 있다면, 그 연구의 취지는 더욱 빛날 것이다.

둘째, 교육공간의 연구는 선택한 교육의 양태를 단순히 기술하는 데 그치지 않고 그것을 설명할 수 있는 여지를 궁구하여야 한다. 앞에서 우리는 가정, 학교, 학원, 직장, 문화센터, 종교기관, 가상공간과 관련된 한정된 연구사례를 들었지만, 그 연구대상의 범위는 연수회, 동호회, 연구소, 학회, 전문기관, 청소년 단체, 클럽, 클리닉, 사회봉사센터, 화랑, 공연장, 스포츠센터, 댄스 홀, 수영장, 도서관, 박물관, 미술관, 병영, 오락실, 농장, 산업체, 병원, 양로원, 각종 수용시설 등으로 얼마든지 확장될 수 있을 것이다. 그곳에서 이루어지는 교육의 양태가 다양할 것이다. 그 다양성 안에 작용하는 모종의 법칙을 발견할 수 없다면, 교육에 대한 우리의 인식은 아직 충분히 이루어진 것이 아니다. 그들 사이에 어떤 공통점과 차이가 있는가? 그 공통성을 규정하는 차원은 무엇인가? 그 차이를 가져오는 원인은 무엇인가? 이에 대한 해답은 다른 한편으로 생활공간이 가진 생태적 환경과 조건에 대한 배려가 불가피하다. 그 여타의 환경적 조건들은 무엇인가? 이 질문은 각종의 공간을 교육의 관점에서 어떻게 다시 구획할 것인가 하는 문제와 연결된다.

위의 작업이 원만하게 이루어질 수 있게 되었을 때, 세 번째로 그 공간이 지닌 교육적 한계를 극복하고 그 가능성을 극대화시키는 데 어떤 기획과 설계가 필요한지를 밝히는 작업이 뒤따를 수 있다. 사태의 이해와 사태의 통제는 별개의 것이지만 전자가 후자의 한 요건임에 틀림없다. 과거의 역사는 이미 지나갔지만 오늘을 사는 사람들이 갇혀 있는 인식의 한계를 벗어날 수 있는 엄청난 자원을 제공한다. 그 확장된 관점을 현재와 미래에 반영할 수 있을 것이다. 교육공간은 그들 나름의 생태적 특징을 지니고 있다. 특수하고 구체적인 생활사태일수록 고려해야 할 요인들의 수는 증가한다. 그중 통제가 가능한 것을 체계적으로 수정하고 보완하는 작업이 따를 수 있다. 다음 절에서 논의할 주제는 그 많은 과제들의 일부에 해당한다.

## 8.5 교육체제의 구축

공립학교의 도입은 교육이 특정한 연령의 제한을 받는다는 통념을 갖게 했다. 그러나 새로운 시대에로 진입하면서 그 통념을 벗어나려는 실천과 실제의 경향이 점차 두드러지게 나타나고 있다. '홈스쿨링(home schooling)', '개방대학(open university)', '원격교육(distance education)', '성인교육(adult education)', '회귀교육(recurrent education)', '평생교육(lifelong education)' 등의 구호가 사람들의 입에 오르내리면서, 이제까지 특정한 연령의 젊은이들에 국한시켰던 교육의 기회를 인생의 어느 시기에나 가질 수 있도록 좀 더 광범위하게 개방하고 확대해야 한다는 인식이 자연스럽게 이루어지고 있는 추세이다.

이런 인식의 전환은 진정 우리가 이제까지 논의한 교육공간의 확대라는 취지와 같은 것으로 해석될 수 있는가? 이 질문에 대한 논자의 해답은 다소 유보적이다. 교육의 기회 확대라는 취지에서는 동조하지만, 이때 그 교육이 무엇을 의미하느냐 하는 점은 훨씬 미흡해 보인다. 교육의 기회 확대라는 취지를 표방하면서도, 그 안에 포함된 교육의 개념은 안타깝게도 이전의 것에 아직도 구속되어 있다. '홈스쿨링'이라는 용어가 잘 대변하고 있듯이, 이런 발상 역시 학교를 교육의 전형으로 삼고 그것을 학교 밖에까지 더욱 확장한다는 의미가 크다. 이는 교육 자체보다는 그것을 제대로 인식할 수 있는 교육학의 부진이 더욱 심각하다는 것을 의미한다.

요즘 '평생교육'이라는 기치를 내세우는 기관이나 실천이 눈에 띄게 많아졌다. 대학 부설 평생교육원(또는 사회교육원), 기업체 연수원, 공무원 연수원, 군대 교육기관, 언론기관 문화센터, 지방자치단체 구민회관 및 문화원, 그리고 사설학원 등이 여기에 포함된다. 이들은 대부분 성인의 학습 욕구를 만족시켜 주는 훌륭한 교육프로그램의 제공처로 자처한다. 그럼에도 불구하고, 창궐하는 이런 운동과 실천의 사례들을 교육이라는 현상 안에 포함시킬 수 있는 포괄적인 이론체제는 아직 눈에 띄지 않는다. 가령 앞에서 학습과 교육이라는 용어가 병행해서 사용되었는데, 그렇다면 학습과 교육은 서로 다른 현상을 지칭하는 것인가? 더욱 혼란스러운 것은 이른바 '학습주의'의 표방이다(김신일·박부권 편저, 2005). 이는 교육을 학습으로 환원시킨다는 것을 의미하는가? '평생교육'이라는 말 대신에 '평생학습'이라는 말이 더 적절한 것은 아닌가? 그렇다면, 그 '학습'의 실체는 무엇인가? 이에 대한 분명한 이론적 해답을 찾기 어렵다.

실천상의 구호를 떠나서 '평생교육'을 학구적으로 탐구하거나 이론적으로 논의하려는 시도도 보인다. 그러나 이 영역 역시 불만스럽기는 마찬가지다. 그 시작단계에서부터 대부분 학제적 접근을 취하고 있다(Dave, 1978; Gelpi, 1979). 그런 일이 가능한 곡절은 학교에 대한 학제연구와 거의 같은 경로에서이다. 대개 학교사태와 유사한 사태에 '평생교육'이라는 명칭이 먼저 주어지고, 그 명칭을 가진 사태를 철학, 심리학, 사회학, 혹은 행정학의 개념을 빌어 탐구한다는 도식을 따른다. 독자들은 이런 접근이 얼마나 그릇된 것인지를 이미 알고 있을 것이다. 일견 학문적 체제를 갖춘 것으로 보이지만, 여기에는 내포가 없는 교육의 외연만 주어지고, 더 나아가 그 외연을 외래적 사실로 환원시키는 초보적인 오류가 포함되어 있다.

개념상으로 교육공간의 확장은 학교와 비슷한 공간을 확장하는 것과 명백히 구분된다. 후자는 단순히 어떤 특수한 생활공간의 확장임에 비해서, 전자는 다양한 생활공간 속에 내재하는 잡다한 삶의 양상 가운데 교육이라는 특수한 삶의 양상을 확장하는 것을 의미한다. 그렇다면, 그 특수한 삶의 양상과 대비되는 여타의 삶은 무엇인가? 그들은 예컨대, 정치적인 삶, 경제적인 삶, 사회적인 삶, 문화적인 삶, 종교적인 삶 등 무수하다. 그 가운데 특별히 교육적인 삶에 주목하고, 그것이 여타의 삶에 비추어 무시되거나 소외되지 않는 방향으로 유도하는 과제와 작업이 이루어져야 하는 것이다. 이는 우리의 삶에서 학교와 유사한 사태를 권장하고 확장하는 일과는 판이하다.

교육은 그 내재율의 지배를 받는다. 경제가 시장의 논리에 의해서 운영되듯이 교육 역시 그 주체들이 그 내재율에 충복함으로써 유지된다. 그렇다면, 시장의 논리와 교육의 자율성을 어떻게 분리시키느냐 하는 문제가 제기될 수 있다. 교육본위론은 상구의 내재율과 하화의 내재율을 구분하고, 그들이 서로 상응하는 협동교육을 가정하고 있다. 교육적인 삶에서 특별히 가장 경계해야 할 것은 그 내재율이 여타의 세계의 자력에 의해서 변질되지 않도록 장치하는 것이다. 물론 그 내재율은 결코 한정된 것은 아니고 계속 탐색되어 나아가야 할 여지가 많다.

일상생활 속에 이미 무수한 교육의 계기가 잠재한다. 가령, 우리가 흔히 말하는 인생의 역경은 사실상 우리가 지닌 지금의 한계를 전제로 정의된다. 우리가 그것을 우리의 현재의 상태로 대하는 한, 그것은 역경으로서 우리의 진로를 어김없이 막고 방해할 것이다. 태어남, 늙음, 질병, 이별, 진급에서의 탈락, 중요한 시험에서의 실패, 은퇴 등은 가끔 우리를 정처없는 딜레마에 빠뜨린다. 그런 것을 자청할 필요는 없으나, 우리는 그것들을 소재로 상구의 세계에 진입할 수 있다. 그 역경들을 어느 정도 극복할 수 있는 역량을 습득한 사람들에게는 그 이전의 상태에 매달려 있는 사람들을 상대로 하화활동을 할 수 있는 계기가 마련된다. 이와 같이 교육을 인간이 전 생애를 통해서 참여하고 향유하는 특수한 삶의 양상으로 본다면, 교육 앞에 '평생'이라는 수식어를 따로 붙일 이유가 전혀 없을 것이다.

이렇게 삶에서 교육을 특별히 드러내고자 할 때, 그 여타의 삶도 당연히 고려되어야 한다. 삶은 교육 이외에도 다른 모든 부문들이 개입되어야 유지되고 엮어나갈 수 있다. 앞서 언급한 정치, 경제, 사회, 문화, 종교 등은 교육의 입장에서 보면 그 환경에 해당하는 것이다. 교육은 그 환경과 서로 영향을 주고받으면서 전개된다. 목하 본 절의 주제와 관련하여, 이하에서 우리가 논의하고자 하는 부분은 특별히 사회적 제도나 체제를 어떻게 교육의 여건으로 선택하고 조정하느냐 하는 것과 관련되어 있다. 그런 의미의 교육체제는 기존의 학교를 중심으로 생각해 왔던 교육체제와는 근본적으로 다른 사고, 설계, 정책수립, 평가를 요구한다. 그중 먼저 두 가지 항목을 지적하고 넘어가자.

먼저 교육적 주체에 대한 관점의 혁명이 요망된다. 이전에는 국가가 교육의 주체이며, 국민은 피교육자라는 관념이 지배적이었다. 그런 관점은 이른바 '열린 평생교육체제'가 논의되면서 요즘에 다소 완화되어 가고 있는 것 같다. 프로그램 제공자라는 용어가 비단 정부와 학교, 교사뿐만 아니라 '학습자'가 배우고 싶은 것을 제공해 주는 사람으로 확장된다. 그 '학습자'에게 더러는 일종의 '소비자'라는 관점이 적용되기도 하는데, 그처럼 경제적 주체가 교육적 주체와 비유되는 배경에는 "소비자가 왕이다"하는 측면이 포함되어 있어 보인다. 그 도식에 따르면, 프로그램 제공자는 그것을 제공받을 소비자의 의향에 따라야 하는 것이다. 주체가 국가가 아닌 개인이라는 점에서 일면 발전된 면모라고 평가할 수 있겠으나, 경제와 교육은 전혀 다른 내재율을 따르며, 따라서 교육 주체는 별개의 시각으로 인식되어야 할 것이다.[3] 삶의 한 양상으로서의 교육의 개념에 근거한 상구자와 하화자는 자연인 가운데 상구교육과 하화교육의 서로 다른 내재율을 따르는 측면에 해당한다. 이 말은 자연인이라면 누구나 교육적 주체로서 한편으로 상구하면서 또한 다른 한편으로 하화하는 삶을 영위할 수 있다는 것을 의미한다.

새로운 교육체제의 구축에서 요구되는 다른 하나의 관점의 변화는 목적과 수단에 대한 명백한 구분이다. 이런 가치선별과 평가의 기본적인 원칙은 제도나 체제가 오히려 교육의 본질을 왜곡시키거나 억압해 온 이제까지 잘못된 관행을 척결하는 데 필수적이다. 교육의 주된 목적은 되도록

3) 스스로 개념을 발전시키는 일을 미룬 채 걸핏하면 외래적 개념을 멋대로 끌어들이는 교육학자들의 습관은 어디에서 비롯한 것인가? 그들은 그로 인해서 교육현상이 얼마나 왜곡되고 있는지를 알고나 있을까? 그들은 지적 무능력자라는 비판을 받아들일까? 언제쯤 이런 무책임한 사태가 개선될 수 있을까? 심각한 연구주제들이다.

많은 사람들이 지리적 제약, 사회적 신분, 경제적 지위, 그리고 온갖 세속적 범주에 구애되지 않고 누구나 원하면 어느 때 어느 곳에서나 교육에 참여할 수 있게 하는 것이다. 체제는 이런 목적에 봉사하는 하나의 수단에 불과하다. 수단은 그 자체로서의 가치가 있는 것이 아니라 그 목적의 달성 여부에 의해서 끊임없이 검토되고 평가되어야 한다. 제 7장에서 <교육여건>의 문제를 다루면서 지적했듯이, 그 기능은 단지 명칭이나 명분이 아니라 사실을 근거로 입증되어야만 한다.

자연인의 삶은 총체적이다. 개인은 하루 중에 각종 생활공간을 넘나든다. 그 각각에서 구성되는 교육은 학교의 경우처럼 경계를 규정하거나 그 내부의 실천행위를 통제하고 감시할 단일한 권력의 원천을 갖지 않는다. 이는 그 각각의 교육공간을 있는 그대로 방치하는 것을 결코 의미하지 않는다. 우리는 제도와 체제의 관점에서 교육기회의 확대와 상승효과를 노릴 수 있다. 수단으로서 가장 이상적인 교육체제의 조건은 상구하고자 하는 사람들과 하화하고자 하는 사람들이 언제 어느 곳에서나 서로의 교육적 만남과 교섭을 더욱 용이하게 하는 것이다. 그것을 위한 여러 질문에 답해야 한다. 전 생활공간에서 진행되는 각종의 교육 사이의 균형과 조화를 이루는 방법은 무엇인가? 그들은 교육의 내용면에서 어떤 차이가 있는가? 그들은 서로 상보적인가? 시간과 공간 면에서의 상보성은 이미 자명하다. 그 외의 상보성은 무엇인가? 그것은 소재상의 다양성을 의미하는가? 그들을 횡적 혹은 종적으로 분업, 연계, 연대, 통합할 수 없는가? 각각이 가진 교육의 자료와 시설을 어떻게 공유할 수 있는가? 그 각각의 교육공간끼리 최근의 전자통신의 연결망과 파트너십을 맺고 교육프로그램을 추진한다면, 직장동료들끼리의 교육적 교섭이 가정의 안방에서도 가능할 것이다.

이처럼 체제의 관점을 취하고 보면, 학교라는 생활공간의 의미도 이전과는 전혀 달라진다. 학교가 젊은이들의 교육을 위한 곳이라는 생각은 너무도 낡고 비능률적인 고정관념이다. 학교의 리모델링이 절실한 시점이다. 19세기의 관행을 떠나 학교가 구비한 교육적 자원이나 시설이 교육을 열망하는 지역주민에게 개방될 수 있어야 할 것이다. 학교는 더 이상 젊은이들만을 위한 장소는 아니다. 앞 절에서 살폈듯이, 나이가 많고 전문적인 교사와 젊고 피동적인 학생이라는 고정된 틀은 이제 해체되어야 할 것이다. 젊은 시절에 여러 가지 사정으로 놓친 소재를 가지고 상구교육을 보충하려는 성인들도 있다. 그래서 학교에는 연령이 집단을 갈라놓는 중요한 기준이 되지 못한다. 이미 일선의 직업에서 은퇴한 많은 전문가들은 그들이 젊은 시절부터 연마한 품위를 후대에게 전달하기 위해서 하화의 소재를 제안할 수도 있다. 그들이 한 편에서 스승이 되고, 다른 편에서 제자가 되는 교육적 교섭이 가능하다. 이처럼 명실상부한 교육의 구심체로서 학교가 제대로 운용되려면, 이전과는 전혀 다른 행정적, 재정적, 제도적 지원을 받아야 할 것이다.

교육체제의 도입은 특정한 지역을 가정한다. 지역은 범위를 어떻게 설정하는가에 따라 지리적으로 넓을 수도 있고 좁을 수도 있다. 서울특별시 종로구 동숭동, 서울특별시 종로구, 혹은 서울특별시 전체를 한 지역으로 설정할 수도 있다. 더 나아가, 한국 전체, 혹은 국가, 문화, 인종의 장벽을 벗어난 지구상의 모든 국가를 한 단위로 고려할 수도 있다. 교통수단과 통신기술의 발달로 인해 이제 한 국가의 교역과 교류는 주변의 몇몇 국가들에 한정되지 않고 세계의 거의 모든 나라로 확대되고 있는 추세다. 미래에는 지구촌 전체가 일일 생활권으로 묶일 수도 있다. 그 어떤 범위로 그 단위를 설정하든, 주민들이 삶을 영위하고 있는 한, 삶의 한 양상으로서 교육은 그 지역이라는 전체 체제 안에서 하나의 하위체제로서 작동하고 있다. 교육은 각 단위의 지역이 처한 현실과 여건에서 자유로울 수 없다. 교육의 면에서 우호적인 여건을 갖췄다고 보기는 어렵다. 그 여건을 상대적으로 고려하면서 유리한 부분을 강화하고 취약한 부분을 보충함으로써 주민들이 그들의 생활공간을 최대한으로 연계해서 교육적인 삶에 만족할 수 있도록 하는 정책을 강구할 수 있다.

이처럼 체제와 연계를 고려하여 지역교육을 발전시키는 방안을 논의한 경우는 아직 생소한 편이다. 특정지역 내에서 지역사회의 협조를 얻어 다양한 학습망을 구성하고, 그것을 통해서 지역의 사람들이 자신들의 교육적 욕구를 충족시킨 사례가 보고되고 있다(Fordham, Poulton, & Randle, 1979). 이한(1998)은 학습공동체[4], 학습협동체[5], 학회[6], 책모임회[7], 기타 다양한 탈학교 학습모임과 실례들(단소, 암벽등반, 풍물놀이마당, 영남사물놀이, 봉천놀이마당, 학술동아리, 컴퓨터동아리) 등과 같은 자율적인 교육시스템을 제안한 바 있다. 국가정책의 하나로, 경제적으로 대단히 불안정한 삶을 영위하는 주민들이 주로 사는 지역을 교육복지투자우선지역으로 지정하고, 많은 예산을 투입하여 이 지역의 교육현실을 점진적으로 개선해 나가는 것을 목표로 하는 사업도 보고되고 있다(이혜영 외, 2002). 이런 시도들은 적어도 학교체제를 벗어난다는 점에서 우리의 논지와 어느 정도 부합한다. 그러나 그런 제안이나 정책이 엄격한 의미의 교육적 공간이라는 조건에 충실한 것이냐 하는 데 있어서 다소의 문제가 있어 보인다.

삶의 한 양상으로서 교육은 이미 지역주민들의 생활 속 어디에나 진행되고 있다. 그 삶의 양상에는 비단 상구뿐만 아니라 하화가 포함된다. 근래에 윤여각(2002, 2004, 2005a)이 제시하는 지역교육에 관한 논의는 비교적 교육본위론의 맥락에 접근한다. 연구자는 이런 지역교육을 세 가지 차원으로 나누어 총체적으로 검토할 필요성을 지적한다. 그중 수평적 차원은 주민이 가정, 학교, 직장, 동호인 모임 등에서 공시적으로 참여할 수 있는 가능한 교육의 장을 파악하는 것이다. 이에 비해서 수직적 차원은 가정이든, 학교든, 직장이든, 동호인 모임이든 주민이 각 공간에서 참여하고 있는 교육의 흐름을 시간에 따라 통시적으로 파악하는 것이다. 이를 통해서 주민이 단계적으로 전진해 나가는 교육의 양태를 알 수 있다는 것이다.

아울러, 지역은 단순히 물리적 공간을 지칭하는 것이 아니라 주민들이

---

4) 서로 쉽게 만나 학습하고 생활하는 모임이다. 이 공동체에서 구성원들은 학교나 학원에서처럼 서로 경쟁으로 대하는 것이 아니라, 서로를 돕는 관계 속에서 참된 만남을 이룰 수 있다.

5) 어떤 주제나 일을 중심으로 일정한 기간 또는 반영구적으로 활동하는 모임이다.

6) 어떤 분야에 대해서 잘 알고 있는 사람들이 모여서 만든 조직이다.

7) 회원들이 추천하고 싶은 좋은 책을 도서목록에 올리고 서로 빌려줄 수 있는 모임이다.

삶을 영위하는 공간을 지칭하기 때문에 지역 안에 있는 모든 요소들이 기능적 연관을 가지고 있는 하나의 체제라고 말할 수 있다. 기능적으로 연관되어 있다는 것은 한 요소가 변하면 이에 따라 다른 요소들도 영향을 받는다는 것을 의미한다. 윤여각은 이 점을 고려하여 지역의 교육과 노동이 서로 동반자 관계를 맺으면서 상생하는 방식으로 연계할 수 있는 지역발전의 전략을 제시한다. 지역의 교육과 노동의 흐름을 파악해서 다른 지역과의 비교에서 이미 경쟁력이 있는 직업적 능력을 교육을 통해서 고양함으로써 그 지역은 특성화된 분야를 중심으로 세계무대에 나설 수 있다는 것이다.

교육을 주민들의 삶의 양상으로 취급하는 윤여각의 관점은 이전의 논의에서 찾아볼 수 없는 참신한 접근이다. 특히 우리의 삶이 복합적이라는 점을 고려하여 교육을 단선적으로 보기보다는 교육 이외의 것과 갖는 영향의 역동성을 고려해야 한다는 마지막의 논점은 인상적이다. 그 부분은 이미 제 7장에서 <교육의 환경>을 논의하면서 충분히 지적된 바 있다. 다만, 교육이 여타의 환경과 가질 수 있는 관계가 단지 직업만이 아니라는 점은 분명하다. 따라서, 가령 특별히 경쟁력 있는 직업만을 의식해서 한 지역의 교육을 논의하는 것 역시 어느 면에서 단선적일 수 있다. 교육은 여타의 다른 기능을 수행할 수 있으며, 그 기능은 교육의 내재성에서 나온다. 따라서 교육적인 삶을 직업과 같은 특정한 여타의 기능과 연계하기 이전에 그 자체로서 가치를 인정하고 권장할 수 있는 여건의 조성이 우선시되어야 한다. 그중에 하나가 바로 목하 우리가 논의하고 있는 조직과 체제에 해당한다. 그에 부수하는 기능은 차후의 문제이며, 그것조차도 미리 규정되는 것이 아니라 차츰 검증되어 가야 할 부분이다.

앞으로 특정한 지역주민들의 교육적인 삶을 극대화시키는 제도나 체계의 가능성을 탐색할 필요가 있어 보인다. 전 생활공간을 오직 교육의 입장에서 연결함으로써 우리는 그 기회를 확대하고, 그들 간에 균형과 조화를 이루고, 자원을 공유할 수 있을 것이다. 이런 지역교육은 행정적이든 문화적이든 주민들에 의해 받아들여지고 있는 경계를 가지고 전개되어야 할 성질의 것이다. 아직 충분한 논의나 검토가 진행된 것은 아니지만, 논자는 이와 관련하여 '지역교육진흥센터(가칭)'라는 기구의 설립을 제안한다. 이는 일반적인 명칭에 불과하기 때문에 그 지역이라는 부분에 가령 서울, 뉴욕, 한국, 혹은 미국이라는 고유지명을 넣을 수 있다. 그 단위와 규모에 따라 서로 다른 연계를 고려하여야 할 것이다.

지역교육진흥센터와 그 체제는 '교육과학기술부'나 지방의 '교육청'과는 근본적으로 구분된다. 교육과학기술부나 교육청이 실질적으로 학교체제를 관장하고 있는 반면에 지역교육진흥센터는 오직 교육의 관점에서 특정한 범위의 지역에 사는 주민들의 삶을 체계적으로 설계하고, 장려하고, 고양시키는 종합적인 기구이다. 후자의 운용을 위해서는 그 특정한 정치적 세력이 교육의 자율성 자체를 교란하거나 훼손하지 못하도록 예방하는 특별한 배려가 따라야 할 것이다. 교육청은 '교육자치'라는 명분을 내세우며 주민들의 참여를 강조하지만, 그 역시 주민이라는 정치적 세력의 지배를 받는다는 한계를 벗어나지 않는다. 지역주민들의 교육적 필요를 충족시키는 일은 그 주민의 상식적인 교육관을 벗어나는 전문성을 요구한다. 이런 작업은 적어도 교육 자체의 내재율을 알고, 존중하며, 그것을 생활 속에서 실천하는 데 모범을 보이거나 그 운동에 자발적으로 앞장선 사람들의 소관이다. 이 점에서 지역교육진흥센터를 운영하는 주체는 주로 학교체제를 중심으로 전문성을 스스로 주장해 온 이전의 집단과는 구분될 수 있어야 한다.

이제 논자는 지역교육진흥센터라는 별도의 기구가 수행할 수 있는 중요한 기능을 몇 가지로 나누어 지적하는 것으로써 본 절의 논의를 끝내려고 한다. 그 구성, 운영, 지원 등에 대한 것은 별도의 긴 숙고와 논의를 거쳐야 할 것이다.

첫째, 단위 구역 안에서 주민이 향유하는 교육적인 삶에 대한 실태를 조사한다. 주민들의 교육에 대한 요구는 어떠한가? 주민들이 갖는 상구교육과 하화교육의 기회는 무엇인가? 앞에서 든 각종의 생활공간과 결부하여 어느 영역에, 어느 수준에서 서로 균형을 이루고 있는가? 실제로 누가,

언제, 어떤 장소에서 서로 교육적인 상호교섭을 하는가? 지역의 연령, 성, 직업에 따라 참여율의 차이가 어떻게 나타나는가? 주민들이 그 각각의 생활공간을 이동하면서 참여할 경우에 그 연계는 제대로 이루어지는가? 개선의 여지는 없는가? 누가 어떻게 그 역할을 분담하고 있는가? 그 규모와 방식은 무엇인가? 이런 질문들에 대한 기초적인 자료를 수집하고 분석하는 것이 중요하다.

둘째, 교육에 참여하는 주민들의 기회와 통로를 연계시키고 확장하는 다양한 정책을 개발한다. 지역교육기관들의 자율성과 특성화가 가능하도록 여건을 조성해야 할 것이다. 기존의 것을 개선하고 보충함과 아울러 새로운 교육적 수요에 탄력적으로 부응하도록 교육여건을 확장할 필요가 있다. 각종 생활공간의 교육적 가능성을 개발하고, 만약 연계가 활발하게 이루어지고 있지 않다면, 그것들이 하나의 체제로 더욱 효율적으로 제휴하고 연합하고 연대할 수 있는 방법을 모색할 수 있다. 불우한 여건에 처한 특정한 인구가 경험하고 있는 지역의 교육적 삶의 불균형 문제를 제기하고, 그들에게 교육의 기회를 공평하게 제시하는 제안이 나올 수 있어야 한다. 이런 정책적 제안에 동의하고, 그것을 선택하며, 실행하는 주체는 결국 지역의 주민이다. 그런 권리와 자유를 보장하는 입법조치도 필요하다.

셋째, 위의 내용에 관한 정보를 주민들에게 신속하게 제공하여 알린다. 지역교육은 지역에서 전개되고 있는 모든 교육을 지칭하는 개념이지만, 그 모든 교육이 다 지역에서 많은 주민들의 주목의 대상이 되는 것은 아니다. 가령, 수도계에서의 종적 측면과 횡적 측면을 망라하는 교육의 기회를 총괄하여 정리한다거나, 혹은 그것이 우리의 어느 생활공간에서 일어나는지에 대한 정보가 제공될 수 있을 것이다. 신문, 잡지, 방송 등 언론 등의 대중매체를 이용하여 주민이 서로 교육적 관계를 맺을 수 있는 기회를 알고 참여할 수 있도록 도울 수 있다. 뿐만 아니라, 그와 관련하여 어떤 정책적 선택이 필요한지를 안방까지 전달하는 것이다. 이러한 정보의 흐름을 막는 부분은 없는지, 정보를 주민이 활용하는 데 어떤 어려움을 겪고 있는지를 부단히 확인할 필요도 있다. 최근에는 인터넷의 발달이 특정한 지역을 벗어나 세계 여러 곳에서 전개되는 교육에 관한 정보도 쉽게 접할 수 있는 수단이 되고 있다.

넷째, 주민들이 필요로 하는 전문적인 조언을 제공한다. 교육은 어느 누구도 대신해 줄 수 없다. 우리의 관점에 따르면, 교육의 주체는 개인이며, 이는 누구나 교육 프로그램을 개발하고 그 효율성을 시험할 수 있다는 것을 의미한다. 그 자격은 물론 교육의 품위와 관련되어 있다. 무엇이 교육의 내재율이며, 그것에 복종하는 삶이 어떤 의미와 가치가 있는지는 체험이 입증한다. 이를 위해서 지역주민에게 기본적인 메타교육이 필요할 것이다. 자신의 삶에서 상구교육과 하화교육을 어떻게 전개해 나갈 것인가에 대한 설계가 필요하다. 교육의 소재는 어떤 것을 택할 것인가? 지속적인 교육적 관계를 지속하는 데 장애는 없는가? 어떤 교육공간을 선택하고 선별하여 참여할 것인가? 가상공간을 활용하여 교육센터를 구축할 수는 없는가? 어떤 형태의 것이 가능할까? 그 표준적인 모형은 어떤 것인가? 이 문제를 해결함에 있어서 주체 자신 혹은 교육의 내재적 변인뿐만 아니라 여타의 조건도 함께 고려되어야 한다. 이런 세부적이고 개인적인 문제들과 관련하여 교육정보제공의 체제와 교육상담원의 역할이 기대된다.

다섯째, 지역 단위 안에서 실제로 일어나고 있는 교육을 있는 그대로 드러내고, 올바로 평가하고, 좀 더 높고 깊게 개선한다. 교육은 실천이며, 실천은 부단한 평가를 통해서 개선될 수 있다. 이제까지 우리는 학교체제와 교육체제를 여러 면에서 구분하려고 노력해 왔다. 그 가장 대조적인 것 중의 하나는 아마도 그 평가의 대상, 목적, 기준, 방법이 될 것이다. 학교의 사회적 선발기능을 감안할 때, 학교의 평가에서 학력과 그에 따른 자격이 중시되는 것은 충분히 이해가 가는 부면이기도 하다. 그러나 학교의 울타리를 벗어나려는 평생교육의 경우조차 각종의 '교육기관'의 학점을 어떻게 호환할 수 있을 것인가, 혹은 거기에서 배출된 국민들에게 어떻게 학위를 인정할 것인가 하는 데 관심을 보이는 것은 문제가 될 부분이다. 그런 관점이 교육체제의 논의와 운영에까지 온존한다면 그 새로운 면모의 고유한 목적을 달성하기 어려울 것이다. 교육체제에 적용될 평가의 대상과 기준은 이와 전혀 다르다. 그 직접적인 대상은 그 체제 자체이며, 그것을 평가하는 기준은 그 체제가 얼마나 교육적인 삶에 공헌하느냐의 여부에 의해서 결정된다. 이에 관한 것은 다음 장에서 더 자세하게 다루어질 것이다.

# 제 9 장
# 교육과 평가

## 9.1 교육평가의 재건

평가는 특정한 사실을 선택하고 그것에 모종의 가치를 부여하는 작업이다. 인간의 가장 두드러진 속성의 하나는 자신과 주변사태에 대한 시시비비를 따진다는 점이다. 우리는 자신, 타인, 실천 등에 관한 어떤 점을 평가하면서 살아왔고 살아가고 있다. 인류의 발전은 바로 이런 특성의 활성화와 불가분의 관계를 갖는다. 아무리 값진 있는 것이라고 하더라도 그 대상의 존재를 인정하고 그에 합당한 가치를 부여해 주지 않는다면 삶의 의미 있는 부분을 구성할 수 없다. 그것들을 들추어내어 점차 확장해 나간 것이 인간의 고유한 진보이다.

우리는 정치, 경제, 사회, 문화, 종교, 교육 등 다원적인 세계 속에 살고 있다. 그 어느 것 하나도 중요하지 않은 것이 없다. 그들은 그 나름의 고유한 목적과 기능을 차지하고 고유의 특성을 따라 발전한다. 그 뒤안길에는 해당 분야의 고유한 정체를 자율적으로 수호하고 신장시키려는 열띤 참여자들이 있었다. 평가가 제대로 이루어지지 않는다면 그 분야의 고유한 발전을 기약하기 어렵다. 분야마다 각각 그 부분에서 한몫을 챙기려는 노력을 하는 것도 바로 그런 이유에서이다.

한 분야에서 높은 평가를 받을 것이 다른 분야에서는 주목을 끌지 못한다. 그 점에서 고유한 의미의 평가는 배타성을 전제한다. 문학작품의 변별적 특성, 즉 '문학성'을 드러내려는 좋은 사례가 있다(이경수 외, 1991). 이 운동에서는 문학작품을 자율적 실체로 간주하고 그것을 비평하는 것을 '내재적 비평'이라고 내세웠다. 이런 관점은 문학작품을 취급하면서도 작가의 의도, 역사적 · 도덕적 · 정치적 · 경제적 국면, 독자의 반응 등을 강조하는 이른바 '외재적 비평'과 대립한다. 내재적 비평은 예컨대, 시적 언어가 현실적인 사물을 지시하기보다는 시의 구조 속에서 오직 문맥에 의해 기능을 발휘하기 때문에 지시적인 언어와는 다른 의미론적인 특징을 보여준다고 믿는다.

원칙의 면에서, 교육평가는 우리들의 삶을 구성하는 제반 실천영역들 가운데 교육의 내재성을 드러내고 살려 나가는 데 주도적인 역할을 수행할 수 있을 것으로 기대된다. 그런데 현실은 그런 심각한 소명의식과는 동떨어져 있다. 견해의 차이가 다소 있을지 모르겠으나 지금의 교육평가는 과학적 검사운동, 타일러(R. W. Tyler)의 일치도모형, 학교프로그램평가, 기타 다양한 흐름이 혼재된 양태를 보이고 있다(배호순, 2008a, 2008b; 장상호, 1986, 1997b; 최성욱·신기현, 1998; Guba & Lincoln, 1989; Worthen & Sanders, 1973). 그 내막을 꼼꼼히 살펴보면 그 대상과 적용하는 기준에 있어서 심각한 범주착오(categorical mistake)를 범하고 있음을 알 수 있다. 교육학의 성립과 연관된 범주착오의 연장선상에 있는 이런 사태는 철저한 비판과 근본적인 재건을 요청한다.

지금의 '교육평가'는 그 근본에 있어서 '교육=학교태'이라는 관례적 상식이나 제도에 근거하고 있다. 넓게는 국민, 학교정책을 세우는 기관, 그리고 학교생활을 하는 교사와 학생들까지 학교에서 하고 있는 일이 곧 교육이라는 생각에 젖어 있으며, 그 통념에 따라 학교 안에서 이루어지는 모든 평가를 교육평가의 범위로 보는 관례를 따라 왔다(Weiss, 1980). 너무도 당연하게 받아들여지고 있는 이 관례는 학교 안에서 이루어지는 온갖 잡다한 사실에 대한 평가를 교육에 대한 평가로 오인하게 할 뿐만 아니라 학교 밖에서 줄기차게 진행되는 교육에 대한 평가를 거의 외면한다.

이와 같이 그 대상을 애초부터 잘못 설정한 '교육평가'는 아이러니컬하게도 '교육의 과학화'라는 맥락에서 추진되어 왔다. 18, 19세기의 대량생산의 시대적 산물인 공립학교는 많은 점에서 감옥과 공장을 닮았다. '교육의 과학화'는 학교를 인간특성의 투입과 산출이라는 관점에서 추진되었다. 과학은 대상에 대한 정확성을 추구한다. 교육은 학교가 배출할 가시적인 결과를 중심으로 규정되었고, 그것을 실제로 달성했는지를 평가하는 도식이 '교육평가'에 적용되었다. 여기서는 그 결과가 교육을 정당화시키는 준거로서 작용하며, 그에 합당한 것이 기능주의적 교육관이다.

기능주의적 교육관의 매력은 교육을 세상의 모든 문제를 해결할 수 있는 신비한 기능을 가진 것으로 치장할 수 있다는 점이다. '교육'이라는 명칭 앞에 '정치', '반공', '평화', '경제', '사회', '문화', '종교', '보건', '교통' 등 온갖 영역을 첨가시켜 다양한 외재적 가치를 끌어들인다. 다만 이 관점의 치명적인 약점은, 누차 지적했듯이, 교육 자체의 조건이나 현상을 규정하지 않고 그것을 단지 그때그때 해결해야 할 과제로 남겨둔다는 점이다. 이 점에서 그 교육은 '마법의 상자' 혹은 '블랙박스' 이상의 의미가 없다.

이처럼 교육의 외연, 동일성, 내재적 통일성의 모호성을 접어 둔 채로 '교육평가'는 단지 실증주의적 논리나 절차적 기법의 정확성만을 따르는 방식으로 발전하였다(정범모, 1968; Bobbitt, 1924; Tyler, 1942, 1949). 교육에서 얻을 수 있는 결과를 '행동(behavior)'과 같이 경험적 자료에 의해서 입증할 수 있는 인간적 측면에 한정시키고 검증한다는 노선을 택하는 이 관점은 공립학교의 설립취지와 콩트가 제창했던 실증주의적 이념에 잘 어울릴 뿐만 아니라 그 정체성이 모호할 수밖에 없는 교육계에 마치 과학에서의 실험절차와 같은 명백함을 부여하는 것 같은 기대를 받았다.

그 과학성을 입증하는 핵심적 과정의 위치를 차지하는 평가이론의 하나가 이른바 '일치도모형(congruency model)'이다(Tyler, 1949). 그 모형은 먼저 교육에서 배출되어야 할 특정한 인간의 측면을 심리학의 행동이라는 개념을 차용하여 분쟁의 여지가 없을 정도로 분명한 용어로 규정한다. 다음에 그것을 실제로 구현시키는 경험내용이 무엇인지를 그때그때 선별하여 커리큘럼과 프로그램을 만들고 운영한다. 그 부분이 기능주의적 교육관이 지목하는 교육에 해당한다. '교육평가'는 그 마지막의 과제로서 그 목적과 계획된 실행 사이에 일치하는 정도를 입증하는 것으로 되어 있다.

학교의 과학적 운영이라는 취지에서 도입된 이 평가모형은 예언과 측정을 허용하지 않는 잠정적인 것, 애매모호한 것, 예측 불가능한 것, 그리고 무한히 변화 가능한 것의 영역을 평가에서 제외한다. 다만 측정이 가능한 것에 적응하는 특수한 기술과 요령을 집중적으로 훈련시키는 과정이 교육 자체를 압도한다. 이는 학교의 사회적 선발기능과 연관하여 심각한 부작용을 동반한다. 그것이 말썽의 근원인 이른바 '입시위주의 교육'의 실상이다. 그 파행적 관례의 사슬에서 고통을 받는 사람이라면 누구라도 그것이 진정 교육이라고 할 수 있는지에 대한 의혹을 가질 수 있겠으나, 기능주의적 교육관은 그런 교육조차 개념적으로 허용한다. 마법의 상자에 '평가를 위한 교육'이라는 것을 하나쯤 더 추가시키는 것은 결코 부자연스러운 것이 아닐 것이다.

앞에서 살핀 '일치도모형'이 '교육평가' 분야의 모든 것을 대변하는 것은 물론 아니다. 전문분야로서 '교육평가'는 그 한정된 범위를 벗어나려는 시도를 꾸준히 진행해 온 것도 사실이다(황정규 편, 1998, 2000). 정밀성의 원칙에 따라 온갖 전문적인 개입이 가능한 평가지수와 그 조건을 충족시킬 수 있는 정교로운 통계모형, 그리고 그에 따른 기술적인 방법이 그동안 논의되었다. 적용되는 대상이나 영역도 학생의 차별화라는 한계를 벗어나 교사들의 근무능력을 평가하고, 그에 따라 이른바 '장학검열'을 하거나 혹은 그것을 인사나 승진에 반영하는 등으로 확대되고 있다. 학교의 사회적 책무 혹은 공신력에 대한 지역의 주민 혹은 정치가들의 의식이 고조되면서 근래에는 평가의 단위를 '학력'이나 '행동'과 같은 학생들의 개인적인 특성만이 아니라 그 결과를 가져오도록 설계된 프로그램까지 포함하여 책무성(accountability)의 요소에 첨가시키는 경향도 보인다

(Stufflebeam, et al., 1981; Worthen & Sanders, 1973). 그로 인해서 학교행정가나 교사들이 학력검사의 성적뿐만 아니라 여타의 학교 자체의 업적이나 조건에 대한 객관적인 지표 등에 관심을 갖게 되었다.

그 이외의 주목할 만한 변화들도 있다. 예컨대, 애초의 목표만을 기준으로 삼지 않고 커리큘럼의 과정에서 발생하는 부수적인 결과의 가치도 포함하자는 주장(Scriven, 1973), 모든 목표가 애초부터 반드시 전제되어야 하느냐 하는 문제를 제기한 부분(Eisner, 1979), 객관성을 벗어나 평가 주체의 평가안목을 고려해야 한다는 입장(Eisner, 1985), 혹은 지필검사를 벗어나 실제상황의 맥락에서 수행 전체를 평가해야 한다는 논의(배호순, 2000; 백순근, 2000; Blum & Arter, 1996), 그 외에 평가모형의 다양화(배호순, 2008a, 2008b) 등이 이 항목에 든다. 실증주의적 접근에 의존했던 편향성을 벗어나야 한다는 취지에서 근래에는 현상학, 해석학, 구성주의 등과 같은 비실증주의적 방식을 도입하는 경향도 보인다. 그런 다양성은 그 자체로서 발전된 면모라고 할만하다.

이런 새로운 면모를 고려한다고 하더라도 그런 절차가 진정 교육에 대한 평가로 인정받을 수 있는가 하는 것은 의문스럽다. 그 특수성의 면에서 교육평가는 여타의 평가와 구분될 수 있어야 하며, 적어도 다음의 질문에서 그 확고한 입장을 취할 수 있어야 한다. 그 평가의 대상으로서 교육에 해당하는 것을 한정시킬 수 있는가? 그 교육에 적용하는 기준은 적절한가? 그런데 일치도모형은 이 기본적인 질문이 요구하는 최소한의 조건을 전혀 갖추지 못하고 있다(곽진숙, 2000; 김지현, 1988). 앞에서 지적했듯이 그 모형은 교육을 외부에서 요구하는 과제나 효용으로 규정할 뿐이며, 그 적용하는 기준 역시 잡다하다.

그 점에서 '교육평가'는 그 본래의 궤도에 오르는 데 극복해야 할 결정적이고 치명적인 장애와 결점을 지니고 있다. 아직도 교육평가가 전제해야 할 교육이라고 하는 대상규정, 그리고 그것에 적용되어야 할 가치선택에서 그 고유의 정체성을 인정받을 수 없는 상태 그대로 머무르고 있다. 앞에서 지적했듯이, 그 평가대상이 교육이어야 한다는 조건을 충족시키지 못하고 있으며, 그 개념부재의 공백을 그 주창자의 입장에 따라 분별없이 각종 외래적 관점과 가치를 대입하고 있는 것이다. 그런 궤도이탈의 함정으로부터 탈출할 수 있는 교육평가나 그것을 주도하는 교육평가의 연구가 시급하다.

그 이전에 분명하게 밝혀 둘 것은 이런 새로운 교육평가나 그에 따른 연구가 앞에서 살핀 학교 안에서 이루어지는 제반 평가의 측면을 결코 부인하지는 않는다는 점이다. 학교는 온갖 종류의 평가가 가능한 삶의 현장이다. 학교가 다양한 이해관계의 복판에 있다는 것은 널리 알려진 사실이다. 그 이해당사자는 정부, 학부모, 학생, 그리고 학교와 유관한 모든 집단이 될 것이다. 이런 이해집단 사이의 갈등과 대립을 하나의 것으로 수렴할 수 있는 근거가 있다거나 혹은 그렇지 못한 것에 따른 비일관성 혹은 가치충돌을 시행착오나 낭비로 보는 것 역시 잘못이다. 이들은 서로 갈등할 수 있으며, 이 때문에 각 영역은 그 나름의 평가를 그 안에서 적용하도록 경쟁할 수 있다. 물론 학교가 교육 이외에 사회적 선발 기능을 요구받고 있으며, 학생들 간의 비교는 결코 외면할 수 없는 측면임을 고려할 때 지금처럼 학교 내에서 이루어지는 객관적, 행동과학적 평가를 전적으로 무시할 필요는 없다.

다만, 우리가 문제시할 것은 이런 제반 '학교의 평가'를 '교육의 평가'로 잘못 인식하고 있다는 점이다. 장상호(2004, 2009)는 이런 관행이 사실상 학교 안에서 이루어지고 있는 교육이 아니라 오히려 비교육의 영역이나 사실들에 대한 평가라는 점을 드러내고자 하였다. 이러한 상황에서의 평가활동은 어떤 경우나 교육의 발전을 오도하거나 저해할 뿐만 아니라 막상 존중되어야 할 본래의 교육은 철저하게 소외시켜 왔다. 학교의 평가와는 별개의 것으로 교육평가라는 고유한 영역이 정립될 필요가 있다. 교육평가가 갖추어야 할 고유한 특징들을 찾아가는 이런 시도는, 좁게는 교육에 대한 규정 자체를 소홀히 하면서 이루어지는 지금까지의 교육평가에서 전적으로 배제되어 온 부분, 그리고 넓게는 교육학자들이 당연히 자기의 영토 안에 넣어 관리했어야 함에도 불구하고 여태까지 불모지로 남겨

두었던 부분에 대한 최초의 본격적인 탐구와 개발에 해당한다.

올바른 의미의 교육평가는 관례적인 사고의 전면적인 전환을 거쳐야만 실현될 수 있다. 이는 앞의 제 8장에서 학교의 정상화와 교육의 정상화를 구분해야 한다는 원칙과 일맥상통한다. 학교의 정상화는 학교라는 특수한 생활세계의 기능과 관련된 범주에 부응하는 방식으로 이루어질 수 있을 것이다. 그 평가는 여타의 생활세계, 즉 가정, 학원, 직장, 학원, 가상공간 등과 대비된다. 삶의 한 가지 양상으로서 교육은 이와는 판이한 범주이다. 교육은 그 자체의 내적인 구조뿐만 아니라 그것과 대비되는 것들과의 차이와 대립에 의해서 드러나기 때문에 교육과 비교육의 질적인 대비는 중요하다. 교육을 위한 평가는 대상에 대한 규정과 그것에 적용될 가치선별과 관련하여 여타 분야에서 이루어지는 평가와 구분되는 고유한 특징을 가질 수 있어야 할 것이다.

교육평가는 모든 생활세계 속에서 이루어지는 교육의 평가 혹은 교육과 관련되는 평가를 총칭한다. 학교는 교육이 일어날 수 있는 삶의 특수한 공간에 불과하다. 교육현상은 학교의 울타리를 벗어나 가정, 직장, 가상공간 등과 같이 다양한 생활공간에 존재한다. 이들 모두가 고유한 의미의 교육평가를 요청한다. 이는 이제까지 학교평가에서 배제된 부분에 해당한다. 장상호(2004)는 이런 관점에서 학교의 정상화를 위한 교육평가를 제안한 바 있다. 학교생활의 제반 정치적, 경제적, 사회적, 문화적, 종교적, 교육적인 측면 가운데 맨 마지막 교육과 관련하여 이루어지는 교육평가는 여타의 분야, 예컨대, 정치, 경제, 사회, 문화, 종교 분야에서 이루어지는 평가와 대비될 수 있어야 한다. 학교뿐만 아니라 모든 삶의 현장에서 이루어지고 있는 교육이 이런 고유한 의미의 평가를 애타게 기다리고 있다.

교육평가의 이론은 교육학의 전체 체계 혹은 이론과 일관성을 유지할 수 있어야 할 것이다. 교육학의 한 부분으로서의 교육평가는 또한 그 자체의 내적 정합성을 갖추어야 한다. 교육학 체제 안에서 교육평가가 차지할 수 있는 고유한 현상을 분리해 내고 그 현상의 본질적 구조를 밝히는 지식을 산출해야 하는 것이다. 교육평가를 구성하는 본질적 요소들은 무엇인가? 그 요소들 간의 구조적 관계는 어떻게 맺어지는가? 이런 하나의 조직적인 이론체제를 세우는 범주로서 교육평가의 목적, 교육평가의 주체, 교육평가의 대상, 교육평가의 기준, 교육평가의 방법, 평가결과의 타당성 확보방안 등의 제반 요소가 제시되기도 하였다(곽진숙, 2000; 채선희, 1997, 1999; 최성욱·신기현, 1998, 1999). 이런 요구사항을 충족시키려면, 교육평가이론은 그 개별적인 요소로 환원될 수 없는 상호간의 유기적인 관계를 맺으면서 모종의 정합성을 갖추어야 한다.

인류의 긴 역사를 통해서 교육은 면면히 진행되어 왔고 현재에도 우리의 삶의 복판에 위치하고 있다. 본 절은 평가가 삶의 보편적 현상이라는 입장에서 출발하였다. 교육에 대한 평가 역시 그런 교육적인 삶과 처음부터 궤를 같이하고 있을 것이다. 우리에게 제시되는 문제는 그 관점의 부재 혹은 오류로 인해서 그런 특수한 평가의 측면을 도외시하여 왔다는 점에 있다. 이제라도 교육평가의 연구는 그처럼 인식의 부재로 인해서 매몰된 것들을 복권시키는 작업을 착수해야 한다. 역사적으로 그리고 지금의 각 생활공간에서 교육에 대해서 어떤 평가가 이루어지고 있는가? 그 평가가 가정했던 교육은 어떤 것인가? 그것에게 적용되는 기준은 무엇인가? 집단 혹은 개인에 따라 그 부분에서 모종의 공통성이 있는 것은 아닌가? 왜 그런가? 구체적인 사실을 기술하는 것뿐만 아니라 그것들을 설명할 수 있는 이론이 정립되어야 한다. 다시 질문은 이어진다. 잘된 교육평가는 무엇인가? 그것이 잘되었다는 기준은 무엇인가? 어떻게 그것을 정당화할 것인가? 그런 질문에 대한 해답과 실제의 반성은 더 나은 교육평가를 위한 처방과 연결될 수 있을 것이다.

교육평가는 주어지거나 고정된 실체가 아니다. 교육에 대한 이론이나 관점이 바뀌면 그 교육에 대한 평가의 이론이나 관점도 당연히 바뀌어져야 할 것이다. 지금의 교육학의 이론이 사실상 교육에 대한 이해라는 측면에서 치명적인 오류를 범하고 있다는 점을 살폈다. 교육본위론은 적어도 교육의 정체가 무엇이냐 하는 문제를 정식으로 탐구하는 대안으로 겨우 그 첫발을 내디딘 셈이다. 그렇다면 그에 상응하는 큰 변화가 교육평가의 이론에서도 이어져야 할 것이다. 그동안 그런 제반 요소를 전제로 하고 교육평가에 대한 통상적인 해석에 포함된 허위의식을 드러내서 해체시키는 부분과 새로운 의미의 교육평가를 건립해 나아가야 할 부분의 개략이 다소나마 논의된 바 있다(강만철, 2000, 2002; 장상호, 1997b, 2004, 2009; 채선희, 1999; 최성욱·신기현, 1998, 1999). 그 이론적 작업은 아직 미흡하며, 더구나 여기에서 제안하는 방식의 교육평가에 대한 파악이나 처방에 대한 실적은 그 출발점에 있는 실정이다. 그만큼 이 분야의 연구가 가야 할 길은 새롭고 멀다.

## 9.2 교육평가의 주체

인간의 고유한 활동으로서 평가는 그 주체에 따라 서로 다를 수 있다. 그렇다면 누가 교육을 평가할 것인가? 이에 대한 원론적인 대답은 말 그대로 교육을 평가하는 사람일 것이다. 그런데 이제까지 이와 관련하여 이루어진 실제나 이론의 세부적인 내막을 자세하게 살피면 허점투성이다. 그 원론적인 해답과는 거리가 있는 온갖 관례와 근거 없는 제반 조건이 여기에 부대되어 있다. 교육에 대한 그릇된 관점, 전문가집단의 근거 없는 특권주의, 그리고 여타집단의 부당한 배제라는 관례 등이 서로 뒤섞여 있다. 교육평가의 정상화는 그런 고질적인 관점의 실타래를 차근차근 풀어내는 데서부터 시작되어야 한다.

지금은 전문가의 시대라고 한다. 특별한 사람들의 도움을 받아 각종의 문제들이 해결될 만큼 사회는 다원화되고 있다. 이런 시대적 추세에 따라 먼저 교육은 학교라고 하는 제도 안에서 이루어지는 전문적인 활동이라는 관념이 있으며, 교육평가자 역시 그런 관념의 틀 안에서 그들의 우월적 지위를 향유해 왔다. 교육평가연구자들은 스스로 교육평가를 전문직이라고 생각하는 경향을 보여 왔다(배호순, 2008b). 그러나 이런 식의 규정에는 아직도 모호한 점이 많다. 먼저 교육평가연구자가 교육평가의 전문가와 동일한 것이냐 하는 의문이 제기될 수 있다. 이 의문은 본 절의 주제를 다룸에 있어서 매우 중요한 의미를 지닌다. 엄밀하게 말하면 전자는 학문을 하는 사람이며, 후자는 실제를 평가하는 사람이다. 호흡을 잘하는 것과 그에 대한 생물학적 지식을 갖는 것이 별개이듯이, 그 두 가지의 활동이 다른 것만큼 그 명칭 역시 분리되어 사용되어야 할 것이다.

이 점에서 본 절에서 관심을 가지고 다루고자 하는 주제는 교육평가연구자보다는 교육평가전문가에 있다. 그런 의미의 교육평가자가 갖는 특징의 하나는 교육목적의 설정과 그 평가를 분리시킨다는 점이다. 그들에 있어서 학교의 목표가 바로 '교육의 목표'이며, 그것을 달성하게 하는 각종 설계나 활동이 바로 '교육프로그램' 혹은 '교육과정'이다. 교육에서 배출할 인간성이 가치론적으로 어떤 것이어야 하는지는 학교를 운영하는 주체나 고객이 결정할 사항으로 치부되었다. 전문가로서 평가자가 수행할 역할은 이미 규정된 인간성을 주로 실증주의에 근거를 두고 객관적으로 지수화하는 것으로 되어 있다.

'교육평가'는 그 목표와 과정 사이의 관계를 과학적으로 입증하는 것이다. 이에 따라 교육평가의 주된 관심은 은연중에 과학주의라는 틀 속으로 감금된다. 마치 실험을 검증하는 절차처럼 다만 그런 행동변화가 일어나는지를 밝히는 기법에서 그 전문성을 인정받고자 한다. 인위적이고 객관적인 상황, 절차, 검사도구가 있어야 한다는 명분을 내세우면서 교육평가 전문가들은 기술적인 봉사를 자임한다. 이 관점에 의하면, 전문가에 의해 수행되지 않는 일반적인 교육평가는 현행 교육평가의 관심에서 배제된다. 그것이 바로 평가의 발전이라는 시각이다.

지금의 '교육평가'에서는 평가하는 사람과 평가받는 사람의 엄격한 분리가 이루어진다. 전자는 전문적인 능력을 가진 사람에게만 허용되고, 후자는 그들의 해결과 판단에 의존하며, 그런 가운데 우리 자신의 것을 그들의 것에 의탁하는 습속에 젖어들게 되었다. 그 양자의 중간에 처한 일반인들 역시 그들의 자주적 판단능력을 무시하고 단지 전문가가 제시한 외적 기준을 무조건 받아들이도록 요구받는다. 그러나 그들이 진정 교육을 평가하는 전문가로 특권을 향유할 수 있느냐 하는 점이 검토되어야 한다.

우리 주변에는 스스로 교육평가의 전문가라고 하지는 않지만 우리에게 끊임없이 바람직한 교육을 추천하고 부단하게 교육을 평가하거나 관여하는 사람들이 있다. 예컨대, '교육학자', '교사', '교육행정가'들처럼 교육전문가라는 지위를 향유하는 사람들이 이에 포함된다. 이들에게도 우리는 마찬가지의 질문을 던져야 한다. 그들이 지닌 교육관과 가치관은 옳은 것인가? 이에 대한 해답은 부정적이다. 이들에게도 교육의 가치 또는 맥락에 대한 개념이 없다는 점은 마찬가지이다. 따라서 이제까지 교육전문가로 분류된 집단이 교육평가의 문제에 개입하는 것 역시 해체의 대상이다.

논의의 핵심은 바로 이제까지 전문가의 이름으로 교육평가를 담당했던 사람들이 진정한 의미의 교육평가의 전문가로 인정받을 수 있느냐 하는 점에 있다. 교육평가전문가들이 갖추어야 할 가장 중요한 자질은 그 평가할 대상과 그것에 적용할 가치의 선별이다. 그런데 그들은 이 부분을 외부에서 주어지는 것으로 치부하고, 오직 측정의 기술적인 측면만을 담당하는 전문가로서 자임한 것이다. 그 가운데에 우리는 이제까지 그들이 맹목적으로 받아들인 교육관과 가치관에 문제가 있음을 검토해 왔다. 그 내용은 학교태 혹은 학교의 기능이라는 식으로 암묵적인 합의가 이루어지고 있으며, 그들에게 부여할 가장 실제적이고 정확한 명칭은 학교평가전문가라고 하는 것이 옳다.

그 전문성을 인정할 수 있는 가장 중요한 자질은 여타의 삶의 양상들과 구분되는 교육의 맥락에 대한 철저한 이해와 그 평가에 개입하는 이질적인 가치들 가운데 교육에 본질적인 것을 선택하는 분별력이다. 기술과 방법은 이에 선행하기보다는 후속해야 할 사항이다. 교육에 대한 곡해와 그 고유한 가치의 맥이 끊어진 오늘날의 시기에 있어서 이들의 임무는 매우 중요한 위치를 차지한다. 그런 새로운 의미의 교육평가전문가가 절실하게 요청된다는 것은 말할 필요가 없다.

그러나 그 문제가 해결되었다고 해서, 본 주제와 관련된 문제가 해결된 것은 아니다. 다음의 문제는 교육의 평가를 이처럼 오로지 전문가의 소관 사항으로 보아야만 하는가 하는 점이다. 이는 평가하는 사람과 평가받는 사람의 분리라는 이제까지의 관례와도 관련된 것으로서 새롭게 따져 보아야 할 문제이다. 결론부터 말하면, 그런 배타성은 불필요할 뿐만 아니라 바람직한 것도 아니다. 사실상 교육평가자라는 명칭은 자연인의 한 측면에 해당한다. 누군가 교육에 대해서 무언가 평가를 내리고 있다면, 그 순간 그는 교육평가자의 위치에 놓이는 것이다. 그런 사태는 이미 있었고, 지금도 끊임없이 진행되고 있다. 그럼에도 불구하고, 앞에서 살핀 교육평가전문가들의 주장에 밀려 자신의 판단을 억제하거나 그것을 표현하기를 주저하는 사람들이 있다면, 그는 그만큼 자신이 향유할 수 있는 교육평가자의 지위를 스스로 부당하게 제한하고 있는 셈이다.

삶의 모든 부면을 전문가에게 위임한다는 생각은 참으로 위험하다. 깨어 있는 의식이 없는 사람은 주어진 사태를 단지 관망하거나 그것에 맹목적인 노예가 된다. 교육과 관련하여 우리가 이제까지 시종 문제시하고 있는 점의 하나가 바로 이런 상황이다. 교육은 그 맹목적인 노예에서 해방되는 것과 관련되어 있다. 평가대상인 교육이라는 것이 평가하는 주체와 독립되어 존재하는 것이 아니라 평가 주체에 의해 규정되고 구성되는 것이라면, 교육평가에서 교육 주체의 몫이 거의 필수요건이다. 따라서 교육평가를 교육 주체와 분리시키는 이제까지의 사고방식은 그 주체들을 교육에서 소외시키는 모순을 함축한다.

현행 '교육평가'의 사각지대에 방치된 이 부분을 교육평가의 연구에 마땅히 포함시켜 검토해야 할 것이다. 교육의 주체는 누구인가? 이에 대한 해답은 교육을 어떻게 보느냐에 따라 달리 규정되기 때문에 그 분명한 차이를 재론해야 한다. 인간행동을 계획적으로 변화시키려고 하는 교육 주체와 그 계획에 따라 변화되는 피교육자를 엄격하게 구분하자는 교육관도 있다. 국가, 학교, 교사와 같은 특별한 전문기관이 전자에 속하고, 학생이나 일반 대중은 대개 후자에 속한다는 통상적인 도식을 따른다면, 교육에 대한 평가가 교육 주체와 전혀 무관하게 이루어졌다는 앞서의 비판이 어느 면에서 부당하게 보일 것이다.

그러나 교육을 할 수 있는 특권을 가진 자연인이 따로 있다는 생각 자체가 부당하다. 교육을 자율적인 세계의 하나로 포착하려는 교육본위론은 이와는 다른 입장을 택했다. 이는 공립학교의 출현과 인력의 대량생산이라는 특수한 역사적 계기에서 비롯한 교육관을 토대로 교육을 전문가의 특권으로 한정시킨 관례적인 관점을 단호하게 거부하고, 교육의 과제를 일상의 삶을 영위하는 개인의 과제로 되돌려 놓았다. 교육은 결국 교육을 주도해 나아갈 수 있는 능력과 태도를 갖춘 개인의 것이다. 다시 말하면, 교육적 주체는 한 자연인 전체가 아니라, 그 가운데 그런 특별한 측면을 별도로 지칭한 것이다. 교육은 그 나름의 내재율을 가진 삶의 한 양상이며, 그것을 준수하는 참여자에 의해서 누구에게나 그 실재성이 실현되고 입증된다.

교육평가는 이런 관점과 맥락 안에서 새롭게 논의되어야 한다. 교육 주체는 교육이 진행되고 있는 현장에 있다. 현장은 전문가들이 쉽게 접근하기 어려운 일상적인 부분을 포함한다. 교육 자체가 늘 시행착오를 포함하는 일종의 실험이다. 개인은 매회 교육이 진행되는 동안, 혹은 그것이 종료된 이후에 자신이 경험한 교육의 과정을 회고하고, 반성하고, 평가하여, 차후의 개선점을 찾아내는 최종적인 책임을 질 수 있어야 한다. 교육 주체로서 얼마나 교육의 내재율에 충실하게 임하는가? 그 교육적인 삶에 만족하는가? 그에 따른 어떤 소득을 얻고 있는가? 무엇이 잘 되었고, 무엇이 문제인가? 그 근거는 어디에서 찾을 수 있는가? 이런 질문에 대한 해답을 추궁하는 가운데 교육 주체는 더 높은 품위의 교육에 진입할 수 있을 것이다.

그런 과정은 교육의 현장에서 자연스럽게 이루어지는 경로이다. 협동교육은 개인에게 있어서 이인삼각(二人三脚)의 상황이다. 교육놀이에 참여함에 있어서 스승과 제자는 교육에 대한 가정, 태도, 활동에서 공조해야 한다. 스승은 제자의 상구에 의존하며, 제자는 스승의 하화에 의존한다.

스승과 제자는 교육 고유의 문제를 주시하고, 각각 상대의 입장에서 자신의 활동을 조명하는 서로의 책임을 수락해야 한다. 서로의 활동을 보조하는 일에는 그에 대한 평가가 중요한 부분을 차지한다. 교육 주체는 자신의 교육은 물론 교육의 파트너인 상대의 교육을 평가할 수 있다.

최성욱·신기현(1999)은 평가 주체와 평가대상의 상호작용으로 형성되는 네 가지 평가의 영역을 구분한 바 있다. 먼저 교육 주체가 평가 주체가 되는 경우와 비교육 주체가 평가 주체가 되는 차원이 있다. 다른 차원은 교육이 대상이 되는 경우와 비교육이 대상이 되는 경우이다. 이렇게 평가 주체와 평가대상을 구분한다면, 양자의 상호작용으로 형성되는 평가영역은 교육 주체가 교육을 평가하는 영역, 교육 주체가 비교육을 평가하는 영역, 비교육 주체가 교육을 평가하는 영역, 비교육 주체가 비교육을 평가하는 영역으로 구분된다. 이 네 가지 영역 가운데 교육평가로 지칭할 수 있는 것은 비교육 주체가 비교육을 평가하는 영역을 뺀 나머지 세 영역이라고 볼 수 있다.

한수연(2004)은 학교에서 이루어지는 과학실험의 경우에, 교사와 학생이 그것을 통해서 얼마의 지식을 얻었느냐 하는 문제와 무관하게, 각각 교육 주체로서 자신들의 교육활동에 대한 평가가 추가되어야 한다는 점을 제안한 바 있다. 이것은 실험의 과정이 교육의 내재율을 얼마나 잘 따랐는가를 평가하는 것이다. 이러한 평가의 과정을 통하여, 교사와 학생은 각각 하화교육의 내재율과 상구교육의 내재율이 잘 지켜졌는지 스스로 반성하고 개선하는 한편, 상대의 활동을 평가하면서, 상호간의 활동을 조율할 수 있게 된다. 더 나아가, 교사와 학생은 그들 간의 상호교섭의 양태를 협동교육의 내재율에 비추어 평가하고 반성함으로써, 하화교육과 상구교육의 공조체제를 유지할 수 있게 된다.

교육은 그 나름의 내재적 가치를 가지고 있다는 것이 교육본위론의 입장이다. 교육이 수행하는 여타의 외재적 가치를 제외하고도 그 나름의 삶의 보람을 제공한다는 말이다. 기능주의적 교육관은 애초부터 그 중요한 사실을 간과했다. 학교에서 교육이라는 이름으로 생활을 강요함으로써 사람들은 그것을 가능한 피할 수 있었으면 하는 생각도 갖게 되었다. 이는 모두 교육에 대한 올바른 관점의 부재와 왜곡에서 비롯한 것이다. 진정한 의미의 교육은 그와는 다르다. 그 참여자에게 좌절과 성공, 그에 따른 흥분과 고양된 자신의 확인, 인간으로서의 연대감 등 그 세계에서만 체험할 수 있는 가치를 제공한다. 그것을 감식하고 향유할 과제는 물론 그 참여자인 교육주체에게 주어져야 한다.

교육의 내재적 조건을 만족시키기 위해서는 교육의 소재인 품위의 평가가 불가피하다. 뒤(9.6)에 더 자세한 설명을 하겠지만, 교육 주체가 교육의 각 단계에서 품위의 선후에 대해 판단하는 것이 교육활동에 포함되어 있다. 교육은 언제나 수도계의 중간표적을 거쳐 진전되며, 그 목표는 교육 주체가 처한 위치에 따라 다르게 설정된다. 교육적 교섭이 일어나야 할 품위는 상구자의 차상품이다. 하화자는 자신의 품위를 일단 보류하고, 마땅한 것은 아니지만 제자의 품위에서부터 하화의 실마리를 찾아야 한다. 이와 관련해서 교육 주체는 자신과 상대자를 동시에 고려하면서, 상대방에 대한 기대와 교육의 품위를 조율해 나가는 일을 소홀히 해서는 안 된다.

교육 주체는 어느 경우나 특수한 교육환경의 맥락 안에서 생활한다. 그 상황의 특수성에 대한 배려는 전문가의 평가를 언제나 얼마만큼 벗어나 있다. 그 때문에 교육의 세계에 참여할 때, 개인마다 그가 처한 특수한 환경적 상황과 관련하여 자기 나름으로 판단을 내리고 그 가치를 판가름하는 일이 불가피하다. 의식이 있는 교육 주체라면, 주어진 여건이 자신의 교육행위에 어떤 영향을 주는가를 점검할 것이다. 이때 그는 이미 교육여건의 평가에 가담하고 있다고 볼 수 있다. 다른 한편으로, 개인은 자신의 교육적인 삶이 여타의 삶에 어떤 영향이나 결과를 가져오는지에 관심을 가질 수 있다. 이 경우 그는 교육의 기능에 대한 모종의 판단을 하고 있는 것이다.

여기에서 교육에 대한 올바른 이해, 교육내재율의 변별, 그 과정에서의 옳은 가치판단, 생활공간의 활용, 환경의 조성 등에서 교육 주체마다 서로 다른 해답과 판단이 나오는 것은 자연스럽다. 그 다양성을 문제시하거나 혹은 그 수준의 낮음을 문제시하면서 그들의 평가를 무시하거나 제외하는 것은 교육이 일정 수준의 지적 능력이 없으면 참여할 수 없는 것이라는 선입견이 포함되어 있기 때문에 바람직하지 않다. 교육 주체는 이미 자신이 가진 현재의 기준을 적용하여 모든 사태를 평가하고 있다고 보아야 한다. 그것을 억압하지 않는 상황을 조성하는 것이 중요하다.

이와 같은 부단한 질문과 평가를 통해서, 교육 주체는 더 나아가 그가 예견하고 통제할 수 있는 범위 안에서 자신의 교육을 주재하고 그것을 유지하는 여건을 만드는 노력을 할 수 있을 것이다. 그 기대나 예견은 단지 부분적으로 충족되거나 혹은 전혀 충족되지 않을 수 있다. 교육적 삶이 예상 밖의 다른 결과를 가져온 경우를 발견할 수도 있을 것이다. 그때마다 그 사태를 해결해 나가는 모종의 노력을 동반할 것이다. 그처럼 실천적 반성이 동반하는 경우와 그렇지 못한 경우를 대비할 때, 어느 쪽의 교육이 더 개선될 수 있는지에 대한 예상은 거의 자명하다.

이런 평가는 교육공동체 안에서 이루어질 수도 있다. 교육이 종료된 단계에서 이루어지는 강평회는 그 좋은 예가 될 것이다. 이 경우, 각자 자신의 평가를 은폐하지 않고 공개하는 것이 기본적으로 바람직하다. 교육 주체들 사이에 각종 평가에 대한 합의가 도출되고, 그 대책이 청원된다. 그 대책에 따라 일정한 기간 교육을 진행한다. 그 대책은 단지 수단에 불과하기 때문에 제 기능을 하지 못할 때에는 폐기되거나 수정되어야 마땅할 것이다. 만약 이런 개인적인 경험과 반성에 따른 문제해결이 올바른 것이라면, 그것은 각 개인들의 경계를 넘어서서 교육공동체의 지혜의 누적에도 기여할 수 있을 것이다.

사실상 인류의 역사에는 교육공동체가 구축한 훌륭한 교육평가의 지혜와 전통들이 너무도 많다. 불가(佛家)의 풍부한 문헌에서 그 좋은 예들을 쉽게 발견할 수 있다. 불교의 성전은 석가가 가르친 내용을 총괄하는 경장(經藏), 그 뜻을 해석하여 변론한 것들을 모은 논장(論藏), 그리고 교단의 규칙을 집대성한 율장(律藏)의 세 가지로 나눈다. 이 중 율장의 계율이 만들어진 계기는 대개 교단의 유지를 위협하거나 수도에 장애가 되는 작고 큰 문제가 석가에게 알려진 데서 시작한다. 이에 대해 석가와 그를 따르는 수도공동체는 사태를 정확하게 파악한 뒤에, 그때마다 비구들이 지켜야 할 행동규범을 제정하고, 그 규범이 제정된 이유와 내용의 설명이 자세하게 전달된다. 일단 그 규범을 실행하되, 그것이 소기의 목적을 달성하는 데 도움이 되지 않거나 혹은 예상하지 않은 부작용을 동반하는 경우, 수정의 과정을 거친다.

설일체유부에 의해서 전해진 ≪십송률≫에 묘사된 흥미 있는 사례를 살펴보자(이한정 역, 1955, pp. 659-664). 석가가 사위국에 있을 때 수많은 비구들이 안거하고 있었다. 불가에서 안거란 우기를 맞아 약 3개월간 일정한 장소에 모여 비구들이 수행에 전념하는 중요한 행사이다. 큰 집단이 모여 있기 때문에 수행에 지장을 가져오는 크고 작은 문제가 늘 발생하였다. 그때마다 그것이 왜 수행에서 장애가 되는가 하는 문제가 제기되고, 그 사태에 대처할 방안이 제시된다. 그 대처방안이 반드시 최선의 결과를 가져온다는 보장은 없다. 이렇게 대처하면, 저런 문제가 나오는 것이다. 그 문제를 다른 평가를 토대로 해결해 나가는 끊임없는 과정이 진행된다.

그 일련의 과정 속에는 이런 흥미 있는 대목도 있다. 수련의 과정에서 큰 소리를 내어 소란을 피우는 것이 수행에 도움이 되지 않는다는 불평이 나왔다. 그 인과관계에 대한 추론, 그리고 사실의 평가에 적용하는 기준이 우리가 검토한 교육여건의 평가와 정확히 일치한다. 그 판단을 전제로 비구들 사이에 대책에 대한 필요성이 논의된다. 대책이란 말할 필요도 없이 더 조용한 분위기를 조성하는 것이 될 것이다. 이 상황에서 석가는 "말없이 조용히 지내는 것을 청허(聽許)한다." 청허란 비구들이 제안하는 사항에 대해서 허락한다는 것을 뜻한다. 목적과 수단의 선별이 너무도 분명하게 이루어져 있는 이런 과정은 오늘날에도 교육공동체가 교육활동에 유리한 환경을 평가하고 조성하는 데 소중한 원칙으로 받아들여져야 할 것이다.

앞에서 우리는 교육평가의 주체를 주로 전문가와 교육 주체에 한정시켜 논의를 하였지만, 본장의 서두에서 지적했듯이 그 평가 주체가 특정개인이나 집단에 제약받을 이유는 없다. 누구나 삶을 영위하면서 항상 교육과 그 주변의 사태나 상황에 대해서 모종의 평가를 수행하고 있다는 평범한 사실이 전문성을 강조하는 오늘날의 삶에서 무시되는 경우가 많은데, 이는 결코 바람직한 일이 아니다. 단순히 억압하거나 무시한다고 그 평가의 작용이 멈추는 것은 아니다. 또한 그 자격을 사전에 엄격하게 따질 수 있는 경계가 명백하지 않다. 교육에 관한 평가를 하고 있는 사람이 있다면, 그를 평가의 주체로 일단 인정해야 할 것이다.

우리의 사회에서 교육이라는 용어의 우산 아래에서 수많은 이해관계가 얽혀 있으며, 그들과 전적으로 유리된 교육이란 존재할 수 없다. 그 다양한 이해당사자들의 요구에 부응하여 올바른 정보와 가치판단을 제공하는 것이 평가의 중요한 목적이다. 오늘날 교육의 대명사가 된 학교가 명실상부하지 못하다는 세평이 들끓고 있다. 그 경우 학교당국자는 물론 국가 및 정당, 관료체제, 압력집단 등 국가 안에의 이익집단은 그 모든 이질적인 기대, 이해관계, 그리고 가치들이 반영된 제반 평가가 실제로 어떤 것인지를 확인하여야 할 것이다. 비교적 무관심한 영역으로 방치된 실정이지만, 산재한 가정, 학원, 직장, 인터넷 등의 교육공간에 대한 평가가 어떤 것인지도 파악할 필요가 있다. 제 8장에서 이런 제반 교육공간의 영역과 관련하여 지역교육진흥센터의 필요성을 제안한 바 있다.

이와 같이 각 평가 주체가 내린 평가의 내용을 수집하는 것은 그것을 액면 그대로 타당한 것으로 받아들인다는 것과는 별개의 일이다. 각각의 평가가 얼마나 제대로 이루어진 것이냐 하는 엄격한 검증과 정당화의 과정을 거쳐야 한다. 그 가운데 타당한 것과 그렇지 못한 것들이 뒤죽박죽 혼재되어 있을 것이다. 이하에서 그에 대한 본격적인 논의가 이루어지겠지만, 현실적으로 그 절대적 기준이나 혹은 완전한 평가란 기대하기 어렵다. 우리는 앞 절(9.1)에서 전문가의 것으로 인정되어 왔던 교육평가조차도 수많은 문제점들을 지니고 있음을 검토하고, 이제부터 격상된 새로운 평가를 지향할 필요가 있음을 살폈다. 이와 관련하여 우리가 앞으로 특별히 주목해야 할 점은 그 평가의 수준을 판정하는 데 교육이 개재되며, 그 과정 자체가 교육에 대한 교육 주체의 평가수준을 격상시키는 데 공헌한다는 점이다.

## 9.3 평가대상의 선별

무심코 지나칠 수 있는 모든 것들이 가치평가의 대상이다. 한 세계에서 대상의 갖는 본질성이 다른 세계에서는 비본질적인 것으로 규정된다. 평가는 복합된 사태의 전체 가운데 어떤 특정한 사실만을 주목하고 이외의 다른 사실들을 무시한다. 이 때문에 같은 사태를 어느 세계의 입장에서 평가하느냐에 따라 그 결과가 서로 다르고 상반될 수 있다. 우리가 교육을 평가한다고 할 때, 그 평가대상인 교육이 진정 무엇인가를 따져야 하는 것은 바로 이런 이유에서이다. 교육과 유사교육의 차이는 무엇인가? 반교육과 비교육은 어떻게 구분될 수 있는가? 교육과 관련된 사실은 무엇인가? 이런 질문들이 올바른 교육평가를 결정하는 기본적인 전제조건이다.

불행히도 지금의 '교육평가'는 이런 최소한의 조건을 충족시키지 못한 상태로 진행되어 왔다. 그럼으로써 교육평가를 통해서 밝혀져야 할 것이 숨겨지고, 교육 이외의 사실이 교육인 양 왜곡되기에 이른 것이다. '교육평가'의 이름으로 교육을 이처럼 우리의 삶에서 소외시키는 아이러니의 근원을 소급해 올라가면, 현존하는 교육학이 그동안 자율적인 개념체제를 정립하는 과제를 지연시켜 온 상황과 긴밀하게 연관된다(장상호, 1986). 교육 자체가 무엇인지를 밝히는 작업을 지연시켜 온 교육학이 지목하는 대상은 참으로 엉뚱하다.

기존의 '교육평가'는 대체로 학교라는 제도가 보장하는 사태를 교육이라는 의미로 받아들이고 있다. '학생들의 학업성취', '교수-학습 상호작용', '교사의 교수법', '교실 안의 인간관계' 등의 용어들이 의심의 여지가 없이 교육현상을 지칭하는 것으로 간주된다. 여타의 것들은 '교육시설'이나 '교육여건'으로 통한다. 그 용어 자체가 교육으로서의 정당성을 보장해 준다. 그렇게 지칭되는 현상을 두고 가끔 '그릇된 교육'이라는 평가를 내리는 것을 볼 수도 있다. 이런 경우, 그 용어가 함축하는 교육관을 스스로 부인하는 셈이다.

기존의 '교육평가'는 과정보다는 결과에 주목한다. 그 배경에는 기능주의적 교육관이 자리 잡고 있다. 누차 지적했듯이 이는 특정한 결과를 규정하고, 그것을 가져오게 하는 모든 것을 교육으로 간주한다. 이런 관점은 교육의 외연을 무의미할 정도로 확장시킬 뿐, 그것 자체의 고유한 정체성을 감추어 버린다. 그 결과는 대부분 외재적인 것이며, 만약 소기의 결과가 나오지 않을 경우 그것이 가정했던 교육을 부인해야 하는 모순에 빠진다.

놀랍게도 '교육평가'의 분야에서 교육과 비교육의 차이가 무엇인지를 문제로 삼은 적은 거의 없다. 정확하게 말한다면, 그것은 학교 안에서 이루어지는 평가를 총칭한 것이며, 더욱 구체적으로 따지면, 학교 안의 비교육적 사실에 대한 평가로 보아야 한다. 이런 평가의 관행에서 진정한 의미의 교육현상은 항상 제외되어 온 것이다. 교육현상은 다양한 표상, 기호, 상징, 혹은 징후로 배후에 숨겨져 있으면서 애타게 평가받기를 기다리고 있다고 볼 수 있다. 새로운 교육평가는 우리의 삶에서 은폐되거나 갇혀 있는 이런 교육의 의미와 가치들을 해방시킬 수 있어야 한다.

무심히 지나칠 수 있는 것들이 우리의 관심과 흥미의 대상이 되는 것은 의미화라는 계기를 거쳐서이다. 적어도 교육을 평가대상으로 하는 경우에는 최소한 그 교육을 고유한 실체로 바라보는 독자적인 안목이 필요하다. 현 단계에서 절실히 필요한 것은 피상적인 이해와 심층적인 이해 사이의 간격과 긴장, 그리고 제반 분과학문들이 자신의 인식대상을 부각시킬 때 가졌던 배타성을 견지하는 것이다. 이제까지 강조해 왔듯이, 교육적인 삶의 특징은 정치, 경제, 사회, 문화, 종교적인 삶과의 대비에서 찾아야 한다. 한편으로 그 개별적인 비교육적 사실들은 인정하면서, 다른 한편으로 그들과 차별화된 것의 하나로 교육현상이 규정되어야 한다.

삶의 공간은 혼질적이다. 그중 어느 한 세계로의 올바른 진입은 그것이 존립하도록 펼쳐진 독특한 공간 안으로 들어가는 것을 말한다. 이는 이미 지적했듯이 여타의 분과학문과는 다른 자율적인 학문체제로서 교육학을 정립하는 일과 결부되어 있는 것으로서, 이제 겨우 그 시작의 단계에 불과하다. 말하자면, 교육평가는 그 대상 자체의 규정조차 아직 충분히 밝혀지지 않은 상태에 놓여 있다. 그 교육의 내재성에 대한 탐구 역시 완료될 수 없는 작업이다. 그렇다고 해서, 그 시점에 이를 때까지 교육에 대한 평가를 지연시킬 수도 없는 노릇이다. 현 단계에서 필요한 것은 교육을 새롭게 규정하는 일과 그것을 제대로 평가하는 일을 병행하는 것이다.

그런 시도의 하나로서 교육본위론이 그 평가의 대상으로 선별할 수 있는 대상은 교육 자체와 그 교육이 맺고 있는 외부환경 사이의 관계이다(장상호, 2004, 2009). 우리는 앞에서 교육평가의 대상이 되는 교육 자체의 안쪽 내용이 무엇인가 하는 질문에 대한 해답을 다양한 문제영역으로 나누어 해명하는 경로를 지목했다. 그런 방향의 연구가 원만하게 진행되어지는 것만큼 교육평가의 대상은 점차 증가될 것이다. 여기서는 그 각각의 영역을 간단히 상기함으로써 그 대상이 이전의 교육평가와 총체적으로 다르다는 점을 재확인하기로 하자.

교육평가의 대상을 찾는 것은 바로 교육의 안쪽과 바깥의 경계가 어떤 것인지를 밝히는 것과 같다. 제 1장에서 살폈듯이, 교육을 여타의 세계와 차별화하여 독자적인 실재로서의 정체성을 확보하는 방법은 그 구조에 대한 이해이다. 우리가 검토한 '수레바퀴모형'에서 교육의 세계는 '상구교육'과 '하화교육'이라는 두 가지 과정을 포함한다. 교육의 요소들이 서로 결속하면서 총체성을 규정하는 데 크게 상의관계(相依關係)와 대위관계(對位關係)가 작용한다. 상의관계는 상구교육과 하화교육 각각에서 자체의 요소가 결속하는 방식이고, 대위관계는 상구교육과 하화교육이 그 이질성에 의해서 서로 결합하여 협동교육이라는 새로운 총체를 구성하는 방식이다. 이들은 서로 다른 명칭으로 규정되고 있지만, 서로 연관되어 있기 때문에 그 강조하는 측면이 실상 다를 뿐, 전체의 의미구성에 함께 참여하고 있다. 이 가운데 대위관계는 서로 이질적이기 때문에 결속할 수 있는 성질을 나타내고 있다.

교육은 자율적 세계로서 각각의 요소로 환원될 수 없는 그 나름의 구조와 맥락을 갖는다. 그 안에 진행되는 것들이 바로 교육의 내용에 해당한다. 교육의 내용으로 포함된 요소들은 개별적으로 존재하는 것이 아니라 서로가 다른 것의 의미규정에 참여할 수 있을 정도의 연관관계를 가져야만 한다는 것이다. 수레바퀴모형에서 드러난 내용들은 앞으로 장구한 시간을 들여 밝혀 나갈 교육의 전반적인 양상에 비추어 보면, 왜소한 부분에 불과하다고 보아야 한다. 그보다 훨씬 더 교육의 본질에 충실한 내재율이 과거에 있었고, 또한 미래에도 더욱 정교한 형체의 출현이 얼마든지 가능할 것이다. 교육의 구조를 중심으로 그 내부를 차지하는 더 세부적인 특성 혹은 사실들이 그 외부의 것들과 배타적으로 차별화됨으로써 보다 분명하게 드러날 수 있다.

교육의 안과 밖에 관한 규정을 바탕으로, 제 3장에서 우리는 교육과 연관된 인간의 규정이 병행할 수 있음을 살폈다. 예컨대, 많은 종류의 인간관계 가운데 교육적 인간관계는 특별히 앞의 내재율에 부합하는 인간관계다. 스승과 제자를 발견하고 선택하는 것은 교육적인 삶을 영위함에 있어서 매우 중요한 과제다. 훌륭한 스승과 제자는 단지 소재의 면에서 전자가 선진이고 후자가 후진이라는 것 이상이다. 여기서 스승은 하화의 내재율을 따라야 하고, 제자는 상구의 내재율을 따를 것이 기대된다. 그런 새롭고 고유한 기준에 의해서, 우리의 일상적 삶 속에 혼재하는 세속에서 낮은 계층에 속하지만 교육에 충실한 삶을 영위하는 사람들, 혹은 수도계의 낮은 품위를 갖고 있지만 역시 모범적인 교육적 삶을 산 사람들을 서로 변별하여 평가할 수 있을 것이다.

일상적 삶에서 눈에 보이는 활동에 어떤 독립적이거나 절대적인 의미가 있다는 생각을 하는 것은 잘못이다. 서로 구분되는 다양한 활동들의 의미를 주는 것은 그것이 소속한 독특한 세계의 맥락이다. 모든 활동은 서로 다른 맥락에서 서로 다른 의미의 공간을 차지하는 다양한 해석이 교차하는 총체라고 보면 된다. 그렇다면, 그 가운데 교육활동이란 여타의 활동과 어떻게 구분되는가? 제 5장에서 우리는 교육활동을 교육의 내재율에 부합하는 활동으로 국한함으로써 그 문제를 해결하는 단초를 마련했다. 이 관점에 준해서 학교 안에서 일어나는 비교육적 활동과 학교 밖에서 일어나는 교육적인 활동이 교육평가의 대상으로 새롭게 부각될 수 있게 되었다. 이런 방식으로 학교 안에서 하는 온갖 활동을 무조건 교육활동의 이름으로 편입시켰던 이전의 맹점을 지양할 수 있었을 뿐만 아니라, 그동안 단지 학교 밖의 활동이라는 이유 때문에 무시되어 왔던 수많은 교육활동이 교육평가의 대상으로 편입될 것이다.

우리는 제 6장에서 교육의 발전을 촉진하는 자율적인 통로로서 메타교육에 주목했다. 매 회의 교육은 다음의 더 나은 교육을 위한 실습의 의미가 있다. 그 품위의 차이는 언제나 교육이 가능한 공간이며, 개인들은 그것을 2차 소재로 삼아 교육을 할 수 있게 된다. 바로 그런 경로를 통해서 지금까지 교육의 원형이 보존되고, 지양되고, 발전되어 왔을 것으로 추정된다. 교육이 이루어진 오랜 역사 속에서도 그런 증거를 찾아보기란 어렵지 않다. 지금도 삶의 곳곳에서 메타교육에 해당하는 현상이 진행되고 있지만, 그동안 그 부분이 교육학이나 일반인들의 관심에서 제외되거나 은폐되어 왔다. 그에 대한 개념의 정립이 이루어진 이상, 이제부터 그 중대한 사실들을 제대로 평가하는 작업이 본격적으로 이루어질 수 있기를 기대한다.

이제까지 우리는 교육 자체의 평가만을 살폈지만, 교육평가의 대상은 거기에 국한되지 않는다. 제 7장에서 우리는 교육이 그것 이외의 모든 환경들과 관련을 맺고 있음을 주목했다. 그 환경을 구성하는 다양한 세계는 물리, 생리, 심리, 정치, 경제, 사회, 문화, 종교 등 수없이 다양하다. 세상만사가 그러하듯이, 그들과 교육 사이의 영향관계는 두 가지 측면, 즉 교육이 여타의 세계로부터 영향을 받는 측면과 반대로 교육이 여타의 세계에 영향을 주는 측면으로 구분된다. 우리는 앞 장에서 전자를 교육의 여건, 그리고 후자를 교육의 기능이라는 범주로 특별히 다룬 바 있다. 교육의 여건은 메타교육과 더불어 교육발전의 다른 중요한 축을 이루고, 교육의 기능은 기능주의적 교육관이 교육의 실체를 단지 그 기능으로 환원시켰던 오류를 벗어난 새로운 영역이라는 점에서 교육평가에서 중요한 위치를 차지한다.

제 8장에서 우리는 교육이 학교뿐만 아니라 가정, 학교, 놀이터, 직장, 가상공간, 박물관, 도서관, 전시실 등 다양한 삶의 공간에서 일어날 수 있음을 알았다. 그동안 마땅한 개념이 결여되어 있었던 탓으로 교육공간의 많은 부분이 간과되거나 은폐되었다. 이제 교육평가의 밝은 조명이 그 각각의 공간에 환하게 비춰질 수 있어야 한다. 그 각각의 생활공간이 교육적인가, 비교육적인가? 어떤 측면이 그러한가? 생활공간마다 생태적 환경이 다르며, 따라서 교육의 여건 또한 상이할 것이라는 시사를 한 바 있다. 환경은 결국 복합적으로 작용한다. 그 상호작용을 감안한다면, 극단의 경우 같은 여건이 공간에 따라 서로 다른 양태를 보일 수도 있다. 또한 그 반대방향의 현상도 있을 수 있고, 그것 역시 평가의 대상이 될 수 있다. 이 모두를 입증하고 평가하기 위해서는 앞으로 수많은 가설과 자료가 요구된다.

이제까지 이전의 교육평가가 전혀 주목하지 않고 간과했던 교육평가의 대상을 간략하게 다시 정리하는 순서를 밟았다. 마지막으로 지적해야 할 것은, 교육이 무엇이냐 하는 앞서의 제반 이론적인 관심과 구체적인 삶의 현장이 얼마나 교육적인가를 평가하는 작업 사이에 개재하는 중요한 차이다. 이론적인 작업은 구체적인 사례에서 일반적인 추상의 틀을 구성해 나가는 과정을 거치지만, 평가의 작업은 그 경로가 이와는 반대로 상황적 구체성을 가진 특수한 사례를 다룬다. 교육평가에서는 특정한 평가가 얼마나 일반화될 수 있느냐 하는 것은 그다지 중요한 관심사가 될 수 없다. 각각이 특수한 사례에서 교육의 고유한 맥락을 얼마나 선명하게 잘 드러내느냐 하는 것이 평가의 주된 관심이 되어야 한다.

그 구체성을 지닌 사례는 각종 고유명사를 지닌 인물, 자료, 작품, 프로그램, 지역사회 서비스, 운동, 경향, 정책, 사건, 사물, 사상, 활동, 프로그램, 제도, 관습, 에피소드, 그리고 생활공간 등 해변의 모래알처럼 광범위하다. 여기에 시간의 요소도 포함된다. 교육은 오랜 세월 우리 삶의 일부를 이루며 진행되어 왔으며, 이는 문헌, 유적, 유물, 기념물로 남아 있다. 과거에서 현재에 이르는 그 특수한 시간의 추이가 관심의 대상일 수 있다. 교육평가는 그 사례들 가운데 특정한 것을 선택하는 데서부터 시작된다. 그 선별의 우선성을 결정하는 데에는 손쉬운 것, 가까운 것, 시급한 것, 극단적인 것, 전형적인 것, 유명한 것, 이상적인 것, 대조적인 것, 때로는 주문받은 것 등 다양한 이유가 있을 수 있다.

사실을 만드는 것은 결국 그것을 바라보는 관점이다. 하나의 사건의 의미는 어떤 특수한 맥락에서만 확보된다. 각각의 구체적 사례는 그것 자체에 불과한 것으로서, 그것을 바라보는 관점을 달리할 때 전혀 다른 현상으로 환원된다. 교육평가는 이들을 교육적 사실 혹은 현상, 혹은 그것과 유관한 사실 혹은 현상으로 편입시켜 그 가치를 더욱 풍부하게 추가시키는 작업이다. 의식적이든 무의식적이든 무언가를 예시해 주는 성질을 담고 있는 구체적인 사례 혹은 사태를 교육적으로 해석하고 비판하는 것은, 많은 경우 하나의 의미 맥락을 다른 맥락으로 옮겨 놓는 활동에 참여하는 것이며, 그 자체가 새로운 것을 창조하는 경험에 해당한다.

창조적 작업에서 개념과 용어의 선택이 매우 중요하다. 우리에게 익숙한 일상용어, 학교중심 혹은 외래학문 중심의 개념과 용어는 그 자체가 교육을 왜곡시키거나 감추고 있기 때문에 교육을 표명하고 드러냄에 있어서 근원적인 한계를 갖는다. 그런 낡고 진부한 개념과 용어의 공허함, 모호함, 논리적인 연관성의 결여, 모순, 체계적인 왜곡, 혼란으로부터 벗어날 수 있는 새로운 개념과 용어의 구사가 요청된다. 그 새로운 개념과 용어는 일상인에게 낯설고 생경한 것이라는 제한이 있지만, 그 존속 여부는 이전의 익숙한 개념과 용어의 늪에 빠져 있던 일반인들에게 신선한 충격을 주면서 전달하려는 새로운 내용에 대해 그들로부터 얼마나 공감적인 이해를 얻어낼 수 있느냐에 달려 있을 것이다. 교육본위론이 사용하는 개념과 용어도 물론 이 부류에 속한다.

이런 취지에 부합한 일련의 흥미 있는 연구들이 있다. 그들은 문학작품이나 영화의 내용을 실험적으로 해석한 것들이다. 엄태동(1990)은 미증유의 베스트셀러를 기록했으며, 이후에 영화화된 ≪갈매기의 꿈(Richard Bach, 1970)≫를 교육의 구조 안에 포함시켜 해석하였다. 최우석(2006)은 역시 수많은 관람객을 끈 ≪매트릭스(Silver, Wachowski & Wachowski, 1999)≫라는 영화를 교육의 관점에서 재해석하였다. 최명선(2007)은 소설과 영화로 널리 알려진 ≪죽은 시인의 사회(Shulman, 1989)≫와 헤르만 헤세의 소설 ≪유리알 유희(Hesse, 1943)≫에서 등장하는 주인공들의 죽음을 그 해석의 대상으로 삼았다. 연구자가 선택한 문학작품이나 영화의 구체적인 내용을 알고 있는 일반대중은 그로부터 큰 감동을 받은 것을 기억하지만, 그 의미의 구체적인 해석에 있어서는 의외로 막연할 수 있다. 여기에 연구자들은 교육적인 의미를 부여함으로써 독자로 하여금 교육적인 삶이 그 자체로서 얼마나 인간적이며, 치열하며, 값진 것인가를 새삼스럽게 느낄 수 있도록 돕는다.

## 9.4 평가기준의 선별

대상을 정확하게 기술하고 설명하는 것은 그에 대한 평가가 갖추어야 할 최소한의 전제조건에 불과하다. 평가의 다른 국면은 그 대상들에게 모종의 특정한 가치를 부여하는 것이다. 세상에는 무수한 가치기준들이 작용한다. 그 가치기준의 종류만큼 다양한 측면에서 평가받을 수 있다. 어느 것을 택하느냐에 따라 똑같은 사태 혹은 사실이 높이 평가될 수도 있고 낮게 평가될 수도 있기 때문에 특정한 사태의 평가를 두고 여러 가지 가치기준이 경합하거나 갈등할 수도 있다. 그 가치들은 명백하게 표명되기보다는 은밀하게 숨겨 있는 경우가 더 흔하다. 그 기준들을 가려서 들추어내는 것도 평가의 중요한 과제이다.

각자는 다원적인 삶을 영위한다. 생활은 서로 구조와 내용이 다른 다양한 활동으로 구성되어 있다. 대상의 실재가 갖는 속성에 따라 고유한 가치가 규정되는 것이 보통이며, 고유한 의미의 평가는 그 대상에 합당한 가치기준을 부여할 수 있을 때 제대로 인정받을 수 있다. 특수한 삶의 영역에서의 발전은 바로 그런 가치선별의 문제를 제대로 해결하는 것과 직접적인 관련이 있으며, 그렇지 못할 때 그 분야의 발전에 큰 손실을 가져온다. 각 분야의 평가에서 그 대상에 적합한 가치선택에 부심하는 것은 바로 여기에서 연유한다.

이런 가치선별의 면에서 이제까지의 '교육평가'는 거의 맹목이었다는 혹평을 받을 만하다. 그 정체를 알 수 없는 허다한 외재적 가치들이 아무런 여과장치도 없이 개입하는 것을 이제까지 무방비로 방치하여 왔다(김지현, 1988; 장상호, 1986, 1997a, 1997b; 최성욱·신기현, 1998, 1999). 그로 인해서 한 가지 실제에 대해 서로 극과 극을 달리는 평가들이 난무하는 가치도착, 가치혼란, 방향상실이 비일비재하다. 이런 혼란스러운 사태는 학교의 기능과 교육의 목표를 혼동하거나 혹은 교육을 단지 그 기능으로 환원시키는 개념규정과 연관되어 있다.

학교의 기능이 무엇이냐 하는 질문에 대한 해답은 시대와 장소에 따른 정확한 사실의 확인을 요구하지만, 한 가지 분명한 것은 거기에 어떤 일률적인 규정이 있을 수 없다는 점이다. 학교에는 여러 사실들과 가치기준이 공존하며 작용한다는 것을 부인하기 어렵다. 그 기준들은 서로 갈등할 수 있으며, 이 때문에 각 영역은 그 나름의 평가기준을 학교에 적용할 수 있도록 치열하게 경쟁할 수도 있다. 현존하는 '교육평가'의 대부분은 그런 다양한 가치들이 상황에 따라 적당히 타협한 것으로 보아도 좋을 것이다. 그러나 학교의 목표와 그것에 적용하는 가치가 곧바로 교육의 가치로 보는 것은 중대한 범주착오이다.

다른 한편, 기능주의적 교육관은 교육의 안과 밖을 구획하는 경계를 미리 밝히지 않고 단지 교육이 단지 외부의 제반 가치를 실현시키는 수단이라는 가치의식만을 고취해 왔다. 이 부분에 역시 온갖 가치가 무차별하게 끼어들지만, 그 만병통치의 효과를 지녔다는 교육의 정체가 진정 무엇인지는 밝히지 않은 상태이다. 경계를 알 수 없는 실체를 두고, 그 기능만을 내세운 것이다. 누차 지적했지만, 엉터리 약장사와 같은 이런 처신은 그 목표의 설정에서부터 평가에 이르기까지 교육의 내재적 가치를 철저하게 소외시키고, 무시하고, 억압하는 심각한 사태를 가져 왔다.

문제가 심각할 때 우리는 전문가의 조언과 개입을 구한다. 그렇다면 자칭 '교육평가전문가들'은 이 문제의 해결에 어떤 역할을 하고 있는가? 이 집단은 처음부터 가치의 문제를 외면해 왔다. 그 기묘한 방식은 이른바 '가치중립(value neutrality)'[1]의 입장으로서 자신들의 역할을 과학적 측정과 관련된 전문적 조언으로 국한시킨다(장상호, 1997b). 이런 가치중립의 태도는 그 자체로 모순이며, 자기기만이다. 어떤 방식으로든 그들이 방기하거나 포기한 그 부분에 앞서의 모든 외부의 무분별한 기준들이 무제한으로 침투한다.

국내의 교육평가전문가[2] 가운데 자신들의 전문성 안에 가치판단을 개입시켜야 한다고 주장하는 논의도 더러 있다. 채선희(1997, 2001)는 교육평가의 실제과정에서 어떤 가치가 어떤 모습으로 어떻게 서로 작용하는가 하는 부분에서 좀 더 적극적인 가치개입의 불가피성을 내세우면서, 이에 관한 교사, 학생, 학부모, 교육학자, 교육행정가를 대상으로 의견을 조사한 바 있다. 그 결과, 그들이 이상적 가치와 실제적 가치, 사회적 가치와 개인적 가치, 교육적 가치와 평가적 가치 간에 심한 괴리감을 느끼고 있을 뿐만 아니라, 평가에 대한 견해에 있어서도 입장의 차이가 있다는 점을 밝혔다. 이런 시도는 학교의 평가와 교육의 평가를 동일시하는 고질적인 범주착오의 한계를 벗어나지 못하고 있으며, 앞서 제기한 심각한 문제

---

1) 이 용어는 사회과학자로서 방대한 업적을 남긴 베버(Max Weber:1846-1920)가 그의 ≪사회과학의 방법론(1949)≫이라는 저서에서 사용한 것으로서, 그 논지는 과학적인 탐구의 주제나 활동이 윤리적인 이유로 배척받아서는 안 된다는 것이었다. 그 원래의 의미를 따진다면 그가 진정으로 주장하고자 하는 것은 가치의 부재가 아니라 학문의 고유한 진리가치의 실현을 의미한다. 그러나 여기에서는 모든 가치의 판단을 유보한다는 취지에 가깝다.

2) 우리는 앞 절(9.2)에서 교육평가전문가와 교육평가연구자의 구분이 제대로 되어 있지 않는 상황을 지적한 바 있다. 여기에 인용하는 사람에게도 그 점이 반영되어 있다.

를 해결하는 것과는 아직도 동떨어져 있다.

교육평가는 정치, 경제, 사회, 문화, 종교 등의 분야에서 이루어지는 평가와 차별화되어 발전할 수 있어야만 한다. 그런 기본원칙에 따라 최성욱·신기현(1998)은 '교육의 내재적 평가'를 제안한 바 있다. 여기에서 '내재'는 교육의 고유한 특징이 반영된 것을 지칭한 것으로서 그것을 모색함에 있어서 연구자들은 적어도 세 가지 점을 유의하였다. 첫째, 교육과 교육 아닌 것을 예리하게 감별하는 자율적인 가치기준이 마련되어야 한다. 둘째, 교육평가는 교육의 가치가 외재화의 길로 편향되는 것을 막는 데 선봉장의 역할을 할 수 있어야 한다. 셋째, 교육평가는 교육의 내재적 가치를 진작시킴으로써 삶의 다원화에 기여해야 한다.

그런 목적의 교육평가를 구축하는 데 있어서 거점으로 삼을 수 있는 가치의 분류개념이 필요하며, 그와 관련하여 제 2장에서 우리는 내재적 가치와 외재적 가치를 지목하였다(Lemos, 1994; Lewis, 1946). 이 분류가 요구하는 조건은 그것이 적용되는 대상 혹은 세계의 실재가 확연하게 여타의 것과 구분되는 경계가 확정지을 수 있어야 한다는 것이다. 그 식별이 가능하다는 전제하에, 이 가치구분은 그런 경계 안의 것과 밖의 것에 서로 다른 가치기준을 적용하는 명쾌한 해법을 지니고 있다. 이런 가치분류에서 주목해야 할 특징은 그 내재적 변인과 외재적 변인을 어느 것으로 선택하느냐에 따라 그 규정이 정반대로 뒤바뀐다는 점이다. A의 내재적 가치는 B의 입장에서 외재적 가치에 해당한다.

내재적인 가치규정은, 활동의 경우, 그 구조를 지적하고 활동 자체를 목표로 삼는 것이다. 예컨대, 학문적 지식의 경우는 진리의 기준, 예술 작품의 경우는 미적 기준, 그리고 도덕적 행위의 경우 선의 기준이 적용되었을 때 그 본위에 부합한다. 외재적 가치는 그 내재적 가치 이외의 것을 총칭하는 것으로서, 가령 학문의 입장에서는 미적 기준이나 도덕적 기준이 여기에 속한다. 학문의 외재적 가치는 학문의 입장에서는 부수적으로 생겨난 잉여물이라고 할 수 있는 것으로서, 사실적 자료를 갖추어 그것을 입증하는 방식의 정당화를 요구한다.

서로 다른 경계로 구획된 각각의 세계는 추구하는 목적이 다른 만큼 그 발전을 평가하는 기준도 다르다는 것은 널리 알려진 사실이다. 이들은 각각 서로 어떤 방식으로든 영향을 주고받을 것이다. 이때 그것 자체와 그 환경 중 어느 것을 본위로 하느냐에 따라 목적과 수단의 규정이 달라지며, 더 나아가 내재적 평가와 외재적 평가의 두 가지 측면이 나누어진다. 예컨대, 정치의 목적을 택한다면 경제는 그 수단이 되며, 경제의 목적을 택한다면 정치는 그 수단이 되는 것이다. 따라서 그 각각의 분야에서 규정하는 평가의 측면도 뒤바뀐다. 정치의 내재적 평가가 경제의 외재적 평가가 되는 것이다.

앞에서 지적했듯이, 기능주의적 교육관은 이런 구분된 평가를 가능하게 하는 조건을 갖추지 못했기 때문에 이제까지 온갖 파행을 가져왔다. 다른 한편, 교육본위론에서 말하는 교육은 자체의 구조와 내재율을 가진 세계로서 뚜렷한 경계와 실재성을 갖추고 있기 때문에 내재적 가치와 외재적 가치의 적용이 알맞게 이루어질 수 있는 최소한의 조건을 갖춘 셈이다. '본위'라는 말 자체 안에 교육이 추구하는 목표나 가치가 한정되어 있다. 이는 여타의 다양한 삶을 인정하면서 그것들과 구분되는 교육이 차지할 독자적인 가치선택을 우리의 삶 속에서 특별하게 인정해야 할 것을 주창한다. 그렇게 함으로써 기능주의적 교육관이 유독 배제하고 무시해 왔던 측면, 즉 교육적인 삶 자체를 인정하는 그 내재적 가치와 그 교육적인 삶이 가져오는 제반 외재적 가치의 손익을 뚜렷하게 구분하여 계산할 수 있는 개념적 토대가 확보된 것이다.

앞 절(9.3)에서 우리는 교육평가의 대상으로 교육과 인간, 교육적 활동, 메타교육, 교육의 환경의 예를 차례로 든 바 있다. 그 내용과 사태는 특수하고 구체적이다. 연구가 진행될수록 그 고유한 내용도 점차 풍성하게 밝혀질 것이다. 그 각각의 것들을 평가함에 있어서 적용되어야 할 가치는 무엇인가? 그 선택에는 이제 어떤 모호함도 개재할 여지가 없다. 모든 것이 분명하기 때문에 이전처럼 가치혼란이나 도착을 허용하지 않는다. 교육의 내재적 평가에서는 교육의 내재적 가치가 적용된다. 그 대상은 교육 자체, 교육발전, 그리고 교육의 여건이 될 것이다. 교육의 외재적 평가는 교육이 여타의 세계에 영향을 주는 측면에 대한 평가로서, 그 경우 그 영향을 받는 세계의 개별적인 가치가 적용된다. 교육의 기능에 해당하는 이 부분에 대한 평가의 내용과 방식은 이전의 기능주의적 교육관에 터한 평가와 판이하다.

이제 그 가운데 교육의 내재적 평가부터 살펴보자. 여기에는 질적인 측면과 양적인 측면이 함께 고려의 대상이 될 수 있지만, 양은 기본적으로 질을 전제한다는 점에서, 질적인 측면의 논의가 선행되어야 한다. 교육적인 삶에 진입하려면 그 내재율을 따라야 한다. 그로부터 구분되는 경계는 외부의 간섭이나 침입을 막고, 내부의 고유한 결속을 강화한다. 교육의 주체, 교육적 관계, 교육적 활동, 메타교육, 교육환경, 교육공간이 모두 여기에 준하여 규정되었음을 여기서 상기할 필요가 있다. 교육의 기회는 설사 동등하다고 할지라도 구체적인 삶의 현장과 시대, 혹은 특정한 자연인의 경우 그 내재율에 대해서 적응하고 순응하는 정도에서 천차만별을 보일 것이다. 따라서 교육의 내재율에 대한 완벽한 일치만을 주장하는 것은 너무 경직된 기준이다. 교육평가의 작업은 그 독특한 범주에서 제대로 된 교육과 그렇지 못한 교육의 차별을 정교하게 가려낼 수 있어야 한다.

설사 교육의 내재율에 일치한 삶이 이루어진다고 하더라도, 그것이 단지 외부의 강요에 따르거나 혹은 기능과 수단에 의미를 둔 것이라면, 그 내재적 가치를 인정하기 어렵다. 본 저서에서 일관되게 강조하였듯이, 삶의 특수한 양상으로서 교육은 그 결과를 떠나서 그것에 참여하는 것 자체로서 보람을 느낄 수 있는 가치를 지닌다. 이 가치는 이해관계를 떠난 관심, 무조건적인 열정과 사랑, 무보수, 봉사, 혹은 다른 가치의 희생 등으로 나타날 것이다. 그런 의미의 보람은 교육이 자기 자체를 강화하는 원천이 되며, 따라서 교육이 성공할 때 그것의 도구와 기능을 강조하는 경우처럼 그 가치가 소멸되거나 끝나는 것이 아니라, 오히려 더욱 추구하는 방식으로 진전된다. 이런 부분의 삶의 질을 정식으로 평가에 포함시킴으로써 교육을 단지 그 용도로서 환원시켜 왔던 제 1기 교육학의 구속과 병폐로부터 해방시킬 수 있을 것이다.

그런 개념의 수정과 반전을 토대로 고유한 의미의 교육발전은 새롭게 규정되었다. 삶의 구석구석에서, 되도록 많은 사람이, 되도록 많은 교육경험을, 자주 그리고 풍부하게 하는 것이 바로 교육발전이다. 따라서 앞의 질적인 측면뿐만 아니라 양의 측면이 고려되어야 한다. 양의 측면에서 교육의 실제적인 가치는 전체 민중의 교육적 욕구와 요구를 수용할 수 있는 능력의 여부에 의해서 평가되어야 한다. 교육에서 포함되거나 배제되어야 할 인구가 따로 있는 것이 아니다. 얼마나 많은 사람에게 교육의 기회가 보장되고 있는가? 일상에서 얼마나 교육적인 삶이 향유되는가? 그것을 판정하는 기준은 어디까지나 상대적이다. 그 비교는 교육 이외의 분야, 즉 정치, 경제, 사회, 문화, 종교의 발전과 대비하여 이루어질 수 있을 것이다. 나름대로 만족스러운 교육적인 삶을 제대로 인정받지 못했거나 혹은 교육적인 삶에 불만족스러운 점이 있어도 그것을 호소할 방도가 이제까지 없었다. 이처럼 우리가 은연중에 방치하여 왔던 삶의 양상에 대한 새로운 발견과 판정이 이제야 비로소 가능하게 되었다. 이에 대한 평가는 어느 경우에나 개인, 집단, 혹은 삶의 공간의 차이를 보일 것이다.

다음의 과제는 그 원인을 추궁하는 것이다. 우리는 교육발전의 원천을 크게 메타교육과 교육 여건의 두 가지로 나누어 논의하였다. 그렇다면, 그 각각에 대한 실천과 평가가 중요한 위치를 차지할 것이고, 그에 대한 평가의 방법이나 기준이 어떤 것일지에 대한 고려가 이루어져야 한다. 메타교육은 교육에 의한 교육의 품위향상이라는 특수한 과제를 평가하는 것으로서 기본적으로 여타의 품위에 대한 평가와 다른 것이 아니다. 그 부분은 뒤(9.6)에 더 자세하게 다룰 기회가 있기 때문에 여기서는 별도의 논의를 생략한다. 다만 이하에서는 나머지의 문제, 즉 교육발전의 원천을 교육 이외의 환경에서 찾는 경로를 평가와 관련하여 좀 더 일반적인 맥락에서 개략적으로 살펴보기로 하자.

교육은 총체적인 삶의 한 요소다. 이 때문에 세상의 어떤 것이든 교육과 연결되는 문과 열쇠를 지닌다. 교육과 교육 아닌 것 사이에는 모종의 경험적 관계를 가지고 있으며, 가치의 면에서 얼마만큼 서로가 상대의 목표달성에 수단으로 작용한다. 이때 그 목적과 수단을 구분하는 것은 바로 어느 것을 본위로 삼느냐 하는 것과 직결되어 있다. 우리는 교육의 수단으로서 교육환경을 가정하였다. 다른 한편, 교육환경의 입장에서는 교육이 그들의 수단이 될 것이다. 전자는 교육이 본위가 되고, 후자는 환경이 본위가 된다. 이처럼 그 본위의 선택에 따라 내재적인 것이 외재적인 것으로 바뀌게 되기 때문에 교육평가에서 그 각각을 분별하는 일이 매우 중요하다. 교육과 여타의 세계가 서로 상대의 발전을 촉구하는 플러스 환경으로 판명될 경우도 있고, 그렇지 않은 경우도 있을 것이다. 이에 대한 교육본위론의 입장은 분명하다. 교육여건은 교육발전의 기준에 비추어 평가받으며, 그 외재적 기능은 여타의 환경에 속하는 개별적인 세계의 가치들에 비추어 평가한다. 말하자면, 전자는 교육의 내재적 평가과제에 해당하며, 후자는 교육의 외재적 평가과제에 해당한다.

이 가운데 교육 여건의 평가는 교육을 삶의 중심에 놓고, 여타의 세계들이 교육적인 삶에 얼마나 공헌할 수 있는지 그 수단으로서의 가치를 따지는 매우 특수한 평가에 해당한다. 아직 그런 평가는 이루어져 본 적이 없기 때문에, 그 절차 자체가 낯설다. 이 부분에 대한 평가가 제대로 이루어지기 위해서는 교육적인 삶이 여타의 환경으로부터 어떤 영향을 받고 있는지에 대한 특수한 사실이 규명되어야 한다. 그 교육여건에 속하는 세계의 종류나 변인은 참으로 다양하다. 또한 경험적 속성이란 참으로 미묘해서 우리의 관습과 상식을 벗어날 수 있기 때문에 선험적 독단이나 검증되지 않은 가설에 의존하는 것은 금물이다. 이 부분은 제 7장에서 연구의 과제로 제시한 바 있다.

특정한 사실에 대한 작업가설이 증거를 갖추어 입증되었다고 할 때, 그것에 적용될 가치기준은 무엇인가? 교육을 구현시키는 도구로서 교육 여건을 평가하는 상황에서 선택되어야 할 평가의 기준은 교육의 내재적 가치가 되어야 한다. 앞서 우리가 지표로 삼았던 삶의 양상을 잘 보장할수록 좋은 교육여건이며, 그 반대의 경우 나쁜 여건이 되는 것이다. 어떤 여건은 많은 사람들에게 교육의 기회를 주는가 하면, 다른 것은 그 기회를 박탈한다. 어떤 것은 내재율의 준수와 교육삼매에 몰입하게 하는 데 도움이 되고, 다른 것은 그것을 방해한다. 그것들을 세부적으로 선별하거나 개선해 나가는 것이 결국 교육발전을 촉구하는 길이기도 하다.

우리의 삶에서 효율과 합리의 개념은 도구적 결과 혹은 효과를 밝히고, 그중 더 효과적인 수단을 선택하는 것을 의미한다. 어떤 것을 위한 기능 혹은 수단에 대한 평가는 어느 면에서 상대적이다. 교육의 여건 역시 그런 수단의 관점에서 그 상대적 가치를 따지고, 그중 가장 효율적인 것을 선택해야 할 대상이다. 그동안 '교육개혁' 혹은 '교육혁신'이라는 말이 나돌았지만, 대부분 실패한 주된 원인은 애초부터 교육이 무엇인지에 대한 규정 자체가 모호했을 뿐만 아니라 그것에 영향을 주는 다양한 환경을 세부적으로 구분하여 각각을 개별적으로 평가하지 못한 데서 찾아볼 수 있다.

교육의 내재적 평가 못지않게 중요한 부분이 외재적 평가이다. 외재적 평가는 평가의 대상을 그것이 소속한 세계의 고유한 가치보다는 수단의 측면에서 강조한다. 교육의 외재적 평가는 교육 이외의 세계를 본위로 하는 평가라고도 할 수 있다. 이는 교육여건의 평가와 정확히 정반대로 이루어진다고 보면 된다. 교육은 그것 이외의 것을 위해 다양한 기능을 할 수 있고, 그 다양한 기준에 비추어 '쓸모 있는 교육'과 '쓸모없는 교육'이라는 평가를 받을 수 있다. 교육의 의미를 여타의 삶과 연관시키는 이 부분은 교육이 고유한 내재적 목표의 달성과 더불어 그 밖의 세계에 교육의 중요성을 알리고 호소하는 통로이기도 하다.

이렇게 말할 때, 혹자는 이런 외재적 평가의 부분을 이미 기능주의적 교육관이 수없이 강조한 것이 아니냐 하는 의혹을 가질지도 모른다. 그러나 이 양자의 차이는 엄청나다. 기능주의적 교육관은 교육의 실체규명을 생략하고, 그 문제해결을 엉뚱하게도 그 기능에서 구하려고 했다. 이에 비해서, 교육본위론은 교육 자체를 먼저 밝히고, 다음에 그것이 여타의 세계에 주는 영향에 주목한다. 그 사실의 평가에 적용하는 가치의 기준은 물론 각각 해당되는 외부세계의 기준이다. 이점에서 교육본위론의 외재적 평가는 기능주의적 교육관에서 전혀 예상하지 못한 새로운 측면에 가치를 부여하고 입증해 나가야 할 과제에 속한다. 그 과제를 수행함에 있어서 적어도 다음의 세 가지 사항을 준수해야 할 것이다.

첫째, 교육의 기능에 대한 평가는 사실에 대한 입증을 필요로 한다. 우리의 삶에서 교육이 잘못되었다거나 잘되었다는 온갖 평가가 있지만, 혼란과 중구난방이라는 인상을 지울 수 없었던 중요한 이유의 하나는 바로 이런 사실에 대한 입증이 생략되고 대부분 가설이나 속론에 의존하고 있기 때문이다. 교육이 여타의 세계에 어떤 영향을 주는가? 이에 대한 해답의 종류나 범위는 언제나 우리가 알고 있는 것을 능가할 것이다. 교육이 가져오는 결과는 어느 한 가지 기준으로 규정할 수 없을 만큼 다양하기 때문에, 이에 대한 연구는 마치 아스피린의 경우처럼 발견적인 의미가 크다. 그 가운데 제한된 결과만을 가지고 교육의 기능 전체를 일괄하여 평가한다는 것은 매우 편협하고 위험한 일이다.

둘째, 그 사실에 대해서 해당하는 세계의 서로 다른 가치기준들을 선별하여 판단을 내려야 한다. 이때 적용되는 외재적 가치는 내재적 가치보다 훨씬 더 풍부하고 다양하다. 가치기준의 면에서 그들 사이에는 헤게모니, 모순, 혹은 대립이 성립한다. 교육의 기능은 그 대상을 어느 분야로 택하느냐에 따라 긍정적이거나 부정적일 수 있다. 예컨대, 정치, 경제, 사회, 문화, 종교 등 우리 삶의 다양한 분야마다 추구하는 가치나 목표는 다르며, 따라서 그 분야가 잘되고 못되었다는 평가는 각 세계의 가치기준에 따른다. 동일한 교육에 대해서 한 분야에서 높게 평가받을 수 있는 것이 다른 분야에서는 무시되거나 낮은 평가를 받는다. 그런데 그동안 교육의 기능과 관련하여 '좋다'거나 '나쁘다'는 평가는 많았지만, 그것이 어떤 가치기준에서인지 본위의 선택에 따른 고려가 별로 없는 와중에서 온갖 종류의 가치관이 난무하여 왔다. 이런 사태를 극복하기 위해서는 교육이 공헌하려는 세계에 대한 가치규정이 분명하게 차별화될 수 있어야 한다.

셋째, 교육의 기능에 대한 평가는 기능주의적 교육관이 지금까지 향유해 왔던 교육만능의 억지 주장을 자진해서 과감하게 떨쳐버려야 한다. 가령, 교육적 시숙을 존중하는 것이 어린이들을 문화와 문명의 고압제로부터 보호하는 수단이 될 것이라는 긍정적인 평가가 내려질 수 있다. 다른 한편으로, 그런 교육적 시숙에 대한 배려는 학교의 사회적 선발의 측면 혹은 단기간에 특정한 문화나 사회에 적응하는 측면에서 학생들에게 불리한 결과를 가져올 수 있다. 만약 그 가설들이 사실로 판명된다면, 교육과 관련하여 이해관계가 있는 개인이나 집단에게는 그중 어떤 수단을 더 우선해야 하는가 하는 본위의 문제와 관련하여 그만큼 제반 정책의 결정이나 운영에서 진통과 고민이 따를 것이다. 설사 어떤 특정한 분야에서 어느 정도 그 수단적 가치를 인정받는다고 하더라도 그것이 수단인 이상 교육 이외의 수단과 경합해야 한다. 기능주의적 교육관은 도구로서 교육이 갖는 상대성을 솔직하게 인정하지 않고 오직 교육만능이라는 구호만을 주장해 왔다.

지금까지 우리는 교육평가에서 적용되는 가치기준과 관련하여 내재적 평가와 외재적 평가를 구분하여 왔다. 교육의 가치는 교육이 있음으로써 발생하는 가치의 총체로서 교육의 내재적 가치와 외재적 가치를 모두 포함한다. 어느 교육현장에서나 교육의 내재적 가치와 외재적 가치가 동시에 실현되고 있다고 보아야 한다. 내재적 가치는 단일함에 비해서 외재적 가치는 그것을 제외한 모든 가치이기 때문에, 후자가 훨씬 더 큰 비중을 차지한다. 앞에서 지적했듯이, 교육이 가져오는 결과는 언제나 탐색의 여지를 가지고 있으며, 그것이 해명되는 것만큼 교육의 외재적 가치 또한 증대될 것이다. 그만큼 교육의 외재적 평가를 무시할 수 없다. 그러나 여기에서 한 가지 유의할 점이 있다. 그것은 제반 외재적 가치도 바로 내재적 가치에서 파생된다는 사실이다. 그 점을 감안하면, 교육에서 가장 중요한 위치를 차지하는 핵심이라고 할 수 있다.

우리는 기능주의적 교육관에 기초한 '교육평가'에 거의 모든 외재적 가치가 거의 여과과정 없이 무분별하게 침투했음을 문제시한 바 있다. 기능주의적 교육평가는 이제까지 교육의 내재성은 물론 그 올바른 외재성조차도 무시하여 왔다. 이에 비해서, 교육본위론이 교육의 기능평가와 관련하여 취하는 가치기준의 선택방식은 앞에서 살폈듯이 극히 선명하고 간결하다. 앞으로 교육평가는 그런 의미의 '교육평가'를 알게 모르게 좌우해 온 다양한 가치체제와 가치관이 어떤 것인지에 대해서 철저하게 분석하고 반성하면서, 교육의 고유한 가치와 그에 부수하는 수많은 새로운 외재적 가치를 동시에 증언하는 큰 책임을 수행할 수 있도록 노력해야 할 것이다.

앞선 논의 가운데에는 좀 더 세분해야 부분을 편의상 생략한 부분도 많다. 그중 특별히 두 가지 경우만을 마지막으로 간략하게 언급하고자 한다. 그 하나는 교육 안에서 상구교육과 하화교육의 분리에 따른 평가의 문제다. 교육 자체 내에서도 상구교육과 하화교육은 서로 경계를 이루고 있다. 이에 따라 그 각각에 대한 내재적 평가와 외재적 평가가 가능하다. 다른 하나는 교육본위론에서 새롭게 도입한 품위의 평가에 따른 문제이다. 품위는 교육과는 구분되는 수도계의 속성으로서 교육의 여건이자 동시에 교육의 결과라는 특수한 위치를 차지한다. 이 두 가지 특수한 경우 모두가 위에서 제시한 평가의 일반적 기준을 따르지만, 그 본위의 선택에 따라 그 평가의 방법을 달리해야 할 것이다.

교육은 상구와 하화의 양 날개를 가지고 있다. 상구교육과 하화교육은 그 양상이나 내재율이 서로 다르며, 그 품위 역시 독립적이다. 이들 사이에는 각각 그 나름의 내재와 외재를 구분하는 경계가 있으며, 그 하나의 내재는 다른 것의 외재에 해당한다. 최성욱·신기현(1998, 1999)은 교육의 내재적 평가를, 평가의 대상으로서 상구와 하화의 측면과 그것을 평가하는 주체로서 상구자와 하화자의 구분을 기초로, 그들 사이의 조합으로 이루어진 네 가지 측면(상구자의 자기평가, 상구자의 하화평가, 하화자의 자기평가, 하화자의 상구평가)으로 나누고, 각 하위영역이 표방하는 평가의 특징을 차례로 검토한 바 있다.

이런 이유로 상구교육의 평가와 하화교육의 평가가 별개의 것으로 세분하여 다루어질 필요성이 있다. 상구자와 하화자, 상구활동과 하화활동, 혹은 그 환경이 서로 다르다. 상구의 내재적 가치는 하화의 내재적 가치와 다르다. 이 점에서 목표설정, 가치적용, 그리고 평가의 측면에서 양자는 구분되어야 할 것이다. 이들은 어떤 것들이며, 그것들을 어떻게 평가할 것인가? 우리는 자신이 가진 현재의 품위를 중심으로 언제나 상구교육과 하화교육에 진입할 수 있다. 그중 한 부분에 치중하는 것은 조화로운 교육적인 삶이라고 보기 어렵다. 그렇다면 우리는 교육 주체로서 진정 상구한 것만큼 하화하는 삶을 영위하는가? 각 품위에서 교육의 수레바퀴가 얼마나 골고루 돌아가는가? 혹시 일정 수준 이상의 사람에게만 하화의 기회를 갖게 하고, 여타의 사람은 상구에만 치중하는 것은 아닌가? 그 각각의 여건은 무엇이며, 그 기능은 무엇인가?

상구교육과 하화교육 사이의 관계 역시 우리가 특별히 관심을 가질 수 있는 부분이다. 이들은 서로 이질적인 것임으로 말미암아 결속할 수 있는 성질을 가지고 있다. 그것이 바로 대위관계의 본질이다. 진정 제대로 된 협동교육이 이루어진다면, 상구는 하화의 수단이며, 하화는 상구의 수단이 되는 방식으로 서로를 증진하고 보강할 수 있다. 그러나 다른 이유에서 그것이 원만하게 이루어질 수 없는 상황도 전개될 수도 있다. 하화자가 상구자의 불만 속에서 자신의 만족에 그칠 수 있고, 또 그 반대의 경우도 가능하다. 이런 불균형의 상황이 교육평가에서 주목받아야 할 점이다. 여기서 관심을 가져야 할 것은 상구교육과 하화교육의 내재적 가치가 상구자와 하화자라는 입장의 차이에 따라 어떻게 다르게 평가되는가 하는 점이다. 어느 분야에서나 스승과 제자가 서로 교육적 관계를 맺고 일정 기간 협동교육을 지속해 나갈 때, 쌍방간의 교육적 노력과 그 활동양태를 평가하는 일은 그들 개개인의 목적 달성을 위해 필수적이다.

교육에 대한 내재적 평가와 외재적 평가와 관련하여 좀 더 특수하게 언급되어야 할 다른 하나의 부면은 앞에서 지적했듯이 '품위의 평가'와 관련되어 있다. 이 점은 다음 절(9.6)에서 별도의 항목으로 상론할 기회가 있겠지만, 여기서 그 본위의 선택에 따른 특수성을 미리 밝혀두는 것이 좋을 듯하다. 수도계의 속성을 대변하는 품위는 그 위계에 따라 다른 평가를 받는다. 수도계의 입장에서 교육은 그 품위를 향상시키는 중요한 수단의 하나라는 점이다. 이 경우 그것을 평가하는 기준은 해당 수도계의 내재적 가치이며, 그것은 교육의 입장에서 외재적 기준이 되는 것이다. 그런데, 여기서 그 기준이 고정된 것이 아니라는 점에 주목할 필요가 있다. 이제 교육을 본위로 할 때, 그 목적과 수단의 기준이 뒤바뀐다. 교육의 입장에서 품위는 교육을 위한 하나의 소재의 위치로 전환하며, 이 경우 교육의 여건의 평가라는 항목에 속하게 되는 것이다. 앞에서 살폈듯이 이 경우 그것을 평가하는 적합한 기준은 교육의 내재적 가치다.

많은 경우, 품위의 내재적 가치와 교육의 내재적 가치가 서로 상충한다. 상구활동의 내재적 가치는 소재의 품위와는 무관하게 자신의 품위를 한 단계 더 끌어올리는 상구활동의 내재율에 충실하게 임하는 가운데 실현된다. 이처럼 상구교육의 입장에서 그 내재적 가치가 동일하게 취급되는 차상품은 개인 사이에도 차이가 날 수 있으며, 그 차이만큼 수도계의 입장에서 볼 때 서로 우열이 갈라질 수 있다. 스승이 제자의 품위에 뒤지게 된 교육적 반전[3]의 경우도 본위의 선택에 따라 다른 평가를 내려야 하는 좋은 예이다. 수도계에서는 그것이 패배를 뜻하지만, 교육의 입장에서는 자축할 승리의 항목에 든다. 교육계가 수도계의 내재율을 초극하고 있음을 보여주는 이런 사례들은 교육적 교섭의 과정에서 품위를 그 본위에 따라 그때그때 변별하여 평가할 것을 요구한다.

## 9.5 다양한 평가방법

이제까지 우리는 교육평가의 중요한 요소인 그 대상과 그것에 적용할 가치기준을 검토하였다. 그 어느 것에 비추어 보든 간에 지금의 '교육평가'는 교육을 평가한다는 취지와는 동떨어져 있다. 교육을 위해서는 지금

---

3) 교육적 교섭에서 상구자는 혁신하고 하화자는 보수한다. 그런 자조와 원조가 제대로 이루어지는 상황에서 이른바 '청출어람(青出於藍)'이라는 교육적 반전이 자연스럽게 이루어질 수 있다(장상호, 1996, 1999).

의 '교육평가'는 차라리 없는 것만 못하다는 결론을 얻고 그 대안을 찾았다. 여기에 더 추가해서 살펴볼 중요한 문제는 평가를 위해서 사용되는 방법에 관한 것이다. 방법은 목적을 수행하는 온갖 수단을 의미한다. 거기에는 다양성과 선택이라는 당연한 절차가 포함된다. 그런데 지금의 '교육평가'에는 이 부분에서도 검토되어야 할 사항들이 많다.

'교육평가'는 그것이 출범할 당시부터 특이한 신화의 전통으로부터 제약을 받아 왔다. 그중 하나는 방법의 획일성이다. 그 방법이란 실증주의적 방법이다. 우리는 전 절(9.1)에서 교육평가의 영역이 성립된 배경을 설명하는 가운데 그 평가의 대상으로서의 교육, 혹은 그것을 평가하는 적절한 기준의 선택이라는 문제를 모호한 상태로 남겨두고 단지 실증주의적 방법의 확실성만을 따르는 노선을 택한 특이점을 지적한 바 있다. 이에 부합하는 가장 적절한 용어가 '맹목의 확실성'이다.

'교육평가'는 20세기에 들어와 주로 과학적 검사운동, 그리고 학교 안에서 적용되는 커리큘럼의 모형과 관련하여 전개되어 왔다. 심리학을 배경으로 군인들의 배치와 정신상의 건강을 진단하기 위한 다양한 검사를 개발하는 일반적 경향이 학교에까지 그 영향을 미치게 되었다. 우리에게 낯익은 객관식검사와 표준화검사를 통해서 얻은 점수는 학생들을 선발하고, 배치하고, 진급시키는 데 사용되기에 이르렀고, 점차 이런 경향은 '교육의 과학화'라는 명분을 내세워 각종 학교의 프로그램과 시설에 대한 평가 등 학교생활의 관리와 경영에까지 확대되어 그 자체로도 꾸준한 변모와 발전을 거쳐 오고 있다.

'교육의 과학화'에 포함된 '교육'은 무엇을 의미하는 것인가? 그것은 앞에서 살폈듯이 '교육=학교태'라는 관례적 도식 혹은 그 실체를 결과에 귀속시키는 기능주의적 교육관이 상정하는 '교육'이다. 경험적 입증이 가능한 결과로서 행동이 교육의 목표가 되고, 그것을 달성하는 과정이 커리큘럼이다. 그 양자의 인과관계를 분명하게 검증하는 과정으로서의 위치를 차지한 '교육평가'는 그 자료를 수집하는 정교로운 과학적 기법과 그것을 처리하는 통계적 방법의 개발 등을 도입하면서 전문 분야로 인정받아 왔다.

그 전문성의 한 특징이 객관성의 보장이다. 실증주의를 받아들인 교육평가자들은 평가대상을 주체와 독립하여 존재하는 고정된 실체로 상정하고, 그 대상을 측정하고 평가하는 데 자신들의 주관적 가치, 편견, 선입견, 태도 등을 최대한 배제하려고 했다. 그 기법의 주된 관심으로 등장한 것이 '객관식 검사'이다. 검사라는 자극과 그에 대한 학생의 반응이 객관적으로 관찰될 수 있다는 이유를 들어서 객관성을 만족시키는 계수로 치부된다. 객관식 검사가 주관성이라는 논란의 여지를 없애는 수사학적 공식이 되어 버렸다. 이로써 채점방법과 검사의 결과에 큰 영향을 받는 정부, 학부모, 학생, 그리고 여타의 모든 이해집단들이 제기할 수 있는 시비, 그리고 그들 사이의 갈등과 대립 등이 이런 객관성의 지표라는 편리한 도구에 의해서 쉽게 무마될 수 있었다.

우리의 삶에는 온갖 변인들이 작용하며, 그들은 상호작용한다. 이를 해명하는 과학적 방법이 바로 실험(experiment)이라는 절차이다(장상호, 1977a, 1977b; Campbell & Stanley, 1963; Cook & Campbell, 1979; Kerlinger, 1964, 1964). 이는 주로 한 변인 혹은 일단의 변인들이 다른 변인 혹은 다른 일단의 변인들을 어떻게 결정하느냐 하는 문제를 해결하는 데 관심을 두며, 여타의 변인들은 통제하여 무시한다. 심리학에서 행동은 대부분 환경에 의해서 결정되며, 따라서 행동은 종속변인으로 취급된다. 이런 절차는 행동을 교육목표로 삼고, 그것을 달성하는 것이 곧 교육이라는 식의 기능주의적 교육관의 증거를 확보하고 정당화하는 편리한 도구가 되었다.

방법은 인식을 선택한다. 주어진 방법으로 포착될 수 없는 것을 제외하고 은폐시킨다. 실증주의적 방법은 과학적 기술, 예측, 통제, 혹은 검증할 수 있는 것만을 사실로 규정하며, 그것에 의존하는 '교육평가'는 그 밖의 것을 평가의 대상에서 제외시킨다. 높은 평가를 받기 위해서는 그 평가지표와 방법에 적응해야 한다. 이로써 평가에 대한 준비가 교육에 우선하는 기현상이 일어난다. 검사결과의 객관성에 비추어 논술형 검사보다는 선다형의 객관식 검사가 말썽의 소지가 더 적다는 실용적인 판단이 내려지면,

학생들은 객관식 검사에 효과적으로 대응하는 훈련을 받는다. 이처럼 실증주의적 방법에 일방적으로 의존하는 편향된 '교육평가'는 불행히도 교육을 밝히기보다는 교육을 그 방법에 종속시키는 부작용을 가져 왔다. 그런 부작용이 '교육평가'의 영역에서 '과학'이라는 이름으로 진행되어 왔다는 사실은 참으로 아이러니컬하다.

오늘날 객관주의는 과학적 탐구에서조차 의혹의 대상이다(Hanson, 1961; Kuhn, 1970). 객관적 검증은 어떤 판단이 임의의 객관적인 기준에 부합하느냐 않느냐를 따진다. 그런데 그 기준이라는 것이 따지고 보면 사실상 모호하며, 설사 그것이 분명하다고 하더라도 부합여부를 판단하는 것에 주관이 배제될 수 없다는 점을 은폐하고 있다는 사실이 지적되고 있다. 아무리 객관식 시험이나 검사를 도입한다 하더라도 거기에는 항상 평가자의 판단이 개입할 수밖에 없다. 객관주의를 표방하는 교육평가가 갖는 근본적인 한계가 바로 여기에 있다(최성욱·신기현, 1999). 평가의 자료 확보와 그것에 대한 판단은 구분되어야 한다. 관찰이나 주어진 자료에 대한 해석은 관찰자나 해석자의 주관에 의존한다. 다만 문제가 되는 것은 어떤 사람의 주관이냐 하는 것과 그것을 어떻게 정당화시키느냐 하는 것이다. 객관만을 강조하는 풍토에서 그런 주관적 판단은 위장된 형태로 나타난다(장상호, 1996, 2000a). 따라서 그 주관을 정식으로 검토할 수 있는 기회조차 갖지 못하는 경우가 많다.

교육연구나 교육평가의 분야에서 종래의 실증주의적, 과학적 접근방식이 지닌 한계를 극복할 필요가 있다는 반성이 제기되고 있는 것은 뒤늦게나마 다행스러운 일이다(채선희, 1996; Bredo & Feinberg, 1982; Popkewitz & Tabachnick, 1981). 시야를 넓히면, 실증주의 이외에도 개념분석, 현상학, 해석학, 구조주의, 변증법 등 다양한 방법론이 존재한다(장상호, 1997a). 각각의 방법은 대체로 이전의 방법이 그 특징과 내규로 인해서 포착할 수 없거나 제한한 측면을 보강하고 보충하는 가운데 점차 발전하였다.

현상학은 정신적인 것까지도 자연과학적 방법으로 계량화하고 자연의 속성으로 환원시키려는 소박한 자연주의 혹은 심리학주의에 대한 경고에서 출발하였다. 우리는 흔히 '교육현상'이라는 말을 쓴다. 현상학에서 말하는 현상은 나타냄을 말한다. 교육평가의 대상은 바로 그런 현상의 일부가 될 것이다. 따라서 교육평가에서 현상학적 방법의 선택이 불가피하다. 교육의 현상학적 특징은 그것의 실재성이 객관적인 증거로서가 아니라 그것을 구성하는 인식주체의 명증성에 의해서 드러나고 입증된다는 점이다. 이런 사실은 이제까지 교육학자들이 교육을 단순히 하나의 개념으로 포착하려고 했던 관행과 대비된다.

인문과학의 영역에서 자연과학적 방법을 극복하기 위한 대안으로 출현한 또 다른 방법이 해석학적 방법이다. 이는 기본적으로 정신세계를 표현한 제반 '텍스트(text)'는 자연현상과는 달리 원인과 결과라는 경험주의적 도식으로 '설명'되기보다는 '이해'될 대상이라는 점에 착안한다. 해석학은 우리가 진리에 접하려면 우리 안의 모든 선입견을 제거해야 한다는 현상학적 방법의 엄격성을 비켜나간다. 해석학은 해석에서 선입견이 단지 피해야 할 것이 아니라 오히려 전제되어야 할 것임을 주장한다. 여러 가지 텍스트로 표현된 교육현상이 우리 주변에는 무수하다. 따라서 교육평가 분야에서는 그 해석의 차이를 어떻게 처리할 것인가라는 문제에서 보다 진전된 고민과 배려를 할 필요가 있다.

구조주의는 일견 무질서하게 산재해 있는 것처럼 보이는 대상들의 이면에 있는 하나의 통일성을 포착하고자 한다. 하나의 세계는 하나의 유형으로 되어 있고, 그 유형 안의 부분과 전체가 서로 그 의미를 구성하는 데 참여한다. 이런 원칙은 앞에서 언급한 현상학과 해석학에서도 존중되고 있기 때문에 새삼스러운 것은 아니다. 현상학에서 대상의 본질을 구성할 때 경계 밖에 있는 어떤 것을 끌어들이지 않는다는 방법적 가정이 포함되어 있다. 마찬가지로, 해석학에서도 텍스트를 해석할 때 그것의 내적 부분들 상호간의 관계성을 배려하는 원칙이 세워져 있다. 우리는 제 1장에서 이 원칙이 교육의 내용이나 그에 대한 해석의 작업에서도 존중해야 함을 살핀 바 있다.

변증법은 우리에게 모든 변화와 발전의 과정을 이해할 수 있는 유용한 직관을 허용한다. 변증법은 모순, 불일치, 불합리함을 수용하지 않는 형식논리를 벗어나서 그것들을 자체의 논리 안에 도입함으로써 이 문제를 해결하고 있다. 그것이 바로 '지양(止揚; aufhebung)'이라는 과정이다. 이 개념은 모순 이전의 정립과 모순이 지양된 정립에서 후자가 진화된 형태인 것으로 규정한다. 이런 논리는 적어도 각 분야의 발전을 합리적인 과정이나 형식논리를 가지고 설명하려 했던 인식론의 한계를 벗어난다. 그러나 변증법은 정-반-합이라는 사유의 형식을 밝혔을 뿐, 어떤 구체적인 활동과 절차가 그 안에 포함되어 있는지는 해명하지 않는다. 대부분의 철학자들은 대립된 의견들의 토론을 거쳐 서로 모순되는 것을 비교함으로써 진리에 이른다는 식의 처방을 내린다.

변증법은 특정한 세계와 영역의 발전을 기술하고 이해할 때 유용하게 쓰일 수 있다. 그러나 여기에는 주로 언어적 실천을 강조하는 철학의 전통에서 비롯하는 특유의 낙관과 한계가 있다. 대화는 지양된 것과 그 이전의 것 사이에 개재하는 체험의 단절을 해소하기에는 불충분하다. 대화가 제대로 이루어지려면, 그들의 언어가 갖고 있는 수준의 차이를 메울 수 있는 체험의 축적과 변형이 일어나야 한다. 장상호(1994b, 1996, 1999, 2004, 2009)는 그 부분을 보완하는 교육적 방법을 제시한 바 있다. 교육적 방법은 품위에 대한 선험적 가정, 실천을 통해 그것을 실현시키는 구체적인 절차, 그리고 가치의 공환에 의한 개인 상호간의 검증이라는 독특한 특징을 갖는다는 점에서 위의 어느 것들과도 구분된다. 이 부분은 이어지는 절(9.6)에서 <품위의 평가와 교육>이라는 주제로 따로 다루어질 것이다.

'꿩 잡는 게 매'라는 말이 있듯이, 방법이란 문제를 해결하는 수단의 위치에 있기 때문에 문제의 성격에 따라서 그 선택을 하는 것이 바른 순서다. 그 대상의 속성에 따라 다양한 방법 가운데 어느 것을 적용하여야 한다. 불필요한 대립과 배타성은 이런 일반적인 원칙에 위배된다. 우리는 앞에서 이미 객관성이라고 하는 지표가 교육평가전문가들이 전가의 보도처럼 내세우고 있다는 점을 지적한 바 있다. 이처럼 방법의 다원성을 무시하고 단일한 방법에 집착하는 것이 그런 경우다. 평가목적이나 평가대상에 의해 결정되어야 할 평가방법이 오히려 목적과 대상을 거꾸로 규정하는 기현상이 나타난 것은 바로 이런 이유 때문이었다.

이런 실증주의적 방법의 독점을 견제하려는 경향도 보인다. '객관적 검사' 혹은 '객관적 평가'에 대립하여 '주관식 검사' 혹은 '주관식 평가'라는 대안이 제시되기도 한다. 이로써 객관적 평가와 주관적 평가의 분류가 가능하게 되었다(노희관·이용남 편, 2000; 이용남·오익수, 2000). 근래에는 주로 양적 방법(quantitative methodology)에 의존하였던 것을 지양하여 질적 방법(qualitative methodology)이 모색되기도 한다. 질적 방법은 경험주의 혹은 과학주의의 전통을 이어받아 수량화나 객관화가 불가능한 것은 믿을 수 없는 것으로 간주하고 제외한 부분에 대한 대응이나 보충의 의미가 짙다(조용환, 1999a; Denzin & Lincoln, 2000: Erickson, 1986; Filstead, 1970; Patton, 1980). 이로써 양적인 방법과 질적인 방법이라는 또 다른 분류가 가능해졌다.

이들을 수용함에 있어서, 각각의 방법은 여타의 것을 부정하고 성립할 수 없다는 점을 명심할 필요가 있다. 앞에서 지적했듯이 객관적인 것 이면에는 주관이 있다. 그 주관을 숨기고 오직 객관적인 것만을 내세운 것이 잘못이다. 마찬가지로 양적 방법이 질적인 측면을 배제한 것은 결코 아니다. 양적인 방법은 양화시킬 수 있는 질을 수학이나 통계의 논리를 적용하여 처리하는 과정을 거치며, 그 점에서 그 안에 이미 질적인 요소가 포함되어 있다. 흔히 질적 방법이라고 지칭하는 것은 그런 양적인 방법이 미칠 수 없거나 혹은 놓치고 있는 자연스러운 현장의 맥락을 중시하면서 진행된다. 자료 수집에서는 참여 관찰과 면담이 주로 활용되며, 분석과 해석에서는 연구자의 배경에 따라 현상학적 방법, 해석학적 방법, 기호학적 방법, 기타 다양한 이론적 틀에 의한 방법이 활용된다. 이 점에서 양적인 방법과 질적인 방법은 서로 보완관계를 갖는다. 이제부터 그 각각의 방법이 어느 경우에 어떤 방식으로 활용될 수 있는지를 잠깐 살펴보자.

교육이 삶의 다양한 공간 안에서 어떻게 이루어지고 있는가를 구명하기 위해서는 질적인 측면이 우선적으로 고려되어야 할 것이다. 삶의 한 양상으로서 교육은 일종의 놀이처럼 주체의 의식으로부터 독립된 그 나름의 내재율을 따름으로써만 그 놀이에 참여할 수 있다. 그 개별적인 요소 혹은 부분은 전체와의 관계 속에서 의미를 갖게 되며, 이는 낱낱으로 떨어져 있는 것처럼 보이는 다양한 사실들이 어떻게 서로 관련이 있는가를 드러내야 한다. 적어도 하나의 사건이 교육으로서 의미를 가지려면 단편적인 정보의 조각을 어떻게 하나의 틀 속에 맞추어 넣을 수 있느냐가 관건이다. 이를 위해서 현상학적 방법, 해석학적 방법, 구조주의적 방법이 적용될 수 있다. 이 방법을 이용하여 수집된 자료들에서 반복되는 범주, 그리고 내부자들이 중요하게 생각하는 범주를 찾아낼 수 있다.

그 질적인 측면 가운데 양화가 가능한 것도 있을 것이다. 가령, 평가되어야 할 주어진 대상이 얼마나 교육의 내재율에 일치하느냐 하는 질문은 질적인 문제이고, 그 부분이 얼마나 주어진 사태 안에서 자주 일어나고 발견되느냐 하는 것은 양의 문제이다. 해당되는 사태에서 많은 자료를 수집하고, 그 내재율 안에서 생활하는 것과 그것으로부터의 이탈을 세부적으로 기술하는 데 숫자가 동원될 수 있다. 만약 숫자로 나타낼 수 있는 질에게 어떤 수학적 조작이 허용될 수 있다면, 우리는 그 수학의 논리를 빌어 사태를 설명하거나, 예측하거나 통제할 수도 있을지 모른다. 물론 그 숫자에 의미를 주는 것은 앞에서 지적했듯이 교육이라는 전체의 맥락이다. 그것이 불가능하다면, 그 자료는 애초의 질적 방법이 허용하는 정도의 범위 안에서 해석될 수밖에 없는 한계를 갖는다.

마찬가지의 방법상의 보완이 주관성과 객관성의 면에서도 이루어져야 한다. 주관과 객관이 어떻게 교육평가에서 관련되어 있는지를 이해하기 위해서 먼저 교육의 가치를 평가하는 경우를 상정해 보기로 하자. 교육의 가치를 평가함에 있어서 다음의 질문이 점검될 수 있을 것이다. 우리들은 얼마나 교육에 자원해서 능동적으로 참여하는가? 교육에 대한 태도는 호의적인가? 교육 주체가 각각의 활동 자체에서 얼마나 흥취, 즐거움, 보람을 느끼는가? 각자에게 잠재된 상구와 하화의 열정은 충분히 발산되고 충족되었는가? 고유한 의미의 상구체험과 하화체험을 할 수 있었는가? 이전의 교육이 이후의 교육에 더 흥미를 주고 다시 시작하는 계기를 마련하였는가? 교육의 내재적 가치의 실현에 대한 판단은 그에 대한 해답에 따라 달라질 것이다.

그 판단의 근거는 종국적으로 교육 주체의 주관성에 있다(최성욱·신기현, 1999). 예를 들어서, 상구자가 자신의 상구활동에 대한 내재적 측면을 평가할 경우, 자신의 상구활동이 자신에게 과연 어떤 의미를 갖는 것인지를 자문해야만 한다. 상구는 나에게 즐거운 일인가, 싫증나는 일인가? 나는 얼마나 배우는 일에 열광하며 환호하는가? 나는 상구가 가져다주는 결과에 관심을 두는가, 아니면 상구과정 자체에 매료되는가? 그리고 상구의 재미를 더하기 위해 나는 어떤 활동에 주체적인 노력을 기울이는가? 동일한 질문을 하화활동에 적용할 수 있다. 여기서 교육 주체가 교육활동 자체의 즐거움을 체험적으로 고백하지 못한다면, 아직 교육의 내재적 가치를 충분히 향유하고 있는 상태가 아니다. 이런 주관적인 반응은 간단한 질문지를 통해서 얻어낼 수 있을 것이다.

그런 주관적 판단이 의심스러운 경우도 발생할 수 있다. 그 부분에서는 평가되는 대상이 의식하지 못하는 방식의 객관적인 증거수집이 필요하다(Webb, et al, 1981). 끊임없이 자기 과실을 찾아내고 새로운 문제를 찾는 것, 애매함을 즐기고 모순과의 조우를 추구하는 것, 적정 수준의 도전적 과제를 설정하고 이를 점진적으로 해결해 나가는 것, 침식을 잊고 어떤 일에 골몰하는 것, 어느 순간 몰라보게 달라진 자신을 발견하는 것 등은 대체로 상구의 내재성이 유지되고 있음을 입증하는 객관적 단서가 된다(장상호, 1994c, 1997b; 최성욱, 1994). 다른 한편으로, '빰맞고 훈수하기'의 경우처럼 손해를 감수하면서도 하화활동을 수행한다면 그것은 하화활동의 내재성을 보여주는 객관적인 증거가 될 것이다. 내재적 가치의 대상이 갖는 다른 하나의 특징은 우리를 그것에 몰입하도록 만드는 매력을 갖는다는 점이다. 이 점에서 교육의 내재성은 '교육에 열중하는 시간(engaged time in educating)'으로 환산하여 측정될 수도 있을 것이다.

교육평가의 상당한 부분은 교육과 그 환경과의 관계를 밝히는 것과 관련되어 있다. 교육은 그 환경의 영향을 받는다. 어떤 환경이 교육에 유리한가? 그 반대로 어떤 환경이 교육에 불리한가? 다른 한편으로, 교육은 그 고유한 속성을 가지고 여타의 환경에 영향을 준다. 기능주의적 교육관의 경우, 그 기능은 단지 선언적으로 정당화되었다. 그러나 교육본위론의 입장에서 원인으로서의 교육과 그것이 가져오는 결과는 논리적인 필연에 근거한 것이기보다는 사실이라는 우연성을 따르는 것이기 때문에 항상 경험적으로 입증되어야 한다. 우리의 삶에서 교육은 여타의 삶에 어떤 영향을 주는가? 그 긍정적인 측면은 어떤 것이며, 부정적인 측면은 어떤 것인가? 이처럼 교육의 어떤 세부적인 변인(들)이 교육 외부의 어떤 세부적인 변인에 어떤 영향을 주거나 혹은 받는지를 밝혀 나감에 있어서도 주관적 방법과 객관적 방법이 모두 적용될 수 있다.

이상적인 평가조건은 자연적인 사태와 맥락이다. 교육 주체는 바로 그 자신의 특수한 환경 안에서 교육활동을 하고 있다. 그는 자신의 경험에 대한 성찰과 기록을 할 수 있는 가장 유리한 입장에 있다. 이 부분에서 교육 주체의 주관적인 평가가 이루어지는 것은 자연스럽다. 오늘날 생활의 모든 실천영역에서 이런 과정이 이루어지고 있다는 점을 감안할 때 이런 측면들은 새삼스러울 것도 없다. 그 현장 속에서 교육환경의 적절한 항목을 선택하고 그 단서가 될 만한 것을 수집하고, 적절하게 해석하는 과정이 필요하다. 그런 정보가 점차 누적되고, 그것이 타인의 경우에도 전달되고 적용될 수 있다면, 그만큼 그 주관적 평가의 신뢰성도 높아질 것이다. 그러나 이런 자기관찰과 자기평가에는 항상 얼마만큼의 한계가 있기 마련이다.

그 한계를 넘어서는 부분에서 좀 더 객관적이고 전문적인 연구가 진행될 필요가 있다. 실험은 그 가운데 가장 확실한 방법의 하나다. 먼저 교육과 환경의 관계는 우연적인 것으로서 이에 대한 이론적인 추론과 가설이 설정된다. 그 가설이 입증된 사실로 받아들여지기 위해서는 연구의 설계, 통제, 실행, 통계적인 처리와 같은 전문적인 절차를 거쳐야 한다. 연구자는 어떤 처치 X를 가하고 그것이 Y에게 어떤 영향을 주는지를 체계적으로 관찰한다. Y의 변량을 결정하는 데 X의 것이 얼마나 작용하는지를 가늠하는 것이다. 그것은 대개 확률적으로 판결되며, 비교의 준거는 우연이다. 만약 우연적인 것 이상의 확률의 범위 안에서 그 사태가 진전된 것으로 판단되면, 연구자는 인과관계에 대한 자신의 가설에 대해서 어느 정도의 확신을 얻을 수 있게 된다.

이제까지 우리는 교육평가에서 적용될 방법의 다양성에 대한 개략적인 논의를 거쳤다. 다양한 분야에서 그 방법에 대한 논의나 기법이 나날이 발전하고 있다. 그 모두가 교육평가의 방법으로 활용할 수 있는 후보자들이다. 여기에서 활용이라는 말의 뜻은 주어진 것을 그대로 사용한다는 것과는 다르다. 그 각각은 분야마다 그 나름의 이유에서 개발된 것이기 때문에 교육평가는 그것이 진정 교육을 특수하게 평가할 수 있는지를 다시 한 번 더 생각해서 추가하고 삭제하는 절차를 거쳐야 한다. 말하자면, 교육평가의 방법은 언제나 그 나름의 검토와 연구를 필요로 한다는 점을 잊지 말아야 한다. 이처럼 교육의 특수성에 맞는 고유한 방법을 발견하고 개발함으로써 여타의 분야가 그 방법을 자신들의 사정에 맞게 응용할 수 있게 하는 공헌의 여지도 생긴다. 이제 그 부분에서 이루어져야 할 연구의 과제를 몇 가지 사례를 들어서 논의하고 본 절을 마치기로 하자.

다른 분야에서 유래한 방법을 교육의 연구에서 사용하고 있는 사례의 하나로서 1970년대부터 사회과학 분야에서 널리 유행하여 사용되고 있는 문화기술지(ethnography)를 들 수 있다. 문화기술지란 어떤 특정한 사람들이 세상을 살아감에 있어서 가지고 있는 생각의 틀이라는 것으로 문화를 규정하는 인지적 문화인류학의 이론을 받아들이고 그 정의에 맞게 사실을 밝혀 나가는 절차를 취한다(Mehan & Wood, 1975; Rogers, 1983). 연구자는 그 내부자의 관점에 도달하기 위해서 스스로 그것에 적응하고 배우는 반성적 사고를 한다. 연구자에게 친숙한 것이라고 하더라도, 그가 처한 입장과 처지와는 다른 내부자들은 그것에 대해 연구자와는 다른 해석을 할 수도 있다. 그 내부자의 생각의 틀 혹은 해석이 어떠한 것인가를 알기 위해서는 자신의 친숙함을 괄호치고, 관심을 가지고 있는 대상의 세부적인 사항에 대해 새롭게 조망해야 한다.

그 문화기술의 방법이 근래에 교육을 질적으로 연구하는 주된 방법의 하나로 도입되고 있다(윤여각, 2000; 조용환, 1999a; LeCompte, Preissle, & Tesch, 1993; Spindler, 1982). 그 연구주제는 잠재적 교육과정, 교실생활, 학교의 인종분리 등 학교 안의 제반 사태나 혹은 학교 밖의 생활공간, 예컨대, 문화센터, 대안학교, 미용자의 경력, 홈스쿨링 등과 관련하여 그 내부자들이 교육의 의미를 부여하고 있는 제반 사항들이다. 우리가 제 8장에서 <교육공간에 관한 연구>로 소개한 것들 가운데에도 그 후자의 것들이 포함되어 있다(배수옥, 2005; 서덕희, 1999, 2006; 이지혜, 2000; 정민승, 2000). 그 내부자의 관점은 교육 자체를 드러내는 것이 아니라 특정한 사회나 문화의 제도나 상식을 드러내고 있다는 점을 알아야 한다.

문화적 사실을 밝히도록 특별하게 고안된 방법을 곧바로 교육현상을 구명하는 데 적용한다는 것은 무리다. 교육현상은 문화기술의 방법에 의해서 얻어진 문화구성원의 신념이 아니라 교육학자들의 독자적인 이론적 개념을 통해서 구명되어야 할 성질의 것이다. 본서는 지금까지 통속적 관점을 그대로 전제하는 교육학의 문제와 한계를 지적해 왔으며, 따라서 그 방법에 기초한 연구는 그 전통을 혁파하는 과제와 거리가 있다고 말할 수 있다. 그런 불만에도 불구하고 그 방법을 적용한 연구들을 제 8장의 <교육의 공간>의 연구에 포함시킨 것은 그 연구자들이 학교 밖의 교육에 대한 관심을 환기시켰다는 점을 부각시키기 위한 궁여지책이었다. 그러나 엄밀하게 말하면, 그 연구들은 문화에서 규정하는 '학교 밖의 교육'으로 보아야 한다.

더러는 '문화기술'이라는 말에 '교육적'이라는 수식어를 더한 '교육적 문화기술(educational ethnography)'이라는 용어도 있다(LeCompte, Millroy, & Preissle, 1992; Spindler, 1982). 그렇다면 그 방법은 교육현상을 드러내는 별도의 특징을 갖추고 있는가? 그 교육은 무엇을 의미하는가? 불행히도 이에 대한 이론적 논의는 찾아보기 어렵고, '교육적'이라는 수식은 단지 그 문화기술이 학교라는 제도의 틀 안에서 이루어질 경우를 지칭하는 것에 불과하다는 인상을 지울 수 없다. 이는 어느 분과학문이든 학교태에 관해서 연구하면 교육학이 될 수 있다는 식의 안이한 사고의 연장선상에 있다. 우리가 그것을 심각한 오류의 하나로 규정하고 있는 것만큼 그 '교육적 문화기술'의 방법에도 문제가 있다고 보아야 한다. 문화현상과 교육현상이 결코 같을 수 없다. 이 점을 수락한다면, 문화현상만을 연구하는 방법을 통해서 교육현상을 연구한다는 것은 마치 물리현상을 생물학적 방법에 의해서 연구한다는 것만큼이나 어리석은 일이다.

조용환(1999b)은 문화기술지와 대비될 만한 새로운 방법으로서 '교육기술지(educography)'를 제안한 바 있다. 문화기술지와 그가 말하는 교육기술지는 어떻게 다른가? 조용환은 교육기술지가 교육적 논리와 안목으로 깊이 있게 관찰한 기술적 자료를 바탕으로 교육의 새로운 개념, 가설, 이론들을 찾는 방법이라고 주장하지만, 그것을 어떻게 구현할 수 있는지에 대한 논의는 하지 않는다. 그 문제에 대한 해답을 얻으려면, 결국 문화현상과 교육현상의 구분이 더욱 분명하게 이루어져야 할 것이다. 예컨대, 문화기술지가 가정하는 문화현상은 특정한 문화의 구성원이 가지고 있는 생각의 틀이다. 이에 비해서, 교육현상을 포착하는 개념, 가설, 이론은 그것을 탐구하는 연구자로부터 나오며, 따라서 연구자는 교육기술지를 통해서 자신의 교육관을 반성하고 개선할 수 있는 방도를 찾아야 한다. 이 부분은 문화구성원이 가진 생각의 틀 혹은 해석을 찾기 위해서 연구자가 자신의 관점을 보류하는 문화기술지의 방법과는 근본적으로 다르다. 이와 같은 차이에 대한 특별한 배려는 그 차이를 무시하고 진행되는 연구가 범할 수 있는 심각한 범주착오를 예방할 수 있게 할 것이다.

다른 분야에서 사용되는 방법을 교육평가 분야에 그대로 적용하려는 데 따른 문제와 관련하여 검토될 수 있는 또 하나의 사례가 있다. 그것은 아이스너(E. W. Eisner)가 실증주의적 방법의 한계를 벗어나려는 시도로 제안한 바 있는 '교육비평(educational criticism)'이다(곽진숙, 2000; Eisner, 1977, 1985). 아이스너는 가르침(teaching)을 하나의 예술이라는 관점에서 포착하고 이 부분은 이제까지 교육평가에서 복잡한 인과관계나 혹은 그것을 밝히는 것에 동원되는 온갖 숫자놀음에 의해서 제대로 감별할 수 없었음을 지적하고 그 대안을 제시한다. 그것은 교육 안에 작용하는 그 미묘한 질적인 차이를 예술적인 언어로 표현하는 방법이다. 교육평가방법의 다양화라는 측면에서 이루어진 이런 시도는 놀랍게도 문화와 교육의 차이를 고려하지 않고 교육적 문화기술이 도입되었던 경로를 그대로 밟고 있다. 이 방법은 예술과 교육을 그 비유 이상으로 동일시하고 있기 때문에 교육의 고유한 특성을 밝히기보다는 오히려 왜곡하거나 은폐할 우려가 있다.

이런 문제의식에서 장상호(2009)는 단지 평론이라는 방법론 자체뿐만 아니라 그 평론의 대상인 교육이 무엇이냐 하는 부분에서 그 특징을 부각시키는 새로운 의미의 '교육평론'[4]을 제안한 바 있다. 교육은 예술과는 다른 고유한 구조, 내재율, 그리고 연관성을 가지고 있으며, 따라서 평론의 대상이 갖는 의미는 그 고유한 맥락 안에서 총체적으로 이해되어야 한다. 그 요체는 그 대상 속에 포함된 교육이라는 유기적 통일체의 부분들 사이의 관계를 밝히면서 독자로부터 각각의 요소와 관련항들이 교육의 내재적 목표와 그 실현에 수렴하는 양상을 설득하고 그 삶의 가치에 대한 공감을 끌어낼 수 있어야 한다는 데 있다. 그렇게 함으로써 마치 예술평론가가 독특한 예술적 안목을 가지고 일반대중을 예술의 세계로 안내하듯이 교육평론가는 그 나름의 독특한 교육적 안목과 가치관을 가지고 일상생활 속에서 전개되는 교육현상을 감식하고 평가할 수 있을 것으로 기대된다.

우리 주변에서는 '그릇된 교육관'에 대한 무수한 논의가 많은데, 여기에는 이미 모종의 평가기준이 작용하고 있다고 보아야 한다. 어느 세계를

---

4) 이것을 어떻게 영어로 번역하느냐 하는 문제가 있다. 아이스너(Eisner, 1977, 1985)의 경우처럼 'educational criticism'이라고 해도 무방할 것이다. 그러나 이 경우 그 차이가 확연하게 드러나지 않는다는 문제가 있다. 이를 흔히 '교육비평'이라는 말로 번역하는데, 장상호(2009)가 쓴 '교육평론'이라는 우리말의 표기는 적어도 그 구분을 가능하게 하는 좋은 방책이다.

본위로 교육을 바라보느냐 하는 것과 관련하여 장상호(2009)는 교육의 양태를 외도교육, 공덕교육, 내재교육으로 구분한 바 있다. 여기서 문제가 되는 교육관은 그 양태 자체를 교육의 양상으로 규정해 버린 경우이다. 외도교육관과 공덕교육관은 기본적으로 교육을 기능으로 정의하는 관념으로서, 그 목적을 전자는 세속에 둠에 비해서 후자는 수도계에 둔다는 차이가 있다. 그 어느 것이든 교육의 실체규명을 회피한다는 문제점을 갖는다. 이에 비해서, 내재교육관은 교육 자체의 실체가 무엇인지를 규정하려는 방식이며, 교육본위론은 그중의 하나로 볼 수 있다. 외도교육을 중시하는 입장에서는 공덕교육이 잘못된 것이고, 공덕교육에서는 내재교육이 잘못된 것이다. 내재교육의 경우에도 교육의 내재율과 가치에 대한 감식 정도에 따라 그 평가가 다를 것이다.

이 말은 교육관의 선별이 교육평가를 개선하는 데에도 중요하다는 의미가 된다. 그렇다면 어떤 집단, 혹은 어떤 개인이 어떤 교육관을 가지고 있는가? 이것을 실제로 조사하거나 평가하는 방법을 고안하는 일은 매우 중요하다. 이와 관련하여 신기현(2006)은 그 각각의 교육관을 평가할 수 있는 도구의 제작에 필요한 범주와 지표를 제시하였으나 실제로 그것을 어떤 방법에 의해서 평가할 수 있느냐 하는 부분에서 아직 큰 진전을 보지 못하고 있다. 자료를 수집하는 도구로서 관찰기록, 질문지, 지필검사, 면접, 체크리스트, 오디오 리코더, 비디오테이프 등이 있을 수 있다. 그러나 이들은 도구 자체에 불과하며, 방법이라고 하면 그 절차와 그로부터 얻은 자료를 어떻게 해석하느냐 하는 기술적인 부분을 포함해야 한다. 그 부분에서 많은 연구가 필요하다.

한 개인의 일생에서 교육적인 삶은 중요한 부분을 차지한다. 그럼에도 불구하고 아직까지 그 부분이 그 일생을 평가하는 중요한 지표로 인정받지 못하였는데, 최근에 이에 대한 관심이 교육학 분야에서 싹트고 있다. 이것은 전기적 방법(biographical method)을 교육학의 연구 방법으로 원용한 결과라고 볼 수 있다(신기현, 1999). 여기에는 일기, 일지, 연구일지, 소품문, 묘사, 인물묘사, 인물소개, 결정적 사건, 회상록, 생애사, 전기, 자서 전, 이야기, 이야기하기, 삶의 이야기, 구술사, 설화 등 관점, 범위, 정도에서 다소 차이가 있는 다양한 기법들이 존재한다. 이들을 어떻게 교육의 관점에서 활용할 수 있느냐 하는 것은 아직도 과제로 남아 있다.

한 개인의 경우처럼, 역사 속의 교육적인 삶이 있으며, 우리는 그 부분을 연구함에 있어서 각종 역사적 방법을 차용하거나 응용할 수 있어야 할 것이다. 역사란 현재와 과거 사이의 끊임없는 대화이다(Carr, 1964). 이 점에서 역사는 주어진 것이 아니라 발굴된다고 볼 수 있다. 역사연구에서는 주어진 자료와 사례에 대한 체계적인 해석을 필요로 한다. 아무리 많은 사건과 사태가 있었다고 하더라도 제대로 감식할 수 있는 안목이 없다면, 그것은 아직 죽은 역사, 왜곡된 역사 혹은 은폐된 역사에 불과하다. 지금까지 역사의 주인공이 가진 허구적인 교육관 혹은 국가주의적인 학교의 제도를 그대로 받아들이면서 진행된 교육사 연구는 바로 그 부분에 해당한다.

교육의 역사는 교육을 보편적으로 규정하려는 투철한 학문적 관점이 투영되어야 한다. 그 특수한 맥락을 선택한다는 것은, 거꾸로 말하면, 교육 이외의 다른 맥락을 잠시 괄호 속에 넣어 보류해 두거나 무시하는 것이라고 할 수 있다. 교육의 특수한 맥락을 선별하면서 주어진 사료를 때로는 거시적으로 혹은 때로는 미시적으로 섬세하고 예리하게 종합하거나 분석하면서 그 근거와 특징을 살필 수 있어야 한다. 모든 것이 서로 의존하는 복합된 역사의 양태는 각 시대의 요구나 조건에 따라 다르게 나타날 수 있다. 그 각각의 것을 분별하면서 각 부분에 대한 평가 역시 적절한 가치기준이 적용되어야 한다. 교육은 단지 수단으로 환원될 수 없는 고유한 가치를 갖는다. 그 수단적 가치 역시 바로 그런 고유한 가치선별을 전제한다. 그런 독특한 측면이 가미되는 교육의 역사에 대한 평가방법은 단지 역사 속에 죽어 있었던 교육적인 삶의 의미를 되살릴 뿐만 아니라 오늘날의 사람들에게 교육적인 삶이 진정 무엇인지에 대한 교훈을 줄 수 있을 것이다.

전기적인 방법이든 역사적인 방법이든 연구자의 주관적 해석이 개재함을 유의할 필요가 있다. 앞에서 개인의 교육적인 측면을 주목해야 한다거나 혹은 더 나아가 역사의 교육적인 측면을 고려해야 한다는 것은 그 주관적 해석의 일면에 불과하다. 문제는 바로 그에 따른 수준의 차이이다. 가령 교육의 품위의 면에서 역사적으로 진행된 수준과 그것을 연구하는 사람에 차이가 있을 수 있다. 이 경우, 후자가 전자의 것보다는 후진의 것이라면 전자의 진면목은 후자의 것으로 곡해될 것이다. 그 문제를 해결하기 위해서는 연구자 자신의 부단한 상구가 필요하며, 그 상구를 토대로 하는 연구결과를 설득시킴에 있어서 또한 연구자 자신의 하화가 필요하게 될 것이다. 이런 측면을 굳이 여기에서 언급하는 이유는 교육학이 일정부분 방법론의 문제를 해결하는 데 도움을 줄 여지를 갖는다는 점을 상기시키기 위함이다. 다른 분야에서 사용하니까 우리도 쓴다는 것이 아니라 그 다른 분야에서 쓰이고 있는 방법의 맹점을 교육학적으로 보완할 수 있다는 말이다.

외래의 방법 혹은 일반적 평가의 방법을 교육평가에 도입할 때, 그 나름의 고유한 관점을 정립해야 한다는 점을 일깨우는 마지막의 사례는 요즘에 학교에서 권장하고 있는 '수행평가(performance assessment)'다. 평가에서는 인위적인 상황이 아니라 실제의 생활 속에서 자연스럽게 나타나는 직접적인 증거가 더 중요하다. 그 점을 고려하여 1980년대 이후 기존의 지필검사에 대한 대안으로 이 방법이 주목을 받고 있다(박도순, 2000; 배호순, 2000; 백순근, 1999, 2000; 양미경, 2008a; 허경철 외, 1999). 그 취지는 학교 안에서 교사나 학생들이 실제의 상황에서 보이는 수행능력을 직접 관찰하고 판단한다는 데 있다. 이를 수행평가의 분야에서는 다른 말로 '실제상황(real world)' 혹은 '진짜상황(authentic situation)'으로 규정하기도 한다. 이를 교육평가의 큰 진전처럼 여기고 요즘 우리나라에서도 그 수행평가를 학교정책이나 실천의 지침으로 도입하고 있다. 그러나 이 방법은 우리의 일상적 삶에서 새삼스러운 것이 아니다. 논문발표, 연주, 시범, 경연 등 학교 밖의 다양한 분야에서 이 방법이 오래전부터 자연스럽게 실행되어 왔다. 그것을 학교 안에 도입한 사실 자체만 새삼스러운 것이다.

곽진숙(2005)은 수행평가에 관한 이제까지의 문헌과 연구물들이 그 평가대상과 평가기준에 있어서 교육평가로서의 기본조건을 갖추고 있는지를 살폈다. 그 결과 그 논의들이 '교육=학교태'라는 관례 혹은 기능주의적 교육관이라는 태생적 한계를 벗어나지 못하고 있다는 결론을 얻었다. 그 방법이 단지 학교 안에서 적용된다고 해서 교육평가라고 할 수 있는가? 혹은 학교 밖에서 실행되어 온 이전의 실행을 모두 교육평가라고 말할 수 있는가? 기능주의적 교육관에 따라 특정한 수행을 하는 모든 과정을 교육이라고 할 수 있는가? 그렇다면 우리의 삶에서 교육 아닌 것은 어떤 것인가? 이 부분에서 반성이나 교육평가로서의 특징을 살리는 노력은 아직 보이지 않았다.

수행평가가 특별히 교육평가의 한 영역으로 편입되기 위해서는 여타의 수행평가와 구분되는 모종의 조건과 특징이 가미되어야 할 것이다. 우리는 이제까지 특정한 세계의 맥락을 중시한 바 있다. 교육평가의 일환으로서 수행평가는 학교 안과 밖의 경계가 아니라 정치, 경제, 사회, 문화, 종교 등과 대비되는 평가로 특성화되어야 할 것이다. 교육본위론의 입장에서 교육에 고유한 것으로 인정받을 수 있는 부분은, 교육의 소재의 측면으로서의 수행, 교육 자체의 수행, 두 가지이다. 교육소재의 가치는 수도계의 가치와 독립되어 있으며, 그 맥락상의 차이를 어떻게 평가의 과정에 도입하느냐 하는 문제가 남는다. 더 나아가, 교육의 수행은 어떻게 규정될 것이며, 그것을 어떻게 평가할 것인가? 뒤(9.6)에서 논의할 부분이지만, 교육은 수행의 평가를 정당화하는 독특한 측면을 갖는다. 그 방법은 어떤 것인가? 이런 제반 문제를 더 추궁하는 연구가 요망된다.

먼저 지적해야 할 것은 수행평가를 하는 근본적인 목적과 실제적인 이유에 대한 투철한 변별이다. 수행이라는 것은 사실상 생활의 모든 분야에서 시시각각으로 일어나고 있는 현상이다. 그것을 평가함에 있어서 두 가지 목적이 있을 수 있다.[5] 그 하나는 그 잘됨과 못됨을 평가하여 승진 혹은 퇴출, 보상 혹은 벌을 가하는 경우이다. 이는 직장이나 학교에서 주로 사람을 선발하는 과정에서 흔하게 볼 수 있는 활용방법이다. 다른 하나의 경우는 그 잘못됨을 파악해서 좀 더 나은 수행이 이루어지도록 돕는 데 활용하는 것이다. 환자를 회복시키는 데 진단은 필수적이다. 이 경우 그 검사의 결과를 여타의 목적에 사용하지 않는다는 보장이 전제되어 있다. 불리한 결과를 사회적 선발기관에 보고하는 것은 금기사항이다. 교육의 경우도 후자의 경우와 마찬가지이다. 만약 그 결과를 성적이나 상급학교의 진학에 반영한다면, 그 상황은 이미 교육평가와는 별개의 것으로 보아야 할 것이다.

교육본위론에 따르면, 교육의 소재로서는 품위의 절대적 위치를 평가하는 것은 별로 중요하지 않다. 교육은 그 중간의 어느 단계에서나 시작되며, 그 소재는 상구자가 가진 차상품이다. 이것은 교육의 진전에 따라 유동적으로 이동한다. 품위의 수준에 대한 단서를 얻을 때 유의해야 할 여러 가지 조건 중에서 주목할 항목은 그 단서들이 하나의 의미로 모아지는 구조 전체이다. 품위의 생명은 통합성에 있으며, 이는 소재의 범위 안에 있는 요소를 모두 갖추고 있는가 하는 문제와 관련된다. 품위는 본질상 유기체적인 구조의 성질을 띠고 있다. 품위에서는 지, 정, 체의 요소가 분리될 수 없기 때문에 품위의 평가에서 중시되어야 할 것은 과제를 수행할 때 드러나는 총체적인 체험의 요소와 알맞음이다. 그 수준이 어느 만큼에 와 있는지를 평가하는 것은, 종래의 평가 방식이 이미 발달이 완료된 수준을 재는 회고적인 특성을 지니고 있는 데 비해, 결실을 앞둔 수준을 특징짓는 미래전망적인 특성을 지닌다. 그렇다면 그 차상품의 증거는 어떤 방법으로 찾을 수 있는가? 아직 이에 대한 체계적인 연구가 이루어지지 않았다.

우리는 그 해법의 단초를 발달 분야의 주장에서 찾아 볼 수 있다. 지식을 체계로 규정하고 아동들의 인지 구조나 인지 변화 양상 등을 파악할

---

5) 독자는 요즘 우리나라의 학교에 도입되고 있는 수행평가가 두 가지 가운데 어느 경우에 속하는지를 판별해 보기 바란다.

수 있는 임상적 방법을 적용한 피아제 계열의 연구(Inhelder, Sinclair & Bovet, 1974; Piaget, 1926)는 그중의 하나이다. 피아제는 아동들이 하는 응답 중에는, 관심 밖의 질문에 대해 아무렇게나 꾸며대는 응답, 실제로는 그렇게 믿지 않으나 그렇게 말하도록 강요된다고 생각될 때 하는 응답, 스스로 깊게 생각해 보지 않고 암시된 답이나 실험자를 만족시키기 위해 하는 응답 등이 있음을 지적하고, 그러한 응답을 자신의 구조를 드러내는 진지한 응답과 구별할 수 있어야 함을 강조하였다. 다른 한편, 비고츠키 계열의 연구자들(김지현, 2000b; Rogoff, 1984; Vygotsky, 1934)은 그런 정보가 아동이 가진 현재의 위치에 대한 단서는 되지만 다음 단계에 이를 수 있는 지식에 대한 정보를 배제하고 있음을 비판하면서, 이른바 그들이 주장하는 근접 발달 영역(zone of proximal development)에 주목하는 역동적인 평가 접근을 통해 보완될 필요가 있음을 지적하였다. 교육소재를 발견하는 방법에 대한 해답은 아마도 이와 같은 기존의 연구와 병행하여 이루어질 수 있을 것이다.

수행평가와 관련하여 마지막으로 지적할 것은 그 수행이 어떤 종류의 것이냐 하는 부분에서 교육평가와 여타의 평가 사이의 결정적인 차이가 있다는 점이다. 앞에서 우리는 수행평가를 교육의 소재라는 측면에서 주로 검토했지만 교육에서 막상 가장 고유하고 중요시해야 할 수행은 교육 자체이다. 교육의 수행에 관한 올바른 인식은 교육학자들의 독점물이자 응분의 책임을 동반하는 부분이다. 어떤 항목들을 교육의 수행이라는 범주에 넣을 것인가? 그것들을 평가함에 있어서 어떤 방법상의 특징을 살릴 것인가? 그 결과를 어떻게 활용할 것인가? 이런 부분에서 아직 연구해야 할 과제가 산적해 있다. 이 과제는 제 6장에서 논의한 메타교육의 원만한 진행과도 밀접하게 관련되어 있다.

이제까지 교육평가의 다양성이라는 주제를 살펴왔다. 재차 강조해야 할 것은 방법이란 원칙적으로 무한정하다는 점이다. 논자는 교육평가의 주체를 전문가와 비전문가로 구분하였다. 또한 전문가 가운데에서도 교육평가전문가와 교육평가를 연구하는 학자를 구분하였다. 학문에 능숙하다고 하더라도 평가에 능숙하리라는 보장이 없으며, 그 역의 경우도 성립한다. 앞에서 논의된 것들은 교육평가를 연구해야 할 입장에서 주로 교육평가의 전문가가 사용할 수 있는 여러 방법에 한정된 것들이다. 논자는 앞(9.2)에서 교육평가의 주체가 교육의 주체와 일치할 수 있음을 주장했다. 그동안 교육 주체들이 사용하여 왔고, 앞으로 활용할 수 있는 여타의 방법들로 어떤 것들이 있는 것인지는 이제부터 탐구해 나가야 한다.

교육평가연구의 대상에는 전문가의 평가뿐만 아니라 비전문가의 평가도 포함된다. 일상생활을 하는 사람은 누구나 평가를 하며, 그 안에는 의식적이든 무의식적이든 모종의 방법이 개재되어 있을 것이다. 교육평가도 마찬가지다. 우리는 누구나 교육 주체로서 평가전문가들이 도달할 수 없는 우리만의 특수한 사태에 접하여 그 각각에 적합한 방법들을 동원하여 교육평가를 하면서 생활하고 있다. 비전문가의 평가에 해당하는 이런 사례들은 아마도 학교 안에서보다는 학교 밖 그리고 현대보다는 역사 속에서 있을 가능성이 많다. 인류의 긴 역사 속에서 수많은 교육 주체가 실제로 사용하여 왔고, 또 현재나 미래에도 활용할 수 있는 방법들이 무수하게 있을 것이다. 이 측면은 그 자체로서 교육평가의 중요한 연구주제이며, 그중 탁월한 것으로 밝혀진 사례는 적극 공표하여 널리 보급될 수 있도록 해야 할 것이다.

## 9.6 품위의 평가와 교육

인간성의 변화라는 주제를 떠나 교육을 논의할 수는 없을 것이다. 그 부분은 교육평가에서 어떻게 다루어질 수 있는가? 우리는 앞(9.1)에서 기존의 교육평가가 주로 인간의 행동을 대상으로 삼는 목표달성평가모형을 따른다는 점을 지적했다. 교육본위론이 제안하는 평가도 역시 그것에 대응할 만한 인간의 측면에 대한 평가가 포함되어 있다. 이 때문에 혹자는 이전의 목표달성평가모형을 교육본위론에 그대로 적용할 수 있다는 생각을 할지도 모르겠다. 그러나 양자는 그 대상의 속성이나 범위, 적용되는 가치기준, 그리고 교육과 연관되는 방식 등에서 총체적인 차이가 있다. 그것이 바로 본 절에서 다룰 품위의 평가이다.

목표달성모형은 기본적으로 기능주의적 교육관을 전제한다. 그 도식의 주목할 만한 특징은, 결과는 가능한 한 협소하고 명백하게 규정하면서도, 그 과정은 편의에 따라 유동적으로 개방한다는 데 있다. 특정한 행동의 항목에 각종 외재적 가치와 교육목표의 의미를 부여한다. 또한, 그 부분은 구체적이고 입증될 수 있어야 한다는 제한된 조건이 따른다. 다른 한편, 과학의 입장에서도 그 행동을 결정하는 요인들은 한정된 것이 아니다. 그 경계가 이처럼 모호하기 때문에 각종의 행동조작, 은폐, 폭력, 기만, 자기소외 등도 교육 안의 것으로 얼마든지 포함될 수 있다. 그런 과정을 불문에 붙이고 교육평가는 어떻든 미리 규정된 행동이 제대로 생산되었느냐 하는 결과에만 부심한다.

평가자와 '피교육자'는 별개로 존재하며, 전자는 후자에게 가능한 한 과학적 방법을 적용하려고 노력한다. 심리학과 행동과학이 인간행동과 그것을 결정하는 환경의 관계를 과학적으로 규명하는 고유한 목표와 절차를 가지고 있다는 것은 누구나 공인하는 바이다(장상호, 1977a, 1977b; Berelson, 1963). '교육의 과학화'라는 기치 아래 피교육자의 인간성도 그런 객관성과 과학성이라는 범주에서 취급된다. 인간현상을 자연의 바깥에서 규정하는 철학을 통한 인간이해가 추상적이라는 불만에서 출발한 심리학이나 행동과학은 이 때문에 그 모호성의 극복 방안으로 이른바 '조작적 정의(operational definition)'를 쓴다(Bridgman, 1958). 마치 물리현상의 경우처럼 인간의 행동도 특정 외부의 자극에 대한 특정한 반응으로 환원되는 것이다.

원자주의(atomism)는 실증주의 인식론의 특징이다. 이에 따라 일찍이 타일러(1949)는 그의 커리큘럼이론에서 '교육목표의 이원분류'를 제안한 바 있다. 그 이원분류의 범주는 행동과 지식이다. 그 한 축인 '행동'의 경우 그러한 평가도구의 근간이 되는 것은 ≪교육목표분류학(Bloom, et al.,

1956)≫이었다. 주로 지적인 영역에 국한 되었던 이 초기의 분류학은 차츰 정의적 영역(Krathwohl, et al., 1964), 신체운동적 영역(Harrow, 1972) 등으로까지 그 영역을 확장하였다. 그 각각의 영역은 더욱 세세한 하부 영역으로 나뉘고, 그것들을 조작적으로 평가할 수 있는 다양한 도구들이 제시되었다. 이원분류의 다른 축인 '지식'은 교과서의 내용에 의존하여 분류된다. 지식은 교과서의 단원에 따라 혹은 그 안의 중요한 개념에 따라 최소의 단위까지 더 세분된다.

이처럼 행동의 차원과 지식의 차원이 서로 조합되는 세부적인 항목들은 승법의 법칙에 따라 엄청나게 증가한다. 그 세분된 것들을 개별적으로 평가하는 것이 무리인 것은 말할 필요조차 없다. 특정한 행동의 의미는 그것이 드러나는 상황의 맥락에 따라 전혀 다르다는 것은 널리 알려진 사실이다(Barker, 1968). 그 점은 지식의 경우에도 마찬가지이다. 지식의 생명은 총체적인 구조의 얽음과 그 알맞음이다(Glasersfeld, 1995; Maturana & Varela, 1987). 지식(knowledge)이 세분될 때, 그 세분된 것들은 정보의 조각들(bits of informations)로 환원되며, 그 고유한 특성을 상실한다.[6] 이 말은 실증주의 인식론에 따른 교육목표의 이원분류가 짧은 생각의 소산이며, 이에 따라 진행되는 평가는 애초부터 유기체적 체험과 멀어진다는 것을 의미한다.

이런 관례의 더욱 심각한 부분은 그렇게 세분된 행동이나 정보의 조각들을 결국 평가의 절대적인 기준으로 간주한다는 점이다(최성욱, 2009). 주어진 기준에 일치하는 것이 '정답'이며, 그 밖의 것은 '오답'이다. 그런 기준의 설정은 진정 옳은 것인가? 그에 대한 해답은 너무나도 역설적이다. 왜냐하면 그렇게 정답을 규정하는 것 자체가 오류이기 때문이다. 심리학의 탐구대상인 행동은 단지 과학적 탐구를 위한 한계에서 나온 것으로서 결코 인간성의 전부를 대변하는 것이 아니다. 이 세상에 진리로 판정받을

6) 이것을 두고 우리가 흔히 '단편적인 지식'이라는 말을 쓰지만, 단편적인 것은 정의상 지식의 범주에 들어갈 수 없다.

수 있는 지식은 아직 부재하다. 그것이 바로 우리가 그것들을 지금까지 탐구하고 있는 이유다. 그러나 학교에서 이루어지는 시험에서는 그 사실이 전적으로 무시되며, 그렇게 그릇되게 규정된 정답반응의 빈도가 학생들의 능력지수로 환산되고 있는 것이다.

외부로 나타난 증거에 의존하는 객관주의의 입장은 평가의 상황에서 유독 교육 주체의 개별적인 주관을 배제하는 방식을 택해 왔다. 각종 평가와 시험은 교육평가전문가, 교과교육자, 혹은 교사의 소관으로 넘겨지며, 학생들은 피교육자로서 어떻든 그들의 기준을 맹목적으로 받아들여야만 한다. 그 결과는 학생 개개인이 받고 있는 교육적 처방의 적합성을 높이기 위해서라기보다는 학생 상호간의 비교와 경쟁·선발·배치 등을 위해 주로 사용되며, 이 때문에 학생들의 학교생활은 시험문제 풀이의 기계적이고 반복적인 연습과 훈련스케줄로 꽉 찬다. 그 효과적인 준비과정이 바로 '평가를 위한 교육' 혹은 '입시위주교육'의 실태인 것이다.[7)]

이런 평가의 사태에서 높은 점수를 얻는 비결은 자신의 주관적인 자각이나 내면적인 만족은 일단 접어두고 마치 배우처럼 외부에서 규정한 기준이나 표현양태에 어김없이 일치하는 데 있다. 그런 적응으로부터 학생들은 참다운 교육으로부터 점차 소외되는 과정을 밟게 된다. 그것이 주는 대가는 훌륭한 대학에 진학하는 것이고, 더 나아가 사회에서 출세하는 것이다. 그러나 그 적응방식과 유능한 인재양성은 서로 부응하기 어렵기 때문에 후자의 손실 역시 막대하다. 이 부분은 우리 사회에 마음으로 깨닫지 못한 상태에서 입으로 말만을 유창하게 구사하여 흉내 내는 사람들이 높은 지위를 차지하고 세상에 명성을 얻는 전반적인 사회의 병폐와 무관하지 않다.

요컨대, 학교의 선발체제 안에서 행동의 변화와 관련하여 이루어지는 평가는 그 규정이 엉뚱하게도 인간성의 탐색과는 거리가 있는 매우 협소

---

7) 이것이 교육이라고 부를 수 있는 것이냐 하는 점에서 항의할지 사람이 많겠지만 목표달성모형이 택하는 기능주의적 교육관은 이 역설적인 개념조차도 수용할 수 있는 포괄적 비결을 지니고 있다.

한 경험주의에 갇혀 있다. 경험주의 인식론과 방법적 전통은 그들이 요구하는 객관적 증거를 확보하지 못한 경험은 비실재적이며, 중요하지 않은 것으로 간주한다. 이 때문에 과학적으로 측정할 수 없고, 교육을 통해서 탐색해야 할 광범위하고 귀중한 인간성들이 그 대상 영역에서 제외된다. 평가의 기준이나 주체가 외부에 있고, 그에 따라 개인은 항상 수동적으로 평가를 받는 대상으로 간주된다. 낮은 수준의 평가가 가져올지 모르는 부정적인 반응, 비난, 공격을 의식해서 자신의 솔직한 반응을 억압하고 드러내려 하지 않는다. 대신 유능한 사람의 화법 가운데서 약간의 표현과 억양을 익히고 빌려 마치 유능한 사람처럼 행세한다.

유감스럽게도 그런 적응방식은 교육 자체가 당당히 해결해야 할 본래의 과제를 은폐하거나 회피하는 셈이다. 교육에서는 평가로 인한 심리적 부담과 과잉반응을 용인하기 어렵다. 오류를 범하는 것은 교육의 전제이며, 이 때문에 교육에서는 오류의 많고 적음 혹은 그 질이 성공과 패배를 결정하는 중요한 척도는 될 수 없다. 교육은 오류의 교정과 관계되기 때문에, 그것이 일어나는 현장은 서로 자신의 약점을 아무런 제약이나 억압 없이 노출할 수 있는 분위기가 살아나야 한다. 교육이 진행되는 과정에서 이루어지는 평가에서 피상적인 위장, 과장, 인상관리, 상대적인 경쟁 등과 같은 세속의 요소가 제거되어야 할 가장 큰 이유는 바로 여기에 있다. 실상 지금의 평가체제는 그 원칙에 역행하고 있다. 그 제반 양태를 고려한다면, 교육 본연을 조장하는 기능을 상실했다고 해도 과언이 아니다.

우리 각자는 인간으로서 고유한 가치를 실현하고 서로 검증할 책임이 있다. 그런 과제와 관련하여 교육은 어떤 위치와 역할을 차지하는가? 그 해답은 정확히 이제까지 진행되어 왔던 관행의 반대쪽에 있어 보인다. 인간성은 무한하며, 날로 변전한다. 여기에 '정답'과 같은 어떤 완결된 인간의 본질규정이 자리할 틈이 있을 수 없다. 교육은 현존하는 인간에게 결여된 부분을 실현하려는 과정이다. 아무리 가치 있는 인간성이 있다고 하더라도, 그것이 당사자에게 가치 있는 것으로 체험되지 않는 한, 그에게 있어서 아직 실현된 것이 아니다. 그것을 실현하려면 현존하는 인간성의 한계에 대한 솔직하고 정직한 표현이 전제된다. 진정한 의미의 가치실현은 우리 각자가 그 한계를 기점으로 삼아 더 나은 가능성을 탐색하고 실현시키면서 자발적으로 그 발전을 서로 자각하고 공감할 때 이루어진다.

교육본위론은 교육이 관여해야 할 이런 인간성의 측면을 포착하기 위해서 심리학에서 도입한 '행동'이라는 개념과 대비되는 '품위(transtalent)'라는 개념을 도입하였다. 과학의 목적과 교육의 목적은 엄연히 다르다. 전자는 기존의 것의 정확한 이해에 그 목적이 있음에 비해서, 후자는 가능한 인간성의 탐색과 실현이라는 목적을 가지고 있다. 우리 각자가 실현하여야 할 가능성으로서의 품위는 그 외연을 한정할 수 없을 정도로 무한하며, 이제까지 탐색된 것으로서 그 중간목표가 알려졌을 뿐 절대적 목표는 아직 미지의 영역으로 열려 있다. 유한자인 우리가 가질 수 있는 위안이 있다면, 품위의 발전을 실현하고 입증해 나갈 수 있는 기제로서 교육이 존재한다는 점이다. 이때 교육본위론에서 지칭하는 교육은 단지 품위를 향상시키는 모든 과정을 지칭하기보다는 그 나름의 구조와 가치를 지닌 독자적인 삶의 양상으로 한정된다. 이런 도식은 철두철미 기존의 기능주의적 교육관을 벗어난다.

교육의 과제는 아직 실현되지 않은 품위를 실현시키거나, 혹은 그 실재가 입증되었다 하더라도 아직 그것을 모르는 사람에게 새삼 입증해 나가는 것이다. 품위는 밖에 존재하는 것이 아니라 인식주체 내부에서 통찰의 형태로 자재하며, 이런 통찰은 결코 선천적으로 주어진 것이 아니라 후천적으로 습득되는 것이다. 품위를 몸에 지니고 사는 것만으로 우리는 충분한 삶의 보람을 느낄 수 있다. 교육의 과정은 그런 실천적 요구에 부응하여 주체가 그것을 실현시키면서 스스로 좋은 경험과 나쁜 경험을 대비시키고, 그중 좋은 것을 체질화시키는 것과 관련된다. 이때 그 교육의 주체에게 품위의 평가는 불가피한 부분이며, 더 나아가 교육은 바로 품위의 평가를 주체적으로 정당화하는 과정으로 작용한다. 이 부분은 외부에 의한 객관적 평가에 의존하면서 내면적인 만족보다는 겉으로 드러나는 행동에 더 큰 가치를 부여하던 종전의 교육평가의 방식과 현저하게 대비된다.

수도계의 종류와 수준을 판가름하는 객관적 단서가 무엇인가 하는 문제는 중요한 연구과제다. 그 이전에도 분명한 사실은 품위에 대한 판단을 내림에 있어서 행동의 경우처럼 한 가지 방법에 집착하는 실증주의 혹은 경험주의의 방식은 적절하지 못하다는 점이다. 품위에는 양화가 가능한 부분이 있다는 것을 부정할 필요는 없지만, 그것이 미치지 못하는 인식론적 제반 측면이 동시에 포함된다. 여기에는 문자적 표현에 부수하는 개념적인 부분, 수련에 의한 명증으로 드러나는 현상학적인 부분, 기호와 상징·글·몸짓·소리·행적으로 표출되는 것의 의미를 찾는 해석적인 부분, 부분보다는 전체에 주목하는 구조적인 부분, 발전의 과정에 나타나는 기준의 변화와 갈등의 지양을 포함하는 변증법적인 부분들이 포함된다(장상호, 2005a, 제 4장).

이런 모든 점을 고려해서 품위의 위계를 판정할 수 있는 일반적인 기준이 제시될 수도 있겠다. 예를 들면, 자족성과 내면성의 정도, 경험내용의 풍부성, 엄밀한 통과의 기준, 문제제기와 그 해결의 세련성, 지각된 문제영역의 증가, 체험구조의 분화와 통합, 불필요한 요소가 제거된 그 본질적 순수성, 시공간의 특수성을 극복하는 적용의 범위 등의 제반 특성을 열거할 수 있을 것이다. 이 모든 방법을 적용하는 데 있어서 크게 두 가지 전문적 안목이 필요할지도 모른다. 그 하나는 해당 수도계에서 인정받는 높은 품위를 가진 사람일 수도 있고, 다른 하나는 앞에서 든 제반 인식론적인 방법에 익숙한 사람의 안목일 수도 있다. 대개 이들의 힘을 빌어 그 수도계의 선단에 접근하고 있는 사람들의 서열이 정해지는 경우가 많다.

우리는 교육의 과정에서 품위의 평가가 불가결하다는 점을 살펴왔다. 교육에서는 품위의 선후에 따라 스승과 제자의 관계를 설정할 뿐만 아니라 상대의 품위를 늘 고려해야 하기 때문에, 교육이 진행되는 동안 교육의 주체는 구체적 상황에서 누구나 품위의 평가에 참여하여야 한다. 그렇다면, 그 과정에서 매번 전문가들의 도움을 받아야만 하는가? 이에 대한 교육본위론의 해답은 특별하다. 전문가들이 독점해 왔던 교육을 일반인의 삶의 양상으로 되돌려 주려는 것이 교육본위론의 기본취지이다. 교육에서 품위를 평가하는 데에 반드시 전문가의 역할이 필요한 것은 아니다. 더욱 중요한 점은 어떤 전문적인 방법을 쓰든 간에 교육이 그 최종적인 근거를 제공한다는 사실이다(장상호, 2004, 2009).

교육은 그 자체 안에 품위를 평가하고 그 평가를 정당화하는 내재적 장치를 갖추고 있다. 이 사실이 본 절을 통해서 드러내려는 오묘한 측면이자 핵심이다. 그 비결과 곡절이 도대체 무엇인가? 다소 복잡하고 긴 설명이 필요하지만 그 개략적인 해답을 독자에게 먼저 짐작하게 하는 것이 좋을 듯하다. 품위의 특징은 그 자체 안에 그 평가의 요소를 갖추고 있다는 데 있다. 우리는 자신의 품위에 비추어 세상을 바라보고, 그것에 비추어 나와 타인을 평가한다. 그런데 선진의 품위가 그것을 습득하지 않은 후진에 의해서 평가되는 것은 부당하다. 또한 선진의 품위를 가지고 있다고 하더라도 그것을 습득하지 않은 후진에게 당장 입증할 수 없다. 그렇다면, 그 선진의 품위와 후진의 품위를 올바로 평가하고 정당한 것으로 입증함에 있어서 평가자 스스로의 변화가 필요하다는 점이 분명해진다. 교육은 참여자들이 자신이나 상대가 아직 경험하지 못했던 품위를 얻거나 그 얻음을 돕는 것에 해당한다. 그 교육은 단순히 그 얻음과 도움의 결과가 아니라 그 자체의 내재율을 실현해 나가는 도정이라는 특징을 지닌다. 여기에서 그 교육의 과정과 품위의 평가 사이에 해결되어야 할 복잡한 조건이 부대되는데, 그 점을 이제부터 살펴보기로 하자.

품위는 학문, 예술, 기예 등 이 세상에 존재하는 모든 수도계의 종류만큼 다양하다. 뿐만 아니라 그 각각은 미리 예견할 수 없는 수많은 수준을 지니고 있다. 품위는 그 자체로 고정되어 있는 것이 아니라 탁월성의 기준에 따라 끊임없이 변화하면서 그것이 허용하는 높이와 깊이만큼의 서로 다른 수준을 만들어 낸다. 거기에 절대적인 혹은 최종적인 품위의 개념이 존재할 수 없다. 이것은 엄밀성을 강조하는 학문적 지식의 경우에도 마찬가지다.[8] 각 품위는 상대적이다. 아무리 높은 품위라 하더라도 보다

---

8) 이 부분에서 학문적 이론에 대한 검증을 연상하면 될 것이다. 절대적으로 옳은 이론을

높은 품위에 비교하면 그것은 토대에 지나지 않는다. 아래 품위에 비해서는 위쪽에 있지만 위쪽의 것에 비해서는 아래에 속하는 것이다. 이 때문에 자연인 '갑'은 그 비교의 거점을 어디에 두느냐에 따라 더러는 선진이 될 수도 있고 더러는 후진이 될 수도 있다.

해당 수도계의 입장에서 그 선후의 구분을 무시하는 것은 수도계의 존재 자체나 그것을 추구하는 목적 자체를 부인하는 셈이다. 품위는 대개 피라미드의 위계를 만들며, 그중 한 단계 위의 품위가 그 이하의 모든 품위를 제압한다. 이처럼 소수의 정예에 높은 점수를 주는 수도계적 가치평가체제는 올림픽 등위를 판정하는 방식에 잘 반영되어 있다. 순위결정에서 하나의 금메달이 수많은 은메달을 능가한다. 동메달은 그 수가 아무리 많더라도 은메달 하나만의 가치보다 못하게 평가된다. 우리는 이와 관련하여 전문가의 평가방식을 앞에서 하나의 연구과제로 제시한 바 있다. 그럼에도 불구하고 그 전문가의 평가도 종국적인 해답은 교육에서 구해야 하며, 더 나아가 교육은 그 전문가의 도움이 없이도 진행될 수 있다는 점을 지적했다.

그 비법을 이해하는 단초는 전문가를 포함하여 모든 사람들이 수도계의 실제적인 상황과 맥락에서 봉착하는 문제나 과제를 수행하고 실습하게 되며, 그 과정에서 자연스럽게 자신이나 타인의 품위를 판단하고 있다는 보편적인 사실을 먼저 시인하는 것이다. 그 판단의 기준은 무엇인가? 그 해답은 해당 수도계와 관련하여 우리 각자가 지니고 있는 현재의 품위이다. 개인은 그가 가진 품위를 그릇된 것으로 자각하지 않는 한, 혹은 그보다 나은 품위를 갖기 전에는 그것을 당분간 옳은 것으로 믿는다. 이처럼 자신의 품위에 대한 헌신과 열정을 가지고 그것을 가치기준으로 적용하는 태도를 보이는 사람은 적어도 두 가지 문제를 지니고 있다. 첫째,

---

검증할 수 있는 방법은 아직 발견되지 않았다. 이전의 것보다 상대적으로 더 나은 지식이 있을 뿐이다. 그런데 대부분의 사람들이 특정한 주장이나 명제를 옳다거나 혹은 그르다고 판단하는 것은 그것이 소속한 이론적 맥락에 대해 검토하지 않고, 단지 특정한 부분을 임의적인 맥락에 의해 쉽게 규정해 버리기 때문이다.

자신의 품위가 지닌 한계를 모른다는 점에서 역설적으로 불완전하다고 할 수 있다. 둘째, 자신의 현재의 품위에 일치하는지 여부에 의해서 옳다거나 그르다는 판단을 함으로써 이분법적 오류를 범한다.

자체만으로도 이미 횡포를 저지르는 그런 그릇된 평가는 교육에서 결코 용납될 수 없다.[9] 완전한 사람은 존재할 수 없다. 그것은 아직 실현된 적이 없기 때문에 어떤 품위도 개정과 수정으로부터 자유로울 수 없다. 품위는 한 단계에서 완성될 수는 있어도 완전할 수는 없다. 우리가 겨우 자신 있게 평가할 수 있는 부분은 더 높은 품위와 더 낮은 품위일 뿐이다. 개인은 항상 자신의 부족함을 느끼고 보다 높은 품위에 이르는 도정에 있다. 그럼에도 불구하고 우리가 품위의 평가에서 그 절대성을 주장하는 것은 대부분 기본적인 사실에 대한 이해의 결여에 기인한다. 이와 관련하여 교육이 개입해야 할 부분은 바로 그 오류에서 해방하는 실천이다. 그렇다면 우리 각자는 교육 주체로서 어떻게 그 난관을 거치고 그런 갈등의 문제를 해결할 수 있는가?

우리는 이제까지 수도계의 관행과 교육의 편성은 서로 독립적인 것임을 초지일관 살폈다. 품위를 평가함에 있어서 두 가지 상이한 가치론적 입장이 적용될 수 있다. 하나는 품위가 얼마나 교육을 위한 도구로서 가치를 갖는가 하는 것이고, 다른 하나는 그 반대, 즉 교육이 품위를 향상시키는 도구로서 얼마나 공헌하느냐 하는 부분이다. 전자는 교육여건의 평가라는 항목에 소속되며, 후자는 교육의 기능에 대한 평가의 항목에 소속된다고 볼 수 있다. 앞 절(9.4)에서 논의되었듯이 경우에 따라서 이 양자 사이에는 갈등과 협력이라는 과제가 제기된다. 그 본위의 선택에 따라 서로 수단과 목적이라는 위치를 차지하는 이런 판단이 교육의 과정에서 어떤 방식으로 요구되고 어떻게 그 정당화의 문제가 해결되는지를 이제부터 점검해 보기로 하자.

교육적인 삶은 품위의 수준에 관계없이 언제 어디서나 그 내재율에 성

---

9) 우리는 앞에서 이제까지의 '교육평가'가 그런 오류를 범해 온 역설을 지적한 바 있다.

실하게 따르려는 모든 사람들에게 열려 있다. 품위의 차이 안에서 교육의 놀이가 이루어진다. 우리는 각자 자신이 상구한 것만큼 하화할 수 있다. 상구할 필요가 없을 만큼 높은 품위를 가진 사람도 없으며, 하화할 여지가 없을 만큼 낮은 품위의 소유자도 없다. 자연인 '갑'과 '을'이 교육의 놀이에 진입할 때 해결해야 할 첫 번째 과제는 그들 가운데 어느 편이 제자로서 상구하고 어느 편이 스승으로서 하화해야 할지를 결정하는 것이다. 여기에 적용되는 기본적인 내재율은 선진이 하화하고 후진이 상구하는 특별한 조합이다. 이 때문에 그들의 교육적 관계는 당장 품위의 선후에 대한 판단을 전제한다.

여기에서 미묘한 자체의 연관성이 개재한다. 그것은 그런 전제사항으로서의 판단과 그 옳고 그름에 대한 증거에 따르는 문제를 교육 자체가 해결하는 특별한 장치가 내장되어 있다는 점이다. 이는 언뜻 보기에 논리적인 딜레마처럼 보인다. 그것을 어떻게 해결할 것인가? 그 해결의 절차는 이렇다. '갑'과 '을'은 교육적 교섭에 들어가기 전에 그들 사이의 품위상의 우열에 대한 가정을 한다. 그 가운데 선진으로 가정된 사람이 스승의 위치에서 하화교육에 임하며, 후진으로 가정된 사람이 제자로서 상구교육에 임한다. 그러나 그 가정은 처음에 판단한 것 그대로 굳어지는 것이 아니라 계속 검증의 절차를 거친다. 교육의 내재율에 따라 점차 제자의 품위를 스승의 것으로 한 단계씩 끌어올리는 과정을 거친다. 만약 그런 관계가 그대로 유지된다면 애초의 가정이 옳은 것이라는 근거가 성립한다. 말하자면, 교육적 관계를 성립시키는 선진과 후진에 대한 1차적인 가정이 그 관계의 지속에 의해서 2차적으로 확인된다.

그렇다면 그 1차적 가정을 잠정적으로 내릴 수 있는 정보나 단서를 어디에서 찾을 것인가? 그 예단의 방법은 그 자체로서 앞으로 우리가 연구를 해야 할 흥미 있는 주제이다. 먼저 지적할 수 있는 것은 그 단서를 찾는 데 있어서 전문적인 방법만을 연상할 필요는 없다는 점이다. 교육이 제대로 된 경우라면, 이 실제적인 과제가 사실상 어떤 방식으로든 해결된 것으로 추정할 수 있다. 본 절의 말미에 연구의 과제로 제시하겠지만, 이미 그 방면에서 이미 역사적으로 사용되었거나 일상의 주변에서 사용되고 있는 사례는 너무도 흔하다. 그것들을 조사하면, 그에 대한 해답을 아마도 쉽게 찾을 수 있을 것으로 본다. 그 점은 차츰 밝혀질 사실로 남겨두고, 논의의 전개를 위해서 당분간 두 가지 경우, 즉 주어진 정보를 활용하는 방법과 교육 주체 스스로가 발견하는 방법을 나누어 생각해 보기로 한다.

각종의 수도계는 통상 그 나름의 기준에 의해서 각종 경연과 발표회를 거쳐서 해당 품위의 위계를 인가하는 공식적인 제도를 가지고 있다. 학문계에서 부여하는 학위, 예술분야에서의 경연활동의 실적, 각종 분야에서 정례적으로 분류되는 급수 등이 여기에 속한다. 그것을 참고하여 선진과 후진을 당분간 가정할 수 있다. 그 이외에도 다른 정보를 활용할 길이 있다. 우리 주변에는 선진과 후진, 혹은 스승과 제자로 불리는 관계를 맺고 있는 사람들이 많다. 이들은 교육 주체가 자신이 가진 품위의 위치를 연대적으로 유추할 수 있는 근거가 된다. 가령 교육 주체에게 이미 알려진 선진이 있다고 한다면, 그 선진의 선진은 일단 그의 선진으로 간주해도 무방할 것이다. 그 역방향으로 교육 주체에게 알려진 후진의 후진은 그 주체보다 후진일 가능성이 많다.

교육 주체는 이런 간접적인 정보에 의존하기보다는 직접적인 접촉을 통해서 미품으로서의 선진적 이질성과 과품으로서의 후진적 이질성을 직관적으로 수집하거나 판단할 수도 있을 것이다. 가령, 앞에서 각 개인이 자신의 현품을 기준으로 타인 혹은 우리 주변의 사태를 평가한다는 점을 지적했는데, 그 평가기준의 상대성이 바로 선진과 후진을 가르는 중요한 단서가 될 수도 있을 것이다. 한 교육 주체가 쉽게 풀 수 있는 문제를 어렵다고 생각하거나 혹은 이미 오답임을 알게 된 지식을 아직도 정답으로 믿고 있는 사람이 있다면, 그는 그 주체의 후진일 가능성이 많다. 반대로, 어떤 교육 주체가 끙끙거리고 해결하지 못하는 문제를 쉽게 해결하는 사람은 그의 선진일 가능성이 높다. 후진은 선진의 품위를 아직 경험한 바 없지만, 선진은 후진의 현품을 과거의 품위로서 이미 경험했기 때문에 그 판단에서 더 유리한 것은 교육 주체가 후진일 경우보다 선진일 경우일 것이다.

어느 방법에 의한 예단이든 앞으로 교육을 진행하면서 검증되어야 할 가정에 불과한 것이기 때문에 그것이 꼭 맞아야만 한다는 부담을 가질 필요는 없다. 그 예단의 타당성은 교육의 진행에 의해서 점차 검증받는다. 그 진행이란 다름이 아니라 교육의 내재율에 충실하게 따르는 것을 의미한다. 선진과 후진은 수도계적으로는 비대칭적이지만, 그들이 서로를 상대로 하는 교육으로 태도를 전환하는 경우, 즉 스승과 제자라는 교육적 관계로 만나는 경우에는 상호 조화와 균형 그리고 대칭성을 유지할 수 있다. 교육적 관계가 성립하기 위해서는 제자는 자리 · 혁신 · 존현 · 순차 · 자조 · 자증의 내재율을 따라야 하며, 다른 한편으로 스승은 이타 · 보수 · 존우 · 역차 · 원조 · 타증의 내재율을 따라야 한다. 이 점은 제 1장(1.4)과 제 3장(3.4)의 주제로서 이미 다루어진 바 있지만, 그 제반 내재율 가운데서도 본 절의 주제인 품위의 평가와 관련하여 특별히 주목해야 할 것은 순차와 역차의 조화, 그리고 자증과 타증의 조화이다. 따라서 여기서는 그 부분만을 좀 더 논의하기로 한다.

우리는 제 2장에서 수도계의 품위를 평가할 때, 그 가치적용의 우선순위를 놓고 수도계의 내재적 가치와 교육계의 내재적 가치가 다르며, 따라서 서로 상충할 수도 있다는 점을 살폈다. 수도계의 저급한 품위가 고급한 품위에 비해 교육소재의 측면에서 더 높은 가치를 가질 수 있기 때문에 품위를 그 높이에 비중을 두어 평가하게 되면, 교육의 소재로서의 가치는 그만큼 손상될 위험에 처하게 된다. 그것이 바로 '교육의 여건'이라는 범주 안에서 품위의 가치를 평가할 때 특별히 유의해야 할 사항이다. 이제 품위는 교육의 놀이를 증대시키기 위한 수단이라는 관점에서 그 가치가 인정된다. 스승과 제자의 교육적 교섭에서 활동을 원활하게 하고, 몰입이나 만족에 결정적인 영향을 주는 품위가 교육에 있어서 최고의 소재 가치를 갖는다.

교육의 입장에서 품위의 가치는 그 수준의 절대성에 있지 않고, 그것이 얼마나 교육 내재적인 체험을 구현할 수 있느냐에 달려 있다. 각 수준의 품위는 교육다운 체험을 끌어내는 데 이론상 동일한 수준의 가치를 가질 수 있다. 교육활동을 활성화시키고 그 흐름의 체험을 보장하는 품위라면 그 수준에 상관하지 않고 수없이 반복할 만한 교육적 가치를 내포하고 있는 것이다. 여기에서 교육 주체마다의 알맞은 소재의 선택이 필요하다. 작은 몸에는 작은 옷이 알맞고, 큰 몸에는 큰 옷이 알맞다. 이 부분에 해당하는 것이 바로 제자의 차상품이다.[10] 이 때문에 교육적 교섭에서 스승과 제자의 현재의 품위가 현저하게 작용하거나 혹은 어떤 외재하는 가치기준에 일치하도록 하는 요구하는 것은 바람직하지 못하다.

결과 중심의 '학교교육'은 그런 단순한 교육의 내재율을 흔히 간과한다. 양미경(2005a)은 학교에서 커리큘럼을 통일시키고 표준화된 시험에 연결시키는 것은 활용 가능한 소재의 종류를 제한하며, 개인차에 부응한 교육이 일어날 기회를 축소시키는 결과가 된다고 비판한다. 아울러 학생들이 보이는 오류 · 미달 · 차이 · 이탈 등이 극복되어야 할 결함으로 간주되기보다는, 계속적인 교육적 성장과 변형이 이루어지기 위해 필수적으로 요청되는 조건이라는 의미로 재해석될 필요가 있음을 주장한다. 다른 한편, 한수연(2006c)은 '예술교육'에서의 평가 기준이 주로 그 예술적 수월성에 두고 있음을 우려한다. 수월성 중심의 예술교육에서 교육은 높은 수준의 예술적 품위를 얻기 위한 준비나 수단으로 간주된다. 이런 상황에서 학생들은 충분한 성숙의 시간을 갖고, 자기 나름의 수준에서 예술을 체험하기보다는, 누구보다 빨리 그 수준을 따라잡을 수 있는지의 여부에만 관심을

---

10) 상구활동에서 외적 보상과는 별개로 그것 자체에 만족하면서 몰입하게 하는 경험적 조건은 이른바 '몰류의 경험(flow experience)'이다(Csikszentmihalyi, 1988, 1990). 교육본위론에서 '차상품'을 교육의 소재로 삼는다는 점은 그 점을 고려한 것이다. 이런 사실은 몬테소리(M. Montessory, 1912)의 '민감한 시기(sensitive period)', 듀이(J. Dewey, 1916)의 '가시목표(end-in-view)', 피아제(J. Piaget, 1969)의 '최적의 불균형(optimal disequilibrium)', 비고츠키(L. S. Vitgotsky, 1978)의 '근접발달영역(zone of proximal development)', 콜버그(L. Kohlberg, 1969)의 '한 단계 위(one stage above: +1)', 데시와 라이언(E. L. Deci & R. M. Ryan, 1985)의 '적정한 수준의 부조화(optimal level of mismatch)' 등의 다양한 개념에 의해서 우리에게 널리 알려진 바 있다.

기울이며, 따라서 상구교육 그 자체로서 보람이 박탈된다는 것이다.

교육의 소재로서의 가치는 부귀영화를 얻는 세속적 출세나 더 높은 경지에 도달하려는 수도계의 생리에 따라 서로 경쟁하는 것과는 다르다. 더 나아가 사회적 인정이나 물질적 보상을 전제로 이루어지는 품위의 평가는 그 어느 경우나 그 소재를 규정하는 조건인 교육의 내재적 가치를 왜곡시킬 위험성을 갖는다. 따라서 그런 외재적 목적이 부각되는 상황, 예컨대 통상 선발시험의 경우처럼 교육의 결과를 외부에 공개하거나 보고하는 다른 목적을 위한 평가의 상황에서는 그 소재로서의 품위가 옳게 측정될 수 없다는 점을 각별히 고려해야 한다.

교육소재로서 품위를 평가하는 진정한 이유는 마치 병원에서 의사와 환자, 송사에서의 변호사와 피고, 그리고 고해성사에서의 신부와 신도의 경우처럼 교육을 시작할 정확한 위치를 파악하려는 것이다. 상구자인 제자의 입장에서는 자신의 과오나 결점을 스승에게 그대로 드러내어 지도를 요청할 수 있어야 한다. 다른 한편, 하화자인 스승은 제자의 과오가 드러나는 것을 허용하는 분위기를 조성하는 것이 옳다. 학교에서 실시해 왔던 평가의 관행에서 거의 도외시된 이런 고유한 조건은 진정한 의미의 교육의 평가체제를 확립함에 있어서 반드시 보완되어야 할 점이다.[11] 이론상 차상품은 제자가 위치한 현재의 품위의 다음 단계에 속한다. 이 때문에 교육 주체는 자신의 품위와 같다고 해서 옳다거나 혹은 자신의 품위와 다르다고 해서 그르다고 판단해서는 안 된다. 스승의 품위를 기준으로 제자를 평가하는 것은 너무도 가혹하다. 그렇다고 해서 제자의 현품에 그대로 순응하는 것도 성립되지 않는다.

경험의 연접지대로서 차상품은 그 특성상 그것이 교육 주체와 무관하게 규정될 수 없다. 뿐만 아니라 그 수준은 고정된 것이 아니라 교육이 진행되어 감에 따라 유동적으로 변하기 때문에 그 소재에 대한 끊임없는

11) 독자는 이 부분이 앞 절(9.5)에서 수행평가와 관련하여 언급된 것을 기억할 것이다. 여기서는 그 평가의 타당성을 검증하는 방법으로서 교육이 개재할 수 있음을 살피고 있다.

재검토와 주시가 불가피하다. 교육의 소재는 잘 선택되었는가? 어떻게 알맞은 짝을 지워주어야 하는가? 이에 대한 해답을 찾는 일은 교육활동의 과정에서 모든 교육 주체가 어떤 방식으로든 해결해야 하는 가장 까다로운 과제로 등장한다. 그 과제를 수행할 수 있는 전문적인 연구는 아직 부진한 편이다. 우리는 앞 절(8.5)에서 그 차상품의 평가에 관한 전문적인 연구가 필요함을 지적하면서, 그 단초가 될 만한 것으로서 아동이 가진 구조와 오류에 주목하는 피아제 계열의 임상적 방법과, 근접 발달 영역의 개념과 더불어 발전의 역동성에 비중을 두는 비고츠키 계열의 평가방법을 참고할 수 있음을 지적하였다. 양미경(2003b)은 학생들이 일차방정식을 푸는 데 있어서 범하는 오류의 유형을 발견하기 위해서 사고 과정에 대한 스스로의 설명, '소리내어 사고하기(think aloud)', 답안지의 분석 및 면담 등의 방법을 활용할 수 있었음을 보고하였다. 그 이외의 다양한 방법들이 고안될 수 있을 것이다.

그러나 교육은 앞서 지적한 전문적인 방법이 강구될 시점까지 연기될 수도 없을 뿐만 아니라 그 방법을 습득해야만 교육의 주체로서 자격을 갖는 것도 아니다. 알맞은 소재를 찾고 활용하는 것 자체가 교육활동의 일부를 구성한다. 이 때문에 우리는 보다 쉽고 실제적인 방법에 대한 해답을 구해야 한다. 실제는 이론적 논의와는 차이가 있다. 이론에서는 스승이 제자의 현품을 발견하고, 그 다음 단계의 것에 소재의 가치를 부여하는 것으로 되어 있지만, 실제에서 그런 판단을 할 수 있을 정도로 그 품위의 위계에 대한 지식이 확립된 경우는 드물다. 그 부분에서 모든 교육 주체가 어떤 지식을 예비하고 있기를 기대할 수도 없다. 그런 상황에서 그에 대한 판단은 언제나 임기응변과 시행착오를 벗어나기 어렵다. 그 실제적인 방법의 원칙을 상구자의 편과 하화자의 편으로 나누어 예시해 보기로 하겠다.

상구자로서 제자는 우선 일시에 선진인 스승의 품위 혹은 최선의 품위에 도달한다는 생각을 버려야 한다. 그가 현재로서 도달할 수 있는 품위는 항상 차선의 것이며, 그것을 발견하는 원칙은 활쏘기의 알맞은 과녁을 설정하는 원칙과 거의 일치한다. 그것이 너무 멀리 설정되어 있으면, 그것을 맞출 성공확률이 낮기 때문에 더 가깝게 다가서야 할 것이며, 너무 가깝게 설정되면, 도전의 의미가 없기 때문에 뒤로 물러서야 할 것이다. 그 어중간한 거리를 인식의 과제로 표현한다면, 반신반의, 알쏭달쏭함, 아이러니, 패러독스, 알맞은 갈등의 상황이라고 해야 할지 모르겠다. 그 거리가 상구교육에 열중할 수 있는 최고의 소재가치를 보장한다.

다른 한편, 하화자로서 스승은 자신이 가진 현재의 품위를 당장 제자가 성취할 수 있다는 기대를 일단 접어두어야 한다. 그보다는 자신이 현품을 얻기까지 어떤 단계를 거쳤는지를 되돌아보는 것이 옳다.[12] 그런 회고가 도달할 지점은 제자의 차상품이다. 여러 수준의 과제를 제시할 때 제자가 보이는 반응을 통해 그 지점을 쉽게 짐작할 수 있다. 과제에 대해서 눈살을 찌푸리거나, 당혹한 표정을 짓는다면 도전하기에는 너무 수준이 높은 미품에 해당할 가능성이 많으며, 반대로 지루한 표정을 짓거나, 침묵한다면 이미 성취한 것이기 때문에 매력을 잃은 과품에 해당할 가능성이 많다. 차상품의 과제가 제시되었을 때 제자는 특별한 흥미나 집중의 태도를 보일 것이다.

이런 시행착오의 과정을 거쳐서 알맞은 수준의 품위가 소재로 선택된 다음에는 여타의 내재율에 따라 교육이 진행되어야 한다. 습득의 확률이 가장 높은 것이 바로 차상품이다. 만일 이에 성공한다면 평가의 측면에서 매우 주목할 만한 일이 벌어진다. 우리는 각자가 자신의 현품에 비추어 자신과 타인의 품위를 평가한다는 점을 지적했고, 그런 경우 후진이 선진을 평가하는 것이 부당하다는 문제점을 지적했다. 그런데 이제 그 문제점이 교육적 교섭을 통해서 해결된 것이다. 후진인 제자는 자신의 품위를 개선하였고, 선진인 스승은 그 개선에 도움을 주었다. 이 때문에 체험을

---

12) 그 계산이 어려우면 스승은 제자의 품위에서 현재 자신이 지닌 품위에 오르기까지 몇 년의 상구교육이 필요했는지를 생각해 보는 것이 좋을 것이다. 10년이 걸렸다면, 제자에게도 그 정도의 상구교육이 요구된다고 보아야 할 것이다. 그 많은 세월의 시련을 무시하고 제자의 품위를 단번에 자신의 품위에까지 올릴 수 있는 비결이 과연 있을 수 있는가!

통해서 그 교육적 교섭 이전의 품위와 교육 이후의 품위의 대비와 선택이 이루어질 수 있는 근거를 갖게 된다. 그것이 바로 바로 '자증'과 '타증'의 내재율에 해당한다.

자증의 내재율은 이렇다. 품위의 정당한 평가는 그것을 실현하고 체득한 범위 내에서만 가능하기 때문에 제자는 스승의 품위를 자신의 품위에 비추어 평가해서는 안 된다. 선진품위의 평가는 결국 그것을 획득한 상태에서만 가능하다. 제자는 적어도 현재의 품위보다 한층 더 높은 품위를 획득함으로써만 전자의 어리석음과 후자의 고귀함을 스스로 깨달을 수 있다. 그는 스스로 이룩한 진도의 상대적인 비교에 의해서 마음속으로부터 자신의 품위가 더 높은 수준의 것으로 발전하고 있다는 사실을 확신할 수 있다. 더불어 그는 스승이 자신의 수행에 첨가했던 품위에 대한 피드백과 평가, 그리고 그에 준한 지도와 조언이 왜 정당한 것이었는가를 뒤늦게 이해하고 그것에 마음으로부터 우러나오는 찬의를 보이게 되는 것이다.[13]

이에 대응하는 타증의 내재율은 이렇다. 선진의 품위는 후진에게 아직 납득되기 어렵기 때문에 스승은 제자의 품위를 자신의 품위에 비추어 무조건 평가하는 것을 당분간 보류해야 한다. 제자는 아직 그런 높은 품위 수준의 평가를 정당한 것으로 받아들일 준비가 되어 있지 않다. 그가 정당하게 자신의 품위를 평가할 수 있는 능력을 갖도록 돕는 가장 확실한 방법은 가능한 범위 안에서 그를 자신의 품위수준에 가깝게 올려주는 것이다. 그렇게 함으로써 점차 제자로 하여금 자신의 품위와 그에 따른 평가가 제자 자신의 것보다는 우위임을 입증할 수 있는 증거의 토대를 구축하는 셈이다.

그런데 앞에서 묘사한 교육의 과정은 한 단계의 품위를 소재로 하는 교육에 해당한다. 어느 수준의 품위를 소재로 하든지 간에 교육활동은 제자

---

13) 이 부분을 가장 잘 대변할 수 있는 용어가 ≪맹자≫에서 나오는 '심열성복(心悅誠服)'이다.

의 현재의 품위에서 시작하여 다음 품위에 진입하는 것을 반복하는 과정이 진행되며, 이에 따라 차상품은 점차 상향으로 이동하면서 변한다. 이런 교육적 시숙의 과정이 잘 이루어진 경우, 우리가 앞에서 교육적 관계를 규정할 때 가정했던 스승과 제자 사이의 품위의 차이에 대한 애초의 잠정적인 가정이 정당했음이 최종적으로 판명된다. 스승의 품위에 대한 제자의 진정한 이해나 그 평가기준에 대한 합의는 제자가 점차 스승과 동일한 품위에 이르렀을 때 비로소 이루어질 수 있다.

이처럼 자증과 타증이 병행함으로써 품위의 위계와 차이에 대한 보편적 타당성이 더욱 확실하게 입증된다. 만약 스승과 제자 사이에 품위의 확장과 나눔에 따른 공환의 요소가 배제된다면, 교육이 제대로 이루어졌다고 볼 수 없다. 품위의 향상이라는 이런 독특한 결과는 교육의 과정에서 얻어진 성과이며, 따라서 그 부분만큼 교육의 기능으로 치부될 수 있다. 그 성과는 적어도 두 가지 점에서 기능주의적 교육관에 터한 교육의 성과와 다른 점이 있다. 그 하나는 그 성과가 행동의 평가처럼 외부에서 그 기준이 부여되고 그것에 맹목적으로 묵종하는 반응을 강요하는 사태와 크게 대조된다는 점이고, 다른 하나는 그 성과를 가져오게 하는 교육의 정체가 기능주의적 교육관에서처럼 개방되어 있는 것이 아니라 한정되어 있다는 점이다.

이제까지 교육본위론에서 지칭하는 교육의 과정은 품위라는 실재의 체득에 의한 파악, 그에 대한 가치부여, 그리고 사실과 가치부여에 대한 정당화에 긴밀하게 관여함을 살폈다. 그런데 그 해법의 중요한 조건은 교육의 내재율을 따라야 한다는 점이다. 그 조건을 만족시키는 것은 쉬운 일이 아니다. 우리는 그 만족의 정도를 구분하기 위해서 교육의 품위를 가정한 바 있다. 수도계의 높은 품위에서 낮은 수준의 교육이 일어날 수 있고, 반대로 수도계의 낮은 품위에서 높은 수준의 교육이 일어날 수 있다. 모든 교육적 교섭이 반드시 높은 교육의 품위에서 진행되고 있다는 보장은 없다. 그렇다면 교육의 과정에서 교육의 품위를 평가하고 점검하는 것도 간과해서는 안 될 중요한 사안이다.

교육품위에 대한 평가는 스승과 제자가 서로의 교육적 교섭을 조율하는 데 불가피한 요소이다. 상구자인 제자가 하화자인 스승의 하화에 대해서, 그리고 하화자인 스승이 상구자인 제자의 상구에 대해서 교육의 파트너로서 상대의 활동을 평가할 수 있다. 혹은 반대로 스승 편에서 자신의 하화가 제자의 상구에 얼마나 도움을 주는지를 자성하고, 제자 편에서 자신의 상구가 얼마나 스승의 하화에 공헌하는지를 살필 수도 있다. 상구교육과 하화교육은 각각의 내재율에 따라 서로 상보하는가? 그 문제점은 무엇인가? 교육이 진행되는 동안 이런 질문들을 제기하고 지속적인 검토를 함으로써만 협동교육이 원만하게 진행될 수 있을 것이다.

이처럼 스승과 제자가 상대의 교육활동을 반사시켜 주는 거울의 몫을 수행하는 과정에서 평가자들 사이에 자연스럽게 그 평가기준이 불일치하는 경우도 있을 것이다(최성욱·신기현, 1999). 예컨대, 제자는 자신의 상구활동에 후한 평가를 하는 데 스승은 낮게 평가한다든지, 스승은 자신의 하화활동을 만족스럽게 여기는데 제자가 그에 대해 비판적인 시각에서 낮게 평가하는 경우가 발생할 수 있다. 각각이 가진 교육의 품위가 그 평가의 기준으로 적용됨으로써 비롯하는 이런 불일치가 방치되는 경우에 그 교육적 관계의 유지에 큰 장애를 줄 수 있다(김지현, 2003). 이 경우 역시 교육을 통해서 그 각각의 우열을 입증하고 정당화할 수 있다. 다만 여기에서 더욱 특수하게 유의해야 할 것이 있다면, 그 소재가 바로 교육의 품위라는 점이다.

우리는 제 8장에서 특수메타교육을 논의한 바 있다. 이것은 교육의 과정에서 1차적 소재와 2차적 소재가 동시에 작용하는 경우를 말하는 것으로서, 후자는 바로 교육 자체의 품위를 지칭하였다. 1차적 소재를 기준으로 볼 때, 그 제자의 상구품위가 높고 그 스승의 하화품위가 높다는 보장은 없다. 이 경우, 2차적 소재인 교육의 품위에 대한 평가의 갈등은 그것을 소재로 하는 새로운 스승과 제자라는 관계에 의해서 점차 해소될 수 있다.[14] 1차적 소재

14) 특수메타교육의 스승과 제자의 자격은 교육의 품위에 의해서 결정된다. 따라서 동일한

가 되는 스승의 품위에 대한 평가를 내리는 것은 잘못이지만, 그것을 소재로 진행하는 스승의 하화에 대한 평가는 가능하다. 가령, 제자가 품위를 순차적으로 상구하기를 원하는데 스승이 여기에 호응하지 못한다거나 반대로 스승이 역차의 내재율에 일치하려고 하는데 제자는 성급하게 스승의 품위에 직접 도달하려고 할 경우, 상대에게 문제를 제기하고 합당한 호응을 요구할 수 있다. 그런 다른 노선의 교육적 교섭의 병행은 교육의 품위 향상을 위한 수단이자 그것을 평가하는 방법과 그 방법을 정당화하는 방법이 된다.

인간이 여타의 동물들과 구분되는 특징은 가치를 추구한다는 점에서 인간성을 단지 수단이나 기능의 관점에서만 보는 것은 인간의 고유한 측면을 간과한다. 품위는 바로 그 인간의 고유한 측면을 드러내기 위해서 도입된 개념이다. 인류의 발전은 그 품위의 발전과 그것을 제대로 평가할 수 있는 방법의 선택에 의해서 가능하였다고 해도 과언이 아닐 것이다. 교육은 바로 그러한 비법을 품고 있다. 제대로 된 교육은 품위를 확장하고 공유하는 데 그치지 않고, 그 품위의 평가를 정당화하는 가장 보편적인 수단이다. 그 사실이 오랜 역사 속에 작용해 왔고, 현존하는 우리 주변의 생활 속에 늘 일어나고 있지만, 유감스럽게도 그 부분을 밝히는 연구가 아직 많지 않다. 그런 일이 너무도 당연한 사실이라는 것, 혹은 그것을 포착하는 개념의 부재가 그 이유인지도 모르겠다.

교육본위론이 취한 새로운 시각은 이전에 흔히 간과했던 사실을 드러내는 데 공헌할 수 있다. 교육의 과정이 품위의 평가를 정당화하는 방책으로 작용해 왔다는 점과 관련하여 장상호(1999, 2000b, 2009)는 교육의 전형을 삶에 실현한 것으로 알려진 4대 스승들에 주목하였다. 석가는 '해탈에 의한 생노병사의 문제해결'을, 공자는 '수신제가치국평천하'를, 소크라테스는 '세계에 대한 올바른 인식'을, 그리고 마지막으로 예수는 '하늘나

---

개인 혹은 집단을 상대로 이루어지는 1차적 소재와 2차적 소재의 교육은 결국 교류교육의 형식을 취할 것이다.

라에의 진입'을 꾀했다. 그들은 상구교육을 통해서 당시까지 높은 품위를 실현하였으나, 당시의 사람들이 그들을 쉽게 이해할 수 없다는 문제에 봉착했었다. 그 높은 품위를 그들에게 인정받는 방법으로 택한 것이 바로 그들의 하화이다. 여기에서 그들이 택한 교육은 예외 없이 사회화, 문화화, 교조화 혹은 여타의 제반 행동통제와는 전혀 다른 교육의 고유한 내재율에 충실히 따랐다는 점이다. 그것을 이탈할 때 어떤 일이 벌어지며, 그에 따른 대가가 무엇인지를 그들은 익히 알았고 또한 경험했기 때문에, 메타교육을 병행하는 것이 필연적인 일이였음이 밝혀졌다.

최성욱·신기현(2000)은 교육본위론의 관점에서 판소리의 전승을 연구하는 과정에서 성창순이 스승인 정응민을 어떻게 달리 평가하게 되는지를 보이는 흥미로운 사실에 주목한 바 있다. 교육적 관계가 성립되던 초기에 서편제 소리에 익숙했던 성창순의 귀에는 동편제에 가까운 정응민의 보성소리는 그야말로 낯설고 조악하게 들렸다. 그러나 성창순의 상구과정이 도를 더해감에 따라 처음의 느낌은 점차 사라지고, 스승의 소리가 대가의 경지라는 사실을 스스로 깨닫게 된다(pp. 136-137). 이에 따라 성창순은 스승을 저평가했던 자신을 수치스럽게 여기면서, 전심으로 스승의 품위가 우위임을 인정하고 동시에 그것을 자신과 동일시하게 된다. 이 사실은 다른 한편으로, 제자의 자발적인 체험의 구축을 촉진하여 자신의 품위의 우월성을 입증하고자 노력한 스승의 타증이 실현되었음을 의미하는 것이다.

본 절의 주제에 관한 탐구는 계속되어야 한다. 우선 앞서의 논의가 너무 추상적이고 엉성하다는 점을 인정한다. 예를 들어보자. 논자는 교육적 관계를 성립시킴에 있어서 선진과 후진을 먼저 가리는 1차적 가정의 근거에 대한 언급을 하고, 그 가정이 교육적 교섭을 통해서 용이하게 2차적으로 확인되는 경우만을 다루었다. 1차적 가정이 맞지 않은 경우 어떻게 되는가? 교육적 교섭을 통해서 품위의 우열을 검증하는 데 실패한 경우도 많을 것이다. 그 이유는 내재적인 것인가 혹은 외재적인 것인가? 그 내재적인 요인으로 교육을 진행시킴에 있어서 교육의 소재인 차상품을 발견하는 방법을 몇 가지 제시하였다. 그 방법이 한두 가지일까? 이런 점들에 대해서 더 추론하고 입증할 사례는 우리의 삶에 편재한다. 사실상 우리들 각자가 그런 사례를 매일 만들어 내고 있다. 그것들을 반성하는 것만으로 새로운 사례가 추가적으로 밝혀질 수 있을 것이다. 그 반성을 토대로 더러는 제대로 된 사례를 스스로 구성하고 증명해 낼 수도 있다. 이런 일상을 연구의 성과로 연결시키는 작업이 앞으로 활발하게 전개되어야 할 것이다.

## 9.7 평가의 정당화

인간은 가치를 추구하는 존재다. 가치는 우리의 체험을 통해서 창조되고 적절한 형식으로 표현된다. 그 점에서 어떤 특권이나 특혜가 있을 수 없다. 남녀노소의 구분 없이 누구라도 거침없이 자신의 체험을 발표하는데 주저할 필요가 없다. 수도공동체는 그 품위의 서열을 공증하는 발표회나 경연을 주기적으로 벌이기도 한다. 학문 분야에서는 연구결과를 발표하며, 문학 분야에서는 시나 소설을 창작하여 발표하고, 미술 분야에서 그림을 제작하여 전시하고, 수영분야에서 맨몸으로 물속에 뛰어든다.

또한 인간은 늘 평가하는 존재이다. 남녀노소의 일상에 해당하는 평가의 대상 가운데 상당한 부분을 차지는 것이 수도계적 품위의 외면적인 징후다. 이를 평가할 수 있는 절대적이거나 획일적인 기준이란 현실적으로 존재하기 어렵다. 평가의 장면에는 평가자의 체험이 개입하며, 그 체험이 개별적인 것만큼 그 평가의 결과가 서로 불일치할 것은 당연하다. 같은 대상에 대해서 서로 모순된 평가를 내리는 경우도 비일비재하다. 그런 것들을 미연에 방지하거나 억제하려고 하는 것은 무리이며, 바람직하지도 않다.

이처럼 절대적인 기준이나 획일적 기준이 존재하지 않는다는 사실을 그 평가의 무정부상태를 용인하는 것으로 우려하는 사람들이 많다. 절대주의자들이 상대주의를 공격할 때 흔히 그런 명분을 세운다. 그러나 상대주의란 반드시 서로 갈등하는 기준들을 모두 정당한 것으로 묵인하는 것이 아니다. 이런 입장은 품위의 향상을 꾀하는 수도계의 존재가치 자체를 부정하는 것과 다름없다. 따라서 그것을 용인하지 않는 상대주의자라면 그 개별적인 평가를 서로가 납득할 수 있는 방식으로 조정하고 정당화하는 처방을 제시할 수 있어야 한다.

평가한 결과를 놓고 수시로 갑론을박하며, 때로는 평가의 타당성 자체를 문제 삼을 경우, 그 문제를 어떻게 해결할 것인가? 흔히 택하는 해결방법의 하나는 전문가의 지위나 권위에 의존해서 그들이 결정하거나 강평하는 것을 정당한 것으로 수락하는 것이다. 본 절은 오늘날의 삶에서 만연된 그런 관행의 근원적인 한계와 문제의 심각성을 지적하고, 그 해결의 실마리를 교육에서 찾고자 한다. 다른 세계와 차별화를 꾀하면서 교육을 그 자체의 논리 안에서 자율적으로 설명하려는 노력에서 나온 이런 해결의 열쇠는 교육학이 기존의 제반 평가이론을 한 단계 격상시키는 데 기여할 수 있는 문을 앞으로 활짝 열어줄 것이며, 또한 그 응용의 범위가 점차 확대될 것으로 기대된다. 교육평가의 경우도 물론 그 경우에 해당한다. 그 각각의 가능성을 차례로 검토해 보기로 한다.

오늘날 이른바 실증주의적 검증이 평가의 전문성을 보장하는 중심부를 차지하고 있다. 자연과학의 방법론을 전형으로 받아들인 이 검증방법은 평가의 대상을 주체와 독립되어 있는 외부의 사실로 환원시키고, 그것에 대한 객관적 증거를 구한다. 기본적으로 객관적인 입증이 가능한 부분이 자극과 반응의 관계이다. 그 때문에 특정한 자극조건이 외부로부터 주어지고, 피험자는 이에 대해서 반응하는 평가의 상황이 구성된다. 평가자는 반응의 양태를 주시하여 특정한 평정점수를 부여한다. 표준화검사, 수행평가, 각종 면접 등이 이런 기본형태의 변형이라고 보면 될 것이다.

그 부분에서 주관성이 배제된 각종의 객관적 지표를 도출하는 방법을 찾는 데서 전문가들은 그들의 마지막 보루를 확보하려고 애쓴다. 그 좋은 예가 심리측정이론가들(Anastasi, 1968; Cronbach, 1970)이 우리 생활에 만연된 각종의 표준화검사의 질을 평가하는 지표로서 타당성(validity), 신뢰성(reliability), 객관성(objectivity) 등을 드는 것이다. 그 각각의 지표에 대한 관점의 다양성과 차이가 없는 것은 아니지만, 이들은 각각 측정하고자 하는 대상 혹은 목표에 부합하는 정도, 채택된 검사가 일관된 점수를 제시하는 정도, 그리고 측정과정에 참가한 사람들의 평정이 서로 일치하는 정도를 지칭한다고 말할 수 있을 것이다.

과학의 이름으로 쉽게 눈에 띄는 것들만을 계량화하여 복잡한 양적 지표를 숫자로 환산하고, 그 지수가 높은 것이 좋은 평가이며, 그렇지 못한 것은 평가의 결격사항으로 보는 것이다. 그런 절차나 방법 모두가 다소의 문제들[15]을 포함하고 있지만, 우리의 논의에서 특별히 주목할 부분은 객관성에 대한 집착이다. 흔히 '객관식 검사'라는 말과 더불어 우리에게 깊은 인상을 주는 이런 집착의 명분은 평가자와 피험자 모두의 주관적 판단을 가능한 한 배제한다는 것이다. 이는 평가의 정당성에 대한 논쟁을 종식시키는 전가의 보도처럼 되어버렸다. 오직 이미 검증된 검사가 있으며, 그 점수의 결정과 순위는 자동으로 컴퓨터에 맡겨진다. 이제 대중은 그런 절차가 평가의 공평성을 보장하는 것으로 무조건 수긍하는 태도를 보이는 것이 현실이다.

객관적 증거가 공평한 평가를 보장한다는 이런 생각은 평가 자체의 본질을 제대로 이해하지 못한 데서 기인한 것이다. 그런 구실과 적응방식은 평가의 정당성과 관련하여 당당히 해결해야 할 문제를 엉뚱한 기준을 내세워 은폐하고 회피한다는 비판을 모면하기 어렵다. 주관이 개입되지 않은 평가란 사실상 존재할 수 없다. 평가도구의 제작 단계에 모종의 정답과 오답이라는 주관이 이미 들어가 있다.[16] 신뢰할 만한 다양한 증거를

---

15) 검사에서의 타당성은 숲보다는 나무에 주목하는 극히 미시적인 측면만을 고려한다. 예컨대, 교육평가의 경우 그 대상이 교육이어야 한다는 거시적 요청이 얼마나 무시되고 있는지는 이미 앞에서 검토된 바 있다. 신뢰도의 경우에도 평가대상의 고유성과 평가지표 사이에 모순이 있는 경우가 많다. 기능주의적 교육관을 따르더라도 교육은 행동의 변화와 관련되어 있다. 그런데 검사의 시간적 일관성에 비중을 두는 신뢰도는 그런 변화 자체를 '오차변량(error variance)'으로 간주한다.

수집하는 일은 중요하지만, 그 자료 확보와 그것에 관한 판단은 구분되어야 하며, 그 판단은 언제나 직관적이며 주관적이라는 사실을 인정해야 한다. 어떤 것의 증거가 되느냐 안 되느냐 혹은 그 증거가 좋은 것이냐 아니냐를 판단하는 것 역시 주관이다. 전문적인 평가에서 강조된 객관성이란 사실상 주관성의 은폐수단에 불과하다. 따지고 들면, 그 은폐된 주관적 판단이 남의 것이냐 혹은 나의 것이냐 하는 차이가 있을 뿐이다.

여기에서 객관성을 내세워 일견 해결된 것으로 보였던 문제가 다시 제기된다. 그 객관식 검사의 배후에 작용하고 있는 주관은 어떤 것인가? 평가에서 누구의 주관이 더 정당한가? 주관의 갈등은 어떻게 해소될 수 있는가? 이런 난점은 한 동안 실증주의적 방법을 따라왔던 자연과학적 지식의 검증에서도 제기되고 있다. 어떤 현상에 대한 가설을 검증하는 실험을 수행하고, 모든 사람들이 관찰에 의해서 동의할 수 있는 것으로서의 객관성을 지닌 보고서를 작성하는 일이 남는다. 그런데 그 타당성에 대한 판단근거는 경험주의자들이 생각하듯이 지식과 그것에 대응하는 세계 간의 일치가 아니라는 점이 점차 드러났다(Maturana & Varela, 1987; Rorty, 1997). 단순히 관찰하는 것이 중요한 것이 아니라 관찰을 하는 방식이 중요하며, 읽는 것이 중요한 것이 아니라 그것을 해석하는 방식이 중요하다(Hanson, 1961; Kuhn, 1970). 그런데 평가의 대상이 되는 지식은 바로 그 후자에 속한다. 따라서 오직 객관적 검증방법에 의존해서 지식수준을 검증한다는 것이 사실상 불가능하다.

평가자의 주관에 따라 동일한 객관적 사실에 대해서 서로 다른 판단을 하는 것을 피할 수 없다. 요즘은 좀 더 세련된 대체용어가 이처럼 평가에 개입된 주관적인 측면을 재인식시키는 데 유용하게 쓰이고 있다. 그것은

16) 평가의 혼란을 줄이기 위해서 학교에서 정답은 교과서를 근거로 하나로 규정된다. 그에 대한 주관적이고 다양한 해석은 권장되지 않는다. 학생이 알고 있는 그대로의 생각을 쓰기보다는 교과서의 내용을 얼마나 암기하고 정확히 기억해 내는가에 초점이 맞추어져 있다. 이 때문에 혹자는 그 정답이 객관적이라는 생각을 할지 모른다. 그러나 거기에는 교과서 제작자의 독점적 주관이 횡포스럽게 작용하고 있다는 점을 잊어서는 안 될 것이다.

개별적인 주관성 사이의 만남과 교류를 의미하는 '상호주관성(intersubjectivity)'이라는 개념이다. 그러나 새로운 용어의 도입 정도로 문제가 해결된 것은 아니다. 어떤 평가이든지 간에 그것을 받아들이기를 거부하는 한, 아직 타당하다거나 신뢰가 간다거나 혹은 정당하다는 것을 충분히 입증한 것이 아니다. 우리가 어떻게 서로 다른 주관을 일치시킬 수 있는가? 맹목적이고, 무조건적인 상호주관의 합의나 일치조차도 평가가 타당하게 이루어졌다는 증거로 내세울 수는 없다.

수도계의 품위를 식별하고 평가할 때, 바로 그런 부분이 적어도 실증주의자들의 주관에만 의존할 수 없는 취약점이다. 모든 수도계의 내부에서 그 대안을 찾는 수도 있을 것이다. 수도계의 품위는 오직 그것을 체득한 사람만이 감식할 수 있다. 그 조건을 보장하는 방법이 통상 깨달음에 호소하는 것이다. 품위의 위계는 대개 넓은 저층과 좁은 상층을 가진 피라미드의 형태로 되어 있다. 보편적이고 객관적이며 절대적인 품위를 상정하는 것은 잘못이다. 품위는 보다 높은 수준으로 나아가기 위한 필요조건 혹은 이정표로서 그 의미를 바라보아야 할 것이다. 더 나은 인간성의 추구가 용인되는 한 언제나 선진의 품위와 후진의 품위가 존재한다. 품위는 낮은 것에 비하면 높고, 그보다 높은 것에 비하면 낮다. 하위 수준에서는 실재적인 것이, 상위 수준에서는 비실재적인 것으로 보인다. 이처럼 수준과 맥락에 따라 품위에 대한 판단의 기준 자체가 끊임없이 재구성된다.

그런데 수도계 내부자에게 평가를 맡기는 이 방안에도 문제가 없는 것은 아니다. 그중 가장 경계해야 할 취약점은 독단적인 주관이 작용할 위험성이다. 그것은 각 수준의 상대적인 품위가 자신의 품위를 다른 품위를 평가하는 절대적 기준으로 사용되는 경우에 발생한다. 앞 절(9.6)에서 지적했듯이 각 개인은 불가피하게 그가 가진 현품을 기준으로 수도계를 평가한다. 여기서 평가기준 사이의 불일치가 노정된다. 후진의 입장에서 참되고, 아름답고, 선한 것이 선진의 입장에서 거짓되고, 추하고, 악한 것일 수 있다. 이처럼 각자 자신의 현품을 기준으로 특정한 상황이나 타인을 이해하고 평가할 때, 선진과 후진의 눈과 귀는 상대에게 마치 거짓으로 증언하는 양상을 띤다. 이처럼 서로 부당하게 보이는 상황을 지칭하기 위해, 논자(장상호, 1991a)는 저압제와 고압제라는 개념을 도입한 바 있다. 저압제는 선진의 품위에 후진의 품위기준이 적용되는 경우이고, 반대로 고압제는 후진의 품위에 선진의 품위기준을 적용하는 경우이다. 이 두 기준이 양보나 양해 없이 동등하게 적용될 때 서로 충돌하는 것은 불가피하다.

다른 수준의 무수한 품위가 평가의 기준으로 작용한다면, 그 수준의 차이만큼 저압제와 고압제가 일어날 위험성이 있다고 볼 수 있다. 우리는 다음의 논의에서 그 수많은 위계 가운데에서 대비의 편의상 다만 두 가지 수준의 품위에 주목하려고 한다. 그 하나는 정상에 가까운 소수의 품위이며, 다른 하나는 주어진 인구 가운데 가장 많은 사람이 소속한 평균의 품위이다. 흔히 전자를 가진 사람을 그 수도계의 전문가, 후자에 속하는 사람을 일반대중이라고 칭한다. 이하에서 평가와 관련하여 그들 사이에 일어나는 두 가지 압제의 상황이 무엇인지를 먼저 간략하게 묘사하고, 그것을 극복할 수 있는 대안으로 어떤 것이 있는지를 논의해 보기로 하자.

특정한 전문가의 수행 혹은 그 평가에 대한 대중의 해석과 평가는 대중이 처한 상황 안에서 존립한다. 이 때문에 그 진가를 파악하는 데에 큰 장애를 받는다. 대중은 평등을 강조하며, 갈등하는 상황의 문제풀이에서 다수결의 원칙을 적용한다. 그 평균적인 사람들의 미숙한 평가기준에 따라 사회적 인정과 존경이 주어지는 풍토는 새로운 수도계를 창도하거나 높은 수준의 품위를 개척한 사람에게 많은 시련을 준다. 역사적으로 학문, 예술, 도덕, 그리고 기타 모든 분야에서 전대미문의 품위를 만들고 그것을 표현한 논문, 예술작품, 공연이 당대에 대중의 지지를 받지 못하고 무시되거나, 심한 경우는 대중의 핍박을 받는 경우가 많았다. 저급의 대중적 지지에 의해서 오늘날 그 우수성을 평가받는 공연예술의 풍습도 저압제의 한 사례이다. 앞에서 논자가 상호주관의 일치가 반드시 평가의 타당성을 입증하는 지표가 될 수 없다고 말한 것은 바로 이 때문이다.

세속계와는 달리, 수도계는 평등보다는 수월성을 지향한다. 능력과 소질이 다른 인간을 모두 똑같이 취급하는 것은 정당하지 않다. 선진의 귀족성이 다수중심의 후진적 지식에 의해서 충분히 인정받지 못하는 일이 일어나서는 안 된다. 수도계는 품위의 차이를 올바로 인정하고, 더 높은 품위의 기준이 그 이하의 것을 통제할 수 있어야 제 모습을 지킬 수 있다. 아직 습득하지 못한 선진의 품위를 후진의 기준에 의해서 평가하는 것은 그 자체로서 부당할 뿐만 아니라 진정한 의미의 수도계의 발전을 저해한다. 이 때문에 수도계에서는 흔히 모든 평가의 상황에서 그 수도계의 정상에 속하는 품위를 평가기준으로 적용함으로써 후진의 자격미달에 대응한다. 그 방안이 교조화, 사회화, 혹은 문화화 등의 다양한 수단을 써서 그 이하의 품위를 그 기준에 무조건 일치시키는 것이다. 기능주의적 교육관은 이 모든 과정을 교육으로 용인한다. 학문공동체에서 인정한 지식의 내용을 교과서에 수록하고 학생의 동의도 없이 '정답'으로 받아들이도록 강요하는 '학교교육'은 그 좋은 예이다.

그런 고압제는 앞에서 지적한 저압제의 경우만큼 많은 문제를 동반한다. 아직 정당하게 평가할 수 있는 능력을 갖추지 못한 사람들에게 높은 수준의 품위를 일방적으로 적용한다면 그 역시 정당하다고 말할 수 없다. 대중은 그것을 독선과 독단으로 생각하며 거부감을 보일 것이다. 보상과 벌, 사회적인 일치, 힘이나 권위 등에 의존하여 전문가의 기준에 대중을 일치시키는 데 설사 성공하더라도 심각한 부작용이 따른다. 대중은 그 전문가의 평가에 무조건 따르는 허수아비가 되거나, 선진의 품위 자체의 가치보다는 여타의 외재적 가치에 의존하거나, 혹은 그 평가로부터 점차 소외되는 과정을 밟게 된다. 수도계의 입장에서 아무리 많은 숫자일지라도 그 대중적 지지는 단지 서로 복사할 수 있는 기계의 대용물에 불과하다. 그처럼 판단력이 결여된 대중이 수도계를 지지하는 진정한 세력이 될 수는 없다.

수도계를 추구하는 이유는 물질적 보상이나 사회적 인정에 있는 것이 아니라 바로 우리들 각자의 마음속의 풍요로움과 자족성에 있다. 그에 대한 판단은 궁극적으로 우리들 자신의 경험에 근거를 둔 솔직한 반응이어야 한다. 품위의 경연에서 전문가들의 평가가 불가피하다는 것은 부인하기 어렵다. 다만 그런 관행에는 그 타당성을 대중으로부터 공증받을 만한 절차가 포함되지 않았다는 점에서 불만의 소지가 있다. 아무리 귀중한 품위가 있다고 할지라도 무조건 그것을 대중에게 강요할 수는 없다. 이는 비유컨대, 사과가 맛있는지 배가 맛있는지를 전문가적 입장에서 결정할 수 있겠지만, 그것을 궁극적으로 결정할 주체는 소비자인 이치와 같다.

진정한 의미의 상호주관적인 타당성을 확보하는 길은 전문가의 기준에 대중을 일치시키는 것이 중요한 것이 아니라, 대중으로 하여금 그 일치를 마음으로부터 열광적으로 받아들일 수 있는 주관성을 정립하도록 돕는 것이다. 평가의 정당화에 참여하는 방안은 마땅히 그 조건에 어떻게 부응할 것인가에 대한 고심이 반영될 수 있어야 한다. 교육본위론은 교육이 삶의 양상이라는 점을 강조하면서 교육을 종전의 전문가들의 독점으로부터 해방시키고자 한다. 앞 절(9.8)에서 살핀 바와 같이, 교육은 모든 사람들에게 품위를 평가하는 권리를 되돌려 주며, 그 자체의 과정을 통해서 각각의 평가가 정당하고 옳은 것인지를 확인하게 하는 메커니즘을 내부에 포함하고 있다. 동서고금을 막론하고 교육은 참여자가 아직 경험하지 못했던 품위를 스스로 얻거나 그 얻음을 서로 도움으로써 품위의 위계에 대한 상호주관적으로 검증을 보장해 왔다.

교육을 통해서 평가의 정당화를 인정받는 방법상의 제약은 오직 교육의 내재율을 충실하게 따라야 한다는 것이다. 그 내재율은 얼마나 높은 품위에 오르느냐 하는 결과에 있지 않고 그 오르는 과정에 얼마나 성실하게 임하느냐에 있다. 교육적 교섭이 그 내재율에 따라 제대로 이루어지는 상황에서는 교육 주체가 품위의 평가는 물론 그 평가의 위계를 정당화하는 문제를 깨달음과 깨닫게 하는 과정을 통해서 해결할 수 있다. '자증'과 '타증'이라는 개념으로 포착한 바 있는 이 부분은 단지 다수라는 상호주관성에 그 검증의 기준을 두는 사회적인 규정과는 전혀 다르다. 그것은 비유컨대, 밥을 먹고 배부른 것을 알게 되는 방식으로, 혹은 등산을 하면서 산의 높이를 알 수 있는 방식으로 그 품위를 소재로 하여 이루어지는 교육의 과정을 통해서 증명된다.

품위의 평가에서 기초적으로 고려해야 할 사항의 하나는 그 종류와 영역의 정확한 범위를 확정하는 것이다. 우리는 학문, 예술, 도덕 등 다양한 종류의 수도계를 예시한 바 있다. 그것은 수도계를 매우 광범위하게 규정하는 경우에 해당한다. 그 범위는 다시 그 밑의 여러 하위영역으로 나누어 더욱 좁게 규정되는 것이 보통이다. 진리를 기준으로 삼는 학문의 경우 많은 분과학문이 있고, 미를 기준으로 삼는 예술의 영역에서도 하위장르가 다양하다. 이렇게 범위를 축소함에 따라 그 안에서 차지하는 각 자연인들의 품위의 위계도 서로 달라질 수 있다. 그 때문에 품위의 위계, 각각의 수준, 혹은 선진과 후진에 대해 판단할 때, 그 한정된 범위를 벗어나지 말아야 한다.

앞에서 살핀 바와 같이, 그 각각의 분야마다 전문가집단과 대중이 구분된다는 것은 널리 알려진 사실이다. 그들은 각자의 품위를 평가에 반영할 것이다. 그 각각의 영역에서 전문가와 대중 사이에 권위의 차이가 있다는 것을 부인하거나, 혹은 불일치를 감추려 든다면, 대중이 전문가를 무시하는 혼란스러운 상황이 전개될 것으로 예상되며, 그것은 바람직한 일이 못된다. 다른 한편으로, 그런 공인된 서열을 대중이 자신의 검증 과정이 없이 곧바로 받아들이도록 요구하는 것 역시 바람직하지 않다. 그렇다면, 전문가집단과 대중이 갖는 품위상의 차이를 정당하게 인정할 수 있도록 하는 안전장치는 무엇인가? 그 해법은 그 차이를 확정된 것이 아니라 하나의 잠정적인 가정으로 받아들이고, 그들 사이의 교육적 교섭이 이루어지는 과정을 활성화하는 것이다.

개인들이 내리는 제반 품위의 평가가 고정되거나 고착되는 것을 용인하지 않는 것은 교육만이 가진 특징이다. 대중이 품위를 알아주기를 바라는 전문가는 대중이 자신의 품위를 옳게 이해하고 평가할 수 있는 능력을 갖도록 도와야 한다. 그들 사이의 교육적 교섭에서 특별히 지켜져야 할 내재율은 존우와 역차이다. 전문가는 자신의 품위를 직접 관철시키려는 만용을 버리고 대중이 처한 품위에 맞게 그 표적을 정해야 할 것이다. 그 수준에 맞게 과제를 제시하고 피드백을 해야 할 것이다. 스승으로서 대중에 대한 칭찬과 비판은 각종 경연에서 이루어지는 평가보다 훨씬 너그럽고 풍성할 수밖에 없다. 다른 한편, 전문가의 품위를 제대로 알기를 바라는 대중이 따라야 할 내재율은 존현과 순차이다. 당장 그 전문가의 품위를 이해하거나 평가할 수 있다는 만용을 버리고 전문가들이 공들여 거쳐 간 품위를 단계별로 습득해 나가는 상구교육에 충실하게 임해야 할 것이다.

수도계에서는 흔히 "통사(通士)는 통사끼리 통한다"는 말이 큰 호소력을 갖는다. 예컨대, 첨단의 예술가는 자신의 작품을 알아주는 사람이 아쉽다. "아는 사람은 압니다만, 모르는 사람은 연마해서 즐겨 주십시오"라는 말을 작품에 쓰고 싶은 작가들이 많다. 교육적 교섭은 바로 그런 절실한 심정과 요청에 응하면서 그들 사이에 자발적으로 동의할 수 있는 상호주관적인 연대성을 확보하는 접점이 될 수 있을 것이다. 그 과정을 거쳐서 전문가의 수준에 점차 도달하는 대중은 전문가가 바라는 바대로 좀 더 수준 높은 안목과 가치관을 가지고 일상생활 속에서 해당 분야를 감식하고 평가하는 데 참여할 수 있는 자격을 갖출 수 있게 될 것이다.

수도계의 발전에서 평가가 해결하고 또한 그 발전을 촉진하는 데 가장 중요한 국면의 하나는 선진과 후진의 갈등하는 판단이 결국 선진의 것에 수렴될 수 있는 방향으로 해소되고 정당화될 수 있는 과제를 원만하게 수행하는 것이다. 앞에서 우리는 교육에서 타증에 의한 설득과 자증에 의한 납득의 과정이 그 문제에 대한 해법이라는 새로운 착안을 타진하였다. 단지 외부로부터 주어진 기준에 맹목적으로 굴복하는 것과는 천양지차가 있는 이런 경로에 대한 논의는 전문가 집단의 평가에서 지금까지 이론적으로 간과되어 왔다. 앞에서 개진된 바대로 교육이 그 부분을 진정 보완할 수 있는지의 여부는 많은 사례연구를 통해서 앞으로 입증되어야 할 과제로 남아 있다. 이를 통해서 교육이 평가의 상호주관적 정당화에 중요한 공헌을 할 수 있었던 사실들이 점차 밝혀질 것이다. 혹은 이와 관련하여 부진했던 실천을 반성하거나 보강하는 방안이 강구될 수도 있을 것이다. 그런 범위만큼 자율적인 교육학의 응용영역은 앞으로 크게 확대될 것으로 기대된다.

가장 가까운 응용영역의 후보는 아마도 본 장의 주제인 교육평가일 것이다. 이 분야는 교육을 누가 평가하며, 그 평가의 정당성을 어떻게 확보하느냐 하는 점에서 이미 많은 문제를 내포하고 있다. 교육의 평가는 그것에 참여하는 사람 모두의 과제이다. 교육은 일상의 상황에서 진행되어야 하며, 교육 주체의 상황과 사정이 특수한 만큼 구체적인 양태의 선택에 따라 결과가 다르게 나타날 수 있다. 흔히 이런 경우에 교육평가전문가들의 과학성이 갈등하는 문제를 제압할 수 있는 권위를 지니는 것으로 보지만, 여기에도 심각한 문제가 남아 있다. 객관적 증거 이전에 그것을 얻는 데 작용하는 그들의 주관성과 범주착오에 대해서 근본적인 의문이 제기되었다. 이런 사태에서 앞에서 제시한 교육적 방법이 그 해법으로 도입될 수 있어야 한다.

세상 사람들은 교육이 '잘 되고 있다' 혹은 '잘 안 되고 있다', 교육이 '성공했다' 혹은 '실패했다'고 한마디씩 한다. 불행히도 성공보다는 실패 쪽에 더 큰 비중이 있는 것이 요즘의 사정이다. '입시위주의 교육', '암기식 교육', '교과위주의 교육', '천편일률적인 교육과정', '지나친 교육열', '부실한 교육재정', '가계를 위협하는 사교육비', '경쟁을 부추기는 교육평가', '청소년을 위협하는 학교주변의 교육환경', '자율학습의 강요', '학교붕괴에 따른 교육의 위기', '고국을 등지는 교육이민', '계급을 고착시키는 교육' 등의 용어로 표현되는 온갖 불만이 들끓고 있다. 자연스럽게 표출되는 이런 저런 평가를 제지할 수는 없다. 아니, 교육에 대한 이런저런 평가가 되도록 많이 활성화되도록 권장해야 한다. 다른 한편으로, 그런 평가들의 질을 관리하는 일도 매우 중요한 과제이다.

모든 평가자는 자신만의 옳은 기준이 있기 때문에 자기보다 높은 수준의 평가를 '이해할 수 없는 평가', 그리고 자기보다 낮은 수준의 평가를 '멍청한 평가'라고 매도한다. 이 때문에 교육에 대한 일반사람들의 비평은 중구난방이라는 인상을 지울 수 없다. 그 상황을 좀 더 깊이 들여다보면, 이런 가치논의에서 평가의 대상으로 삼는 교육에 대한 개념상의 혼동이나 모호함이 심각하다. 더구나 그 대상에 적용하는 가치선별이 심각하게 고려되지 않는다. 다양한 가치기준이 뒤죽박죽 난무하여 아무 의미조차 찾아보기 어려울 정도이다. '입시를 위한 교육', '경제발전을 위한 교육', 그리고 '학문위주의 교육'처럼 상당 부분 서로 공립하기 어려운 것들이 많다. 더욱 아이러니컬한 것은 모든 가치가 넘나드는 그런 자유지대에서 유별나게 교육의 내재적 가치와 목적은 애초부터 배제되고 있다는 점이다. 이 때문에 교육에 대한 온갖 불만만 커지고 문제의 해결은 본질에서 멀어진다.

상호간의 검증에 참여하는 평가는 그 평가자의 자주적 판단능력에 의존해야만 한다. 남의 판단에 의존하는 참여는 사족이다. 우리는 평가에 작용하는 기준이 그것이 해당하는 세계에 대해서 가지고 있는 평가자의 현품이라는 점을 앞에서 살폈다. 각종의 교육평가의 수준도 그 평가자의 품위수준을 넘어설 수 없기 때문에 다양한 평가 사이에 갈등이 일어나는 것은 자연스럽다. 그 모든 것을 옳은 것으로 수용할 수는 없다. 이와 관련하여 아이러니컬한 현실은 이른바 교육평가전문가라는 집단 자체가 오류를 가중시키고 있다는 점이다. 그들이 수행하는 평가의 대부분은 결국 학교 안에서 이루어지는 비교육적 사태에 대한 평가라고 보는 것이 가장 적절하다. 기본적인 소양조차 아직 제대로 갖추고 있지 못한 그런 낮은 수준의 판단에 기초한 증거들을 전문가라는 권위로 대중에게 강요하고 있다.

무책임한 발언, 무자격자의 방임, 그에 따른 무정부상태는 위험하다. 우리가 진정 바라는 것은 지금까지 무분별하게 이루어지고 있는 평가를 바로잡고, 그것을 발전하고 성장하는 분야로 정착시키는 것이다. 여기에서 발전이라는 목표에 주목할 필요가 있다. 교육평가에 절대적인 정답이 있을 수 없다. 최종적이며 절대적인 정평을 기대하는 것은 무모하고 어리석다. 그 타당성을 궁극적으로 입증하는 어떤 방법이나 절대적인 주체가 있을 수 없다. 그러나 모든 평가에 같은 정도의 비중을 두어서는 안 된다. 낮은 수준의 품위로 높은 수준의 평가를 제멋대로 격하시키는 이 현상은 반드시 기피되어야 할 사항이다. 다양한 수준의 교육평가는 끊임없이 그 적합성에 대한 검증을 요구하며, 그 가운데 어떤 것이 폐기되고, 수정되고, 교체될 수 있다. 그 과정을 통해서 점차 모종의 위계와 질서를 갖는 방식으로 정리되어 가는 것이 바로 평가 자체가 발전하는 참된 면모다.

교육평가에도 그 위계가 있다. 우리가 앞 절에서 검토한 교육관의 차이(9.1), 적용하는 가치기준(9.4), 방법의 타당성(9.5) 등의 요인들이 그 하나의 예로 고려해 볼 수도 있다. 교육관과 관련하여 외도교육, 공덕교육, 내재교육을 분류한 바 있다. 이 각각은 자신의 기준에 비추어 상대를 낮게 평가할 것이다. 외도교육의 입장에서 보면 공덕교육이 잘못된 것이고, 공덕교육의 입장에서 보면 내재교육이 잘못된 것이다. 내재교육에 대한 기준은 외도교육의 경우처럼 얼마나 사회적 지위상승에 도움이 되었느냐, 혹은 공덕교육의 경우처럼 그것에 의해서 얼마나 수도계의 높은 품위에 도달했느냐 하는 결과에 있지 않다. 내재교육의 평가문제는 그 학교를 포함하는 모든 생활공간에서 이루어지는 교육에 대한 평가이다. 교육본위론은 그것을 교육 자체의 자율성과 그에 따른 내재적 가치로 규정하고, 그것에 준하는 교육평가의 도식을 이제까지 검토하였다. 이 내재교육의 경우도 그 내재율에 대한 숙지와 숙련도에 따라 평가가 다를 것이다. 이처럼 그 평가대상과 가치선택에 추가해서 그 평가방법의 적절성까지 따진다면 교육평가의 수준이 더욱 분명하게 드러날 것이다.

그 상이한 수준들 사이에 가장 온건하고 건설적인 화해를 끌어내는 나머지 과제는 그 가운데 낮은 수준의 평가를 높은 수준의 것으로 끌어 올리는 것이다. 앞에서 '교육평가전문가'로 자칭하는 사람들의 평가가 오늘날의 그릇된 교육의 원인이 되고 있다는 점을 지적했다. 그들의 평가를 무턱대고 승인하고 추종하는 대중 역시 잘못이다. 그 모두가 새로운 출발선상에서 교육을 올바르게 평가할 수 있는 자질을 갖추는 일에 매진해야 한다. 그 방법은 교육평가의 수준을 소재로 하는 교육을 통한 새로운 의미의 교육평가전문가의 등장과 그들에 의한 대중의 교화이다. 교육의 특징은 그 기준을 그대로 적용하는 것을 일단 보류하고 그것을 한 단계 격상시키는 데 있다. 이 세상에 오류가 없는 판단이 존재할 수 없다는 것이 교육의 전제이며, 교육의 해법은 그것을 개선하는 데 있다. 품위의 한계는 서로의 교육적 교섭을 위한 소재로 소중하게 활용될 수 있을 것이다.

새로운 교육평가전문가의 출현은 이제까지 이루어진 통상적인 교육에 대한 의혹에서 시작될 수 있다. 이들은 스스로 교육에 대해서 평가할 수 있는 능력과 자격을 가지고 있는지를 반성할 수 있어야 한다. 자신이 수행한 이전의 평가가 교육을 억압하거나, 감추거나, 왜곡시키고 있는 부분이 있을 것이다. 그 오류가능성을 인정하고 그것을 최소화하는 방안을 모색하기 위해 상구교육에 임할 수 있다. 그로부터 그들은 교육에 속하는 사실, 그리고 그것에 적용할 가치, 그리고 그것에 대한 자료를 수집하는 방법에 있어서 좀 더 높은 수준의 관점과 평가의 안목을 확보할 수 있게 될 것이다. 이제 자신들이 문제시했던 이전의 교육에 대한 평가와는 다르게 구체적인 사태나 사례를 보고 느낄 수 있는 자신의 변모된 입지를 확보하고 그 진전에 대해서 보람을 느낄 것이다.

이에 따른 흥분은 다른 사람에게 전달하려는 동기와 연결될 수 있다. 새로운 교육평가전문가의 평가는 당연히 그 이전의 품위에 머무르고 있는 대중과의 차이, 긴장 혹은 갈등이 유발될 것이다. 품위수준을 조정하는 이런 문제를 해결함에 있어서 먼저 극복되어야 할 것은 평가의 타당성을 그 평가의 일치에서 구하는 이전의 관점이다. 우리의 삶이 교육으로 충만해 있다 하더라도 그 대상을 향하여 이해하는 마음을 여는 계기는 드물게 일어난다. 대중의 평가수준의 변화를 촉진하는 과정을 촉진하는 하화교육의 요체는 대중이 당장 전문가 자신의 기준에 일치하도록 하는 것이 아니라 그 수준들에 일치할 수 있는 단계를 점차적으로 거치는 것이다. 이런 과정에서 대중의 협력과 호응도 매우 중요하다. 대중은 전문가의 교육평가가 단지 낯설다는 이유를 들어 일축하는 일을 스스로 자제해야 할 것이다. 자기 쪽의 낮은 수준의 이해 속에 오해의 요소가 포함되어 있음을 알고, 자신들의 평가품위를 높이려는 노력을 해야 한다. 이런 쌍방의 노력을 통해서 교육의 소재로 선택된 교육평가의 품위가 개선의 과정을 거치며, 그 과정에서 전문가와 대중 가운데 어느 쪽이 더 타당한 견해인지가 입증될 것이다.

이론적 추론은 검증의 과정을 밟아야 한다. 이런 절차나 방법을 사용한 사례는 어떤 것이 있는가? 혹은 그 절차나 방법을 앞으로 어떻게 도입할 것인가? 이에 관한 것은 아직도 연구의 과제로 남아 있다. 본격적인 탐구를 촉진하는 의미에서 유사한 기존의 연구 두 편을 소개하겠다. 그 하나는 채선희(1997, 2001)가 제안한 이른바 '교육적 평가'라는 모형이다. 그는 교육평가에서 서로 다른 가치기준이 작용하는 상황을 의식하고, 그것을 해소하는 방법으로 서로가 그 오류가능성을 인정하고 비판적 논의나 토론이나 설득을 진행시키는 과정이 필요함을 지적하였다. 그런 방법에 의해서 평가자의 평가능력을 발전시킬 뿐만 아니라 최선의 평가기준에 대한 합의에 이를 수 있음을 기대한다. 이 제안에서 아직 아쉬운 점은 연구자가 말하는 '교육'이 진정 무엇을 의미하는지가 아직 불분명하다는 점이다. 가치의 판단에 따른 차이는 단순히 논증이나 증거만으로 그 우열을 평가하기 어렵다. 더욱이 그것이 품위수준 차이에서 비롯되는 것일 때 단지 몇 마디의 말이나 단기간의 노력으로 극복될 수 있는 경우는 거의 없다. 그동안 교육에 대한 무수한 평가언어들이 나왔지만, 가치체험이 동반되지 않은 경우가 많았기 때문에 다분히 연극적이며 생명이 없는 문구로 남아 있다. '교육에 의한 해결'이라고 할 때, 그 부분을 극복하는 내재율에 대한 추가적인 논구가 요청된다.

교육을 통한 교육평가의 정당화와 관련된 또 하나의 연구는, 김지현(2006)이 고등교육과 관련하여 이제까지 택해 왔던 제반 객관적 기준들이 교육외적인 것이라는 점을 비판하고 그 질의 개선의 방법으로 교육의 필요성을 지적한 부분이다. 연구자는 S대학의 '신입생세미나'에 참가하는 교수들의 운영소감을 묻는 질문지를 제작하여 그 가능성을 타진하였다. '신입생세미나'는 대학교에 입학하는 1학년 신입생들이 대학에서 학문적 시야를 넓히고 탐구능력을 배양하며 학교생활에 적응하여 각자의 진로를 모색하는 것을 돕기 위하여 개설 · 운영되는 독특한 목적과 형태를 가진 강의이다. 강의를 마친 단계에서 그들에게 '좋았던 점', '강의에서 아쉬웠던 점', 그리고 '건의하고자 하는 점'이라는 세 가지 항목에 대한 서술형 자유응답을 수합하여 분석하였다. 그 결과, 이들의 반응은 학생들이 강의를 평가할 때 택했던 교육의 질의 요소와 일치한다는 매우 흥미 있는 사실을 확인하였다. 연구자는 이를 교육이 진행되는 가운데 서로 교육에 대한 품위의 조절이 어느 정도 성공하고 있다는 단서로 해석한다. 그 해석을 단순히 추정 이상의 것으로 납득시키기 위해서는 가설설정과 엄격한 입증의 절차가 필요해 보인다.

## 9.8 교육평가의 활용

어떤 평가든 간에 그 자체가 목적이 될 수는 없다. 평가는 대상세계의 목적에 종속해야 한다. 발전하는 분야와 그렇지 못한 분야는 그 안의 실천을 얼마나 충실하게 이행하느냐 하는 부분에서 끊임없이 제대로 된 평가가 이루어지고 있느냐의 여부에 의해 갈라진다고 해도 과언이 아니다. 정치의 잘하고 못하는 것을 따지는 것은 정치발전과 연결되어야 하고, 경제의 잘하고 못하는 것을 따지는 것은 경제발전에 공헌할 수 있어야 한다. 그 얻어진 정보와 판단이 관련분야에 반영되어 다음의 실천에 플러스 요인으로 작용해야만 평가의 목적이 달성된다고 말할 수 있다. 각 분야의 평가는 이처럼 자기반성과 성찰에서 출발하여 대상세계의 개선에 도달하는 긴 경로를 거친다.

교육의 경우도 마찬가지다. 교육평가는 우리의 삶의 일부를 이루는 교육을 지원하고 향상시키는 방식으로 이용되어야만 존립의 이유를 충족시킬 수 있다(김성훈, 2008). 불행히도 그 자명한 원칙이 실종된 것이 오늘의 현실이다. '교육평가'라는 학문분야가 엄존하며, 그런 명칭으로 지칭되는 실제가 세인의 엄청난 관심을 끌며 주기적으로 빠짐없이 진행된다. 그렇다면 그것들이 진정 교육의 개선을 위해서 활용되고 있는가? 그 실적은 무엇인가? 이 질문에 접하여 현실은 바로 관행의 반복이라는 것 이외에 더 확실한 대답을 할 어떤 근거도 현재로서 찾아보기 어렵다. 처음부터 교육의 평가라는 과제와 근본적으로 다른 궤도에서 출발한 그 관행은 오히려 교육을 곡해시키며, 그 발전을 저해하고 있다는 점이 더욱 사태를 심각하게 한다.

그런 관행의 한 편은 사람들이 학교에 대해 기대하는 바와 그 실제가 얼마나 일치하느냐에 따라 교육의 공과를 따진다. 우리의 분석에서 드러났듯이, 학교 안에는 교육 이외의 수많은 삶의 양상들이 병존한다. 교육학자들은 사실상 학교 안에 존재하는 모학문의 사실들, 즉 비교육에 주목하며, 그것들에 적용하는 가치판단에서도 외재적인 가치를 대변하거나 혹은 이른바 '가치중립'의 입장에서 기존의 잡다한 가치를 무분별하게 수용하고 있다. 그들의 평가는 사실의 측면에서나 그것에 적용하는 가치의 측면에서 서로 이질적인 성질의 것으로서 결코 하나로 수렴될 수 있는 성질의 것이 아니다. 학교 안의 다양한 삶들이 초래하는 잡다한 사태에 대한 책임을 모두 교육에 지우는 것은 명백한 범주착오다.

교육평가의 관행을 지지하는 다른 편에는 기능주의적 교육관이 있다. 가져올 소망스러운 결과만이 있을 뿐 그 실체성은 밝혀지지 않은 마법의 상자로 교육이 부각된다. 이런 근거 없는 약속을 믿는 사람들은 교육에 온갖 소망을 주문한다. 그러나 인간이 하는 과업치고 이 세상에 그처럼 무한책임을 질 만능의 것이란 존재할 리 없다. 그 다양한 소망은 좌절되며, 이 때문에 교육은 그만큼 불만·불평·지탄·원망의 대상이 된다. 우리 사회에 만연된 교육에 대한 부정적 평가는 기능주의 교육관이 초래한 자업자득이다.

교육평가의 이론 자체가 그 태생에서부터 평가의 대상과 가치의 면에서 도저히 납득하기 어려운 범주착오를 배태하고 있다는 점은 이미 충분히 논의되었다. 이제 본 절의 주제인 평가의 응용과 관련하여 특별히 추가해서 검토할 문제는 교육평가가 진행되고 있는 상황이다. 실제로 그런 의미의 교육평가가 진행되고 있는 양태는 어떤가? 그런 과정이 교육의 개선에 과연 얼마나 공헌하고 있는가? 여기에 문제가 있다면, 그것을 어떻게 교정할 것인가? 교육평가의 관행을 평가하는 이런 근본적인 문제들에 대한 연구는 놀랍게도 생소하다. 이제부터 그것을 구명할 연구의 예비단계로서 우리가 주목해야 할 엄청난 비리와 그 해결방안에 대한 윤곽만을 차례로 살펴보자.

학교는 정부, 일반대중, 그리고 여러 자격심사기관으로부터 '책무성(accountability)'을 따지는 압력을 받는다. 학생, 학부모, 그리고 크고 작은 집단은 학교가 어떤 것을 수행해 줄 것으로 기대한다. 그들의 기대에 어떤 합의가 있는 것도 아니다. 그 주체에 따라 그 강조점이 다를 것이며, 따라서 이해관계의 충돌은 삶의 자연스러운 현상이다. 정부의 입장에서 보면, 학교의 중요한 기능의 하나는 유능한 인재를 배출하는 것이다. 이를 위해서 정부에서는 학생들이 마치 공장의 제품처럼 이미 주어진 목적과 기능을 얼마나 잘 수행하느냐를 중심으로 등급을 매기고 분류해 주기를 기대한다. 다른 한편으로 세인들이 특별히 관심을 갖고 주목하는 학교의 기능은 사회적 선발이다. 학부모들은 자녀가 더 나은 사회적 지위를 획득하는 데 도움이 되느냐의 여부에 비중을 두고 학교의 책임을 추궁한다.

그 중대한 지표는 주로 학교에서는 주기적으로 치루는 무수한 시험의 성적이다. 그 내용은 '교과서'의 내용이며, 그것에 일치하는 반응을 갖추었는지를 점검하는 각종의 시험문제를 통해서 측정하는 것이 거의 교육평가와 동일시되고 있다. 그 결과가 교육의 성공과 실패를 판단하는 준거가 된다. 여기에서 그 일치반응이 '정답'이냐 하는 반론이 가능하다. 뿐만 아니라 학생의 반응이 그 기준에 미달한다면, 그 모자라는 능력을 키워주려고 애쓰는 일이 학교의 본연의 임무일 것으로 기대되지만, 그 부분을 더 보강하는 방식으로 시험의 결과를 활용하는 경우는 드물다. 대신 그 책임을 학생에게 귀속시켜, 시험으로 '공부 못하는 아이'를 가려내서 정죄하고 파문하여 추방하는 일에 그친다(이수연, 1998). 이런 경로를 거쳐서 거창한 의미를 지닌 교육의 책무성이 결국 학교체제의 말단을 차지하는 어린 학생들의 어깨에 귀착하는 것이다.

성적에 따라 학생들의 서열이 매겨지며, 그 정보는 학생 자신의 동의와는 무관하게 외부기관에 보고된다. 그 정보는 학생들의 장래 진로와 세속적 출세와 직결된다. 학교는 모든 젊은이들을 수용할 수 없다. 뿐만 아니라 학교에도 그 수준의 차이가 있기 때문에 좋은 학교와 그렇지 못한 학교를 구분하는 일은 불가피하다. 어떤 학교에 진입하느냐가 젊은이들의 사회적 지위를 결정하는 중요한 요인이 된다. 학생과 학부모는 학교의 시험이 어차피 졸업 후에 적응해야 할 보다 넓은 생존경쟁에서 살아남기 위한 연습이라고 여기고 불철주야 분투하며, 그 결과에 따라 일희일비하는 세월을 보낸다.

'교육평가'의 관행으로 비롯하는 또 하나의 두드러진 파행적 현상은 '평가를 위한 교육'이다. 교육을 위한 평가라는 원래의 원칙이 전도된 이 현상은 '교육평가'가 그 자체를 강화하는 데 가장 큰 역할을 하고 있다. 현존하는 교육평가는 평가되어야 할 대상과 유관한 가치관이 정립되기 이전에 그 결과를 어떻게 객관적으로 측정하느냐 하는 방법적인 문제가 도입되었다. '교육의 과학화'라는 미명하에 장려되고 촉발된 이런 전통과 관행에서 객관적으로 측정할 수 없는 것은 부차적인 것이 되어 버릴 것은 당연하다. 그 과학적 평가의 방법만을 의식하는 교육평가의 이론이 적용되고, 그 이론에 부응하는 실제가 있으며, 학생들은 그 실제에 적응하는 반응의 훈련을 통과해야 하는 것이다. 그것이 바로 말썽 많은 '입시위주교육'의 실상이다.

한국사회에서 많은 사람들이 '입시위주교육'과 그것으로 인한 과열된 경쟁에 시달리고 있다. 학생들은 우열의 등급이 정해지는 학교체제에서 탈락하지 않기 위해 치열한 경쟁의 대열에 낀다. 학생들은 자신의 운명이 시험점수로 결정지어진다는 점을 너무도 잘 알기 때문에 눈물겹도록 필사적인 노력을 기울이며, 설사 높은 점수를 가진다고 하더라도 그 자신의 위치를 고수하기 위하여 신경쇠약과 위장병을 감내한다. 더 높은 학교에의 진학과 그 선발시험에 적응하는 생활은 단지 학교에 그치지 않고 학생들의 생활 전반을 각박할 정도로 무차별하게 지배하고 있다. 흔히 우리 사회에 팽배한 '교육열'은 이처럼 외도교육의 울타리 안에서 진행되며, 교육에 대한 열정으로 순화되기에는 먼 거리에 있다. 학생들과 학부모는 그

련 경쟁에 동참하면서, 다른 한편으로 그것이 진정 교육인가라는 일말의 의구심을 가질 수도 있으나, 자체의 강화수단을 가진 학교체제와 그 안에서 이루어지는 '입시위주교육'의 대세를 역류하기 어렵다.

이런 목적과 수단의 전도현상은 또 다른 목적과 수단의 전도와 긴밀하게 연관되어 있다. '학교가 교육을 수행하는 기관'이라는 말을 액면 그대로 받아들인다고 하더라도, 학교제도는 어디까지나 교육을 위한 수단으로 보아야 한다. 그런데 그런 수단의 기능이 사실상 망실되고 학교가 그 체제 자체를 영속화시키는 미묘하고 기막힌 현상이 일어나고 있다. 학교의 구성원들을 가히 지배하는 가장 강력한 도구의 핵심부를 차지하고 있는 '교육평가'가 그 배경에서 작용한다. 학부모나 학생들에게 학교의 목표가 무엇인지를 물어보라. 이에 대해서 아마 그들 대부분은 더 높은 학교로 진학하는 것이라고 대답할 것이다. 하위 학교의 목표는 더 높은 상위학교에로의 진학을 위한 시험에서 높은 성적을 얻는 것으로 전환되고, 하위 학교는 그 목표를 달성하는 준비의 형식으로 편성되고 운영된다. 학교에서 무엇을 하든 세상 사람들은 교육이라고 생각하고, 전자의 항목에는 이런 학교 자체의 강화가 포함되어 있다.

이처럼 학교체제의 유지와 '교육평가'는 서로가 다른 것을 강화하면서 공생한다. 그렇게 진행되는 '교육평가'의 실제가 본래의 기능으로부터 어긋나 있다는 점은 말할 필요도 없다. 그런데 그 내막을 제대로 이해할 수 없는 일반사람들은 그처럼 타락한 '교육평가'와 관련된 부정적인 학교경험을 연상시켜 교육에 대해 부정적인 태도를 갖게 된다. 최성욱·신기현(1999)은 학교평가가 학생들이나 학부모들로 하여금 교육의 보람을 실감하도록 이끌기보다는 도리어 교육을 혐오하고 기피하도록 만드는 기능을 발휘하고 있다는 점을 우려한다. 그것은 많은 사람들, 그중에서도 특히 '피교육자' 계층에게 축복의 증표가 되기보다는 저주의 도구로 인식되기도 한다는 것이다.

이 세상에는 서로 경합해야만 차지할 수 있는 지위가 있고, 그 자리를 차지하려면 시험이라는 방법을 거쳐야만 한다는 엄연한 사실을 부정하기 어렵다. 우리의 삶에서 성적의 우열에 따라 승자와 패자, 만족과 좌절의 구분이 이루어지고, 그에 따라 일희일비하는 관행 자체를 부인하기는 어려울 것이다. 다만 우리가 여기에서 심각하게 반성해야 할 것은 이런 제반 평가들이 본질상 교육과 하등의 연관도 없다는 점이다. 국민 가운데 유능한 사람만을 선발하여 교육에 참여시킨다는 발상 자체가 우선 의문스럽다. 무능하고 오류를 범하는 존재라는 것이 교육의 전제이다. 그 때문에 오류의 많고 적음 혹은 질의 높고 낮음이 교육의 성공과 패배를 결정하는 중요한 척도가 될 수 없다. 교육에서는 오류를 지탄하기보다는 서로 자신의 약점을 노출하도록 하는 것이 중요하다. 오류에 대한 징계, 절대적인 정답에 따른 경합이 주된 차원으로 의도되거나 의식되는 곳에서는 교육이 위축되고 억제된다. 교육은 경쟁이 아니라 협동의 논리를 따른다. 높은 점수를 가지고 개인과 개인, 학교와 학교가 경쟁하는 것은 그들 사이의 교육적 교섭과 협력을 파괴시킨다.

그릇되고 타락한 평가를 토대로 실천이 개선될 것을 기대하는 것 자체가 어불성설이다. 앞의 논의를 통해서 이제까지 하등의 반성을 거치지 않고 단지 관행의 노선을 따라 진행되어 온 '교육평가'의 실상이 분명해졌을 것이다. 그것은 한마디로 교육의 정상화와 발전을 수단이 아니라 오히려 비정상의 원인이 되고 있다. 교육평가가 교육에 대한 사랑을 저해하고 혐오감을 갖게 하는 원인이 되어 왔다. 그런 관행에 오도된 세인들은 그 관행에 따라 끊임없이 '교육의 위기'를 제기하고, 그때마다 교육학자들은 모든 해법을 가지고 있는 것처럼 행세해 왔다. 잘못된 위기의식과 교육평가자들의 개입이라는 악순환이 반복해서 진행된다. 이런 악순환에 의해서 유독 교육의 문제가 거의 외면되고 있는 상황에서, 사실은 그 상황 자체가 우선순위에서 먼저 해결되어야 할 심각한 위기로 보인다.

교육평가가 정상화될 때 교육발전도 가능해진다. 놀랍게도 그 해법은 지금까지 '교육평가'의 관행이 취했던 경로의 반대편으로 열려 있다. 우선 학교의 평가와 교육의 평가가 개념적으로 엄격하게 분리되어야 한다. 그 다음에 '평가를 위한 교육'에서 '교육을 위한 평가'에로 방향을 전환하는 작업이 요망된다. 전자는 애초부터 개념적으로 교육의 범주에 들어갈 수도 없다.[17] 이에 비해서 후자는 교육을 목표로 하고, 평가를 그 목표를 위한 수단으로 삼는다. 그렇다면 그 교육은 무엇이며, 그것에 대한 평가가 진정으로 무엇이며, 그것을 어떻게 응용되어야 하는지에 대한 심각한 논의가 이루어져야 한다. 본 절의 주제가 바로 그 응용에 관한 것이기 때문에 그에 대한 입장을 정리할 필요가 있다.

A를 B에 응용한다고 할 때 먼저 밝혀져야 할 것은 A의 정체가 무엇이냐 하는 것이다. 앞에서 우리는 교육평가를 교육에 응용한다는 말을 하였다. 그렇다면, 교육평가 자체가 무엇인가 하는 문제에서부터 그 반성이 시작되어야 한다. 우리의 삶은 다면적이다. 그 안에 온갖 부류의 고유한 사건, 활동, 에피소드, 정책, 인물, 사건, 관습, 활동, 그리고 그 역사적 유물과 자료 등이 포함되어 있다. 혼질적인 대상에 어떤 의미를 부여하느냐 하는 문제에서 미묘한 헤게모니가 작용한다. 그들에게 어떤 관점과 기준을 적용하느냐에 따라 전혀 다른 사실과 가치로 환원되며 편입된다. 이 가운데 교육평가가 수행해야 할 몫은 정치, 경제, 사회, 문화, 종교, 교육 등 다양한 삶의 양상 가운데 교육에 해당하는 것을 평가하는 것이다.

교육은 일종의 놀이에 비유될 수 있다. 이 비유는 두 가지 점에서 교육의 특성을 드러내는 데 유효하다. 그 하나는 그 나름의 내재율을 따르는 자율적인 세계라는 점이고, 다른 하나는 그것에 참여하는 것 자체가 내재적 가치를 지니고 있다는 점이다. 놀이를 하는 사람은 여타의 관심사나 욕망을 접어두고 놀이 자체의 목적에 자신을 맡긴다. 삶의 한 양상으로서의 교육도 그것이 가져오는 결과나 효과를 제외하고도 그 자체에 흥미를 가지고 열광, 몰입, 몰아, 심취, 전념할 수 있는 특성을 지니고 있다.

교육평가는 우리의 삶에서 이런 독특한 삶의 양상으로서의 교육이 얼

---

17) 여기에서 특별히 기능주의적 교육관을 배제하고 있음을 주목하기 바란다. 그 교육관을 지금도 견지하고 있는 사람들에게는 이런 언급이 부당하게 보일 수도 있다. 왜냐하면, '입시위주의 교육'은 사실상 그런 교육관의 일환이기 때문이다. 다시 강조하지만 그 교육관은 단지 허풍일 뿐 교육의 정체규명과 아무런 관련도 없다.

마나 그리고 어떤 비중을 가지고 일어나는지에 주목한다. 더 나아가, 그 교육이 여타의 세계와 어떻게 서로 영향을 주고받으면서 존립하는지에 관심을 갖는다. 전자는 교육의 여건에 대한 평가이며, 후자는 교육의 기능에 대한 평가에 속한다. 이 경우 그 각각에 적용되는 가치기준은 서로 명백하게 다르다. 교육여건에는 교육의 내재적 가치가 적용되며, 교육의 기능에는 그 기능을 하도록 기대되는 외재적 가치가 적용되는 것이다. 이처럼 교육평가는 주목해야 할 사실과 그것에 적용되는 가치의 기준에서 여타의 평가와 구분되며, 그 과정에 하등의 모호함도 개재할 여지가 없다. 이 점은 앞에서 이미 자세하게 논급된 부분이지만 그것이 학교의 평가와 다른 것임을 여기에서 다시 확인하기로 하자.

우리가 지금까지 논의해 왔던 자율적인 교육, 그리고 그것에 대한 평가가 우리의 역사나 현존하는 삶에서 결코 유별난 것은 아니다. 우리의 삶에서 차지할 그런 측면들의 과제가 교육의 명분을 앞세운 학교제도의 출현과 그것에 따른 교육학의 범주착오라는 우연적인 계기로 인해서 개념적으로 외면되어 왔을 뿐이다. 정치, 경제, 사회, 문화, 종교에 오직 특정한 전문가만이 참여하는 것은 아니다. 교육 역시 그것을 별도의 집단만이 독점할 성질의 것이 아니다. 다만 그 내재율에 순응함으로써 누구나 교육의 주체가 될 수 있다. 교육은 그 자체 안에 평가의 과정이 필요하며, 이를 위해서 평가하는 사람과 평가받는 사람이 반드시 분리될 필요는 없다. 교육의 주체로서 교육에 참여하면서 그 고유한 실천을 반성한다면 그 역시 교육평가자의 자격을 얻을 수 있다. 그 반성의 수준을 더 높여 나아가는 것이 바로 교육평가의 개선에 해당할 것이다.

교육의 정상화가 초미의 관심사로 등장하고 있다. 그 문제를 해결하는 데 교육학자들의 역할을 기대하는 사람들이 많을 것이다. 그러나 여기에서 명백하게 할 점은 그 기대는 난망하다는 점이다. 우선순위가 뒤바뀌져야 한다. 교육이 정상화되려면 교육에 대한 개념의 정립과 그 교육에 대한 평가의 정상화가 선행되어야 한다. 교육평가의 정상화는 지금의 오류의 늪에서 벗어나서 그 본질에 충실한 과제를 수행하는 것을 의미한다.

교육은 다양한 삶의 공간에서 일어날 수 있으며, 이들은 각각 그런 과제의 수행을 애타게 기다리고 있다. 그 각각의 공간에서 그 내재적 가치에 부응하는 교육이 얼마나 성실하고 풍부하게 진행되고 있는가? 그 각각의 공간에서 작용하는 교육의 여건은 어떤가? 교육은 어떤 기능을 하는가? 잘못된 부분은 어떤 것이며, 잘된 부분은 어떤 것인가? 이런 평가는 이전의 교육평가와는 전혀 다른 종류의 것이며, 그만큼 아직 미래의 과제로 남아 있다.

이제까지 간과된 교육평가를 보충하고 보강함으로써만 '학교교육의 정상화'[18]도 가능해질 것이다(장상호, 2004). 교육과 혼동하는 전형적인 공간이 바로 학교이다. 많은 학교가 명분상 교육을 전면에 내세우지만, 실상은 형식치레에 그치고 있다. 일반인들은 학교의 문제를 오로지 교육의 문제로 치부하고 사실상 교육일 수 없는 엉뚱한 것에 너무 큰 의미를 부여하고 있는 실정이다. 그것을 시정할 책임이 있는 교육학자조차도 일반인의 상식을 벗어나기보다는 그 잘못된 상식을 바탕으로 학교 안에 존재하는 제반 이질적이고 비교육적인 것들을 교육으로 왜곡하거나 오염시키고 있는 형편이다. 현존하는 '교육평가' 역시 실제로 학교 안에서 진행되는 교육 고유의 경험을 교도하기보다는 교육을 오도하거나 기피하도록 하는 역기능을 하고 있다. 이처럼 교육이 곡해되고 고유한 가치의 맥이 끊어진 이 시기에, 본래의 새로운 교육평가가 목하 교육제도로서 쇄신의 과제를 짊어지고 있는 학교의 진면목과 정당성을 판가름해 줄 것이다.

교육평가의 응용대상은 학교에 국한되지 않는다. 교육은 우리 삶의 보편적인 현상이다. 교육은 역사적으로 면면히 진행되어 왔고, 지금도 표면상 거의 연관이 없어 보이는 생활공간에서 면면히 진행되고 있다. 교육은 특정 연령과 기간에만 한정되는 것이 아니라 평생에 걸친 삶의 양상이다. 한 개인의 하루 일과 가운데 아마도 교육적인 삶이 배제된 경우는 없을

18) 이 개념은 '학교'와 '교육'을 다른 범주로 보고, 후자의 입장에서 전자를 정상화시킨다는 의미로서 이제까지 교육학자들이나 혹은 일반인들이 사용하는 용어의 의미와 전혀 다르다는 점을 유의하기 바란다.

것이다. 그럼에도 불구하고 지금 우리 자신의 통념이 그 엄청난 의미 있는 삶을 외면하도록 하는 차단막으로 작용하고 있다. 스스로 충실하게 교육적인 삶에 종사하면서도 그 가치를 인정하지 못하는 사람들이 얼마나 많은가! 그 역시 교육 하면, 오로지 학교만을 연상하는 우리들의 잘못된 개념이 빚어낸 오류의 부산물이다. 그 통념을 걷어내고 학교 밖에서 진행되고 있는 그 숨겨진 교육에 의미를 부여하고, 그것을 제대로 평가하는 노력도 반드시 병행되어야 할 것이다.

교육의 개선은 이해관계자들 사이의 소통과 동조를 전제한다. 학교 내외를 관통하는 새로운 교육평가의 결과는 우리 모두에게 통보되고 논의될 수 있어야 한다. 이와 관련하여 논자는 '교육평론'이라는 새로운 분야의 출현과 활성화를 제안한 바 있다(장상호, 2009). 앞에서 지적했듯이 그 용어는 일찍이 아이스너(Eisner, 1985)가 이미 쓴 것이기 때문에 새로운 것은 아니다. 그러나 이제부터 논자가 여기에서 언급하려고 하는 것은 그 내용에 있어서 이전의 것과 현격하게 다르다(강만철, 2008). 전자가 전통적인 교육평가에 단지 예술적 방법의 특징을 추가하려고 했던 것에 비해서, 후자는 이제까지 전적으로 간과해 온 교육이라는 대상과 그것에 부여하는 가치기준의 특수성을 강조한다.

평론의 생명은 그 대상에 대한 참신한 해석이다. 언어를 통한 소통은 그 언어가 나타내려는 우리 내면의 체험이 서로 조율될 때에만 가능하다. 관점 전환의 작업은 일상적인 언어 혹은 기존의 언어가 갖고 있는 맥락을 해체하고 새로운 맥락을 추가하는 작업을 요청한다. 통상 익숙한 것을 익숙하지 않게 보게 한다거나 혹은 낯선 것을 익숙하게 보게 하는 것이 평론의 고유한 기능이다. 예술분야에서는 사물의 아름다움(美)과 추함(醜)을 들추어 내어 그 가치를 판단하는 비평이 중요한 몫을 하고 있다. 그 비평은 예술을 새롭게 정립해 나가는 과정에서 기존의 관습적 방법으로는 정당한 평가가 불가능한 상황에 부딪쳤을 때, 척도 자체의 타당성 여부를 평가하는 새로운 안목과 기준을 창조해 나가는 역할도 수행하고 있다. 마찬가지로 교육평론이란 우리의 역사나 현장의 삶에 배인 교육적 에피소

드를 수집하고 그것을 교육의 관점과 기준에 비추어 깊이 살피고 그것의 본질성과 의미를 더욱 뚜렷하게 감식할 수 있게 하는 글을 쓰는 것을 말한다.

교육평론은 교육의 제도가 표방하는 구호와 용어, 그 이면의 숨어 있는 가정, 허위의식, 과장, 그것의 실상과의 일치와 괴리, 의도되지 않은 부작용, 여타의 이해집단의 이데올로기와의 관계 등을 적나라하게 폭로하고 노출시킬 수 있어야 한다. 다른 한편으로, 평론은 기존의 '교육평가'가 부지불식간에 왜곡하거나 외면해 온 현상을 새롭게 조명하여 교육에 대해 더 잘 이해하고, 더 잘 판단하고, 더 잘 표현할 수 있도록 안내할 수 있어야 한다. 한 단어의 의미·강도·뉘앙스가 그것이 언급된 의미연관과 관련하여 파악될 수 있듯이, 한 문장 그리고 그와 관련된 문장들의 의미는 말의 의미연관, 즉 말의 유기적인 구성과 상호연관성에 관련됨으로써 발생한다. 이미 대중이 일상어의 오류에 빠져 있는 지금의 상황에서 그 일상어의 밖에 존재하는 교육의 감추어져 있는 부분을 드러내는 데 어려움이 있기 때문에 다소 낯설고, 친숙하지 못한 용어의 도입은 불가피할 것이다.

그런 방식으로 감추어져 있었던 진정한 의미의 교육을 명백하게 밝히는 데 성공할 수 있다면, 그만큼 그 비평의 효용성도 인정받을 수 있게 될 것이다. 교육에 대한 무시, 오해, 혹은 낮은 수준의 문제점을 극복하려고 노력한 새로운 비평의 지평은 독자로 하여금 그들이 반성 없이 아무렇게나 일상어를 사용해서 교육을 이해했던 것과의 차이를 의식하고 교육을 새롭게 다시 숙고하는 계기를 제공할 것이다. 그것은 독자로 하여금 우리의 지나간 역사와 현재의 구체적인 삶 속에서 벌어지는 특정한 사태가 어떻게 교육의 사례가 되는지를 감식할 수 있는 지평을 제공하고, 교육이 삶과 직결되어 있다는 것을 이해하고, 무심코 대면하는 것들이 함축한 교육적인 특질에 대해서 더 적절하고 예민한 반응을 할 수 있도록 도울 것이다. 이해는 의미의 구성과 발견을 중시하며, 단순히 인지적인 앎뿐만 아니라 느낌을 포함한다. 이로써 대중은 점차 좀 더 높은 수준의 교육에 대한 감식력과 더불어 그에 대한 공감에 도달할 수 있을 것으로 본다.

교육의 고유한 목표는 더 나은 교육에 끊임없이 접근하는 것이다. 완벽한 교육은 불가능하다. 더구나 교육은 원래부터 완벽과는 거리를 두는 세계이다. 교육은 그 본질상 결함을 전제하며, 그 교육 자체마저도 항상 결함이 있을 수 있다는 사실을 겸허하게 받아들일 수 있어야 한다. 제대로 된 교육과 그렇지 못한 교육이 있을 것이다. 그것은 어디까지나 상대적인 것으로서 항상 얼마만큼의 불만을 포함할 것이다. 우리는 교육이 외재교육에서 출발하여 점차 내재교육에 이르는 자율화의 과정을 예상한 바 있다. 교육에서는 과오가 없음을 높게 평가하는 것이 아니라 그 과오를 잘 고치는 일에 성실하게 임하는 것을 더 높게 평가한다.

교육평가자의 임무는 그 각각의 단계에서 기존의 교육이 갖는 결함을 따지고, 반성하고, 개선하는 일을 지원하고 향상시키는 토대를 마련하는 것이다. 좋은 교육평가가 교육의 발전을 반드시 보장하는 것은 아니다. 교육의 발전을 결정하는 요인들은 그 이외에도 허다할 것이다. 그러나 평가는 어떤 방식으로든 다음의 실천에 영향을 주기 마련이다. 긍정적 평가는 기존의 실천을 보강하는 효과를 가지며, 부정적 평가는 사태의 개선을 요구하는 계기로 작용한다. 그 부분이 교육의 기능에 대해 교육 주체가 개별적인 평가를 통해 자연스럽게 챙길 수 있는 고유한 효용이며, 소득에 해당한다.

한 분야의 발전은 긴 시간을 소요한다. 좋은 교육평가가 좋은 교육과 연결되고, 그것이 다시 여타의 삶에까지 긍정적인 영향을 주는 복잡한 경로가 있을 것이다. 그 일련의 경로 모두를 예상하는 것은 불가능할 뿐만 아니라 견강부회의 위험을 내포한다. 그럼에도 불구하고, 그중의 하나로서 재차 강조하고 싶은 점은 바로 앞 절(9.7)에서 이미 살핀 특수한 주제, 즉 교육이 수도계의 품위평가를 정당화하는 데 매우 중요한 역할을 할 수 있다는 사실이다. 수도계의 가치판단은 그 가치체험의 과정에 참여하는 당사자의 정직한 감동에서 시작되어야 하고, 그 성과 또한 그들 내부로부터의 찬탄이 동반되는 방식으로 이루어질 수 있어야 한다. 교육은 품위를 그 소재로 삼아 그것을 향상시킬 뿐만 아니라 그 수준과 내재적 가치의 입증과 정당화를 가능하게 한다.

지금까지 우리는 교육평가의 개선이 어떻게 교육발전에 공헌할 수 있다는 점을 밝혔고, 더불어 수도계의 품위평가도 그것과 결부하여 이루질 수 있다는 점을 살폈다. 여기에 추가할 수 있는 항목은 얼마든지 더 있을 것이다. 마지막으로 이에 더 첨부할 점은 응용은 이처럼 말로 규정되는 것이 아니라 실제로 해 보아야 하며, 그 결과는 사실에 의해서 입증되어야 한다는 것이다. 누차 강조했듯이 관련을 따질 때, 그 관련된 것끼리의 차이가 전제된다는 점을 논자는 시종 강조해 왔다. 교육평가는 숙명적으로 주어진 것이거나 무조건 적응해야 할 것만은 아니다. 얼마만큼의 선택과 통제가 가능하다. 그런 교육평가를 정상화시킴으로써 교육의 정상화와 발전이 얼마나 이루어질지는 이후의 연구를 통해서 끊임없이 실증해 나가야 할 과제다.

## 제 10 장
# 교육적 인식론

## 10.1 정초주의의 붕괴와 그 이후

인간이 여타의 생물과 다른 가장 두드러진 특징은 자신과 그것을 둘러싸고 있는 현상들에 대한 호기심과 탐구가 유별나다는 사실이다. 그 호기심과 탐구에는 인식 자체에 대한 것이 포함된다. 인간에게 유일하게 지식이라는 선물이 주어진다. 그 지식이란 무엇인가? 지식은 어떻게 형성되고 발견될 수 있는가? 서로 모순되는 지식을 가지고 있다고 할 때 그들을 공립시킬 수 없다. 그렇다면 그중 어느 것이 더 타당하다고 판단할 수 있는가? 그 판단을 어떻게 입증될 수 있는가? 이를 두고 흔히 '진리탐구'라는 말을 쓴다. 그 가치기준은 여타의 가치들과 어떻게 구분되는가? 질문은 이렇게 끊임없이 이어진다.

오래전부터 철학은 이런 제반 문제를 인식론(epistemology)이라는 주제로 다루어 왔다. 이는 멀리 기원전 5세기 희랍에까지 소급된다. 희랍의 플라톤(Platon: B.C. 422-347)은 그의 저서 ≪테에테트, (Theaetet)≫에서 사물의 앎(episteme) 자체를 알기 위하여 "앎이 무엇이냐"고 물은 뒤에 앎의 본질과 개념을 밝히려고 하였다. 그에 의하면, 개별적인 사물의 참된 앎은 오직 앎의 본질과 개념의 앎을 통해서 형성되기 때문에 결국 인식론은 '학문의 학문(episteme tes epistemes)'이라는 명칭에 어울리게 높은 지위를 차지할 수 있었다.

인식론은 전통적으로 진리와 허위(truth and falsehood)의 구분이 애매하고 불확실하다거나 혹은 제반 견해의 동등성을 가정하는 상대주의를 경계하는 방향으로 전개되었다(장상호, 2000a). 전통철학은 실재가 고정된 것으로 보면서 오류를 범할 여지가 없는 확실성을 부여하는 특권적 지위를 향유해 왔다. 존재, 실체, 실재, 진리, 본질, 형상, 원형, 궁극적 목적 등등에 대한 언급은 바로 그것을 반영하는 개념들이다. 절대주의자들은 확고부동한 지식체계가 존재할 수 없다면 그 탐구 자체가 무의미한 일로 생각하였다. 그런 불안을 해소해야 한다는 것이 인식론에 대한 기대와 요청사항이었다. 근대 자연과학과 더불어 합리론과 경험론이 그 본격적인 논의의 활로를 열어놓았다. 그 각각의 입장은 데카르트(R. Descartes, 1596-1650)에 이어, 로크(J. Locke, 1632-1704)에 의해서 대변되었으며, 이는 칸트(I. Kant, 1724-1804)에 전통적인 인식론에까지 전개된다. 이는 다시 현상학, 논리실증주의, 분석철학 등 현대의 인식론과 연결된다.

데카르트는 그의 ≪성찰(최명관 역, 1983)≫에서 확고한 지식의 거점을 '아르키메데스의 일점(p. 82)'에 비유한 바 있다. 그 '일점'이란 바로 지구 전체를 이동시키길 수 있는 부동한 지점을 의미한다. 앞에서 예시한 전통적인 인식론은 그 주장에 다소 차이와 발전이 있다고 하더라도 모두 확실한 인식이 가능하다고 믿고, 그 근거를 추구하는 인식론의 요구사항과 전제를 공유한다는 점에서 같은 노선을 밟아 왔다고 볼 수 있다. 그런 연구 프로그램을 흔히 '정초주의(foundationalism)'라고 칭한다(Bernstein, 1983; Rorty, 1979). 정초주의자들은 인식의 과정에 포함된 복잡한 사실의 문제나 그들의 전문적 능력 밖의 주제는 생략하고 이들을 단지 철학적 요구사항에 맞도록 선험적인 것으로 가정하여 넘어가는 편법을 취하였다.

결과만을 놓고 보면 정초주의자들의 논의는 너무도 산뜻하다. 가령, 그들은 인식 주체와는 별개로 존재하는 실재(reality)와 그에 대응하는 지식이나 언어가 있는 것으로 가정한다. 참된 지식은 그 객관적인 대상을 모방하거나 모사함으로써 이루어진다. 여기에서 그 지식이나 언어의 타당성은 그런 우리의 모사가 우리의 인식과 무관하게 존재하는 그 대상과 얼마나 일치하느냐에 의해서 결정될 수 있다. 그 대응성의 규칙을 아는 절대적 자아는 그 세계의 구체적인 실상을 훼손함이 없이 있는 그대로 서로 정확하게 전달할 수 있다. 그런데 자명한 것으로 받아들였던 그런 가정과 전제가 점차 이제 과장된 확신, 독단주의, 허구인 것으로 적나라하게 드러나고 있다. 크게 두 가지 방향의 비판이 있다. 그 하나는 철학자 내부의 자성이며, 다른 하나는 역사적 사실에 근거한 반증이다.

이전의 근대적 사상에 대한 의문에서 시작된 포스트모던이즘은 전통적인 서구적 인식론에 만연하고 있었던 절대적 지식에 대한 확신과 그것을 발견하는 과정과 근거에 관한 독단주의를 폭로하기에 이른다(김혜숙, 1995). 우리가 실재를 직접 접촉하여 그대로 그려낼 수 통로가 없다는 점이 드러났다. 그 실재가 설사 모든 경험과 독립하여 존재한다고 하더라도, 경험에 앞서 그것을 이해할 수는 없다. 그 한계를 벗어날 최종적인 전유된 특권을 가진 참된 자아도 존재하지 않는다. 판단의 옳고 그름은 결국 절대적이며 선험적인 자아가 아니라, 역사적이며 사회적인 주체에 의해서 이루어진다(Foucault, 1969; Gadamer, 1975; Heidegger, 1927). 이 때문에 인식의 오류가능성은 불가피하며, 다만 그 정도에서 문제가 될 뿐이다.

지식의 최종형태는 언어와 상징을 매개로 하여 표현된다. 이 경우 언어와 그것을 나타내는 개념이나 사실 사이에는 어떤 필연적인 관계가 있을 수 없다는 새로운 자각 역시 우리에게 인식에 대한 인식의 전환을 요구한다. 근래의 언어철학자나 언어학자들(Derrida 1967; Rorty, 1979; Saussure, 1959)은 언어가 우리의 외부 세계의 '재현' 또는 '모사'가 아니라는 사실을 밝히고 있다. 언어가 지니는 의미는 그것과 그것에 대응하는 세계 간의 관계에서 나오는 것이 아니라, 그것을 구성하는 요소들 사이의 차별과 관계 속에서 나온다는 것이 새로운 정설로 받아들여지고 있다. 이에 따르면, 우리는 오직 세계에 대한 나름대로의 이야기 짓기를 할 수 있을 뿐이다. 이는 이전의 형이상학적 철학자들이 절대적인 확실성을 보증할 때 쓰인 언어의 경우도 예외가 될 수 없다.

철학 내부의 이런 뒤늦은 반성과 더불어, 과학의 역사를 다루는 일련의 학자들은 이제까지의 철학적 인식론이 너무도 평범한 역사적 사실을 무시하고 있다고 주장한다. 그동안 자연과학이 엄밀한 검증의 절차와 원칙을 가진 것으로 알려지고 있다. 과학철학 역시 귀납법, 연역법, 혹은 여타의 고정된 합리적인 기준들을 내세워 그런 일반적 관점을 지원하고자 하였다. 신과학철학자들은 과학의 역사적 사례를 증거로 내세우면서 이런 관점들이 다분히 가공적이며, 막상 해결되어야 할 인식의 문제를 외면하고 있다고 비판한다. 자연과학 혹은 학문계를 역사적으로 검토하는 가운데 하나 분명해지는 것은 지식이 역사적인 생명과 한계를 갖는다는 사실이었다. 뿐만 아니라 이전에 완벽한 지식을 검증하는 방법적 절차나 논리가 무력하다는 사실이 밝혀졌다.

절대의 세계는 우리 인간이 파악하거나 이해할 수 있는 바가 아니다. 우리의 지식은 항상 상대적일 수밖에 없다. 오류가능성은 학문적 지식의 기본적인 속성이다. 학문의 역사를 관통하면서 드러난 분명한 사실은 한동안 진리로 입증되었던 것은 거의 예외 없이 후에 얼마간의 오류가 있는 것으로 판명되었다는 것이다. 라우덴(Laudan, 1984, p. 135)은 19세기 말에 절대적 지식에 대한 기대가 이미 역사에서 사라졌다고 주장한다. 대부분의 과학자들은 과학은 기껏해야 고도의 개연성을 가진 지식의 상태를 목표로 할 수 있을 뿐이라고 본다. 설사 진리 그 자체가 절대적으로 존재한다고 할지라도 그에 대한 인간의 이해와 해석은 우리의 인식능력과 방법의 유한성으로 인하여 상대적일 수 없다.

자연과학은 경험주의적인 전통을 금과옥조시해 왔다. 그 인식론의 특징은 우리들의 관념과 외계의 자연현상 간의 관계를 독립된 것으로 본다는 점이다. 자연현상은 우리의 의지와는 독립적으로 '확고부동한 상태'로 존재하며, 자연과학적 지식의 최종적인 타당성은 전자와의 대응관계에 의해서 결정될 수 있다는 확신이 있었다. 그러한 대응의 근거를 밝혀 주는 유력한 통로로 간주되어 온 것이 관찰이다. 관찰에 대한 이러한 신뢰가 성립하려면, 그것은 말 그대로 '있는 그대로의 세계'를 드러내 줄 수 있는 순수한 관찰이어야 한다. 인식 주체와 인식대상 사이에는 관찰 이외에 어떠한 것도 끼어들어서는 안 된다.

그러나 외계를 관찰한다는 것은 언제나 관찰자가 지니고 있는 개념체계나 이론체계를 통하여 해석된 세계와 접하는 것이라는 '관찰의 이론의존성' 명제가 대두되면서 그 가정이 무너지고 있다(Feyerabend, 1975; Hanson, 1961; Kuhn, 1970; Toulmin, 1961). 해석되지 않은 데이터란 존재하지 않는다. 경합하는 두 이론의 지지자들은 동일한 대상을 두고서도 각자의 이론이 포착하는 두 가지 상이한 현상들을 보게 되며, 그들은 자기가 가진 이론의 틀 안에서 각각 그 이론이 외부의 세계와 대응한다고 판단한다.[1] 이 때문에 이제는 관찰이 이론을 검증하는 기준이 되는 것이 아니라, 반대로 무엇이 데이터 또는 증거로서 여겨질 수 있는지를 정의하는 기준들이 이론에 의해서 수립된다는 것이다. 이런 논법에 따라 이론의 검증원리는 우리에게 아직도 미결의 과제로 남는다.

경험주의 인식론과 더불어 자연과학이 의존해 온 또 하나의 인식론적인 축은 합리주의이다. 합리주의자들은 지식체계 내의 내적인 통일을 진리의 기준으로 삼는다. 혹은 어떤 부분적이고 새로운 지식이 발견되었을 때 그 타당성을 기존하는 어떤 이론체계 혹은 그것을 포섭하는 상위의 이론체계와 어울리는 정도에 의해서 진리여부를 결정하는 것이다. 그러나 확고부동한 위치를 차지했던 이런 합리주의적 방법적 규칙 역시 역사적 사실에 비추어 무력한 것임이 판명되고 있다. 이제 합리성의 개념은 불변의 형식적 원리에 의하여 일의적으로 정의될 수 있는 것이 아님이 밝혀지고 있는 것이다. 상이한 문화와 역사적 시기마다 합리성의 개념은 달라진다.

학문의 세계는 본질적으로 불안정하다. 그 역사는 끊임없는 논쟁, 반성적 해체, 재건으로 점철되어 있다. 이 가운데 의미 있는 학문적인 진전은

1) 예컨대, 천동설과 지동설을 믿는 두 사람은 각각 지평선 위의 해를 각각 달리 보듯이 같은 증거를 다르게 보고 해석한다.

하나의 합리성에서 다른 종류의 합리성으로의 전환되는 시기에 이루어졌다. 이와 같은 담론상의 균열은 최근에 과학의 역사적 변화를 고찰하는 일련의 학자들에 의해서 예리하게 드러나기 시작했다. 바슈라르(Bachelard, 1934, 1949)를 필두로 하는 프랑스적인 인식론의 전통은 우리의 사상체계가 역사상으로 서로 상응할 수 없는 '균열들', '단절들', '갑작스러운 재배치'로 이루어져 왔다는 사실에 초점을 맞추고 있다. 이런 주장은 과학적인 발견과 발전을 합리적인 과정에 의한 것으로만 보았던 인식론자들에게 큰 타격을 주었다.

이와 관련하여 널리 인용되고 있는 인상 깊은 연구는 쿤(T. S. Kuhn)이 1962년도에 발표한 ≪과학혁명의 구조론(1972)≫이다. 그가 제시하는 증거에 따르면, 과학은 합리적인 증거와 논증을 거쳐서 발전되지 않았다. 쿤은 과학이 급진적으로 발전할 때 패러다임 자체가 결과적으로 서로 양립할 수 없는 체제임이 드러났으며 그들 간에 합리적인 논증이나 정당화가 불가능하였다고 주장한다. 각 패러다임은 자체에 비추어 합리성을 규정하기 때문이다. 서로 다른 수준의 이론은 서로가 비합리적이다. 따라서 하나의 패러다임이 다른 패러다임보다 더 우수하다는 것을 논리적으로 증명할 길이 없다.

철학자들이 절대적 지식의 확보와 검증을 위해서 그들의 인식론의 기초로 삼았던 제반 전제에 대한 의문에서 출발한 이런 일련의 두 가지 비판적 시각은 그런 전제의 허구를 여실하게 드러내고 있다. 그 전제들은 이른바 '데카르트적인 불안'을 진정시켜 줄 수 있을지 모르나 사실은 검증되지 않은 사실을 숨기고 해결을 노릴 진정제에 불과하다는 비난을 면하기 어렵게 되었다. 이런 분위기에 편승해서 근래에 '반방법(Against Method; Feyerbend, 1975)', '반표상주의(Anti-representationism; Rorty, 1979)', '반정초주의(Antifoundationalism; Bernstein, 1983)' 등등의 새로운 표어가 등장하고 있으며, 이들은 이전의 인식론을 해체시키면서 그 대안을 제시하고 있지 않기 때문에 단지 냉소주의나 혹은 무정부적인 상대주의로 회귀하려는 경향으로 흐르기도 한다. 이런 극단적인 반응은 정초주의가 있어야 한다는 아직 포기되지 않은 신념의 좌절에서 비롯되기 때문에 사실상 미묘한 방식으로 정초주의적 기대와 밀접하게 연결되어 있다.

그런 해체와 좌절 자체가 인식론의 대안이 될 수는 없다. 만약 인식활동에 내재한 어떤 질서 자체에 대한 모독으로까지 나아간다면 그 비판 자체도 역시 허점을 가진다고 말할 수 있다. 역사적 사실을 놓고 볼 때 학문이 무정부적인 활동의 소산이라고 도저히 보기 어렵다. 약 2500년여에 걸쳐서 이룩된 학문계의 두드러진 특징은 앞에서 살폈듯이 끊임없는 변화와 발전이다. 학문기관과 거기에 참여하는 사람들의 수는 물론 그들에 의해서 산출되는 지식의 양은 날로 증가하고 있다. 이는 마치 확장하는 우주를 연상시킨다. 학문적인 지식은 수 세기의 발전을 거치면서 우리들로 하여금 일상적인 사고로서 도저히 미칠 수 없는 높은 수준의 세계와 접촉할 수 있게 하였다. 거기에는 분명히 모종의 질서와 지식의 우열을 판정하는 절차와 기준이 작용했다고 보아야 한다. 문제는 바로 그것을 설명하는 이론체제가 아직 정립되어 있지 않다는 데 있다. 지금의 상황은 이미 붕괴된 정초주의로 회귀할 수도 없고, 그렇다고 해서 반정초주의가 초래하는 것 같은 무정부적 상대주의를 받아들일 수도 없는 처지이다. 이것은 분명 인식론이 봉착한 또 다른 차원의 도전이다.

인식의 절대적 기준이 없다는 자각이 인식론의 종말을 의미하는 것은 아니다. 우리는 이제 재건의 대안을 찾아야 할 것이다. 그 출발은 지금까지 정초주의가 향유했던 무근거한 전제에 대한 비판을 겸허하게 있는 그대로 받아들이는 것이다. 이런 비판이 주로 '탈근대'라는 주제로 다루어지고 있다고 해서 우리가 단지 시대사조라는 것으로 간단히 넘어가기에는 그 자체로서 성숙된 요소와 반성이 들어 있다. 역사적 인식론은 이전의 인식론적인 틀이나 규칙이 역사적으로 실재했던 학문 자체의 실상을 무시하는 것을 지적해 왔다. 가령, 절대적 지식에 대한 집착, 실재 자체와 직접적 접촉이 가능한 인식 주체의 상정, 그리고 그런 인식활동을 가정한 개념과 언어의 사용 등의 효력을 정지시키고 그것들을 대체하는 전면적인 개념체제가 요구된다.

새로운 대안의 모색은 이전의 인식론이 생략하거나 간과한 것이 무엇인지를 검토하고 그 부분을 보완할 수 있어야 한다. 그 가운데 가장 결정적으로 문제가 될 수 있는 것은 지식을 그것이 형성되는 과정과 분리시킨 점이다. 가령 철학의 고유영역을 찾고자 했던 근래의 분석철학자들(Reichenbach, 1951; Rudner, 1966)은 지식이 발견되는 맥락과 그것을 정당화의 맥락을 구분한 뒤 후자만을 자신들이 해결할 과제로 본다. 전자는 우연적 사건이나 탐구자의 요인이 작용한다고 보아서 철학자의 소관에서 제외시킨 것이다. 분석철학자들은 철학의 관례를 따라 학문의 결과적인 산물만을 중시하고 그것의 진위를 판정하거나 다양한 이론 가운데 우수한 것을 선택할 수 있는 모종의 보편적인 기준과 형식화된 절차를 찾는 것을 인식론적인 과제로 규정하였다.

그러나 개념이나 명제 스스로가 그 발전을 설명할 방도는 없다. 이들은 인식 주체의 활동의 소산에 불과하며, 그 때문에 그 활동과정을 무시하고 인식의 타당성을 입증하려고 한다면 거의 불가능을 기대하는 셈이다. 어떤 개념, 이론 그리고 그로부터 이해되는 대상은 그런 실천을 통해서 점진적으로 변화해 가는 한 단계에 불과하다. 이때 진리를 증명하는 사람과 그것을 증명받는 사람의 인식수준이 언제나 동일하다는 보장은 없다. 그 변화에 따른 간격을 좁히고 그것을 매개하는 과도적 절차를 거치지 않고 이루어지는 어떤 진리의 입증도 불완전하다. 이에 따라 분석철학자들이 그들의 취향에 맞게 멋대로 생략하거나 선험적으로 가정해 버린 지식형성과정을 그 결과의 평가와 결부시키는 노력이 요청된다.

본장의 주제인 교육적 인식론은 그 과정에 교육을 대입시킴으로써 전통적인 인식론의 붕괴와 더불어 등장하고 있는 허무주의와 무정부적인 상대주의에 대해서 우리가 가지고 있는 불안한 심정을 해소해 나가는 대안을 제시하고자 한다. 차츰 분명해지겠지만 새로운 인식이란 인식 주체 자신의 변화가 없이는 이루어질 수 없다. 그것이 새로운 실재를 밝힌 것이라면 그 실재를 인식할 수 없는 사람들에게 그 실재성을 입증할 수도 없다. 이에 대한 해결은 인식 주체 자신의 변화를 통해서 비교하고자 하는 지식을 증득하고 그것을 토대로 그들 간의 상대적 우위를 판단하는 것이다.

그런 발상의 근원은 결코 새로운 것이 아니다. 플라톤의 ≪국가론(/1997)≫에 나타나는 '동굴의 신화'가 일반적으로 교육의 세계를 비유한 것이라는 점은 널리 알려진 사실이다. 동굴 속에서 그림자 이외의 뭔가 다른 것을 본 일이 없는 사람에게는 진리가 제대로 분별되기가 어렵다. 정지된 상태에서는 그가 보는 것만이 옳다고 믿는다. 동굴 안에 묶여 있는 사람은 그림자만이 진실할 것이라고 믿는 것은 불가피하다. 그러나 어둠에서 빛으로 그리고 빛에서 어둠으로 옮길 때 그는 이전의 생각이 틀렸음을 안다. 그 어두운 위치를 떠나서 빛이 보이는 곳을 따라 가면서 태양을 본 사람은 그가 보는 것들이 이전에 보았던 그림자보다 더 진실한 것이라는 사실을 스스로 깨달을 수 있게 된다. 이야기는 여기서 그치지 않고 계속된다. 그는 아직도 어두운 동굴 속에서 자신이 옳다고 느끼고 있는 동료들이 있음을 안타깝게 느끼고 동굴 속으로 다시 회귀한다. 이때 죽임을 당할 위험마저 감수하면서까지 그들에게 진실을 가르치려고 한다. 왜냐하면 그는 자신처럼 그 동굴을 떠나서 밖을 보지 않는 한 그들의 생각이 그른 것임을 달리 확인시킬 길이 없다고 믿기 때문이다.

놀라운 사실은 우리가 앞에서 정초주의의 가정을 문제시했던 일군의 학자들도 이 신화가 예시하는 방향을 뒤늦게 인지하기 시작했다는 점이다. 그 사례는 많다. 예컨대, 반표상주의를 내세워 정초주의를 거부했던 로티(Rorty, 1979)는 그 이후의 해법을 교화(edification)에서 찾는다. 그는 자신은 물론 듀이(J. Dewey), 비트겐슈타인(L. Wittgenstein), 하이데거(M. Heidegger)를 그 관점의 범주에 포함시켰다. 엄태동(1996, 1998a; 1998b; 1998c, 1998d; 2001b, 2005)은 로티, 키에르케고올(S. Kierkegaard), 폴라니(M. Polanyi), 하이데거를 교육적 인식론과 결부시키는 작업을 수행했다. 장상호(1994, 1996, 2000)는 변증법적 전통(헤겔 G. W. F. Hegel, 키에르케고올), 해석학적 전통(하이데거, 가다머 H. Gadamer), 프래그머티즘(듀이, 로티), 그리고 신과학철학(포퍼 K. Popper, 쿤, 파이어아벤트, 라카토스 I. Lakatos, 툴민

S. Toulmin, 폴라니)의 범주들로 나누어 그 각각에서 인식과 우리 자신의 변화과정의 연관 가능성에 대한 기반이 다양하게 산재되어 있음을 밝혔다.

그 마지막 범주에 속하는 신과학철학은 과학발전의 역사적 사실에 근거하고 있다는 점에서 여기에서 한 번 더 논급할 가치가 있다. 증거는 그것을 볼 수 있는 사람에게 나타나고, 그것을 볼 수 없는 사람에게는 숨겨진다. 따라서 증거를 제시하기보다는 그것을 볼 수 있는 눈을 뜨게 하는 것이 더 급선무이다. 쿤(Kuhn, 1970)은 과학의 위기와 과학적 혁명의 시기에 발생하는 논쟁유형은 연역 논리나 증명의 규칙에 호소해서는 해결될 수 없고, 관찰이나 검증·확증·반증에 직접 호소해서도 해결될 수 없으며, 그 대안으로 어느 편이 다른 편의 입장을 이해하고 자신의 입장을 포기할 수 있을 정도의 변화가 있어야만 한다고 보았다. 이때 그가 쓴 강력한 말이 '개종(conversion)'이다. ≪반방법(Feyerabend, 1975)≫의 주창자도 경합하는 두 이론체계 사이에서 이루어지는 선택은 어떤 합리적인 기준에 의해서라기보다는 주관적인 선호, 설득, 선전과 같은 비합리적인 과정에 의존한다고 주장한다.

그런 우리 자신의 변화에 추가할 세부항목은 많다. 예컨대, 자연과학에서 이론의 불일치가 정리되는 데 적용할 수 있는 가치기준에 논의가 아직 불충분하다는 지적도 있다. 라우든은 그의 저서 ≪과학과 가치(Laudan, 1984)≫에서 서로 논쟁하고 있는 과학적 지식들 사이에는 결국 가치론적인 문제가 개입되어 있음을 주목한다. 중요한 인식적 방향의 전환에는 반드시 가치기준의 전환이 동반하였다. 그런데 쿤은 하나의 세계관이나 패러다임에서 다른 세계관이나 패러다임으로의 이행을 설명할 때 가치기준도 변화한다는 사실을 인정하고 그 가치전환을 조정하고 합리화하는 과학의 특성을 고려하는 것을 간과했다고 라우든은 지적한다. 과학사는 다양한 견해들이 등장하고 변화하는 가운데 그들이 모종의 절차를 밟아 대체되고 동의가 이루어져 왔음을 분명히 보여주고 있지만 그 흐름의 복판에서 어떻게 가치관의 합의가 이루어지는지에 대한 규칙과 이론이 아직도 부족하다는 것이다.

이런 일련의 여러 학자들이 인식론의 새로운 출구를 예고하는 데에는 몇 가지 맥락상의 공통점이 있다(장상호, 2000a). 첫째, 그들은 우리의 인식에는 언제나 얼마만큼 오류가 개재한다고 인정한다. 둘째, 그들은 지식의 위계를 판단함에 있어서 우리가 지금 처한 인식상의 한계를 극복하기 위해서 자신을 수련하고 상승시키는 모종의 실천적인 노력을 통해야 한다고 본다. 셋째, 그들은 인간성을 고양시키는 이런 실천적 노력이 외부적인 강요나 과학적인 기술을 동원하는 인간성의 조형과 구분되는 방식으로 이루어져야 할 것을 처방한다. 이런 것들은 전통적인 철학이 인식의 문제를 거의 무미건조한 것으로 증류해 놓은 것에 인간적인 개입과 생기를 첨부한다는 특징을 갖는다.

교육적 인식론의 배경이 되는 앞선 논의를 이제 간단하게 마감해 보자. 인식론을 철학이 독점할 이유는 없다. 만약 철학이 남긴 문제를 교육 자체의 논리에 의해서 해결할 수 있다면 교육학은 그 자율학문의 위치를 더욱 공고하게 확보할 수 있을 것이다. 인식론에서 정초주의의 붕괴는 그 자체로서 미망에서 벗어나게 효과는 있다고 하더라도 그것만으로 발전이라고 할 수는 없다. 그 해결의 구심점에 교육이 위치하고 있다는 것을 가정할만한 정황이 포착되고 있지만 그 접근의 맥락과 가능성을 시사하고 있을 뿐 본격적인 교육적 인식론의 반열에 넣기에는 교육에 대한 이해에 있어서 아직 불충분하다. 그 교육이 진정 어떤 것이며, 교육의 어떤 내재율에 의해서 그 해결이 가능한 것인지에 대한 체계적인 논리를 정립하는 데까지는 미치지 못한다. 이를 위해서 더 많은 논의와 탐구가 진행되어야 할 것이다.

## 10.2 교육본위론의 해법

정초주의의 붕괴에 따른 문제를 교육학적으로 해결할 수 있는 방안을 제시할 때, 당면문제는 우리의 논의에서 전제하는 '교육'이 도대체 무엇이냐 하는 것이다. 이 문제가 해명되지 않고는 교육학에 의한 고유한 공헌이라는 말도 공수표로 그치게 될 것이다. 이제까지의 교육학이 이 부분에서 불성실하거나 허풍이 많았음을 인정하지 않을 수 없다. 반면에 만약 교육을 자율적인 세계의 하나로 새롭게 드러내고, 그것에 내재하는 필연적인 특징들과 논리에 의존해서 앞 절의 약속을 이행하는 데 성공할 수 있다면, 이는 이제까지 외래학문에 의존해 왔던 교육학의 역사에서 찾아볼 수 없었던 혁신적이고 자랑스러운 면모로 평가되어야 한다. 그 허풍과 자랑 사이의 선택을 갈라놓을 주제가 바로 교육적 인식론이다.

논자는 그런 심각한 취지를 ≪교육적 인식론이란 무엇인가?≫라는 부제가 붙은 저서(장상호, 2000a)의 머리말에서 다음과 같이 언명한 바 있다.

> 이런 시도는 교육학의 전통에 비추어 하나의 코페르니쿠스적인 발상의 전환이라고 할 수 있다. 흔히 교육학자임을 자처하는 사람들은 그 학문의 고유한 이론적인 맥락을 추구하는 일을 포기하고 기존하는 타학문에서 만들어 놓은 지식을 '응용'이라는 이름으로 포장해 놓고서는 안이하게도 그것이 곧바로 교육학이 될 수 있으리라고 생각해 왔다. 이른바 '철학적 인식론'에 대한 신뢰와 의존도 그 사례의 하나이다. 철학을 모학문으로 삼아 신봉하는 교육철학자들은 철학적 인식론이 교육을 해명하는 데 모종의 학문적 토대가 될 수 있을 것으로 기대한다. 본 저서는 교육학자들의 그런 종속적인 입장을 역전시켜 혁파하고자 한다. 교육적 인식론은 그 자체의 개념에 의존하여 철학이 해결할 수 없는 문제를 해결하는 능력을 보이고자 한다. 처음 시도되는 이런 논증은 새로운 교육학의 전도를 헤아려보는 중요한 시금석의 하나가 될 것이다(p. ix).

인용된 내용은 이전의 교육학과 새로운 교육학 사이에 큰 간극이 개재함을 지적하고, 교육적 인식론이 후자에 근거하고 있음을 밝히려는 취지가 담겨 있다. 그렇다면 그 차이는 무엇인가? 이에 대한 논의는 교육적 인식론 자체의 특징을 규정하는 데 있어서 빼놓을 수 없는 대목이다.

이제까지 교육학은 그것이 봉사하고자 하는 세계가 무엇인지에 대한 탐구를 보류한 채 여러 가지 잡다한 실제의 문제해결에 맹목적으로 뛰어드는 잘못된 전통을 밟아 왔다. 그 편리한 도구인 기능주의적 교육관은 어떤 인간성의 결과를 놓고 그것을 획득할 수 있는 모든 수단을 교육으로 규정하는 방식을 택한다. '교육'이라는 용어 앞에 '국어', '과학', '정치', '평화', '보건', '교통', 심지어 '입시'라는 용어를 첨가하면 후자의 문제가 말끔히 해결되는 이 비법을 따르면 앞 절에서 제기된 인식론의 문제도 그 문제를 해결하는 것이 '교육'이라고 하면 그만이다.

그런 만병통치의 비결을 가진 교육의 정체는 도대체 무엇인가? 이 질문에 대한 대답이 만약 편의에 따라 그때그때 해결되어야 할 과제로 본다면 교육은 문제해결의 비법을 가진 것이 아니라 단지 그 해결되어야 할 과제를 교육이라는 이름을 빌어 연기시키고 있다는 비난을 면하기 어렵다. 더욱 놀라운 점은 바로 그런 기능주의적 논법이 단지 교육뿐만 아니라 그것을 연구해야 할 교육학을 규정하는 데까지 확장하여 적용된다는 점이다. 흔히 교육학자들은 교육학은 교육을 잘 할 수 있게 돕는 학문이라는 규정을 따른다. 그 기능을 수행하는 것이면 어떤 학문이든 교육학에 속하는 것으로 인식되어 왔다. 그런 논리에서 철학, 심리학, 사회학, 행정학, 문화인류학이 교육학의 모학문의 위치를 차지한다.

정체불명의 교육을 돕는 정체불명의 학문이 바로 현존하는 교육학의 실상이다. 그 현주소를 다시 상기시키는 이유는 우리가 목하 논의하는 '교육적 인식론(educational epistemology)'의 경우도 그 논법에 따라 규정된 사례가 있기 때문이다. 이 용어는 1980년대 초에 페트리(Petrie, 1981)가 이제까지 철학의 인식론적 성과가 일방적으로 교육에 적용된 사실을 문제시하고 이를 해소할 수 있는 방도를 처방하면서 이미 도입된 바 있다. 교육을 고려하면, 인식론의 문제가 해결될 수 있다고 그는 주장한다. 그의 주장은 얼핏 우리의 논지와 부합한다. 그렇다면, 나머지 관심은 바로 그가 제시하는 교육이 무엇인가에 놓여진다. 여기에서 페트리는 피아제(J. Piaget)의 인지발달이론이 제공하는 인지발달의 메커니즘이 바로 교육이라는 해답을 내린다. 그는 그런 교육과의 관련 속에서 인식론적 탐구가 수행되지 못함으로써 그것은 지식의 본질이나 지식의 획득 및 변전의 양상을 제대로 파악하지 못하게 된다고 보았다.

철학자들이 아무런 증거도 없이 인간의 인식의 문제에 관하여 언급하는 것을 위험시하고 피아제(Piaget, 1971b, 1972)가 '발생적 인식론(genetic epistemology)'을 제창할 때 그 주안점은 칸트가 가정한 선험적 범주가 사실은 선천적으로 주어진 것이 아니라 개체발생적으로 생성되고 획득된다는 사실을 부각시키는 데 있었다. 피아제는 주지하다시피 각 개체는 일생 동안 몇 단계의 발생적 계열을 따라서 질서 있게 발전한다는 것을 발견하였다. 그 인지 구조의 발전을 가져오게 하는 메커니즘을 인간이 환경에 적응해 나가는 일반적 방식의 한 가지 특수한 사례로 설명하려고 하였다. 그가 말하는 적응은 이른바 외부적인 자극에 의해서 유기체 내부에 일어나는 불균형을 내부적으로 균형화 시키는 반복된 자율적 조정메커니즘을 말한다.

페트리의 논법에서 문제가 되는 것은 피아제가 그처럼 제시한 '발생적 인식론'이 어떻게 '교육적 인식론'으로 탈바꿈할 수 있는가에 있다. 단순히 명칭을 변경함으로써 두 개의 새로운 인식론이 하나로 될 수는 없다. 피아제는 스스로 교육학자가 아님을 강조한 학자이다. 다만 그가 발견한 기본적인 사실들이 교육에서 외면되고 있는 것을 늘 안타깝게 생각하였고, 그의 생각대로 피아제의 발생적 인식론이 교육에 대해서 시사하는 바도 충분히 인정되어야 한다(장상호, 1987). 그러나 제반 학문을 교육의 문제를 해결하는 데 응용한다는 것과 교육학으로 교육의 문제를 해결한다는 것은 전혀 다른 맥락이다. 기존의 인식론으로 교육의 문제를 해결한다는 것과 교육으로 기존의 인식론의 문제를 해결한다는 것도 엄청난 차이가 있다. 만약 교육에 의해서 인식론의 문제를 해결한다는 논지를 성립하려면 교육 그리고 그것을 해명하는 책임을 질 교육학 자체의 자율성이 전제되어야 한다.

인간생활은 고유한 목표, 구조, 규칙과 특징을 가진 다양한 세계로 구성되어 있으며, 각 하위세계는 자체로서 각각 총체성을 지니고 있다. 오늘날 학문의 자율화에 성공한 분과학문은 그것이 대상으로 삼는 세계의 전모를 드러내기 위해서 그들 나름의 고유한 논리와 자율적인 지식체계를 구축한 자랑스러운 역사를 가지고 있다. 그들은 서로 환원되어서는 안 될 고유한 세계의 자율적 가해성(自律的 可解性)을 성취하기 위해서 여타의 학문적 체계가 자신의 학문으로 침투하는 것을 경계하였다. 그들은 자신의 탐구영역이 기존의 타학문으로 환원되지 않도록 배타적인 태도를 보였다. 교육도 여러 가지 삶의 영역과 더불어 그 자체로서 고유한 총체성을 지닐 것으로 가정된다.

이런 전제하에 장상호(1991a, 1994c)는 이미 '재개념화'라는 과제로 교육의 맥락적인 의미를 새롭게 정립하려는 시도를 한 바 있다. '재개념화'는 바로 우리의 삶에 편재하는 교육현상을 망라해서 포착하는 개념의 틀을 구축하려고 했다. 이것은 분명히 기존의 어떤 학문의 것으로의 환원을 경계하는 방식으로 개념화되었으며, 앞으로 교육학을 하나의 특징 있는 분과학문으로 발전시키는 토대가 될 수 있을 것으로 기대해 본다. 그 관점의 유용함은 말할 필요도 없이 계속 입증되고 검토되어야 한다. 우리가 탐구영역으로 삼고자 하는 교육적 인식론은 이처럼 교육학을 새로운 토대 위에 재정립하려는 시도에서 나온 부산물이다. 이는 고유한 개념을 가진 자율학문으로서의 교육학의 응용영역의 하나인 것이다.

교육적 인식론의 자랑은 교육학이 타학문에로의 의존하는 적자학문의 오명에서 벗어나서 이제 타학문이 봉착한 문제를 해결하는 흑자학문으로의 전환을 꾀할 수 있는 토대가 된다는 점이다. 이제까지 교육에서 제기되는 인식의 문제를 철학이나 심리학이라는 모학문에 의존하는 관례를 역전시켜 그런 모학문의 영역에서 제기된 난제를 교육학의 고유한 개념체계를 응용하여 해결하려는 야심찬 기획의 하나이다(송기주, 2000; 엄태동, 1993, 1998a, 1998b, 1998c; 이용남, 2007b, 2008; 장상호, 1994b, 1996, 1997b, 2000a; 정환금, 2000, 2002). 그런 코페르니쿠스적인 발상의 전환에 성공할 수 있게 된다면, 교육학이 학문공동체내에서 자율적인 위상을 차지하면서 타학문의 문제해결에 공헌할 수 있는 지평을 여는 셈이다.

교육적 인식론이 인식론으로 인정을 받으려면 그 자체의 체제를 갖추어야 한다. 인식론의 요건에는 최소한 지식의 조건, 그것이 형성되는 방식, 그리고 그것을 평가하는 기준과 절차 등이 포함된다. 인식론의 발전이란 그 모든 점에서 이전의 인식론에서 찾아 볼 수 있는 독단, 특권적인 지위, 태만한 가정을 해체하고, 좀 더 역사의 실상에 맞는 새로운 개념을 정립하는 것을 요청한다. 교육적 인식론 역시 종전의 지식에 대한 개념이 갖는 문제점과 그 대안, 그것을 습득하는 방식으로서 교육의 양상, 그리고 그 교육의 내재율에 적용함으로써 그 지식의 우열을 판별할 수 있는 방식 등이 어떤 것인지를 소상하게 밝힐 수 있어야 한다. 장상호가 15여 년에 걸쳐서 끈질기게 탐구해 온 ≪학문과 교육≫이라는 프로젝트는 바로 그 위험성을 가장 예리하게 의식하면서 얻은 성과물이다.

이론의 정립과 더불어 가장 경계해야 할 것은 이론의 퇴행이다. 그 곡해와 오해의 가능성은 그 관념이 너무 생소하다는 이유로 어렵게 도입한 새로운 개념이나 용어를 이전의 교육학적 개념이나 용어로 바꾸어 쓰는 경우이다. 그렇게 되면 애써 차별화하여 확보한 독자적인 개념체계가 다시 원점으로 환원되고 말 것이다. 설사 교육본위론 자체의 용어를 쓰는 경우라도 그 용어의 고유한 맥락을 무시하고 마치 그 각각이 독립된 의미를 지니는 것으로 보는 경우도 문제가 된다. 특히 기존의 교육학이 문제로 제시한 것을 교육적 인식론으로 해결한다는 시도가 그런 문제를 야기할 위험을 내포한다. 전자가 규정하는 교육의 문제가 교육본위론의 관점에서 이미 교육이 아닐 경우에 그 두 가지를 모두 '교육'이라는 용어 안에서 사용함으로써 오히려 실제적인 문제의 해결 이전에 스스로 개념적인 혼란에 빠질 위험에 노출된다. 그런 위험성을 미연에 방지하기 위해서 교육적 인식론의 소개에 앞서 장상호의 ≪학문과 교육≫이라는 프로젝트가 어떤 경로로 추진되어 왔는지를 여기에서 간단하게 정리해 보는 것도 좋을 듯하다.

먼저 학문과 교육은 서로 독립된 자율적 영역이라는 것이 전제된다. 이들은 모두 역사적 사실로 존재하고 있다. 이들은 과거에서부터 현재에 이르기까지 다양한 양태로 발전하여 왔으며 지금도 마치 살아 있는 생명체처럼 미래를 맞아 진행하고 있다. 그들 각각에 대한 개념적인 탐색에는

는 불확실성이 개재한다. 장상호의 작업은 그 각각의 영역이 근래에 제시하고 있는 제반 문제들을 들추어내고 그것을 해명해 나가는 것을 일차적인 목표로 삼았다. 이들 사이에는 모종의 연관관계도 가질 것이다. 그 부분을 해명함에 있어서 학문을 발전시키는 것이 교육이라거나 혹은 학문은 교육에 의해서만 발전된다는 식의 기능주의적 도식은 철저하게 거부되었다. 교육적 인식론은 그 양자가 서로 교차하여 새롭게 연결되는 부분에 대한 이론적 해명에 해당한다.

이 프로젝트의 첫 번째 과제는 학문이란 무엇인가 하는 문제를 다루었다. 그 해답은 학문이 기본적으로 수도계의 하나라는 관점에서 얻어졌다(장상호, 1997a). 그것은 인간이 자신과 세계를 좀 더 잘 인식하고자 하는 동기에서 시작하여 오늘날에 이르기까지 급속하게 발전하고 있는 특수한 세계이다. 그것은 예술계나 도덕계와 같은 여타의 수도계와 공통점이 있지만 그 목적은 진리를 표방한다는 점에서 고유한 특성을 갖는다. 그 주제를 다루면서 많은 것들에 대한 결론이 내려졌지만 그 가운데에는 다음 시리즈에서 다루어질 문제도 아울러 예고되었다. 그 하나는 교육을 해명해야 할 분과학문인 교육학에 근원적인 문제가 있다는 점이고, 다른 하나는 학문의 제반방법론(실증주의, 개념분석, 현상학, 해석학, 구조주의, 변증법)이 아직도 해결되어야 할 문제점을 지니고 있다는 점이다. 이후에 진행되는 작업은 그 두 가지 문제를 서로 연관시켜 한꺼번에 해결하는 가능성을 모색하는 것으로 이어졌다.

이 프로젝트의 두 번째 과제는 교육이란 무엇인가 하는 문제를 다루었다(장상호, 2005a, 2009). 학문과 더불어 해명되어야 할 교육은 결국 교육학이라는 분과학문의 사정과 관련되어 있기 때문에 앞에서 밝혀진 학문의 그 일반적인 맥락에서 현존하는 교육학이 제대로 되어가고 있는지를 점검하는 작업을 필연적으로 수반하였다. 그 과정에서 이제까지 교육학은 자체의 학적 정체성을 구축하는 어떤 시도조차 체계적으로 전개시켜 본 적이 없는 근원적인 문제를 지니고 있음이 밝혀졌다. 타학문에 기생하는 양태는 교육학이 교육을 이해하는 데 도움이 되기보다는 오히려 그것을 은폐하고 왜곡시키는 기능을 하는 역설로 판단되었다. 그 학문적 약점을 극복하면서 교육이 하나의 자율적인 세계로서 자기 속에 내재하는 필연성을 따를 것으로 가정한 자율적인 교육학을 새롭게 정립하는 작업이 이루어졌다. 교육은 그 나름의 특성을 유지하는 준칙과 내재율을 따라야만 한다. 교육한다는 것은 마치 체스놀이를 할 때와 마찬가지로 그 나름의 고유한 규칙과 협약들로 이루어진 특정한 세계에로 진입하는 것을 의미한다. 그런 교육의 내재적 속성을 드러내기 위해서는 새로운 개념과 그것들을 뒷받침할 수 있는 새로운 용어가 도입되었다.

그 작업을 토대로 종전의 인식론과 방법론을 검토하고, 그것을 보완할 수 있는 가능성을 모색하는 작업이 뒤따랐다. 모든 인식의 최종적인 근거를 제공하는 것은 교육이다. 이 사실을 배제한 것만큼 인식론의 문제는 계속 제기될 것이고 그것을 포함하는 것만큼 그 해결의 실마리가 잡힐 것이다. 그 기대에 부응하여 이 프로젝트의 마지막에 다룬 주제가 바로 교육적 인식론이란 무엇인가 하는 문제이다(장상호, 2000a[2]). 어떤 방법론이나 인식론도 그 시대를 넘을 수 없다. 따라서 그 한계를 지적하고 차후에 그 한계를 보완할 수 있는 새로운 방법론을 제안하는 일은 하나의 자율적인 분과학문으로서 가질 수 있는 야심이다. 그 한계는 이미 전절에서 제시된 것과 같은 내용이며, 교육적 인식론은 거기에 교육의 논리를 적용함으로써 이전의 제반 인식론이 가진 문제를 해소하고자 하였다. 그 모색의 과정은 너무도 복잡했지만, 그로부터 얻어진 결론은 의외로 간단하였다.

---

2) ≪학문과 교육≫의 시리즈는 어김없이 뒤의 것이 앞의 것을 함축하는 방식으로 진행되었다. 다만 그 프로젝트에서 ≪중권≫과 ≪하권≫의 출판햇수가 뒤바뀌진 것은 교육적 인식론의 문제를 다루면서 그 전제가 되는 교육에 대한 해명이 간단하게 다루어질 수 없다는 점을 도중에 자각했기 때문이다. 처음에는 ≪하권≫의 한 부분으로 편입되었던 교육에 관한 논의가 좀 더 긴 시간을 두고 논의해야 할 주제라는 것을 느끼게 된 온 사정에서 비롯한 다소 지연된 ≪중권≫의 작업에서도 같은 문제가 발생했다. 한 권으로 계획되었던 ≪중권≫이 결국 세 권(I, II, III)으로 확장되기에 이른 것이다. 그러나 설사 ≪하권≫이 ≪중권≫에 앞서 출판되었다고 해도 후자는 전자의 일반적인 도식을 사전에 염두에 두고 미리 전개된 내용이며, 이 점에서 ≪중권≫와 ≪하권≫ 사이에는 단지 설명의 상세함에서 차이가 있을 뿐 그 논리적인 일관성은 그대로 유지된다.

그것은 이미 앞에서 밝혔듯이 학문이란 변용과 발전을 거듭하는 수도계의 하나이며, 교육은 우리로 하여금 그 미궁의 실재를 각 단계에서 깨닫게 하는 매개과정이라는 사실로 판명되어 갔다. 만약 이 과정에 외부로부터 어떤 힘이 작용하여 그 독특한 진행을 저해하든지, 혹은 그 방향을 변질시킨다면 이는 진정한 의미의 교육적 해결이라고 할 수 없을 것이다.

이와 같은 방식으로 종전의 인식론적인 문제를 해결하려는 우리의 진로는 그 이상과 야심에 비해서 아직도 그 출발점에 있다고 해야 할 것이다. 앞에서 지적했듯이 인식론의 발전이란 인식에 대한 이해의 단순한 양적 증가를 의미하지 않는다. 그 전체의 틀이 변하는 것이다. 지식에 대한 규정이 달라지면 자연 그 형성에 대한 것도 다른 관점이 필요하며, 더 나아가 그것을 평가하는 기준과 방법에서 변화가 불가피해진다. 만약 교육적 인식론이 인식론의 한 가지 진전으로 평가받을 수 있으려면, 이에 대한 새로운 규정이 하나의 체제를 갖출 수 있어야 한다. 여타의 인식론이 전제했거나 간과한 부분을 교육의 이론 속에 더욱 포괄적으로 상세하게 명시화하는 작업이 남아 있다. 인식론에서 교육을 생략하는 경우 어떤 문제가 생기며, 교육적 요소로 보완되어야 할 부분을 지적할 수 있어야 한다. 교육적인 인식론 자체가 그 핵을 이루는 교육이라는 규범을 이탈해서는 안 될 것이다. 그 교육에 대한 이해에서 완성의 시점이란 존재할 수 없다. 우리는 계속해서 그 교육학의 맥락을 더욱 세분화하고 정교화하며 발전시켜 나가야 한다. 관점은 사실을 만든다. 학문의 역사 안에 은폐되었던 교육적 인식의 사례가 밝혀질 수 있어야 한다. 그동안 인식론에서 해결하지 못한 문제들이 교육의 내재율을 적용하여 어떻게 해결되는지를 타진해야 한다. 그 과정에서 이전의 관점을 새롭게 수정하고 보완할 부분이 점차 확대될 수 있기를 기대한다.

## 10.3 품위로서 학문적 지식

이론이 갖추어야 할 기본적인 조건은 그 내부의 개념적 정합성이다. 인식론의 역사에서 각 단계의 인식론은 그들 나름의 맥락과 논리를 제시하고 있다. 그 규정들은 그 역사만큼 다양하고 복잡하다. 그런 여러 갈래에 포함된 일단의 잘못된 가정, 개념 혼동, 혹은 무의식적 곡해가 점차 드러남으로써 이전의 관점이 해체되고 새로운 것이 정립되는 과정이 인식론의 발전으로 평가된다. 교육적 인식론은 결국 교육이라는 특정한 세계에 뿌리를 두고 전통적 인식론이 봉착한 문제를 뛰어넘어야 하며, 따라서 그 나름의 관점정립이 불가피하다. 여기에는 당연히 지식이 무엇이며, 그것을 평가하는 기준으로서 진리가 무엇인지에 대한 새로운 입장표명이 포함되어야 할 것이다.

교육본위론은 인간이 추구하는 바람직한 인간상으로서 서양의 'arete' 혹은 동양의 '덕성(德性)'에 부응하는 품위의 개념을 도입하였다(장상호, 1991a, 1994c, 2005a). 이들은 인간이 살아가는 동안 실천을 통해서 단련된 인간의 측면이며, 그 기능성을 떠나 자체의 내재적 가치를 갖는다. 체험내용이 결여된 품위는 개인에게 아무 의미도 없을 것이다. 설사 객관적으로 존재하는 것이라고 하더라도 인식 주체에게 내부적으로 체험되지 않는 한 그 가치는 아직 실현된 것이 아니다. 학문계, 도덕계, 예술계 등 수도계의 공통된 과제는 거기에 참여하는 주체가 품위를 자신의 것으로 체험하고 발전시키는 데 있다.

수도계의 발전방향을 감별할 수 있는 식별력은 어떤 형식적 절차에 의해서 선험적으로 정당화되는 것이 아니라 그것을 실현시키는 활동과 더불어 확실한 근거를 확보한다. 교육은 항상 수도계의 품위를 소재로 삼아 진행된다. 그 실재성은 교육에 의해서 이제까지 부분적으로 밝혀졌고 또한 앞으로 점차 밝혀져야 할 성질이다. 교육은 각각의 품위를 형성시켜 그 세계의 존재를 인식시킴과 동시에 개개인이 그들이 위치한 수준에서 품위를 평가하는 기준을 갖게 한다.

인식론의 발전의 정도는 먼저 지식에 대한 입장에서 나타난다. 교육적 인식론은 지식과 그것이 추구하는 가치인 진리의 문제를 품위라는 일반적인 도식에 따라 새롭게 규정한다(장상호, 1997a, 2000a). 교육본위론의 관점에서 지식은 품위의 한 종류에 속한다. 예술적 탐구가 예술의 경지라는 결실로 나타난다면 학문적 체험의 결실은 지식으로 맺어진다. 그 각각은 또한 그들 나름의 고유한 내재적 가치를 따라 발전하며, 평가된다. 예술계에서는 '미'를 추구하며, 학문계에서 말하는 '진리'를 추구한다는 말이 널리 통용되어 왔다. 교육적 인식론은 이런 맥락 안에 인식론적 개념의 한 부분인 지식의 의미를 새롭게 정치시킴으로써 전통적인 인식론이라는 좁은 틀 안에서 제기되어 왔던 제반 문제점을 극복하고 지양하는 노선을 취해 왔다.

그 기본입장을 간결하게 드러내고자 하는 것이 본 절의 취지이다. 지식과 진리에 대한 이전의 이해방식에 포함된 문제와 한계를 비판적으로 검토하고, 교육적 인식론에서 택한 새로운 규정이 그것을 어떻게 대체할 수 있게 되었는지를 다루게 될 것이다. 그런 설명은 사실상 이전의 모든 것을 일거에 무시하고 이루어질 수 없기 때문에 그 특징을 좀 더 선명하게 하기 위해서 이미 인식론의 전향적인 흐름 속에서 발견할 수 있는 제반 개념의 사례들을 그때그때 활용할 것이다. 이때 오해가 있어서는 안 될 것은 교육본위론의 관점이 그 여러 가지를 선택하거나 조합하는 작업에서 나온 것이 아니라는 점이다. 위에서 지적했듯이 지식은 품위라는 일반적 개념에 근거하고 있으며, 그런 측면을 설명하는 방편으로 기존의 개념을 활용하려는 것이다.

지식의 규정과 관련하여 비켜갈 수 없는 주제는 주관성과 객관성에 대한 대립이다. 이와 관련하여 관념론과 실증론의 상반된 입장이 전개되어 왔다. 관념론에 의하면, 우리에게 주어져 있는 확실한 것은 먼저 우리의 의식이고, 객관적인 외부 세계 실재성은 그 의식에 의해서 부차적으로 증명되어야 할 성질의 것이다. 이와 반대로, 실증론에서는 객관적인 현실만이 실재하며, 인간의 의식은 거기에 나타난 하나의 부차적인 현상에 불과한 것으로 치부한다. 객관주의자들은 세계가 인간의 마음으로부터 독립되어 있다는 점을 강조하면서, 대상에 대한 정확한 지식의 탐구과정에서 되도록 주관을 배제하고 객관을 살리고자 한다.

이른바 '대응설(correspondence theory)'은 실증론 혹은 객관주의와 동조한다. 이에 따르면, 지식이란 우리의 경험과 독립된 실재를 정확하게 묘사하는 그림과 같은 것으로서 그 양자 사이에 얼마나 일치하느냐의 여부를 따져서 그 지식의 진위가 판명될 수 있다는 것이다. 다소 그 논의양식의 맥락이 다르기는 하지만 이제까지 철학이 가장 중요한 영역을 차지했던 형이상학 역시 우리의 경험과는 별개로 존재하는 불변의 세계를 가정하고 있다는 점에서 대응설과 맥을 같이한다. 다만 양자 가운데 후자는 연역적인 방식을 통하여 아직 우리가 경험하지 못한 바를 특권적으로 구성하는 권위를 행사해 왔다고 볼 수 있다.

그러나 상황을 잘 검토해 보면, 대체로 그 주장은 그렇게 명백하지도 않고 또한 결정적이지도 않다. 실재 혹은 자연과학의 대상으로서 자연은 분명히 우리의 의지와는 별개로 존재하고 있다는 가설을 받아들여보자. 그 점에서 주관과 객관의 구분이 필요할지도 모른다. 그런데 그들 사이에 대응하는 비교가 가능하기 위해서는 우리가 우리의 경험을 초월하는 그 실재에 대해서 직접 투명하게 접근하는 방도가 있어야 하는데, 그것이 가능한 것인가 하는 문제가 남는다. 흔히 실증주의는 그 유망한 수단으로 관찰(observation)을 들지만, 외계로 향한 감각적 관찰의 내용은 우리 자신의 그것에 대한 체계적인 체험의 조율이 있을 때 비로소 실증적 증거가 된다(Feyerabend, 1975; Hanson, 1961; Kuhn, 1970; Toulmin, 1961). 이 때문에 그 체험내용이 다른 사람은 서로 다른 증언을 하는 것이다.

현실적으로 우리가 실재를 있는 그대로 투명하게 이해할 수 있는 길은 차단되어 있다. 설사 객관적으로 존재하는 대상이 있다고 하더라도 그것의 의미는 그것을 체험하고 규정하는 사람에 따라 다르게 된다. 다시 말하면, 무엇이든 간에 그 대상이 인식될 때는 그 대상과 인식은 분리되지 않는다. 이 때문에 경험하는 주체와 별개로 실재를 규정하는 것은 가능하다고 주장하는 객관주의 역시 주관주의의 특수한 양상으로 퇴락할 위험성을 내포한다. 그렇다면 그 독단적인 형이상학적 추론 혹은 검증이 불가능한 가정을 뛰어넘을 수 있는 대안은 어디에 있는가?

가장 유망한 대안의 하나가 실재란 겉보기와는 달리 독립된 사물로 존재하고 있는 것이 아니라 오히려 그 안에서 살고 있는 우리와의 관계에 의해서 성립되고 있다는 관점이다. 세계와 인간존재는 구조적으로 융합되어 있기 때문에 분리될 수 없다. 객관적 세계 없이는 주관적 인식도 불가능하고, 주관적 인식이 없이는 객관적인 세계도 없다. 주관과 객관의 분리가 용납되지 않으며, 어떤 것이 다른 쪽을 귀결하게 한다는 사고도 불가능하다. 하이데거(Heidegger, 1927)가 존재에 대한 규정을 현존재와 결부시켜서 규정하는 것이 불가피하다는 점을 들어 이전의 현전의 형이상학이 향유했던 특권을 해체시키려고 했던 것은 이런 자각에 토대를 둔 놀라운 반전이다.

인식의 주관성을 강조하는 입장은 우리의 내면의 밖에 실재가 없다고 주장하는 것은 아니다. 없다는 입장은 자칫 구제할 수 없는 유아론의 위험에 빠진다. 교육적 인식론은 그런 실재가 우리 밖에 있음을 인정함과 동시에 그것들과 우리와의 상호작용도 인정한다. 이처럼 우리의 주관성과 우리의 외계는 동시적이고 불가분하다. 그런 상황에서 우리가 택할 수 있는 현실적인 입장은 우리가 가진 지식이 그 대상세계의 직접적인 반영이 아니라 그 대상과의 상호작용을 통해서 얻은 우리 자신의 체험의 반영으로 보는 것이다. 이렇게 보면, 그동안 끊임없이 주관과 객관이라는 양분된 대립에서 비롯하는 인식론의 문제가 쉽게 해결된다.

최근에 이른바 '급진적 구성주의(radical constructivism)'(Glasersfeld, 1995; Maturana & Varela, 1987; Schmidt, 1987)가 이런 관점을 대변한다. 이들의 주장이 급진적인 것은 이제까지 지식이라는 개념 속에 독립적으로 존재하는 세계의 속성, 구조 혹은 사건을 가정하는 객관성과 그에 따르는 대응성의 흔적을 송두리째 지워버린다는 점에 있다. 지식은 유기체와 환경 간의 상호작용의 양상이며, 그 나름의 자율성을 갖는다는 점이 특별히 강조된다. 생명체는 자기 역동성을 바탕으로 자기를 주위환경과 다른 것으로 구성한다. 이런 방식으로 개체들에 속한 부류마다 그 부류 특유의 '현상계'가 출현한다. 그 자율적인 지식의 의미는 그 지식 내부의 요소간의 상관관계에서 발생하기 때문에 객관적으로 그것과 대응해서 검증할 근거를 가지고 있지 않을 뿐만 아니라 그럴 필요도 없다는 것이다. 실재와 지식간의 대응을 지칭하는 '객관성(objectivity)'이 불가능한 것이라면 무엇이 그것을 대신할 수 있는가? 급진적 구성주의의 선단에 있는 글래서스펠트(Glasersfeld, 1995)는 이른바 '상호주관성(intersubjectivity)'을 그 대안으로 택한다.

품위로서의 학문적 지식은 그 대안과 동조한다. 품위가 변하면, 환경은 다르게 나타나며, 새로운 의미를 갖는다. 이 말은 환경에 어떤 보편적인 의미가 있는 것이 아니라 개인이 가진 품위에 따라 상대적으로 규정해야 한다는 결론을 가능하게 한다. 예컨대, 흔히 '객관적 문제'가 있는 것처럼 말하지만, 그 문제는 인식 주체와 무관하게 획일적으로 규정될 수는 없다. '갑'이 풀지 못하는 것을 '을'이 이미 풀고 있을 가능성이 있고, '갑'이 이미 푼 문제를 심각하게 문제시하는 '을'도 있다. 우리가 수도계를 추구하는 목적의 하나는 보다 높은 품위를 습득함으로써 환경의 제약으로부터 벗어나려는 데 있다.

우리의 생활은 서로가 상대의 객관이 되는 개개인에 의해서 운영되고 있다. 구성주의적인 입장에서는 인식의 타당성에 대한 증명에는 서로 다른 인식 주체 간의 협조가 중요한 것으로 드러난다. 타인들은 단순한 복사물이 아니다. 지식의 수준에 따라 그들의 환경에 대한 의미나 문제에 대한 규정이 개별적이다. 인식론에서 해결해야 할 것은 그들 사이에 인식의 타당성을 검증하는 협력이나 모종의 방법에 대한 처방이다. 이와 관련하여 우리는 진리의 '합의설(consensus theory)'을 언뜻 떠올릴 수 있다. 그러나 이 학설은 그 합의의 목적, 방향, 그리고 방법에 대한 부분에서 아직도 더 세련된 조건을 추가해야 하는 문제를 남긴다.

이에 대한 교육적 인식론의 해법은 이후에[3] 제시되겠지만, 그 세련된 조건을 요구하는 지식의 특성은 무엇인가? 그것은 앞에서 구성주의가 지식을 생명체로서의 자율적인 자기 역동성을 갖는 것으로 보았듯이 우리가 세계를 대면하는 방식은 하나하나의 개별적인 요소를 통해서가 아니라 이것들이 모여서 이루는 하나의 총체적인 구조물을 통해서 이루어진다는 점이다. 이런 관점에 동조할 만한 것을 철학의 전통에서 찾아볼 수는 없는가? 그 질문에 대한 해답은 엇갈린다. 먼저 철학은 지식을 언술된 내용과 연관시킨다는 점에서 구성주의에 미치지 못한다. 그럼에도 불구하고 그 언술의 구조성을 인정하는 논의가 있다. 이런 입장은 특별히 어떤 지식의 단편을 놓고 진리냐 허위냐를 따지는 분석철학의 맹점을 밝히는 해독제로서 우리의 주목을 받고 있다.

그 입장에 따르면, 지식 혹은 언어는 엄밀하게 말하면 세계를 단순히 기술하는 것이 아니라 그것을 설명하는 체계이다(Oakeshott, 1933, 1962; Quine, 1961). 이 점에서 지식은 낱낱의 사실에 대한 단편적인 정보와 구분된다. 지식을 구성하는 개념과 명제는 서로가 상대의 맥락을 구성하면서 함께 의미를 구성한다. 그 전체적인 맥락을 떠나서는 어떠한 개념도 아무런 의미도 갖지 못한다. 그 여타의 요소와 분리된 개별적인 요소는 아직 그 의미가 확정되지 않았기 때문에 지식의 범주로 취급될 수 없다. 진리이론 가운데 '정합설(coherence theory)'은 이처럼 지식이 갖추어야 할 최소한의 기준을 요구한다.

지식을 품위의 특수한 양상으로 규정하는 교육적 인식론은 이 부분에서 한 걸음 더 나아간다. 보완되어야 할 논의는 지식이 체험구조라는 사실이다. 체험이라는 개념은 주로 해석학의 전통에서 매우 중요한 위치를 차지해 왔다. 딜타이(Dilthey, 1924; Makreel, 1975)가 삶의 철학을 전면에 내세운 데에는 정신성의 근거가 철학자들이 거론하는 의식이니 반성이니 하는 인지적인 것만을 강조하는 경향을 극복하기 위함이 있었다. 그가 말하는 체험의 조직적 관계는 표상, 의지, 감정까지를 포함하는 전인을 기초

3) 이 문제에 대한 교육적 인식론의 해결은 제 4절(8.4)에서 제시된다.

로 한다. 품위로서 학문적 지식의 경우도 그것이 신체나 정서와 같은 것은 아니라고 할지라도 그것들과 분리해서 존재할 수 없다.[4] 지(知)-정(情)-체(體)의 유기체적 체제 속에 있는 첫 항으로서 '지(知)'는 자긍심, 애착, 자존심의 대변자이며, 그 때문에 그것이 존중받을 때 자아의 가치가 상승되며, 반대로 그것이 손상을 입을 때 자아의 상실감을 느낀다.

체험의 또 다른 특징은 언어에 의해서 명료하고 충분하게 설명될 수 없다는 점이다. 우리는 우리의 마음속에서 살아있는 개념조직을 통해서 세상을 바라보고 그것을 사실로서 경험하기 때문에 지식은 그것을 문자화하기 이전에 우리의 내면상태로 취급하여야만 한다. 이와 관련하여 교육적 인식론에서 설명의 편리한 도구로서 사용된 것이 폴라니(Polanyi, 1958, 1967)의 '인격적 지식(personal knowledge)'과 쇤(Schön, 1983, 1988)의 '행위 속의 지식(knowledge-in-action)'이라는 개념이다. 언어의 경계를 넘어선 진리에 주목했던 동양사상[5]도 가끔은 인용되었다. 이들은 모두 탐구에 있어서 언어가 체험에 부차적인 것으로 보았다.

이 부분은 앞에서 지적했듯이 철학이 인식의 문제를 다루면서 지식을 주로 명제의 형식으로 다루는 한계이기도 하다. 주로 명제의 논리적인 측면을 다룬 분석철학의 일익을 담당했던 비트겐슈타인(Wittgentein, /1951)의 다음과 같은 언명은 우리의 맥락에서 주목할 만하다. 그는 "언어는 사상을 위장한다. 따라서 옷의 외적 형태로부터 그 사상이 입고 있는 사고의 형태를 추론할 수 없다. 왜냐하면 옷의 외적 형태는 몸의 형태를 인식하게 하는 것과는 다른 대상으로 구성되어 있기 때문이다(/1951, p. 65)."라고 말한다. 그리고 그는 이 저서의 말미에서 "말할 수 없는 것에 대해서는 침묵해야 한다(p. 189)."는 결론을 맺는다. 언어의 한계에 대한 이런 그의 입장은 후기 연구(Wittgenstein, 1953)에서도 중요한 주제로 등장한다.

---

4) '몸통으로부터 분리된 두뇌'와 '몸통과 분리되지 않은 두뇌'의 차이를 연상하여 이 부분을 이해하는 방식도 있을 것이다.

5) '문자에 의해서 가르침을 세우는 것이 아님(不立文字)', '언어의 도가 끊김(言語道斷)', '도를 도라고 말한다면 영원한 도가 아니고, 이름을 이름이라고 하면 영원한 이름이 아님(道可道 非常道, 名可名 非常名)' 등.

우리는 지식을 언어로 표현한다. 도서관에 진열된 무수한 서가에서 우리는 우리의 선조가 가졌던 사고의 보고를 언제나 접할 수 있다. 그러나 엄밀하게 말하면, 그것은 그 저자가 남긴 흔적에 불과하며, 그것들이 바로 우리 자신의 지식이 되기에는 아직도 먼 거리에 있다. 객관주의자들은 그렇게 눈에 보이는 증거를 인식의 최종근거로 삼으려는 경향을 보일 수 있으나 그 객관은 주관에 의해서만 확인이 가능하다. 서가에 훌륭한 텍스트들이 풍부하게 진열되어 있다고 하더라도 그것들을 이해하고 있지 못하고 있는 사람에게는 암호문자이며, 극단의 경우 물체에 불과하다. 물론 그것은 자연과학에서의 물체와는 다른 일종의 객관화된 정신에 해당하는 것으로서 우리의 해석을 기다린다.

언어의 교환은 가장 흔한 삶의 양태다. 말을 할 때 사용자는 은연중에 하나의 단어와 더불어 그가 연상하는 개념이나 지식이 그 단어를 사용하는 다른 사람들이 연상하는 것들과 유사할 것이라고 생각한다. 그런 평행성의 가정은 통상 소통이라고 일컫는 것의 토대가 되고 있으나 실제의 사태와 크게 어긋난다. 언어로 표현된 명제나 흔히 말하는 공적 지식, 혹은 텍스트는 자기 동일적이고 불변적인 의미를 갖는 것이 아니다. 텍스트의 의미는 심지어 원저자를 넘어서 있다. 하물며, 그것에 대해서 우리가 어떤 공유된 해석을 가지고 있다는 가정은 크게 잘못된 것이다. 의미는 외부적 형태 안에 있다기보다는 우리들 자신 안에 있기 때문에 그 의미는 그 해석하는 사람에 달려 있다. 데리다(Derrida, 1967, 1972)와 같은 해체주의의 관점에서 본다면, 텍스트는 이처럼 단지 해석하는 사람의 편에서는 유희의 대상에 불과하다.

학문적인 지식의 원천은 결국 우리의 내면적 성숙에 따른 체험이다. 이렇게 보면 하나의 객관적인 지식이 있는 것이 아니라 그것에 대한 다수의 주관적인 지식이 있을 뿐이다. 해석학은 언어 이전의 체험을 문제시하고 학문적인 지식의 언술화가 곧바로 그것의 공유에 연결되는 것은 아니라는 사실을 인정하고 있다. 서로 다른 수준의 체험을 가진 사람끼리 언어를 통해서 공유하려고 해도 전달받는 사람은 얼마든지 말하는 사람과는 다른 방식으로 그것을 해석하고 또 해석할 수 있다. 이런 복잡한 인식의 문제를 텍스트에 담긴 객관이라는 이름으로 단순화시키려는 시도는 문제의 진상을 호도하는 것이다.

교육적 인식론이 다루어야 할 다음의 주제는 지식의 발전에 관한 것이다. 이와 관련하여 장상호(1997a, 2000a)는 '횡적 상대성(horizontal relativity)'과 '종적 상대성(vertical relativity)'이라는 개념을 도입하였다. 전자는 서로 이질적인 다양한 세계들 사이의 독립성을 인정하는 의미의 상대주의이고, 후자는 지식은 수준차이가 있다는 점을 인정하는 상대주의이다. 전자는 세계의 다원성을 인정한다는 점에서 공존의 논리가 적용될 수 있음에 비해서, 후자는 서로 갈등하는 수준이기 때문에 그 위계상의 차이의 논리가 적용될 수 있다는 점에서 동일한 논리로 취급하거나 서로 혼동되어서도 안 된다.

우리는 앞에서 지식이 특수한 인식대상과의 상호작용에서 얻은 우리 자신의 특수한 체험구조라는 점을 살폈다. 각 분과학문에서 어떤 모양으로 간에 그 대상의 특수성에 맞는 체험구조를 구축해 왔다고 볼 수 있다. 예컨대, 자연과학은 자연을 대상으로, 사회과학은 사회를 대상으로, 예술학은 예술을 대상으로 특수한 지식을 생산해 왔다. 각각의 영역에서도 대상에 따라 그 특수성이 있는 전공영역이 얼마든지 가능하다. 그런 다양한 분파의 양상은 마치 방사형으로 확장하는 우주를 연상시킨다. 이들은 서로 환원될 수 없는 횡적 상대성을 가질 것이다.

그 모든 종류의 학문적인 탐구는 절대적인 시작도 절대적인 끝도 없는 자기교정의 과정이다. 이전의 해답이 무효화되고 그 자리에 더 발전된 지식이 들어선다. 각 분과학문의 역사는 이와 같은 종적 상대성을 가진 지식의 탑이 얼마나 높은 것인지를 보여주고 있다. 학문의 역사에 대한 재검토는 모든 지식들이 당대에는 절대시되었지만 긴 역사적인 안목에서 볼 때 항상 상대화된다는 사실을 외면하기 어렵게 하고 있다. 역사적으로 볼 때 절대적 오류와 절대적 진리는 존재하지 않았다. 각 시대마다 진리와 오류 간의 갈등으로 점철되어 있지만 기실에 있어서 그것들은 정도의 차이에 불과한 것으로 판명되었다. 가장 분명한 확실성을 추구하는 학문으로 알려진 수학의 영역에서조차 그 증명이 아직 열려 있다.

근래에 칼 포퍼(Popper, 1963)가 제창하는 이른바 '비판적 합리주의'는 인간이성이 가진 비판적 기능을 존중하지만 그것을 절대화하지는 않는다. 이성도 한계와 오류가능성을 지니고 있기 때문에 절대적인 지식에 도달할 수 없고 다만 서로의 비판적인 노력에 의해서 오류를 제거함으로써 진리에 접근할 수 있을 뿐인 것으로 인정한다. 라카토스(Lakatos, 1970)는 이에 동조하여 하나의 이론에 대한 검증은 진리냐 허위냐의 판단으로 이루어질 성질의 것이 아니라 그것이 후퇴하기보다는 전진하는 연구프로그램에 공헌하느냐로 이루어져야 한다고 주장한다. 그에 따르면, 하나의 연구프로그램이 전진하는 것은 그 선행프로그램의 실패를 근거로 혁신적인 이론들을 자극하고, 연구의 연속성을 보장하는 새롭고 예상하지 않은 발견을 이루는 경우이다.

절대주의자들은 만약 우리가 다소의 오류가 있는 것을 진리라고 한다면 그리고 그것을 추구하는 것이 학문이라면 그것은 참으로 허무한 것이라고 말한다. 그러나 그 생각은 자신들이 만들어 낸 허무라고 보는 것이 좋을 것이다. 오늘날 많은 학자들은 학문을 하는 목적을 절대적인 진리에 도달하는 것에 두지 않고 오히려 그것을 향해 나아가는 과정에 큰 의미를 두고 있다. 그렇다면 우리는 절대적인 지식을 가정하는 이전의 '진리개념'을 포기해야 한다. 그 가능한 대안은 '진리탐구'라는 말이 지칭하듯이 진리를 우리의 궁극적인 소유의 대상으로 보기보다는 하나의 규제이념 혹은 지향의 개념으로 파악하는 것이다. 우리는 어떤 지식이 진리냐 아니냐를 따지려고 할 것이 아니라 그것이 얼마나 다른 것에 비해서 더 진리에 접근하고 있느냐 혹은 상대적으로 어떤 지식이 다른 지식보다 우위를 차지하느냐 하는 문제로 관심을 돌려야 한다.

그 상대적인 우위를 판별하는 데 특별히 까다로운 조건은 지식이란 하나의 구조라는 앞서의 논의와 일관성을 유지해야 한다는 점에 있다. 우리가 지식이 구조라는 것을 시인하면 자연스럽게 지식의 발전이란 바로 구조의 변형으로 받아들여야만 하는 것이다. 이는 단순히 어떤 한 요소의 변화나 추가만이 아니라 그것을 요소로 삼는 전체의 변화를 의미한다. 이 특성에서 필연적으로 도출되는 것은 그것이 단계라는 개념이다. 어떤 특정한 단계 안에서는 지식의 발전이 누적적인 것처럼 보인다. 그러나 그런 누적적인 것이 한동안 이루어지다가 그 후에 이전에 있는 지식을 송두리째 부정하는 새로운 이론이 나와서 이전의 지식을 대체하는 방식의 혁명이 늘 일어났다. 한때 완성된 체험이 해체되고 다시 더 완전한 체험으로 발전한다.

지식의 발전에는 수많은 단속적인 단계가 포함되어 있다. 지금보다 발전적인 인식의 요소는 기존의 인식체계와 공립할 수 없다. 현대의 프랑스 인식론의 계보를 창안해 낸 바슐라르(Bachelard, 1934, 1949)는 '인식론적인 단절(epistemological break)'이라는 개념을 도입하여 연속주의에 심하게 경도되어 있는 과학의 역사가들에게 하나의 과학은 과거와 단절하고 절연함으로써 확립된다는 점을 부각시켰다. 서로 다른 단계 사이의 지식을 가진 사람들 사이에 서로 원만한 소통이나 합리적인 해결에 이를 수 없다. 이는 영미식의 전통에 충격을 주기 위해서 쿤(Kuhn, 1972, 1977)이 도입한 혁신적인 논제와 일치점을 이루면서 점차 새로운 인식론의 주된 흐름으로 이어지고 있다.

각 단계 사이의 지식이 논리적으로 단절된다는 주장을 그들 사이에 존재하는 발생적 연속성까지를 부인하는 것으로 해석해서는 안 된다. 과거와 관계를 끊고 이루어진 지식은 존재할 수 없다. 지식은 필연적으로 역사적이다. 흔히 완전히 새로 창조한 지식이라고 하는 것도 사실 그 이전에 그것이 토대한 사유가 있기 마련이다. 각 단계의 지식은 서로가 얼마만큼의 걸림돌이 되는 것과 동시에 다음 단계의 디딤돌 혹은 예고자의 역할을 하게 된다. 피아제(Piaget, 1971, 1972)의 발생적 인식론은 이 관점을 한 개인의 발달과정에 적용한 사례에 속한다. 각 단계는 그 나름의 동질적인 구조를 이루고 한동안 유지된다. 그러나 새로운 인식소의 획득은 그것을 통합하려는 이전의 지식체계의 개조를 요구하고 유발한다. 기지의 지식은 이전의 불균형 상태에 놓인다. 환경과의 상호작용을 통해서 새로운 인지요소가 추가되고 그것을 새롭게 동화하는 과정에서 다음 단계의 균형성을 획득한다.

교육적 인식론은 지식의 발전단계 사이의 연속성을 가정한다는 점에서 발생적 인식론과 동일한 계열에 속하지만 후자가 말하는 적응의 양상과 전자가 말하는 교육 사이에는 큰 차이가 있다. 교육은 수도계의 각 품위의 차이에서 일어나는 자율적인 과정이며, 그 주체는 그 과정이 요구하는 내재율을 따라야만 한다. 각 단계의 품위는 교육의 소재가 되며, 그 점에서 동일한 교육의 소재가치를 갖는다. 학문의 경우에는 각 단계의 지식이 그 소재의 기능을 한다. 각 단계의 교육이 진전될 때마다 상구교육의 주체는 그에 대한 지식을 증득하고, 하화교육의 주체는 그것을 돕는 과정이 반복된다. 그로써 교육 주체는 그 전후의 지식에 대한 우열의 판단을 할 수 있게 된다. 그 부분에 대한 설명은 다음 절(10.4)에서 취급되기 때문에 여기서는 앞에서 말한 이념으로서의 진리탐구와 교육적 인식론이 서로 결부되는 측면만을 정리하기로 한다.

이념으로서 진리탐구에 관한 관점은 헤겔(G. W. F. Hegel)이 말하는 변증법의 정(正)-반(反)-합(合)의 논리와 일치한다. 헤겔은 그의 ≪정신현상학(1808)≫에서 그 논리가 지성사에 적용될 수 있음을 밝혔다. 그의 논리에서는 '정'과 '합'이 매단계마다 교차된다. '정'의 단계와 '합'의 단계는 각각 그들 자신의 기준을 그 내부에 적용할 때 진리로서 평가될 수 있다. 한 단계의 지식은 얼마만큼의 허위와 얼마만큼의 진리를 동전의 양면처럼 동시에 가지고 있는 셈이다. 우리는 여기에서 오류도 진리의 한 단계라는 하나의 신비스러운 모순에 접한다. 어떤 지적인 체계는 그것을 평가하는 수준에 따라 오류일 수도 있고 진리일 수도 있다. 우리는 한동안 우리가 현재 가지고 있는 지식을 진리성이 있는 것으로 판단한다. 그 근거는 현재의 지식이 적어도 이전에 우리가 가지고 있었던 지식보다는 더 절대적 진리에 접근하고 있기 때문이다. 그러나 현재의 지식 역시 다음 단계에서 부정되어 다시 오류의 범주로 퇴락하는 것을 피할 수 없다. 그 미묘한 순환을 헤겔은 지양이라는 개념으로 처리하였다. 여기에서 그 개념에서 주목할 것은 진리와 오류를 나누고 그 중간의 어떤 지역도 허용하지 않은 배중률을 극복하고 있다는 점이다.

이로써 진리란 인식에 대한 재인식의 과정을 거쳐서 최종의 것에 이른다는 이념이 분명하게 드러난 셈이다. 학문발전의 방향이란 바로 그 진리 기준이 움직여나가는 방향을 의미한다. 교육적 인식론도 그런 노선에 동조한다. 다만 헤겔은 절대자가 그 최종적인 자기인식에 도달하는 것을 기대했다는 점에서 그 나름의 시대적 한계를 지니고 있다. 키에르케고올(Kiergegaard, 1846/1941)은 그런 가정이 유한자인 인간에게 가능한 것이 아니라는 반론을 내세우면서 헤겔을 비판하였다. 유한자인 인간은 하나의 실존으로서 그 과정의 체험만이 허용된다는 그 나름의 입장을 밝히기 위해서 키에르케고올은 다음과 같은 레싱(G. E. Lessing: 1729-1781)의 유명한 언명을 우리에게 상기시킨다.

> 만약 하느님께서 바로 오른손에 모든 진리를 숨겨 가지시고, 그 왼손에는 진리를 향한 끝없는 갈망을 — 그것이 비록 나를 언제나 그리고 영원히 미혹한다는 조건부로 — 숨겨 가지시고 나에게 그중의 하나를 선택하라고 말씀하신다면, 나는 겸허하게 그의 왼손을 향해 무릎 꿇고 부르짖겠노라, 신이여 이것을 나에게 주십시오, 순수한 진리 그 자체는 오로지 당신의 것이기 때문입니다.

유한한 인간으로서 갈망하면서 추구할 수 있는 것은 소규모의 진리이다. 우리가 수도계의 하나로서 학문계에 참여하는 것은 그런 작은 진리를 실현하고 증명하려는 데 있다. 진리는 우리의 경험의 밖에 존재할 수 없다. 설사 우리 밖에 진리가 존재한다고 하더라도 그 진리는 적어도 일단 우리의 것이 아니며, 우리의 경험에 의해서 확인되지 않는 진리를 말하는 것은 인식론적으로 성실한 태도라고 볼 수 없다. 이 점에서 교육적 인식론은 "진리는 내면성이다. 객관적 진리란 존재하지 않는다. 그 진리는 개인적인 사유화(personal appropriation)에 있다(Kierkegaard, /1941, p. 71)"라는 키에르케고올의 유명한 언명에도 전적으로 찬동한다. 지식의 존재와 가치는 결국 개인에 의해서 확인되어야 한다.

이와 같이 진리를 오류와 동일한 범주의 연속선상에 있는 것으로 보고 그 사실의 토대 위에 지식의 상대적인 서열을 규정하는 방법과 절차를 규정하는 방식은 하이데거(Heidegger, 1927, 1988)가 현전의 형이상학 혹은 객관성에 비중을 두는 종전의 진리의 개념에 이의를 제기하면서 그 나름의 고유한 대안을 제시하는 데에서도 엿볼 수 있다. 자연과학에서는 대상과 인식의 일치, 그리고 정신과학의 방법론자들은 텍스트를 통한 이해의 객관적 근거로서 저자의 의미에 대해서 독자가 이해의 일치를 구할 것을 강조하고 그것이 해석의 타당성과 정신과학의 객관성을 보장해 줄 것으로 보았다. 하이데거에 의해서 이러한 진리에 대한 관점에서 중요한 전환이 일어난다. 그것은 객관에 대한 주관의 대응도 아니고 텍스트 저자의 의도에 대한 이해도 아니다. 다만 은폐에서 비은폐를 보장하는 인식자 자신의 변화만이 진실여부와 관련되어 있는 것이다.[6] 그 변화를 하이데거는 교육을 은유하는 플라톤의 동굴의 신화와 결부시킨다. 이런 입장은 제자인 가다머(Hans-Georg Gadamer)의 ≪진리와 방법(1960)≫에 그대로 반영된다. 가다머는 스승의 입장을 이어받아 진리탐구를 모종의 기계적인 절차로 환원시키려는 실증주의적 시도를 비판하고 인식자 자신의 수련과 변화를 강조하여 주목을 받은 바 있다.

교육적 인식론이 앞서의 몇 가지 인식론적 진전에 동조한다고 하더라도 아직도 해결되어야 할 많은 모호성이 남아 있다. 키에르케고올의 주장처럼 유한자로서 인간은 절대적인 의미의 진리를 확인할 능력이 없다. 다만 그에게 가능한 소규모의 진리가 허용될 뿐이다. 그 소규모의 진리란 도대체 무엇인가? 그것이 여럿이라면, 그들 사이에 모종의 상대적인 위계

6) 하이데거에 의하면, 해석은 어느 경우나 선이해를 중심으로 이루어진다. 그리고 진리의 기준은 한 선이해에서 다른 선이해에로의 전환에서 찾을 것이 아니라 어떤 주제에 대한 보다 나은 이해라는 보장에서 찾아져야 한다는 것이다. 그보다 나은 지식이나 이해라는 것이 무엇인가? 그것은 어느 누구의 선이해라고 하더라도 현존재를 그것 속에 은폐되어 있는 상태로부터 드러나게 하거나 혹은 그 은폐된 것들을 제거하거나 밝혀내는 것을 의미한다.

가 있는 것은 아닌가? 개인에게 있어서 지식과 진리는 개별자가 자신의 노력을 통해 그것을 사유화함으로써 비로소 그것에 대한 실재를 확인할 수 있다고 한다. 그것은 어떻게 가능한가? 이때 그 사유화란 무엇인가? 그 사유화가 어떻게 진리의 입증과 관련되어 있는가? 하이데거는 은폐와 비은폐의 교차를 시사한다. 그것은 인식 주체에게 어떻게 감별되는 것인가? 하이데거가 상기시키는 동굴의 신화는 구체적으로 어떻게 해석되어야 하는가? 이런 문제들이 해결점을 찾아야 한다.

교육적 인식론은 이 문제를 진리체험이라는 관점에 의해서 해결한다. 그 진리체험이란 교육이전의 경험과 교육이후의 경험 간의 발생적 대비에 의해서 생긴다. 진리와 오류는 절대적인 대립이 아니다. 어느 지식이나 얼마만큼의 오류와 진리성을 가지고 있다는 점에서 오류와 진리는 공존한다. 다만 그 정도의 차이가 있을 뿐이며, 그 정도를 판정하는 데 요청되는 것은 대상세계를 차별적으로 대립하여 볼 수 있는 지식의 확보가 필수적이다. 같은 실재에 대한 우리의 경험을 개선하는 일을 반복하면서 그것에 대해서 서로 다른 이론적 대안을 가지려고 노력하고, 그 대안들끼리 비교한다. 교육은 자체로서 그 교정에 참여하는 고유한 내재율을 지니고 있다. 그 과정에서 교정되기 이전의 지식과 교정된 이후의 지식이 확보되며, 그들 사이의 내면적인 대비가 이루어진다. 전자의 권위가 일시에 무너진다. "아, 나는 얼마나 어리석었던가!" 대신 후자는 이전의 문제와 장애를 극복하는 능력을 갖는 것으로 경험된다. 이때 전자의 권위를 버리고 후자를 택하는 것은 인식 주체의 권리이자 가치향유이다.

이런 의미의 진리체험은 학문의 아버지로 불리는 소크라테스가 일찍이 그의 일생을 통해서 강조했던 '정신적 열망'과 결부되어 있다. 플라톤의 ≪향연(/1987)≫에 나오는 에로스는 무지와 지혜의 중간쯤에 존재하는 것으로서 항상 더 나은 지식을 향한 열망과 애착을 포함한다. 진리를 오직 감정에 호소하여 획득할 수는 없다. 그러나 감동이 없이는 어떤 진리도 부화하지 않는다. 더 나은 지식에 대해 깨달았을 때 그것은 가장 큰 지적 흥분을 유발한다. 지식의 고급화는 바로 평가기준의 상승을 의미하고, 평가기준의 상승은 바로 정서적인 성숙을 의미한다. 우리들은 자신이 가진 지식에 대한 신뢰감을 잃게 되었을 때 더 나은 것을 탐구하는 일을 계속한다. 또한 그 탐구의 결과로 얻어진 진리체험을 토대로 우리는 더 이상 과거로 향할 수 없는 불귀의 길을 가고 있다는 내부적인 확신을 갖는다.

볼노오(O. Bollnow)는 ≪진리의 양면성(1975)≫의 개념으로 여기서 논의되는 진리체험을 포착한 바 있다. 그에 따르면, 진리는 인지적 체험의 부단한 진전의 운동과 같은 형태로 체험된다. 그것은 한편으로 안주로서 체험되며 다른 한편으로 그 안주의 올가미를 박차고 나오는 불신과 초탈의 것으로 체험된다. 우리의 진리탐구는 언제나 그 중간지대에 놓여 있다. 우리는 한편으로 모든 회의를 추구하고 인간정신의 모든 진술을 그 진지성에 의해서 묻고자 하고 다른 한편으로 현상의 풍부성에 몰두하여 그러한 현상을 이해하려고 한다. 각자가 처한 각 단계에서 더 풍부한 경험의 내용을 가진 것을 선택하면서 진리를 탐구해 나가는 것이다. 그 풍부성이란 인간 자신이 성장하는 가운데 힘찬 욕구와 능력을 개발하여 새로운 가능성을 산출하는 생산에 관계된다고 볼 수 있다. 자신의 성장에 따르는 이런 만족[7]으로 인해서 우리는 다른 대가를 바라지 않고 오히려 대가를 지불하면서 진리의 탐구에 참여하는 것이다.

진리의 문제는 유한한 시간 안에 존재하는 우리가 어떻게 잠시나마 그 상대적 진전을 경험할 수 있느냐에 있다. 우리에게는 하나의 근원을 제시할 아르키메데스의 기점이 없기 때문에 진리의 척도란 하나로 존재할 수 없다. 우리는 주어진 현실 속에서 어차피 차선의 우회의 길을 택할 수밖에 없으며, 그 길은 어떤 관념의 진리성을 절대적으로 규정하는 것을 포기하고 상대적으로 규정하는 것이다. 우리의 진리에 대한 체험은 그 대상과의 궁극적인 만남에 의해서가 아니라 그것과 상호작용하는 우리 자신의 존재양태의 변화를 통해서만 가능하다. 교육적 인식론은 교육의 전후

7) 아르키메데스는 이런 상황에서 '유레카!'라는 탄성을 지르고 흥분했다는 이야기도 전해진다. 이런 격앙된 감정은 충동과 같은 자의적인 감정과 구분된다. 이것은 오랜 수련에서 얻어낸 지식의 성취에 동반하는 감정이다.

에서 확보된 지식을 토대로 추구하는 진리를 중시한다. 유한자로서 인간에게 가능한 진리란 영원한 진리에 이르는 길에서 그때그때 내부적으로 체험되는 것이다. 이렇게 진리의 개념을 현실적으로 진리체험으로 다시 정의할 때 그것은 역사를 통해서 그래왔듯이 학문의 발전단계의 어느 수준에서나 가능하며 또 한 어느 단계의 교육에서나 그것이 가능하도록 도울 수 있게 된다.

학문의 역사적 발전과정에서 어떤 지식의 진·위에 대한 판정은 어떤 품위에서 보느냐에 따라 다르게 된다. 어떤 한 단계의 지식은 그 비교의 거점을 달리하면서 높은 지식임과 동시에 낮은 지식이 되는 것이다. 어떤 한 단계는 그 이전의 단계에 비교할 때 높은 지식에 속하며 이후의 단계에 비교할 때 낮은 지식에 속한다. 선진과 후진이 진리체험을 할 수 있는 지식의 수준은 다르다. 그 가치는 오직 우리의 체험범위에서 감식될 수 있으며, 그 체험범위 밖에서 그것의 가치를 인정한다는 것 자체가 그 내재성을 의심하도록 한다. 이 부분은 상호주관적인 검증(intersubjective validation)을 요청한다. 이 문제는 그들 사이에 교육적 관계를 맺고 선진인 스승이 자신이 진리체험을 후진인 제자가 반복할 수 있게 돕는 과정에 의해서 해소되고 검증될 수 있는 것으로서 다음 절의 주제와 연결된다.

## 10.4 교육적 증득의 내재율

인식의 우열을 판별함에 있어서 인식 주체 스스로의 변화가 매우 중요한 자리를 차지한다. 낮은 수준의 지식을 가지고 높은 수준의 지식을 올바르게 감별할 수 없다. 제 1절에서 살폈듯이 이는 현전의 형이상학 혹은 진리의 대응설을 전제하는 정초주의의 붕괴와 더불어 등장한 새로운 깨달음이며 대안이다. 각자는 올바른 변화를 스스로 모색하면서 인식의 바람직한 방향을 확인할 수밖에 없다. 이 원칙은 자신이 터득한 높은 수준의 지식을 타인에게 올바르게 납득시킬 때에도 적용된다. 그렇다면 그 변화를 가져오게 하는 어떤 방법이든 상관이 없는 것인가? 만약 그 방법에 부대하는 조건이 있어야 한다면 어떤 것인가? 그 조건을 만족시키는 방법은 무엇인가? 이제 이런 질문에 응답하는 일이 교육적 인식론의 나머지 과제로 남아 있다.

교육적 인식론은 되도록 스스로의 이론적 조건을 명백하게 밝히고, 그 한계 안에서 가능한 해법을 제시하는 절차를 밟는다는 점에서 이전의 교육학적 접근과는 근본적으로 차별화된다.[8] 교육적 인식론은 학문을 수도계의 한 특수한 부류로 규정하는 방식을 택한다. 그런 고유한 맥락의 선택은 그 방법에 대한 모종의 제약을 감수할 것을 요구한다. 설사 그 작업이 어렵다고 하더라도 그 부분을 적당하게 생략하거나 혹은 이전의 개념과 용어를 혼용하면서 교육적 인식론이라고 주장하는 경우가 생기지 않도록 그 주창자 스스로 그 한계를 분명하게 획정할 필요가 있다. 이런 취지에서 본 절은 교육적 인식론이 이전의 것과 대비하여 해결해야 할 한계조건을 들고 그것들이 어떻게 교육을 통해서 해결될 수 있는지를 밝히고자 한다.

그 한계조건들이 무엇인지를 살펴보자. 첫째, 지식을 품위로 규정한 것에 따르는 한계가 있다. 지식이 일종의 체험구조라는 입장은 그 제약의 핵심부분을 차지한다. 이 입장은 대개 확실한 정보의 누적을 지식으로 보는 관점과 크게 대비된다. 지식은 그것을 구성하는 요소를 갖추고 있고, 그 요소의 의미는 여타의 요소 혹은 그 전체와의 관련 속에서만 그 의미가 규정된다. 이런 입장을 받아들인다면, 그 지식이 변화한다는 말은 그 구조 전체의 변혁을 의미한다. 그 모두의 균형과 조화가 이루어지지 않은 상태에서는 지식의 변화가 일어났다고 볼 수 없다. 그 지식은 또한 우리 내면의 상태로서 언술의 경계를 벗어난다는 제약도 있다. 이 부분은 지식을 단순히 언술된 결과로 환원시키는 전통적인 인식론으로부터 탈피해야

8) 만약 기능주의적 교육관을 택한다면, 아마도 "인식론적인 문제를 해결하는 것이 바로 교육이다"라는 식의 용이한 방식도 가능할 것이다. 교육본위론은 그런 방식을 '나태한 기만'인 것으로 통렬하게 반성하고 회피한다.

하는 추가적인 부담을 준다.

둘째, 학문계의 내재적 가치는 진리이며, 그 가치는 수도계적인 가치의 일종이라는 조건을 따른다. 수도계의 가치는 설사 객관적인 것으로 존재한다고 하더라도 그것이 우리에게 체험되고 확인되지 않은 한 우리에게 실현된 것으로 보기 어렵다. 이 말은 지식의 가치에 대한 타당성은 종국적으로 그것을 소지한 사람에 의해서 확인되지 않으면 안 된다는 것을 의미한다. 만약 어떤 지식이 진정 가치 있는 것이라면 그것을 가진 사람이 내증에 근거하여 그 가치를 스스로 느끼고 그 가치에 자발적으로 승복할 수 있어야 한다. 여기에 강요, 공포, 두려움, 보상 등의 외재적 변인의 개입을 허용한다면 수도계로서 학문의 내재적 가치를 입증한다는 취지와 멀어진다.

셋째, 학문계는 누구나 공환하면서 책임을 져야 하는 영역이라는 제약이 있다. 학문계가 있음을 확인하는 것도, 그것이 발전하고 있음을 확인하는 것도, 그리고 특정한 지식의 우열을 판가름하는 것도 학문에 참여하는 사람들 모두의 과제다. 각자는 그 탐구의 도중에서 진리로 향하는 길을 증언할 수는 있을 뿐 감히 최종적인 진리의 발견자가 되었다고 장담할 사람은 없을 것이다. 이때, 그 증언대에 설 사람은 어디까지나 독립된 판단을 할 수 있어야 한다. 단독자로서 많은 사람이 옳다고 하더라도 다시 살펴야 하고 뭇 사람이 그르다고 해도 다시 살펴야 하는 책임을 부여받는다. 속마음과는 달리 타인의 것을 좇아 부화뇌동하는 사람에게는 그 증언에 참여할 수 있는 별도의 자리를 차지할 자격을 줄 수 없다.

넷째, 특정한 지식의 우열에 대한 판단은 각자의 체험범위 안에서 이루어진다는 사실이 고려되어야 한다. 여기에서 평가의 자격이 문제가 된다. 증거는 그것을 올바르게 이해할 수 있는 사람들에게만 증거로서 타당한 효과를 갖는다. 입증될 지식의 가치를 그것이 함축한 높은 수준에서 평가하기 위해서는 그것을 감별할 수 있는 지식의 습득과 개발이 전제된다. 따라서 어떤 지식이 갖는 보편성의 검증에 참여하고자 하는 사람은 그 지식을 언제나 자신의 입장에서 새로이 획득해야만 한다. 인식의 평가에 있어서 가장 위험한 태도는 자신의 것보다 높은 수준의 지식을 자신의 기준에 의해서 판단하는 것이다. 낮은 단계의 인지수준에서 높은 수준의 것을 올바로 이해할 수 없다.

위의 제반 조건들을 갖춘 것이냐 아니냐를 유념하여 장상호(1997a, 2000a)는 품위의 '증득(證得)'과 '지득(知得)'을 구분한 바 있다. 이는 결국 객관적인 환경과 그것을 동화시키는 내부적인 상태를 구분하는 것과 긴밀하게 관련되어 있다. 그 객관적인 환경이 자연이건 혹은 어떤 타자의 마음의 상태이건 그것에 무조건 일치하는 것이 진리의 기준이 될 수 없다는 사실을 여기에서 상기할 필요가 있다. 새로운 해결의 핵심은 그것을 수용하는 내부적인 구조의 자율적인 변화와 그 변혁이 지향하는 바람직한 목표다. 증득은 그 변화의 정상적인 단계를 거치면서 독립된 판단을 내릴 수 있게 하는 변화임에 비해서, 지득은 이 점에서 큰 결격이 있는 변화라고 할 수 있다. 후자는 그런 내증의 근거도 없이 대개 외부적 보상, 압력, 강요에 따라 단지 남의 지식을 언어의 형태로 단편적으로 내면화하거나 모방한 것으로서 겉으로 보는 결과 혹은 그 효과가 증득보다 클 경우도 있을지 모른다. 그러나 그로부터 지식에 대한 자발적인 헌신, 독립된 판단, 더 나아가 지식의 창조적 발전 등을 기대하기 어렵다.

교육본위론에서 규정하는 교육은 그 참여자에게 품위의 증득을 보장하는 자율적인 세계의 하나이다. 여기에서 자율적이라는 것을 강조하는 것은 그 나름의 고유한 특징을 한정시킬 분명한 경계를 가지고 있다는 것을 환기시키기 위한 것이다. 그 점에서 교육본위론은 특정한 품위를 획득하기 위해서 동원되는 모든 수단을 총칭한다는 식의 편리한 기피수단을 쓰는 종전의 기능주의적 관점을 지양하려고 노력한다. 결과만을 의식해서 행동수정, 조건화, 교조화, 사회화, 문화화, 개종, 세뇌, 선전, 강압, 보상, 처벌, 강요, 협박, 회유 등 허다한 방법이 제멋대로 동원된다면 그 논의는 이미 학문계나 교육계의 영역을 벗어난 것으로 보아야 할 것이다. 수도계의 내재적인 가치는 결코 그런 방식으로 검증할 수 없다.

기본적으로 교육적 인식론은 학문에서 비롯하는 문제를 교육의 내재율과 논리에 따라 해결하고자 하는 것이다. 학문과 교육의 중첩영역에서 나오는 문제를 교육의 해법을 택해서 해결한다고 할 때 그 작업은 교육에 고유한 내재율이 적용되는 독립된 영역에 들어가는 것뿐만 아니라 교육적 인식론에 따른 여타의 특수한 규칙과 준칙으로 결합된 영역에 들어가는 것을 포함한다. 그런 방식의 가치입증은 이미 제 2장에서 다룬 <가치교육(2.6)>과 제 9장에서 다룬 <품위의 평가와 교육(9.6)>에서 설명한 내용과 기본적으로 동일하다. 더 추가되어야 할 논의는 그 소재를 '학문적 지식'[9)]으로 삼았을 때 드러날 수 있는 특수한 조건을 다루는 정도가 될 것이다.

학문의 세계와 여타의 제반 수도계가 구분되듯이 학문 내부에도 서로 다른 영역들 간의 구분이 있다. 이들의 체험구조 역시 한편에서 다른 편으로 서로 환원될 수 없다. 이를 우리는 앞에서 학문의 횡적 상대성이라고 했다. 그들은 각각 그들 나름의 발전의 계열을 이루어 왔기 때문에 학문의 세계에서는 그 세분된 학문적 체험의 수만큼 서로 다른 오름의 기준들과 그들을 연결시키는 지식의 위계, 즉 종적 상대성을 지니고 있다. 이 모든 종류와 수준의 지식이 교육을 위한 소재가 될 수 있다. 학문을 소재로 하는 교육은 주체가 자신의 지식수준을 높이고 그 참된 진리체험을 하는 상구교육의 과정과 타인들을 변용시켜 그들의 지식수준을 높이고 그들도 자신처럼 진리체험을 가능하게 하는 하화교육의 과정을 총칭한다. 이하에서 그 세밀한 부분을 검토해 보자.

진리를 탐구하는 과정에서 가장 위험스러운 것은 자신이 변할 용의가 없이 자신의 생각이 진리라는 확신과 자신감을 갖는 것이다. 진리는 누구의 수준에서 보느냐에 따라 다른 양태로 보인다. 그런 태도를 가진 사람은 어떤 주제를 추구해 들어감에 있어서 그가 성취한 마지막의 지식을 일단 옳은 것으로 믿는다. 그 개인이 여럿일 경우 그들은 서로 다른 합리성의 기준을 가지고 있음을 의미한다. 그들은 제각기 자신의 현존하는 지식

9) 학문적 지식을 품위의 특수한 부류로 살핀 앞 절(10.3)의 내용을 상기하기 바란다.

체계를 토대로 타인의 지식을 이해하고 평가할 것이다. 이 때문에 선진과 후진의 지식은 진리와 진리 혹은 합리성과 합리성으로서 대립하고 충돌한다. 교육의 내재율은 그 주체에게 우선 그런 위험한 태도와 유혹으로부터 벗어날 것을 요구한다.

우리는 앞 절에서 절대적 지식을 대표할 수 있는 사람의 존재를 부인했다. 개인들은 서로 다른 수준의 상대적인 지식을 지니고 있다. 같은 대상에 대한 두 가지 상이한 주장이 동등한 정당성을 가지고 양립할 수 없다. 이런 대립하는 주장에 대해서 우리는 그 모두를 옳은 것으로 받아들일 수도 없다. 그렇다고 해서 그 모든 주장이 틀렸다고 할 수도 없다. 우리가 이런 상황에서 찾아야 할 질서는 그들 사이의 상대적인 우열을 판결하는 정도에 그칠 것이다. 각자 자신의 주장이 반드시 더 옳다거나 타인의 것이 더 그르다는 것을 관철시키려는 것이 아니라 그런 주장 가운데 어느 것이 다른 것보다 더 우위의 것이냐를 판가름하는 절차를 밟는 것이 우리가 택할 수 있는 현실적인 대안이다.

그 우열의 판별을 보장하는 방법은 무엇인가? 그 비결의 요체는 역시 후진의 지식을 선진의 쪽의 지식으로 진전하도록 돕는 것이다.[10] 모든 수준의 지식의 타당성은 항상 진리로 향하는 도상에서 검증받는다. 더 높은 수준의 진리성을 가진 지식들이 제안되고 이번에는 그것들이 앞서의 것과 비교하여 더 높은 수준의 것임이 입증된다. 이것은 역사적 사실로 판명된 부분이다. 이 점에서 모든 지식은 얼마만큼의 진리와 오류를 가지고 있기 때문에 선진에게는 그것이 오류일지는 모르나 후진에게는 아직 진리로 남아 있다. 그 가운데 교육적 인식론이 해명하고자 하는 것은 후진의 진리가 오류의 것으로 판명되고 선진의 지식이 진리로 판명되는 진리체험이 반복하는 과정으로서 교육이 작용해 왔다는 점이다.

교육은 지식의 최종적인 형태보다는 그 쪽을 향해서 발전되는 매 단계

10) 이 부분에서 어떤 독자는 지식의 우열을 판명한다는 주장 안에 이미 그 우열의 판단이 전제되는 오류가 포함된 것이 아니냐 하는 의혹을 제기할지 모른다. 그 부분에 대한 해명은 뒤에 이루어질 것이다.

를 존중한다. 하나의 경험의 조직이 해체되고 더 나은 경험이 완성되는 데에는 장시간을 요한다. 그것이 바로 한 단계의 진전을 의미한다. 분과학문마다 수세기의 역사적 과정을 거쳐 여러 단계의 지식을 오늘날까지 발전시켜 왔다. 그 발달단계를 생략한 채 한 개인이 아주 낮은 단계에서 일시에 곧바로 높은 단계로 진입할 수 있다는 생각은 무리다. 우리의 삶에서 그런 의도나 실천[11]이 없는 것은 아니지만 여기에는 많은 부작용이 따르며, 이 때문에 교육은 그 각 단계의 연속성이 유지되도록 돕는다. 이런 '교육적 시숙'의 내재율은 외부적 강요나 압력에 단지 굴복하지 않고 마음속으로부터 각 단계의 품위의 성취에 준하는 가치의 수락을 허용하는 특별한 통로를 열어 놓는다.

이제까지 우리는 교육이 수도계의 각 단계와 수준에서 그 시작과 끝을 반복하는 자율적인 과정이라는 점을 살펴왔다. 지식의 발전과정에서 지식은 그 오류나 진리의 정도에 상관없이 얼마만큼의 교육적 체험을 활성화시킬 가능성을 포함한다. 학문의 역사에 등재된 거의 모든 수준의 지식이 교육의 소재가 될 수 있다고 감히 말할 수 있다. 이런 독특한 맥락과 조건에서 교육적 주체는 그 비교의 기준을 선진의 지식에 두고 그에 비추어 후진인 것만큼 항상 상구교육에 참여할 수 있고, 자신이 그 선진의 위치에 있는 것만큼 하화교육에 참여할 수 있다. 이 점에서 교육은 평민이나 천민들도 귀족과 똑같은 내재적인 보람과 가치를 향유할 수 있는 삶의 양상이며 게임인 것이다.

상구교육은 마치 등산의 경우처럼 품위의 면에서 위쪽을 지향한다. 그 주체가 위치한 현 단계의 지식에 대한 불만에서 출발한다. 교육의 주체는 한 단계의 발전을 이룰 때마다 그것이 해답인 것으로 본다. 모든 것은 그 해답에 비추어 합리화되고 정당화된다. 그러나 그것은 아직 미완성적인 요소를 가지고 있기 때문에 조만간에 해답이 아니라 문제인 것으로 바뀐다. 이때 그 주체가 그 문제로부터 탈출하는 방법은 그 인식에 제한을 주

11) 그런 실천을 교육의 명분으로 정당화시키는 것이 바로 각종 기능주의적 교육관이다.

는 현존하는 지식에 안주하는 선택을 접어두고, 그보다 한 단계 더 높은 수준의 지식을 증득하는 상구활동의 내재율을 따르는 것이다.

그 활동의 전후는 매번 그 단계에 합당한 진리체험을 허용한다. 진리체험은 서로 질이 다른 두 개 이상의 지식체계를 자신의 것으로 습득하고 그들을 비교함에 의해서 그중 어떤 지식이 다른 지식보다 더 옳다는 판단을 할 수 있게 되는 것이다. 상구활동 이전의 지식과 그 이후의 지식의 대비가 바로 그런 비교의 거점과 선택을 가능하게 한다. 상구자인 나는 상구에 의해서 나의 신념체계가 이전의 것보다는 진리성을 더 지니고 있다는 것을 체험하고 그 사실을 마음으로부터 자진하여 수락한다. 이것이 자증이다. 그 자증은 상구교육이 진행됨에 따라 단계별로 반복된다.

그 진리체험은 어디까지나 그 상구자의 것이다. 새롭게 얻은 지식은 적어도 그에게 있어서 타당성을 가지고 있다고 보아야 한다. 그러나 그 자신의 주관성은 '유아지론(solipsism)'의 함정에 빠질 위험성을 내포한다. 아무리 내가 진리체험을 했다고 하더라고 그것이 타인에게도 수락되지 않는 한 아직 자신의 한계 내에 갇혀 있는 한정되고 불안정한 체험에 불과하다. 이 때문에 우리는 자증을 통해서 내가 가진 지식의 타당성과 정당성을 확인하는 데 그치지 않고, 그 보편성을 인정받고 싶어 한다. 그럼에도 불구하고 나의 주관성은 어디까지나 순수주관적인 영역에 머물기 때문에 다른 이들에게도 타당한 상호주관적인 동의를 얻을 수 없는 장벽에 부딪친다.

이제 우리의 개별적 존재가능성을 인간이라는 일반적인 사례로 확인하는 절차가 필요하다. 만약 우리가 인간이라는 유적 공통성이 있다면 그것은 개별적인 품위가 아니라 그 품위를 성취하고 향유할 수 있는 가능성이다. 진리의 체험자가 얻고 싶은 또 하나의 확실한 증거의 거점은 나에게 이런 일이 일어날 수 있다면 그것은 타인에게도 일어날 수 있다는 것이다. 우리 주변에 이미 극복해 온 과거의 지식체계에 얽매어 있는 동료 인간들이 있다면 우리는 그들을 우리 자신이 거쳐 왔던 진리탐구의 작업 속으로 동참하도록 초대함으로써 진리체험을 공환하는 기회를 가질 수 있다. 이것이야말로 우리 인간의 고차적인 특성을 서로를 의지해서 상호간에 확인하고 구가하는 축제가 아니고 무엇이겠는가!

교육은 인간성의 보편성을 가정하는 것이 아니라 그 보편성을 실현하고 확인할 수 있는 가능성만을 전제한다. 교육은 보편성을 가정하기 전에 개별적인 사람이 점유한 지식을 중시하면서 역으로 그것들이 하나의 보편성에 도달할 수 있는지를 시험하는 순서를 취한다. 우리는 높은 지식이 낮은 것보다 더 가치 있음을 알고 있으며 자신에게 명백한 것이 타인에게도 그러리라는 가정을 하는데, 불행히도 그 가정이 우리의 후진에게는 적용될 수 없다. 따라서 그들에게 자신의 선진된 진리체험을 증명하고자 하는 사람은 후진으로 하여금 자신이 거친 상구교육을 반복하도록 하고 동의를 구하는 절차적 애로를 감당해야만 한다.

그런 절차를 내장한 것이 바로 하화교육이다. 여기에서 상기해야 할 중요한 사실이 있다. 그것은 우리의 진리체험은 우리의 주관과 우리밖에 존재하는 객관세계간의 일치에서가 아니라 서로 그 수준이 다른 여러 주관이 낮은 편에서 높은 편으로의 혼연일치가 가능한 조건에 의해서 이루어진다는 점이다. 이 원칙은 선진과 후진이 가치의 공감대를 향유하려고 할 경우에도 그대로 적용된다. 후진의 지식을 선진의 지식으로 일치시키는 것만으로 선진의 지식의 우월함을 입증할 수는 없다. 그 일치가 아니라 그 일치에 이르는 과정의 반복이 더욱 중요하며, 교육적 시숙의 내재율이 그것을 보장한다. 이에 따라 하화활동은 후진의 지식수준에 따라 단계별로 진전된다.

스승과 제자 간에는 소재가 되는 지식수준의 면에서 알맞는 불협화, 적정한 거리와 긴장을 유지할 수 있을 때 서로 교육의 상대로서의 매력을 갖는다. 너무 먼 거리를 유지하면 너무 소원하고, 너무 가까우면 너무 친밀하다. 그들 간의 매력을 유지하는 원리는 너무 멀거나 너무 가까운 거리도 아닌 어중간한 거리를 찾는 것이며 그 거리에서 반신반의, 알쏭달쏭함, 아이러니, 패러독스, 갈등을 지속할 수 있어야 한다. 그런 완충적 위치에 있는 최적의 품위는 누차 강조되었듯이 제자의 차상품이다. 그 차상품의 획득은 제자의 편에서 진리체험의 자증이며, 스승의 편에서는 진리체험의 타증에 해당한다. 스승만이 아는 것 혹은 체험한 진리에 대해서 스승은 스스로 의심할 수 있다. 그러나 제자도 스승과 동일한 체험을 한다면 그것은 우연 이상의 증거가 되는 것이다.

인식론이 갖추어야 할 가장 중요한 요소의 하나는 지식의 우열을 판정하는 방법적 절차이다. 교육적 인식론은 위에서 살폈듯이 그 해답을 교육에서 구한다. 교육활동은 지식의 위계에 관한 하나의 가설에서 시작하여 그 가설을 추후에 검증하는 일련의 활동으로 구성되어 있다. 이를 다시 거꾸로 말한다면, 교육의 공간과 시간이 성공적으로 유지되는 것만큼 거기에는 그 소재가 되는 지식의 상대적 위계의 차이가 존재한다는 것을 의미한다. 구체적으로 특정한 지식의 영역에서 비교하려는 제반 지식 가운데 어느 편이 교육을 통해서 진리체험을 허용할 소지가 더 많은가? 이 질문과 관련하여 교육적 인식론은 모종의 선험적 가정을 가능하게 하며, 그 가정은 실제로 교육을 통해서 확인된다.

그 방법적 절차는 특정한 두 자연인, '갑'과 '을'이 교육적 관계를 맺고, 유지하고, 파기하는 과정에서 더욱 분명하게 이해될 수 있다(장상호, 1996). 먼저 특정한 분야에서 각각 서로 다른 수준의 지식을 가졌다고 가정한다. 여기에서 '갑'이 선진이고, '을'이 후진이라는 가정이 성립되었다고 보자. 그런 가정을 토대로 그들 사이에 교육적 교섭을 시도해 본다. 교육적 공조의 내재율은 선진이 하화교육을 하며 스승의 위치에 서고, 후진이 상구교육을 하며 제자의 위치에 서는 방식의 조합을 요구한다. 이런 1차적 가정의 옳고 그름은 '갑'과 '을'의 그런 교육적 관계가 지속되느냐 혹은 그렇지 못하느냐 하는 것을 토대로 2차적으로 검증된다. 상구교육과 하화교육은 서로가 상대를 보강해주는 체계이기 때문에 본질상 상이한 수준의 지식체계에 연속성을 부여하여 낮은 수준의 것이 높은 수준의 것으로 진전하게 한다. 이런 교육의 공조성이 유지되는 한 우리가 애초에 가정했던 것, 즉 '갑'이 선진이고 '을'이 후진이라는 가정은 타당한 것으로 볼 수 있다. 만약 지속이 불가능하게 되는 경우 그 가정은 재검토[12]되거나 혹은 수정되어야 할 것이다.

스승과 제자 사이에는 그들이 가진 지식수준의 차이만큼 비공감적인 세계에 산다고 볼 수 있다. 교육적 관계를 맺기 이전에 그들은 그들의 지식을 토대로 상대의 지식을 평가할 것이다. 그러나 그들 사이의 교육적 교섭은 점차 그 평가기준을 제자의 것에서 스승의 것으로 전환시키게 될 것이다. 이런 관계의 지속은 절대적인 진리의 입증은 불가능하다고 하더라도 지식의 종적 상대성의 위계의 존재를 상호주관적으로 확인하는 것으로 해석될 수 있다. 말하자면 그들은 서로 다른 지식의 수준을 소재로 진리로 향하는 돌이킬 수 없는 길을 걷고 있다는 사실을 분명하게 실감할 수 있다.

스승이 제자로 하여금 차상품의 지식을 형성하도록 돕는 과정은 그들 사이에 지식의 수준에 차이가 많을수록 순연될 것이다. 스승과 제자가 각각 하화와 상구라는 이질적이고 보완적인 활동의 그 마지막 단계에서 스승과 제자는 소재로 선택한 지식에서 동일한 수준에 이르게 된다. 여기서는 누가 선진이고 누가 후진이라는 말이 적용될 수 없다. 그들은 적어도 해당 학문에서 서로 대상현상을 똑같이 규정하고 평가할 수 있는 공동의 토대를 구축하는 데 성공한 것이다. 이로써 그들은 비로소 진리에 대한 합의된 기준을 가지고 서로 상대의 지식에 정당한 평가를 내릴 수 있는 공통기반을 갖게 된다. 주객의 혼연일체를 이룬 이 단계에서 비로소 스승은 제자에게 "내 지식과 판단이 옳지!"라는 말을 할 수 있고 제자는 그때야 비로소 그 말의 참됨을 확인할 수 있을 것이다. 이런 방법과 절차에 의해서 우리는 '이해의 객관성'과 '진리의 주관적 조건'을 합치시켜야 하는 인식론적인 요구를 만족시킬 수 있게 된다.

우리는 제 1절에서 전통적인 인식론의 양쪽 산맥이라고 할 수 있는 합리주의와 경험주의의 한계를 지적한 논의를 소개한 바 있다. 교육적 인식

---

12) 여기서, 교육적 관계의 유지와 종결을 결정짓는 것은 비단 교육의 내재적 변인에 의해서만 결정되는 것은 아니다. 만약 교육의 외재적 변인이 원인이라면, 그 종결은 1차적 가정을 부정하는 근거가 될 수 없다.

론은 이제까지 합리주의적 인식론자들이 그토록 강조한 '합리적인 대화'의 효력에 대해서 의문을 제기하여 왔다. 이제 스승과 제자가 서로 동일한 품위를 공유할 수 있을 만큼 교육이 진전된 단계에서는 예외이다. 이 단계에서 그들은 비로소 서로 합리적인 대화를 나눌 수 있다. 뿐만 아니라 외계에서 제시하는 감각적 자료를 동일한 참조체계에 의해서 해석할 수 있는 기반을 가지고 있기 때문에 흔히 경험주의자들이 택했던 '관찰에 의한 객관적 검증'도 제 효력을 발휘할 수 있다. 이렇게 보면, 기존의 합리주의와 경험주의의 인식론은 교육에 대한 관점이 결여된 수준의 것이라고 평가할 수 있겠다. 그러나 그 결여된 것의 보충을 통한 기준의 일치는 철학적 인식론자들이 가정했던 시간보다 훨씬 긴 교육적 시숙의 기간을 통해야만 가능하다는 점을 염두에 두어야 할 것이다. 그것은 몇 달이 아니라 몇 년이 걸리고 경우에 따라서는 수십 년이 걸릴 수도 있다.

제자가 스승의 지식수준에 이르게 되었을 때 그들 사이의 교육적 관계는 더 이상 지속될 수 없다. 하나 더 주목할 만한 것이 있다. 이는 제자가 스승의 지식수준을 추월하게 된 교육적 반전[13]의 경우이다(장상호, 1999). 스승이 항상 선진일 수는 없다. 스승이란 야심 있고 유능한 제자에게 더욱 앞서가는 과정에서 잠시 만나는 이정표에 불과할 수도 있다. 제자가 스승의 수준을 뛰어넘는 지식을 스스로 탐구함으로써 어느 시점에서 그들의 학문적인 선진과 후진의 위치는 역전될 수 있다. 학문의 교육적 진화는 바로 이런 현상에 의해서 가능하게 되었다고 볼 수 있다. 이것은 스승과 제자가 교육적인 관계를 맺으면서 종사하는 하화와 상구라는 활동의 차이에서 필연적으로 비롯한다. 하화는 기본적으로 보수하는 활동임에 비해 상구는 혁신하는 활동이다. 제자는 전진적이고 스승은 후진적이다. 이 때문에 역사적으로 거의 언제나 적어도 교육의 소재라는 측면에서 최종의 승리는 제자에게로 돌아갔다.

그러나 현대에 진행되고 있는 교육적 진화의 가속도를 이런 교육내재

---

13) 이는 흔히 '청출어람(靑出於藍)'으로 알려져 있는 현상이다.

적인 특성만으로 죄다 설명할 수는 없을 것이다. 학문의 역사에서 이후의 세대는 이전의 세대보다 지식을 획득해 나감에 있어서 유리한 점이 고려될 수 있을 것이다. 그것은 후대는 선대에게 미결사항이 이미 결정된 시대에 살고 있다는 사실이다. 이 점을 곧바로 그들 사이에 그 출발점에서 차이가 있는 것으로 해석하는 것은 옳지 않다. 한 개인의 일생의 출발점에서의 상태는 선대나 후대나 마찬가지이며, 후대에게 그 기결사항이 자동적으로 자신의 것이 될 수 있는 것은 아니다. 개체발생은 그 계통발생의 마지막 단계에서 시작하는 것이 아니라 그 나름의 발생적 과정을 거친다. 그럼에도 불구하고 후대는 선대에게 가용하지 못했던 높은 수준의 지식을 그들의 교육에 사용할 수 있도록 예비하고 있기 때문에 계통발생의 측면에서 장구한 세월에 걸쳐 이룩한 지적 성취가 교육을 통해서 단기간의 개체발생의 과정으로 재생될 수 있게 된다.

학문의 진화는 그 왕국의 최정상의 자리를 지키거나 탈취할 수 있는 자에 의해서 주도된다. 그 숫자상의 분포는 대개 소수의 탁월한 선진이 꼭짓점의 부분을 차지하고 나머지 후진은 그 저변을 차지하는 피라미드의 형태를 취하고 있다. 그런데 지식의 타당성의 면에서 보면 그 반대의 형태로 된다. 즉 꼭짓점에 위치한 소수의 선진의 지식이 저변에 위치한 다수의 후진의 지식보다 그 일반성과 적용의 범위에서 더 우월한 성질을 띠고 있다는 점이다. 학문의 최종적인 승리자가 되는 것은 그 특정분야에 특별한 소질을 타고 난 예외적인 천재들이었다. 우리는 일단 자신들의 해답을 결정한 다음에는 우리들의 관점에서 볼 때 이상하게 보이는 반응을 그른 것으로 비난하거나 배타하는 경향이 있다. 이런 특성 때문에 흔히 평등을 주장하는 세속계적인 논리가 학문에게까지 적용된다면 그 고유한 질서나 가치정립이란 애초부터 불가능하게 된다.

다행히도 교육의 과정은 그 위험성을 극복하는 제동장치로서 작용한다. 교육은 지금의 상태를 그대로 놔둔 채 숫자상 다수의 합의만을 내세워 학문의 가치를 결정하지 않는다. 스스로 발전하려는 상구교육과 후진을 선진의 것으로 이끄는 하화교육의 양방의 과정을 거쳐서 지식을 발전시킴으로써 그 지식의 가치를 평가하는 방식을 취한다. 이미 살폈듯이 상구에 의한 자증은 후진인 우리가 스스로 현명하게 되고 난 후에 선진의 지식을 평가해야 하는 길을 규정한다. 이에 비해서 하화에 의한 타증은 선진인 우리가 후진으로 하여금 스스로 필요한 수준만큼의 품위를 획득하도록 돕고 자신이 자기 지식의 상대적인 우위를 후진에게 입증할 수 있는 길을 규정한다. 이처럼 선진과 후진은 각각 그가 적용하는 진리판정의 기준에 차이가 있음을 인정하고, 교육을 통해서 결국 전자의 것에 후자의 것이 승복하는 형태로서 진리의 규명이 이루어지기 때문에 세속의 논리에 의해서 가끔 무시받기 쉬운 예외적인 천재나 탁월하고 뛰어난 학자들이 교육을 통해서 그에 합당한 존경과 두려움과 찬미를 받을 수 있게 되는 것이다.

학문의 획기적인 발전은 결국 학문공동체의 선단에 있는 문제나 장애를 돌파하는 혁신자의 출현에 의해서 가능해진다. 그 문제의 해결은 결국 수련과정에서부터 독행상구의 경험에 의존할 도리 밖에 없다. 우리는 교육적 진화에서 하나의 특이한 딜레마를 주목해야 한다. 그것은 매개상구는 가끔 독행상구의 혁신과 추월을 어렵게 한다는 점이다. 적어도 세대의 측면에서 후대는 언제나 선대의 미결사항이 결정된 시대에 살고 있기 때문에 '거인의 어깨 위에 앉아있는 난쟁이'의 유리점을 확보하고 있다. 하화를 동반하는 상구, 즉 매개상구는 선진에 의해서 이미 불확실성이 제거된 상태에서 이루어지기 때문에 그 결과의 면에서 혁신자의 수준까지는 쉽게 도달할 수 있게 한다. 그러나 그 결과만을 의식하여 지나치게 매개상구에 의존한다면 그 과정적 체험의 불실함에 의해서 학문적인 독창성과 상상력을 손상할 우려가 있다. 기존의 학문공동체의 수준에는 쉽게 도달할 수 있으나 그 쉬움의 편리함을 따르는 관습으로 인해서 그 이상의 수준까지의 돌파가 어렵게 되는 것이다. 이 문제에 대한 해답은 역시 그 중간의 형태, 즉 학문적인 결과를 중시하되 그렇다고 해서 그 과정적 체험을 소홀히 하지 않는 방식을 선택함으로써 조절될 수 있을 것이다. 현존지식을 돌파할 독창성과 상상력은 이제까지 학문사에서 진행된 지식을 단계별로 착실하게 재창조하는 기반 위에 싹튼다.

이제까지 우리는 교육을 통해서 서로 상이한 인식 주체가 특정한 인식 대상을 두고 선진인지 후진인지를 서로 상대적으로 판별할 수 있는 검증 원리를 간단하게 살폈다. 여기에서 한 가지 첨부해서 밝혀야 할 점이 있다. 그것은 교육적 관계의 지속, 즉 교육적 협동의 유지가 애초의 선진과 후진에 대한 가정을 확인하는 것은 절차로써 충분하지만 그 반대의 사실, 즉 교육적 관계를 지속하지 못하는 것이 그 애초의 가정을 부정하는 충분조건은 될 수 없다는 점이다. 그 이유는 교육의 성공과 실패가 전적으로 '갑'과 '을'에 대해서 가졌던 선진과 후진과 후진에 대한 가정의 잘못에 의존하는 것은 아니라는 사실에서 비롯한다. '갑'과 '을'은 사실상 선진과 후진의 위치에 있지만 여타의 다른 조건이 충족되지 않음으로써 그들 간의 교육적 관계를 더 이상 지속하지 못하고 중지된 경우가 얼마든지 있을 수 있다. 우리의 앞서 추론은 이런 무수한 조건들이 '충족된다면'이라거나 혹은 '다른 조건이 같다면'이라는 가정 하에서 가능하지만, 만약 이런 제반 교육적 조건이 충족되지 않은 경우, 애초의 선진과 후진의 조건이 타당함에도 불구하고 선진과 후진의 교육적인 관계는 더 이상 지속될 수 없게 될 수도 있다. 그런 경우조차 교육의 실패 때문인 것으로 선진과 후진의 지위를 부정하는 판단을 한다면 그것은 옳은 것이 아니다. 결론적으로 말한다면, 교육적 인식론은 선진과 후진에 대한 애초의 가정을 긍정하는 절차로서는 확실한 증거확보가 가능하지만, 그 가정을 부정하는 과정에는 오류가 개재할 위험성도 있다.

지식의 우열에 대한 판단은 결코 개인적인 결정이나 선호의 문제는 아니다. 교육적 인식론의 입장에서 볼 때 그것은 어디까지나 그 인식 주체 혹은 서로 경합하는 인식체계를 가진 다수의 인식 주체가 교육의 내재율을 충실하게 따름으로써만 가능하다. 교육을 매개로 하는 이런 선·후진에 판단의 절차는 그동안 지식의 상대성과 관련하여 인식론에서 우려해 온 무정부적 혼란을 방지한다. 우리는 한편으로 선진의 지식을 상구를 통해서 자증하고, 다른 한편으로 우리가 얻은 높은 지식을 후진들에게 타증하는 것이다. 우리 각자는 언제나 얼마만큼 후진에 비해서 선진이고 얼마만큼 선진에 비해서 후진이다. 이는 우리가 모든 지식의 수준에서 누구나 반쯤 상구하여 자증하고, 또 반쯤 하화하여 타증할 수 있는 위치에 있음을 말해준다.

이 절차가 보편적인 해결이 될 수 있는 것은 그 검증의 연대성이다. 앞에서 우리가 '갑'과 '을'이라는 두 개인 사이의 사례를 다루었지만 그것은 설명의 간결함을 유지하려는 방편에 불과하고 그 논리는 집단 안에서 다수에 적용되는 것이 통상이다. 이 경우 흔히 실증주의자들이 말하는 연구의 반복적 검증에 해당하는 효과를 얻을 수 있다. 예컨대, 장상호(2002)는 교육이 공동체 안에서 이루어질 수 있음을 논의하면서 그 안에 선진의 선진, 후진의 후진이라는 연속적 위계를 가정하였다. 여기에서 각 수준에서 스승과 제자의 교육적 관계가 성립될 수 있으며, 따라서 그 수준마다 그 수준의 차이에 대한 검증이 이루어질 수 있을 것이다. 가령, '갑'이 '을'의 선진이고, '을'이 '병'의 선진이라는 것이 이미 판명된 사실이라면, 이를 통해서 '갑'은 '병'의 선진이라는 가정이 가능하다. 그 새로운 가정은 '갑'과 '병' 사이의 교육적 교섭에 의해서 재확인할 수 있다. 이런 서로 중첩된 검증은 자칫 예외적인 사례에 근거해서 그 선진과 후진의 우열에 대한 판단을 일반화시킬 위험성을 줄일 중요한 장치이다.

## 10.5 교육적 인식의 사례

이제까지 기존의 인식론이 가지고 있는 문제를 지적하고 그것을 극복할 수 있는 방법으로서 교육적 인식론이 갖는 특징을 살폈다. 우리는 상구의 과정을 통해서 새로운 지식을 얻고 그것이 이전의 것보다 더욱 수준 높은 것임을 자증한다. 다른 한편, 우리는 하화의 과정을 통해서 후진인 제자에게 그 새로운 지식의 상대적인 우위성을 타증한다. 역사적으로 이전부터 각종 수도계가 교육을 통해서 발전되고 평가되어 왔기 때문에 이런 논의의 과정을 거치면서 혹자는 그것이 너무도 당연해서 별로 새로움을 느끼지 않을지도 모른다. 그러나 그런 역사적 사실이 새삼스러운 것이 될 수 없다고 할지라도 그것을 이론화한 교육적 인식론은 새롭다.

개념이 없이 있는 사실이 제대로 인정받기는 어렵다. 적어도 정초주의적 인식론은 우리의 삶에서 당연하게 작용해 왔던 엄연한 사실을 무시했다. 그처럼 은폐되었거나 간과된 부분을 지적하면서 정초주의 인식론을 해체시키는 데 일정 부분 공헌한 역사적 인식론 역시 막상 실재하였던 학문의 엄청난 발전과 진화를 제대로 이해할 수 있는 이론적 대안을 제시하는 데에는 아직 미흡하다. 이 부분은 진즉부터 교육학의 영역으로 제자리를 찾아야 할 것임에도 불구하고 그 자체의 맥락에 비추어 교육을 규정짓는 데 태만함으로써 방기해 놓았던 영역이기도 하다. 이제 교육적 인식론은 역사를 되돌려 그 방기된 부분을 새롭게 되살려 조명할 수 있는 유리한 고지를 점령하고 있다.

여러 가지 어려운 상황에도 불구하고 학문의 세계는 변화무쌍한 역사의 흐름 속에서 꾸준한 발전을 이루어 왔다. 그 발전을 이루는 계열에 있어서 교육이 결정적인 축을 담당했을 것으로 추측된다. 교육은 본질상 학문적인 발전의 불연속성 사이에 발생하는 대립, 항쟁, 갈등을 화해시키고 그들 간의 연속성을 보장하는 고리의 역할을 했을 것이다. 그 효력은 인식 주체가 교육이라는 오직 그 실천에 내재된 규칙에 충실함으로써 성립된다. 번창하고 있는 분과학문과 침체된 분과학문의 차이는 그들 내부에 장치된 교육의 수레바퀴가 얼마나 활발하게 회전하고 있느냐의 여부와 무관하지 않을 것이다. 어떤 학문도 교육이 그것을 성공적으로 매개하지 않았다면 오늘날처럼 유지되고 발전되기 어려웠을 것이다.

학문의 역사에서 시대를 지나치게 앞서 감으로써 살아 있는 당대에 자신의 이론을 인정받지 못하고 사멸한 학자들이 있었다. 이와 같은 방식으로 한때 발전을 구가하던 수도계가 교육적 검증을 소홀히 함으로써 위계상의 혼동을 경험하거나 전수와 발전에 실패하여 그렇게 면면히 이어 온 역사의 가닥들 가운데 어떤 것들이 민멸되어 버린 사례조차 있을 것이다.[14] 교육적 인식론에 비추어 그들은 자증에 성공하였음에도 불구하고 그것을 타증하는 데에는 실패한 경우에 해당한다. 그런 심각한 경우가 아니더라도, 학문공동체에서 만약 교육적 공조가 이루어졌다면 쉽게 해소될 문제가 그것을 시도조차 하지 않음으로써, 어떤 개인의 업적이 제대로 인정받지 못했거나 부당하게 평가되거나 그 발전이 불필요하게 지체된 경우도 있었을 것이다.

그 사실을 재인식하여 원래의 것대로 복권시키는 일이 이 분야의 연구가 담당해야 할 중요한 과제이다. 이런 가설들을 입증함에 있어서 특별히 유의할 것은 구체적인 생활사태 혹은 사례들은 언제나 혼질적인 성질을 띠고 있기 때문에 그 가운데 극히 한정된 측면만을 고려하는 교육적 인식론이 그 사태 혹은 사례들을 오직 교육 자체의 내재적 변인으로 설명하려는 것은 무리라는 점이다. 교육의 성공은 교육의 내재적 변인과 교육의 외재적 변인이 최적의 조건을 이룰 경우에만 가능하며, 만약 이런 조건이 모두 충족되지 않을 경우에, 그런 것을 전제한 판단은 잘못일 것이다. 가령 특정 개인은 불행히도 외부의 압력을 받아 그런 교육적 주체의식을 스스로 포기하거나 그것을 억압하거나 도외시함으로써 교육에서 소외되는 사례의 경우 그 발전의 정체나 퇴보를 교육의 탓으로만 돌릴 수 없을 것이다.

그러나 별다른 반성이나 성찰도 없이 그 실패의 책임을 모두 외적인 것으로 돌리는 태도도 경계해야 한다. 교육적 인식론이 근거하고 있는 교육본위론은 결코 완성된 것이 아니다. 그것이 교육의 내재성으로 규정한 것이 아직 한정되어 있다는 그 나름의 한계를 가지고 있다. 더 추가되어야 할 내재적 변인이 있거나 혹은 내재적 변인으로 고려되었던 것이 사실은 외재적 변인으로 판명되는 경우도 있을 것이다. 지금의 관점을 구체적 사례에 적용하는 과정에서 그런 부분이 드러날 수 있으며, 이는 교육적 인

14) 예컨대, 학문은 중세의 암흑기를 거치면서 잠시 발전이 정체된다. 그 기간 동안 고대 희랍적인 학문과 지식이 절대적인 신(神)을 합리화하는 수단으로 변질되고, 교육은 신학을 전수하는 교조화에 자리를 넘겨주게 된 역사적 사실을 우리는 알고 있다.

식론을 수정하고 한층 더 확장하는 계기를 마련해 줄 수도 있을 것이다. 현존하는 교육적 인식론은 앞으로 더 많은 것들이 그들 간의 내적 통일성 속에서 더욱 추가되고 끊임없이 재조정의 과정을 밟아야 한다. 사례연구를 진행하는 가운데 이처럼 어떤 것이 더 추가되고 보강되어야 할 지를 생각하는 연구자는 단순히 이미 만들어져 있는 이론을 특정한 사례에 적용하는 입장을 떠나 그 적용되어야 할 교육적 인식론의 구축에 동참하는 셈이다.

기존의 인식론이 설명할 수 없는 부분을 교육적 인식론의 입장에서 밝힐 수 있는 역사적 사례가 참으로 많았을 것을 예상할 수 있음에도 불구하고, 앞선 여타의 연구영역의 경우가 거의 그러하듯이, 이 분야 역시 그 본격적인 연구는 아직도 그 출발선상에 있다. 다만 기존하는 역사적 사례 가운데 교육적 인식론을 대입해서 적용할 수 있는 단서를 가진 것으로 보이는 것을 찾거나 재론하는 정도의 우회적인 연구가 단편적으로 이루어져 왔을 뿐이다. 이들은 새로운 개념에 새로운 사실을 드러내려고 하기보다는 이미 그 나름의 다른 맥락에서 드러난 사실에 교육의 의미를 덧붙이는 방식을 취하고 있다는 점에서 본격적인 연구의 영역에 포함시킬 수 있는 것은 못되지만, 이 분야의 연구가 지닌 문제의 성격과 분석되어야 할 사례의 선택을 두고 비교적 다양한 범위에서 디딤돌의 역할을 할 수 있을 것으로 본다. 이제부터 그 예고편을 살펴보기로 하자.

역사연구는 흔히 한 시대의 동질성을 가정하는 편법을 따른다. 이에 비해서 교육적 인식론은 개인주체를 상정하며, 또한 그 개체의 발생적 측면을 전제한다. 동시대에 사는 두 사람 간에도 적어도 해당하는 분야의 지식과 관련하여 원시인과 현대인의 차이만큼 시간상의 긴 거리가 있을 수 있다. 교육적 인식론이 인식의 문제를 해결하는 방식은 인식이 성장하는 긴 시간을 그 내부의 논리에 포함시키는 점이 대개 공시적인 문제해결에 치우치는 기존의 인식론과 크게 대조되는 특징이다. 교육적 시간은 물리적 시간과는 달리 직선적인 것이 아니라 일련의 교육활동을 반복하면서 특이한 교육적 체험이 부하된 나선형적 시간이다. 어떤 특정한 인식대상과 관련하여 하나의 인식구조가 충분히 세련한 단계에 이르기까지는 몇 달 혹은 몇 년간이 소요될 수도 있다.

이처럼 지식이 축차적으로 재구성되는 과정을 다룬 흥미 있는 연구가 있다. 우리는 일상의 대화에서 '학문', '지식', '진리'라는 말을 흔히 쓴다. 이때 그 말을 쓰거나 듣는 사람들 사이에 의미상의 공유가 있는 것인가? 혹은 이 각각에 대한 우리의 견해에는 위계가 있는 것인가? 그렇다면 그 내용은 무엇인가? 근래에 페리(Perry, 1970)는 하버드대학 학생들을 개별적으로 지도하는 가운데 이와 관련하여 적어도 9단계의 수준의 차이를 보인다는 사실을 발견하였다. 그 각각의 수준은 전체적인 유형을 가진 체험구조라는 점에서 교육적 인식론이 규정하는 지식의 범주에 부합한다. 페리는 학생들이 초기에는 낮은 수준의 지식을 가지고 있다가 차츰 학년이 진전됨에 따라 그것을 높은 수준의 것으로 대체함을 알게 되었다. 이런 수준의 발전은 결코 단기간의 훈련을 통해서 얻어질 성질의 것이 아니다.

그 점에 주목하고 장상호(1996)는 페리가 분류한 9단계를 편의상 네 가지 수준(이가주의, 다수주의, 상대주의, 헌신적 상대주의)으로 나누고, 그것들을 소재로 선진과 후진 사이에 교육적인 교섭을 할 수 있는 가상적 사태를 예시한 바 있다. 각 수준은 그 나름의 수준에서 학문과 지식에 대한 규정을 할 것이고, 따라서 그들 사이에 소통의 어려움이 있었을 것이다. 이 문제를 가진 두 사람이 취할 수 있는 해결방도의 하나는 그들이 가진 지식을 소재로 교육적 관계를 맺고 교육적 교섭을 하는 것이다. 상구에 의한 자증과 하화에 의한 타증은 그 위계상의 상대성을 검증하는 데 유효할 것이다. 우리는 그 품위의 차이가 얼마나 그 사이에 상구와 하화를 허용하는 공간이 있느냐의 여부와 동일한 것임을 강조해 왔다. 이런 공조적 절차는 학생들로 하여금 학문에 대한 소명감과 헌신을 갖도록 도왔을 것이다. 그러나 그 가설의 검증은 더 많은 자료를 요구한다.

학문적 지식이라고 하기에는 그 맥락이 좀 다르기는 하지만 교육을 통해서 개인 간에 품위수준을 검증하는 과제의 특징이 어떤 것인가를 보여주는 또 다른 사례가 있다. 헤겔(G. W. F. Hegel)과는 일면 대립하면서 다른 한편으로 변증법의 논리를 그의 사상에 그대로 적용한 키에르케고올(Søren Kierkegaard)의 경우가 바로 그것이다. 헤겔과 키에르케고올은 참되게 존재한다는 것은 자신을 승화시키는 것이며 그 과정에서 모순을 체험하는 것은 불가피하다는 점에서 공감한다. 그러나 헤겔이 변증법을 서양의 역사에 적용했음에 비해서 키에르케고올은 인간의 실존적인 운동에 적용하였다. 개인이 세계를 그 깊이에 있어서 이해한다는 것은 오직 모순을 이해하는 것이다. 키에르케고올은 이런 입장에서 한 개인의 실존적인 운동을 심미적 단계, 윤리적 단계, 그리고 종교적 단계로 나누고 그들 간에 모순과 역설이 있음을 지적함으로써 어떻게 그 각각의 단계 간에 있는 실존의 모순을 표현하고 전달할 수 있는지에 대해서 고심하였다.

철학에서 변증법의 실천적 해법은 통상 대화에 의존한다. 그런데 예외적으로 키에르케고올(Kierkegaard, 1846)은 모순된 단계에 있는 두 사람이 대화에 의해서 서로 소통하거나 자신들이 알고 있는 바를 전달할 수 있을까에 대해서 의문을 제기하는 놀라운 통찰을 보인다. 그 대안의 해법이 이른바 '간접전달(indirect communication)'이다. 이는 전달할 내용과 대상만을 의식해서 이루어지는 강의의 형태가 아니라 전달하는 자가 전달받는 자의 능력을 내부로부터 유도해 내는 과정과 결부되어 있다. 높은 수준의 내용을 전달하려는 자는 전달 받는 자가 스스로 자신의 진리를 터득하도록 이끌어야 한다는 것이다. 이를 위해서 전달자는 자신의 자연적인 의지를 거슬리면서까지 자신의 실존의 수준을 감추는 가면을 쓰는 아이러니를 감수해야 할 것으로 보았다.

그런 관점은 키에르케고올이 자신의 저서를 가명으로 출판했던 주된 배경이었다(Kierkegaard, 1859). 가명의 저술이란 자신의 실존은 숨겨 두고, 독자들이 거쳐야 되는 실존들, 저자의 입장에서 보면, 이미 극복된 과거의 실존들을 담은 저작을 발표하되, 이에 가명을 사용하는 방법이다. 이때 가명의 저작에 담긴 실존들 사이에, 그리고 그 실존들과 키에르케고올의 실존 사이에는 불일치와 모순이 존재하기 때문에, 일종의 위선, 거짓, 혹은 기만이라는 비난을 받을 수 있다. 그러나 키에르케고올의 의도는 이런 도덕적이고 윤리적인 맥락과는 전혀 다른 데에 있었다. 그는 자신의 저작이 전달하는 내용들 사이에 모순이 존재하도록 꾸밈으로써 독자들이 주체적으로 이를 해소하여 새로운 실존을 자기의 것으로 받아들이도록 유도한다. 엄태동(1996, 1998a)은 그런 방식이 하화의 과정과 동일한 구조를 가지고 있음에 주목한 바 있다.

사례연구의 출발점은 역사이다. 우리의 역사는 현대라는 한 시점의 것보다 더 풍부한 사례들을 포함하고 있다. 교육적 인식이 크게 작용했을 역사적 시점을 추측해 보는 것도 이 분야의 연구사례를 찾는 좋은 지침이 될 수 있을 것이다. 우리는 흔히 학문의 발상지로 고대 희랍을 든다. 그 시기에 비상하게 탁월한 천부적인 재능을 가진 소수의 개인들로서 우리는 소크라테스에서 시작하여 플라톤, 그리고 아리스토텔레스에 이르는 사상의 발전에 특별히 주목한다. 철학의 운동은 이들을 통해서 면면히 지속되고 발전될 수 있었다. 당시에는 오늘날과 같은 학문의 방법론이나 검증의 원리가 특별히 알려지지 않았었다. 그처럼 방법론이 철저하지 못했던 상황에서 선진과 후진의 구분과 발전에 대한 검증은 어떻게 이루어질 수 있었는가? 이런 질문에 대한 해답을 얻는 데에는 아마도 다양한 가설들이 필요할 것이다.

먼저 검증될 수 있는 흥미로운 가설은 당시 소크라테스, 플라톤, 아리스토텔레스가 가졌던 인식론이 도움이 되었는가 하는 점이다. 이들은 각각 인간의 인식에 관한 모종의 가정을 가지고 있었다. 소크라테스는 대화를 통한 산파술을 믿었다. 그 이론적인 전제의 하나는 우리의 인식이 전생에 결정된 것으로서 인식이란 그것을 단지 회상하는 것이라는 가설이 포함되어 있다. 플라톤은 완벽하고 영원한 '이데아'를 가정했다. 아리스토텔레스는 형식논리를 변증법보다 우위에 놓았다. 진정 그들은 그들이 주장하는 바와 같은 인식론에 의해서 그런 지적인 성취를 하고 그 결과를 그들이 주장하는 진리의 기준을 적용하여 확인할 수 있었는가? 이에 대한 해답은 우선 부정적이다. 그들의 이런 가정이나 주장에 오늘날 공감할 수 있는 사람은 그리 많지 않을 것이다. 우리는 그들의 이론이 잘못된 것이거나 비현실적인 것임을 입증하는 풍부한 자료를 이미 확보하고 있다.

그렇다면 당시의 상황에 대한 다른 설득력 있는 설명이 요구된다. 그 하나로 장상호(1997a, 1999, 2000a)는 소크라테스, 플라톤, 아리스토텔레스가 교육에 의존해서 그들의 지식을 발견하고 입증했을 것이라는 추정을 한다. 놀랍게도 그들의 삶의 지표는 거의 예외 없이 플라톤의 ≪국가론≫에 소개된 '동굴의 신화'와 유사하다. 소크라테스가 교육적인 인물이라는 것은 널리 알려진 사실이다. 그는 당시의 대중을 설득함에 있어서 교육적 반전이라는 교묘한 방식을 활용했다. 소크라테스가 그 방법을 사용하면서 매번 성공을 거둔 것은 아니다. 그런 방법의 오해가 화근이 되어 소크라테스가 처형당한 후에 그의 제자인 플라톤은 또다시 그 자신의 제자들을 규합하여 아카데미아(Akademeia)에서 교육에 더욱 매진하였다. 이런 선례는 아리스토텔레스에 의해서 다시 이어졌다. 그가 세운 학교인 뤼케이온(Lykeion)에는 당시 수천 명의 학생이 재적하였다. 이 각각의 학문공동체에서 지식의 우열을 확인하고 입증하는 데에는 교육적 실천이 중추적인 역할을 했을 것이다. 물론 이런 추정은 더 많은 증거를 요한다.

희랍에서 발원했던 학문은 대상의 특수성에 따라 점차 분화의 과정을 거쳤다. 우리의 기준에 비추어 횡적 상대성을 갖는 각종 분과학문이 출현하기에 이른다. 그때마다 그 대상에 특수한 방법의 선택이 중요한 과제로 등장하였다. 이와 관련하여 자연과학과 인문사회과학 사이의 차이가 더욱 두드러지는 현상도 나타났다. 그렇다면 교육은 그들의 방법론에서 어떤 위치를 차지하는가? 이 문제가 전통적인 인식론 분야에서 충분히 반영되거나 주제화된 경우는 거의 없어 보인다. 이 역시 개념의 부재에서 기인한 것으로서 앞으로 많은 연구가 이루어져야 한다. 우리의 입장에서 어느 분과학문이든 교육의 소재라는 점에서 차이가 있을 수 없다. 만약 이 입장이 입증된다면, 그 각각이 교육의 과정을 무시함에서 비롯하는 방법상의 결여도 보완될 수 있을 뿐만 아니라 방법의 측면에서 분과학문 사이에 일어나고 있는 불필요한 균열도 어느 정도 봉합될 수 있을 것이다. 그 가능성을 예시하는 사례는 매우 흔하다.

자연과학은 이제까지 인식론이나 방법론에서 그 엄격성을 자랑하여 왔다. 흔히 실증주의적인 인식론은 과학에서 '관찰에 의한 객관적인 검증의 과정'을 전면에 내세운다. 그러나 최근에 자료에 의해서 입증할 수 있는 역사가 우리에게 보여주는 것은 자연과학의 발전 시기에 실증주의적 인식론이나 방법론이 큰 힘을 발휘할 수 없었다는 역설적인 사실들이다. 자연과학이 혁명적 발전하는 시기에 거의 예외 없이 발견할 수 있는 것은 새로운 패러다임은 이전의 패러다임을 전복시킬 만한 자료를 공급할 수 없었다는 사실이 밝혀지고 있다(Feyerabend, 1975; Kuhn, 1970). 더욱 놀라운 점은 새로운 패러다임의 주창자 자신들도 초기에 관찰에 의한 증거에 의해서 그들의 신념을 확인한 적이 없었다는 사실이다.

객관주의자들이 흔히 범하는 오류는 어떤 가설이나 이론의 진리성을 타인에게 입증하려고 할 때 그 타인이 거쳐 오고 지금 처한 지적인 단계와 수준을 거의 고려하지 않는다는 점이다. 그들은 검증에 참여하는 사람들이 누구나 동일한 인식수준을 가진 것으로 전제한다. 특정한 실험조건을 상정하고 관찰에 의해서 그 이론의 타당성을 입증하는 데 누구나 참여할 수 있다는 절차를 처방하는 한편, 그 전제의 맹점을 단지 그 실험의 반복을 통해서 보장하려고 노력한다. 이런 절차에 포함된 문제점은 그 실험과 관찰에 참여하는 사람의 지식수준이 결국 그 절차 안에서 작용하며, 따라서 그 점에서 그 절차는 자가당착적이라는 비판을 면하기 어렵다. 만약 어떤 지식을 평가함에 있어서 평가자나 평가받는 사람의 학문적인 수준이 동일한 것이라면 그들 간의 수준의 차이를 입증할 이유가 없을 것이다.

역사적으로 당대에는 그것을 접하는 사람들이 그것을 감식할 만한 능력이 불충분했기 때문에 인정받지 못했던 지식이 많은 세월이 흐른 후에야 비로소 인정받는 경우가 많았다. 일반사람들은 그들이 가진 지식을 기준으로 다른 사람의 지식을 판단하는 데 참여한다. 이때 일반사람들이 변하지 않은 상태에서 계속 시대에 앞선 지식을 승인하도록 요구한다면 그 진의가 오도된다. 그들의 고정된 틀에 박힌 생각으로는 그 지식을 수용할 수 없다. 이런 문제점을 근거로 과학적 검증은 단지 일단의 합의된 방법적 규칙을 따름으로써만 이루어질 수 없고 과학자 스스로의 변화가 필요하다는 주장이 등장하기에 이른다(Feyerabend, 1975; Kuhn, 1970; Polanyi, 1964). 문제는 그런 주장에서 그 변화가 어떻게 이루어졌는지에 대한 해명이 아직도 불충분하다는 점이다. 그 수용자 편에서 일종의 '개종' 혹은 오직 선전과 설득, 혹은 선입견에의 호소 등 극단의 주관적인 수단이 이론의 교체에서 필요하다는 주장이 주목을 받은 바 있으나 역시 그 구체성이 결여되어 있다는 한계를 벗어날 수 없다.

그 맹점에 교육의 과정을 삽입했다면 어떻게 되었을까? 장상호(1994b, 1997b, 2000a)는 이른바 신과학철학에서 이루어지는 앞서의 설명방식을 교육적 인식론으로 보충하면 지금보다는 훨씬 재미있는 결론에 도달할 수 있는 가능성을 예시한 바 있다. 양자는 우선 선진과 후진의 차이를 규정할 때 그 단위를 어떤 것으로 삼느냐 하는 문제에서 관점의 차이가 있다. 우선 신과학철학의 논의는 대개 이런 논의는 각 시대마다 최첨단의 사조를 창출해 가고 이끌어 가는 최고의 천재들(예컨대, 톨레미, 코페르니쿠스, 뉴턴, 아인슈타인, 하이젠베르크)을 거명하면서 이루어진다. 이처럼 계통발생에 주된 관심을 가지고 있기 때문에 그 기간의 면에서 교육적 인식의 기간보다 훨씬 길 뿐만 아니라 그런 천재들이 출생으로부터 어떻게 각각의 이질적인 단계를 거쳤는지를 논외의 문제로 삼기 때문에 신과학철학의 논의에서는 불가공약성의 문제가 과장된다.

역사적 진전에서 결과상의 패러다임 간의 불가공약성이 그 발전과정에서 개재할 수 있는 경험의 연속성을 부인하는 방식으로 해석되어서는 안 된다는 점이 앞에서 지적되었다. 흔히 한 시대에 사는 사람들은 동등한 지식의 단계에 있다거나 혹은 후대는 선대가 끝난 곳에서 출발한다는 생각을 갖기 쉬운데 그것은 큰 착각이다. 이런 생각은 단지 그 논의의 단위가 세대 간의 비교에서 나온 것에서 비롯했을 뿐 각 시대에서의 개체 간에도 그 지식의 단계별 차이의 면에서 계통발생에서의 수준의 차이만큼이나 그 수준의 차이가 넓다는 사실을 간과해서는 안 될 것이다. 교육적 인식론은 바로 그들 사이의 교육적 관계의 여지를 고려함으로써 신과학철학의 주장에 포함된 과장과 생략의 오류를 적나라하게 보충할 수 있게 될 것이다. 그 부분은 그 이론의 주창자들의 학문적인 생애를 검토하면 분명해질 것이다.

학문은 서로 다른 수준의 지식들이 발생적으로 연속적인 계열을 이루며 구성됨으로써 발전되어 왔다. 역사가가 동질적인 것으로 가정한 한 시대 안에서도 서로 그 단계가 다른 개체발생이 늘 진행되고 있다. 교육적 인식론은 과학사에서 거명되고 있는 첨단의 학자들 간에는 설사 직접적인 접촉은 없었다고 하더라도 일련의 성공적인 교육적인 연결도 있었을 것으로 가정한다. 그들은 어느 정도의 선진임과 동시에 어느 정도의 후진의 위치에 있었다. 이 때문에 그들은 항상 선대의 업적을 자신의 수준에 맞게 단계적으로 상구하고, 다시 그들이 성취한 업적을 자신들의 제자에 하화하려는 노력을 했을 것이다. 그들의 이론은 물론 시간의 흐름과 더불어 오류로 밝혀졌겠지만 그들은 자신들의 수준에서 언제나 얼마만큼의 상대적인 진리를 체험할 수 있었을 것이다.

이런 다양한 수준의 교육적인 관계의 연속성을 고려한다면 쿤이 주창하는 '개종'이나 '혁명'과 같은 과격한 설명이 훨씬 완화될 수 있을 것이다. 즉 교육적 인식론의 견지에서 볼 때 쿤의 주장은 역시 교육이라고 하는 실천적인 과정을 생략함에서 나타난 재구성적 과장으로 보인다. 이런 우리의 관점을 방증하는 사례는 일찍이 쿤과는 다른 노선에서 과학적 발전을 설명하려는 툴민(Stephen Toulmin)에 의해서 이미 시사된 바 있다. 툴민은 쿤이 과학혁명론을 제시하기 한 해 전에 출판한 그의 저서 ≪예측과 이해(1961)≫에서 과학이 과학철학이 재구성한 방식처럼 진행되지 않았다는 점에 대해서 쿤과 동조하는 문제의식을 가지고 있었지만 과학의 발전은 연속성을 갖는다는 점에서 쿤과는 다른 입장을 택했다. 놀랍게도 툴민은 그 저서의 말미에서 그 연속성의 매듭을 교육적 관계에서 찾고 있다는 점이다.

> 과학의 관념들은 하나의 생기 있고 비판적인 전통을 대표한다. 그들은 세대에

서 세대로 계속 전달되었지만 그 전달의 과정에서 변형되었다. 1815년에 가령 존스교수는 그의 영리한 젊은 제자인 스미스에게 물리학을 가르친다. 그리고 그렇게 전달되는 관념들은 상속재산으로 인정되어 1880년에는 스미스 교수가 그것들을 차례로 젊은 로빈슨에게 가르친다. 각 세대에서 모종의 지적인 변이가 영속화하고, 그 변이들 자체가 그 전통에 흡수된다. 역사가의 눈으로 볼 때 이것이 바로 과학에서의 '진보'를 구성하는 것이다(p. 110).

툴민은 ≪인간의 이해(1972)≫라는 후속된 저서에서 그의 관점을 '진화적 모델'이라고 지칭하고 있다. 여기서 '진화'란 역시 과학적 개념의 연속성을 강조한 것으로서 그는 1900년에서부터 1950년에 이르는 기간 동안 급속하게 발전한 원자물리학의 사례를 소개하면서 이에 가담한 학자들의 진화적 족보를 열거하고 있다. 그들이 서로 간에 하나의 교육공동체를 이루고 서로 그 책임을 공유함으로써 원자물리학의 통일성을 유지하는데 도움을 주는 가운데 그 이론적인 용어들이 점차 진화되었다는 것이다.

예컨대, 하이젠베르크(Heisenberg)와 디락(Dirac)이 1930년대에 논의한 '전자'와 '핵'이라는 개념은 30년 전에 톰슨(Thomson)과 라더포드(Rutherford)의 이론 속에 있었던 것과 거리가 멀다. 따라서 우리는 원자물리학자들이 계속되는 세대를 통해서 당면해야만 했던 **제반문제**[15)]에서 어떻게 원자물리학의 연속성을 유지할 수 있었는지를 주목하는 것이 좋을 것이다. 이런 문제들은 하나의 불변하는 문제나 혹은 일군의 불변하는 문제처럼 논의되기보다는 문제들의 연속되는 발생(genealogy)이라는 관점에서 자세하게 설명되어야 한다.

보아(Bohr)가 원자의 구조에 관한 그 자신의 문제를 다루기 위해서 착안한 생각은 그의 스승인 라더포드(Rutherford)에 의해서 남겨진 문제들과 가장 잘 관련되어 있다. 그 자신이 해결하지 못한 난점이 차례로 그 자신의 제자가 해결해야 할 새로운 문제로 제기되었던 것이다. … 이런 방식으로 과학자들의 연속되는 세대가 주목하는 문제들이 일종의 변증법적인 계열을 이룬다. 그들의 실제적인 개념과 기법은 모두 예외 없이 변하지만 그들의 문제는 하나의 연속적인 가계를 이루면서 서로 결속되어 있다(pp. 147-148).

---

15) 강조하는 부분은 원문을 따른 것이다.

여기서 더 놀라운 점은 툴민이 부각시키고자 하는 진화가 '교육적 진화'와 거의 맥락을 같이 하고 있다는 점이다. 이 점에 착안하여 장상호(1996, 2000a)는 툴민이 제시한 사례들을 교육적 인식론의 맥락과 용어, 즉 상구에 의한 자증, 하화에 의한 타증, 교육적 공조성의 유지, 그리고 교육적 반전에 의한 진화라는 교육적 인식론의 전문적인 용어들을 써서 설명하는 방식을 시도했다. 말하자면, 툴민이 쿤의 과격한 관점을 진화의 개념에 의해서 대치하려고 한 것을 논자는 교육적 진화의 맥락에서 재해석할 여지를 개진한 것이다. 그렇게 함으로써 그 이론적인 의미가 더욱 확실하게 살아날 수 있음을 입증할 수 있다면, 그것은 그만큼의 인식론적 진전을 이룬 것이라는 평가도 가능할 것이다. 이런 평가가 아전인수가 아니라는 사실을 입증하기 위해서는 물론 더 추가적인 자료를 갖추어야 한다.

중요한 이론의 교체가 항상 순탄하게 이루어진 것이 아니다. 학문사에서 일어난 대부분의 이론적 논쟁은 상호간의 몰이해를 증명하는 기록이라고 할 만큼 비경제적으로 이루어져 왔다. 논쟁에 참여하는 학자들은 상대가 자신의 체험구조와 동등한 위치에 있을 것으로 가정하고 오로지 자신의 내재적인 해명만을 늘어놓는 경우가 많다. 그런 경우 선진과 후진의 구분은 불가능하며, 서로의 갈등만 증폭된다. 예컨대, 뉴턴의 체계를 부정한 아인슈타인과 그의 이론을 다시 부정한 원자물리학자 사이의 논쟁은 널리 알려진 사실이다. 아인슈타인의 이론이 등장했을 때 이전의 이론보다 실증주의적으로 유리하지는 않았다. 이때 뉴턴의 역학체계에 머무르고 있는 당시의 학자들은 그 이론을 의심할 뿐만 아니라 그것을 수락하기를 거부하였다.

역사의 아이러니는 그런 완고한 오류는 아인슈타인 자신에 의해서도 저질러졌다는 사실이다(Moore, 1994). 하이젠베르크는 1927년에 불확정성의 원리를 발표하여 거시적 고전물리학으로부터 이탈하였다. 그는 전자운동과 같은 미시적인 세계에서는 고전적인 의미에서의 인과율을 적용하여 그것들의 운동을 상세하게 예측하는 것은 불가능하며, 그것은 확률적으로만 알 수 있음을 밝혔다. 이 세계는 아인슈타인의 이론으로는 침투할 수 없는 새로운 물리의 세계이다. 그런데 아인슈타인은 그 불확실성이론을 처음부터 불가해한 것으로 배척하는 태도를 보였다. 이는 아인슈타인의 학문생활에서 결정적인 패배를 안겨주는 실수로 회자된다. 장상호(2000a)는 이 사례를 자세하게 분석하면서 만약 그들 사이에 교육적 관계라는 특수한 조건이 조성될 수 있었더라면, 그 실수를 모면할 수 있었을 것으로 예상을 한 바 있다.

자연과학자들이 이론을 입증하는 데 있어서 주로 의존하는 것은 실험이다. 그런데 따지고 보면 중요한 이론의 우열이 단순히 실험에 의존하여 판명되는 역사적 사례는 드물다. 모두 노벨상을 수상했던 사람들이 끊임없는 논쟁에 한 동안 매달렸다. 도대체 그 이유는 무엇인가? 이에 대한 해명의 주류를 이루는 하나의 논의는 실험이 단지 사회적인 합의에 의해서 종결되는 것이 아니라 보다 복잡하게 얽힌 제반 요인들 간의 갈등을 해소하는 과정이라는 것이다. 그 가운데 갤리슨(Galison, 1997a, 1997b)은 과학적 지식이 단순히 논리적인 방법으로 알 수 있는 실재의 표상이 아니라, 오직 실천을 통해 드러나는 맥락적인 이해의 과정이며, 여기에 실험이 중요한 매개가 되었음을 주장한다. 그는 실험에는 단지 경험적인 증거만이 아니라 그 참가자의 인식의 변화에 의한 '공동의 이해'가 필요하다는 것을 '인류학적인 방법'을 도입하여 보다 구체적으로 설명한다.

이런 연구는 과학철학의 논의에서 빠진 실험과정에 대한 중요한 정보의 추가로 평가될 만하다. 갤리슨의 설명에서 더욱 흥미 있는 부분은 다소 교육적 인식론의 개입이 필요한 여지를 포함하고 있다는 점이다. 그는 하나의 실험이 시작되어 그 결론이 맺어지는 과정에서 서로 이질적이고 환원 불가능한 영역의 전문가들이 어떻게 서로 공동의 목표를 향해 나아가는가 하는 문제를 관찰하였다. 그 결과 그들이 일종의 '협상영역(trading zone)'을 설정하고, 그 안에서 차츰 상대의 것을 배우고 가르치는 '교육적 조정(pedagogical coordination)'를 도모함으로써 상호간의 이해에 도달한다는 사실을 발견하였다. 한수연(2004)은 그가 인류학적 방법을 통해서 얻은 새로운 보고에 주목하면서 그 부분이 교육적 인식론의 관점에서 재해석될 필요성이 있음을 지적한 바 있다. 그러나 해석 역시 타 분야의 연구에 대한 재해석이 아니라 연구자 자신의 자료수집이 필요한 부분이다.

서로 분야가 다른 학문을 놓고 발전의 정도를 쉽게 비교할 수 있는 것은 아니지만 그 속도에 있어서 사회과학이나 인문과학이 자연과학보다 정체되어 있다는 사실은 부인하기 어려울 것이다. 자연과학은 자연현상을 상당한 수준에서 설명하고 예언하고 통제할 수 있는 일단의 지식체계를 확보하게 되었다. 그 위세 역시 당당하다. 오늘날 대학에서 새로운 건물이 들어서고 외부의 지원이 있다고 할 때 그 수혜의 대상은 자연과학분야이다. 이에 비해서 여타의 학문에서는 그 활동이 그렇게 활발하지 못하다. 이런 추세는 역사상 인문·사회과학 분야가 주도하던 대학에 자연과학이 진입한 이래 계속되고 있다. 이는 그 대상의 속성 때문인가, 혹은 방법의 불철저함 때문인가? 방법의 문제를 다루는 우리의 논의의 맥락에서는 당연히 후자의 가능성을 어떤 방식으로든 간에 검토하고 넘어가야 할 문제이다.

방법의 측면에서 볼 때 오늘날 인문 · 사회과학은 크게 두 가지 길을 걷고 있다(Bloom, 1987). 그 하나는 자연과학적 방법을 추종하는 것이다. 자연과학은 전반성적이며 상호주관적이며 직접 체험된 생활세계에 토대를 둔 상식과 통속적인 지혜를 초월하는 지식체계를 발전시키는 놀라운 성과를 거두었다. 여기에서 사회적 사실도 자연과 다름없다는 입장이 등장한다. 그런데 방법과 인식대상 간의 관계는 너무도 밀접하게 관련되어 있기 때문에 이런 방법적 선택은 대체적으로 인문사회적 사실을 자연으로 환원시키는 방식으로 진행되었다. 가령 인간에게는 물리적인 측면이 있고 그만큼 자연과학적 방법이 그것을 해명하는 데 공헌할 수 있다는 것이다.

다른 한편으로, 인문사회과학은 자연적 사실과 다르다는 점을 들어, 그 고유한 사실이 요구하는 방법론을 새롭게 창안해야 한다는 주장도 있다. 그 주장은, 예컨대, 딜타이(Dilthey, 1924)는 자연은 설명하고 문화는 이해되어야 한다고 말하면서 방법의 이원성을 부각시키려고 노력했던 시점에까지 소급된다. 그로부터 비롯한 새로운 관심은 문화과학의 범주에서 해석학의 발전으로 이어졌다. 인문과학의 방법론으로서의 해석학은 문화현상을 사람에 의해서 창안된 어떤 의미복합체(삶의 표현, 객관정신, 혹은 텍스트)로부터 그것에 상응하는 이해에 도달하는 것을 문제로 삼는다. 윈치(Winch, 1958)는 사회과학의 독특한 방법으로서 일상어의 분석을 제안한 적도 있다. 그의 이런 방법론의 저변에는 사회과학적 지식과 사회적인 지식을 동일시하려는 의도가 전제되어 있다.

교육적 인식론의 관점에서 볼 때 이런 방법적 선택은 모두 그 나름의 문제가 있어 보인다. 여기서 그 역사적인 사례를 들기보다는 이런 방식의 해결이 내포하고 있는 문제점을 간단히 지적하고 그 대안으로서 교육적 방법을 활성화할 필요성을 간단하나마 검토할 필요성을 느낀다. 먼저 자연과학적 방법을 택한 첫 번째 선택의 경우 그 장점이 객관적 검증에 있지 않았다는 사실이 이미 앞에서 해명되었다. 자연과학은 그 속성에 비추어 그 탐구대상이 자연에 속하는 것이 아니라 일종의 수도계에 속하며, 따라서 그 수도계의 발전과 관련하여 그 방법적 해법을 찾아야 한다. 자연과학의 역사 안에 교육적 인식이 더 강하게 작용했다는 점도 앞에서 살폈다. 이제 더 검토되어야 할 것은 여기서 제안하는 두 번째의 인문사회과학적 선택도 옳을 것인가 하는 점이다.

먼저 윈치의 주장처럼 어떤 특정 사회의 상식을 습득하는 것이 사회과학적인 지식을 구성하는 방법이라면 사회과학도가 별도로 존재할 이유는 어디에 있는가 하는 의문이 일어난다(장상호, 1997a). 우리가 일상의 세계에서 생활한다는 것과 그것을 이론적으로 탐구한다는 것은 전혀 다른 종류의 활동이다. 학자는 통속의 삶을 그 인식의 대상으로 삼아 학문을 할 때, 그 통속에 의존하지 않고 그것에 대한 이론적인 세계를 구성해 나가야 한다. 진리탐구란 바로 그 이론적인 실재를 찾아가는 길이다. 진리는 결코 사회적인 동의를 토대로 규정될 수는 없다. 이런 점에서 윈치와 같은 사회과학적 방법은 사회과학을 학문으로서 정립하는 것이 아니라 상식화시키는 오류를 범하고 있는 것으로, 자연과학적 방법의 대안으로서는 최악의 선택처럼 보인다.

사회과학의 발전을 방해하는 것은 많은 경우 사회과학 속에 내재하는 어떤 것이 아니라 그 대상인 사회의 영향을 너무 직접적으로 받기 때문이다. 사회적 사실 속에는 그 사회의 구성원들이 가지고 있는 상식·이데올로기·교조 등이 있으며, 그것들은 그 내용면에서 대부분 타당하다고 볼 수 없는 것들이다. 사회적 동의는 다분히 사회화에 의존하였다. 온갖 행동통제의 수단들, 이를테면 조작, 조건화, 세뇌, 종교적인 개종, 선전 등이 그런 방식을 취한다. 말하자면 그 이론의 깊이보다는 그것이 얼마나 대중적인 지지를 받을 수 있느냐에 더 큰 관심이 있었고, 국가체계나 사회의 지배적인 세력의 비호 아래 예컨대, 학교라는 기관을 통해서 그것들을 무조건 젊은이들의 머릿속에 주입하기에만 급급했던 것이다. 그런 인식을 토대로 사회과학의 지식을 구축하는 것은 자연과학이 상식을 경계하고 초월하려고 함으로써 얻은 반대의 길을 걷는 것이다.

학문을 포함하는 제반 수도계는 참여자 스스로가 좋아서 택하는 세계이다. 만약 이 세계의 참여자들이 만약 스스로의 선호에 의해서 이 길을 걷지 않고 어떤 자의적이고 조작적인 세력에 의해서 강요된다면 그 원래의 성격은 이미 변질되었다고도 볼 수 있다. 세상 사람들이 그들의 이해관계에 따라 인식의 경합에 몰두한다고 하더라도 최소한 학자들은 그 배후의 진실을 폭로할 수 있어야 할 것이다. 세상 사람들이 불확실성을 회피하기 위해 어떤 절대적 신념에 귀의하여 매달릴 때, 학자는 그 내용에 의문부호를 붙이고 그것을 다른 기준에 의해서 새롭게 평가하고 수정해 나가야 할 것이다. 만약 인문 · 사회과학이 학문의 본령을 지키고자 한다면 그 지식들은 사회적 지식이 내면화되는 방식과는 다른 접근방식을 택해야만 한다. 이와 관련하여 더 검토해야 할 나머지의 선택은 최근의 해석학이다. 해석학 안에서 늘 제기되는 문제는 하나의 텍스트에 대한 해석을 어떻게 평가하느냐 하는 것이다. 이전에는 해석의 옳고 그름에 관심이 많았는데, 근래에 이 분야도 큰 변화를 가져오고 있다. 여기에는 크게 하머마스의 길과 가다머의 길이라는 선택이 놓여 있다(Dallmayr & MacCathy, 1977). 그 각각의 길은 어떤 것이며, 교육적 인식론에 비추어 문제점은 없는가?

사회과학은 사회의 정치적, 경제적 제도의 변화에 훨씬 민감하게 연관되어 있다. 또한 전과학시대의 종교적, 철학적 이데올로기들과 더욱 명백하게 관련되어 있다. 이데올로기는 인식의 사회적 기능을 중시하며 많은 경우에 이데올로기는 사실을 밝히기보다는 사실을 신비화, 은폐, 위장시킨다. 일부 사회과학자들은 지식과 이데올로기가 분리되기 어렵다는 점을 들어 그 분리의 노력보다는 사회과학이 특정한 사회적 실천의 목표에 종속하기를 주장하기도 한다(Riley, 1974). 이런 식의 체념이 앞서는 현상은 사회과학의 학문성을 위협하는 일대 위기로 보인다. 만약 지식을 평가하는 기준을 사회적인 기능에서 찾는다면 그 지식은 기존세력의 이해에 부합하는 방향으로 구성되는 것이 당연할 것이다. 효용성의 차원은 다양하며 모호하다. 한편 지배세력의 이익이 어느 시대에서나 가장 뚜렷하게 부각된다. 이 때문에 사회과학은, 앞서 학문의 전통을 말하면서 지적했듯이, 현저하게 기존질서에 봉사하는 방향으로 발전되었다.

하버마스(Habermas, 1968, 1976)의 논의는 이런 사회문제의 본질을 '대화의 왜곡된 관계'에서 비롯하는 것으로 진단하고 그 사회적 갈등과 대립이 어떻게 비판적 자기성찰을 동반하는 대화를 통해서 합리적으로 해소되고 조정될 수 있는가 하는 문제의식에서 출발했다. 그는 언어가 체계적으로 왜곡된 의사소통으로서 이데올로기의 매체가 된다는 사실에 주목한다. 그에 의하면 우리가 대개 별다른 반성을 하지 않고 받아들이는 일치와 합의는 대부분 의사소통 속에 내재되어 있는 제도적 강제와 체계적인 왜곡에 의한 기만적인 합의일 수 있다. 따라서 그러한 강제와 왜곡을 비판적인 반성을 통하여 제거하기 위해서 전혀 왜곡되지 않은 의사소통과 이상적인 담화의 형식이 필요한 것으로 본다.

하버마스의 의사소통 이론에서 진리의 이념은 지배로부터 자유로운 의사소통을 통해서 산출되는 참된 합의를 기반으로 한다. 그는 왜곡된 의사소통에서 일탈한 이상적인 담화상황의 내적 구조를 형성하는 화용적 조건들과 규칙들을 재구성했다. 이런 '비판적 해석학'의 초점은 사회적 문제

해결에 있으며, 엄밀하게 말하면, 진리탐구라는 학문 자체의 과제와는 거리가 있다. 그는 소통에 참여하는 사람에게 동등한 권한을 주고 지배로부터 자유로운 토론상황이 주어진다면 모든 것이 소통될 수 있을 것으로 가정한다. 그 상호대화에 있어서 상대자들에게 예외 없이 적용되는 것은 바로 타자를 합리적이고 동등한 권리를 지니고 있다는 가정이다. 그러나 그 가정 역시 너무 천진난만하다는 비평을 면하기 어렵다. 더구나 세속의 문제를 떠나서 그 가정을 학문과 같은 수도계에 적용되는 경우 그 비현실성은 너무도 분명해진다.

그렇다면 가다머(Gadamer, 1960)의 해석학은 어떤가? 먼저 그는 사회적 문제해결과 자신의 해석학을 구분한다. 그의 해석학은 해석학 본래의 취지대로 텍스트의 올바른 해석과 관련하여 진리의 문제를 다룬다는 점에서 우리의 논의의 맥락과 더욱 밀접히 결부되어 있다. 그의 관점을 따르면, 해석자는 자료에 대해서 어떤 선입견을 가지고 접근하며, 그것에 의미를 부여하며, 그 속성에 대해서 예견한다. 그 자료와의 접촉에 비추어 그런 선입견은 수정의 과정을 거친다. 가다머는 비록 완전한 일치의 문제에는 큰 기대를 하지 않는다고 하더라도 역사적 사실과 해석자 간의 대화적 소통을 가능하게 하는 공감대의 형성을 모색하고 있다. 이처럼 자료와 해석은 서로 순환하면서 더욱 만족한 수준의 이해로 접근할 수 있다는 것이다. 그의 주장에는 진리가 체험이 거기에 참여하는 사람들의 변화를 요청한다는 혁신적인 요소가 포함되어 있다.

그러나 여기에도 문제가 없는 것은 아니다. 그것은 진리의 체험에 필요한 변화의 수단을 주로 언어에 의존하는 서양철학의 한계를 벗어나지 못하고 있다는 점이다. 언어는 인간만이 가진 강력하고 고급스러운 의사전달의 수단이다. 언어를 통해서 시간과 공간을 가로질러서 상호교섭이 일어난 수도 있다. 그 가능성을 믿는다는 점에서 하버마스의 보편적 화용론이나 가다머의 해석학을 마찬가지의 부류에 넣을 수 있다. 다만 그들은 그 일치의 가능성과 그것에 포함된 문제를 해결함에 있어서 서로 대립하는 양상을 보이고 있을 뿐이다. 그러나 언어적인 소통이나 대화만으로 어떤 지식에 대한 우열의 판단이 가능하다고 보는 태도는 쉽사리 수긍할 수 있는 입장이 아니다. 이미 앞 절(10.3)에서 살폈듯이 선진과 후진 간의 품위의 차이가 언어적 소통에 의해서 일거에 해소될 수 있다는 가정은 많은 문제를 야기한다. 교육적 인식론은 그런 가공적인 상황이 현실 속에서 주어진다고 하더라도 언어가 품위로서의 지식을 전달하고 그 진리다움을 입증하는 데 한계가 있다고 본다.

그 해결은 교육적 인식론에서 찾아져야 한다. 이와 관련하여 수많은 인문사회과학적 사례를 연구할 수 있을 것이다. 앞에서 자연과학의 역사적 사례를 연구하는 방식으로 우리는 이 분야의 사례를 첨가함으로써 교육이 인문과학의 발전에도 크게 공헌했으며, 앞으로도 공헌할 가능성을 내포하고 있다는 것을 입증해 나갈 수 있을 것이다. 자기분야의 발전을 해명하는 학문을 경원할 수는 없다. 만약 이 부분의 연구가 상당한 성과를 얻을 수 있는 시점에 이르게 되면, 학문공동체 안에서 교육학의 위상도 그만큼 이전과는 달라질 것으로 예상한다.

그런 취지에서 논자는 인문·사회과학의 중앙을 차지하고 있는 철학을 소재로 하는 교육의 과제를 마지막으로 검토할 것이다. 오늘날 철학은 학문의 어머니라는 자긍심을 유지하기에 버거운 상태에 처해있다. 여기에는 무수한 변명이 가능하지만 그 이유 가운데 하나는 철학자들이 역사적으로 활용해 왔고, 이제부터라도 제대로 활용할 수 있는 교육적 실천의 위치를 제대로 인식하지 못하고 있는 데 있다. 그 부분의 인식과 실천을 활성화함으로서 철학은 인문과학의 대표주자로서 그의 부진함을 털고 진리탐구라는 본래의 목적을 착실하게 다져나가는 길이 열려 있다. 그 길은 비단 철학뿐만 아니라 모든 인문·사회과학이 그 의미와 취지를 살려 따라야 할 전형처럼 보인다. 그 의미와 취지란 도대체 무엇인가?

먼저 지적할 점은 철학은 결코 종료된 학문이 아니라는 사실이다. 마치 살아 있는 생물체처럼 희랍시대에서 최근의 포스트모던에 이르기까지 끊임없는 변모를 해 왔다. 그 발전과정에서 각 시대의 학자들은 당대에 당연시하던 지식을 문제시하고 다시 그들이 당도해야 할 지식이 있을 법한 비밀의 문을 두드렸다. 그들은 그 관문을 뚫고 들어가기 위해서 자기쇄신의 열정을 불태우고 당대로서는 도저히 상상할 수 없었던 지평을 열어 왔다. 그들의 주장 가운데 많은 부분이 허위로 밝혀졌고 또 그 허위는 다음 단계의 이론을 발전시키는 데 걸림돌이며 동시에 디딤돌이 되었다. 현대의 철학은 그 발생적 계열의 어느 수준에 머물고 있으며, 지금 이후의 철학이 어떻게 변할지는 지금으로서 예측할 수 없다. 그 발전의 양태가 바로 철학과 교육이 서로 상응할 수 있는 교차점이기도 하다.

만약 현대철학자들이 그들의 진리기준을 엄격하게 적용한다면, 그리고 그들의 진리기준을 만족시키는 지식만을 교육시킨다는 내규를 고집한다면, 그들은 두 가지 점에서 큰 잘못을 저지르고 있는 것이다. 그 첫째는 그들의 선진이 철학하는 가운데 체험한 진리를 부인하는 잘못이다. 비록 지금의 기준에 비추어 그들의 학설이 타당하지 않다고 하더라도 그들은 대학에서 철학을 전공하는 학도들보다 더 절실한 진리체험을 하였다는 사실을 우리는 쉽게 부인할 수 없을 것이다. 둘째, 그들은 자신들이 주장하는 학설을 후진들이 이해하는 통로를 봉쇄하는 잘못을 범하게 될 것이다. 후진이 그들의 이론을 이해하기 위해서는 철학이 발전해 온 기나긴 사다리를 오르는 작업을 생략할 수 없다. 만약 그 선진의 지식을 부인하고 일거에 제거한다면 바로 그 사다리를 제거하는 어리석음을 범하게 될 것이다.

그런데 철학의 전통과 관례 가운데 여타의 분과학문에서 찾아보기 어려운 매우 다행스러운 점이 있다. 그것은 철학자들이 그 사실을 의식하든 않든 철학을 그 초보자에게 입문시키는 과정에서 발견된다. 대부분의 분과학문은 초보자로 하여금 이미 그 학문공동체에서 성취한 최근의 업적에서부터 습득하도록 하는 경향이 있다. 이에 비해서 철학은 오늘날의 기준에 비추어 진즉 청산되어야 할 그릇된 신념들을 초보자에게 소개하는 전통을 이어오고 있다. 소크라테스, 플라톤, 아리스토텔레스는 초보자가 오늘날의 철학을 이해하는 첫 번째 길목에 있다. '전통철학자'를 거치지 않고 그들을 문제시한 '듀이'를 이해할 수 없으며, '칸트'를 거치지 않고 그것을 극복하려는 '헤겔'을 온전히 이해할 수 없다. 이들이 철학의 교재에서 빠뜨려지는 경우가 드문 것은 일정 부분 진리를 밝혀 나가는 데 있어서 극복해야 할 도전과 사다리의 구실을 하기 때문이다.

이런 전통은 철학적 관점으로부터 벗어나서 인식의 문제를 교육과 결부하여 해결하려는 우리의 입장과 기본적으로 궤를 같이 한다. 교육에서 다루어지는 지식은 그 최종적인 귀착점이 있다는 생각을 버려야만 제대로 그 본모습을 드러낸다. 오류도 각 단계에서 진리로 나아가는 도정에 있다는 것을 존중하는 것이 교육의 내재율에 부합한다. 동시대에 사는 사람은 누구나 철학에서의 동일한 지식수준을 가지고 있다고 볼 수 없다. 오늘날은 한 세대 안에서의 지식의 차이가 지난날의 수 세대의 차이만큼 커지고 있다. 따라서 철학에서 얻어진 최근의 지식만을 강조하는 것은 진리탐구의 취지에 어긋날 뿐만 아니라 그 이해 자체를 불가능하게 만든다. 우리는 적어도 철학에 참여하는 출발점에 있어서 희랍인과 현대인의 차이는 없다는 개체발생의 곡절을 인정해야 하며, 철학을 소재로 하는 교육에서는 철학이 발전해 온 계열을 다시 체험하도록 하는 방식으로 진행되는 것이 가장 바람직하다.

그러나 다른 한편으로 철학의 중심에는 모든 것을 궁극적으로 규정해 버리는 형이상학이 자리 잡고 있다. 그것은 바로 인간의 탐구과정을 무시하고 그 결과를 절대시하여 그것들을 분석하고 논의하는 일을 반복해 왔다. 여기에는 인간성의 어떤 궁극적인 기점에 대한 가정과 그것을 자신의 주관에 의해서 채우려는 허망한 과욕과 과대망상이 포함되어 있다. 이는 앞에서 우리가 철학의 교육과 관련하여 실제로 일어나고 있는 전통과 모순되거나 역행하는 부분이다. 사실상 철학 내부에서도 그동안 이런 전통철학을 해독하고 초월하려는 반성과 노력이 꾸준하게 이루어져 왔다. 그런데 주목할 만한 것은 그 문제를 치유하는 수단으로서 교육이 가정되고 있다는 점이다. 물론 이때 그 교육은 학교 안에서 이루어지는 온갖 실천을 지칭하는 것을 의미하는 통속적인 것이 아니라 인간성의 개발에는 절대적인 시작이나 마지막이 있을 수 없다는 점을 전제한다.

듀이(Dewey, 1916, 1920)는 전통철학을 재건할 필요성을 역설하면서 그 해답을 교육에서 찾았다. 이때 그 교육은 이전의 전통적인 교육이 아니라 '새 교육(new education)'이었다. 듀이는 특유의 경험이론을 근간으로 한 교육론을 전개하면서 바람직한 목적을 미리 규정해 놓고 어린 아동들을 이에 일치시키려는 전통적인 교육의 목적의식에 심각한 의문을 제기하고 그것에 통렬한 비판을 가한다. 이는 한마디로 아동들의 현존하는 상황을 무시하는 처사로서 일시에 그 목적을 달성하려고 하는 것은 그들로 하여금 그 목표로부터 소외시키는 결과를 가져 온다는 것이다. 이를 시정하기 위해서는 아동이 지금으로서 해결이 불가능한, 그러나 그 해결이 초미의 관심사로 등장하고 있는 좀 더 현실적인 문제에서부터 교육이 시작되어야 한다는 처방을 내렸다. 이것이 그가 말하는 '경험의 계속성'이라는 원리이다. 그는 "만약 우리가 교육을 자연과 동료 인간에 대한 지적이고 정의적인 성향성의 형성과정으로 본다면, 철학은 교육의 일반이론(the general theory of education)이라고까지 정의될 수 있다(Dewey, 1916, p. 383)."고 주장한다. 이런 주장은 교육이라는 과정적 실천이 없이 지식은 형성되기 어렵고 또 그것을 정당하게 평가할 수 없다는 교육적 인식론의 입장과 상통한다.

이런 자각은 최근에 보편적이며 필연적인 진리나 진리탐구의 길을 찾는 정초주의적 철학을 반성적으로 성찰하여 전통적인 철학을 해체하고 있는 로티(Rorty, 1979, 1982, 1989)의 주장에도 반영되고 있다. 로티에 의하면, 인간의 인식은 세계를 있는 그대로 비춰 주는 거울과 같은 것이 아니며, 따라서 그것을 전제하여 확실한 인식을 추구하고 진리를 판정하는 철학의 이상은 근거가 없다. 그는 철학이 그런 이상을 포기하고 좀 더 개선된 인식을 추구하고 이를 식별하여 선택하는 나름대로의 길을 모색하는 새로운 유형의 실천적 담론으로 대치되어야 한다고 주장한다. 언어는 사회문화적인 우연성을 지니므로 세계에 대한 인간의 인식은 확실하거나 절대적인 것이 아니라 불완전하기 마련이다. 그는 그런 인식의 우연성을 지닌 언어가 지적 추구의 과정에서 자아의 성숙과 세련을 도모하는 데 한

몫을 할 수 있을 것으로 본다.

로티는 불완전하고 잠정적이기는 하지만, 인간의 현실로서 존재하는 다원적인 인식, 세계에 대한 다양한 해석들을 "소문자의 진리"[16]로 명명하고, 이를 끝없이 추구하는 이른바 교화적 철학(edifying philosophy)을 전통적인 체계적 철학의 대안으로 내놓았다. 그가 쓰는 '교화(edification)'라는 말은 듀이의 경우처럼 통속적인 의미의 교육과는 다른 것으로서 자아의 형성과정으로서 교육 또는 도야와 상응하는 개념이다.[17] 교화적 철학은 자신의 담론체계를 절대적인 것으로 생각하지 않고, 자신의 것과는 다른 담론체계로부터 배워서 스스로를 치유하고 개선해 나가는 실천적 활동을 중시한다. 엄태동(1998, 1999, 2001)은 이런 점을 주목하고 로티의 이론을 교육적 인식론과 결부시키는 일련의 주장을 내세웠다. 그는 로티가 그가 혁파하려는 전통철학의 입장에서 공격을 받고 있는 상황에서 자신의 철학적 입지를 타당한 것으로 확고하게 설득시킴에 있어서 교육적 인식론의 원칙을 적용할 수 있기를 제안하기도 하였다.

우리가 인식론의 문제를 교육의 논리에 의해서 해결한다고 할 때 그 교육관은 종전의 인식론을 따르는 방식이 되어서는 안 될 것이다. 앞에서 듀이와 로티가 전통철학을 해체하고 새로운 철학을 정립함에 있어서 교육을 그 해결의 열쇠로 삼았다는 것은 우리의 논지와 일치한다. 그 교육을 이전의 관점과 다른 방향으로 규정했다는 점도 큰 진전이다. 그러나 아직도 아쉬운 점이 남아 있다. 듀이의 이론은 교육에 대한 많은 시사점을 내포하고 있지만 그 자율성을 드러내기에는 부족함이 많다는 점도 아

16) 이는 앞 절(10.3)에서 소개된 레싱의 인용문과 맥락이 같다. 이에 대비되는 이른바 '대문자 진리'는 신(神)의 것이며, 인간의 것이 될 수 없다. 그럼에도 불구하고 교육이라는 이름으로 후자의 진리에 집착하는 오만하고 불손한 경향은 지금도 만연된 현상이다.

17) 로티가 교육에 대한 대안적인 용어로 교화(edification)를 택한 이유를 제 1장에서 인용한 바 있다. 그것을 상기하는 의미에서 여기에서 다시 인용해 보겠다.

"'Education'이라는 용어는 약간 평면적인 것으로 들리고, 'Bildung'이라는 용어는 너무 생소하게 보인다. 이 때문에 나는 더욱 새롭고, 더욱 훌륭하고, 더욱 흥미롭고, 더욱 알찬 발화의 방식을 발견하는 프로젝트를 나타내기 위하여 'edification'이라는 용어를 사용하겠다(Rorty, 1979, p. 360)."

울러 지적되어야 할 것이다. 로티가 말하는 '교화'라는 실천이 곧바로 교육적 인식론에서 말하는 교육과 일치하는 것도 아니다. 특히 로티는 그 교화의 수단을 주로 '대화', '담론', '문예비평'을 든다는 점에서 면면히 이어지는 철학의 뿌리 깊은 전통에서 크게 벗어난 것은 아니다. 그런 언어적 소통만으로 진정 로티가 얻고자 하는 상대방의 자아 창조를 조력하거나, 상대방으로부터 자신의 자아 창조에 유용한 통찰을 얻을 수 있다는 기대가 충족될 수 있을지는 의문의 여지가 많다.

서양의 철학은 주로 언어의 능력에 대한 적극적인 측면을 인정하고 천착하는 가운데 형성되었다. 기원전 5세기 후반 아테네에 모여 들었던 소피스트들은 수사학이라는 분야를 만들어 다수를 설득시켜 정치적으로나 경제적으로 유리한 지위를 차지할 수 있는 능력을 가르치는 일에 몰두했다. 이것은 논변을 통해서 상대와 싸움을 벌이는 것을 의미하며, 여기서 말의 진리 여부는 도외시되는 경향이 있다는 점을 들어 소크라테스와 플라톤은 이런 소피스트의 활동을 강력히 비난하고 대신 그들은 진리를 찾아가는 방법으로 '변증술(dialektike)'을 제안했다. 이는 물음과 대답이라는 상호간의 대화를 기반으로 성립하는 방법이다. 대화는 독백과는 달라서 직선적 또는 연역적으로 전개되는 것이 아니라 여기저기로 움직여 나가는 사고의 운동이 나타나기 때문에 이에 대한 철학자들의 신뢰는 지금까지도 지속되고 있다. 그러나 누차 지적했듯이 지식은 암묵적인 것이며, 선진과 후진처럼 거기에 공통의 기반이 없는 학문적인 체험을 보강이 선행되어야 할 것이다. 뿐만 아니라 설사 그런 체험의 효과를 얻을 수 있는 다른 수단이 있다고 하더라도 교육은 바로 그 효과에 의해서만 규정될 성질의 것이 아니다. 그 점에서 철학적 실천을 교육적 인식론의 관점으로 받아들이기에는 언제나 일정한 한계가 있다.

앞에서 우리는 철학이라는 특수한 분과학문이 교육과 만날 수 있는 부분을 살폈다. 대학에서 철학의 후진양성과 관련하여 이루어지고 있는 어떤 특정한 양태가 우리가 새롭게 규정하는 교육의 내재율을 수용하고 있다는 점을 새롭게 주목할 수 있었다. 최종의 지식을 규정해 버리는 또 다른 철학의 전통인 형이상학에서 벗어나는 수단의 하나로 교육이 거론되는 것도 놀라운 일이다. 그러나 철학에서 규정하는 교육만으로 그 해결을 도모하는 데에는 한계가 있으며, 이 부분에서 교육본위론의 관점이 공헌할 여지가 상당히 있어 보인다.[18] 그 지점에 이를 수 있다면, 그 이미지가 여타의 분과학문에까지 이르러 세상 사람들이 흔히 학문의 어머니로 철학에 기대해 왔던 면모를 되찾게 해 줄 수 있을 것이라는 낙관적인 제언도 해 볼 수 있을 듯하다.

이제 그런 철학 일반에 대한 논의를 떠나 교육적 인식론의 입장에서 다시 검토해 볼 만한 측면이 있다. 이 분야의 연구는 교육적 인식론의 위치를 격상시키는 데 매우 중요한 의미를 지닌다. 그것은 철학의 한 하위영역인 인식론 자체에 대한 검증방법에 대한 것이다. 인식론은 인식에 대한 지식이다. 모든 인식론은 그 나름의 완성된 체계의 형태를 취하고 있다. 어떤 저급의 인식론이라고 하던 간에 그것이 하나의 이론인 이상 대충이나마 지식의 성질, 지식의 형성의 문제, 그리고 그 지식의 타당성 규정에 관한 논의를 포함하고 있으며, 그런 것들이 서로 연관관계를 가지고 하나의 짜임새를 갖추고 있다. 여기에서 매우 흥미 있는 질문이 가능하다. 그것은 그 각각의 인식론 자체는 어떻게 검증되었느냐 하는 것이다. 경험주의 인식론은 경험주의적으로 검증되었는가? 합리주의는 어떠한가? 이율배반의 사례를 들어 형이상학을 참된 지식에서 배제한 칸트는 자신의 인식론을 참된 지식의 범주에 넣었는가? 그렇다면 그는 그것을 어떻게 확실한 것으로 입증할 수 있었는가? 분석철학은 그것이 의미 있는 명제로 분류한 기준에 의해서 그 자체를 대상으로 분석한 일이 있는가? 현상학의

18) 이 대목에서 이른바 '교육철학'의 위상을 한 번쯤 반성해 보는 것도 좋을 듯하다. 이 분야의 사람들은 교육에 대한 해답이 철학에 있을 것으로 착각하고 있다. 용병학문의 한계를 한발작도 벗어나지 못하고 있는 것이다. 이에 덩달아 교육의 방향이 뒤틀린 상황을 두고 '철학의 빈곤'이라는 지탄을 하는 사람들도 있다. 그러나 철학은 철학이고, 교육학은 교육학이다. 후자의 해답을 전자에서 찾을 수는 없다. 만약 이들 사이의 제휴가 필요하다면 서로가 독자적인 학문체제를 갖추는 일이 선행되어야 한다. 교육적 인식론은 교육학 쪽의 그런 자성과 탈바꿈에서 얻어낸 소득이다.

본질은 현상학적 환원의 대상이 되었는가?

인식론과 관련하여 다음의 문제는 인식론의 발전을 어떻게 입증할 수 있었느냐 하는 것이다. 우리가 앞서 인식론의 역사를 살피면서 얻은 결론이 있다면 인식론 역시 항상 문제에 부딪치면서 만족스러운 것은 아니라고 할지라도 그동안 꾸준하게 발전을 거듭해 왔다는 점이다. 제반 인식론 간의 차이는 단지 부분적인 것이 아니고 그들 간에서는 모종의 총체적인 단절이 있는 것이다. 서로 다른 인식론들 간에는 지식의 정의, 그 형성과정, 그리고 평가기준의 면에서 어떤 공통성도 발견하기 어렵다. 다만 그중 어떤 것이 다른 것의 오류를 지적하고 그것들을 지양하고 있다는 점에서 분명히 그들 간에는 위계와 발전이 있다고 말할 수는 있다. 후행된 이론은 선행하는 이론이 제기하는 문제를 해결하는 방향으로 새로운 개념체계를 모색하고 구축해 왔다고 볼 수 있다. 이 점이 인식론의 역사가 보여준 발전의 양상이다. 그렇다면 그 하나의 인식론이 이전의 인식론보다 더 발전된 것임을 판단할 수 있었던 것은 어떤 과정을 거쳐서 가능하였는가?

이런 질문과 관련하여 교육본위론이 제시할 수 있는 강력하고 유망한 가설은 이제까지 제반 인식론자들이 사실은 자신의 인식론적 처방보다는 많은 부분에서 결국 교육적 이해에 근거해서 자체를 입증하였을 것이라는 추측이다. 우리는 이와 관련하여 앞에서 희랍의 소크라테스, 플라톤, 그리고 아리스토텔레스가 각각 인식에 대한 모종의 관점을 가지고 있었으나, 사실상 그 관점의 우열을 판단하는 데에는 교육에 의존했었을 것이라는 방증을 제시한 바 있다. 사실상 인식론의 족보에는 많은 경우 스승과 제자라는 연결점이 있었으며, 그 사실을 떠나 인식론의 타당성을 논의한 경우가 거의 없다. 이와 관련하여 아직 체계적인 연구가 이루어진 것은 아니지만 아마도 그런 상이한 해석은 인식론이 발전해 온 모든 경우에도 적용될 수 있을지 모르겠다. 만약 그 가설이 타당한 것으로 밝혀진다면, 교육적 인식론을 그 모든 인식론의 앞에 내세울 또 다른 근거를 확보하는 셈이다. 그런 이런 교육적 인식론의 가설을 입증할 만한 다른 사례가 있다.

역사를 소급해 보면, 하나의 훌륭하고 정곡을 찌르는 발전된 인식론이 이전의 전통적 인식론이 지배되고 있는 상황에서 제대로 인정받지 못하고 이전의 단순한 인식론으로 퇴행하거나 그들의 낮은 기준에 의해서 오히려 비판받는 경우도 많았다. 그 좋은 예의 하나가 바로 피아제가 제안한 '발생적 인식론(/1971, /1972)'이라는 독보적인 영역이다. 이는 인식의 문제가 순수하게 철학적인 방법에 의해서 해명될 수 있는 주제가 아니라고 보고 지식이 어떻게 형성되는가 하는 질문에 대한 해답을 얻는 학문으로서 당시까지의 다양한 기존의 이론을 그 나름의 특색 있는 관점에 의해서 종합하는 방식으로 구성되었다. 그러나 그의 인식론은 주로 실증주의적 인식론을 따르는 미국의 심리학자들에게 달갑지 않게 받아들여졌다. 후자의 과학적 검증의 내규에 비추어보아 전자는 아직 충분히 검증되지 않은 인식론으로 받아들여진 것이다.

그렇다면 피아제는 자신의 인식론이 실증주의적 인식론에 비추어 더 우월한 것임을 어떻게 입증할 수 있었는가? 그의 인식론에는 동화와 조절이라는 상보적인 과정이 포함된다. 동화란 어떤 인지도식이 적극적으로 재생산되고 그 도식 내부에 새로운 대상을 포괄하게 하는 과정이며, 조절은 그 동화의 도식 자체가 다양한 대상에 적용 가능하도록 수정되는 과정이다. 이는 인위적인 행위보다는 다분히 장기간의 성숙과 자연적 과정을 중시하고 있다. 이것이 사실이라면, 피아제가 심리학자들에게 이 방법을 적용하였어야만 했다. 그러나 그 방법을 적용했다는 직접적인 증거를 제시된 연구는 아직 없다. 다만 장상호(2000a)는 관련된 문헌을 토대로 그의 이론에 대한 실증주의적 심리학자들의 동의나 합의는 시간의 성숙만을 기다리면서 저절로 이루어지는 것이 아니라 사실상 교육적 교섭이라는 인위적인 실천과 개입에 의해서 만들어진 것임을 입증하고자 하였다.

이제까지 우리는 교육이 학문적 지식의 우열을 판정함에 있어서 결정적인 역할을 했음직한 역사적 사례를 비교적 광범하게 검토하였다. 자연과학, 사회과학, 또는 인문과학 사이에 주제의 상이함과 더불어 그 방법에 있어서 서로 분계선이 있다는 점에서 하나의 방법을 다른 방법으로 환원시키려는 것은 잘못이다. 그 차이점에도 불구하고 교육의 입장에서 볼 때 그것들은 교육의 소재의 다양성을 의미할 뿐 그것의 실재성을 입증하는 교육의 형식과 내용은 동일하다. 교육적 인식론은 이 모든 분야의 지식이 교육의 과정을 통해서 확인되며, 발전되며, 검증되어 왔다고 가정한다. 만약 어떤 확고한 원칙에 근거를 두고 있는 방법론이라고 하더라도 그것이 교육의 과정을 생략한다면 실제적으로 학문이 진행되어 온 다양한 과정들을 너무 단순하고 피상적으로 본 것이라는 비판을 면하기 어려울 것이다.

이미 살폈듯이 교육적 인식론이 이전의 인식론과 특별히 대조되는 부분은 그 각 분야에서 이루어진 학문적 발전을 그 단계에 맞게 각각 교육의 소재가치로 인정한다는 점일 것이다. 교육계에서 중시해야 할 수도계적인 전통은 그것의 최종적인 내용을 중시하는 전통이 아니라 그것에 이르는 각 단계를 충실하게 쇄신해 나가는 전통이다. 분과학문마다 그 대상의 인식에 있어서 그 오름의 사다리에서 중간 단계를 만들어냈으며 그 참여자에게 그에 상응하는 진리체험을 보장하였다. 학문적인 결과를 두고 비교하면 분명 현대의 일반적인 학자들이 스스로 지니고 있다는 지식이 역사상 유명한 학자들의 지식보다 앞서 있다고 말할 수 있을지도 모른다. 그렇다고 해서 전자가 후자보다 더 절실한 진리체험을 했다고 말할 수 있는가? 반드시 그렇지는 않다. 지난날의 지식은 오늘날의 기준에 비추어 참된 것은 아니지만 각 단계의 사람들이 각각 그 단계에 맞게 절실한 진리체험을 했다는 것을 부인할 사람은 없을 것이다.

진리를 어떤 절대적 기준에 의해서 평가하는 전통적인 인식론에서는 그 엄연한 역사적 사실을 간과하거나 무시하는 경향을 보여 왔다. 그들에게 제시할 반문은 이런 것이다. 가령, 천동설을 주장한 톨레미는 진리체험을 하지 못한 것인가? 만약 했다면 그는 진리를 헛되게 체험했다고 말해야 되는가? 혹시 우리가 어떤 절대적인 진리에 도달한 상태보다는 그것에 접근하고 있다는 진전 자체가 더욱 중요한 것은 아닌가? 지동설이 천동설보다 발전했다고 보는 것은 결코 전자가 절대적인 진리에 도달해서가 아니다. 천동설도 그 이전의 어떤 학설에 비추어 진전된 면모를 가진 것을 부인하기 어렵다. 우리는 이처럼 상대적으로 이전과 이후의 대비를 통해서 진리를 체험하고 평가할 수 있을 뿐이다. 그렇다면 역사의 각 단계마다 학자들이 경험했던 그 진리의 체험을 복권시키는 것이 교육적 인식론이 해결해야 할 중요한 과제로 남아 있다.

대개 학문공동체가 실체가 인식의 타당성을 통제하는 것으로 생각하는 경향이 있지만 학문공동체 내부에도 지식의 타당성을 중심으로 아직 결정되지 않은 모호함과 갈등이 존재한다. 인식의 위계를 결정하는 어떤 객관적인 권위나 중앙의 통제장치가 없고, 그 권능이 학문공동체에 참여하는 각각의 주체 사이의 상호조정에 의존한다는 정도의 추측이 지배적이다. 그 조정의 내용이 어떤 것이며, 그것이 어떤 원리에 의해서 가능하게 되는지에 대한 설명은 아직 분명하지 않다. 우리는 이제까지 지식의 위계성과 그 공공성이 그 수천수만의 개개인의 교육활동에 의해서 이루어진다는 것을 입증할 만한 방증을 검토하였다. 이는 아직 기존의 학술적인 문헌을 재해석하는 이론적인 추론에 불과하며, 그것을 입증하는 직접적인 자료가 앞으로 계속해서 확보되어야 한다.

교육은 실천의 양상이다. 단순히 있는 사실을 기술하는 것이 아니라 우리의 삶에서 교육의 과정을 실천을 통해서 도입하고 그 과정이나 결과를 보고하는 연구도 아울러 이루어져야 한다. 교육적 인식론은 학문과 교육이 교차하는 다양한 현실 속에서 그 내재율을 적용할 수 있게 될 것이다. 우리들은 누구나 삶에서 그런 관계를 형성하기를 바라지만 교육의 내재율을 제대로 이해하지 못하고 있거나 따르지 못하고 있기 때문에 시도조차 하지 못하거나 혹은 시도해서 실패할 수도 있다. 앞으로 우리 각자가 교육적인 공조의 가능성을 확인하고 그것을 계속 유지될 수 있도록 그 관계를 재조정하면서 역사에 참여할 수만 있다면 인간의 교육적 진화는 다방면에서 더욱 가속화될 수 있을 것이다.

## 10.6 적용대상으로서 교육학과 학교태

현대는 전문화시대이다. 중요한 문제풀이가 분야마다 전문가들의 권위에 의존한다. 학문적 지식의 경우에도 마찬가지다. 고차원의 지식에 대한 판정은 전문가의 소관으로 치부된다. 일반인들은 과학적 판단들을 과학자들에게 위임한다. 학자라는 전문가의 손에 의해서 지식이 창조되고 있고 일반인들은 그들의 지식의 권위를 받아들인다. 그렇다면 현존하는 교육학자들은 이런 정도의 전문적인 분업과 신망을 받고 있는가? 이에 대한 해답은 불행히도 부정적이다. 이들은 전문가를 자처하지만 실제로 교육을 외면하거나 왜곡시키는 염치없는 집단이라는 혹평을 받아도 할 말이 없을 것이다.

교육학자가 짊어져야 할 일차적 과제는 교육의 본질에 충실한 인식의 체제를 구성하기 위해서 자신들을 끊임없이 쇄신하는 것이다. 그럼에도 불구하고 교육학의 역사에서 그 과제에 대한 진지한 논의가 이루어진 경우는 드물다. 교육학자들은 대부분 상식이나 제도에 의해서 규정된 교육이 외부로부터 주어진 실제인 것으로 치부하고, 그 실제를 개선하는 데 도움이 될 있도록 제반 학문을 찾아 응용한다는 입장을 취했다. 이렇게 교육 자체가 무엇인지를 구명하는 본래의 과제를 제쳐놓고 단지 교육학을 특정한 기능의 측면에서 규정할 때 철학, 심리학, 사회학, 인류학, 행정학 등에서 통용되고 있는 개념들의 무더기가 곧바로 교육학의 지식이 되는 어처구니없는 곤경에 빠진 것이다.[19)]

교육학은 애초부터 그 개념체제나 방법적 동질성을 추구하려는 동기에서 형성된 것이 아니다. 학교의 출현과 그에 따른 교사양성이라는 실제적인 관심을 가진 집단이 용병학문들을 끌어들인 데서 비롯한 이런 교육학의 전통은 아이러니컬하게도 교육에게는 하나의 재앙이었다(장상호, 1986,

---

19) 이 말을 액면대로 따른다면, 대학의 모든 학문들이 교육학이라는 의미가 된다. 누가 그것을 인정하겠는가? 그것을 믿고 있는 집단은 대학의 한 학과를 차지하고 있는 교육학자들에 국한된다. 따라서 그 상황에 대한 정확한 표현은 '이류잡학'이다.

1990, 2005a). 교육학은 먼저 상식과 제도에 기반을 둔 학교체제를 교육과 동일시하는 일반인들의 잘못된 인식체제를 고착시켰다. 더 나아가 학교체제를 개선한다는 취지로 불러들인 각종의 용병학문들의 개념들은 그들이 포착하는 사실들을 교육적 사실로 왜곡시켰다. 그로 인해서 온갖 유형의 맥락의 혼동을 경험하고 있을 뿐만 아니라 막상 우리의 삶에서 마땅히 주목을 받아야 할 교육은 교육학자들에 의해서 소외되거나 왜곡되는 결과를 초래하였다.

이런 오류와 실패의 역사를 교정하는 올바른 순서는 현존하는 교육학을 해체하고 새롭게 재건하는 것이다. 교육의 개선은 교육에 대한 올바른 인식의 개선을 전제한다. 만약 그 작업에 성공할 수 있다면, 그 교육학의 개념으로 포착되는 실재를 개선하는 과제도 더욱 타당하고 용이해질 것이다. 오늘날 '학교교육의 정상화'[20]가 초미의 관심으로 등장하고 있다. 이 용어를 제대로 해석한다면, 학교와 교육이 별개의 범주이며, 교육의 범주에 의해서 학교를 정상화시킨다는 의미일 것이다. 이는 온갖 외재적 관점에 의해서 제외된 학교의 제반 교육적인 측면을 추가하여 배려하는 것으로 해석될 수 있다. 그 가운데에도 보다 특수하게 학문을 소재로 하는 교육이 포함되어 있다. 본 절의 주제는 그 과제를 수행함에 있어서 교육적 인식론이 어떤 부분을 차지하고 있으며, 그것을 어떻게 응용될 수 있느냐 하는 것에 대한 일반적 방향의 예시에 관한 것이다.

교육학의 전통의 쇄신을 꾀하는 하나의 분기점을 분명히 하기 위해서 그동안 장상호(1986, 1990, 2005a)는 '제 1기 교육학'과 '제 2기 교육학'을 구분할 것을 제안해 왔다. 제 1기 교육학이란 지금처럼 용병학문을 주축으로 해서 진행되고 있는 교육학을 총칭한다. 꼬집어 말하면, 각종의 이질적인 분과학문의 개념들을 동원해서 학교사태를 연구하고 그것에 처방을 내리는 일을 하는 학교연구가 여기에 포함된다. 이에 비해서 제 2기 교육

20) 이 용어는 다양한 뜻으로 해석되기 때문에 인용의 형식을 취했다. 그 가운데는 교육학자들의 언급이 포함된다. 비정상적인 교육학을 토대로 교육의 정상화를 부르짖고 있는 아이러니를 우리는 흔히 목도하고 있는 것이다.

학은 용병학문을 교육학의 범주에서 제외하고, 그 공백지대에 새로운 교육학을 구축하여 나가고자 하는 것이다. 그러나 이런 교육학의 탈바꿈은 제 1기 교육학자들이 그들의 오도된 관념을 토대로 구축해 놓은 이해관계를 근본에서 흔들어 놓기 때문에 그렇게 용이하게 이루어질 성질의 것이 아니다. 아직도 그 가능성을 부인하는 현상고착론자나 회의론자가 대부분이다.

모호한 시간의 경과와 우연적 과정에 의존하여 단지 세월을 기다리며 이런 사태를 방치할 수는 없다. 이를 타개하는 학문의 정석은 양자의 우열을 판별하는 올바른 방법을 적용하는 것이다. 학문의 방법은 다양하다. 그 대상에 따라 그중 선별이 이루어지기도 한다. 그중 교육학자들이 가장 많이 써 왔던 방법이 바로 과학적 방법이다. 실험해야 하고, 관찰해야 하고, 그것을 근거로 제시한 명제에 대한 입증이 이루어져야 한다. 1%의 오류를 범할 수 있는 확실성으로 특정한 가설을 검증했다는 말로 가득 찬 연구보고서를 만들기에 급급하다.[21] 근래에 그런 실증주의적 강박관념에서 벗어나 그 방법론적 다양성을 추구하는 경향도 엿보인다.

그러나 제 1기 교육학과 제 2기 교육학 가운데 어떤 것이 옳은 것이냐 하는 평가는 그런 기존의 방법론을 근거로 해결될 성질의 것이 아니라는 점을 분명하게 인식할 필요가 있다. 이들 사이에는 마치 쿤(Kuhn, 1970)이 말하는 패러다임의 경우처럼 그 각각이 지칭하는 사실에서 근본적인 차이가 있기 때문에 경험적 자료나 해석될 텍스트의 해석에 의해서 그 타당성을 입증할 수 없다. 그렇다고 해서 양자를 추구하는 집단 사이에 합리적인 논의가 가능한 것도 아니다. 이 경우 교육적 인식론의 해결이 불가피함을 우리는 앞의 절에서 이미 살폈다.

여타의 분과학문의 방법으로서 교육적 인식론이 적용될 수 있다면, 그것을 교육학에도 적용할 수 있을 것이다(장상호, 2000a: pp. 703-720, 2005:

21) 이 말이 실감나지 않는 독자가 있다면, 한국교육학회에서 발간하는 '교육학연구'라는 전문지에 발표된 논문을 참고하시라.

pp. 232-240). 이 면에서 교육학이 반성의 여지가 가장 많은 분야의 하나이다. 교육을 대상으로 학문한다. 그리고 결과를 바로 교육의 과정을 통해서 검증하는 것이다. 이 논리에 따라, 이제 교육학도는, 한편으로는 상구활동으로 교육학적인 맥락을 새롭게 자증하면서 위로 발전하고, 다른 한편으로 그 체계를 하화에 의해서 후진에게 타증하면서 아래로 그 학문적인 저변을 확대시키는 활동에 남다른 모범을 보일 수도 있을 것이다. 다시 말하면, 교육학도는 그가 탐구하는 교육의 특성을 살려서 그 방법적 우위를 확보하도록 노력해야 한다. 이제부터라도 만약 그런 변화를 주도하는 방식으로 제 2기 교육학의 교육을 체계적으로 도입한다면 그것이 제 1기 교육학을 대체하는 시기는 의외로 가까울 수도 있다.

교육은 지선(至善)보다는 차선(次善)을 찾는 점진적인 과정이다. 이 때문에 교육적 인식론을 제 1기 교육학과 제 2기 교육학의 우열을 판결하는 수단으로 적용하는 경우 그 위계의 설정이 너무 급진적인 것일지도 모른다. 그 사이에 몇 단계의 위계를 상정하는 것도 하나의 방안이 될 수 있을 것이다. 외도교육관, 공덕교육관, 그리고 내재교육관의 순서가 그 좋은 예가 될 수 있을지 모른다(신기현, 2006; 장상호, 2009). 외도교육관은 거의 사회화로 불러도 상관이 없을 정도로 교육 내재성과는 동떨어져 있다. 이에 비해 공덕교육관은 수도계의 내재성을 인정하고 있다는 점에서 그것을 소재로 삼는 내재교육관에 어느 정도 가깝게 접근한다고 볼 수 있을 것이다. 그러나 기실 전자에는 교육의 내재성이 배제되어 있다는 점에서 아직 후자로 진입하는 하나의 징검다리이자 장애물이다. 이제 공덕교육관을 토대로 내재교육관에로의 진입이 가능할 것이다.

점진주의에서의 목표가 갖는 특징은 그 궁극의 도달점을 현실적으로 인정하지 않는다는 데 있다. 교육에서는 소재계의 표적을 보편적으로 확정하지 않는다. 그것은 언제나 상구자의 상황에 적응한다. 상구자가 현재 어느 위치에 있느냐에 따라 그 목표도 달리 규정된다. 현재의 단계에서 하나 위인 단계가 우리가 도달해야 할 현실적인 목표이다. 그 목표는 고정불변한 것이 아니라 일단 실현되자마자 그 앞에는 다음 단계의 가시표적이 등장하게 된다. 다시 말하면, 가시표적은 항상 수정되면서 발전하는 목표라고 할 수 있다. 이런 방식은 선진학자와 후진학자간의 문제일 뿐만 아니라 학자일반과 그 저변의 일반대중간의 문제이기도 하다.

우리가 상구에 의해서 더욱 깊은 실재와 접할수록 그것을 이해할 수 있는 집단은 소수에 국한되며, 대중과의 의사소통은 그만큼 어렵게 된다. 이런 현상은 그 어느 수준이건 서로의 연결고리가 단절되면 그 상층부는 서서히 시간의 흐름과 더불어 몰락할 위험에 처한다. 고상하고 고귀한 것은 그 저변의 비천함이라는 기반 위에서만 존립할 수 있기 때문이다. 따라서 고급지식에 대한 감상층의 확대는 수도계의 존립에 필수적인 것이다. 학문계의 존립을 위해서는 각 단계에서의 교육이라는 연결고리가 필요하다. 교육의 특징은 그 품위의 기하급수적 증가에 있다. 지금 당장은 제 2기 교육학을 따르는 집단이 소수에 불과하다고 하더라도 교육의 내재율에 따라 그 이론을 자유롭게 모색하고 입증한다면 조만간에 그 저변이 대중에게까지 확산될 수 있을 것으로 본다.

시간적인 추이는 교육적 인식론에서 기본적인 요소이다. 교육적 인식론은 학문적 체험의 차이를 그것을 소지한 인식 주체의 변화로 환산한다. 교육적 인식론은 그 간극을 메우는 과정으로서 교육을 처방하기 때문에 인식의 문제를 해결함에 있어서 긴 기간을 전제한다. 말하자면 간명한 설명을 그것이 실제의 의미를 갖는 데 필요한 실천의 문제로 보충하고자 한다. 교육적 인식론은 그 시간이라는 말에 '교육적'이라는 수식을 붙이고 그 시간의 필요성을 인식론에 추가시키고자 한다. "시간이 진리의 편이다"라는 말이 있는 데 그 말에 교육적 시간이라는 말을 대입한다면 정확히 그것은 교육적 인식론을 대변하고 있다. 만약 그런 장시간을 배제하고 인식의 문제를 해결하려는 어떤 시도도 겉으로는 단기적인 해결을 한 듯 보이지만 결과적으로 우리가 말하는 교육적 시간보다 더 많은 시간을 낭비할 것이다. 교육본위론과 그에 따른 교육적 인식론을 교육학자들과 일반대중에게 이해시키고 적용시킬 시점도 이와 마찬가지일 것이다.

지금의 상황에서 가장 개탄스러운 아이러니는 학교와 그 학교를 중심으로 형성된 교육학에서 교육의 정체성이 가장 무시되고 있는 현실이다. 제 1기 교육학자들과 대중은 그들 간의 대립을 분리해 낼 수 있는 개념체계가 없기 때문에 학교생활 자체를 교육으로 뭉뚱그려 생각한다. 학교 안의 모든 이질적인 문제들이나 사실들이 이들의 관여에 의해서 뒤죽박죽이 되어 버리는 것이다. 이처럼 제 1기 교육학은 학교사태를 한편으로 '그릇된 교육'이라고 목청높이 비난하면서도 그 개념적 혼란에서 한 치도 떠날 수가 없다. 왜냐하면 제 1기 교육학자들에게 있어서 학교를 떠나는 것은 그것을 성립시킨 전제조건을 부정하는 셈이 되기 때문이다. 그런 역경을 딛고 만약 그들의 교육에 대한 인식에 변화가 온다고 가정하면, 그만큼 그것을 토대로 하는 교육 자체의 개선도 용이해질 것이다.

제 2기 교육학에 의한 제 1기 교육학의 교체가 언제 일어날지, 혹은 그 교체를 대중이 언제쯤 수용할지는 단언할 수 없다. 시간의 경과뿐만 아니라 그 교육적 실천이 활발하게 일어나도록 모두가 노력해야 할 것이다. 이제 교육학자나 대중이 교육과 교육적 인식에 대한 이해에 어느 정도 도달한 시점에 이르렀다고 하자. 그 경우 교육적 인식론에 비추어 학교교육을 점검하고 개선하는 일이 용이해질 것이다. 지금의 학교상황은 교육적 인식론에 비추어 어떤 상황으로 평가될 수 있는가? 무엇이 문제인가? 그 상황을 타개하는 데 교육적 인식론을 어떻게 적용할 수 있는가? 그로부터 비롯하는 결과는 무엇인가? 이런 문제들이 연구될 과제로 남아 있다. 다만 다음에 그 길잡이로서 요점과 대강을 논구해 보기로 한다.

그 첫 출발은 개선되어야 할 문제의 상황이 어떤 것인지를 개념적으로 명백하게 제한하는 것이다. 학교교육의 정책이라고 하면 대개 그 외연이 지나치게 확장되는 경향이 있다. 이런 저런 것을 것들을 따지다보면 논점이 흐려진다. 이론적 논의의 특징은 그 맹점을 피하면서 그 범위를 정확하게 획정할 수 있다는 점이다. 우리가 목하 관심을 갖고자 하는 문제의 영역은 구체적으로 학문을 소재로 하는 학교교육의 문제에 해당하는 것으로서 매우 국한되어 있다. 그 문제의 핵심이 무엇인지를 이해하기 위해서 논자는 ≪학문과 교육(상권)(장상호, 2000)≫에서 제시되었던 <그림

2-1(p. 194)>를 재활용해 보겠다.[22)]

학교와 학문과 교육은 서로 상이한 범주로서 우리의 논의에서는 그들을 개념적으로 분리시키고 학문과 교육의 관점에서 학교의 문제를 따지고 개선의 방책을 강구할 수 있다. <그림 10.1>은 그들 간의 개념적인 차이를 각각의 것을 원으로 구획하고 있다. 우리의 개념에서 교육은 학교의 경계와 아무 관련을 갖지 않는다. 학교는 가정, 직장, 도서관, 가상공간 등과 더불어 다양한 생활세계의 하나로서 인정된다. 학문의 세계와 교육의 세계도 다르다. 이들은 a, b, c, d와 같이 서로 중첩된 영역을 갖는다. 우선 학문을 소재로 하는 교육은 학교 밖(그림에서 a)에서도 가능함을 알아야 한다. 학문과 교육이 교차하는 a와 d는 학문이 교육을 통해서 발전하는 사태이다. 학교에서 학문과 중첩되는 사태는 b와 d이고, 교육과 중첩되는 사태는 c와 d이다. 이 가운데 d는 우리의 논의에서 학교, 학문, 교육이 모두 중첩되는 사태다. 우리는 그런 개념적 구획을 염두에 두고 학교의

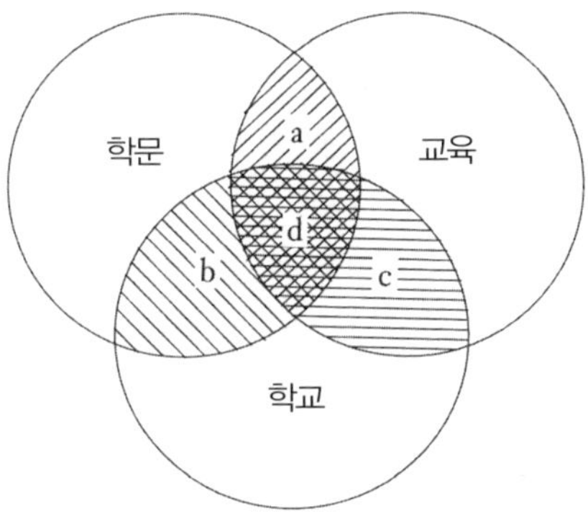


〈그림 10.1〉 학문, 교육, 그리고 학교가 중첩된 사태

22) 여기서 이론은 논의의 범위를 제한하는 데 유용하다는 말이 실감난다. <학문과 교육>이라는 긴 시리즈 작업에서 10년이 넘은 과거의 자료를 일관성을 유지하면서 사용할 수 있다는 것이 매우 다행스럽고 고맙다. 이 <그림 10.1>은 시리즈의 시작단계에서 학교 안에서 학문과 교육을 연관시키는 방식을 예고한 것으로서 그 과제에 대한 논자 나름의 해답을 이제야 압축하려고 하기 때문이다.

한정된 문제를 풀어나가야 한다.

학교가 삶의 공간인 이상 그런 복합적인 사실들을 동시에 고려하는 것은 비난할 일은 못된다. 비난받아야 할 것은 그 많은 논의가운데 정작 교육에 대한 고유한 이론이 부재하다는 점이다. 정책적 배려는 포함과 배제가 분명해야 한다. 학교 안에서 이루어지는 교육적 인식의 문제와 관련하여 우리가 해결해야 할 첫 번째 과제는 해당 영역을 개념적으로 분리해 내는 것이다. <그림 10.1>에서 b와 c의 영역처럼 사실상 학문을 소재로 하는 학교교육에 해당하지 않는 외래적인 사실들임에도 불구하고 마치 그런 것처럼 문제를 확장하거나 과장하는 경우가 많다. 다른 한편으로 d의 영역처럼 당연히 학문을 소재로 하는 교육으로 진정 우리의 배려를 요청하는 부분이 그 모든 것에 의해 가려지고 있는 것도 문제다. 교육학의 한 영역으로서 교육적 인식론이 정책적으로 특별히 활용될 부분은 바로 전자의 과장과 허상을 드러내고, 후자의 내실을 보강하고 강화하는 방식이 무엇인지를 밝히는 것이다.

이 부면에 포함시킬 만한 연구가 전혀 없는 것은 아니다.[23] 그러나 그들은 소수일 뿐만 아니라 대부분 우리가 논의해 왔던 교육적 인식론의 맥락 안에서 본격적으로 이루어진 연구로 보기는 어렵다. 따라서 본격적인 연구는 교육적 인식론의 조명 안에서 앞으로 장시간을 두고 추진되어야 하며, 본 절은 그런 취지에서 앞으로 논의하고 해결해야 할 연구주제들을 차례로 예시하고자 한다. 먼저 지식에 대한 관점, 그것을 습득하는 방법, 그리고 그렇게 습득한 결과를 평가하는 방식의 측면에서 학문을 소재로 하는 교육에 포함시키기 어렵거나 역행하는 부분을 살필 것이다. 다음에 그 모든 실행이 학문의 입장에서 놓치고 있는 엄청난 손실과 치명적인 부작용을 지적할 것이다. 마지막으로 학교 안에서 학문을 소재로 하는 교육

23) 이 부분에 관심 있는 독자는 본서에서 다른 주제로 소개한 연구들을 참고할 수 있을 것이다. 그들은 예컨대, <학교커리큘럼의 헤게모니(4.4)>, <제반 활동의 교육적 맥락(5.5)>, <학교교육의 정상화(8.3)>, <교육평가의 재건(9.1)>, <품위의 평가와 교육(6.8)> 등이다.

이 명실상부하게 정착하도록 하는 정책에서 배려되어야 할 것이 무엇인지를 제안할 것이다.

오늘날의 공립학교가 학문을 소재로 하는 교육에서 이탈하게 된 배후의 사정은 그 자체로서 탐구되어야 할 중요한 주제이지만 이런 추정이 가능하다. 먼저 공립학교는 인식론적으로 볼 때 정초주의, 특히 그 가운데에도 실증주의가 지배하던 19세기의 산물이다. 당시에는 비교적 저급하고 소박한 경험주의와 객관주의가 모든 과학의 규범적 모델이 되었고, 교육학자들은 그런 인식론적 노선의 연장선상에서 이른바 '교육의 과학화'를 이룩하고자 했다. 학교는 교육의 이름으로 대량생산체제의 모형을 따라 인간을 마치 제품의 경우처럼 하나의 틀 안에 정형화시키는 몫을 차지했다. 이를 위한 제반 형식치레와 관습으로 고착된 양태가 오늘날 교과의 내용을 선정하여 조직하는 커리큘럼, 그러한 내용의 전달과 습득을 가능하게 하는 제반 방법, 그 결과에 대한 평가다. 이제 그 각각의 시대착오적인 측면을 근본에서부터 재검토하고 재평가할 때가 되었다.

학교는 지식을 어떻게 규정하는가? 이에 대한 해답은 개별적인 조사를 필요로 하지만 대부분의 경우 그릇된 판단에 근거하고 있다. 그 가운데 특히 네 가지를 지적할 수 있다. 그 첫째는 가장 순박한 의미의 실재론을 들 수 있다. 그들에 따르면, 지식은 주체의 외부에 있는 실재를 있는 그대로 나타낸 그림이고, 그 지식의 타당성은 실재와의 대응성에 의해서 판명될 수 있다. 이에 따라 학교에서는 교사와 학생이 실재를 그대로 드러낼 수 있는 객관적 지식 혹은 그런 것을 '실험'이나 '관찰'을 통하여 검증한 지식을 교과의 내용으로 선정한다는 원칙을 따른다. 그런데 이미 살폈듯이 그런 지식은 불가능하며, 그것이 가능하다는 판단에 근거한 학교의 관행 역시 실재와 어긋난다.

학교 안에 만연된 그릇된 지식관의 두 번째 항목은 지식은 언어라는 용기에 의해서 그대로 담겨질 수 있다는 생각이다. 교과서의 내용은 비인격적이고, 보편적이고, 비역사적인 객관성을 지닌 지식을 기호나 상징과 같은 인위적인 표현매체를 통해서 표현된 것으로 본다. 그 언어 속에 모종의 원본적인 의미가 포함된 것으로 가정하고, 그 의미에 일치하는 것을 목표로 커리큘럼이 운영된다. 그러나 이미 살폈듯이 언어는 외부의 실재를 재현하는 그림이 될 수 없다. 지식은 개인들의 마음 혹은 체험 속에 있으며, 그것은 언어로 모두 표명할 수 있는 것이 아니다. 교과서의 내용은 정확하게 말하면, 그 저자의 지식을 반영한 것이며, 그것은 교사와 학생이 가진 지식의 여과를 거쳐서 서로 다르게 해석된다. 이때 개별적인 의도와 해석의 특수성을 무시하고 교과서의 언어적 표현형식에 일치하는 과제에 집착하면 그것을 떠받치고 있는 내면의 체험이 생성되고 그것을 토대로 지식을 검증하는 복잡한 과정을 간과한다.

학교 안에 만연된 세 번째 지식관은 지식을 그 요소들로 환원시키는 것이다. 이는 세계는 원자적 사실로 환원될 수 있으며, 그 각각에 대응하는 명제가 성립될 수 있다는 경험주의나 분석철학자들의 영향을 받은 것으로 보인다. 이에 따르면, 학생들이 지적으로 성장한다는 것은 매 학기, 매 학년마다 확실하고 의심의 여지가 없는 것으로 검증된 탄탄한 지식을 차곡차곡 쌓아 가는 것과 동일하다. 그런데 학생의 지식은 사실상 그처럼 평탄하게 성장하지 않는다. 누차 강조했듯이 지식이란 하나의 체제이며, 그것은 단순히 그 요소들로 환원시킬 수 없다. 특정한 개념과 명제는 그것이 속해 있는 전체의 체제 속에서 다른 요소들과 관계를 맺음으로써 의미를 지니게 되기 때문에 그 가운데 한 요소는 다른 요소, 혹은 전체의 변화에 따라 상대적인 위치를 갖게 된다. 이 점을 간과하면서 낱낱의 지식의 경계선을 확장하고 무지의 영역을 축소한다는 취지만을 강조하면 그 의미가 정제되지 못한 각종 잡다한 정보의 습득에 그칠 것이다.

학교 안에 만연된 지식관의 마지막 항목은 절대주의이다. '진리'와 '허위'로 양분할 수 있다고 생각한다(최성욱, 2009). 그런 논법이 학교에서 사용하는 일상의 언어에도 침투해 있다. 학교 안에는 '아는 사람'과 '모르는 사람'이 구분된다. 흔히 무엇을 '옳게 이해했다'거나 혹은 '틀리게 이해했다'는 말을 쓰고 듣는다. 이른바 '정답(right answer)'과 '오답(wrong answer)'이라는 말이 교사와 학생의 입에 붙어 있다.[24] 이 말이 심각한 의미를 지니려면 그것을 판명하는 확실한 근거가 있어야 할 것이다. 그런데 역사적으로 그런 절대적인 지식이 존재하지도 않았고, 설사 있다고 하더라도 그것을 현실적으로 입증할 절대적 방법도 없다. 학문을 제대로 하는 사람이라면 지식인 그 내부에 항상 어느 정도의 오류가 포함되어 있다는 점을 늘 인정하며, 단지 이것이 저것보다 더 나은 지식이라는 판단만이 가능하다는 점을 알고 있다. 따라서 절대주의적 지식관은 반역사적인 신화이며, 명백하게 그 자체로서 오류인 것이다. 아이러니컬하게도, 학교는 실제로 그 오류를 학생들에게 끊임없이 재생산하며 강화하고 있다고 보아야 한다.

우리가 다음에 검토하고자 하는 것은 학교에서 규정한 지식이 어떻게 학생들에게 재생산되는가 하는 점이다. 교과서의 내용을 학생들에게 재생산할 수 있는 비결은 무엇인가? 이에 관해서 수없이 많은 '교육적 방법' 혹은 '교육활동'이 등장하였다. 그런 발상의 이면에는 결과가 그 과정을 정당화한다는 기능주의적 교육관이 자리하고 있다. 지식의 효용성을 중시한 도구주의자들은 그 내재적 가치를 무시하며, 교육마저도 나머지 최후의 지적인 체계를 내면화하는 도구로 환원시킨다. 내면화, 사회화, 조건화, 훈련, 그 어느 것도 그 도구에 포함된다. 그 모두를 여기에서 검토할 여유가 없다. 다만 여기에서 밝힐 것은 그들 대부분이 정초주의적 인식론을 전제하고 있다는 점과 그 모두를 교육방법 혹은 교육활동의 범주에 포함시킬 수 있는 어떤 이론적 근거도 없다는 점이다(이용남, 2007b, 2008). 그 무근거함을 근거삼아 사전에 계획되고 규정된 일련의 지식을 질서 정연하게 전수하고 동일한 방식으로 내면화할 것을 기대하는 관행 몇 가지만 검토해 보자.

그 하나는 주지주의이다. 학교는 통상 그 교과목을 지적 영역, 정의적 영역, 신체적 영역 등으로 나누며, 그 가운데 학문은 지적 영역에 속하는

---

24) 이때 물론 그들이 앞에서 지적한 잘못된 지식관이 작용하고 있다는 점도 아울러 지적되어야 할 듯하다. 가령 특정한 지명에 대한 정보를 지식이라고 생각하는 사람의 입장에게는 "한국의 수도가 부산이다."라는 언명은 명백한 '오답'일 것이다.

것으로 본다. 학문의 영역에서는 이성이라는 냉철한 판단이 중요하며 감정의 개입은 그 판단에 장애를 준다. 이에 근거하여 교사나 학생이 감정에 호소하여 자신의 지식을 정당화하거나 입증하려 한다면 옳지 않은 것으로 터부시된다. 지적인 흥미와 호기심, 무한에 대한 갈망, 불확실성 속의 해매임, 발견하고 설득하려는 열정, 고뇌, 경쟁의식, 그리고 헤아릴 수 없는 좌절에 대한 인내, 발견에 따르는 흥분 등이 억제되며, 학생들은 그렇게 무미건조하게 진행되는 관례를 불가피한 현실인 양 받아들인다. 그런데 이런 상황은 지식의 습득에 사실상 정면으로 역행한다. 우선 유기체 안에 있는 학문적 지식은 개념적으로 신체와 감정과는 구분될 수 있을지는 몰라도 전자는 후자와 결합되어 있으며, 후자를 가진 존재가 아니고서는 진정한 의미의 학문적인 체험을 할 수 없다. 또한 자신을 창조하고 타인을 재창조하는 교육은 파괴와 건설, 부정과 긍정의 열정이 없이는 추진될 수 없는 것이다.

학교에서는 주로 '교과서'라고 칭하는 자료를 사용한다. 교과서는 각 분야의 공적 지식을 반영하는 것으로 간주된다. 학문공동체가 허용하는 숫자만큼 서로 다른 교과서가 만들어지고, 학년별로 모두 동일한 교재의 내용을 교사가 미리 예정된 동일한 일정에 맞추어 동일한 진도로 학생들에게 주입하는 학교생활이 진행된다. 여기에는 두 가지 편의성이 작용한다. 그 하나는 앞에서 지적한 절대주의적 지식관과 일치하는 점이며, 다른 하나는 학교의 일률적인 커리큘럼의 운영에 부합한다는 점이다. 교과서 안의 내용은 '정답'이며, 그것을 이탈하는 것은 '오답'이라는 식의 절대적인 의미가 부여된다. 학교의 주된 관심은 교사가 그 교과서의 내용을 학생들에게 미리 예정된 커리큘럼의 진도에 따라 전달하는 데 있다. 그러나 불행히도 이 모든 관행은 학문을 소재로 하는 교육의 취지와 사실상 동떨어져 있다. 그 점을 이제부터 살펴보자.

먼저 교과서가 공적 지식을 반영한다는 주장은 허구이며, 오류다(양미경, 2005a; 이용남, 2008). 어느 학문공동체나 그 내부에 거의 예외 없이 경합하는 이설들이 있다. 다만 일부 구성원이 그 나름의 수준에서 자신이 가진 지식들을 공인된 것으로 아전인수적인 해석을 하는 것이다. 더구나 공립학교에서 사용하는 교과서의 저자는 그 학문공동체의 선단에 있는 학자들이 아니라 그들의 것을 적당히 해석한 이류학자들인 경우가 대부분이다.

그렇다면, 교과서들이 특별히 교육의 소재로서의 가치를 지니고 있다고 말할 수 있는가? 그렇지도 못하다. 교육에서 중요한 것은 그 학문분야에서 진리를 탐구해 온 역사를 학생들이 자신의 수준에서 재생하도록 돕는 것이다. 과학사가의 입장에서는 과학사에 등재된 지식은 지금의 시점에서 옳다고 판단되느냐의 여부와는 상관없이 과학적 지식에 속하며, 또한 교육의 소재로서의 가치를 갖는다. 쿤이 "시대에 뒤진 이론들이 폐기되어 버렸다는 이유로 인해서 원칙적으로 비과학적인 것은 아니다(1970, p. 3)"라는 발언을 한 이면에는 바로 이런 심대한 의미가 포함되어 있는 것이다. 오늘날의 학문이 수많은 시행착오를 거쳐서 오늘날에 이르고 있으며, 앞으로도 그렇게 진전될 것이다. 그런데 지금의 교과서는 최근의 패러다임만 인정하고 이전의 패러다임은 부정하는 학문계의 전통을 적어도 형식적으로 추종한다는 것이다.[25] 다음에 인용하는 쿤(Kuhn, 1970)의 지적은 그런 교과서의 비교육성과 관련하여 매우 시사적이다.

> 아리스토텔레스에서 갈릴레오, 갈릴레오에서 뉴턴 역학으로의 전환을 훨씬 더 잘 설명해주는 것은 새로운 경험에 의한 발견이라기보다는 바로 질문과 대답의 재형성과정에서 일어나는 이런 종류의 변화이다. 그러한 변화들을 감추어 버림으로써 과학 발달을 직선적인 것으로 만드는 교과서의 경향은 과학 발달의 가장 의미 깊은 일화들의 핵심에서 일어나는 과정을 가려 놓는다. ··· 그런 잘못된 해석이 혁명을 눈에 보이지 않게 가려 버린다. 과학교과서에서 아직도 볼 수 있는 자료의 배열은, 혁명이 기능하는 것을 막는 과정(만일 그런 과정이 있다면)을 포함한다. 교과서란 학생들로 하여금 당시의 과학공동체가 알고 있는 것을 속히 익히게 하는 데 목표를 두고 있기 때문에, 현행 정상과학의 각종 실험, 개념, 법칙, 이론들을 가능한 한 개별적으로, 그리고 거의 순차적으로 다룬다(p. 140).

25) 이 점을 흔히 '교과서의 개정'을 합리화하는 중요한 근거로 내세우는 경우가 많다.

최근의 평면적인 지식을 망라하는 수많은 교과서가 제작되고, 그 교과서는 학생의 개별적인 진도와는 별개로 일률적으로 제시된다. 앞에서 인용한 글에서 '개별적이고, 순차적'이라는 의미는 그 각각의 개념이나 이론의 경우를 지칭한다. 이로 인해서 그 일률적인 진도를 따라갈 수 없는 대부분의 학생들은 그 결과를 삼키는 데 온갖 좌절과 소화불량증에 시달린다. 학교에서 가장 흔하게 볼 수 있는 전형적인 활동은 '강의'와 '수업'이다. 교사가 말을 하거나 판서하면, 학생들은 그것을 듣거나 노트에 필기한다. 그런 방식으로 교과서의 내용이 교사를 통해서 학생에게 질서정연하게 곧바로 전달될 수 있을 것으로 기대한다. 언어적 매체에 관심을 갖는 전통적인 소통이론은 그 메시지를 발신하고 수신하는 사람은 일단 체험의 측면에서 공유된 기반이 있는 것으로 가정한다. 교육의 사태에서 그 가정은 맞는 것인가? 교육활동을 단순히 언어적 소통으로 대체할 수 있는가? 이런 질문에 대한 결론은 부정적이다(양미경, 1996). 교육활동은 소통이론이 전제하고 있는 공유된 체험기반이 없는 상황에서 전개된다. 그런 만큼 그 가정에 토대를 두고 진행되는 학교의 생활은 낭비라는 결론을 얻게 된다.

우리의 사유나 사고는 그것을 전달하는 언어와는 무관하게 존재하며 언어작용에 좌우되지 않는다. 언어에 의미를 주는 것은 세계에 대한 체험이다. 비록 동일한 언어를 사용한다고 하더라도 그것은 전적으로 다른 의미를 각각의 화자와 청자, 저자와 독자 안에서 구성한다. 교사는 그의 체험수준에서 교과서의 내용을 전달하며, 학생은 그의 체험수준에서 받아들인다. 선진의 지식을 가진 것으로 가정되는 교사의 강론이 아무리 그럴듯한 의미와 내용을 포함하고 있다고 할지라도 후진으로 가정되는 학생들은 그것을 그대로 수용하는 것이 아니라 그들의 체험에 맞게 해석한다. 교사의 삼차원적 말을 학생은 이차원적으로 이해하는 것이다. 그렇다면, 오해를 동반하는 표면상의 소통만 있고 이해시키고 이해해야 할 과제는 그대로 남게 되는 셈이다.

그 의미상의 변질이나 굴절은 교사의 고압제에 대한 학생들의 저압제로 해석될 수 있다. 그들 사이에 진정한 대화가 일어나려면 체험의 공유라는 조건이 선결되어야 하며, 그 조건이 만족되지 못한다면, 교사의 고압제와 학생의 저압제의 대결이 지속되고 있다고 보아야 한다. 이때 교사의 고압제가 학생의 저압제를 용납할 수 없는 상황이 전개되기도 한다. 학생이 교사의 고압제에 적응하는 전형적인 방법이 있다. 그것은 학생들이 교사와 교과서의 언어를 단순히 암기하거나 모방하는 것이다. 이제 체험의 공통된 근거나 그 근거의 확보를 위한 쇄신이 없이 수없이 교과서와 참고서를 읽고 그 내용을 암기하는 일이 젊은이들의 학교생활을 지배한다. 이처럼 언어적 기표의 재생이 있을 뿐 기의의 전달이 개재될 여지가 없는 앵무새 놀음이 학교 안에 만연한다.

이런 불행한 상황은 또 다른 학교의 특별한 사정이나 관행과 긴밀하게 관련되어 있다. 그것은 학교가 정기적으로 수행하는 사회적 선발의 기능이다. 세속적 출세는 매우 중요한 부분이며, 그 경쟁은 학교생활에서부터 시작된다. 이른바 '일류학교'에의 진입이 출세를 보장하며, 진학은 학생 상호 간의 성적의 비교와 경쟁에 의해서 결정된다. 학교에 진학하기 위해서 학교를 졸업한다는 이런 꼬리물기의 줄서기는 학교가 그 자체의 체제를 존속시키고 고착하는 데 매우 중요한 통로가 될 뿐만 아니라 기능주의적 교육관과도 동조한다. 그 효과적인 준비과정이 바로 '입시위주의 교육'이다. 사회적 선발과 기능주의적 교육관의 이런 미묘한 공생의 논리 때문에 학생들의 학교생활은 시험문제 풀이의 기계적이고 반복적인 연습과 훈련 스케줄로 꽉 찬다.

교육의 입장에서 외재적일 수밖에 없는 이런 전도된 관행이 학교에 정착할 때 학문을 소재로 하는 교육이 그만큼 무시되거나 왜곡될 것은 명약관화하다. 그 왜곡에 왜곡을 가중하는 또 다른 학교의 전통과 관행이 있다. 그것은 이른바 '교육평가'가 소박한 경험주의적 인식론에 대한 일방적으로 의존하고 있는 점이다. '교육의 과학화'라는 명분으로 학교에 도입된 실증주의 혹은 경험주의는 과학적 기술, 예측, 통제, 혹은 검증할 수 있는 것만을 사실로 규정한다. 이에 비추어 지식이 정의되며, 그것을 평가하는 방식이 선택되기에 이른다. 이 때문에 목하 논의하고 있는 학문을 소재로 하는 교육은 별로 중요하지 않은 사항으로 제외되거나 비실재적인 것으로 은폐된다.

경험주의적 인식론의 특징은 원자주의(atomism)다. 학교에서 평가되는 지식은 교과서의 범위 안에 한정시킨다는 것이 오늘날 하나의 불문율처럼 되어 있다. 그 교과서의 범위는 커리큘럼이 진행되는 기간에 따라 더 제한된다. 교과서는 단원에 따라 혹은 그 안의 중요한 개념에 따라 최소의 단위로 더 세분된다. 한 단원의 주제가 문단으로 세분되고, 그 각각의 문단이 문장이나 개념으로 분리된다. 이를 두고 흔히 '단편적인 지식'이라고 칭하지만, 정확하게 말한다면, 이는 지식이 정보의 무더기로 환원된 경우에 해당한다. 그런 방식에 의해서 세부적인 정보의 항목들은 엄청나게 증가하며, 이는 평가자에게는 출제범위, 그리고 피험자에게는 시험을 위한 준비의 범위가 확장된 것으로 받아들여진다.

주기적으로 치루는 시험은 '교육평가전문가', '교과교육자', 혹은 단일학교에서는 교사의 소관으로 넘겨진다. 그 가장 중요한 과제는 지식의 우열을 평가하는 기준을 결정하는 것이다. 그러나 이 복잡한 인식론적인 문제가 학교에서는 아주 용이하게 해결된다. 학교는 교과서의 내용을 무조건 '정답'으로 간주하고 그로부터의 한 치의 어긋남도 '오답'으로 간주한다.[26] 이 간결한 원칙에 따라 교과서의 세분된 지식의 항목, 우리의 기준에서 말한다면, 그 세분된 정보들에 대해서 학생들이 일치하는 반응빈도가 그들이 교과서를 숙달한 정도로 산정되는 것이다. 피교육자로서 어떻든 그 기준을 맹목적으로 받아들여야만 하는 입장에 놓인 학생들은 날로 늘어나는 지식의 단편들을 모두 재생해야 한다는 강박관념에 사로잡힌다. 그 강박관념이 기대하는 것은 그 재생의 반응을 공정하게 판별하게 하는 방법이다.

26) 이런 기준이 사실은 학문의 역사적 사실과 내규에 비추어 그릇된 것이라는 아이러니는 이미 앞에서 제시한 바 있다.

그 비법의 하나로 등장하여 각광을 받는 것이 이른바 '객관적 검사'이다. 이것은 실증주의와 경험주의적 인식론에 토대를 둔 것으로서 그것이 규정하는 내규에서 벗어나는 잠정적인 것, 애매모호한 것, 예측 불가능한 것, 그리고 무한히 변화 가능한 것 등을 평가에서 허용하지 않는다는 몇 가지 엄격한 조건을 둔다. 첫째, 검사에는 반드시 정답이 있어야 한다. 앞에서 지적했듯이 학교에서는 교과서의 내용이 바로 그 부분을 충족시킨다. 학문적 지식은 그 속성상 절대성을 가질 수 없기 때문에 온갖 전제조건[27]을 붙여서라도 정답을 고의적으로라도 만들어 내야 한다. 그것조차 불가능한 내용은 평가의 항목에서 제외시킨다. 둘째, 검사는 외부로 나타난 증거에 의존해야 한다. 그 방안의 하나가 이른바 '조작적 정의(operational definition)'이다(Bridgman, 1958). 이에 따라 지식과 같은 인간의 주관적인 측면을 물리현상의 경우처럼 특정 외부의 자극에 대한 특정한 반응으로 환원시키게 된다. 객관적 검사의 경우는 지필시험지가 자극이고, 그에 대한 학생들의 답이 반응이 되는 셈이다. 이 과정에서 언어로 표현할 수 없는 주관적 체험내용이 제외된다. 셋째, 그 채점방식은 검사의 결과에 큰 영향을 받는 정부, 학부모, 학생, 그리고 여타의 모든 이해집단들이 동의할 수 있도록 공정해야 한다. 이에 따라 가끔은 컴퓨터와 같은 도구가 이해당사자들 사이에 일어날 수 있는 시비, 갈등, 혹은 대립을 불식시키는 편리한 수단으로 사용된다. 그 이해당사자들은 그 도구들이 단지 출제자의 독단적 주관을 객관적인 것으로 위장한 것에 불과하다는 사실을 대부분 간과한다.

여기에서 우리가 특별히 주목해야 할 것은 평가의 대상에 방법이 따르는 것이 아니라 방법이 평가대상을 제한한다는 전도현상이다. 학생들은

---

27) 정답에 이의를 제기할 수 없는 시험문제를 만드는 것은 출제자가 감당해야 할 큰 고통이다. 심각한 시험의 출제를 해 본 사람이라면 이 정답의 조건 때문에 출제되어야 할 중요한 문제를 삭제시키고, 출제되지 않아도 되는 사소한 문제를 포함시켜야만 했던 당시의 아쉬운 경험을 기억할 것이다. 예를 들면, 특정한 지식 자체의 타당성은 전자에 속하며, 그 이론을 제시한 사람이 누구이며, 그가 주장하는 바가 정확히 무엇이냐를 묻는 것은 후자에 속한다.

어떻게든 이처럼 거꾸로 된 현실에 적응하도록 요구받는다. 정답은 객관의 이름으로 이미 주어져 있다. 학생이 자신의 주관을 평가에 반영하는 것은 위험하다. 그것은 평가에서 '오답'일 뿐만 아니라 그 자신의 주관적인 생각을 내세우거나 혹은 내면적인 만족을 반영하는 것은 도리어 부정적인 반응, 비난과 공격을 자초할 위험성이 있다. 높은 점수를 얻는 비결은 그 주관성을 일단 접어두고 그 주어진 정답내용을 단지 모방하고 재생해 내는 데 있다. 이때 학생들이 가장 선망하는 것은 주어진 정보를 있는 그대로 저장했다가 재생하는 컴퓨터이다. 컴퓨터의 특징은 주관성이 없다는 것이다. 유기체인 학생이 무생물인 컴퓨터를 닮아가는 것은 결코 쉬운 일이 아니다.

그런 기계적인 적응의 대가로 훌륭한 대학에 진학하고, 더 나아가 사회에서 높은 지위를 얻을 수 있을 것이다. 그런 성공과 학문적인 성공은 동일한 것이 아니다. 전자에서 성공을 거둔 사람들은 온갖 유명한 학설을 기억하고 유창하게 말로 표현하는 것만으로 그것을 자신이 획득한 것으로 생각할지도 모른다. 그러나 한 개인이 지식을 품위로서 갖춘 것과 교과서 내용에 일치하는 반응 사이에는 엄청난 차이가 있다. 설사 어떤 사람이 타인의 높은 품위를 서술하는 말을 머리 안에 아무리 정확하게 외워 넣었다고 하더라도 체득되어 그 존재의 일부를 이루지 않았다면, 그것은 그 개인을 더 나은 세계에로 안내하기보다는 그것을 제약하는 하나의 이물질에 불과하다. 아무리 교과서적 지식이 체계성을 가지고 있다고 하더라도 그것이 만약 학생들이 구조로서 그 지식을 파악하지 않는 한 그것은 품위로서의 지식이라고 할 수 없다.[28]

오늘날 컴퓨터 같은 젊은이들을 대량생산하는 중심세력이 된 학교는 "컴퓨터 같다"는 말을 천재를 형용하는 것으로 사용하기도 한다. 그러나 이제부터 제기해 보아야 할 심각한 질문은 그것이 진정 학교가 담당할 올

---

28) 논자는 학자의 대우를 받고 있는 대학교수 가운데에도 그런 부류의 '말만 살아 있는 사람들'이 의외로 많다는 인상을 가지고 있다. 그들이 주는 또 하나의 피해는 그들과 유사한 제자들을 양산한다는 것이다.

바른 기능으로 자랑할 만한 것인가 하는 점이다. 그런 기능은 오늘날 백과사전 한 권 혹은 컴퓨터 한 대로서 충분하게 대체할 수 있다. 그 하찮은 결과를 얻기 위해서 수많은 젊은이들이 그토록 많은 시간과 노력을 투자하는 것은 너무도 큰 낭비처럼 보인다. 그 결과를 떠나서 더욱 안타까운 점은 그처럼 컴퓨터를 닮아가는 가운데 학생들이 컴퓨터가 아닌 인간에게만 허용되는 가장 소중한 학문적 경험을 놓치고 있다는 사실이다. 그 결손의 항목에는 젊은 학생들이 누구나 체험하고 향유할 수 있는 진리체험, 탐구에 대한 열정, 그리고 끊임없이 지식을 창조해 나갈 수 있는 능력 등이 포함되어야 할 것이다.

학문은 순수한 감정으로 그것 자체를 사랑할 수 있을 때 내재적 실천영역으로 정당화될 수 있다. 진리는 바깥에서가 아니라 심열성복이라는 우리 내면의 목소리에서 찾아야 한다. 학자들이 추구하는 진리는 무엇을 위한 수단이 아니라 그 탐구 자체로서 만족할 수 있는 가치를 가지고 있다.[29] 진리체험은 절대적 지식을 얻음으로써 가능한 것이 아니라 우리 각자가 상구 이전에 가졌던 지식과 상구 이후에 얻은 지식을 상대적으로 대비함으로써 가능하며, 그 체험은 어느 지식수준에서나 균등하다.[30] 그런데 교과서가 만든 일률적인 '정답'에 일치하도록 강요하는 학교의 상황은 학생들이 학문을 통해서만 경험할 수 있는 몰입, 감동, 희열, 환희, 흥취, 탐닉을 불가능하게 할뿐만 아니라 그 임의적이고 강력한 자장은 인식 주체로서 학생들의 자율적인 진리의 나침반을 교란하고 무력화한다.

인식의 변형을 꾀하는 주체는 인식 주체이며, 다른 어떤 것이 그것을 대신해 줄 수 없다. 만약 우리의 역사와 전통 속에 어떤 지식이 있다면 그것을 단순히 주어진 어떤 사물이나 절대적인 것으로 간주하지 않고 자신의 사고와 논증에 의해서 정당화해야 할 것이다. 그 능동적인 참여를

29) 이와 관련하여 일찍이 공자는 "어떤 것에 대해 아는 것은 좋아하는 것만 못하고, 좋아하는 것은 그것을 즐기는 것만 못하다(知之者 不如好之者 好知者 不如樂之者)"라고 하였다.

30) 오늘날의 기준에 비추어보면 참된 것은 아니지만 역사상의 수많은 학자들이 그들의 수준에서 각각 절실한 진리체험을 할 수 있었던 것은 바로 이 때문이다.

독려하는 인식의 내재적 동기를 유발시키는 최적의 조건은 인식자가 지금 가진 지식에 적당하게 불일치하는 문제사태다.[31] 너무 어렵거나 너무 쉬운 과제에서는 그 내재적 동기가 흥미를 잃는다. 그런데, 동일한 일정과 속도에 따라 모든 학생이 따라야 하는 학교의 커리큘럼운영은 그 내재적 동기의 유발에 부적절하기 때문에 대부분의 학생은 겨우 상과 벌, 혹은 사회적 보상이라는 외재적 동기에 매달려 끌려간다. 학생 안에 잠재된 적극적 동기를 억압하고, 대신 학교상황의 눈치를 보는 수동적인 동기에 의존하는 것이다. 이는 단지 동기의 강도에서 뿐만 아니라 그 방향에서 엄청난 손실이다.

진리란 편안하고 안락한 피난처가 아니라 오히려 고생을 감내하며 끊임없이 추구해 나아가야 할 이념이다. 지식의 발전은 확실한 지식의 축적의 과정이라기보다는 계속적인 자기부정의 과정이다. 어떤 지식이 설사 당대에는 타당한 것으로 보였지만 그것이 사실과 부합되지 않는다면 파기되어야만 한다. 오늘날 지식은 폭발적으로 발전하고 있다고 한다. 몇 세기를 거쳐야만 가능했던 지식의 개편이 이제는 불과 5년 내지 10년의 간격으로 이루어지고 있다. 이만큼 창조력은 그 어느 때보다도 시대를 앞서 가려는 사람들이 갖추어야 기본적인 소양이다. 그런데 학교는 진리를 입증할 주체를 양성하는 것이 아니라 현존하는 교과서를 무조건 모방하는 앵무새를 생산하면서 이 시대적 추세와 요청에 역행하고 있다. 앞에서 우리는 학교 안에서 학생들은 컴퓨터를 그들의 적응모델로 삼고 있다는 점을 지적했다. 교사는 교과서를 모방하며, 또 학생들은 그들의 모방을 다시 모방한다. 고정된 지식의 복사판에 불과한 앵무새와 컴퓨터가 지식을 창조할 수 없다는 것은 널리 알려진 사실이고, 따라서 학문의 발전에 고유한 발언권을 행사할 수 없다. 이 점에서 그런 적응을 지금까지 강요하고 있는 학교상황은 시대착오의 엄청난 낭비를 자초하고 있는 셈이다.

---

31) 우리는 앞 절(10.3)에서 문제가 객관적으로 규정될 수 없다는 점을 살폈다. '갑'에게 문제인 것이 '을'에게는 더 이상 문제가 아닌 경우가 많다.

이제까지 학교가 학문이나 교육의 이름으로 실천하고 있는 것들 가운데 그 명분에 부합하지 못한 측면을 부각시키고자 했다. 이외의 더 많은 논의는 앞으로의 연구과제로 남기기로 하자. 여기에서 다만 집고 넘어가야 할 것은 왜 그런 불일치한 상황이 전개되고 있느냐 하는 것이다. 그 원인의 복판에는 학문과 교육에 대한 인식의 오류가 포함되어 있다. 학교는 그것이 탄생한 시대의 낡고 편협한 인식론과 상식의 기본적인 틀에 있어서 근본적인 문제가 있음에도 불구하고 아무런 반성도 없이 그들의 관행과 제도만을 답습하는 방식을 택해 왔다. 그것을 혁파할 위치에 있는 교육학자들 역시 사태의 진전을 깨닫지 못하고 아직도 그 초기의 임시방편적인 용병학문적 전통에 안주하고 있다. 이런 상황에서 그에 반기를 들고 자율적인 교육학을 표방하고 나온 교육본위론이 할 수 있는 역할은 무엇인가? 그것은 앞에서 제시한 교육적 인식론을 토대로 진정한 의미의 '학문을 소재로 하는 교육'[32]을 학교 안에서 보충하고 확장할 수 있는 가능성을 모색하는 것이다.

교육본위론과 그것을 토대로 하는 교육적 인식론의 요체는 인식의 문제를 품위로서의 지식과 그것을 형성시키는 자율적인 과정으로서 교육과 결부시켜 다룬 점이다. 학문을 그 최종적인 결과가 아니라 그것에 이르는 과정으로 보는 것이 보다 자연스럽다. 교육본위론의 특징은 교육을 다양한 수준의 지식의 위계를 소재로 진행하는 과정의 하나로 개념화한 점이다. 이것은 교육이 이전과 같이 보편적으로 타당한 지식을 가정하였던 것과 크게 대조되는 부분이다. 높은 수준의 지식은 낮은 것을 토대로 진행된다는 내재율이 존중된다. 그 수준의 고하를 막론하고 각 단계에서의 교육이라는 연결고리가 제자리를 잡을 수 있을 때 학문의 저변이 확대될 뿐만 아니라 학문에 참가하는 우리 각자가 처한 위계상의 상대적인 위치도 상호주관적으로 확인할 수 있게 된다. 이런 입장은 지식체계의 확실성을 보장해 주는 불변적 토대를 찾아왔던 이전의 인식론과 그에 터한 교육관

32) 이는 <그림 10.1>의 'd'에 해당하는 부분이다.

에 대한 해독제가 될 것으로 기대된다. 그 해법이 학교에서 일상적으로 이루어지는 관행과 제도와 충돌할 것이다. 그 응용의 광대한 지평은 차츰 추후 연구를 통해서 밝혀질 과제로 남겨 두고 여기서는 끝으로 그 몇 가지 대조적인 측면만을 예시하겠다.

학문적 지식은 본질상 잠정적인 것이며, 최종적인 것일 수 없다. 역사적으로 여러 분야에서 무수한 종류와 수준으로 출현했으며, 지금도 그리고 앞으로도 계속될 것이다. 그런 지식의 성질에 비추어 학교 안에서 어떤 불변적 확실성을 지닌 절대적 지식이나 그것을 획득한 주체를 가정하는 관례는 학교가 피해야 할 명백한 오류이다. 교과서의 지식, 교사의 그것에 대한 해석, 학생의 이해 사이에는 오직 그 우열의 상대성이 있을 뿐이다. 교과서의 내용이 우월한 지식이라면, 그 가치는 교사나 학생들에게 가치 있는 것으로 실감나게 입증될 수 있어야 한다. 단지 문자형식의 교과서는 그 자체의 우월성을 입증할 수 있는 주체의 역할을 수행할 방법이 없다. 지금의 학교체제는 교사가 학생보다 더 높은 수준의 지식을 가지고 있다는 가정을 하고 있으며, 교사가 그 위계를 학생들에게 입증하는 역할을 부여받고 있다. 그러나 그것은 어디까지나 가설에 그치며, 그 가설이 입증되지 않는 한 그 우열의 지위는 잠정적인 것에 불과하다.

교육적 인식론에 따르면, 교육적 교섭이 그 증거를 제공한다. 교육적 관계는 학교 안의 제반 인간관계와는 다른 차원의 범주규정을 요구한다. 엄밀하게 보면, 교사와 학생이라는 학교의 사회적 지위는 학문의 지위나 혹은 교육의 지위와는 별개의 것이다. 교육공동체의 입장에서 교사가 스승이 되고 학생이 제자가 된다는 고정관념은 제도적인 것으로서 그들 사이에 성립할 수 있는 교육적 관계를 너무 경직한 틀에 얽매이게 한다. 학교 안에 생활하는 교사 사이에 혹은 학생들 사이에 학문공동체로서 선진과 후진의 차이가 크며, 그 중간의 수준에서 온갖 수준의 교육적 관계가 성립될 수 있다. 교사가 더 높은 수준의 교사를 스승으로 삼아 상구교육을 한다거나 혹은 학생이 더 낮은 수준의 학생을 제자로 삼아 하화교육을 하는 것은 원칙상 부자연스러운 삶이 아니다. 제도가 그 삶의 양상을 부자연스럽게 규정할 것이 아니라 그 자연스러운 삶의 양상을 제도가 수용하도록 하는 더욱 유연하고 융통성 있는 방안이 강구될 수 있을 것이다.

학문적 지식으로서의 가치와 그 교육적 가치는 서로 비례하지 않는다. 학문적으로 낮은 수준의 지식이 높은 교육적 가치를 지닐 수 있으며, 그 반대도 가능하다(엄태동, 2003b; 장상호, 1991a: 최성욱, 1995b).[33] 교육의 입장에서 학문적 지식이 갖추어야 할 조건은 경험의 연속성을 보장할 수 있어야 한다는 것이다. 한 단계의 지식을 버린다는 것은 그것을 이미 통달한 스승의 입장에서 보는 것이고 아직 그것조차도 증득하지 못한 제자에게는 항상 교육적 가치를 지니고 있다. 스승과 제자가 교육적 교섭에서 표적으로 삼아야 할 지식은 제자가 현재 지니고 있는 개별적인 지식의 다음 단계의 것이다. 스승은 그 위치가 어디인지를 판별하여 그 단계에 부합한 지식을 교육의 소재로서 활용하면서 지금 자신이 가진 지식을 얻기 위해서 거쳐 온 오름의 길을 제자에게 점차 안내할 수 있어야 한다. 이를 위해서는 제자가 자신의 부족한 지식을 아무런 제약이나 억압이 없이 그때그때 노출할 수 있는 분위기를 조성하는 것이 선행되어야 한다. 그런데 앞서 살핀 바와 같이 지금까지 학교의 관례는 학생이 교과서나 교사의 지식과 어긋나는 자신의 지식을 거리낌 없이 표명할 수 있는 있는 통로를 거의 봉쇄하거나 억압하여 왔을 뿐만 아니라 교사가 그 학생의 개별적인 지식을 교육적 교섭의 방편으로 활용하는 것을 거의 금기시하여왔다. 학문을 소재로 하는 교육을 학교 안에서 활성화하려면 그 금기의 감옥으로부터 교사와 학생을 과감하게 해방시켜야 한다.

지식은 체험구조이다. 그 차이가 전제된 스승과 제자가 지식을 언어에 의해서 전달하는 것은 불가능하다. 그 체험의 동질성을 보장하기 위해서는 체험 자체의 해체와 재건이 요망된다. 여기에서는 단순히 지적인 요소

33) 누차 강조되어 온 이 점이 아직도 석연치 않게 느낀다면, 학문의 역사를 통해서 진행되어 온 교육을 상기해 보는 것도 좋을 것이다. 오늘날 오류로 판명된 지식을 과거에는 교육의 소재로 삼아 왔다. 오늘날의 경우도 장래의 다른 시대에는 오류로 판명될 지식을 교육의 소재로 삼고 있다. 그렇다고 해서 시기적으로 이전의 교육이 이후의 교육보다 항상 열등하다고 할 수 있는가?

보다는 그들 서로가 그것을 소지한 사람의 전반적인 인지구조와 어떤 상호관계를 갖고 의미를 갖는가에 더 많은 관심을 두어야 한다. 그런 요청에 지금까지 학교의 실제에 대한 처방을 내린 것 가운데 교육적 인식론의 원칙에 비교적 가장 근접하는 이론이 근래에 주목을 받고 있는 구성주의이다(조부경 외 편역, 2001; Glasersfeld, 1995; Maturana & Varela, 1987; Schmidt, 1994, 1995). 양자의 몇 가지 공통점은 지식이 구성된다는 점, 그것을 위해서 교사는 물론 학생도 역시 적극적인 활동을 해야 한다는 점, 주어진 유관한 맥락에서의 교사는 장인으로서 모범을 보이고 학생은 도제로서 실습에 임해야 한다는 점. 그리고 그들 사이의 협력은 학생이 지닌 현재의 상태를 중심으로 점진적으로 이루어져야 한다는 점 등이다. 이런 방식은 교과서의 내용을 교사가 강의를 통해서 학생들에게 직접 전달하는 방식을 취하는 안이한 학교의 관례와 대조되는 부분이다. 그 관례적인 안주를 과감하게 떨쳐버리는 실천적 혁신이 따라야 할 것이다.

서로 다른 수준의 지식을 지닌 스승과 제자 사이의 구조적인 접속을 위해서 다양한 문헌과 자료가 활용될 수 있다. 교과서는 그중의 하나이다. 이처럼 교과서를 단지 교육을 위한 수단의 하나로 보는 관점은 그 내용을 목적으로 삼는 학교의 관례와는 다른 것으로서 교육적 인식론의 논지에 부응한다. 그런 관점에서 교과서가 구성되고 집필되어야 할 여러 가지 흥미 있는 제안이 이루어져 왔다. 예컨대, 엄태동(1998b)은 키에르케고올의 가명에 의한 저작과 추리소설에 근거할 것을 주장한다. 학생의 지적 수준과 적당하게 불일치하며, 하나의 교과서 속에서도 이질적인 내용들이 충돌하고 갈등하도록 의도적으로 조직함으로써 학생들의 탐구를 자극할 수 있다는 것이다. 양미경(2003a)은 하이퍼텍스트 학습 환경의 도입과 확장이 기존의 학교 학습 상황에 많은 축복과 도전을 동시에 부여하고 있다고 보고, 하이퍼텍스트가 제공하는 여건을 고려하면서 학교 학습의 활동을 진행하는 데 핵심적인 기능을 할 수 있는 교과서의 구성방안을 제시한 바 있다. 그러나 학교가 반드시 교과서만을 교육의 자료로 삼아야 한다는 제약[34]은 참으로 자의적이다. 학문을 소재로 하는 교육을 위해서는 이보다한 걸음 더 관행의 틀을 벗어날 수 있어야 한다. 어떤 학생에게 교육적 가치를 갖는 문헌이 다른 학생에게는 그 가치를 인정할 수 없는 것도 있으며, 이 점에서 모든 문헌이 교육적 교섭을 위한 개별적인 자료로 알맞게 활용될 수 있어야 한다.

학교에서는 주기적인 평가가 자주 이루어진다. 앞에서 살폈듯이 그 평가는 주로 교과서의 내용을 '정답'으로 간주하고 객관식 검사를 통해서 그 공정성을 보장받는 것으로 이루어진다. 이런 관행이 학교의 사회적 선발 기능을 위한 가공의 방편이라고 한다면 수긍이 간다. 그러나 그것이 혹시라도 학문발전이나 교육을 위한 것이라면 천부당만부당하다. 정답으로 삼을 만한 절대적 지식이 학문의 역사에 존재한 적이 없다. 또한 흔히 내세우는 객관성은 위장된 주관에 불과하다는 점을 명심해야 할 것이다. 그 모든 규정과 실천이 학문적 지식의 평가에 역행한다. 평가로 인한 심리적 부담과 과잉반응은 원칙상 교육에서는 용인될 수 없다. 오류를 범하는 것은 교육의 전제이기 때문에 교육에서는 오류의 많고 적음 혹은 그 질이 성공과 패배를 결정하는 중요한 척도가 될 수 없다.

학문을 소재로 하는 교육에서 중요한 것은 교육이 진행되기 이전이든 혹은 이후든 간에 학생 자신이 가지고 있는 지식의 수준이다. 전자는 교육의 소재를 파악하는 우리의 관점에서 필요한 부분이며, 양자는 진리체험을 할 수 있는 중요한 준거로서 요청된다. 만약 정상적인 교육이 진행된다면, 제자에게는 자증, 그리고 스승에게는 타증이라는 요소에 의해서 지식의 성장과 발전 혹은 그들이 가진 지식의 우열에 대한 상대적 판별이 자연스럽게 이루어진다. 심각한 아이러니는 그 자연스러운 교육의 과정을 무시하면서, '교육평가'의 이름으로 사회적 선발을 위한 억지스런 평가가 위세를 떨치고 있는 오늘날의 현실이다.

학문을 소재로 하는 학교교육에 정작 포함시켜야 할 불가결한 평가의

34) 이는 유독 공립학교에서 임의적인 관례로 정착된 것으로서 대학에는 '교재'라는 개념으로 그 제약에서 오래전부터 벗어나 있다.

항목은 교육에 대한 올바른 평가이다. 앞에서 교육이 학문의 발전에 기여할 수 있는 길이 있음을 강조해 왔다. 그 주장을 추궁함에 있어서 빠져서는 안 될 질문이 있다. 이때 그 교육은 무엇인가? 기능주의적 교육관에 따르면, 학문을 발전시키는 것이 교육이라는 편리한 논법이 적용될 수 있다. 앞에서 교육본위의 노선에 접근하는 것으로서 인용된 구성주의자들이 말하는 교수와 학습이라는 개념조차도 아직도 이런 기능주의적인 한계를 크게 벗어나지 못하고 있다. 교육본위론은 그런 기만적인 노선의 연장을 거부했다. 교육은 그 나름의 구조를 가지고 있으며 그 나름의 내재적 가치를 가진 것으로 가정된다. 이 시점에서 진정 학교 안에서 교육이 충실하게 일어났는지에 대한 평가가 필요한 것이다. 그 평가에 포함될 세부사항이나 절차에 관한 것은 이미 제 9장에서 자세하게 다루었기 때문에 반복해서 더 이상의 지면을 낭비할 필요는 없을 것이다.

우리는 이제까지 교육본위론의 한 지류인 교육적 인식론을 토대로 학문을 소재로 하는 교육을 학교 안에 증대시킬 수 있는 방안에 대한 몇 가지 예시를 검토하였다. 예시는 예시에 그쳐야 한다. 여기에 앞으로 더 많은 연구나 그것을 토대로 하는 제안이 추가되어야 할 것이다. 그러나 다른 한편으로 그에 대한 저항도 만만치 않을 것을 것이다. 논자는 마지막으로 그 저항의 두 가지 특수한 양태를 예상해서 그들을 간단하게 논파하는 것으로서 본 절을 마치고자 한다. 그 하나는 이론적 제안이란 추상적인 것으로서 현실감이 없다는 주장이고, 다른 하나는 학교가 그 제안을 수용하기에는 많은 제도상의 제한을 갖는다는 불평이다. 그러나 따지고 보면, 그것은 현상유지를 위한 어설픈 변명에 불과하다는 것이 쉽게 드러난다.

이론이 추상적이라는 것은 부인하기 어려운 사실이다. 그러나 추상적인 것은 실제와 무관하다는 생각은 크게 잘못된 것이다. 모든 학교운영의 실제의 이면에는 사실상 모종의 관념이 작용하고 있다. 그 관념 역시 추상이다. 따라서 단지 추상이라는 이유로 이론을 배제하려는 것은 옳지 않다. 다만 이 문제와 관련하여 우리가 해결해야 할 과제는 실제에 작용하는 저급의 관념과 고급의 이론을 구분하고, 전자에 기초한 실제를 후자를 기초로 개선하는 것이다. 이미 검토했듯이 오늘날 학교를 지배하고 있는 인식론은 오래전에 폐기처분되었어야 한다. 절대적 지식의 존재에 대한 가정, 교과서가 그것을 대변한다는 가정, 그 내용을 언어에 의해서 일률적으로 전달하고 전달받을 수 있다는 가정, 그 성공을 객관적 검사에 의해서 평가할 수 있다는 가정 등이 바로 그런 잔재다. 지금의 학교는 마치 오래된 신화가 지배하는 수용소처럼 보인다. 우리는 그 현실에 매일 심각하게 적응해 가는 젊은이들의 노력과 시간에 비해서, 그 결과가 너무 초라하며, 큰 손실과 낭비라는 판단을 내렸다. 이제 그 추상적인 신화가 진정 타당한 것인가를 곰곰이 따져야 할 때가 되었다. 우리는 그것의 근거 없음을 앞에서 비교적 자세하게 살폈다.

우리가 학교의 문제를 다룰 때 가장 주의 깊게 경계해야 할 태도는 학교가 수단이라는 지위의 범위를 넘어서서 그 자체의 존립을 목적으로 삼는 것이다. 학교의 사회적 선발기능이 미묘한 방식으로 그런 부작용과 관련되어 있음을 앞에서 폭로한 바 있다. 비단 학교뿐만 아니라 모든 사회적 제도나 관습은 어느 경우나 다소간 그 타성을 벗어나기 어려운 내재적 속성을 지니고 있다. 그런 속성의 폐해는 그 구성원이 그 제도와 관례에 적응하면서 살아야 할 불가피한 숙명으로 받아들일 때 일어난다. 학교가 처한 잘못된 현실을 지적하면서 합당한 이론에 근거해서 바로 잡고자 하는 제안을 비현실적인 것으로 치부하려는 불평도 그런 폐해를 은폐하거나 회피하려는 학교당국의 말장난이나 변명으로 해석되어야 한다. 만약 학교가 교육을 소재로 하는 교육을 그 목표로 삼는다면 지금의 학교사태는 사실상 그 본연의 기능을 상실했다고 해도 과언이 아니다. 이런 위급한 상황에 처한 지금이야말로 그 목적과 수단의 전도된 양상을 바로잡을 과감한 결의와 조처가 이루어져야 할 것이다.

# 참고문헌


강만철(2000). “교육본위평가의 개념탐색”. 노희관·이용남(편), ≪교육학의 새로운 파라다임≫. 서울: 교육과학사. pp. 191-210.

강만철(2002). “새 교육평가론”. 이용남(편), ≪교육학과 교육≫. 서울: 교육과학사. pp. 512-529.

강만철(2007). “학생 집단에서의 교육적 관계 탐색”. ≪교육원리연구≫, 12(1), 145-174.

강만철(2008). “Eisner 교육평가 개념의 비판적 고찰”. ≪교육원리연구≫, 13(2), 139-162.

강영혜(1996). “교육개혁에서의 교육관의 문제”. ≪교육철학≫, 14(1), 43-59.

강창동(2000). “한국 교육열의 편집증적 성격에 관한 사회학적 연구”. ≪교육학연구≫, 38(3), 1-20. 서울대학교 사범대학 교육연구소.

강태중(2008). “‘사교육’ 팽창의 교육적 함의탐색”. ≪교육원리연구≫, 13(1), 47-69.

곽진숙(2000). “타일러와 아이스너의 교육평가론 비교 연구”. 서울대학교 석사학위논문.

곽진숙(2005). “수행평가에 함축된 교육의 개념과 가치에 관한 비판적 검토”. 서울대학교 박사학위논문.

곽현승(2005). “교육내재율에 비추어 본 R. S. Peters의 ‘교육받은 사람’ 개념 비판”. 숙명여자대학교 석사학위논문.

권대봉(2003). ≪한국 공교육의 새로운 구상과 전략≫. 서울: 집문당.

권상연(2000). “학교붕괴의 실태분석을 통한 문제점 및 개선방안연구”. 서울특별시 교육연구원.

김규욱(1996). "듀이의 경험이론에 비추어 본 도구주의의 재해석". ≪교육원리연구≫, 1(1), 127-156.

김규욱(2001). "듀이 교육이론에 대한 교육본위론적 재해석". 서울대학교 박사학위논문.

김남희(2000). "법화경의 '방편'에 관한 교육학적 해석". 서울대학교 석사학위논문.

김동화(1984). ≪불교학 개론≫. 서울: 보연각.

김성준(2006a). "내재적 교육관의 사회 비판: Shiller의 미적 교육론을 중심으로". ≪교육원리연구≫, 11(1), 129-152.

김성준(2006b). "<국가>와 <논어>에 나타난 '정치와 교육'의 관계 비교". ≪교육원리연구≫, 11(2), 103-134.

김성훈(2008). "교육평가는 교육을 교육답게 하는가?". ≪교육원리연구≫, 13(1), 73-91.

김소희(2001). "열정체험의 교육학적 해석: 한 예술가의 생애를 중심으로". 숙명여자대학교 박사학위논문.

김소희(2004). "학부모 교육열의 내러티브적 접근". ≪교육학연구≫, 42(2), 271-313.

김신애(2005). "교육비용논의에 포함된 이론적 전제의 비판적 고찰". 서울대학교 석사학위논문.

김신일·박부권 편저(2005). ≪학습사회의 교육학≫. 서울: 학지사.

김영수·강명희·정재삼 편(1997). ≪교육공학의 이론과 실제≫. 서울: 교육과학사.

김영화(2004). "사교육 선호 경향 및 선호 요인 분석 연구". ≪교육학연구≫, 42(2), 335-365.

김은아(2007). "교육활동에서 의사소통의 불일치와 '제 2언어'의 역할". ≪교육원리연구≫, 12(1), 89-123.

김재복(2006). "공교육 내실화를 위한 교육의 방향과 연구과제". 교육과정평가원.

김재웅(1996a). "1980년대 교육개혁의 정치적 의미와 교육적 의의: 졸업정원제와 과외금지 정책을 중심으로". 한국교육정치학회 연차학술대회 발표논문.

김재웅(1996b). "원격교육의 가능성과 한계: 방송대학을 중심으로". ≪방송통신교육논총≫, 9, 151-175. 한국방송통신교육대학교 방송통신교육연구소.

김재웅(1998). "교육자치의 의미와 전망: 지방교육자치제도를 중심으로". ≪교육원리연구≫, 3(1), 23-38.

김재웅(1999). "홈스쿨(Home School)의 교육적·정치적 의미". ≪교육학연구≫, 37(4), 255-274.

김재웅(2000). "학교행정가의 전문성 보장을 위한 대안적 접근: Schön의 실천적 인식론을 중심으로". ≪교육행정학연구≫, 18(1), 265-286.

김재웅(2001). ≪정치로부터 자유로운 교육: 교육정치학 읽기≫. 서울: 원미사.
김재웅(2004). "한국 교육정치학의 반성과 발전과제". ≪교육행정학연구≫, 11, 62-88.
김재웅(2006). "종교와 교육의 관계 재음미: 교육본위론에서 본 종교교육의 의미". ≪교육원리연구≫, 11(2), 135-161.
김재웅(2008). "미국 교육사 연구의 역사에 대한 비판적 고찰: 교육사 연구를 위한 새로운 접근의 가능성". ≪교육원리연구≫, 13(2), 1-32.
김재웅 · 홍순정 · 엄태동(1998). "원격교육의 질 개선을 위한 교육학적 모형 탐색". ≪방송통신교육논총≫, 11, 37-58. 한국방송통신교육대학교 방송통신교육연구소.
김지현(1988). "교육평가의 일치도 모형에 관한 반성적 고찰". 서울대학교 석사학위논문.
김지현(1997). "협동교육의 관점에서 본 부모-자녀의 상호작용: 로고프의 <Apprenticeship in Thinking>을 중심으로". ≪교육원리연구≫, 2(1), 1-44.
김지현(1998). "피아제와 비고스키 이론의 쟁점에 관한 교육학적 해석". ≪교육원리연구≫, 3(1), 197-238.
김지현(2000a). "교육어의 개념에 비추어본 비고츠키의 '고등정신기능의 점유를 위한 언어'". ≪교육원리연구≫, 5(1), 1-48.
김지현(2000b). "비고츠키의 지식점유과정과 언어매개기능에 관한 교육학적 고찰". 서울대학교 박사학위논문.
김지현(2001). "'교육하는 인간'의 원형으로서의 유아". ≪교육원리연구≫, 6(1), 57-93.
김지현(2002). "학습자 발화의 본질과 기능". ≪아시아교육연구≫, 3(2), 95-134. 서울대학교 교육연구소.
김지현(2003). "교섭을 위한 교육적 지식의 수준조절 원리". ≪교육원리연구≫, 8(1), 31-76.
김지현(2004). "고등교육후속세대를 위한 강의실습: 서울대 핵심교양 「삶과 교육」의 '하화공동체' 사례를 중심으로". ≪아시아교육연구≫, 5(1), 127-143. 서울대학교 교육연구소.
김지현(2005). "'하화열정'의 교육학적 이해". ≪교육원리연구≫, 10(2), 171-232.
김지현(2006). "대학 고등교육의 질 구성요소 논의의 대안적 패러다임 탐색". ≪한국교원교육연구≫, 23(1), 1-35.
김지현(2007). "대학 기초교양교육의 재개념화". ≪교육원리연구≫, 12(2), 115-152.
김한미(2006). "'성악레슨'에서 드러나는 '교육소재적 특징'과 '교육의 내재율'". ≪교육원리연구≫, 11(1), 153-176.

김한미·윤병희(2006). "'교육적 체험'의 특징과 내재적 가치". ≪교육원리연구≫, 11(2), 75-103.
김형수 역해(1989). ≪예기≫. 서울: 한국서적공사.
김형효(1989). ≪구조주의의 사유체제와 사상≫. 서울: 인간사랑.
김혜숙 편(1995). ≪포스트모더니즘과 철학≫. 서울: 이화여자대학교 출판부.
김호권(1976). ≪완전학습의 원리≫. 서울: 한국능력개발사.
김휘준(1998). "교육본위론적 관점에서 본 예수의 삶". 서울대학교 석사학위논문.
남승완(2005). "'입시위주교육'의 논점에 비춰본 중등교원임용교사의 파급효과: 교육학 시험을 중심으로". 서울대학교 석사학위논문.
남승택(2001). "예수의 삶에서 드러난 교육적 과정". ≪신안전망≫, 제 134호, 광주카톨릭 대학교.
노희관·이용남 편(2000). ≪교육학의 새로운 파라다임≫. 서울: 교육과학사.
동국대학교 역경위원회 역(1990~3). ≪잡아함경(1, 2, 3)≫. 서울: 동국역경원.
문무경(2002). ≪학습과 발달에 대한 이해≫. 서울: 창지사.
박고훈·박분희(2002). "교사교육의 반성과 대안 탐색: 중등교원 양성을 중심으로". ≪한국교원교육연구≫, 19(1), 245-271.
박남기(2000). "'교육열 개념모형'에 터한 과열과외정책 재분석". 오만석 외. ≪교육열의 사회문화적 구조≫. 한국정신문화연구원.
박도순(2000). "수행평가정책의 방향". 황정규(편), ≪한국교육평가의 쟁점과 대안≫. 서울: 교육과학사. pp. 169-200.
박민정(1998). "열린교실의 교육공간 구성에 관한 참여관찰 연구". 서울대학교 석사학위논문.
박병기(1998). "인터넷의 교육적 해석". ≪교육원리연구≫, 3(1), 175-196.
박분희(1998). "교육의 재개념화에 따른 교육적 관계 탐색". ≪목포대학교 논문집≫, 19(1), 97-112. 목포대학교.
박분희(2000). "메타교육의 관점에서 본 교사교육의 반성과 대안탐색". 노희관·이용남(편), ≪교육학의 새로운 파라다임≫. 서울: 교육과학사. pp. 253-286.
박분희(2002). "메타교육". 이용남(편), ≪교육학과 교육≫. 서울: 교육과학사. pp. 531-552.
박분희(2003). "가정에서의 메타교육". ≪교육원리연구≫, 8(1), 1-29.
박종현 편저(1996). ≪플라톤≫. 서울: 서울대학교출판부.
배수옥(2005). "중산층 전업주부들의 학습공간으로서 백화점 문화센터에 관한 문화기술적 연구". 서울대학교 박사학위논문.
배호순(2000). ≪수행평가의 이론적 기초≫. 서울: 학지사.

배호순(2008a). ≪교육프로그램 평가론≫. 서울: 도서출판 원미사.
배호순(2008b). ≪평가하는 학교사회≫. 서울: 교육과학사.
백순근(1999). "교수-학습 활동에서 선택형 검사의 활용에 대한 비판적 논의". ≪교육원리연구≫, 4(1), 63-87.
백순근(2000). ≪수행평가의 원리≫. 서울: 교육과학사.
부윤희(2002). "소집단 활동에서 능력별 집단구성 유형에 따른 교육어 사용의 양상". 서울대학교 석사학위논문.
서덕희(1999). "매체 경험의 교육적 의미: 두 청소년의 생애를 중심으로". 서울대학교 석사학위논문.
서덕희(2006). "홈스쿨링의 가능성과 한계에 관한 참여관찰 연구". 서울대학교 박사학위논문.
서울대학교 교육연구소 편(1998). ≪교육학 대백과사전≫, 제 1권. 서울: 하우동설.
성백효 역주(1990). ≪논어집주≫. 서울: 전통문화연구회.
성백효 역주(1991). ≪맹자집주≫. 서울: 전통문화연구회.
손민호(1995). "브루너 탐구학습의 비판적 재검토: "새로운" 과학철학을 중심으로". 서울대학교 석사학위논문.
손민호(2002). "상황학습론: 학습 활동의 고찰". ≪아시아교육연구≫, 3(2), 1-24. 서울대학교 교육연구소.
송기주(2000). "교육에 있어서 갈등의 인식론적 미학". 노희관·이용남(편), ≪교육학의 새로운 파라다임≫. 서울: 교육과학사. pp. 105-142.
송기주(2002). "교육의 구조". 이용남 편(2002), ≪교육학과 교육≫. 서울: 교육과학사. pp. 389-403.
신기현(1995). "메타교육의 관점에서 본 임상장학". 서울대학교 석사학위논문.
신기현(1996). "<논어>의 호학에 나타난 교육적 삶". ≪교육원리연구≫, 1(1), 157-173.
신기현(1999). "교육분야에서의 전기적 방법의 가능성 탐색". ≪교육원리연구≫, 4(1), 89-110.
신기현(2002a). "메타교육의 관점에서 본 칼 로저스의 교육적 삶: 한국 교육개혁에의 시사". 서울대학교 박사학위논문.
신기현(2002b). "구성주의 교사교육의 연구쟁점과 향후과제". ≪교육행정학연구≫, 20(3), 49-68.
신기현(2003). "구성주의 교육활동을 통한 교사학습자들의 신념변화 연구", ≪한국교원교육연구≫, 20(2), 151-173.
신기현(2006). "교육관 평가도구 개발을 위한 외재교육과 내재교육의 평가틀 구성".

≪교육원리연구≫, 11(1), 37-62.
신기현(2007). "교육행정가치에 대한 목적-수단 관점의 비판적 검토". ≪교육원리연구≫, 12(1), 65-88.
신기현(2008). "학교체제에서의 교육가치와 행정가치의 관계 탐색". ≪교육원리연구, 13(2). 197-222.
신소림(1992). "폴라니 지식론의 교육적 함의". 서울대학교 석사학위논문.
양미경(1992). "질문의 교육적 의의와 그 연구 과제". 서울대학교 박사학위논문.
양미경(1995a). "오류에 대한 교육적 해석". ≪한국교육≫, 22, 5-15. 한국교육개발원.
양미경(1995b). "질문의 생성을 촉진하는 교육적 조건 연구". ≪교육학연구≫, 33(1), 95-116.
양미경(1996). "언어적 상호작용을 통한 가르침의 의의와 한계". ≪교육학연구≫, 34(3), 145-159.
양미경(1998). "교과서 내용 구성 방식의 문제와 발전 과제". ≪교육과정연구≫, 16(1), 85-123.
양미경(1999). "교육과 시간: 시간의 의미에 대한 교육적 이해". ≪교육과정연구≫, 17(1), 93-114.
양미경(2000). "대화의 특성과 조건에 대한 교육학적 해석". ≪교육과정연구≫, 18(1), 253-274.
양미경(2001). "체험 학습의 의미 및 조건의 탐색과 예시 자료 개발: 초·중학생용 모의재판 시나리오 개발을 중심으로". ≪교육학연구≫, 39(1), 167-196.
양미경(2002a). "교육과정의 성격에 대한 구성주의 관점의 시사". ≪교육과정연구≫, 20(1), 1-26.
양미경(2002b). "학생의 질문 행동 및 내용의 특성과 그에 따른 교육적 시사점 분석". ≪교육학연구≫, 40(1), 99-128.
양미경(2002c). "사이버 공간에서의 교육적 관계 형성의 가능성과 한계". ≪교육과정연구≫, 20(3), 173-190.
양미경(2003a). "하이퍼텍스트 학습 환경의 특성 및 교과서 구성 방식에의 시사점 분석". ≪교육공학연구≫, 19(3), 123-147.
양미경(2003b). "학습자의 오류 분석을 통한 보충과정 교재 개발의 원리 탐색". ≪교육과정연구≫, 21(3), 243-264.
양미경(2004a). "학교의 기능에 대한 사회적 요구의 성격: 다중성과 모호성". ≪교육학연구≫, 42(2), 133-162.
양미경(2004b). "교육내용 적정화의 방법 및 제약 요인의 탐색: 교과서 내용 구성 방식을 중심으로". ≪교육과정연구≫, 22(3), 49-71.

양미경(2005a). "'교육'본위 교육과정 연구의 논리와 시사점". ≪교육원리연구≫, 10(2), 39-69.

양미경(2005b). "정보 사회에서의 학교 교육과정 재구조화의 방향 탐색". ≪교육과정연구≫, 23(1), 1-25.

양미경(2007). "국가수준 교육과정 개정 담론에 대한 비판적 고찰 - 2007년 개정안을 중심으로". ≪교육원리연구≫, 12(2), 21-40.

양미경(2008a). ≪교육과정 및 교수방법(증보판)≫. 서울: 교육과학사.

양미경(2008b). "학문과 예술의 독자성 추구 노력과 그 교육학적 시사점 탐색". ≪교육원리연구≫, 13(2), 33-60.

엄태동(1990). "<갈매기의 꿈>에 나타난 가르침과 배움의 구조". 서울대학교 석사학위논문.

엄태동(1993). "교육적 인식론 탐색". ≪교육학 연구 노트≫. 제 1호. 서울대학교 사범대학 교육학과.

엄태동(1996). "키에르케고르 간접전달과 교육적 인식론". ≪교육원리연구≫, 1(1), 85-126.

엄태동(1997). "반정초주의적 교화의 철학으로부터 온 초대장: 교육적 인식론의 매력과 의의". ≪교육원리연구≫, 2(1), 45-95.

엄태동(1998a). "교육적 인식론 탐구: 키에르케고르와 폴라니의 교화적 방법에 대한 교육학적 고찰". 서울대학교 박사학위논문.

엄태동(1998b). ≪교육적 인식론 탐구: 인식론의 딜레마와 교육≫. 서울: 교육과학사.

엄태동(1998c). "Kierkegaard 가명 저작의 방편성: 교육과정 및 교육방법에 주는 시사". ≪교육학연구≫, 36(4), 71-95.

엄태동(1998d). "리처드 로티: '깨져 버린 자연의 거울'과 교화의 철학, 그리고 교육". ≪교육원리연구≫, 3(1), 155-174.

엄태동(2000). "초등교육의 개념". ≪교육원리연구≫, 5(1), 195-214.

엄태동 편저(2001a). ≪존 듀이의 경험과 교육≫. 서울: 원미사.

엄태동(2001b). "존 듀이 교육학에 대한 오해와 새로운 이해". ≪교육원리연구≫, 6(1), 95-129.

엄태동(2001c). "리처드 로티의 네오 프래그마티즘의 사유체계와 교육의 재개념화". ≪청주교육대학교 논문집≫, 38, 269-292. 청주교육대학교.

엄태동(2002). "초등교사의 교수활동: 쉬움과 어려움의 패러독스". ≪교육원리연구≫, 7(1), 109-132.

엄태동(2003a). ≪초등교육의 재개념화≫. 서울: 학지사.

엄태동(2003b). "초등교육의 맥락에서 본 초급지식의 성격: 교육의 가치와 교과의 가치에 대한 분석". ≪초등교육연구≫, 16(1), 1-21.
엄태동(2004a). "초등교육 재개념화의 두 가지 길". ≪초등교육연구≫, 17(2), 27-51.
엄태동(2004b). "초등교육의 두 가지 상이한 양상들". ≪충북교육연구≫, 1, 19-28. 충청북도교육청.
엄태동(2005). "하이데거의 실존 수행과 알레테이아, 그리고 교육". ≪교육원리연구≫, 10(2), 137-140.
엄태동(2006). ≪교육의 본질과 교육학≫. 서울: 학지사.
오욱환(2000). ≪한국사회의 교육열: 그 기원과 심화≫. 서울: 교육과학사.
오익수(2002). "교육활동론". 이용남(편), ≪교육학과 교육≫. 서울: 교육과학사. pp. 467-479.
오천석(1964), ≪한국신교육사≫, 서울: 현대교육총서출판사.
윤병희(1995). "은유를 통한 교육의 개념화 가능성 탐색: '몰류'와 '게임'의 은류를 중심으로". ≪교육연구≫, 4, 71-89. 숙명여자대학교 교육문제연구소.
윤병희(1996). "해석적 체험과 교육적 체험". ≪교육과정연구≫, 4(1), 235-263.
윤병희(1997). "교육과정학의 정립가능성 탐색을 위한 시론". ≪교육학연구≫, 35(1), 161-183.
윤병희(1998). "교육과정 연구의 동향과 대안적 접근의 필요성". ≪교육과정연구≫, 16(2), 1-26.
윤병희(1999). "교육과정학의 학문적 성격 재개념화를 위한 비판적 시론". ≪교육과정연구≫, 17(2), 393-413.
윤병희(2002). "교육과정학의 학문적 정체성과 연구동향". 한국교육과정학회(편), ≪교육과정: 이론과 실제≫. 서울: 교육과학사. pp. 9-55.
윤병희(2003). "교과서 지식의 급진적 재개념화 가능성의 탐색". ≪교과서연구≫, 41, 55-59. 한국교과서연구재단.
윤병희(2005). "교육과정연구에서의 교육목적론과 교육소재론". ≪교육과정연구≫, 23(4), 1-35.
윤병희(2007). "교육과정 연구에서의 '이론-실제'에 관련된 인식론적 쟁점 탐구". ≪교육원리연구≫, 12(1), 1-30.
윤여각(1997). "태극대학교 대학원의 학문적 수월성 유지 기제에 관한 문화 기술적 사례 연구". 서울대학교 박사학위논문.
윤여각(1998a). "대학원 교육에서의 질문의 의미: 문화 기술적 사례 연구". ≪교육인류학연구≫, 1(1), 21-46.
윤여각(1998b). "교육인류학과 문화교육학: 문화와 교육의 관계에 대한 두 가지 탐구 양식". 한국교육인류학회 동계 워크숍 발표 논문.

윤여각(2000). “교육 연구에서 질적 접근의 논리와 방법”. ≪교육학연구≫, 38(3), 133-158.
윤여각(2001). “교육과 문화의 관계: 갈등에서 상생으로”. ≪교육인류학연구≫, 4(2), 33-39.
윤여각(2002). “평생학습 활성화를 위한 학교교육방법 개선 방향”. ≪평생교육학연구≫, 8(2), 21-40.
윤여각(2003). “문화·예술 교육에 대한 재검토”. ≪교육원리연구≫, 8(1), 143-163.
윤여각(2004). “지역교육의 과제”. 윤여각 · 이희수 · 양병찬. ≪지역사회교육론≫. 서울: 한국방송통신대학교 출판부. pp. 259-283.
윤여각(2005a). “지역교육의 발전을 위한 체제 설계”. ≪한국방송통신대학교 논문집≫, 제39집, 567-589. 한국방송통신대학교.
윤여각(2005b). “교육의 주체”. 조화태 · 전용오 · 윤여각. ≪교육의 이해≫. 서울: 한국방송통신대학교 출판부. pp. 41-74.
이경수 외 편역(/1991). ≪신비평과 형식주의≫. 서울: 고려원.
이대희 편(2001). ≪가치론의 문제와 역사≫. 대구: 정림사.
이돈희(1998). “공교육제도의 발달: 역사적 고찰”. 서울대학교 교육연구소(편), ≪교육학대백과 사전≫. 서울: 하우동설. pp.138-143.
이민영(2000). “교육의 재개념화에 따른 교육공간의 재조명”. 노희관·이용남(편), ≪교육학의 새로운 파라다임≫. 서울: 교육과학사. pp. 230-251.
이민영(2002). “교육공간론”. 이용남(편), ≪교육학과 교육≫. 서울: 교육과학사. pp. 481-498.
이수연(1998). “‘공부하기 싫어하는 아이’에 관한 반성적 고찰”. 서울대학교 석사학위논문.
이시영(2005). “소태산의 메타교육활동 탐구”. 전남대학교 박사학위논문.
이시영 · 이용남(2004). “교육적 가능성 실현을 위한 메타교육 탐색”. ≪교육연구≫, 27, 1-15. 전남대학교 교육문제연구소.
이영길(2000). “메타교육의 관점에서 본 장악의 교육적 관계분석”. 노희관·이용남(편), ≪교육학의 새로운 파라다임≫. 서울: 교육과학사. pp. 287-310.
이영길(2002). “교육의 가치”. 이용남(편), ≪교육학과 교육≫. 서울: 교육과학사. pp. 405-420.
이용남(1997). “한국 교육학의 두 전형 비교”. ≪교육원리연구≫, 2(1), 97-110.
이용남(2001). “교육원형 탐구: 판소리의 사례”. ≪교육원리연구≫, 6(1), 37-55.
이용남 편(2002). ≪교육학과 교육≫. 서울: 교육과학사.
이용남(2004). “현행 한국 교육학의 성격과 문제점 분석”. ≪교육원리연구≫, 9(1),

251-270.
이용남(2005). "학교 안의 교육과 심리: 교육심리학의 정체성 비판". ≪교육원리연구≫, 10(1), 93-115.
이용남(2007a). "교육환경으로서의 인간의 심리적 특성". ≪교육원리연구≫, 12(2), 1-18.
이용남(2007b). "학교, 정초주의, 반정초주의, 그리고 교육". ≪교육원리연구≫, 12(1), 125-143.
이용남(2008). "최근 지식관의 변화와 교육활동의 재구성". ≪교육원리연구≫, 13(1), 1-20.
이용남·오익수(2000). "교육평가론의 비교연구". 노희관·이용남(편), ≪교육학의 새로운 파라다임≫. 서울: 교육과학사. pp. 211-230.
이용남·최현(2000). "교육의 내재적 목적론". 노희관·이용남(편), ≪교육학의 새로운 파라다임≫. pp. 77-104.
이우진(1993). "니체의 교육적 인간상 탐구". 서울대학교 석사학위논문.
이응백(2000). "배움과 가르침", ≪서울대학교 사범대학 동창회보≫, 제 126호, pp. 2-3.
이이(/1986). ≪격몽요결≫(김성원 역). 서울: 명문당.
이정연(2004). "퇴계 이황의 교육적 삶과 메타교육". ≪교육원리연구≫, 9(1), 213-249.
이종각·김기수(2003). "'교육열' 개념의 비교와 재정의". ≪교육학연구≫, 41(3), 191-214.
이종재(2004). "사교육 문제에 대한 대책: 공교육 교육력 강화를 중심으로". ≪KEDI 포지션메이퍼 KP2004-01≫. 서울: 한국교육개발원.
이지혜(2000). "성인 학습자 성장과정 연구: 미용인의 직업발달을 중심으로". 서울대학교 박사학위논문.
이한(1998). ≪학교를 넘어서≫. 서울: 민들레.
이한정 역(1955). ≪십송률 2≫. 서울: 동국역경원
이현옥(2002a). "교육소재론". 이용남 편, ≪교육학과 교육≫. 서울: 교육과학사. pp. 421-440.
이현욱(2002b). "교육소재의 선택과 배열 탐색". 전남대학교 박사학위논문.
이혜영 외(2002). "교육복지 투자우선지역 선정 지원을 위한 연구". 한국교육개발원.
이홍우(1977). ≪교육과정 탐구≫. 서울 : 교육과학사.
이홍우(1991). ≪교육의 개념≫. 서울: 문음사.
이홍우(1998a). "교육과정: 개관". 서울대학교 교육연구소(편), ≪교육학 대백과사전≫.

서울: 하우동설. pp. 530-543.
이홍우(1998b). ≪교육의 목적과 난점≫(제6판). 서울: 교육과학사.
이황(/1985). ≪증보 퇴계전서 5≫. 서울: 성균관대학교 출판부.
정기근·이석호 역(1976). ≪노자·장자≫. 서울: 삼성출판사.
장상호(1977a). ≪행동과학의 연구논리≫. 서울: 교육출판사.
장상호(1977b). ≪행동과학의 문제와 방법론≫. 서울: 교육출판사.
장상호(1980a). "행동통제의 사회적 윤리". ≪교육학연구≫, 18(2), 72-108.
장상호(1980b). ≪인간행동과 자유≫. 서울: 교육과학사.
장상호(1983). ≪교육과학의 좌표≫. 신용국 외, ≪한국교육학의 성장과 과제≫. 한국정신문화원. pp. 365-401.
장상호(1986). "교육학의 비본질성". ≪교육이론≫, 1(1), 5-53. 서울대학교 교육학과.
장상호(1987). ≪피아제: 발생적 인식론과 교육≫. 서울: 교육과학사.
장상호(1990). "교육의 정체혼미와 교육학의 과제". ≪교육이론≫, 5(1), 21-64. 서울대학교 교육학과.
장상호(1991a). "교육학 탐구영역의 재개념화". ≪교육학연구≫, 91-2. 서울대학교 사범대학 교육연구소.
장상호(1991b). "교육학+교육=?". ≪한국교육학회소식≫, 27(5). 한국교육학회.
장상호(1993). 학문공동체의 지적 풍토에 관한 소고. ≪서울대학교 사대논총≫, 제47집, 25-59.
장상호(1994a). ≪폴라니: 인격적 지식의 확장≫. 서울: 교육과학사.
장상호(1994b). "교육적 방법론". 한기언(편), ≪교육국가의 건설: 교육의 세기와 기초주의≫. 청뢰 한기언 박사 고희기념 논문집. 서울: 양서원. pp. 281-321.
장상호(1994c). "또 하나의 교육관". 이성진(편), ≪한국교육학의 맥≫. 서울: 나남출판. pp. 291-326.
장상호(1994d). "교육은 결국 교육에 의해서 개혁되어야 한다". ≪교육개발≫, 87, 10-13. 한국교육개발원.
장상호(1996). "교육적 관계의 인식론적 의의". ≪교육원리연구≫, 1(1), 1-50.
장상호(1997a). ≪학문과 교육(상권): 학문이란 무엇인가≫. 서울: 서울대학교출판부.
장상호(1997b). "교육의 재개념화에 따른 10가지 탐구영역". ≪교육원리연구≫, 2(1), 111-213.
장상호(1998). "교육활동으로서의 언어소통: 그 한계와 새로운 가능성의 탐색". ≪교육원리연구≫, 3(1), 77-128.
장상호(1999). "교육적 반전의 내재율에 비추어 본 고대 희랍의 교육삼대". ≪교육원리연구≫, 4(1), 1-62.

장상호(2000a). ≪학문과 교육(하권): 교육적 인식론이란 무엇인가≫. 서울: 서울대학교출판부.

장상호(2000b). "사대스승의 메타교육". ≪교육원리연구≫, 5(1), 49-127.

장상호(2001). "교육연구의 패러다임 전환을 위한 방략". ≪교육원리연구≫, 6(1), 1-35.

장상호(2002). "교육적 관계와 교육공동체에 관한 소고". ≪교육원리연구≫, 7(1), 1-40.

장상호(2003). "교육발전의 도해". ≪교육원리연구≫, 8(1), 77-123.

장상호(2004). "학교교육의 정상화를 위한 교육평가의 재구성". ≪교육원리연구≫, 9(1), 83-176.

장상호(2005a). ≪학문과 교육(중권 I): 교육이란 무엇인가≫. 서울: 서울대학교출판부.

장상호(2005b). "당신은 교육학자인가?". ≪교육원리연구≫, 10(2), 1-17.

장상호(2007). "교육에 대한 개념과 어휘의 해체". ≪교육원리연구≫, 12(1), 31-64.

장상호(2009). ≪학문과 교육(중권 II): 교육본위의 삶≫. 서울: 서울대학교출판부.

장회익 외(1991). ≪인간이란 무엇인가≫. 서울: 민음사.

전정호(2000). "쇤(D. A. Schön)의 실천적 인식론에 나타난 교육적 실습의 조건분석". 서울대학교 석사학위논문.

정민승(2000). "온라인 학습 공동체에 대한 성인교육학적 해석". 서울대학교 박사학위논문.

정민승(2002). ≪사이버 공간과 평생학습≫. 서울: 교육과학사.

정범모(1968). ≪교육과 교육학≫. 서울: 배영사.

정범모(1972). "교육과 국가발전". 정범모·정원식(편), ≪교육과 국가발전≫. 서울: 교육출판사. pp. 11-29.

정연희(2000). "아함경에 나타난 교육적 관계의 전개 양상". 서울대학교 석사학위논문.

정연희(2007). "교육기회의 확대?: 원격교육논의에 나타난 '열린(open)' 개념의 비판적 검토". ≪교육원리연구≫, 12(2), 153-181.

정인성·나일주(2004). ≪원격교육의 이해≫. 서울: 교육과학사.

정일선(2000). "학교에 대한 교육본위론적 탐구". 노희관·이용남(편), ≪교육학의 새로운 파라다임≫. 서울: 교육과학사. pp. 31-51.

정일선(2002a). "교육환경론". 이용남(편), ≪교육학과 교육≫. 서울: 교육과학사. pp. 499-512.

정일선(2002b). "학교의 교육화를 위한 교육본위적 조건 탐색". 전남대학교 박사학위논문.

정창윤(2000). "교육학적 인간상". 노희관·이용남(편), ≪교육학의 새로운 파라다임≫.

서울: 교육과학사. pp. 53-76.
정창윤(2002). “교육과 인간”. 이용남(편), ≪교육과 교육학≫. 서울: 교육과학사. pp. 441-465.
정창윤(2003). “교육「하는」 존재로서의 인간 탐구: 선종의 사자상승을 중심으로”. 전남대학교 박사학위논문.
정환금(2000). “구성주의와 교육적 인식론의 비교를 통한 초등교육론탐색”. 노희관·이용남(편), ≪교육학의 새로운 파라다임≫. 서울: 교육과학사. pp. 143-174.
정환금(2002). “교육적 인식론”. 이용남(편), ≪교육과 교육학≫. 서울: 교육과학사. pp. 553-566.
조부경 외 편역(2001). ≪구성주의 이론, 관점, 그리고 실제≫. 서울: 양서원.
조성로(2004). “「격몽요결」의 교육본위론적 해석: 메타교육을 중심으로”. 목포대학교 석사학위논문.
조용환(1995). “교육학에서의 문화 연구”. ≪문화에 대한 다학문적 접근≫. 서울대학교 사회과학대학 비교문화연구소 제4회 학술 심포지엄 자료집.
조용환(1997). ≪사회화와 교육≫. 서울: 교육과학사.
조용환(1998). “교육인류학의 연구 동향”. ≪교육개발≫, 통권 제 115호. 한국교육개발원.
조용환(1999a). ≪질적 연구: 방법과 사례≫. 서울: 교육과학사.
조용환(1999b). “문화기술적 연구방법”. ≪질적 연구: 방법과 사례≫. 서울: 교육과학사.
조용환(2001). “문화와 교육의 갈등-상생관계”. ≪교육인류학연구≫, 4(2), 1-27.
진교훈(1982). ≪철학적 인간학 연구(I)≫. 서울: 경문사.
차경수(1976). “발전교육론의 업적과 과제”. ≪교육학연구≫, 14(3), 169-180.
차경수(1986). ≪발전교육이론≫. 서울: 교육과학사.
차성현(2000). “검도 수련 과정의 교육학적 해석”. 서울대학교 석사학위논문.
채선희(1996). “사회과학 연구방법론의 재정립을 위한 개념적 접근: 질적·양적 방법을 중심으로”. ≪교육학연구≫, 34(5), 281-297.
채선희(1997). “교육평가의 내재적 가치와 그 실현방안”. ≪교육학연구≫, 35(4), 155-177.
채선희(1999). “교육평가의 새로운 이론체계 확립을 위한 시도: 교육평가의 구성요소와 구조적 관계”. ≪교육학연구≫, 37(2), 209-226.
채선희(2001). “교육평가에 개입되는 가치간의 갈등유형 분석과 갈등해결을 위한 평가모형 탐색”. ≪교육학연구≫, 39(3), 27-50.
최명관 역(/1983). ≪방법서설·성찰·데까르트 연구≫. 서울: 서광사.

최명선(2004). “산악등반 체험의 교육적 해석”. ≪교육학연구≫, 42(2), 217-246.
최명선(2007). “‘죽음’이라는 렌즈를 통해 본 ‘교육적 삶’과 그 전개양상”. ≪교육원리연구≫, 12(2), 89-114.
최무자(1988). ≪조선장인들: 한국의 전통기예능 장인 21선≫. 서울: 혜진서관.
최성욱(1988). “학교와 교육의 관계에 비추어 본 교육사회학의 학문적 성격 고찰”. 서울대학교 석사학위논문.
최성욱(1994). “변신이야기에 나타난 교육의 구조 탐색”. 서울대학교 박사학위논문.
최성욱(1995a). “교육과정 개념화의 대안적 접근”. ≪교육학연구≫, 33(5), 193-216.
최성욱(1995b). “교육적 가치에 관한 개념적 혼동”. ≪한국교육≫, 22, 17-34.
최성욱(1996). “교과교육학 논의의 반성적 이해와 대안적 접근: 교육본위 교과교육학의 가능성 검토”. ≪교육원리연구≫, 1(1), 51-84.
최성욱(1997a). “교육발전론 재검토”. ≪교육원리연구≫, 2(1), 213-244.
최성욱(1997b). “가르침의 방법적 이해”. ≪목포대학교 논문집≫, 18(2), 23-47.
최성욱(1998). “서구문명의 한계와 교육학의 새로운 출구”. ≪교육연구≫, 11, 1-23. 목포대학교 교육연구소.
최성욱(1999). “전통문화에 입각한 교육과정의 재구조화”. 건국대학교 한국문제연구원(편), ≪교육과 삶의 질≫. 서울: 건국대학교 출판부. pp. 9-62.
최성욱(2003). “교육비 개념의 타당성 검토”. ≪교육원리연구≫, 8(1), 125-142.
최성욱(2004a). “교사-학생 관계의 비판적 고찰”. ≪교육원리연구≫, 9(1), 1-45.
최성욱(2004b). “정보화 시대의 교육적 성찰”. ≪교육과정연구≫, 22(2), 207-220.
최성욱(2005). “교육학 패러다임의 전환: 기능주의에서 내재주의로”. ≪교육원리연구≫, 10(2), 71-135.
최성욱(2006a). “교육적 시간의 의미”. ≪교육원리연구≫, 11(1), 101-128.
최성욱(2006b). “교육공간의 의미와 조건”. ≪교육원리연구≫, 11(2), 1-30.
최성욱(2007). “국가주의 교육관의 교육 역행성 비판”. ≪교육원리연구≫, 12(2), 43-85.
최성욱(2008). “대학종합평가에 나타난 교육평가요소의 타당성 검토”. ≪교육원리연구≫, 13(2), 163-195.
최성욱(2009). “정답 위주 평가체제에 대한 비판적 고찰”. ≪열린교육연구≫, 17(1), 129-145.
최성욱·신기현(1998). “교육평가의 내재성과 외재성”. ≪교육원리연구≫, 3(1), 39-76.
최성욱·신기현(1999). “교육평가의 새 영역”. ≪교육원리연구≫, 4(1), 141-187.
최성욱·신기현(2000). “판소리 전승사에 나타난 도제교육의 양상과 원리”. ≪교육원리연구≫, 5(1), 215-256.

최영신(1999). "원불교 수행 과정의 교육학적 해석". 서울대학교 박사학위논문.

최우석(2006). "교육의 발견: <매트릭스>는 교육영화다". ≪교육원리연구≫, 11(2), 31-74.

하용조 편(2000). ≪비전성경≫. 서울: 도서출판 두란노.

한국교육개발원 편(1979). ≪교육발전의 전망과 과제≫. 서울: 교육과학사.

한국교육개발원 편(1986). ≪2000년을 향한 국가장기발전구상: 교육부문≫. 서울: 민족문화문고 간행회.

한국교육개발원(2004). "사교육 문제에 대한 대책: 공교육 교육력 강화를 중심으로". 한국교육개발원.

한국청소년개발원(1999). "학교붕괴 실태 및 대책연구". 한국청소년개발원.

한수연(2004). "학교과학실험에 대한 교육본위론적 반성과 그 연구 과제". 서울대학교 박사학위논문.

한수연(2006a). "교육본위 예술영재교육의 의미와 방향". ≪교육원리연구≫, 11(1), 63-100.

한수연(2006b). "Is it an 'educational' activity?: The case of a high school biology laboratory class". ≪한국과학교육학회지≫, 26(5), 660-673.

한수연(2006c). "영재교육기관 운영 방향에 대한 제언". ≪영재교육기관 평가보고서≫. 서울특별시교육청.

한수연(2008). "Reconceptualizing curriculum for the gifted in the perspective of education". ≪교육원리연구≫, 13(1), 23-45.

한혜정(1993). "영신수련과 교육 IGNATIUS". ≪교육이론지맥 HP5≫. 서울: 교육과학사.

허경철 외(1999). "수행평가 정책시행 실태분석과 개선 대책 연구". 한국교육과정평가원 연구 보고 CRE 99-2.

홍순정 · 김재웅 · 엄태동(1997). ≪방송대학 원격교육의 질 개선 방안 연구≫. 한국방송대학교 방송통신교육연구소.

홍원표(1998). "교육의 내재적 가치에 대한 일고찰: Dewey와 Peters 논의의 비판적 비교". 서울대학교 석사학위논문.

홍정기(2006). "교실 수업의 교육화를 위한 교육활동의 탐색". ≪교육원리연구≫, 11(1), 1-35.

황정규 편(1998). ≪교육측정·평가의 새 지평≫. 서울: 교육과학사.

황정규 편(2000). ≪한국교육평가의 쟁점과 대안≫. 서울: 교육과학사.

Adler, J. M. (1977). *Reforming Education.* New York: Macmillan Publishing Company.

Allport, G. W. (1961). *Pattern and Growth in Personality.* New York: Holt.

Anastasi, A. (1968). *Psychological Testing.* New York: Macmillan Publishing Company.

Apple, M. (1979). *Ideology and Curriculum.* Boston: Routledge & Kagan Paul.

Archer, M. S. (1984). *Social Origins of Educational Systems.* London and Beverly Hills: Sage Publication Ltd.

Arends, R. I. (1994). *Learning to Teach.* New York: McGraw Hill.

Austin, J. L. (1965). *How to Do Things with Words.* (edited by J.O. Urmson). London: Oxford University Press.

Ayer, A. J. (1936). *Language, Truth and Logic.* Harmondsworth: Penguin Books.

Ayer, A. J. (ed.) (1959). *Logical Positivism.* New York: The Free Press.

Bach, R. (1984/1970). *Jonathan Livingston Seagull.* (김진욱 역. ≪갈매기의 꿈≫. 서울: 삼중당)

Bachelard, G. (1934/1990). *Le Nouvel Esprit Scientifique.* (김용선 역. ≪새로운 과학정신≫. 서울: 인간사랑)

Bachelard, G. (1949/1991). *La Philosophie du Non.* (김용선 역. ≪부정의 철학≫. 서울: 인간사랑)

Barker, R. G. (1968). *Ecological Psychology.* Stanford: Stanford University Press.

Barnes, J. (1982/1989). *Aristotle.* (문계석 역. ≪아리스토텔레스의 철학≫. 서울: 서광사)

Bateman, W. L. (1990). *Open to Question.* San Francisco: Jossey-Bass Publishers.

Benton, T. (1977/1984). *Philosophical Foundations of the Three Sociologies.* (안상현 역. ≪사회과학의 철학적 기초≫. 서울: 풀빛)

Berelson, B. (ed.) (1963). *The Behavioral Sciences Today.* New York: Harper & Row Publishers.

Berger, P. L. & Luckmann, T. (1967). *The Social Construction of Reality.* New York: Doubleday.

Berk, L. E. & Winsler, A. (1995/1995). *Scaffolding Children's Learning: Vygotsky and Early Childhood Education.* (홍용희 역. ≪어린이들의 학습에 비계설정: 비고스키와 유아교육≫. 서울: 창지사)

Berne, E. (1964). *Games People Play: The Psychology of Human Relationship.* New York: Grove Press.

Bernstein, R. J. (1983). *Beyond Objectivism and Relativism: Science, Hermeneutics, and Praxis.* Pennsylvania: University of Pennsylvania Press.

Bloom, A. (1987/1989). *The Closing of the American Mind.* (이원희 역, 미국 정신의 종말. 서울: 범양사출판부)

Bloom, B. S. (1968). Learning for mastery. *Evaluation Comment,* I(2). Los Angeles: Center for the Study of Evaluation of Instructional Progress, University of California.

Bloom, B. S., Engelhart, M. D., Furst, E. J., Hill, W. H., & Krathwohl, D. R. (1956). *Taxonomy of Educational Objectives: Handbook I: Cognitive Domain.* New York: David Mckay.

Blum, R. E. & Arter, J. A. (eds.) (1996). *A Handbook for Student Performance Assessment in an Era of Restructuring.* Alexandria, Virginia: Association for Supervision and Curriculum Development.

Bobbitt, S. M. (1924). *The Curriculum.* Boston: Houghton Mifflin.

Bollnow, O. F. (1971/1988). *Pädagogik in anthropologischer Sicht.* (오인탁·정혜영 역. ≪교육의 인간학≫. 서울: 문음사)

Bollnow, O. F. (1975/1994). *Das Doppelgesicht der Wahrheit: Philosophie der Erkenntnis.* (백승윤 역. ≪진리의 양면성: 인식의 철학≫. 서울: 서광사)

Boorstin, D. J. (1983/1987). *The Discoverers.* (이성범 역. ≪발견자들 II: 세계를 탐험하고 학문을 개척한 창조정신의 역사≫. 서울: 범양사출판부)

Borman, K. M. (1990). Foundations of education in teacher education. In W. R. Houston (ed.), *Handbook of Research on Teacher Education.* New York: Macmillan Publishing Company. pp. 393-402.

Bourdieu, P. & Passeron, Jean-Claude. (1977). *Reproduction in Education, Society and Culture.* Beverly Hills: Sage Publications.

Boyd, W. (1964/1994). *The History of Western Education.* (이홍우·박재문·유한구 역. ≪서양교육사≫. 서울: 교육출판사)

Bredo, E. & Feinberg, W. (eds.) (1982). *Knowledge and Values in Social and Educational Research.* Philadelphia: Temple University Press.

Bridgman, P. W. (1958). *The Logic of Modern Physics.* New York: The Macmillan Company.

Bronowski, J. (1973/1985). *The Ascent of Man.* (김은국 역. ≪인간등정의 발자취≫. 서울: 범양사출판부)

Bruner, J. S., Jolly, A. & Sylva, K. (eds.) (1976). *Play - Its Role in Development and Evolution.* New York: Basic Books, Inc.

Campbell, D. T. & Stanley, J. C. (1963). *Experimental and Quasi-Experimental Designs for Research.* Chicago: Rand McNally & Company.

Carr, E. H. (1964). *What is History?* London: A Pelican Book.

Champagne, D. W. (1972). *Teaching Parents Teaching.* New York: ACC.

Clifford, G. J. & Guthrie, J. W. (1988). *ED School.* Chicago: The University of Chicago Press.

Cogan, M. (1973). *Clinical Supervision.* Boston: Houghton Mifflin.

Cook, T. D. & Campbell, D. T. (1979). *Quasi-Experimentation: Design & Analysis Issues for Field Settings.* Chicago: Rand McNally College Publishing Company.

Cremin, L. A. (1961). *The Transformation of the School: Progressivism in American Education, 1876-1957.* New York: Knoph.

Cronbach, L. J. (1970). *Essentials of Psychological Testing.* New York: Harper & Row.

Csikszentmihalyi, M. & Csikszentmihaly, C. (eds.) (1988). *Optimal Experience: Psychological Studies of Flow in Consciousness.* New York: Cambridge University Press.

Csikszentmihalyi, M. (1990). *Flow: The Psychology of Optimal Experience.* New York: Harper Perennial.

Dallmayr, F. & MacCathy, T. A. (eds.) (1977). *Understanding and Social Inquiry.* Notre Dame: University of Notre Dame Press.

Dave, R. H. (ed.) (1978). *Foundations of Lifelong Education.* Oxford: Pergamon Press.

Deci, E. L. & Ryan, R. M. (1985). *Intrinsic Motivation and Self-Determination in Human Behavior.* New York: Plenum Press.

Denzin, N. K. & Lincoln, Y. S. (eds.) (2000). *Handbook of Qualitative Research*(2nd ed.). London: Sage Publications.

Derrida, J. (1967/1973). *Speech and Phenonmena and Other Essays on Husserl's Theory of Signs.* (translated by David Allison). Evanston: Northwestern University Press.

Derrida, J. (1972/1994). *Positions.* (박성창 편역. ≪입장들≫. 서울: 솔)

Dewey, J. (1916). *Democracy and Education.* New York: The Macmillan Company.

Dewey, J. (1920). *Reconstruction in Philosophy.* Boston: Beacon Press.

Dewey, J. (1938). *Experience and Education.* New York: Collier Books.

Dewey, J. (1939). *Theory of Valuation.* Chicago: University of Chicago Press.

Dewey, J. (1948). *Reconstruction in Philosophy.* Boston: Beacon Press.

Dilthey, W. (1924). *Gesammelte Schriften.* Göttingen: Vandenhoeck.

Dow. G. (1979). *Learning to Teach: Teaching to Learning.* London: Routledge & Kegan Paul.

Duhem, P. (1954). *The Aim and Structure of Physical Theory.* New York: Atheneum.

Durkheim, E. (1925/1988). *Education and Sociology.* (이종각 역. ≪교육과 사회학≫. 서울: 배영사)

Egan, K. (1983). *Education and Psychology*. London: Methuen.

Eisner, E. W. (1979). *Educational Imagination: On the Design and Evaluation of School Program*. New York: Macmillan.

Eisner, E. W. (1985). *The Art of Educational Evaluation: A Personal View*. London: Falmer Press.

Erickson, F. (1986). Qualitative methods in research on teaching. M. C. Wittrock (ed.). *Handbook of Research on Teaching*(3rd ed.). New York: Mcmillan Publishing Co.

Feyerabend, P. K. (1975). *Against Method: Outline of an Anarchistic Theory of Knowledge*. London: NLB.

Filstead, W. J. (ed.) (1970). *Qualitative Methodology: Firsthand Involvement with the Social World*. Chicago: Markham Publishing Company.

Flankl. V. E. (1969). *The Will to Meaning*. New York: New American Library.

Ford, G. W. & Pugno, L. (eds.) (1964). *The Structure of Knowledge and the Curriculum*. Chicago: Rand MaNally & Company.

Fordham, P., Poulton, G. & Randle, L. (1979). *Learning Networks in Adult Education*. London: Routledge & Kegan Paul.

Foucault, M. (1966/1987). *Les mots et les choses*. (이광래 역. ≪말과 사물≫. 서울: 민음사).

Foucault, M. (1969/1972). *The Archaeology of Knowledge and the Discourse on Language*. (translated by A. M. Sheridan). New York: Harper Torchbooks.

Freire, P. (1972). *Cultural Action for Freedom*. London: Penguin Books.

Gadamer, Hans-Georg. (1960/1982). *Truth and Method*. (translated by J. C. B. Mohr). New York: The Crossroad Publishing Company.

Galison, P. (1997a). *Image and Logic: A Material Culture of Microphysics*. Chicago: The University of Chicago Press.

Galison, P. (1997b). Three Laboratories. *Social Research*, 64(3), 1127-1155.

Gelpi, E. (1979). *A Future for Lifelong Education*. Manchester: Manchester University Press.

Giroux, H. A. (1981). *Ideology, Culture and the Process of Schooling*. Philadelphia: Temple University Press.

Glasersfeld, E. (1995). *Radical Construtivism: A Way of Knowing and Learning*. London: The Falmer Press.

Goldhammer, R. (1969). *Clinical Supervision: Special Methods for the Supervision of Teachers*. New York: Holt, Rinehart and Winston, Inc.

Goodenough, W. H. (1981). *Culture, Language, and Society*. Menlo Park, California: The Benjamin/Cummings Publishing Company, Inc.

Goodman, N. (1978). *Ways of Worldmaking.* Indianapolis: Hackett Publishing Company.

Gowin, D. B. (1981). *Educating.* New York: Cornell University Press.

Guba, E. G., & Lincoln, Y. S. (1989). *Fourth Generation Evaluation.* Newbury Park: Sage Publications.

Habermas, J. (1968/1972). *Knowledge and Human Interests.* (translated by J. J. Shapiro). London: Heinemann.

Habermas, J. (1976/1979). *Communication and the Evolution of Society.* (translated by T. McCarthy). Boston: Beacon Press.

Hanson, N. R. (1961/1995). *Patterns of Discovery: An Inquiry into the Conceptual Foundations of Science.* (송진웅과 조숙경 역. ≪과학적 발견의 패턴≫. 서울: 민음사)

Harrow, A. J. (1972). *A Taxonomy of the Psychomotor Domain: A Guide for Developing Behavioral Objectives.* New York: Longman.

Hegel, G. W. F. (1808/1988). *Phänomenologie des Geistes.* (임석진 역. ≪정신현상학 I, II≫. 서울: 지식산업사)

Heidegger (1927/1989). *Sein und Zeit.* (전양범 역. ≪존재와 시간≫. 서울: 시간과 공간)

Heidegger, M. (1927/1994). *Die Grundprobleme der Phänomenologie.* (이기상 역. ≪현상학의 근본문제들≫. 서울: 문예출판사)

Heidegger, M. (1988/2004). *Vom Wesen der Wahrheit. Zu Platons Höhlengleichnis und Thaeätet.* (이기상 역. ≪진리의 본질에 관하여: 플라톤의 동굴의 비유와 테아테토스≫. 서울: 까치글방)

Heisenberg, W. K. (1969/1982). *Der Teil und das Ganze.* (김용준 역. ≪부분과 전체≫. 서울: 지식산업사)

Hesse, H. (1943/1999). *Das Glasperlenspiel.* (남순우 역. ≪유리알 유희≫. 서울: 범우사)

Hessen, J. (1959/1992). *Lehrbuch der Philosophie.* (진교훈 역. ≪가치론≫. 서울: 서광사)

Hirst, P. H. (1965). Liberal education and the nature of knowledge. In R. D. Archambault (ed.), *Philosophical Analysis and Education.* London: Routledge & Kegan Paul.

Hirst, P. H. (1974). *Knowledge and the Curriculum: A Collection of Philosophical Papers.* London: Routledge & Kegan Paul.

Hirst, P. H. (ed.) (1983/1988). *Educational Theory and Its Foundation Disciplines.* (최원형 외 공역. ≪교육이론과 그 기초학문들≫. 서울: 문음사)

Holt, J. (1972). *Freedom and Beyond.* Harmondsworth: Penguin Books.

Holt, J. (1976). *Instead of Education.* New York: E. P. Duton & Co., Inc.

Huizinga, J. (1955). *Homo Ludens: A Study of the play Element in Culture.* Boston: The

Beacon Press.

Hurchins, R. M. (1953/1985). *The Conflict in Education.* New York: Harper and Brothers. (이정빈 역. ≪교육철학≫. 대구: 계명대학교 출판부)

Husserl, E. (/1970). *The Idea of Phenomenology.* The Hague: Marinus Nijhoff.

Illich, I. (1971/1986). *The Deschooling Society.* (김남석 역. ≪교육사회에서의 탈출≫. 서울: 범조사)

Illich, I. (1973/1979). *Tools for Conviviality.* (김남석 역. ≪공생의 사회≫. 서울: 범조사)

Illich, I. (1981). *Shadow Work.* (박홍규 역. ≪그림자 노동≫. 서울: 분도사)

Inhelder, B., Sinclair, H. & Bovet, M. (1974). *Learning and the Development of Cognition.* (translated by S. Wedgwood). London: Routledge & Kegan Paul.

Jackson, P. W. (1968). *Life in Classrooms.* New York: Holt, Rinehart & Winston.

Jourard, S. M. (1968). *Disclosing Man to Himself.* New York: Van Nastrand.

Katz, M. B. (1968). *The Irony of Early School Reform: Educational Innovation in Mid-nineteenth Massachusetts.* Cambridge Mass.: Harvard University Press.

Keesing, R. (1981/1985). *Cultural Anthropology: A Contemporary Perspective.* (전경수 역. ≪현대 문화인류학≫. 서울: 현음사)

Kerlinger, F. N. (1964). *Foundations of Behavioral Research.* New York: Holt, Rinehart & Winston Inc.

Kierkegaard, S. (1846/1941), *Concluding Unscientific Postscript to the Philosophical Fragments.* (translated by D. Swenson, & M. Lowrie). Princeton: Princeton University Press.

Kierkegaard, S. (1859/1980). *The Point of View of My Work as an Author: A Report to History.* (임춘갑 역. ≪관점/현대의 비판≫. 서울: 종로서적)

Kierkegaard, S. (/1967). *Journal and Papers.* (edited. and translated by H. Hong & E. Hong). Bloomington: Indiana University Press.

Klibard, H. M. (1987). *The Struggle for the American Curriculum.* Boston: Routledge and Kegan Paul.

Kneller, G. F. (1984). *Movements of Thought in Modern Education.* New York: John Wiley & Sons.

Koch, S. (1974). Psychology as Science. In S. C. Brown (ed.), *Philosophy of Psychology.* London: Mcmillan. pp. 3-40.

Kohlberg, L. (1969). Stage and sequence: The cognitive development approach to socialization. In D. Goslin (ed.), *Handbook of Socialization: Theory and Research.* Chicago: Rand McNally. pp. 347-380.

Krathwohl, D. R., Bloom, B. S., & Masia, B. B. (1964). *Taxonomy of Educational Objectives:*

*Handbook II: Affective Domain.* New York: David McKay Company, INC.

Kuhn, T. S. (1970). *The Structure of Scientific Revolutions.* Chicago: The University of Chicago Press.

Kuhn, T. S. (1977). *The Essential Tension.* Chicago: The University of Chicago Press.

Lagemann, E. C. (2000). *An Elusive Science: The Troubling History of Education Research.* Chicago: The University of Chicago Press.

Lakatos, I. (1970). Falsification and the methodology of scientific research programmes. In I. Lakatos & A. Musgrave (eds.), *Criticism and the Growth of Knowledge.* London: Cambridge University Press, pp. 91-196.

Laudan, L. (1984/1994). *Science and Values: The Aims of Science and Their Role in Scientific Debate.* (이유선 역. ≪과학과 가치≫. 서울: 민음사)

Lave, J. & Wenger, E. (1991). *Situated Learning: Legitimate Peripheral Participation.* Cambridge: Cambridge University Press.

LeCompte, M. D., Millroy, W. L. & Preissle, J. (eds.) (1992). *The Handbook of Qualitative Research in Education.* New York: Academic Press.

Lemos, N. M. (1994). *Intrinsic Value: Concept and Warrant.* Cambridge: Cambridge University Press.

Lewis, C. I. (1946). *An Analysis of Knowledge and Valuation.* La Salle, Illinois: The Open Court Publishing Company.

MacIntyre, A. (1981). *After Virtue: A Study in Moral Theory.* Notre Dame, Indiana: University of Notre Dame Press.

Makreel, R. (1975). *Dilthey: Philosopher of the Human Studies.* Princeton: Princeton University Press.

Maritain, J. (1943). *Education at the Crossroads.* New Haven: Yale University Press.

Markely, O. W. & Harman, W. W. (eds.) (1982). *Changing Images of Man.* Oxford: Pergamon Press.

Marx, K. (/1967). *Capital: A Critique of Political Economy.* New York: International.

Maslow, A. H. (1967). Self-actualization and beyond. In James F. T. Bugental (ed.), *Challenges of Humanistic Psychology.* New York: MaGraw-Hill. pp. 279-286.

Maslow, A. H. (1968). *Toward a Psychology of Being.* New York: Van Nostrand Reinhold Company.

Maslow, A. H. (1970). *Motivation and Personality.* New York: Harper.

Maturana, H. R. & Varela, F. J. (1987/1995). *Der Baum der Erkenntis: Die biologischen Wurzeln des menschlichen Erkennens.* (최영호 역. ≪인식의 나무≫. 서울: 자작아카

데미)

Mehan, H. & Wood, H. (1975). *The Reality of Ethnomethodology.* New York: John Wiley & Sons.

Montessori, M. (1912/1968). *The Montessori Method.* (translated by A. E. George). New York: Schocken Books.

Moore, W. J. (1994/1997). *A Life of Erwin Schrödinger.* (전대호 역. ≪슈뢰딩거의 삶≫. 서울: 사이언스북스)

Morrish, I. (1977/1987). *Disciplines of Education.* (이용남 역. ≪교육이론의 선구자들≫. 서울: 교육과학사)

Nagel, E. (1961). *The Structure of Science.* London: Routledge & Kegan Paul.

Nisbet, J. & Shucksmith, J. (1986/2001). *Learning Strategies.* (이신동 · 이경화 역. ≪학습 전략과 교육≫. 서울: 교육과학사)

Novak, J. D. & Gowin, D. B. (1984). *Learning How to Learn.* Cambridge: Cambridge University Press.

Nyberg, D. & Egan, K. (1981). *The Erosion of Education: Socialization and the Schools.* New York: Teachers College, Columbia University.

Oakeshott, M. (1967). Learning and Teaching. In R. S. Peters (ed.), *The Concept of Education.* London: Routledge & Kegan Paul. pp. 156-176.

Oakeshott, M. (1933). *Experience and Its Modes.* London: Cambridge University Press.

Oakeshott, M. (1962). *Rationalism in Politics.* London: Methuen.

Ornstein, A. C. (1977). *An Introduction to the Foundations of Education.* Chicago: Rand McNally College Publishing Company.

Ornstein, A. C. & Levine, D. U. (1981). *An Introduction to the Foundations of Education.* (2nd ed.) Boston: Houghton Mifflin Company.

Overly, N. V. (ed.) (1970). *The Unstudied Curriculum: Its Impact on Children.* Washington D. C.: Association for Supervision and Curriculum Development.

Palmer R. E. (1969). *Hermeneutics: Interpretation Theory in Schleiermacher, Dilthey, Heidegger, and Gadamer.* Evnaston: Northwestern University Press.

Paston, H. S. (1973). *Learning to Teach Art.* London: Professional Educators, Publications.

Patton, M. Q. (1980). *Qualitative Evaluation Methods.* London: SAGE Publications.

Perkinson, H. J. (1971/1984). *The Possibilities of Error: An Approach to Education.* (장상호 역. ≪오류가능성의 교육적 의의≫. 서울: 교육과학사)

Perry, W. G. (1970). *Forms of Intellectual and Ethical Development in College Years.* New York: Holt, Rinehart & Winston, INC.

Peters, O. (1998/2000). *Learning and Teaching in Distance Education.* (김재웅 · 방영숙 역. ≪원격교육학 개론≫. 서울: 교육과학사)

Peters, R. S. (1966/1980). *Ethics and Education.* (이홍우 역. ≪윤리학과 교육≫. 서울: 교육과학사)

Peters, R. S. (1977). *John Dewey Reconsidered.* London: Routledge & Kegan Paul.

Petri, H. G. (1981). *The Dilema of Enquiry and Learning.* Chicago: The University of Chicago Press.

Piaget, J. (/1971a). *Biology and Knowledge.* (translated by B. Walsh). Chicago: The University of Chicago Press.

Piaget, J. (/1971b). *Genetic Epistemology.* (translated by E. Duckworth). New York: Norton & Company.

Piaget, J. (/1972). *Psychology and Epistemology: Towards a Theory of Knowledge.* New York: Penguin Books.

Piaget, J. (1965/1995). *Sociological Studies.* London: Routledge & Kegan Paul.

Piaget, J. (1968/1970). *Structuralism.* (edited and translated by C. Maschler). New York: Basic Books.

Piaget, J. (1969/1970). *Science of Education and the Psychology of the Child.* (translated by D. Coltman). New York: Orion Press.

Platon. (/1987). *Apology.* (황문수 역. ≪소크라테스의 변명·크리톤·파이돈·향연≫. 서울: 문예출판사)

Polanyi, M. (1958). *Personal Knowledge: Towards a Post-Critical Philosophy.* London: Routledge & Kegan Paul.

Polanyi, M. (1964). *Science, Faith and Society.* Chicago: The University of Chicago Press.

Polanyi, M. (1967). *The Tacit Dimension.* New York: Anchor Books.

Polanyi, M. (1969). *Knowing and Being.* Chicago: The University of Chicago Press.

Popkewitz, T. S. (ed.) (1987). *The Formation of the School Subjects: The Struggle for Creating an American Institution.* New York: The Falmer Press.

Popkewitz, T. S. & Tabachnick, B. R. (eds.) (1981). *The Study of Schooling: Field Based Methodologies in Educational Research and Evaluation.* New York: Praeger Publishers.

Popper, K. R. (1963). *Conjectures and Refutations: The Growth of Scientific Knowledge.* New York: Basic Books, INC, Publishers.

Quine W. V. O. (1961). *From a Logical Point of View.* New York: Harper and Row.

Reichenbach, H. (1951). *The Rise of Scientific Philosophy.* Berkeley: University of California Press.

Reimer, E. (1971/1981). *School Is Dead.* (김석원 역. ≪인간 없는 학교≫. 서울: 한마당)

Richmond, W. K. (1975). *Education and Schooling.* London: Methuen & Co Ltd.

Riley, G. (1974). *Values, Objectivity, and the Social Sciences.* London: Addison-Wesley Publishing Company.

Rogers, C. R. (1961). *On Becoming a Person: A Therapists View of Psychotherapy.* Boston: Houghton Mifflin.

Rogers, M. F. (1983). *Sociology, Ethnomethology, and Experience.* London: Cambridge University Press.

Rogoff, R. (1984). Zone of proximal development: Some conceptual issues. In R. Rogoff & J. V. Wertsch (eds.), *Children's Learning in "Zone of Proximal Development".* San Francisco: Jossey-Bass Inc. Publishers. pp. 7-18.

Rogoff, R. (1990). *Apprenticeship in Thinking: Cognitive Development in Social Context.* New York: Oxford University Press.

Rorty, R. (1979). *Philosophy and the Mirror of Nature.* New Jersey: Princeton University Press.

Rorty, R. (1982/1996). *Consequences of Pragmatism.* (김동식 역. ≪실용주의의 결과≫. 서울: 민음사)

Rorty, R. (1989). *Contingency, Irony, and Solidarity.* Cambridge: Cambridge University Press.

Rousseau, J. J. (1762/1983). *Emile.* (강인성 역. ≪에밀≫. 서울: 한국출판문화공사)

Rudner, R. S. (1966). *Philosophy of Social Science.* New Jersey: Prentice-Hall.

Said, E. W. (1978/1991). *Orientalism.* (박홍규 역, ≪오리엔탈이즘≫. 서울: 교보문고)

Saussure, F. de. (1959/1990). *Course in General Linguistics.* (edited by Charles Bally and Albert Sechehaye, translated by Wade Baskin). New York: Philosophical Library. (최승언 역, ≪일반언어학 강의≫. 서울: 민음사)

Schmidt, S. J. (1987/1995). *Der Diskurs des Radikalen Konstruktivismus.* (박여성 역. ≪구성주의≫. 서울: 까치)

Schneider, B. (1989). Tracing the province of teacher education. In T. S. Popkewitz (ed.), *Critical Studies in Teacher Education.* New York: The Palmer Press. pp. 211-241.

Schön, D. A. (1983). *The Reflective Practitioner.* New York: Basic Books.

Schön, D. A. (1988). *Educating the Reflective Practitioner.* San Francisco: Jossey-Bass Publishers.

Schutz, A. (1973). *Collected Papers I: The Problem of Social Reality.* (edited and introduced by M. Natanson). The Hague: Martinus Nijhoff.

Schwab, J. J. (1963). Structure of the disciplines: Meanings and significances. In G. W.

Ford & L. Pugno (eds.), *The Structure of Knowledge and the Curriculum.* Chicago: Rand Mcnally & Company.

Schwab, J. J. (1964). *Education and the Structure of Knowledge.* Chicago: Rand McNally & Company.

Scriven, M. (1973). The methodology of evaluation. In B. R. Worthen & J. R. Sanders (eds.), *Educational Evaluation: Theory and Practice.* Worthing, Ohio: C. A. Jones Publishing Company.

Shotter, J. (1975). *Images in Psychological Research.* London: Methuen.

Shulman, T. (1989). *Dead Poets Society.* (한은주 역. ≪죽은 시인의 사회≫. 서울: 서교출판사)

Silver, J., Wachowski, A., & Wachowski, L. (1999). *The Matrix.* Warner Brothers Pictures.

Simpson, D. (1968). *Learning to Learn.* Columbus, C. E. : Merrill.

Simpson, K. (1982). The identity of educational theories. *Educational Philosophy and Theory.* 14(1), 51-59.

Smith, D. E. P. (1961). *Learning to Learn.* New York: Harcourt, Brase & World.

Smith, M. (1990). *Learning to Lean across the Life Span.* San Francisco: Jossey-Bass Publishers.

Smyth, J. (1986). An alternative and critical perspective for clinical supervision in schools. In K. A. Sirotnik & Oakes (eds.), *Critical Perspectives on the Organization and Improvement of Schooling.* Boston: Kluwe, Nijhoff Publishing.

Spindler, G. (1982). *Doing the Ethnography of Schooling.* New York: Holt, Rinehart and Winston.

Stufflebeam, E. L. *et al.* (1981). *Standards or Evaluations of Educational Programs, Projects, and Materials.* New York: McGraw-Hill.

Thompson, B. (1973). *Learning to Teach.* London: Sidgwick & Jackson.

Tibble, J. W. (ed.) (1966). *The Study of Education.* London: Routledge & Kegan Paul.

Tibble, J. W. (ed.) (1971/1981). *An Introduction to the Study of Education.* (이용남 외 공역. ≪교육학개론≫. 광주: 전남대학교 출판부)

Tickle, L. (1987). *Learning Teaching, Teaching Teaching: A Study of Partnership in Teacher Education.* London: The Falmer Press.

Toulmin, S. (1961). *Foresight and Understanding: An Enquiry into the Aims of Science.* New York: Harper Torchbooks.

Toulmin, S. (1970). Does the distinction between normal and revolutionary science hold water? In I. Lakatos & A. Musgrave (eds.), *Criticism and the Growth of Knowledge.*

London: Cambridge University Press. pp. 39-58.

Toulmin, S. (1972). *Human Understanding: The Collective Use and Evolution of Concepts.* Princeton: Princeton University Press.

Tyler, R. W. (1942). Purposes and procedures of the evaluation staff. In E. R. Smith, R. W. Tyler, & the evaluation staff (eds.), *Appraising and Recording Student Progress.* New York: Harper & Brothers. pp. 3-34.

Tyler, R. W. (1949). *Basic Principles of Curriculum and Instruction.* Chicago: The University of Chicago Press.

Vygotsky, L. S. (1934/1985). *Thought and Language.* (신현정 역. ≪사고와 언어≫. 서울: 성원사)

Vygotsky, L. S. (1978). *Mind in Society: The Development of Higher Psychological Process.* Cambridge: Harvard University Press.

Walton, J. (1974). A confusion of contexts: The interdisciplinary study of education. *Educational Theory,* 24, 219-229.

Warnke, G. (1987/1993). *Gadamer: Hermenutics, Tradition and Reason.* (이한우 역. ≪가다머의 철학적 해석학≫. 서울: 사상사)

Webb, E. T. *et als.* (1981). *Nonreactive Measures in the Social Sciences.* Boston: Houghton Mifflin Company.

Weber, M. (1904/1988). *Die protestantische Ethik und der Geist des Kapitalismus.* (박성수 역. ≪프로테스탄티즘의 윤리와 자본주의 정신≫. 서울: 문예출판사)

Weber, M. (/1949). *The Methodology of the Social Sciences.* (translated and edited by E. A. Shils & H. A. Finch). New York: The Free Press.

Weiss, J. (1980). Assessing nonconventional outcomes of schooling. In D. C. Berliner (ed.), *Review of Research.* American Educational Research Association. pp. 405-454.

White, J. (1987). *The Aims of Education Restated.* London: Routledge & Kegan Paul.

White, J. (1990/2002). *Education and the Good Life.* (이지현·김희봉 역. ≪교육목적론: 좋은 삶과 교육≫. 서울: 학지사)

White, J. (ed.). (1984/1991). *What is Enlightment?* (김정우 역. ≪깨달음이란 무엇인가?≫. 서울: 정신세계사)

White, L. (1959). *The Evolution of Culture: The Development of Civilization to the Fall of Rome.* New York: McGraw-Hill.

Whitehead, A. N. (1929). *The Aims of Education and Other Essays.* New York: The Free Press.

Winch, P. (1958). *The Idea of a Social Science and Its Relation to Philosophy.* New York:

Humanities Press.

Wittgenstein, L. (1922/1951). *Tractatus Logico-Philosophicus.* London: Routlege & Kegan Paul.

Wittgenstein, L. (1953/1978). *Philosophical Investigations.* (translated by G. E. M. Anscomebe). Oxford: Basil Blackwell.

Wittrock, M. C. (ed.) (1986). *Handbook of Research on Teaching.* New York: Macmillan Publishing Company.

Wood, D. J. (1980). Teaching the young child: Some relationships between social interaction, language, and thought. In D. R. Olson (ed.), *The Social Foundations of Language and Thought.* New York: W. W. Norton & Company. pp. 280-296.

Wood, D. J., Bruner, J. S., & Ross, G. (1976). The role of tutoring in problem solving. *Journal of Child Psychology and Psychiatry,* 17(2), 89-10.

Worthen, B. R., & Sanders, J. R. (eds.) (1973). *Educational Evaluation: Theory and Practice.* Worthing, Ohio: C. A. Jones Publishing Company.

Wragg, E. C. (1974). *Teaching Teaching.* New York: Abbot, David & Charles.

Wright, J. (1982). *Learning to Learn in Higher Education.* London: Croom Helm.

# 찾아보기-인명

ㅎ



A



B



C

# 찾아보기-주제

ㅅ

ㅈ

## ㅍ



## ㅎ

Abstract

# Academic Discipline and Education:
## New Horizons of Educational Research

by Sang-Ho Chang

This book is a serial report of the long-term research project titled, "Academic Discipline and Education", which the author began about fifteen years ago. The overall project was designed to cover three main themes: academic disciplines, education, and the relationship between the two. The second theme, education, has been divided into volumes, I, II, and III, which deal with the context of education, an educational life in its own context, and new horizons of educational research, respectively.

This book, which is the third volume on education, is based on prior criticism which indicates that an authentic educational phenomenon is badly distorted because conventional researches have adopted inappropriate concepts for uncovering it. The introductory chapter explicates how that distortion occurred and offers a new conceptual scheme which allows the educational phenomenon to be seen from a more appropriate perspective. The remaining chapters are divided according to complementary research areas which can be taken together to portray the educational phenomenon as a whole.

These research areas cover ten main topics: ① The Structure of Education; ② Education and Value; ③ Education and Mankind; ④ Materials Used in Education; ⑤ Educational Activities; ⑥ Meta-education; ⑦ The Environments of Education; ⑧ Educational Spaces; ⑨ Education and Evaluation; and ⑩ Educational Epistemology. Each chapter considers a topic in sequence and espouses new ways in which it can be defined, while also commenting on previous studies and suggesting research areas which might be explored in the future.

## 저자 약력

장상호

서울대학교 교육학과 졸업(1959~1963)

동 대학원 교육학과 석사(1965~1967)

한국행동과학연구소 연구원(1968~1970)

미국 Stanford University 대학원 박사(1970~1974)

서울대학교 교육학과 교수(1974~2005)

현 서울대학교 명예교수

현 삶과교육연구소 소장

shchang@snu.ac.kr

### 저서

≪행동과학의 연구논리≫, ≪행동과학의 문제와 방법론≫, ≪인간행동과 자유≫, ≪발생적 인식론과 교육≫, ≪학습의 인간화≫, ≪교육학 탐구영역의 재개념화≫, ≪인격적 지식의 확장≫, ≪학문과 교육(상권): 학문이란 무엇인가≫, ≪학문과 교육(중권 I): 교육이란 무엇인가≫, ≪학문과 교육(중권 II): 교육본위의 삶≫, ≪학문과 교육(중권 III): 교육연구의 새 지평≫, ≪학문과 교육(하권): 교육적 인식론이란 무엇인가≫, ≪인간주의 교육≫(역), ≪오류가능성의 교육적 의의≫(역), ≪교수, 학습, 그리고 의사소통≫(역), 기타 다수의 논문과 공저